Einheitsübersetzung
der Heiligen Schrift

Das Neue Testament

Einheitsübersetzung der Heiligen Schrift

DAS NEUE TESTAMENT

Herausgegeben im Auftrag
der Bischöfe Deutschlands,
Österreichs,
der Schweiz,
des Bischofs von Luxemburg,
des Bischofs von Lüttich,
des Bischofs von Bozen-Brixen,
des Rates der Evangelischen Kirche
in Deutschland
und des Evangelischen Bibelwerks
in der Bundesrepublik Deutschland.

Katholische Bibelanstalt, Stuttgart
Deutsche Bibelstiftung, Stuttgart
Österreichisches Katholisches Bibelwerk,
Klosterneuburg

CIP-Titelaufnahme der Deutschen Bibliothek

Einheitsübersetzung der Heiligen Schrift /
hrsg. im Auftr. d. Bischöfe Deutschlands . . .
– Endfassung. –
Stuttgart: Kath. Bibelanstalt;
Stuttgart: Dt. Bibelstiftung;
Klosterneuburg: Österr. Kath. Bibelwerk.
Einheitssacht.: Biblia <dt.>
Teilw. in d. Kath. Bibelanst., Stuttgart,
u. in d. Dt. Bibelstifung, Stuttgart

NE: EST

Das Neue Testament. – 7. Aufl. – 1988
Orig.-Ausg. u. d. T.: Testamentum novum
ISBN 3-920 609-18-2 Balac.
ISBN 3-920 609-17-4 Kunststoff
ISBN 3-920 609-22-0 Ldr.

ISBN 3-920 609-17-4 (Plastik)
ISBN 3-920 609-18-2 (Balacron)
ISBN 3-920 609-22-0 (Leder)

7. Auflage der Endfassung 1988

Gesamtherstellung: Clausen & Bosse, Leck

An die Leser dieser Ausgabe

»Der Mensch lebt nicht nur von Brot, sondern von jedem Wort, das aus Gottes Mund kommt« (Dtn 8,3).

Diese Aussage des Alten Testamentes, die Jesus im Kampf gegen den Versucher bekräftigt (Mt 4,4), weist auf die bleibende Bedeutung des Wortes Gottes für die Menschen aller Völker und Zeiten hin.

Schon vor dem Zweiten Vatikanischen Konzil faßten die deutschen katholischen Bischöfe aufgrund einer Denkschrift des Katholischen Bibelwerks Stuttgart den Beschluß, eine neue Übersetzung der Bibel aus den Urtexten für den kirchlichen Gebrauch schaffen zu lassen, um so einen besseren Zugang zum Wort Gottes zu ermöglichen. Sie beauftragten dazu die Bischöfe J. Freundorfer, C. J. Leiprecht und E. Schick. Die österreichischen Bischöfe entsandten später Weihbischof A. Stöger. Den bischöflichen Beauftragten wurde ein Arbeitsausschuß aus Fachleuten der Exegese, Katechese, Liturgik und der deutschen Sprache zur Seite gestellt.

Bei dieser Übersetzung sollten nicht nur die neuen Erkenntnisse der Bibelwissenschaft, sondern auch die Regeln der deutschen Sprache in angemessener Weise berücksichtigt werden. Bis dahin benutzte die katholische Kirche Übersetzungen, welche entweder die lateinische Übersetzung der Bibel durch den heiligen Hieronymus, die Vulgata, zugrundelegten oder doch in besonderer Weise berücksichtigten.

Die Arbeit an der neuen Übersetzung begann 1962. Kurz darauf gestattete das Zweite Vatikanische Konzil den Gebrauch der Landessprachen in der Liturgie und erklärte: »Der Zugang zur Heiligen Schrift muß für alle, die an Christus glauben, weit offenstehen. Darum ... bemüht sich die Kirche, daß brauchbare und genaue Übersetzungen in die verschiedenen Sprachen erarbeitet werden, mit Vorrang aus dem Urtext der heiligen Bücher« (Über die Göttliche Offenbarung, Nr. 22). Daraufhin schlossen sich die übrigen katholischen Bischöfe deutschsprachiger Gebiete in Europa dem Unternehmen an, das den Namen »Einheitsübersetzung« erhielt, weil es den Gebrauch einheitlicher biblischer Texte in Gottesdienst und Schule in allen Diözesen ermöglichen sollte. Die einheitliche Textfassung ließ hoffen, daß sich wichtige Aussagen der Bibel dem Ohr der Gläubigen dauerhafter einprägten. Auch würde eine solche für den Gebrauch der Bibel in der Öffentlichkeit, besonders in Presse, Funk und Fernsehen von Nutzen sein.

Da die Übersetzung vor allem in der Verkündigung Verwendung finden sollte, mußte sie sowohl das Verstehen erleichtern, wie auch für das Vorlesen und teilweise auch für das Singen geeignet sein. Darum wurden von Anfang an neben Fachleuten der Bibelwissenschaft auch solche der Liturgik, Katechetik, der Kirchenmusik und der deutschen Sprache herangezogen. Besondere Sorgfalt wurde auf die sprachliche Fassung der hymnischen Texte des Alten und des Neuen Testamentes, insbesondere der Psalmen, verwendet.

Von Anfang an strebten die katholischen Bischöfe die Mitarbeit der evangelischen Kirchen in Deutschland an. Die evangelische Michaelsbruderschaft arbeitete von Anfang an durch Beauftragte an der Übersetzung mit. Ab 1967 beteiligte sich die Evangelische Kirche in Deutschland an der Übersetzung der beiden Kirchen gemeinsamen biblischen Lesungen der Sonn- und Feiertage und der Psalmen, nachdem Kardinal A. Bea, der erste Leiter des Sekretariats für die Einheit der Christen in Rom, und Bischof K. Scharf, der damalige Vorsitzende des Rates der Evangelischen Kirche in Deutschland, sich bei einem Zusammentreffen für eine solche Zusammenarbeit ausgesprochen hatten. Über diese gemeinsame Arbeit wurde 1970 der erste Vertrag zwischen dem Verband der Diözesen Deutschlands und dem Rat der Evangelischen Kirche in Deutschland und dem Evangelischen Bibelwerk in der Bundesrepublik Deutschland geschlossen.

Ein wichtiges Ergebnis der Zusammenarbeit stellt die Einigung der Beauftragten beider Kirchen auf eine einheitliche deutsche Wiedergabe der biblischen Eigennamen sowie der Bezeichnungen für Orte, Landschaften, Maße und Gewichte dar. Das »Ökumenische Verzeichnis der biblischen Eigennamen« wurde 1972 veröffentlicht.

Ab 1970 erschienen die Übersetzungen einzelner biblischer Bücher im Druck; 1972 wurde die vorläufige Endfassung des Neuen Testamentes, 1974 jene des Alten Testamentes für die Erprobung, vor allem in Liturgie und Schule, veröffentlicht. Die Übersetzung fand Eingang in die neuen liturgischen Bücher, die Lektionare für die biblischen Lesungen im Gottesdienst sowie in das vorläufige deutsche Stundenbuch. Alle Urteilsfähigen wurden von den beteiligten Bischöfen um Kritik und Verbesserungsvorschläge gebeten. Diese ließen zugleich Gutachten erstellen über die Treue gegenüber dem Urtext und über die sprachliche Ausdrucksform der Übersetzung. Die Gesellschaft für Deutsche Sprache, Wiesbaden, wurde für die Überprüfung dieser Übersetzung herangezogen.

Ab 1975 begann die Revision der vorläufigen Fassung durch eigens dazu bestellte Revisionskommissionen unter dem Vorsitz von Bischof E. Schick (Neues Testament) und Weihbischof J. Plöger (Altes Testament). Die überaus zahlreichen Stellungnahmen und Verbesserungsvorschläge leisteten für die Erstellung der endgültigen Fassung der Übersetzung im allgemeinen wertvolle Dienste.

Im Rahmen dieser Revisionsarbeit weitete die evangelische Seite ihre Mitarbeit auf das ganze Neue Testament aus, einschließlich der Einführungen und knapp gehaltenen Anmerkungen zu den einzelnen biblischen Schriften.

Im Februar 1978 approbierte die Deutsche Bischofskonferenz die Endfassung der Einheitsübersetzung für den kirchlichen Gebrauch in Gottesdienst und Schule. Sie dankte dabei den Übersetzern, deren Namen vor dem Vorwort aufgeführt sind, und allen übrigen Mitarbeitern und Beratern. Ihr folgten die übrigen bischöflichen Auftraggeber aus den deutschsprachigen Gebieten in Europa. Auch der Rat der Evangelischen Kirche in Deutschland und das Evangelische Bibelwerk begrüßten das Ergebnis der gemeinsamen Arbeit. Im März und April 1979 wurden die Einführungen und Anmerkungen von allen Auftraggebern gutgeheißen. Damit fand ein für den deutschen Sprachraum einmaliges Unternehmen seinen Abschluß.

Aufgrund der guten Aufnahme, die der vorläufige Endtext in der Öffentlichkeit fand, ist zu hoffen, daß diese Übersetzung erfüllt, was die Mitglieder der Deutschen Bischofskonferenz bei der Approbation des Textes im Frühjahr 1978 zum Ausdruck brachten: »Die Deutsche Bischofskonferenz ist überzeugt, daß die nun vorliegende Übersetzung der Heiligen Schrift den Entscheidungen des Zweiten Vatikanums gerecht wird, den katholischen und nichtkatholischen Christen, wie auch der Kirche Fernstehenden einen sprachlich verständlichen und wissenschaftlich gesicherten Zugang zur Botschaft der Heiligen Schrift zu bieten. Die Einheitsübersetzung ist in gehobenem Gegenwartsdeutsch abgefaßt. Ihr fehlt es nicht an dichterischer Schönheit, Treffsicherheit des Ausdrucks und Würde biblischer Darstellungskraft. Wir Bischöfe hoffen zuversichtlich, daß die Neuübersetzung (auch) der zeitgemäßen Gebetssprache einen neuen Anstoß gibt und daß sie hilfreich sein wird in dem Bemühen, dem Wort Gottes im deutschen Sprachraum neue Beachtung und tieferes Verständnis zu verschaffen!«

Daneben verdient Beachtung, was der damalige Vorsitzende des Rates der Evangelischen Kirche in Deutschland, Landesbischof Helmut Claß, an den Vorsitzenden der Deutschen Bischofskonferenz, Joseph Kardinal Höffner, schrieb: »Die Tatsache, daß katholische und evangelische Christen nunmehr ein Neues Testament besitzen, das Exegeten beider Kirchen im offiziellen Auftrag übersetzt haben, kann nicht hoch genug veranschlagt werden. Mehr als einzelne gemeinsame Aktionen führt gemeinsames Hören auf das Wort der Schrift dazu, daß die getrennten Kirchen aufeinander zugehen, um einmal zusammenzufinden unter dem einen Herrn der Kirche, Jesus Christus. Die ökumenische Übersetzung des Neuen Testamentes leistet dazu einen wichtigen Beitrag.«

Im August 1979

Joseph Kardinal Höffner
Vorsitzender der
Deutschen
Bischofskonferenz

Landesbischof Eduard Lohse
Vorsitzender des Rates
der Evangelischen Kirche
in Deutschland

Alfred Kardinal Bengsch
Vorsitzender der
Berliner Bischofskonferenz

Jean Hengen
Bischof von Luxemburg

Franz Kardinal König
Vorsitzender der
Österr. Bischofskonferenz

Joseph Gargitter
Bischof von Bozen-Brixen

Pierre Mamie
Vorsitzender der
Schweizer Bischofskonferenz

Guillaume-Marie van Zuylen
Bischof von Lüttich

Die Schriften des Neuen Testaments

Jesus Christus erhob den Anspruch, der Retter und Heilbringer zu sein, den Gott im Alten Testament verheißen hatte. So übernahm die christliche Kirche das Alte Testament als Heilige Schrift; daneben überlieferte sie die Worte Jesu und die Berichte über seine Taten und sein Schicksal. Die Worte Jesu wurden schon früh aufgezeichnet, um sie für die Glaubensunterweisung, die Verkündigung im Gottesdienst und für die Missionspredigt verwenden zu können. Bald wurden auch die Berichte über das Leiden Jesu und über die Ereignisse nach seinem Tod niedergeschrieben. Markus verfaßte als erster ein Evangelium. Weitere Evangelienbücher folgten. Daneben entstanden auch andere urchristliche Schriften verschiedenster Art: Briefe von Aposteln und führenden Männern der Kirche an christliche Gemeinden und einzelne Persönlichkeiten; eine Geschichte der jungen Kirche bis zum Aufenthalt des Apostels Paulus in Rom; theologische Lehrschriften, seelsorgliche Anweisungen und ein prophetisches Buch über das Schicksal der Kirche in Gegenwart und Zukunft. Alle diese Schriften wurden etwa zwischen 50 und 120 n. Chr. abgefaßt.

Die im Neuen Testament, dem Buch des Neuen Bundes, enthaltenen urchristlichen Schriften wurden von der Kirche des 2. Jahrhunderts gesammelt, weil sie den Glauben der apostolischen und nachapostolischen Zeit auf zuverlässige Weise bezeugen. Nach Auffassung der Kirche sind sie unter dem Beistand des Heiligen Geistes abgefaßt worden. Sie galten von früh an als für den Glauben und das Leben der Kirche maßgebliche Urkunden (kanonische, das heißt maßgebliche Schriften). Obwohl einige Schriften (Hebr, Jak, 2 Petr, Offb) noch bis ins 4. Jahrhundert umstritten blieben, hat sich der in der Kirche gültige »Kanon« (Maßstab, verbindliches Verzeichnis) im wesentlichen in der zweiten Hälfte des 2. Jahrhunderts durchgesetzt. Er weist heute folgende Ordnung auf: die vier Evangelien und die Apostelgeschichte, dreizehn Briefe des Apostels Paulus, der Brief an die Hebräer, die sieben sog. Katholischen Briefe und die Offenbarung des Johannes.

Die Evangelien

Vier Evangelienbücher fanden Aufnahme in das Neue Testament. Sie bezeugen, jedes auf seine Weise, das eine Evangelium von Jesus Christus. Ihre literarische Form zeigt an, daß die Evangelien sogenannte Sammelwerke sind; ursprünglich einzeln weitergegebene Überlieferungsstücke über Worte und Taten Jesu sind von den Evangelisten gesammelt und durch redaktionelle Überleitungen zu einem Ganzen zusammengefügt worden. Diese Bücher wurden von der frühen Kirche wahrscheinlich nach der damals angenommenen Abfassungszeit geordnet. Das Wort »Evangelium« stammt aus dem Griechischen (euangélion) und bedeutet »gute Nachricht«, »frohe Botschaft«. Mit diesem Wort benannten die Christen ihre Verkündigung von dem endgültigen Heil, das Gott durch Jesus Christus allen Menschen anbietet. Markus verwendete als erster dieses Wort als Überschrift seines Berichts über die Worte, die Taten und das Schicksal Jesu (1,1). Damit entstand eine neue Form religiöser Schriften, die Evangelien.

Die Überschriften der kanonischen Evangelien lauten seit dem 2. Jahrhundert: Das Evangelium nach Matthäus, nach Markus, nach Lukas, nach Johannes. Die ersten drei Evangelien sind untereinander nach Inhalt, Aufbau und Sprache eng verknüpft; darum werden sie »synoptische« Evangelien genannt (sýnopsis, das heißt Zusammenschau).

Das Evangelium nach Matthäus

Die Überschrift des ersten Evangeliums nennt einen Matthäus als Verfasser und will wohl auf den Zöllner von Kafarnaum verweisen, den Jesus nach Mt 9,9 und 10,3 in den Kreis der Zwölf berief. Matthäus setzt ihn mit dem Levi des Markus- und des Lukasevangeliums gleich (vgl. Mk 2,13–17; Lk 5,27–32). Nach alter kirchlicher Überlieferung soll Matthäus als erster ein Evangelium in hebräischer Sprache verfaßt haben. Es sind aber keine Texte von einem solchen hebräischen Evangelium erhalten.

Das uns überlieferte Evangelium wurde in griechischer Sprache abgefaßt, und es benutzt das griechisch geschriebene Markusevangelium als Vorlage. Es schöpft außerdem aus einer anderen griechischen Vorlage, die auch Lukas verwertet hat, einer heute verlorengegangenen Sammlung von Worten Jesu (sog. Spruch- oder Redequelle). Daraus sind die Bergpredigt, das Vaterunser und eine Reihe von Gleichnissen genommen, die sich bei Matthäus und Lukas, nicht aber bei Markus finden. Außerdem bietet Matthäus Überlieferungen, die weder bei Markus noch bei Lukas begegnen (sog. Sondergut).

Das Evangelium setzt den Untergang Jerusalems (70 n. Chr.) voraus; es ist wohl um 80 n. Chr. verfaßt worden, und zwar vermutlich in Syrien (eher als in Palästina). Seinem Inhalt ist zu entnehmen, daß es in einem Gebiet entstanden sein muß, in dem Christen und Juden zusammenlebten. Als Verfasser nimmt man heute einen uns nicht näher bekannten judenchristlichen Lehrer an, der noch Schüler der Apostel war.

Matthäus sammelt Überlieferungen über Jesus, vor allem Worte Jesu, und ordnet sie zeitlich und thematisch in den dreistufigen Aufbau ein, den das Markusevangelium bietet: Anfang in Galiläa; Unterweisung der Jünger und Zug nach Jerusalem; Leiden und Tod in dieser Stadt. An den Anfang stellt er die Vorgeschichte Jesu, an das Ende einen Bericht von der abschließenden Erscheinung des Auferstandenen in Galiläa.

Im einzelnen läßt sich folgender Aufbau feststellen: Die Herkunft und Kindheit Jesu (1,1–2,23). Das Wirken Jesu in Galiläa (3,1–18,35) mit den Abschnitten: Vorbereitung

(3,1–4,11: Taufe, Versuchung), erstes Auftreten in Galiläa und Berufung der ersten Jünger (4,12–25), die Verkündigung des Messias (5,1–7,29) und seine Taten (8,1–9,34), Aussendungsrede (9,35–11,1), Beginn der Entscheidung (11,2–12,50), die Rede über das Himmelreich (13,1–53), Belehrung der Jünger (13,54–17,27), die Rede über das Leben in der Gemeinde (18,1–35). Das Wirken Jesu in Judäa und Jerusalem (19,1–25,46) mit den Abschnitten: der Weg nach Jerusalem (19,1–20,34), die Auseinandersetzung mit den Gegnern (21,1–23,39) und die Rede über die Endereignisse (24,1–25,46). Darauf folgen das Leiden Jesu (26,1–27,66) und die Ostergeschichte (28,1–20).

Der Evangelist wollte offenbar seiner Kirche eine Art Handbuch über Jesus und seine Lehre bieten. Seine Darstellung ist von der Absicht geprägt, Jesus als den Erben Abrahams zu erweisen, den verheißenen Messias Israels, der von Anfang an von den religiösen Führern seines Volkes abgelehnt und verfolgt, von Sündern und Heiden aber anerkannt wurde (vgl. 1,1.17.22f; 8,11f; 23,34–39). Diesem Zweck dienen auch die vielen Zitate aus dem Alten Testament. An die Stelle Israels ist nun die Kirche getreten als das wahre Volk Gottes, bestehend aus Juden und Heiden, aufgebaut auf dem Fels Petrus (22,1–14; 21,43; 27,42; 23,38; 16,13–20). Jesus ist als der Sohn des lebendigen Gottes (16,16; 11,25–27) der endgültige Offenbarer, Gesetzgeber und Lehrer (1,21; 11,25–27; 28,16–20). Das zeigen vor allem die fünf großen Reden: die Bergpredigt (Kap. 5–7), die Aussendungsrede (9,35–11,1), die Reich-Gottes-Rede (Kap. 13), die Rede über die rechte Ordnung in der Gemeinde (18,1–35), die Gerichtsrede über die Schriftgelehrten und Pharisäer und über die letzten Dinge (Kap. 23–25). Die Mitte der Forderungen Gottes bildet das Liebesgebot (22,34–40), das nicht nur dem Nächsten, sondern auch dem Feind gegenüber gilt (5,43–48); als Goldene Regel steht es auch an zentraler Stelle der Bergpredigt (7,12; vgl. 18,23–35 und 19,19). Mit der Auferstehung Jesu ist der Weg des Heils zu allen Menschen offen, alle sollen Jünger Jesu und Kinder des Vaters im Himmel werden (28,18–20).

In der Alten Kirche wurde das erste Evangelium am meisten gelesen und beachtet und wurde so zu d e m Evangelium der Kirche.

DIE VORGESCHICHTE: 1,1–2,23

Der Stammbaum Jesu: 1,1–17

1 Stammbaum Jesu Christi, des Sohnes Davids, des Sohnes Abrahams: *1–17:* Lk 3,23-38
2 Abraham war der Vater von Isaak, Gen 21,2f
Isaak von Jakob, Gen 25,26
Jakob von Juda und seinen Brüdern. Gen 29,32–30,24
3 Juda war der Vater von Perez und Serach; ihre Mutter war Tamar. Gen 38,29f
Perez war der Vater von Hezron, *3–6:*
Hezron von Aram, Rut 4,18–22
4 Aram von Amminadab,
Amminadab von Nachschon,
Nachschon von Salmon.
5 Salmon war der Vater von Boas; dessen Mutter war Rahab.
Boas war der Vater von Obed; dessen Mutter war Rut.
Obed war der Vater von Isai,
6 Isai der Vater des Königs David.
David war der Vater von Salomo, dessen Mutter die Frau des Urija war. 2 Sam 12,24
7 Salomo war der Vater von Rehabeam, *7–12:*
Rehabeam von Abija, 1 Chr 3,10–19
Abija von Asa,
8 Asa von Joschafat,
Joschafat von Joram,
Joram von Usija.

1,1–17 Der Stammbaum dient dem Nachweis, daß Jesus der Erbe der Verheißungen ist, die an Abraham und David ergingen. Die Namen des ersten Abschnitts (Abraham-David) sind Rut 4,18–22, die des zweiten (David bis Exil) 1 Chr 3,10–19 entnommen. An Eigentümlichkeiten finden sich: Zwischen Joram und Usija fehlen drei Könige: Ahasja, Joasch und Amazja (vgl. 2 Kön 8,25; 14,21; 1 Chr 3,11f). Statt Amos (1,10) steht 1 Chr 3,14 Amon. Im dritten Abschnitt fehlt ein Name (nur 13 Generationen statt 14). Auffällig ist die Nennung von vier Frauen (1,3.5.6), die Heidinnen waren (Rahab, Rut) oder als Sünderinnen galten (Tamar, Frau des Urija).

[9] Usija war der Vater von Jotam,
Jotam von Ahas,
Ahas von Hiskija,
[10] Hiskija von Manasse,
Manasse von Amos,
Amos von Joschija.
[11] Joschija war der Vater von Jojachin und seinen Brüdern; das war zur Zeit der Babylonischen Gefangenschaft.
[12] Nach der Babylonischen Gefangenschaft
war Jojachin der Vater von Schealtiël,
Schealtiël von Serubbabel,
[13] Serubbabel von Abihud,
Abihud von Eljakim,
Eljakim von Azor.
[14] Azor war der Vater von Zadok,
Zadok von Achim,
Achim von Eliud,
[15] Eliud von Eleasar,
Eleasar von Mattan,
Mattan von Jakob.
Lk 1,27 [16] Jakob war der Vater von Josef, dem Mann Marias;
von ihr wurde Jesus geboren,
der der Christus (der Messias) genannt wird.
[17] Im ganzen sind es also von Abraham bis David vierzehn Generationen, von David bis zur Babylonischen Gefangenschaft vierzehn Generationen und von der Babylonischen Gefangenschaft bis zu Christus vierzehn Generationen.

Die Geburt Jesu: 1,18–25

Lk 1,35 [18] Mit der Geburt Jesu Christi war es so: Maria, seine Mutter, war mit Josef verlobt; noch bevor sie zusammen-

---

1,16 Es wird vorausgesetzt, daß Jesus durch Adoption in das Geschlecht Davids eingegliedert wurde (vgl. 1,24).

1,17 In dem Stammbaum mit den 3mal 14 Generationen verbirgt sich eine Zahlensymbolik: Die Buchstaben dienen im Hebräischen zugleich als Ziffern; zählt man die Buchstaben des Namens David zusammen, so ergibt sich die Zahl 14. Die Generationenfolge soll veranschaulichen, daß sich in Jesus die an David ergangene messianische Verheißung erfüllt hat (2 Sam 7,12–16; vgl. Jes 11,1).

1,18 Die jüdische »Verlobung« stellte ein rechtsverbindliches Eheversprechen dar; die eheliche Gemeinschaft wurde aber erst nach der Heimholung der Braut durch den Ehegatten, meist ein oder eineinhalb Jahre später, aufgenommen. Die jüdischen Mädchen heirateten gewöhnlich nach Eintritt der Geschlechtsreife mit 13 bis 14 Jahren. Vgl. noch Lk 1,26–38; 2,5.

gekommen waren, zeigte sich, daß sie ein Kind erwartete –
durch das Wirken des Heiligen Geistes. 19 Josef, ihr Mann,
der gerecht war und sie nicht bloßstellen wollte, beschloß,
sich in aller Stille von ihr zu trennen. 20 Während er noch
darüber nachdachte, erschien ihm ein Engel des Herrn im
Traum und sagte: Josef, Sohn Davids, fürchte dich nicht,
Maria als deine Frau zu dir zu nehmen; denn das Kind, das
sie erwartet, ist vom Heiligen Geist. 21 Sie wird einen Sohn Lk 1,31; 2,21
gebären; ihm sollst du den Namen Jesus geben; denn er
wird sein Volk von seinen Sünden erlösen.

22 Dies alles ist geschehen, damit sich erfüllte, was der
Herr durch den Propheten gesagt hat:

23 *Seht, die Jungfrau wird ein Kind empfangen,* Jes 7,14 G
einen Sohn wird sie gebären,
und man wird ihm den Namen Immanuel geben,
das heißt übersetzt: Gott ist mit uns.

24 Als Josef erwachte, tat er, was der Engel des Herrn ihm
befohlen hatte, und nahm seine Frau zu sich. 25 Er er-
kannte sie aber nicht, bis sie ihren Sohn gebar. Und er gab
ihm den Namen Jesus.

Die Huldigung der Sterndeuter: 2,1–12

2 Als Jesus zur Zeit des Königs Herodes in Betlehem in Lk 2,4–7
Judäa geboren worden war, kamen Sterndeuter aus
dem Osten nach Jerusalem 2 und fragten: Wo ist der neu-
geborene König der Juden? Wir haben seinen Stern aufge- Num 24,17
hen sehen und sind gekommen, um ihm zu huldigen. 3 Als
König Herodes das hörte, erschrak er und mit ihm ganz Je-
rusalem. 4 Er ließ alle Hohenpriester und Schriftgelehrten
des Volkes zusammenkommen und erkundigte sich bei
ihnen, wo der Messias geboren werden solle. 5 Sie antwor- Joh 7,42
teten ihm: In Betlehem in Judäa; denn so steht es bei dem
Propheten:

6 *Du, Betlehem* im Gebiet von Juda, Mi 5,1.3
bist keineswegs *die unbedeutendste*

1,21 Der Name Jesus (Jeschua) wird hier als »Retter«, »Erlöser« gedeutet.

1,25 »Erkennen« wird im Alten Orient auch als Umschreibung des ehelichen Verkehrs gebraucht.

2,1 Das mit »Sterndeuter« übersetzte griechische Wort (mágoi) bezeichnete zunächst die Mitglieder einer persischen Priesterkaste, die sich mit Sternkunde und Astrologie befaßten, sodann allgemein babylonische und sonstige Astrologen. Sie wirkten oft als Berater von Königen, Fürsten und reichen Leuten.

2,2 Andere Übersetzungsmöglichkeit: Wir haben seinen Stern im Osten gesehen. Entsprechend in Vers 9.

unter den führenden Städten von Juda;
denn aus dir wird ein Fürst hervorgehen,
2 Sam 5,2 *der Hirt meines Volkes Israel.*
7 Danach rief Herodes die Sterndeuter heimlich zu sich
und ließ sich von ihnen genau sagen, wann der Stern er-
schienen war. 8 Dann schickte er sie nach Betlehem und
sagte: Geht und forscht sorgfältig nach, wo das Kind ist;
und wenn ihr es gefunden habt, berichtet mir, damit auch
ich hingehe und ihm huldige. 9 Nach diesen Worten des
Königs machten sie sich auf den Weg. Und der Stern, den
sie hatten aufgehen sehen, zog vor ihnen her bis zu dem
Ort, wo das Kind war; dort blieb er stehen. 10 Als sie den
Stern sahen, wurden sie von sehr großer Freude erfüllt.
11 Sie gingen in das Haus und sahen das Kind und Maria,
seine Mutter; da fielen sie nieder und huldigten ihm. Dann
holten sie ihre Schätze hervor und brachten ihm Gold,
Weihrauch und Myrrhe als Gaben dar. 12 Weil ihnen aber
im Traum geboten wurde, nicht zu Herodes zurückzukeh-
ren, zogen sie auf einem anderen Weg heim in ihr Land.

Die Flucht nach Ägypten: 2,13–15

13 Als die Sterndeuter wieder gegangen waren, erschien
dem Josef im Traum ein Engel des Herrn und sagte: Steh
auf, nimm das Kind und seine Mutter, und flieh nach
Ägypten; dort bleibe, bis ich dir etwas anderes auftrage;
denn Herodes wird das Kind suchen, um es zu töten. 14 Da
stand Josef in der Nacht auf und floh mit dem Kind und
dessen Mutter nach Ägypten. 15 Dort blieb er bis zum Tod
des Herodes. Denn es sollte sich erfüllen, was der Herr
Hos 11,1 durch den Propheten gesagt hat: *Aus Ägypten habe ich
meinen Sohn gerufen.*

Der Kindermord in Betlehem: 2,16–18

16 Als Herodes merkte, daß ihn die Sterndeuter ge-
täuscht hatten, wurde er sehr zornig, und er ließ in Betle-
hem und der ganzen Umgebung alle Knaben bis zum Alter
von zwei Jahren töten, genau der Zeit entsprechend, die er
von den Sterndeutern erfahren hatte. 17 Damals erfüllte
sich, was durch den Propheten Jeremia gesagt worden ist:
Jer 31,15 18 *Ein Geschrei war in Rama zu hören,*

2,18 Rahel, die Mutter der Stämme Benjamin und Efraim – nicht aber Juda –, wurde bei Rama, etwa 8 Kilometer nördlich von Jerusalem begraben (vgl. 1 Sam 10,2). Zur Zeit Jesu vermutete man dieses Grab am Weg von Jerusalem nach Betlehem (vgl. Gen 35,19; 48,7). Noch heute steht dort eine Gedenkstätte.

lautes *Weinen und Klagen:*
Rahel weinte um ihre Kinder
und wollte sich nicht trösten lassen,
denn sie waren dahin.

Die Rückkehr aus Ägypten: 2,19–23

19 Als Herodes gestorben war, erschien dem Josef in
Ägypten ein Engel des Herrn im Traum 20 und sagte: Steh
auf, nimm das Kind und seine Mutter, und zieh in das Land
Israel; denn die Leute, die dem Kind nach dem Leben ge-
trachtet haben, sind tot. 21 Da stand er auf und zog mit dem
Kind und dessen Mutter in das Land Israel. 22 Als er aber
hörte, daß in Judäa Archelaus an Stelle seines Vaters He-
rodes regierte, fürchtete er sich, dorthin zu gehen. Und
weil er im Traum einen Befehl erhalten hatte, zog er in das
Gebiet von Galiläa 23 und ließ sich in einer Stadt namens Lk 1,26; 2,39.51;
Nazaret nieder. Denn es sollte sich erfüllen, was durch die Joh 1,46
Propheten gesagt worden ist: Er wird Nazoräer genannt Ri 13,5.7 G
werden.

DIE VORBEREITUNG DES WIRKENS JESU: 3,1–4,11

Johannes der Täufer: 3,1–12

1–6: Mk 1,2–6; Lk 3,3–6 *7–10:* Lk 3,7–9 *11–12:* Mk 1,7f; Lk 3,15–17

3 In jenen Tagen trat Johannes der Täufer auf und ver- *1–6:* Joh 1,19–23
kündete in der Wüste von Judäa: 2 Kehrt um! Denn Apg 13,24; 19,4
das Himmelreich ist nahe. 3 Er war es, von dem der Prophet
Jesaja gesagt hat:
Eine Stimme ruft in der Wüste: Jes 40,3 G
Bereitet dem Herrn den Weg!
Ebnet ihm *die Straßen!*
4 Johannes trug ein Gewand aus Kamelhaaren und einen 2 Kön 1,8
ledernen Gürtel um seine Hüften; Heuschrecken und wil-
der Honig waren seine Nahrung. 5 Die Leute von Jerusalem
und ganz Judäa und aus der ganzen Jordangegend zogen zu
ihm hinaus; 6 sie bekannten ihre Sünden und ließen sich
im Jordan von ihm taufen.
7 Als Johannes sah, daß viele Pharisäer und Sadduzäer
zur Taufe kamen, sagte er zu ihnen: Ihr Schlangenbrut, wer 12,34; 23,33

2,23 Das Prophetenwort steht in dieser Form nicht im Alten Testament; vielleicht liegt eine Anspielung auf Jes 11,1 vor, wo vom »Sproß« (hebräisch: nezer) die Rede ist.

3,4 Nahrung und Kleidung weisen auf den Prophetenberuf und auf die asketische Lebensweise des Täufers hin. Er wird nach dem Vorbild des Propheten Elija gezeichnet, der ebenfalls am Unterlauf des Jordan wirkte (vgl. 2 Kön 1,8; 2,1–18).

hat euch denn gelehrt, daß ihr dem kommenden Gericht
entrinnen könnt? [8] Bringt Frucht hervor, die eure Umkehr
Joh 8,39; zeigt, [9] und meint nicht, ihr könntet sagen: Wir haben ja
Röm 4,12 Abraham zum Vater. Denn ich sage euch: Gott kann aus
7,19 diesen Steinen Kinder Abrahams machen. [10] Schon ist die
Axt an die Wurzel der Bäume gelegt; jeder Baum, der keine
gute Frucht hervorbringt, wird umgehauen und ins Feuer
geworfen.

Joh 1,15.24. [11] Ich taufe euch nur mit Wasser (zum Zeichen) der Um-
25–28.30f. 33 kehr. Der aber, der nach mir kommt, ist stärker als ich, und
Apg 13,25 ich bin es nicht wert, ihm die Schuhe auszuziehen. Er wird
Apg 1,5; 11,16 euch mit dem Heiligen Geist und mit Feuer taufen.
[12] Schon hält er die Schaufel in der Hand; er wird die Spreu
vom Weizen trennen und den Weizen in seine Scheune
13,30 bringen; die Spreu aber wird er in nie erlöschendem Feuer
verbrennen.

Die Taufe Jesu: 3,13–17

13–17: Mk 1,9–11; Lk 3,21f

13–17: [13] Zu dieser Zeit kam Jesus von Galiläa an den Jordan zu
Joh 1,29–34 Johannes, um sich von ihm taufen zu lassen. [14] Johannes
aber wollte es nicht zulassen und sagte zu ihm: Ich müßte
von dir getauft werden, und du kommst zu mir? [15] Jesus
antwortete ihm: Laß es nur zu! Denn nur so können wir die
Gerechtigkeit (die Gott fordert) ganz erfüllen. Da gab Jo-
hannes nach. [16] Kaum war Jesus getauft und aus dem Was-
ser gestiegen, da öffnete sich der Himmel, und er sah den
Gen 22,2; Ps 2,7; Geist Gottes wie eine Taube auf sich herabkommen.
Jes 42,1; [17] Und eine Stimme aus dem Himmel sprach: *Das ist mein*
Mt 12,18; 17,5; *geliebter Sohn, an dem ich Gefallen gefunden habe.*
Mk 1,11; 9,7;
Lk 3,22; 9,35

Die Versuchung Jesu: 4,1–11

1–11: Mk 1,12f; Lk 4,1–13

4 Dann wurde Jesus vom Geist in die Wüste geführt;
dort sollte er vom Teufel in Versuchung geführt wer-
Ex 34,28 den. [2] Als er vierzig Tage und vierzig Nächte gefastet hatte,
bekam er Hunger. [3] Da trat der Versucher an ihn heran und
sagte: Wenn du Gottes Sohn bist, so befiehl, daß aus diesen
Steinen Brot wird. [4] Er aber antwortete: In der Schrift heißt
Dtn 8,3 es: *Der Mensch lebt nicht nur von Brot, sondern von je-
dem Wort, das aus Gottes Mund kommt.* [5] Darauf nahm

3,7 Gericht, wörtlich: Zorn.

4,1–11 In der Versuchungsgeschichte verwenden sowohl der Satan als auch Jesus Worte aus dem Alten Testament. Einer falschen Vorstellung vom göttlichen Auftrag stellt Jesus das rechte Verständnis gegenüber.

ihn der Teufel mit sich in die Heilige Stadt, stellte ihn oben
auf den Tempel [6] und sagte zu ihm: Wenn du Gottes Sohn
bist, so stürz dich hinab; denn es heißt in der Schrift:
Seinen Engeln befiehlt er, Ps 91,11f
dich auf ihren Händen zu tragen,
damit dein Fuß nicht an einen Stein stößt.
[7] Jesus antwortete ihm: In der Schrift heißt es auch: *Du* Dtn 6,16
sollst den Herrn, deinen Gott, nicht auf die Probe stellen.
[8] Wieder nahm ihn der Teufel mit sich und führte ihn auf
einen sehr hohen Berg; er zeigte ihm alle Reiche der Welt
mit ihrer Pracht [9] und sagte zu ihm: Das alles will ich dir
geben, wenn du dich vor mir niederwirfst und mich anbe-
test. [10] Da sagte Jesus zu ihm: Weg mit dir, Satan! Denn in
der Schrift steht: *Vor dem Herrn, deinem Gott, sollst du* Dtn 5,9; 6,13
dich niederwerfen und ihm allein *dienen.* [11] Darauf ließ
der Teufel von ihm ab, und es kamen Engel und dienten
ihm.

DAS WIRKEN JESU IN GALILÄA: 4,12–18,35

Erstes Auftreten in Galiläa: 4,12–17

12–17: Mk 1,14f; Lk 4,14f

[12] Als Jesus hörte, daß man Johannes ins Gefängnis ge- 14,3; Mk 6,17;
worfen hatte, zog er sich nach Galiläa zurück. [13] Er verließ Lk 3,20; Joh 3,24
Nazaret, um in Kafarnaum zu wohnen, das am See liegt, im Joh 2,12
Gebiet von Sebulon und Naftali. [14] Denn es sollte sich er-
füllen, was durch den Propheten Jesaja gesagt worden ist:
[15] *Das Land Sebulon und das Land Naftali,* Jes 8,23; 9,1
die Straße am Meer, das Gebiet jenseits des Jordan,
das heidnische Galiläa:
[16] *das Volk, das im Dunkel lebte,*
hat ein helles Licht gesehen;
denen, die im Schattenreich des Todes wohnten, Lk 1,79
ist ein Licht erschienen.
[17] Von da an begann Jesus zu verkünden: Kehrt um! 10,7;
Denn das Himmelreich ist nahe. Lk 10,9.11

4,13–16 Die Stämme Sebulon und Naftali waren um 722 v. Chr. von den Assyrern verschleppt worden. Daher war das Gebiet am See Gennesaret wie ganz Galiläa in der Folgezeit auch von vielen Heiden bewohnt. Im Auftreten Jesu in Galiläa sieht Matthäus einen Hinweis darauf, daß das Wirken Jesu auch den Heiden gilt.

4,17 »Himmelreich« ist gleichbedeutend mit »Reich Gottes«. »Himmel« ist eine im Judentum übliche Umschreibung für den Namen Gottes.

Die Berufung der ersten Jünger: 4,18–22

18–22: Mk 1,16–20

Lk 5,1–11; 18 Als Jesus am See von Galiläa entlangging, sah er zwei
Joh 1,35–51 Brüder, Simon, genannt Petrus, und seinen Bruder Andreas; sie warfen gerade ihr Netz in den See, denn sie waren
Fischer. 19 Da sagte er zu ihnen: Kommt her, folgt mir
nach! Ich werde euch zu Menschenfischern machen. 20 Sofort ließen sie ihre Netze liegen und folgten ihm. 21 Als er
weiterging, sah er zwei andere Brüder, Jakobus, den Sohn des Zebedäus, und seinen Bruder Johannes; sie waren mit ihrem Vater Zebedäus im Boot und richteten ihre Netze
her. Er rief sie, 22 und sogleich verließen sie das Boot und
8,21f ihren Vater und folgten Jesus.

Die Wirkung des ersten Auftretens: 4,23–25

23–25: Mk 3,7–12; Lk 6,17–19

9,35; Mk 1,39; 23 Er zog in ganz Galiläa umher, lehrte in den Synagogen,
Lk 4,14f.44 verkündete das Evangelium vom Reich und heilte im Volk
alle Krankheiten und Leiden. 24 Und sein Ruf verbreitete
Mk 6,55f sich in ganz Syrien. Man brachte Kranke mit den verschiedensten Gebrechen und Leiden zu ihm, Besessene, Mondsüchtige und Gelähmte, und er heilte sie alle. 25 Scharen
von Menschen aus Galiläa, der Dekapolis, aus Jerusalem und Judäa und aus dem Gebiet jenseits des Jordan folgten ihm.

Die Bergpredigt: Die Rede von der wahren Gerechtigkeit: 5,1–7,29

Lk 6,20–49

1–12: Lk 6,20–26

5 Als Jesus die vielen Menschen sah, stieg er auf einen Berg. Er setzte sich, und seine Jünger traten zu ihm.
2 Dann begann er zu reden und lehrte sie.

5,1–7,29 Matthäus hat aus der Bergpredigtüberlieferung, die bei Lukas nur 30 Verse umfaßt (Lk 6,20–49), und aus anderen Jesusworten eine große Rede über die wahre Gerechtigkeit geschaffen. Er stellt Jesus dabei als den neuen Mose dar, der auf einem Berg die rechte Auslegung des Gesetzes lehrt (5,1f; 5,17–19). Der Berg, auf dem Jesus lehrt, entspricht dem Berg Sinai des Alten Bundes. Die Bergpredigt weist folgende Gliederung auf: Einleitung (5,1–20); die sechs Antithesen (5,21–48); die wahre Frömmigkeit (6,1–7,11); Schlußmahnungen (7,12–27). Diese Rede bildet eine Art Katechismus für das Leben als Jünger Jesu.

Die Seligpreisungen: 5,3–12

3 Er sagte:
Selig, die arm sind vor Gott; Jes 61,1
denn ihnen gehört das Himmelreich.
4 Selig die Trauernden; Jes 61,2
denn sie werden getröstet werden.
5 Selig, die keine Gewalt anwenden; Ps 37,11
denn sie werden das Land erben.
6 Selig, die hungern und dürsten nach der Gerechtigkeit;
denn sie werden satt werden.
7 Selig die Barmherzigen; 18,33
denn sie werden Erbarmen finden.
8 Selig, die ein reines Herz haben; Ps 24,3f
denn sie werden Gott schauen.
9 Selig, die Frieden stiften;
denn sie werden Söhne Gottes genannt werden.
10 Selig, die um der Gerechtigkeit willen verfolgt werden; 1 Petr 3,14
denn ihnen gehört das Himmelreich.
11 Selig seid ihr, wenn ihr um meinetwillen beschimpft 10,22; Apg 5,41;
und verfolgt und auf alle mögliche Weise verleumdet wer- 1 Petr 4,14
det. 12 Freut euch und jubelt: Euer Lohn im Himmel wird
groß sein. Denn so wurden schon vor euch die Propheten 23,30; Hebr
verfolgt. 11,32–38

Vom Salz der Erde und vom Licht der Welt: 5,13–16

13: Mk 9,50; Lk 14,34f

13 Ihr seid das Salz der Erde. Wenn das Salz seinen Geschmack verliert, womit kann man es wieder salzig machen? Es taugt zu nichts mehr; es wird weggeworfen und von den Leuten zertreten.

14 Ihr seid das Licht der Welt. Eine Stadt, die auf einem Eph 5,8;
Berg liegt, kann nicht verborgen bleiben. 15 Man zündet 1 Thess 5,5
auch nicht ein Licht an und stülpt ein Gefäß darüber, son- Mk 4,21;
dern man stellt es auf den Leuchter; dann leuchtet es allen Lk 8,16;
im Haus. 16 So soll euer Licht vor den Menschen leuchten, 11,33

5,3 Wörtlich: die im Geist Armen. Gemeint sind Menschen, die wissen, daß sie vor Gott nichts vorweisen können, und die daher alles von Gott erwarten.

5,5 Andere Übersetzungsmöglichkeit: die sanftmütig sind. – Das Wort ist wohl gegen das politische Messiasideal gerichtet.

5,15 Wörtlich: und stellt es unter einen Modios. Das griechische Wort módios bezeichnet ein Gefäß, das als Hohlmaß (»Scheffel«), aber auch zum Auslöschen von Öllampen benutzt wurde.

damit sie eure guten Werke sehen und euren Vater im
Himmel preisen.

Vom Gesetz und von den Propheten: 5,17–20

[17] Denkt nicht, ich sei gekommen, um das Gesetz und
die Propheten aufzuheben. Ich bin nicht gekommen, um
aufzuheben, sondern um zu erfüllen. [18] Amen, das sage ich
Lk 16,17 euch: Bis Himmel und Erde vergehen, wird auch nicht der
kleinste Buchstabe des Gesetzes vergehen, bevor nicht al-
les geschehen ist. [19] Wer auch nur eines von den kleinsten
Geboten aufhebt und die Menschen entsprechend lehrt,
der wird im Himmelreich der Kleinste sein. Wer sie aber
hält und halten lehrt, der wird groß sein im Himmelreich.
[20] Darum sage ich euch: Wenn eure Gerechtigkeit nicht
weit größer ist als die der Schriftgelehrten und der Pharisä-
er, werdet ihr nicht in das Himmelreich kommen.

Vom Töten und von der Versöhnung: 5,21–26

25–26: Lk 12,58f

[21] Ihr habt gehört, daß zu den Alten gesagt worden ist:
Ex 20,13; *Du sollst nicht töten;* wer aber jemand tötet, soll dem Ge-
Dtn 5,17 richt verfallen sein. [22] Ich aber sage euch: Jeder, der seinem
1 Joh 3,15 Bruder auch nur zürnt, soll dem Gericht verfallen sein; und
wer zu seinem Bruder sagt: Du Dummkopf!, soll dem
Spruch des Hohen Rates verfallen sein; wer aber zu ihm
sagt: Du (gottloser) Narr!, soll dem Feuer der Hölle verfal-
len sein.
[23] Wenn du deine Opfergabe zum Altar bringst und dir
dabei einfällt, daß dein Bruder etwas gegen dich hat, [24] so
Mk 11,25 laß deine Gabe dort vor dem Altar liegen; geh und versöhne
dich zuerst mit deinem Bruder, dann komm und opfere
deine Gabe.
[25] Schließ ohne Zögern Frieden mit deinem Gegner, so-
lange du mit ihm noch auf dem Weg zum Gericht bist.
Sonst wird dich dein Gegner vor den Richter bringen, und
der Richter wird dich dem Gerichtsdiener übergeben, und
du wirst ins Gefängnis geworfen. [26] Amen, das sage ich dir:
18,34 Du kommst von dort nicht heraus, bis du den letzten Pfen-
nig bezahlt hast.

5,18 Wörtlich: auch nicht ein Jota oder ein kleiner Strich (an einem Buchstaben).

5,22 Der Hohe Rat ist der oberste jüdische Gerichtshof.

5,26 Pfennig, wörtlich: Quadrans (kleine römische Münze).

Vom Ehebruch: 5,27–30

27 Ihr habt gehört, daß gesagt worden ist: *Du sollst nicht* Ex 20,14;
die Ehe brechen. 28 Ich aber sage euch: Wer eine Frau auch Dtn 5,18
nur lüstern ansieht, hat in seinem Herzen schon Ehebruch
mit ihr begangen.
29 Wenn dich dein rechtes Auge zum Bösen verführt, 18,9;
dann reiß es aus und wirf es weg! Denn es ist besser für Mk 9,47
dich, daß eines deiner Glieder verlorengeht, als daß dein
ganzer Leib in die Hölle geworfen wird. 30 Und wenn dich
deine rechte Hand zum Bösen verführt, dann hau sie ab 18,8;
und wirf sie weg! Denn es ist besser für dich, daß eines dei- Mk 9,43
ner Glieder verlorengeht, als daß dein ganzer Leib in die
Hölle kommt.

Von der Ehescheidung: 5,31–32

32: Lk 16,18

31 Ferner ist gesagt worden: *Wer seine Frau aus der Ehe* Dtn 24,1;
entläßt, muß ihr eine Scheidungsurkunde geben. 32 Ich Mt 19,7; Mk 10,3f
aber sage euch: Wer seine Frau entläßt, obwohl kein Fall 19,9; Mk 10,11f
von Unzucht vorliegt, liefert sie dem Ehebruch aus; und
wer eine Frau heiratet, die aus der Ehe entlassen worden 1 Kor 7,10f
ist, begeht Ehebruch.

Vom Schwören: 5,33–37

33 Ihr habt gehört, daß zu den Alten gesagt worden ist:
Du sollst keinen Meineid schwören, und: Du sollst halten, Lev 19,12;
was du dem Herrn geschworen hast. 34 Ich aber sage euch: Mt 23,16–22
Schwört überhaupt nicht, weder beim *Himmel*, denn er *ist* Num 30,3;
Gottes Thron, 35 noch bei der *Erde*, denn sie *ist der Sche-* Jak 5,12
mel für seine Füße, noch bei Jerusalem, denn *es ist die* Jes 66,1;
Stadt des großen Königs. 36 Auch bei deinem Haupt sollst Apg 7,49
du nicht schwören; denn du kannst kein einziges Haar Ps 48,3
weiß oder schwarz machen. 37 Euer Ja sei ein Ja, euer Nein 2 Kor 1,17;
ein Nein; alles andere stammt vom Bösen. Jak 5,12

Von der Vergeltung: 5,38–42

39–42: Lk 6,29f

38 Ihr habt gehört, daß gesagt worden ist: *Auge für Auge* Ex 21,24
und *Zahn für Zahn.* 39 Ich aber sage euch: Leistet dem, der
euch etwas Böses antut, keinen Widerstand, sondern wenn
dich einer auf die rechte Wange schlägt, dann halt ihm Spr 20,22; 24,29;
auch die andere hin. 40 Und wenn dich einer vor Gericht 1 Petr 3,9

5,37 »stammt vom Bösen« bedeutet entweder: ist böse, oder: ist vom Teufel bewirkt.

bringen will, um dir das Hemd wegzunehmen, dann laß
ihm auch den Mantel. 41 Und wenn dich einer zwingen
will, eine Meile mit ihm zu gehen, dann geh zwei mit ihm.
42 Wer dich bittet, dem gib, und wer von dir borgen will,
den weise nicht ab.

Von der Liebe zu den Feinden: 5,43–48

43–48: Lk 6,27f.32–36

Lev 19,18; 43 Ihr habt gehört, daß gesagt worden ist: *Du sollst dei-*
Mt 22,39 *nen Nächsten lieben* und deinen Feind hassen. 44 Ich aber
Röm 12,14.20 sage euch: Liebt eure Feinde und betet für die, die euch ver-
folgen, 45 damit ihr Söhne eures Vaters im Himmel werdet;
denn er läßt seine Sonne aufgehen über Bösen und Guten,
und er läßt regnen über Gerechte und Ungerechte. 46 Wenn
ihr nämlich nur die liebt, die euch lieben, welchen Lohn
könnt ihr dafür erwarten? Tun das nicht auch die Zöllner?
47 Und wenn ihr nur eure Brüder grüßt, was tut ihr damit
Besonderes? Tun das nicht auch die Heiden?
Lev 19,2 48 Ihr sollt also vollkommen sein, wie es auch euer
himmlischer Vater ist.

Vom Almosen: 6,1–4

23,5 6 Hütet euch, eure Gerechtigkeit vor den Menschen zur
Schau zu stellen; sonst habt ihr keinen Lohn von eu-
rem Vater im Himmel zu erwarten.
2 Wenn du Almosen gibst, laß es also nicht vor dir her-
posaunen, wie es die Heuchler in den Synagogen und auf
den Gassen tun, um von den Leuten gelobt zu werden.
Amen, das sage ich euch: Sie haben ihren Lohn bereits er-
halten. 3 Wenn du Almosen gibst, soll deine linke Hand
nicht wissen, was deine rechte tut. 4 Dein Almosen soll
verborgen bleiben, und dein Vater, der auch das Verbor-
gene sieht, wird es dir vergelten.

Vom Beten – Das Vaterunser: 6,5–15

9–13: Lk 11,2–4 *14–15:* Mk 11,25f

5 Wenn ihr betet, macht es nicht wie die Heuchler. Sie
stellen sich beim Gebet gern in die Synagogen und an die
Straßenecken, damit sie von den Leuten gesehen werden.
Amen, das sage ich euch: Sie haben ihren Lohn bereits er-
2 Kön 4,33 halten. 6 Du aber geh in deine Kammer, wenn du betest,
und schließ die Tür zu; dann bete zu deinem Vater, der im
Verborgenen ist. Dein Vater, der auch das Verborgene
sieht, wird es dir vergelten.
7 Wenn ihr betet, sollt ihr nicht plappern wie die Heiden,
die meinen, sie werden nur erhört, wenn sie viele Worte

machen. [8] Macht es nicht wie sie; denn euer Vater weiß, 6,32;
was ihr braucht, noch ehe ihr ihn bittet. [9] So sollt ihr beten: Lk 12,30

Unser Vater im Himmel,
dein Name werde geheiligt,
[10] dein Reich komme,
dein Wille geschehe
wie im Himmel, so auf der Erde.
[11] Gib uns heute das Brot, das wir brauchen.
[12] Und erlaß uns unsere Schulden, Sir 28,2
wie auch wir sie unseren Schuldnern erlassen haben.
[13] Und führe uns nicht in Versuchung,
sondern rette uns vor dem Bösen. Joh 17,15

[14] Denn wenn ihr den Menschen ihre Verfehlungen ver- Lk 6,37
gebt, dann wird euer himmlischer Vater auch euch verge-
ben. [15] Wenn ihr aber den Menschen nicht vergebt, dann
wird euch euer Vater eure Verfehlungen auch nicht verge-
ben.

Vom Fasten: 6,16–18

[16] Wenn ihr fastet, macht kein finsteres Gesicht wie die
Heuchler. Sie geben sich ein trübseliges Aussehen, damit
die Leute merken, daß sie fasten. Amen, das sage ich euch:
Sie haben ihren Lohn bereits erhalten. [17] Du aber salbe
dein Haar, wenn du fastest, und wasche dein Gesicht,
[18] damit die Leute nicht merken, daß du fastest, sondern
nur dein Vater, der auch das Verborgene sieht; und dein Va-
ter, der das Verborgene sieht, wird es dir vergelten.

Von der falschen und der rechten Sorge: 6,19–34

19–21: Lk 12,33f *22–23:* Lk 11,34–36 *24:* Lk 16,13
25–33: Lk 12,22–31

[19] Sammelt euch nicht Schätze hier auf der Erde, wo Jak 5,2f
Motte und Wurm sie zerstören und wo Diebe einbrechen
und sie stehlen, [20] sondern sammelt euch Schätze im 19,21;
Himmel, wo weder Motte noch Wurm sie zerstören und Mk 10,21; Lk 18,22

6,9 In der Liturgie ist folgende ökumenische Fassung gebräuchlich: Vater unser im Himmel, geheiligt werde dein Name. Dein Reich komme. Dein Wille geschehe, wie im Himmel, so auf Erden. Unser tägliches Brot gib uns heute. Und vergib uns unsere Schuld, wie auch wir vergeben unsern Schuldigern. Und führe uns nicht in Versuchung, sondern erlöse uns von dem Bösen.

6,13 Spätere Textzeugen fügen dem Gebet des Herrn noch einen Lobpreis an, der in Anlehnung an 1 Chr 29,10f gestaltet ist: Denn dein ist das Reich und die Kraft und die Herrlichkeit in Ewigkeit. Amen.

6,17 dein Haar, wörtlich: deinen Kopf.

keine Diebe einbrechen und sie stehlen. 21 Denn wo dein
Schatz ist, da ist auch dein Herz.

22 Das Auge gibt dem Körper Licht. Wenn dein Auge ge-
sund ist, dann wird dein ganzer Körper hell sein. 23 Wenn
aber dein Auge krank ist, dann wird dein ganzer Körper fin-
ster sein. Wenn nun das Licht in dir Finsternis ist, wie groß
muß dann die Finsternis sein!

24 Niemand kann zwei Herren dienen; er wird entweder
den einen hassen und den andern lieben, oder er wird zu
dem einen halten und den andern verachten. Ihr könnt
nicht beiden dienen, Gott und dem Mammon.

25 Deswegen sage ich euch: Sorgt euch nicht um euer
Leben und darum, daß ihr etwas zu essen habt, noch um
euren Leib und darum, daß ihr etwas anzuziehen habt. Ist
nicht das Leben wichtiger als die Nahrung und der Leib
10,29–31; wichtiger als die Kleidung? 26 Seht euch die Vögel des
Lk 12,6f Himmels an: Sie säen nicht, sie ernten nicht und sammeln
keine Vorräte in Scheunen; euer himmlischer Vater er-
nährt sie. Seid ihr nicht viel mehr wert als sie? 27 Wer von
euch kann mit all seiner Sorge sein Leben auch nur um
eine kleine Zeitspanne verlängern? 28 Und was sorgt ihr
euch um eure Kleidung? Lernt von den Lilien, die auf dem
Feld wachsen: Sie arbeiten nicht und spinnen nicht.
1 Kön 10,5 29 Doch ich sage euch: Selbst Salomo war in all seiner
Pracht nicht gekleidet wie eine von ihnen. 30 Wenn aber
Gott schon das Gras so prächtig kleidet, das heute auf dem
Feld steht und morgen ins Feuer geworfen wird, wieviel
Phil 4,6; mehr dann euch, ihr Kleingläubigen! 31 Macht euch also
1 Petr 5,7 keine Sorgen und fragt nicht: Was sollen wir essen? Was
sollen wir trinken? Was sollen wir anziehen? 32 Denn um
6,8 all das geht es den Heiden. Euer himmlischer Vater weiß,
daß ihr das alles braucht. 33 Euch aber muß es zuerst um
sein Reich und um seine Gerechtigkeit gehen; dann wird
euch alles andere dazugegeben.

34 Sorgt euch also nicht um morgen; denn der morgige
Tag wird für sich selbst sorgen. Jeder Tag hat genug eigene
Plage.

Vom Richten: 7,1–5

1–2: Mk 4,24f; Lk 6,37f *3–5:* Lk 6,41f

1–2: Röm 2,1; 7 Richtet nicht, damit ihr nicht gerichtet werdet!
1 Kor 4,5 2 Denn wie ihr richtet, so werdet ihr gerichtet werden,

---

6,24 Zu »Mammon« vgl. die Anmerkung zu Lk 16,9.

6,27 Andere Übersetzungsmöglichkeit: kann . . . seiner Körpergröße auch nur eine Elle hinzufügen?

und nach dem Maß, mit dem ihr meßt und zuteilt, wird
euch zugeteilt werden. 3 Warum siehst du den Splitter im
Auge deines Bruders, aber den Balken in deinem Auge be-
merkst du nicht? 4 Wie kannst du zu deinem Bruder sagen:
Laß mich den Splitter aus deinem Auge herausziehen! –
und dabei steckt in deinem Auge ein Balken? 5 Du Heuch-
ler! Zieh zuerst den Balken aus deinem Auge, dann kannst
du versuchen, den Splitter aus dem Auge deines Bruders
herauszuziehen.

Von der Entweihung des Heiligen: 7,6

6 Gebt das Heilige nicht den Hunden, und werft eure Per-
len nicht den Schweinen vor, denn sie könnten sie mit ih-
ren Füßen zertreten und sich umwenden und euch zerrei-
ßen.

Vom Vertrauen beim Beten: 7,7–11

7–11: Lk 11,9–13

7 Bittet, dann wird euch gegeben; sucht, dann werdet ihr 18,19; 21,22;
finden; klopft an, dann wird euch geöffnet. 8 Denn wer bit- Mk 11,24;
tet, der empfängt; wer sucht, der findet; und wer anklopft, Joh 14,13f; 15,7; 16,24;
dem wird geöffnet. 9 Oder ist einer unter euch, der seinem 1 Joh 5,14f
Sohn einen Stein gibt, wenn er um Brot bittet, 10 oder eine
Schlange, wenn er um einen Fisch bittet? 11 Wenn nun
schon ihr, die ihr böse seid, euren Kindern gebt, was gut ist,
wieviel mehr wird euer Vater im Himmel denen Gutes ge-
ben, die ihn bitten.

Die Goldene Regel: 7,12

12: Lk 6,31

12 Alles, was ihr also von anderen erwartet, das tut auch
ihnen! Darin besteht das Gesetz und die Propheten. 22,40; Röm 13,8–10; Gal 5,14

Von den zwei Wegen: 7,13–14

13 Geht durch das enge Tor! Denn das Tor ist weit, das Lk 13,24
ins Verderben führt, und der Weg dahin ist breit, und viele
gehen auf ihm. 14 Aber das Tor, das zum Leben führt, ist
eng, und der Weg dahin ist schmal, und nur wenige finden
ihn.

7,6 Der Ausdruck »das Heilige« bezeichnete ursprünglich wahrscheinlich Opferfleisch, dann im übertragenen Sinn bei den Juden die Tora (das Gesetz) und hier die Lehre Jesu.

Von den falschen Propheten: 7,15–23

16–20: Lk 6,43f *21:* Lk 6,46 *22–23:* Lk 13,25–27

24,11.24; [15] Hütet euch vor den falschen Propheten; sie kommen
1 Joh 4,1 zu euch wie (harmlose) Schafe, in Wirklichkeit aber sind
Joh 10,12 sie reißende Wölfe. [16] An ihren Früchten werdet ihr sie er-
kennen. Erntet man etwa von Dornen Trauben oder von
Jak 3,12 Disteln Feigen? [17] Jeder gute Baum bringt gute Früchte
12,33 hervor, ein schlechter Baum aber schlechte. [18] Ein guter
Baum kann keine schlechten Früchte hervorbringen und
3,10; Lk 3,9 ein schlechter Baum keine guten. [19] Jeder Baum, der keine
12,33 guten Früchte hervorbringt, wird umgehauen und ins
Feuer geworfen. [20] An ihren Früchten also werdet ihr sie
erkennen.

[21] Nicht jeder, der zu mir sagt: Herr! Herr!, wird in das
Jak 1,22; Himmelreich kommen, sondern nur, wer den Willen mei-
1 Joh 2,17 nes Vaters im Himmel erfüllt. [22] Viele werden an jenem
Tag zu mir sagen: Herr, Herr, sind wir nicht in deinem
Namen als Propheten aufgetreten, und haben wir nicht
mit deinem Namen Dämonen ausgetrieben und mit dei-
25,12 nem Namen viele Wunder vollbracht? [23] Dann werde ich
Ps 6,9 G ihnen antworten: Ich kenne euch nicht. *Weg von mir, ihr
Übertreter des Gesetzes!*

Vom Haus auf dem Felsen: 7,24–27

24–27: Lk 6,47–49

[24] Wer diese meine Worte hört und danach handelt, ist
wie ein kluger Mann, der sein Haus auf Fels baute. [25] Als
nun ein Wolkenbruch kam und die Wassermassen heran-
fluteten, als die Stürme tobten und an dem Haus rüttelten,
da stürzte es nicht ein; denn es war auf Fels gebaut. [26] Wer
aber meine Worte hört und nicht danach handelt, ist wie
ein unvernünftiger Mann, der sein Haus auf Sand baute.
[27] Als nun ein Wolkenbruch kam und die Wassermassen
heranfluteten, als die Stürme tobten und an dem Haus rüt-
telten, da stürzte es ein und wurde völlig zerstört.

Die Wirkung der Bergpredigt: 7,28–29

Mk 1,22f; [28] Als Jesus diese Rede beendet hatte, war die Menge
Lk 4,32 sehr betroffen von seiner Lehre; [29] denn er lehrte sie wie
einer, der (göttliche) Vollmacht hat, und nicht wie ihre
Schriftgelehrten.

7,15 Wörtlich: sie kommen zu euch in Schafspelzen, innen aber sind sie reißende Wölfe.

Die Taten des Messias: 8,1–9,34

Die Heilung eines Aussätzigen: 8,1–4

1–4: Mk 1,40–45; Lk 5,12–14

8 Als Jesus von dem Berg herabstieg, folgten ihm viele
Menschen. [2] Da kam ein Aussätziger, fiel vor ihm
nieder und sagte: Herr, wenn du willst, kannst du machen,
daß ich rein werde. [3] Jesus streckte die Hand aus, berührte
ihn und sagte: Ich will es – werde rein! Im gleichen Augen-
blick wurde der Aussätzige rein. [4] Jesus aber sagte zu ihm: 9,30; 12,16;
Nimm dich in acht! Erzähl niemand davon, sondern geh, Mk 7,36
zeig dich dem Priester und bring das Opfer dar, das Mose Lev 13,49;
angeordnet hat. Das soll für sie ein Beweis (deiner Heilung) 14,2–32;
sein. Lk 17,14

Der Hauptmann von Kafarnaum: 8,5–13

5–10.13: Lk 7,1–10; Joh 4,46b–53 *11–12:* Lk 13,28f

[5] Als er nach Kafarnaum kam, trat ein Hauptmann an
ihn heran und bat ihn: [6] Herr, mein Diener liegt gelähmt
zu Hause und hat große Schmerzen. [7] Jesus sagte zu ihm:
Ich will kommen und ihn gesund machen. [8] Da antwortete
der Hauptmann: Herr, ich bin es nicht wert, daß du mein
Haus betrittst; sprich nur ein Wort, dann wird mein Diener
gesund. [9] Auch ich muß Befehlen gehorchen, und ich habe
selber Soldaten unter mir; sage ich nun zu einem: Geh!, so
geht er, und zu einem andern: Komm!, so kommt er, und
zu meinem Diener: Tu das!, so tut er es. [10] Jesus war er-
staunt, als er das hörte, und sagte zu denen, die ihm nach-
folgten: Amen, das sage ich euch: Einen solchen Glauben
habe ich in Israel noch bei niemand gefunden. [11] Ich sage

8,1–9,34 Die Botschaft der Bergpredigt (Kap. 5–7) wird anschließend durch die Taten Jesu beglaubigt, die seine messianische Vollmacht bestätigen. Das sog. Wunderkapitel (Kap. 8–9) ist kunstvoll aufgebaut: 3 mal 3 Wunderberichte werden jeweils durch theologische Aussagen unterbrochen und gedeutet.

8,4 Ein Beweis (deiner Heilung), andere Deutungsmöglichkeiten: ein Beweis (meiner Gesetzestreue); oder: ein Beweis (meiner Vollmacht).

8,5–10 In dem Grenzort Kafarnaum lag eine Garnison mit Truppen des Herodes Antipas. Die Soldaten dieser Söldnertruppe waren meist Nichtjuden. Fromme Juden betraten die Häuser von Heiden nicht, um sich nicht unrein zu machen (vgl. die Anmerkung zu Mk 7,1–8.14–23).

8,7 Andere Übersetzungsmöglichkeit: Soll *ich* etwa kommen und ihn gesund machen?

8,11f Der Hauptmann von Kafarnaum wird als der erste Vertreter der Heidenwelt, der zum Glauben kommt, herausgestellt.

euch: Viele werden von Osten und Westen kommen und
mit Abraham, Isaak und Jakob im Himmelreich zu Tisch
sitzen; [12] die aber, für die das Reich bestimmt war, werden
13,42.50; hinausgeworfen in die äußerste Finsternis; dort werden sie
22,13; heulen und mit den Zähnen knirschen. [13] Und zum
24,51; 25,30; Lk 13,28 Hauptmann sagte Jesus: Geh! Es soll geschehen, wie du geglaubt hast. Und in derselben Stunde wurde der Diener gesund.

Die Heilung der Schwiegermutter des Petrus: 8,14–15

14–15: Mk 1,29–31; Lk 4,38f

[14] Jesus ging in das Haus des Petrus und sah, daß dessen
Schwiegermutter im Bett lag und Fieber hatte. [15] Da berührte er ihre Hand, und das Fieber wich von ihr. Und sie stand auf und sorgte für ihn.

Die Heilung von Besessenen und Kranken: 8,16–17

16–17: Mk 1,32–34; Lk 4,40f

[16] Am Abend brachte man viele Besessene zu ihm. Er trieb mit seinem Wort die Geister aus und heilte alle Kranken.
[17] Dadurch sollte sich erfüllen, was durch den Propheten
Jes 53,4 Jesaja gesagt worden ist: *Er hat unsere Leiden auf sich genommen und unsere Krankheiten getragen.*

Von der Nachfolge: 8,18–22

19–22: Lk 9,57–60

[18] Als Jesus die vielen Menschen sah, die um ihn waren,
befahl er, ans andere Ufer zu fahren. [19] Da kam ein Schriftgelehrter zu ihm und sagte: Meister, ich will dir folgen,
wohin du auch gehst. [20] Jesus antwortete ihm: Die Füchse haben ihre Höhlen und die Vögel ihre Nester; der Menschensohn aber hat keinen Ort, wo er sein Haupt hinlegen
kann. [21] Ein anderer aber, einer seiner Jünger, sagte zu ihm:
4,22; 9,9; 19,21; Mk 2,14; 8,34; 10,21; Lk 5,27; 9,23; 18,22; Joh 1,43; 21,19.22 Herr, laß mich zuerst heimgehen und meinen Vater begraben!
[22] Jesus erwiderte: Folge mir nach; laß die Toten ihre Toten begraben!

Der Sturm auf dem See: 8,23–27

23–27: Mk 4,35–41; Lk 8,22–25

[23] Er stieg in das Boot, und seine Jünger folgten ihm.

8,12 die aber, für die das Reich bestimmt war, wörtlich: die Söhne des Reichs.

8,16f Matthäus sieht in den Heilungen einen Hinweis darauf, daß Jesus als der verheißene leidende Gottesknecht die Leiden der Menschheit auf sich nimmt.

24 Plötzlich brach auf dem See ein gewaltiger Sturm los, so
daß das Boot von den Wellen überflutet wurde. Jesus aber
schlief. 25 Da traten die Jünger zu ihm und weckten ihn; sie
riefen: Herr, rette uns, wir gehen zugrunde! 26 Er sagte zu 14,30
ihnen: Warum habt ihr solche Angst, ihr Kleingläubigen? 14,31
Dann stand er auf, drohte den Winden und dem See, und es 14,32;
trat völlige Stille ein. 27 Die Leute aber staunten und sag- Mk 6,51
ten: Was ist das für ein Mensch, daß ihm sogar die Winde
und der See gehorchen?

Die Heilung der Besessenen von Gadara: 8,28–34

28–34: Mk 5,1–17; Lk 8,26–37

28 Als Jesus an das andere Ufer kam, in das Gebiet von
Gadara, liefen ihm aus den Grabhöhlen zwei Besessene
entgegen. Sie waren so gefährlich, daß niemand den Weg
benutzen konnte, der dort vorbeiführte. 29 Sofort begannen
sie zu schreien: Was haben wir mit dir zu tun, Sohn Got- Mk 1,24; 3,11;
tes? Bist du hergekommen, um uns schon vor der Zeit zu Lk 4,34.41;
quälen? 30 In einiger Entfernung weidete gerade eine große Joh 2,4
Schweineherde. 31 Da baten ihn die Dämonen: Wenn du
uns austreibst, dann schick uns in die Schweineherde!
32 Er sagte zu ihnen: Geht! Da verließen sie die beiden und
fuhren in die Schweine. Und die ganze Herde stürzte sich
den Abhang hinab in den See und kam in den Fluten um.
33 Die Hirten flohen, liefen in die Stadt und erzählten dort
alles, auch das, was mit den Besessenen geschehen war.
34 Und die ganze Stadt zog zu Jesus hinaus; als sie ihn tra-
fen, baten sie ihn, ihr Gebiet zu verlassen.

Die Heilung eines Gelähmten: 9,1–8

1–8: Mk 2,1–12; Lk 5,17–26

9 Jesus stieg in das Boot, fuhr über den See und kam in
seine Stadt. 2 Da brachte man auf einer Tragbahre ei-
nen Gelähmten zu ihm. Als Jesus ihren Glauben sah, sagte
er zu dem Gelähmten: Hab Vertrauen, mein Sohn, deine Lk 7,48
Sünden sind dir vergeben! 3 Da dachten einige Schriftge-
lehrte: Er lästert Gott. 4 Jesus wußte, was sie dachten, und
sagte: Warum habt ihr so böse Gedanken im Herzen? 5 Was
ist leichter, zu sagen: Deine Sünden sind dir vergeben!,
oder zu sagen: Steh auf und geh umher? 6 Ihr sollt aber er-
kennen, daß der Menschensohn die Vollmacht hat, hier
auf der Erde Sünden zu vergeben. Darauf sagte er zu dem

8,24 ein gewaltiger Sturm, wörtlich: ein gewaltiges Erdbeben (vgl. 24,7; 27,51).

8,28 Gadara, weniger gut bezeugte Lesarten: Gerasa, Gergesa.

Gelähmten: Steh auf, nimm deine Tragbahre, und geh
nach Hause! 7 Und der Mann stand auf und ging heim.
8 Als die Leute das sahen, erschraken sie und priesen Gott,
der den Menschen solche Vollmacht gegeben hat.

Die Berufung des Matthäus und das Mahl mit den Zöllnern: 9,9–13

9–13: Mk 2,13–17; Lk 5,27–32

9 Als Jesus weiterging, sah er einen Mann namens Mat-
8,22 thäus am Zoll sitzen und sagte zu ihm: Folge mir nach! Da
stand Matthäus auf und folgte ihm. 10 Und als Jesus in sei-
11,19; nem Haus beim Essen war, kamen viele Zöllner und Sün-
Lk 15,1f; der und aßen zusammen mit ihm und seinen Jüngern.
19,7 11 Als die Pharisäer das sahen, sagten sie zu seinen Jüngern:
Wie kann euer Meister zusammen mit Zöllnern und Sün-
dern essen? 12 Er hörte es und sagte: Nicht die Gesunden
brauchen den Arzt, sondern die Kranken. 13 Darum lernt,
Hos 6,6; was es heißt: *Barmherzigkeit will ich, nicht Opfer.* Denn
Mt 12,7 ich bin gekommen, um die Sünder zu rufen, nicht die Ge-
Lk 19,10 rechten.

Die Frage nach dem Fasten: 9,14–17

14–17: Mk 2,18–22; Lk 5,33–38

14 Da kamen die Jünger des Johannes zu ihm und sagten:
Warum fasten deine Jünger nicht, während wir und die
11,18 Pharisäer fasten? 15 Jesus antwortete ihnen: Können denn
die Hochzeitsgäste trauern, solange der Bräutigam bei ih-
nen ist? Es werden aber Tage kommen, da wird ihnen der
Bräutigam genommen sein; dann werden sie fasten.
16 Niemand setzt ein Stück neuen Stoff auf ein altes
Kleid; denn der neue Stoff reißt doch wieder ab, und es ent-
steht ein noch größerer Riß. 17 Auch füllt man nicht neuen
Wein in alte Schläuche. Sonst reißen die Schläuche, der
Wein läuft aus, und die Schläuche sind unbrauchbar.

9,9–13 Nur das Matthäusevangelium identifiziert den bekehrten Beamten der Zollstelle von Kafarnaum mit Matthäus, dem Mitglied des Zwölferkreises und späteren Apostel (vgl. auch 10,3: »Matthäus, der Zöllner«). Bei Markus und Lukas fehlen diese Hinweise; bei ihnen hieß der Zöllner Levi (vgl. die Einführung zum Matthäusevangelium).

9,10 in seinem Haus: entweder im Haus des Matthäus oder im Haus Jesu.

9,16f Die zwei Klugheitsregeln weisen auf die Unverträglichkeit von Neuem und Altem hin. – »Schläuche« waren zusammengenähte Ziegenfelle, die man im Altertum anstelle von Weinfässern verwendete. Ungewalktes Tuch zieht sich bei Nässe zusammen.

Neuen Wein füllt man in neue Schläuche, dann bleibt bei-
des erhalten.

Die Auferweckung der Tochter eines Synagogenvorstehers und die Heilung einer kranken Frau: 9,18–26

18–26: Mk 5,21–43; Lk 8,40–56

18 Während Jesus so mit ihnen redete, kam ein Synago-
genvorsteher, fiel vor ihm nieder und sagte: Meine Tochter
ist eben gestorben; komm doch, leg ihr deine Hand auf,
dann wird sie wieder lebendig. 19 Jesus stand auf und folgte
ihm mit seinen Jüngern. 20 Da trat eine Frau, die schon
zwölf Jahre an Blutungen litt, von hinten an ihn heran und 14,36;
berührte den Saum seines Gewandes; 21 denn sie sagte Mk 6,56
sich: Wenn ich auch nur sein Gewand berühre, werde ich
geheilt. 22 Jesus wandte sich um, und als er sie sah, sagte er:
Hab keine Angst, meine Tochter, dein Glaube hat dir ge- Mk 10,52;
holfen. Und von dieser Stunde an war die Frau geheilt. Lk 7,50; 17,19; 18,42;
23 Als Jesus in das Haus des Synagogenvorstehers kam und Apg 14,9
die Flötenspieler und die Menge der klagenden Leute sah,
24 sagte er: Geht hinaus! Das Mädchen ist nicht gestorben,
es schläft nur. Da lachten sie ihn aus. 25 Als man die Leute
hinausgedrängt hatte, trat er ein und faßte das Mädchen an Mk 1,31; 9,27
der Hand; da stand es auf. 26 Und die Kunde davon verbrei-
tete sich in der ganzen Gegend.

Die Heilung von zwei Blinden: 9,27–31

27 Als Jesus weiterging, folgten ihm zwei Blinde und *27-30:* 20,29–34;
schrien: Hab Erbarmen mit uns, Sohn Davids! 28 Nachdem Mk 10,46–52;
er ins Haus gegangen war, kamen die Blinden zu ihm. Er Lk 18,35–43 *27:* 15,22
sagte zu ihnen: Glaubt ihr, daß ich euch helfen kann? Sie
antworteten: Ja, Herr. 29 Darauf berührte er ihre Augen
und sagte: Wie ihr geglaubt habt, so soll es geschehen.
30 Da wurden ihre Augen geöffnet. Jesus aber befahl ihnen:
Nehmt euch in acht! Niemand darf es erfahren. 31 Doch sie
gingen weg und erzählten von ihm in der ganzen Gegend.

9,20–22 Blutungen machten eine Frau unrein; sie durfte nicht am Gottesdienst teilnehmen und mußte die Berührung mit anderen Menschen meiden, da diese sonst ebenfalls unrein wurden. Das Vorgehen der Frau war deshalb ein Verstoß gegen das Gesetz (vgl. Lev 12), offenbart aber ihre Not und ihr Vertrauen.

9,27 Matthäus verdoppelt gern die Personen bei Heilungen (vgl. mit Mk 9,27–31 und Lk 11,14; auch Mt 20,29–34 mit Mk 10,46–52 und Mt 8,28 mit Mk 5,2).

Die Heilung eines Stummen: 9,32–34

32–34: Lk 11,14f

32–34: 32 Als sie gegangen waren, brachte man zu Jesus einen
12,22–24 Stummen, der von einem Dämon besessen war. 33 Er trieb
den Dämon aus, und der Stumme konnte reden. Alle Leute
staunten und sagten: So etwas ist in Israel noch nie ge-
10,25; schehen. 34 Die Pharisäer aber sagten: Mit Hilfe des An-
Mk 3,22 führers der Dämonen treibt er die Dämonen aus.

Die Aussendungsrede: 9,35–11,1

Von der Größe der Ernte: 9,35–38

35: Mk 6,6; Lk 8,1 *36:* Mk 6,34 *37–38:* Lk 10,2

35 Jesus zog durch alle Städte und Dörfer, lehrte in ihren
Synagogen, verkündete das Evangelium vom Reich und
14,14; 15,32; heilte alle Krankheiten und Leiden. 36 Als er die vielen
Mk 8,2 Menschen sah, hatte er Mitleid mit ihnen; denn sie waren
Num 27,17; müde und erschöpft *wie Schafe, die keinen Hirten haben*.
1 Kön 22,17; 37 Da sagte er zu seinen Jüngern: Die Ernte ist groß, aber es
Ez 34,5 gibt nur wenig Arbeiter. 38 Bittet also den Herrn der Ernte,
Arbeiter für seine Ernte auszusenden.

Die Wahl der Zwölf: 10,1–4

1: Mk 6,7; Lk 9,1 *1–4:* Mk 3,13–19; Lk 6,12–16

10 Dann rief er seine zwölf Jünger zu sich und gab ih-
nen die Vollmacht, die unreinen Geister auszu-
2–4: treiben und alle Krankheiten und Leiden zu heilen. 2 Die
Joh 1,40–44; Namen der zwölf Apostel sind: an erster Stelle Simon, ge-
Apg 1,13 nannt Petrus, und sein Bruder Andreas, dann Jakobus, der
Sohn des Zebedäus, und sein Bruder Johannes, 3 Philippus
und Bartholomäus, Thomas und Matthäus, der Zöllner,
Jakobus, der Sohn des Alphäus, und Thaddäus, 4 Simon
Kananäus und Judas Iskariot, der ihn später verraten hat.

Anweisung für die Mission: 10,5–15

5–15: Mk 6,8–11; Lk 9,2–5

5–15: 5 Diese Zwölf sandte Jesus aus und gebot ihnen: Geht
Lk 10,4–12 nicht zu den Heiden, und betretet keine Stadt der Samari-

---

9,35–11,1 Aus verschiedenen Weisungen Jesu an die ausgesandten Jünger und anderen Worten Jesu hat Matthäus eine Rede gebildet, die Richtlinien gibt für die missionierende und zugleich verfolgte Kirche seiner Zeit. – Die Berufung der Zwölf (10,1–4) war ein Zeichen für den Anspruch Jesu, die zwölf Stämme Israels wieder zu sammeln und so das Gottesvolk der Endzeit zu schaffen.

10,4 Kananäus ist nicht Eigenname, sondern Beiname im Sinn von »der Zelot«, »der Eiferer«.

ter, 6 sondern geht zu den verlorenen Schafen des Hauses 15,24
Israel. 7 Geht und verkündet: Das Himmelreich ist nahe. 4,17
8 Heilt Kranke, weckt Tote auf, macht Aussätzige rein,
treibt Dämonen aus! Umsonst habt ihr empfangen, um-
sonst sollt ihr geben. 9 Steckt nicht Gold, Silber und Kup-
fermünzen in euren Gürtel. 10 Nehmt keine Vorratstasche
mit auf den Weg, kein zweites Hemd, keine Schuhe, kei-
nen Wanderstab; denn wer arbeitet, hat ein Recht auf sei- 1 Kor 9,5–14;
nen Unterhalt. 11 Wenn ihr in eine Stadt oder in ein Dorf 1 Tim 5,18
kommt, erkundigt euch, wer es wert ist, euch aufzuneh-
men; bei ihm bleibt, bis ihr den Ort wieder verlaßt.
12 Wenn ihr in ein Haus kommt, dann wünscht ihm Frie-
den. 13 Wenn das Haus es wert ist, soll der Friede, den ihr
ihm wünscht, bei ihm einkehren. Ist das Haus es aber nicht
wert, dann soll der Friede zu euch zurückkehren. 14 Wenn
man euch aber in einem Haus oder in einer Stadt nicht auf-
nimmt und eure Worte nicht hören will, dann geht weg,
und schüttelt den Staub von euren Füßen. 15 Amen, das Apg 13,51
sage ich euch: Dem Gebiet von Sodom und Gomorra wird Gen 19,23–29;
es am Tag des Gerichts nicht so schlimm ergehen wie die- Mt 11,24
ser Stadt.

Aufforderung zu furchtlosem Bekenntnis: 10,16–39

16: Lk 10,3 *17–22:* 24,9–14; Mk 13,9–13; Lk 21,12–19
19–20: Lk 12,11f *26–33:* Lk 12,2–9 *34–36:* Lk 12,51–53
37–38: Lk 14,26f

16 Seht, ich sende euch wie Schafe mitten unter die Wöl- Joh 10,12
fe; seid daher klug wie die Schlangen und arglos wie die
Tauben!

17 Nehmt euch aber vor den Menschen in acht! Denn sie Joh 16,1–4a
werden euch vor die Gerichte bringen und in ihren Syn-
agogen auspeitschen. 18 Ihr werdet um meinetwillen vor
Statthalter und Könige geführt, damit ihr vor ihnen und
den Heiden Zeugnis ablegt. 19 Wenn man euch vor Gericht
stellt, macht euch keine Sorgen, wie und was ihr reden
sollt; denn es wird euch in jener Stunde eingegeben, was
ihr sagen sollt. 20 Nicht ihr werdet dann reden, sondern der
Geist eures Vaters wird durch euch reden. 21 Brüder wer- 10,35
den einander dem Tod ausliefern und Väter ihre Kinder,
und die Kinder werden sich gegen ihre Eltern auflehnen
und sie in den Tod schicken. 22 Und ihr werdet um meines Joh 15,18
Namens willen von allen gehaßt werden; wer aber bis zum 24,13
Ende standhaft bleibt, der wird gerettet. 23 Wenn man euch
in der einen Stadt verfolgt, so flieht in eine andere. Amen,
ich sage euch: Ihr werdet nicht zu Ende kommen mit den 16,28
Städten Israels, bis der Menschensohn kommt. 24 Ein Jün-

Lk 6,40; ger steht nicht über seinem Meister und ein Sklave nicht
Joh 13,16; über seinem Herrn. 25 Der Jünger muß sich damit begnü-
15,20 gen, daß es ihm geht wie seinem Meister, und der Sklave,
12,24.27; daß es ihm geht wie seinem Herrn. Wenn man schon den
Mk 3,22; Herrn des Hauses Beelzebul nennt, dann erst recht seine
Lk 11,15.18f Hausgenossen.

Mk 4,22; 26 Darum fürchtet euch nicht vor ihnen! Denn nichts ist
Lk 8,17 verhüllt, was nicht enthüllt wird, und nichts ist verborgen,
was nicht bekannt wird. 27 Was ich euch im Dunkeln sage,
davon redet am hellen Tag, und was man euch ins Ohr flü-
stert, das verkündet von den Dächern. 28 Fürchtet euch
nicht vor denen, die den Leib töten, die Seele aber nicht tö-
Jak 4,12 ten können, sondern fürchtet euch vor dem, der Seele und
Leib ins Verderben der Hölle stürzen kann. 29 Verkauft
man nicht zwei Spatzen für ein paar Pfennig? Und doch
fällt keiner von ihnen zur Erde ohne den Willen eures Va-
Lk 21,18 ters. 30 Bei euch aber sind sogar die Haare auf dem Kopf alle
gezählt. 31 Fürchtet euch also nicht! Ihr seid mehr wert als
viele Spatzen. 32 Wer sich nun vor den Menschen zu mir
bekennt, zu dem werde auch ich mich vor meinem Vater
Mk 8,38; im Himmel bekennen. 33 Wer mich aber vor den Men-
Lk 9,26 schen verleugnet, den werde auch ich vor meinem Vater
im Himmel verleugnen.

34 Denkt nicht, ich sei gekommen, um Frieden auf die
Erde zu bringen. Ich bin nicht gekommen, um Frieden zu
10,21 bringen, sondern das Schwert. 35 Denn ich bin gekommen,
Mi 7,6 um *den Sohn mit seinem Vater* zu entzweien *und die*
Tochter mit ihrer Mutter und die Schwiegertochter mit ih-
rer Schwiegermutter; 36 und *die Hausgenossen eines Men-*
schen werden seine Feinde sein.

19,29 37 Wer Vater oder Mutter mehr liebt als mich, ist meiner
nicht würdig, und wer Sohn oder Tochter mehr liebt als
38–39: mich, ist meiner nicht würdig. 38 Und wer nicht sein Kreuz
16,24f; auf sich nimmt und mir nachfolgt, ist meiner nicht wür-
Mk 8,34f; Lk 9,23f; dig. 39 Wer das Leben gewinnen will, wird es verlieren; wer
Joh 12,25f aber das Leben um meinetwillen verliert, wird es gewin-
Lk 17,33 nen.

Vom Lohn für die Aufnahme der Jünger: 10,40–42

42: Mk 9,41

Lk 10,16; 40 Wer euch aufnimmt, der nimmt mich auf, und wer
Joh 13,20 mich aufnimmt, nimmt den auf, der mich gesandt hat.

10,25 Beelzebul: Die bisher übliche Namensform Beelzebub geht auf die Vulgataübersetzung zurück; zur Sache vgl. Mt 12,24.

10,29 ein paar Pfennig, wörtlich: ein As. Das As war die zweitkleinste römische Münze.

41 Wer einen Propheten aufnimmt, weil es ein Prophet ist,
wird den Lohn eines Propheten erhalten. Wer einen Ge-
rechten aufnimmt, weil es ein Gerechter ist, wird den
Lohn eines Gerechten erhalten. 42 Und wer einem von die-
sen Kleinen auch nur einen Becher frisches Wasser zu trin-
ken gibt, weil es ein Jünger ist – amen, ich sage euch: Er
wird gewiß nicht um seinen Lohn kommen.

11 Als Jesus die Unterweisung der zwölf Jünger been-
det hatte, zog er weiter, um in den Städten zu leh-
ren und zu predigen.

Der Beginn der Entscheidung: 11,2–12,50

Die Frage des Täufers: 11,2–6

2–6: Lk 7,18–23

2 Johannes hörte im Gefängnis von den Taten Christi. 14,3
Da schickte er seine Jünger zu ihm 3 und ließ ihn fragen:
Bist du der, der kommen soll, oder müssen wir auf einen Joh 1,15.27;
andern warten? 4 Jesus antwortete ihnen: Geht und berich- 3,31; 11,27
tet Johannes, was ihr hört und seht: 5 *Blinde sehen wieder*, Jes 26,19;
und *Lahme* gehen; Aussätzige werden rein, und *Taube hö-* 29,18; 35,5f;
ren; Tote stehen auf, und *den Armen wird das Evangelium* 61,1
verkündet. 6 Selig ist, wer an mir keinen Anstoß nimmt.

Das Urteil Jesu über den Täufer: 11,7–19

7–19: Lk 7,24–35

7 Als sie gegangen waren, begann Jesus zu der Menge
über Johannes zu reden; er sagte: Was habt ihr denn sehen
wollen, als ihr in die Wüste hinausgegangen seid? Ein
Schilfrohr, das im Wind schwankt? 8 Oder was habt ihr se-
hen wollen, als ihr hinausgegangen seid? Einen Mann in
feiner Kleidung? Leute, die fein gekleidet sind, findet man
in den Palästen der Könige. 9 Oder wozu seid ihr hinausge-
gangen? Um einen Propheten zu sehen? Ja, ich sage euch: Mk 1,2;
Ihr habt sogar mehr gesehen als einen Propheten. 10 Er ist Lk 1,76
der, von dem es in der Schrift heißt:

Ich sende meinen Boten vor dir her; Ex 23,20;
er soll den Weg für dich *bahnen*. Mal 3,1

11 Amen, das sage ich euch: Unter allen Menschen hat es
keinen größeren gegeben als Johannes den Täufer; doch der

11,2–6 Aus der Anfrage des Täufers spricht eine gewisse Unsicherheit, ob Jesus wirklich der verheißene Messias ist.

11,11 Unter allen Menschen, wörtlich: Unter allen von einer Frau Geborenen.

Lk 16,16 Kleinste im Himmelreich ist größer als er. 12 Seit den Ta-
gen Johannes' des Täufers bis heute wird dem Himmel-
reich Gewalt angetan; die Gewalttätigen reißen es an sich.
1 Petr 1,10 13 Denn bis hin zu Johannes haben alle Propheten und das
17,12; Mk 9,13 Gesetz (über diese Dinge) geweissagt. 14 Und wenn ihr es
gelten lassen wollt: Ja, er ist Elija, der wiederkommen soll.
15: 13,9.43; Mk 4,9.23; 7,16; Lk 8,8; 14,35 15 Wer Ohren hat, der höre!
16 Mit wem soll ich diese Generation vergleichen? Sie
gleicht Kindern, die auf dem Marktplatz sitzen und ande-
ren Kindern zurufen: 17 Wir haben für euch auf der Flöte
(Hochzeitslieder) gespielt, und ihr habt nicht getanzt; wir
haben Klagelieder gesungen, und ihr habt euch nicht an die
9,14 Brust geschlagen. 18 Johannes ist gekommen, er ißt nicht
und trinkt nicht, und sie sagen: Er ist von einem Dämon
besessen. 19 Der Menschensohn ist gekommen, er ißt und
9,10f; Lk 5,30; 15,1f; 19,7 trinkt; darauf sagen sie: Dieser Fresser und Säufer, dieser
Freund der Zöllner und Sünder! Und doch hat die Weisheit
durch die Taten, die sie bewirkt hat, recht bekommen.

Vom Gericht über die galiläischen Städte: 11,20–24

20–24: Lk 10,12–15

20 Dann begann er den Städten, in denen er die meisten
Wunder getan hatte, Vorwürfe zu machen, weil sie sich
nicht bekehrt hatten: 21 Weh dir, Chorazin! Weh dir, Bet-
Joël 4,4f saida! Wenn einst in Tyrus und Sidon die Wunder gesche-
hen wären, die bei euch geschehen sind – man hätte dort in
Est 4,1 Sack und Asche Buße getan. 22 Ja, das sage ich euch: Tyrus
und Sidon wird es am Tag des Gerichts nicht so schlimm
ergehen wie euch. 23 Und du, Kafarnaum, meinst du etwa,
Jes 14,13.15 *du wirst bis zum Himmel erhoben? Nein, in die Unter-*

11,12 Der Sinn der Stelle ist umstritten, weil nicht klar ist, ob das griechische Wort für »Gewalt anwenden« hier im positiven oder negativen Sinn zu verstehen ist. Im positiven Sinn sagte es: Das Himmelreich wird mit Macht oder Gewalt erstrebt. Doch spricht die Fortsetzung in Vers 12 eher für die in der Übersetzung bevorzugte negative Bedeutung, obwohl dann unklar bleibt, wer die Gewalttätigen sind: die Gegner Jesu, die Zeloten, die Pharisäer und Schriftgelehrten oder gar die Anhänger Jesu und des Täufers.

11,16–19 Das Doppelgleichnis von den launischen Kindern vergleicht die Zeitgenossen Jesu mit Kindern, die auf den Marktplätzen Hochzeit und Totenklage spielen wollen, aber sich über die Rollen der einzelnen nicht einigen können.

11,21f Chorazin und Betsaida lagen in der Nachbarschaft Kafarnaums. Offensichtlich hat Jesus auch dort gewirkt, aber wie in Kafarnaum wenig Glauben gefunden. Die Hafenstädte Tyrus und Sidon galten wegen ihrer Götzenkulte und ihrer Sittenlosigkeit den Israeliten als besonders verwerflich (vgl. Ez 28,20–23; Joël 4,4), ebenso wie Sodom (Gen 18,16–20; 19,23–29).

welt wirst du hinabgeworfen. Wenn in Sodom die Wunder
geschehen wären, die bei dir geschehen sind, dann stünde
es noch heute. 24 Ja, das sage ich euch: Dem Gebiet von So- 10,15
dom wird es am Tag des Gerichts nicht so schlimm erge-
hen wie dir.

Der Dank Jesu an den Vater: 11,25–27

25–27: Lk 10,21f

25 In jener Zeit sprach Jesus: Ich preise dich, Vater, Herr
des Himmels und der Erde, weil du all das den Weisen und Jes 29,14 G
Klugen verborgen, den Unmündigen aber offenbart hast.
26 Ja, Vater, so hat es dir gefallen. 27 Mir ist von meinem 28,18;
Vater alles übergeben worden; niemand kennt den Sohn, Joh 3,35; 13,3
nur der Vater, und niemand kennt den Vater, nur der Sohn Joh 10,15
und der, dem es der Sohn offenbaren will.

Vom leichten Joch Jesu: 11,28–30

28 Kommt alle zu mir, die ihr euch plagt und schwere La- Jer 31,25
sten zu tragen habt. Ich werde euch Ruhe verschaffen.
29 Nehmt mein Joch auf euch und lernt von mir; denn ich
bin gütig und von Herzen demütig; *so werdet ihr Ruhe fin-* Jer 6,16;
den für eure Seele. 30 Denn mein Joch drückt nicht, und Jes 28,12
meine Last ist leicht.

Das Abreißen der Ähren am Sabbat: 12,1–8

1–8: Mk 2,23–28; Lk 6,1–5

12 In jener Zeit ging Jesus an einem Sabbat durch die Dtn 23,26
Kornfelder. Seine Jünger hatten Hunger; sie rissen
deshalb Ähren ab und aßen davon. 2 Die Pharisäer sahen es
und sagten zu ihm: Sieh her, deine Jünger tun etwas, das
am Sabbat verboten ist. 3 Da sagte er zu ihnen: Habt ihr
nicht gelesen, was David getan hat, als er und seine Beglei- 1 Sam 21,2–7
ter hungrig waren – 4 wie er in das Haus Gottes ging und
wie sie die heiligen Brote aßen, die weder er noch seine Be- Lev 24,5–9
gleiter, sondern nur die Priester essen durften? 5 Oder habt
ihr nicht im Gesetz gelesen, daß am Sabbat die Priester im Num 28,9f
Tempel den Sabbat entweihen, ohne sich schuldig zu ma-
chen? 6 Ich sage euch: Hier ist einer, der größer ist als der
Tempel. 7 Wenn ihr begriffen hättet, was das heißt: *Barm-* Hos 6,6;
herzigkeit will ich, nicht Opfer, dann hättet ihr nicht Un- Mt 9,13

11,29 Die Wendung »ein Joch auf sich nehmen« besagt, die Vorschriften oder Lehren eines anderen übernehmen. Sprichwörtlich waren bei den jüdischen Schriftgelehrten die Aussagen vom »Joch des Gesetzes« oder vom »Joch der Herrschaft des Himmels«. – »Seele« bezeichnet hier – wie im Alten Testament – das »Ich« des Menschen.

schuldige verurteilt; 8 denn der Menschensohn ist Herr
über den Sabbat.

Die Heilung eines Mannes am Sabbat: 12,9–14

9–14: Mk 3,1–6; Lk 6,6–11

9–14: Lk 14,1–6 9 Darauf verließ er sie und ging in ihre Synagoge. 10 Dort
saß ein Mann, dessen Hand verdorrt war. Sie fragten ihn:
Lk 13,16; Ist es am Sabbat erlaubt zu heilen? Sie suchten nämlich ei-
Joh 5,9f nen Grund zur Anklage gegen ihn. 11 Er antwortete: Wer
Lk 13,15; von euch wird, wenn ihm am Sabbat sein Schaf in eine
14,5; Grube fällt, es nicht sofort wieder herausziehen? 12 Und
Joh 5,9f wieviel mehr ist ein Mensch wert als ein Schaf! Darum ist
es am Sabbat erlaubt, Gutes zu tun. 13 Dann sagte er zu
dem Mann: Streck deine Hand aus! Er streckte sie aus, und
die Hand war wieder ebenso gesund wie die andere. 14 Die
Mk 11,18; Pharisäer aber gingen hinaus und faßten den Beschluß, Je-
Lk 19,47; sus umzubringen.
Joh 5,18

Jesus als der Knecht Gottes: 12,15–21

15–16: Mk 3,7–12; Lk 6,17–19

15 Als Jesus das erfuhr, ging er von dort weg. Viele folgten
ihm, und er heilte alle Kranken. 16 Aber er verbot ihnen, in
der Öffentlichkeit von ihm zu reden. 17 Auf diese Weise
sollte sich erfüllen, was durch den Propheten Jesaja gesagt
worden ist:

Jes 42,1–4; 18 *Seht, das ist mein Knecht, den ich erwählt habe,*
Mt 3,17 *mein Geliebter, an dem ich Gefallen gefunden habe.*
Ich werde meinen Geist auf ihn legen,
und er wird den Völkern das Recht verkünden.
19 *Er wird nicht zanken und nicht schreien,*
und man wird seine Stimme nicht auf den Straßen
hören.
20 *Das geknickte Rohr wird er nicht zerbrechen*
und den glimmenden Docht nicht auslöschen,
bis er dem Recht zum Sieg verholfen hat.
21 *Und auf seinen Namen werden die Völker ihre*
Hoffnung setzen.

Verteidigungsrede Jesu: 12,22–37

22–23: Lk 11,14 *24–30:* Mk 3,22–27; Lk 11,15.17–23
31–32: Mk 3,28–30; Lk 12,10 *33–35:* Lk 6,43–45

22–24: 22 Damals brachte man zu ihm einen Besessenen, der
9,32–34 blind und stumm war. Jesus heilte ihn, so daß der Stumme
wieder reden und sehen konnte. 23 Da gerieten alle Leute

12,10.13 Hand, andere Übersetzungsmöglichkeit: Arm.

außer sich und sagten: Ist er etwa der Sohn Davids? 24 Als
die Pharisäer das hörten, sagten sie: Nur mit Hilfe von Be- 10,25
elzebul, dem Anführer der Dämonen, kann er die Dämo-
nen austreiben. 25 Doch Jesus wußte, was sie dachten, und
sagte zu ihnen: Jedes Reich, das in sich gespalten ist, geht
zugrunde, und keine Stadt und keine Familie, die in sich
gespalten ist, wird Bestand haben. 26 Wenn also der Satan
den Satan austreibt, dann liegt der Satan mit sich selbst im
Streit. Wie kann sein Reich dann Bestand haben? 27 Und
wenn ich die Dämonen durch Beelzebul austreibe, durch
wen treiben dann eure Anhänger sie aus? Sie selbst also
sprechen euch das Urteil. 28 Wenn ich aber die Dämonen Lk 17,21
durch den Geist Gottes austreibe, dann ist das Reich Got-
tes schon zu euch gekommen. 29 Wie kann einer in das
Haus eines starken Mannes einbrechen und ihm den Haus- Jes 49,24
rat rauben, wenn er den Mann nicht vorher fesselt? Erst
dann kann er sein Haus plündern. 30 Wer nicht für mich ist,
der ist gegen mich; wer nicht mit mir sammelt, der zer-
streut.

31 Darum sage ich euch: Jede Sünde und Lästerung wird
den Menschen vergeben werden, aber die Lästerung gegen
den Geist wird nicht vergeben. 32 Auch dem, der etwas ge-
gen den Menschensohn sagt, wird vergeben werden; wer
aber etwas gegen den Heiligen Geist sagt, dem wird nicht
vergeben, weder in dieser noch in der zukünftigen Welt.

33 Entweder: der Baum ist gut – dann sind auch seine 7,17f
Früchte gut. Oder: der Baum ist schlecht – dann sind auch
seine Früchte schlecht. An den Früchten also erkennt man
den Baum. 34 Ihr Schlangenbrut, wie könnt ihr Gutes re- 3,7
den, wenn ihr böse seid? Denn wovon das Herz voll ist, da-
von spricht der Mund. 35 Ein guter Mensch bringt Gutes
hervor, weil er Gutes in sich hat, und ein böser Mensch
bringt Böses hervor, weil er Böses in sich hat.

36 Ich sage euch: Über jedes unnütze Wort, das die Men-
schen reden, werden sie am Tag des Gerichts Rechenschaft

12,24 Beelzebul – ursprüngliche Bedeutung: Mistgott (Mist, d. h. das heidnische Opfer), oder: Herr der Wohnungen (von Dämonen), oder: Herr der Fliegen (d. h. Krankheiten) – wird hier mit Satan, dem Anführer aller bösen Geister, gleichgesetzt. – Unter Dämonen verstand man »böse« oder »unreine« Geister, die in Menschen oder Tieren hausten, schwere Krankheiten seelischer oder leiblicher Art verursachten und so die Menschen versklavten (vgl. Mk 5,9.11; 6,13; Mt 9,32; 12,45; Lk 10,17–20; 13,11 u. ö.).

12,27 Anhänger, wörtlich: Söhne.

12,35 Wörtlich: Ein guter Mensch bringt aus dem guten Schatz Gutes hervor, und ein böser Mensch bringt aus dem bösen Schatz Böses hervor.

ablegen müssen; 37 denn aufgrund deiner Worte wirst du
freigesprochen, und aufgrund deiner Worte wirst du verur-
teilt werden.

Die Verweigerung eines Zeichens: 12,38–42

38–42: Mk 8,11f; Lk 11,16.29–32

16,1–4; Joh 6,30; 1 Kor 1,22 — 38 Zu dieser Zeit sagten einige Schriftgelehrte und Phari-
säer zu ihm: Meister, wir möchten von dir ein Zeichen se-
hen. 39 Er antwortete ihnen: Diese böse und treulose Gene-
ration fordert ein Zeichen, aber es wird ihr kein anderes ge-
geben werden als das Zeichen des Propheten Jona. 40 Denn
Jona 2,1 — wie *Jona drei Tage und drei Nächte im Bauch des Fisches*
27,63 — war, so wird auch der Menschensohn drei Tage und drei
Nächte im Innern der Erde sein. 41 Die Männer von Ninive
werden beim Gericht gegen diese Generation auftreten
und sie verurteilen; denn sie haben sich nach der Predigt
Jona 3,5 — des Jona bekehrt. Hier aber ist einer, der mehr ist als Jona.
1 Kön 10,1–10 — 42 Die Königin des Südens wird beim Gericht gegen diese
Generation auftreten und sie verurteilen; denn sie kam
vom Ende der Erde, um die Weisheit Salomos zu hören.
Hier aber ist einer, der mehr ist als Salomo.

Von der Rückkehr der unreinen Geister: 12,43–45

43–45: Lk 11,24–26

43 Ein unreiner Geist, der einen Menschen verlassen hat,
wandert durch die Wüste und sucht einen Ort, wo er blei-
ben kann. Wenn er aber keinen findet, 44 dann sagt er: Ich
will in mein Haus zurückkehren, das ich verlassen habe.
Und wenn er es bei seiner Rückkehr leer antrifft, sauber
und geschmückt, 45 dann geht er und holt sieben andere
Geister, die noch schlimmer sind als er selbst. Sie ziehen
dort ein und lassen sich nieder. So wird es mit diesem
2 Petr 2,20 — Menschen am Ende schlimmer werden als vorher. Dieser
bösen Generation wird es genauso gehen.

Von den wahren Verwandten Jesu: 12,46–50

46–50: Mk 3,31–35; Lk 8,19–21

46 Als Jesus noch mit den Leuten redete, standen seine
Mutter und seine Brüder vor dem Haus und wollten mit

12,39 treulose, wörtlich: ehebrecherische (vgl. Mt 16,4; Mk 8,38). Das Wort wird hier, wie schon bei den Propheten, im übertragenen Sinn gebraucht (vgl. Ez 16,15–34; Hos 2–3).

12,46f Die Worte »Bruder« und »Schwester« können nach hebräischem, aramäischem und griechischem Sprachgebrauch auch als Kurzbezeichnung für Verwandte im weiteren Sinn gebraucht werden (vgl. Gen 13,8; 14,14; 24,48; u. ö.). Zum Ganzen vgl. die

ihm sprechen. 47 Da sagte jemand zu ihm: Deine Mutter
und deine Brüder stehen draußen und wollen mit dir spre-
chen. 48 Dem, der ihm das gesagt hatte, erwiderte er: Wer
ist meine Mutter, und wer sind meine Brüder? 49 Und er
streckte die Hand über seine Jünger aus und sagte: Das hier
sind meine Mutter und meine Brüder. 50 Denn wer den
Willen meines himmlischen Vaters erfüllt, der ist für mich
Bruder und Schwester und Mutter.

Die Rede über das Himmelreich: 13,1–53

Das Gleichnis vom Sämann: 13,1–9

1–9: Mk 4,1–9; Lk 8,4–8

13 An jenem Tag verließ Jesus das Haus und setzte
sich an das Ufer des Sees. 2 Da versammelte sich
eine große Menschenmenge um ihn. Er stieg deshalb in ein
Boot und setzte sich; die Leute aber standen am Ufer.
3 Und er sprach lange zu ihnen in Form von Gleichnissen.
Er sagte: Ein Sämann ging aufs Feld, um zu säen. 4 Als er
säte, fiel ein Teil der Körner auf den Weg, und die Vögel
kamen und fraßen sie. 5 Ein anderer Teil fiel auf felsigen
Boden, wo es nur wenig Erde gab, und ging sofort auf, weil
das Erdreich nicht tief war; 6 als aber die Sonne hochstieg,
wurde die Saat versengt und verdorrte, weil sie keine Wur-
zeln hatte. 7 Wieder ein anderer Teil fiel in die Dornen, und
die Dornen wuchsen und erstickten die Saat. 8 Ein anderer
Teil schließlich fiel auf guten Boden und brachte Frucht,
teils hundertfach, teils sechzigfach, teils dreißigfach.
9 Wer Ohren hat, der höre! 11,15

Sinn und Zweck der Gleichnisse: 13,10–17

10–17: Mk 4,10–12; Lk 8,9f *16–17:* Lk 10,23f

10 Da kamen die Jünger zu ihm und sagten: Warum re-
dest du zu ihnen in Gleichnissen? 11 Er antwortete: Euch

Aussagen des Neuen Testaments über die »Brüder Jesu« bzw. die »Brüder des Herrn«: Mt 13,54–58; Mk 6,1–6; Joh 7,3–5; Apg 1,14; 1 Kor 9,5; Gal 1,19; auch Mt 27,56; Mk 15,40.47; 16,1.

12,47 Dieser Vers fehlt bei einigen wichtigen alten Textzeugen.

13,1–53 In der Rede über das Himmelreich faßt Matthäus sieben Gleichnisse zusammen, die vom Reich Gottes handeln. Drei dieser Gleichnisse finden sich auch bei Lukas, davon zwei auch bei Markus, vier gehören zum Sondergut des Evangelisten: Unkraut unter dem Weizen, Schatz und Perle, Fischnetz. Alle Himmelreichsgleichnisse setzen voraus, daß das Reich Gottes bereits mit dem Wirken Jesu anbricht.

ist es gegeben, die Geheimnisse des Himmelreichs zu er-
25,29; kennen; ihnen aber ist es nicht gegeben. 12 Denn wer hat,
Mk 4,25; dem wird gegeben, und er wird im Überfluß haben; wer
Lk 8,18; aber nicht hat, dem wird auch noch weggenommen, was er
19,26 hat. 13 Deshalb rede ich zu ihnen in Gleichnissen, weil sie
sehen und doch nicht sehen, weil sie hören und doch nicht
hören und nichts verstehen. 14 An ihnen erfüllt sich die
Weissagung Jesajas:
Jes 6,9f; *Hören sollt ihr, hören, aber nicht verstehen;*
Joh 12,40; *sehen sollt ihr, sehen, aber nicht erkennen.*
Apg 28,26f 15 *Denn das Herz dieses Volkes ist hart geworden,*
und mit ihren Ohren hören sie nur schwer,
und ihre Augen halten sie geschlossen,
damit sie mit ihren Augen nicht sehen
und mit ihren Ohren nicht hören,
damit sie mit ihrem Herzen
nicht zur Einsicht kommen,
damit sie sich nicht bekehren und ich sie nicht heile.
16 Ihr aber seid selig, denn eure Augen sehen und eure
1 Petr 1,10–12 Ohren hören. 17 Amen, ich sage euch: Viele Propheten und
Gerechte haben sich danach gesehnt zu sehen, was ihr
seht, und haben es nicht gesehen, und zu hören, was ihr
hört, und haben es nicht gehört.

Die Deutung des Gleichnisses vom Sämann: 13,18–23

18–23: Mk 4,13–20; Lk 8,11–15

18 Hört also, was das Gleichnis vom Sämann bedeutet.
19 Immer wenn ein Mensch das Wort vom Reich hört und
es nicht versteht, kommt der Böse und nimmt alles weg,
was diesem Menschen ins Herz gesät wurde; hier ist der
Samen auf den Weg gefallen. 20 Auf felsigen Boden ist der
Samen bei dem gefallen, der das Wort hört und sofort freu-
dig aufnimmt, 21 aber keine Wurzeln hat, sondern unbe-
ständig ist; sobald er um des Wortes willen bedrängt oder
verfolgt wird, kommt er zu Fall. 22 In die Dornen ist der
Samen bei dem gefallen, der das Wort zwar hört, aber dann
1 Tim 6,9 ersticken es die Sorgen dieser Welt und der trügerische
Reichtum, und es bringt keine Frucht. 23 Auf guten Boden
ist der Samen bei dem gesät, der das Wort hört und es auch
versteht; er bringt dann Frucht, hundertfach oder sechzig-
fach oder dreißigfach.

Das Gleichnis vom Unkraut unter dem Weizen: 13,24–30

24–30: 24 Und Jesus erzählte ihnen noch ein anderes Gleichnis:
13,36–43 Mit dem Himmelreich ist es wie mit einem Mann, der gu-
ten Samen auf seinen Acker säte. 25 Während nun die

Leute schliefen, kam sein Feind, säte Unkraut unter den
Weizen und ging wieder weg. [26] Als die Saat aufging und
sich die Ähren bildeten, kam auch das Unkraut zum Vor-
schein. [27] Da gingen die Knechte zu dem Gutsherrn und
sagten: Herr, hast du nicht guten Samen auf deinen Acker
gesät? Woher kommt dann das Unkraut? [28] Er antwortete:
Das hat ein Feind von mir getan. Da sagten die Knechte zu
ihm: Sollen wir gehen und es ausreißen? [29] Er entgegnete:
Nein, sonst reißt ihr zusammen mit dem Unkraut auch
den Weizen aus. [30] Laßt beides wachsen bis zur Ernte.
Wenn dann die Zeit der Ernte da ist, werde ich den Arbei-
tern sagen: Sammelt zuerst das Unkraut und bindet es in
Bündel, um es zu verbrennen; den Weizen aber bringt in 3,12
meine Scheune.

Das Gleichnis vom Senfkorn: 13,31–32

31–32: Mk 4,30–32; Lk 13,18f

[31] Er erzählte ihnen ein weiteres Gleichnis und sagte:
Mit dem Himmelreich ist es wie mit einem Senfkorn, das 17,20; Lk 17,6
ein Mann auf seinen Acker säte. [32] Es ist das kleinste von
allen Samenkörnern; sobald es aber hochgewachsen ist, ist
es größer als die anderen Gewächse und wird zu einem
Baum, so daß *die Vögel des Himmels* kommen und *in sei-* Dan 4,8f.18;
nen Zweigen nisten. Ez 17,23

Das Gleichnis vom Sauerteig: 13,33

33: Lk 13,20f

[33] Und er erzählte ihnen noch ein Gleichnis: Mit dem
Himmelreich ist es wie mit dem Sauerteig, den eine Frau 1 Kor 5,6;
unter einen großen Trog Mehl mischte, bis das Ganze Gal 5,9
durchsäuert war.

Die Bedeutung der Gleichnisse: 13,34–35

34: Mk 4,33f

[34] Dies alles sagte Jesus der Menschenmenge durch
Gleichnisse; er redete nur in Gleichnissen zu ihnen.
[35] Damit sollte sich erfüllen, was durch den Propheten ge-
sagt worden ist:
Ich öffne meinen Mund und rede in Gleichnissen, Ps 78,2
ich verkünde, was seit der Schöpfung *verborgen war.*

13,33 unter einen großen Trog Mehl, wörtlich: unter drei Sea Mehl. Eine Sea entspricht etwa dreizehn Litern.

13,35 Mehrere alte Textzeugen haben: seit der Schöpfung der Welt.

Die Deutung des Gleichnisses vom Unkraut: 13,36–43

36–43: 36 Dann verließ er die Menge und ging nach Hause. Und
13,24–30 seine Jünger kamen zu ihm und sagten: Erkläre uns das
Gleichnis vom Unkraut auf dem Acker. 37 Er antwortete:
Der Mann, der den guten Samen sät, ist der Menschen-
sohn; 38 der Acker ist die Welt; der gute Samen, das sind die
Söhne des Reiches; das Unkraut sind die Söhne des Bösen;
39 der Feind, der es gesät hat, ist der Teufel; die Ernte ist das
Ende der Welt; die Arbeiter bei dieser Ernte sind die Engel.
3,10; 7,19; 40 Wie nun das Unkraut aufgesammelt und im Feuer ver-
Joh 15,6 brannt wird, so wird es auch am Ende der Welt sein: 41 Der
24,31f Menschensohn wird seine Engel aussenden, und sie wer-
den aus seinem Reich alle zusammenholen, die andere ver-
führt und Gottes Gesetz übertreten haben, 42 und werden
sie in den Ofen werfen, in dem das Feuer brennt. Dort wer-
8,12 den sie heulen und mit den Zähnen knirschen. 43 Dann
werden die Gerechten im Reich ihres Vaters wie die Sonne
Dan 12,3; leuchten. Wer Ohren hat, der höre!
Mt 11,15

Die Gleichnisse vom Schatz und von der Perle: 13,44–46

44 Mit dem Himmelreich ist es wie mit einem Schatz,
der in einem Acker vergraben war. Ein Mann entdeckte
ihn, grub ihn aber wieder ein. Und in seiner Freude ver-
kaufte er alles, was er besaß, und kaufte den Acker. 45 Auch
ist es mit dem Himmelreich wie mit einem Kaufmann, der
schöne Perlen suchte. 46 Als er eine besonders wertvolle
Perle fand, verkaufte er alles, was er besaß, und kaufte sie.

Das Gleichnis vom Fischnetz: 13,47–50

47 Weiter ist es mit dem Himmelreich wie mit einem
Netz, das man ins Meer warf, um Fische aller Art zu fan-
gen. 48 Als es voll war, zogen es die Fischer ans Ufer; sie
setzten sich, lasen die guten Fische aus und legten sie in
Körbe, die schlechten aber warfen sie weg. 49 So wird es
auch am Ende der Welt sein: Die Engel werden kommen
und die Bösen von den Gerechten trennen 50 und in den
Ofen werfen, in dem das Feuer brennt. Dort werden sie
8,12 heulen und mit den Zähnen knirschen.

Abschluß der Rede: 13,51–53

51 Habt ihr das alles verstanden? Sie antworteten: Ja.
52 Da sagte er zu ihnen: Jeder Schriftgelehrte also, der ein
Jünger des Himmelreichs geworden ist, gleicht einem

Hausherrn, der aus seinem reichen Vorrat Neues und Altes hervorholt.

53 Als Jesus diese Gleichnisse beendet hatte, zog er weiter.

Weitere Taten – Belehrung der Jünger: 13,54 – 17,27

Die Ablehnung Jesu in seiner Heimat: 13,54–58

54–58: Mk 6,1–6a; Lk 4,16–30

54 Jesus kam in seine Heimatstadt und lehrte die Menschen dort in der Synagoge. Da staunten alle und sagten: Joh 7,15
Woher hat er diese Weisheit und die Kraft, Wunder zu tun?
55 Ist das nicht der Sohn des Zimmermanns? Heißt nicht Joh 6,42
seine Mutter Maria, und sind nicht Jakobus, Josef, Simon
und Judas seine Brüder? 56 Leben nicht alle seine Schwestern unter uns? Woher also hat er das alles? 57 Und sie
nahmen Anstoß an ihm und lehnten ihn ab. Da sagte Jesus
zu ihnen: Nirgends hat ein Prophet so wenig Ansehen wie Joh 4,44
in seiner Heimat und in seiner Familie. 58 Und wegen ihres
Unglaubens tat er dort nur wenige Wunder.

Das Urteil des Herodes über Jesus: 14,1–2

1–2: Mk 6,14–16; Lk 9,7–9

14 Zu dieser Zeit hörte der Tetrarch Herodes, was man von Jesus erzählte. 2 Er sagte zu seinem Gefolge: Das ist Johannes der Täufer. Er ist von den Toten auferstanden; deshalb wirken solche Kräfte in ihm.

Die Enthauptung des Täufers: 14,3–12

3–12: Mk 6,17–29; Lk 3,19f

3 Herodes hatte nämlich Johannes festnehmen und in Ketten ins Gefängnis werfen lassen. Schuld daran war Herodias, die Frau seines Bruders Philippus. 4 Denn Johannes

---

13,54–58 Der Bericht über die Ablehnung Jesu in Nazaret gibt auch Auskunft über die Familie Jesu: Nach Matthäus war der Vater Jesu, nach der Parallelstelle Mk 6,1–6 Jesus selbst Bauhandwerker. (Zu den Brüdern und Schwestern Jesu vgl. die Anmerkung zu Mt 12,46f.)

14,1 Tetrarch: ursprünglich Regent über den vierten Teil eines Landes, später Bezeichnung eines Kleinfürsten.

14,3 »Philippus« fehlt in einigen alten Textzeugen.

14,4 Da Herodes Antipas seinem Bruder Philippus die Frau weggenommen hat, hält Johannes der Täufer die frühere Ehe für nicht geschieden und sieht die Verbindung der Herodias mit Herodes als unerlaubt an; sie fällt unter die Bestimmung von Lev 18,16; 20,21, wonach der Verkehr mit der Frau eines Bruders oder Halbbruders verboten war.

Lev 18,16; hatte zu Herodes gesagt: Du hattest nicht das Recht, sie
20,21 zur Frau zu nehmen. 5 Der König wollte ihn deswegen tö-
ten lassen, fürchtete sich aber vor dem Volk; denn man
21,26 hielt Johannes für einen Propheten. 6 Als aber der Geburts-
tag des Herodes gefeiert wurde, tanzte die Tochter der He-
rodias vor den Gästen. Und sie gefiel Herodes so sehr, 7 daß
er schwor, ihr alles zu geben, was sie sich wünschte. 8 Da
sagte sie auf Drängen ihrer Mutter: Laß mir auf einer
Schale den Kopf des Täufers Johannes herbringen. 9 Der
König wurde traurig; aber weil er einen Schwur geleistet
hatte – noch dazu vor allen Gästen –, befahl er, ihr den Kopf
zu bringen. 10 Und er ließ Johannes im Gefängnis enthaup-
ten. 11 Man brachte den Kopf auf einer Schale und gab ihn
dem Mädchen, und sie brachte ihn ihrer Mutter. 12 Die
Jünger des Johannes aber holten den Leichnam und begru-
ben ihn. Dann gingen sie zu Jesus und berichteten ihm al-
les.

Die Speisung der Fünftausend: 14,13–21

13–21: Mk 6,31–44; Lk 9,10–17; Joh 6,1–13

13–21: 13 Als Jesus all das hörte, fuhr er mit dem Boot in eine
Mt 15,32–39; einsame Gegend, um allein zu sein. Aber die Leute in den
Mk 8,1–10 Städten hörten davon und gingen ihm zu Fuß nach. 14 Als
9,36 er ausstieg und die vielen Menschen sah, hatte er Mitleid
mit ihnen und heilte die Kranken, die bei ihnen waren.

15 Als es Abend wurde, kamen die Jünger zu ihm und
sagten: Der Ort ist abgelegen, und es ist schon spät gewor-
den. Schick doch die Menschen weg, damit sie in die Dör-
fer gehen und sich etwas zu essen kaufen können. 16 Jesus
antwortete: Sie brauchen nicht wegzugehen. Gebt ihr ih-
nen zu essen! 17 Sie sagten zu ihm: Wir haben nur fünf
Brote und zwei Fische bei uns. 18 Darauf antwortete er:
Bringt sie her! 19 Dann ordnete er an, die Leute sollten sich
ins Gras setzen. Und er nahm die fünf Brote und die zwei
Fische, blickte zum Himmel auf, sprach den Lobpreis,
2 Kön 4,43f brach die Brote und gab sie den Jüngern; die Jünger aber ga-
ben sie den Leuten, 20 und alle aßen und wurden satt. Als
die Jünger die übriggebliebenen Brotstücke einsammelten,
wurden zwölf Körbe voll. 21 Es waren etwa fünftausend
Männer, die an dem Mahl teilnahmen, dazu noch Frauen
und Kinder.

Der Gang Jesu auf dem Wasser: 14,22–33

22–33: Mk 6,45–52; Joh 6,15–21

22 Gleich darauf forderte er die Jünger auf, ins Boot zu
steigen und an das andere Ufer vorauszufahren. Inzwi-
schen wollte er die Leute nach Hause schicken. 23 Nach-

dem er sie weggeschickt hatte, stieg er auf einen Berg, um Lk 6,12
in der Einsamkeit zu beten. Spät am Abend war er immer
noch allein auf dem Berg. 24 Das Boot aber war schon viele
Stadien vom Land entfernt und wurde von den Wellen hin
und her geworfen; denn sie hatten Gegenwind. 25 In der
vierten Nachtwache kam Jesus zu ihnen; er ging auf dem
See. 26 Als ihn die Jünger über den See kommen sahen, er- Lk 24,37
schraken sie, weil sie meinten, es sei ein Gespenst, und sie
schrien vor Angst. 27 Doch Jesus begann mit ihnen zu re-
den und sagte: Habt Vertrauen, ich bin es; fürchtet euch
nicht! 28 Darauf erwiderte ihm Petrus: Herr, wenn du es
bist, so befiehl, daß ich auf dem Wasser zu dir komme.
29 Jesus sagte: Komm! Da stieg Petrus aus dem Boot und
ging über das Wasser auf Jesus zu. 30 Als er aber sah, wie
heftig der Wind war, bekam er Angst und begann unterzu-
gehen. Er schrie: Herr, rette mich! 31 Jesus streckte sofort
die Hand aus, ergriff ihn und sagte zu ihm: Du Kleingläubi- 8,26
ger, warum hast du gezweifelt? 32 Und als sie ins Boot ge-
stiegen waren, legte sich der Wind. 33 Die Jünger im Boot
aber fielen vor Jesus nieder und sagten: Wahrhaftig, du bist 16,16; 27,54;
Gottes Sohn. Mk 15,39; Joh 1,49; 11,27

Krankenheilungen in Gennesaret: 14,34–36

34–36: Mk 6,53–56

34 Sie fuhren auf das Ufer zu und kamen nach Gennesa-
ret. 35 Als die Leute dort ihn erkannten, schickten sie Bo-
ten in die ganze Umgebung. Und man brachte alle Kranken
zu ihm 36 und bat ihn, er möge sie wenigstens den Saum 9,21; Mk 5,28;
seines Gewandes berühren lassen. Und alle, die ihn be- Lk 6,19; 8,44
rührten, wurden geheilt.

Von Reinheit und Unreinheit: 15,1–20

1–20: Mk 7,1–23

15 Da kamen von Jerusalem Pharisäer und Schriftge-
lehrte zu Jesus und sagten: 2 Warum mißachten
deine Jünger die Überlieferung der Alten? Denn sie wa- Lk 11,38;
schen sich nicht die Hände vor dem Essen. 3 Er entgegnete Kol 2,21f
ihnen: Warum mißachtet denn ihr Gottes Gebot um eurer
Überlieferung willen? 4 Gott hat gesagt: *Ehre Vater und* Ex 20,12;
Mutter!, und: *Wer Vater oder Mutter verflucht, soll mit* 21,17; Dtn 5,16; Lev 20,9

14,25 Man teilte die Nacht in vier Abschnitte (»Nachtwachen«) zu je drei Stunden ein.

15,1f Über die Reinheitsvorschriften der Pharisäer und Schriftgelehrten vgl. Mk 7,1–4 und die dortige Anmerkung.

dem Tod bestraft werden. 5 Ihr aber lehrt: Wer zu Vater
oder Mutter sagt: Was ich dir schulde, erkläre ich zur Op-
fergabe!, 6 der braucht seinen Vater oder seine Mutter
nicht mehr zu ehren. Damit habt ihr Gottes Wort um eurer
Überlieferung willen außer Kraft gesetzt. 7 Ihr Heuchler!
Der Prophet Jesaja hatte recht, als er über euch sagte:
Jes 29,13 G 8 *Dieses Volk ehrt mich mit den Lippen,*
sein Herz aber ist weit weg von mir.
9 *Es ist sinnlos, wie sie mich verehren;*
was sie lehren, sind Satzungen von Menschen.
10 Und er rief die Leute zu sich und sagte: Hört und be-
greift: 11 Nicht das, was durch den Mund in den Menschen
hineinkommt, macht ihn unrein, sondern was aus dem
Mund des Menschen herauskommt, das macht ihn unrein.
12 Da kamen die Jünger zu ihm und sagten: Weißt du,
daß die Pharisäer über deine Worte empört sind? 13 Er ant-
wortete ihnen: Jede Pflanze, die nicht mein himmlischer
Vater gepflanzt hat, wird ausgerissen werden. 14 Laßt sie,
23,16.24; es sind blinde Blindenführer. Und wenn ein Blinder einen
Lk 6,39 Blinden führt, werden beide in eine Grube fallen.
15 Da sagte Petrus zu ihm: Erkläre uns jenes rätselhafte
Wort! 16 Er antwortete: Seid auch ihr noch immer ohne
Einsicht? 17 Begreift ihr nicht, daß alles, was durch den
Mund (in den Menschen) hineinkommt, in den Magen ge-
langt und dann wieder ausgeschieden wird? 18 Was aber
aus dem Mund herauskommt, das kommt aus dem Her-
Röm 1,29–31; zen, und das macht den Menschen unrein. 19 Denn aus
1 Kor 5,10f; dem Herzen kommen böse Gedanken, Mord, Ehebruch,
Gal 5,19–21; Eph 5,3–5; Unzucht, Diebstahl, falsche Zeugenaussagen und Ver-
Kol 3,5; leumdungen. 20 Das ist es, was den Menschen unrein
1 Tim 1,9f; 2 Tim 3,2–4; macht; aber mit ungewaschenen Händen essen macht ihn
1 Petr 4,3 nicht unrein.

Die Erhörung der Bitte einer heidnischen Frau: 15,21–28

21–28: Mk 7,24–30

21 Von dort zog sich Jesus in das Gebiet von Tyrus und
Sidon zurück. 22 Da kam eine kanaanäische Frau aus jener

15,5f Über das Korbán-Gelübde vgl. die Anmerkung zu Mk 7,9–13.

15,6 Gottes Wort, nach anderen Textzeugen: Gottes Gesetz.

15,11 In diesem wichtigen Satz wird der Wert jeder religiösen Verhaltensweise und Handlung von der Gesinnung des Handelnden abhängig gemacht, nicht vom äußeren Vollzug. Es gibt also keine Sünde ohne böse Gesinnung.

15,19 Vgl. die Anmerkung zu Mk 7,21.

Gegend zu ihm und rief: Hab Erbarmen mit mir, Herr, du 9,27
Sohn Davids! Meine Tochter wird von einem Dämon ge-
quält. 23 Jesus aber gab ihr keine Antwort. Da traten seine
Jünger zu ihm und baten: Befrei sie (von ihrer Sorge), denn
sie schreit hinter uns her. 24 Er antwortete: Ich bin nur zu 10,6
den verlorenen Schafen des Hauses Israel gesandt. 25 Doch
die Frau kam, fiel vor ihm nieder und sagte: Herr, hilf mir!
26 Er erwiderte: Es ist nicht recht, das Brot den Kindern
wegzunehmen und den Hunden vorzuwerfen. 27 Da ent-
gegnete sie: Ja, du hast recht, Herr! Aber selbst die Hunde
bekommen von den Brotresten, die vom Tisch ihrer Her-
ren fallen. 28 Darauf antwortete ihr Jesus: Frau, dein
Glaube ist groß. Was du willst, soll geschehen. Und von
dieser Stunde an war ihre Tochter geheilt.

Die Heilung vieler Kranker: 15,29–31

29 Jesus zog weiter und kam an den See von Galiläa. Er Mk 7,31–37
stieg auf einen Berg und setzte sich. 30 Da kamen viele
Menschen und brachten Lahme, Krüppel, Blinde, Stumme
und viele andere Kranke zu ihm; sie legten sie vor ihn hin,
und er heilte sie. 31 Als die Menschen sahen, daß Stumme
plötzlich redeten, Krüppel gesund wurden, Lahme gehen
und Blinde sehen konnten, waren sie erstaunt und priesen
den Gott Israels.

Die Speisung der Viertausend: 15,32–39

32–39: Mk 8,1–10

32 Jesus rief seine Jünger zu sich und sagte: Ich habe Mit- *32–39:*
leid mit diesen Menschen; sie sind schon drei Tage bei mir 14,13–21;
und haben nichts mehr zu essen. Ich will sie nicht hungrig Mk 6,32–44;
wegschicken, sonst brechen sie unterwegs zusammen. Lk 9,10–17;
33 Da sagten die Jünger zu ihm: Wo sollen wir in dieser un- Joh 6,1–13
bewohnten Gegend so viel Brot hernehmen, um so viele
Menschen satt zu machen? 34 Jesus sagte zu ihnen: Wie
viele Brote habt ihr? Sie antworteten: Sieben, und noch ein
paar Fische. 35 Da forderte er die Leute auf, sich auf den Bo-
den zu setzen. 36 Und er nahm die sieben Brote und die Fi-
sche, sprach das Dankgebet, brach die Brote und gab sie den
Jüngern, und die Jünger verteilten sie an die Leute. 37 Und
alle aßen und wurden satt. Dann sammelte man die übrig-
gebliebenen Brotstücke ein, sieben Körbe voll. 38 Es waren
viertausend Männer, die an dem Mahl teilgenommen hat-

15,23 Befrei sie (von ihrer Sorge), andere Übersetzungsmöglichkeit: Schick sie weg.

ten, dazu noch Frauen und Kinder. [39] Danach schickte er
die Menge nach Hause, stieg ins Boot und fuhr in die Ge-
gend von Magadan.

Die Verweigerung eines Zeichens: 16,1–4

1–4: Mk 8,11–13

12,38f; 16 Da kamen die Pharisäer und Sadduzäer zu Jesus,
Lk 11,16. um ihn auf die Probe zu stellen. Sie baten ihn: Laß
29–32; Joh 6,30 uns ein Zeichen vom Himmel sehen. [2] Er antwortete ih-
nen: [3] [4] Diese böse und treulose Generation fordert ein
Zeichen, aber es wird ihr kein anderes gegeben werden als
das Zeichen des Jona. Und er ließ sie stehen und ging weg.

Warnung vor den Pharisäern und Sadduzäern: 16,5–12

5–12: Mk 8,14–21

[5] Die Jünger fuhren an das andere Ufer. Sie hatten aber
vergessen, Brot mitzunehmen. [6] Und Jesus sagte zu ihnen:
Lk 12,1 Gebt acht, hütet euch vor dem Sauerteig der Pharisäer und
Sadduzäer! [7] Sie aber machten sich Gedanken und sagten
zueinander: Wir haben kein Brot mitgenommen. [8] Als Je-
Mk 6,52 sus das merkte, sagte er: Ihr Kleingläubigen, was macht ihr
euch darüber Gedanken, daß ihr kein Brot habt? [9] Begreift
14,21; ihr immer noch nicht? Erinnert ihr euch nicht an die fünf
Mk 6,44f Brote für die Fünftausend und daran, wie viele Körbe voll
ihr wieder eingesammelt habt? [10] Auch nicht an die sieben
15,38; Mk 8,9 Brote für die Viertausend, und wie viele Körbe voll ihr da
eingesammelt habt? [11] Warum begreift ihr denn nicht, daß
ich nicht von Brot gesprochen habe, als ich zu euch sagte:
Hütet euch vor dem Sauerteig der Pharisäer und Sadduzä-
er? [12] Da verstanden sie, daß er nicht gemeint hatte, sie
sollten sich vor dem Sauerteig hüten, mit dem man Brot
backt, sondern vor der Lehre der Pharisäer und Sadduzäer.

Das Messiasbekenntnis des Petrus und die Antwort Jesu: 16,13–20

13–20: Mk 8,27–30; Lk 9,18–21

[13] Als Jesus in das Gebiet von Cäsarea Philippi kam,
fragte er seine Jünger: Für wen halten die Leute den Men-

15,39 Die genaue Lage dieses Ortes ist nicht bekannt. Ein Teil späterer Textzeugen nennt hier Magdala, das westlich von Kafarnaum in einer Bucht des Sees von Gennesaret lag.

16,2b–3 Spätere Textzeugen fügen hier ein: Am Abend sagt ihr: Es kommt schönes Wetter, denn der Himmel ist rot. [3] Und am Morgen: Heute gibt es Sturm, denn der Himmel ist rot und trüb. Das Aussehen des Himmels könnt ihr beurteilen, die Zeichen der Zeit aber nicht.

16,4 Zu »treulose« vgl. die Anmerkung zu Mt 12,39.

schensohn? 14 Sie sagten: Die einen für Johannes den Täu- 14,2;
fer, andere für Elija, wieder andere für Jeremia oder sonst Mk 6,14f;
einen Propheten. 15 Da sagte er zu ihnen: Ihr aber, für wen Lk 9,7f
haltet ihr mich? 16 Simon Petrus antwortete: Du bist der 14,33; 27,54;
Messias, der Sohn des lebendigen Gottes! 17 Jesus sagte zu Mk 15,39;
ihm: Selig bist du, Simon Barjona; denn nicht Fleisch und Joh 1,49; 11,27
Blut haben dir das offenbart, sondern mein Vater im Him-
mel. 18 Ich aber sage dir: Du bist Petrus, und auf diesen Fel- Joh 1,42
sen werde ich meine Kirche bauen, und die Mächte der Un- Ijob 38,17;
terwelt werden sie nicht überwältigen. 19 Ich werde dir die Weish 16,13; Jes 38,10
Schlüssel des Himmelreichs geben; was du auf Erden bin- 18,18;
den wirst, das wird auch im Himmel gebunden sein, und Joh 20,23; 21,15–17
was du auf Erden lösen wirst, das wird auch im Himmel ge-
löst sein. 20 Dann befahl er den Jüngern, niemand zu sagen,
daß er der Messias sei.

Die erste Ankündigung von Leiden und Auferstehung: 16,21–23

21–23: Mk 8,31–33; Lk 9,22

21 Von da an begann Jesus, seinen Jüngern zu erklären, er 17,22f;
müsse nach Jerusalem gehen und von den Ältesten, den 20,18f;
Hohenpriestern und den Schriftgelehrten vieles erleiden; 26,2; Mk 9,31;
er werde getötet werden, aber am dritten Tag werde er auf- 10,32–34;
erstehen. 22 Da nahm ihn Petrus beiseite und machte ihm Lk 9,44;
Vorwürfe; er sagte: Das soll Gott verhüten, Herr! Das darf 18,31–33
nicht mit dir geschehen! 23 Jesus aber wandte sich um und
sagte zu Petrus: Weg mit dir, Satan, geh mir aus den Augen!
Du willst mich zu Fall bringen; denn du hast nicht das im
Sinn, was Gott will, sondern was die Menschen wollen.

Von Nachfolge und Selbstverleugnung: 16,24–28

24–28: Mk 8,34–9,1; Lk 9,23–27

24 Darauf sagte Jesus zu seinen Jüngern: Wer mein Jünger 10,38f;
sein will, der verleugne sich selbst, nehme sein Kreuz auf Lk 14,27
sich und folge mir nach. 25 Denn wer sein Leben retten 10,39;
will, wird es verlieren; wer aber sein Leben um meinetwil- Lk 17,33;
len verliert, wird es gewinnen. 26 Was nützt es einem Men- Joh 12,25

16,18 Das dem Beinamen Petrus zugrunde liegende griechische Wort petra bedeutet »Fels«. – »die Mächte der Unterwelt«, wörtlich: »die Pforten des Hades«. Hades, hebräisch Scheol, bezeichnete damals den als Gebäude, Festungsanlage gedachten Bereich des Todes, aller Toten. Die Totenwelt, die man sich unter der Erde befindlich vorstellte, war jedoch nicht der Aufenthaltsort Satans oder der Dämonen. Die Pforten oder Tore des Hades sind ein Bild für die alles verschlingende Macht des Todes und der Vergänglichkeit.

schen, wenn er die ganze Welt gewinnt, dabei aber sein Le-
ben einbüßt? Um welchen Preis kann ein Mensch sein Le-
ben zurückkaufen? [27] Der Menschensohn wird mit seinen
Ps 62,13; Engeln in der Hoheit seines Vaters kommen und *jedem*
28,4 Menschen *vergelten, wie es seine Taten verdienen*.
10,23; 24,34 [28] Amen, ich sage euch: Von denen, die hier stehen, wer-
den einige den Tod nicht erleiden, bis sie den Menschen-
sohn in seiner königlichen Macht kommen sehen.

Die Verklärung Jesu: 17,1–9

1–9: Mk 9,2–10; Lk 9,28–36

17 Sechs Tage danach nahm Jesus Petrus, Jakobus
und dessen Bruder Johannes beiseite und führte sie
2 Petr 1,16–18 auf einen hohen Berg. [2] Und er wurde vor ihren Augen
verwandelt; sein Gesicht leuchtete wie die Sonne, und
seine Kleider wurden blendend weiß wie das Licht. [3] Da er-
schienen plötzlich vor ihren Augen Mose und Elija und re-
deten mit Jesus. [4] Und Petrus sagte zu ihm: Herr, es ist gut,
daß wir hier sind. Wenn du willst, werde ich hier drei Hüt-
ten bauen, eine für dich, eine für Mose und eine für Elija.
[5] Noch während er redete, warf eine leuchtende Wolke ih-
ren Schatten auf sie, und aus der Wolke rief eine Stimme:
Ps 2,7; Das ist *mein geliebter Sohn, an dem ich Gefallen gefunden*
Jes 42,1; *habe; auf ihn sollt ihr hören*. [6] Als die Jünger das hörten,
Dtn 18,15; Mt 3,17 bekamen sie große Angst und warfen sich mit dem Gesicht
zu Boden. [7] Da trat Jesus zu ihnen, faßte sie an und sagte:
Steht auf, habt keine Angst! [8] Und als sie aufblickten, sa-
hen sie nur noch Jesus.
[9] Während sie den Berg hinabstiegen, gebot ihnen Jesus:
Erzählt niemand von dem, was ihr gesehen habt, bis der
Menschensohn von den Toten auferstanden ist.

Von der Wiederkunft des Elija: 17,10–13

10–13: Mk 9,11–13

[10] Da fragten ihn die Jünger: Warum sagen denn die
Schriftgelehrten, zuerst müsse Elija kommen? [11] Er gab zur
Mal 3,23 G Antwort: Ja, Elija kommt, *und er wird* alles *wiederherstel-*
11,14 *len*. [12] Ich sage euch aber: Elija ist schon gekommen, doch
sie haben ihn nicht erkannt, sondern mit ihm gemacht,
was sie wollten. Ebenso wird auch der Menschensohn

17,10–13 Jüdische Kreise vertraten zur Zeit Jesu die Meinung, der Prophet Elija werde am Ende der Tage wiederkehren – er galt als zu Gott entrückt, nicht gestorben (2 Kön 2,1–18) – und das Volk Israel auf das kommende Endgericht vorbereiten (vgl. Mal 3,23f; Sir 48,10).

durch sie leiden müssen. 13 Da verstanden die Jünger, daß
er von Johannes dem Täufer sprach. Lk 1,17

Die Heilung eines mondsüchtigen Jungen: 17,14–21

14–21: Mk 9,14–29; Lk 9,37–42

14 Als sie zurückkamen, begegneten sie einer großen
Zahl von Menschen. Da trat ein Mann auf ihn zu, fiel vor
ihm auf die Knie 15 und sagte: Herr, hab Erbarmen mit
meinem Sohn! Er ist mondsüchtig und hat schwer zu lei-
den. Immer wieder fällt er ins Feuer oder ins Wasser. 16 Ich
habe ihn schon zu deinen Jüngern gebracht, aber sie konn-
ten ihn nicht heilen. 17 Da sagte Jesus: O du ungläubige
und unbelehrbare Generation! Wie lange muß ich noch bei
euch sein? Wie lange muß ich euch noch ertragen? Bringt
ihn her zu mir! 18 Dann drohte Jesus dem Dämon. Der
Dämon verließ den Jungen, und der Junge war von diesem
Augenblick an geheilt.
19 Als die Jünger mit Jesus allein waren, wandten sie sich
an ihn und fragten: Warum konnten denn wir den Dämon
nicht austreiben? 20 Er antwortete: Weil euer Glaube so
klein ist. Amen, das sage ich euch: Wenn euer Glaube auch 21,21;
nur so groß ist wie ein Senfkorn, dann werdet ihr zu diesem Mk 11,23;
Berg sagen: Rück von hier nach dort!, und er wird wegrük- Lk 17,6
ken. Nichts wird euch unmöglich sein. [21]

Die zweite Ankündigung von Leiden und Auferstehung: 17,22–23

22–23: Mk 9,30–32; Lk 9,43b–45

22 Als sie in Galiläa zusammenwaren, sagte Jesus zu ih-
nen: Der Menschensohn wird den Menschen ausgeliefert 16,21; 20,18f
werden, 23 und sie werden ihn töten; aber am dritten Tag
wird er auferstehen. Da wurden sie sehr traurig.

Von der Tempelsteuer: 17,24–27

24 Als Jesus und die Jünger nach Kafarnaum kamen, gin-
gen die Männer, die die Tempelsteuer einzogen, zu Petrus
und fragten: Zahlt euer Meister die Doppeldrachme nicht? Ex 30,13
25 Er antwortete: Doch! Als er dann ins Haus hineinging,
kam ihm Jesus mit der Frage zuvor: Was meinst du, Simon,

17,21 Spätere Textzeugen fügen hier entsprechend Mk 9,29 ein: Diese Art (von Dämonen) aber kann nur durch Gebet und Fasten ausgetrieben werden.

17,24 Der Ex 30,13–15 geforderte Halbschekel galt zur Zeit Jesu so viel wie zwei attische Drachmen; diese Steuer wurde daher auch »die Doppeldrachme« genannt. Eine Drachme entsprach dem Tageslohn eines Arbeiters.

von wem erheben die Könige dieser Welt Zölle und Steu-
ern? Von ihren eigenen Söhnen oder von den anderen Leu-
ten? [26] Als Petrus antwortete: Von den anderen!, sagte Je-
sus zu ihm: Also sind die Söhne frei. [27] Damit wir aber bei
niemand Anstoß erregen, geh an den See und wirf die An-
gel aus; den ersten Fisch, den du heraufholst, nimm, öffne
ihm das Maul, und du wirst ein Vierdrachmenstück fin-
den. Das gib den Männern als Steuer für mich und für dich.

Die Rede über das Leben in der Gemeinde: 18,1–35

Der Rangstreit der Jünger: 18,1–5

1–5: Mk 9,33–37; Lk 9,46–48

Lk 22,24–26 **18** In jener Stunde kamen die Jünger zu Jesus und
fragten: Wer ist im Himmelreich der Größte? [2] Da
rief er ein Kind herbei, stellte es in ihre Mitte [3] und sagte:
19,14; Mk 10,15 Lk 18,17 Amen, das sage ich euch: Wenn ihr nicht umkehrt und wie
die Kinder werdet, könnt ihr nicht in das Himmelreich
kommen. [4] Wer so klein sein kann wie dieses Kind, der ist
im Himmelreich der Größte. [5] Und wer ein solches Kind
um meinetwillen aufnimmt, der nimmt mich auf.

Warnung vor der Verführung und der Verachtung von Jüngern: 18,6–11

6–9: Mk 9,42–47; Lk 17,1f

[6] Wer einen von diesen Kleinen, die an mich glauben,
zum Bösen verführt, für den wäre es besser, wenn er mit
einem Mühlstein um den Hals im tiefen Meer versenkt
würde. [7] Wehe der Welt mit ihrer Verführung! Es muß
zwar Verführung geben; doch wehe dem Menschen, der sie
verschuldet.
5,30 [8] Wenn dich deine Hand oder dein Fuß zum Bösen ver-

17,27 ein Vierdrachmenstück, wörtlich: einen Statér.

18,1–4 Das Kind galt zur Zeit Jesu als unfertiger Erwachsener und spielte in der damaligen Gesellschaft keine Rolle.

18,5 um meinetwillen, wörtlich: aufgrund meines Namens.

18,6.10.14 Der Ausdruck »diese Kleinen« knüpft zwar an die zuvor genannten Kinder an, wird aber nun zur Bezeichnung der Christen: sie sind wenig angesehen, machtlos und auf (Gottes) Hilfe angewiesen.

18,8f Nach jüdischer Auffassung saß die Begierde in den einzelnen Gliedern. Darum wurde bei den Juden z. B. Diebstahl durch Abhauen der Hand geahndet. Als Ort der ewigen Strafe galt dem Judentum die Feuerhölle, die Gehenna, wo die Bösen nach dem Endgericht ewige Qual erleiden werden (vgl. Jes 66,24; Offb 20,14f).

führt, dann hau sie ab und wirf sie weg! Es ist besser für
dich, verstümmelt oder lahm in das Leben zu gelangen, als
mit zwei Händen und zwei Füßen in das ewige Feuer ge-
worfen zu werden. 9 Und wenn dich dein Auge zum Bösen 5,29
verführt, dann reiß es aus und wirf es weg! Es ist besser für
dich, einäugig in das Leben zu gelangen, als mit zwei Au-
gen in das Feuer der Hölle geworfen zu werden.
10 Hütet euch davor, einen von diesen Kleinen zu ver-
achten! Denn ich sage euch: Ihre Engel im Himmel sehen
stets das Angesicht meines himmlischen Vaters. [11]

Das Gleichnis vom verlorenen Schaf: 18,12–14

12–14: Lk 15,4–7

12 Was meint ihr? Wenn jemand hundert Schafe hat und Joh 10,11–15
eines von ihnen sich verirrt, läßt er dann nicht die neun-
undneunzig auf den Bergen zurück und sucht das verirrte?
13 Und wenn er es findet – amen, ich sage euch: er freut
sich über dieses eine mehr als über die neunundneunzig,
die sich nicht verirrt haben. 14 So will auch euer himmli-
scher Vater nicht, daß einer von diesen Kleinen verloren-
geht.

Von der Verantwortung für den Bruder: 18,15–20

15 Wenn dein Bruder sündigt, dann geh zu ihm und weise Lev 19,17;
ihn unter vier Augen zurecht. Hört er auf dich, so hast du Lk 17,3
deinen Bruder zurückgewonnen. 16 Hört er aber nicht auf
dich, dann nimm einen oder zwei Männer mit, denn *jede* Dtn 19,15
Sache muß durch die Aussage von zwei oder drei Zeugen
entschieden werden. 17 Hört er auch auf sie nicht, dann sag
es der Gemeinde. Hört er aber auch auf die Gemeinde
nicht, dann sei er für dich wie ein Heide oder ein Zöllner.
18 Amen, ich sage euch: Alles, was ihr auf Erden binden 16,19;
werdet, das wird auch im Himmel gebunden sein, und al- Joh 20,23
les, was ihr auf Erden lösen werdet, das wird auch im
Himmel gelöst sein.
19 Weiter sage ich euch: Alles, was zwei von euch auf Er- 7,7
den gemeinsam erbitten, werden sie von meinem himmli-
schen Vater erhalten. 20 Denn wo zwei oder drei in mei-
nem Namen versammelt sind, da bin ich mitten unter ih- 28,20
nen.

18,11 Ein Teil der Textzeugen fügt hier ein: Denn der Menschensohn ist gekommen, um zu retten, was verloren ist; vgl. Lk 19,10.

18,17 Mit »Gemeinde« ist die Ortskirche gemeint.

Von der Pflicht zur Vergebung: 18,21–22

21 Da trat Petrus zu ihm und fragte: Herr, wie oft muß
ich meinem Bruder vergeben, wenn er sich gegen mich ver-
Gen 4,24; sündigt? Siebenmal? 22 Jesus sagte zu ihm: Nicht *sieben-*
Lk 17,4 *mal,* sondern *siebenundsiebzigmal.*

Das Gleichnis vom unbarmherzigen Gläubiger: 18,23–35

23 Mit dem Himmelreich ist es deshalb wie mit einem
25,19 König, der beschloß, von seinen Dienern Rechenschaft zu
verlangen. 24 Als er nun mit der Abrechnung begann,
brachte man einen zu ihm, der ihm zehntausend Talente
schuldig war. 25 Weil er aber das Geld nicht zurückzahlen
konnte, befahl der Herr, ihn mit Frau und Kindern und al-
lem, was er besaß, zu verkaufen und so die Schuld zu be-
gleichen. 26 Da fiel der Diener vor ihm auf die Knie und bat:
Hab Geduld mit mir! Ich werde dir alles zurückzahlen.
Lk 7,42 27 Der Herr hatte Mitleid mit dem Diener, ließ ihn gehen
und schenkte ihm die Schuld. 28 Als nun der Diener hin-
ausging, traf er einen anderen Diener seines Herrn, der ihm
hundert Denare schuldig war. Er packte ihn, würgte ihn
und rief: Bezahl, was du mir schuldig bist! 29 Da fiel der an-
dere vor ihm nieder und flehte: Hab Geduld mit mir! Ich
werde es dir zurückzahlen. 30 Er aber wollte nicht, sondern
ging weg und ließ ihn ins Gefängnis werfen, bis er die
Schuld bezahlt habe. 31 Als die übrigen Diener das sahen,
waren sie sehr betrübt; sie gingen zu ihrem Herrn und be-
richteten ihm alles, was geschehen war. 32 Da ließ ihn sein
Herr rufen und sagte zu ihm: Du elender Diener! Deine
ganze Schuld habe ich dir erlassen, weil du mich so ange-
fleht hast. 33 Hättest nicht auch du mit jenem, der gemein-
sam mit dir in meinem Dienst steht, Erbarmen haben
müssen, so wie ich mit dir Erbarmen hatte? 34 Und in sei-

18,22 Der griechische Text ist zu übersetzen mit »siebenundsiebzigmal«, nicht mit siebzigmal siebenmal wie in manchen Übersetzungen. Der Ausdruck hat den Sinn: immer, ohne Einschränkung.

18,23–25 Ein Talent (griechische Rechnungseinheit) entsprach sechstausend Drachmen. Ein Denar war damals einer Drachme gleichwertig und war der Tageslohn eines Arbeiters. Die Schuld umfaßte also eine ungeheure Summe, die kaum aufzubringen war. Die Jahreseinkünfte Herodes' des Großen betrugen 900 Talente, das Steueraufkommen von ganz Galiläa und Peräa im Jahr 4 n. Chr. 200 Talente.

Unter dem »Diener« kann man sich etwa den Finanzminister eines orientalischen Königs vorstellen, dessen Beamte als Sklaven oder Diener des Herrschers angesehen wurden. Die Folter diente dazu, Auskünfte über beiseite geschafftes Geld zu erlangen.

nem Zorn übergab ihn der Herr den Folterknechten, bis er
die ganze Schuld bezahlt habe. [35] Ebenso wird mein himm-
lischer Vater jeden von euch behandeln, der seinem Bruder 6,15
nicht von ganzem Herzen vergibt.

JESU WIRKEN IN JUDÄA UND IN JERUSALEM: 19,1–25,46

Der Weg nach Jerusalem: 19,1–20,34

Aufbruch nach Judäa: 19,1–2

1–2: Mk 10,1; Lk 9,51

19 Als Jesus diese Reden beendet hatte, verließ er Ga-
liläa und zog in das Gebiet von Judäa jenseits des
Jordan. [2] Viele Menschen folgten ihm dorthin, und er
heilte sie.

Von Ehescheidung und Ehelosigkeit: 19,3–12

3–9: Mk 10,2–12

[3] Da kamen Pharisäer zu ihm, die ihm eine Falle stellen
wollten, und fragten: Darf man seine Frau aus jedem belie-
bigen Grund aus der Ehe entlassen? [4] Er antwortete: Habt
ihr nicht gelesen, daß der Schöpfer die Menschen am An-
fang als *Mann und Frau geschaffen hat* [5] und daß er gesagt Gen 1,27
hat: *Darum wird der Mann Vater und Mutter verlassen* Gen 2,24
und sich an seine Frau binden, und die zwei werden ein
Fleisch sein? [6] Sie sind also nicht mehr zwei, sondern eins.
Was aber Gott verbunden hat, das darf der Mensch nicht
trennen. [7] Da sagten sie zu ihm: Wozu hat dann Mose vor-
geschrieben, daß man (der Frau) eine *Scheidungsurkunde* Dtn 24,1;
geben muß, wenn man sich trennen will? [8] Er antwortete: Mt 5,31
Nur weil ihr so hartherzig seid, hat Mose euch erlaubt,
eure Frauen aus der Ehe zu entlassen. Am Anfang war das
nicht so. [9] Ich sage euch: Wer seine Frau entläßt, obwohl 5,32; Lk 16,18; 1 Kor 7,10f

---

19,3.7f Die Entlassung der Frau aus der Ehe war durch das Gesetz des Mose erlaubt (vgl. Dtn 24,1); umstritten war lediglich, welche Gründe dies rechtfertigten: nach der strengeren Auffassung des Schriftgelehrten Schammai Ehebruch, ansteckende Krankheit, Geisteskrankheit, Kinderlosigkeit, nach der Auffassung des Schriftgelehrten Hillel, die zur Zeit Jesu vorherrschend war, alles, was dem Mann an seiner Frau mißfiel.

19,4 Mit dem Hinweis auf den »Anfang« verweist Jesus auf die Schöpfungsordnung Gottes (vgl. Gen 1,1–2,4a; 2,4b–25).

19,9 Die sog. Unzuchtsklausel, die vom radikalen Scheidungsverbot Jesu den Fall der Unzucht ausnimmt, findet sich in der älteren Überlieferung, wie sie in Mk 10,2–12 und Lk 16,18 vorliegt, noch nicht.

kein Fall von Unzucht vorliegt, und eine andere heiratet,
der begeht Ehebruch.
10 Da sagten die Jünger zu ihm: Wenn das die Stellung
des Mannes in der Ehe ist, dann ist es nicht gut zu heiraten.
11 Jesus sagte zu ihnen: Nicht alle können dieses Wort er-
fassen, sondern nur die, denen es gegeben ist. 12 Denn es ist
so: Manche sind von Geburt an zur Ehe unfähig, manche
sind von den Menschen dazu gemacht, und manche haben
sich selbst dazu gemacht – um des Himmelreiches willen.
Wer das erfassen kann, der erfasse es.

Die Segnung der Kinder: 19,13–15

13–15: Mk 10,13–16; Lk 18,15–17

13 Da brachte man Kinder zu ihm, damit er ihnen die
Hände auflegte und für sie betete. Die Jünger aber wiesen
18,3 die Leute schroff ab. 14 Doch Jesus sagte: Laßt die Kinder zu
mir kommen; hindert sie nicht daran! Denn Menschen
wie ihnen gehört das Himmelreich. 15 Dann legte er ihnen
die Hände auf und zog weiter.

Von Reichtum und Nachfolge: 19,16–30

16–30: Mk 10,17–31; Lk 18,18–30

16 Es kam ein Mann zu Jesus und fragte: Meister, was
muß ich Gutes tun, um das ewige Leben zu gewinnen?
17 Er antwortete: Was fragst du mich nach dem Guten?
Nur einer ist »der Gute«. Wenn du aber das Leben erlangen
willst, halte die Gebote! 18 Darauf fragte er ihn: Welche?
Ex 20,12–16; Jesus antwortete: *Du sollst nicht töten, du sollst nicht die*
Dtn 5,16–20 *Ehe brechen, du sollst nicht stehlen, du sollst nicht falsch*
Lev 19,18 *aussagen;* 19 *ehre Vater und Mutter!* Und: *Du sollst deinen*
Nächsten lieben wie dich selbst! 20 Der junge Mann erwi-
derte ihm: Alle diese Gebote habe ich befolgt. Was fehlt
mir jetzt noch? 21 Jesus antwortete ihm: Wenn du voll-
kommen sein willst, geh, verkauf deinen Besitz und gib das
6,20 Geld den Armen; so wirst du einen bleibenden Schatz im
8,22 Himmel haben; dann komm und folge mir nach. 22 Als der
junge Mann das hörte, ging er traurig weg; denn er hatte ein
großes Vermögen. 23 Da sagte Jesus zu seinen Jüngern:
Amen, das sage ich euch: Ein Reicher wird nur schwer in
das Himmelreich kommen. 24 Nochmals sage ich euch:
Eher geht ein Kamel durch ein Nadelöhr, als daß ein Rei-
cher in das Reich Gottes gelangt. 25 Als die Jünger das hör-
ten, erschraken sie sehr und sagten: Wer kann dann noch
gerettet werden? 26 Jesus sah sie an und sagte zu ihnen: Für
Gen 18,14; Menschen ist das unmöglich, *für Gott* aber *ist alles mög-*
Ijob 42,2; *lich.*
Lk 1,37

27 Da antwortete Petrus: Du weißt, wir haben alles ver-
lassen und sind dir nachgefolgt. Was werden wir dafür be-
kommen? 28 Jesus erwiderte ihnen: Amen, ich sage euch:
Wenn die Welt neu geschaffen wird und der Menschen- 25,31;
sohn sich auf den Thron der Herrlichkeit setzt, werdet ihr, Offb 3,21
die ihr mir nachgefolgt seid, auf zwölf Thronen sitzen und Lk 22,30
die zwölf Stämme Israels richten. 29 Und jeder, der um
meines Namens willen Häuser oder Brüder, Schwestern,
Vater, Mutter, Kinder oder Äcker verlassen hat, wird dafür
das Hundertfache erhalten und das ewige Leben gewinnen.
30 Viele aber, die jetzt die Ersten sind, werden dann die 20,16;
Letzten sein, und die Letzten werden die Ersten sein. Lk 13,30

Das Gleichnis von den Arbeitern im Weinberg: 20,1–16

20 Denn mit dem Himmelreich ist es wie mit einem
Gutsbesitzer, der früh am Morgen sein Haus ver-
ließ, um Arbeiter für seinen Weinberg anzuwerben. 2 Er
einigte sich mit den Arbeitern auf einen Denar für den Tag
und schickte sie in seinen Weinberg. 3 Um die dritte
Stunde ging er wieder auf den Markt und sah andere daste-
hen, die keine Arbeit hatten. 4 Er sagte zu ihnen: Geht
auch ihr in meinen Weinberg! Ich werde euch geben, was
recht ist. 5 Und sie gingen. Um die sechste und um die
neunte Stunde ging der Gutsherr wieder auf den Markt und
machte es ebenso. 6 Als er um die elfte Stunde noch einmal
hinging, traf er wieder einige, die dort herumstanden. Er
sagte zu ihnen: Was steht ihr hier den ganzen Tag untätig
herum? 7 Sie antworteten: Niemand hat uns angeworben.
Da sagte er zu ihnen: Geht auch ihr in meinen Weinberg!
8 Als es nun Abend geworden war, sagte der Besitzer des Lev 19,13;
Weinbergs zu seinem Verwalter: Ruf die Arbeiter, und zahl Dtn 24,15
ihnen den Lohn aus, angefangen bei den letzten, bis hin zu
den ersten. 9 Da kamen die Männer, die er um die elfte
Stunde angeworben hatte, und jeder erhielt einen Denar.
10 Als dann die ersten an der Reihe waren, glaubten sie,
mehr zu bekommen. Aber auch sie erhielten nur einen
Denar. 11 Da begannen sie, über den Gutsherrn zu murren,
12 und sagten: Diese letzten haben nur eine Stunde gear-
beitet, und du hast sie uns gleichgestellt; wir aber haben
den ganzen Tag über die Last der Arbeit und die Hitze er-
tragen. 13 Da erwiderte er einem von ihnen: Mein Freund,
dir geschieht kein Unrecht. Hast du nicht einen Denar mit
mir vereinbart? 14 Nimm dein Geld und geh! Ich will dem

19,29 das Hundertfache, nach einigen alten Textzeugen: ein Vielfaches; vgl. Lk 18,30.

letzten ebensoviel geben wie dir. [15] Darf ich mit dem, was
mir gehört, nicht tun, was ich will? Oder bist du neidisch,
19,30; weil ich (zu anderen) gütig bin? [16] So werden die Letzten
Mk 10,31; die Ersten sein und die Ersten die Letzten.
Lk 13,30

Die dritte Ankündigung von Leiden und Auferstehung: 20,17–19

17–19: Mk 10,32–34; Lk 18,31–34

[17] Als Jesus nach Jerusalem hinaufzog, nahm er unter-
wegs die zwölf Jünger beiseite und sagte zu ihnen: [18] Wir
16,21; gehen jetzt nach Jerusalem hinauf; dort wird der Men-
17,22f schensohn den Hohenpriestern und Schriftgelehrten aus-
27,63; geliefert; sie werden ihn zum Tod verurteilen [19] und den
28,6; Lk 9,22; Heiden übergeben, damit er verspottet, gegeißelt und ge-
24,7.46; Apg 10,40; kreuzigt wird; aber am dritten Tag wird er auferstehen.
1 Kor 15,4

Vom Herrschen und vom Dienen: 20,20–28

20–23: Mk 10,35–40 *24–28:* Mk 10,41–45; Lk 22,24–27

[20] Damals kam die Frau des Zebedäus mit ihren Söhnen
zu Jesus und fiel vor ihm nieder, weil sie ihn um etwas bit-
ten wollte. [21] Er fragte sie: Was willst du? Sie antwortete:
Versprich, daß meine beiden Söhne in deinem Reich rechts
und links neben dir sitzen dürfen. [22] Jesus erwiderte: Ihr
26,39; wißt nicht, um was ihr bittet. Könnt ihr den Kelch trinken,
Joh 18,11 den ich trinken werde? Sie sagten zu ihm: Wir können es.
[23] Da antwortete er ihnen: Ihr werdet meinen Kelch trin-
ken; doch den Platz zu meiner Rechten und zu meiner
Linken habe nicht ich zu vergeben; dort werden die sitzen,
für die mein Vater diese Plätze bestimmt hat.

[24] Als die zehn anderen Jünger das hörten, wurden sie
sehr ärgerlich über die beiden Brüder. [25] Da rief Jesus sie zu
sich und sagte: Ihr wißt, daß die Herrscher ihre Völker un-
terdrücken und die Mächtigen ihre Macht über die Men-
23,11; schen mißbrauchen. [26] Bei euch soll es nicht so sein, son-
Mk 9,35; Lk 9,48 dern wer bei euch groß sein will, der soll euer Diener sein,
[27] und wer bei euch der Erste sein will, soll euer Sklave
sein. [28] Denn auch der Menschensohn ist nicht gekom-
Jes 53,12; men, um sich dienen zu lassen, sondern um zu dienen und
1 Tim 2,6 sein Leben hinzugeben als Lösegeld für viele.

20,16 Spätere Textzeugen fügen am Ende des Verses entsprechend Mt 22,14 hinzu: Denn viele sind gerufen, aber nur wenige auserwählt.

20,20 die Frau des Zebedäus, wörtlich: die Mutter der Söhne des Zebedäus.

20,22f »Jemandes Kelch trinken« bedeutet soviel wie »an jemandes Schicksal teilhaben«.

Die Heilung von zwei Blinden bei Jericho: 20,29–34

29–34: Mk 10,46–52; Lk 18,35–43

29 Als sie Jericho verließen, folgte ihm eine große Zahl *29–34:*
von Menschen. 30 An der Straße aber saßen zwei Blinde, 9,27–30
und als sie hörten, daß Jesus vorbeikam, riefen sie laut:
Herr, Sohn Davids, hab Erbarmen mit uns! 31 Die Leute 15,22
aber wurden ärgerlich und befahlen ihnen zu schweigen.
Sie aber schrien noch lauter: Herr, Sohn Davids, hab Er-
barmen mit uns! 32 Jesus blieb stehen, rief sie zu sich und
sagte: Was soll ich euch tun? 33 Sie antworteten: Herr, wir
möchten, daß unsere Augen geöffnet werden. 34 Da hatte
Jesus Mitleid mit ihnen und berührte ihre Augen. Im glei-
chen Augenblick konnten sie wieder sehen, und sie folgten
ihm.

Die Auseinandersetzung mit den Gegnern in Jerusalem: 21,1–23,39

Der Einzug in Jerusalem: 21,1–11

1–11: Mk 11,1–11; Lk 19,28–40; Joh 12,12–19

21 Als sich Jesus mit seinen Begleitern Jerusalem nä-
herte und nach Betfage am Ölberg kam, schickte er
zwei Jünger voraus 2 und sagte zu ihnen: Geht in das Dorf,
das vor euch liegt; dort werdet ihr eine Eselin angebunden
finden und ein Fohlen bei ihr. Bindet sie los, und bringt sie
zu mir! 3 Und wenn euch jemand zur Rede stellt, dann
sagt: Der Herr braucht sie, er läßt sie aber bald zurückbrin-
gen.

4 Das ist geschehen, damit sich erfüllte, was durch den
Propheten gesagt worden ist:

5 *Sagt der Tochter Zion:* Jes 62,11;
Siehe, dein König kommt zu dir. Sach 9,9
Er ist friedfertig,
und er reitet auf einer Eselin
und auf einem Fohlen,
dem Jungen eines Lasttiers.

6 Die Jünger gingen und taten, was Jesus ihnen aufgetragen
hatte. 7 Sie brachten die Eselin und das Fohlen, legten ihre
Kleider auf sie, und er setzte sich darauf. 8 Viele Menschen
breiteten ihre Kleider auf der Straße aus, andere schnitten

21,1–11 Der Evangelist deutet den Einzug Jesu im Licht von Sacharja 9,9: Der Messias wird als Vertreter der armen Leute eine friedliche, sozial gerechte Herrschaft aufrichten.

21,3 Andere Übersetzungsmöglichkeit: Der Herr braucht sie. Und er (der Besitzer, der euch zur Rede stellt) wird sie euch sofort mitgeben.

Zweige von den Bäumen und streuten sie auf den Weg.
[9] Die Leute aber, die vor ihm hergingen und die ihm folg-
ten, riefen:
Ps 118,25f; *Hosanna* dem Sohn Davids!
Mt 23,39; *Gesegnet sei er, der kommt im Namen des Herrn.*
Lk 13,35 *Hosanna* in der Höhe!
[10] Als er in Jerusalem einzog, geriet die ganze Stadt in Auf-
regung, und man fragte: Wer ist das? [11] Die Leute sagten:
Das ist der Prophet Jesus von Nazaret in Galiläa.

Die Tempelreinigung: 21,12–17

12–17: Mk 11,15–19; Lk 19,45–48; Joh 2,13–16

[12] Jesus ging in den Tempel und trieb alle Händler und
Käufer aus dem Tempel hinaus; er stieß die Tische der
Geldwechsler und die Stände der Taubenhändler um
Jes 56,7 [13] und sagte: In der Schrift steht: *Mein Haus soll ein Haus*
Jer 7,11 *des Gebetes sein.* Ihr aber macht daraus *eine Räuberhöhle.*
[14] Im Tempel kamen Lahme und Blinde zu ihm, und er
heilte sie. [15] Als nun die Hohenpriester und die Schriftge-
lehrten die Wunder sahen, die er tat, und die Kinder im
Tempel rufen hörten: Hosanna dem Sohn Davids!, da wur-
den sie ärgerlich [16] und sagten zu ihm: Hörst du, was sie ru-
fen? Jesus antwortete ihnen: Ja, ich höre es. Habt ihr nie ge-
Ps 8,3 lesen: *Aus dem Mund der Kinder und Säuglinge schaffst*
du dir Lob? [17] Und er ließ sie stehen und ging aus der Stadt
hinaus nach Betanien; dort übernachtete er.

Die Verfluchung eines Feigenbaums: 21,18–22

18–19: Mk 11,12–14 *20–22:* Mk 11,20–25

[18] Als er am Morgen in die Stadt zurückkehrte, hatte er
Lk 13,6 Hunger. [19] Da sah er am Weg einen Feigenbaum und ging
auf ihn zu, fand aber nur Blätter daran. Da sagte er zu ihm:
In Ewigkeit soll keine Frucht mehr an dir wachsen. Und
der Feigenbaum verdorrte auf der Stelle. [20] Als die Jünger
das sahen, fragten sie erstaunt: Wie konnte der Feigen-
baum so plötzlich verdorren? [21] Jesus antwortete ihnen:
Lk 17,6 Amen, das sage ich euch: Wenn ihr Glauben habt und

21,9.15 Ursprüngliche Bedeutung von »Hosanna«: Bring doch Hilfe!; später ist das Wort unter Verlust des ursprünglichen Sinns zur liturgischen Formel geworden.

21,12 Im Tempelbezirk konnten die Tempelbesucher Opfertiere kaufen und zur Bezahlung der Tempelsteuer heidnisches Geld in Münzen ohne heidnische Götter- oder Herrscherbilder wechseln.

21,18–22 Der unfruchtbare Feigenbaum ist Bild für das Volk Gottes, das den Glauben verweigert (vgl. Jer 8,13; Lk 13,6–9).

nicht zweifelt, dann werdet ihr nicht nur das vollbringen,
was ich mit dem Feigenbaum getan habe; selbst wenn ihr
zu diesem Berg sagt: Heb dich empor, und stürz dich ins
Meer!, wird es geschehen. 22 Und alles, was ihr im Gebet 7,7
erbittet, werdet ihr erhalten, wenn ihr glaubt.

Die Frage nach der Vollmacht Jesu: 21,23–27

23–27: Mk 11,27–33; Lk 20,1–8

23 Als er in den Tempel ging und dort lehrte, kamen die
Hohenpriester und die Ältesten des Volkes zu ihm und
fragten: Mit welchem Recht tust du das alles? Wer hat dir
dazu die Vollmacht gegeben? 24 Jesus antwortete ihnen:
Auch ich will euch eine Frage stellen. Wenn ihr mir darauf
antwortet, dann werde ich euch sagen, mit welchem Recht
ich das tue. 25 Woher stammte die Taufe des Johannes?
Vom Himmel oder von den Menschen? Da überlegten sie
und sagten zueinander: Wenn wir antworten: Vom Him-
mel!, so wird er zu uns sagen: Warum habt ihr ihm dann
nicht geglaubt? 26 Wenn wir aber antworten: Von den
Menschen!, dann müssen wir uns vor den Leuten fürchten; 14,5
denn alle halten Johannes für einen Propheten. 27 Darum
antworteten sie Jesus: Wir wissen es nicht. Da erwiderte
er: Dann sage auch ich euch nicht, mit welchem Recht ich
das alles tue.

Das Gleichnis von den ungleichen Söhnen: 21,28–32

28 Was meint ihr? Ein Mann hatte zwei Söhne. Er ging
zum ersten und sagte: Mein Sohn, geh und arbeite heute
im Weinberg! 29 Er antwortete: Ja, Herr!, ging aber nicht.
30 Da wandte er sich an den zweiten Sohn und sagte zu ihm
dasselbe. Dieser antwortete: Ich will nicht. Später aber
reute es ihn, und er ging doch. 31 Wer von den beiden hat Lk 7,29f
den Willen seines Vaters erfüllt? Sie antworteten: Der
zweite. Da sagte Jesus zu ihnen: Amen, das sage ich euch:
Zöllner und Dirnen gelangen eher in das Reich Gottes als
ihr. 32 Denn Johannes ist gekommen, um euch den Weg der
Gerechtigkeit zu zeigen, und ihr habt ihm nicht geglaubt;
aber die Zöllner und die Dirnen haben ihm geglaubt. Ihr
habt es gesehen, und doch habt ihr nicht bereut und ihm
nicht geglaubt.

21,29–31 In einer Reihe wichtiger Textzeugen sagt der erste Sohn nein, geht aber dann doch; der zweite Sohn sagt ja, geht aber nicht. In diesem Fall hat der erste Sohn den Willen des Vaters erfüllt.

Das Gleichnis von den bösen Winzern: 21,33–46

33–46: Mk 12,1–12; Lk 20,9–19

[33] Hört noch ein anderes Gleichnis: Es war ein Gutsbe-
Jes 5,1f G sitzer, der *legte einen Weinberg an, zog ringsherum einen*
Zaun, hob eine Kelter aus und baute einen Turm. Dann
verpachtete er den Weinberg an Winzer und reiste in ein
anderes Land. [34] Als nun die Erntezeit kam, schickte er
seine Knechte zu den Winzern, um seinen Anteil an den
22,6 Früchten holen zu lassen. [35] Die Winzer aber packten seine
Knechte; den einen prügelten sie, den andern brachten sie
um, einen dritten steinigten sie. [36] Darauf schickte er an-
dere Knechte, mehr als das erstemal; mit ihnen machten
sie es genauso. [37] Zuletzt sandte er seinen Sohn zu ihnen;
denn er dachte: Vor meinem Sohn werden sie Achtung ha-
ben. [38] Als die Winzer den Sohn sahen, sagten sie zueinan-
der: Das ist der Erbe. Auf, wir wollen ihn töten, damit wir
seinen Besitz erben. [39] Und sie packten ihn, warfen ihn aus
dem Weinberg hinaus und brachten ihn um. [40] Wenn nun
der Besitzer des Weinbergs kommt: Was wird er mit sol-
chen Winzern tun? [41] Sie sagten zu ihm: Er wird diesen bö-
sen Menschen ein böses Ende bereiten und den Weinberg
an andere Winzer verpachten, die ihm die Früchte ablie-
fern, wenn es Zeit dafür ist. [42] Und Jesus sagte zu ihnen:
Habt ihr nie in der Schrift gelesen:

Ps 118,22f G *Der Stein, den die Bauleute verworfen haben,*
er ist zum Eckstein geworden;
das hat der Herr vollbracht,
vor unseren Augen geschah dieses Wunder?

[44] Und wer auf diesen Stein fällt, der wird zerschellen; auf
wen der Stein aber fällt, den wird er zermalmen. [43] Darum
sage ich euch: Das Reich Gottes wird euch weggenommen
und einem Volk gegeben werden, das die erwarteten
Früchte bringt.

[45] Als die Hohenpriester und die Pharisäer seine Gleich-
nisse hörten, merkten sie, daß er von ihnen sprach. [46] Sie
26,4f hätten ihn gern verhaften lassen; aber sie fürchteten sich
vor den Leuten, weil alle ihn für einen Propheten hielten.

21,33–46 Mit dem Weinberg Gottes ist Israel gemeint (vgl. Jes 5,1–7).

21,42 Die Übersetzung »das hat der Herr vollbracht« nimmt Rücksicht auf den hebräischen Text von Ps 118,22. Der griechische Text lautet wörtlich übersetzt: ihn hat der Herr gemacht, und er ist wunderbar in unseren Augen.

21,44 Dieser Vers, der bei einigen alten Textzeugen fehlt, ist irrtümlicherweise hinter Vers 43 überliefert.

Das Gleichnis vom königlichen Hochzeitsmahl: 22,1–14

1–10: Lk 14,15–24

22 Jesus erzählte ihnen noch ein anderes Gleichnis:
[2] Mit dem Himmelreich ist es wie mit einem Kö-
nig, der die Hochzeit seines Sohnes vorbereitete. [3] Er
schickte seine Diener, um die eingeladenen Gäste zur
Hochzeit rufen zu lassen. Sie aber wollten nicht kommen.
[4] Da schickte er noch einmal Diener und trug ihnen auf:
Sagt den Eingeladenen: Mein Mahl ist fertig, die Ochsen
und das Mastvieh sind geschlachtet, alles ist bereit.
Kommt zur Hochzeit! [5] Sie aber kümmerten sich nicht
darum, sondern der eine ging auf seinen Acker, der andere
in seinen Laden, [6] wieder andere fielen über seine Diener 21,35
her, mißhandelten sie und brachten sie um. [7] Da wurde der
König zornig; er schickte sein Heer, ließ die Mörder töten
und ihre Stadt in Schutt und Asche legen. [8] Dann sagte er
zu seinen Dienern: Das Hochzeitsmahl ist vorbereitet,
aber die Gäste waren es nicht wert (eingeladen zu werden).
[9] Geht also hinaus auf die Straßen und ladet alle, die ihr
trefft, zur Hochzeit ein. [10] Die Diener gingen auf die Stra-
ßen hinaus und holten alle zusammen, die sie trafen, Böse
und Gute, und der Festsaal füllte sich mit Gästen.

[11] Als sie sich gesetzt hatten und der König eintrat, um
sich die Gäste anzusehen, bemerkte er unter ihnen einen
Mann, der kein Hochzeitsgewand anhatte. [12] Er sagte zu
ihm: Mein Freund, wie konntest du hier ohne Hochzeits-
gewand erscheinen? Darauf wußte der Mann nichts zu sa-
gen. [13] Da befahl der König seinen Dienern: Bindet ihm
Hände und Füße, und werft ihn hinaus in die äußerste Fin- 8,12
sternis! Dort wird er heulen und mit den Zähnen knir-
schen. [14] Denn viele sind gerufen, aber nur wenige auser-
wählt.

Die Frage nach der kaiserlichen Steuer: 22,15–22

15–22: Mk 12,13–17; Lk 20,20–26

[15] Damals kamen die Pharisäer zusammen und be-
schlossen, Jesus mit einer Frage eine Falle zu stellen. [16] Sie

---

22,2–10.11–13 Matthäus hat zwei selbständige Gleichnisse miteinander verknüpft. Der zweite Teil besagt, daß der Eintritt in das Reich Gottes die Umkehr des Sünders voraussetzt.

22,15–22 Im Jahr 6/7 n. Chr. wurde der Zensus, die römische Kopf- und Grundsteuer, auch in Judäa und Samarien eingeführt. Die jüdischen Frommen, vor allem die sogenannten Zeloten, sahen in der Steuerzahlung einen Verrat an Gott. Der römische Silber-Denar trug damals ein Bild des Kaisers Tiberius (14–37 n. Chr.) und die Aufschrift: »Tiberius, Cäsar, des göttlichen Augustus Sohn, Augustus«.

veranlaßten ihre Jünger, zusammen mit den Anhängern
des Herodes zu ihm zu gehen und zu sagen: Meister, wir
wissen, daß du immer die Wahrheit sagst und wirklich den
Weg Gottes lehrst, ohne auf jemand Rücksicht zu nehmen;
denn du siehst nicht auf die Person. 17 Sag uns also: Ist es
nach deiner Meinung erlaubt, dem Kaiser Steuer zu zahlen,
oder nicht? 18 Jesus aber erkannte ihre böse Absicht und
sagte: Ihr Heuchler, warum stellt ihr mir eine Falle?
19 Zeigt mir die Münze, mit der ihr eure Steuern bezahlt!
Da hielten sie ihm einen Denar hin. 20 Er fragte sie: Wessen
Bild und Aufschrift ist das? 21 Sie antworteten: Des Kai-
sers. Darauf sagte er zu ihnen: So gebt dem Kaiser, was dem
Kaiser gehört, und Gott, was Gott gehört! 22 Als sie das
hörten, waren sie sehr überrascht, wandten sich um und
gingen weg.

Die Frage nach der Auferstehung der Toten: 22,23–33

23–33: Mk 12,18–27; Lk 20,27–38

Apg 23,8 23 Am selben Tag kamen zu Jesus einige von den Saddu-
zäern, die behaupten, es gebe keine Auferstehung. Sie frag-
Dtn 25,5f ten ihn: 24 Meister, Mose hat gesagt: *Wenn ein Mann*
stirbt, ohne Kinder zu haben, dann soll sein Bruder dessen
Gen 38,8 *Frau heiraten und* seinem *Bruder Nachkommen verschaf-*
fen. 25 Bei uns lebten einmal sieben Brüder. Der erste heira-
tete und starb, und weil er keine Nachkommen hatte, hin-
terließ er seine Frau seinem Bruder, 26 ebenso der zweite
und der dritte und so weiter bis zum siebten. 27 Als letzte
von allen starb die Frau. 28 Wessen Frau wird sie nun bei
der Auferstehung sein? Alle sieben haben sie doch zur Frau
gehabt. 29 Jesus antwortete ihnen: Ihr irrt euch; ihr kennt
weder die Schrift noch die Macht Gottes. 30 Denn nach der
Auferstehung werden die Menschen nicht mehr heiraten,
sondern sein wie die Engel im Himmel. 31 Habt ihr im übri-
gen nicht gelesen, was Gott euch über die Auferstehung
Ex 3,6 der Toten mit den Worten gesagt hat: 32 *Ich bin der Gott*
Abrahams, der Gott Isaaks und der Gott Jakobs? Er ist
doch nicht der Gott der Toten, sondern der Gott der Le-
benden. 33 Als das Volk das hörte, war es über seine Lehre
bestürzt.

Die Frage nach dem wichtigsten Gebot: 22,34–40

34–40: Mk 12,28–31; Lk 10,25–28

34 Als die Pharisäer hörten, daß Jesus die Sadduzäer zum

22,23–33 Zur Zeit Jesu hofften die Pharisäer und ein großer Teil des jüdischen Volkes auf eine allgemeine Auferstehung der Toten am Ende der Zeit; die Sadduzäer lehnten diese Vorstellung ab.

Schweigen gebracht hatte, kamen sie (bei ihm) zusammen.
35 Einer von ihnen, ein Gesetzeslehrer, wollte ihn auf die
Probe stellen und fragte ihn: 36 Meister, welches Gebot im
Gesetz ist das wichtigste? 37 Er antwortete ihm: *Du sollst* Dtn 6,5
den Herrn, deinen Gott, lieben mit ganzem Herzen, mit
ganzer Seele und mit all deinen Gedanken. 38 Das ist das
wichtigste und erste Gebot. 39 Ebenso wichtig ist das zwei- Lev 19,18;
te: *Du sollst deinen Nächsten lieben wie dich selbst.* 40 An Mt 5,43; Röm 13,9;
diesen beiden Geboten hängt das ganze Gesetz samt den Gal 5,14
Propheten. 7,12

Die Frage nach dem Messias: 22,41–46

41–45: Mk 12,35–37a; Lk 20,41–44

41 Danach fragte Jesus die Pharisäer, die bei ihm ver-
sammelt waren: 42 Was denkt ihr über den Messias? Wes-
sen Sohn ist er? Sie antworteten ihm: Der Sohn Davids.
43 Er sagte zu ihnen: Wie kann ihn dann David, vom Geist
(Gottes) erleuchtet, »Herr« nennen? Denn er sagt: 44 *Der* Ps 110,1
Herr sprach zu meinem Herrn: Setze dich mir zur Rechten,
und ich lege dir deine Feinde unter die Füße. 45 Wenn ihn
also David »Herr« nennt, wie kann er dann Davids Sohn
sein? 46 Niemand konnte ihm darauf etwas erwidern, und
von diesem Tag an wagte keiner mehr, ihm eine Frage zu Mk 12,34;
stellen. Lk 20,40

Worte gegen die Schriftgelehrten und die Pharisäer: 23,1–39

1–36: Mk 12,37b–40; Lk 20,45–47; 11,39–52 *16–22:* 5,34–37
37–39: Lk 13,34f

23 Darauf wandte sich Jesus an das Volk und an seine
Jünger 2 und sagte: Die Schriftgelehrten und die
Pharisäer haben sich auf den Stuhl des Mose gesetzt. 3 Tut Mal 2,7f
und befolgt also alles, was sie euch sagen, aber richtet euch

---

22,34–40 Ob die zahlreichen Gebote und Gesetzesvorschriften alle gleich wichtig seien, war im rabbinischen Judentum eine strittige Frage. Für Jesus ist das doppelte Liebesgebot der Inbegriff des ganzen Gesetzes, das eine Hauptgebot, an dem alle anderen Gesetze hängen (vgl. die Anmerkung zu 23,4).

23,1–39 Die große Rede Jesu gegen die Schriftgelehrten und die Pharisäer verdankt ihre heutige Gestalt der Hand des Evangelisten. Sie ist gegliedert durch 7 Weherufe (Verse 13.15.16.23. 25.27.29) und wird abgeschlossen durch ein Drohwort gegen Jerusalem. In Vers 39 klingt die Hoffnung an, daß auch Israel einst Jesus als Messias anerkennen wird.

23,2 Als »Stuhl des Mose« wurde in den Synagogen ein steinerner Ehrensessel bezeichnet, auf den sich die Schriftgelehrten bei der Auslegung des Alten Testamentes setzten. Es war das Zeichen ihrer religiösen Lehrautorität.

nicht nach dem, was sie tun; denn sie reden nur, tun selbst
aber nicht, was sie sagen. 4 Sie schnüren schwere Lasten
zusammen und legen sie den Menschen auf die Schultern,
wollen selber aber keinen Finger rühren, um die Lasten zu
tragen. 5 Alles, was sie tun, tun sie nur, damit die Men-
Ex 13,9; schen es sehen: Sie machen ihre Gebetsriemen breit und
Num 15,38f die Quasten an ihren Gewändern lang, 6 bei jedem Fest-
Lk 14,7 mahl möchten sie den Ehrenplatz und in der Synagoge die
vordersten Sitze haben, 7 und auf den Straßen und Plätzen
lassen sie sich gern grüßen und von den Leuten Rabbi
(Meister) nennen. 8 Ihr aber sollt euch nicht Rabbi nennen
Joh 13,13 lassen; denn nur einer ist euer Meister, ihr alle aber seid
Brüder. 9 Auch sollt ihr niemand auf Erden euren Vater
nennen; denn nur einer ist euer Vater, der im Himmel.
10 Auch sollt ihr euch nicht Lehrer nennen lassen; denn
20,26f; nur einer ist euer Lehrer, Christus. 11 Der Größte von euch
Mk 9,35; 10,43; Lk 9,48; 22,26 soll euer Diener sein. 12 Denn wer sich selbst erhöht, wird
Lk 14,11; 18,14 erniedrigt, und wer sich selbst erniedrigt, wird erhöht wer-
den.

Lk 11,52 13 Weh euch, ihr Schriftgelehrten und Pharisäer, ihr
Heuchler! Ihr verschließt den Menschen das Himmel-
reich. Ihr selbst geht nicht hinein; aber ihr laßt auch die
nicht hinein, die hineingehen wollen. [14]

15 Weh euch, ihr Schriftgelehrten und Pharisäer, ihr
Heuchler! Ihr zieht über Land und Meer, um einen einzi-
gen Menschen für euren Glauben zu gewinnen; und wenn
er gewonnen ist, dann macht ihr ihn zu einem Sohn der
Hölle, der doppelt so schlimm ist wie ihr selbst.

16 Weh euch, ihr seid blinde Führer! Ihr sagt: Wenn einer
5,34 beim Tempel schwört, so ist das kein Eid; wer aber beim
Gold des Tempels schwört, der ist an seinen Eid gebunden.
17 Ihr blinden Narren! Was ist wichtiger: das Gold oder der
Tempel, der das Gold erst heilig macht? 18 Auch sagt ihr:
Wenn einer beim Altar schwört, so ist das kein Eid; wer
aber bei dem Opfer schwört, das auf dem Altar liegt, der ist
an seinen Eid gebunden. 19 Ihr Blinden! Was ist wichtiger:
das Opfer oder der Altar, der das Opfer erst heilig macht?

23,4 Die »schweren Lasten« sind die vielen Gebote und Verbote, die die Schriftgelehrten aus dem Alten Testament, vor allem aus dem Gesetz des Mose, ableiteten. Zur Zeit Jesu zählte man 613 solcher heiligen Vorschriften.

23,14 Spätere Textzeugen fügen aus Mk 12,40 noch hinzu: Weh euch, ihr Schriftgelehrten und Pharisäer, ihr Heuchler! Ihr bringt die Witwen um ihre Häuser und verrichtet lange, scheinheilige Gebete. Deshalb wird das Urteil, das euch erwartet, um so härter sein.

[20] Wer beim Altar schwört, der schwört bei ihm und bei al-
lem, was darauf liegt. [21] Und wer beim Tempel schwört,
der schwört bei ihm und bei dem, der darin wohnt. [22] Und
wer beim Himmel schwört, der schwört beim Thron Got-
tes und bei dem, der darauf sitzt.
[23] Weh euch, ihr Schriftgelehrten und Pharisäer, ihr
Heuchler! Ihr gebt den Zehnten von Minze, Dill und Lev 27,30;
Kümmel und laßt das Wichtigste im Gesetz außer acht: Lk 18,12
Gerechtigkeit, Barmherzigkeit und Treue. Man muß das
eine tun, ohne das andere zu lassen. [24] Blinde Führer seid
ihr: Ihr siebt Mücken aus und verschluckt Kamele.
[25] Weh euch, ihr Schriftgelehrten und Pharisäer, ihr
Heuchler! Ihr haltet Becher und Schüsseln außen sauber, Mk 7,4
innen aber sind sie voll von dem, was ihr in eurer Maßlo-
sigkeit zusammengeraubt habt. [26] Du blinder Pharisäer!
Mach den Becher zuerst innen sauber, dann ist er auch au-
ßen rein.
[27] Weh euch, ihr Schriftgelehrten und Pharisäer, ihr
Heuchler! Ihr seid wie die Gräber, die außen weiß angestri- Apg 23,3
chen sind und schön aussehen; innen aber sind sie voll
Knochen, Schmutz und Verwesung. [28] So erscheint auch Lk 16,15
ihr von außen den Menschen gerecht, innen aber seid ihr
voll Heuchelei und Ungehorsam gegen Gottes Gesetz.
[29] Weh euch, ihr Schriftgelehrten und Pharisäer, ihr
Heuchler! Ihr errichtet den Propheten Grabstätten und
schmückt die Denkmäler der Gerechten [30] und sagt dabei:
Wenn wir in den Tagen unserer Väter gelebt hätten, wären
wir nicht wie sie am Tod der Propheten schuldig gewor- 5,12;
den. [31] Damit bestätigt ihr selbst, daß ihr die Söhne der Apg 7,52
Prophetenmörder seid. [32] Macht nur das Maß eurer Väter
voll! [33] Ihr Nattern, ihr Schlangenbrut! Wie wollt ihr dem 3,7
Strafgericht der Hölle entrinnen?
[34] Darum hört: Ich sende Propheten, Weise und Schrift-
gelehrte zu euch; ihr aber werdet einige von ihnen töten, ja 1 Thess 2,15
sogar kreuzigen, andere in euren Synagogen auspeitschen
und von Stadt zu Stadt verfolgen. [35] So wird all das un-
schuldige Blut über euch kommen, das auf Erden vergos-
sen worden ist, vom Blut Abels, des Gerechten, bis zum Gen 4,8.10;
Blut des Zacharias, Barachias' Sohn, den ihr im Vorhof 2 Chr 24,20–22
zwischen dem Tempelgebäude und dem Altar ermordet

23,30 am Tod, wörtlich: am Blut.

23,35 Hier liegt eine Verwechslung vor zwischen Secharja (griech. Zacharias), dem Sohn Jojadas, der nach 2 Chr 24,20–22 ermordet wurde, und dem Propheten Sacharja, dem Sohn des Berechja (griech. Barachias), Sach 1,1.7.

habt. 36 Amen, das sage ich euch: Das alles wird über diese
Generation kommen.

37 Jerusalem, Jerusalem, du tötest die Propheten und
steinigst die Boten, die zu dir gesandt sind. Wie oft wollte
ich deine Kinder um mich sammeln, so wie eine Henne
ihre Küken unter ihre Flügel nimmt; aber ihr habt nicht
Jer 12,7; gewollt. 38 Darum wird euer Haus (von Gott) verlassen.
22,5; 39 Und ich sage euch: Von jetzt an werdet ihr mich nicht
Ps 69,26
Ps 118,26; mehr sehen, bis ihr ruft: *Gesegnet sei er, der kommt im*
Mt 21,9 *Namen des Herrn!*

Die Rede über die Endzeit: 24,1–25,46

Die Ankündigung der Zerstörung des Tempels: 24,1–2

1–2: Mk 13,1f; Lk 21,5f

24 Als Jesus den Tempel verlassen hatte, wandten
sich seine Jünger an ihn und wiesen ihn auf die
gewaltigen Bauten des Tempels hin. 2 Er sagte zu ihnen:
Lk 19,44 Seht ihr das alles? Amen, das sage ich euch: Kein Stein
wird hier auf dem andern bleiben; alles wird niedergerissen
werden.

Vom Anfang der Not: 24,3–14

3–14: Mk 13,3–13; Lk 21,7–19

3 Als er auf dem Ölberg saß, wandten sich die Jünger, die
mit ihm allein waren, an ihn und fragten: Sag uns, wann
wird das geschehen, und was ist das Zeichen für deine An-
kunft und das Ende der Welt? 4 Jesus antwortete: Gebt
acht, daß euch niemand irreführt! 5 Denn viele werden un-
ter meinem Namen auftreten und sagen: Ich bin der Mes-
sias!, und sie werden viele irreführen.

6 Ihr werdet von Kriegen hören, und Nachrichten über
Kriege werden euch beunruhigen. Gebt acht, laßt euch
Dan 2,28 G nicht erschrecken! Das *muß geschehen.* Es ist aber noch
Jes 19,2 nicht das Ende. 7 Denn ein Volk wird sich gegen das andere
erheben und ein Reich gegen das andere, und an vielen Or-
ten wird es Hungersnöte und Erdbeben geben. 8 Doch das
alles ist erst der Anfang der Wehen.

9–13: 9 Dann wird man euch in große Not bringen und euch tö-
10,17–22; ten, und ihr werdet von allen Völkern um meines Namens
Joh 16,1–4

23,38 Wörtlich: Darum wird euch euer Haus überlassen. Zahlreiche Textzeugen haben statt dessen: . . . verödet überlassen.

24,1–25,46 Die umfangreiche Rede von den letzten Dingen wurde vom Evangelisten zusammengestellt. Er rechnet noch mit einem nahen Weltuntergang (vgl. 24,29: »sofort nach jenen Tagen«).

willen gehaßt. 10 Dann werden viele zu Fall kommen und
einander hassen und verraten. 11 Viele falsche Propheten 24,23
werden auftreten, und sie werden viele irreführen. 12 Und
weil die Mißachtung von Gottes Gesetz überhandnimmt,
wird die Liebe bei vielen erkalten. 13 Wer jedoch bis zum
Ende standhaft bleibt, der wird gerettet. 14 Aber dieses
Evangelium vom Reich wird auf der ganzen Welt verkün- 28,19
det werden, damit alle Völker es hören; dann erst kommt
das Ende.

Vom Höhepunkt der Not: 24,15–28

15–28: Mk 13,14–23; Lk 21,20–24

15 Wenn ihr dann am heiligen Ort den *unheilvollen* Dan 9,27;
Greuel stehen seht, der durch den Propheten Daniel vor- 11,31; 12,11;
hergesagt worden ist – der Leser begreife –, 16 dann sollen 1 Makk 1,54
die Bewohner von Judäa in die Berge fliehen; 17 wer gerade Mk 13,15f;
auf dem Dach ist, soll nicht mehr ins Haus gehen, um seine Lk 17,31
Sachen mitzunehmen; 18 wer auf dem Feld ist, soll nicht
zurückkehren, um seinen Mantel zu holen. 19 Weh aber
den Frauen, die in jenen Tagen schwanger sind oder ein
Kind stillen. 20 Betet darum, daß ihr nicht im Winter oder
an einem Sabbat fliehen müßt. 21 Denn es wird eine so
große *Not* kommen, *wie es noch nie eine gegeben hat, seit* Dan 12,1;
die Welt besteht, und wie es auch keine mehr geben wird. Joël 2,2
22 Und wenn jene Zeit nicht verkürzt würde, dann würde
kein Mensch gerettet; doch um der Auserwählten willen
wird jene Zeit verkürzt werden.

23 Wenn dann jemand zu euch sagt: Seht, hier ist der
Messias!, oder: Da ist er!, so glaubt es nicht! 24 Denn es
wird mancher falsche Messias und mancher falsche Pro-
phet auftreten, und sie werden große Zeichen und Wunder
tun, um, wenn möglich, auch die Auserwählten irrezufüh-
ren.

25 Denkt daran: Ich habe es euch vorausgesagt. 26 Wenn Lk 17,23
sie also zu euch sagen: Seht, er ist draußen in der Wüste!, so
geht nicht hinaus; und wenn sie sagen: Seht, er ist im
Haus!, so glaubt es nicht. 27 Denn wie der Blitz bis zum
Westen hin leuchtet, wenn er im Osten aufflammt, so wird
es bei der Ankunft des Menschensohnes sein. 28 Überall Lk 17,37
wo ein Aas ist, da sammeln sich die Geier.

24,14 damit alle Völker es hören, wörtlich: allen Völkern zum Zeugnis.

24,15 Der »unheilvolle Greuel« ist bei Dan 9,27; 11,31; 12,11 ein im Tempel aufgestellter Altar (oder ein Standbild) des griechischen Gottes Zeus.

Vom Kommen des Menschensohnes: 24,29–31

29–31: Mk 13,24–27; Lk 21,25–28

Jes 13,10; 29 Sofort nach den Tagen der großen Not *wird sich die*
34,4 G; *Sonne verfinstern, und der Mond wird nicht mehr schei-*
Joël 2,10; Hag 2,6.21; *nen; die Sterne* werden vom Himmel *fallen*, und die Kräfte
2 Petr 3,10 des Himmels werden erschüttert werden. 30 Danach wird
das Zeichen des Menschensohnes am Himmel erscheinen;
Sach 12,10.12 dann *werden alle Völker der Erde jammern und klagen*,
Dan 7,13; und sie werden den *Menschensohn* mit großer Macht und
Mt 26,64; Mk 14,62; Herrlichkeit *auf den Wolken des Himmels kommen* se-
Offb 1,7 hen. 31 Er wird seine Engel unter lautem Posaunenschall
Sach 2,10 G aussenden, und sie werden die von ihm Auserwählten *aus*
allen vier Windrichtungen zusammenführen, von einem
Ende des Himmels bis zum andern.

Mahnungen im Hinblick auf das Ende: 24,32–42

32–36: Mk 13,28–32; Lk 21,29–33
37–42: Mk 13,35; Lk 17,26–36

32 Lernt etwas aus dem Vergleich mit dem Feigenbaum!
Sobald seine Zweige saftig werden und Blätter treiben,
wißt ihr, daß der Sommer nahe ist. 33 Genauso sollt ihr er-
kennen, wenn ihr das alles seht, daß das Ende vor der Tür
16,28; Mk 9,1; steht. 34 Amen, ich sage euch: Diese Generation wird nicht
Lk 9,27 vergehen, bis das alles eintrifft. 35 Himmel und Erde wer-
den vergehen, aber meine Worte werden nicht vergehen.
36 Doch jenen Tag und jene Stunde kennt niemand, auch
nicht die Engel im Himmel, nicht einmal der Sohn, son-
dern nur der Vater.
Gen 6,11–13; 37 Denn wie es in den Tagen des Noach war, so wird es
7,7–23 bei der Ankunft des Menschensohnes sein. 38 Wie die
Menschen in den Tagen vor der Flut aßen und tranken und
Gen 7,7 heirateten, bis zu dem Tag, *an dem Noach in die Arche*
ging, 39 und nichts ahnten, bis die Flut hereinbrach und
alle wegraffte, so wird es auch bei der Ankunft des Men-
schensohnes sein. 40 Dann wird von zwei Männern, die auf
dem Feld arbeiten, einer mitgenommen und einer zurück-
gelassen. 41 Und von zwei Frauen, die mit derselben Mühle
mahlen, wird eine mitgenommen und eine zurückgelas-
25,13; sen. 42 Seid also wachsam! Denn ihr wißt nicht, an wel-
Lk 21,36 chem Tag euer Herr kommt.

Das Gleichnis vom wachsamen Hausherrn: 24,43–44

43–44: Lk 12,39f

43 Bedenkt: Wenn der Herr des Hauses wüßte, zu wel-
1 Thess 5,2; cher Stunde in der Nacht der Dieb kommt, würde er wach
2 Petr 3,10 bleiben und nicht zulassen, daß man in sein Haus ein-

bricht. 44 Darum haltet auch ihr euch bereit! Denn der
Menschensohn kommt zu einer Stunde, in der ihr es nicht
erwartet.

Das Gleichnis vom treuen und vom schlechten Knecht: 24,45–51

45–51: Lk 12,42–46

45 Wer ist nun der treue und kluge Knecht, den der Herr
eingesetzt hat, damit er dem Gesinde zur rechten Zeit gibt,
was sie zu essen brauchen? 46 Selig der Knecht, den der
Herr damit beschäftigt findet, wenn er kommt! 47 Amen,
das sage ich euch: Er wird ihn zum Verwalter seines ganzen 25,21.23
Vermögens machen. 48 Wenn aber der Knecht schlecht ist
und denkt: Mein Herr kommt noch lange nicht!, 49 und anfängt,
seine Mitknechte zu schlagen, wenn er mit Trinkern
Gelage feiert, 50 dann wird der Herr an einem Tag kom- 24,42.44
men, an dem der Knecht es nicht erwartet, und zu einer
Stunde, die er nicht kennt; 51 und der Herr wird ihn in
Stücke hauen und ihm seinen Platz unter den Heuchlern
zuweisen. Dort wird er heulen und mit den Zähnen knir- 8,12
schen.

Das Gleichnis von den zehn Jungfrauen: 25,1–13

25 Dann wird es mit dem Himmelreich sein wie mit
zehn Jungfrauen, die ihre Lampen nahmen und Lk 12,35f
dem Bräutigam entgegengingen. 2 Fünf von ihnen waren
töricht, und fünf waren klug. 3 Die törichten nahmen ihre
Lampen mit, aber kein Öl, 4 die klugen aber nahmen außer
den Lampen noch Öl in Krügen mit. 5 Als nun der Bräutigam
lange nicht kam, wurden sie alle müde und schliefen
ein. 6 Mitten in der Nacht aber hörte man plötzlich laute
Rufe: Der Bräutigam kommt! Geht ihm entgegen! 7 Da
standen die Jungfrauen alle auf und machten ihre Lampen
zurecht. 8 Die törichten aber sagten zu den klugen: Gebt
uns von eurem Öl, sonst gehen unsere Lampen aus. 9 Die
klugen erwiderten ihnen: Dann reicht es weder für uns
noch für euch; geht doch zu den Händlern und kauft, was
ihr braucht. 10 Während sie noch unterwegs waren, um das
Öl zu kaufen, kam der Bräutigam; die Jungfrauen, die bereit
waren, gingen mit ihm in den Hochzeitssaal, und die
Tür wurde zugeschlossen. 11 Später kamen auch die ande- Lk 13,25–27
ren Jungfrauen und riefen: Herr, Herr, mach uns auf! 12 Er
aber antwortete ihnen: Amen, ich sage euch: Ich kenne 7,23
euch nicht.

24,42.50; 13 Seid also wachsam! Denn ihr wißt weder den Tag
Mk 13,35f noch die Stunde.

Das Gleichnis vom anvertrauten Geld: 25,14–30

14–30: Lk 19,11–27

Mk 13,34 14 Es ist wie mit einem Mann, der auf Reisen ging: Er rief
seine Diener und vertraute ihnen sein Vermögen an.
15 Dem einen gab er fünf Talente Silbergeld, einem ande-
ren zwei, wieder einem anderen eines, jedem nach seinen
Fähigkeiten. Dann reiste er ab. Sofort 16 begann der Diener,
der fünf Talente erhalten hatte, mit ihnen zu wirtschaften,
und er gewann noch fünf dazu. 17 Ebenso gewann der, der
zwei erhalten hatte, noch zwei dazu. 18 Der aber, der das
eine Talent erhalten hatte, ging und grub ein Loch in die
Erde und versteckte das Geld seines Herrn. 19 Nach langer
18,23 Zeit kehrte der Herr zurück, um von den Dienern Rechen-
schaft zu verlangen. 20 Da kam der, der die fünf Talente er-
halten hatte, brachte fünf weitere und sagte: Herr, fünf Ta-
lente hast du mir gegeben; sieh her, ich habe noch fünf da-
24,45–47; zugewonnen. 21 Sein Herr sagte zu ihm: Sehr gut, du bist
Lk 16,10 ein tüchtiger und treuer Diener. Du bist im Kleinen ein
treuer Verwalter gewesen, ich will dir eine große Aufgabe
übertragen. Komm, nimm teil an der Freude deines Herrn!
22 Dann kam der Diener, der zwei Talente erhalten hatte,
und sagte: Herr, du hast mir zwei Talente gegeben; sieh
her, ich habe noch zwei dazugewonnen. 23 Sein Herr sagte
zu ihm: Sehr gut, du bist ein tüchtiger und treuer Diener.
Lk 12,44 Du bist im Kleinen ein treuer Verwalter gewesen, ich will
dir eine große Aufgabe übertragen. Komm, nimm teil an
der Freude deines Herrn! 24 Zuletzt kam auch der Diener,
der das eine Talent erhalten hatte, und sagte: Herr, ich
wußte, daß du ein strenger Mann bist; du erntest, wo du
nicht gesät hast, und sammelst, wo du nicht ausgestreut
hast; 25 weil ich Angst hatte, habe ich dein Geld in der Erde
versteckt. Hier hast du es wieder. 26 Sein Herr antwortete
ihm: Du bist ein schlechter und fauler Diener! Du hast
doch gewußt, daß ich ernte, wo ich nicht gesät habe, und
sammle, wo ich nicht ausgestreut habe. 27 Hättest du mein
Geld wenigstens auf die Bank gebracht, dann hätte ich
es bei meiner Rückkehr mit Zinsen zurückerhalten.
28 Darum nehmt ihm das Talent weg und gebt es dem, der
13,12; die zehn Talente hat! 29 Denn wer hat, dem wird gegeben,
Mk 4,25; und er wird im Überfluß haben; wer aber nicht hat, dem
Lk 8,18; wird auch noch weggenommen, was er hat. 30 Werft den
19,26

25,15 Vgl. die Anmerkung zu 18,23–35.

nichtsnutzigen Diener hinaus in die äußerste Finsternis! 8,12
Dort wird er heulen und mit den Zähnen knirschen.

Vom Weltgericht: 25,31–46

31 Wenn der Menschensohn in seiner Herrlichkeit 16,27;
kommt und alle *Engel mit ihm*, dann wird er sich auf den Dtn 33,2 G
Thron seiner Herrlichkeit setzen. 32 Und alle Völker wer- 19,28;
den vor ihm zusammengerufen werden, und er wird sie Offb 3,21
voneinander scheiden, wie der Hirt die Schafe von den Ez 34,17
Böcken scheidet. 33 Er wird die Schafe zu seiner Rechten
versammeln, die Böcke aber zur Linken. 34 Dann wird der
König denen auf der rechten Seite sagen: Kommt her, die
ihr von meinem Vater gesegnet seid, nehmt das Reich in
Besitz, das seit der Erschaffung der Welt für euch bestimmt
ist. 35 Denn ich war hungrig, und ihr habt mir zu essen ge-
geben; ich war durstig, und ihr habt mir zu trinken gege-
ben; ich war fremd und obdachlos, und ihr habt mich auf-
genommen; 36 ich war nackt, und ihr habt mir Kleidung
gegeben; ich war krank, und ihr habt mich besucht; ich
war im Gefängnis, und ihr seid zu mir gekommen. 37 Dann
werden ihm die Gerechten antworten: Herr, wann haben
wir dich hungrig gesehen und dir zu essen gegeben, oder
durstig und dir zu trinken gegeben? 38 Und wann haben wir
dich fremd und obdachlos gesehen und aufgenommen,
oder nackt und dir Kleidung gegeben? 39 Und wann haben
wir dich krank oder im Gefängnis gesehen und sind zu dir
gekommen? 40 Darauf wird der König ihnen antworten:
Amen, ich sage euch: Was ihr für einen meiner geringsten
Brüder getan habt, das habt ihr mir getan.

41 Dann wird er sich auch an die auf der linken Seite
wenden und zu ihnen sagen: Weg von mir, ihr Verfluchten,
in das ewige Feuer, das für den Teufel und seine Engel be- Offb 20,10
stimmt ist! 42 Denn ich war hungrig, und ihr habt mir
nichts zu essen gegeben; ich war durstig, und ihr habt mir
nichts zu trinken gegeben; 43 ich war fremd und obdachlos,
und ihr habt mich nicht aufgenommen; ich war nackt, und
ihr habt mir keine Kleidung gegeben; ich war krank und im
Gefängnis, und ihr habt mich nicht besucht. 44 Dann wer-

25,32 Die Übersetzung »Schafe« und »Böcke« nimmt Rücksicht auf die sprichwörtliche deutsche Redeweise. Wahrscheinlichere Übersetzung: die Schafe von den Ziegen. In Palästina waren die Schafe weiß und die Ziegen schwarz. Die Trennung der Tiere erfolgt nach deren Farbe: Die schwarzen Ziegen kommen auf die Unheilsseite links, die weißen Schafe auf die Heilsseite rechts.

25,37.44 Beide Verse setzen voraus, daß alle Menschen, also auch Nichtchristen, nach diesem Maßstab gerichtet werden.

den auch sie antworten: Herr, wann haben wir dich hung-
rig oder durstig oder obdachlos oder nackt oder krank oder
im Gefängnis gesehen und haben dir nicht geholfen?
45 Darauf wird er ihnen antworten: Amen, ich sage euch:
Was ihr für einen dieser Geringsten nicht getan habt, das
habt ihr auch mir nicht getan. 46 Und sie werden weggehen
Dan 12,2; und die ewige Strafe erhalten, die Gerechten aber das ewige
Joh 5,29 Leben.

DAS LEIDEN UND DIE AUFERSTEHUNG JESU: 26,1–28,20

Der Beschluß des Hohen Rates: 26,1–5

1–5: Mk 14,1f; Lk 22,1f; Joh 11,47–53

26 Als Jesus seine Reden beendet hatte, sagte er zu
seinen Jüngern: 2 Ihr wißt, daß in zwei Tagen das
16,21 Paschafest beginnt; da wird der Menschensohn ausgelie-
fert und gekreuzigt werden.
3 Um die gleiche Zeit versammelten sich die Hohenprie-
ster und die Ältesten des Volkes im Palast des Hohenprie-
sters, der Kajaphas hieß, 4 und beschlossen, Jesus mit List
21,46 in ihre Gewalt zu bringen und ihn zu töten. 5 Sie sagten
aber: Ja nicht am Fest, damit kein Aufruhr im Volk ent-
steht.

Die Salbung in Betanien: 26,6–13

6–13: Mk 14,3–9; Lk 7,36–50; Joh 12,1–8

6/7 Als Jesus in Betanien im Haus Simons des Aussätzi-
gen bei Tisch war, kam eine Frau mit einem Alabasterge-
fäß voll kostbarem, wohlriechendem Öl zu ihm und goß es
über sein Haar. 8 Die Jünger wurden unwillig, als sie das
sahen, und sagten: Wozu diese Verschwendung? 9 Man
hätte das Öl teuer verkaufen und das Geld den Armen ge-
ben können. 10 Jesus bemerkte ihren Unwillen und sagte
zu ihnen: Warum laßt ihr die Frau nicht in Ruhe? Sie hat
Dtn 15,11 ein gutes Werk an mir getan. 11 Denn die Armen habt ihr
immer bei euch, mich aber habt ihr nicht immer. 12 Als sie
das Öl über mich goß, hat sie meinen Leib für das Begräbnis
gesalbt. 13 Amen, ich sage euch: Überall auf der Welt, wo
dieses Evangelium verkündet wird, wird man sich an sie
erinnern und erzählen, was sie getan hat.

26,1–28,20 Über Markus hinaus, dem Matthäus in seinem Passionsbericht weithin folgt, bietet Matthäus folgendes Sondergut: Traum der Frau des Pilatus (27,19), Ende des Judas (27,3–10), Übernahme der Verantwortung für den Tod Jesu durch das Volk (27,24f), Öffnung der Gräber beim Tod Jesu (27,51–53), Geschichte von den Grabwächtern (27,62–66; 28,2–4.11–15).

Der Verrat durch Judas: 26,14–16

14–16: Mk 14,10f; Lk 22,3–6

14 Darauf ging einer der Zwölf namens Judas Iskariot zu
den Hohenpriestern 15 und sagte: Was wollt ihr mir geben, Joh 11,57; 13,2
wenn ich euch Jesus ausliefere? Und *sie zahlten* ihm *drei-* Sach 11,12
ßig Silberstücke. 16 Von da an suchte er nach einer Gele-
genheit, ihn auszuliefern.

Die Vorbereitung des Paschamahls: 26,17–19

17–19: Mk 14,12–16; Lk 22,7–13

17 Am ersten Tag des Festes der Ungesäuerten Brote gin- Ex 12,14–20
gen die Jünger zu Jesus und fragten: Wo sollen wir das Pas-
chamahl für dich vorbereiten? 18 Er antwortete: Geht in
die Stadt zu dem und dem und sagt zu ihm: Der Meister
läßt dir sagen: Meine Zeit ist da; bei dir will ich mit mei-
nen Jüngern das Paschamahl feiern. 19 Die Jünger taten,
was Jesus ihnen aufgetragen hatte, und bereiteten das Pas-
chamahl vor.

Das Mahl: 26,20–29

20–29: Mk 14,17–25; Lk 22,14–23 *20–25:* Joh 13,2.21–30
26–28: 1 Kor 11,23–25

20 Als es Abend wurde, begab er sich mit den zwölf Jün-
gern zu Tisch. 21 Und während sie aßen, sprach er: Amen,
ich sage euch: Einer von euch wird mich verraten und aus-
liefern. 22 Da waren sie sehr betroffen, und einer nach dem
andern fragte ihn: Bin ich es etwa, Herr? 23 Er antwortete:
Der, der die Hand mit mir in die Schüssel getaucht hat,
wird mich verraten. 24 Der Menschensohn muß zwar sei- Ps 22,7f.16–18;
nen Weg gehen, wie die Schrift über ihn sagt. Doch weh Jes 53,8f
dem Menschen, durch den der Menschensohn verraten
wird. Für ihn wäre es besser, wenn er nie geboren wäre.
25 Da fragte Judas, der ihn verriet: Bin ich es etwa, Rabbi?
Jesus sagte zu ihm: Du sagst es.
26 Während des Mahls nahm Jesus das Brot und sprach
den Lobpreis; dann brach er das Brot, reichte es den Jüngern
und sagte: Nehmt und eßt; das ist mein Leib. 27 Dann
nahm er den Kelch, sprach das Dankgebet und reichte ihn 1 Kor 10,16
den Jüngern mit den Worten: Trinkt alle daraus; 28 das ist Ex 24,8;
mein Blut, *das Blut des Bundes*, das für viele vergossen Jer 31,31;
wird zur Vergebung der Sünden. 29 Ich sage euch: Von jetzt Hebr 7,22; 9,15
an werde ich nicht mehr von der Frucht des Weinstocks

26,28 Die Wendung »Blut des Bundes« erinnert an den Abschluß des Bundes am Sinai und weist so auf den Sinn des Geschehens hin: die Stiftung des Neuen Bundes durch den Tod Jesu.

trinken, bis zu dem Tag, an dem ich mit euch von neuem
davon trinke im Reich meines Vaters.

Der Gang zum Ölberg: 26,30–35

30–35: Mk 14,26–31

Lk 22,39; 30 Nach dem Lobgesang gingen sie zum Ölberg hinaus.
Joh 18,1 31 Da sagte Jesus zu ihnen: Ihr alle werdet in dieser Nacht
26,56 an mir Anstoß nehmen und zu Fall kommen; denn in der
Sach 13,7; Schrift steht: *Ich werde den Hirten erschlagen, dann wer-*
Joh 16,32 *den sich die Schafe der Herde zerstreuen.* 32 Aber nach
28,7.16 meiner Auferstehung werde ich euch nach Galiläa voraus-
gehen. 33 Petrus erwiderte ihm: Und wenn alle an dir An-
34–35: stoß nehmen – ich niemals! 34 Jesus entgegnete ihm:
Lk 22,31–34; Joh 13,36–38 Amen, ich sage dir: In dieser Nacht, noch ehe der Hahn
26,75 kräht, wirst du mich dreimal verleugnen. 35 Da sagte Pe-
trus zu ihm: Und wenn ich mit dir sterben müßte – ich
werde dich nie verleugnen. Das gleiche sagten auch alle
anderen Jünger.

Das Gebet in Getsemani: 26,36–46

36–46: Mk 14,32–42; Lk 22,39–46

36 Darauf kam Jesus mit den Jüngern zu einem Grund-
stück, das man Getsemani nennt, und sagte zu ihnen:
Setzt euch und wartet hier, während ich dort bete. 37 Und
er nahm Petrus und die beiden Söhne des Zebedäus mit
Hebr 5,7 sich. Da ergriff ihn Angst und Traurigkeit, 38 und er sagte
Ps 42,6.12; 43,5 zu ihnen: Meine Seele ist zu Tode betrübt. Bleibt hier und
Joh 12,27 wacht mit mir! 39 Und er ging ein Stück weiter, warf sich
20,22; zu Boden und betete: Mein Vater, wenn es möglich ist,
Joh 6,38; 18,11; gehe dieser Kelch an mir vorüber. Aber nicht wie ich will,
Hebr 10,9 sondern wie du willst. 40 Und er ging zu den Jüngern zu-
rück und fand sie schlafend. Da sagte er zu Petrus: Konntet
ihr nicht einmal eine Stunde mit mir wachen? 41 Wacht
und betet, damit ihr nicht in Versuchung geratet. Der
Geist ist willig, aber das Fleisch ist schwach. 42 Dann ging
er zum zweitenmal weg und betete: Mein Vater, wenn die-
ser Kelch an mir nicht vorübergehen kann, ohne daß ich
ihn trinke, geschehe dein Wille. 43 Als er zurückkam, fand
er sie wieder schlafend, denn die Augen waren ihnen zuge-
fallen. 44 Und er ging wieder von ihnen weg und betete zum
drittenmal mit den gleichen Worten. 45 Danach kehrte er
zu den Jüngern zurück und sagte zu ihnen: Schlaft ihr im-
Joh 2,4; mer noch und ruht euch aus? Die Stunde ist gekommen;
7,30; 8,20; jetzt wird der Menschensohn den Sündern ausgeliefert.
12,23; 13,1; 17,1 46 Steht auf, wir wollen gehen! Seht, der Verräter, der mich
ausliefert, ist da.

Die Gefangennahme: 26,47–56

47–56: Mk 14,43–50; Lk 22,47–53; Joh 18,3–12

47 Während er noch redete, kam Judas, einer der Zwölf,
mit einer großen Schar von Männern, die mit Schwertern
und Knüppeln bewaffnet waren; sie waren von den Ho-
henpriestern und den Ältesten des Volkes geschickt wor-
den. 48 Der Verräter hatte mit ihnen ein Zeichen verabre-
det und gesagt: Der, den ich küssen werde, der ist es;
nehmt ihn fest. 49 Sogleich ging er auf Jesus zu und sagte:
Sei gegrüßt, Rabbi! Und er küßte ihn. 50 Jesus erwiderte
ihm: Freund, dazu bist du gekommen? Da gingen sie auf Je-
sus zu, ergriffen ihn und nahmen ihn fest. 51 Doch einer
von den Begleitern Jesu zog sein Schwert, schlug auf den
Diener des Hohenpriesters ein und hieb ihm ein Ohr ab.
52 Da sagte Jesus zu ihm: Steck dein Schwert in die Schei-
de; denn alle, die zum Schwert greifen, werden durch das
Schwert umkommen. 53 Oder glaubst du nicht, mein Vater
würde mir sogleich mehr als zwölf Legionen Engel schik- Lk 2,13
ken, wenn ich ihn darum bitte? 54 Wie würde dann aber die
Schrift erfüllt, nach der es so geschehen muß? 55 Darauf
sagte Jesus zu den Männern: Wie gegen einen Räuber seid
ihr mit Schwertern und Knüppeln ausgezogen, um mich
festzunehmen. Tag für Tag saß ich im Tempel und lehrte, Lk 19,47;
und ihr habt mich nicht verhaftet. 56 Das alles aber ist ge- Joh 18,20
schehen, damit die Schriften der Propheten in Erfüllung
gehen. Da verließen ihn alle Jünger und flohen. 26,31; Joh 16,32

Das Verhör vor dem Hohen Rat: 26,57–68

57–68: Mk 14,53–65; Lk 22,54f.66–71; Joh 18,12–24

57 Nach der Verhaftung führte man Jesus zum Hohen-
priester Kajaphas, bei dem sich die Schriftgelehrten und
die Ältesten versammelt hatten. 58 Petrus folgte Jesus von
weitem bis zum Hof des hohepriesterlichen Palastes; er
ging in den Hof hinein und setzte sich zu den Dienern, um
zu sehen, wie alles ausgehen würde.
59 Die Hohenpriester und der ganze Hohe Rat bemühten
sich um falsche Zeugenaussagen gegen Jesus, um ihn zum

26,50 Andere Übersetzungsmöglichkeit: Freund, tu, wozu du gekommen bist. – Die herkömmliche Übersetzung »Freund, wozu bist du gekommen?« ist vom griechischen Text her nicht zu rechtfertigen.

26,53 Eine römische Legion umfaßte 6000 Mann.

26,55 Darauf, wörtlich: In jener Stunde.

26,57 Josef Kajaphas war von 18 bis 37 n. Chr. amtierender Hoherpriester. – Das jüdische Prozeßrecht der Zeit Jesu ist nicht genau bekannt.

Tod verurteilen zu können. [60] Sie erreichten aber nichts,
obwohl viele falsche Zeugen auftraten. Zuletzt kamen
27,40; zwei Männer [61] und behaupteten: Er hat gesagt: Ich kann
Joh 2,19; den Tempel Gottes niederreißen und in drei Tagen wieder
Apg 6,14 aufbauen. [62] Da stand der Hohepriester auf und fragte Je-
sus: Willst du nichts sagen zu dem, was diese Leute gegen
Jes 53,7 dich vorbringen? [63] Jesus aber schwieg. Darauf sagte der
Hohepriester zu ihm: Ich beschwöre dich bei dem lebendi-
16,16; gen Gott, sag uns: Bist du der Messias, der Sohn Gottes?
Joh 10,24 Dan 7,13; [64] Jesus antwortete: Du hast es gesagt. Doch ich erkläre
Ps 110,1; euch: Von nun an werdet ihr *den Menschensohn zur Rech-*
Mt 24,30; *ten* der Macht *sitzen* und *auf den Wolken des Himmels*
Mk 13,26; Lk 21,27 *kommen* sehen. [65] Da zerriß der Hohepriester sein Ge-
Lev 24,16; wand und rief: Er hat Gott gelästert! Wozu brauchen wir
Joh 19,7 noch Zeugen? Jetzt habt ihr die Gotteslästerung selbst ge-
hört. [66] Was ist eure Meinung? Sie antworteten: Er ist
schuldig und muß sterben.

Jes 50,6 [67] Dann spuckten sie ihm ins Gesicht und schlugen ihn.
Andere ohrfeigten ihn [68] und riefen: Messias, du bist doch
ein Prophet! Sag uns: Wer hat dich geschlagen?

Die Verleugnung durch Petrus: 26,69–75

69–75: Mk 14,66–72; Lk 22,56–62; Joh 18,15–18.25–27

[69] Petrus aber saß draußen im Hof. Da trat eine Magd zu
ihm und sagte: Auch du warst mit diesem Jesus aus Galiläa
zusammen. [70] Doch er leugnete es vor allen Leuten und
sagte: Ich weiß nicht, wovon du redest. [71] Und als er zum
Tor hinausgehen wollte, sah ihn eine andere Magd und
sagte zu denen, die dort standen: Der war mit Jesus aus Na-
zaret zusammen. [72] Wieder leugnete er und schwor: Ich
kenne den Menschen nicht. [73] Kurz darauf kamen die Leu-
te, die dort standen, zu Petrus und sagten: Wirklich, auch
du gehörst zu ihnen, deine Mundart verrät dich. [74] Da fing
er an, sich zu verfluchen und schwor: Ich kenne den Men-
schen nicht. Gleich darauf krähte ein Hahn, [75] und Petrus
26,34 erinnerte sich an das, was Jesus gesagt hatte: Ehe der Hahn
kräht, wirst du mich dreimal verleugnen. Und er ging hin-
aus und weinte bitterlich.

Die Auslieferung an Pilatus: 27,1–2

1–2: Mk 15,1; Lk 23,1; Joh 18,28

27 Als es Morgen wurde, faßten die Hohenpriester
und die Ältesten des Volkes gemeinsam den Be-
schluß, Jesus hinrichten zu lassen. [2] Sie ließen ihn fesseln
und abführen und lieferten ihn dem Statthalter Pilatus aus.

26,64 Der Ausdruck »die Macht« ist Umschreibung für Gott.

Das Ende des Judas: 27,3–10

3 Als nun Judas, der ihn verraten hatte, sah, daß Jesus Apg 1,16–19
zum Tod verurteilt war, reute ihn seine Tat. Er brachte den
Hohenpriestern und den Ältesten die dreißig Silberstücke 26,15
zurück 4 und sagte: Ich habe gesündigt, ich habe euch ei-
nen unschuldigen Menschen ausgeliefert. Sie antworte-
ten: Was geht das uns an? Das ist deine Sache. 5 Da warf er
die Silberstücke in den Tempel; dann ging er weg und er-
hängte sich. 6 Die Hohenpriester nahmen die Silber-
stücke und sagten: Man darf das Geld nicht in den Tempel- Dtn 23,19
schatz tun; denn es klebt Blut daran. 7 Und sie beschlos-
sen, von dem Geld den Töpferacker zu kaufen als Begräb-
nisplatz für die Fremden. 8 Deshalb heißt dieser Acker bis
heute Blutacker. 9 So erfüllte sich, was durch den Prophe-
ten Jeremia gesagt worden ist: *Sie nahmen die dreißig Sil-* Sach 11,12f;
berstücke – das ist der Preis, den er den Israeliten wert Jer 18,2f; 32,8f;
war – 10 *und kauften für das Geld den Töpferacker, wie* Ex 9,12 G
mir *der Herr befohlen hatte.*

Die Verhandlung vor Pilatus: 27,11–26

11–26: Mk 15,2–15; Lk 23,2–5.13–25; Joh 18,29–19,1

11 Als Jesus vor dem Statthalter stand, fragte ihn dieser:
Bist du der König der Juden? Jesus antwortete: Du sagst es. 2,2; 27,29.37;
12 Als aber die Hohenpriester und die Ältesten ihn anklag- Mk 15,18.26;
ten, gab er keine Antwort. 13 Da sagte Pilatus zu ihm: Lk 23,37f; Joh 19,3.19.21
Hörst du nicht, was sie dir alles vorwerfen? 14 Er aber ant-
wortete ihm auf keine einzige Frage, so daß der Statthalter Joh 19,9
sehr verwundert war.
15 Jeweils zum Fest pflegte der Statthalter einen Gefan-
genen freizulassen, den sich das Volk auswählen konnte.
16 Damals war gerade ein berüchtigter Mann namens Bar-
abbas im Gefängnis. 17 Pilatus fragte nun die Menge, die
zusammengekommen war: Was wollt ihr? Wen soll ich
freilassen, Barabbas oder Jesus, den man den Messias

27,4 einen unschuldigen Menschen, wörtlich: unschuldiges Blut.

27,9 Das dem Propheten Jeremia zugeschriebene Zitat ist eine freie Verbindung von Stellen aus Sacharja, Jeremia und Exodus.

27,11–26 Pontius Pilatus war Statthalter (Präfekt) der römischen Provinz Judäa von 26 bis 36 n. Chr. Ihm stand das Recht zu, die Todesstrafe zu verhängen. Religiöse Vergehen wurden nur dann mit dem Tod bestraft, wenn es sich um eine Entehrung des Kaisers, um die Entweihung rechtlich geschützter religiöser Einrichtungen oder um Hochverrat handelte. Nach 27,11 wurde Jesus bei Pilatus als politischer Hochverräter angeklagt; das wird durch die gerade hierfür vorgesehene Hinrichtungsart der Kreuzigung bestätigt. Sein Heilbringer-Anspruch wurde politisch mißdeutet.

nennt? [18] Er wußte nämlich, daß man Jesus nur aus Neid
an ihn ausgeliefert hatte.

[19] Während Pilatus auf dem Richterstuhl saß, ließ ihm
seine Frau sagen: Laß die Hände von diesem Mann, er ist
unschuldig. Ich hatte seinetwegen heute nacht einen
schrecklichen Traum.

[20] Inzwischen überredeten die Hohenpriester und die
Ältesten die Menge, die Freilassung des Barabbas zu for-
Apg 3,13f dern, Jesus aber hinrichten zu lassen. [21] Der Statthalter
fragte sie: Wen von beiden soll ich freilassen? Sie riefen:
Barabbas! [22] Pilatus sagte zu ihnen: Was soll ich dann mit
Jesus tun, den man den Messias nennt? Da schrien sie alle:
Joh 19,14f Ans Kreuz mit ihm! [23] Er erwiderte: Was für ein Verbre-
chen hat er denn begangen? Da schrien sie noch lauter: Ans
Kreuz mit ihm! [24] Als Pilatus sah, daß er nichts erreichte,
sondern daß der Tumult immer größer wurde, ließ er Was-
ser bringen, wusch sich vor allen Leuten die Hände und
sagte: Ich bin unschuldig am Blut dieses Menschen. Das ist
eure Sache! [25] Da rief das ganze Volk: Sein Blut komme
über uns und unsere Kinder! [26] Darauf ließ er Barabbas frei
und gab den Befehl, Jesus zu geißeln und zu kreuzigen.

Die Verspottung Jesu durch die Soldaten: 27,27–31a

27–31a: Mk 15,16–20a; Joh 19,2f

[27] Da nahmen die Soldaten des Statthalters Jesus, führ-
ten ihn in das Prätorium, das Amtsgebäude des Statthal-
Lk 23,11 ters, und versammelten die ganze Kohorte um ihn. [28] Sie
zogen ihn aus und legten ihm einen purpurroten Mantel
um. [29] Dann flochten sie einen Kranz aus Dornen; den
setzten sie ihm auf und gaben ihm einen Stock in die

27,24 dieses Menschen, nach zahlreichen Textzeugen: dieses Gerechten. Daß Jesus als unschuldiger Gerechter leidet (vgl. 27,4.19.24) wird durch diesen Einschub deutlich herausgestellt. Pilatus sucht, dem römischen Recht zuwider, die Verantwortung von sich zu schieben. Das Volk gibt durch die Selbstverwünschung indirekt seine Verantwortung zu (vgl. Vers 20).

27,26 Die Kreuzigung war eine der furchtbarsten römischen Hinrichtungsarten. Sie konnte vor allem über Sklaven, freigelassene Sklaven und Aufständische, im allgemeinen aber nicht über römische Bürger verhängt werden. Die Auspeitschung mit Lederpeitschen, in die spitze Metallstücke eingebunden waren, konnte der Todesstrafe vorausgehen. Sie wurde auch als selbständige Strafe angewandt.

27,27–31 Die Verspottung Jesu als König weist auf den Urteilsgrund hin und zeigt zugleich die Verachtung der römischen Soldaten gegenüber den Juden.

rechte Hand. Sie fielen vor ihm auf die Knie und verhöhn-
ten ihn, indem sie riefen: Heil dir, König der Juden! 30 Und
sie spuckten ihn an, nahmen ihm den Stock wieder weg Jes 50,6
und schlugen ihm damit auf den Kopf. 31a Nachdem sie so
ihren Spott mit ihm getrieben hatten, nahmen sie ihm den
Mantel ab und zogen ihm seine eigenen Kleider wieder an.

Die Kreuzigung: 27,31b–44

31b–44: Mk 15,20b–32; Lk 23,26.33–43; Joh 19,16b–27

31b Dann führten sie Jesus hinaus, um ihn zu kreuzigen.
32 Auf dem Weg trafen sie einen Mann aus Zyrene namens
Simon; ihn zwangen sie, Jesus das Kreuz zu tragen. 33 So
kamen sie an den Ort, der Golgota genannt wird, das heißt
Schädelhöhe. 34 Und *sie gaben* ihm Wein *zu trinken*, der Ps 69,22
mit *Galle* vermischt war; als er aber davon gekostet hatte,
wollte er ihn nicht trinken.
35 Nachdem sie ihn gekreuzigt hatten, *warfen sie das* Ps 22,19
Los und verteilten seine *Kleider unter sich*. 36 Dann setz-
ten sie sich nieder und bewachten ihn. 37 Über seinem
Kopf hatten sie eine Aufschrift angebracht, die seine
Schuld angab: Das ist Jesus, der König der Juden. 38 Zu-
sammen mit ihm wurden zwei Räuber gekreuzigt, der eine Jes 53,12
rechts von ihm, der andere links. 39 Die Leute, die vorbei-
kamen, verhöhnten ihn, *schüttelten den Kopf* 40 und rie- Ps 22,8
fen: Du willst den Tempel niederreißen und in drei Tagen 26,61;
wieder aufbauen? Wenn du Gottes Sohn bist, hilf dir selbst, Joh 2,19
und steig herab vom Kreuz! 41 Auch die Hohenpriester, die
Schriftgelehrten und die Ältesten verhöhnten ihn und sag-
ten: 42 Anderen hat er geholfen, sich selbst kann er nicht
helfen. Er ist doch der König von Israel! Er soll vom Kreuz
herabsteigen, dann werden wir an ihn glauben. 43 *Er hat* Ps 22,9
auf Gott vertraut: der soll ihn jetzt *retten, wenn er an ihm*
Gefallen hat; er hat doch gesagt: Ich bin Gottes Sohn.
44 Ebenso beschimpften ihn die beiden Räuber, die man
zusammen mit ihm gekreuzigt hatte.

27,34 Ein Mischtrank aus saurem Wein und Myrrhe diente zur Betäubung der zum Kreuzestod Verurteilten (vgl. Mk 15,22). Daß hier statt Myrrhe Galle erwähnt wird, ist eine Angleichung an Ps 69,22.

27,35 Nach römischem Brauch fielen die Kleider des Verurteilten dem Hinrichtungstrupp zu.

27,37 Nach römischer Sitte wurde der Grund für die Verurteilung auf einer Tafel angegeben, die dem Verurteilten auf dem Weg zur Hinrichtung vorangetragen wurde.

Der Tod Jesu: 27,45–56

45–56: Mk 15,33–41; Lk 23,44–49; Joh 19,28–30

45 Von der sechsten bis zur neunten Stunde herrschte
eine Finsternis im ganzen Land. 46 Um die neunte Stunde
Ps 22,2 rief Jesus laut: *Eli, Eli, lema sabachtani?*, das heißt: *Mein
Gott, mein Gott, warum hast du mich verlassen?* 47 Einige
von denen, die dabeistanden und es hörten, sagten: Er ruft
nach Elija. 48 Sogleich lief einer von ihnen hin, tauchte ei-
Ps 69,22 nen Schwamm in *Essig*, steckte ihn auf einen Stock und
gab Jesus *zu trinken*. 49 Die anderen aber sagten: Laß doch,
wir wollen sehen, ob Elija kommt und ihm hilft. 50 Jesus
aber schrie noch einmal laut auf. Dann hauchte er den
Geist aus.

Ex 26,31 51 Da riß der Vorhang im Tempel von oben bis unten
entzwei. Die Erde bebte, und die Felsen spalteten sich.
52 Die Gräber öffneten sich, und die Leiber vieler Heiligen,
die entschlafen waren, wurden auferweckt. 53 Nach der
Auferstehung Jesu verließen sie ihre Gräber, kamen in die
Heilige Stadt und erschienen vielen.

54 Als der Hauptmann und die Männer, die mit ihm zu-
sammen Jesus bewachten, das Erdbeben bemerkten und
sahen, was geschah, erschraken sie sehr und sagten: Wahr-
16,16 haftig, das war Gottes Sohn!

55 Auch viele Frauen waren dort und sahen von weitem
zu; sie waren Jesus seit der Zeit in Galiläa nachgefolgt und
hatten ihm gedient. 56 Zu ihnen gehörten Maria aus Mag-
dala, Maria, die Mutter des Jakobus und des Josef, und die
Mutter der Söhne des Zebedäus.

Das Begräbnis Jesu: 27,57–61

57–61: Mk 15,42–47; Lk 23,50–56; Joh 19,38–42

57 Gegen Abend kam ein reicher Mann aus Arimathäa

27,45 Die Juden rechneten damals die Tageszeit von Sonnenaufgang bis Sonnenuntergang und teilten diese Spanne in 12 »Stunden« ein. Die »dritte Stunde« war also etwa um neun Uhr.

27,46f Elija galt im jüdischen Volksglauben als Nothelfer der Gerechten, vor allem als Beistand in der Todesstunde.

27,51a Gemeint ist wohl der Vorhang zwischen dem Heiligen und dem Allerheiligsten im Tempelgebäude. Das Ereignis ist als ein Gerichts- und Strafzeichen zu verstehen, das die Messianität Jesu bestätigt.

27,51b–53 Diese Ereignisse sollen darauf hinweisen, daß mit Jesu Tod und Auferstehung die Macht des Todes gebrochen wurde.

27,55f Diese Frauen werden als Zeugen für das Sterben und die Grablegung Jesu genannt; vgl. die Anmerkung zu 12,46f.

namens Josef; auch er war ein Jünger Jesu. 58 Er ging zu Pi-
latus und bat um den Leichnam Jesu. Da befahl Pilatus, Dtn 21,22f
ihm den Leichnam zu überlassen. 59 Josef nahm ihn und
hüllte ihn in ein reines Leinentuch. 60 Dann legte er ihn in
ein neues Grab, das er für sich selbst in einen Felsen hatte
hauen lassen. Er wälzte einen großen Stein vor den Eingang
des Grabes und ging weg. 61 Auch Maria aus Magdala und
die andere Maria waren dort; sie saßen dem Grab gegen-
über.

Die Bewachung des Grabes: 27,62–66

62 Am nächsten Tag gingen die Hohenpriester und die
Pharisäer gemeinsam zu Pilatus; es war der Tag nach dem
Rüsttag. 63 Sie sagten: Herr, es fiel uns ein, daß dieser Be- Joh 19,42
trüger, als er noch lebte, behauptet hat: Ich werde nach drei 20,19; 12,40
Tagen auferstehen. 64 Gib also den Befehl, daß das Grab bis
zum dritten Tag sicher bewacht wird. Sonst könnten seine
Jünger kommen, ihn stehlen und dem Volk sagen: Er ist 28,13
von den Toten auferstanden. Und dieser letzte Betrug wäre
noch schlimmer als alles zuvor. 65 Pilatus antwortete ih-
nen: Ihr sollt eine Wache haben. Geht und sichert das
Grab, so gut ihr könnt. 66 Darauf gingen sie, um das Grab
zu sichern. Sie versiegelten den Eingang und ließen die
Wache dort.

Die Botschaft des Engels am leeren Grab: 28,1–8

1–8: Mk 16,1–8; Lk 24,1–12; Joh 20,1–13

28 Nach dem Sabbat kamen in der Morgendämme-
rung des ersten Tages der Woche Maria aus Mag-
dala und die andere Maria, um nach dem Grab zu sehen.
2 Plötzlich entstand ein gewaltiges Erdbeben; denn ein En-
gel des Herrn kam vom Himmel herab, trat an das Grab,
wälzte den Stein weg und setzte sich darauf. 3 Seine Ge-
stalt leuchtete wie ein Blitz, und sein Gewand war weiß
wie Schnee. 4 Die Wächter begannen vor Angst zu zittern
und fielen wie tot zu Boden. 5 Der Engel aber sagte zu den
Frauen: Fürchtet euch nicht! Ich weiß, ihr sucht Jesus, den
Gekreuzigten. 6 Er ist nicht hier; denn er ist auferstanden, 12,40; 16,21;
wie er gesagt hat. Kommt her und seht euch die Stelle an, 17,23; 20,19
wo er lag. 7 Dann geht schnell zu seinen Jüngern und sagt

27,62–65 Nur Matthäus berichtet von der Bewachung und Versiegelung des Grabes bis zum dritten Tag, da allein er von dem jüdischen Gerücht über den Raub des Leichnams Jesu durch seine Jünger spricht (vgl. 28,11–15). Diese Notiz ist als Verteidigung des urchristlichen Auferstehungsglaubens zu verstehen.

27,64 als alles zuvor, wörtlich: als der erste.

ihnen: Er ist von den Toten auferstanden. Er geht euch vor-
aus nach Galiläa, dort werdet ihr ihn sehen. Ich habe es
euch gesagt. 8 Sogleich verließen sie das Grab und eilten
voll Furcht und großer Freude zu seinen Jüngern, um ihnen
die Botschaft zu verkünden.

Die Erscheinung Jesu vor den Frauen: 28,9–10

9–10: Joh 20,14–18

9 Plötzlich kam ihnen Jesus entgegen und sagte: Seid ge-
grüßt! Sie gingen auf ihn zu, warfen sich vor ihm nieder
und umfaßten seine Füße. 10 Da sagte Jesus zu ihnen:
Fürchtet euch nicht! Geht und sagt meinen Brüdern, sie
sollen nach Galiläa gehen, und dort werden sie mich se-
hen.

Der Betrug der Hohenpriester: 28,11–15

11 Noch während die Frauen unterwegs waren, kamen
einige von den Wächtern in die Stadt und berichteten den
Hohenpriestern alles, was geschehen war. 12 Diese faßten
gemeinsam mit den Ältesten den Beschluß, die Soldaten
zu bestechen. Sie gaben ihnen viel Geld 13 und sagten: Er-
27,64 zählt den Leuten: Seine Jünger sind bei Nacht gekommen
und haben ihn gestohlen, während wir schliefen. 14 Falls
der Statthalter davon hört, werden wir ihn beschwichtigen
und dafür sorgen, daß ihr nichts zu befürchten habt. 15 Die
Soldaten nahmen das Geld und machten alles so, wie man
es ihnen gesagt hatte. So kommt es, daß dieses Gerücht bei
den Juden bis heute verbreitet ist.

Der Auftrag des Auferstandenen: 28,16–20

16 Die elf Jünger gingen nach Galiläa auf den Berg, den Je-
sus ihnen genannt hatte. 17 Und als sie Jesus sahen, fielen
sie vor ihm nieder. Einige aber hatten Zweifel. 18 Da trat
Jesus auf sie zu und sagte zu ihnen: Mir ist alle Macht ge-
24,14 geben im Himmel und auf der Erde. 19 Darum geht zu allen
Völkern, und macht alle Menschen zu meinen Jüngern;
tauft sie auf den Namen des Vaters und des Sohnes und des
Heiligen Geistes, 20 und lehrt sie, alles zu befolgen, was ich
euch geboten habe. Seid gewiß: Ich bin bei euch alle Tage
bis zum Ende der Welt.

28,9f Wie Joh 20,11–18 berichtet Matthäus von einer Erscheinung Jesu vor Maria aus Magdala – und anderen Frauen – in der Nähe des Grabes.

28,16–20 Der abschließende Bericht über die Aussendung der Jünger durch den Auferstandenen (vgl. Lk 24,47; Joh 20,21) erneuert die in Mt 10 berichtete Sendung durch den irdischen Jesus. Die Jünger erhalten jetzt aber einen weltweiten Auftrag.

Das Evangelium nach Markus

Das älteste, griechisch geschriebene Evangelium wird nach altkirchlicher Überlieferung Markus zugeschrieben. Damit ist gemeint Johannes Markus aus Jerusalem, Sohn einer Maria, in deren Haus sich die Urgemeinde in Jerusalem versammelte; er war ein Vetter des Barnabas, Mitarbeiter des Paulus und später auch des Petrus (Phlm 24; Kol 4,10; Apg 12,12; 13,5; 15,36-39; 1 Petr 5,13). Ebenfalls nach altkirchlicher Überlieferung schrieb er sein Evangelium in Rom. Es steht in zeitlichem Zusammenhang mit der Zerstörung Jerusalems (Mk 13) und ist deshalb um 70 n. Chr. verfaßt, und zwar für Heiden und Heidenchristen (vgl. 7,3f).

Markus sammelte Überlieferungen über Jesus, vor allem Wundererzählungen, Gleichnisse, Geschichten, die in einem Jesuswort gipfeln, Einzelworte und Zeugnisse über die Passion. Er ordnete diese Stoffe zeitlich und sachlich und verarbeitete sie so zu einem Evangelium. Der geographisch bestimmte Aufriß ist folgender: Wirken Jesu in Galiläa (1,14–5,43); Wanderung durch jüdisch-heidnisches Gebiet mit Belehrung der Jünger (6,1–9,50); Zug nach Jerusalem, Ringen mit den jüdischen Führern und Tod am Kreuz (10,1–15,47). Sein Evangelium beginnt mit dem Auftreten des Täufers (1,1–13) und endet mit dem Auffinden des leeren Grabes durch Frauen am Ostermorgen (16,1–8).

Der Anhang (16,9–20) wurde erst im 2. Jahrhundert von unbekannter Hand angefügt, vermutlich weil der jähe Schluß 16,8 nicht befriedigte. Die Annahme, daß ein ursprünglicher Schluß verlorenging, ist wenig wahrscheinlich.

Indem Markus vom Wirken und vom Schicksal Jesu berichtet, verkündet er, daß Gott durch diesen Jesus seinen Willen offenbart hat, die Menschen zu retten: Jesus ist der verheißene Messias, der Sohn Gottes; durch sein Wirken ist die Heilszeit angebrochen (1,14). Er überwindet das Unheil, die Herrschaft des Satan und seiner Helfer (Dämonenaustreibungen und Krankenheilungen), er vergibt Sünden (2,1–12), verkündet den unverfälschten Willen Gottes (2,27f; 7,1–23) und richtet das Reich Gottes auf

(Kap. 4). Weil in seiner Person Gottes Vollmacht in menschlicher Niedrigkeit auftritt, wird sein Geheimnis nicht begriffen, nicht von den Juden, aber auch nicht von den Jüngern vor der Auferstehung Jesu (6,4–6; 8,14–21; 14,26–42; vgl. auch die Schweigegebote Jesu 5,43; 8,30; 9,9). Die einzig angemessene Haltung der Botschaft Jesu gegenüber ist unbedingter Glaube (5,36; 9,19–24; 11, 22–25). Christsein heißt, Jesus in Glaube, Selbstlosigkeit, Bereitschaft zum Dienen und Mut zum Leiden nachzufolgen (8,31–33; 9,42–48; 10,17–27.41–45) und so die Kraft des Reiches Gottes zu erfahren. Der erste Heide, der das Geheimnis Jesu erkannte, ist der Hauptmann unter dem Kreuz: »Wahrhaftig, dieser Mensch war Gottes Sohn« (15,39). In ihm sieht Markus die Heidenkirche beim Kreuz Christi vertreten. Die bedrängten Heidenchristen will Markus durch sein Evangelium in ihrem Glauben stärken und ermutigen, Christus auch in Verfolgungen treu zu bleiben.

DIE VORBEREITUNG DES WIRKENS JESU: 1,1–13

Johannes der Täufer: 1,1–8

1–8: Mt 3,1–6.11; Lk 3,3–6.15f

1 Anfang des Evangeliums von Jesus Christus, dem *1–8:*
Sohn Gottes: [2] Es begann, wie es bei dem Propheten Joh 1,19–28
Jesaja steht: 15,39
Ich sende meinen Boten vor dir her; Mal 3,1;
er soll den Weg für dich *bahnen.* Ex 23,20;
[3] *Eine Stimme ruft in der Wüste:* Mt 11,10;
Bereitet dem Herrn den Weg! Lk 1,76; 7,27
Ebnet ihm *die Straßen!* Jes 40,3 G

[4] So trat Johannes der Täufer in der Wüste auf und verkün- Apg 13,24;
digte Umkehr und Taufe zur Vergebung der Sünden. 19,4
[5] Ganz Judäa und alle Einwohner Jerusalems zogen zu ihm
hinaus; sie bekannten ihre Sünden und ließen sich im Jor-
dan von ihm taufen. [6] Johannes trug ein Gewand aus Ka-
melhaaren und einen ledernen Gürtel um seine Hüften,
und er lebte von Heuschrecken und wildem Honig. [7] Er
verkündete: Nach mir kommt einer, der ist stärker als ich;
ich bin es nicht wert, mich zu bücken, um ihm die Schuhe
aufzuschnüren. [8] Ich habe euch nur mit Wasser getauft, er
aber wird euch mit dem Heiligen Geist taufen.

Die Taufe Jesu: 1,9–11

9–11: Mt 3,13–17; Lk 3,21f

[9] In jenen Tagen kam Jesus aus Nazaret in Galiläa und *9–11:*
ließ sich von Johannes im Jordan taufen. [10] Und als er aus Joh 1,29–34
dem Wasser stieg, sah er, daß der Himmel sich öffnete und
der Geist wie eine Taube auf ihn herabkam. [11] Und eine
Stimme aus dem Himmel sprach: *Du bist mein geliebter* Gen 22,2;
Sohn, an dir habe ich Gefallen gefunden. Ps 2,7; Jes 42,1;
Mt 3,17

1,1–8 Die ältesten Christengemeinden waren vor allem am öffentlichen Wirken Jesu interessiert (vgl. Apg 10,37–41). Darum bringt Markus, anders als Matthäus und Lukas, keine Vorgeschichte, sondern beginnt sein Evangelium sofort mit dem Auftreten des Täufers und der Taufe Jesu.

1,1 »dem Sohn Gottes« fehlt bei einigen alten Textzeugen.

1,4 Umkehr und Taufe, wörtlich: Taufe der Umkehr.

Die Versuchung Jesu: 1,12–13

12–13: Mt 4,1f.11; Lk 4,1f

[12] Danach trieb der Geist Jesus in die Wüste. [13] Dort
blieb Jesus vierzig Tage lang und wurde vom Satan in Ver-
suchung geführt. Er lebte bei den wilden Tieren, und die
Engel dienten ihm.

DAS WIRKEN JESU IN GALILÄA: 1,14–8,26

Erstes Auftreten in Galiläa: 1,14–15

14–15: Mt 4,12.17; Lk 4,14f

[14] Nachdem man Johannes ins Gefängnis geworfen hat-
te, ging Jesus wieder nach Galiläa; er verkündete das Evan-
gelium Gottes [15] und sprach: Die Zeit ist erfüllt, das Reich
Gottes ist nahe. Kehrt um, und glaubt an das Evangelium!

Die Berufung der ersten Jünger: 1,16–20

16–20: Mt 4,18–22

16–20: [16] Als Jesus am See von Galiläa entlangging, sah er Si-
Lk 5,1–11; mon und Andreas, den Bruder des Simon, die auf dem See
Joh 1,35–51 ihr Netz auswarfen; sie waren nämlich Fischer. [17] Da sagte
er zu ihnen: Kommt her, folgt mir nach! Ich werde euch zu
Menschenfischern machen. [18] Sogleich ließen sie ihre
Netze liegen und folgten ihm. [19] Als er ein Stück weiter-
ging, sah er Jakobus, den Sohn des Zebedäus, und seinen
Bruder Johannes; sie waren im Boot und richteten ihre
Netze her. [20] Sofort rief er sie, und sie ließen ihren Vater
Zebedäus mit seinen Tagelöhnern im Boot zurück und
folgten Jesus nach.

Jesus in der Synagoge von Kafarnaum: 1,21–28

21–28: Lk 4,31–37

Mt 7,28f [21] Sie kamen nach Kafarnaum. Am folgenden Sabbat
ging er in die Synagoge und lehrte. [22] Und die Menschen
waren sehr betroffen von seiner Lehre; denn er lehrte sie
wie einer, der (göttliche) Vollmacht hat, nicht wie die
Schriftgelehrten.
[23] In ihrer Synagoge saß ein Mann, der von einem unrei-
nen Geist besessen war. Der begann zu schreien: [24] Was

1,15 In diesem programmatischen Satz faßt Markus den Inhalt der Botschaft Jesu zusammen.

1,21–34 Mit der Beschreibung des ersten Tages des Wirkens Jesu in Kafarnaum zeigt der Evangelist beispielhaft Jesu Tätigkeit: Jesus beweist durch Wort und Tat seine Vollmacht.

haben wir mit dir zu tun, Jesus von Nazaret? Bist du ge- 5,7; Mt 8,29;
kommen, um uns ins Verderben zu stürzen? Ich weiß, wer Lk 8,28;
du bist: der Heilige Gottes. [25] Da befahl ihm Jesus: Joh 2,4
Schweig und verlaß ihn! [26] Der unreine Geist zerrte den
Mann hin und her und verließ ihn mit lautem Geschrei.
[27] Da erschraken alle, und einer fragte den andern: Was hat
das zu bedeuten? Hier wird mit Vollmacht eine ganz neue Mt 7,29
Lehre verkündet. Sogar die unreinen Geister gehorchen
seinem Befehl. [28] Und sein Ruf verbreitete sich rasch im
ganzen Gebiet von Galiläa.

Die Heilung der Schwiegermutter des Petrus: 1,29–31

29–31: Mt 8,14f; Lk 4,38f

[29] Sie verließen die Synagoge und gingen zusammen mit
Jakobus und Johannes gleich in das Haus des Simon und
Andreas. [30] Die Schwiegermutter des Simon lag mit Fieber
im Bett. Sie sprachen mit Jesus über sie, [31] und er ging zu
ihr, faßte sie an der Hand und richtete sie auf. Da wich das
Fieber von ihr, und sie sorgte für sie.

Die Heilung von Besessenen und Kranken: 1,32–34

32–34: Mt 8,16; Lk 4,40f

[32] Am Abend, als die Sonne untergegangen war, brachte
man alle Kranken und Besessenen zu Jesus. [33] Die ganze
Stadt war vor der Haustür versammelt, [34] und er heilte vie-
le, die an allen möglichen Krankheiten litten, und trieb
viele Dämonen aus. Und er verbot den Dämonen zu reden;
denn sie wußten, wer er war.

Aufbruch aus Kafarnaum: 1,35–39

35–39: Lk 4,42–44 *39:* Mt 4,23

[35] In aller Frühe, als es noch dunkel war, stand er auf und
ging an einen einsamen Ort, um zu beten. [36] Simon und Lk 5,16; 9,18
seine Begleiter eilten ihm nach, [37] und als sie ihn fanden,
sagten sie zu ihm: Alle suchen dich. [38] Er antwortete: Laßt
uns anderswohin gehen, in die benachbarten Dörfer, damit
ich auch dort predige; denn dazu bin ich gekommen.
[39] Und er zog durch ganz Galiläa, predigte in den Synago-
gen und trieb die Dämonen aus.

1,24 Andere Übersetzungsmöglichkeit: Du bist gekommen, um uns ins Verderben zu stürzen.

1,32 Die Sabbatruhe dauerte vom Sonnenuntergang des Vortags bis zum Sonnenuntergang am Sabbat.

Die Heilung eines Aussätzigen: 1,40–45

40–45: Mt 8,2–4; Lk 5,12–16

40 Ein Aussätziger kam zu Jesus und bat ihn um Hilfe; er
fiel vor ihm auf die Knie und sagte: Wenn du willst, kannst
du machen, daß ich rein werde. 41 Jesus hatte Mitleid mit
ihm; er streckte die Hand aus, berührte ihn und sagte: Ich
will es – werde rein! 42 Im gleichen Augenblick ver-
schwand der Aussatz, und der Mann war rein. 43 Jesus
schickte ihn weg und schärfte ihm ein: 44 Nimm dich in
5,43 acht! Erzähl niemand etwas davon, sondern geh, *zeig dich*
Lev 13,49; *dem Priester* und bring das Reinigungsopfer dar, das Mose
14,2–32; angeordnet hat. Das soll für sie ein Beweis (meiner Geset-
Lk 17,14 zestreue) sein. 45 Der Mann aber ging weg und erzählte bei
jeder Gelegenheit, was geschehen war; er verbreitete die
ganze Geschichte, so daß sich Jesus in keiner Stadt mehr
zeigen konnte; er hielt sich nur noch außerhalb der Städte
an einsamen Orten auf. Dennoch kamen die Leute von
überallher zu ihm.

Die Heilung eines Gelähmten: 2,1–12

1–12: Mt 9,1–8; Lk 5,17–26

2 Als er einige Tage später nach Kafarnaum zurückkam, wurde bekannt, daß er (wieder) zu Hause war. 2 Und es versammelten sich so viele Menschen, daß nicht einmal mehr vor der Tür Platz war; und er verkündete ihnen das Wort. 3 Da brachte man einen Gelähmten zu ihm; er wurde von vier Männern getragen. 4 Weil sie ihn aber wegen der vielen Leute nicht bis zu Jesus bringen konnten, deckten sie dort, wo Jesus war, das Dach ab, schlugen (die Decke) durch und ließen den Gelähmten auf seiner Tragbahre durch die Öffnung hinab. 5 Als Jesus ihren Glauben sah, sagte er zu dem Gelähmten: Mein Sohn, deine Sünden sind dir vergeben! 6 Einige Schriftgelehrte aber, die dort sa-

---

1,40–44 Aussatz und verschiedene Hautkrankheiten schlossen vom Zusammenleben mit anderen Menschen aus. Erst wenn die dafür zuständigen Priester die Heilung festgestellt hatten, war die Rückkehr in die alte Lebensgemeinschaft wieder erlaubt (vgl. Lev 13–14).

1,44 ein Beweis (meiner Gesetzestreue): andere Übersetzungsmöglichkeiten: ein Beweis (meiner Vollmacht); oder: ein Beweis (deiner Heilung).

2,1 Jesus wohnte vermutlich im Haus des Simon (vgl. 1,29–31).

2,4 Das Dach einer Wohnhütte bestand aus Holzbalken oder Knüppeln, über die Schilf oder Äste gelegt waren. Das Ganze war mit festgetretenem Lehm zugedeckt.

ßen, dachten im stillen: 7 Wie kann dieser Mensch so re-
den? Er lästert Gott. Wer kann Sünden vergeben außer dem
einen Gott? 8 Jesus erkannte sofort, was sie dachten, und
sagte zu ihnen: Was für Gedanken habt ihr im Herzen? 9 Ist
es leichter, zu dem Gelähmten zu sagen: Deine Sünden
sind dir vergeben!, oder zu sagen: Steh auf, nimm deine
Tragbahre, und geh umher? 10 Ihr sollt aber erkennen, daß
der Menschensohn die Vollmacht hat, hier auf der Erde
Sünden zu vergeben. Und er sagte zu dem Gelähmten:
11 Ich sage dir: Steh auf, nimm deine Tragbahre, und geh
nach Hause! 12 Der Mann stand sofort auf, nahm seine
Tragbahre und ging vor aller Augen weg. Da gerieten alle
außer sich; sie priesen Gott und sagten: So etwas haben wir
noch nie gesehen.

Die Berufung des Levi und das Mahl mit den Zöllnern: 2,13–17

13–17: Mt 9,9–13; Lk 5,27–32

13 Jesus ging wieder hinaus an den See. Da kamen Scha-
ren von Menschen zu ihm, und er lehrte sie. 14 Als er wei-
terging, sah er Levi, den Sohn des Alphäus, am Zoll sitzen
und sagte zu ihm: Folge mir nach! Da stand Levi auf und Mt 8,22
folgte ihm. 15 Und als Jesus in seinem Haus beim Essen Lk 7,34; 19,7
war, aßen viele Zöllner und Sünder zusammen mit ihm
und seinen Jüngern; denn es folgten ihm schon viele. 16 Als
die Schriftgelehrten, die zur Partei der Pharisäer gehörten,
sahen, daß er mit Zöllnern und Sündern aß, sagten sie zu
seinen Jüngern: Wie kann er zusammen mit Zöllnern und Mt 11,19;
Sündern essen? 17 Jesus hörte es und sagte zu ihnen: Nicht Lk 15,1f

---

2,7 außer dem einen Gott, andere Übersetzungsmöglichkeit: außer Gott allein. – Obige Übersetzung ist durch den Anklang an Dtn 6,4 nahegelegt. – Vgl. Mk 10,18; Lk 18,19.

2,8 Wörtlich: Jesus merkte in seinem Geist sofort, daß sie so dachten.

2,15 in seinem Haus: entweder im Haus des Levi (vgl. Lk 5,29) oder im Haus Jesu (vgl. Mk 2,1).

2,16 Die Pharisäer bildeten eine religiöse Gemeinschaft, die es sich zur Aufgabe gemacht hatte, das jüdische religiöse Gesetz zu studieren und genau zu beachten. Zu ihnen gehörten Priester und Laien, vor allem viele Schriftgelehrte. – Die Schriftgelehrten bildeten einen eigenen Stand von Gesetzesgelehrten und religiösen Juristen, die das Recht besaßen, öffentlich zu lehren und Schüler um sich zu sammeln. Sie hatten neben den Priestern entscheidenden Einfluß auf das jüdische Leben.

Die Zölle wurden an die Meistbietenden verpachtet. Diese wirtschafteten meist auch in die eigene Tasche. Darum galten Zöllner als Diebe und Betrüger; die Begriffe »Zöllner« und »Sünder« waren austauschbar.

die Gesunden brauchen den Arzt, sondern die Kranken. Ich
bin gekommen, um die Sünder zu rufen, nicht die Gerech-
ten.

Die Frage nach dem Fasten: 2,18–22

18–22: Mt 9,14–17; Lk 5,33–38

[18] Da die Jünger des Johannes und die Pharisäer zu fasten
pflegten, kamen Leute zu Jesus und sagten: Warum fasten
deine Jünger nicht, während die Jünger des Johannes und
die Jünger der Pharisäer fasten? [19] Jesus antwortete ihnen:
Können denn die Hochzeitsgäste fasten, solange der Bräu-
tigam bei ihnen ist? Solange der Bräutigam bei ihnen ist,
können sie nicht fasten. [20] Es werden aber Tage kommen,
da wird ihnen der Bräutigam genommen sein; an jenem
Tag werden sie fasten.

[21] Niemand näht ein Stück neuen Stoff auf ein altes
Kleid; denn der neue Stoff reißt doch vom alten Kleid ab,
und es entsteht ein noch größerer Riß. [22] Auch füllt nie-
mand neuen Wein in alte Schläuche. Sonst zerreißt der
Wein die Schläuche; der Wein ist verloren, und die Schläu-
che sind unbrauchbar. Neuer Wein gehört in neue Schläu-
che.

Das Abreißen der Ähren am Sabbat: 2,23–28

23–28: Mt 12,1–8; Lk 6,1–5

Dtn 23,26 [23] An einem Sabbat ging er durch die Kornfelder, und un-
terwegs rissen seine Jünger Ähren ab. [24] Da sagten die Pha-
risäer zu ihm: Sieh dir an, was sie tun! Das ist doch am
Sabbat verboten. [25] Er antwortete: Habt ihr nie gelesen,
1 Sam 21,2–7 was David getan hat, als er und seine Begleiter hungrig wa-
ren und nichts zu essen hatten – [26] wie er zur Zeit des Ho-
Lev 24,5–9 henpriesters Abjatar in das Haus Gottes ging und die heili-
gen Brote aß, die außer den Priestern niemand essen darf,
und auch seinen Begleitern davon gab? [27] Und Jesus fügte

2,18 Die Juden waren lediglich verpflichtet, am Versöhnungstag (vgl. Lev 16) zu fasten. In Notzeiten wurden eigene Fasttage ausgerufen. Insbesondere Pharisäer fasteten darüber hinaus, stellvertretend für die Sünden anderer, zweimal in der Woche, montags und donnerstags. Das Fasten bestand in völliger Enthaltung von Speise und Trank zwischen Sonnenaufgang und Sonnenuntergang. Jesus fastete mit seinen Jüngern nicht und kritisierte die jüdische Fastenpraxis (vgl. Mt 6,16–18).

2,21f Vgl. die Anmerkung zu Mt 9,16f.

2,26 Der Hohepriester hieß nach 1 Sam 21,2 in Wirklichkeit Ahimelech; nach 1 Sam 22,20 hieß sein Sohn, nach 2 Sam 8,17 sein Vater Abjatar.

2,27f Jesus greift damit auf den Ursinn des Sabbats zurück: Er sollte für Menschen und Tiere eine Wohltat sein (vgl. Ex 20,9; Dtn 5,12–14).

hinzu: Der Sabbat ist für den Menschen da, nicht der
Mensch für den Sabbat. [28] Deshalb ist der Menschensohn
Herr auch über den Sabbat.

Die Heilung eines Mannes am Sabbat: 3,1–6

1–6: Mt 12,9–14; Lk 6,6–11

3 Als er ein andermal in eine Synagoge ging, saß dort ein Lk 14,1–6
Mann, dessen Hand verdorrt war. [2] Und sie gaben
acht, ob Jesus ihn am Sabbat heilen werde; sie suchten
nämlich einen Grund zur Anklage gegen ihn. [3] Da sagte er
zu dem Mann mit der verdorrten Hand: Steh auf und stell
dich in die Mitte! [4] Und zu den anderen sagte er: Was ist
am Sabbat erlaubt: Gutes zu tun oder Böses, ein Leben zu
retten oder es zu vernichten? Sie aber schwiegen. [5] Und er
sah sie der Reihe nach an, voll Zorn und Trauer über ihr
verstocktes Herz, und sagte zu dem Mann: Streck deine
Hand aus! Er streckte sie aus, und seine Hand war wieder
gesund. [6] Da gingen die Pharisäer hinaus und faßten zusammen mit den Anhängern des Herodes den Beschluß, Jesus umzubringen.

Der Andrang des Volkes: 3,7–12

7–12: Mt 4,23–25; 12,15f; Lk 6,17–19

[7] Jesus zog sich mit seinen Jüngern an den See zurück.
Viele Menschen aus Galiläa aber folgten ihm. Auch aus Judäa, [8] aus Jerusalem und Idumäa, aus dem Gebiet jenseits
des Jordan und aus der Gegend von Tyrus und Sidon kamen
Scharen von Menschen zu ihm, als sie von all dem hörten,
was er tat. [9] Da sagte er zu seinen Jüngern, sie sollten ein
Boot für ihn bereithalten, damit er von der Menge nicht erdrückt werde. [10] Denn er heilte viele, so daß alle, die ein
Leiden hatten, sich an ihn herandrängten, um ihn zu berühren. [11] Wenn die von unreinen Geistern Besessenen ihn
sahen, fielen sie vor ihm nieder und schrien: Du bist der Mt 8,29; Lk 4,41
Sohn Gottes! [12] Er aber verbot ihnen streng, bekannt zu
machen, wer er sei.

Die Wahl der Zwölf: 3,13–19

13–19: Mt 10,1–4; Lk 6,12–16

[13] Jesus stieg auf einen Berg und rief die zu sich, die er
erwählt hatte, und sie kamen zu ihm. [14] Und er setzte

3,1–6 Die ärztliche Tätigkeit galt als Arbeit und durfte deshalb nach pharisäischer Auffassung am Sabbat nur dann ausgeübt werden, wenn Lebensgefahr bestand.

3,1.3.5 Hand, andere Übersetzungsmöglichkeit: Arm.

3,13–19 Vgl. die Anmerkung zu Mt 9,35–11,1.

zwölf ein, die er bei sich haben und die er dann aussenden
wollte, damit sie predigten 15 und mit seiner Vollmacht
16–19: Dämonen austrieben. 16 Die Zwölf, die er einsetzte, wa-
Joh 1,40–44; Apg 1,13 ren: Petrus – diesen Beinamen gab er dem Simon –, 17 Jako-
bus, der Sohn des Zebedäus, und Johannes, der Bruder des
Jakobus – ihnen gab er den Beinamen Boanerges, das heißt
Donnersöhne –, 18 dazu Andreas, Philippus, Bartholo-
mäus, Matthäus, Thomas, Jakobus, der Sohn des Alphäus,
Thaddäus, Simon Kananäus 19 und Judas Iskariot, der ihn
dann verraten hat.

Jesus und seine Angehörigen: 3,20–21

20 Jesus ging in ein Haus, und wieder kamen so viele
Menschen zusammen, daß er und die Jünger nicht einmal
mehr essen konnten. 21 Als seine Angehörigen davon hör-
Joh 7,5 ten, machten sie sich auf den Weg, um ihn mit Gewalt zu-
rückzuholen; denn sie sagten: Er ist von Sinnen.

Verteidigungsrede Jesu: 3,22–30

***22–30:* Mt 12,24–29.31f; Lk 11,15–22 *28–29:* Lk 12,10**

22 Die Schriftgelehrten, die von Jerusalem herabge-
Mt 9,34; 10,25 kommen waren, sagten: Er ist von Beelzebul besessen; mit
Hilfe des Anführers der Dämonen treibt er die Dämonen
aus. 23 Da rief er sie zu sich und belehrte sie in Form von
Gleichnissen: Wie kann der Satan den Satan austreiben?
24 Wenn ein Reich in sich gespalten ist, kann es keinen Be-
stand haben. 25 Wenn eine Familie in sich gespalten ist,
kann sie keinen Bestand haben. 26 Und wenn sich der Satan
gegen sich selbst erhebt und mit sich selbst im Streit liegt,
kann er keinen Bestand haben, sondern es ist um ihn ge-
Jes 49,24 schehen. 27 Es kann aber auch keiner in das Haus eines
starken Mannes einbrechen und ihm den Hausrat rauben,
wenn er den Mann nicht vorher fesselt; erst dann kann er
sein Haus plündern. 28 Amen, das sage ich euch: Alle Ver-
gehen und Lästerungen werden den Menschen vergeben
werden, so viel sie auch lästern mögen; 29 wer aber den
Heiligen Geist lästert, der findet in Ewigkeit keine Verge-
bung, sondern seine Sünde wird ewig an ihm haften. 30 Sie
Joh 10,20 hatten nämlich gesagt: Er ist von einem unreinen Geist be-
sessen.

Von den wahren Verwandten Jesu: 3,31–35

31–35: Mt 12,46–50; Lk 8,19–21

31 Da kamen seine Mutter und seine Brüder; sie blieben

3,18 Zu »Kananäus« vgl. die Anmerkung zu Mt 10,4.
3,22–30 Vgl. die Anmerkung zu Mt 12,24.
3,31–35 Vgl. die Anmerkung zu Mt 12,46f.

vor dem Haus stehen und ließen ihn herausrufen. 32 Es sa-
ßen viele Leute um ihn herum, und man sagte zu ihm:
Deine Mutter und deine Brüder stehen draußen und fragen
nach dir. 33 Er erwiderte: Wer ist meine Mutter, und wer
sind meine Brüder? 34 Und er blickte auf die Menschen, die
im Kreis um ihn herumsaßen, und sagte: Das hier sind
meine Mutter und meine Brüder. 35 Wer den Willen Gottes
erfüllt, der ist für mich Bruder und Schwester und Mutter.

Die Gleichnisse vom Reich Gottes: 4,1–34

Das Gleichnis vom Sämann: 4,1–9

1–9: Mt 13,1–9; Lk 8,4–8

4 Ein andermal lehrte er wieder am Ufer des Sees, und
sehr viele Menschen versammelten sich um ihn. Er
stieg deshalb in ein Boot auf dem See und setzte sich; die
Leute aber standen am Ufer. 2 Und er sprach lange zu ihnen
und lehrte sie in Form von Gleichnissen. Bei dieser Beleh-
rung sagte er zu ihnen: 3 Hört! Ein Sämann ging aufs Feld,
um zu säen. 4 Als er säte, fiel ein Teil der Körner auf den
Weg, und die Vögel kamen und fraßen sie. 5 Ein anderer
Teil fiel auf felsigen Boden, wo es nur wenig Erde gab, und
ging sofort auf, weil das Erdreich nicht tief war; 6 als aber
die Sonne hochstieg, wurde die Saat versengt und verdorr-
te, weil sie keine Wurzeln hatte. 7 Wieder ein anderer Teil
fiel in die Dornen, und die Dornen wuchsen und erstickten
die Saat, und sie brachte keine Frucht. 8 Ein anderer Teil
schließlich fiel auf guten Boden und brachte Frucht; die
Saat ging auf und wuchs empor und trug dreißigfach, ja
sechzigfach und hundertfach. 9 Und Jesus sprach: Wer Oh- Mt 11,15
ren hat zum Hören, der höre!

Sinn und Zweck der Gleichnisse: 4,10–12

10–12: Mt 13,10–17; Lk 8,9f

10 Als er mit seinen Begleitern und den Zwölf allein war,
fragten sie ihn nach dem Sinn seiner Gleichnisse. 11 Da
sagte er zu ihnen: Euch ist das Geheimnis des Reiches Got-

3,32 Einige Textzeugen fügen nach »Brüder« hinzu: und deine Schwestern.

4,1–34 In diesem Kapitel sind drei Saatgleichnisse (s. die Verse 3.26.31) gesammelt; dazu kommen eine nachträgliche allegorische Deutung des ersten Gleichnisses (Verse 13–20) und mehrere Sprüche (Verse 21–24). Ursprünglich sind die Gleichnisse Jesu nicht als Allegorien gemeint, die Zug um Zug auf die Wirklichkeit übertragen werden können, sondern sie stellen jeweils als ein Ganzes einen Grundgedanken bildhaft dar.

tes anvertraut; denen aber, die draußen sind, wird alles in
Gleichnissen gesagt; 12 denn
Jes 6,9f; *sehen sollen sie, sehen, aber nicht erkennen;*
Joh 12,40; *hören sollen sie, hören, aber nicht verstehen,*
Apg 28,26f *damit sie sich nicht bekehren*
und ihnen nicht vergeben wird.

Die Deutung des Gleichnisses vom Sämann: 4,13–20

13–20: Mt 13,18–23; Lk 8,11–15

13 Und er sagte zu ihnen: Wenn ihr schon dieses Gleichnis nicht versteht, wie wollt ihr dann all die anderen Gleichnisse verstehen? 14 Der Sämann sät das Wort. 15 Auf den Weg fällt das Wort bei denen, die es zwar hören, aber sofort kommt der Satan und nimmt das Wort weg, das in sie gesät wurde. 16 Ähnlich ist es bei den Menschen, bei denen das Wort auf felsigen Boden fällt: Sobald sie es hören, nehmen sie es freudig auf; 17 aber sie haben keine Wurzeln, sondern sind unbeständig, und wenn sie dann um des Wortes willen bedrängt oder verfolgt werden, kommen sie sofort zu Fall. 18 Bei anderen fällt das Wort in
1 Tim 6,9 die Dornen: sie hören es zwar, 19 aber die Sorgen der Welt, der trügerische Reichtum und die Gier nach all den anderen Dingen machen sich breit und ersticken es, und es bringt keine Frucht. 20 Auf guten Boden ist das Wort bei denen gesät, die es hören und aufnehmen und Frucht bringen, dreißigfach, ja sechzigfach und hundertfach.

Vom rechten Hören: 4,21–25

21–25: Lk 8,16–18

Mt 5,15; Lk 11,33
21 Er sagte zu ihnen: Zündet man etwa ein Licht an und stülpt ein Gefäß darüber oder stellt es unter das Bett? Stellt
Mt 10,26; Lk 12,2
man es nicht auf den Leuchter? 22 Es gibt nichts Verborgenes, das nicht offenbar wird, und nichts Geheimes, das
Mt 11,15
nicht an den Tag kommt. 23 Wenn einer Ohren hat zum Hören, so höre er!
Mt 7,2; Lk 6,38
24 Weiter sagte er: Achtet auf das, was ihr hört! Nach dem Maß, mit dem ihr meßt und zuteilt, wird euch zuge-
Mt 13,12; 25,29; Lk 19,26
teilt werden, ja, es wird euch noch mehr gegeben. 25 Denn wer hat, dem wird gegeben; wer aber nicht hat, dem wird auch noch weggenommen, was er hat.

Das Gleichnis vom Wachsen der Saat: 4,26–29

26 Er sagte: Mit dem Reich Gottes ist es so, wie wenn ein Mann Samen auf seinen Acker sät; 27 dann schläft er und

---

4,21 Vgl. die Anmerkung zu Mt 5,15.

steht wieder auf, es wird Nacht und wird Tag, der Samen
keimt und wächst, und der Mann weiß nicht, wie. 28 Die
Erde bringt von selbst ihre Frucht, zuerst den Halm, dann
die Ähre, dann das volle Korn in der Ähre. 29 Sobald aber
die Frucht reif ist, *legt er die Sichel an; denn die Zeit der* Joël 4,13
Ernte ist da.

Das Gleichnis vom Senfkorn: 4,30–32

30–32: Mt 13,31f; Lk 13,18f

30 Er sagte: Womit sollen wir das Reich Gottes verglei-
chen, mit welchem Gleichnis sollen wir es beschreiben?
31 Es gleicht einem Senfkorn. Dieses ist das kleinste von al-
len Samenkörnern, die man in die Erde sät. 32 Ist es aber ge-
sät, dann geht es auf und wird größer als alle anderen Ge-
wächse und *treibt* große *Zweige*, so daß *in seinem Schat-* Dan 4,8f.18;
ten die Vögel des Himmels nisten können. Ez 17,23

Schlußbemerkung zu den Gleichnissen: 4,33–34

33–34: Mt 13,34

33 Durch viele solche Gleichnisse verkündete er ihnen
das Wort, so wie sie es aufnehmen konnten. 34 Er redete
nur in Gleichnissen zu ihnen; seinen Jüngern aber erklärte
er alles, wenn er mit ihnen allein war.

Taten und Worte Jesu: 4,35–8,26

Der Sturm auf dem See: 4,35–41

35–41: Mt 8,18.23–27; Lk 8,22–25

35 Am Abend dieses Tages sagte er zu ihnen: Wir wollen
ans andere Ufer hinüberfahren. 36 Sie schickten die Leute
fort und fuhren mit ihm in dem Boot, in dem er saß, weg;
einige andere Boote begleiteten ihn. 37 Plötzlich erhob sich
ein heftiger Wirbelsturm, und die Wellen schlugen in das
Boot, so daß es sich mit Wasser zu füllen begann. 38 Er aber
lag hinten im Boot auf einem Kissen und schlief. Sie weck-
ten ihn und riefen: Meister, kümmert es dich nicht, daß
wir zugrunde gehen? 39 Da stand er auf, drohte dem Wind
und sagte zu dem See: Schweig, sei still! Und der Wind 6,51
legte sich, und es trat völlige Stille ein. 40 Er sagte zu ihnen:
Warum habt ihr solche Angst? Habt ihr noch keinen Glau-
ben? 41 Da ergriff sie große Furcht, und sie sagten zueinan-
der: Was ist das für ein Mensch, daß ihm sogar der Wind
und der See gehorchen?

4,40 Statt »Habt ihr . . .« haben mehrere Textzeugen: Warum habt ihr keinen Glauben?

Die Heilung des Besessenen von Gerasa: 5,1–20

1–20: Mt 8,28–34; Lk 8,26–39

5 Sie kamen an das andere Ufer des Sees, in das Gebiet
von Gerasa. 2 Als er aus dem Boot stieg, lief ihm ein
Mann entgegen, der von einem unreinen Geist besessen
war. Er kam von den Grabhöhlen, 3 in denen er lebte. Man
konnte ihn nicht bändigen, nicht einmal mit Fesseln.
4 Schon oft hatte man ihn an Händen und Füßen gefesselt,
aber er hatte die Ketten gesprengt und die Fesseln zerrissen;
niemand konnte ihn bezwingen. 5 Bei Tag und Nacht
schrie er unaufhörlich in den Grabhöhlen und auf den Bergen
und schlug sich mit Steinen. 6 Als er Jesus von weitem
sah, lief er zu ihm hin, warf sich vor ihm nieder 7 und
1,24; 3,11; schrie laut: Was habe ich mit dir zu tun, Jesus, Sohn des
Lk 4,34; höchsten Gottes? Ich beschwöre dich bei Gott, quäle mich
Joh 2,4 nicht! 8 Jesus hatte nämlich zu ihm gesagt: Verlaß diesen
Mann, du unreiner Geist! 9 Jesus fragte ihn: Wie heißt du?
Er antwortete: Mein Name ist Legion; denn wir sind viele.
10 Und er flehte Jesus an, sie nicht aus dieser Gegend zu
verbannen.

11 Nun weidete dort an einem Berghang gerade eine
große Schweineherde. 12 Da baten ihn die Dämonen: Laß
uns doch in die Schweine hineinfahren! 13 Jesus erlaubte es
ihnen. Darauf verließen die unreinen Geister den Menschen
und fuhren in die Schweine, und die Herde stürzte
sich den Abhang hinab in den See. Es waren etwa zweitausend
Tiere, und alle ertranken. 14 Die Hirten flohen und erzählten
alles in der Stadt und in den Dörfern. Darauf eilten
die Leute herbei, um zu sehen, was geschehen war. 15 Sie
kamen zu Jesus und sahen bei ihm den Mann, der von der
Legion Dämonen besessen gewesen war. Er saß ordentlich
gekleidet da und war wieder bei Verstand. Da fürchteten
sie sich. 16 Die, die alles gesehen hatten, berichteten ihnen,
was mit dem Besessenen und mit den Schweinen geschehen
war. 17 Darauf baten die Leute Jesus, ihr Gebiet zu verlassen.

18 Als er ins Boot stieg, bat ihn der Mann, der zuvor von

5,1 Weniger gut bezeugte Lesarten: Gadara, Gergesa.

5,9 Eine Legion war die größte römische Heereseinheit (6000 Mann).

5,11–17 Die Erzählung spielt im halbheidnischen Ostjordanland, wo auch Schweine gezüchtet wurden. Schweine galten als unrein, darum war den Juden die Aufzucht von Schweinen und das Essen von Schweinefleisch verboten.

den Dämonen besessen war, bei ihm bleiben zu dürfen.
19 Aber Jesus erlaubte es ihm nicht, sondern sagte: Geh
nach Hause, und berichte deiner Familie alles, was der
Herr für dich getan und wie er Erbarmen mit dir gehabt hat.
20 Da ging der Mann weg und verkündete in der ganzen
Dekapolis, was Jesus für ihn getan hatte, und alle staunten.

Die Auferweckung der Tochter des Jaïrus und die Heilung einer kranken Frau: 5,21–43

21–43: Mt 9,18–26; Lk 8,40–56

21 Jesus fuhr im Boot wieder ans andere Ufer hinüber,
und eine große Menschenmenge versammelte sich um
ihn. Während er noch am See war, 22 kam ein Synagogen-
vorsteher namens Jaïrus zu ihm. Als er Jesus sah, fiel er
ihm zu Füßen 23 und flehte ihn um Hilfe an; er sagte:
Meine Tochter liegt im Sterben. Komm und leg ihr die
Hände auf, damit sie wieder gesund wird und am Leben
bleibt. 24 Da ging Jesus mit ihm.
Viele Menschen folgten ihm und drängten sich um ihn.
25 Darunter war eine Frau, die schon zwölf Jahre an Blu-
tungen litt. 26 Sie war von vielen Ärzten behandelt worden
und hatte dabei sehr zu leiden; ihr ganzes Vermögen hatte
sie ausgegeben, aber es hatte ihr nichts genutzt, sondern
ihr Zustand war immer schlimmer geworden. 27 Sie hatte
von Jesus gehört. Nun drängte sie sich in der Menge von
hinten an ihn heran und berührte sein Gewand. 28 Denn sie 6,56; Mt 14,36
sagte sich: Wenn ich auch nur sein Gewand berühre, werde
ich geheilt. 29 Sofort hörte die Blutung auf, und sie spürte
deutlich, daß sie von ihrem Leiden geheilt war. 30 Im sel-
ben Augenblick fühlte Jesus, daß eine Kraft von ihm aus-
strömte, und er wandte sich in dem Gedränge um und frag-
te: Wer hat mein Gewand berührt? 31 Seine Jünger sagten
zu ihm: Du siehst doch, wie sich die Leute um dich drän-
gen, und da fragst du: Wer hat mich berührt? 32 Er blickte
umher, um zu sehen, wer es getan hatte. 33 Da kam die
Frau, zitternd vor Furcht, weil sie wußte, was mit ihr ge-
schehen war; sie fiel vor ihm nieder und sagte ihm die
ganze Wahrheit. 34 Er aber sagte zu ihr: Meine Tochter,
dein Glaube hat dir geholfen. Geh in Frieden! Du sollst von 10,52; Lk 7,50; 17,19; 18,42
deinem Leiden geheilt sein.
35 Während Jesus noch redete, kamen Leute, die zum
Haus des Synagogenvorstehers gehörten, und sagten (zu

5,25–34 Vgl. die Anmerkung zu Mt 9,20–22.

Jaïrus): Deine Tochter ist gestorben. Warum bemühst du den Meister noch länger? 36 Jesus, der diese Worte gehört hatte, sagte zu dem Synagogenvorsteher: Sei ohne Furcht; glaube nur! 37 Und er ließ keinen mitkommen außer Petrus, Jakobus und Johannes, den Bruder des Jakobus. 38 Sie gingen zum Haus des Synagogenvorstehers. Als Jesus den Lärm bemerkte und hörte, wie die Leute laut weinten und jammerten, 39 trat er ein und sagte zu ihnen: Warum schreit und weint ihr? Das Kind ist nicht gestorben, es schläft nur. 40 Da lachten sie ihn aus. Er aber schickte alle hinaus und nahm außer seinen Begleitern nur die Eltern mit in den Raum, in dem das Kind lag. 41 Er faßte das Kind an der Hand und sagte zu ihm: Talita kum!, das heißt übersetzt: Mädchen, ich sage dir, steh auf! 42 Sofort stand das Mädchen auf und ging umher. Es war zwölf Jahre alt. Die Leute gerieten außer sich vor Entsetzen. 43 Doch er schärfte ihnen ein, niemand dürfe etwas davon erfahren; dann sagte er, man solle dem Mädchen etwas zu essen geben.

Die Ablehnung Jesu in seiner Heimat: 6,1–6a

1–6a: Mt 13,54–58; Lk 4,16–30

6 Von dort brach Jesus auf und kam in seine Heimatstadt; seine Jünger begleiteten ihn. 2 Am Sabbat lehrte
er in der Synagoge. Und die vielen Menschen, die ihm zu-
Joh 7,15 hörten, staunten und sagten: Woher hat er das alles? Was
ist das für eine Weisheit, die ihm gegeben ist! Und was sind
Joh 6,42 das für Wunder, die durch ihn geschehen! 3 Ist das nicht der
Zimmermann, der Sohn der Maria und der Bruder von Jakobus, Joses, Judas und Simon? Leben nicht seine Schwestern hier unter uns? Und sie nahmen Anstoß an ihm und
Joh 4,44 lehnten ihn ab. 4 Da sagte Jesus zu ihnen: Nirgends hat ein Prophet so wenig Ansehen wie in seiner Heimat, bei seinen Verwandten und in seiner Familie. 5 Und er konnte dort kein Wunder tun; nur einigen Kranken legte er die Hände auf und heilte sie. 6a Und er wunderte sich über ihren Unglauben.

Die Aussendung der zwölf Jünger: 6,6b–13

6b–13: Mt 9,35; 10,1.5–14; Lk 9,1–6

6b Jesus zog durch die benachbarten Dörfer und lehrte.

6,1–6 Vgl. die Anmerkung zu Mt 12,46f; 13,54–58.
6,3 »Joses« ist Nebenform von »Josef«.

7 Er rief die Zwölf zu sich und sandte sie aus, jeweils zwei
zusammen. Er gab ihnen die Vollmacht, die unreinen Gei-
ster auszutreiben, 8 und er gebot ihnen, außer einem Wan-
derstab nichts auf den Weg mitzunehmen, kein Brot, keine
Vorratstasche, kein Geld im Gürtel, 9 kein zweites Hemd
und an den Füßen nur Sandalen. 10 Und er sagte zu ihnen:
Bleibt in dem Haus, in dem ihr einkehrt, bis ihr den Ort
wieder verlaßt. 11 Wenn man euch aber in einem Ort nicht
aufnimmt und euch nicht hören will, dann geht weiter,
und schüttelt den Staub von euren Füßen, zum Zeugnis
gegen sie. 12 Die Zwölf machten sich auf den Weg und rie-
fen die Menschen zur Umkehr auf. 13 Sie trieben viele Dä-
monen aus und salbten viele Kranke mit Öl und heilten
sie.

Das Urteil des Herodes über Jesus: 6,14–16

14–16: Mt 14,1f; Lk 9,7–9

14 Der König Herodes hörte von Jesus; denn sein Name
war bekannt geworden, und man sagte: Johannes der Täu- Mt 16,14
fer ist von den Toten auferstanden; deshalb wirken solche
Kräfte in ihm. 15 Andere sagten: Er ist Elija. Wieder andere:
Er ist ein Prophet, wie einer von den alten Propheten.
16 Als aber Herodes von ihm hörte, sagte er: Johannes, den
ich enthaupten ließ, ist auferstanden.

Die Enthauptung des Täufers: 6,17–29

17–29: Mt 14,3–12; Lk 3,19f

17 Herodes hatte nämlich Johannes festnehmen und ins
Gefängnis werfen lassen. Schuld daran war Herodias, die
Frau seines Bruders Philippus, die er geheiratet hatte.
18 Denn Johannes hatte zu Herodes gesagt: Du hattest
nicht das Recht, die Frau deines Bruders zur Frau zu neh- Lev 18,16; 20,21
men. 19 Herodias verzieh ihm das nicht und wollte ihn tö-
ten lassen. Sie konnte ihren Plan aber nicht durchsetzen,
20 denn Herodes fürchtete sich vor Johannes, weil er wuß-
te, daß dieser ein gerechter und heiliger Mann war. Darum
schützte er ihn. Sooft er mit ihm sprach, wurde er unruhig
und ratlos, und doch hörte er ihm gern zu. 21 Eines Tages
ergab sich für Herodias eine günstige Gelegenheit. An sei-
nem Geburtstag lud Herodes seine Hofbeamten und Offi-
ziere zusammen mit den vornehmsten Bürgern von Gali-
läa zu einem Festmahl ein. 22 Da kam die Tochter der

6,17f Vgl. die Anmerkung zu Mt 14,4.

Herodias und tanzte, und sie gefiel dem Herodes und sei-
nen Gästen so sehr, daß der König zu ihr sagte: Wünsch dir,
was du willst; ich werde es dir geben. 23 Er schwor ihr so-
gar: Was du auch von mir verlangst, ich will es dir geben,
Est 5,3.6; 7,2 und *wenn es die Hälfte meines Reiches wäre*. 24 Sie ging
hinaus und fragte ihre Mutter: Was soll ich mir wünschen?
Herodias antwortete: Den Kopf des Täufers Johannes.
25 Da lief das Mädchen zum König hinein und sagte: Ich
will, daß du mir sofort auf einer Schale den Kopf des Täu-
fers Johannes bringen läßt. 26 Da wurde der König sehr
traurig, aber weil er vor allen Gästen einen Schwur gelei-
stet hatte, wollte er ihren Wunsch nicht ablehnen. 27 Des-
halb befahl er einem Scharfrichter, sofort ins Gefängnis zu
gehen und den Kopf des Täufers herzubringen. Der Scharf-
richter ging und enthauptete Johannes. 28 Dann brachte er
den Kopf auf einer Schale, gab ihn dem Mädchen, und das
Mädchen gab ihn seiner Mutter. 29 Als die Jünger des Jo-
hannes das hörten, kamen sie, holten seinen Leichnam
und legten ihn in ein Grab.

Die Rückkehr der Jünger und die Speisung der Fünftausend: 6,30–44

30–31: Lk 9,10; 10,17
32–44: Mt 14,13–21; Lk 9,10–17; Joh 6,1–13

30 Die Apostel versammelten sich wieder bei Jesus und
berichteten ihm alles, was sie getan und gelehrt hatten.
31 Da sagte er zu ihnen: Kommt mit an einen einsamen
Ort, wo wir allein sind, und ruht ein wenig aus. Denn sie
fanden nicht einmal Zeit zum Essen, so zahlreich waren
32–44: 8,1–10; die Leute, die kamen und gingen. 32 Sie fuhren also mit
Mt 15,32–39 dem Boot in eine einsame Gegend, um allein zu sein.
33 Aber man sah sie abfahren, und viele erfuhren davon; sie
liefen zu Fuß aus allen Städten dorthin und kamen noch
Mt 9,36 vor ihnen an. 34 Als er ausstieg und die vielen Menschen
Num 27,17; sah, hatte er Mitleid mit ihnen; denn sie waren *wie Schafe,*
1 Kön 22,17; *die keinen Hirten haben*. Und er lehrte sie lange.
Ez 34,5
35 Gegen Abend kamen seine Jünger zu ihm und sagten:
Der Ort ist abgelegen, und es ist schon spät. 36 Schick sie
weg, damit sie in die umliegenden Gehöfte und Dörfer ge-
hen und sich etwas zu essen kaufen können. 37 Er erwider-
te: Gebt ihr ihnen zu essen! Sie sagten zu ihm: Sollen wir
weggehen, für zweihundert Denare Brot kaufen und es ih-
nen geben, damit sie zu essen haben? 38 Er sagte zu ihnen:
Wie viele Brote habt ihr? Geht und seht nach! Sie sahen
nach und berichteten: Fünf Brote, und außerdem zwei Fi-

sche. 39 Dann befahl er ihnen, den Leuten zu sagen, sie soll-
ten sich in Gruppen ins grüne Gras setzen. 40 Und sie setz-
ten sich in Gruppen zu hundert und zu fünfzig. 41 Darauf
nahm er die fünf Brote und die zwei Fische, blickte zum 8,19
Himmel auf, sprach den Lobpreis, brach die Brote und gab
sie den Jüngern, damit sie sie an die Leute austeilten. Auch
die zwei Fische ließ er unter allen verteilen. 42 Und alle
aßen und wurden satt. 43 Als die Jünger die Reste der Brote
und auch der Fische einsammelten, wurden zwölf Körbe
voll. 44 Es waren fünftausend Männer, die von den Broten
gegessen hatten.

Der Gang Jesu auf dem Wasser: 6,45–52

45–52: Mt 14,22–33; Joh 6,16–21

45 Gleich darauf forderte er seine Jünger auf, ins Boot zu
steigen und ans andere Ufer nach Betsaida vorauszufahren.
Er selbst wollte inzwischen die Leute nach Hause schik-
ken. 46 Nachdem er sich von ihnen verabschiedet hatte, Lk 6,12
ging er auf einen Berg, um zu beten. 47 Spät am Abend war
das Boot mitten auf dem See, er aber war allein an Land.
48 Und er sah, wie sie sich beim Rudern abmühten, denn
sie hatten Gegenwind. In der vierten Nachtwache ging er
auf dem See zu ihnen hin, wollte aber an ihnen vorüberge-
hen. 49 Als sie ihn über den See gehen sahen, meinten sie,
es sei ein Gespenst, und schrien auf. 50 Alle sahen ihn und
erschraken. Doch er begann mit ihnen zu reden und sagte:
Habt Vertrauen, ich bin es; fürchtet euch nicht! 51 Dann
stieg er zu ihnen ins Boot, und der Wind legte sich. Sie aber 4,39
waren bestürzt und außer sich. 52 Denn sie waren nicht zur
Einsicht gekommen, als das mit den Broten geschah; ihr
Herz war verstockt. 8,17

Krankenheilungen in Gennesaret: 6,53–56

53–56: Mt 14,34–36

53 Sie fuhren auf das Ufer zu, kamen nach Gennesaret
und legten dort an. 54 Als sie aus dem Boot stiegen, er-
kannte man ihn sofort. 55 Die Menschen eilten durch die Mt 4,24
ganze Gegend und brachten die Kranken auf Tragbahren zu
ihm, sobald sie hörten, wo er war. 56 Und immer, wenn er
in ein Dorf oder eine Stadt oder zu einem Gehöft kam, trug
man die Kranken auf die Straße hinaus und bat ihn, er
möge sie wenigstens den Saum seines Gewandes berühren 5,28; Mt 14,36
lassen. Und alle, die ihn berührten, wurden geheilt.

6,48 Zu »Nachtwache« vgl. die Anmerkung zu Mt 14,25.

Von Reinheit und Unreinheit: 7,1–23

1–23: Mt 15,1–20

7 Die Pharisäer und einige Schriftgelehrte, die aus Jerusalem gekommen waren, hielten sich bei Jesus auf.
Lk 11,38; 2 Sie sahen, daß einige seiner Jünger ihr Brot mit unreinen,
Kol 2,21f das heißt mit ungewaschenen Händen aßen. 3 Die Pharisäer essen nämlich wie alle Juden nur, wenn sie vorher mit
einer Handvoll Wasser die Hände gewaschen haben, wie es
die Überlieferung der Alten vorschreibt. 4 Auch wenn sie
vom Markt kommen, essen sie nicht, ohne sich vorher zu
waschen. Noch viele andere überlieferte Vorschriften hal-
Mt 23,25 ten sie ein, wie das Abspülen von Bechern, Krügen und
Kesseln. 5 Die Pharisäer und die Schriftgelehrten fragten
ihn also: Warum halten sich deine Jünger nicht an die
Überlieferung der Alten, sondern essen ihr Brot mit unrei-
nen Händen? 6 Er antwortete ihnen: Der Prophet Jesaja
hatte recht mit dem, was er über euch Heuchler sagte:
Jes 29,13 G *Dieses Volk ehrt mich mit den Lippen,*
sein Herz aber ist weit weg von mir.
7 *Es ist sinnlos, wie sie mich verehren;*
was sie lehren, sind Satzungen von Menschen.
8 Ihr gebt Gottes Gebot preis und haltet euch an die Über-
lieferung der Menschen. 9 Und weiter sagte Jesus: Sehr ge-
schickt setzt ihr Gottes Gebot außer Kraft und haltet euch
an eure eigene Überlieferung. 10 Mose hat zum Beispiel ge-

7,1–8.14–23 Die Reinheitsvorschriften, die von den Juden entwickelt wurden (von den »Alten«, das heißt den jüdischen Lehrautoritäten), gingen davon aus, daß alles Geschlechtliche, Ausscheidungen des Körpers, bestimmte Tiere und Menschen (Heiden, Sünder, Kranke mit bestimmten Krankheiten, z. B. Aussatz), auch Leichen ebenso wie jede Art von Schmutz verunreinigen, das heißt für den Gottesdienst und das Gebet unwürdig machen. Diese Unreinheit konnte sich durch Berührung auch auf tote Gegenstände übertragen. Zur Wiederherstellung der kultischen Reinheit bedurfte es gewisser Waschungen, Fastenübungen und religiöser Handlungen. Auch Speisen konnten verunreinigen (vgl. Lev 11–15). Demgegenüber stellte Jesus fest, daß der Wert einer Handlung allein von der Gesinnung des Handelnden abhängt (vgl. auch die Anmerkung zu Mt 15,11).

7,3 mit einer Handvoll Wasser, wörtlich: mit der Faust.

7,4 Andere Übersetzungsmöglichkeit: Und sie essen auch das, was vom Markt kommt, erst, wenn sie es gewaschen haben.

7,9–13 Das Korbán-Gelübde war ein Gelöbnis, durch das ein Gegenstand in den Dienst Gottes, des Tempels oder des Gottesdienstes gestellt und so der Nutznießung durch Menschen entzogen wurde. Wer also alle Verpflichtungen und Leistungen seinen Eltern gegenüber durch das Korbán-Gelübde Gott weihte (»Opfer-

sagt: *Ehre deinen Vater und deine Mutter!*, und: *Wer Vater* Ex 20,12;
oder Mutter verflucht, soll mit dem Tod bestraft werden. 21,17; Lev 20,9;
11 Ihr aber lehrt: Es ist erlaubt, daß einer zu seinem Vater Dtn 5,16
oder seiner Mutter sagt: Was ich dir schulde, ist Korbán,
das heißt: eine Opfergabe. 12 Damit hindert ihr ihn daran,
noch etwas für Vater oder Mutter zu tun. 13 So setzt ihr
durch eure eigene Überlieferung Gottes Wort außer Kraft.
Und ähnlich handelt ihr in vielen Fällen.

14 Dann rief er die Leute wieder zu sich und sagte: Hört
mir alle zu und begreift, was ich sage: 15 Nichts, was von
außen in den Menschen hineinkommt, kann ihn unrein
machen, sondern was aus dem Menschen herauskommt,
das macht ihn unrein. [16]

17 Er verließ die Menge und ging in ein Haus. Da fragten
ihn seine Jünger nach dem Sinn dieses rätselhaften Wortes.
18 Er antwortete ihnen: Begreift auch ihr nicht? Seht ihr
nicht ein, daß das, was von außen in den Menschen hin-
einkommt, ihn nicht unrein machen kann? 19 Denn es ge-
langt ja nicht in sein Herz, sondern in den Magen und wird
wieder ausgeschieden. Damit erklärte Jesus alle Speisen
für rein. 20 Weiter sagte er: Was aus dem Menschen her-
auskommt, das macht ihn unrein. 21 Denn von innen, aus
dem Herzen der Menschen, kommen die bösen Gedanken,
Unzucht, Diebstahl, Mord, 22 Ehebruch, Habgier, Bosheit,
Hinterlist, Ausschweifung, Neid, Verleumdung, Hochmut
und Unvernunft. 23 All dieses Böse kommt von innen und
macht den Menschen unrein.

Die Erhörung der Bitte einer heidnischen Frau: 7,24–30

24–30: Mt 15,21–28

24 Jesus brach auf und zog von dort in das Gebiet von Ty-
rus. Er ging in ein Haus, wollte aber, daß niemand davon er-

---

gabe ist, was ihr von mir als Unterstützung haben solltet«), entzog diesen ihren Unterhalt, ohne daß er gezwungen werden konnte, das den Eltern Nicht-Geleistete auch wirklich für religiöse Zwecke einzusetzen. Diese Praxis widersprach deutlich dem Sinn des vierten Gebots, das dazu bestimmt war, auch den Unterhalt alter und kranker Eltern zu sichern.

7,16 Spätere Textzeugen fügen hier entsprechend 4,23 ein: Wenn einer Ohren hat zum Hören, so höre er!

7,21 Bei den Juden galt das Herz als Mitte der Gemütsregungen und Sitz des Gewissens. Vgl. die Anmerkung zu Mt 15,11.

7,24–30 Jesus hat sich nicht von sich aus an Heiden gewandt (vgl. Mt 10,5f; 15,24), hat aber Heiden geholfen, wenn sie ihn darum baten. »Hund« war ein jüdisches Schimpfwort für die Heiden. Die Juden verstanden sich demgegenüber als Kinder im Haus Gottes.

fuhr; doch es konnte nicht verborgen bleiben. [25] Eine Frau,
deren Tochter von einem unreinen Geist besessen war,
hörte von ihm; sie kam sogleich herbei und fiel ihm zu Fü-
ßen. [26] Die Frau, von Geburt Syrophönizierin, war eine
Heidin. Sie bat ihn, aus ihrer Tochter den Dämon auszu-
treiben. [27] Da sagte er zu ihr: Laßt zuerst die Kinder satt
werden; denn es ist nicht recht, das Brot den Kindern weg-
zunehmen und den Hunden vorzuwerfen. [28] Sie erwiderte
ihm: Ja, du hast recht, Herr! Aber auch für die Hunde unter
dem Tisch fällt etwas von dem Brot ab, das die Kinder es-
sen. [29] Er antwortete ihr: Weil du das gesagt hast, sage ich
dir: Geh nach Hause, der Dämon hat deine Tochter verlas-
sen. [30] Und als sie nach Hause kam, fand sie das Kind auf
dem Bett liegen und sah, daß der Dämon es verlassen hatte.

Die Heilung eines Taubstummen: 7,31–37

Mt 15,29–31 [31] Jesus verließ das Gebiet von Tyrus wieder und kam
über Sidon an den See von Galiläa, mitten in das Gebiet der
Dekapolis. [32] Da brachte man einen Taubstummen zu Je-
8,23 sus und bat ihn, er möge ihn berühren. [33] Er nahm ihn bei-
seite, von der Menge weg, legte ihm die Finger in die Ohren
und berührte dann die Zunge des Mannes mit Speichel;
[34] danach blickte er zum Himmel auf, seufzte und sagte zu
dem Taubstummen: Effata!, das heißt: Öffne dich! [35] So-
gleich öffneten sich seine Ohren, seine Zunge wurde von
ihrer Fessel befreit, und er konnte richtig reden. [36] Jesus
verbot ihnen, jemand davon zu erzählen. Doch je mehr er
es ihnen verbot, desto mehr machten sie es bekannt.
[37] Außer sich vor Staunen sagten sie: Er hat alles gut ge-
Jes 35,5 macht; er macht, daß die Tauben hören und die Stummen
sprechen.

Die Speisung der Viertausend: 8,1–10

1–10: Mt 15,32–39

1–10: 8 In jenen Tagen waren wieder einmal viele Menschen
Mt 14,13–21; um Jesus versammelt. Da sie nichts zu essen hatten,
Mk 6,32–44; rief er die Jünger zu sich und sagte: [2] Ich habe Mitleid mit
Lk 9,10–17; diesen Menschen; sie sind schon drei Tage bei mir und ha-
Joh 6,1–13 ben nichts mehr zu essen. [3] Wenn ich sie hungrig nach
2: Mt 9,36 Hause schicke, werden sie unterwegs zusammenbrechen;
denn einige von ihnen sind von weither gekommen.
[4] Seine Jünger antworteten ihm: Woher soll man in dieser
unbewohnten Gegend Brot bekommen, um sie alle satt zu

7,26 Heidin, wörtlich: Griechin.
7,33 Speichel galt damals als Heilmittel.

machen? 5 Er fragte sie: Wie viele Brote habt ihr? Sie ant-
worteten: Sieben. 6 Da forderte er die Leute auf, sich auf
den Boden zu setzen. Dann nahm er die sieben Brote, 8,20
sprach das Dankgebet, brach die Brote und gab sie seinen
Jüngern zum Verteilen; und die Jünger teilten sie an die
Leute aus. 7 Sie hatten auch noch ein paar Fische bei sich.
Jesus segnete sie und ließ auch sie austeilen. 8 Die Leute
aßen und wurden satt. Dann sammelte man die übrigge-
bliebenen Brotstücke ein, sieben Körbe voll. 9 Es waren
etwa viertausend Menschen beisammen. Danach schickte
er sie nach Hause. 10 Gleich darauf stieg er mit seinen Jün-
gern ins Boot und fuhr in das Gebiet von Dalmanuta.

Die Verweigerung eines Zeichens: 8,11–13

11–13: Mt 16,1–4

11 Da kamen die Pharisäer und begannen ein Streitge-
spräch mit ihm; sie forderten von ihm ein Zeichen vom Mt 12,38f;
Himmel, um ihn auf die Probe zu stellen. 12 Da seufzte er Lk 11,16.29; Joh 6,30;
tief auf und sagte: Was fordert diese Generation ein Zei- 1 Kor 1,22
chen? Amen, das sage ich euch: Dieser Generation wird
niemals ein Zeichen gegeben werden. 13 Und er verließ sie,
stieg in das Boot und fuhr ans andere Ufer.

Warnung vor den Pharisäern und vor Herodes: 8,14–21

14–21: Mt 16,5–12

14 Die Jünger hatten vergessen, bei der Abfahrt Brote
mitzunehmen; nur ein einziges hatten sie dabei. 15 Und er
warnte sie: Gebt acht, hütet euch vor dem Sauerteig der Lk 12,1
Pharisäer und dem Sauerteig des Herodes! 16 Sie aber
machten sich Gedanken, weil sie kein Brot bei sich hatten.
17 Als er das merkte, sagte er zu ihnen: Was macht ihr euch
darüber Gedanken, daß ihr kein Brot habt? Begreift und
versteht ihr immer noch nicht? Ist denn euer Herz ver- 6,52
stockt? 18 *Habt ihr denn keine Augen, um zu sehen, und* Jer 5,21
keine Ohren, um zu hören? Erinnert ihr euch nicht: 19 Als
ich die fünf Brote für die Fünftausend brach, wie viele 6,41–44
Körbe voll Brotstücke habt ihr da aufgesammelt? Sie ant-
worteten ihm: Zwölf. 20 Und als ich die sieben Brote für die 8,6–9
Viertausend brach, wie viele Körbe voll habt ihr da aufge-
sammelt? Sie antworteten: Sieben. 21 Da sagte er zu ihnen:
Versteht ihr immer noch nicht?

Die Heilung eines Blinden bei Betsaida: 8,22–26

22 Sie kamen nach Betsaida. Da brachte man einen Blin-
den zu Jesus und bat ihn, er möge ihn berühren. 23 Er nahm

7,33; den Blinden bei der Hand, führte ihn vor das Dorf hinaus,
Joh 9,6 bestrich seine Augen mit Speichel, legte ihm die Hände auf
und fragte ihn: Siehst du etwas? 24 Der Mann blickte auf
und sagte: Ich sehe Menschen; denn ich sehe etwas, das
wie Bäume aussieht und umhergeht. 25 Da legte er ihm
nochmals die Hände auf die Augen; nun sah der Mann
deutlich. Er war geheilt und konnte alles ganz genau sehen.
26 Jesus schickte ihn nach Hause und sagte: Geh aber nicht
in das Dorf hinein!

AUF DEM WEG NACH JERUSALEM: 8,27–10,52

Das Messiasbekenntnis des Petrus: 8,27–30

27–30: Mt 16,13–20; Lk 9,18–22

27 Jesus ging mit seinen Jüngern in die Dörfer bei Cäsarea
Philippi. Unterwegs fragte er die Jünger: Für wen halten
6,14 mich die Menschen? 28 Sie sagten zu ihm: Einige für Jo-
hannes den Täufer, andere für Elija, wieder andere für sonst
einen von den Propheten. 29 Da fragte er sie: Ihr aber, für
Joh 11,27 wen haltet ihr mich? Simon Petrus antwortete ihm: Du
bist der Messias! 30 Doch er verbot ihnen, mit jemand über
ihn zu sprechen.

Die erste Ankündigung von Leiden und Auferstehung: 8,31–33

31–33: Mt 16,21–23; Lk 9,22

9,31; 31 Dann begann er, sie darüber zu belehren, der Men-
10,32–34 schensohn müsse vieles erleiden und von den Ältesten,
den Hohenpriestern und den Schriftgelehrten verworfen
werden; er werde getötet, aber nach drei Tagen werde er
auferstehen. 32 Und er redete ganz offen darüber. Da nahm
ihn Petrus beiseite und machte ihm Vorwürfe. 33 Jesus
wandte sich um, sah seine Jünger an und wies Petrus mit
den Worten zurecht: Weg mit dir, Satan, geh mir aus den
Augen! Denn du hast nicht das im Sinn, was Gott will,
sondern was die Menschen wollen.

Von Nachfolge und Selbstverleugnung: 8,34–9,1

8,34–9,1: Mt 16,24–28; Lk 9,23–27

Mt 10,38f; 34 Er rief die Volksmenge und seine Jünger zu sich und
Lk 14,27 sagte: Wer mein Jünger sein will, der verleugne sich selbst,
Mt 8,22 nehme sein Kreuz auf sich und folge mir nach. 35 Denn wer
Mt 10,39; sein Leben retten will, wird es verlieren; wer aber sein Le-
Lk 17,33; ben um meinetwillen und um des Evangeliums willen ver-
Joh 12,25 liert, wird es retten. 36 Was nützt es einem Menschen,
wenn er die ganze Welt gewinnt, dabei aber sein Leben ein-

büßt? 37 Um welchen Preis könnte ein Mensch sein Leben
zurückkaufen? 38 Denn wer sich vor dieser treulosen und Mt 10,33
sündigen Generation meiner und meiner Worte schämt,
dessen wird sich auch der Menschensohn schämen, wenn
er mit den heiligen Engeln in der Hoheit seines Vaters
kommt.

9 Und er sagte zu ihnen: Amen, ich sage euch: Von de-
nen, die hier stehen, werden einige den Tod nicht er-
leiden, bis sie gesehen haben, daß das Reich Gottes in (sei- Mt 10,23;
ner ganzen) Macht gekommen ist. 24,34

Die Verklärung Jesu: 9,2–10

2–10: Mt 17,1–9; Lk 9,28–36

2 Sechs Tage danach nahm Jesus Petrus, Jakobus und Jo- 2 Petr 1,16–18
hannes beiseite und führte sie auf einen hohen Berg, aber
nur sie allein. Und er wurde vor ihren Augen verwandelt;
3 seine Kleider wurden strahlend weiß, so weiß, wie sie auf
Erden kein Bleicher machen kann. 4 Da erschien vor ihren
Augen Elija und mit ihm Mose, und sie redeten mit Jesus.
5 Petrus sagte zu Jesus: Rabbi, es ist gut, daß wir hier sind.
Wir wollen drei Hütten bauen, eine für dich, eine für Mose
und eine für Elija. 6 Er wußte nämlich nicht, was er sagen
sollte; denn sie waren vor Furcht ganz benommen. 7 Da
kam eine Wolke und warf ihren Schatten auf sie, und aus
der Wolke rief eine Stimme: Das ist *mein geliebter Sohn;* Ps 2,7;
auf ihn sollt ihr hören. 8 Als sie dann um sich blickten, sa- Jes 42,1;
hen sie auf einmal niemand mehr bei sich außer Jesus. Dtn 18,15; Mt 3,17
9 Während sie den Berg hinabstiegen, verbot er ihnen, ir- Mt 8,4
gend jemand zu erzählen, was sie gesehen hatten, bis der
Menschensohn von den Toten auferstanden sei. 10 Dieses
Wort beschäftigte sie, und sie fragten einander, was das sei:
von den Toten auferstehen.

Von der Wiederkunft des Elija: 9,11–13

11–13: Mt 17,10–13

11 Da fragten sie ihn: Warum sagen die Schriftgelehrten,
zuerst müsse Elija kommen? 12 Er antwortete: Ja, Elija
kommt zuerst und *stellt* alles *wieder her*. Aber warum Mal 3,23 G
heißt es dann vom Menschensohn in der Schrift, er werde Jes 52,13–53,12;
viel leiden müssen und verachtet werden? 13 Ich sage euch: Ps 22,2–20
Elija ist schon gekommen, doch sie haben mit ihm ge- Mt 11,14
macht, was sie wollten, wie es in der Schrift steht.

8,38 Zu »treulosen« vgl. die Anmerkung zu Mt 12,39.
9,4f.11–13 Vgl. die Anmerkung zu Mt 17,10–13.

Die Heilung eines besessenen Jungen: 9,14–29

14–29: Mt 17,14–21; Lk 9,37–42

[14] Als sie zu den anderen Jüngern zurückkamen, sahen
sie eine große Menschenmenge um sie versammelt und
Schriftgelehrte, die mit ihnen stritten. [15] Sobald die Leute
Jesus sahen, liefen sie in großer Erregung auf ihn zu und be-
grüßten ihn. [16] Er fragte sie: Warum streitet ihr mit ihnen?
[17] Einer aus der Menge antwortete ihm: Meister, ich habe
meinen Sohn zu dir gebracht. Er ist von einem stummen
Geist besessen; [18] immer wenn der Geist ihn überfällt,
wirft er ihn zu Boden, und meinem Sohn tritt Schaum vor
den Mund, er knirscht mit den Zähnen und wird starr. Ich
habe schon deine Jünger gebeten, den Geist auszutreiben,
aber sie hatten nicht die Kraft dazu. [19] Da sagte er zu ihnen:
O du ungläubige Generation! Wie lange muß ich noch bei
euch sein? Wie lange muß ich euch noch ertragen? Bringt
ihn zu mir! [20] Und man führte ihn herbei. Sobald der Geist
Jesus sah, zerrte er den Jungen hin und her, so daß er hinfiel
und sich mit Schaum vor dem Mund auf dem Boden wälz-
te. [21] Jesus fragte den Vater: Wie lange hat er das schon?
Der Vater antwortete: Von Kind auf; [22] oft hat er ihn sogar
ins Feuer oder ins Wasser geworfen, um ihn umzubringen.
Doch wenn du kannst, hilf uns; hab Mitleid mit uns! [23] Je-
sus sagte zu ihm: Wenn du kannst? Alles kann, wer glaubt.
[24] Da rief der Vater des Jungen: Ich glaube; hilf meinem
Unglauben! [25] Als Jesus sah, daß die Leute zusammenlie-
fen, drohte er dem unreinen Geist und sagte: Ich befehle
dir, du stummer und tauber Geist: Verlaß ihn, und kehr
nicht mehr in ihn zurück! [26] Da zerrte der Geist den Jungen
hin und her und verließ ihn mit lautem Geschrei. Der
Junge lag da wie tot, so daß alle Leute sagten: Er ist gestor-
ben. [27] Jesus aber faßte ihn an der Hand und richtete ihn
auf, und der Junge erhob sich.

[28] Als Jesus nach Hause kam und sie allein waren, frag-
ten ihn seine Jünger: Warum konnten denn wir den Dä-
mon nicht austreiben? [29] Er antwortete ihnen: Diese Art
kann nur durch Gebet ausgetrieben werden.

Die zweite Ankündigung von Leiden und Auferstehung: 9,30–32

30–32: Mt 17,22f; Lk 9,43b–45

Lk 17,11 [30] Sie gingen von dort weg und zogen durch Galiläa. Er
wollte aber nicht, daß jemand davon erfuhr; [31] denn er

9,14 Einige Textzeugen haben: Als er . . . zurückkam, sah er.
9,29 Einige Textzeugen fügen nach »Gebet« hinzu: und Fasten.

wollte seine Jünger über etwas belehren. Er sagte zu ihnen:
Der Menschensohn wird den Menschen ausgeliefert, und 8,31; 10,33
sie werden ihn töten; doch drei Tage nach seinem Tod wird
er auferstehen. [32] Aber sie verstanden den Sinn seiner
Worte nicht, scheuten sich jedoch, ihn zu fragen.

Der Rangstreit der Jünger: 9,33–37

33–37: Mt 18,1–5; Lk 9,46–48

[33] Sie kamen nach Kafarnaum. Als er dann im Haus war,
fragte er sie: Worüber habt ihr unterwegs gesprochen?
[34] Sie schwiegen, denn sie hatten unterwegs miteinander Lk 22,24–26
darüber gesprochen, wer (von ihnen) der Größte sei. [35] Da
setzte er sich, rief die Zwölf und sagte zu ihnen: Wer der 10,43;
Erste sein will, soll der Letzte von allen und der Diener al- Mt 20,26f;
ler sein. [36] Und er stellte ein Kind in ihre Mitte, nahm es in Lk 22,26
seine Arme und sagte zu ihnen: [37] Wer ein solches Kind um
meinetwillen aufnimmt, der nimmt mich auf; wer aber
mich aufnimmt, der nimmt nicht nur mich auf, sondern
den, der mich gesandt hat.

Der fremde Wundertäter: 9,38–41

38–40: Lk 9,49f *41:* Mt 10,42

[38] Da sagte Johannes zu ihm: Meister, wir haben gese-
hen, wie jemand in deinem Namen Dämonen austrieb;
und wir versuchten, ihn daran zu hindern, weil er uns
nicht nachfolgt. [39] Jesus erwiderte: Hindert ihn nicht! Kei-
ner, der in meinem Namen Wunder tut, kann so leicht
schlecht von mir reden. [40] Denn wer nicht gegen uns ist,
der ist für uns. [41] Wer euch auch nur einen Becher Wasser
zu trinken gibt, weil ihr zu Christus gehört – amen, ich
sage euch: er wird nicht um seinen Lohn kommen.

Warnung vor der Verführung: 9,42–48

42–48: Mt 18,6–9; Lk 17,1f

[42] Wer einen von diesen Kleinen, die an mich glauben,
zum Bösen verführt, für den wäre es besser, wenn er mit
einem Mühlstein um den Hals ins Meer geworfen würde.
[43] Wenn dich deine Hand zum Bösen verführt, dann hau sie Mt 5,30
ab; es ist besser für dich, verstümmelt in das Leben zu ge-
langen, als mit zwei Händen in die Hölle zu kommen, in

9,37 um meinetwillen, wörtlich: aufgrund meines Namens.

9,38 Manche Textzeugen fügen nach »jemand« hinzu: der uns nicht nachfolgt.

9,42–48 Vgl. die Anmerkung zu Mt 18,6 und 18,8f.

9,42 »an mich« fehlt bei manchen alten Textzeugen.

das nie erlöschende Feuer. [44] 45 Und wenn dich dein Fuß
zum Bösen verführt, dann hau ihn ab; es ist besser für dich,
verstümmelt in das Leben zu gelangen, als mit zwei Füßen
Mt 5,29 in die Hölle geworfen zu werden. [46] 47 Und wenn dich
dein Auge zum Bösen verführt, dann reiß es aus; es ist bes-
ser für dich, einäugig in das Reich Gottes zu kommen, als
Jes 66,24 mit zwei Augen in die Hölle geworfen zu werden, 48 *wo ihr
Wurm nicht stirbt und das Feuer nicht erlischt.*

Vom Salz: 9,49–50

50: Mt 5,13; Lk 14,34f

49 Denn jeder wird mit Feuer gesalzen werden. 50 Das
Salz ist etwas Gutes. Wenn das Salz die Kraft zum Salzen
verliert, womit wollt ihr ihm seine Würze wiedergeben?
Habt Salz in euch, und haltet Frieden untereinander!

Aufbruch nach Judäa: 10,1

1: Mt 19,1f; Lk 9,51

10 Von dort brach Jesus auf und kam nach Judäa und
in das Gebiet jenseits des Jordan. Wieder versam-
melten sich viele Leute bei ihm, und er lehrte sie, wie er es
gewohnt war.

Von der Ehescheidung: 10,2–12

2–9: Mt 19,3–9 *11:* Mt 5,32; Lk 16,18

2 Da kamen Pharisäer zu ihm und fragten: Darf ein
Mann seine Frau aus der Ehe entlassen? Damit wollten sie
ihm eine Falle stellen. 3 Er antwortete ihnen: Was hat euch
Dtn 24,1; Mose vorgeschrieben? 4 Sie sagten: Mose hat erlaubt, *eine*
Mt 5,31f *Scheidungsurkunde auszustellen und* (die Frau) *aus der*
Ehe zu entlassen. 5 Jesus entgegnete ihnen: Nur weil ihr so
hartherzig seid, hat er euch dieses Gebot gegeben. 6 Am
Gen 1,27 Anfang der Schöpfung aber *hat Gott sie als Mann und Frau*
Gen 2,24 *geschaffen.* 7 *Darum wird der Mann Vater und Mutter ver-*
lassen, 8 *und die zwei werden ein Fleisch sein.* Sie sind
also nicht mehr zwei, sondern eins. 9 Was aber Gott ver-
bunden hat, das darf der Mensch nicht trennen.
10 Zu Hause befragten ihn die Jünger noch einmal dar-
1 Kor 7,10f über. 11 Er antwortete ihnen: Wer seine Frau aus der Ehe
entläßt und eine andere heiratet, begeht ihr gegenüber
Ehebruch. 12 Auch eine Frau begeht Ehebruch, wenn sie ih-

9,44.46 Spätere Textzeugen fügen entsprechend 9,48 hier ein: wo ihr Wurm nicht stirbt und das Feuer nicht erlischt.

10,2–12 Vgl. die Anmerkung zu Mt 19,3 und 19,4.

10,7 Einige alte Textzeugen fügen nach »verlassen« hinzu: und sich an seine Frau binden (vgl. Gen 2,24; Mt 19,5).

ren Mann aus der Ehe entläßt und einen anderen heiratet.

Die Segnung der Kinder: 10,13–16

13–16: Mt 19,13–15; Lk 18,15–17

13 Da brachte man Kinder zu ihm, damit er ihnen die
Hände auflegte. Die Jünger aber wiesen die Leute schroff
ab. 14 Als Jesus das sah, wurde er unwillig und sagte zu ih-
nen: Laßt die Kinder zu mir kommen; hindert sie nicht
daran! Denn Menschen wie ihnen gehört das Reich Gottes.
15 Amen, das sage ich euch: Wer das Reich Gottes nicht so Mt 18,3
annimmt, wie ein Kind, der wird nicht hineinkommen.
16 Und er nahm die Kinder in seine Arme; dann legte er ih-
nen die Hände auf und segnete sie.

Von Reichtum und Nachfolge: 10,17–31

17–31: Mt 19,16–30; Lk 18,18–30

17 Als sich Jesus wieder auf den Weg machte, lief ein
Mann auf ihn zu, fiel vor ihm auf die Knie und fragte ihn:
Guter Meister, was muß ich tun, um das ewige Leben zu
gewinnen? 18 Jesus antwortete: Warum nennst du mich
gut? Niemand ist gut außer Gott, dem Einen. 19 Du kennst Dtn 6,4
doch die Gebote: *Du sollst nicht töten, du sollst nicht die* Ex 20,12–16;
Ehe brechen, du sollst nicht stehlen, du sollst nicht falsch Dtn 5,16–20
aussagen, du sollst keinen Raub begehen; *ehre deinen Va-*
ter und deine Mutter! 20 Er erwiderte ihm: Meister, alle
diese Gebote habe ich von Jugend an befolgt. 21 Da sah ihn
Jesus an, und weil er ihn liebte, sagte er: Eines fehlt dir
noch: Geh, verkaufe, was du hast, gib das Geld den Armen,
und du wirst einen bleibenden Schatz im Himmel haben;
dann komm und folge mir nach! 22 Der Mann aber war be- Mt 8,22
trübt, als er das hörte, und ging traurig weg; denn er hatte
ein großes Vermögen. 23 Da sah Jesus seine Jünger an und
sagte zu ihnen: Wie schwer ist es für Menschen, die viel
besitzen, in das Reich Gottes zu kommen! 24 Die Jünger
waren über seine Worte bestürzt. Jesus aber sagte noch
einmal zu ihnen: Meine Kinder, wie schwer ist es, in das
Reich Gottes zu kommen! 25 Eher geht ein Kamel durch
ein Nadelöhr, als daß ein Reicher in das Reich Gottes ge-
langt. 26 Sie aber erschraken noch mehr und sagten zuein-
ander: Wer kann dann noch gerettet werden? 27 Jesus sah
sie an und sagte: Für Menschen ist das unmöglich, aber
nicht für Gott; denn *für Gott ist alles möglich.* Gen 18,14;
28 Da sagte Petrus zu ihm: Du weißt, wir haben alles ver- Ijob 42,2;
Lk 1,37

10,13 Wörtlich: damit er sie berührte.
10,18 Vgl. die Anmerkung zu 2,7.

lassen und sind dir nachgefolgt. [29] Jesus antwortete:
Amen, ich sage euch: Jeder, der um meinetwillen und um
des Evangeliums willen Haus oder Brüder, Schwestern,
Mutter, Vater, Kinder oder Äcker verlassen hat, [30] wird das
Hundertfache dafür empfangen: Jetzt in dieser Zeit wird er
Häuser, Brüder, Schwestern, Mütter, Kinder und Äcker er-
halten, wenn auch unter Verfolgungen, und in der kom-
menden Welt das ewige Leben. [31] Viele aber, die jetzt die
Mt 20,16; Ersten sind, werden dann die Letzten sein, und die Letzten
Lk 13,30 werden die Ersten sein.

Die dritte Ankündigung von Leiden und Auferstehung: 10,32–34

32–34: Mt 20,17–19; Lk 18,31–33

[32] Während sie auf dem Weg hinauf nach Jerusalem wa-
ren, ging Jesus voraus. Die Leute wunderten sich über ihn,
die Jünger aber hatten Angst. Da versammelte er die Zwölf
wieder um sich und kündigte ihnen an, was ihm bevor-
stand. [33] Er sagte: Wir gehen jetzt nach Jerusalem hinauf;
8,31; 9,31 dort wird der Menschensohn den Hohenpriestern und den
Schriftgelehrten ausgeliefert; sie werden ihn zum Tod ver-
urteilen und den Heiden übergeben; [34] sie werden ihn ver-
16,6 spotten, anspucken, geißeln und töten. Aber nach drei Ta-
gen wird er auferstehen.

Vom Herrschen und vom Dienen: 10,35–45

35–40: Mt 20,20–23 *41–45:* Mt 20,24–28; Lk 22,24–27

[35] Da traten Jakobus und Johannes, die Söhne des Zebe-
däus, zu ihm und sagten: Meister, wir möchten, daß du uns
eine Bitte erfüllst. [36] Er antwortete: Was soll ich für euch
tun? [37] Sie sagten zu ihm: Laß in deinem Reich einen von
uns rechts und den andern links neben dir sitzen. [38] Jesus
14,36; erwiderte: Ihr wißt nicht, um was ihr bittet. Könnt ihr den
Lk 12,50 Kelch trinken, den ich trinke, oder die Taufe auf euch
nehmen, mit der ich getauft werde? [39] Sie antworteten:
Wir können es. Da sagte Jesus zu ihnen: Ihr werdet den
Kelch trinken, den ich trinke, und die Taufe empfangen,
mit der ich getauft werde. [40] Doch den Platz zu meiner
Rechten und zu meiner Linken habe nicht ich zu vergeben;
dort werden die sitzen, für die diese Plätze bestimmt sind.
[41] Als die zehn anderen Jünger das hörten, wurden sie
sehr ärgerlich über Jakobus und Johannes. [42] Da rief Jesus

10,37 in deinem Reich, wörtlich: in deiner Herrlichkeit.
10,38 Zu »Kelch trinken« vgl. die Anmerkung zu Mt 20,22f. »Taufe« ist bildlicher Hinweis auf das Eintauchen in Leiden und Tod (vgl. Ps 69,2f; 2 Sam 22,5; Jes 43,2; Röm 6,3–5).

sie zu sich und sagte: Ihr wißt, daß die, die als Herrscher
gelten, ihre Völker unterdrücken und die Mächtigen ihre
Macht über die Menschen mißbrauchen. [43] Bei euch aber
soll es nicht so sein, sondern wer bei euch groß sein will, 9,35;
der soll euer Diener sein, [44] und wer bei euch der Erste sein Mt 23,11
will, soll der Sklave aller sein. [45] Denn auch der Men-
schensohn ist nicht gekommen, um sich dienen zu lassen,
sondern um zu dienen und sein Leben hinzugeben als Lö- Jes 53,10–12
segeld für viele.

Die Heilung eines Blinden bei Jericho: 10,46–52

46–52: Mt 20,29–34; Lk 18,35–43

[46] Sie kamen nach Jericho. Als er mit seinen Jüngern und *46–52:*
einer großen Menschenmenge Jericho wieder verließ, saß Mt 9,27–31
an der Straße ein blinder Bettler, Bartimäus, der Sohn des
Timäus. [47] Sobald er hörte, daß es Jesus von Nazaret war,
rief er laut: Sohn Davids, Jesus, hab Erbarmen mit mir!
[48] Viele wurden ärgerlich und befahlen ihm zu schweigen.
Er aber schrie noch viel lauter: Sohn Davids, hab Erbarmen
mit mir! [49] Jesus blieb stehen und sagte: Ruft ihn her! Sie
riefen den Blinden und sagten zu ihm: Hab nur Mut, steh
auf, er ruft dich. [50] Da warf er seinen Mantel weg, sprang
auf und lief auf Jesus zu. [51] Und Jesus fragte ihn: Was soll
ich dir tun? Der Blinde antwortete: Rabbuni, ich möchte
wieder sehen können. [52] Da sagte Jesus zu ihm: Geh! Dein 5,34; Mt 9,22;
Glaube hat dir geholfen. Im gleichen Augenblick konnte er Lk 7,50; 8,48;
wieder sehen, und er folgte Jesus auf seinem Weg. 17,19

DIE LETZTEN TAGE JESU IN JERUSALEM: 11,1–13,37

Der Einzug in Jerusalem: 11,1–11

1–11: Mt 21,1–10; Lk 19,28–38; Joh 12,12–19

11 Als sie in die Nähe von Jerusalem kamen, nach
Betfage und Betanien am Ölberg, schickte er zwei
seiner Jünger voraus. [2] Er sagte zu ihnen: Geht in das Dorf,
das vor euch liegt; gleich wenn ihr hineinkommt, werdet
ihr einen jungen Esel angebunden finden, auf dem noch nie
ein Mensch gesessen hat. Bindet ihn los, und bringt ihn
her! [3] Und wenn jemand zu euch sagt: Was tut ihr da?,
dann antwortet: Der Herr braucht ihn; er läßt ihn bald
wieder zurückbringen. [4] Da machten sie sich auf den Weg
und fanden außen an einer Tür an der Straße einen jungen
Esel angebunden, und sie banden ihn los. [5] Einige, die da-

10,51 »Rabbuni« (»Mein Meister«) ist eine ehrfurchtsvollere Anrede als das schlichte »Rabbi«.

beistanden, sagten zu ihnen: Wie kommt ihr dazu, den Esel
loszubinden? 6 Sie gaben ihnen zur Antwort, was Jesus ge-
sagt hatte, und man ließ sie gewähren. 7 Sie brachten den
jungen Esel zu Jesus, legten ihre Kleider auf das Tier, und er
setzte sich darauf. 8 Und viele breiteten ihre Kleider auf der
Straße aus; andere rissen auf den Feldern Zweige (von den
Büschen) ab und streuten sie auf den Weg. 9 Die Leute, die
vor ihm hergingen und die ihm folgten, riefen:

Ps 118,25f; *Hosanna!*
Mt 23,39; *Gesegnet sei er, der kommt im Namen des Herrn!*
Lk 13,35 10 Gesegnet sei das Reich unseres Vaters David,
das nun kommt.
Hosanna in der Höhe!

11 Und er zog nach Jerusalem hinein, in den Tempel; nach-
dem er sich alles angesehen hatte, ging er spät am Abend
mit den Zwölf nach Betanien hinaus.

Die Verfluchung eines Feigenbaums: 11,12–14

12–14: Mt 21,18f

12 Als sie am nächsten Tag Betanien verließen, hatte er
Hunger. 13 Da sah er von weitem einen Feigenbaum mit
Blättern und ging hin, um nach Früchten zu suchen. Aber
er fand an dem Baum nichts als Blätter; denn es war nicht
die Zeit der Feigenernte. 14 Da sagte er zu ihm: In Ewigkeit
soll niemand mehr eine Frucht von dir essen. Und seine
Jünger hörten es.

Die Tempelreinigung: 11,15–19

15–19: Mt 21,12f; Lk 19,45–48; Joh 2,13–16

15 Dann kamen sie nach Jerusalem. Jesus ging in den
Tempel und begann, die Händler und Käufer aus dem
Tempel hinauszutreiben; er stieß die Tische der Geld-
wechsler und die Stände der Taubenhändler um 16 und ließ
nicht zu, daß jemand irgend etwas durch den Tempelbe-
zirk trug. 17 Er belehrte sie und sagte: Heißt es nicht in der
Jes 56,7 Schrift: *Mein Haus soll ein Haus des Gebetes für alle Völ-*
Jer 7,11 *ker sein?* Ihr aber habt daraus *eine Räuberhöhle* gemacht.
12,12; 14,1f 18 Die Hohenpriester und die Schriftgelehrten hörten da-
von und suchten nach einer Möglichkeit, ihn umzubrin-
gen. Denn sie fürchteten ihn, weil alle Leute von seiner
Lehre sehr beeindruckt waren. 19 Als es Abend wurde, ver-
ließ Jesus mit seinen Jüngern die Stadt.

11,9f Zu »Hosanna« vgl. die Anmerkung zu Mt 21,9.15.
11,12–14 Vgl. die Anmerkung zu Mt 21,18–22.
11,15–19 Vgl. die Anmerkung zu Mt 21,12.

Vom Glauben: 11,20–25

20–25: Mt 21,20–22

20 Als sie am nächsten Morgen an dem Feigenbaum vor-
beikamen, sahen sie, daß er bis zu den Wurzeln verdorrt
war. 21 Da erinnerte sich Petrus und sagte zu Jesus: Rabbi,
sieh doch, der Feigenbaum, den du verflucht hast, ist ver-
dorrt. 22 Jesus sagte zu ihnen: Ihr müßt Glauben an Gott
haben. 23 Amen, das sage ich euch: Wenn jemand zu die- Mt 17,20;
sem Berg sagt: Heb dich empor, und stürz dich ins Meer!, Lk 17,6
und wenn er in seinem Herzen nicht zweifelt, sondern
glaubt, daß geschieht, was er sagt, dann wird es geschehen.
24 Darum sage ich euch: Alles, worum ihr betet und bittet Mt 7,7
– glaubt nur, daß ihr es schon erhalten habt, dann wird es
euch zuteil. 25 Und wenn ihr beten wollt und ihr habt ei- Mt 6,14f;
nem anderen etwas vorzuwerfen, dann vergebt ihm, damit Lk 6,37
auch euer Vater im Himmel euch eure Verfehlungen ver-
gibt. [26]

Die Frage nach der Vollmacht Jesu: 11,27–33

27–33: Mt 21,23–27; Lk 20,1–8

27 Sie kamen wieder nach Jerusalem. Als er im Tempel
umherging, kamen die Hohenpriester, die Schriftgelehrten
und die Ältesten zu ihm 28 und fragten ihn: Mit welchem
Recht tust du das alles? Wer hat dir die Vollmacht gegeben,
das zu tun? 29 Jesus sagte zu ihnen: Zuerst will ich euch
eine Frage vorlegen. Antwortet mir, dann werde ich euch
sagen, mit welchem Recht ich das tue. 30 Stammte die
Taufe des Johannes vom Himmel oder von den Menschen?
Antwortet mir! 31 Da überlegten sie und sagten zueinan-
der: Wenn wir antworten: Vom Himmel!, so wird er sagen:
Warum habt ihr ihm dann nicht geglaubt? 32 Sollen wir
also antworten: Von den Menschen? Sie fürchteten sich
aber vor den Leuten; denn alle glaubten, daß Johannes
wirklich ein Prophet war. 33 Darum antworteten sie Jesus:
Wir wissen es nicht. Jesus erwiderte: Dann sage auch ich
euch nicht, mit welchem Recht ich das alles tue.

Das Gleichnis von den bösen Winzern: 12,1–12

1–12: Mt 21,33–46; Lk 20,9–19

12 Jesus begann zu ihnen (wieder) in Form von
Gleichnissen zu reden. (Er sagte:) Ein Mann *legte* Jes 5,1f G
einen Weinberg an, zog ringsherum einen Zaun, hob eine

11,26 Spätere Textzeugen haben im Anschluß an Mt 6,15 hier eingefügt: Wenn ihr aber nicht vergebt, dann wird euch euer Vater im Himmel eure Verfehlungen auch nicht vergeben.

12,1f Vgl. die Anmerkung zu Mt 21,33–46.

Kelter aus und baute einen Turm. Dann verpachtete er den
Weinberg an Winzer und reiste in ein anderes Land. 2 Als
nun die Zeit dafür gekommen war, schickte er einen
Knecht zu den Winzern, um bei ihnen seinen Anteil an den
Früchten des Weinbergs holen zu lassen. 3 Sie aber packten
und prügelten ihn und jagten ihn mit leeren Händen fort.
4 Darauf schickte er einen anderen Knecht zu ihnen; auch
ihn mißhandelten und beschimpften sie. 5 Als er einen
dritten schickte, brachten sie ihn um. Ähnlich ging es vie-
len anderen; die einen wurden geprügelt, die andern umge-
1,11; 9,7 bracht. 6 Schließlich blieb ihm nur noch einer: sein gelieb-
ter Sohn. Ihn sandte er als letzten zu ihnen, denn er dachte:
Vor meinem Sohn werden sie Achtung haben. 7 Die Win-
zer aber sagten zueinander: Das ist der Erbe. Auf, wir wol-
len ihn töten, dann gehört sein Erbgut uns. 8 Und sie pack-
ten ihn und brachten ihn um und warfen ihn aus dem
Weinberg hinaus. 9 Was wird nun der Besitzer des Wein-
bergs tun? Er wird kommen und die Winzer töten und den
Weinberg anderen geben. 10 Habt ihr nicht das Schriftwort
gelesen:

Ps 118,22f G *Der Stein, den die Bauleute verworfen haben,*
er ist zum Eckstein geworden;
11 *das hat der Herr vollbracht,*
vor unseren Augen geschah dieses Wunder?

11,18; 14,1f 12 Daraufhin hätten sie Jesus gern verhaften lassen; aber
sie fürchteten die Menge. Denn sie hatten gemerkt, daß er
mit diesem Gleichnis sie meinte. Da ließen sie ihn stehen
und gingen weg.

Die Frage nach der kaiserlichen Steuer: 12,13–17

13–17: Mt 22,15–22; Lk 20,20–26

13 Einige Pharisäer und einige Anhänger des Herodes
wurden zu Jesus geschickt, um ihn mit einer Frage in eine
Falle zu locken. 14 Sie kamen zu ihm und sagten: Meister,
wir wissen, daß du immer die Wahrheit sagst und dabei auf
niemand Rücksicht nimmst; denn du siehst nicht auf die
Person, sondern lehrst wirklich den Weg Gottes. Ist es er-
laubt, dem Kaiser Steuer zu zahlen, oder nicht? Sollen wir
sie zahlen oder nicht zahlen? 15 Er aber durchschaute ihre
Heuchelei und sagte zu ihnen: Warum stellt ihr mir eine
Falle? Bringt mir einen Denar, ich will ihn sehen. 16 Man
brachte ihm einen. Da fragte er sie: Wessen Bild und Auf-
schrift ist das? Sie antworteten ihm: Des Kaisers. 17 Da
sagte Jesus zu ihnen: So gebt dem Kaiser, was dem Kaiser

12,10f Vgl. die Anmerkung zu Mt 21,42.
12,13–17 Vgl. die Anmerkung zu Mt 22,15–22.

gehört, und Gott, was Gott gehört! Und sie waren sehr er-
staunt über ihn.

Die Frage nach der Auferstehung der Toten: 12,18–27

18–27: Mt 22,23–33; Lk 20,27–38

18 Von den Sadduzäern, die behaupten, es gebe keine Apg 23,8
Auferstehung, kamen einige zu Jesus und fragten ihn:
19 Meister, Mose hat uns vorgeschrieben: *Wenn ein Mann,* Dtn 25,5f
der einen Bruder hat, stirbt und eine Frau *hinterläßt*, aber
kein Kind, dann soll sein Bruder die Frau heiraten und Gen 38,8
seinem *Bruder Nachkommen verschaffen*. 20 Es lebten
einmal sieben Brüder. Der erste nahm sich eine Frau, und
als er starb, hinterließ er keine Nachkommen. 21 Da nahm
sie der zweite; auch er starb, ohne Nachkommen zu hin-
terlassen, und ebenso der dritte. 22 Keiner der sieben hatte
Nachkommen. Als letzte von allen starb die Frau. 23 Wes-
sen Frau wird sie nun bei der Auferstehung sein? Alle sie-
ben haben sie doch zur Frau gehabt. 24 Jesus sagte zu ihnen:
Ihr irrt euch, ihr kennt weder die Schrift noch die Macht
Gottes. 25 Wenn nämlich die Menschen von den Toten
auferstehen, werden sie nicht mehr heiraten, sondern sie
werden sein wie die Engel im Himmel. 26 Daß aber die To-
ten auferstehen, habt ihr das nicht im Buch des Mose gele-
sen, in der Geschichte vom Dornbusch, in der Gott zu
Mose spricht: *Ich bin der Gott Abrahams, der Gott Isaaks* Ex 3,6
und der Gott Jakobs? 27 Er ist doch nicht ein Gott von To-
ten, sondern von Lebenden. Ihr irrt euch sehr.

Die Frage nach dem wichtigsten Gebot: 12,28–34

28–34: Mt 22,34–40; Lk 10,25–28

28 Ein Schriftgelehrter hatte ihrem Streit zugehört; und
da er bemerkt hatte, wie treffend Jesus ihnen antwortete,
ging er zu ihm hin und fragte ihn: Welches Gebot ist das er-
ste von allen? 29 Jesus antwortete: Das erste ist: *Höre, Isra-* Dtn 6,4f
el, der Herr, unser Gott, ist der einzige Herr. 30 *Darum*
sollst du den Herrn, deinen Gott, lieben mit ganzem Her-
zen und ganzer Seele, mit all deinen Gedanken *und all*
deiner Kraft. 31 Als zweites kommt hinzu: *Du sollst dei-* Lev 19,18
nen Nächsten lieben wie dich selbst. Kein anderes Gebot
ist größer als diese beiden. 32 Da sagte der Schriftgelehrte Lk 20,39
zu ihm: Sehr gut, Meister! Ganz richtig hast du gesagt: Er Dtn 4,35; 6,4f
allein ist der Herr, und es gibt keinen anderen außer ihm,
33 und ihn mit ganzem Herzen, ganzem Verstand und gan-

12,18–27 Vgl. die Anmerkung zu Mt 22,23–33.
12,28–34 Vgl. die Anmerkung zu Mt 22,34–40.

zer Kraft zu lieben und den Nächsten zu lieben wie sich
1 Sam 15,22 selbst, ist weit mehr als alle Brandopfer und anderen Opfer.
34 Jesus sah, daß er mit Verständnis geantwortet hatte, und
Mt 22,46; sagte zu ihm: Du bist nicht fern vom Reich Gottes. Und
Lk 20,40 keiner wagte mehr, Jesus eine Frage zu stellen.

Die Frage nach dem Messias: 12,35–37a

35–37a: Mt 22,41–45; Lk 20,41–44

35 Als Jesus im Tempel lehrte, sagte er: Wie können die
Schriftgelehrten behaupten, der Messias sei der Sohn Da-
vids? 36 Denn David hat, vom Heiligen Geist erfüllt, selbst
Ps 110,1 gesagt: *Der Herr sprach zu meinem Herrn: Setze dich mir*
zur Rechten, und ich lege dir deine Feinde unter die Füße.
37a David selbst also nennt ihn »Herr«. Wie kann er dann
Davids Sohn sein?

Worte gegen die Schriftgelehrten: 12,37b–40

37b–40: Mt 23,1.5–7.14; Lk 20,46f

37b Es war eine große Menschenmenge versammelt und
Lk 11,43 hörte ihm mit Freude zu. 38 Er lehrte sie und sagte: Nehmt
euch in acht vor den Schriftgelehrten! Sie gehen gern in
langen Gewändern umher, lieben es, wenn man sie auf den
Straßen und Plätzen grüßt, 39 und sie wollen in der Syn-
agoge die vordersten Sitze und bei jedem Festmahl die Eh-
renplätze haben. 40 Sie bringen die Witwen um ihre Häuser
und verrichten in ihrer Scheinheiligkeit lange Gebete.
Aber um so härter wird das Urteil sein, das sie erwartet.

Das Opfer der Witwe: 12,41–44

41–44: Lk 21,1–4

41 Als Jesus einmal dem Opferkasten gegenübersaß, sah
er zu, wie die Leute Geld in den Kasten warfen. Viele Rei-
che kamen und gaben viel. 42 Da kam auch eine arme
Witwe und warf zwei kleine Münzen hinein. 43 Er rief
seine Jünger zu sich und sagte: Amen, ich sage euch: Diese
arme Witwe hat mehr in den Opferkasten hineingeworfen
als alle andern. 44 Denn sie alle haben nur etwas von ihrem
Überfluß hergegeben; diese Frau aber, die kaum das Nötig-
ste zum Leben hat, sie hat alles gegeben, was sie besaß, ih-
ren ganzen Lebensunterhalt.

12,41 Im Vorhof der Frauen, zu dem beide Geschlechter Zutritt hatten, befand sich die Schatzkammer mit dreizehn trompetenförmigen Opferstöcken. Die Opfermünzen wurden von einem Priester überprüft und dann in den Opferstock geworfen.

12,42 Wörtlich: und warf zwei Leptá hinein, das ist ein Quadrans.

Die Rede über die Endzeit: 13,1–37

Die Ankündigung der Zerstörung des Tempels: 13,1–2

1–2: Mt 24,1f; Lk 21,5f

13 Als Jesus den Tempel verließ, sagte einer von sei-
nen Jüngern zu ihm: Meister, sieh, was für Steine
und was für Bauten! 2 Jesus sagte zu ihm: Siehst du diese Lk 19,44
großen Bauten? Kein Stein wird auf dem andern bleiben, al-
les wird niedergerissen.

Vom Anfang der Not: 13,3–13

3–13: Mt 24,3–14; Lk 21,7–19

3 Und als er auf dem Ölberg saß, dem Tempel gegenüber,
fragten ihn Petrus, Jakobus, Johannes und Andreas, die mit
ihm allein waren: 4 Sag uns, wann wird das geschehen, und
an welchem Zeichen wird man erkennen, daß das Ende
von all dem bevorsteht? 5 Jesus sagte zu ihnen: Gebt acht,
daß euch niemand irreführt! 6 Viele werden unter meinem
Namen auftreten und sagen: Ich bin es! Und sie werden
viele irreführen.

7 Wenn ihr dann von Kriegen hört und Nachrichten über
Kriege euch beunruhigen, laßt euch nicht erschrecken!
Das *muß geschehen*. Es ist aber noch nicht das Ende. Dan 2,28 G
8 Denn ein Volk wird sich gegen das andere erheben und Jes 19,2
ein Reich gegen das andere. Und an vielen Orten wird es
Erdbeben und Hungersnöte geben. Doch das ist erst der
Anfang der Wehen.

9 Ihr aber, macht euch darauf gefaßt: Man wird euch um *9–13:*
meinetwillen vor die Gerichte bringen, in den Synagogen Mt 10,17–22;
mißhandeln und vor Statthalter und Könige stellen, damit Joh 16,1–4a
ihr vor ihnen Zeugnis ablegt. 10 Vor dem Ende aber muß al-
len Völkern das Evangelium verkündet werden. 11 Und
wenn man euch abführt und vor Gericht stellt, dann macht Lk 12,11f
euch nicht im voraus Sorgen, was ihr sagen sollt; sondern
was euch in jener Stunde eingegeben wird, das sagt! Denn
nicht ihr werdet dann reden, sondern der Heilige Geist.
12 Brüder werden einander dem Tod ausliefern und Väter Mi 7,6
ihre Kinder, und die Kinder werden sich gegen ihre Eltern
auflehnen und sie in den Tod schicken. 13 Und ihr werdet
um meines Namens willen von allen gehaßt werden; wer Joh 15,18
aber bis zum Ende standhaft bleibt, der wird gerettet.

13,1–37 Die Rede über die Endzeit ist aus verschiedenen Überlieferungen zusammengewachsen.

13,9 damit ihr vor ihnen Zeugnis ablegt, andere Übersetzungsmöglichkeit: zum Zeugnis gegen sie.

Vom Höhepunkt der Not: 13,14–23

14–23: Mt 24,15–28; Lk 21,20–24

Dan 9,27; 11,31; 12,11; 1 Makk 1,54 [14] Wenn ihr aber den *unheilvollen Greuel* an dem Ort
seht, wo er nicht stehen darf – der Leser begreife –, dann
sollen die Bewohner von Judäa in die Berge fliehen; [15] wer
Lk 17,31 gerade auf dem Dach ist, soll nicht hinabsteigen und ins
Haus gehen, um etwas mitzunehmen; [16] wer auf dem Feld
ist, soll nicht zurückkehren, um seinen Mantel zu holen.
[17] Weh aber den Frauen, die in jenen Tagen schwanger sind
oder ein Kind stillen. [18] Betet darum, daß dies alles nicht
Dan 12,1; Joël 2,2 im Winter eintritt. [19] Denn jene Tage werden eine *Not*
bringen, *wie es noch nie eine gegeben hat, seit* Gott *die*
Welt erschuf, *und wie es auch keine mehr geben wird.*
[20] Und wenn der Herr diese Zeit nicht verkürzen würde,
dann würde kein Mensch gerettet; aber um seiner Auser-
wählten willen hat er diese Zeit verkürzt.
Lk 17,23 [21] Wenn dann jemand zu euch sagt: Seht, hier ist der
Messias!, oder: Seht, dort ist er!, so glaubt es nicht! [22] Denn
es wird mancher falsche Messias und mancher falsche
Prophet auftreten, und sie werden Zeichen und Wunder
tun, um, wenn möglich, die Auserwählten irrezuführen.
[23] Ihr aber, seht euch vor! Ich habe euch alles vorausgesagt.

Vom Kommen des Menschensohnes: 13,24–27

24–27: Mt 24,29–31; Lk 21,25–28

Jes 13,10; 34,4 G; Joël 2,10; Hag 2,6.21; 2 Petr 3,10 [24] Aber in jenen Tagen, nach der großen Not, *wird sich*
die Sonne verfinstern, und der Mond wird nicht mehr
scheinen; [25] *die Sterne werden* vom Himmel *fallen*, und
die Kräfte des Himmels werden erschüttert werden.
Dan 7,13; Mt 26,64; Mk 14,62; Offb 1,7 [26] Dann wird man den *Menschensohn* mit großer Macht
und Herrlichkeit *auf den Wolken kommen* sehen. [27] Und
er wird die Engel aussenden und die von ihm Auserwähl-
Sach 2,10 G ten *aus allen vier Windrichtungen zusammenführen*, vom
Ende der Erde bis zum Ende des Himmels.

Mahnungen im Hinblick auf das Ende: 13,28–37

28–32: Mt 24,32–36; Lk 21,29–33
33–37: Mt 24,42; 25,13–30; Lk 12,39–46

[28] Lernt etwas aus dem Vergleich mit dem Feigenbaum!
Sobald seine Zweige saftig werden und Blätter treiben,
wißt ihr, daß der Sommer nahe ist. [29] Genauso sollt ihr er-
kennen, wenn ihr (all) das geschehen seht, daß das Ende vor
9,1; Mt 16,28; Lk 9,27 der Tür steht. [30] Amen, ich sage euch: Diese Generation
wird nicht vergehen, bis das alles eintrifft. [31] Himmel und

---

13,14 Vgl. die Anmerkung zu Mt 24,15.

Erde werden vergehen, aber meine Worte werden nicht vergehen. [32] Doch jenen Tag und jene Stunde kennt niemand, auch nicht die Engel im Himmel, nicht einmal der Sohn, sondern nur der Vater.

[33] Seht euch also vor, und bleibt wach! Denn ihr wißt nicht, wann die Zeit da ist. [34] Es ist wie mit einem Mann, der sein Haus verließ, um auf Reisen zu gehen: Er übertrug alle Verantwortung seinen Dienern, jedem eine bestimmte Aufgabe; dem Türhüter befahl er, wachsam zu sein. [35] Seid also wachsam! Denn ihr wißt nicht, wann der Hausherr kommt, ob am Abend oder um Mitternacht, ob beim Hahnenschrei oder erst am Morgen. [36] Er soll euch, wenn er plötzlich kommt, nicht schlafend antreffen. [37] Was ich aber euch sage, das sage ich allen: Seid wachsam!

DAS LEIDEN UND DIE AUFERSTEHUNG JESU: 14,1–16,20

Der Beschluß des Hohen Rates: 14,1–2

1–2: Mt 26,3–5; Lk 22,1f

14 Es war zwei Tage vor dem Pascha und dem Fest der
Ungesäuerten Brote. Die Hohenpriester und die 11,18; 12,12
Schriftgelehrten suchten nach einer Möglichkeit, Jesus
mit List in ihre Gewalt zu bringen, um ihn zu töten. [2] Sie
sagten aber: Ja nicht am Fest, damit es im Volk keinen Aufruhr gibt.

Die Salbung in Betanien: 14,3–9

3–9: Mt 26,6–13; Lk 7,36–50; Joh 12,1–8

[3] Als Jesus in Betanien im Haus Simons des Aussätzigen bei Tisch war, kam eine Frau mit einem Alabastergefäß voll echtem, kostbarem Nardenöl, zerbrach es und goß das Öl über sein Haar. [4] Einige aber wurden unwillig und sagten zueinander: Wozu diese Verschwendung? [5] Man hätte das Öl um mehr als dreihundert Denare verkaufen und das Geld den Armen geben können. Und sie machten der Frau

---

14,1 Das jüdische Paschafest zum Gedenken an den Auszug aus Ägypten war mit dem Fest der Ungesäuerten Brote (Mazzot) verbunden und umfaßte zwei verschiedene Festelemente: die Feier des Paschamahls in der ersten Vollmondnacht nach der Frühjahrs-Tagundnachtgleiche, am 14. Nisan, und das anschließende, 7 Tage dauernde Wallfahrtsfest, das ursprünglich das neue Erntejahr einleitete (vgl. Ex 12; 34,18; Lev 23,5–8; Dtn 16,1–8). Am 14. Nisan wurde alles Sauerteigbrot aus den Häusern entfernt, und am Nachmittag dieses Tages wurden im Tempel die Lämmer geschlachtet. Es mußten männliche Tiere sein, einjährig und fehlerlos (Ex 12,5).

heftige Vorwürfe. 6 Jesus aber sagte: Hört auf! Warum laßt
ihr sie nicht in Ruhe? Sie hat ein gutes Werk an mir getan.
7 Denn die Armen habt ihr immer bei euch, und ihr könnt
ihnen Gutes tun, so oft ihr wollt; mich aber habt ihr nicht
immer. 8 Sie hat getan, was sie konnte. Sie hat im voraus
meinen Leib für das Begräbnis gesalbt. 9 Amen, ich sage
euch: Überall auf der Welt, wo das Evangelium verkündet
wird, wird man sich an sie erinnern und erzählen, was sie
getan hat.

Der Verrat durch Judas: 14,10–11

10–11: Mt 26,14–16; Lk 22,3–6

10 Judas Iskariot, einer der Zwölf, ging zu den Hohen-
priestern. Er wollte Jesus an sie ausliefern. 11 Als sie das
hörten, freuten sie sich und versprachen, ihm Geld dafür
zu geben. Von da an suchte er nach einer günstigen Gele-
genheit, ihn auszuliefern.

Die Vorbereitung des Paschamahls: 14,12–16

12–16: Mt 26,17–19; Lk 22,7–13

Ex 12,14–20 12 Am ersten Tag des Festes der Ungesäuerten Brote, an
dem man das Paschalamm schlachtete, sagten die Jünger
zu Jesus: Wo sollen wir das Paschamahl für dich vorberei-
ten? 13 Da schickte er zwei seiner Jünger voraus und sagte
zu ihnen: Geht in die Stadt; dort wird euch ein Mann be-
gegnen, der einen Wasserkrug trägt. Folgt ihm, 14 bis er in
ein Haus hineingeht; dann sagt zu dem Herrn des Hauses:
Der Meister läßt dich fragen: Wo ist der Raum, in dem ich
mit meinen Jüngern das Paschalamm essen kann? 15 Und
der Hausherr wird euch einen großen Raum im Oberge-
schoß zeigen, der schon für das Festmahl hergerichtet und
mit Polstern ausgestattet ist. Dort bereitet alles für uns
vor! 16 Die Jünger machten sich auf den Weg und kamen in
die Stadt. Sie fanden alles so, wie er es ihnen gesagt hatte,
und bereiteten das Paschamahl vor.

Das Mahl: 14,17–25

17–25: Mt 26,20–29; Lk 22,14–23 *17–21:* Joh 13,2.21–26
22–24: 1 Kor 11,23f

17 Als es Abend wurde, kam Jesus mit den Zwölf.
18 Während sie nun bei Tisch waren und aßen, sagte er:
Amen, ich sage euch: Einer von euch wird mich verraten
Ps 41,10 und ausliefern, *einer von denen, die zusammen mit mir*

14,13f Normalerweise waren es Frauen, die das Wasser trugen. Insofern handelt es sich hier um ein auffälliges Erkennungszeichen.

essen. 19 Da wurden sie traurig, und einer nach dem andern
fragte ihn: Doch nicht etwa ich? 20 Er sagte zu ihnen: Einer
von euch Zwölf, der mit mir aus derselben Schüssel ißt.
21 Der Menschensohn muß zwar seinen Weg gehen, wie
die Schrift über ihn sagt. Doch weh dem Menschen, durch
den der Menschensohn verraten wird. Für ihn wäre es bes-
ser, wenn er nie geboren wäre.
22 Während des Mahls nahm er das Brot und sprach den
Lobpreis; dann brach er das Brot, reichte es ihnen und sag-
te: Nehmt, das ist mein Leib. 23 Dann nahm er den Kelch,
sprach das Dankgebet, reichte ihn den Jüngern, und sie
tranken alle daraus. 24 Und er sagte zu ihnen: Das ist mein
Blut, *das Blut des Bundes*, das für viele vergossen wird. Ex 24,8;
25 Amen, ich sage euch: Ich werde nicht mehr von der Jes 53,11f;
Frucht des Weinstocks trinken bis zu dem Tag, an dem ich Jer 31,31; Hebr 7,22;
von neuem davon trinke im Reich Gottes. 9,15

Der Gang zum Ölberg: 14,26–31

26–31: Mt 26,30–35

26 Nach dem Lobgesang gingen sie zum Ölberg hinaus. Lk 22,39;
27 Da sagte Jesus zu ihnen: Ihr werdet alle (an mir) Anstoß Joh 18,1
nehmen und zu Fall kommen; denn in der Schrift steht:
Ich werde den Hirten erschlagen, dann werden sich die Sach 13,7;
Schafe zerstreuen. 28 Aber nach meiner Auferstehung Joh 16,32
werde ich euch nach Galiläa vorausgehen. 29 Da sagte Pe-
trus zu ihm: Auch wenn alle (an dir) Anstoß nehmen – ich
nicht! 30 Jesus antwortete ihm: Amen, ich sage dir: Noch *30–31:* 14,72;
heute nacht, ehe der Hahn zweimal kräht, wirst du mich Lk 22,31–34;
dreimal verleugnen. 31 Petrus aber beteuerte: Und wenn Joh 13,36–38
ich mit dir sterben müßte – ich werde dich nie verleugnen.
Das gleiche sagten auch alle anderen.

Das Gebet in Getsemani: 14,32–42

32–42: Mt 26,36–46; Lk 22,39–46

32 Sie kamen zu einem Grundstück, das Getsemani
heißt, und er sagte zu seinen Jüngern: Setzt euch und war-
tet hier, während ich bete. 33 Und er nahm Petrus, Jakobus
und Johannes mit sich. Da ergriff ihn Furcht und Angst,
34 und er sagte zu ihnen: Meine Seele ist zu Tode betrübt. Ps 42,6.12;
Bleibt hier und wacht! 35 Und er ging ein Stück weiter, warf 43,5;
sich auf die Erde nieder und betete, daß die Stunde, wenn Joh 12,27
möglich, an ihm vorübergehe. 36 Er sprach: Abba, Vater, al-

14,24 Zu »Blut des Bundes« vgl. die Anmerkung zu Mt 26,28.

14,36 Abba: im Aramäischen die vertrauliche Form, in der man den Familienvater anredet (vgl. Röm 8,15; Gal 4,6).

les ist dir möglich. Nimm diesen Kelch von mir! Aber
nicht, was ich will, sondern was du willst (soll geschehen).
37 Und er ging zurück und fand sie schlafend. Da sagte er zu
Petrus: Simon, du schläfst? Konntest du nicht einmal eine
Stunde wach bleiben? 38 Wacht und betet, damit ihr nicht
in Versuchung geratet. Der Geist ist willig, aber das Fleisch
ist schwach. 39 Und er ging wieder weg und betete mit den
gleichen Worten. 40 Als er zurückkam, fand er sie wieder
schlafend, denn die Augen waren ihnen zugefallen; und sie
wußten nicht, was sie ihm antworten sollten. 41 Und er
kam zum drittenmal und sagte zu ihnen: Schlaft ihr immer
noch und ruht euch aus? Es ist genug. Die Stunde ist ge-
kommen; jetzt wird der Menschensohn den Sündern aus-
geliefert. 42 Steht auf, wir wollen gehen! Seht, der Verräter,
der mich ausliefert, ist da.

Die Gefangennahme: 14,43–52

43–50: Mt 26,47–56; Lk 22,47–53; Joh 18,3–12

43 Noch während er redete, kam Judas, einer der Zwölf,
mit einer Schar von Männern, die mit Schwertern und
Knüppeln bewaffnet waren; sie waren von den Hohenprie-
stern, den Schriftgelehrten und den Ältesten geschickt
worden. 44 Der Verräter hatte mit ihnen ein Zeichen ver-
einbart und gesagt: Der, den ich küssen werde, der ist es.
Nehmt ihn fest, führt ihn ab, und laßt ihn nicht entkom-
men. 45 Und als er kam, ging er sogleich auf Jesus zu und
sagte: Rabbi! Und er küßte ihn. 46 Da ergriffen sie ihn und
nahmen ihn fest. 47 Einer von denen, die dabeistanden, zog
das Schwert, schlug auf den Diener des Hohenpriesters ein
und hieb ihm ein Ohr ab. 48 Da sagte Jesus zu ihnen: Wie
gegen einen Räuber seid ihr mit Schwertern und Knüppeln
Lk 19,47; ausgezogen, um mich festzunehmen. 49 Tag für Tag war
Joh 18,20 ich bei euch im Tempel und lehrte, und ihr habt mich
nicht verhaftet; aber (das ist geschehen), damit die Schrift
Joh 16,32 in Erfüllung geht. 50 Da verließen ihn alle und flohen.
51 Ein junger Mann aber, der nur mit einem leinenen Tuch
bekleidet war, wollte ihm nachgehen. Da packten sie ihn;
52 er aber ließ das Tuch fallen und lief nackt davon.

Das Verhör vor dem Hohen Rat: 14,53–65

53–65: Mt 26,57–68; Lk 22,54f.66–71; Joh 18,13–24

53 Darauf führten sie Jesus zum Hohenpriester, und es

14,53–65 Markus berichtet wie Matthäus von einem nächtlichen Verhör vor dem Hohenpriester und Mitgliedern des Hohen Rates, bei dem der Hohe Rat das Todesurteil fällte. Nach Lk 22,66–71 fand dieses Verhör am Morgen statt, ohne ausdrückli-

versammelten sich alle Hohenpriester und Ältesten und
Schriftgelehrten. 54 Petrus aber war Jesus von weitem bis
in den Hof des hohepriesterlichen Palastes gefolgt; nun saß
er dort bei den Dienern und wärmte sich am Feuer.
55 Die Hohenpriester und der ganze Hohe Rat bemühten
sich um Zeugenaussagen gegen Jesus, um ihn zum Tod
verurteilen zu können; sie fanden aber nichts. 56 Viele
machten zwar falsche Aussagen über ihn, aber die Aussa-
gen stimmten nicht überein. 57 Einige der falschen Zeu-
gen, die gegen ihn auftraten, behaupteten: 58 Wir haben ihn 15,29; Joh 2,19;
sagen hören: Ich werde diesen von Menschen erbauten Apg 6,14
Tempel niederreißen und in drei Tagen einen anderen er-
richten, der nicht von Menschenhand gemacht ist. 59 Aber
auch in diesem Fall stimmten die Aussagen nicht überein.
60 Da stand der Hohepriester auf, trat in die Mitte und
fragte Jesus: Willst du denn nichts sagen zu dem, was diese
Leute gegen dich vorbringen? 61 Er aber schwieg und gab
keine Antwort. Da wandte sich der Hohepriester noch-
mals an ihn und fragte: Bist du der Messias, der Sohn des 8,29; Joh 10,24
Hochgelobten? 62 Jesus sagte: Ich bin es. Und ihr werdet
den Menschensohn zur Rechten der Macht *sitzen* und *mit* Dan 7,13;
den Wolken des Himmels kommen sehen. 63 Da zerriß der Ps 110,1; Mt 24,30;
Hohepriester sein Gewand und rief: Wozu brauchen wir Mk 13,26
noch Zeugen? 64 Ihr habt die Gotteslästerung gehört. Was
ist eure Meinung? Und sie fällten einstimmig das Urteil:
Er ist schuldig und muß sterben.
65 Und einige spuckten ihn an, verhüllten sein Gesicht,
schlugen ihn und riefen: Zeig, daß du ein Prophet bist!
Auch die Diener schlugen ihn ins Gesicht.

Die Verleugnung durch Petrus: 14,66–72

66–72: Mt 26,69–75; Lk 22,56–62; Joh 18,17.25–27

66 Als Petrus unten im Hof war, kam eine von den Mäg-
den des Hohenpriesters. 67 Sie sah, wie Petrus sich wärmte,
blickte ihn an und sagte: Auch du warst mit diesem Jesus
aus Nazaret zusammen. 68 Doch er leugnete es und sagte:
Ich weiß nicht und verstehe nicht, wovon du redest. Dann

---

ches Todesurteil. Nach Joh 18,12–24 wurde Jesus von dem Hohenpriester Hannas nach seiner Lehre und seinen Anhängern befragt und dann noch dem amtierenden Hohenpriester Kajaphas vorgeführt. Von einem eigentlichen Verhör oder gar einer Verurteilung zum Tod durch die Juden wird bei Johannes nichts erzählt.

14,61f Der Ausdruck »der Hochgelobte« ist ebenso wie »die Macht« Umschreibung für Gott.

14,65 Zeig, daß du ein Prophet bist, wörtlich: Prophezei!

14,68 Spätere Textzeugen fügen am Ende des Verses hinzu: Da krähte der Hahn.

ging er in den Vorhof hinaus. [69] Als die Magd ihn dort be-
merkte, sagte sie zu denen, die dabeistanden, noch einmal:
Der gehört zu ihnen. [70] Er aber leugnete es wieder ab. We-
nig später sagten die Leute, die dort standen, von neuem zu
Petrus: Du gehörst wirklich zu ihnen; du bist doch auch
ein Galiläer. [71] Da fing er an zu fluchen und schwor: Ich
kenne diesen Menschen nicht, von dem ihr redet. [72] Gleich
darauf krähte der Hahn zum zweitenmal, und Petrus erin-
14,30 nerte sich, daß Jesus zu ihm gesagt hatte: Ehe der Hahn
zweimal kräht, wirst du mich dreimal verleugnen. Und er
begann zu weinen.

Die Verhandlung vor Pilatus: 15,1–15

1–15: Mt 27,1f.11–26; Lk 22,66; 23,1–4.17–25; Joh 18,29–19,1

15 Gleich in der Frühe faßten die Hohenpriester, die
Ältesten und die Schriftgelehrten, also der ganze
Hohe Rat, über Jesus einen Beschluß: Sie ließen ihn fesseln
und abführen und lieferten ihn Pilatus aus. [2] Pilatus fragte
ihn: Bist du der König der Juden? Er antwortete ihm: Du
sagst es. [3] Die Hohenpriester brachten viele Anklagen ge-
gen ihn vor. [4] Da wandte sich Pilatus wieder an ihn und
fragte: Willst du denn nichts dazu sagen? Sieh doch, wie
viele Anklagen sie gegen dich vorbringen. [5] Jesus aber gab
keine Antwort mehr, so daß Pilatus sich wunderte.

[6] Jeweils zum Fest ließ Pilatus einen Gefangenen frei,
den sie sich ausbitten durften. [7] Damals saß gerade ein
Mann namens Barabbas im Gefängnis, zusammen mit an-
deren Aufrührern, die bei einem Aufstand einen Mord be-
gangen hatten. [8] Die Volksmenge zog (zu Pilatus) hinauf
und bat, ihnen die gleiche Gunst zu gewähren wie sonst.
[9] Pilatus fragte sie: Wollt ihr, daß ich den König der Juden
freilasse? [10] Er merkte nämlich, daß die Hohenpriester nur
aus Neid Jesus an ihn ausgeliefert hatten. [11] Die Hohen-
Apg 3,13f priester aber wiegelten die Menge auf, lieber die Freilas-
sung des Barabbas zu fordern. [12] Pilatus wandte sich von
neuem an sie und fragte: Was soll ich dann mit dem tun,
Joh 19,15 den ihr den König der Juden nennt? [13] Da schrien sie: Kreu-
zige ihn! [14] Pilatus entgegnete: Was hat er denn für ein
Verbrechen begangen? Sie schrien noch lauter: Kreuzige
ihn! [15] Darauf ließ Pilatus, um die Menge zufriedenzustel-
len, Barabbas frei und gab den Befehl, Jesus zu geißeln und
zu kreuzigen.

15,1–15 Zu Pilatus und Barabbas vgl. die Anmerkung zu Mt 27,11–26.

Die Verspottung Jesu durch die Soldaten: 15,16–20a

16–20a: Mt 27,27–31a; Joh 19,2f

16 Die Soldaten führten ihn in den Palast hinein, das
heißt in das Prätorium, und riefen die ganze Kohorte zu-
sammen. 17 Dann legten sie ihm einen Purpurmantel um Lk 23,11
und flochten einen Dornenkranz; den setzten sie ihm auf
18 und grüßten ihn: Heil dir, König der Juden! 19 Sie schlu-
gen ihm mit einem Stock auf den Kopf und spuckten ihn
an, knieten vor ihm nieder und huldigten ihm. 20a Nach-
dem sie so ihren Spott mit ihm getrieben hatten, nahmen
sie ihm den Purpurmantel ab und zogen ihm seine eigenen
Kleider wieder an.

Die Kreuzigung: 15,20b–32

21–32: Mt 27,31b–44; Lk 23,26–38; Joh 19,16b–27

20b Dann führten sie Jesus hinaus, um ihn zu kreuzigen.
21 Einen Mann, der gerade vom Feld kam, Simon von Zyre-
ne, den Vater des Alexander und des Rufus, zwangen sie,
sein Kreuz zu tragen. 22 Und sie brachten Jesus an einen
Ort namens Golgota, das heißt übersetzt: Schädelhöhe.
23 Dort reichten sie ihm Wein, der mit Myrrhe gewürzt Ps 69,22
war; er aber nahm ihn nicht. 24 Dann kreuzigten sie ihn.
Sie warfen das Los und verteilten seine *Kleider unter sich* Ps 22,19;
und gaben jedem, was ihm zufiel. 25 Es war die dritte Stun- Joh 19,24
de, als sie ihn kreuzigten. 26 Und eine Aufschrift (auf einer
Tafel) gab seine Schuld an: Der König der Juden. 27 Zu-
sammen mit ihm kreuzigten sie zwei Räuber, den einen
rechts von ihm, den andern links. [28] 29 Die Leute, die vor-
beikamen, verhöhnten ihn, *schüttelten den Kopf* und rie- Ps 22,8
fen: Ach, du willst den Tempel niederreißen und in drei 14,58;
Tagen wieder aufbauen? 30 Hilf dir doch selbst, und steig Joh 2,19
herab vom Kreuz! 31 Auch die Hohenpriester und die
Schriftgelehrten verhöhnten ihn und sagten zueinander:
Anderen hat er geholfen, sich selbst kann er nicht helfen.
32 Der Messias, der König von Israel! Er soll doch jetzt vom
Kreuz herabsteigen, damit wir sehen und glauben. Auch

15,16–20a. Zur Verspottung durch die Soldaten vgl. die Anmerkung zu Mt 27,27–31.

15,20b–32 Zu Einzelheiten der Hinrichtung Jesu vgl. die Anmerkungen zu Mt 27,34–51a.

15,21 Die Söhne des Simon von Zyrene werden hier genannt, weil sie wahrscheinlich später der christlichen Gemeinde (in Rom?) angehörten; vgl. Röm 16,13.

15,28 Spätere Textzeugen fügen entsprechend Lk 22,37 hier ein: So erfüllte sich das Schriftwort: Er wurde zu den Verbrechern gerechnet.

die beiden Männer, die mit ihm zusammen gekreuzigt
wurden, beschimpften ihn.

Der Tod Jesu: 15,33–41

33–41: Mt 27,45–56; Lk 23,44–49; Joh 19,28–30

33 Als die sechste Stunde kam, brach über das ganze Land
eine Finsternis herein. Sie dauerte bis zur neunten Stunde.
34 Und in der neunten Stunde rief Jesus mit lauter Stimme:
Ps 22,2 *Eloï, Eloï, lema sabachtani?*, das heißt übersetzt: *Mein*
Gott, mein Gott, warum hast du mich verlassen? 35 Einige
von denen, die dabeistanden und es hörten, sagten: Hört, er
ruft nach Elija! 36 Einer lief hin, tauchte einen Schwamm
Ps 69,22 in *Essig*, steckte ihn auf einen Stock und *gab* Jesus *zu trin-*
ken. Dabei sagte er: Laßt uns doch sehen, ob Elija kommt
und ihn herabnimmt. 37 Jesus aber schrie laut auf. Dann
hauchte er den Geist aus.

38 Da riß der Vorhang im Tempel von oben bis unten
entzwei.

39 Als der Hauptmann, der Jesus gegenüberstand, ihn auf
diese Weise sterben sah, sagte er: Wahrhaftig, dieser
Mensch war Gottes Sohn.

40 Auch einige Frauen sahen von weitem zu, darunter
Maria aus Magdala, Maria, die Mutter von Jakobus dem
Kleinen und Joses, sowie Salome; 41 sie waren Jesus schon
in Galiläa nachgefolgt und hatten ihm gedient. Noch viele
andere Frauen waren dabei, die mit ihm nach Jerusalem
hinaufgezogen waren.

Das Begräbnis Jesu: 15,42–47

42–47: Mt 27,57–61; Lk 23,50–56; Joh 19,38–42

42 Da es Rüsttag war, der Tag vor dem Sabbat, und es
schon Abend wurde, 43 ging Josef von Arimathäa, ein vor-
nehmer Ratsherr, der auch auf das Reich Gottes wartete,
zu Pilatus und wagte es, um den Leichnam Jesu zu bitten.
44 Pilatus war überrascht, als er hörte, daß Jesus schon tot
sei. Er ließ den Hauptmann kommen und fragte ihn, ob Je-
sus bereits gestorben sei. 45 Als der Hauptmann ihm das
bestätigte, überließ er Josef den Leichnam. 46 Josef kaufte

15,40.47 Zu »Joses« vgl. die Anmerkung zu Mk 6,3 bzw. zu »Brüder Jesu« Mt 12,46f.

15,42 Rüsttag ist der Tag vor dem Sabbat (der Freitag). Nach Dtn 21,23 mußten die am Holz aufgehängten, zuvor gesteinigten Gotteslästerer noch vor Sonnenuntergang abgenommen werden; das galt auch für Gekreuzigte. Die Grablegung fand sofort anschließend statt.

15,43–45 Die Freigabe des Leichnams für die private Bestattung war nach römischem Recht dem zuständigen Richter vorbehalten.

ein Leinentuch, nahm Jesus vom Kreuz, wickelte ihn in
das Tuch und legte ihn in ein Grab, das in einen Felsen ge-
hauen war. Dann wälzte er einen Stein vor den Eingang des
Grabes. 47 Maria aus Magdala aber und Maria, die Mutter
des Joses, beobachteten, wohin der Leichnam gelegt wur-
de.

Die Botschaft des Engels im leeren Grab: 16,1–8

1–8: Mt 28,1–8; Lk 24,1–12; Joh 20,1–13

16 Als der Sabbat vorüber war, kauften Maria aus
Magdala, Maria, die Mutter des Jakobus, und Sa-
lome wohlriechende Öle, um damit zum Grab zu gehen
und Jesus zu salben. 2 Am ersten Tag der Woche kamen sie
in aller Frühe zum Grab, als eben die Sonne aufging. 3 Sie
sagten zueinander: Wer könnte uns den Stein vom Eingang
des Grabes wegwälzen? 4 Doch als sie hinblickten, sahen
sie, daß der Stein schon weggewälzt war; er war sehr groß.
5 Sie gingen in das Grab hinein und sahen auf der rechten
Seite einen jungen Mann sitzen, der mit einem weißen
Gewand bekleidet war; da erschraken sie sehr. 6 Er aber
sagte zu ihnen: Erschreckt nicht! Ihr sucht Jesus von Naza-
ret, den Gekreuzigten. Er ist auferstanden; er ist nicht hier. 10,34
Seht, da ist die Stelle, wo man ihn hingelegt hatte. 7 Nun
aber geht und sagt seinen Jüngern, vor allem Petrus: Er geht
euch voraus nach Galiläa; dort werdet ihr ihn sehen, wie er
es euch gesagt hat. 8 Da verließen sie das Grab und flohen;
denn Schrecken und Entsetzen hatte sie gepackt. Und sie
sagten niemand etwas davon; denn sie fürchteten sich.

15,47 der Leichnam, wörtlich: er.

16,1 Vgl. die Anmerkung zu Mt 12,46f.

16,1–8 Mit einem Hinweis auf Erscheinungen des Auferstandenen in Galiläa, den die Frauen, die das leere Grab entdeckten, erhalten, und einem Vermerk über ihre Furcht und ihr Schweigen endet das Markus-Evangelium; vgl. die Einleitung.

16,9–20 Dieser Abschnitt findet sich nicht bei den ältesten Textzeugen. Er ist eine im 2. Jahrhundert entstandene Zusammenfassung der in anderen Evangelien stehenden Berichte über die Erscheinungen und Anweisungen des Auferstandenen; er gehört also inhaltlich zur Evangelienüberlieferung.

In einer altlateinischen Handschrift findet sich statt dessen folgende Ergänzung: Und sie berichteten alles, was ihnen aufgetragen worden war, dem Kreis um Petrus. Danach sandte Jesus selbst durch sie vom Osten bis in den Westen die heilige und unvergängliche Botschaft vom ewigen Heil. Amen.

Bei einigen Textzeugen finden sich auch beide Zusätze.

[Die Erscheinungen des Auferstandenen: 16,9–20

9–20: Mt 28,9f.16–20; Lk 24,13–51; Joh 20,11–23

9 Als Jesus am frühen Morgen des ersten Wochentages
Lk 8,2 auferstanden war, erschien er zuerst Maria aus Magdala,
aus der er sieben Dämonen ausgetrieben hatte. 10 Sie ging
und berichtete es denen, die mit ihm zusammengewesen
waren und die nun klagten und weinten. 11 Als sie hörten,
er lebe und sei von ihr gesehen worden, glaubten sie es
nicht. 12 Darauf erschien er in einer anderen Gestalt
zweien von ihnen, als sie unterwegs waren und aufs Land
gehen wollten. 13 Auch sie gingen und berichteten es den
anderen, und auch ihnen glaubte man nicht. 14 Später er-
schien Jesus auch den Elf, als sie bei Tisch waren; er tadelte
ihren Unglauben und ihre Verstocktheit, weil sie denen
nicht glaubten, die ihn nach seiner Auferstehung gesehen
hatten. 15 Dann sagte er zu ihnen: Geht hinaus in die ganze
Welt, und verkündet das Evangelium allen Geschöpfen!
16 Wer glaubt und sich taufen läßt, wird gerettet; wer aber
nicht glaubt, wird verdammt werden. 17 Und durch die, die
zum Glauben gekommen sind, werden folgende Zeichen
geschehen: In meinem Namen werden sie Dämonen aus-
treiben; sie werden in neuen Sprachen reden; 18 wenn sie
Schlangen anfassen oder tödliches Gift trinken, wird es ih-
nen nicht schaden; und die Kranken, denen sie die Hände
auflegen, werden gesund werden.
Apg 1,9–11 19 Nachdem Jesus, der Herr, dies zu ihnen gesagt hatte,
2 Kön 2,3.11 *wurde er in den Himmel aufgenommen* und *setzte sich*
Ps 110,1 *zur Rechten* Gottes. 20 Sie aber zogen aus und predigten
überall. Der Herr stand ihnen bei und bekräftigte die Ver-
kündigung durch die Zeichen, die er geschehen ließ.]

Das Evangelium nach Lukas

Die altkirchliche Überlieferung nennt als Verfasser des dritten Evangeliums und der Apostelgeschichte »Lukas, den geliebten Arzt« (vgl. Kol 4,14; Phlm 24; auch 2 Tim 4,11), der Heidenchrist war und mit Paulus in Verbindung stand. Lukas benutzt das Evangelium des Markus und schöpft aus einer mit Matthäus gemeinsamen Sammlung von Jesusworten; er blickt auf den Untergang Jerusalems (70 n. Chr.) zurück (21,20–24) und erwartet die Wiederkunft Christi nicht mehr als unmittelbar bevorstehend (17,20f; 21,24; Apg 1,8). Die Abfassung des Evangeliums (wie der Apostelgeschichte) fällt wohl in die Jahre 80–90. Ob es in Kleinasien oder in Griechenland entstanden ist, läßt sich nicht sicher bestimmen.

Lukas legt seinem Evangelium den dreistufigen Aufriß des Markusevangeliums zugrunde und ordnet seinen übrigen Stoff vor allem in zwei Blöcken in diesen Rahmen ein: 6,20–8,3 und 9,51–18,14. Die »kleine Einschaltung« (6,20–8,3) enthält die Bergpredigtüberlieferung; die »große Einschaltung« (9,51–18,14) hat er zu einem umfänglichen Bericht über die letzte Reise Jesu nach Jerusalem ausgestaltet (»Reisebericht«). Vorangestellt hat er wie Matthäus eine Vorgeschichte über Herkunft und Kindheit des Täufers und Jesu (Kap. 1–2), angeschlossen mehrere Berichte von Erscheinungen des Auferstandenen in und bei Jerusalem (Kap. 24).

Lukas will ein Schriftwerk für gebildete Heiden und Heidenchristen schaffen, wie das kunstvoll gestaltete Vorwort (1,1–4) zeigt. Darin berichtet er, daß schon viele vor ihm die auf Augenzeugen zurückgehenden Überlieferungen über Jesus zusammengestellt hätten, er also verschiedene schriftliche Vorlagen hatte, und daß er allem genau nachgegangen sei, um die Verkündigung der Kirche historisch und theologisch als zuverlässig zu erweisen.

Lukas verdanken wir verschiedene wertvolle Überlieferungen, die sich in den anderen Evangelien nicht finden, darunter die Gleichnisse vom barmherzigen Samariter, vom verlorenen Sohn, vom klugen Verwalter, vom Pharisäer und Zöllner, eine Reihe von urchristlichen Gebeten und Hymnen (Lobgesang Marias: 1,46–55; Lobgesang des

Zacharias: 1,68–79; Lobgesang des Simeon: 2,29–32), wichtige Hinweise auf das Verhalten Jesu gegenüber Frauen, Zöllnern und Sündern, auch bedeutsame Einzelzüge des Passionsgeschehens.

Die Sonderüberlieferungen des Lukas stehen im Dienst seiner theologischen Aussagen. Er zeigt in Jesus den Heiland der Verlorenen, der sozial Entrechteten, der Frauen, der Zöllner und Sünder. Jesus offenbarte die Menschenliebe Gottes auf bezwingende Weise. Alle Christen müssen daher ebenso wie Jesus handeln. Wo jemand sich dem Wort Jesu öffnet, wird er zu einem guten und edlen Menschen (8,15). Das Leben des Christen hat seine Mitte in der dienenden Liebe, die auch dem Feind und dem Fremden gelten (6,27–36; 10,25–37) und sich besonders an der Einstellung zu Reichtum und Besitz bewähren muß (12,13–21.33f; 14,12–14; 16,9–13.19–31). Jesus zeigt im Leben und im Sterben, wie sich ein Mensch gut und richtig verhalten soll.

Durch Jesus ist die entscheidende Wende der Heilsgeschichte eingetreten (16,16f). Jesus, nicht der als Friedensbringer verehrte Kaiser in Rom, ist der wahre Heiland der Welt (2,11: »Heute ist euch der Retter geboren«). Darum verknüpfte Lukas die Geschichte Jesu mit der Weltgeschichte (1,5; 2,1f; 3,1f). Der Alte Bund und die Geschichte Israels finden ihre Vollendung in der Kirche Christi, die aus Juden und Heiden besteht.

Mit der Auferstehung Jesu und dem Untergang Jerusalems ist die Epoche der Heidenmission, die Zeit der Sammlung aller Menschen zum einen Volk Gottes angebrochen. Wenn die »Zeit der Heiden« zu Ende ist (21,24), wird auch Israel Jesus als Messias anerkennen (13,35). Das Christusbild des Lukas und sein Aufruf zu sozialem Verhalten sind bis heute maßgebend für die christliche Vorstellung vom Menschen und vom rechten Verhalten in der Gemeinschaft.

DAS VORWORT: 1,1–4

1 Schon viele haben es unternommen, einen Bericht
über all das abzufassen, was sich unter uns ereignet
und erfüllt hat. 2 Dabei hielten sie sich an die Überliefe-
rung derer, die von Anfang an Augenzeugen und Diener des
Wortes waren. 3 Nun habe auch ich mich entschlossen, al-
lem von Grund auf sorgfältig nachzugehen, um es für dich,
hochverehrter Theophilus, der Reihe nach aufzuschrei-
ben. 4 So kannst du dich von der Zuverlässigkeit der Lehre
überzeugen, in der du unterwiesen wurdest.

DIE VORGESCHICHTE: 1,5–2,52

Die Verheißung der Geburt des Täufers: 1,5–25

5 Zur Zeit des Herodes, des Königs von Judäa, lebte ein
Priester namens Zacharias, der zur Priesterklasse Abija 1 Chr 24,10
gehörte. Seine Frau stammte aus dem Geschlecht Aarons;
sie hieß Elisabet. 6 Beide lebten so, wie es in den Augen
Gottes recht ist, und hielten sich in allem streng an die
Gebote und Vorschriften des Herrn. 7 Sie hatten keine
Kinder, denn Elisabet war unfruchtbar, und beide waren
schon in vorgerücktem Alter.
8 Eines Tages, als seine Priesterklasse wieder an der
Reihe war und er beim Gottesdienst mitzuwirken hatte,
9 wurde, wie nach der Priesterordnung üblich, das Los ge-

1,3 Der »hochverehrte Theophilus«, ein vornehmer Heidenchrist, wird nur hier und Apg 1,1 erwähnt.

1,5–2,52 In den beiden ersten Kapiteln hat Lukas neben alten christlichen Überlieferungen auch Traditionen der Johannesjünger übernommen. Johannes dem Täufer stellt er Jesus als den Größeren, den Messias, den Sohn des Allerhöchsten gegenüber. – Die Hymnen enthalten altes liturgisches Überlieferungsgut (1,46–55; 1,68–79; 2,29–32).

1,5 Herodes der Große herrschte als Vasallenkönig der Römer von 40 bis 4 v. Chr. über Palästina.

Die Gruppe Abija war die achte Dienstklasse oder Wochenabteilung der 24 priesterlichen Dienstordnungen (vgl. 1 Chr 24,10), die zwei- bis dreimal jährlich je eine Woche im Tempel Dienst taten. Die einzelnen Dienste bestimmte das Los.

1,9 Das Rauchopfer im Heiligtum eröffnete den Opferdienst am Morgen; das Brandopfer am Nachmittag (gegen 3 Uhr) schloß ihn ab.

worfen, und Zacharias fiel die Aufgabe zu, im Tempel des
Ex 30,7f Herrn das Rauchopfer darzubringen. 10 Während er nun zur
festgelegten Zeit das Opfer darbrachte, stand das ganze
Volk draußen und betete. 11 Da erschien dem Zacharias ein
Engel des Herrn; er stand auf der rechten Seite des Rauch-
opferaltars. 12 Als Zacharias ihn sah, erschrak er, und es be-
fiel ihn Furcht. 13 Der Engel aber sagte zu ihm: Fürchte
Gen 17,19f; dich nicht, Zacharias! Dein Gebet *ist erhört worden.*
Lk 1,60 *Deine Frau* Elisabet *wird dir einen Sohn gebären; dem
sollst du den Namen* Johannes *geben*. 14 Große Freude
wird dich erfüllen, und auch viele andere werden sich über
seine Geburt freuen. 15 Denn er wird groß sein vor dem
Num 6,3; Herrn. *Wein und andere berauschende Getränke wird er*
Ri 13,4; *nicht trinken*, und schon im Mutterleib wird er vom Heili-
Lk 7,33 gen Geist erfüllt sein. 16 Viele Israeliten wird er zum
Mt 17,10–13 Herrn, ihrem Gott, bekehren. 17 Er wird mit dem Geist und
Mal 3,23f mit der Kraft des Elija dem Herrn vorangehen, um *das Herz
der Väter wieder den Kindern zuzuwenden* und die Unge-
horsamen zur Gerechtigkeit zu führen und so das Volk für
den Herrn bereit zu machen. 18 Zacharias sagte zu dem En-
gel: Woran soll ich erkennen, daß das wahr ist? Ich bin ein
alter Mann, und auch meine Frau ist in vorgerücktem Al-
ter. 19 Der Engel erwiderte ihm: Ich bin Gabriel, der vor
Gott steht, und ich bin gesandt worden, um mit dir zu re-
den und dir diese frohe Botschaft zu bringen. 20 Aber weil
du meinen Worten nicht geglaubt hast, die in Erfüllung ge-
hen, wenn die Zeit dafür da ist, sollst du stumm sein und
nicht mehr reden können, bis zu dem Tag, an dem all das
eintrifft. 21 Inzwischen wartete das Volk auf Zacharias und
wunderte sich, daß er so lange im Tempel blieb. 22 Als er
dann herauskam, konnte er nicht mit ihnen sprechen. Da
merkten sie, daß er im Tempel eine Erscheinung gehabt
hatte. Er gab ihnen nur Zeichen mit der Hand und blieb
stumm.

23 Als die Tage seines Dienstes (im Tempel) zu Ende wa-
ren, kehrte er nach Hause zurück. 24 Bald darauf empfing
seine Frau Elisabet einen Sohn und lebte fünf Monate lang
zurückgezogen. Sie sagte: 25 Der Herr hat mir geholfen; er
hat in diesen Tagen gnädig auf mich geschaut und mich
von der Schande befreit, mit der ich in den Augen der Men-
schen beladen war.

Die Verheißung der Geburt Jesu: 1,26–38

26 Im sechsten Monat wurde der Engel Gabriel von Gott

1,22 Am Schluß des Opferdienstes wurde das Volk vom Prie-
ster gesegnet.

in eine Stadt in Galiläa namens Nazaret 27 zu einer Jung-
frau gesandt. Sie war mit einem Mann namens Josef ver- Mt 1,16
lobt, der aus dem Haus David stammte. Der Name der
Jungfrau war Maria. 28 Der Engel trat bei ihr ein und sagte:
Sei gegrüßt, du Begnadete, der Herr ist mit dir. 29 Sie er-
schrak über die Anrede und überlegte, was dieser Gruß zu
bedeuten habe. 30 Da sagte der Engel zu ihr: Fürchte dich
nicht, Maria; denn du hast bei Gott Gnade gefunden. 31 *Du* Jes 7,14;
wirst ein Kind empfangen, einen Sohn wirst du gebären: Gen 17,19;
dem sollst du den Namen Jesus *geben*. 32 Er wird groß sein Mt 1,21–23
und Sohn des Höchsten genannt werden. Gott, der Herr,
wird ihm *den Thron* seines Vaters *David* geben. 33 Er wird 2 Sam 7,13;
über das Haus Jakob *in Ewigkeit* herrschen, und *seine* Jes 9,6
Herrschaft wird kein Ende haben. 34 Maria sagte zu dem
Engel: Wie soll das geschehen, da ich keinen Mann erken-
ne? 35 Der Engel antwortete ihr: Der Heilige Geist wird Mt 1,18–20
über dich kommen, und die Kraft des Höchsten wird dich
überschatten. Deshalb wird auch das Kind heilig und Sohn
Gottes genannt werden. 36 Auch Elisabet, deine Verwand-
te, hat noch in ihrem Alter einen Sohn empfangen; obwohl
sie als unfruchtbar galt, ist sie jetzt schon im sechsten Mo-
nat. 37 Denn *für Gott ist nichts unmöglich*. 38 Da sagte Ma- Gen 18,14;
ria: Ich bin die Magd des Herrn; mir geschehe, wie du es ge- Ijob 42,2;
sagt hast. Danach verließ sie der Engel. Mt 19,26; Mk 10,27; Lk 18,27

Der Besuch Marias bei Elisabet: 1,39–56

39 Nach einigen Tagen machte sich Maria auf den Weg
und eilte in eine Stadt im Bergland von Judäa. 40 Sie ging in
das Haus des Zacharias und begrüßte Elisabet. 41 Als Elisa-
bet den Gruß Marias hörte, hüpfte das Kind in ihrem Leib.
Da wurde Elisabet vom Heiligen Geist erfüllt 42 und rief
mit lauter Stimme: Gesegnet bist du mehr als alle anderen
Frauen, und gesegnet ist die Frucht deines Leibes. 43 Wer
bin ich, daß die Mutter meines Herrn zu mir kommt? 44 In
dem Augenblick, als ich deinen Gruß hörte, hüpfte das
Kind vor Freude in meinem Leib. 45 Selig ist die, die ge-
glaubt hat, daß sich erfüllt, was der Herr ihr sagen ließ.
46 Da sagte Maria:

Meine Seele preist die Größe *des Herrn*, 1 Sam 2,1–10
47 und mein Geist *jubelt über Gott, meinen Retter*. Hab 3,18

1,34 Zu »erkennen« vgl. die Anmerkung zu Mt 1,25.

1,35 Andere Übersetzungsmöglichkeit: Deshalb wird auch das Heilige, das geboren wird, Sohn Gottes genannt werden.

1,46–55 Die obige Fassung ist für die Liturgie vorgesehen. Daneben hat die ökumenische Kommission auch den folgenden Text erarbeitet:

1 Sam 1,11 48 Denn *auf die Niedrigkeit seiner Magd hat er geschaut.*
Gen 30,13 Siehe, von nun an *preisen mich selig* alle Geschlechter.
Dtn 10,21 49 Denn der Mächtige *hat Großes* an mir *getan*,
Ps 111,9 und *sein Name ist heilig.*
Ps 103,13.17 50 *Er erbarmt sich* von Geschlecht zu Geschlecht
über alle, die ihn fürchten.
Ps 89,11 51 Er vollbringt *mit seinem Arm* machtvolle Taten:
Ez 21,31; *Er zerstreut, die* im Herzen *voll Hochmut sind*;
Ps 147,6; Ijob 5,11; 52 *er stürzt die Mächtigen* vom Thron
12,19 und *erhöht die Niedrigen.*
Ps 107,9; 53 *Die Hungernden beschenkt er mit seinen Gaben*
34,11 und läßt die Reichen leer ausgehen.
Jes 41,8f 54 *Er nimmt sich seines Knechtes Israel an*
Ps 98,3 *und denkt an sein Erbarmen,*
Mi 7,20; 2 Sam 22,51; 55 *das er unsern Vätern* verheißen hat,
Gen 17,7 *Abraham und seinen Nachkommen* auf ewig.

56 Und Maria blieb etwa drei Monate bei ihr; dann kehrte sie nach Hause zurück.

Die Geburt des Täufers: 1,57–80

57 Für Elisabet kam die Zeit der Niederkunft, und sie
brachte einen Sohn zur Welt. 58 Ihre Nachbarn und Verwandten hörten, welch großes Erbarmen der Herr ihr er-
Gen 17,12 wiesen hatte, und freuten sich mit ihr. 59 Am achten Tag
kamen sie zur Beschneidung des Kindes und wollten ihm
den Namen seines Vaters Zacharias geben. 60 Seine Mutter
1,13 aber widersprach ihnen und sagte: Nein, er soll Johannes

---

46 Meine Seele preist voll Freude den Herrn,
47 mein Geist ist voll Jubel über Gott, meinen Retter.
48 Denn er hat gnädig auf seine arme Magd geschaut.
Von nun an preisen alle Geschlechter mich glücklich.
49 Denn der Mächtige hat an mir Großes getan;
sein Name ist heilig.
50 Er schenkt sein Erbarmen von Geschlecht zu Geschlecht
allen, die ihn fürchten und ehren.
51 Sein starker Arm vollbringt gewaltige Taten:
Er macht die Pläne der Stolzen zunichte;
52 er stürzt die Mächtigen vom Thron
und bringt die Armen zu Ehren;
53 er beschenkt mit seinen Gaben die Hungrigen,
die Reichen aber schickt er mit leeren Händen fort.
54/55 Er nimmt sich gnädig seines Knechtes Israel an,
denn er denkt an das Erbarmen, das er unseren Vätern verheißen hat,
Abraham und seinen Nachkommen, für ewige Zeiten.

heißen. 61 Sie antworteten ihr: Es gibt doch niemand in
deiner Verwandtschaft, der so heißt. 62 Da fragten sie sei-
nen Vater durch Zeichen, welchen Namen das Kind haben
solle. 63 Er verlangte ein Schreibtäfelchen und schrieb zum
Erstaunen aller darauf: Sein Name ist Johannes. 64 Im glei-
chen Augenblick konnte er Mund und Zunge wieder ge-
brauchen, und er redete und pries Gott. 65 Und alle, die in
jener Gegend wohnten, erschraken, und man sprach von
all diesen Dingen im ganzen Bergland von Judäa. 66 Alle,
die davon hörten, machten sich Gedanken darüber und
sagten: Was wird wohl aus diesem Kind werden? Denn es
war deutlich, daß die Hand des Herrn mit ihm war.

67 Sein Vater Zacharias wurde vom Heiligen Geist er-
füllt und begann prophetisch zu reden: Ps 41,14; 72,18;

68 *Gepriesen sei der Herr, der Gott Israels*! 106,48
Denn er hat *sein Volk* besucht und *ihm Erlösung ge-* 7,16; 24,21;
schaffen; Ps 111,9

69 er hat uns *einen starken Retter* erweckt 1 Sam 2,10;
im Hause seines Knechtes *David*. Ps 18,3; 132,17

70 So hat er verheißen von alters her Röm 1,2;
durch den Mund seiner heiligen Propheten. Offb 10,7

71 Er hat uns *errettet vor unseren Feinden* Ps 106,10
und aus der Hand aller, *die uns hassen*;

72 er hat *das Erbarmen mit den Vätern* an uns vollendet Ps 105,8; 106,45;
und *an seinen* heiligen Bund *gedacht*, Ex 2,24;
Lev 26,42

73 *an den Eid, den er* unserm Vater *Abraham* Gen 22,16f;
geschworen hat; Jer 11,5;

74 er hat uns geschenkt, daß wir, aus Feindeshand be- Mi 7,20
freit,
ihm furchtlos dienen

1,68–79 Die obige Fassung ist für die Liturgie vorgesehen. Daneben hat die ökumenische Kommission auch den folgenden Text erarbeitet:

68 Gepriesen sei der Herr, der Gott Israels!
Denn in seiner Gnade ist er gekommen, um sein Volk zu erlösen.
69 Er hat uns einen mächtigen Retter gesandt
aus dem Haus seines Knechtes David.
70 So hat er durch seine heiligen Propheten verheißen
schon seit uralten Zeiten:
71 Er werde uns vor unseren Feinden retten
und vor allen, die uns mit ihrem Haß verfolgen;
72 er werde sich unserer Väter erbarmen /
und sich an seinen heiligen Bund erinnern,
73 an den Eid, den er unserem Vater Abraham geschworen hat:
74 er werde uns aus der Gewalt unserer Feinde befreien, /
damit wir ihm furchtlos dienen

75 in Heiligkeit und Gerechtigkeit
vor seinem Angesicht all unsre Tage.
7,27; Mt 11,10; Mk 1,2 — 76 Und du, Kind, wirst Prophet des Höchsten heißen;
Mal 3,1; Ex 23,20 — denn du wirst *dem Herrn* vorangehen und ihm
den Weg bereiten.
77 Du wirst sein Volk mit der Erfahrung des Heils
beschenken
in der Vergebung der Sünden.
Jes 60,1f; Sach 6,12 G; Mal 3,20 — 78 Durch die barmherzige Liebe unseres Gottes
wird uns besuchen das aufstrahlende Licht aus der
Höhe,
Jes 9,1; 42,7; Ps 107,10; Mt 4,16 — 79 um *allen* zu leuchten, *die in Finsternis sitzen*
und im Schatten des Todes,
Jes 59,8; Röm 3,17 — und unsre Schritte zu lenken *auf den Weg*
des Friedens.
80 Das Kind wuchs heran, und sein Geist wurde stark.
Und Johannes lebte in der Wüste bis zu dem Tag, an dem er
den Auftrag erhielt, in Israel aufzutreten.

Die Geburt Jesu: 2,1–20

2 In jenen Tagen erließ Kaiser Augustus den Befehl, alle
Bewohner des Reiches in Steuerlisten einzutragen.
2 Dies geschah zum erstenmal; damals war Quirinius
Statthalter von Syrien. 3 Da ging jeder in seine Stadt, um
sich eintragen zu lassen.
4 So zog auch Josef von der Stadt Nazaret in Galiläa hin-

---

75 und heilig und gerecht vor ihm leben all unsre Tage.
76 Du aber, Kind, wirst ein Prophet des Höchsten sein,
denn du wirst dem Herrn vorangehen und ihm den Weg bereiten.
77 Du wirst seinem Volk die Einsicht schenken,
daß es gerettet wird durch die Vergebung der Sünden;
78 denn unser Gott ist reich an Erbarmen,
darum kommt zu uns das strahlende Licht aus der Höhe.
79 Es wird allen leuchten, die in Finsternis sitzen und im Dunkel des Todes;
es wird unsere Schritte auf den Weg des Friedens lenken.

1,78 Statt »wird uns besuchen« haben einige Textzeugen: hat uns besucht. – Das aufstrahlende Licht, wörtlich: der Aufgang.

2,1–3 Quirinius hat als Statthalter von Syrien 6/7 n. Chr. eine Steuerfeststellung, einen sog. Zensus, durchführen lassen. Dies kann jedoch nicht der Zensus gewesen sein, zu dem Josef nach Betlehem zog; denn die Geburt Jesu fällt nach Mt 2 in die Zeit vor dem Tod des Herodes (4 v. Chr.). Der Mönch Dionysius Exiguus (ca. 497–540), auf den die christliche Zeitrechnung zurückgeht, hat sich demnach um etwa 4 bis 5 Jahre verrechnet. Kaiser Augustus herrschte von 31 v. Chr. bis 14 n. Chr.

auf nach Judäa in die Stadt Davids, die Betlehem heißt; Joh 7,42
denn er war aus dem Haus und Geschlecht Davids. 5 Er
wollte sich eintragen lassen mit Maria, seiner Verlobten,
die ein Kind erwartete. 6 Als sie dort waren, kam für Maria
die Zeit ihrer Niederkunft, 7 und sie gebar ihren Sohn, den
Erstgeborenen. Sie wickelte ihn in Windeln und legte ihn
in eine Krippe, weil in der Herberge kein Platz für sie war.

8 In jener Gegend lagerten Hirten auf freiem Feld und
hielten Nachtwache bei ihrer Herde. 9 Da trat der Engel des
Herrn zu ihnen, und der Glanz des Herrn umstrahlte sie.
Sie fürchteten sich sehr, 10 der Engel aber sagte zu ihnen:
Fürchtet euch nicht, denn ich verkünde euch eine große
Freude, die dem ganzen Volk zuteil werden soll: 11 Heute
ist euch in der Stadt Davids der Retter geboren; er ist der
Messias, der Herr. 12 Und das soll euch als Zeichen dienen:
Ihr werdet ein Kind finden, das, in Windeln gewickelt, in
einer Krippe liegt. 13 Und plötzlich war bei dem Engel ein Mt 26,53
großes himmlisches Heer, das Gott lobte und sprach:

14 Verherrlicht ist Gott in der Höhe, 19,38;
und auf Erden ist Friede Jes 57,19;
bei den Menschen seiner Gnade. Eph 2,17

15 Als die Engel sie verlassen hatten und in den Himmel
zurückgekehrt waren, sagten die Hirten zueinander:
Kommt, wir gehen nach Betlehem, um das Ereignis zu sehen,
das uns der Herr verkünden ließ. 16 So eilten sie hin
und fanden Maria und Josef und das Kind, das in der Krippe
lag. 17 Als sie es sahen, erzählten sie, was ihnen über dieses
Kind gesagt worden war. 18 Und alle, die es hörten, staunten
über die Worte der Hirten. 19 Maria aber bewahrte alles, 2,51
was geschehen war, in ihrem Herzen und dachte darüber
nach. 20 Die Hirten kehrten zurück, rühmten Gott und
priesen ihn für das, was sie gehört und gesehen hatten;
denn alles war so gewesen, wie es ihnen gesagt worden
war.

Das Zeugnis des Simeon und der Hanna über Jesus: 2,21–40

21 Als acht Tage vorüber waren und das Kind beschnit-

2,5 Nach jüdischem Recht gilt die Verlobte bereits als Ehefrau (vgl. die Anmerkung zu Mt 1,18).

2,11 Die drei Titel »Retter«, »Messias« (= Christus), »Herr« weisen auf die Heilsbedeutung Christi hin. »Retter« und »Herr« waren auch Hoheitstitel der römischen Kaiser.

2,14 Wörtlich: Herrlichkeit Gott in der Höhe und auf Erden Friede bei den Menschen des Wohlgefallens. – Die ökumenische liturgische Fassung lautet: Ehre sei Gott in der Höhe und Friede auf Erden den Menschen seiner Gnade.

1,31 ten werden sollte, gab man ihm den Namen Jesus, den der
Engel genannt hatte, noch ehe das Kind im Schoß seiner
Mutter empfangen wurde.
Lev 12; 22 Dann kam für sie der Tag der vom Gesetz des Mose
Num 18,15f vorgeschriebenen Reinigung. Sie brachten das Kind nach
Jerusalem hinauf, um es dem Herrn zu weihen, 23 gemäß
Ex 13,2.12 dem Gesetz des Herrn, in dem es heißt: *Jede männliche
Erstgeburt soll dem Herrn geweiht sein.* 24 Auch wollten
sie ihr Opfer darbringen, wie es das Gesetz des Herrn vor-
Lev 12,8 schreibt: *ein Paar Turteltauben oder zwei junge Tauben.*
25 In Jerusalem lebte damals ein Mann namens Simeon.
Er war gerecht und fromm und wartete auf die Rettung Is-
raels, und der Heilige Geist ruhte auf ihm. 26 Vom Heiligen
Geist war ihm offenbart worden, er werde den Tod nicht
schauen, ehe er den Messias des Herrn gesehen habe.
27 Jetzt wurde er vom Geist in den Tempel geführt; und als
die Eltern Jesus hereinbrachten, um zu erfüllen, was nach
dem Gesetz üblich war, 28 nahm Simeon das Kind in seine
Arme und pries Gott mit den Worten:

29 Nun läßt du, Herr, deinen Knecht,
wie du gesagt hast, in Frieden scheiden.
Jes 40,5 G 30 Denn meine Augen haben *das Heil gesehen,*
Jes 52,10 31 das du *vor allen Völkern* bereitet hast,
Jes 49,6; 42,6 32 *ein Licht,* das *die Heiden* erleuchtet,
Jes 46,13 und *Herrlichkeit* für dein Volk *Israel.*

33 Sein Vater und seine Mutter staunten über die Worte,
die über Jesus gesagt wurden. 34 Und Simeon segnete sie
Jes 8,14 und sagte zu Maria, der Mutter Jesu: Dieser ist dazu be-
stimmt, daß in Israel viele durch ihn zu Fall kommen und
viele aufgerichtet werden, und er wird ein Zeichen sein,
dem widersprochen wird. 35 Dadurch sollen die Gedanken
vieler Menschen offenbar werden. Dir selbst aber wird ein
Schwert durch die Seele dringen.
36 Damals lebte auch eine Prophetin namens Hanna,
eine Tochter Penuëls, aus dem Stamm Ascher. Sie war
schon hochbetagt. Als junges Mädchen hatte sie geheiratet
und sieben Jahre mit ihrem Mann gelebt; 37 nun war sie

2,25 die Rettung, wörtlich: den Trost.

2,29–32 Die obige Fassung ist für die Liturgie vorgesehen. Daneben hat die ökumenische Kommission auch den folgenden Text erarbeitet:

29 Nun läßt du, Herr, deinen Knecht in Frieden scheiden,
wie dein Wort es verheißen hat.
30 Denn meine Augen haben das Heil geschaut,
31 das du geschaffen hast, damit alle Völker es sehen:
32 ein Licht, das die Heiden erleuchtet,
und eine Verherrlichung deines Volkes Israel.

eine Witwe von vierundachtzig Jahren. Sie hielt sich ständig im Tempel auf und diente Gott Tag und Nacht mit Fasten und Beten. 38 In diesem Augenblick nun trat sie hinzu, pries Gott und sprach über das Kind zu allen, die auf die Erlösung Jerusalems warteten.

39 Als seine Eltern alles getan hatten, was das Gesetz des Herrn vorschreibt, kehrten sie nach Galiläa in ihre Stadt Nazaret zurück. 40 Das Kind wuchs heran und wurde kräftig; Gott erfüllte es mit Weisheit, und seine Gnade ruhte auf ihm.

Der zwölfjährige Jesus im Tempel: 2,41–52

41 Die Eltern Jesu gingen jedes Jahr zum Paschafest nach Ex 23,14–17
Jerusalem. 42 Als er zwölf Jahre alt geworden war, zogen sie
wieder hinauf, wie es dem Festbrauch entsprach. 43 Nach- Ex 12,15.18
dem die Festtage zu Ende waren, machten sie sich auf den
Heimweg. Der junge Jesus aber blieb in Jerusalem, ohne
daß seine Eltern es merkten. 44 Sie meinten, er sei irgendwo in der Pilgergruppe, und reisten eine Tagesstrecke
weit; dann suchten sie ihn bei den Verwandten und Bekannten. 45 Als sie ihn nicht fanden, kehrten sie nach Jerusalem zurück und suchten ihn dort. 46 Nach drei Tagen
fanden sie ihn im Tempel; er saß mitten unter den Lehrern,
hörte ihnen zu und stellte Fragen. 47 Alle, die ihn hörten,
waren erstaunt über sein Verständnis und über seine Antworten. 48 Als seine Eltern ihn sahen, waren sie sehr betroffen, und seine Mutter sagte zu ihm: Kind, wie konntest
du uns das antun? Dein Vater und ich haben dich voll
Angst gesucht. 49 Da sagte er zu ihnen: Warum habt ihr
mich gesucht? Wußtet ihr nicht, daß ich in dem sein muß,
was meinem Vater gehört? 50 Doch sie verstanden nicht,
was er damit sagen wollte. 51 Dann kehrte er mit ihnen
nach Nazaret zurück und war ihnen gehorsam. Seine Mut- 2,19
ter bewahrte alles, was geschehen war, in ihrem Herzen.
52 Jesus aber wuchs heran, und seine Weisheit nahm zu,
und *er fand Gefallen bei Gott und den Menschen*. 1 Sam 2,26

2,37 Andere Übersetzungsmöglichkeit: seit vierundachtzig Jahren aber war sie Witwe.

2,41–51 Vom 13. Lebensjahr an ist ein jüdischer Junge verpflichtet, die Gebote und Vorschriften des jüdischen Gesetzes zu beachten. Nach Ex 23,14–17; 24,23f; Dtn 16,16f hatten alle jüdischen Männer, ausgenommen Greise und Kranke, zu den drei Hauptfesten des jüdischen Jahres, Pascha, Pfingsten und Laubhüttenfest, im Tempel zu erscheinen. Dies war aber nur für jene streng verpflichtend, die nicht mehr als eine Tagereise weit vom Tempel entfernt wohnten. Zu Fuß brauchte man von Galiläa mindestens drei Tage nach Jerusalem.

DIE VORBEREITUNG DES WIRKENS JESU: 3,1–4,13

Johannes der Täufer: 3,1–20

3–6: Mt 3,1–6; Mk 1,2–6 *7–9:* Mt 3,7–10
15–17: Mt 3,11f; Mk 1,7f *19–20:* Mt 14,3f; Mk 6,17f

3 Es war im fünfzehnten Jahr der Regierung des Kaisers
Tiberius; Pontius Pilatus war Statthalter von Judäa,
Herodes Tetrarch von Galiläa, sein Bruder Philippus Te-
trarch von Ituräa und Trachonitis, Lysanias Tetrarch von
Abilene; 2 Hohepriester waren Hannas und Kajaphas. Da
erging in der Wüste das Wort Gottes an Johannes, den Sohn
des Zacharias. 3 Und er zog in die Gegend am Jordan und
Joh 1,19–23; Apg 13,24; 19,4 verkündigte dort überall Umkehr und Taufe zur Verge-
bung der Sünden. 4 (So erfüllte sich,) was im Buch der Re-
den des Propheten Jesaja steht:
Jes 40,3–5 G *Eine Stimme ruft in der Wüste:*
Bereitet dem Herrn den Weg!
Ebnet ihm *die Straßen!*
5 *Jede Schlucht soll aufgefüllt werden,*
jeder Berg und Hügel sich senken.
Was krumm ist, soll gerade werden,
was uneben ist, soll zum ebenen Weg werden.
6 *Und alle Menschen werden das Heil sehen, das von*
Gott kommt.

7 Das Volk zog in Scharen zu ihm hinaus, um sich von
ihm taufen zu lassen. Er sagte zu ihnen: Ihr Schlangenbrut,
wer hat euch denn gelehrt, daß ihr dem kommenden Ge-
richt entrinnen könnt? 8 Bringt Früchte hervor, die eure
Umkehr zeigen, und fangt nicht an zu sagen: Wir haben ja
Abraham zum Vater. Denn ich sage euch: Gott kann aus
diesen Steinen Kinder Abrahams machen. 9 Schon ist die
Mt 7,19 Axt an die Wurzel der Bäume gelegt; jeder Baum, der keine

---

3,1f Durch die Verknüpfung der Geschichte Jesu mit der Weltgeschichte weist Lukas auf die umfassende Bedeutung Jesu hin. Tiberius war Kaiser von 14 bis 37 n. Chr.; Pontius Pilatus Statthalter (Präfekt) über die römische Provinz Judäa von 26 bis 36 n. Chr.; Herodes Antipas Tetrarch von Galiläa und Peräa von 4 v. Chr. bis 39 n. Chr. (vgl. die Anmerkung zu Mt 14,1), sein Halbbruder Philippus Tetrarch der vorwiegend heidnischen Gebiete Nordtransjordaniens von 4 v. Chr. bis 34 n. Chr. Die Regierungszeit des Lysanias ist nicht genau festzustellen. Hannas war Hoherpriester von 6 bis 15 n. Chr. und blieb auch danach sehr einflußreich. Seine fünf Söhne und sein Schwiegersohn Kajaphas kamen nacheinander in den Besitz der Hohenpriesterwürde. Kajaphas amtierte von 18 bis 37 n. Chr.

3,3 Umkehr und Taufe, wörtlich: die Taufe der Umkehr.

3,7 Gericht, wörtlich: Zorn.

gute Frucht hervorbringt, wird umgehauen und ins Feuer
geworfen.
10 Da fragten ihn die Leute: Was sollen wir also tun? 11 Er
antwortete ihnen: Wer zwei Gewänder hat, der gebe eines
davon dem, der keines hat, und wer zu essen hat, der
handle ebenso. 12 Es kamen auch Zöllner zu ihm, um sich
taufen zu lassen, und fragten: Meister, was sollen wir tun?
13 Er sagte zu ihnen: Verlangt nicht mehr, als festgesetzt
ist. 14 Auch Soldaten fragten ihn: Was sollen denn wir tun?
Und er sagte zu ihnen: Mißhandelt niemand, erpreßt nie-
mand, begnügt euch mit eurem Sold!
15 Das Volk war voll Erwartung, und alle überlegten im Joh 1,24–28
stillen, ob Johannes nicht vielleicht selbst der Messias sei.
16 Doch Johannes gab ihnen allen zur Antwort: Ich taufe
euch nur mit Wasser. Es kommt aber einer, der stärker ist Apg 13,25
als ich, und ich bin es nicht wert, ihm die Schuhe aufzu-
schnüren. Er wird euch mit dem Heiligen Geist und mit
Feuer taufen. 17 Schon hält er die Schaufel in der Hand, um
die Spreu vom Weizen zu trennen und den Weizen in seine
Scheune zu bringen; die Spreu aber wird er in nie erlö-
schendem Feuer verbrennen. 18 Mit diesen und vielen an-
deren Worten ermahnte er das Volk in seiner Predigt.
19 Johannes tadelte auch den Tetrarchen Herodes wegen
(der Sache mit) Herodias, der Frau seines Bruders, und we-
gen all der anderen Schandtaten, die er verübt hatte.
20 Deshalb ließ Herodes Johannes ins Gefängnis werfen
und lud so noch mehr Schuld auf sich.

Die Taufe Jesu: 3,21–22

21–22: Mt 3,13–17; Mk 1,9–11

21 Zusammen mit dem ganzen Volk ließ auch Jesus sich *21–22:*
taufen. Und während er betete, öffnete sich der Himmel, Joh 1, 29–34
22 und der Heilige Geist kam sichtbar in Gestalt einer
Taube auf ihn herab, und eine Stimme aus dem Himmel
sprach: *Du bist mein geliebter Sohn, an dir habe ich Gefal-* Gen 22,2; Ps 2,7;
len gefunden. Jes 42,1; Mt 3,17

Die Vorfahren Jesu: 3,23–38

23 Jesus war etwa dreißig Jahre alt, als er zum erstenmal
öffentlich auftrat. Man hielt ihn für den Sohn Josefs. Die

3,19 Vgl. die Anmerkung zu Mt 14,3–12.

3,23 Aus den verschiedenen Zeitangaben der Evangelien ergibt sich, daß Jesus sein öffentliches Wirken wohl im Jahr 28 begann (vgl. die Anmerkung zu 2,1–3).

3,23–28 Anders als bei Matthäus beginnt der Stammbaum des Lukas mit Adam. Für die Unterschiede in den Namensangaben der beiden Evangelisten gibt es keine befriedigende Erklärung.

Vorfahren Josefs waren: Eli, 24 Mattat, Levi, Melchi, Jan-
nai, Josef, 25 Mattitja, Amos, Nahum, Hesli, Naggai,
26 Mahat, Mattitja, Schimi, Josech, Joda, 27 Johanan, Resa,
Serubbabel, Schealtiël, Neri, 28 Melchi, Addi, Kosam, El-
madam, Er, 29 Joschua, Eliëser, Jorim, Mattat, Levi, 30 Si-
31–33: meon, Juda, Josef, Jonam, Eljakim, 31 Melea, Menna, Mat-
Rut 4,18–22 tata, Natan, David, 32 Isai, Obed, Boas, Salmon, Nach-
schon, 33 Amminadab, Admin, Arni, Hezron, Perez, Juda,
34–35: 34 Jakob, Isaak, Abraham, Terach, Nahor, 35 Serug, Regu,
Gen 11,10–26 Peleg, Eber, Schelach, 36 Kenan, Arpachschad, Sem, No-
36–38: Gen 5 ach, Lamech, 37 Metuschelach, Henoch, Jered, Mahalalel,
Kenan, 38 Enosch, Set, Adam; (der stammte von) Gott.

Die Versuchung Jesu: 4,1–13

1–13: Mt 4,1–11; Mk 1,12f

4 Erfüllt vom Heiligen Geist, verließ Jesus die Jordan-
gegend. Darauf führte ihn der Geist vierzig Tage lang
in der Wüste umher, 2 und dabei wurde Jesus vom Teufel in
Versuchung geführt. Die ganze Zeit über aß er nichts; als
aber die vierzig Tage vorüber waren, hatte er Hunger. 3 Da
sagte der Teufel zu ihm: Wenn du Gottes Sohn bist, so be-
fiehl diesem Stein, zu Brot zu werden. 4 Jesus antwortete
Dtn 8,3 ihm: In der Schrift heißt es: *Der Mensch lebt nicht nur von*
Brot. 5 Da führte ihn der Teufel (auf einen Berg) hinauf und
zeigte ihm in einem einzigen Augenblick alle Reiche der
Erde. 6 Und er sagte zu ihm: All die Macht und Herrlich-
keit dieser Reiche will ich dir geben; denn sie sind mir
überlassen, und ich gebe sie, wem ich will. 7 Wenn du dich
vor mir niederwirfst und mich anbetest, wird dir alles ge-
Dtn 5,9; 6,13 hören. 8 Jesus antwortete ihm: In der Schrift steht: *Vor*
dem Herrn, deinem Gott, sollst du dich niederwerfen und
ihm allein *dienen*. 9 Darauf führte ihn der Teufel nach Je-
rusalem, stellte ihn oben auf den Tempel und sagte zu ihm:
Wenn du Gottes Sohn bist, so stürz dich von hier hinab;
10 denn es heißt in der Schrift:

Ps 91,11f *Seinen Engeln befiehlt er, dich zu behüten;*
11 und: *Sie werden dich auf ihren Händen tragen,*
damit dein Fuß nicht an einen Stein stößt.

Dtn 6,16 12 Da antwortete ihm Jesus: Die Schrift sagt: *Du sollst*
den Herrn, deinen Gott, nicht auf die Probe stellen.
13 Nach diesen Versuchungen ließ der Teufel für eine ge-
wisse Zeit von ihm ab.

4,16–30 Im Unterschied zu Markus und Matthäus stellt Lukas das Auftreten Jesu in Nazaret programmatisch an den Anfang seines Wirkens.

DAS WIRKEN JESU IN GALILÄA: 4,14–9,50

Erstes Auftreten in Galiläa: 4,14–15

14–15: Mt 4,12.17; Mk 1,14f

14 Jesus kehrte, erfüllt von der Kraft des Geistes, nach
Galiläa zurück. Und die Kunde von ihm verbreitete sich in 4,37; 5,15
der ganzen Gegend. 15 Er lehrte in den Synagogen und
wurde von allen gepriesen.

Die Ablehnung Jesu in seiner Heimat: 4,16–30

16–30: Mt 13,54–58; Mk 6,1–6a

16 So kam er auch nach Nazaret, wo er aufgewachsen
war, und ging, wie gewohnt, am Sabbat in die Synagoge.
Als er aufstand, um aus der Schrift vorzulesen, 17 reichte
man ihm das Buch des Propheten Jesaja. Er schlug das Buch
auf und fand die Stelle, wo es heißt:
18 *Der Geist des Herrn ruht auf mir;* Jes 61,1f
denn der Herr hat mich gesalbt.
Er hat mich gesandt,
damit ich den Armen eine gute Nachricht bringe;
damit ich den Gefangenen die Entlassung verkünde
und den Blinden das Augenlicht; Jes 29,18
damit ich die Zerschlagenen in Freiheit setze Jes 58,6 G
19 *und ein Gnadenjahr des Herrn ausrufe.*
20 Dann schloß er das Buch, gab es dem Synagogendiener
und setzte sich. Die Augen aller in der Synagoge waren auf
ihn gerichtet. 21 Da begann er, ihnen darzulegen: Heute hat
sich das Schriftwort, das ihr eben gehört habt, erfüllt.
22 Seine Rede fand bei allen Beifall; sie staunten darüber,
wie begnadet er redete, und sagten: Ist das nicht der Sohn Joh 6,42
Josefs? 23 Da entgegnete er ihnen: Sicher werdet ihr mir das
Sprichwort vorhalten: Arzt, heile dich selbst! Wenn du in
Kafarnaum so große Dinge getan hast, wie wir gehört ha-
ben, dann tu sie auch hier in deiner Heimat! 24 Und er
setzte hinzu: Amen, das sage ich euch: Kein Prophet wird Joh 4,44
in seiner Heimat anerkannt. 25 Wahrhaftig, das sage ich
euch: In Israel gab es viele Witwen in den Tagen des Elija, 1 Kön 17,1–7;
als der Himmel für drei Jahre und sechs Monate verschlos- Jak 5,17
sen war und eine große Hungersnot über das ganze Land
kam. 26 Aber zu keiner von ihnen wurde Elija gesandt, nur 1 Kön 17,8–16
zu einer Witwe in Sarepta bei Sidon. 27 Und viele Aussät- 2 Kön 5,1–27
zige gab es in Israel zur Zeit des Propheten Elischa. Aber
keiner von ihnen wurde geheilt, nur der Syrer Naaman.
28 Als die Leute in der Synagoge das hörten, gerieten sie alle
in Wut. 29 Sie sprangen auf und trieben Jesus zur Stadt hin-
aus; sie brachten ihn an den Abhang des Berges, auf dem

ihre Stadt erbaut war, und wollten ihn hinabstürzen. [30] Er
aber schritt mitten durch die Menge hindurch und ging
weg.

Jesus in der Synagoge von Kafarnaum: 4,31–37

31–37: Mk 1,21–28

[31] Jesus ging hinab nach Kafarnaum, einer Stadt in Gali-
Mt 7,28f läa, und lehrte die Menschen am Sabbat. [32] Sie waren sehr
betroffen von seiner Lehre, denn er redete mit (göttlicher)
Vollmacht.

[33] In der Synagoge saß ein Mann, der von einem Dämon,
einem unreinen Geist, besessen war. Der begann laut zu
8,28; Mt 8,29; Mk 5,7; Joh 2,4 schreien: [34] Was haben wir mit dir zu tun, Jesus von Naza-
ret? Bist du gekommen, um uns ins Verderben zu stürzen?
Ich weiß, wer du bist: der Heilige Gottes! [35] Da befahl ihm
Jesus: Schweig und verlaß ihn! Der Dämon warf den Mann
mitten in der Synagoge zu Boden und verließ ihn, ohne ihn
jedoch zu verletzen. [36] Da waren alle erstaunt und er-
schrocken, und einer fragte den andern: Was ist das für ein
Mt 7,29 Wort? Mit Vollmacht und Kraft befiehlt er den unreinen
4,14; 5,15 Geistern, und sie fliehen. [37] Und sein Ruf verbreitete sich
in der ganzen Gegend.

Die Heilung der Schwiegermutter des Petrus: 4,38–39

38–39: Mt 8,14f; Mk 1,29–31

[38] Jesus stand auf, verließ die Synagoge und ging in das
Haus des Simon. Die Schwiegermutter des Simon hatte
hohes Fieber, und sie baten ihn, ihr zu helfen. [39] Er trat zu
ihr hin, beugte sich über sie und befahl dem Fieber zu wei-
chen. Da wich es von ihr, und sie stand sofort auf und
sorgte für sie.

Die Heilung von Besessenen und Kranken: 4,40–41

40–41: Mt 8,16; Mk 1,32–34

[40] Als die Sonne unterging, brachten die Leute ihre
Kranken, die alle möglichen Leiden hatten, zu Jesus. Er
legte jedem Kranken die Hände auf und heilte alle. [41] Von
Mt 8,29; Mk 3,11 vielen fuhren auch Dämonen aus und schrien: Du bist der
Sohn Gottes! Da fuhr er sie schroff an und ließ sie nicht re-
den; denn sie wußten, daß er der Messias war.

4,34 Andere Übersetzungsmöglichkeit: Du bist gekommen, um uns ins Verderben zu stürzen.

Aufbruch aus Kafarnaum: 4,42–44

42–44: Mk 1,35–39

42 Bei Tagesanbruch verließ er die Stadt und ging an ei-
nen einsamen Ort. Aber die Menschen suchten ihn, und
als sie ihn fanden, wollten sie ihn daran hindern wegzuge-
hen. 43 Er sagte zu ihnen: Ich muß auch den anderen Städ-
ten das Evangelium vom Reich Gottes verkünden; denn
dazu bin ich gesandt worden. 44 Und er predigte in den
Synagogen Judäas.

Die Berufung der ersten Jünger: 5,1–11

5 Als Jesus am Ufer des Sees Gennesaret stand, drängte *1–11:*
sich das Volk um ihn und wollte das Wort Gottes hö- Mt 4,18–22;
ren. 2 Da sah er zwei Boote am Ufer liegen. Die Fischer wa- Mk 1,16–20; Joh 1,35–51;
ren ausgestiegen und wuschen ihre Netze. 3 Jesus stieg in 21,1–7
das Boot, das dem Simon gehörte, und bat ihn, ein Stück
weit vom Land wegzufahren. Dann setzte er sich und
lehrte das Volk vom Boot aus. 4 Als er seine Rede beendet
hatte, sagte er zu Simon: Fahr hinaus auf den See! Dort
werft eure Netze zum Fang aus! 5 Simon antwortete ihm:
Meister, wir haben die ganze Nacht gearbeitet und nichts
gefangen. Doch wenn du es sagst, werde ich die Netze
auswerfen. 6 Das taten sie, und sie fingen eine so große
Menge Fische, daß ihre Netze zu reißen drohten. 7 Deshalb
winkten sie ihren Gefährten im anderen Boot, sie sollten
kommen und ihnen helfen. Sie kamen, und gemeinsam
füllten sie beide Boote bis zum Rand, so daß sie fast unter-
gingen. 8 Als Simon Petrus das sah, fiel er Jesus zu Füßen
und sagte: Herr, geh weg von mir; ich bin ein Sünder.
9 Denn er und alle seine Begleiter waren erstaunt und er-
schrocken, weil sie so viele Fische gefangen hatten;
10 ebenso ging es Jakobus und Johannes, den Söhnen des
Zebedäus, die mit Simon zusammenarbeiteten. Da sagte
Jesus zu Simon: Fürchte dich nicht! Von jetzt an wirst du
Menschen fangen. 11 Und sie zogen die Boote an Land, lie-
ßen alles zurück und folgten ihm nach.

Die Heilung eines Aussätzigen: 5,12–16

12–16: Mt 8,2–4; Mk 1,40–45

12 Als Jesus in einer der Städte war, kam ein Mann, der
am ganzen Körper Aussatz hatte. Sobald er Jesus sah, warf

4,44 Bei vielen Textzeugen ist hier nach Mk 1,39 geändert: in den Synagogen Galiläas; vgl. Mt 4,23.

er sich vor ihm zu Boden und bat ihn: Herr, wenn du willst,
kannst du machen, daß ich rein werde. 13 Da streckte Jesus
die Hand aus, berührte ihn und sagte: Ich will es – werde
rein! Im gleichen Augenblick verschwand der Aussatz.
14 Jesus befahl ihm: Erzähl niemand davon, sondern geh,
Lev 13,49; *zeig dich dem Priester* und bring das Reinigungsopfer dar,
14,2–32; wie es Mose angeordnet hat. Das soll für sie ein Beweis
Lk 17,14 (deiner Heilung) sein.

4,14.37 15 Sein Ruf verbreitete sich immer mehr, so daß die
Menschen von überall herbeiströmten. Sie alle wollten ihn
hören und von ihren Krankheiten geheilt werden. 16 Doch
9,18; Mk 1,35 er zog sich an einen einsamen Ort zurück, um zu
beten.

Die Heilung eines Gelähmten: 5,17–26

17–26: Mt 9,1–8; Mk 2,1–12

17 Eines Tages, als Jesus wieder lehrte, saßen unter den
Zuhörern auch Pharisäer und Gesetzeslehrer; sie waren
aus allen Dörfern Galiläas und Judäas und aus Jerusalem
gekommen. Und die Kraft des Herrn drängte ihn dazu, zu
heilen. 18 Da brachten einige Männer einen Gelähmten auf
einer Tragbahre. Sie wollten ihn ins Haus bringen und vor
Jesus hinlegen. 19 Weil es ihnen aber wegen der vielen
Leute nicht möglich war, ihn hineinzubringen, stiegen sie
aufs Dach, deckten die Ziegel ab und ließen ihn auf seiner
Tragbahre in die Mitte des Raumes hinunter, genau vor Je-
sus hin. 20 Als er ihren Glauben sah, sagte er zu dem Mann:
Deine Sünden sind dir vergeben. 21 Da dachten die Schrift-
7,49 gelehrten und die Pharisäer: Wer ist das, daß er eine solche
Gotteslästerung wagt? Wer außer Gott kann Sünden ver-
geben? 22 Jesus aber merkte, was sie dachten, und sagte zu
ihnen: Was habt ihr für Gedanken im Herzen? 23 Was ist
leichter, zu sagen: Deine Sünden sind dir vergeben!, oder
zu sagen: Steh auf und geh umher? 24 Ihr sollt aber erken-
nen, daß der Menschensohn die Vollmacht hat, hier auf der
Erde Sünden zu vergeben. Und er sagte zu dem Gelähmten:
Ich sage dir: Steh auf, nimm deine Tragbahre, und geh nach
Hause! 25 Im gleichen Augenblick stand der Mann vor aller
Augen auf. Er nahm die Tragbahre, auf der er gelegen hatte,
und ging heim, Gott lobend und preisend. 26 Da gerieten
alle außer sich; sie priesen Gott und sagten voller Furcht:
Heute haben wir etwas Unglaubliches gesehen.

5,14 Vgl. die Anmerkung zu Mt 8,4.
5,20 Wörtlich: . . . sagte er: Mensch, deine Sünden . . .
5,33–38 Vgl. die Anmerkungen zu Mt 9,16 und Mk 2,18.

Die Berufung des Levi und das Mahl mit den Zöllnern: 5,27–32

27–32: Mt 9,9–13; Mk 2,13–17

[27] Als Jesus von dort wegging, sah er einen Zöllner na-
mens Levi am Zoll sitzen und sagte zu ihm: Folge mir Mt 8,22
nach! [28] Da stand Levi auf, verließ alles und folgte ihm.
[29] Und er gab für Jesus in seinem Haus ein großes Fest-
mahl. Viele Zöllner und andere Gäste waren mit ihnen bei 15,1f;
Tisch. [30] Da sagten die Pharisäer und ihre Schriftgelehrten Mt 11,19
voll Unwillen zu seinen Jüngern: Wie könnt ihr zusam- 7,34; 19,7
men mit Zöllnern und Sündern essen und trinken? [31] Jesus
antwortete ihnen: Nicht die Gesunden brauchen den Arzt,
sondern die Kranken. [32] Ich bin gekommen, um die Sünder 19,10
zur Umkehr zu rufen, nicht die Gerechten.

Die Frage nach dem Fasten: 5,33–39

33–38: Mt 9,14–17; Mk 2,18–22

[33] Sie sagten zu ihm: Die Jünger des Johannes fasten und
beten viel, ebenso die Jünger der Pharisäer; deine Jünger
aber essen und trinken. [34] Jesus erwiderte ihnen: Könnt ihr
denn die Hochzeitsgäste fasten lassen, solange der Bräuti-
gam bei ihnen ist? [35] Es werden aber Tage kommen, da
wird ihnen der Bräutigam genommen sein; in jenen Tagen
werden sie fasten.
[36] Und er erzählte ihnen auch noch ein Gleichnis: Nie-
mand schneidet ein Stück von einem neuen Kleid ab und
setzt es auf ein altes Kleid; denn das neue Kleid wäre zer-
schnitten, und zu dem alten Kleid würde das Stück von
dem neuen nicht passen. [37] Auch füllt niemand neuen
Wein in alte Schläuche. Denn der neue Wein zerreißt die
Schläuche; er läuft aus, und die Schläuche sind unbrauch-
bar. [38] Neuen Wein muß man in neue Schläuche füllen.
[39] Und niemand, der alten Wein getrunken hat, will neuen;
denn er sagt: Der alte Wein ist besser.

Das Abreißen der Ähren am Sabbat: 6,1–5

1–5: Mt 12,1–8; Mk 2,23–28

6 Als er an einem Sabbat durch die Kornfelder ging, ris- Dtn 23,26
sen seine Jünger Ähren ab, zerrieben sie mit den Hän-
den und aßen sie. [2] Da sagten einige Pharisäer: Was tut ihr
da? Das ist doch am Sabbat verboten! [3] Jesus erwiderte ih-
nen: Habt ihr nicht gelesen, was David getan hat, als er und 1 Sam 21,2–7
seine Begleiter hungrig waren – [4] wie er in das Haus Gottes
ging und die heiligen Brote nahm, die nur die Priester essen Lev 24,5–9

dürfen, und wie er sie aß und auch seinen Begleitern davon
gab? 5 Und Jesus fügte hinzu: Der Menschensohn ist Herr
über den Sabbat.

Die Heilung eines Mannes am Sabbat: 6,6–11

6–11: Mt 12,9–14; Mk 3,1–6

6–11: 14,1–6 6 An einem anderen Sabbat ging er in die Synagoge und
lehrte. Dort saß ein Mann, dessen rechte Hand verdorrt
war. 7 Die Schriftgelehrten und die Pharisäer gaben acht,
ob er am Sabbat heilen werde; sie suchten nämlich einen
Grund zur Anklage gegen ihn. 8 Er aber wußte, was sie im
Sinn hatten, und sagte zu dem Mann mit der verdorrten
Hand: Steh auf und stell dich in die Mitte! Der Mann stand
auf und trat vor. 9 Dann sagte Jesus zu ihnen: Ich frage
euch: Was ist am Sabbat erlaubt: Gutes zu tun oder Böses,
ein Leben zu retten oder es zugrunde gehen zu lassen?
10 Und er sah sie alle der Reihe nach an und sagte dann zu
dem Mann: Streck deine Hand aus! Er tat es, und seine
Hand war wieder gesund. 11 Da wurden sie von sinnloser
Wut erfüllt und berieten, was sie gegen Jesus unternehmen
könnten.

Die Wahl der Zwölf: 6,12–16

12–16: Mt 10,1–4; Mk 3,13–19

Mt 14,23; 12 In diesen Tagen ging er auf einen Berg, um zu beten.
Mk 6,46 Und er verbrachte die ganze Nacht im Gebet zu Gott.
13 Als es Tag wurde, rief er seine Jünger zu sich und wählte
aus ihnen zwölf aus; sie nannte er auch Apostel. 14 (Es wa-
14–16: ren) Simon, dem er den Namen Petrus gab, und sein Bruder
Joh 1,40–44; Andreas, dazu Jakobus und Johannes, Philippus und Bar-
Apg 1,13 tholomäus, 15 Matthäus und Thomas, Jakobus, der Sohn
des Alphäus, und Simon, genannt der Zelot, 16 Judas, der
Sohn des Jakobus, und Judas Iskariot, der zum Verräter
wurde.

Der Andrang des Volkes: 6,17–19

17–19: Mt 4,23–25; 12,15f; Mk 3,7–12

17 Jesus stieg mit ihnen den Berg hinab. In der Ebene

6,6.8.10 Hand, andere Übersetzungsmöglichkeit: Arm.

6,13 Apostel (griechisch apóstolos = Bote, Gesandter) ist für die Urkirche Bezeichnung der mit der weltweiten Mission beauftragten Auferstehungszeugen. Durch die Gleichsetzung der »Apostel« mit dem Kreis der von Jesus zu Lebzeiten eingesetzten Zwölf hebt Lukas die enge Verbindung von Zwölferkreis und Apostelkollegium hervor.

6,17 Nach Lukas fand die »Bergpredigt« (Mt 5,1) an einem ebenen Ort statt (daher wird Lk 6,20–49 auch »Feldrede« genannt).

blieb er mit einer großen Schar seiner Jünger stehen, und
viele Menschen aus ganz Judäa und Jerusalem und dem
Küstengebiet von Tyrus und Sidon 18 strömten herbei. Sie
alle wollten ihn hören und von ihren Krankheiten geheilt
werden. Auch die von unreinen Geistern Geplagten wur-
den geheilt. 19 Alle Leute versuchten, ihn zu berühren; 8,44; Mt 14,36
denn es ging eine Kraft von ihm aus, die alle heilte.

Die Feldrede: 6,20–49

Mt 5–7

Seligpreisungen und Weherufe: 6,20–26

20–23: Mt 5,3–12

20 Er richtete seine Augen auf seine Jünger und sagte:
Selig, ihr Armen, denn euch gehört das Reich Gottes.
21 Selig, die ihr jetzt hungert, denn ihr werdet satt
werden.
Selig, die ihr jetzt weint, denn ihr werdet lachen.
22 Selig seid ihr, wenn euch die Menschen hassen und
aus ihrer Gemeinschaft ausschließen, wenn sie euch
beschimpfen und euch in Verruf bringen um des Men-
schensohnes willen. 23 Freut euch und jauchzt an je-
nem Tag; euer Lohn im Himmel wird groß sein. Denn
ebenso haben es ihre Väter mit den Propheten ge-
macht.
24 Aber weh euch, die ihr reich seid; denn ihr habt kei-
nen Trost mehr zu erwarten.
25 Weh euch, die ihr jetzt satt seid; denn ihr werdet
hungern.
Weh euch, die ihr jetzt lacht; denn ihr werdet klagen
und weinen.
26 Weh euch, wenn euch alle Menschen loben; denn
ebenso haben es ihre Väter mit den falschen Prophe-
ten gemacht.

Von der Vergeltung und von der Liebe zu den Feinden: 6,27–36

27–36: Mt 5,38–48

27 Euch, die ihr mir zuhört, sage ich: Liebt eure Feinde;
tut denen Gutes, die euch hassen. 28 Segnet die, die euch
verfluchen; betet für die, die euch mißhandeln. 29 Dem,
der dich auf die eine Wange schlägt, halt auch die andere
hin, und dem, der dir den Mantel wegnimmt, laß auch das
Hemd. 30 Gib jedem, der dich bittet; und wenn dir jemand
etwas wegnimmt, verlang es nicht zurück. 31 Was ihr von Mt 7,12
anderen erwartet, das tut ebenso auch ihnen. 32 Wenn ihr
nur die liebt, die euch lieben, welchen Dank erwartet ihr

dafür? Auch die Sünder lieben die, von denen sie geliebt
werden. [33] Und wenn ihr nur denen Gutes tut, die euch
Gutes tun, welchen Dank erwartet ihr dafür? Das tun auch
die Sünder. [34] Und wenn ihr nur denen etwas leiht, von de-
nen ihr es zurückzubekommen hofft, welchen Dank er-
wartet ihr dafür? Auch die Sünder leihen Sündern in der
Hoffnung, alles zurückzubekommen. [35] Ihr aber sollt eure
Feinde lieben und sollt Gutes tun und leihen, auch wo ihr
nichts dafür erhoffen könnt. Dann wird euer Lohn groß
sein, und ihr werdet Söhne des Höchsten sein; denn auch
er ist gütig gegen die Undankbaren und Bösen. [36] Seid
barmherzig, wie es auch euer Vater ist!

Vom Richten: 6,37–42

37–42: Mt 7,1–5

[37] Richtet nicht, dann werdet auch ihr nicht gerichtet
werden. Verurteilt nicht, dann werdet auch ihr nicht ver-
Mt 6,14f; urteilt werden. Erlaßt einander die Schuld, dann wird auch
Mk 11,25f euch die Schuld erlassen werden. [38] Gebt, dann wird auch
Mk 4,24 euch gegeben werden. In reichem, vollem, gehäuftem,
überfließendem Maß wird man euch beschenken; denn
nach dem Maß, mit dem ihr meßt und zuteilt, wird auch
euch zugeteilt werden.

Mt 15,14 [39] Er gebrauchte auch einen Vergleich und sagte: Kann
ein Blinder einen Blinden führen? Werden nicht beide in
Mt 10,24f; eine Grube fallen? [40] Der Jünger steht nicht über seinem
Joh 13,16; Meister; jeder aber, der alles gelernt hat, wird wie sein
15,20 Meister sein. [41] Warum siehst du den Splitter im Auge dei-
nes Bruders, aber den Balken in deinem eigenen Auge be-
merkst du nicht? [42] Wie kannst du zu deinem Bruder sa-
gen: Bruder, laß mich den Splitter aus deinem Auge her-
ausziehen!, während du den Balken in deinem eigenen
Auge nicht siehst? Du Heuchler! Zieh zuerst den Balken
aus deinem Auge; dann kannst du versuchen, den Splitter
aus dem Auge deines Bruders herauszuziehen.

Von der wahren Frömmigkeit: 6,43–46

43–45: Mt 7,16–21; 12,33–35

[43] Es gibt keinen guten Baum, der schlechte Früchte her-
vorbringt, noch einen schlechten Baum, der gute Früchte
hervorbringt. [44] Jeden Baum erkennt man an seinen Früch-
ten: Von den Disteln pflückt man keine Feigen, und vom
Dornstrauch erntet man keine Trauben. [45] Ein guter

6,45 Wörtlich: Ein guter Mensch bringt aus dem guten Schatz seines Herzens das Gute hervor, und ein böser Mensch bringt aus dem bösen das Böse hervor.

Mensch bringt Gutes hervor, weil in seinem Herzen Gutes
ist; und ein böser Mensch bringt Böses hervor, weil in sei-
nem Herzen Böses ist. Wovon das Herz voll ist, davon
spricht der Mund. 46 Was sagt ihr zu mir: Herr! Herr!, und
tut nicht, was ich sage?

Vom Haus auf dem Felsen: 6,47–49

47–49: Mt 7,24–27

47 Ich will euch zeigen, wem ein Mensch gleicht, der zu
mir kommt und meine Worte hört und danach handelt.
48 Er ist wie ein Mann, der ein Haus baute und dabei die
Erde tief aushob und das Fundament auf einen Felsen stell-
te. Als nun ein Hochwasser kam und die Flutwelle gegen
das Haus prallte, konnte sie es nicht erschüttern, weil es
gut gebaut war. 49 Wer aber hört und nicht danach handelt,
ist wie ein Mann, der sein Haus ohne Fundament auf die
Erde baute. Die Flutwelle prallte dagegen, das Haus stürzte
sofort in sich zusammen und wurde völlig zerstört.

Zeichen und Worte Jesu: 7,1–9,50

Der Hauptmann von Kafarnaum: 7,1–10

1–10: Mt 8,5–13; Joh 4,46–53

7 Als Jesus diese Rede vor dem Volk beendet hatte, ging
er nach Kafarnaum hinein. 2 Ein Hauptmann hatte
einen Diener, der todkrank war und den er sehr schätzte.
3 Als der Hauptmann von Jesus hörte, schickte er einige
von den jüdischen Ältesten zu ihm mit der Bitte, zu kom-
men und seinen Diener zu retten. 4 Sie gingen zu Jesus und
baten ihn inständig. Sie sagten: Er verdient es, daß du seine
Bitte erfüllst; 5 denn er liebt unser Volk und hat uns die
Synagoge gebaut. 6 Da ging Jesus mit ihnen. Als er nicht
mehr weit von dem Haus entfernt war, schickte der
Hauptmann Freunde und ließ ihm sagen: Herr, bemüh
dich nicht! Denn ich bin es nicht wert, daß du mein Haus
betrittst. 7 Deshalb habe ich mich auch nicht für würdig
gehalten, selbst zu dir zu kommen. Sprich nur ein Wort,
dann muß mein Diener gesund werden. 8 Auch ich muß
Befehlen gehorchen, und ich habe selber Soldaten unter
mir; sage ich nun zu einem: Geh!, so geht er, und zu einem
andern: Komm!, so kommt er, und zu meinem Diener: Tu
das!, so tut er es. 9 Jesus war erstaunt über ihn, als er das
hörte. Und er wandte sich um und sagte zu den Leuten, die
ihm folgten: Ich sage euch: Nicht einmal in Israel habe ich
einen solchen Glauben gefunden. 10 Und als die Männer,
die der Hauptmann geschickt hatte, in das Haus zurück-
kehrten, stellten sie fest, daß der Diener gesund war.

Die Auferweckung eines jungen Mannes in Naïn: 7,11–17

11 Einige Zeit später ging er in eine Stadt namens Naïn;
seine Jünger und eine große Menschenmenge folgten ihm.
12 Als er in die Nähe des Stadttors kam, trug man gerade
einen Toten heraus. Es war der einzige Sohn seiner Mutter,
einer Witwe. Und viele Leute aus der Stadt begleiteten sie.
13 Als der Herr die Frau sah, hatte er Mitleid mit ihr und
sagte zu ihr: Weine nicht! 14 Dann ging er zu der Bahre hin
und faßte sie an. Die Träger blieben stehen, und er sagte:
Ich befehle dir, junger Mann: Steh auf! 15 Da richtete sich
1 Kön 17,23 der Tote auf und begann zu sprechen, *und* Jesus *gab ihn*
seiner Mutter zurück. 16 Alle wurden von Furcht ergriffen;
sie priesen Gott und sagten: Ein großer Prophet ist unter
1,68 uns aufgetreten: Gott hat sich seines Volkes angenom-
men. 17 Und die Kunde davon verbreitete sich überall in
Judäa und im ganzen Gebiet ringsum.

Die Frage des Täufers: 7,18–23

18–23: Mt 11,2–6

18 Johannes erfuhr das alles von seinen Jüngern. Da rief
er zwei von ihnen zu sich, 19 schickte sie zum Herrn und
ließ ihn fragen: Bist du der, der kommen soll, oder müssen
wir auf einen andern warten? 20 Als die beiden Männer zu
Jesus kamen, sagten sie: Johannes der Täufer hat uns zu dir
geschickt und läßt dich fragen: Bist du der, der kommen
soll, oder müssen wir auf einen andern warten? 21 Damals
heilte Jesus viele Menschen von ihren Krankheiten und
Leiden, befreite sie von bösen Geistern und schenkte vie-
len Blinden das Augenlicht. 22 Er antwortete den beiden:
Geht und berichtet Johannes, was ihr gesehen und gehört
Jes 26,19; habt: *Blinde sehen wieder, Lahme* gehen, und Aussätzige
29,18; 35,5f; werden rein; *Taube hören, Tote stehen auf*, und *den Ar-*
61,1 *men wird das Evangelium verkündet*. 23 Selig ist, wer an
mir keinen Anstoß nimmt.

Das Urteil Jesu über den Täufer: 7,24–35

24–35: Mt 11,7–19

24 Als die Boten des Johannes weggegangen waren, be-
gann Jesus zu der Menge über Johannes zu reden; er sagte:
Was habt ihr denn sehen wollen, als ihr in die Wüste hin-
ausgegangen seid? Ein Schilfrohr, das im Wind schwankt?
25 Oder was habt ihr sehen wollen, als ihr hinausgegangen
seid? Einen Mann in feiner Kleidung? Leute, die vornehm

7,18–23 Vgl. die Anmerkung zu Mt 11,2–6.

gekleidet sind und üppig leben, findet man in den Palästen
der Könige. 26 Oder was habt ihr sehen wollen, als ihr hin-
ausgegangen seid? Einen Propheten? Ja, ich sage euch: Ihr
habt sogar mehr gesehen als einen Propheten. 27 Er ist der,
von dem es in der Schrift heißt:

Ich sende meinen Boten vor dir her; Ex 23,20;
er soll den Weg für dich *bahnen.* Mal 3,1;

28 Ich sage euch: Unter allen Menschen gibt es keinen grö- Lk 1,76; Mk 1,2
ßeren als Johannes; doch der Kleinste im Reich Gottes ist
größer als er. 29 Das ganze Volk, das Johannes hörte, selbst
die Zöllner, sie alle haben den Willen Gottes anerkannt
und sich von Johannes taufen lassen. 30 Doch die Pharisäer
und die Gesetzeslehrer haben den Willen Gottes mißach-
tet und sich von Johannes nicht taufen lassen.

31 Mit wem soll ich also die Menschen dieser Generation
vergleichen? Wem sind sie ähnlich? 32 Sie sind wie Kinder,
die auf dem Marktplatz sitzen und einander zurufen: Wir
haben für euch auf der Flöte (Hochzeitslieder) gespielt, und
ihr habt nicht getanzt; wir haben Klagelieder gesungen,
und ihr habt nicht geweint. 33 Johannes der Täufer ist ge-
kommen, er ißt kein Brot und trinkt keinen Wein, und ihr 1,15
sagt: Er ist von einem Dämon besessen. 34 Der Menschen-
sohn ist gekommen, er ißt und trinkt; darauf sagt ihr: Die-
ser Fresser und Säufer, dieser Freund der Zöllner und Sün- 5,30; 15,1f;
der! 35 Und doch hat die Weisheit durch alle ihre Kinder 19,7; Mt 9,10f
recht bekommen.

Die Begegnung Jesu mit der Sünderin: 7,36–50

36–50: Mt 26,6–13; Mk 14,3–9; Joh 12,3–8

36 Jesus ging in das Haus eines Pharisäers, der ihn zum
Essen eingeladen hatte, und legte sich zu Tisch. 37 Als nun
eine Sünderin, die in der Stadt lebte, erfuhr, daß er im Haus
des Pharisäers bei Tisch war, kam sie mit einem Alaba-
stergefäß voll wohlriechendem Öl 38 und trat von hinten
an ihn heran. Dabei weinte sie, und ihre Tränen fielen auf
seine Füße. Sie trocknete seine Füße mit ihrem Haar,
küßte sie und salbte sie mit dem Öl. 39 Als der Pharisäer,
der ihn eingeladen hatte, das sah, dachte er: Wenn er wirk-
lich ein Prophet wäre, müßte er wissen, was das für eine
Frau ist, von der er sich berühren läßt; er wüßte, daß sie

7,28 Unter allen Menschen, wörtlich: Unter allen von einer Frau Geborenen.

7,29 Wörtlich: sie alle haben Gott recht gegeben.

7,31–35 Vgl. die Anmerkung zu Mt 11,16–19.

7,38f Die Berührung durch Sünder machte unrein; vgl. die Anmerkung zu Mk 7,1–8.

eine Sünderin ist. [40] Da wandte sich Jesus an ihn und sagte:
Simon, ich möchte dir etwas sagen. Er erwiderte: Sprich,
Meister! [41] (Jesus sagte:) Ein Geldverleiher hatte zwei
Schuldner; der eine war ihm fünfhundert Denare schuldig,
der andere fünfzig. [42] Als sie ihre Schulden nicht bezahlen
Mt 18,27 konnten, erließ er sie beiden. Wer von ihnen wird ihn nun
mehr lieben? [43] Simon antwortete: Ich nehme an, der, dem
er mehr erlassen hat. Jesus sagte zu ihm: Du hast recht.
[44] Dann wandte er sich der Frau zu und sagte zu Simon:
Siehst du diese Frau? Als ich in dein Haus kam, hast du mir
kein Wasser zum Waschen der Füße gegeben; sie aber hat
ihre Tränen über meinen Füßen vergossen und sie mit ih-
rem Haar abgetrocknet. [45] Du hast mir (zur Begrüßung)
keinen Kuß gegeben; sie aber hat mir, seit ich hier bin, un-
aufhörlich die Füße geküßt. [46] Du hast mir nicht das Haar
mit Öl gesalbt; sie aber hat mir mit ihrem wohlriechenden
Öl die Füße gesalbt. [47] Deshalb sage ich dir: Ihr sind ihre
vielen Sünden vergeben, weil sie (mir) so viel Liebe gezeigt
hat. Wem aber nur wenig vergeben wird, der zeigt auch nur
wenig Liebe. [48] Dann sagte er zu ihr: Deine Sünden sind dir
5,21 vergeben. [49] Da dachten die anderen Gäste: Wer ist das,
8,48; 18,42; daß er sogar Sünden vergibt? [50] Er aber sagte zu der Frau:
Mt 9,22; Mk 5,34; 10,52 Dein Glaube hat dir geholfen. Geh in Frieden!

Frauen im Gefolge Jesu: 8,1–3

8 In der folgenden Zeit wanderte er von Stadt zu Stadt
und von Dorf zu Dorf und verkündete das Evangelium
vom Reich Gottes. Die Zwölf begleiteten ihn, [2] außerdem
23,49 einige Frauen, die er von bösen Geistern und von Krank-
Mk 16,9 heiten geheilt hatte: Maria Magdalene, aus der sieben Dä-
24,10 monen ausgefahren waren, [3] Johanna, die Frau des Chuzas,
eines Beamten des Herodes, Susanna und viele andere. Sie
alle unterstützten Jesus und die Jünger mit dem, was sie
besaßen.

Das Gleichnis vom Sämann: 8,4–8

4–8: Mt 13,1–9; Mk 4,1–9

[4] Als die Leute aus allen Städten zusammenströmten
und sich viele Menschen um ihn versammelten, erzählte
er ihnen dieses Gleichnis: [5] Ein Sämann ging aufs Feld, um
seinen Samen auszusäen. Als er säte, fiel ein Teil der Kör-
ner auf den Weg; sie wurden zertreten, und die Vögel des
Himmels fraßen sie. [6] Ein anderer Teil fiel auf Felsen, und
als die Saat aufging, verdorrte sie, weil es ihr an Feuchtig-

---

7,44 Wörtlich: hast du mir kein Wasser über die Füße gegossen.

keit fehlte. 7 Wieder ein anderer Teil fiel mitten in die
Dornen, und die Dornen wuchsen zusammen mit der Saat
hoch und erstickten sie. 8 Ein anderer Teil schließlich fiel
auf guten Boden, ging auf und brachte hundertfach Frucht.
Als Jesus das gesagt hatte, rief er: Wer Ohren hat zum Hö- Mt 11,15
ren, der höre!

Sinn und Zweck der Gleichnisse: 8,9–10

9–10: Mt 13,10–17; Mk 4,10–12

9 Seine Jünger fragten ihn, was das Gleichnis bedeute.
10 Da sagte er: Euch ist es gegeben, die Geheimnisse des
Reiches Gottes zu erkennen. Zu den anderen Menschen
aber wird nur in Gleichnissen geredet; denn *sie sollen se-* Jes 6,9;
hen und doch nicht sehen, hören und doch nicht verste- Joh 12,40;
hen. Apg 28,26

Die Deutung des Gleichnisses vom Sämann: 8,11–15

11–15: Mt 13,18–23; Mk 4,13–20

11 Das ist der Sinn des Gleichnisses: Der Samen ist das
Wort Gottes. 12 Auf den Weg ist der Samen bei denen gefal-
len, die das Wort zwar hören, denen es aber der Teufel dann
aus dem Herzen reißt, damit sie nicht glauben und nicht
gerettet werden. 13 Auf den Felsen ist der Samen bei denen
gefallen, die das Wort freudig aufnehmen, wenn sie es hö-
ren; aber sie haben keine Wurzeln: Eine Zeitlang glauben
sie, doch in der Zeit der Prüfung werden sie abtrünnig.
14 Unter die Dornen ist der Samen bei denen gefallen, die
das Wort zwar hören, dann aber weggehen und in den Sor-
gen, dem Reichtum und den Genüssen des Lebens erstik-
ken, deren Frucht also nicht reift. 15 Auf guten Boden ist
der Samen bei denen gefallen, die das Wort mit gutem und
aufrichtigem Herzen hören, daran festhalten und durch
ihre Ausdauer Frucht bringen.

Vom rechten Hören: 8,16–18

16–18: Mk 4,21–25

16 Niemand zündet ein Licht an und deckt es mit einem 11,33; Mt 5,15
Gefäß zu oder stellt es unter das Bett, sondern man stellt
das Licht auf den Leuchter, damit alle, die eintreten, es
leuchten sehen. 17 Es gibt nichts Verborgenes, das nicht of- 12,2; Mt 10,26
fenbar wird, und nichts Geheimes, das nicht bekannt wird
und an den Tag kommt. 18 Gebt also acht, daß ihr richtig
zuhört! Denn wer hat, dem wird gegeben; wer aber nicht 19,26; Mt 13,12;
hat, dem wird auch noch weggenommen, was er zu haben 25,29
meint.

8,15 durch ihre Ausdauer, andere Übersetzungsmöglichkeiten: beharrlich; oder: voll Geduld.

Von den wahren Verwandten Jesu: 8,19–21

19–21: Mt 12,46–50; Mk 3,31–35

19 Eines Tages kamen seine Mutter und seine Brüder zu
ihm; sie konnten aber wegen der vielen Leute nicht zu ihm
gelangen. 20 Da sagte man ihm: Deine Mutter und deine
Brüder stehen draußen und möchten dich sehen. 21 Er er-
11,28 widerte: Meine Mutter und meine Brüder sind die, die das
Wort Gottes hören und danach handeln.

Der Sturm auf dem See: 8,22–25

22–25: Mt 8,18.23–27; Mk 4,35–41

22 Eines Tages stieg er mit seinen Jüngern in ein Boot und
sagte zu ihnen: Wir wollen ans andere Ufer des Sees hin-
überfahren. Und sie fuhren ab. 23 Während der Fahrt aber
schlief er ein. Plötzlich brach über dem See ein Wirbel-
sturm los; das Wasser schlug in das Boot, und sie gerieten
in große Gefahr. 24 Da traten sie zu ihm und weckten ihn;
sie riefen: Meister, Meister, wir gehen zugrunde! Er stand
auf, drohte dem Wind und den Wellen, und sie legten sich,
und es trat Stille ein. 25 Dann sagte er zu den Jüngern: Wo
ist euer Glaube? Sie aber fragten einander voll Schrecken
und Staunen: Was ist das für ein Mensch, daß sogar die
Winde und das Wasser seinem Befehl gehorchen?

Die Heilung des Besessenen von Gerasa: 8,26–39

26–39: Mt 8,28–34; Mk 5,1–20

26 Sie fuhren in das Gebiet von Gerasa, das dem galilä-
ischen Ufer gegenüberliegt. 27 Als Jesus an Land ging, lief
ihm ein Mann aus der Stadt entgegen, der von Dämonen
besessen war. Schon seit langem trug er keine Kleider
mehr und lebte nicht mehr in einem Haus, sondern in den
Grabhöhlen. 28 Als er Jesus sah, schrie er auf, fiel vor ihm
4,34.41; nieder und rief laut: Was habe ich mit dir zu tun, Jesus,
Mk 1,24; 3,11; Sohn des höchsten Gottes? Ich bitte dich: Quäle mich
Joh 2,4 nicht! 29 Jesus hatte nämlich dem unreinen Geist befoh-
len, den Mann zu verlassen. Denn schon seit langem hatte
ihn der Geist in seiner Gewalt, und man hatte ihn wie ei-
nen Gefangenen an Händen und Füßen gefesselt. Aber
immer wieder zerriß er die Fesseln und wurde von dem
Dämon in menschenleere Gegenden getrieben. 30 Jesus
fragte ihn: Wie heißt du? Er antwortete: Legion. Denn er

8,19–21 Vgl. die Anmerkung zu Mt 12,46f.
8,26.37 Weniger gut bezeugte Lesarten: Gergesa, Gadara.
8,30 Vgl. die Anmerkung zu Mk 5,9.

war von vielen Dämonen besessen. 31 Und die Dämonen
baten Jesus, sie nicht zur Hölle zu schicken.

32 Nun weidete dort an einem Berg gerade eine große
Schweineherde. Die Dämonen baten Jesus, ihnen zu er-
lauben, in die Schweine hineinzufahren. Er erlaubte es ih-
nen. 33 Da verließen die Dämonen den Menschen und fuh-
ren in die Schweine, und die Herde stürzte sich den Ab-
hang hinab in den See und ertrank. 34 Als die Hirten das sa-
hen, flohen sie und erzählten alles in der Stadt und in den
Dörfern. 35 Darauf eilten die Leute herbei, um zu sehen,
was geschehen war. Sie kamen zu Jesus und sahen, daß der
Mann, den die Dämonen verlassen hatten, wieder bei Ver-
stand war und ordentlich gekleidet Jesus zu Füßen saß. Da
fürchteten sie sich. 36 Die, die alles gesehen hatten, berich-
teten ihnen, wie der Besessene geheilt wurde. 37 Darauf ba-
ten alle, die im Gebiet von Gerasa wohnten, Jesus, sie zu
verlassen; denn es hatte sie große Angst gepackt. Da stieg
Jesus ins Boot und fuhr zurück.

38 Der Mann, den die Dämonen verlassen hatten, bat Je-
sus, bei ihm bleiben zu dürfen. Doch Jesus schickte ihn
weg und sagte: 39 Kehr in dein Haus zurück, und erzähl al-
les, was Gott für dich getan hat. Da ging er weg und ver-
kündete in der ganzen Stadt, was Jesus für ihn getan hatte.

Die Auferweckung der Tochter des Jaïrus und die Heilung einer kranken Frau: 8,40–56

40–56: Mt 9,18–26; Mk 5,21–43

40 Als Jesus (ans andere Ufer) zurückkam, empfingen ihn
viele Menschen; sie hatten alle schon auf ihn gewartet.
41 Da kam ein Mann namens Jaïrus, der Synagogenvorste-
her war. Er fiel Jesus zu Füßen und bat ihn, in sein Haus zu
kommen. 42 Denn sein einziges Kind, ein Mädchen von
etwa zwölf Jahren, lag im Sterben.

Während Jesus auf dem Weg zu ihm war, drängten sich
die Menschen um ihn und erdrückten ihn beinahe. 43 Dar-
unter war eine Frau, die schon seit zwölf Jahren an Blutun-
gen litt und bisher von niemand geheilt werden konnte.
44 Sie drängte sich von hinten an ihn heran und berührte 6,19; Mt 14,36
den Saum seines Gewandes. Im gleichen Augenblick kam
die Blutung zum Stillstand. 45 Da fragte Jesus: Wer hat

8,31 zur Hölle, wörtlich: in den Abgrund.

8,43–48 Vgl. die Anmerkung zu Mt 9,20–22. – Manche Textzeugen fügen am Ende des Verses 43 (entsprechend Mk 5,26) hinzu: obwohl sie schon ihr ganzes Vermögen für die Ärzte aufgewendet hatte.

mich berührt? Als alle es abstritten, sagten Petrus und seine Gefährten: Meister, die Leute drängen sich doch von allen Seiten um dich und erdrücken dich fast. 46 Jesus erwiderte: Es hat mich jemand berührt; denn ich fühlte, wie eine Kraft von mir ausströmte. 47 Als die Frau merkte, daß sie es nicht verheimlichen konnte, kam sie zitternd zu ihm, fiel vor ihm nieder und erzählte vor allen Leuten, warum sie ihn berührt hatte und wie sie durch die Berührung sofort gesund geworden war. 48 Da sagte er zu ihr:
7,50; 17,19; 18,42; Mk 10,52 Meine Tochter, dein Glaube hat dir geholfen. Geh in Frieden!

49 Während Jesus noch redete, kam einer, der zum Haus des Synagogenvorstehers gehörte, und sagte (zu Jaïrus): Deine Tochter ist gestorben. Bemüh den Meister nicht länger! 50 Jesus hörte es und sagte zu Jaïrus: Sei ohne Furcht; glaube nur, dann wird sie gerettet. 51 Als er in das Haus ging, ließ er niemand mit hinein außer Petrus, Johannes und Jakobus und die Eltern des Mädchens. 52 Alle Leute weinten und klagten über ihren Tod. Jesus aber sagte: Weint nicht! Sie ist nicht gestorben, sie schläft nur. 53 Da lachten sie ihn aus, weil sie wußten, daß sie tot war. 54 Er aber faßte sie an der Hand und rief: Mädchen, steh auf! 55 Da kehrte das Leben in sie zurück, und sie stand sofort auf. Und er sagte, man solle ihr etwas zu essen geben. 56 Ihre Eltern aber waren außer sich. Doch Jesus verbot ihnen, irgend jemand zu erzählen, was geschehen war.

Die Aussendung der zwölf Jünger: 9,1–6

1–6: Mt 10,1.5–14; Mk 6,7–13

1–6: 10,1–12
9 Dann rief er die Zwölf zu sich und gab ihnen die Kraft und die Vollmacht, alle Dämonen auszutreiben und
22,35 die Kranken gesund zu machen. 2 Und er sandte sie aus mit dem Auftrag, das Reich Gottes zu verkünden und zu heilen. 3 Er sagte zu ihnen: Nehmt nichts mit auf den Weg, keinen Wanderstab und keine Vorratstasche, kein Brot, kein Geld und kein zweites Hemd. 4 Bleibt in dem Haus, in dem ihr einkehrt, bis ihr den Ort wieder verlaßt. 5 Wenn euch aber die Leute in einer Stadt nicht aufnehmen wollen, dann geht weg, und schüttelt den Staub von euren Füßen, zum Zeugnis gegen sie. 6 Die Zwölf machten sich auf den Weg und wanderten von Dorf zu Dorf. Sie verkündeten das Evangelium und heilten überall die Kranken.

9,1–6 Vgl. die Anmerkung zu Mt 9,35–11,1.

Das Urteil des Herodes über Jesus: 9,7–9

7–9: Mt 14,1f; Mk 6,14–16

7 Der Tetrarch Herodes hörte von allem, was geschah,
und wußte nicht, was er davon halten sollte. Denn manche 9,19; Mt 16,14
sagten: Johannes ist von den Toten auferstanden. 8 Andere
meinten: Elija ist wiedererschienen. Wieder andere: Einer
der alten Propheten ist auferstanden. 9 Herodes aber sagte:
Johannes habe ich selbst enthaupten lassen. Wer ist dann
dieser Mann, von dem man mir solche Dinge erzählt? Und 23,8
er hatte den Wunsch, ihn einmal zu sehen.

Die Rückkehr der Jünger und die Speisung der Fünftausend: 9,10–17

10–17: Mt 14,13–21; Mk 6,30–44; Joh 6,1–13

10 Die Apostel kamen zurück und erzählten Jesus alles, *10–17:* Mt 15,32–39; Mk 8,1–10
was sie getan hatten. Dann nahm er sie beiseite und zog
sich in die Nähe der Stadt Betsaida zurück, um mit ihnen
allein zu sein. 11 Aber die Leute erfuhren davon und folgten
ihm. Er empfing sie freundlich, redete zu ihnen vom Reich
Gottes und heilte alle, die seine Hilfe brauchten.
12 Als der Tag zur Neige ging, kamen die Zwölf zu ihm
und sagten: Schick die Menschen weg, damit sie in die umliegenden Dörfer und Gehöfte gehen, dort Unterkunft finden und etwas zu essen bekommen; denn wir sind hier an
einem abgelegenen Ort. 13 Er antwortete: Gebt ihr ihnen
zu essen! Sie sagten: Wir haben nicht mehr als fünf Brote
und zwei Fische; wir müßten erst weggehen und für all
diese Leute Essen kaufen. 14 Es waren etwa fünftausend
Männer. Er erwiderte seinen Jüngern: Sagt ihnen, sie sollen
sich in Gruppen zu ungefähr fünfzig zusammensetzen.
15 Die Jünger taten, was er ihnen sagte, und veranlaßten,
daß sich alle setzten. 16 Jesus aber nahm die fünf Brote und
die zwei Fische, blickte zum Himmel auf, segnete sie und
brach sie; dann gab er sie den Jüngern, damit sie diese an
die Leute austeilten. 17 Und alle aßen und wurden satt. Als
man die übriggebliebenen Brotstücke einsammelte, waren
es zwölf Körbe voll.

Das Messiasbekenntnis des Petrus und die erste Ankündigung von Leiden und Auferstehung: 9,18–22

18–22: Mt 16,13–21; Mk 8,27–31

18 Jesus betete einmal in der Einsamkeit, und die Jünger 5,16; Mk 1,35
waren bei ihm. Da fragte er sie: Für wen halten mich die

9,7 Zu »Tetrarch« vgl. die Anmerkung zu Mt 14,1.
9,8f Vgl. die Anmerkung zu Mt 17,10–13.

9,7f Leute? 19 Sie antworteten: Einige für Johannes den Täufer,
andere für Elija; wieder andere sagen: Einer der alten Pro-
pheten ist auferstanden. 20 Da sagte er zu ihnen: Ihr aber,
Joh 11,27 für wen haltet ihr mich? Petrus antwortete: Für den Mes-
sias Gottes. 21 Doch er verbot ihnen streng, es jemand wei-
terzusagen.

9,44; 17,25; 22 Und er fügte hinzu: Der Menschensohn muß vieles er-
18,31–33; 24,7; leiden und von den Ältesten, den Hohenpriestern und den
Mt 17,22f;
20,18f; 26,2; Schriftgelehrten verworfen werden; er wird getötet wer-
Mk 9,31; den, aber am dritten Tag wird er auferstehen.
10,32–34

Von Nachfolge und Selbstverleugnung: 9,23–27

23–27: Mt 16,24–28; Mk 8,34–9,1

14,27; 23 Zu allen sagte er: Wer mein Jünger sein will, der ver-
Mt 10,38f leugne sich selbst, nehme täglich sein Kreuz auf sich und
Mt 8,22
17,33; folge mir nach. 24 Denn wer sein Leben retten will, wird es
Mt 10,39; 16,25; verlieren; wer aber sein Leben um meinetwillen verliert,
Joh 12,25 der wird es retten. 25 Was nützt es einem Menschen, wenn
er die ganze Welt gewinnt, dabei aber sich selbst verliert
Mt 10,33 und Schaden nimmt? 26 Denn wer sich meiner und meiner
Worte schämt, dessen wird sich der Menschensohn schä-
men, wenn er in seiner Hoheit kommt und in der Hoheit
Mt 10,23; 24,34 des Vaters und der heiligen Engel. 27 Wahrhaftig, das sage
ich euch: Von denen, die hier stehen, werden einige den
Tod nicht erleiden, bis sie das Reich Gottes gesehen haben.

Die Verklärung Jesu: 9,28–36

28–36: Mt 17,1–9; Mk 9,2–8

28–36: 28 Etwa acht Tage nach diesen Reden nahm Jesus Petrus,
2 Petr 1,16–18 Johannes und Jakobus beiseite und stieg mit ihnen auf ei-
nen Berg, um zu beten. 29 Und während er betete, verän-
derte sich das Aussehen seines Gesichtes, und sein Ge-
wand wurde leuchtend weiß. 30 Und plötzlich redeten
zwei Männer mit ihm. Es waren Mose und Elija; 31 sie er-
schienen in strahlendem Licht und sprachen von seinem
Ende, das sich in Jerusalem erfüllen sollte. 32 Petrus und
seine Begleiter aber waren eingeschlafen, wurden jedoch
wach und sahen Jesus in strahlendem Licht und die zwei
Männer, die bei ihm standen. 33 Als die beiden sich von
ihm trennen wollten, sagte Petrus zu Jesus: Meister, es ist
gut, daß wir hier sind. Wir wollen drei Hütten bauen, eine
für dich, eine für Mose und eine für Elija. Er wußte aber
nicht, was er sagte. 34 Während er noch redete, kam eine
Wolke und warf ihren Schatten auf sie. Sie gerieten in die
Wolke hinein und bekamen Angst. 35 Da rief eine Stimme

aus der Wolke: *Das ist mein auserwählter Sohn, auf ihn* Ps 2,7;
sollt ihr hören. 36 Als aber die Stimme erklang, war Jesus Dtn 18,15;
wieder allein. Die Jünger schwiegen jedoch über das, was Jes 42,1; Mt 3,17
sie gesehen hatten, und erzählten in jenen Tagen niemand
davon.

Die Heilung eines besessenen Jungen: 9,37–43a

37–43a: Mt 17,14–21; Mk 9,14–29

37 Als sie am folgenden Tag den Berg hinabstiegen, kam
ihnen eine große Menschenmenge entgegen. 38 Da schrie
ein Mann aus der Menge: Meister, ich bitte dich, hilf mei-
nem Sohn! Es ist mein einziger. 39 Er ist von einem Geist
besessen; plötzlich schreit er auf, wird hin und her gezerrt,
und Schaum tritt ihm vor den Mund, und der Geist quält
ihn fast unaufhörlich. 40 Ich habe schon deine Jünger gebe-
ten, ihn auszutreiben, aber sie konnten es nicht. 41 Da
sagte Jesus: O du ungläubige und unbelehrbare Genera-
tion! Wie lange muß ich noch bei euch sein und euch ertra-
gen? Bring deinen Sohn her! 42 Als der Sohn herkam, warf
der Dämon ihn zu Boden und zerrte ihn hin und her. Jesus
aber drohte dem unreinen Geist, heilte den Jungen und gab
ihn seinem Vater zurück. 43a Und alle gerieten außer sich
über die Macht und Größe Gottes.

Die zweite Ankündigung von Leiden und Auferstehung: 9,43b–45

43b–45: Mt 17,22f; Mk 9,30–32

43b Alle Leute staunten über das, was Jesus tat; er aber
sagte zu seinen Jüngern: 44 Merkt euch genau, was ich jetzt
sage: Der Menschensohn wird den Menschen ausgeliefert 9,22; 17,25; 18,32
werden. 45 Doch die Jünger verstanden den Sinn seiner 18,34
Worte nicht; er blieb ihnen verborgen, so daß sie ihn nicht
begriffen. Aber sie scheuten sich, Jesus zu fragen, was er
damit sagen wollte.

Der Rangstreit der Jünger: 9,46–48

46–48: Mt 18,1–5; Mk 9,33–37

46 Unter den Jüngern kam die Frage auf, wer von ihnen 22,24–26
der Größte sei. 47 Jesus wußte, was in ihrem Herzen vor-
ging. Deshalb nahm er ein Kind, stellte es neben sich
48 und sagte zu ihnen: Wer dieses Kind um meinetwillen
aufnimmt, der nimmt mich auf; wer aber mich aufnimmt,
der nimmt den auf, der mich gesandt hat. Denn wer unter
euch allen der Kleinste ist, der ist groß.

9,48 um meinetwillen, wörtlich: aufgrund meines Namens.

Der fremde Wundertäter: 9,49–50

49–50: Mk 9,38–41

49 Da sagte Johannes: Meister, wir haben gesehen, wie
jemand in deinem Namen Dämonen austrieb, und wir ver-
suchten, ihn daran zu hindern, weil er nicht mit uns zu-
sammen dir nachfolgt. 50 Jesus antwortete ihm: Hindert
ihn nicht! Denn wer nicht gegen euch ist, der ist für euch.

AUF DEM WEG NACH JERUSALEM: 9,51–19,27

Von der wahren Jüngerschaft: 9,51–13,21

Die ungastlichen Samariter: 9,51–56

Apg 1,9 51 Als die Zeit herankam, in der er (in den Himmel) auf-
genommen werden sollte, entschloß sich Jesus, nach Jeru-
salem zu gehen. 52 Und er schickte Boten vor sich her.
Diese kamen in ein samaritisches Dorf und wollten eine
Unterkunft für ihn besorgen. 53 Aber man nahm ihn nicht
auf, weil er auf dem Weg nach Jerusalem war. 54 Als die
Jünger Jakobus und Johannes das sahen, sagten sie: Herr,
sollen wir befehlen, daß Feuer vom Himmel fällt und sie
vernichtet? 55 Da wandte er sich um und wies sie zurecht.
56 Und sie gingen zusammen in ein anderes Dorf.

Von der Nachfolge: 9,57–62

57–60: Mt 8,18–22

57 Als sie auf ihrem Weg weiterzogen, redete ein Mann
Jesus an und sagte: Ich will dir folgen, wohin du auch gehst.
58 Jesus antwortete ihm: Die Füchse haben ihre Höhlen
und die Vögel ihre Nester; der Menschensohn aber hat
keinen Ort, wo er sein Haupt hinlegen kann. 59 Zu einem
anderen sagte er: Folge mir nach! Der erwiderte: Laß mich
zuerst heimgehen und meinen Vater begraben. 60 Jesus
sagte zu ihm: Laß die Toten ihre Toten begraben; du aber
geh und verkünde das Reich Gottes! 61 Wieder ein anderer
sagte: Ich will dir nachfolgen, Herr. Zuvor aber laß mich

9,51–56 Vgl. die Anmerkung zu Joh 4,4–6.

9,51 entschloß sich Jesus, wörtlich: richtete er sein Gesicht fest darauf.

9,54 Einige Textzeugen fügen am Ende des Verses hinzu: wie es auch Elija getan hat; vgl. 2 Chr 1,10–12.

9,55 Einige Textzeugen fügen am Ende des Verses hinzu: und sagte: Ihr wißt nicht, was für ein Geist aus euch spricht. Der Menschensohn ist nicht gekommen, um Menschen zu vernichten, sondern um sie zu retten. Vgl. Lk 19,10.

9,59 Viele alte Textzeugen haben hier: Herr, laß mich . . .

von meiner Familie Abschied nehmen. 62 Jesus erwiderte
ihm: Keiner, der die Hand an den Pflug gelegt hat und
nochmals zurückblickt, taugt für das Reich Gottes.

Die Aussendung der zweiundsiebzig Jünger: 10,1–16

2: Mt 9,37f *13–15:* Mt 11,20–24

10 Danach suchte der Herr zweiundsiebzig andere *1–12:*
aus und sandte sie zu zweit voraus in alle Städte 9,1–6;
Mt 10,7–16;
und Ortschaften, in die er selbst gehen wollte. 2 Er sagte zu Mk 6,8–11
ihnen: Die Ernte ist groß, aber es gibt nur wenig Arbeiter.
Bittet also den Herrn der Ernte, Arbeiter für seine Ernte
auszusenden. 3 Geht! Ich sende euch wie Schafe mitten
unter die Wölfe. 4 Nehmt keinen Geldbeutel mit, keine 22,35
Vorratstasche und keine Schuhe! Grüßt niemand unter-
wegs! 5 Wenn ihr in ein Haus kommt, so sagt als erstes:
Friede diesem Haus! 6 Und wenn dort ein Mann des Frie-
dens wohnt, wird der Friede, den ihr ihm wünscht, auf ihm
ruhen; andernfalls wird er zu euch zurückkehren. 7 Bleibt
in diesem Haus, eßt und trinkt, was man euch anbietet;
denn wer arbeitet, hat ein Recht auf seinen Lohn. Zieht
nicht von einem Haus in ein anderes! 8 Wenn ihr in eine
Stadt kommt und man euch aufnimmt, so eßt, was man
euch vorsetzt. 9 Heilt die Kranken, die dort sind, und sagt
den Leuten: Das Reich Gottes ist euch nahe. 10 Wenn ihr Mt 4,17
aber in eine Stadt kommt, in der man euch nicht auf-
nimmt, dann stellt euch auf die Straße und ruft: 11 Selbst
den Staub eurer Stadt, der an unseren Füßen klebt, lassen
wir euch zurück; doch das sollt ihr wissen: Das Reich Got-
tes ist nahe. 12 Ich sage euch: Sodom wird es an jenem Tag
nicht so schlimm ergehen wie dieser Stadt.
13 Weh dir, Chorazin! Weh dir, Betsaida! Wenn einst in
Tyrus und Sidon die Wunder geschehen wären, die bei
euch geschehen sind – man hätte dort in Sack und Asche
Buße getan. 14 Tyrus und Sidon wird es beim Gericht nicht
so schlimm ergehen wie euch. 15 Und du, Kafarnaum,
meinst du etwa, *du wirst bis zum Himmel erhoben? Nein,* Jes 14,13.15
in die Unterwelt wirst du hinabgeworfen.
16 Wer euch hört, der hört mich, und wer euch ablehnt, Mt 10,40;
der lehnt mich ab; wer aber mich ablehnt, der lehnt den ab, Joh 13,20
der mich gesandt hat.

10,1–12 Vgl. die Anmerkung zu Mt 9,35–11,1.

10,1.17 Statt »zweiundsiebzig« haben zahlreiche alte Textzeugen »siebzig«.

10,6 Mann des Friedens, wörtlich: Sohn des Friedens.

10,13–15 Vgl. die Anmerkung zu Mt 11,21f.

Der Lohn der Jünger: 10,17–20

9,10; Mk 6,30f 17 Die Zweiundsiebzig kehrten zurück und berichteten
voll Freude: Herr, sogar die Dämonen gehorchen uns,
wenn wir deinen Namen aussprechen. 18 Da sagte er zu ih-
nen: Ich sah den Satan wie einen Blitz vom Himmel fallen.
19 Seht, ich habe euch die Vollmacht gegeben, auf Schlan-
Ps 91,13 gen und Skorpione zu treten und die ganze Macht des Fein-
des zu überwinden. Nichts wird euch schaden können.
20 Doch freut euch nicht darüber, daß euch die Geister ge-
horchen, sondern freut euch darüber, daß eure Namen im
Himmel verzeichnet sind.

Der Dank Jesu an den Vater: 10,21–22

21–22: Mt 11,25–27

21 In dieser Stunde rief Jesus, vom Heiligen Geist erfüllt,
voll Freude aus: Ich preise dich, Vater, Herr des Himmels
Jes 29,14 G und der Erde, weil du all das den Weisen und Klugen ver-
borgen, den Unmündigen aber offenbart hast. Ja, Vater, so
Joh 10,15 hat es dir gefallen. 22 Mir ist von meinem Vater alles über-
geben worden; niemand weiß, wer der Sohn ist, nur der Va-
ter, und niemand weiß, wer der Vater ist, nur der Sohn und
der, dem es der Sohn offenbaren will.

Die Seligpreisung der Jünger: 10,23–24

23–24: Mt 13,16f

23 Jesus wandte sich an die Jünger und sagte zu ihnen al-
lein: Selig sind die, deren Augen sehen, was ihr seht. 24 Ich
1 Petr 1,10–12 sage euch: Viele Propheten und Könige wollten sehen, was
ihr seht, und haben es nicht gesehen, und wollten hören,
was ihr hört, und haben es nicht gehört.

Das Beispiel vom barmherzigen Samariter: 10,25–37

25–28: Mt 22,35–40; Mk 12,28–31

25 Da stand ein Gesetzeslehrer auf, und um Jesus auf die
18,18 Probe zu stellen, fragte er ihn: Meister, was muß ich tun,
um das ewige Leben zu gewinnen? 26 Jesus sagte zu ihm:
Was steht im Gesetz? Was liest du dort? 27 Er antwortete:
Dtn 6,5 *Du sollst den Herrn, deinen Gott, lieben mit ganzem Her-*
Lev 19,18; *zen und ganzer Seele, mit all deiner Kraft* und all deinen
Mt 5,43; Gedanken, und: *Deinen Nächsten sollst du lieben wie*
Röm 13,9; Gal 5,14 *dich selbst.* 28 Jesus sagte zu ihm: Du hast richtig geant-
28: Lev 18,5 wortet. Handle danach, und du wirst leben. 29 Der Geset-

10,19 Andere Übersetzungsmöglichkeit: überwinden, und er (das heißt der Feind) wird euch in keiner Weise schaden können.
10,21 Einige Textzeugen haben: vom Geist erfüllt.
10,29 seine Frage, wörtlich: sich.

zeslehrer wollte seine Frage rechtfertigen und sagte zu Jesus: Und wer ist mein Nächster? Lev 19,16–18

30 Darauf antwortete ihm Jesus: Ein Mann ging von Jerusalem nach Jericho hinab und wurde von Räubern überfallen. Sie plünderten ihn aus und schlugen ihn nieder; dann
gingen sie weg und ließen ihn halbtot liegen. 31 Zufällig
kam ein Priester denselben Weg herab; er sah ihn und ging
weiter. 32 Auch ein Levit kam zu der Stelle; er sah ihn und
ging weiter. 33 Dann kam ein Mann aus Samarien, der auf
der Reise war. Als er ihn sah, hatte er Mitleid, 34 ging zu
ihm hin, goß Öl und Wein auf seine Wunden und verband
sie. Dann hob er ihn auf sein Reittier, brachte ihn zu einer
Herberge und sorgte für ihn. 35 Am andern Morgen holte er
zwei Denare hervor, gab sie dem Wirt und sagte: Sorge für ihn, und wenn du mehr für ihn brauchst, werde ich es dir bezahlen, wenn ich wiederkomme.

36 Was meinst du: Wer von diesen dreien hat sich als der Nächste dessen erwiesen, der von den Räubern überfallen
wurde? 37 Der Gesetzeslehrer antwortete: Der, der barmherzig an ihm gehandelt hat. Da sagte Jesus zu ihm: Dann geh und handle genauso!

Maria und Marta: 10,38–42

38–42: Joh 11,1; 12,1–3

38 Sie zogen zusammen weiter, und er kam in ein Dorf.
Eine Frau namens Marta nahm ihn freundlich auf. 39 Sie
hatte eine Schwester, die Maria hieß. Maria setzte sich
dem Herrn zu Füßen und hörte seinen Worten zu. 40 Marta
aber war ganz davon in Anspruch genommen, für ihn zu sorgen. Sie kam zu ihm und sagte: Herr, kümmert es dich nicht, daß meine Schwester die ganze Arbeit mir allein überläßt? Sag ihr doch, sie soll mir helfen! 41 Der Herr antwortete: Marta, Marta, du machst dir viele Sorgen und
Mühen. 42 Aber nur eines ist notwendig. Maria hat das Bessere gewählt, das soll ihr nicht genommen werden.

Das Gebet des Herrn: 11,1–4

1–4: Mt 6,9–13

11 Jesus betete einmal an einem Ort; und als er das Gebet beendet hatte, sagte einer seiner Jünger zu ihm: Herr, lehre uns beten, wie schon Johannes seine Jün-

---

10,33–37 Vgl. 9,51–56 und die Anmerkung zu Joh 4,4–6.

10,38 Statt »freundlich« haben viele Textzeugen »in ihr Haus«.

10,42 Zahlreiche Textzeugen haben statt dessen: Aber wenig ist notwendig oder nur eines. – das Bessere, andere Übersetzungsmöglichkeit: das Richtige.

ger beten gelehrt hat. 2 Da sagte er zu ihnen: Wenn ihr betet, so sprecht:

Vater,
dein Name werde geheiligt.
Dein Reich komme.
3 Gib uns täglich das Brot, das wir brauchen.
4 Und erlaß uns unsere Sünden;
denn auch wir erlassen jedem, was er uns schuldig ist.
Und führe uns nicht in Versuchung.

Das Gleichnis vom bittenden Freund: 11,5–8

5 Dann sagte er zu ihnen: Wenn einer von euch einen Freund hat und um Mitternacht zu ihm geht und sagt: Freund, leih mir drei Brote; 6 denn einer meiner Freunde, der auf Reisen ist, ist zu mir gekommen, und ich habe ihm nichts anzubieten!, 7 wird dann etwa der Mann drinnen antworten: Laß mich in Ruhe, die Tür ist schon verschlossen, und meine Kinder schlafen bei mir; ich kann nicht aufstehen und dir etwas geben? 8 Ich sage euch: Wenn er schon nicht deswegen aufsteht und ihm seine Bitte erfüllt, weil er sein Freund ist, so wird er doch wegen seiner Zudringlichkeit aufstehen und ihm geben, was er braucht.

Vom Vertrauen beim Beten: 11,9–13

9–13: Mt 7,7–11

Mk 11,24; Joh 14,13f; 15,7; 16,24

9 Darum sage ich euch: Bittet, dann wird euch gegeben; sucht, dann werdet ihr finden; klopft an, dann wird euch geöffnet. 10 Denn wer bittet, der empfängt; wer sucht, der findet; und wer anklopft, dem wird geöffnet. 11 Oder ist unter euch ein Vater, der seinem Sohn eine Schlange gibt, wenn er um einen Fisch bittet, 12 oder einen Skorpion, wenn er um ein Ei bittet? 13 Wenn nun schon ihr, die ihr böse seid, euren Kindern gebt, was gut ist, wieviel mehr wird der Vater im Himmel den Heiligen Geist denen geben, die ihn bitten.

Verteidigungsrede Jesu: 11,14–23

14–23: Mt 12,22–30; Mk 3,22–27

14–15: Mt 9,32–34

14 Jesus trieb einen Dämon aus, der stumm war. Als der Dämon den Stummen verlassen hatte, konnte der Mann

---

11,2 Bei zahlreichen Textzeugen ist der Vaterunser-Text des Lukas an den des Matthäus angeglichen.

11,13 Andere Übersetzungsmöglichkeit (nach einigen alten Textzeugen): wird der Vater denen, die ihn bitten, aus dem Himmel den Heiligen Geist geben.

reden. Alle Leute staunten. 15 Einige von ihnen aber sag-
ten: Mit Hilfe von Beelzebul, dem Anführer der Dämonen, Mt 10,25
treibt er die Dämonen aus. 16 Andere wollten ihn auf die 11,29–32;
Probe stellen und forderten von ihm ein Zeichen vom Mt 16,1–4; Mk 8,11–13;
Himmel. 17 Doch er wußte, was sie dachten, und sagte zu Joh 6,30;
ihnen: Jedes Reich, das in sich gespalten ist, wird veröden, 1 Kor 1,22
und ein Haus ums andere stürzt ein. 18 Wenn also der Satan
mit sich selbst im Streit liegt, wie kann sein Reich dann
Bestand haben? Ihr sagt doch, daß ich die Dämonen mit
Hilfe von Beelzebul austreibe. 19 Wenn ich die Dämonen
durch Beelzebul austreibe, durch wen treiben dann eure
Anhänger sie aus? Sie selbst also sprechen euch das Urteil.
20 Wenn ich aber die Dämonen durch den Finger Gottes Ex 8,15; Ps 8,4
austreibe, dann ist doch das Reich Gottes schon zu euch 17,21
gekommen. 21 Solange ein bewaffneter starker Mann sei- Jes 49,24
nen Hof bewacht, ist sein Besitz sicher; 22 wenn ihn aber
ein Stärkerer angreift und besiegt, dann nimmt ihm der
Stärkere all seine Waffen weg, auf die er sich verlassen hat,
und verteilt die Beute. 23 Wer nicht für mich ist, der ist ge-
gen mich; wer nicht mit mir sammelt, der zerstreut.

Von der Rückkehr der unreinen Geister: 11,24–26

24–26: Mt 12,43–45

24 Ein unreiner Geist, der einen Menschen verlassen hat,
wandert durch die Wüste und sucht einen Ort, wo er blei-
ben kann. Wenn er keinen findet, sagt er: Ich will in mein
Haus zurückkehren, das ich verlassen habe. 25 Und wenn
er es bei seiner Rückkehr sauber und geschmückt antrifft,
26 dann geht er und holt sieben andere Geister, die noch
schlimmer sind als er selbst. Sie ziehen dort ein und lassen
sich nieder. So wird es mit diesem Menschen am Ende
schlimmer werden als vorher.

Zweierlei Seligpreisungen: 11,27–28

27 Als er das sagte, rief eine Frau aus der Menge ihm zu:
Selig die Frau, deren Leib dich getragen und deren Brust
dich genährt hat. 28 Er aber erwiderte: Selig sind vielmehr 8,21
die, die das Wort Gottes hören und es befolgen.

Die Verweigerung eines Zeichens: 11,29–32

29–32: Mt 12,38–42; Mk 8,11f

29 Als immer mehr Menschen zu ihm kamen, sagte er:
Diese Generation ist böse. Sie fordert ein Zeichen; aber es 11,16; Mt 16, 1–4; Joh 6,30

11,15 Vgl. die Anmerkung zu Mt 12,24.
11,19 Anhänger, wörtlich: Söhne.

wird ihr kein anderes gegeben werden als das Zeichen des
Jona. 30 Denn wie Jona für die Einwohner von Ninive ein
Zeichen war, so wird es auch der Menschensohn für diese
1 Kön 10,1–10 Generation sein. 31 Die Königin des Südens wird beim Ge-
richt gegen die Männer dieser Generation auftreten und sie
verurteilen; denn sie kam vom Ende der Erde, um die
Weisheit Salomos zu hören. Hier aber ist einer, der mehr
Jona 3,5 ist als Salomo. 32 Die Männer von Ninive werden beim Ge-
richt gegen diese Generation auftreten und sie verurteilen;
denn sie haben sich nach der Predigt des Jona bekehrt. Hier
aber ist einer, der mehr ist als Jona.

Vom Licht und vom Auge: 11,33–36

34–36: Mt 6,22f

8,16; Mt 5,15; Mk 4,21 33 Niemand zündet ein Licht an und stellt es in einen
versteckten Winkel oder stülpt ein Gefäß darüber, sondern
man stellt es auf einen Leuchter, damit alle, die eintreten,
es leuchten sehen. 34 Dein Auge gibt dem Körper Licht.
Wenn dein Auge gesund ist, dann wird auch dein ganzer
Körper hell sein. Wenn es aber krank ist, dann wird dein
Körper finster sein. 35 Achte also darauf, daß in dir nicht
Finsternis statt Licht ist. 36 Wenn dein ganzer Körper von
Licht erfüllt und nichts Finsteres in ihm ist, dann wird er
so hell sein, wie wenn die Lampe dich mit ihrem Schein be-
leuchtet.

Worte gegen die Pharisäer und die Schriftgelehrten: 11,37–54

39–52: Mt 23,1–36

37 Nach dieser Rede lud ein Pharisäer Jesus zum Essen
Mt 15,2; Mk 7,2; Kol 2,21f ein. Jesus ging zu ihm und setzte sich zu Tisch. 38 Als der
Pharisäer sah, daß er sich vor dem Essen nicht die Hände
wusch, war er verwundert. 39 Da sagte der Herr zu ihm: O
ihr Pharisäer! Ihr haltet zwar Becher und Teller außen sau-
ber, innen aber seid ihr voll Raubgier und Bosheit. 40 Ihr
Unverständigen! Hat nicht der, der das Äußere schuf, auch
das Innere geschaffen? 41 Gebt lieber, was in den Schüsseln
ist, den Armen, dann ist für euch alles rein.

42 Doch weh euch Pharisäern! Ihr gebt den Zehnten von
Minze, Gewürzkraut und allem Gemüse, die Gerechtig-
keit aber und die Liebe zu Gott vergeßt ihr. Man muß das
eine tun, ohne das andere zu unterlassen.

20,46; Mk 12,38f 43 Weh euch Pharisäern! Ihr wollt in den Synagogen den

---

11,33 Vgl. die Anmerkung zu Mt 5,15.
11,41 Wörtlich: Gebt lieber den Inhalt als Almosen, dann . . .

vordersten Sitz haben und auf den Straßen und Plätzen von
allen gegrüßt werden.
44 Weh euch: Ihr seid wie Gräber, die man nicht mehr
sieht; die Leute gehen darüber, ohne es zu merken.
45 Darauf erwiderte ihm ein Gesetzeslehrer: Meister,
damit beleidigst du auch uns. 46 Er antwortete:
Weh auch euch Gesetzeslehrern! Ihr ladet den Men-
schen Lasten auf, die sie kaum tragen können, selbst aber
rührt ihr keinen Finger dafür.
47 Weh euch! Ihr errichtet Denkmäler für die Propheten,
die von euren Vätern umgebracht wurden. 48 Damit bestä-
tigt und billigt ihr, was eure Väter getan haben. Sie haben
die Propheten umgebracht, ihr errichtet ihnen Bauten.
49 Deshalb hat auch die Weisheit Gottes gesagt: Ich werde
Propheten und Apostel zu ihnen senden, und sie werden
einige von ihnen töten und andere verfolgen, 50 damit das
Blut aller Propheten, das seit der Erschaffung der Welt ver-
gossen worden ist, an dieser Generation gerächt wird,
51 vom Blut Abels bis zum Blut des Zacharias, der im Vor- Gen 4,8.10;
hof zwischen Altar und Tempel umgebracht wurde. Ja, das 2 Chr 24,20–22
sage ich euch: An dieser Generation wird es gerächt wer-
den.
52 Weh euch Gesetzeslehrern! Ihr habt den Schlüssel
(der Tür) zur Erkenntnis weggenommen. Ihr selbst seid
nicht hineingegangen, und die, die hineingehen wollten,
habt ihr daran gehindert.
53 Als Jesus das Haus verlassen hatte, begannen die
Schriftgelehrten und die Pharisäer, ihn mit vielerlei Fragen
hartnäckig zu bedrängen; 54 sie versuchten, ihm eine Falle
zu stellen, damit er sich in seinen eigenen Worten verfan-
ge.

Warnung vor der Heuchelei der Pharisäer: 12,1–3

2–3: Mt 10,26f

12 Unterdessen strömten Tausende von Menschen
zusammen, so daß es ein gefährliches Gedränge
gab. Jesus wandte sich zuerst an seine Jünger und sagte:
Hütet euch vor dem Sauerteig der Pharisäer, das heißt vor Mt 16,6;
der Heuchelei. 2 Nichts ist verhüllt, was nicht enthüllt Mk 8,15
wird, und nichts ist verborgen, was nicht bekannt wird. Mk 4,22
3 Deshalb wird man alles, was ihr im Dunkeln redet, am
hellen Tag hören, und was ihr einander hinter verschlos-
senen Türen ins Ohr flüstert, das wird man auf den Dä-
chern verkünden.

12,3 hinter verschlossenen Türen, wörtlich: in den Kammern.

Aufforderung zum furchtlosen Bekenntnis: 12,4–12

4–12: Mt 10,28–33 *10:* Mt 12,32; Mk 3,29
11: Mt 10,19; Mk 13,11

[4] Euch aber, meinen Freunden, sage ich: Fürchtet euch
nicht vor denen, die den Leib töten, euch aber sonst nichts
tun können. [5] Ich will euch zeigen, wen ihr fürchten sollt:
Fürchtet euch vor dem, der nicht nur töten kann, sondern
die Macht hat, euch auch noch in die Hölle zu werfen. Ja,
das sage ich euch: Ihn sollt ihr fürchten. [6] Verkauft man
nicht fünf Spatzen für ein paar Pfennig? Und doch vergißt
Gott nicht einen von ihnen. [7] Bei euch aber sind sogar die
Haare auf dem Kopf alle gezählt. Fürchtet euch nicht! Ihr
seid mehr wert als viele Spatzen. [8] Ich sage euch: Wer sich
vor den Menschen zu mir bekennt, zu dem wird sich auch
der Menschensohn vor den Engeln Gottes bekennen. [9] Wer
mich aber vor den Menschen verleugnet, der wird auch vor
den Engeln Gottes verleugnet werden. [10] Jedem, der etwas
gegen den Menschensohn sagt, wird vergeben werden; wer
aber den Heiligen Geist lästert, dem wird nicht vergeben.
21,12–15 [11] Wenn man euch vor die Gerichte der Synagogen und vor
die Herrscher und Machthaber schleppt, dann macht euch
keine Sorgen, wie ihr euch verteidigen oder was ihr sagen
sollt. [12] Denn der Heilige Geist wird euch in der gleichen
Stunde eingeben, was ihr sagen müßt.

Das Beispiel von der falschen Selbstsicherheit des reichen Mannes: 12,13–21

[13] Einer aus der Volksmenge bat Jesus: Meister, sag mei-
nem Bruder, er soll das Erbe mit mir teilen. [14] Er erwiderte
Ex 2,14 ihm: Mensch, wer hat mich zum Richter oder Schlichter
bei euch gemacht? [15] Dann sagte er zu den Leuten: Gebt
acht, hütet euch vor jeder Art von Habgier. Denn der Sinn
des Lebens besteht nicht darin, daß ein Mensch aufgrund
seines großen Vermögens im Überfluß lebt.

[16] Und er erzählte ihnen folgendes Beispiel: Auf den Fel-
dern eines reichen Mannes stand eine gute Ernte. [17] Da
überlegte er hin und her: Was soll ich tun? Ich weiß nicht,
wo ich meine Ernte unterbringen soll. [18] Schließlich sagte
er: So will ich es machen: Ich werde meine Scheunen ab-
reißen und größere bauen; dort werde ich mein ganzes Ge-
treide und meine Vorräte unterbringen. [19] Dann kann ich
zu mir selber sagen: Nun hast du einen großen Vorrat, der

12,6 ein paar Pfennig, wörtlich: zwei As. Das As war die zweitkleinste römische Münze.

für viele Jahre reicht. Ruh dich aus, iß und trink, und freu
dich des Lebens! 20 Da sprach Gott zu ihm: Du Narr! Noch
in dieser Nacht wird man dein Leben von dir zurückfor-
dern. Wem wird dann all das gehören, was du angehäuft
hast? 21 So geht es jedem, der nur für sich selbst Schätze
sammelt, aber vor Gott nicht reich ist.

Von der falschen und der rechten Sorge: 12,22–32

22–31: Mt 6,25–33

22 Und er sagte zu seinen Jüngern: Deswegen sage ich
euch: Sorgt euch nicht um euer Leben und darum, daß ihr
etwas zu essen habt, noch um euren Leib und darum, daß
ihr etwas anzuziehen habt. 23 Das Leben ist wichtiger als
die Nahrung und der Leib wichtiger als die Kleidung.
24 Seht auf die Raben: Sie säen nicht und ernten nicht, sie
haben keinen Speicher und keine Scheune; denn Gott er-
nährt sie. Wieviel mehr seid ihr wert als die Vögel! 25 Wer
von euch kann mit all seiner Sorge sein Leben auch nur um
eine kleine Zeitspanne verlängern? 26 Wenn ihr nicht ein-
mal etwas so Geringes könnt, warum macht ihr euch dann
Sorgen um all das übrige? 27 Seht euch die Lilien an: Sie ar-
beiten nicht und spinnen nicht. Doch ich sage euch: Selbst
Salomo war in all seiner Pracht nicht gekleidet wie eine
von ihnen. 28 Wenn aber Gott schon das Gras so prächtig
kleidet, das heute auf dem Feld steht und morgen ins Feuer
geworfen wird, wieviel mehr dann euch, ihr Kleingläubi-
gen! 29 Darum fragt nicht, was ihr essen und was ihr trin-
ken sollt, und ängstigt euch nicht! 30 Denn um all das geht
es den Heiden in der Welt. Euer Vater weiß, daß ihr das
braucht. 31 Euch jedoch muß es um sein Reich gehen; dann
wird euch das andere dazugegeben.
32 Fürchte dich nicht, du kleine Herde! Denn euer Vater
hat beschlossen, euch das Reich zu geben.

Vom wahren Schatz: 12,33–34

33–34: Mt 6,19–21

33 Verkauft eure Habe, und gebt den Erlös den Armen! Mt 19,21
Macht euch Geldbeutel, die nicht zerreißen. Verschafft 18,22
euch einen Schatz, der nicht abnimmt, droben im Him-
mel, wo kein Dieb ihn findet und keine Motte ihn frißt.
34 Denn wo euer Schatz ist, da ist auch euer Herz.

12,25 Andere Übersetzungsmöglichkeit: kann . . . seiner Kör-
pergröße auch nur eine Elle hinzufügen.

Das Gleichnis vom treuen und vom schlechten Knecht: 12,35–48

39–46: Mt 24,43–51; Mk 13,33–37

Mt 25,1 35 Legt euren Gürtel nicht ab, und laßt eure Lampen
brennen! 36 Seid wie Menschen, die auf die Rückkehr ihres
Herrn warten, der auf einer Hochzeit ist, und die ihm öff-
nen, sobald er kommt und anklopft. 37 Selig die Knechte,
die der Herr wach findet, wenn er kommt. Amen, ich sage
euch: Er wird sich gürten, sie am Tisch Platz nehmen las-
sen und sie der Reihe nach bedienen. 38 Und kommt er erst
in der zweiten oder dritten Nachtwache und findet sie
wach – selig sind sie. 39 Bedenkt: Wenn der Herr des Hau-
1 Thess 5,2; ses wüßte, in welcher Stunde der Dieb kommt, so würde er
2 Petr 3,10 verhindern, daß man in sein Haus einbricht. 40 Haltet auch
ihr euch bereit! Denn der Menschensohn kommt zu einer
Stunde, in der ihr es nicht erwartet.

41 Da sagte Petrus: Herr, meinst du mit diesem Gleich-
nis nur uns oder auch all die anderen? 42 Der Herr antwor-
tete: Wer ist denn der treue und kluge Verwalter, den der
Herr einsetzen wird, damit er seinem Gesinde zur rechten
Zeit die Nahrung zuteilt? 43 Selig der Knecht, den der Herr
damit beschäftigt findet, wenn er kommt. 44 Wahrhaftig,
Mt 25,21.23 das sage ich euch: Er wird ihn zum Verwalter seines ganzen
Vermögens machen. 45 Wenn aber der Knecht denkt: Mein
Herr kommt noch lange nicht zurück!, und anfängt, die
Knechte und Mägde zu schlagen; wenn er ißt und trinkt
und sich berauscht, 46 dann wird der Herr an einem Tag
kommen, an dem der Knecht es nicht erwartet, und zu ei-
ner Stunde, die er nicht kennt; und der Herr wird ihn in
Stücke hauen und ihm seinen Platz unter den Ungläubigen
zuweisen.

47 Der Knecht, der den Willen seines Herrn kennt, sich
aber nicht darum kümmert und nicht danach handelt, der
wird viele Schläge bekommen. 48 Wer aber, ohne den Wil-
len des Herrn zu kennen, etwas tut, was Schläge verdient,
der wird wenig Schläge bekommen. Wem viel gegeben
wurde, von dem wird viel zurückgefordert werden, und
wem man viel anvertraut hat, von dem wird man um so
mehr verlangen.

12,35.38 Bei Nacht ließ man gern eine Öllampe brennen, da das Feuermachen schwierig war. – Die Nacht teilte man in vier Abschnitte von je drei Stunden ein (»Nachtwachen«); vgl. die Anmerkung zu Mt 27,45.

Von Frieden und Zwietracht: 12,49–53

49–53: Mt 10,34–36

49 Ich bin gekommen, um Feuer auf die Erde zu werfen.
Wie froh wäre ich, es würde schon brennen! 50 Ich muß mit
einer Taufe getauft werden, und ich bin sehr bedrückt, so- Mk 10,38f
lange sie noch nicht vollzogen ist. 51 Meint ihr, ich sei ge-
kommen, um Frieden auf die Erde zu bringen? Nein, sage
ich euch, nicht Frieden, sondern Spaltung. 52 Denn von
nun an wird es so sein: Wenn fünf Menschen im gleichen
Haus leben, wird Zwietracht herrschen: Drei werden ge-
gen zwei stehen und zwei gegen drei, 53 der Vater gegen den
Sohn und *der Sohn gegen den Vater*, die Mutter gegen die Mi 7,6
Tochter und *die Tochter gegen die Mutter*, die Schwiegermutter gegen ihre Schwiegertochter und *die Schwiegertochter gegen die Schwiegermutter*.

Von den Zeichen der Zeit: 12,54–57

54 Außerdem sagte Jesus zu den Leuten: Sobald ihr im
Westen Wolken aufsteigen seht, sagt ihr: Es gibt Regen.
Und es kommt so. 55 Und wenn der Südwind weht, dann
sagt ihr: Es wird heiß. Und es trifft ein. 56 Ihr Heuchler! Das Mt 16,2f
Aussehen der Erde und des Himmels könnt ihr deuten.
Warum könnt ihr dann die Zeichen dieser Zeit nicht deu-
ten? 57 Warum findet ihr nicht schon von selbst das rechte
Urteil?

Von der Versöhnung: 12,58–59

58–59: Mt 5,25f

58 Wenn du mit deinem Gegner vor Gericht gehst, be-
müh dich noch auf dem Weg, dich mit ihm zu einigen.
Sonst wird er dich vor den Richter schleppen, und der
Richter wird dich dem Gerichtsdiener übergeben, und der
Gerichtsdiener wird dich ins Gefängnis werfen. 59 Ich sage
dir: Du kommst von dort nicht heraus, bis du auch den
letzten Pfennig bezahlt hast.

12,54f Die Verse setzen die geographischen und klimatischen Verhältnisse von Palästina voraus. Im Westen liegt das Mittelmeer, im Süden die Wüste Sinai.

12,56 Wörtlich: Warum könnt ihr dann diese Zeit nicht deuten?

12,59 den letzten Pfennig, wörtlich: das letzte Leptón. Das Leptón war die kleinste griechische Münze.

Mahnung zur Umkehr: 13,1–9

13 Zu dieser Zeit kamen einige Leute zu Jesus und berichteten ihm von den Galiläern, die Pilatus beim
Opfern umbringen ließ, so daß sich ihr Blut mit dem ihrer
Opfertiere vermischte. 2 Da sagte er zu ihnen: Meint ihr,
daß nur diese Galiläer Sünder waren, weil das mit ihnen
geschehen ist, alle anderen Galiläer aber nicht? 3 Nein, im
Gegenteil: Ihr alle werdet genauso umkommen, wenn ihr
euch nicht bekehrt. 4 Oder jene achtzehn Menschen, die
beim Einsturz des Turms von Schiloach erschlagen wurden – meint ihr, daß nur sie Schuld auf sich geladen hatten,
alle anderen Einwohner von Jerusalem aber nicht? 5 Nein,
im Gegenteil: Ihr alle werdet genauso umkommen, wenn
ihr euch nicht bekehrt. 6 Und er erzählte ihnen dieses
Mt 21,19 Gleichnis: Ein Mann hatte in seinem Weinberg einen Feigenbaum; und als er kam und nachsah, ob er Früchte trug,
fand er keine. 7 Da sagte er zu seinem Weingärtner: Jetzt
komme ich schon drei Jahre und sehe nach, ob dieser Feigenbaum Früchte trägt, und finde nichts. Hau ihn um! Was
soll er weiter dem Boden seine Kraft nehmen? 8 Der Weingärtner erwiderte: Herr, laß ihn dieses Jahr noch stehen;
ich will den Boden um ihn herum aufgraben und düngen.
9 Vielleicht trägt er doch noch Früchte; wenn nicht, dann
laß ihn umhauen.

Die Heilung einer Frau am Sabbat: 13,10–17

10 Am Sabbat lehrte Jesus in einer Synagoge. 11 Dort saß
eine Frau, die seit achtzehn Jahren krank war, weil sie von
einem Dämon geplagt wurde; ihr Rücken war verkrümmt,
und sie konnte nicht mehr aufrecht gehen. 12 Als Jesus sie
sah, rief er sie zu sich und sagte: Frau, du bist von deinem
Leiden erlöst. 13 Und er legte ihr die Hände auf. Im gleichen
Augenblick richtete sie sich auf und pries Gott. 14 Der
Synagogenvorsteher aber war empört darüber, daß Jesus
Ex 20,9f am Sabbat heilte, und sagte zu den Leuten: Sechs Tage sind

---

13,1–4 Wörtlich: von den Galiläern, deren Blut Pilatus mit dem ihrer Opfertiere vermischte. – Über diesen wohl politisch begründeten Mord an galiläischen Festpilgern, die während des Paschafestes ihre Opfertiere im Tempel darbringen wollten, gibt es keine weiteren Nachrichten. Dasselbe gilt vom Einsturz eines Turmes, wohl der Stadtmauer, am Schiloach-Teich, der im Südosten von Jerusalem liegt und die Wasser der Gihon-Quelle sammelt. – Jesus wendet sich hier gegen die jüdische Auffassung, alles Leiden sei Strafe für Sünden.

13,11 Wörtlich: eine Frau, die seit achtzehn Jahren einen Krankheitsgeist hatte.

13,14 Vgl. 14,3 und die Anmerkung zu Mk 3,1–6.

zum Arbeiten da. Kommt also an diesen Tagen und laßt
euch heilen, nicht am Sabbat! 15 Der Herr erwiderte ihm:
Ihr Heuchler! Bindet nicht jeder von euch am Sabbat sei-
nen Ochsen oder Esel von der Krippe los und führt ihn zur
Tränke? 16 Diese Tochter Abrahams aber, die der Satan
schon seit achtzehn Jahren gefesselt hielt, sollte am Sabbat
nicht davon befreit werden dürfen? 17 Durch diese Worte
wurden alle seine Gegner beschämt; das ganze Volk aber
freute sich über all die großen Taten, die er vollbrachte.

Das Gleichnis vom Senfkorn: 13,18–19

18–19: Mt 13,31f; Mk 4,30–32

18 Er sagte: Wem ist das Reich Gottes ähnlich, womit
soll ich es vergleichen? 19 Es ist wie ein Senfkorn, das ein
Mann in seinem Garten in die Erde steckte; es wuchs und
wurde zu einem *Baum*, und *die Vögel des Himmels niste-* Dan 4,8f.18;
ten in seinen Zweigen. Ez 17,23

Das Gleichnis vom Sauerteig: 13,20–21

20–21: Mt 13,33

20 Außerdem sagte er: Womit soll ich das Reich Gottes
vergleichen? 21 Es ist wie der Sauerteig, den eine Frau unter 1 Kor 5,6;
einen großen Trog Mehl mischte, bis das Ganze durch- Gal 5,9
säuert war.

Von der neuen Ordnung im Reich Gottes: 13,22–19,27

Von der engen und von der verschlossenen Tür: 13,22–30

22 Auf seinem Weg nach Jerusalem zog er von Stadt zu
Stadt und von Dorf zu Dorf und lehrte. 23 Da fragte ihn ei-
ner: Herr, sind es nur wenige, die gerettet werden? Er sagte
zu ihnen: 24 Bemüht euch mit allen Kräften, durch die enge Mt 7,13f
Tür zu gelangen; denn viele, sage ich euch, werden versu-
chen hineinzukommen, aber es wird ihnen nicht gelingen.
25 Wenn der Herr des Hauses aufsteht und die Tür ver- Mt 25,10–12
schließt, dann steht ihr draußen, klopft an die Tür und
ruft: Herr, mach uns auf! Er aber wird euch antworten: Ich
weiß nicht, woher ihr seid. 26 Dann werdet ihr sagen: Wir
haben doch mit dir gegessen und getrunken, und du hast
auf unseren Straßen gelehrt. 27 Er aber wird erwidern: Ich
sage euch, ich weiß nicht, woher ihr seid. *Weg von mir, ihr* Ps 6,9;
habt alle Unrecht getan! 28 Da werdet ihr heulen und mit Mt 7,23

13,21 Vgl. die Anmerkung zu Mt 13,33.

Mt 8,11f den Zähnen knirschen, wenn ihr seht, daß Abraham, Isaak
und Jakob und alle Propheten im Reich Gottes sind, ihr
selbst aber ausgeschlossen seid. [29] Und man wird von
Osten und Westen und von Norden und Süden kommen
Mt 19,30; 20,16; und im Reich Gottes zu Tisch sitzen. [30] Dann werden
Mk 10,31 manche von den Letzten die Ersten sein und manche von
den Ersten die Letzten.

Der Abschied von Galiläa: 13,31–35

34–35: Mt 23,37–39

[31] Zu dieser Zeit kamen einige Pharisäer zu ihm und sag-
ten: Geh weg, verlaß dieses Gebiet, denn Herodes will dich
töten. [32] Er antwortete ihnen: Geht und sagt diesem Fuchs:
Ich treibe Dämonen aus und heile Kranke, heute und mor-
gen, und am dritten Tag werde ich mein Werk vollenden.
[33] Doch heute und morgen und am folgenden Tag muß ich
weiterwandern; denn ein Prophet darf nirgendwo anders
als in Jerusalem umkommen.

[34] Jerusalem, Jerusalem, du tötest die Propheten und
steinigst die Boten, die zu dir gesandt sind. Wie oft wollte
ich deine Kinder um mich sammeln, so wie eine Henne
ihre Küken unter ihre Flügel nimmt; aber ihr habt nicht
Jer 12,7; 22,5; gewollt. [35] Darum wird euer Haus (von Gott) verlassen. Ich
Ps 69,26 sage euch: Ihr werdet mich nicht mehr sehen, bis die Zeit
Ps 118,26; kommt, in der ihr ruft: *Gesegnet sei er, der kommt im*
Mt 21,9; Mk 11,9 *Namen des Herrn!*

Die Heilung eines Wassersüchtigen am Sabbat: 14,1–6

1–6: 6,6–11 **14** Als Jesus an einem Sabbat in das Haus eines füh-
renden Pharisäers zum Essen kam, beobachtete
man ihn genau. [2] Da stand auf einmal ein Mann vor ihm,
der an Wassersucht litt. [3] Jesus wandte sich an die Geset-
zeslehrer und die Pharisäer und fragte: Ist es am Sabbat er-
laubt zu heilen, oder nicht? [4] Sie schwiegen. Da berührte er
den Mann, heilte ihn und ließ ihn gehen. [5] Zu ihnen aber
sagte er: Wer von euch wird seinen Sohn oder seinen Och-
sen, der in den Brunnen fällt, nicht sofort herausziehen,
auch am Sabbat? [6] Darauf konnten sie ihm nichts erwi-
dern.

Mahnung zur Bescheidenheit: 14,7–11

20,46; Mt 23,6 [7] Als er bemerkte, wie sich die Gäste die Ehrenplätze

---

13,32 werde ich mein Werk vollenden, wörtlich: werde ich vollendet sein. Andere Übersetzungsmöglichkeit: werde ich am Ziel (meines Weges) sein.

13,35 Wörtlich: Darum wird euch euer Haus überlassen.

14,5 seinen Sohn, andere Lesart: seinen Esel.

aussuchten, nahm er das zum Anlaß, ihnen eine Lehre zu
erteilen. Er sagte zu ihnen: 8 Wenn du zu einer Hochzeit
eingeladen bist, such dir nicht den Ehrenplatz aus. Denn es
könnte ein anderer eingeladen sein, der vornehmer ist als
du, 9 und dann würde der Gastgeber, der dich und ihn ein-
geladen hat, kommen und zu dir sagen: Mach diesem hier
Platz! Du aber wärst beschämt und müßtest den untersten
Platz einnehmen. 10 Wenn du also eingeladen bist, setz
dich lieber, wenn du hinkommst, auf den untersten Platz;
dann wird der Gastgeber zu dir kommen und sagen: Mein
Freund, rück weiter hinauf! Das wird für dich eine Ehre
sein vor allen anderen Gästen. 11 Denn wer sich selbst er- 18,14;
höht, wird erniedrigt, und wer sich selbst erniedrigt, wird Mt 23,12
erhöht werden.

Von den rechten Gästen: 14,12–14

12 Dann sagte er zu dem Gastgeber: Wenn du mittags
oder abends ein Essen gibst, so lade nicht deine Freunde
oder deine Brüder, deine Verwandten oder reiche Nach-
barn ein; sonst laden auch sie dich ein, und damit ist dir
wieder alles vergolten. 13 Nein, wenn du ein Essen gibst,
dann lade Arme, Krüppel, Lahme und Blinde ein. 14 Du
wirst selig sein, denn sie können es dir nicht vergelten; es
wird dir vergolten werden bei der Auferstehung der Ge-
rechten.

Das Gleichnis vom Festmahl: 14,15–24

15–24: Mt 22,1–10

15 Als einer der Gäste das hörte, sagte er zu Jesus: Selig,
wer im Reich Gottes am Mahl teilnehmen darf. 16 Jesus
sagte zu ihm: Ein Mann veranstaltete ein großes Festmahl
und lud viele dazu ein. 17 Als das Fest beginnen sollte,
schickte er seinen Diener und ließ den Gästen, die er einge-
laden hatte, sagen: Kommt, es steht alles bereit! 18 Aber
einer nach dem andern ließ sich entschuldigen. Der erste
ließ ihm sagen: Ich habe einen Acker gekauft und muß
jetzt gehen und ihn besichtigen. Bitte, entschuldige mich!
19 Ein anderer sagte: Ich habe fünf Ochsengespanne ge-
kauft und bin auf dem Weg, sie mir genauer anzusehen.
Bitte, entschuldige mich! 20 Wieder ein anderer sagte: Ich
habe geheiratet und kann deshalb nicht kommen. 21 Der
Diener kehrte zurück und berichtete alles seinem Herrn.
Da wurde der Herr zornig und sagte zu seinem Diener: Geh
schnell auf die Straßen und Gassen der Stadt und hol die
Armen und die Krüppel, die Blinden und die Lahmen her-
bei. 22 Bald darauf meldete der Diener: Herr, dein Auftrag

ist ausgeführt; aber es ist immer noch Platz. 23 Da sagte der
Herr zu dem Diener: Dann geh auf die Landstraßen und vor
die Stadt hinaus und nötige die Leute zu kommen, damit
mein Haus voll wird. 24 Das aber sage ich euch: Keiner von
denen, die eingeladen waren, wird an meinem Mahl teil-
nehmen.

Vom Ernst der Nachfolge: 14,25–35

26–27: Mt 10,37–39 *34–35:* Mt 5,13; Mk 9,50

25 Viele Menschen begleiteten ihn; da wandte er sich an
sie und sagte: 26 Wenn jemand zu mir kommt und nicht
Vater und Mutter, Frau und Kinder, Brüder und Schwe-
stern, ja sogar sein Leben gering achtet, dann kann er nicht
9,23; Mt 16,24; mein Jünger sein. 27 Wer nicht sein Kreuz trägt und mir
Mk 8,34 nachfolgt, der kann nicht mein Jünger sein.

28 Wenn einer von euch einen Turm bauen will, setzt er
sich dann nicht zuerst hin und rechnet, ob seine Mittel für
das ganze Vorhaben ausreichen? 29 Sonst könnte es ge-
schehen, daß er das Fundament gelegt hat, dann aber den
Bau nicht fertigstellen kann. Und alle, die es sehen, wür-
den ihn verspotten 30 und sagen: Der da hat einen Bau be-
gonnen und konnte ihn nicht zu Ende führen.

31 Oder wenn ein König gegen einen anderen in den Krieg
zieht, setzt er sich dann nicht zuerst hin und überlegt, ob er
sich mit seinen zehntausend Mann dem entgegenstellen
kann, der mit zwanzigtausend gegen ihn anrückt? 32 Kann
er es nicht, dann schickt er eine Gesandtschaft, solange der
andere noch weit weg ist, und bittet um Frieden.

33 Darum kann keiner von euch mein Jünger sein, wenn
er nicht auf seinen ganzen Besitz verzichtet.

34 Das Salz ist etwas Gutes. Wenn aber das Salz seinen
Geschmack verliert, womit kann man ihm die Würze wie-
dergeben? 35 Es taugt weder für den Acker noch für den
Mt 11,15 Misthaufen, man wirft es weg. Wer Ohren hat zum Hören,
der höre!

Die Gleichnisse vom verlorenen Schaf und von der verlorenen Drachme: 15,1–10

4–7: Mt 18,12–14

5,29f; 7,34; 19,7; **15** Alle Zöllner und Sünder kamen zu ihm, um ihn zu
Mt 9,10f; hören. 2 Die Pharisäer und die Schriftgelehrten
Mk 2,15f empörten sich darüber und sagten: Er gibt sich mit Sün-
dern ab und ißt sogar mit ihnen.

3–7: 3 Da erzählte er ihnen ein Gleichnis und sagte: 4 Wenn
Joh 10,11–15 einer von euch hundert Schafe hat und eins davon verliert,
läßt er dann nicht die neunundneunzig in der Steppe zu-
rück und geht dem verlorenen nach, bis er es findet? 5 Und

wenn er es gefunden hat, nimmt er es voll Freude auf die
Schultern, 6 und wenn er nach Hause kommt, ruft er seine
Freunde und Nachbarn zusammen und sagt zu ihnen:
Freut euch mit mir; ich habe mein Schaf wiedergefunden,
das verloren war. 7 Ich sage euch: Ebenso wird auch im
Himmel mehr Freude herrschen über einen einzigen Sün-
der, der umkehrt, als über neunundneunzig Gerechte, die
es nicht nötig haben umzukehren.

8 Oder wenn eine Frau zehn Drachmen hat und eine da-
von verliert, zündet sie dann nicht eine Lampe an, fegt das
ganze Haus und sucht unermüdlich, bis sie das Geldstück
findet? 9 Und wenn sie es gefunden hat, ruft sie ihre Freun-
dinnen und Nachbarinnen zusammen und sagt: Freut euch
mit mir; ich habe die Drachme wiedergefunden, die ich
verloren hatte. 10 Ich sage euch: Ebenso herrscht auch bei
den Engeln Gottes Freude über einen einzigen Sünder, der
umkehrt.

Das Gleichnis vom verlorenen Sohn: 15,11–32

11 Weiter sagte Jesus: Ein Mann hatte zwei Söhne. 12 Der Mt 21,28
jüngere von ihnen sagte zu seinem Vater: Vater, gib mir das
Erbteil, das mir zusteht. Da teilte der Vater das Vermögen
auf. 13 Nach wenigen Tagen packte der jüngere Sohn alles
zusammen und zog in ein fernes Land. Dort führte er ein
zügelloses Leben und verschleuderte sein Vermögen.
14 Als er alles durchgebracht hatte, kam eine große Hun-
gersnot über das Land, und es ging ihm sehr schlecht. 15 Da
ging er zu einem Bürger des Landes und drängte sich ihm
auf; der schickte ihn aufs Feld zum Schweinehüten. 16 Er
hätte gern seinen Hunger mit den Futterschoten gestillt,
die die Schweine fraßen; aber niemand gab ihm davon.
17 Da ging er in sich und sagte: Wie viele Tagelöhner mei-
nes Vaters haben mehr als genug zu essen, und ich komme
hier vor Hunger um. 18 Ich will aufbrechen und zu meinem
Vater gehen und zu ihm sagen: Vater, ich habe mich gegen
den Himmel und gegen dich versündigt. 19 Ich bin nicht
mehr wert, dein Sohn zu sein; mach mich zu einem deiner
Tagelöhner. 20 Dann brach er auf und ging zu seinem Vater.
Der Vater sah ihn schon von weitem kommen, und er hatte
Mitleid mit ihm. Er lief dem Sohn entgegen, fiel ihm um
den Hals und küßte ihn. 21 Da sagte der Sohn: Vater, ich
habe mich gegen den Himmel und gegen dich versündigt;

15,12 Das Erbteil schon zu Lebzeiten des Vaters zu fordern, war erlaubt, galt aber als unschicklich.

15,21 Am Schluß des Verses fügen manche Textzeugen hinzu: Mach mich zu einem deiner Tagelöhner. Vgl. Vers 19.

ich bin nicht mehr wert, dein Sohn zu sein. [22] Der Vater
aber sagte zu seinen Knechten: Holt schnell das beste Ge-
wand, und zieht es ihm an, steckt ihm einen Ring an die
Hand, und zieht ihm Schuhe an. [23] Bringt das Mastkalb
her, und schlachtet es; wir wollen essen und fröhlich sein.
[24] Denn mein Sohn war tot und lebt wieder; er war verlo-
ren und ist wiedergefunden worden. Und sie begannen, ein
fröhliches Fest zu feiern.

[25] Sein älterer Sohn war unterdessen auf dem Feld. Als er
heimging und in die Nähe des Hauses kam, hörte er Musik
und Tanz. [26] Da rief er einen der Knechte und fragte, was
das bedeuten solle. [27] Der Knecht antwortete: Dein Bruder
ist gekommen, und dein Vater hat das Mastkalb schlach-
ten lassen, weil er ihn heil und gesund wiederbekommen
hat. [28] Da wurde er zornig und wollte nicht hineingehen.
Sein Vater aber kam heraus und redete ihm gut zu. [29] Doch
er erwiderte dem Vater: So viele Jahre schon diene ich dir,
und nie habe ich gegen deinen Willen gehandelt; mir aber
hast du nie auch nur einen Ziegenbock geschenkt, damit
ich mit meinen Freunden ein Fest feiern konnte. [30] Kaum
aber ist der hier gekommen, dein Sohn, der dein Vermögen
mit Dirnen durchgebracht hat, da hast du für ihn das
Mastkalb geschlachtet. [31] Der Vater antwortete ihm: Mein
Kind, du bist immer bei mir, und alles, was mein ist, ist
auch dein. [32] Aber jetzt müssen wir uns doch freuen und
ein Fest feiern; denn dein Bruder war tot und lebt wieder; er
war verloren und ist wiedergefunden worden.

Das Gleichnis vom klugen Verwalter: 16,1–8

16 Jesus sagte zu den Jüngern: Ein reicher Mann hatte
einen Verwalter. Diesen beschuldigte man bei
ihm, er verschleudere sein Vermögen. [2] Darauf ließ er ihn
rufen und sagte zu ihm: Was höre ich über dich? Leg Re-
chenschaft ab über deine Verwaltung! Du kannst nicht
länger mein Verwalter sein. [3] Da überlegte der Verwalter:
Mein Herr entzieht mir die Verwaltung. Was soll ich jetzt
tun? Zu schwerer Arbeit tauge ich nicht, und zu betteln
schäme ich mich. [4] Doch – ich weiß, was ich tun muß, da-
mit mich die Leute in ihre Häuser aufnehmen, wenn ich
als Verwalter abgesetzt bin. [5] Und er ließ die Schuldner
seines Herrn, einen nach dem andern, zu sich kommen
und fragte den ersten: Wieviel bist du meinem Herrn
schuldig? [6] Er antwortete: Hundert Faß Öl. Da sagte er zu
ihm: Nimm deinen Schuldschein, setz dich gleich hin, und

16,6 Faß, wörtlich: Bat. Ein Bat sind etwa vierzig Liter.

schreib »fünfzig«. 7 Dann fragte er einen andern: Wieviel
bist du schuldig? Der antwortete: Hundert Sack Weizen.
Da sagte er zu ihm: Nimm deinen Schuldschein, und
schreib »achtzig«.
8 Und der Herr lobte die Klugheit des unehrlichen Ver-
walters und sagte: Die Kinder dieser Welt sind im Umgang
mit ihresgleichen klüger als die Kinder des Lichtes.

Vom rechten Gebrauch des Reichtums: 16,9–13

13: Mt 6,24

9 Ich sage euch: Macht euch Freunde mit Hilfe des unge-
rechten Mammons, damit ihr in die ewigen Wohnungen
aufgenommen werdet, wenn es (mit euch) zu Ende geht.
10 Wer in den kleinsten Dingen zuverlässig ist, der ist es 19,17;
auch in den großen, und wer bei den kleinsten Dingen Un- Mt 25,21
recht tut, der tut es auch bei den großen. 11 Wenn ihr im
Umgang mit dem ungerechten Reichtum nicht zuverlässig
gewesen seid, wer wird euch dann das wahre Gut anver-
trauen?
12 Und wenn ihr im Umgang mit dem fremden Gut nicht
zuverlässig gewesen seid, wer wird euch dann euer (wah-
res) Eigentum geben?
13 Kein Sklave kann zwei Herren dienen; er wird entwe-
der den einen hassen und den andern lieben, oder er wird zu
dem einen halten und den andern verachten. Ihr könnt
nicht beiden dienen, Gott und dem Mammon.

Das Urteil Jesu über die Pharisäer: 16,14–15

14 Das alles hörten auch die Pharisäer, die sehr am Geld
hingen, und sie lachten über ihn. 15 Da sagte er zu ihnen:
Ihr redet den Leuten ein, daß ihr gerecht seid; aber Gott Mt 23,28
kennt euer Herz. Denn was die Menschen für großartig
halten, das ist in den Augen Gottes ein Greuel.

16,7 Sack, wörtlich: Kor. Ein Kor sind etwa vierhundert Liter.

16,9.11.13 Der ursprüngliche Sinn des hebräischen und aramäischen Wortes »Mammon« ist umstritten, vielleicht: das, worauf jemand vertraut, oder: das Sichergestellte, Gesicherte. Es wurde dann zur allgemeinen Bezeichnung für Besitz und Geld. Im Neuen Testament wird es Mt 6,24; Lk 16,9.11.13 im abwertenden Sinn für die dämonische Macht des Besitzes gebraucht.

16,9 Andere Übersetzungsmöglichkeit: wenn es (mit dem Reichtum) zu Ende geht (das heißt: wenn ihr nichts mehr habt).

16,12 Manche Textzeugen haben: wer wird euch dann unser Eigentum geben?

Vom Gesetz und von der Ehescheidung: 16,16–18

18: Mt 5,32; 19,9; Mk 10,11f

Mt 11,12f [16] Bis zu Johannes hatte man nur das Gesetz und die Propheten. Seitdem wird das Evangelium vom Reich Gottes verkündet, und alle drängen sich danach, hineinzukom-
Mt 5,18 men. [17] Aber eher werden Himmel und Erde vergehen, als daß auch nur der kleinste Buchstabe im Gesetz wegfällt.
1 Kor 7,10f [18] Wer seine Frau aus der Ehe entläßt und eine andere heiratet, begeht Ehebruch; auch wer eine Frau heiratet, die von ihrem Mann aus der Ehe entlassen worden ist, begeht Ehebruch.

Das Beispiel vom reichen Mann und vom armen Lazarus: 16,19–31

[19] Es war einmal ein reicher Mann, der sich in Purpur und feines Leinen kleidete und Tag für Tag herrlich und in Freuden lebte. [20] Vor der Tür des Reichen aber lag ein armer Mann namens Lazarus, dessen Leib voller Geschwüre war. [21] Er hätte gern seinen Hunger mit dem gestillt, was vom Tisch des Reichen herunterfiel. Statt dessen kamen die Hunde und leckten an seinen Geschwüren. [22] Als nun der Arme starb, wurde er von den Engeln in Abrahams Schoß getragen. Auch der Reiche starb und wurde begraben. [23] In der Unterwelt, wo er qualvolle Schmerzen litt, blickte er auf und sah von weitem Abraham, und Lazarus in seinem Schoß. [24] Da rief er: Vater Abraham, hab Erbarmen mit mir, und schick Lazarus zu mir; er soll wenigstens die Spitze seines Fingers ins Wasser tauchen und mir die Zunge kühlen, denn ich leide große Qual in diesem Feuer. [25] Abraham erwiderte: Mein Kind, denk daran, daß du schon zu Lebzeiten deinen Anteil am Guten erhalten hast, Lazarus aber nur Schlechtes. Jetzt wird er dafür getröstet, du aber mußt leiden. [26] Außerdem ist zwischen uns und euch ein tiefer, unüberwindlicher Abgrund, so daß niemand von hier zu euch oder von dort zu uns kommen

---

16,16 Andere Übersetzungsmöglichkeit: und alle wollen mit Gewalt hineinkommen.

16,17 nur der kleinste Buchstabe, wörtlich: nur ein kleiner Strich (an einem Buchstaben).

16,20 Lazarus (hebräische Namensform: Eleasar), bedeutet »Gotthilf«.

16,23 Zu »Unterwelt« vgl. die Anmerkung zu Mt 16,18. – Die Unterwelt ist in verschiedene Räume aufgeteilt, wo die Guten (Abraham, Lazarus) und die Bösen (der reiche Mann) auf das Endgericht warten. – Abraham galt als der Vater Israels, besonders der Frommen.

kann, selbst wenn er wollte. 27 Da sagte der Reiche: Dann
bitte ich dich, Vater, schick ihn in das Haus meines Vaters!
28 Denn ich habe noch fünf Brüder. Er soll sie warnen, da-
mit nicht auch sie an diesen Ort der Qual kommen. 29 Ab-
raham aber sagte: Sie haben Mose und die Propheten, auf
die sollen sie hören. 30 Er erwiderte: Nein, Vater Abraham,
nur wenn einer von den Toten zu ihnen kommt, werden
sie umkehren. 31 Darauf sagte Abraham: Wenn sie auf
Mose und die Propheten nicht hören, werden sie sich auch
nicht überzeugen lassen, wenn einer von den Toten aufer-
steht.

Warnung vor der Verführung: 17,1–3a

1–2: Mt 18,6f; Mk 9,42

17 Er sagte zu seinen Jüngern: Es ist unvermeidlich,
daß Verführungen kommen. Aber wehe dem, der
sie verschuldet. 2 Es wäre besser für ihn, man würde ihn
mit einem Mühlstein um den Hals ins Meer werfen, als
daß er einen von diesen Kleinen zum Bösen verführt.
3a Seht euch vor!

Von der Pflicht zur Vergebung: 17,3b–4

3b Wenn dein Bruder sündigt, weise ihn zurecht; und Lev 19,17;
wenn er sich ändert, vergib ihm. 4 Und wenn er sich sie- Mt 18,15.21f
benmal am Tag gegen dich versündigt und siebenmal wie-
der zu dir kommt und sagt: Ich will mich ändern!, so sollst
du ihm vergeben.

Von der Macht des Glaubens: 17,5–6

5 Die Apostel baten den Herrn: Stärke unseren Glauben!
6 Der Herr erwiderte: Wenn euer Glaube auch nur so groß Mt 17,20; 21,21;
wäre wie ein Senfkorn, würdet ihr zu dem Maulbeerbaum Mk 11,23
hier sagen: Heb dich samt deinen Wurzeln aus dem Boden,
und verpflanz dich ins Meer!, und er würde euch gehor-
chen.

Das Gleichnis vom unnützen Sklaven: 17,7–10

7 Wenn einer von euch einen Sklaven hat, der pflügt oder
das Vieh hütet, wird er etwa zu ihm, wenn er vom Feld
kommt, sagen: Nimm gleich Platz zum Essen? 8 Wird er
nicht vielmehr zu ihm sagen: Mach mir etwas zu essen,
gürte dich, und bediene mich; wenn ich gegessen und ge-
trunken habe, kannst auch du essen und trinken. 9 Be-
dankt er sich etwa bei dem Sklaven, weil er getan hat, was

17,2 Vgl. die Anmerkung zu Mt 18,6.

ihm befohlen wurde? 10 So soll es auch bei euch sein: Wenn
ihr alles getan habt, was euch befohlen wurde, sollt ihr sa-
gen: Wir sind unnütze Sklaven; wir haben nur unsere
Schuldigkeit getan.

Der dankbare Samariter: 17,11–19

Mk 9,30 11 Auf dem Weg nach Jerusalem zog Jesus durch das
Grenzgebiet von Samarien und Galiläa. 12 Als er in ein
Dorf hineingehen wollte, kamen ihm zehn Aussätzige
entgegen. Sie blieben in der Ferne stehen 13 und riefen: Je-
sus, Meister, hab Erbarmen mit uns! 14 Als er sie sah, sagte
Lev 13,49; er zu ihnen: Geht, *zeigt euch den Priestern*! Und während
14,2–32; sie zu den Priestern gingen, wurden sie rein. 15 Einer von
Lk 5,14 ihnen aber kehrte um, als er sah, daß er geheilt war; und er
lobte Gott mit lauter Stimme. 16 Er warf sich vor den Fü-
ßen Jesu zu Boden und dankte ihm. Dieser Mann war aus
Samarien. 17 Da sagte Jesus: Es sind doch alle zehn rein ge-
worden. Wo sind die übrigen neun? 18 Ist denn keiner um-
7,50; 8,48; gekehrt, um Gott zu ehren, außer diesem Fremden? 19 Und
18,42; Mt 9,22; er sagte zu ihm: Steh auf und geh! Dein Glaube hat dir ge-
Mk 5,34; 10,52 holfen.

Vom Kommen des Gottesreiches: 17,20–21

20 Als Jesus von den Pharisäern gefragt wurde, wann das
Reich Gottes komme, antwortete er: Das Reich Gottes
kommt nicht so, daß man es an äußeren Zeichen erkennen
könnte. 21 Man kann auch nicht sagen: Seht, hier ist es!,
11,20; oder: Dort ist es! Denn: Das Reich Gottes ist (schon) mit-
Mt 12,28 ten unter euch.

Vom Kommen des Menschensohnes: 17,22–37

21,7–36 22 Er sagte zu den Jüngern: Es wird eine Zeit kommen, in
der ihr euch danach sehnt, auch nur einen von den Tagen
des Menschensohnes zu erleben; aber ihr werdet ihn nicht
Mt 24,23–27; erleben. 23 Und wenn man zu euch sagt: Dort ist er! Hier ist
Mk 13,21 er!, so geht nicht hin, und lauft nicht hinterher! 24 Denn
wie der Blitz von einem Ende des Himmels bis zum andern
leuchtet, so wird der Menschensohn an seinem Tag er-
9,22.44; 18,32 scheinen. 25 Vorher aber muß er vieles erleiden und von
Gen 6,11–13; dieser Generation verworfen werden. 26 Und wie es zur
7,7–23;
Mt 24,37–39 Zeit des Noach war, so wird es auch in den Tagen des Men-

---

17,11–19 Vgl. die Anmerkung zu Mk 1,40

17,21 Andere Übersetzungsmöglichkeiten: Das Reich Gottes ist (eines Tages/plötzlich) unter euch da. Oder: Das Reich Gottes ist in euch. – Gegen die zweite Möglichkeit spricht, daß die Evangelien das Wirken Gottes im Innern des Menschen nicht als »Reich Gottes« bezeichnen.

schensohnes sein. 27 Die Menschen aßen und tranken und
heirateten bis zu dem Tag, an dem *Noach in die Arche* Gen 7,7;
ging; dann kam die Flut und vernichtete alle. 28 Und es 2 Petr 2,5
wird ebenso sein, wie es zur Zeit des Lot war: Sie aßen und Gen 18,20
tranken, kauften und verkauften, pflanzten und bauten.
29 Aber an dem Tag, als Lot Sodom verließ, *regnete es Feuer* Gen 19,15.23f;
und Schwefel vom Himmel, und alle kamen um. 30 Ebenso 2 Petr 2,7
wird es an dem Tag sein, an dem sich der Menschensohn
offenbart. 31 Wer dann auf dem Dach ist und seine Sachen Mt 24,17f;
im Haus hat, soll nicht hinabsteigen, um sie zu holen, und Mk 13,15f
wer auf dem Feld ist, soll nicht zurückkehren. 32 Denkt an
die Frau des Lot! 33 Wer sein Leben zu bewahren sucht, 9,24; Mt 10,39;
wird es verlieren; wer es dagegen verliert, wird es gewin- 16,25; Mk 8,35;
nen. 34 Ich sage euch: Von zwei Männern, die in jener Joh 12,25
Nacht auf einem Bett liegen, wird der eine mitgenommen
und der andere zurückgelassen. 35 Von zwei Frauen, die Mt 24,41
mit derselben Mühle Getreide mahlen, wird die eine mit-
genommen und die andere zurückgelassen. [36] 37 Da frag-
ten sie ihn: Wo wird das geschehen, Herr? Er antwortete:
Wo ein Aas ist, da sammeln sich auch die Geier. Mt 24,28

Das Gleichnis vom gottlosen Richter und der Witwe: 18,1–8

18 Jesus sagte ihnen durch ein Gleichnis, daß sie alle-
zeit beten und darin nicht nachlassen sollten: 2 In
einer Stadt lebte ein Richter, der Gott nicht fürchtete und
auf keinen Menschen Rücksicht nahm. 3 In der gleichen
Stadt lebte auch eine Witwe, die immer wieder zu ihm
kam und sagte: Verschaff mir Recht gegen meinen Feind!
4 Lange wollte er nichts davon wissen. Dann aber sagte er
sich: Ich fürchte zwar Gott nicht und nehme auch auf kei-
nen Menschen Rücksicht; 5 trotzdem will ich dieser
Witwe zu ihrem Recht verhelfen, denn sie läßt mich nicht
in Ruhe. Sonst kommt sie am Ende noch und schlägt mich
ins Gesicht. 6 Und der Herr fügte hinzu: Bedenkt, was der
ungerechte Richter sagt. 7 Sollte Gott seinen Auserwähl-
ten, die Tag und Nacht zu ihm schreien, nicht zu ihrem
Recht verhelfen, sondern zögern? 8 Ich sage euch: Er wird
ihnen unverzüglich ihr Recht verschaffen. Wird jedoch der
Menschensohn, wenn er kommt, auf der Erde (noch) Glau-
ben vorfinden?

17,36 Spätere Textzeugen fügen entsprechend Mt 24,40 hinzu: Wenn zwei Männer auf dem Feld sind, wird der eine mitgenommen und der andere zurückgelassen.

18,7 sondern zögern, andere Übersetzungsmöglichkeit: während er ihnen geduldig zuhört.

Das Beispiel vom Pharisäer und vom Zöllner: 18,9–14

9 Einigen, die von ihrer eigenen Gerechtigkeit überzeugt
waren und die anderen verachteten, erzählte Jesus dieses
Beispiel: 10 Zwei Männer gingen zum Tempel hinauf, um
zu beten; der eine war ein Pharisäer, der andere ein Zöllner.
11 Der Pharisäer stellte sich hin und sprach leise dieses Ge-
bet: Gott, ich danke dir, daß ich nicht wie die anderen
Menschen bin, die Räuber, Betrüger, Ehebrecher oder auch
Mt 23,23 wie dieser Zöllner dort. 12 Ich faste zweimal in der Woche
und gebe dem Tempel den zehnten Teil meines ganzen
Einkommens. 13 Der Zöllner aber blieb ganz hinten stehen
und wagte nicht einmal, seine Augen zum Himmel zu er-
Ps 51,3 heben, sondern schlug sich an die Brust und betete: Gott,
sei mir Sünder gnädig! 14 Ich sage euch: Dieser kehrte als
14,11; Mt 23,12 Gerechter nach Hause zurück, der andere nicht. Denn wer
sich selbst erhöht, wird erniedrigt, wer sich aber selbst er-
niedrigt, wird erhöht werden.

Die Segnung der Kinder: 18,15–17

15–17: Mt 19,13–15; Mk 10,13–16

15 Man brachte auch kleine Kinder zu ihm, damit er ih-
nen die Hände auflegte. Als die Jünger das sahen, wiesen
sie die Leute schroff ab. 16 Jesus aber rief die Kinder zu sich
und sagte: Laßt die Kinder zu mir kommen; hindert sie
nicht daran! Denn Menschen wie ihnen gehört das Reich
Mt 18,3 Gottes. 17 Amen, das sage ich euch: Wer das Reich Gottes
nicht so annimmt, wie ein Kind, der wird nicht hinein-
kommen.

Von Reichtum und Nachfolge: 18,18–30

18–30: Mt 19,18–30; Mk 10,17–31

10,25 18 Einer von den führenden Männern fragte ihn: Guter
Meister, was muß ich tun, um das ewige Leben zu gewin-
nen? 19 Jesus antwortete: Warum nennst du mich gut?
Dtn 6,4 Niemand ist gut außer Gott, dem Einen. 20 Du kennst doch
Ex 20,12–16; die Gebote: *Du sollst nicht die Ehe brechen, du sollst nicht*
Dtn 5,16–20 *töten, du sollst nicht stehlen, du sollst nicht falsch aussa-*
gen; ehre deinen Vater und deine Mutter! 21 Er erwiderte:
Alle diese Gebote habe ich von Jugend an befolgt. 22 Als Je-
12,33 sus das hörte, sagte er: Eines fehlt dir noch: Verkauf alles,
was du hast, verteil das Geld an die Armen, und du wirst
einen bleibenden Schatz im Himmel haben; dann komm
Mt 8,22 und folge mir nach! 23 Der Mann aber wurde sehr traurig,
als er das hörte; denn er war überaus reich. 24 Jesus sah ihn

---

18,15 Wörtlich: damit er sie berührte.

an und sagte: Wie schwer ist es für Menschen, die viel be-
sitzen, in das Reich Gottes zu kommen! 25 Denn eher geht
ein Kamel durch ein Nadelöhr, als daß ein Reicher in das
Reich Gottes gelangt. 26 Die Leute, die das hörten, fragten:
Wer kann dann noch gerettet werden? 27 Er erwiderte: Was
für Menschen unmöglich ist, ist *für Gott möglich*. Gen 18,14;
28 Da sagte Petrus: Du weißt, wir haben unser Eigentum Ijob 42,2; Lk 1,37
verlassen und sind dir nachgefolgt. 29 Jesus antwortete ih-
nen: Amen, ich sage euch: Jeder, der um des Reiches Got-
tes willen Haus oder Frau, Brüder, Eltern oder Kinder ver-
lassen hat, 30 wird dafür schon in dieser Zeit das Vielfache
erhalten und in der kommenden Welt das ewige Leben.

Die dritte Ankündigung von Leiden und Auferstehung: 18,31–34

31–34: Mt 20,17–19; Mk 10,32–34

31 Jesus versammelte die Zwölf um sich und sagte zu ih-
nen: Wir gehen jetzt nach Jerusalem hinauf; dort wird sich
alles erfüllen, was bei den Propheten über den Menschen-
sohn steht: 32 Er wird den Heiden ausgeliefert, wird ver- 9,22.44; 17,25
spottet, mißhandelt und angespuckt werden, 33 und man 24,6f
wird ihn geißeln und töten. Aber am dritten Tag wird er
auferstehen. 34 Doch die Zwölf verstanden das alles nicht; 9,45
der Sinn der Worte war ihnen verschlossen, und sie begrif-
fen nicht, was er sagte.

Die Heilung eines Blinden bei Jericho: 18,35–43

35–43: Mt 20,29–34; Mk 10,46–52

35 Als Jesus in die Nähe von Jericho kam, saß ein Blinder *35–43:*
an der Straße und bettelte. 36 Er hörte, daß viele Menschen Mt 9,27–31
vorbeigingen, und fragte: Was hat das zu bedeuten? 37 Man
sagte ihm: Jesus von Nazaret geht vorüber. 38 Da rief er: Je-
sus, Sohn Davids, hab Erbarmen mit mir! 39 Die Leute, die
vorausgingen, wurden ärgerlich und befahlen ihm zu
schweigen. Er aber schrie noch viel lauter: Sohn Davids,
hab Erbarmen mit mir! 40 Jesus blieb stehen und ließ ihn zu
sich herführen. Als der Mann vor ihm stand, fragte ihn Je-
sus: 41 Was soll ich dir tun? Er antwortete: Herr, ich
möchte wieder sehen können. 42 Da sagte Jesus zu ihm: Du
sollst wieder sehen. Dein Glaube hat dir geholfen. 43 Im 7,50; 8,48;
gleichen Augenblick konnte er wieder sehen. Da pries er Mt 9,22;
Gott und folgte Jesus. Und alle Leute, die das gesehen hat- Mk 5,34
ten, lobten Gott.

Jesus im Haus des Zöllners Zachäus: 19,1–10

19 Dann kam er nach Jericho und ging durch die
Stadt. 2 Dort wohnte ein Mann namens Zachäus;
er war der oberste Zollpächter und war sehr reich. 3 Er
wollte gern sehen, wer dieser Jesus sei, doch die Men-
schenmenge versperrte ihm die Sicht; denn er war klein.
4 Darum lief er voraus und stieg auf einen Maulbeerfeigen-
baum, um Jesus zu sehen, der dort vorbeikommen mußte.
5 Als Jesus an die Stelle kam, schaute er hinauf und sagte
zu ihm: Zachäus, komm schnell herunter! Denn ich muß
heute in deinem Haus zu Gast sein. 6 Da stieg er schnell
herunter und nahm Jesus freudig bei sich auf. 7 Als die
5,30; 7,34 Leute das sahen, empörten sie sich und sagten: Er ist bei
einem Sünder eingekehrt. 8 Zachäus aber wandte sich an
den Herrn und sagte: Herr, die Hälfte meines Vermögens
will ich den Armen geben, und wenn ich von jemand zu
viel gefordert habe, gebe ich ihm das Vierfache zurück.
9 Da sagte Jesus zu ihm: Heute ist diesem Haus das Heil ge-
schenkt worden, weil auch dieser Mann ein Sohn Abra-
5,32; Mt 9,13; hams ist. 10 Denn der Menschensohn ist gekommen, um
Mk 2,17 zu suchen und zu retten, was verloren ist.

Das Gleichnis vom anvertrauten Geld: 19,11–27

11–27: Mt 25,14–30

11 Weil Jesus schon nahe bei Jerusalem war, meinten die
Menschen, die von all dem hörten, das Reich Gottes werde
sofort erscheinen. Daher erzählte er ihnen ein weiteres
Gleichnis. 12 Er sagte: Ein Mann von vornehmer Herkunft
wollte in ein fernes Land reisen, um die Königswürde zu er-
langen und dann zurückzukehren. 13 Er rief zehn seiner
Diener zu sich, verteilte unter sie Geld im Wert von zehn
Minen und sagte: Macht Geschäfte damit, bis ich wieder-
komme. 14 Da ihn aber die Einwohner seines Landes haß-
ten, schickten sie eine Gesandtschaft hinter ihm her und
ließen sagen: Wir wollen nicht, daß dieser Mann unser Kö-
nig wird. 15 Dennoch wurde er als König eingesetzt. Nach
seiner Rückkehr ließ er die Diener, denen er das Geld gege-
ben hatte, zu sich rufen. Er wollte sehen, welchen Gewinn
jeder bei seinen Geschäften erzielt hatte. 16 Der erste kam
und sagte: Herr, ich habe mit deiner Mine zehn Minen er-

19,1–10 In Jericho befand sich eine römische Zollstätte (vgl. die Anmerkung zu Mk 2,16). In Jericho lebten auch viele Priester und Leviten.

19,13 Eine Mine (griechische Rechnungseinheit) entsprach hundert Drachmen. Eine Drachme war der Tageslohn eines Arbeiters.

wirtschaftet. 17 Da sagte der König zu ihm: Sehr gut, du
bist ein tüchtiger Diener. Weil du im Kleinsten zuverlässig 16,10; Mt 24,
warst, sollst du Herr über zehn Städte werden. 18 Der 45–47; 25,21
zweite kam und sagte: Herr, ich habe mit deiner Mine fünf
Minen erwirtschaftet. 19 Zu ihm sagte der König: Du sollst
über fünf Städte herrschen. 20 Nun kam ein anderer und
sagte: Herr, hier hast du dein Geld zurück. Ich habe es in
ein Tuch eingebunden und aufbewahrt; 21 denn ich hatte
Angst vor dir, weil du ein strenger Mann bist: Du hebst ab,
was du nicht eingezahlt hast, und erntest, was du nicht ge-
sät hast. 22 Der König antwortete: Aufgrund deiner eigenen
Worte spreche ich dir das Urteil. Du bist ein schlechter
Diener. Du hast gewußt, daß ich ein strenger Mann bin?
Daß ich abhebe, was ich nicht eingezahlt habe, und ernte,
was ich nicht gesät habe? 23 Warum hast du dann mein
Geld nicht auf die Bank gebracht? Dann hätte ich es bei der
Rückkehr mit Zinsen abheben können. 24 Und zu den an-
deren, die dabeistanden, sagte er: Nehmt ihm das Geld
weg, und gebt es dem, der die zehn Minen hat. 25 Sie sagten
zu ihm: Herr, er hat doch schon zehn. 26 (Da erwiderte er:)
Ich sage euch: Wer hat, dem wird gegeben werden; wer aber 8,18; Mt 13,
nicht hat, dem wird auch noch weggenommen, was er hat. 12; Mk 4,25
27 Doch meine Feinde, die nicht wollten, daß ich ihr König
werde – bringt sie her, und macht sie vor meinen Augen
nieder!

DIE LETZTEN TAGE IN JERUSALEM: 19,28–21,38

Die Auseinandersetzung mit den Gegnern in Jerusalem: 19,28–21,4

Der Einzug in Jerusalem: 19,28–40

28–40: Mt 21,1–9; Mk 11,1–10; Joh 12,12–19

28 Nach dieser Rede zog Jesus weiter und ging nach Jeru-
salem hinauf. 29 Als er in die Nähe von Betfage und Beta-
nien kam, an den Berg, der Ölberg heißt, schickte er zwei
seiner Jünger voraus 30 und sagte: Geht in das Dorf, das vor
uns liegt. Wenn ihr hineinkommt, werdet ihr dort einen
jungen Esel angebunden finden, auf dem noch nie ein
Mensch gesessen hat. Bindet ihn los, und bringt ihn her!
31 Und wenn euch jemand fragt: Warum bindet ihr ihn
los?, dann antwortet: Der Herr braucht ihn. 32 Die beiden
machten sich auf den Weg und fanden alles so, wie er es ih-

19,20 dein Geld, wörtlich: deine Mine.
19,28–40 Vgl. die Anmerkung zu Mt 21,1–11.

nen gesagt hatte. 33 Als sie den jungen Esel losbanden, sag-
ten die Leute, denen er gehörte: Warum bindet ihr den Esel
los? 34 Sie antworteten: Der Herr braucht ihn. 35 Dann
führten sie ihn zu Jesus, legten ihre Kleider auf das Tier
und halfen Jesus hinauf. 36 Während er dahinritt, breiteten
die Jünger ihre Kleider auf der Straße aus. 37 Als er an die
Stelle kam, wo der Weg vom Ölberg hinabführt, begannen
alle Jünger freudig und mit lauter Stimme Gott zu loben
wegen all der Wundertaten, die sie erlebt hatten. 38 Sie rie-
Ps 118,26 fen: *Gesegnet sei* der König, *der kommt im Namen des*
2,14 *Herrn*. Im Himmel Friede und Herrlichkeit in der Höhe!
39 Da riefen ihm einige Pharisäer aus der Menge zu: Mei-
ster, bring deine Jünger zum Schweigen! 40 Er erwiderte:
Hab 2,11 Ich sage euch: Wenn sie schweigen, werden die Steine
schreien.

Die Ankündigung der Zerstörung Jerusalems: 19,41–44

41 Als er näher kam und die Stadt sah, weinte er über sie
42 und sagte: Wenn doch auch du an diesem Tag erkannt
hättest, was dir Frieden bringt. Jetzt aber bleibt es vor dei-
nen Augen verborgen. 43 Es wird eine Zeit für dich kom-
men, in der deine Feinde rings um dich einen Wall aufwer-
fen, dich einschließen und von allen Seiten bedrängen.
Ps 137,9 44 Sie werden dich und deine Kinder zerschmettern und
21,6; Mt 24,2; keinen Stein auf dem andern lassen; denn du hast die Zeit
Mk 13,2 der Gnade nicht erkannt.

Die Tempelreinigung: 19,45–48

45–46: Mt 21,12f; Mk 11,15–17; Joh 2,13–16 *47–48:* Mk 11,18

45 Dann ging er in den Tempel und begann, die Händler
hinauszutreiben. 46 Er sagte zu ihnen: In der Schrift steht:
Jes 56,7 *Mein Haus soll ein Haus des Gebetes sein.* Ihr aber habt
Jer 7,11 daraus *eine Räuberhöhle* gemacht.
21,37; Mt 26,55; 47 Er lehrte täglich im Tempel. Die Hohenpriester, die
Mk 14,49; Schriftgelehrten und die übrigen Führer des Volkes aber
Joh 18,20
20,19; 22,2 suchten ihn umzubringen. 48 Sie wußten jedoch nicht, wie
sie es machen sollten, denn das ganze Volk hing an ihm
und hörte ihn gern.

Die Frage nach der Vollmacht Jesu: 20,1–8

1–8: Mt 21,23–27; Mk 11,27–33

20 Als er eines Tages im Tempel das Volk lehrte und
das Evangelium verkündete, kamen die Hohen-
priester und die Schriftgelehrten mit den Ältesten hinzu
2 und fragten ihn: Sag uns: Mit welchem Recht tust du das

19,45 Vgl. die Anmerkung zu Mt 21,12.

alles? Wer hat dir dazu die Vollmacht gegeben? [3] Er ant-
wortete ihnen: Auch ich will euch eine Frage stellen. Sagt
mir: [4] Stammte die Taufe des Johannes vom Himmel oder
von den Menschen? [5] Da überlegten sie und sagten zuein-
ander: Wenn wir antworten: Vom Himmel!, so wird er sa-
gen: Warum habt ihr ihm dann nicht geglaubt? [6] Wenn wir
aber antworten: Von den Menschen!, dann wird das ganze
Volk uns steinigen; denn sie sind überzeugt, daß Johannes
ein Prophet gewesen ist. [7] Darum antworteten sie: Wir
wissen nicht, woher. [8] Jesus erwiderte: Dann sage auch ich
euch nicht, mit welchem Recht ich das alles tue.

Das Gleichnis von den bösen Winzern: 20,9–19

9–19: Mt 21,33–46; Mk 12,1–12

[9] Er erzählte dem Volk dieses Gleichnis: Ein Mann legte
einen Weinberg an, verpachtete ihn an Winzer und reiste Jes 5,1f G
für längere Zeit in ein anderes Land. [10] Als nun die Zeit da-
für gekommen war, schickte er einen Knecht zu den Win-
zern, damit sie ihm seinen Anteil am Ertrag des Weinbergs
ablieferten. Die Winzer aber prügelten ihn und jagten ihn
mit leeren Händen fort. [11] Darauf schickte er einen ande-
ren Knecht; auch ihn prügelten und beschimpften sie und
jagten ihn mit leeren Händen fort. [12] Er schickte noch ei-
nen dritten Knecht; aber auch ihn schlugen sie blutig und
warfen ihn hinaus. [13] Da sagte der Besitzer des Weinbergs:
Was soll ich tun? Ich will meinen geliebten Sohn zu ihnen 3,22
schicken. Vielleicht werden sie vor ihm Achtung haben.
[14] Als die Winzer den Sohn sahen, überlegten sie und sag-
ten zueinander: Das ist der Erbe; wir wollen ihn töten, da-
mit das Erbgut uns gehört. [15] Und sie warfen ihn aus dem
Weinberg hinaus und brachten ihn um. Was wird nun der
Besitzer des Weinbergs mit ihnen tun? [16] Er wird kommen
und diese Winzer töten und den Weinberg anderen geben.
Als sie das hörten, sagten sie: Das darf nicht geschehen!
[17] Da sah Jesus sie an und sagte: Was bedeutet das Schrift-
wort:

Der Stein, den die Bauleute verworfen haben, Ps 118,22
er ist zum Eckstein geworden?

[18] Jeder, der auf diesen Stein fällt, wird zerschellen; auf
wen der Stein aber fällt, den wird er zermalmen.

[19] Die Schriftgelehrten und die Hohenpriester hätten 19,47f; 22,2
ihn gern noch in derselben Stunde festgenommen; aber sie
fürchteten das Volk. Denn sie hatten gemerkt, daß er sie
mit diesem Gleichnis meinte.

20,9–19 Vgl. die Anmerkung zu Mt 21,33–46.

Die Frage nach der kaiserlichen Steuer: 20,20–26

20–26: Mt 22,15–22; Mk 12,13–17

20 Daher lauerten sie ihm auf und schickten Spitzel, die
11,54 sich fromm stellen und ihn bei einer (unüberlegten) Ant-
wort ertappen sollten. Denn sie wollten ihn der Gerichts-
barkeit des Statthalters übergeben. 21 Die Spitzel fragten
ihn: Meister, wir wissen, daß du aufrichtig redest und
lehrst und nicht auf die Person siehst, sondern wirklich
den Weg Gottes lehrst. 22 Ist es uns erlaubt, dem Kaiser
Steuer zu zahlen, oder nicht? 23 Er aber durchschaute ihre
Hinterlist und sagte zu ihnen: 24 Zeigt mir einen Denar!
Wessen Bild und Aufschrift sind darauf? Sie antworteten:
Die des Kaisers. 25 Da sagte er zu ihnen: Dann gebt dem
Kaiser, was dem Kaiser gehört, und Gott, was Gott gehört!
26 So gelang es ihnen nicht, ihn öffentlich bei einem (un-
überlegten) Wort zu ertappen. Sie waren von seiner Ant-
wort sehr überrascht und schwiegen.

Die Frage nach der Auferstehung der Toten: 20,27–40

27–38: Mt 22,23–33; Mk 12,18–27

Apg 23,8 27 Von den Sadduzäern, die die Auferstehung leugnen,
kamen einige zu Jesus und fragten ihn: 28 Meister, Mose
Dtn 25,5f hat uns vorgeschrieben: *Wenn ein Mann, der einen Bruder
hat, stirbt* und eine Frau *hinterläßt, ohne Kinder zu haben,*
Gen 38,8 *dann soll sein Bruder die Frau heiraten und* seinem *Bruder
Nachkommen verschaffen.* 29 Nun lebten einmal sieben
Brüder. Der erste nahm sich eine Frau, starb aber kinderlos.
30 Da nahm sie der zweite, 31 danach der dritte, und ebenso
die anderen bis zum siebten; sie alle hinterließen keine
Kinder, als sie starben. 32 Schließlich starb auch die Frau.
33 Wessen Frau wird sie nun bei der Auferstehung sein?
Alle sieben haben sie doch zur Frau gehabt. 34 Da sagte Je-
sus zu ihnen: Nur in dieser Welt heiraten die Menschen.
35 Die aber, die Gott für würdig hält, an jener Welt und an
der Auferstehung von den Toten teilzuhaben, werden dann
nicht mehr heiraten. 36 Sie können auch nicht mehr ster-
ben, weil sie den Engeln gleich und durch die Auferstehung
zu Söhnen Gottes geworden sind. 37 Daß aber die Toten

20,20–26 Vgl. die Anmerkung zu Mt 22,15–22.

20,27–40 Vgl. die Anmerkung zu Mt 22,23–33.

20,34 Wörtlich: Nur in dieser Welt heiraten sie (nämlich die Männer) und werden geheiratet (nämlich die Frauen). Ähnlich im Vers 35.

auferstehen, hat schon Mose in der Geschichte vom Dorn-
busch angedeutet, in der er den Herrn *den Gott Abrahams,* Ex 3,6
den Gott Isaaks und den Gott Jakobs nennt. 38 Er ist doch
kein Gott von Toten, sondern von Lebenden; denn für ihn
sind alle lebendig. 39 Da sagten einige Schriftgelehrte: Mk 12,32
Meister, du hast gut geantwortet. 40 Und man wagte nicht Mt 22,46; Mk 12,34
mehr, ihn etwas zu fragen.

Die Frage nach dem Messias: 20,41–44

41–44: Mt 22,41–45; Mk 12,35–37a

41 Da fragte er sie: Wie kann man behaupten, der Messias
sei der Sohn Davids? 42 Denn David selbst sagt im Buch der
Psalmen: *Der Herr sprach zu meinem Herrn: Setze dich* Ps 110,1
mir zur Rechten, 43 *und ich lege dir deine Feinde als*
Schemel unter die Füße. 44 David nennt ihn also »Herr«.
Wie kann er dann Davids Sohn sein?

Worte gegen die Schriftgelehrten: 20,45–47

45–47: Mt 23,1.5–7.14; Mk 12,37b–40

45 Jesus sagte vor dem ganzen Volk zu seinen Jüngern:
46 Hütet euch vor den Schriftgelehrten! Sie gehen gern in 11,43
langen Gewändern umher, lieben es, wenn man sie auf den
Straßen und Plätzen grüßt, und wollen in der Synagoge die 14,7
vordersten Sitze und bei jedem Festmahl die Ehrenplätze
haben. 47 Sie bringen die Witwen um ihre Häuser und ver-
richten in ihrer Scheinheiligkeit lange Gebete. Aber um so
härter wird das Urteil sein, das sie erwartet.

Das Opfer der Witwe: 21,1–4

1–4: Mk 12,41–44

21 Er blickte auf und sah, wie die Reichen ihre Gaben
in den Opferkasten legten. 2 Dabei sah er auch eine
arme Witwe, die zwei kleine Münzen hineinwarf. 3 Da
sagte er: Wahrhaftig, ich sage euch: Diese arme Witwe hat
mehr hineingeworfen als alle anderen. 4 Denn sie alle ha-
ben nur etwas von ihrem Überfluß geopfert; diese Frau
aber, die kaum das Nötigste zum Leben hat, sie hat ihren
ganzen Lebensunterhalt hergegeben.

21,1–4 Vgl. die Anmerkung zu Mk 12,41.

21,2 zwei kleine Münzen, wörtlich: zwei Leptá. Vgl. die Anmerkung zu 12,6.

Die Rede über die Endzeit: 21,5–36

Die Ankündigung der Zerstörung des Tempels: 21,5–6

5–6: Mt 24,1f; Mk 13,1f

[5] Als einige darüber sprachen, daß der Tempel mit schö-
nen Steinen und Weihegeschenken geschmückt sei, sagte
19,44 Jesus: [6] Es wird eine Zeit kommen, da wird von allem, was
ihr hier seht, kein Stein auf dem andern bleiben; alles wird
niedergerissen werden.

Vom Anfang der Not: 21,7–19

7–19: Mt 10,17–22; 24,3–14; Mk 13,3–13

[7] Sie fragten ihn: Meister, wann wird das geschehen, und
an welchem Zeichen wird man erkennen, daß es beginnt?
[8] Er antwortete: Gebt acht, daß man euch nicht irreführt!
Denn viele werden unter meinem Namen auftreten und
sagen: Ich bin es!, und: Die Zeit ist da. – Lauft ihnen nicht
nach!

[9] Und wenn ihr von Kriegen und Unruhen hört, laßt
Dan 2,28 G euch dadurch nicht erschrecken! Denn das *muß* als erstes
geschehen; aber das Ende kommt noch nicht sofort.
Jes 19,2 [10] Dann sagte er zu ihnen: Ein Volk wird sich gegen das an-
dere erheben und ein Reich gegen das andere. [11] Es wird
gewaltige Erdbeben und an vielen Orten Seuchen und
Hungersnöte geben; schreckliche Dinge werden gesche-
hen, und am Himmel wird man gewaltige Zeichen sehen.
Joh 16,1–4 [12] Aber bevor das alles geschieht, wird man euch fest-
12,11f nehmen und euch verfolgen. Man wird euch um mei-
nes Namens willen den Gerichten der Synagogen überge-
ben, ins Gefängnis werfen und vor Könige und Statthalter
bringen. [13] Dann werdet ihr Zeugnis ablegen können.
[14] Nehmt euch fest vor, nicht im voraus für eure Verteidi-
gung zu sorgen; [15] denn ich werde euch die Worte und die
Weisheit eingeben, so daß alle eure Gegner nicht dagegen
ankommen und nichts dagegen sagen können. [16] Sogar
eure Eltern und Geschwister, eure Verwandten und
Freunde werden euch ausliefern, und manche von euch
wird man töten. [17] Und ihr werdet um meines Namens
Mt 10,30 willen von allen gehaßt werden. [18] Und doch wird euch
kein Haar gekrümmt werden. [19] Wenn ihr standhaft bleibt,
werdet ihr das Leben gewinnen.

21,5–36 Vgl. die Anmerkung zu Mt 24,1–25,46. Im Unterschied zur Endzeitrede des Markus und des Matthäus spricht Lukas nicht vom Aufstellen eines Götzenbildes im Tempel und trennt zwischen dem Untergang Jerusalems und dem Ende der Welt.

Vom Gericht über Jerusalem: 21,20–24

20–24: Mt 24,15–22; Mk 13,14–20

20 Wenn ihr aber seht, daß Jerusalem von einem Heer
eingeschlossen wird, dann könnt ihr daran erkennen, daß
die Stadt bald verwüstet wird. 21 Dann sollen die Bewohner
von Judäa in die Berge fliehen; wer in der Stadt ist, soll sie
verlassen, und wer auf dem Land ist, soll nicht in die Stadt
gehen. 22 Denn das sind die *Tage der Vergeltung*, an denen Dtn 32,35
alles in Erfüllung gehen soll, was in der Schrift steht.
23 Wehe den Frauen, die in jenen Tagen schwanger sind
oder ein Kind stillen. Denn eine große Not wird über das
Land hereinbrechen: Der Zorn (Gottes) wird über dieses
Volk kommen. 24 Mit scharfem Schwert wird man sie er-
schlagen, als Gefangene wird man sie in alle Länder ver-
schleppen, und *Jerusalem* wird von *den Heiden zertreten* Sach 12,3 G
werden, bis die Zeiten der Heiden sich erfüllen.

Vom Kommen des Menschensohnes: 21,25–28

25–28: Mt 24,29–31; Mk 13,24–27

25 Es werden Zeichen sichtbar werden an Sonne, Mond Jes 13,10; 34,4 G
und Sternen, und auf der Erde werden die Völker bestürzt Joël 2,10
und ratlos sein über das Toben und Donnern des Meeres.
26 Die Menschen werden vor Angst vergehen in der Erwar-
tung der Dinge, die über die Erde kommen; denn die Kräfte Hag 2,6.21;
des Himmels werden erschüttert werden. 27 Dann wird 2 Petr 3,10
man den *Menschensohn* mit großer Macht und Herrlich- Dan 7,13;
keit *auf einer Wolke kommen* sehen. 28 Wenn (all) das be- Mt 26,64; Mk 14,62;
ginnt, dann richtet euch auf, und erhebt eure Häupter; Offb 1,7
denn eure Erlösung ist nahe.

Mahnungen im Hinblick auf das Ende: 21,29–36

29–33: Mt 24,32–35; Mk 13,28–32

29 Und er gebrauchte einen Vergleich und sagte: Seht
euch den Feigenbaum und die anderen Bäume an: 30 Sobald
ihr merkt, daß sie Blätter treiben, wißt ihr, daß der Som-
mer nahe ist. 31 Genauso sollt ihr erkennen, wenn ihr (all)
das geschehen seht, daß das Reich Gottes nahe ist.
32 Amen, ich sage euch: Diese Generation wird nicht ver- 9,27; Mt 16,28;
gehen, bis alles eintrifft. 33 Himmel und Erde werden ver- Mk 9,1
gehen, aber meine Worte werden nicht vergehen.
34 Nehmt euch in acht, daß Rausch und Trunkenheit
und die Sorgen des Alltags euch nicht verwirren und daß
jener Tag euch nicht plötzlich überrascht, 35 (so) wie (man

21,35 Eine Reihe von Textzeugen hat: denn wie eine Falle wird er über alle Bewohner ... hereinbrechen.

in) eine Falle (gerät); denn er wird über alle Bewohner der
Mt 24,42; 25,13; Mk 13,35 ganzen Erde hereinbrechen. 36 Wacht und betet allezeit,
damit ihr allem, was geschehen wird, entrinnen und vor
den Menschensohn hintreten könnt.

Die Lehrtätigkeit Jesu im Tempel: 21,37–38

19,47; 22,53 37 Tagsüber lehrte Jesus im Tempel; abends aber ging er
22,39 zum Ölberg hinaus und verbrachte dort die Nacht.
38 Schon früh am Morgen kam das ganze Volk zu ihm in
den Tempel, um ihn zu hören.

DAS LEIDEN UND DIE AUFERSTEHUNG JESU: 22,1–24,53

Der Beschluß des Hohen Rates: 22,1–2

1–2: Mt 26,3–5; Mk 14,1f

19,47f; 20,19 **22** Das Fest der Ungesäuerten Brote, das Pascha genannt wird, war nahe. 2 Und die Hohenpriester
und die Schriftgelehrten suchten nach einer Möglichkeit,
Jesus (unauffällig) zu beseitigen; denn sie fürchteten sich
vor dem Volk.

Der Verrat durch Judas: 22,3–6

3–6: Mt 26,14–16; Mk 14,10f

3 Der Satan aber ergriff Besitz von Judas, genannt Iskariot, der zu den Zwölf gehörte. 4 Judas ging zu den Hohenpriestern und den Hauptleuten und beriet mit ihnen, wie
er Jesus an sie ausliefern könnte. 5 Da freuten sie sich und
kamen mit ihm überein, ihm Geld dafür zu geben. 6 Er
sagte zu und suchte von da an nach einer Gelegenheit, ihn
an sie auszuliefern, ohne daß das Volk es merkte.

Die Vorbereitung des Paschamahls: 22,7–13

7–13: Mt 26,17–19; Mk 14,12–16

Ex 12,14–20 7 Dann kam der Tag der Ungesäuerten Brote, an dem das

---

22,1–24,53 Der Passionsbericht des Lukas bietet über die Berichte des Markus und des Matthäus hinaus folgende Sonderüberlieferungen: Rangstreit unter den Jüngern (22,24–30), Verheißung an die Jünger (22,28–30), Mahnung an Simon (22,31f), Hinweis auf eine Engelserscheinung am Ölberg und auf den Blutschweiß (22,43f), Blick Jesu auf Petrus (22,61), Verspottung Jesu durch Herodes (23,6–12), Feststellen der Schuldlosigkeit Jesu durch Pilatus (23,13–16), Wort Jesu an die Frauen von Jerusalem (23,27–31), Wort Jesu an den reumütigen Verbrecher (23,40–43), Sterbegebet Jesu (23,46).

22,1 Vgl. die Anmerkung zu Mk 14,1.

22,2 Andere Übersetzungsmöglichkeit: denn sie fürchteten, das Volk (werde einen Aufstand machen).

Paschalamm geschlachtet werden mußte. 8 Jesus schickte
Petrus und Johannes in die Stadt und sagte: Geht und be-
reitet das Paschamahl für uns vor, damit wir es gemeinsam
essen können. 9 Sie fragten ihn: Wo sollen wir es vorberei-
ten? 10 Er antwortete ihnen: Wenn ihr in die Stadt kommt,
wird euch ein Mann begegnen, der einen Wasserkrug trägt.
Folgt ihm in das Haus, in das er hineingeht, 11 und sagt zu
dem Herrn des Hauses: Der Meister läßt dich fragen: Wo
ist der Raum, in dem ich mit meinen Jüngern das Pascha-
lamm essen kann? 12 Und der Hausherr wird euch einen
großen Raum im Obergeschoß zeigen, der mit Polstern
ausgestattet ist. Dort bereitet alles vor! 13 Sie gingen und
fanden alles so, wie er es ihnen gesagt hatte, und bereiteten
das Paschamahl vor.

Das Mahl: 22,14–23

14–23: Mt 26,20–29; Mk 14,17–25 *19–20:* 1 Kor 11,23–25
21–23: Joh 13,2.21–26

14 Als die Stunde gekommen war, begab er sich mit den
Aposteln zu Tisch. 15 Und er sagte zu ihnen: Ich habe mich
sehr danach gesehnt, vor meinem Leiden dieses Pascha-
mahl mit euch zu essen. 16 Denn ich sage euch: Ich werde
es nicht mehr essen, bis das Mahl seine Erfüllung findet im
Reich Gottes. 17 Und er nahm den Kelch, sprach das Dank-
gebet und sagte: Nehmt den Wein, und verteilt ihn unter-
einander! 18 Denn ich sage euch: Von nun an werde ich
nicht mehr von der Frucht des Weinstocks trinken, bis das
Reich Gottes kommt. 19 Und er nahm Brot, sprach das
Dankgebet, brach das Brot und reichte es ihnen mit den
Worten: Das ist mein Leib, der für euch hingegeben wird.
Tut dies zu meinem Gedächtnis! 20 Ebenso nahm er nach
dem Mahl den Kelch und sagte: Dieser Kelch ist *der Neue* Ex 24,8;
Bund in meinem Blut, das für euch vergossen wird. Jer 31,31
21 Doch seht, der Mann, der mich verrät und ausliefert,
sitzt mit mir am Tisch. 22 Der Menschensohn muß zwar
den Weg gehen, der ihm bestimmt ist. Aber weh dem Men-
schen, durch den er verraten wird. 23 Da fragte einer den
andern, wer von ihnen das wohl sei, der so etwas tun wer-
de.

22,17 Nehmt den Wein, wörtlich: Nehmt diesen (Kelch). – Beim jüdischen Paschamahl wird der Kelch mehrmals herumgereicht. Von dem bei der Einsetzung des Abendmahls gereichten Kelch ist erst in Vers 20 die Rede.

22,19f Der Abendmahlsbericht des Lukas spricht im Unterschied zu Markus und Matthäus ausdrücklich vom Neuen Bund, wie dies auch Paulus in 1 Kor 11,25 tut.

22,21 Wörtlich: Doch siehe, die Hand dessen, der mich verrät und ausliefert, (ist) mit mir auf dem Tisch.

Vom Herrschen und vom Dienen: 22,24–30

24–27: Mt 20,24–28; Mk 10,41–45

9,46–48; 24 Es entstand unter ihnen ein Streit darüber, wer von
Mt 18,1; ihnen wohl der Größte sei. 25 Da sagte Jesus: Die Köni-
Mk 9,33f ge herrschen über ihre Völker, und die Mächtigen lassen
Joh 13,4f.12–17 sich Wohltäter nennen. 26 Bei euch aber soll es nicht so
sein, sondern der Größte unter euch soll werden wie der
Kleinste, und der Führende soll werden wie der Dienende.
27 Welcher von beiden ist größer: wer bei Tisch sitzt oder
wer bedient? Natürlich der, der bei Tisch sitzt. Ich aber bin
unter euch wie der, der bedient.

28 In allen meinen Prüfungen habt ihr bei mir ausgeharrt.
29 Darum vermache ich euch das Reich, wie es mein Vater
mir vermacht hat: 30 Ihr sollt in meinem Reich mit mir an
Mt 19,28 meinem Tisch essen und trinken, und ihr sollt auf Thro-
nen sitzen und die zwölf Stämme Israels richten.

Die Ankündigung der Verleugnung und der Umkehr des Petrus: 22,31–34

31–34: Joh 13,36–38

Mt 16,18; 31 Simon, Simon, der Satan hat verlangt, daß er euch wie
Joh 21,15–17 Weizen sieben darf. 32 Ich aber habe für dich gebetet, daß
dein Glaube nicht erlischt. Und wenn du dich wieder be-
33–34: Mt 26,34f; kehrt hast, dann stärke deine Brüder. 33 Darauf sagte Pe-
Mk 14,30f trus zu ihm: Herr, ich bin bereit, mit dir sogar ins Gefäng-
V. 61 nis und in den Tod zu gehen. 34 Jesus erwiderte: Ich sage
dir, Petrus, ehe heute der Hahn kräht, wirst du dreimal
leugnen, mich zu kennen.

Die Stunde der Entscheidung: 22,35–38

9,2f; 10,4 35 Dann sagte Jesus zu ihnen: Als ich euch ohne Geld-
beutel aussandte, ohne Vorratstasche und ohne Schuhe,
habt ihr da etwa Not gelitten? Sie antworteten: Nein. 36 Da
sagte er: Jetzt aber soll der, der einen Geldbeutel hat, ihn
mitnehmen, und ebenso die Tasche. Wer aber kein Geld
hat, soll seinen Mantel verkaufen und sich dafür ein
Schwert kaufen. 37 Ich sage euch: An mir muß sich das
Jes 53,12 Schriftwort erfüllen: *Er wurde zu den Verbrechern ge-*
Joh 19,28 *rechnet*. Denn alles, was über mich gesagt ist, geht in Erfül-
lung. 38 Da sagten sie: Herr, hier sind zwei Schwerter. Er
erwiderte: Genug davon!

Das Gebet am Ölberg: 22,39–46

39–46: Mt 26,30.36–46; Mk 14,26.32–42

21,37; 39 Dann verließ Jesus die Stadt und ging, wie er es ge-
Joh 18,1f wohnt war, zum Ölberg; seine Jünger folgten ihm. 40 Als er

dort war, sagte er zu ihnen: Betet darum, daß ihr nicht in
Versuchung geratet! 41 Dann entfernte er sich von ihnen
ungefähr einen Steinwurf weit, kniete nieder und betete:
42 Vater, wenn du willst, nimm diesen Kelch von mir! Aber
nicht mein, sondern dein Wille soll geschehen. 43 Da er- Mt 6,10;
schien ihm ein Engel vom Himmel und gab ihm (neue) Joh 12,27f
Kraft. 44 Und er betete in seiner Angst noch inständiger,
und sein Schweiß war wie Blut, das auf die Erde tropfte.
45 Nach dem Gebet stand er auf, ging zu den Jüngern zu-
rück und fand sie schlafend; denn sie waren vor Kummer
erschöpft. 46 Da sagte er zu ihnen: Wie könnt ihr schlafen?
Steht auf und betet, damit ihr nicht in Versuchung geratet.

Die Gefangennahme: 22,47–53

47–53: Mt 26,47–56; Mk 14,43–50; Joh 18,3–11

47 Während er noch redete, kam eine Schar Männer; Ju-
das, einer der Zwölf, ging ihnen voran. Er näherte sich Je-
sus, um ihn zu küssen. 48 Jesus aber sagte zu ihm: Judas,
mit einem Kuß verrätst du den Menschensohn? 49 Als
seine Begleiter merkten, was (ihm) drohte, fragten sie:
Herr, sollen wir mit dem Schwert dreinschlagen? 50 Und
einer von ihnen schlug auf den Diener des Hohenpriesters
ein und hieb ihm das rechte Ohr ab. 51 Jesus aber sagte:
Hört auf damit! Und er berührte das Ohr und heilte den
Mann. 52 Zu den Hohenpriestern aber, den Hauptleuten
der Tempelwache und den Ältesten, die vor ihm standen,
sagte Jesus: Wie gegen einen Räuber seid ihr mit Schwer-
tern und Knüppeln ausgezogen. 53 Tag für Tag war ich bei 19,47; 21,37;
euch im Tempel, und ihr habt nicht gewagt, gegen mich Joh 18,20
vorzugehen. Aber das ist eure Stunde, jetzt hat die Finster-
nis die Macht.

Die Verleugnung durch Petrus: 22,54–62

54–62: Mt 26,57f.69–75; Mk 14,53f.66–72; Joh 18,12–18.25–27

54 Darauf nahmen sie ihn fest, führten ihn ab und brach-
ten ihn in das Haus des Hohenpriesters. Petrus folgte von
weitem. 55 Mitten im Hof hatte man ein Feuer angezündet,
und Petrus setzte sich zu den Leuten, die dort beieinander-
saßen. 56 Eine Magd sah ihn am Feuer sitzen, schaute ihn
genau an und sagte: Der war auch mit ihm zusammen.
57 Petrus aber leugnete es und sagte: Frau, ich kenne ihn
nicht. 58 Kurz danach sah ihn ein anderer und bemerkte:
Du gehörst auch zu ihnen. Petrus aber sagte: Nein,

22,43f Diese zwei Verse fehlen bei wichtigen Textzeugen; sie sind vermutlich nicht ursprünglich.

Mensch, ich nicht! 59 Etwa eine Stunde später behauptete
wieder einer: Wahrhaftig, der war auch mit ihm zusam-
men; er ist doch auch ein Galiläer. 60 Petrus aber erwider-
te: Mensch, ich weiß nicht, wovon du sprichst. Im glei-
chen Augenblick, noch während er redete, krähte ein
Hahn. 61 Da wandte sich der Herr um und blickte Petrus
V. 34 an. Und Petrus erinnerte sich an das, was der Herr zu ihm
gesagt hatte: Ehe heute der Hahn kräht, wirst du mich
dreimal verleugnen. 62 Und er ging hinaus und weinte bit-
terlich.

Die Verspottung durch die Wächter: 22,63–65

63–65: Mt 26,67; Mk 14,65

63 Die Wächter trieben ihren Spott mit Jesus. Sie schlu-
gen ihn, 64 verhüllten ihm das Gesicht und fragten ihn: Du
bist doch ein Prophet! Sag uns: Wer hat dich geschlagen?
65 Und noch mit vielen anderen Lästerungen verhöhnten
sie ihn.

Das Verhör vor dem Hohen Rat: 22,66–71

66–71: Mt 27,1; 26,57.63–65; Mk 15,1; 14,53.61–64; Joh 18,19–24

66 Als es Tag wurde, versammelten sich die Ältesten des
Volkes, die Hohenpriester und die Schriftgelehrten, also
der Hohe Rat, und sie ließen Jesus vorführen. 67 Sie sagten
9,20; Joh 10,24 zu ihm: Wenn du der Messias bist, dann sag es uns! Er ant-
wortete ihnen: Auch wenn ich es euch sage – ihr glaubt mir
ja doch nicht; 68 und wenn ich euch etwas frage, antwortet
Dan 7,13; ihr nicht. 69 Von nun an wird *der Menschensohn zur Rech-*
Ps 110,1 *ten* des allmächtigen *Gottes sitzen.* 70 Da sagten alle: Du
bist also der Sohn Gottes. Er antwortete ihnen: Ihr sagt es –
ich bin es. 71 Da riefen sie: Was brauchen wir noch
Zeugenaussagen? Wir haben es selbst aus seinem eigenen
Mund gehört.

Die Auslieferung an Pilatus: 23,1–5

1–5: Mt 27,2.11–14; Mk 15,1–5; Joh 18,28–38

23 Daraufhin erhob sich die ganze Versammlung,
und man führte Jesus zu Pilatus. 2 Dort brachten
sie ihre Anklage gegen ihn vor; sie sagten: Wir haben fest-
gestellt, daß dieser Mensch unser Volk verführt, es davon
abhält, dem Kaiser Steuer zu zahlen, und behauptet, er sei
der Messias und König. 3 Pilatus fragte ihn: Bist du der Kö-
nig der Juden? Er antwortete ihm: Du sagst es. 4 Da sagte
Pilatus zu den Hohenpriestern und zum Volk: Ich finde
nicht, daß dieser Mensch eines Verbrechens schuldig ist.
5 Sie aber blieben hartnäckig und sagten: Er wiegelt das

Volk auf und verbreitet seine Lehre im ganzen jüdischen
Land von Galiläa bis hierher.

Die Verspottung durch Herodes: 23,6–12

6 Als Pilatus das hörte, fragte er, ob der Mann ein Gali-
läer sei. 7 Und als er erfuhr, daß Jesus aus dem Gebiet des
Herodes komme, ließ er ihn zu Herodes bringen, der in je-
nen Tagen ebenfalls in Jerusalem war. 8 Herodes freute 9,9
sich sehr, als er Jesus sah; schon lange hatte er sich ge-
wünscht, mit ihm zusammenzutreffen, denn er hatte von
ihm gehört. Nun hoffte er, ein Wunder von ihm zu sehen.
9 Er stellte ihm viele Fragen, doch Jesus gab ihm keine
Antwort. 10 Die Hohenpriester und die Schriftgelehrten,
die dabeistanden, erhoben schwere Beschuldigungen ge-
gen ihn. 11 Herodes und seine Soldaten zeigten ihm offen
ihre Verachtung. Er trieb seinen Spott mit Jesus, ließ ihm Mt 27,28;
ein Prunkgewand umhängen und schickte ihn so zu Pila- Mk 15,17
tus zurück. 12 An diesem Tag wurden Herodes und Pilatus
Freunde; vorher waren sie Feinde gewesen.

Die Verhandlung vor Pilatus: 23,13–25

18–25: Mt 27,20–26; Mk 15,11–15; Joh 18,38–19,1

13 Pilatus rief die Hohenpriester und die anderen führen-
den Männer und das Volk zusammen 14 und sagte zu ih-
nen: Ihr habt mir diesen Menschen hergebracht und be-
hauptet, er wiegle das Volk auf. Ich selbst habe ihn in eurer
Gegenwart verhört und habe keine der Anklagen, die ihr
gegen diesen Menschen vorgebracht habt, bestätigt gefun-
den, 15 auch Herodes nicht, denn er hat ihn zu uns zurück-
geschickt. Ihr seht also: Er hat nichts getan, worauf die To-
desstrafe steht. 16 Daher will ich ihn nur auspeitschen las-
sen, und dann werde ich ihn freilassen. [17] 18 Da schrien
sie alle miteinander: Weg mit ihm; laß den Barabbas frei! Apg 3,13f
19 Dieser Mann war wegen eines Aufruhrs in der Stadt und
wegen Mordes ins Gefängnis geworfen worden. 20 Pilatus
aber redete wieder auf sie ein, denn er wollte Jesus freilas-
sen. 21 Doch sie schrien: Kreuzige ihn, kreuzige ihn! Joh 19,15
22 Zum drittenmal sagte er zu ihnen: Was für ein Verbre-
chen hat er denn begangen? Ich habe nichts feststellen
können, wofür er den Tod verdient. Daher will ich ihn aus-
peitschen lassen, und dann werde ich ihn freilassen. 23 Sie
aber schrien und forderten immer lauter, er solle Jesus
kreuzigen lassen, und mit ihrem Geschrei setzten sie sich

23,17 Einige Textzeugen fügen hinzu: Zum Fest aber mußte er ihnen einen Gefangenen freilassen.

durch: 24 Pilatus entschied, daß ihre Forderung erfüllt werden solle. 25 Er ließ den Mann frei, der wegen Aufruhr und Mord im Gefängnis saß und den sie gefordert hatten. Jesus aber lieferte er ihnen aus, wie sie es verlangten.

Die Kreuzigung: 23,26–43

26–43: Mt 27,31b–44; Mk 15,20b–32; Joh 19,16b–27.29

26 Als sie Jesus hinausführten, ergriffen sie einen Mann aus Zyrene namens Simon, der gerade vom Feld kam. Ihm luden sie das Kreuz auf, damit er es hinter Jesus hertrage. 27 Es folgte eine große Menschenmenge, darunter auch Frauen, die um ihn klagten und weinten. 28 Jesus wandte sich zu ihnen um und sagte: Ihr Frauen von Jerusalem, weint nicht über mich; weint über euch und eure Kinder! 29 Denn es kommen Tage, da wird man sagen: Wohl den Frauen, die unfruchtbar sind, die nicht geboren und nicht
Hos 10,8; gestillt haben. 30 Dann wird man *zu den Bergen sagen:*
Offb 6,16 *Fallt auf uns!, und zu den Hügeln: Deckt uns zu!* 31 Denn wenn das mit dem grünen Holz geschieht, was wird dann erst mit dem dürren werden?

32 Zusammen mit Jesus wurden auch zwei Verbrecher zur Hinrichtung geführt.

33 Sie kamen zur Schädelhöhe; dort kreuzigten sie ihn und die Verbrecher, den einen rechts von ihm, den andern links. 34 Jesus aber betete: Vater, vergib ihnen, denn sie
Ps 22,19; wissen nicht, was sie tun. Dann *warfen sie das Los und*
Joh 19,24 *verteilten* seine *Kleider unter sich*. 35 Die Leute standen
Ps 22,8 dabei und *schauten zu*; auch die führenden Männer des Volkes *verlachten* ihn und sagten: Anderen hat er geholfen, nun soll er sich selbst helfen, wenn er der erwählte Messias Gottes ist. 36 Auch die Soldaten verspotteten ihn; sie traten vor ihn hin, reichten ihm Essig 37 und sagten: Wenn du der König der Juden bist, dann hilf dir selbst! 38 Über ihm war eine Tafel angebracht; auf ihr stand: Das ist der König der Juden. 39 Einer der Verbrecher, die neben ihm hingen, verhöhnte ihn: Bist du denn nicht der Messias? Dann hilf dir selbst und auch uns! 40 Der andere aber wies ihn zurecht und sagte: Nicht einmal du fürchtest Gott? Dich hat doch das gleiche Urteil getroffen. 41 Uns geschieht recht, wir erhalten den Lohn für unsere Taten; dieser aber hat nichts Unrechtes getan. 42 Dann sagte er: Je-

---

23,34 Der erste Teil des Verses fehlt bei einigen alten Textzeugen.

23,42 Einige Textzeugen haben: wenn du in deiner Macht als König kommst.

sus, denk an mich, wenn du in dein Reich kommst. 43 Jesus
antwortete ihm: Amen, ich sage dir: Heute noch wirst du
mit mir im Paradies sein.

Der Tod Jesu: 23,44–49

44–49: Mt 27,45–56; Mk 15,33–41; Joh 19,28–30

44 Es war etwa um die sechste Stunde, als eine Finsternis
über das ganze Land hereinbrach. Sie dauerte bis zur neun-
ten Stunde. 45 Die Sonne verdunkelte sich. Der Vorhang
im Tempel riß mitten entzwei, 46 und Jesus rief laut: *Va-* Ps 31,6
ter, in deine Hände lege ich meinen Geist. Nach diesen
Worten hauchte er den Geist aus.
47 Als der Hauptmann sah, was geschehen war, pries er
Gott und sagte: Das war wirklich ein gerechter Mensch.
48 Und alle, die zu diesem Schauspiel herbeigeströmt wa-
ren und sahen, was sich ereignet hatte, schlugen sich an die
Brust und gingen betroffen weg.
49 Alle seine *Bekannten* aber *standen in einiger Entfer-* Ps 38,12
nung (vom Kreuz), auch die Frauen, die ihm seit der Zeit in 8,2f
Galiläa nachgefolgt waren und die alles mit ansahen.

Das Begräbnis Jesu: 23,50–56

50–56: Mt 27,57–61; Mk 15,42–47; Joh 19,38–42

50/51 Damals gehörte zu den Mitgliedern des Hohen Ra-
tes ein Mann namens Josef, der aus der jüdischen Stadt
Arimathäa stammte. Er wartete auf das Reich Gottes und
hatte dem, was die anderen beschlossen und taten, nicht
zugestimmt, weil er gut und gerecht war. 52 Er ging zu Pila-
tus und bat um den Leichnam Jesu. 53 Und er nahm ihn
vom Kreuz, hüllte ihn in ein Leinentuch und legte ihn in
ein Felsengrab, in dem noch niemand bestattet worden
war. 54 Das war am Rüsttag, kurz bevor der Sabbat anbrach. Dtn 21,23
55 Die Frauen, die mit Jesus aus Galiläa gekommen waren,
gaben ihm das Geleit und sahen zu, wie der Leichnam in
das Grab gelegt wurde. 56 Dann kehrten sie heim und be-
reiteten wohlriechende Öle und Salben zu. Am Sabbat aber
hielten sie die vom Gesetz vorgeschriebene Ruhe ein.

Die Botschaft der Engel im leeren Grab: 24,1–12

1–12: Mt 28,1–8; Mk 16,1–8; Joh 20,1–13

24 Am ersten Tag der Woche gingen die Frauen mit
den wohlriechenden Salben, die sie zubereitet hat-
ten, in aller Frühe zum Grab. 2 Da sahen sie, daß der Stein
vom Grab weggewälzt war; 3 sie gingen hinein, aber den
Leichnam Jesu, des Herrn, fanden sie nicht. 4 Während sie
ratlos dastanden, traten zwei Männer in leuchtenden Ge-

wändern zu ihnen. [5] Die Frauen erschraken und blickten
zu Boden. Die Männer aber sagten zu ihnen: Was sucht ihr
den Lebenden bei den Toten? [6] Er ist nicht hier, sondern er
ist auferstanden. Erinnert euch an das, was er euch gesagt
9,22.44; hat, als er noch in Galiläa war: [7] Der Menschensohn muß
17,25; den Sündern ausgeliefert und gekreuzigt werden und am
18,32f dritten Tag auferstehen. [8] Da erinnerten sie sich an seine
Worte. [9] Und sie kehrten vom Grab in die Stadt zurück und
berichteten alles den Elf und den anderen Jüngern. [10] Es
8,2f; Mk 16,9 waren Maria Magdalene, Johanna und Maria, die Mutter
des Jakobus; auch die übrigen Frauen, die bei ihnen waren,
erzählten es den Aposteln. [11] Doch die Apostel hielten das
alles für Geschwätz und glaubten ihnen nicht. [12] Petrus
aber stand auf und lief zum Grab. Er beugte sich vor, sah
aber nur die Leinenbinden (dort liegen). Dann ging er nach
Hause, voll Verwunderung über das, was geschehen war.

Die Begegnung mit dem Auferstandenen auf dem Weg nach Emmaus: 24,13–35

Mk 16,12 [13] Am gleichen Tag waren zwei von den Jüngern auf dem
Weg in ein Dorf namens Emmaus, das sechzig Stadien von
Jerusalem entfernt ist. [14] Sie sprachen miteinander über all
das, was sich ereignet hatte. [15] Während sie redeten und
ihre Gedanken austauschten, kam Jesus hinzu und ging
mit ihnen. [16] Doch sie waren wie mit Blindheit geschla-
gen, so daß sie ihn nicht erkannten. [17] Er fragte sie: Was
sind das für Dinge, über die ihr auf eurem Weg miteinander
redet? Da blieben sie traurig stehen, [18] und der eine von ih-
nen – er hieß Kleopas – antwortete ihm: Bist du so fremd in
Jerusalem, daß du als einziger nicht weißt, was in diesen
Tagen dort geschehen ist? [19] Er fragte sie: Was denn? Sie
antworteten ihm: Das mit Jesus aus Nazaret. Er war ein
Prophet, mächtig in Wort und Tat vor Gott und dem gan-
zen Volk. [20] Doch unsere Hohenpriester und Führer haben
ihn zum Tod verurteilen und ans Kreuz schlagen lassen.
[21] Wir aber hatten gehofft, daß er der sei, der Israel erlösen
werde. Und dazu ist heute schon der dritte Tag, seitdem
das alles geschehen ist. [22] Aber nicht nur das: Auch einige
Frauen aus unserem Kreis haben uns in große Aufregung

24,6 Der erste Satz des Verses fehlt bei einigen alten Textzeugen.

24,10 Vgl. die Anmerkung zu Mt 12,46f.

24,12 Dieser Vers fehlt bei einigen alten Textzeugen.

24,13–35 Die Erzählung von den Emmaus-Jüngern ist nur bei Lukas überliefert.

24,13 Sechzig Stadien sind etwa elf Kilometer.

versetzt. Sie waren in der Frühe beim Grab, 23 fanden aber
seinen Leichnam nicht. Als sie zurückkamen, erzählten
sie, es seien ihnen Engel erschienen und hätten gesagt, er
lebe. 24 Einige von uns gingen dann zum Grab und fanden Joh 20,3–10
alles so, wie die Frauen gesagt hatten; ihn selbst aber sahen
sie nicht.
25 Da sagte er zu ihnen: Begreift ihr denn nicht? Wie
schwer fällt es euch, alles zu glauben, was die Propheten
gesagt haben. 26 Mußte nicht der Messias all das erleiden,
um so in seine Herrlichkeit zu gelangen? 27 Und er legte
ihnen dar, ausgehend von Mose und allen Propheten, was
in der gesamten Schrift über ihn geschrieben steht. 28 So
erreichten sie das Dorf, zu dem sie unterwegs waren. Jesus
tat, als wolle er weitergehen, 29 aber sie drängten ihn und
sagten: Bleib doch bei uns; denn es wird bald Abend, der
Tag hat sich schon geneigt. Da ging er mit hinein, um bei
ihnen zu bleiben. 30 Und als er mit ihnen bei Tisch war,
nahm er das Brot, sprach den Lobpreis, brach das Brot und
gab es ihnen. 31 Da gingen ihnen die Augen auf, und sie er-
kannten ihn; dann sahen sie ihn nicht mehr. 32 Und sie
sagten zueinander: Brannte uns nicht das Herz in der Brust,
als er unterwegs mit uns redete und uns den Sinn der
Schrift erschloß? 33 Noch in derselben Stunde brachen sie
auf und kehrten nach Jerusalem zurück, und sie fanden die
Elf und die anderen Jünger versammelt. 34 Diese sagten:
Der Herr ist wirklich auferstanden und ist dem Simon er- 1 Kor 15,4f
schienen. 35 Da erzählten auch sie, was sie unterwegs er-
lebt und wie sie ihn erkannt hatten, als er das Brot brach.

Die Erscheinung des Auferstandenen in Jerusalem: 24,36–53

36–53: Mk 16,14–19; Joh 20,19–23

36 Während sie noch darüber redeten, trat er selbst in 1 Kor 15,5
ihre Mitte und sagte zu ihnen: Friede sei mit euch! 37 Sie
erschraken und hatten große Angst, denn sie meinten, ei- Mt 14,26
nen Geist zu sehen. 38 Da sagte er zu ihnen: Was seid ihr so
bestürzt? Warum laßt ihr in eurem Herzen solche Zweifel
aufkommen? 39 Seht meine Hände und meine Füße an: Ich
bin es selbst. Faßt mich doch an, und begreift: Kein Geist
hat Fleisch und Knochen, wie ihr es bei mir seht. 40 Bei die-

---

24,35 Andere Übersetzungsmöglichkeit: wie sie ihn daran erkannten, wie er das Brot brach.

24,36 Die Worte »und sagte zu ihnen: Friede sei mit euch!« fehlen bei einigen alten Textzeugen.

24,40 Dieser Vers fehlt bei einigen alten Textzeugen.

sen Worten zeigte er ihnen seine Hände und Füße. [41] Sie
staunten, konnten es aber vor Freude immer noch nicht
Joh 21,5.10 glauben. Da sagte er zu ihnen: Habt ihr etwas zu essen
Apg 10,41 hier? [42] Sie gaben ihm ein Stück gebratenen Fisch; [43] er
nahm es und aß es vor ihren Augen.

Mt 16,21 [44] Dann sprach er zu ihnen: Das sind die Worte, die ich
Joh 5,39.46 zu euch gesagt habe, als ich noch bei euch war: Alles muß
in Erfüllung gehen, was im Gesetz des Mose, bei den Pro-
pheten und in den Psalmen über mich gesagt ist. [45] Darauf
Joh 20,9 öffnete er ihnen die Augen für das Verständnis der Schrift.
[46] Er sagte zu ihnen: So steht es in der Schrift: Der Messias
wird leiden und am dritten Tag von den Toten auferstehen,
[47] und in seinem Namen wird man allen Völkern, angefan-
gen in Jerusalem, verkünden, sie sollen umkehren, damit
Apg 1,8 ihre Sünden vergeben werden. [48] Ihr seid Zeugen dafür.
[49] Und ich werde die Gabe, die mein Vater verheißen hat,
zu euch herabsenden. Bleibt in der Stadt, bis ihr mit der
Kraft aus der Höhe erfüllt werdet.

Apg 1,9f [50] Dann führte er sie hinaus in die Nähe von Betanien.
Dort erhob er seine Hände und segnete sie. [51] Und während
er sie segnete, verließ er sie und wurde zum Himmel em-
porgehoben; [52] sie aber fielen vor ihm nieder. Dann kehr-
ten sie in großer Freude nach Jerusalem zurück. [53] Und sie
waren immer im Tempel und priesen Gott.

24,50–52 Nach den Angaben des Lukas in Apg 1,3 erfolgte die Himmelfahrt Jesu vierzig Tage nach seiner Auferstehung.

24,51f Die Worte »und wurde zum Himmel emporgehoben; sie aber fielen vor ihm nieder« fehlen bei einigen alten Textzeugen.

Das Evangelium nach Johannes

Das letzte der vier Evangelien wird von der altkirchlichen Überlieferung dem Apostel Johannes, dem Sohn des Fischers Zebedäus und Bruder des Jakobus (Mk 1,19f; 3,17), zugeschrieben. Es hat erst am Ausgang des 1. Jahrhunderts seine jetzige Gestalt gefunden. Träger und Gewährsmann der in ihm bezeugten Überlieferung ist »der Jünger, den Jesus liebte« (vgl. 13,23; 19,26; 20,2; 21,7.20.24). Manche Anzeichen weisen darauf hin, daß dieses Evangelium einen längeren Entstehungsprozeß durchlaufen hat.

Das Johannesevangelium unterscheidet sich in Anlage, Auswahl und Darbietung des Stoffes erheblich von den drei früheren (»synoptischen«) Evangelien. Es berichtet wiederholt von Reisen Jesu zu Festen in Jerusalem (2,13; 5,1; 7,2.10; 11,55; 12,12) und erzählt hauptsächlich vom Auftreten Jesu in diesem Zentrum des Judentums. Vom Wirken Jesu in Galiläa bringt es nur eine knappe Auswahl, fügt aber andererseits ein langes Kapitel über einen Aufenthalt in Samarien ein (4,1–42). Doch ist das alles nur der äußere Rahmen für die Selbstoffenbarung Jesu in Wort und »Zeichen«, in der er sich als der von Gott gesandte Sohn, als Licht und Leben der Menschen bezeugt. Die ganze Darstellung soll den Glauben begründen, daß Jesus »der Messias, der Sohn Gottes ist«, durch den die Glaubenden ewiges Leben gewinnen (20,31).

Die großen Linien des Aufbaus sind deutlich erkennbar. Auf den einleitenden Abschnitt (Prolog: 1,1–18), der von Jesu ewigem Sein beim Vater (Präexistenz) zur Menschwerdung (Inkarnation) hinführt, folgt das Zeugnis Johannes' des Täufers und der Bericht über die Berufung der Jünger (1,19–51). Dann beschreibt der Evangelist die Anfänge des Wirkens Jesu auf der Hochzeit in Kana (2,1–11), in Jerusalem (Tempelreinigung 2,13–22; Nikodemusgespräch 3,1–21), Judäa (3,22–36), Samarien (4,1–42) und wieder in Galiläa (4,43–54).

Das Mittelstück (Kap. 5–12) dient der Selbstoffenbarung Jesu vor der Welt: in Jerusalem Heilung eines Kranken und Offenbarungsrede als der Sohn, der lebendig macht und richtet (Kap. 5); in Galiläa die große Speisung und Offenbarung als das vom Himmel gekommene Lebensbrot (Kap. 6); auf dem Laubhüttenfest in Jerusalem Gespräche über seine Messianität (Kap. 7), Offenbarung als Licht der Welt, Auseinandersetzung mit dem Judentum, Heilung eines Blindgeborenen (Kap. 8–9); weitere Selbstoffenbarung als der wahre Hirt und Führer seiner Herde (Kap. 10); vor dem letzten Pascha Erweckung des Lazarus als Zeichen seiner Macht über Leben und Tod (Kap. 11), Salbung in Betanien, Einzug in Jerusalem, Begegnung mit Griechen und letzte Selbstoffenbarung (Kap. 12).

Vom Wirken in der Welt (vgl. den Rückblick 12,37–50) wird das letzte Zusammensein mit den Jüngern abgehoben (Kap. 13–17). Im Rahmen des Abschiedsmahls mit der Fußwaschung (Kap. 13) dienen die Abschiedsreden (Kap. 14–16) sowie das große Gebet zum Vater (Kap. 17) der Unterweisung und Zurüstung der Gemeinde für die Zeit nach Jesu Tod, in der der Erhöhte durch den verheißenen Heiligen Geist in der Gemeinde weiterwirkt. Nach diesem Teil (Kap. 13–17), der in den anderen Evangelien keine direkte Entsprechung hat, folgt die Leidensgeschichte mit ausführlicher Darstellung des Prozesses vor Pilatus (Kap. 18–19) und der Bericht über das Ostergeschehen (Kap. 20). Kap. 21 ist eine Zufügung der Herausgeber des Evangeliums.

Das Johannesevangelium mit seiner Entfaltung der Selbstoffenbarung Jesu und seinen Aussagen über die Sendung Jesu als Retter der Welt hat auf den Glauben und die Theologie der Kirche in allen Jahrhunderten größten Einfluß gehabt. Klemens von Alexandria hat es das »pneumatische« (geistige) Evangelium genannt.

DER PROLOG: 1,1–18

1 Im Anfang war das Wort,
und das Wort war bei Gott,
und das Wort war Gott.
2 Im Anfang war es bei Gott.
3 Alles ist durch das Wort geworden,
und ohne das Wort wurde nichts, was geworden ist.
4 In ihm war das Leben, 5,26
und das Leben war das Licht der Menschen. 8,12
5 Und das Licht leuchtet in der Finsternis,
und die Finsternis hat es nicht erfaßt.
6 Es trat ein Mensch auf, der von Gott gesandt war; sein
Name war Johannes. 7 Er kam als Zeuge, um Zeugnis abzu-
legen für das Licht, damit alle durch ihn zum Glauben
kommen. 8 Er war nicht selbst das Licht, er sollte nur
Zeugnis ablegen für das Licht.
9 Das wahre Licht, das jeden Menschen erleuchtet,
kam in die Welt.
10 Er war in der Welt,
und die Welt ist durch ihn geworden,
aber die Welt erkannte ihn nicht.
11 Er kam in sein Eigentum,
aber die Seinen nahmen ihn nicht auf.
12 Allen aber, die ihn aufnahmen,
gab er Macht, Kinder Gottes zu werden, 1 Joh 3,1f; Gal 3,26

1,1–18 Der griechische Ausdruck für »das Wort« (ho lógos) hat auch eine Bedeutungsgeschichte in der griechischen Philosophie, knüpft hier aber an den biblischen Schöpfungsbericht (Gen 1: »Gott sprach«) und jüdisch-griechische Gedanken über die »Weisheit« und das »Wort« an, durch die man Gottes Schöpfungstätigkeit verdeutlichte. Das ewige vorweltliche Sein Jesu Christi und seine Beteiligung an der Schöpfung treten auch in anderen urchristlichen Bekenntnissen und Liedern hervor (vgl. 1 Kor 8,6; Phil 2,6; Kol 1,15–20; Eph 1,4; Hebr 1,2f). So vermuten viele Forscher auch hinter dem Prolog des Johannesevangeliums ein urchristliches »Logos-Lied«.

1,3–4 Andere, weniger wahrscheinliche Satzeinteilung: und ohne das Wort wurde nichts. Was geworden ist, das war in ihm Leben.

1,9 Andere Übersetzungsmöglichkeiten: Es (das Wort) war das wahre Licht, das jeden Menschen erleuchtet, kommend in die Welt. Oder: Es (das Wort) war das wahre Licht, das jeden Menschen erleuchtet, der in die Welt kommt.

allen, die an seinen Namen glauben,
3,6; 13 die nicht aus dem Blut,
1 Joh 5,18 nicht aus dem Willen des Fleisches,
nicht aus dem Willen des Mannes,
sondern aus Gott geboren sind.
1 Joh 1,1–3 14 Und das Wort ist Fleisch geworden
und hat unter uns gewohnt,
und wir haben seine Herrlichkeit gesehen,
die Herrlichkeit des einzigen Sohnes vom Vater,
voll Gnade und Wahrheit.
15 Johannes legte Zeugnis für ihn ab und rief: Dieser war
V. 30; Mt 11,3 es, über den ich gesagt habe: Er, der nach mir kommt, ist
mir voraus, weil er vor mir war.
16 Aus seiner Fülle haben wir alle empfangen,
Gnade über Gnade.
17 Denn das Gesetz wurde durch Mose gegeben, die
Gnade und die Wahrheit kamen durch Jesus Christus.
Ex 33,18.20; 18 Niemand hat Gott je gesehen. Der Einzige, der Gott ist
1 Joh 4,12.20 und am Herzen des Vaters ruht, er hat Kunde gebracht.

DAS ÖFFENTLICHE WIRKEN JESU: 1,19–12,50

Die Kennzeichnung der Person und des Auftrags Jesu – Die Anfänge seines Wirkens: 1,19–4,54

Die Aussage Johannes' des Täufers: 1,19–28

1,7.8.15; 19 Dies ist das Zeugnis des Johannes: Als die Juden von
5,31–38; 8,14 Jerusalem aus Priester und Leviten zu ihm sandten mit der
Frage: Wer bist du?, 20 bekannte er und leugnete nicht; er

1,18 Statt »Der Einzige, der Gott ist und . . .« ist nach anderen Textzeugen zu übersetzen: Der einzige Sohn, der . . .

1,19 Die »Befragung« des Johannes geht von der jüdischen Behörde in Jerusalem aus. Zum »Hohen Rat« (Synedrium) gehörten drei Gruppen: die »Hohenpriester«, das heißt der amtierende Hohepriester und andere Oberpriester, die »Ältesten«, Vertreter des Laienadels, und »Schriftgelehrte«, die vorwiegend aus dem Kreis der Pharisäer stammten.

1,20f Für das hebräische Wort »der Messias« (der Gesalbte) steht im griechischen Text die Übersetzung ho Christós (der Christus), vgl. 1,41 und 4,25. Darunter verstand das damalige Judentum hauptsächlich den verheißenen Sproß aus dem Haus David (vgl. 7,42); doch waren die Messias-Erwartungen nicht einheitlich. – Elija war nach 2 Kön 2,11 zum Himmel entrückt worden, und man erwartete seine Wiederkunft (vgl. Mal 3,23f; Sir 48,9f; Mk 9,11f). – »der Prophet«: im Anschluß an Dtn 18,15.18 erwartete man für die Endzeit das Auftreten eines dem Mose ähnlichen Propheten (vgl. 6,14; 7,40.52).

bekannte: Ich bin nicht der Messias. 21 Sie fragten ihn: Was 6,14;
bist du dann? Bist du Elija? Und er sagte: Ich bin es nicht. Mt 17,10–13
Bist du der Prophet? Er antwortete: Nein. 22 Da fragten sie Dtn 18,15.18
ihn: Wer bist du? Wir müssen denen, die uns gesandt ha-
ben, Auskunft geben. Was sagst du über dich selbst? 23 Er
sagte: Ich bin *die Stimme, die in der Wüste ruft: Ebnet den* Jes 40,3; Mt 3,3;
Weg für den Herrn!, wie der Prophet Jesaja gesagt hat. Mk 1,3; Lk 3,4
24 Unter den Abgesandten waren auch Pharisäer. 25 Sie *24–28:*
fragten Johannes: Warum taufst du dann, wenn du nicht Mt 3,1–6.11f;
der Messias bist, nicht Elija und nicht der Prophet? 26 Er Mk 1,1–8;
antwortete ihnen: Ich taufe mit Wasser. Mitten unter euch Lk 3,3–6.15–17
steht der, den ihr nicht kennt 27 und der nach mir kommt;
ich bin es nicht wert, ihm die Schuhe aufzuschnüren.
28 Dies geschah in Betanien, auf der anderen Seite des Jor-
dan, wo Johannes taufte.

Das Zeugnis des Täufers für Jesus: 1,29–34

29 Am Tag darauf sah er Jesus auf sich zukommen und Jes 53,7;
sagte: Seht, das Lamm Gottes, das die Sünde der Welt hin- 1 Joh 3,5
wegnimmt. 30 Er ist es, von dem ich gesagt habe: Nach mir V.15
kommt ein Mann, der mir voraus ist, weil er vor mir war.
31 Auch ich kannte ihn nicht; aber ich bin gekommen und
taufe mit Wasser, um Israel mit ihm bekanntzumachen.
32 Und Johannes bezeugte: Ich sah, daß der Geist vom *32–34:*
Himmel herabkam wie eine Taube und auf ihm blieb. Mt 3,13–17; Mk 1,9–11;
33 Auch ich kannte ihn nicht; aber er, der mich gesandt hat, Lk 3,21f
mit Wasser zu taufen, er hat mir gesagt: Auf wen du den
Geist herabkommen siehst und auf wem er bleibt, der ist
es, der mit dem Heiligen Geist tauft. 34 Das habe ich gese-
hen, und ich bezeuge: Er ist der Sohn Gottes.

Die ersten Jünger: 1,35–51

35 Am Tag darauf stand Johannes wieder dort, und zwei
seiner Jünger standen bei ihm. 36 Als Jesus vorüberging, V. 29

1,28 Dieses Betanien wird durch die nähere Bestimmung »jenseits des Jordan« von dem gleichnamigen, am Ölberg gelegenen Ort unterschieden, wo nach Joh 11,1 die Auferweckung des Lazarus und nach 12,1 die Salbung Jesu geschah. Der genaue Ort, an dem Johannes taufte, ist nicht mehr sicher festzustellen.

1,29 »Das Lamm Gottes« (vgl. 1,36) ist eine einmalige, in seiner Herkunft nicht völlig geklärte Christusbezeichnung. Für das in der Offenbarung des Johannes genannte »Lamm«, das geschlachtet worden ist und sieben Hörner und sieben Augen hat (5,6.12), eine herrscherliche Gestalt, wird ein anderer griechischer Ausdruck gebraucht.

1,34 der Sohn Gottes, nach anderen Textzeugen: der Erwählte Gottes.

richtete Johannes seinen Blick auf ihn und sagte: Seht, das
Lamm Gottes! 37 Die beiden Jünger hörten, was er sagte,
und folgten Jesus. 38 Jesus aber wandte sich um, und als er
sah, daß sie ihm folgten, fragte er sie: Was wollt ihr? Sie
sagten zu ihm: Rabbi – das heißt übersetzt: Meister –, wo
wohnst du? 39 Er antwortete: Kommt und seht! Da gingen
sie mit und sahen, wo er wohnte, und blieben jenen Tag bei
40–51: ihm; es war um die zehnte Stunde. 40 Andreas, der Bruder
Mt 4,18–22; Mk 1,16–20; des Simon Petrus, war einer der beiden, die das Wort des
Lk 5,1–11 Johannes gehört hatten und Jesus gefolgt waren. 41 Dieser
traf zuerst seinen Bruder Simon und sagte zu ihm: Wir ha-
ben den Messias gefunden. Messias heißt übersetzt: der
Gesalbte (Christus). 42 Er führte ihn zu Jesus. Jesus blickte
Mt 16,18; ihn an und sagte: Du bist Simon, der Sohn des Johannes, du
Mk 3,16; Lk 6,14 sollst Kephas heißen. Kephas bedeutet: Fels (Petrus).
43 Am Tag darauf wollte Jesus nach Galiläa aufbrechen;
Mt 8,22 da traf er Philippus. Und Jesus sagte zu ihm: Folge mir
nach! 44 Philippus war aus Betsaida, dem Heimatort des
Andreas und Petrus. 45 Philippus traf Natanaël und sagte
zu ihm: Wir haben den gefunden, über den Mose im Gesetz
und auch die Propheten geschrieben haben: Jesus aus Na-
zaret, den Sohn Josefs. 46 Da sagte Natanaël zu ihm: Aus
Nazaret? Kann von dort etwas Gutes kommen? Philippus
antwortete: Komm und sieh! 47 Jesus sah Natanaël auf sich
zukommen und sagte über ihn: Da kommt ein echter Isra-
Ps 32,2 elit, ein Mann ohne Falschheit. 48 Natanaël fragte ihn:
Woher kennst du mich? Jesus antwortete ihm: Schon be-
vor dich Philippus rief, habe ich dich unter dem Feigen-

1,38 Rabbi ist die gebräuchliche Anrede von Lehrern durch ihre Schüler. Obwohl Jesus nicht rabbinisch geschult ist (vgl. 7,15), wird er öfter von seinen Jüngern so angesprochen, aber auch von anderen Leuten (6,25; vgl. 20,16), sogar von dem Schriftgelehrten Nikodemus (3,2).

1,40 Simon Petrus (im Johannesevangelium findet sich meistens diese Doppelbezeichnung) und Andreas gelten auch nach Mk 1,16f als die zuerst berufenen Jünger.

1,42 Zu Simons Beinamen Kephas (Petrus, Fels) vgl. Mt 10,2; 16,18; Mk 3,16; Lk 6,14. Der Vater des Simon wird im Johannesevangelium »Johannes« genannt (vgl. auch 21,15–17), in Mt 16,17 »Jona«. Paulus nennt diesen Hauptjünger fast immer Kephas.

1,43–45 Philippus, der noch öfter genannt wird (6,5.7; 12,21f; 14,8f), erscheint auch in den synoptischen Listen der »Zwölf«. Dagegen findet sich der Name Natanaël nur bei Johannes (vgl. auch 21,2). Seine Gleichsetzung mit Bartholomäus, der in den synoptischen Listen hinter Philippus aufgeführt wird, ist fraglich.

1,46 Die kleine Stadt Nazaret wird im Alten Testament und im frühen jüdischen Schrifttum nirgends erwähnt und hat vor der Zeit Jesu keine Rolle gespielt.

baum gesehen. 49 Natanaël antwortete ihm: Rabbi, du bist Mt 14,33; 16,16
der Sohn Gottes, du bist der König von Israel! 50 Jesus ant-
wortete ihm: Du glaubst, weil ich dir sagte, daß ich dich
unter dem Feigenbaum sah? Du wirst noch Größeres se-
hen. 51 Und er sprach zu ihm: Amen, amen, ich sage euch:
Ihr werdet den Himmel geöffnet und die Engel Gottes auf- Gen 28,12;
und niedersteigen sehen über dem Menschensohn. Mk 14,62

Die Hochzeit in Kana als Zeichen: 2,1–12

2 Am dritten Tag fand in Kana in Galiläa eine Hochzeit
statt, und die Mutter Jesu war dabei. 2 Auch Jesus und
seine Jünger waren zur Hochzeit eingeladen. 3 Als der
Wein ausging, sagte die Mutter Jesu zu ihm: Sie haben kei-
nen Wein mehr. 4 Jesus erwiderte ihr: Was willst du von
mir, Frau? Meine Stunde ist noch nicht gekommen. 5 Seine
Mutter sagte zu den Dienern: Was er euch sagt, das tut! 6 Es
standen dort sechs steinerne Wasserkrüge, wie es der Rei-
nigungsvorschrift der Juden entsprach; jeder faßte unge-
fähr hundert Liter. 7 Jesus sagte zu den Dienern: Füllt die
Krüge mit Wasser! Und sie füllten sie bis zum Rand. 8 Er
sagte zu ihnen: Schöpft jetzt, und bringt es dem, der für das
Festmahl verantwortlich ist. Sie brachten es ihm. 9 Er ko-
stete das Wasser, das zu Wein geworden war. Er wußte
nicht, woher der Wein kam; die Diener aber, die das Was-
ser geschöpft hatten, wußten es. Da ließ er den Bräutigam
rufen 10 und sagte zu ihm: Jeder setzt zuerst den guten
Wein vor und erst, wenn die Gäste zuviel getrunken haben,
den weniger guten. Du jedoch hast den guten Wein bis jetzt
zurückgehalten. 11 So tat Jesus sein erstes Zeichen, in Kana 1,14; 11,40

1,51 Das Wort spielt auf den Traum Jakobs von der Himmelsleiter an (Gen 28,12).

2,1 Das geschichtliche Kana in Galiläa lag wahrscheinlich 13 Kilometer nördlich von Nazaret, heute nur noch in Ruinen erhalten (Chirbet Kana), während das heutige Kana (Kefr Kenna), 6 Kilometer nordöstlich von Nazaret, erst später als das Kana des Evangeliums angesehen wurde.

2,4 Wörtlich: Was (ist) mir und dir, Frau? (Vgl. Mt 8,29; Mk 1,24; 5,7; Lk 4,34; 8,28).

2,6 Wörtlich: sie faßten je zwei bis drei Metreten. – Eine Metrete sind etwa vierzig Liter.

2,11 Bei Johannes heißen die großen Wunder Jesu »Zeichen«, weil sie die Sendung Jesu durch Gott anzeigen. Man kann sieben zählen: das Weinwunder von Kana, die Heilung des Beamtensohnes (4,46–54), die Heilung des Kranken am Betesda-Teich (5,1–9), die große Speisung (6,1–15), der Gang Jesu auf dem Wasser (6,16–21, doch nicht ausdrücklich als »Zeichen« genannt), die Heilung des Blinden (9,1–7) und die Auferweckung des Lazarus (Kap. 11).

in Galiläa, und offenbarte seine Herrlichkeit, und seine
Jünger glaubten an ihn. [12] Danach zog er mit seiner Mutter,
seinen Brüdern und seinen Jüngern nach Kafarnaum hinab.
Dort blieben sie einige Zeit.

Die Vertreibung der Händler aus dem Tempel: 2,13–22

13–16: [13] Das Paschafest der Juden war nahe, und Jesus zog nach
Mt 21,10–17; Mk 11,15–19; Jerusalem hinauf. [14] Im Tempel fand er die Verkäufer von
Lk 19,45–48 Rindern, Schafen und Tauben und die Geldwechsler, die
dort saßen. [15] Er machte eine Geißel aus Stricken und trieb
sie alle aus dem Tempel hinaus, dazu die Schafe und Rinder;
das Geld der Wechsler schüttete er aus, und ihre Tische
stieß er um. [16] Zu den Taubenhändlern sagte er:
Schafft das hier weg, macht das Haus meines Vaters nicht
zu einer Markthalle! [17] Seine Jünger erinnerten sich an das
Ps 69,10 Wort der Schrift: *Der Eifer für dein Haus verzehrt mich.*
4,48; 6,30 [18] Da stellten ihn die Juden zur Rede: Welches Zeichen
läßt du uns sehen als Beweis, daß du dies tun darfst? [19] Je-
Mt 26,61; sus antwortete ihnen: Reißt diesen Tempel nieder, in drei
27,40; Mk 14,58; Tagen werde ich ihn wieder aufrichten. [20] Da sagten die
15,29; Juden: Sechsundvierzig Jahre wurde an diesem Tempel ge-
Apg 6,14 baut, und du willst ihn in drei Tagen wieder aufrichten?
[21] Er aber meinte den Tempel seines Leibes. [22] Als er von
den Toten auferstanden war, erinnerten sich seine Jünger,
daß er dies gesagt hatte, und sie glaubten der Schrift und
dem Wort, das Jesus gesprochen hatte.

Jesus beim Paschafest in Jerusalem: 2,23–25

[23] Während er zum Paschafest in Jerusalem war, kamen
viele zum Glauben an seinen Namen, als sie die Zeichen
sahen, die er tat. [24] Jesus aber vertraute sich ihnen nicht an,
denn er kannte sie alle [25] und brauchte von keinem ein
Zeugnis über den Menschen; denn er wußte, was im Menschen ist.

Das Gespräch mit Nikodemus: 3,1–13

7,50; 19,39 **3** Es war ein Pharisäer namens Nikodemus, ein führen-
der Mann unter den Juden. [2] Der suchte Jesus bei
Nacht auf und sagte zu ihm: Rabbi, wir wissen, du bist ein

2,12 Vgl. die Anmerkung zu Mt 12,46f.

2,13–22 Die Tempelreinigung wird im Johannesevangelium schon am Anfang des Wirkens Jesu erzählt. Es ist aber dasselbe Ereignis, das die Synoptiker in die letzten Tage Jesu legen.

3,1 Der Pharisäer und Ratsherr Nikodemus, ein Schriftgelehrter (vgl. 3,10), spielt nur im Johannesevangelium eine Rolle. Nach 7,50f tritt er im Hohen Rat für Jesus ein, nach 19,39 trägt er zur ehrenvollen Bestattung Jesu bei.

Lehrer, der von Gott gekommen ist; denn niemand kann
die Zeichen tun, die du tust, wenn nicht Gott mit ihm ist.
3 Jesus antwortete ihm: Amen, amen, ich sage dir: Wenn
jemand nicht von neuem geboren wird, kann er das Reich
Gottes nicht sehen. 4 Nikodemus entgegnete ihm: Wie
kann ein Mensch, der schon alt ist, geboren werden? Er
kann doch nicht in den Schoß seiner Mutter zurückkehren
und ein zweites Mal geboren werden. 5 Jesus antwortete:
Amen, amen, ich sage dir: Wenn jemand nicht aus Wasser Ez 11,19;
und Geist geboren wird, kann er nicht in das Reich Gottes 36,25–27; Röm 8,9
kommen. 6 Was aus dem Fleisch geboren ist, das ist 1,13; Gen 6,3;
Fleisch; was aber aus dem Geist geboren ist, das ist Geist. Ijob 34,14f
7 Wundere dich nicht, daß ich dir sagte: Ihr müßt von
neuem geboren werden. 8 Der Wind weht, wo er will; du Koh 11,5
hörst sein Brausen, weißt aber nicht, woher er kommt und
wohin er geht. So ist es mit jedem, der aus dem Geist gebo-
ren ist. 9 Nikodemus erwiderte ihm: Wie kann das gesche-
hen? 10 Jesus antwortete: Du bist der Lehrer Israels und
verstehst das nicht? 11 Amen, amen, ich sage dir: Was wir 1 Joh 1,2
wissen, davon reden wir, und was wir gesehen haben, das
bezeugen wir, und doch nehmt ihr unser Zeugnis nicht an.
12 Wenn ich zu euch über irdische Dinge gesprochen habe
und ihr nicht glaubt, wie werdet ihr glauben, wenn ich zu
euch über himmlische Dinge spreche? 13 Und niemand ist
in den Himmel hinaufgestiegen außer dem, der vom
Himmel herabgestiegen ist: der Menschensohn.

Das Ziel der Sendung Jesu: 3,14–21

14 Und wie Mose die Schlange in der Wüste erhöht hat, 12,32.34; 19,37;
so muß der Menschensohn erhöht werden, 15 damit jeder, Num 21,8f
der (an ihn) glaubt, in ihm das ewige Leben hat. 16 Denn 1 Joh 4,9f;
Gott hat die Welt so sehr geliebt, daß er seinen einzigen Röm 5,8; 8,32
Sohn hingab, damit jeder, der an ihn glaubt, nicht zugrunde
geht, sondern das ewige Leben hat. 17 Denn Gott hat seinen 12,47f
Sohn nicht in die Welt gesandt, damit er die Welt richtet,
sondern damit die Welt durch ihn gerettet wird. 18 Wer an
ihn glaubt, wird nicht gerichtet; wer nicht glaubt, ist schon
gerichtet, weil er an den Namen des einzigen Sohnes Got-
tes nicht geglaubt hat. 19 Denn mit dem Gericht verhält es

3,3 von neuem: der zugrunde liegende griechische Ausdruck bedeutet zugleich »von oben«.

3,8 Für »Wind« und »Geist« steht im griechischen Text das gleiche Wort (pneuma).

3,16 Die Bezeichnung des Sohnes Gottes als des »einzigen«, eigentlich des »einzig-erzeugten«, findet sich nur in den johanneischen Schriften (vgl. 1,14.18; 3,18; 1 Joh 4,9).

sich so: Das Licht kam in die Welt, und die Menschen lieb-
ten die Finsternis mehr als das Licht; denn ihre Taten wa-
ren böse. [20] Jeder, der Böses tut, haßt das Licht und kommt
nicht zum Licht, damit seine Taten nicht aufgedeckt wer-
den. [21] Wer aber die Wahrheit tut, kommt zum Licht, da-
mit offenbar wird, daß seine Taten in Gott vollbracht sind.

Der Täufer und der Messias: 3,22–36

[22] Darauf ging Jesus mit seinen Jüngern nach Judäa. Dort
hielt er sich mit ihnen auf und taufte. [23] Aber auch Johan-
nes taufte damals, und zwar in Änon bei Salim, weil dort
viel Wasser war; und die Leute kamen und ließen sich tau-
Mt 14,3; fen. [24] Johannes war nämlich noch nicht ins Gefängnis ge-
Mk 6,17 worfen worden. [25] Da kam es zwischen den Jüngern des Jo-
hannes und einem Juden zum Streit über die Frage der Rei-
nigung. [26] Sie gingen zu Johannes und sagten zu ihm: Rab-
bi, der Mann, der auf der anderen Seite des Jordan bei dir
war und für den du Zeugnis abgelegt hast, der tauft jetzt,
19,11 und alle laufen zu ihm. [27] Johannes antwortete: Kein
Mensch kann sich etwas nehmen, wenn es ihm nicht vom
Himmel gegeben ist. [28] Ihr selbst könnt mir bezeugen, daß
ich gesagt habe: Ich bin nicht der Messias, sondern nur ein
Gesandter, der ihm vorausgeht. [29] Wer die Braut hat, ist der
Bräutigam; der Freund des Bräutigams aber, der dabei steht
und ihn hört, freut sich über die Stimme des Bräutigams.
Diese Freude ist nun für mich Wirklichkeit geworden.
[30] Er muß wachsen, ich aber muß kleiner werden.

3,13; 8,23 [31] Er, der von oben kommt, steht über allen; wer von der
Erde stammt, ist irdisch und redet irdisch. Er, der aus dem
3,11 Himmel kommt, steht über allen. [32] Was er gesehen und
gehört hat, bezeugt er, doch niemand nimmt sein Zeugnis
an. [33] Wer sein Zeugnis annimmt, beglaubigt, daß Gott
wahrhaftig ist. [34] Denn der, den Gott gesandt hat, verkün-
det die Worte Gottes; denn er gibt den Geist unbegrenzt.
[35] Der Vater liebt den Sohn und hat alles in seine Hand ge-
1 Joh 5,12 geben. [36] Wer an den Sohn glaubt, hat das ewige Leben; wer
aber dem Sohn nicht gehorcht, wird das Leben nicht sehen,
sondern Gottes Zorn bleibt auf ihm.

3,22f Daß Johannes in Änon taufte, wird nur hier erwähnt. Der Ort lag im nördlichen Samarien, südlich von Bet-Schean. Der Name Änon deutet auf ein Quellgebiet. Jesus oder, wie in 4,2 berichtigt wird, seine Jünger tauften in Judäa.

3,25 einem Juden, nach anderen Textzeugen: einigen Juden.

3,34 Geber des Geistes ist entweder Gott, der seinem Gesandten den Geist in Fülle gibt, oder der Sohn, der den Glaubenden den Geist ohne Maß schenkt. Beide Auffassungen sind möglich und miteinander vereinbar (vgl. 1,33).

Das Gespräch am Jakobsbrunnen: 4,1–26

4 Jesus erfuhr, daß die Pharisäer gehört hatten, er ge-
winne und taufe mehr Jünger als Johannes – 2 aller-
dings taufte nicht Jesus selbst, sondern seine Jünger –;
3 daraufhin verließ er Judäa und ging wieder nach Galiläa. Mt 4,12;
4 Er mußte aber den Weg durch Samarien nehmen. 5 So Mk 1,14;
kam er zu einem Ort in Samarien, der Sychar hieß und Lk 4,14
nahe bei dem Grundstück lag, das Jakob seinem Sohn Josef Gen 33,18f;
vermacht hatte. 6 Dort befand sich der Jakobsbrunnen. Je- 48,22;
sus war müde von der Reise und setzte sich daher an den Jos 24,32
Brunnen; es war um die sechste Stunde.
7 Da kam eine samaritische Frau, um Wasser zu schöp-
fen. Jesus sagte zu ihr: Gib mir zu trinken! 8 Seine Jünger
waren nämlich in den Ort gegangen, um etwas zum Essen Lk 9,52f
zu kaufen. 9 Die samaritische Frau sagte zu ihm: Wie
kannst du als Jude mich, eine Samariterin, um Wasser bit-
ten? Die Juden verkehren nämlich nicht mit den Samari-
tern. 10 Jesus antwortete ihr: Wenn du wüßtest, worin die
Gabe Gottes besteht und wer es ist, der zu dir sagt: Gib mir
zu trinken!, dann hättest du ihn gebeten, und er hätte dir
lebendiges Wasser gegeben. 11 Sie sagte zu ihm: Herr, du
hast kein Schöpfgefäß, und der Brunnen ist tief; woher hast
du also das lebendige Wasser? 12 Bist du etwa größer als un-
ser Vater Jakob, der uns den Brunnen gegeben und selbst
daraus getrunken hat, wie seine Söhne und seine Herden?
13 Jesus antwortete ihr: Wer von diesem Wasser trinkt,
wird wieder Durst bekommen; 14 wer aber von dem Was- Sir 24,21
ser trinkt, das ich ihm geben werde, wird niemals mehr
Durst haben; vielmehr wird das Wasser, das ich ihm gebe, Ps 36,10;
in ihm zur sprudelnden Quelle werden, deren Wasser ewi- Jes 58,11
ges Leben schenkt. 15 Da sagte die Frau zu ihm: Herr, gib
mir dieses Wasser, damit ich keinen Durst mehr habe und

4,1 Jesus, nach anderen Textzeugen: Der Herr.

4,4–6 Der kürzeste Weg von Judäa nach Galiläa führte durch die Landschaft Samarien, deren Bewohner zwar auch Verehrer Jahwes waren, aber von den Juden als Abtrünnige angesehen und gemieden wurden (vgl. Vers 9). Am Jakobsbrunnen, etwa 1 Kilometer südwestlich von dem Ort Sychar, gabelte sich der Weg nach Westgaliläa und zum See Gennesaret. Vom Jakobsbrunnen, der im Osten liegt, aus gesehen, erhebt sich südwestlich der Berg Garizim, nordwestlich der Ebal.

4,9 Andere Übersetzungsmöglichkeit: Die Juden benutzen nämlich nicht dieselben (Gefäße) wie die Samariter.

4,11f Der noch heute erhaltene Jakobsbrunnen ist 32 Meter tief. Sein Grundwasser fließt immer frisch nach (»lebendiges Wasser«). Im Alten Testament wird dieser Brunnen nicht erwähnt.

nicht mehr hierher kommen muß, um Wasser zu schöp-
fen. [16] Er sagte zu ihr: Geh, ruf deinen Mann, und komm
wieder her! [17] Die Frau antwortete: Ich habe keinen Mann.
Jesus sagte zu ihr: Du hast richtig gesagt: Ich habe keinen
Mann. [18] Denn fünf Männer hast du gehabt, und der, den
du jetzt hast, ist nicht dein Mann. Damit hast du die
Wahrheit gesagt.

[19] Die Frau sagte zu ihm: Herr, ich sehe, daß du ein Pro-
phet bist. [20] Unsere Väter haben auf diesem Berg Gott an-
gebetet; ihr aber sagt, in Jerusalem sei die Stätte, wo man
anbeten muß. [21] Jesus sprach zu ihr: Glaube mir, Frau, die
Stunde kommt, zu der ihr weder auf diesem Berg noch in
Jerusalem den Vater anbeten werdet. [22] Ihr betet an, was
2 Kön 17,29; ihr nicht kennt, wir beten an, was wir kennen; denn das
Jes 2,3 Heil kommt von den Juden. [23] Aber die Stunde kommt,
und sie ist schon da, zu der die wahren Beter den Vater an-
beten werden im Geist und in der Wahrheit; denn so will
der Vater angebetet werden. [24] Gott ist Geist, und alle, die
ihn anbeten, müssen im Geist und in der Wahrheit anbe-
ten. [25] Die Frau sagte zu ihm: Ich weiß, daß der Messias
Dtn 18,18 kommt, das ist: der Gesalbte (Christus). Wenn er kommt,
9,37 wird er uns alles verkünden. [26] Da sagte Jesus zu ihr: Ich
bin es, ich, der mit dir spricht.

Die Aufnahme Jesu bei den Samaritern: 4,27–42

[27] Inzwischen waren seine Jünger zurückgekommen. Sie
wunderten sich, daß er mit einer Frau sprach, aber keiner
sagte: Was willst du?, oder: Was redest du mit ihr? [28] Da
ließ die Frau ihren Wasserkrug stehen, eilte in den Ort und
sagte zu den Leuten: [29] Kommt her, seht, da ist ein Mann,
der mir alles gesagt hat, was ich getan habe: Ist er vielleicht
der Messias? [30] Da liefen sie hinaus aus dem Ort und gin-
gen zu Jesus.

4,20 Das Gespräch fand in der Nähe des Berges Garizim statt, auf dem die Samariter Jahwe verehrten (vgl. Dtn 27,4–8). Es war eine alte Streitfrage zwischen Juden und Samaritern, welches der richtige Ort der Gottesverehrung sei. Den Jahwetempel auf dem Garizim ließ Johannes Hyrkanus (vgl. 1 Makk 16) im Jahr 128 v. Chr. zerstören. Der Kult, vor allem das Schlachten von Paschalämmern, wurde aber weitergeführt und ist bis heute lebendig geblieben.

4,25 Auch die Samariter, die nur die Fünf Bücher des Mose als Offenbarungsbuch anerkannten, erwarteten den in Dtn 18,18 verheißenen (messianischen) Propheten (vgl. die Anmerkung zu 1,20f).

4,27 Von einem jüdischen Mann, besonders einem Rabbi, verlangte die Sitte strenge Zurückhaltung gegenüber einer Frau.

31 Währenddessen drängten ihn seine Jünger: Rabbi, iß!
32 Er aber sagte zu ihnen: Ich lebe von einer Speise, die ihr
nicht kennt. 33 Da sagten die Jünger zueinander: Hat ihm
jemand etwas zu essen gebracht? 34 Jesus sprach zu ihnen:
Meine Speise ist es, den Willen dessen zu tun, der mich ge- 5,30; 17,4;
sandt hat, und sein Werk zu Ende zu führen. 35 Sagt ihr 19,30;
nicht: Noch vier Monate dauert es bis zur Ernte? Ich aber Hebr 10,5–9
sage euch: Blickt umher und seht, daß die Felder weiß sind,
reif zur Ernte. 36 Schon empfängt der Schnitter seinen Ps 126,5f;
Lohn und sammelt Frucht für das ewige Leben, so daß sich Jes 9,2
der Sämann und der Schnitter gemeinsam freuen. 37 Denn
hier hat das Sprichwort recht: Einer sät, und ein anderer
erntet. 38 Ich habe euch gesandt, zu ernten, wofür ihr nicht 17,18.20f
gearbeitet habt; andere haben gearbeitet, und ihr erntet die
Frucht ihrer Arbeit.

39 Viele Samariter aus jenem Ort kamen zum Glauben
an Jesus auf das Wort der Frau hin, die bezeugt hatte: Er hat
mir alles gesagt, was ich getan habe. 40 Als die Samariter zu
ihm kamen, baten sie ihn, bei ihnen zu bleiben; und er
blieb dort zwei Tage. 41 Und noch viel mehr Leute kamen
zum Glauben an ihn aufgrund seiner eigenen Worte.
42 Und zu der Frau sagten sie: Nicht mehr aufgrund deiner
Aussage glauben wir, sondern weil wir ihn selbst gehört
haben und nun wissen: Er ist wirklich der Retter der Welt. 1 Joh 4,14

Ein Heilungswunder in Galiläa: 4,43–54

43 Nach diesen beiden Tagen ging er von dort nach Gali-
läa. 44 Jesus selbst hatte nämlich bestätigt: Ein Prophet Mt 13,57;
wird in seiner eigenen Heimat nicht geehrt. 45 Als er nun Mk 6,4;
nach Galiläa kam, nahmen ihn die Galiläer auf, weil sie al- Lk 4,24
les gesehen hatten, was er in Jerusalem während des Festes
getan hatte; denn auch sie waren zum Fest gekommen.
46 Jesus kam wieder nach Kana in Galiläa, wo er das Wasser 2,1–11
in Wein verwandelt hatte.

4,35 Für die Zeit zwischen Aussaat und Ernte rechnete man im allgemeinen etwa sechs Monate. Die Bemerkung Jesu über die »Ernte« bezieht sich auf die bevorstehende Bekehrung der Samariter (vgl. die Verse 30.39f).

4,44 Zu dem Ausspruch vgl. das Wort, das bei den drei ersten Evangelien im Zusammenhang mit der Ablehnung Jesu in seiner Heimatstadt überliefert wird (Mt 13,57; Mk 6,4; Lk 4,24).

4,46–54 Bei der Fernheilung des todkranken Beamtensohnes in Kafarnaum handelt es sich wahrscheinlich um das gleiche Ereignis wie bei der Heilung des Knechtes des heidnischen Hauptmanns, die in Mt 8,5–13 und Lk 7,1–10 erzählt wird. Die Abweichungen erklären sich aus verschiedener Überlieferung und anderer Erzählabsicht, betreffen aber nicht das Wesentliche.

46b–53: In Kafarnaum lebte ein königlicher Beamter; dessen
Mt 8,5–13; Lk 7,1–10 Sohn war krank. [47] Als er hörte, daß Jesus von Judäa nach
Galiläa gekommen war, suchte er ihn auf und bat ihn, her-
abzukommen und seinen Sohn zu heilen; denn er lag im
2,18; 6,26; Sterben. [48] Da sagte Jesus zu ihm: Wenn ihr nicht Zeichen
12,37; 20,30 und Wunder seht, glaubt ihr nicht. [49] Der Beamte bat ihn:
Herr, komm herab, ehe mein Kind stirbt. [50] Jesus erwiderte
1 Kön 17,23 ihm: Geh, dein Sohn lebt! Der Mann glaubte dem Wort,
das Jesus zu ihm gesagt hatte, und machte sich auf den
Weg. [51] Noch während er unterwegs war, kamen ihm seine
Diener entgegen und sagten: Dein Junge lebt. [52] Da fragte
er sie genau nach der Stunde, in der die Besserung eingetre-
ten war. Sie antworteten: Gestern in der siebten Stunde ist
das Fieber von ihm gewichen. [53] Da erkannte der Vater,
daß es genau zu der Stunde war, als Jesus zu ihm gesagt hat-
te: Dein Sohn lebt. Und er wurde gläubig mit seinem gan-
2,11 zen Haus. [54] So tat Jesus sein zweites Zeichen, und zwar
nachdem er von Judäa nach Galiläa gekommen war.

Die Selbstoffenbarung Jesu vor der Welt: 5,1–12,50

Die Heilung eines Gelähmten am Sabbat in Jerusalem: 5,1–18

5 Einige Zeit später war ein Fest der Juden, und Jesus
ging hinauf nach Jerusalem. [2] In Jerusalem gibt es
beim Schaftor einen Teich, zu dem fünf Säulenhallen ge-
hören; dieser Teich heißt auf hebräisch Betesda. [3] In diesen
Hallen lagen viele Kranke, darunter Blinde, Lahme und
Verkrüppelte. [3b.4] [5] Dort lag auch ein Mann, der schon
achtunddreißig Jahre krank war. [6] Als Jesus ihn dort liegen
sah und erkannte, daß er schon lange krank war, fragte er
ihn: Willst du gesund werden? [7] Der Kranke antwortete
ihm: Herr, ich habe keinen Menschen, der mich, sobald
das Wasser aufwallt, in den Teich trägt. Während ich mich
hinschleppe, steigt schon ein anderer vor mir hinein. [8] Da
Mt 9,6; Mk 2,11; sagte Jesus zu ihm: Steh auf, nimm deine Bahre und geh!
Lk 5,24 [9] Sofort wurde der Mann gesund, nahm seine Bahre und
ging.

5,2 Nach anderen Textzeugen: Betzata. – Reste der Anlage sind ausgegraben worden.

5,3 Ein Teil der Textzeugen fügt nach »Verkrüppelte« hinzu: die auf die Bewegung des Wassers warteten. [4] Ein Engel des Herrn aber stieg zu bestimmter Zeit in den Teich hinab und brachte das Wasser zum Aufwallen. Wer dann als erster hineinstieg, wurde gesund, an welcher Krankheit er auch litt. – Dies ist wohl ein deutender Zusatz zum ursprünglichen Text.

Dieser Tag war aber ein Sabbat. [10] Da sagten die Juden zu
dem Geheilten: Es ist Sabbat, du darfst deine Bahre nicht
tragen. [11] Er erwiderte: Der Mann, der mich gesund ge-
macht hat, sagte zu mir: Nimm deine Bahre und geh! [12] Sie
fragten ihn: Wer ist das denn, der zu dir gesagt hat: Nimm
deine Bahre und geh? [13] Der Geheilte wußte aber nicht,
wer es war. Jesus war nämlich weggegangen, weil sich dort
eine große Menschenmenge angesammelt hatte. [14] Später
traf ihn Jesus im Tempel und sagte zu ihm: Jetzt bist du ge-
sund; sündige nicht mehr, damit dir nicht noch Schlimme- 8,11
res zustößt. [15] Der Mann ging fort und teilte den Juden mit,
daß es Jesus war, der ihn gesund gemacht hatte. [16] Darauf-
hin verfolgten die Juden Jesus, weil er das an einem Sabbat
getan hatte. [17] Jesus aber entgegnete ihnen: Mein Vater ist 9,4
noch immer am Werk, und auch ich bin am Werk.
[18] Darum waren die Juden noch mehr darauf aus, ihn zu tö- 7,1.25; 10,33
ten, weil er nicht nur den Sabbat brach, sondern auch Gott
seinen Vater nannte und sich damit Gott gleichstellte.

Jesu Rede über seine Vollmacht: 5,19–47

[19] Jesus aber sagte zu ihnen: Amen, amen, ich sage euch:
Der Sohn kann nichts von sich aus tun, sondern nur, wenn
er den Vater etwas tun sieht. Was nämlich der Vater tut,
das tut in gleicher Weise der Sohn. [20] Denn der Vater liebt 3,35; 14,12
den Sohn und zeigt ihm alles, was er tut, und noch größere
Werke wird er ihm zeigen, so daß ihr staunen werdet.
[21] Denn wie der Vater die Toten auferweckt und lebendig 1 Sam 2,6;
macht, so macht auch der Sohn lebendig, wen er will. 2 Kön 5,7
[22] Auch richtet der Vater niemand, sondern er hat das Ge- 5,27
richt ganz dem Sohn übertragen, [23] damit alle den Sohn eh-
ren, wie sie den Vater ehren. Wer den Sohn nicht ehrt, ehrt
auch den Vater nicht, der ihn gesandt hat. [24] Amen, amen,
ich sage euch: Wer mein Wort hört und dem glaubt, der 3,18
mich gesandt hat, hat das ewige Leben; er kommt nicht ins
Gericht, sondern ist aus dem Tod ins Leben hinübergegan-
gen. [25] Amen, amen, ich sage euch: Die Stunde kommt,
und sie ist schon da, in der die Toten die Stimme des Soh-
nes Gottes hören werden; und alle, die sie hören, werden
leben. [26] Denn wie der Vater das Leben in sich hat, so hat er Mt 11,27
auch dem Sohn gegeben, das Leben in sich zu haben.
[27] Und er hat ihm Vollmacht gegeben, Gericht zu halten, Dan 7,13f
weil er der Menschensohn ist. [28] Wundert euch nicht dar-
über! Die Stunde kommt, in der alle, die in den Gräbern Dan 12,2;
sind, seine Stimme hören [29] und herauskommen werden: Mt 16,27
Die das Gute getan haben, werden zum Leben auferstehen,
die das Böse getan haben, zum Gericht. [30] Von mir selbst 4,34; 6,38

aus kann ich nichts tun; ich richte, wie ich es (vom Vater)
höre, und mein Gericht ist gerecht, weil es mir nicht um
meinen Willen geht, sondern um den Willen dessen, der
mich gesandt hat.
8,13f 31 Wenn ich über mich selbst als Zeuge aussage, ist mein
Zeugnis nicht gültig; 32 ein anderer ist es, der über mich als
Zeuge aussagt, und ich weiß: Das Zeugnis, das er über
1,19–34; mich ablegt, ist gültig. 33 Ihr habt zu Johannes geschickt,
18,37 und er hat für die Wahrheit Zeugnis abgelegt. 34 Ich aber
nehme von keinem Menschen ein Zeugnis an, sondern ich
1,8 sage dies nur, damit ihr gerettet werdet. 35 Jener war die
Lampe, die brennt und leuchtet, und ihr wolltet euch eine
Zeitlang an seinem Licht erfreuen. 36 Ich aber habe ein ge-
10,25 wichtigeres Zeugnis als das des Johannes: Die Werke, die
mein Vater mir übertragen hat, damit ich sie zu Ende füh-
re, diese Werke, die ich vollbringe, legen Zeugnis dafür ab,
daß mich der Vater gesandt hat. 37 Auch der Vater selbst,
der mich gesandt hat, hat über mich Zeugnis abgelegt. Ihr
habt weder seine Stimme gehört noch seine Gestalt je ge-
sehen, 38 und auch sein Wort bleibt nicht in euch, weil ihr
dem nicht glaubt, den er gesandt hat. 39 Ihr erforscht die
Schriften, weil ihr meint, in ihnen das ewige Leben zu ha-
ben; gerade sie legen Zeugnis über mich ab. 40 Und doch
wollt ihr nicht zu mir kommen, um das Leben zu haben.
1 Thess 2,6 41 Meine Ehre empfange ich nicht von Menschen. 42 Ich
habe erkannt, daß ihr die Liebe zu Gott nicht in euch habt.
43 Ich bin im Namen meines Vaters gekommen, und doch
lehnt ihr mich ab. Wenn aber ein anderer in seinem eige-
nen Namen kommt, dann werdet ihr ihn anerkennen.
44 Wie könnt ihr zum Glauben kommen, wenn ihr eure
Ehre voneinander empfangt, nicht aber die Ehre sucht, die
von dem einen Gott kommt? 45 Denkt nicht, daß ich euch
beim Vater anklagen werde; Mose klagt euch an, auf den
ihr eure Hoffnung gesetzt habt. 46 Wenn ihr Mose glauben
würdet, müßtet ihr auch mir glauben; denn über mich hat
er geschrieben. 47 Wenn ihr aber seinen Schriften nicht
glaubt, wie könnt ihr dann meinen Worten glauben?

Die wunderbare Speisung einer Volksmenge am See von Tiberias: 6,1–15

1–13: Mt 14,13–21; Mk 6,31–44; Lk 9,10–17

1–13: 6 Danach ging Jesus an das andere Ufer des Sees von Ga-
Mt 15,32–39; liläa, der auch See von Tiberias heißt. 2 Eine große
Mk 8,1–10

6,1 Der See Gennesaret heißt hier und in 21,1 auch See von Ti-
berias. Diese Stadt, von Herodes Antipas zwischen 17 und 22 n.
Chr. gegründet und zur Hauptstadt von Galiläa erhoben, wird

Menschenmenge folgte ihm, weil sie die Zeichen sahen,
die er an den Kranken tat. 3 Jesus stieg auf den Berg und
setzte sich dort mit seinen Jüngern nieder. 4 Das Pascha, 11,55
das Fest der Juden, war nahe. 5 Als Jesus aufblickte und sah,
daß so viele Menschen zu ihm kamen, fragte er Philippus:
Wo sollen wir Brot kaufen, damit diese Leute zu essen ha-
ben? 6 Das sagte er aber nur, um ihn auf die Probe zu stel-
len; denn er selbst wußte, was er tun wollte. 7 Philippus
antwortete ihm: Brot für zweihundert Denare reicht nicht
aus, wenn jeder von ihnen auch nur ein kleines Stück be-
kommen soll. 8 Einer seiner Jünger, Andreas, der Bruder
des Simon Petrus, sagte zu ihm: 9 Hier ist ein kleiner Jun-
ge, der hat fünf Gerstenbrote und zwei Fische; doch was ist 2 Kön 4,42f
das für so viele! 10 Jesus sagte: Laßt die Leute sich setzen!
Es gab dort nämlich viel Gras. Da setzten sie sich; es waren
etwa fünftausend Männer. 11 Dann nahm Jesus die Brote,
sprach das Dankgebet und teilte an die Leute aus, soviel sie
wollten; ebenso machte er es mit den Fischen. 12 Als die
Menge satt war, sagte er zu seinen Jüngern: Sammelt die
übriggebliebenen Brotstücke, damit nichts verdirbt. 13 Sie
sammelten und füllten zwölf Körbe mit den Stücken, die
von den fünf Gerstenbroten nach dem Essen übrig waren.
14 Als die Menschen das Zeichen sahen, das er getan hatte,
sagten sie: Das ist wirklich der Prophet, der in die Welt Dtn 18,15.18
kommen soll. 15 Da erkannte Jesus, daß sie kommen wür-
den, um ihn in ihre Gewalt zu bringen und zum König zu
machen. Daher zog er sich wieder auf den Berg zurück, er
allein.

Der Gang Jesu auf dem Wasser: 6,16–21

16–21: Mt 14,22–33; Mk 6,45–52

16 Als es aber spät geworden war, gingen seine Jünger
zum See hinab, 17 bestiegen ein Boot und fuhren über den
See, auf Kafarnaum zu. Es war schon dunkel geworden,
und Jesus war noch nicht zu ihnen gekommen. 18 Da
wurde der See durch einen heftigen Sturm aufgewühlt.
19 Als sie etwa fünfundzwanzig oder dreißig Stadien gefah-

---

sonst im Neuen Testament nicht genannt und ist offenbar von Jesus nicht betreten worden. – Das »andere Ufer« ist das wenig bevölkerte Ostufer.

6,4 An diesem Paschafest scheint Jesus nicht nach Jerusalem gegangen, sondern in Galiläa geblieben zu sein.

6,9 Die »Gerstenbrote« (so nur bei Johannes) erinnern an das Brotwunder des Propheten Elischa (2 Kön 4,42–44).

6,14 Zu »der Prophet« vgl. die Anmerkung zu 1,20f.

6,19 Fünfundzwanzig oder dreißig Stadien sind etwa fünf Kilometer.

ren waren, sahen sie, wie Jesus über den See ging und sich
dem Boot näherte; und sie fürchteten sich. [20] Er aber rief
ihnen zu: Ich bin es; fürchtet euch nicht! [21] Sie wollten ihn
zu sich in das Boot nehmen, aber schon war das Boot am
Ufer, das sie erreichen wollten.

Die Rede über das Himmelsbrot in der Synagoge von Kafarnaum: 6,22–59

[22] Am nächsten Tag sah die Menge, die am anderen Ufer
des Sees geblieben war, daß nur noch ein Boot dort lag, und
sie erfuhren, daß Jesus nicht mit seinen Jüngern ins Boot
gestiegen war, sondern daß die Jünger allein abgefahren
waren. [23] Von Tiberias her kamen andere Boote in die
Nähe des Ortes, wo sie nach dem Dankgebet des Herrn das
Brot gegessen hatten. [24] Als die Leute sahen, daß weder Je-
sus noch seine Jünger dort waren, stiegen sie in die Boote,
fuhren nach Kafarnaum und suchten Jesus. [25] Als sie ihn
am anderen Ufer des Sees fanden, fragten sie ihn: Rabbi,
wann bist du hierher gekommen? [26] Jesus antwortete ih-
nen: Amen, amen, ich sage euch: Ihr sucht mich nicht,
weil ihr Zeichen gesehen habt, sondern weil ihr von den
Broten gegessen habt und satt geworden seid. [27] Müht euch
nicht ab für die Speise, die verdirbt, sondern für die Speise,
die für das ewige Leben bleibt und die der Menschensohn
euch geben wird. Denn ihn hat Gott, der Vater, mit seinem
Siegel beglaubigt. [28] Da fragten sie ihn: Was müssen wir
tun, um die Werke Gottes zu vollbringen? [29] Jesus antwor-
tete ihnen: Das ist das Werk Gottes, daß ihr an den glaubt,
Mt 16,1–4; den er gesandt hat. [30] Sie entgegneten ihm: Welches Zei-
Mk 8,11–13 chen tust du, damit wir es sehen und dir glauben? Was tust
du? [31] Unsere Väter haben das Manna in der Wüste geges-
Ps 78,24; sen, wie es in der Schrift heißt: *Brot vom Himmel gab er*
Ex 16,4 *ihnen zu essen.*

[32] Jesus sagte zu ihnen: Amen, amen, ich sage euch:
Nicht Mose hat euch das Brot vom Himmel gegeben, son-
dern mein Vater gibt euch das wahre Brot vom Himmel.
[33] Denn das Brot, das Gott gibt, kommt vom Himmel
herab und gibt der Welt das Leben. [34] Da baten sie ihn:
Herr, gib uns immer dieses Brot! [35] Jesus antwortete ihnen:

6,22–25 Die am Ostufer zurückgebliebene Menge erreicht mit anderen Booten das am nordwestlichen Ufer des Sees gelegene Kafarnaum, auf das die Jünger zugesteuert hatten (6,17). In der dortigen Synagoge (6,59) hält Jesus dann die große Offenbarungsrede über das Brot vom Himmel.

6,35 Die Selbstoffenbarung Jesu (»Ich bin . . .«) wird 6,48 wieder aufgenommen und weitergeführt.

Ich bin das Brot des Lebens; wer zu mir kommt, wird nie Sir 24,21
mehr hungern, und wer an mich glaubt, wird nie mehr
Durst haben.
36 Aber ich habe euch gesagt: Ihr habt (mich) gesehen,
und doch glaubt ihr nicht. 37 Alles, was der Vater mir gibt, 4,34; 5,30;
wird zu mir kommen, und wer zu mir kommt, den werde Mt 26,39;
ich nicht abweisen; 38 denn ich bin nicht vom Himmel Mk 14,36; Lk 22,42
herabgekommen, um meinen Willen zu tun, sondern den
Willen dessen, der mich gesandt hat. 39 Es ist aber der Wille
dessen, der mich gesandt hat, daß ich keinen von denen,
die er mir gegeben hat, zugrunde gehen lasse, sondern daß
ich sie auferwecke am Letzten Tag. 40 Denn es ist der Wille
meines Vaters, daß alle, die den Sohn sehen und an ihn
glauben, das ewige Leben haben und daß ich sie aufer-
wecke am Letzten Tag. 41 Da murrten die Juden gegen ihn,
weil er gesagt hatte: Ich bin das Brot, das vom Himmel her-
abgekommen ist. 42 Und sie sagten: Ist das nicht Jesus, der Mt 13,54–57;
Sohn Josefs, dessen Vater und Mutter wir kennen? Wie Mk 6,1–6;
kann er jetzt sagen: Ich bin vom Himmel herabgekom- Lk 4,16–30
men? 43 Jesus sagte zu ihnen: Murrt nicht! 44 Niemand
kann zu mir kommen, wenn nicht der Vater, der mich ge-
sandt hat, ihn zu mir führt; und ich werde ihn auferwecken
am Letzten Tag. 45 Bei den Propheten heißt es: *Und alle* Jes 54,13;
werden Schüler Gottes sein. Jeder, der auf den Vater hört Jer 31,33f
und seine Lehre annimmt, wird zu mir kommen. 46 Nie- 1,18
mand hat den Vater gesehen außer dem, der von Gott ist;
nur er hat den Vater gesehen. 47 Amen, amen, ich sage
euch: Wer glaubt, hat das ewige Leben.
48 Ich bin das Brot des Lebens. 49 Eure Väter haben in der
Wüste das Manna gegessen und sind gestorben. 50 So aber
ist es mit dem Brot, das vom Himmel herabkommt: Wenn
jemand davon ißt, wird er nicht sterben. 51 Ich bin das le-
bendige Brot, das vom Himmel herabgekommen ist. Wer
von diesem Brot ißt, wird in Ewigkeit leben. Das Brot, das
ich geben werde, ist mein Fleisch, (ich gebe es hin) für das 1,14
Leben der Welt.
52 Da stritten sich die Juden und sagten: Wie kann er uns
sein Fleisch zu essen geben? 53 Jesus sagte zu ihnen: Amen,
amen, das sage ich euch: Wenn ihr das Fleisch des Men-
schensohnes nicht eßt und sein Blut nicht trinkt, habt ihr
das Leben nicht in euch. 54 Wer mein Fleisch ißt und mein
Blut trinkt, hat das ewige Leben, und ich werde ihn aufer-
wecken am Letzten Tag. 55 Denn mein Fleisch ist wirklich
eine Speise, und mein Blut ist wirklich ein Trank. 56 Wer
mein Fleisch ißt und mein Blut trinkt, der bleibt in mir,
und ich bleibe in ihm. 57 Wie mich der lebendige Vater ge- 5,26

sandt hat und wie ich durch den Vater lebe, so wird jeder, der mich ißt, durch mich leben. [58] Dies ist das Brot, das vom Himmel herabgekommen ist. Mit ihm ist es nicht wie mit dem Brot, das die Väter gegessen haben; sie sind gestorben. Wer aber dieses Brot ißt, wird leben in Ewigkeit. [59] Diese Worte sprach Jesus, als er in der Synagoge von Kafarnaum lehrte.

Die Spaltung unter den Jüngern: 6,60–71

[60] Viele seiner Jünger, die ihm zuhörten, sagten: Was er
sagt, ist unerträglich. Wer kann das anhören? [61] Jesus er-
kannte, daß seine Jünger darüber murrten, und fragte sie:
Daran nehmt ihr Anstoß? [62] Was werdet ihr sagen, wenn
ihr den Menschensohn hinaufsteigen seht, dorthin, wo er
vorher war? [63] Der Geist ist es, der lebendig macht; das
Fleisch nützt nichts. Die Worte, die ich zu euch gespro-
7,46 chen habe, sind Geist und sind Leben. [64] Aber es gibt unter
euch einige, die nicht glauben. Jesus wußte nämlich von
Anfang an, welche es waren, die nicht glaubten, und wer
ihn verraten würde. [65] Und er sagte: Deshalb habe ich zu
euch gesagt: Niemand kann zu mir kommen, wenn es ihm
nicht vom Vater gegeben ist.

[66] Daraufhin zogen sich viele Jünger zurück und wander-
ten nicht mehr mit ihm umher. [67] Da fragte Jesus die
68–69: Zwölf: Wollt auch ihr weggehen? [68] Simon Petrus antwor-
Mt 16,16; tete ihm: Herr, zu wem sollen wir gehen? Du hast Worte
Mk 8,29; Lk 9,20 des ewigen Lebens. [69] Wir sind zum Glauben gekommen
70–71: und haben erkannt: Du bist der Heilige Gottes. [70] Jesus er-
13,18; widerte: Habe ich nicht euch, die Zwölf, erwählt? Und
Mt 26,14–16; Mk 14,10f; doch ist einer von euch ein Teufel. [71] Er sprach von Judas,
Lk 22,3–6 dem Sohn des Simon Iskariot; denn dieser sollte ihn verra-
ten: einer der Zwölf.

Die Selbstoffenbarung Jesu beim Laubhüttenfest in Jerusalem: 7,1–52

Jesu Flucht vor der Öffentlichkeit: 7,1–13

Mt 17,22; 7 Danach zog Jesus in Galiläa umher; denn er wollte
Mk 9,30 sich nicht in Judäa aufhalten, weil die Juden darauf
aus waren, ihn zu töten. [2] Das Laubhüttenfest der Juden
war nahe. [3] Da sagten seine Brüder zu ihm: Geh von hier

7,2 Das Laubhüttenfest ist neben dem Pascha- und dem Pfingstfest das dritte große jüdische Wallfahrtsfest. Es fand zur Zeit der Wein-, Obst- und Olivenernte statt. Während der Festwoche wohnten die Juden in eigens dafür errichteten Laubhütten (vgl. Lev 23,33–43; Dtn 16,13–15; besonders zu beachten ist Lev 23,42f).

fort, und zieh nach Judäa, damit auch deine Jünger die
Werke sehen, die du vollbringst. 4 Denn niemand wirkt im
Verborgenen, wenn er öffentlich bekannt sein möchte.
Wenn du dies tust, zeig dich der Welt! 5 Auch seine Brüder Mk 3,21
glaubten nämlich nicht an ihn. 6 Jesus sagte zu ihnen:
Meine Zeit ist noch nicht gekommen, für euch aber ist 2,4; 7,30; 8,20;
immer die rechte Zeit. 7 Euch kann die Welt nicht hassen, Mt 26,18;
mich aber haßt sie, weil ich bezeuge, daß ihre Taten böse Lk 4,13; 21,8; Apg 1,7
sind. 8 Geht ihr nur hinauf zum Fest; ich gehe nicht zu die- 7: 15,18f
sem Fest hinauf, weil meine Zeit noch nicht erfüllt ist.
9 Das sagte er zu ihnen, und er blieb in Galiläa. 10 Als aber
seine Brüder zum Fest hinaufgegangen waren, zog auch er
hinauf, jedoch nicht öffentlich, sondern heimlich. 11 Die
Juden suchten beim Fest nach ihm und sagten: Wo ist er?
12 Und in der Volksmenge wurde viel über ihn hin und her
geredet. Die einen sagten: Er ist ein guter Mensch. Andere
sagten: Nein, er führt das Volk in die Irre. 13 Aber niemand
redete öffentlich über ihn, denn man fürchtete sich vor den
Juden.

Jesu Auftreten im Tempel: 7,14–24

14 Schon war die Hälfte der Festwoche vorüber, da ging
Jesus zum Tempel hinauf und lehrte. 15 Die Juden wunder-
ten sich und sagten: Wie kann der die Schrift verstehen, Mt 13,54;
ohne dafür ausgebildet zu sein? 16 Darauf antwortete ihnen Mk 6,2; Lk 4,16–30
Jesus: Meine Lehre stammt nicht von mir, sondern von
dem, der mich gesandt hat. 17 Wer bereit ist, den Willen
Gottes zu tun, wird erkennen, ob diese Lehre von Gott
stammt oder ob ich in meinem eigenen Namen spreche.
18 Wer im eigenen Namen spricht, sucht seine eigene Ehre; 8,50
wer aber die Ehre dessen sucht, der ihn gesandt hat, der ist
glaubwürdig, und in ihm ist keine Falschheit. 19 Hat Mose
euch nicht das Gesetz gegeben? Aber keiner von euch be-
folgt das Gesetz. Warum wollt ihr mich töten? 20 Die Mk 3,21f;
Menge antwortete: Du bist wohl von einem Dämon beses- Mt 10,25; 12,24;
sen – wer will dich denn töten? 21 Jesus entgegnete ihnen: Lk 11,15
Ich habe nur ein einziges Werk vollbracht, und ihr alle
wundert euch darüber. 22 Mose hat euch die Beschneidung
gegeben – sie stammt freilich nicht von Mose, sondern von
den Vätern –, und ihr beschneidet einen Menschen auch
am Sabbat. 23 Wenn ein Mensch am Sabbat die Beschnei-

7,3–5 Vgl. die Anmerkung zu Mt 12,46f.

7,13 Der Ausdruck »die Juden« bezieht sich hier wie in 1,19; 2,18; 5,10 u. ö. auf die jüdischen Behörden.

7,21 Mit dem »einen Werk« ist die Heilung des Mannes am Betesda-Teich (5,1–9) gemeint.

dung empfangen darf, damit das Gesetz des Mose nicht
mißachtet wird, warum zürnt ihr mir, weil ich am Sabbat
einen Menschen als ganzen gesund gemacht habe? [24] Ur-
teilt nicht nach dem Augenschein, sondern urteilt gerecht!

Mutmaßungen des Volkes über Jesus: 7,25–36

5,18 [25] Da sagten einige Leute aus Jerusalem: Ist das nicht
der, den sie töten wollen? [26] Und doch redet er in aller Öf-
fentlichkeit, und man läßt ihn gewähren. Sollte der Hohe
Rat wirklich erkannt haben, daß er der Messias ist? [27] Aber
6,42 von dem hier wissen wir, woher er stammt; wenn jedoch
der Messias kommt, weiß niemand, woher er stammt.
8,55 [28] Während Jesus im Tempel lehrte, rief er: Ihr kennt mich
und wißt, woher ich bin; aber ich bin nicht in meinem ei-
genen Namen gekommen, sondern er, der mich gesandt
hat, bürgt für die Wahrheit. Ihr kennt ihn nur nicht. [29] Ich
6,46 kenne ihn, weil ich von ihm komme und weil er mich ge-
sandt hat. [30] Da wollten sie ihn festnehmen; aber keiner
wagte ihn anzufassen, denn seine Stunde war noch nicht
gekommen.

[31] Aus der Menge kamen viele Leute zum Glauben an
ihn; sie sagten: Wird der Messias, wenn er kommt, mehr
Zeichen tun, als dieser getan hat? [32] Die Pharisäer hörten,
was die Leute heimlich über ihn redeten. Da schickten die
Hohenpriester und die Pharisäer Gerichtsdiener aus, um
ihn festnehmen zu lassen. [33] Jesus aber sagte: Ich bin nur
8,21 noch kurze Zeit bei euch; dann gehe ich fort, zu dem, der
mich gesandt hat. [34] Ihr werdet mich suchen, und ihr wer-
det mich nicht finden; denn wo ich bin, dorthin könnt ihr
nicht gelangen. [35] Da sagten die Juden zueinander: Wohin
will er denn gehen, daß wir ihn nicht mehr finden können?
Will er in die Diaspora zu den Griechen gehen und die
Griechen lehren? [36] Was bedeutet es, wenn er gesagt hat:
Ihr werdet mich suchen, aber nicht finden; denn wo ich
bin, dorthin könnt ihr nicht gelangen?

Der Streit im Hohen Rat um Jesus: 7,37–52

[37] Am letzten Tag des Festes, dem großen Tag, stellte

7,27 Es gab die Vorstellung, daß der Messias bei seinem Auftreten zunächst unerkannt bleibt, bis Elija kommt und ihn dem Volk bekannt macht. Zum Anstoß an Jesu »bekannter« Herkunft vgl. 6,42.

7,37 Der siebte (»große«) Tag des Festes war durch den Ritus des Wasserschöpfens ausgezeichnet: Die Priester schöpften Wasser aus der Quelle Schiloach und zogen damit siebenmal um den Altar. An diesen Ritus scheint Jesus mit seinem Ruf anzuknüpfen. Vgl. die Anmerkung zu 8,12.

sich Jesus hin und rief: Wer Durst hat, komme zu mir, und
es trinke, 38 wer an mich glaubt. Wie die Schrift sagt: Aus
seinem Inneren werden Ströme von lebendigem Wasser
fließen. 39 Damit meinte er den Geist, den alle empfangen
sollten, die an ihn glauben; denn der Geist war noch nicht
gegeben, weil Jesus noch nicht verherrlicht war. 40 Einige
aus dem Volk sagten, als sie diese Worte hörten: Er ist
wahrhaftig der Prophet. 41 Andere sagten: Er ist der Mes- Dtn 18,15.18
sias. Wieder andere sagten: Kommt denn der Messias aus
Galiläa? 42 Sagt nicht die Schrift: Der Messias *kommt aus* 2 Sam 7,12–16;
dem Geschlecht Davids und aus dem Dorf *Betlehem*, wo Mi 5,1; Mt 2,5; 22,42; Röm 1,3;
David lebte? 43 So entstand seinetwegen eine Spaltung in 2 Tim 2,8
der Menge. 44 Einige von ihnen wollten ihn festnehmen; 7,30
aber keiner wagte ihn anzufassen.

45 Als die Gerichtsdiener zu den Hohenpriestern und
den Pharisäern zurückkamen, fragten diese: Warum habt
ihr ihn nicht hergebracht? 46 Die Gerichtsdiener antworte-
ten: Noch nie hat ein Mensch so gesprochen. 47 Da entgeg-
neten ihnen die Pharisäer: Habt auch ihr euch in die Irre
führen lassen? 48 Ist etwa einer vom Hohen Rat oder von
den Pharisäern zum Glauben an ihn gekommen? 49 Dieses
Volk jedoch, das vom Gesetz nichts versteht, verflucht ist
es. 50 Nikodemus aber, einer aus ihren eigenen Reihen, der 3,1
früher einmal Jesus aufgesucht hatte, sagte zu ihnen:
51 Verurteilt etwa unser Gesetz einen Menschen, bevor Dtn 1,16f;
man ihn verhört und festgestellt hat, was er tut? 52 Sie er- 17,2–5
widerten ihm: Bist du vielleicht auch aus Galiläa? Lies
doch nach: Der Prophet kommt nicht aus Galiläa.

7,37f Andere Übersetzungsmöglichkeit: Wer Durst hat, komme zu mir und trinke. 38 Wer an mich glaubt, von dem sagt die Schrift, daß aus seinem Innern Ströme lebendigen Wassers fließen werden.

7,38 Es ist nicht klar, welche Schriftstelle hier gemeint ist; vgl. Ez 47,1; Sach 14,8.

7,46 Andere Textzeugen haben: Noch nie hat ein Mensch so gesprochen, wie dieser Mensch spricht.

7,49 Hinter dem Fluch über das »gesetzesunkundige Volk« steht ein rabbinischer Ausdruck, der eine Geringschätzung für alle Juden bekundet, die sich nicht an die weitgehenden, von den Gesetzeslehrern eingeschärften Vorschriften hielten.

7,50 Zu Nikodemus vgl. die Anmerkung zu 3,1.

7,52 Der Prophet, nach anderen Textzeugen: Ein Prophet.

7,53–8,11 Dieses Stück gehört nicht zum ursprünglichen Bestand des Johannesevangeliums; die besten Textzeugen überliefern es nicht. Die Erzählung stellt aber wohl eine alte Überlieferung dar und gehört inhaltlich zum Evangelium.

[Jesus und die Ehebrecherin: 7,53–8,11

[53] Dann gingen alle nach Hause.
8 Jesus aber ging zum Ölberg. [2] Am frühen Morgen be-
gab er sich wieder in den Tempel. Alles Volk kam zu
Lk 21,38 ihm. Er setzte sich und lehrte es. [3] Da brachten die Schrift-
gelehrten und die Pharisäer eine Frau, die beim Ehebruch
ertappt worden war. Sie stellten sie in die Mitte [4] und sag-
ten zu ihm: Meister, diese Frau wurde beim Ehebruch auf
Dtn 22,22–24 frischer Tat ertappt. [5] Mose hat uns im Gesetz vorge-
schrieben, solche Frauen zu steinigen. Nun, was sagst du?
[6] Mit dieser Frage wollten sie ihn auf die Probe stellen, um
Jer 17,13 einen Grund zu haben, ihn zu verklagen. Jesus aber bückte
sich und schrieb mit dem Finger auf die Erde. [7] Als sie
hartnäckig weiterfragten, richtete er sich auf und sagte zu
Dtn 17,7; ihnen: Wer von euch ohne Sünde ist, werfe als erster einen
Mt 7,1; Stein auf sie. [8] Und er bückte sich wieder und schrieb auf
Lk 6,37 die Erde. [9] Als sie seine Antwort gehört hatten, ging einer
nach dem andern fort, zuerst die Ältesten. Jesus blieb al-
lein zurück mit der Frau, die noch in der Mitte stand. [10] Er
richtete sich auf und sagte zu ihr: Frau, wo sind sie geblie-
ben? Hat dich keiner verurteilt? [11] Sie antwortete: Keiner,
Herr. Da sagte Jesus zu ihr: Auch ich verurteile dich nicht.
Geh und sündige von jetzt an nicht mehr!]

Streitgespräche Jesu mit den Juden: 8,12–59

Jesu Selbstzeugnis: 8,12–20

[12] Als Jesus ein andermal zu ihnen redete, sagte er: Ich
bin das Licht der Welt. Wer mir nachfolgt, wird nicht in der
Finsternis umhergehen, sondern wird das Licht des Lebens
5,31f haben. [13] Da sagten die Pharisäer zu ihm: Du legst über
dich selbst Zeugnis ab; dein Zeugnis ist nicht gültig. [14] Je-
sus erwiderte ihnen: Auch wenn ich über mich selbst
Zeugnis ablege, ist mein Zeugnis gültig. Denn ich weiß,
woher ich gekommen bin und wohin ich gehe. Ihr aber
wißt nicht, woher ich komme und wohin ich gehe. [15] Ihr
7,24 urteilt, wie Menschen urteilen; ich urteile über keinen.
[16] Wenn ich aber urteile, ist mein Urteil gültig; denn ich
5,30; 8,29 urteile nicht allein, sondern ich und der Vater, der mich ge-

---

8,12 Das Wort vom Licht knüpft möglicherweise an einen Festbrauch an (vgl. die Anmerkung zu 7,37): Am siebten Tag des Laubhüttenfestes wurden im Frauenvorhof des Tempels vier große Leuchter aufgestellt, die ihr Licht über ganz Jerusalem verbreiten sollten.

sandt hat. 17 Auch in eurem Gesetz heißt es: Erst das Dtn 17,6;
Zeugnis von zwei Menschen ist gültig. 18 Ich bin es, der 19,15
über mich Zeugnis ablegt, und auch der Vater, der mich ge-
sandt hat, legt über mich Zeugnis ab. 19 Da fragten sie ihn:
Wo ist dein Vater? Jesus antwortete: Ihr kennt weder mich 7,28; 14,7;
noch meinen Vater; würdet ihr mich kennen, dann würdet 15,21
ihr auch meinen Vater kennen. 20 Diese Worte sagte er, als
er im Tempel bei der Schatzkammer lehrte. Aber niemand
nahm ihn fest; denn seine Stunde war noch nicht gekom- 2,4; 7,30;
men. 13,1

Die Herkunft und Bestimmung Jesu: 8,21–29

21 Ein andermal sagte Jesus zu ihnen: Ich gehe fort, und 7,33f; 13,33
ihr werdet mich suchen, und ihr werdet in eurer Sünde
sterben. Wohin ich gehe, dorthin könnt ihr nicht gelangen.
22 Da sagten die Juden: Will er sich etwa umbringen?
Warum sagt er sonst: Wohin ich gehe, dorthin könnt ihr
nicht gelangen? 23 Er sagte zu ihnen: Ihr stammt von un- 3,13.31;
ten, ich stamme von oben; ihr seid aus dieser Welt, ich bin 17,14–16
nicht aus dieser Welt. 24 Ich habe euch gesagt: Ihr werdet in
euren Sünden sterben; denn wenn ihr nicht glaubt, daß Ich Jes 43,11;
es bin, werdet ihr in euren Sünden sterben. 25 Da fragten sie Joh 13,19
ihn: Wer bist du denn? Jesus antwortete: Warum rede ich
überhaupt noch mit euch? 26 Ich hätte noch viel über euch
zu sagen und viel zu richten; aber er, der mich gesandt hat,
bürgt für die Wahrheit, und was ich von ihm gehört habe,
das sage ich der Welt. 27 Sie verstanden nicht, daß er damit
den Vater meinte. 28 Da sagte Jesus zu ihnen: Wenn ihr den 3,14; 12,32
Menschensohn erhöht habt, dann werdet ihr erkennen,
daß Ich es bin. Ihr werdet erkennen, daß ich nichts im ei-
genen Namen tue, sondern nur das sage, was mich der Va- 14,24
ter gelehrt hat. 29 Und er, der mich gesandt hat, ist bei mir; 16,5
er hat mich nicht allein gelassen, weil ich immer das tue,
was ihm gefällt.

Die wahren Kinder Abrahams: 8,30–47

30 Als Jesus das sagte, kamen viele zum Glauben an ihn. 10,42; 12,11
31 Da sagte er zu den Juden, die an ihn glaubten: Wenn ihr
in meinem Wort bleibt, seid ihr wirklich meine Jünger. 14,21–23
32 Dann werdet ihr die Wahrheit erkennen, und die Wahr-
heit wird euch befreien. 33 Sie erwiderten ihm: Wir sind

8,20 Die Schatzkammer, die auch in Mk 12,41.43; Lk 21,1 erwähnt wird, lag im Frauenvorhof.

8,25 Der Sinn des griechischen Textes ist hier nicht sicher zu ermitteln.

Nachkommen Abrahams und sind noch nie Sklaven gewe-
sen. Wie kannst du sagen: Ihr werdet frei werden? 34 Jesus
1 Joh 3,8 antwortete ihnen: Amen, amen, das sage ich euch: Wer die
Sünde tut, ist Sklave der Sünde. 35 Der Sklave aber bleibt
nicht für immer im Haus; nur der Sohn bleibt für immer
im Haus. 36 Wenn euch also der Sohn befreit, dann seid ihr
wirklich frei.

37 Ich weiß, daß ihr Nachkommen Abrahams seid. Aber
ihr wollt mich töten, weil mein Wort in euch keine Auf-
nahme findet. 38 Ich sage, was ich beim Vater gesehen
habe, und ihr tut, was ihr von eurem Vater gehört habt.
39 Sie antworteten ihm: Unser Vater ist Abraham. Jesus
sagte zu ihnen: Wenn ihr Kinder Abrahams wärt, würdet
ihr so handeln wie Abraham. 40 Jetzt aber wollt ihr mich
töten, einen Menschen, der euch die Wahrheit verkündet
hat, die Wahrheit, die ich von Gott gehört habe. So hat Ab-
raham nicht gehandelt. 41 Ihr vollbringt die Werke eures
Vaters. Sie entgegneten ihm: Wir stammen nicht aus ei-
nem Ehebruch, sondern wir haben nur den einen Vater:
1 Joh 5,1 Gott. 42 Jesus sagte zu ihnen: Wenn Gott euer Vater wäre,
würdet ihr mich lieben; denn von Gott bin ich ausgegan-
gen und gekommen. Ich bin nicht in meinem eigenen Na-
men gekommen, sondern er hat mich gesandt. 43 Warum
versteht ihr nicht, was ich sage? Weil ihr nicht imstande
1 Joh 3,8–15 seid, mein Wort zu hören. 44 Ihr habt den Teufel zum Va-
ter, und ihr wollt das tun, wonach es euren Vater verlangt.
Er war ein Mörder von Anfang an. Und er steht nicht in der
Wahrheit; denn es ist keine Wahrheit in ihm. Wenn er lügt,
sagt er das, was aus ihm selbst kommt; denn er ist ein Lüg-
ner und ist der Vater der Lüge. 45 Mir aber glaubt ihr nicht,
1 Joh 3,5 weil ich die Wahrheit sage. 46 Wer von euch kann mir eine
Sünde nachweisen? Wenn ich die Wahrheit sage, warum
1 Joh 4,6 glaubt ihr mir nicht? 47 Wer aus Gott ist, hört die Worte
Gottes; ihr hört sie deshalb nicht, weil ihr nicht aus Gott
seid.

Jesus und Abraham: 8,48–59

48 Da antworteten ihm die Juden: Sagen wir nicht mit
7,20 Recht: Du bist ein Samariter und von einem Dämon beses-
sen? 49 Jesus erwiderte: Ich bin von keinem Dämon beses-
sen, sondern ich ehre meinen Vater; ihr aber schmäht

8,48 In der Bezeichnung Jesu als »Samariter« steckt wohl der Vorwurf, daß Jesus Gott nicht wahrhaft verehrt (vgl. die Anmerkung zu 4,4–6). Zum Vorwurf der Besessenheit vgl. auch 7,20; 10,20.

mich. 50 Ich bin nicht auf meine Ehre bedacht; doch es gibt 7,18
einen, der darauf bedacht ist und der richtet. 51 Amen,
amen, ich sage euch: Wenn jemand an meinem Wort fest-
hält, wird er auf ewig den Tod nicht schauen. 52 Da sagten
die Juden zu ihm: Jetzt wissen wir, daß du von einem Dä-
mon besessen bist. Abraham und die Propheten sind ge-
storben, du aber sagst: Wenn jemand an meinem Wort
festhält, wird er auf ewig den Tod nicht erleiden. 53 Bist du 4,12
etwa größer als unser Vater Abraham? Er ist gestorben, und
die Propheten sind gestorben. Für wen gibst du dich aus?
54 Jesus antwortete: Wenn ich mich selbst ehre, so gilt
meine Ehre nichts. Mein Vater ist es, der mich ehrt, er, von
dem ihr sagt: Er ist unser Gott. 55 Doch ihr habt ihn nicht
erkannt. Ich aber kenne ihn, und wenn ich sagen würde:
Ich kenne ihn nicht, so wäre ich ein Lügner wie ihr. Aber
ich kenne ihn und halte an seinem Wort fest. 56 Euer Vater Gen 17,17
Abraham jubelte, weil er meinen Tag sehen sollte. Er sah
ihn und freute sich. 57 Die Juden entgegneten: Du bist noch
keine fünfzig Jahre alt und willst Abraham gesehen haben?
58 Jesus erwiderte ihnen: Amen, amen, ich sage euch:
Noch ehe Abraham wurde, bin ich. 59 Da hoben sie Steine 10,31.39;
auf, um sie auf ihn zu werfen. Jesus aber verbarg sich und 11,8
verließ den Tempel.

Die Heilung eines Blinden und der Streit der Juden: 9,1–42

Die Heilung eines Blinden: 9,1–12

9 Unterwegs sah Jesus einen Mann, der seit seiner Ge-
burt blind war. 2 Da fragten ihn seine Jünger: Rabbi,
wer hat gesündigt? Er selbst? Oder haben seine Eltern ge-
sündigt, so daß er blind geboren wurde? 3 Jesus antwortete:
Weder er noch seine Eltern haben gesündigt, sondern das
Wirken Gottes soll an ihm offenbar werden. 4 Wir müssen,
solange es Tag ist, die Werke dessen vollbringen, der mich
gesandt hat; es kommt die Nacht, in der niemand mehr
etwas tun kann. 5 Solange ich in der Welt bin, bin ich das 8,12
Licht der Welt. 6 Als er dies gesagt hatte, spuckte er auf die
Erde; dann machte er mit dem Speichel einen Teig, strich
ihn dem Blinden auf die Augen 7 und sagte zu ihm: Geh

8,57 »Fünfzig« ist als eine runde Zahl zu verstehen, nicht als Angabe über das Lebensalter Jesu.

8,59 Auf Gotteslästerung stand die Strafe der Steinigung (Lev 24,11–16; 1 Kön 21,10.13). Der Vorwurf der Gotteslästerung taucht auch noch später auf: 10,31–33; vgl. 11,8; 19,7.

9,7 Der Name Schiloach wird vom Evangelisten auf Jesus, den »Gesandten«, gedeutet, durch den der Blinde geheilt wird.

2 Kön 5,10; und wasch dich in dem Teich Schiloach! Schiloach heißt
Jes 8,6 übersetzt: Der Gesandte. Der Mann ging fort und wusch
sich. Und als er zurückkam, konnte er sehen.

8 Die Nachbarn und andere, die ihn früher als Bettler ge-
sehen hatten, sagten: Ist das nicht der Mann, der dasaß und
bettelte? 9 Einige sagten: Er ist es. Andere meinten: Nein,
er sieht ihm nur ähnlich. Er selbst aber sagte: Ich bin es.
10 Da fragten sie ihn: Wie sind deine Augen geöffnet wor-
den? 11 Er antwortete: Der Mann, der Jesus heißt, machte
einen Teig, bestrich damit meine Augen und sagte zu mir:
Geh zum Schiloach, und wasch dich! Ich ging hin, wusch
mich und konnte wieder sehen. 12 Sie fragten ihn: Wo ist
er? Er sagte: Ich weiß es nicht.

Das Eingreifen der Pharisäer: 9,13–34

13 Da brachten sie den Mann, der blind gewesen war, zu
5,9 den Pharisäern. 14 Es war aber Sabbat an dem Tag, als Jesus
den Teig gemacht und ihm die Augen geöffnet hatte.
15 Auch die Pharisäer fragten ihn, wie er sehend geworden
sei. Der Mann antwortete ihnen: Er legte mir einen Teig
auf die Augen; dann wusch ich mich, und jetzt kann ich
sehen. 16 Einige der Pharisäer meinten: Dieser Mensch
kann nicht von Gott sein, weil er den Sabbat nicht hält.
Andere aber sagten: Wie kann ein Sünder solche Zeichen
tun? So entstand eine Spaltung unter ihnen. 17 Da fragten
sie den Blinden noch einmal: Was sagst du selbst über ihn?
Er hat doch deine Augen geöffnet. Der Mann antwortete:
Er ist ein Prophet.

18 Die Juden aber wollten nicht glauben, daß er blind ge-
wesen und sehend geworden war. Daher riefen sie die El-
tern des Geheilten 19 und fragten sie: Ist das euer Sohn, von
dem ihr behauptet, daß er blind geboren wurde? Wie
kommt es, daß er jetzt sehen kann? 20 Seine Eltern antwor-
teten: Wir wissen, daß er unser Sohn ist und daß er blind
geboren wurde. 21 Wie es kommt, daß er jetzt sehen kann,
das wissen wir nicht. Und wer seine Augen geöffnet hat,
das wissen wir auch nicht. Fragt doch ihn selbst, er ist alt
genug und kann selbst für sich sprechen. 22 Das sagten
7,13 seine Eltern, weil sie sich vor den Juden fürchteten; denn
die Juden hatten schon beschlossen, jeden, der ihn als den
Messias bekenne, aus der Synagoge auszustoßen. 23 Des-
12,42; 16,2 wegen sagten seine Eltern: Er ist alt genug, fragt doch ihn
selbst.

9,22 Der Ausschluß aus der Synagoge, der vom zeitlich begrenzten Synagogenbann zu unterscheiden ist, wird auch in 12,42 und 16,2 erwähnt.

24 Da riefen die Pharisäer den Mann, der blind gewesen
war, zum zweitenmal und sagten zu ihm: Gib Gott die Jos 7,19;
Ehre! Wir wissen, daß dieser Mensch ein Sünder ist. 25 Er 2 Chr 30,8; Ps 66,2; 68,35;
antwortete: Ob er ein Sünder ist, weiß ich nicht. Nur das Jes 42,12
eine weiß ich, daß ich blind war und jetzt sehen kann.
26 Sie fragten ihn: Was hat er mit dir gemacht? Wie hat er
deine Augen geöffnet? 27 Er antwortete ihnen: Ich habe es
euch bereits gesagt, aber ihr habt nicht gehört. Warum
wollt ihr es noch einmal hören? Wollt auch ihr seine Jün-
ger werden? 28 Da beschimpften sie ihn: Du bist ein Jünger
dieses Menschen; wir aber sind Jünger des Mose. 29 Wir 5,45f
wissen, daß zu Mose Gott gesprochen hat; aber von dem da
wissen wir nicht, woher er kommt. 30 Der Mann antwor-
tete ihnen: Darin liegt ja das Erstaunliche, daß ihr nicht
wißt, woher er kommt; dabei hat er doch meine Augen ge-
öffnet. 31 Wir wissen, daß Gott einen Sünder nicht erhört;
wer aber Gott fürchtet und seinen Willen tut, den erhört er.
32 Noch nie hat man gehört, daß jemand die Augen eines
Blindgeborenen geöffnet hat. 33 Wenn dieser Mensch nicht
von Gott wäre, dann hätte er gewiß nichts ausrichten kön-
nen. 34 Sie entgegneten ihm: Du bist ganz und gar in Sün- Ps 51,7
den geboren, und du willst uns belehren? Und sie stießen
ihn hinaus.

Jesu Selbstoffenbarung vor dem Geheilten: 9,35–41

35 Jesus hörte, daß sie ihn hinausgestoßen hatten, und
als er ihn traf, sagte er zu ihm: Glaubst du an den Men-
schensohn? 36 Der Mann antwortete: Wer ist das, Herr?
(Sag es mir,) damit ich an ihn glaube. 37 Jesus sagte zu ihm:
Du siehst ihn vor dir; er, der mit dir redet, ist es. 38 Er aber
sagte: Ich glaube, Herr! Und er warf sich vor ihm nieder.
39 Da sprach Jesus: Um zu richten, bin ich in diese Welt ge-
kommen: damit die Blinden sehend und die Sehenden
blind werden. 40 Einige Pharisäer, die bei ihm waren, hör-
ten dies. Und sie fragten ihn: Sind etwa auch wir blind?
41 Jesus antwortete ihnen: Wenn ihr blind wärt, hättet ihr
keine Sünde. Jetzt aber sagt ihr: Wir sehen. Darum bleibt
eure Sünde.

Die Bildworte vom Hirten und von den Schafen: 10,1–39

Der gute Hirt als Gegenbild zu Dieben und Räubern: 10,1–10

10 Amen, amen, das sage ich euch: Wer in den Schaf-
stall nicht durch die Tür hineingeht, sondern an-
derswo einsteigt, der ist ein Dieb und ein Räuber. 2 Wer

aber durch die Tür hineingeht, ist der Hirt der Schafe.
3 Ihm öffnet der Türhüter, und die Schafe hören auf seine
Stimme; er ruft die Schafe, die ihm gehören, einzeln beim
Namen und führt sie hinaus. 4 Wenn er alle seine Schafe
hinausgetrieben hat, geht er ihnen voraus, und die Schafe
folgen ihm; denn sie kennen seine Stimme. 5 Einem Frem-
den aber werden sie nicht folgen, sondern sie werden vor
ihm fliehen, weil sie die Stimme des Fremden nicht ken-
16,25 nen. 6 Dieses Gleichnis erzählte ihnen Jesus; aber sie ver-
standen nicht den Sinn dessen, was er ihnen gesagt hatte.
Ps 118,20 7 Weiter sagte Jesus zu ihnen: Amen, amen, ich sage
Jer 23,1f euch: Ich bin die Tür zu den Schafen. 8 Alle, die vor mir
kamen, sind Diebe und Räuber; aber die Schafe haben
Jes 49,9f; nicht auf sie gehört. 9 Ich bin die Tür; wer durch mich hin-
Ez 34,12–15 eingeht, wird gerettet werden; er wird ein- und ausgehen
und Weide finden. 10 Der Dieb kommt nur, um zu stehlen,
zu schlachten und zu vernichten; ich bin gekommen, da-
mit sie das Leben haben und es in Fülle haben.

Der gute Hirt als Gegenbild zum Tagelöhner: 10,11–21

Ez 34,11–22; 11 Ich bin der gute Hirt. Der gute Hirt gibt sein Leben hin
Mt 18,12–14; für die Schafe. 12 Der bezahlte Knecht aber, der nicht Hirt
Lk 15,3–7 ist und dem die Schafe nicht gehören, läßt die Schafe im
Stich und flieht, wenn er den Wolf kommen sieht; und der
Wolf reißt sie und jagt sie auseinander. Er flieht, 13 weil er
nur ein bezahlter Knecht ist und ihm an den Schafen nichts
liegt. 14 Ich bin der gute Hirt; ich kenne die Meinen, und
Mt 11,25–27; die Meinen kennen mich, 15 wie mich der Vater kennt und
Lk 10,21–22 ich den Vater kenne; und ich gebe mein Leben hin für die
Schafe. 16 Ich habe noch andere Schafe, die nicht aus die-
sem Stall sind; auch sie muß ich führen, und sie werden auf
meine Stimme hören; dann wird es nur eine Herde geben
3,35 und einen Hirten. 17 Deshalb liebt mich der Vater, weil ich
mein Leben hingebe, um es wieder zu nehmen. 18 Nie-
mand entreißt es mir, sondern ich gebe es aus freiem Wil-
13,3 len hin. Ich habe Macht, es hinzugeben, und ich habe
Macht, es wieder zu nehmen. Diesen Auftrag habe ich von
meinem Vater empfangen.
19 Wegen dieser Rede kam es unter den Juden erneut zu
7,20; 8,48.52; einer Spaltung. 20 Viele von ihnen sagten: Er ist von einem
Mk 3,22.30 Dämon besessen und redet im Wahn. Warum hört ihr ihm
zu? 21 Andere sagten: So redet kein Besessener. Kann ein
Dämon die Augen von Blinden öffnen?

Das Streitgespräch beim Tempelweihfest: 10,22–39

[22] Um diese Zeit fand in Jerusalem das Tempelweihfest
statt. Es war Winter, [23] und Jesus ging im Tempel in der
Halle Salomos auf und ab. [24] Da umringten ihn die Juden
und fragten ihn: Wie lange noch willst du uns hinhalten?
Wenn du der Messias bist, sag es uns offen! [25] Jesus antwor-
tete ihnen: Ich habe es euch gesagt, aber ihr glaubt nicht.
Die Werke, die ich im Namen meines Vaters vollbringe, 5,36f
legen Zeugnis für mich ab; [26] ihr aber glaubt nicht, weil ihr
nicht zu meinen Schafen gehört. [27] Meine Schafe hören auf
meine Stimme; ich kenne sie, und sie folgen mir. [28] Ich 6,39; 17,12
gebe ihnen ewiges Leben. Sie werden niemals zugrunde
gehen, und niemand wird sie meiner Hand entreißen.
[29] Mein Vater, der sie mir gab, ist größer als alle, und nie-
mand kann sie der Hand meines Vaters entreißen. [30] Ich
und der Vater sind eins. [31] Da hoben die Juden wiederum 8,59
Steine auf, um ihn zu steinigen. [32] Jesus hielt ihnen entge-
gen: Viele gute Werke habe ich im Auftrag des Vaters vor
euren Augen getan. Für welches dieser Werke wollt ihr
mich steinigen? [33] Die Juden antworteten ihm: Wir steini-
gen dich nicht wegen eines guten Werkes, sondern wegen
Gotteslästerung; denn du bist nur ein Mensch und machst
dich selbst zu Gott. [34] Jesus erwiderte ihnen: Heißt es
nicht in eurem Gesetz: *Ich habe gesagt: Ihr seid Götter?* Ps 82,6
[35] Wenn er jene Menschen Götter genannt hat, an die das
Wort Gottes ergangen ist, und wenn die Schrift nicht auf-
gehoben werden kann, [36] dürft ihr dann von dem, den der
Vater geheiligt und in die Welt gesandt hat, sagen: Du läs-
terst Gott – weil ich gesagt habe: Ich bin Gottes Sohn?

10,22 Das Tempelweihfest wurde zur Erinnerung an die Reinigung des Tempels und die Errichtung eines neuen Altars nach der Entweihung durch den syrischen König Antiochus IV. (175–164 v. Chr.) gefeiert. Im Jahr 165 v. Chr. führte Judas Makkabäus diese Tempelweihe durch und ordnete an, das Fest jährlich acht Tage lang zu feiern. Der Festtermin war der 25. Kislew (im Dezember).

10,23 Die »Halle Salomos« war eine Säulenhalle an der östlichen Begrenzungsmauer des Tempels, angeblich schon von König Salomo erbaut. Sie diente später auch den ersten Christen in Jerusalem als Versammlungsort (Apg 5,12). Im Winter bot sie Schutz vor den rauhen östlichen Winden.

10,29 Nach anderen Textzeugen: Was mein Vater mir gegeben hat, ist größer als alles, und niemand kann es der Hand meines Vaters entreißen.

10,34 Das Zitat aus Ps 82,6 dient einem Schriftbeweis, der sich nur an den Wortlaut der Schriftstelle hält, ohne Rücksicht auf den Zusammenhang, aus dem das Wort stammt. Als »Götter« werden im Ps 82 ungerechte Richter angesprochen.

[37] Wenn ich nicht die Werke meines Vaters vollbringe,
dann glaubt mir nicht. [38] Aber wenn ich sie vollbringe,
dann glaubt wenigstens den Werken, wenn ihr mir nicht
14,10f; 17,21 glaubt. Dann werdet ihr erkennen und einsehen, daß in
8,59 mir der Vater ist und ich im Vater bin. [39] Wieder wollten
sie ihn festnehmen; er aber entzog sich ihrem Zugriff.

Die Auferweckung des Lazarus und ihre Folgen: 10,40–11,57

Jesus im Gebiet östlich des Jordan: 10,40–42

[40] Dann ging Jesus wieder weg auf die andere Seite des
1,28 Jordan, an den Ort, wo Johannes zuerst getauft hatte; und
dort blieb er. [41] Viele kamen zu ihm. Sie sagten: Johannes
hat kein Zeichen getan; aber alles, was Johannes über die-
sen Mann gesagt hat, ist wahr. [42] Und viele kamen dort
zum Glauben an ihn.

Die Nachricht vom Tod des Lazarus: 11,1–16

Lk 10,38–42 11 Ein Mann war krank, Lazarus aus Betanien, dem
Dorf, in dem Maria und ihre Schwester Marta
wohnten. [2] Maria ist die, die den Herrn mit Öl gesalbt und
seine Füße mit ihrem Haar abgetrocknet hat; deren Bruder
Lazarus war krank. [3] Daher sandten die Schwestern Jesus
die Nachricht: Herr, dein Freund ist krank. [4] Als Jesus das
hörte, sagte er: Diese Krankheit wird nicht zum Tod füh-
ren, sondern dient der Verherrlichung Gottes: Durch sie
soll der Sohn Gottes verherrlicht werden. [5] Denn Jesus
liebte Marta, ihre Schwester und Lazarus. [6] Als er hörte,
daß Lazarus krank war, blieb er noch zwei Tage an dem
Ort, wo er sich aufhielt.
[7] Danach sagte er zu den Jüngern: Laßt uns wieder nach
8,59; 10,31 Judäa gehen. [8] Die Jünger entgegneten ihm: Rabbi, eben
noch wollten dich die Juden steinigen, und du gehst wieder
dorthin? [9] Jesus antwortete: Hat der Tag nicht zwölf Stun-
den? Wenn jemand am Tag umhergeht, stößt er nicht an,
weil er das Licht dieser Welt sieht; [10] wenn aber jemand in
der Nacht umhergeht, stößt er an, weil das Licht nicht in
ihm ist. [11] So sprach er. Dann sagte er zu ihnen: Lazarus,
unser Freund, schläft; aber ich gehe hin, um ihn aufzuwek-
ken. [12] Da sagten die Jünger zu ihm: Herr, wenn er schläft,

---

11,1 Zum Namen Lazarus vgl. die Anmerkung zu Lk 16,20. – Betanien, 15 Stadien (etwa 3 Kilometer) von Jerusalem entfernt (vgl. 11,18), liegt am östlichen Abhang des Ölbergs.

11,2 Diese Maria (vgl. 12,3) ist zu unterscheiden von der Sünderin (Lk 7,37f) und von Maria aus Magdala. Es handelt sich um drei verschiedene Personen.

dann wird er gesund werden. 13 Jesus hatte aber von seinem
Tod gesprochen, während sie meinten, er spreche von dem
gewöhnlichen Schlaf. 14 Darauf sagte ihnen Jesus unver-
hüllt: Lazarus ist gestorben. 15 Und ich freue mich für
euch, daß ich nicht dort war; denn ich will, daß ihr glaubt.
Doch wir wollen zu ihm gehen. 16 Da sagte Thomas, ge- 14,5–8;
nannt Didymus (Zwilling), zu den anderen Jüngern: Dann 20,24–29
laßt uns mit ihm gehen, um mit ihm zu sterben.

Die Auferweckung des Lazarus als Zeichen: 11,17–44

17 Als Jesus ankam, fand er Lazarus schon vier Tage im
Grab liegen. 18 Betanien war nahe bei Jerusalem, etwa
fünfzehn Stadien entfernt. 19 Viele Juden waren zu Marta
und Maria gekommen, um sie wegen ihres Bruders zu trö-
sten. 20 Als Marta hörte, daß Jesus komme, ging sie ihm
entgegen, Maria aber blieb im Haus. 21 Marta sagte zu Je-
sus: Herr, wärst du hier gewesen, dann wäre mein Bruder
nicht gestorben. 22 Aber auch jetzt weiß ich: Alles, worum
du Gott bittest, wird Gott dir geben. 23 Jesus sagte zu ihr:
Dein Bruder wird auferstehen. 24 Marta sagte zu ihm: Ich
weiß, daß er auferstehen wird bei der Auferstehung am
Letzten Tag. 25 Jesus erwiderte ihr: Ich bin die Auferste- 5,21.26
hung und das Leben. Wer an mich glaubt, wird leben, auch
wenn er stirbt, 26 und jeder, der lebt und an mich glaubt,
wird auf ewig nicht sterben. Glaubst du das? 27 Marta ant-
wortete ihm: Ja, Herr, ich glaube, daß du der Messias bist, 20,31; 6,69;
der Sohn Gottes, der in die Welt kommen soll. Mt 16,16

28 Nach diesen Worten ging sie weg, rief heimlich ihre
Schwester Maria und sagte zu ihr: Der Meister ist da und
läßt dich rufen. 29 Als Maria das hörte, stand sie sofort auf
und ging zu ihm. 30 Denn Jesus war noch nicht in das Dorf
gekommen; er war noch dort, wo ihn Marta getroffen hat-
te. 31 Die Juden, die bei Maria im Haus waren und sie trö-
steten, sahen, daß sie plötzlich aufstand und hinausging.
Da folgten sie ihr, weil sie meinten, sie gehe zum Grab, um
dort zu weinen. 32 Als Maria dorthin kam, wo Jesus war,
und ihn sah, fiel sie ihm zu Füßen und sagte zu ihm: Herr,
wärst du hier gewesen, dann wäre mein Bruder nicht ge-
storben. 33 Als Jesus sah, wie sie weinte und wie auch die
Juden weinten, die mit ihr gekommen waren, war er im In-
nersten erregt und erschüttert. 34 Er sagte: Wo habt ihr ihn
bestattet? Sie antworteten ihm: Herr, komm und sieh!
35 Da weinte Jesus. 36 Die Juden sagten: Seht, wie lieb er
ihn hatte! 37 Einige aber sagten: Wenn er dem Blinden die 9,1–41

11,18 15 Stadien sind etwa 3 Kilometer.

Augen geöffnet hat, hätte er dann nicht auch verhindern
können, daß dieser hier starb? 38 Da wurde Jesus wiederum
innerlich erregt, und er ging zum Grab. Es war eine Höhle,
die mit einem Stein verschlossen war.

39 Jesus sagte: Nehmt den Stein weg! Marta, die Schwe-
ster des Verstorbenen, entgegnete ihm: Herr, er riecht aber
schon, denn es ist bereits der vierte Tag. 40 Jesus sagte zu
ihr: Habe ich dir nicht gesagt: Wenn du glaubst, wirst du
die Herrlichkeit Gottes sehen? 41 Da nahmen sie den Stein
12,27f; 17,1 weg. Jesus aber erhob seine Augen und sprach: Vater, ich
danke dir, daß du mich erhört hast. 42 Ich wußte, daß du
mich immer erhörst; aber wegen der Menge, die um mich
herum steht, habe ich es gesagt; denn sie sollen glauben,
17,8.21.23.25 daß du mich gesandt hast. 43 Nachdem er dies gesagt hatte,
rief er mit lauter Stimme: Lazarus, komm heraus! 44 Da
kam der Verstorbene heraus; seine Füße und Hände waren
mit Binden umwickelt, und sein Gesicht war mit einem
Schweißtuch verhüllt. Jesus sagte zu ihnen: Löst ihm die
19,40 Binden, und laßt ihn weggehen!

Der Tötungsbeschluß des Hohen Rates – Das prophetische Wort des Hohenpriesters: 11,45–53

45 Viele der Juden, die zu Maria gekommen waren und
gesehen hatten, was Jesus getan hatte, kamen zum Glau-
ben an ihn. 46 Aber einige von ihnen gingen zu den Pharisä-
47–53: ern und berichteten ihnen, was er getan hatte. 47 Da berie-
Mt 26,3–5; Mk 14,1f; fen die Hohenpriester und die Pharisäer eine Versamm-
Lk 22,1f lung des Hohen Rates ein. Sie sagten: Was sollen wir tun?
Dieser Mensch tut viele Zeichen. 48 Wenn wir ihn gewäh-
ren lassen, werden alle an ihn glauben. Dann werden die
Römer kommen und uns die heilige Stätte und das Volk
nehmen. 49 Einer von ihnen, Kajaphas, der Hohepriester
jenes Jahres, sagte zu ihnen: Ihr versteht überhaupt nichts.
50 Ihr bedenkt nicht, daß es besser für euch ist, wenn ein
2 Sam 20,14–22; einziger Mensch für das Volk stirbt, als wenn das ganze
Jona 1,8–16 Volk zugrunde geht. 51 Das sagte er nicht aus sich selbst;
sondern weil er der Hohepriester jenes Jahres war, sagte er
aus prophetischer Eingebung, daß Jesus für das Volk ster-
ben werde. 52 Aber er sollte nicht nur für das Volk sterben,
10,11.15.16 sondern auch, um die versprengten Kinder Gottes wieder

---

11,46 Vgl. die Anmerkung zu Mk 2,16 über die Pharisäer.
11,48 Die heilige Stätte ist der Tempel.
11,49 Zu Kajaphas vgl. die Anmerkung zu Mt 26,57.
11,51 Für den Evangelisten ist der Hohepriester jenes bedeutsamen Jahres das Werkzeug Gottes, das eine tiefere Wahrheit verkünden muß.

zu sammeln. [53] Von diesem Tag an waren sie entschlossen,
ihn zu töten.

Erneute Flucht Jesu: 11,54–57

[54] Jesus bewegte sich von nun an nicht mehr öffentlich
unter den Juden, sondern zog sich von dort in die Gegend
nahe der Wüste zurück, an einen Ort namens Efraim. Dort
blieb er mit seinen Jüngern. [55] Das Paschafest der Juden Num 9,6–13;
war nahe, und viele zogen schon vor dem Paschafest aus 2 Chr 30,15–19
dem ganzen Land nach Jerusalem hinauf, um sich zu heili- 18,28
gen. [56] Sie fragten nach Jesus und sagten zueinander, wäh-
rend sie im Tempel zusammenstanden: Was meint ihr? Er
wird wohl kaum zum Fest kommen. [57] Die Hohenpriester
und die Pharisäer hatten nämlich, um ihn festnehmen zu
können, angeordnet: Wenn jemand weiß, wo er sich auf-
hält, soll er es melden.

Jesus auf dem Weg zum letzten Osterfest in Jerusalem: 12,1–50

Die Salbung in Betanien: 12,1–11

12 Sechs Tage vor dem Paschafest kam Jesus nach Be- *1–8:*
tanien, wo Lazarus war, den er von den Toten auf- Mt 26,6–13;
erweckt hatte. [2] Dort bereiteten sie ihm ein Mahl; Marta Mk 14,3–9
bediente, und Lazarus war unter denen, die mit Jesus bei
Tisch waren. [3] Da nahm Maria ein Pfund echtes, kostbares
Nardenöl, salbte Jesus die Füße und trocknete sie mit ih-
rem Haar. Das Haus wurde vom Duft des Öls erfüllt.
[4] Doch einer von seinen Jüngern, Judas Iskariot, der ihn
später verriet, sagte: [5] Warum hat man dieses Öl nicht für
dreihundert Denare verkauft und den Erlös den Armen ge-
geben? [6] Das sagte er aber nicht, weil er ein Herz für die 13,29
Armen gehabt hätte, sondern weil er ein Dieb war; er hatte
nämlich die Kasse und veruntreute die Einkünfte. [7] Jesus
erwiderte: Laß sie, damit sie es für den Tag meines Begräb-
nisses tue. [8] Die Armen habt ihr immer bei euch, mich Dtn 15,11
aber habt ihr nicht immer bei euch.

11,54 Wahrscheinlich handelt es sich um das Efraim, das etwa einen Tagesmarsch von Jerusalem entfernt abseits von der Straße nach Norden lag.

11,55 »Sich heiligen« bezieht sich auf die Teilnahme an den Reinigungsbräuchen beim Paschafest.

12,1 Zum Paschafest vgl. die Anmerkung zu Mk 14,1.

12,3 ein Pfund: etwa 320 Gramm.

12,7 Jesus sieht in der Salbung durch Maria eine Ehrung, die sie im Hinblick auf seinen Tod seinem Leib im voraus erweist.

[9] Viele Juden hatten erfahren, daß Jesus dort war, und sie
kamen, jedoch nicht nur um Jesu willen, sondern auch um
Lazarus zu sehen, den er von den Toten auferweckt hatte.
[10] Die Hohenpriester aber beschlossen, auch Lazarus zu tö-
ten, [11] weil viele Juden seinetwegen hingingen und an Je-
sus glaubten.

Der Einzug in Jerusalem: 12,12–19

12–19: [12] Am Tag darauf hörte die Volksmenge, die sich zum
Mt 21,1–9; Fest eingefunden hatte, Jesus komme nach Jerusalem.
Mk 11,1–10; [13] Da nahmen sie Palmzweige, zogen hinaus, um ihn zu
Lk 19,28–38 empfangen, und riefen:
Ps 118,25f *Hosanna!*
Gesegnet sei er, der kommt im Namen des Herrn,
der König Israels!
[14] Jesus fand einen jungen Esel und setzte sich darauf –
Jes 40,9; wie es in der Schrift heißt: [15] *Fürchte dich nicht, Tochter*
Sach 9,9 *Zion! Siehe, dein König kommt; er sitzt auf dem Fohlen*
einer Eselin. [16] Das alles verstanden seine Jünger zunächst
nicht; als Jesus aber verherrlicht war, da wurde ihnen be-
wußt, daß es so über ihn in der Schrift stand und daß man
so an ihm gehandelt hatte. [17] Die Leute, die bei Jesus gewe-
sen waren, als er Lazarus aus dem Grab rief und von den
Toten auferweckte, legten Zeugnis für ihn ab. [18] Eben des-
halb war die Menge ihm entgegengezogen: weil sie gehört
hatte, er habe dieses Zeichen getan. [19] Die Pharisäer aber
sagten zueinander: Ihr seht, daß ihr nichts ausrichtet; alle
Welt läuft ihm nach.

Die letzte öffentliche Rede Jesu – Die Stunde der Entscheidung: 12,20–36

[20] Auch einige Griechen waren anwesend – sie gehörten
zu den Pilgern, die beim Fest Gott anbeten wollten. [21] Sie
1,44 traten an Philippus heran, der aus Betsaida in Galiläa
stammte, und sagten zu ihm: Herr, wir möchten Jesus se-
hen. [22] Philippus ging und sagte es Andreas; Andreas und
Philippus gingen und sagten es Jesus. [23] Jesus aber antwor-
7,30; 8,20; tete ihnen: Die Stunde ist gekommen, daß der Menschen-
13,1; 17,1 sohn verherrlicht wird. [24] Amen, amen, ich sage euch:
Wenn das Weizenkorn nicht in die Erde fällt und stirbt,
Mt 10,39; bleibt es allein; wenn es aber stirbt, bringt es reiche Frucht.
16,25; Mk 8,35; [25] Wer an seinem Leben hängt, verliert es; wer aber sein
Lk 9,24; 17,33

12,20 »Griechen« sind hier Nichtjuden, die für den jüdischen Gottesglauben gewonnen worden waren und teilweise die mosaischen Verpflichtungen erfüllten (»Gottesfürchtige«).

Leben in dieser Welt gering achtet, wird es bewahren bis
ins ewige Leben. 26 Wenn einer mir dienen will, folge er
mir nach; und wo ich bin, dort wird auch mein Diener sein.
Wenn einer mir dient, wird der Vater ihn ehren.

27 Jetzt ist meine Seele erschüttert. Was soll ich sagen: Mt 26,36–46;
Vater, rette mich aus dieser Stunde? Aber deshalb bin ich Mk 14,32–42;
in diese Stunde gekommen. 28 Vater, verherrliche deinen Lk 22,40–46
Namen! Da kam eine Stimme vom Himmel: Ich habe ihn 17,1
schon verherrlicht und werde ihn wieder verherrlichen.
29 Die Menge, die dabeistand und das hörte, sagte: Es hat
gedonnert. Andere sagten: Ein Engel hat zu ihm geredet.
30 Jesus antwortete und sagte: Nicht mir galt diese Stim-
me, sondern euch. 31 Jetzt wird Gericht gehalten über diese
Welt; jetzt wird der Herrscher dieser Welt hinausgeworfen 16,11
werden. 32 Und ich, wenn ich über die Erde erhöht bin, 3,14; 8,28
werde alle zu mir ziehen. 33 Das sagte er, um anzudeuten,
auf welche Weise er sterben werde. 34 Die Menge jedoch
hielt ihm entgegen: Wir haben aus dem Gesetz gehört, daß Jes 9,6;
der Messias bis in Ewigkeit bleiben wird. Wie kannst du Ez 37,25; Ps 89,37;
sagen, der Menschensohn müsse erhöht werden? Wer ist Lk 1,33
dieser Menschensohn? 35 Da sagte Jesus zu ihnen: Nur
noch kurze Zeit ist das Licht bei euch. Geht euren Weg, so-
lange ihr das Licht habt, damit euch nicht die Finsternis
überrascht. Wer in der Finsternis geht, weiß nicht, wohin
er gerät. 36 Solange ihr das Licht bei euch habt, glaubt an
das Licht, damit ihr Söhne des Lichts werdet. Dies sagte Je-
sus. Und er ging fort und verbarg sich vor ihnen.

Jesu Urteil über den Unglauben der Juden: 12,37–43

37 Obwohl Jesus so viele Zeichen vor ihren Augen getan
hatte, glaubten sie nicht an ihn. 38 So sollte sich das Wort
erfüllen, das der Prophet Jesaja gesprochen hat: *Herr, wer* Jes 53,1 G
hat unserer Botschaft geglaubt? Und der Arm des Herrn –
wem wurde seine Macht offenbar? 39 Denn sie konnten
nicht glauben, weil Jesaja an einer anderen Stelle gesagt
hat: 40 *Er hat ihre Augen blind gemacht und ihr Herz hart,* Jes 6,9f;
damit sie mit ihren Augen nicht sehen und mit ihrem Mt 13,13; Mk 4,12;
Herzen nicht zur Einsicht kommen, damit sie sich nicht Lk 8,10
bekehren und ich sie nicht heile. 41 Das sagte Jesaja, weil er Jes 6,1–4

12,31 »Der Herrscher dieser Welt« (14,30; 16,11) ist der Widersacher Gottes und der Gegenspieler Christi; durch den Tod Jesu wird seine Macht vernichtet.

12,32 Hinweis auf die Erhöhung Jesu am Kreuz (Vers 33) und zugleich auf seine Erhöhung im himmlischen Bereich.

12,38 Dieses Zitat aus Jesaja wird im Neuen Testament auf die christliche Verkündigung bezogen; vgl. Röm 10,16.

Jesu Herrlichkeit gesehen hatte; über ihn nämlich hat er
3,1; 7,50f; gesprochen. 42 Dennoch kamen sogar von den führenden
9,22; 16,2; 19,38f Männern viele zum Glauben an ihn; aber wegen der Pharisäer bekannten sie es nicht offen, um nicht aus der Synagoge ausgestoßen zu werden. 43 Denn sie liebten das Ansehen bei den Menschen mehr als das Ansehen bei Gott.

Aufforderung zur Entscheidung zwischen Glauben und Unglauben: 12,44–50

5,36; 6,57; 44 Jesus aber rief aus: Wer an mich glaubt, glaubt nicht an
11,42; 17,8.21.23.25 mich, sondern an den, der mich gesandt hat, 45 und wer
8,12 mich sieht, sieht den, der mich gesandt hat. 46 Ich bin das
Licht, das in die Welt gekommen ist, damit jeder, der an
1,9; 8,12; 9,5 mich glaubt, nicht in der Finsternis bleibt. 47 Wer meine
Worte nur hört und sie nicht befolgt, den richte nicht ich;
3,17 denn ich bin nicht gekommen, um die Welt zu richten,
sondern um sie zu retten. 48 Wer mich verachtet und
meine Worte nicht annimmt, der hat schon seinen Richter: Das Wort, das ich gesprochen habe, wird ihn richten
am Letzten Tag. 49 Denn was ich gesagt habe, habe ich
nicht aus mir selbst, sondern der Vater, der mich gesandt
hat, hat mir aufgetragen, was ich sagen und reden soll.
3,17; 17,3; 50 Und ich weiß, daß sein Auftrag ewiges Leben ist. Was
Dtn 32,47f ich also sage, sage ich so, wie es mir der Vater gesagt hat.

DER ABSCHIED JESU VON SEINEN JÜNGERN: 13,1–17,26

Das Abschiedsmahl: 13,1–14,31

Die Fußwaschung: 13,1–20

13 Es war vor dem Paschafest. Jesus wußte, daß seine
7,30; 8,20; 12,23 Stunde gekommen war, um aus dieser Welt zum
Vater hinüberzugehen. Da er die Seinen, die in der Welt
waren, liebte, erwies er ihnen seine Liebe bis zur Vollen-
Mt 26,14–16; dung. 2 Es fand ein Mahl statt, und der Teufel hatte Judas,
Mk 14,10f; Lk 22,3–6 dem Sohn des Simon Iskariot, schon ins Herz gegeben, ihn
zu verraten und auszuliefern. 3 Jesus, der wußte, daß ihm
der Vater alles in die Hand gegeben hatte und daß er von

12,46 »In der Finsternis bleiben« heißt: unter dem Zorn Gottes bleiben (vgl. 3,36).

13,1 bis zur Vollendung: Der Ausdruck im griechischen Text kann sowohl »bis zuletzt« als auch »bis zum äußersten« bedeuten.

13,2 In Judas ist die Macht des Satans am Werk (vgl. 6,70f; 13,27).

Gott gekommen war und zu Gott zurückkehrte, 4 stand
vom Mahl auf, legte sein Gewand ab und umgürtete sich
mit einem Leinentuch. 5 Dann goß er Wasser in eine
Schüssel und begann, den Jüngern die Füße zu waschen
und mit dem Leinentuch abzutrocknen, mit dem er um-
gürtet war. 6 Als er zu Simon Petrus kam, sagte dieser zu
ihm: Du, Herr, willst mir die Füße waschen? 7 Jesus ant-
wortete ihm: Was ich tue, verstehst du jetzt noch nicht;
doch später wirst du es begreifen. 8 Petrus entgegnete ihm:
Niemals sollst du mir die Füße waschen! Jesus erwiderte
ihm: Wenn ich dich nicht wasche, hast du keinen Anteil
an mir. 9 Da sagte Simon Petrus zu ihm: Herr, dann nicht
nur meine Füße, sondern auch die Hände und das Haupt.
10 Jesus sagte zu ihm: Wer vom Bad kommt, ist ganz rein
und braucht sich nur noch die Füße zu waschen. Auch ihr
seid rein, aber nicht alle. 11 Er wußte nämlich, wer ihn ver-
raten würde; darum sagte er: Ihr seid nicht alle rein.

12 Als er ihnen die Füße gewaschen, sein Gewand wieder
angelegt und Platz genommen hatte, sagte er zu ihnen: Be-
greift ihr, was ich an euch getan habe? 13 Ihr sagt zu mir
Meister und Herr, und ihr nennt mich mit Recht so; denn
ich bin es. 14 Wenn nun ich, der Herr und Meister, euch die Mt 20,28;
Füße gewaschen habe, dann müßt auch ihr einander die Mk 10,45;
Füße waschen. 15 Ich habe euch ein Beispiel gegeben, da- Lk 22,26f
mit auch ihr so handelt, wie ich an euch gehandelt habe.
16 Amen, amen, ich sage euch: Der Sklave ist nicht größer Mt 10,24;
als sein Herr, und der Abgesandte ist nicht größer als der, Lk 6,40
der ihn gesandt hat. 17 Selig seid ihr, wenn ihr das wißt und
danach handelt. 18 Ich sage das nicht von euch allen. Ich
weiß wohl, welche ich erwählt habe, aber das Schriftwort
muß sich erfüllen: *Einer, der mein Brot aß, hat mich hin-* Ps 41,10;
tergangen. 19 Ich sage es euch schon jetzt, ehe es geschieht, Mt 26,21; Mk 14,18;
damit ihr, wenn es geschehen ist, glaubt: Ich bin es. Lk 22,21
20 Amen, amen, ich sage euch: Wer einen aufnimmt, den
ich sende, nimmt mich auf; wer aber mich aufnimmt, Mt 10,40;
nimmt den auf, der mich gesandt hat. Lk 10,16

13,5 Jemandem die Füße zu waschen, gehörte zu den Aufgaben der Sklaven.

13,10 Nach anderen Textzeugen: Wer gebadet ist, braucht sich nicht zu waschen, sondern ist ganz rein. – Bei der kürzeren Lesart meint »gebadet« in einem übertragenen Sinn: Wer durch die Fußwaschung Jesu in das dadurch versinnbildete Kreuzesgeschehen hineingenommen ist (wie die Jünger), bedarf keiner Reinigung mehr, sondern ist ganz rein. Bei der längeren Lesart oben im Text (»außer die Füße«) ist vielleicht an die Taufe gedacht.

13,18 Wörtlich: Einer ... hat gegen mich seine Ferse erhoben.

Jesu Hinweis auf den Verräter: 13,21–30

21–30: 21 Nach diesen Worten war Jesus im Innersten erschüt-
Mt 26,21–25; Mk 14,18–21; tert und bekräftigte: Amen, amen, das sage ich euch: Einer
Lk 22,21–23 von euch wird mich verraten. 22 Die Jünger blickten sich
ratlos an, weil sie nicht wußten, wen er meinte. 23 Einer
19,26f; von den Jüngern lag an der Seite Jesu; es war der, den Jesus
20,3–10; liebte. 24 Simon Petrus nickte ihm zu, er solle fragen, von
21,7.20–24 wem Jesus spreche. 25 Da lehnte sich dieser zurück an die
Brust Jesu und fragte ihn: Herr, wer ist es? 26 Jesus antwor-
tete: Der ist es, dem ich den Bissen Brot, den ich eintauche,
geben werde. Dann tauchte er das Brot ein, nahm es und
gab es Judas, dem Sohn des Simon Iskariot. 27 Als Judas den
Lk 22,3 Bissen Brot genommen hatte, fuhr der Satan in ihn. Jesus
sagte zu ihm: Was du tun willst, das tu bald! 28 Aber keiner
der Anwesenden verstand, warum er ihm das sagte. 29 Weil
Judas die Kasse hatte, meinten einige, Jesus wolle ihm sa-
gen: Kaufe, was wir zum Fest brauchen!, oder Jesus trage
ihm auf, den Armen etwas zu geben. 30 Als Judas den Bis-
sen Brot genommen hatte, ging er sofort hinaus. Es war
aber Nacht.

Das neue Gebot: 13,31–35

7,39; 31 Als Judas hinausgegangen war, sagte Jesus: Jetzt ist der
12,16.23.28; 17,1.4f Menschensohn verherrlicht, und Gott ist in ihm verherr-
licht. 32 Wenn Gott in ihm verherrlicht ist, wird auch Gott
ihn in sich verherrlichen, und er wird ihn bald verherrli-
7,33; 8,21 chen. 33 Meine Kinder, ich bin nur noch kurze Zeit bei
euch. Ihr werdet mich suchen, und was ich den Juden ge-
sagt habe, sage ich jetzt auch euch: Wohin ich gehe, dort-
1 Joh 2,7–11; hin könnt ihr nicht gelangen. 34 Ein neues Gebot gebe ich
4,7–21 euch: Liebt einander! Wie ich euch geliebt habe, so sollt
auch ihr einander lieben. 35 Daran werden alle erkennen,
daß ihr meine Jünger seid: wenn ihr einander liebt.

Jesu Wort an Petrus: 13,36–38

36 Simon Petrus sagte zu ihm: Herr, wohin willst du ge-
hen? Jesus antwortete: Wohin ich gehe, dorthin kannst du

13,26–30 Es handelt sich hier nicht um die Eucharistie, sondern um einen Bissen der Vorkost.

13,31 Jetzt: die Stunde, in der Jesus durch den Tod am Kreuz verherrlicht wird; diese Stunde wird durch den Weggang des Verräters eingeleitet.

13,34 Das »neue« Gebot, die Bruderliebe nach dem Vorbild der Liebe Jesu bis zum Tod, überbietet das alttestamentliche Gesetz (vgl. Lev 19,18). Die Erfüllung dieses Gebots wird zum kennzeichnenden Merkmal der Jünger Jesu.

13,36 Verhüllter Hinweis auf den Tod des Petrus (21,18f).

mir jetzt nicht folgen. Du wirst mir aber später folgen. 21,18f
37 Petrus sagte zu ihm: Herr, warum kann ich dir jetzt *37–38:*
nicht folgen? Mein Leben will ich für dich hingeben. 38 Je- Mt 26,33–35;
sus entgegnete: Du willst für mich dein Leben hingeben? Mk 14,29–31; Lk 22,31–34
Amen, amen, das sage ich dir: Noch bevor der Hahn kräht,
wirst du mich dreimal verleugnen.

Das Gespräch über den Weg zum Vater: 14,1–14

14 Euer Herz lasse sich nicht verwirren. Glaubt an
Gott, und glaubt an mich! 2 Im Haus meines Va- 12,26; 13,33;
ters gibt es viele Wohnungen. Wenn es nicht so wäre, hätte 1 Thess 4,16f;
ich euch dann gesagt: Ich gehe, um einen Platz für euch 2 Kor 5,1
vorzubereiten? 3 Wenn ich gegangen bin und einen Platz
für euch vorbereitet habe, komme ich wieder und werde
euch zu mir holen, damit auch ihr dort seid, wo ich bin.
4 Und wohin ich gehe – den Weg dorthin kennt ihr. 5 Tho- 11,16; 20,24
mas sagte zu ihm: Herr, wir wissen nicht, wohin du gehst.
Wie sollen wir dann den Weg kennen? 6 Jesus sagte zu ihm:
Ich bin der Weg und die Wahrheit und das Leben; niemand Mt 11,27;
kommt zum Vater außer durch mich. 7 Wenn ihr mich er- Lk 10,22
kannt habt, werdet ihr auch meinen Vater erkennen.
Schon jetzt kennt ihr ihn und habt ihn gesehen. 8 Philippus
sagte zu ihm: Herr, zeig uns den Vater; das genügt uns. 9 Je-
sus antwortete ihm: Schon so lange bin ich bei euch, und
du hast mich nicht erkannt, Philippus? Wer mich gesehen
hat, hat den Vater gesehen. Wie kannst du sagen: Zeig uns 17,21
den Vater? 10 Glaubst du nicht, daß ich im Vater bin und
daß der Vater in mir ist? Die Worte, die ich zu euch sage,
habe ich nicht aus mir selbst. Der Vater, der in mir bleibt,
vollbringt seine Werke. 11 Glaubt mir doch, daß ich im Va- 10,38
ter bin und daß der Vater in mir ist; wenn nicht, glaubt we-
nigstens aufgrund der Werke! 12 Amen, amen, ich sage
euch: Wer an mich glaubt, wird die Werke, die ich voll-
bringe, auch vollbringen, und er wird noch größere voll-
bringen, denn ich gehe zum Vater. 13 Alles, um was ihr in *13–14:*
meinem Namen bittet, werde ich tun, damit der Vater im 15,7.16; 16,24f;
Sohn verherrlicht wird. 14 Wenn ihr mich um etwas in Mt 7,7–11; Mk 11,24;
meinem Namen bittet, werde ich es tun. Lk 11,9–13

Trostworte an die Jünger: 14,15–31

15 Wenn ihr mich liebt, werdet ihr meine Gebote halten.
16 Und ich werde den Vater bitten, und er wird euch einen

14,7 Nach anderen Textzeugen: Wenn ihr mich erkannt hättet, würdet ihr auch meinen Vater erkennen.

14,16 Der »Beistand« (14,26; 15,26; 16,7–14) ist der Heilige Geist, der als Person vom Vater und vom Sohn unterschieden wird.

V. 26; 15,26; anderen Beistand geben, der für immer bei euch bleiben
16,7–14 soll. [17] Es ist der Geist der Wahrheit, den die Welt nicht
empfangen kann, weil sie ihn nicht sieht und nicht kennt.
20,22 Ihr aber kennt ihn, weil er bei euch bleibt und in euch sein
wird. [18] Ich werde euch nicht als Waisen zurücklassen,
sondern ich komme wieder zu euch. [19] Nur noch kurze
Zeit, und die Welt sieht mich nicht mehr; ihr aber seht
mich, weil ich lebe und weil auch ihr leben werdet. [20] An
jenem Tag werdet ihr erkennen: Ich bin in meinem Vater,
10,38 ihr seid in mir, und ich bin in euch. [21] Wer meine Gebote
hat und sie hält, der ist es, der mich liebt; wer mich aber
liebt, wird von meinem Vater geliebt werden, und auch ich
werde ihn lieben und mich ihm offenbaren. [22] Judas – nicht
der Judas Iskariot – fragte ihn: Herr, warum willst du dich
nur uns offenbaren und nicht der Welt? [23] Jesus antwortete
1 Joh 3,23f ihm: Wenn jemand mich liebt, wird er an meinem Wort
festhalten; mein Vater wird ihn lieben, und wir werden zu
ihm kommen und bei ihm wohnen. [24] Wer mich nicht
liebt, hält an meinen Worten nicht fest. Und das Wort, das
ihr hört, stammt nicht von mir, sondern vom Vater, der
mich gesandt hat.

[25] Das habe ich zu euch gesagt, während ich noch bei
V. 16; 15,26; euch bin. [26] Der Beistand aber, der Heilige Geist, den der
16,7–14 Vater in meinem Namen senden wird, der wird euch alles
lehren und euch an alles erinnern, was ich euch gesagt
20,19.21 habe. [27] Frieden hinterlasse ich euch, meinen Frieden gebe
ich euch; nicht einen Frieden, wie die Welt ihn gibt, gebe
ich euch. Euer Herz beunruhige sich nicht und verzage
nicht. [28] Ihr habt gehört, daß ich zu euch sagte: Ich gehe
fort und komme wieder zu euch zurück. Wenn ihr mich
lieb hättet, würdet ihr euch freuen, daß ich zum Vater
gehe; denn der Vater ist größer als ich. [29] Jetzt schon habe
ich es euch gesagt, bevor es geschieht, damit ihr, wenn es
geschieht, zum Glauben kommt. [30] Ich werde nicht mehr

14,22 Judas, nach Lk 6,16 und Apg 1,13 »der (Sohn) des Jakobus«. In Mk 3,18 und Mt 10,3 steht statt dessen Thaddäus.

14,26 Der »Beistand« wird vom Vater nach dem Weggang Jesu gesandt; er wird bei den Jüngern die Stelle Jesu einnehmen.

14,27 »Frieden« ist das Heil (Jes 52,7; Ez 37,26), das Jesus nach seiner Auferstehung den Jüngern für die folgende Zeit gibt und das die »Welt« nicht geben kann.

14,28 größer als ich: weil vom Vater alles ausgeht und zum Ziel geführt wird, auch die Sendung des Sohnes und seine Verherrlichung.

14,30 »Herrscher der Welt« (vgl. 12,31) ist der Satan, der sich der Menschen als Werkzeuge bedient.

viel zu euch sagen; denn es kommt der Herrscher der Welt. 12,31; Mk 14,41f;
Über mich hat er keine Macht, 31 aber die Welt soll erken- Lk 4,6.13;
nen, daß ich den Vater liebe und so handle, wie es mir der 22,3.31.40.46
Vater aufgetragen hat. Steht auf, wir wollen weggehen von
hier.

Weitere Reden Jesu zu seinen Jüngern: 15,1–16,33

Die Bildrede vom Fruchtbringen: 15,1–17

15 Ich bin der wahre Weinstock, und mein Vater ist Jes 5,1;
der Winzer. 2 Jede Rebe an mir, die keine Frucht Jer 2,21;
bringt, schneidet er ab, und jede Rebe, die Frucht bringt, Ps 80,9–18; Sir 24,17
reinigt er, damit sie mehr Frucht bringt. 3 Ihr seid schon 13,10
rein durch das Wort, das ich zu euch gesagt habe. 4 Bleibt in
mir, dann bleibe ich in euch. Wie die Rebe aus sich keine
Frucht bringen kann, sondern nur, wenn sie am Weinstock
bleibt, so könnt auch ihr keine Frucht bringen, wenn ihr
nicht in mir bleibt. 5 Ich bin der Weinstock, ihr seid die Re-
ben. Wer in mir bleibt und in wem ich bleibe, der bringt
reiche Frucht; denn getrennt von mir könnt ihr nichts
vollbringen. 6 Wer nicht in mir bleibt, wird wie die Rebe Ez 15,2–6
weggeworfen, und er verdorrt. Man sammelt die Reben,
wirft sie ins Feuer, und sie verbrennen. 7 Wenn ihr in mir 14,13; 15,16;
bleibt und wenn meine Worte in euch bleiben, dann bittet Mt 7,7–11; Mk 11,24;
um alles, was ihr wollt: Ihr werdet es erhalten. 8 Mein Va- Lk 11,9–13
ter wird dadurch verherrlicht, daß ihr reiche Frucht bringt
und meine Jünger werdet.
9 Wie mich der Vater geliebt hat, so habe auch ich euch 1 Joh 3,16;
geliebt. Bleibt in meiner Liebe! 10 Wenn ihr meine Gebote 4,7–9.19
haltet, werdet ihr in meiner Liebe bleiben, so wie ich die
Gebote meines Vaters gehalten habe und in seiner Liebe 16,22–24;
bleibe. 11 Dies habe ich euch gesagt, damit meine Freude in 17,13
euch ist und damit eure Freude vollkommen wird. 12 Das 13,34
ist mein Gebot: Liebt einander, so wie ich euch geliebt
habe. 13 Es gibt keine größere Liebe, als wenn einer sein 1 Joh 3,16
Leben für seine Freunde hingibt. 14 Ihr seid meine Freunde,
wenn ihr tut, was ich euch auftrage. 15 Ich nenne euch
nicht mehr Knechte; denn der Knecht weiß nicht, was sein
Herr tut. Vielmehr habe ich euch Freunde genannt; denn
ich habe euch alles mitgeteilt, was ich von meinem Vater 17,26
gehört habe. 16 Nicht ihr habt mich erwählt, sondern ich
habe euch erwählt und dazu bestimmt, daß ihr euch auf-

15,1 Joh 14,31 wird erst 18,1 wieder aufgenommen. Zunächst werden die Abschiedsreden in Kap. 15 und 16 fortgesetzt und durch das Abschiedsgebet des Herrn in Kap. 17 abgeschlossen.

macht und Frucht bringt und daß eure Frucht bleibt. Dann
13,18 wird euch der Vater alles geben, um was ihr ihn in meinem
Namen bittet. 17 Dies trage ich euch auf: Liebt einander!

Der Haß der Welt gegen die Jünger: 15,18–16,4a

Mt 10,22; 18 Wenn die Welt euch haßt, dann wißt, daß sie mich
Mk 13,13; schon vor euch gehaßt hat. 19 Wenn ihr von der Welt
Lk 21,17 stammen würdet, würde die Welt euch als ihr Eigentum
lieben. Aber weil ihr nicht von der Welt stammt, sondern
weil ich euch aus der Welt erwählt habe, darum haßt euch
die Welt. 20 Denkt an das Wort, das ich euch gesagt habe:
13,16; Der Sklave ist nicht größer als sein Herr. Wenn sie mich
Mt 10,24; verfolgt haben, werden sie auch euch verfolgen; wenn sie
Lk 6,40 an meinem Wort festgehalten haben, werden sie auch an
eurem Wort festhalten. 21 Das alles werden sie euch um
meines Namens willen antun; denn sie kennen den nicht,
der mich gesandt hat. 22 Wenn ich nicht gekommen wäre
und nicht zu ihnen gesprochen hätte, wären sie ohne Sün-
de; jetzt aber haben sie keine Entschuldigung für ihre Sün-
de. 23 Wer mich haßt, haßt auch meinen Vater. 24 Wenn ich
bei ihnen nicht die Werke vollbracht hätte, die kein ande-
9,41 rer vollbracht hat, wären sie ohne Sünde. Jetzt aber haben
sie (die Werke) gesehen, und doch hassen sie mich und
meinen Vater. 25 Aber das Wort sollte sich erfüllen, das in
Ps 35,19; ihrem Gesetz steht: *Ohne Grund haben sie mich gehaßt.*
69,5 26 Wenn aber der Beistand kommt, den ich euch vom Vater
14,16.26; aus senden werde, der Geist der Wahrheit, der vom Vater
16,7–14 ausgeht, dann wird er Zeugnis für mich ablegen. 27 Und
Apg 1,8.21f; auch ihr sollt Zeugnis ablegen, weil ihr von Anfang an bei
5,32 mir seid.

16 Das habe ich euch gesagt, damit ihr keinen Anstoß
9,22; 12,42; nehmt. 2 Sie werden euch aus der Synagoge aus-
Mt 10,17; stoßen, ja es kommt die Stunde, in der jeder, der euch tötet,
Lk 21,12 meint, Gott einen heiligen Dienst zu leisten. 3 Das werden
sie tun, weil sie weder den Vater noch mich erkannt haben.
4a Ich habe es euch gesagt, damit ihr, wenn deren Stunde
Lk 22,53 kommt, euch an meine Worte erinnert.

Der Geist als Beistand und Lehrer: 16,4b–15

4b Das habe ich euch nicht gleich zu Anfang gesagt; denn
13,36; ich war ja bei euch. 5 Jetzt aber gehe ich zu dem, der mich
14,2f gesandt hat, und keiner von euch fragt mich: Wohin gehst
du? 6 Vielmehr ist euer Herz von Trauer erfüllt, weil ich

15,26 Über die Sendung des Geistes durch den Vater in die Welt vgl. 14,16.26.

euch das gesagt habe. 7 Doch ich sage euch die Wahrheit:
Es ist gut für euch, daß ich fortgehe. Denn wenn ich nicht
fortgehe, wird der Beistand nicht zu euch kommen; gehe 14,16.26; 15,26
ich aber, so werde ich ihn zu euch senden. 8 Und wenn er
kommt, wird er die Welt überführen (und aufdecken), was
Sünde, Gerechtigkeit und Gericht ist; 9 Sünde: daß sie
nicht an mich glauben; 10 Gerechtigkeit: daß ich zum Va-
ter gehe und ihr mich nicht mehr seht; 11 Gericht: daß der 12,31; 14,30
Herrscher dieser Welt gerichtet ist. 12 Noch vieles habe ich
euch zu sagen, aber ihr könnt es jetzt nicht tragen. 13 Wenn
aber jener kommt, der Geist der Wahrheit, wird er euch in 20,22
die ganze Wahrheit führen. Denn er wird nicht aus sich
selbst heraus reden, sondern er wird sagen, was er hört, und
euch verkünden, was kommen wird. 14 Er wird mich ver-
herrlichen; denn er wird von dem, was mein ist, nehmen
und es euch verkünden. 15 Alles, was der Vater hat, ist
mein; darum habe ich gesagt: Er nimmt von dem, was
mein ist, und wird es euch verkünden.

Der Schmerz der Trennung – Die Freude des Wiedersehens: 16,16–24

16 Noch kurze Zeit, dann seht ihr mich nicht mehr, und
wieder eine kurze Zeit, dann werdet ihr mich sehen. 17 Da
sagten einige von seinen Jüngern zueinander: Was meint er
damit, wenn er zu uns sagt: Noch kurze Zeit, dann seht ihr
mich nicht mehr, und wieder eine kurze Zeit, dann werdet
ihr mich sehen? Und was bedeutet: Ich gehe zum Vater?
18 Sie sagten: Was heißt das: eine kurze Zeit? Wir wissen
nicht, wovon er redet. 19 Jesus erkannte, daß sie ihn fragen
wollten, und sagte zu ihnen: Ihr macht euch Gedanken
darüber, daß ich euch gesagt habe: Noch kurze Zeit, dann
seht ihr mich nicht mehr, und wieder eine kurze Zeit, dann
werdet ihr mich sehen. 20 Amen, amen, ich sage euch: Ihr
werdet weinen und klagen, aber die Welt wird sich freuen;
ihr werdet bekümmert sein, aber euer Kummer wird sich
in Freude verwandeln. 21 Wenn die Frau gebären soll, ist sie

16,13f »Der Geist der Wahrheit« hat die Fähigkeit, die Gemeinde in die ganze Wahrheit zu führen und ihr das, was auf sie zukommt, verständlich zu machen.

16,16 Verhüllte Ankündigung des Todes Jesu und seiner Auferstehung (s. 7,33; 14,19).

16,20 Es ist die Rede von der Trauer der Jünger über das Leiden und den Tod Jesu und der Freude über das Wiedersehen mit dem Auferstandenen (20,20).

16,21 Biblisches Bild (Jes 26,17f; 66,7f; Mi 4,9f; Mt 24,8; Mk 13,8) zur Bezeichnung des Wechsels von Angst und Schmerz zur Freude.

bekümmert, weil ihre Stunde da ist; aber wenn sie das
Kind geboren hat, denkt sie nicht mehr an ihre Not über
der Freude, daß ein Mensch zur Welt gekommen ist. 22 So
15,11; 17,13 seid auch ihr jetzt bekümmert, aber ich werde euch wie-
dersehen; dann wird euer Herz sich freuen, und niemand
nimmt euch eure Freude.

23 An jenem Tag werdet ihr mich nichts mehr fragen.
14,13; 15,16 Amen, amen, ich sage euch: Was ihr vom Vater erbitten
Mt 7,7–11; werdet, das wird er euch in meinem Namen geben. 24 Bis
Mk 11,24; Lk 11,9–13 jetzt habt ihr noch nichts in meinem Namen erbeten. Bit-
tet, und ihr werdet empfangen, damit eure Freude voll-
kommen ist.

Bedrängnis und Friede: 16,25–33

25 Dies habe ich in verhüllter Rede zu euch gesagt; es
kommt die Stunde, in der ich nicht mehr in verhüllter
Rede zu euch spreche, sondern euch offen den Vater ver-
künden werde. 26 An jenem Tag werdet ihr in meinem
Namen bitten, und ich sage nicht, daß ich den Vater für
euch bitten werde; 27 denn der Vater selbst liebt euch, weil
ihr mich geliebt und weil ihr geglaubt habt, daß ich von
Gott ausgegangen bin. 28 Vom Vater bin ich ausgegangen
und in die Welt gekommen; ich verlasse die Welt wieder
und gehe zum Vater.

29 Da sagten seine Jünger: Jetzt redest du offen und
sprichst nicht mehr in Gleichnissen. 30 Jetzt wissen wir,
daß du alles weißt und von niemand gefragt zu werden
11,42; 17,8 brauchst. Darum glauben wir, daß du von Gott gekommen
bist. 31 Jesus erwiderte ihnen: Glaubt ihr jetzt? 32 Die
Sach 13,7; Stunde kommt, und sie ist schon da, in der ihr versprengt
Mt 26,31f; werdet, jeder in sein Haus, und mich werdet ihr allein las-
Mk 14,27 sen. Aber ich bin nicht allein, denn der Vater ist bei mir.
33 Dies habe ich zu euch gesagt, damit ihr in mir Frieden
habt. In der Welt seid ihr in Bedrängnis; aber habt Mut: Ich
habe die Welt besiegt.

Das Abschiedsgebet des Herrn: 17,1–26

Jesu Rechenschaft vor dem Vater: 17,1–8

17 Dies sagte Jesus. Und er erhob seine Augen zum
7,39; 8,54; 11,4; Himmel und sprach: Vater, die Stunde ist da. Ver-
12,16.23.28; herrliche deinen Sohn, damit der Sohn dich verherrlicht.
13,31f; 14,13; 15,8; 16,14 2 Denn du hast ihm Macht über alle Menschen gegeben,

---

17,1–26 Dieser Abschnitt wird das »Hohepriesterliche Gebet« Jesu genannt.

damit er allen, die du ihm gegeben hast, ewiges Leben 3,15; 5,24;
schenkt. 3 Das ist das ewige Leben: dich, den einzigen 6,40; 10,10.28
wahren Gott, zu erkennen und Jesus Christus, den du ge- 1 Joh 5,20;
sandt hast. 4 Ich habe dich auf der Erde verherrlicht und das 1 Kor 8,6
Werk zu Ende geführt, das du mir aufgetragen hast. 5 Vater,
verherrliche du mich jetzt bei dir mit der Herrlichkeit, die Joh 1,1f;
ich bei dir hatte, bevor die Welt war. 1 Joh 1,2; Phil 2,6; Hebr 1,3
6 Ich habe deinen Namen den Menschen offenbart, die 17,26
du mir aus der Welt gegeben hast. Sie gehörten dir, und du
hast sie mir gegeben, und sie haben an deinem Wort fest-
gehalten. 7 Sie haben jetzt erkannt, daß alles, was du mir
gegeben hast, von dir ist. 8 Denn die Worte, die du mir ge-
geben hast, gab ich ihnen, und sie haben sie angenommen.
Sie haben wirklich erkannt, daß ich von dir ausgegangen 5,36; 6,57;
bin, und sie sind zu dem Glauben gekommen, daß du mich 11,42; 17,25
gesandt hast.

Jesu Fürbitte für die Jünger: 17,9–19

9 Für sie bitte ich; nicht für die Welt bitte ich, sondern
für alle, die du mir gegeben hast; denn sie gehören dir.
10 Alles, was mein ist, ist dein, und was dein ist, ist mein;
in ihnen bin ich verherrlicht. 11 Ich bin nicht mehr in der
Welt, aber sie sind in der Welt, und ich gehe zu dir. Heiliger
Vater, bewahre sie in deinem Namen, den du mir gegeben
hast, damit sie eins sind wie wir. 12 Solange ich bei ihnen
war, bewahrte ich sie in deinem Namen, den du mir gege-
ben hast. Und ich habe sie behütet, und keiner von ihnen 10,28
ging verloren, außer dem Sohn des Verderbens, damit sich Ps 41,10
die Schrift erfüllt. 13 Aber jetzt gehe ich zu dir. Doch dies
rede ich noch in der Welt, damit sie meine Freude in Fülle 15,11; 16,22
in sich haben. 14 Ich habe ihnen dein Wort gegeben, und die
Welt hat sie gehaßt, weil sie nicht von der Welt sind, wie 15,19
auch ich nicht von der Welt bin. 15 Ich bitte nicht, daß du Mt 6,13;
sie aus der Welt nimmst, sondern daß du sie vor dem Bösen 1 Joh 2,13f
bewahrst. 16 Sie sind nicht von der Welt, wie auch ich nicht
von der Welt bin. 17 Heilige sie in der Wahrheit; dein Wort
ist Wahrheit. 18 Wie du mich in die Welt gesandt hast, so
habe auch ich sie in die Welt gesandt. 19 Und ich heilige
mich für sie, damit auch sie in der Wahrheit geheiligt sind.

Jesu Fürbitte für alle Glaubenden: 17,20–26

20 Aber ich bitte nicht nur für diese hier, sondern auch

17,9 »Welt« meint die gottfeindliche, alles Heilige ablehnende Menschheit (1,10).

17,12 Der »Sohn des Verderbens« (2 Thess 2,3) ist Judas Iskariot (13,18.27.29).

für alle, die durch ihr Wort an mich glauben. [21] Alle sollen
10,30 eins sein: Wie du, Vater, in mir bist und ich in dir bin, sol-
len auch sie in uns sein, damit die Welt glaubt, daß du mich
gesandt hast. [22] Und ich habe ihnen die Herrlichkeit gege-
ben, die du mir gegeben hast; denn sie sollen eins sein, wie
wir eins sind, [23] ich in ihnen und du in mir. So sollen sie
vollendet sein in der Einheit, damit die Welt erkennt, daß
du mich gesandt hast und die Meinen ebenso geliebt hast
12,26; 14,3 wie mich. [24] Vater, ich will, daß alle, die du mir gegeben
hast, dort bei mir sind, wo ich bin. Sie sollen meine Herr-
lichkeit sehen, die du mir gegeben hast, weil du mich
schon geliebt hast vor der Erschaffung der Welt. [25] Gerech-
ter Vater, die Welt hat dich nicht erkannt, ich aber habe
dich erkannt, und sie haben erkannt, daß du mich gesandt
15,15 hast. [26] Ich habe ihnen deinen Namen bekannt gemacht
und werde ihn bekannt machen, damit die Liebe, mit der
du mich geliebt hast, in ihnen ist und damit ich in ihnen
bin.

DIE ERHÖHUNG JESU: 18,1–20,29

Das Leiden Jesu: 18,1–19,42

Die Verhaftung: 18,1–11

Mt 26,30–36; Mk 14,26–32; Lk 22,39 **18** Nach diesen Worten ging Jesus mit seinen Jüngern
hinaus, auf die andere Seite des Baches Kidron.
Dort war ein Garten; in den ging er mit seinen Jüngern hin-
ein. [2] Auch Judas, der Verräter, der ihn auslieferte, kannte
den Ort, weil Jesus dort oft mit seinen Jüngern zusammen-
3–11: gekommen war. [3] Judas holte die Soldaten und die Ge-
Mt 26,47–56; richtsdiener der Hohenpriester und der Pharisäer, und sie
Mk 14,43–50; kamen dorthin mit Fackeln, Laternen und Waffen. [4] Jesus,
Lk 22,47–53 der alles wußte, was mit ihm geschehen sollte, ging hinaus
und fragte sie: Wen sucht ihr? [5] Sie antworteten ihm: Jesus
von Nazaret. Er sagte zu ihnen: Ich bin es. Auch Judas, der

17,23 Die Welt soll dadurch zum Glauben kommen, daß sie die Einheit und Einigkeit der Christen sieht.

18,1–19,42 Der Passionsbericht des vierten Evangelisten zeigt die Eigenart der johanneischen Theologie. Johannes will im Leidensweg Jesu und seinem Tod am Kreuz die göttliche Hoheit und Würde, seine Erhöhung und Verherrlichung aufleuchten lassen. Die Überlieferungen der drei ersten Evangelien übernimmt er nur teilweise und ordnet sie bei seiner Darstellung der eigenen Absicht unter.

18,1 Der Kidron ist der Bach im tiefen Taleinschnitt zwischen Jerusalem und dem östlich davon liegenden Ölberg.

18,3 Soldaten, wörtlich: die Abteilung (Kohorte). Damit wird sonst die römische Garnison, die in Jerusalem lag, bezeichnet.

Verräter, stand bei ihnen. [6] Als er zu ihnen sagte: Ich bin
es!, wichen sie zurück und stürzten zu Boden. [7] Er fragte
sie noch einmal: Wen sucht ihr? Sie sagten: Jesus von Na-
zaret. [8] Jesus antwortete: Ich habe euch gesagt, daß ich es
bin. Wenn ihr mich sucht, dann laßt diese gehen! [9] So
sollte sich das Wort erfüllen, das er gesagt hatte: Ich habe 6,39; 10,28;
keinen von denen verloren, die du mir gegeben hast. [10] Si- 17,12
mon Petrus aber, der ein Schwert bei sich hatte, zog es,
schlug nach dem Diener des Hohenpriesters und hieb ihm
das rechte Ohr ab; der Diener hieß Malchus. [11] Da sagte Je-
sus zu Petrus: Steck das Schwert in die Scheide! Der Kelch, 12,27;
den mir der Vater gegeben hat – soll ich ihn nicht trinken? Mt 20,22

Das Verhör vor Hannas und die Verleugnung durch Petrus: 18,12–27

[12] Die Soldaten, ihre Befehlshaber und die Gerichtsdie-
ner der Juden nahmen Jesus fest, fesselten ihn [13] und führ-
ten ihn zuerst zu Hannas; er war nämlich der Schwiegerva- Lk 3,2; Apg 4,6
ter des Kajaphas, der in jenem Jahr Hoherpriester war.
[14] Kajaphas aber war es, der den Juden den Rat gegeben hat-
te: Es ist besser, daß ein einziger Mensch für das Volk 11,50
stirbt.

[15] Simon Petrus und ein anderer Jünger folgten Jesus. *15–27:*
Dieser Jünger war mit dem Hohenpriester bekannt und Mt 26,58.69–75;
ging mit Jesus in den Hof des hohepriesterlichen Palastes. Mk 14,54.66–72; Lk 22,54–62
[16] Petrus aber blieb draußen am Tor stehen. Da kam der
andere Jünger, der Bekannte des Hohenpriesters, heraus; er
sprach mit der Pförtnerin und führte Petrus hinein. [17] Da
sagte die Pförtnerin zu Petrus: Bist du nicht auch einer von
den Jüngern dieses Menschen? Er antwortete: Nein. [18] Die
Diener und die Knechte hatten sich ein Kohlenfeuer ange-
zündet und standen dabei, um sich zu wärmen; denn es
war kalt. Auch Petrus stand bei ihnen und wärmte sich.

[19] Der Hohepriester befragte Jesus über seine Jünger und *19–24:*
über seine Lehre. [20] Jesus antwortete ihm: Ich habe offen Mt 26,63–65; 27,1;
vor aller Welt gesprochen. Ich habe immer in der Synagoge Mk 14,61–64;
und im Tempel gelehrt, wo alle Juden zusammenkommen. 15,1;
Nichts habe ich im geheimen gesprochen. [21] Warum fragst Lk 22,66–71
du mich? Frag doch die, die mich gehört haben, was ich zu
ihnen gesagt habe; sie wissen, was ich geredet habe. [22] Auf
diese Antwort hin schlug einer von den Knechten, der da-

18,13 Zu Hannas vgl. die Anmerkungen zu Mk 14,53–65 und zu Lk 3,1f.

18,15 ein anderer Jünger: vielleicht »der Jünger, den Jesus liebte« (13,23–26; 19,26f; 20,3–10; 21,7.20–23.24).

beistand, Jesus ins Gesicht und sagte: Redest du so mit
dem Hohenpriester? [23] Jesus entgegnete ihm: Wenn es
nicht recht war, was ich gesagt habe, dann weise es nach;
wenn es aber recht war, warum schlägst du mich? [24] Da-
nach schickte ihn Hannas gefesselt zum Hohenpriester
Kajaphas.

[25] Simon Petrus aber stand (am Feuer) und wärmte sich.
Sie sagten zu ihm: Bist nicht auch du einer von seinen Jün-
gern? Er leugnete und sagte: Nein. [26] Einer von den Die-
nern des Hohenpriesters, ein Verwandter dessen, dem Pe-
trus das Ohr abgehauen hatte, sagte: Habe ich dich nicht
im Garten bei ihm gesehen? [27] Wieder leugnete Petrus,
und gleich darauf krähte ein Hahn.

Das Verhör und die Verurteilung durch Pilatus: 18,28–19,16a

28–38a: [28] Von Kajaphas brachten sie Jesus zum Prätorium; es
Mt 27,2.11–26; war früh am Morgen. Sie selbst gingen nicht in das Ge-
Mk 15,1–15; Lk 23,1–7.13–25 bäude hinein, um nicht unrein zu werden, sondern das
Paschalamm essen zu können. [29] Deshalb kam Pilatus zu
ihnen heraus und fragte: Welche Anklage erhebt ihr gegen
diesen Menschen? [30] Sie antworteten ihm: Wenn er kein
Übeltäter wäre, hätten wir ihn dir nicht ausgeliefert. [31] Pi-
latus sagte zu ihnen: Nehmt ihr ihn doch, und richtet ihn
nach eurem Gesetz! Die Juden antworteten ihm: Uns ist es
nicht gestattet, jemand hinzurichten. [32] So sollte sich das
3,14; 12,32f Wort Jesu erfüllen, mit dem er angedeutet hatte, auf wel-
che Weise er sterben werde. [33] Pilatus ging wieder in das
12,13; Prätorium hinein, ließ Jesus rufen und fragte ihn: Bist du
19,15.19–22 der König der Juden? [34] Jesus antwortete: Sagst du das von
dir aus, oder haben es dir andere über mich gesagt? [35] Pila-
tus entgegnete: Bin ich denn ein Jude? Dein eigenes Volk
und die Hohenpriester haben dich an mich ausgeliefert.
Was hast du getan? [36] Jesus antwortete: Mein Königtum ist
nicht von dieser Welt. Wenn es von dieser Welt wäre, wür-
den meine Leute kämpfen, damit ich den Juden nicht aus-
geliefert würde. Aber mein Königtum ist nicht von hier.

18,24 Über den Prozeß vor dem Gerichtshof der Juden sagt das Johannesevangelium weiter nichts.

18,28 Prätorium: der Amtssitz des römischen Statthalters (Prokurators), wahrscheinlich der Herodespalast. Das Betreten eines heidnischen Hauses machte nach jüdischer Anschauung unrein (vgl. Apg 10,28; 11,1 und die Anmerkung zu Mt 8,5–10).

18,29 Zu Pilatus vgl. die Anmerkung zu Mt 27,11–26.

18,31 Die Römer hatten das Recht über Leben und Tod dem Hohen Rat entzogen (vgl. die Anmerkung zu Mt 27,11–26).

37 Pilatus sagte zu ihm: Also bist du doch ein König? Jesus
antwortete: Du sagst es, ich bin ein König. Ich bin dazu ge-
boren und dazu in die Welt gekommen, daß ich für die
Wahrheit Zeugnis ablege. Jeder, der aus der Wahrheit ist,
hört auf meine Stimme. 38 Pilatus sagte zu ihm: Was ist
Wahrheit?

Nachdem er das gesagt hatte, ging er wieder zu den Juden
hinaus und sagte zu ihnen: Ich finde keinen Grund, ihn zu
verurteilen. 39 Ihr seid gewohnt, daß ich euch am Pascha- *39–40:*
fest einen Gefangenen freilasse. Wollt ihr also, daß ich Mt 27,15–26; Mk 15,6–15;
euch den König der Juden freilasse? 40 Da schrien sie wie- Lk 23,6–22
der: Nicht diesen, sondern Barabbas! Barabbas aber war ein
Straßenräuber.

19 Darauf ließ Pilatus Jesus geißeln. 2 Die Soldaten *1–7:*
flochten einen Kranz aus Dornen; den setzten sie Mt 27,27–31; Mk 15,16–20
ihm auf und legten ihm einen purpurroten Mantel um.
3 Sie stellten sich vor ihn hin und sagten: Heil dir, König
der Juden! Und sie schlugen ihm ins Gesicht. 4 Pilatus ging
wieder hinaus und sagte zu ihnen: Seht, ich bringe ihn zu
euch heraus; ihr sollt wissen, daß ich keinen Grund finde,
ihn zu verurteilen. 5 Jesus kam heraus; er trug die Dornen-
krone und den purpurroten Mantel. Pilatus sagte zu ihnen:
Seht, da ist der Mensch! 6 Als die Hohenpriester und ihre
Diener ihn sahen, schrien sie: Ans Kreuz mit ihm, ans
Kreuz mit ihm! Pilatus sagte zu ihnen: Nehmt ihr ihn, und
kreuzigt ihn! Denn ich finde keinen Grund, ihn zu verur-
teilen. 7 Die Juden entgegneten ihm: Wir haben ein Gesetz, 5,18;
und nach diesem Gesetz muß er sterben, weil er sich als 10,33–36;
Sohn Gottes ausgegeben hat. Lev 24,16

8 Als Pilatus das hörte, wurde er noch ängstlicher. 9 Er
ging wieder in das Prätorium hinein und fragte Jesus: Wo- 7,28; 8,42
her stammst du? Jesus aber gab ihm keine Antwort. 10 Da
sagte Pilatus zu ihm: Du sprichst nicht mit mir? Weißt du
nicht, daß ich Macht habe, dich freizulassen, und Macht,
dich zu kreuzigen? 11 Jesus antwortete: Du hättest keine
Macht über mich, wenn es dir nicht von oben gegeben

18,40 Zu Barabbas vgl. die Anmerkung zu Mt 27,15–18.

19,1 Im Johannesevangelium wird die Geißelung nicht als Teil der Todesstrafe, sondern als selbständige Bestrafung von Pilatus verhängt. Danach sollte Jesus freigelassen werden. Vgl. die Anmerkung zu Mt 27,26.

19,2f Zur Verspottung Jesu vgl. die Anmerkung zu Mt 27,27–31.

19,11 »der mich dir ausgeliefert hat« meint die jüdischen Führer, besonders Kajaphas (11,51f; 18,14), und Judas Iskariot (6,71; 13,2.11.21; 18,2.5).

wäre; darum liegt größere Schuld bei dem, der mich dir
ausgeliefert hat. 12 Daraufhin wollte Pilatus ihn freilassen,
aber die Juden schrien: Wenn du ihn freiläßt, bist du kein
Freund des Kaisers; jeder, der sich als König ausgibt, lehnt
sich gegen den Kaiser auf. 13 Auf diese Worte hin ließ Pila-
tus Jesus herausführen, und er setzte sich auf den Richter-
stuhl an dem Platz, der Lithostrotos, auf hebräisch Gabba-
19,31.42; ta, heißt. 14 Es war am Rüsttag des Paschafestes, ungefähr
Mt 26,17; Mk 14,12; um die sechste Stunde. Pilatus sagte zu den Juden: Da ist
Lk 22,7 euer König! 15 Sie aber schrien: Weg mit ihm, kreuzige ihn!
Pilatus aber sagte zu ihnen: Euren König soll ich kreuzi-
gen? Die Hohenpriester antworteten: Wir haben keinen
König außer dem Kaiser. 16a Da lieferte er ihnen Jesus aus,
damit er gekreuzigt würde.

Die Hinrichtung Jesu: 19,16b–30

16b–22: 16b Sie übernahmen Jesus. 17 Er trug sein Kreuz und ging
Mt 27,31. 33.37–38; hinaus zur sogenannten Schädelhöhe, die auf hebräisch
Mk 15,20.22. Golgota heißt. 18 Dort kreuzigten sie ihn und mit ihm zwei
25–27; andere, auf jeder Seite einen, in der Mitte Jesus. 19 Pilatus
Lk 23,33.38 ließ auch ein Schild anfertigen und oben am Kreuz befesti-
gen; die Inschrift lautete: Jesus von Nazaret, der König der
Hebr 13,12 Juden. 20 Dieses Schild lasen viele Juden, weil der Platz, wo
Jesus gekreuzigt wurde, nahe bei der Stadt lag. Die In-
schrift war hebräisch, lateinisch und griechisch abgefaßt.
21 Die Hohenpriester der Juden sagten zu Pilatus: Schreib
nicht: Der König der Juden, sondern daß er gesagt hat: Ich
bin der König der Juden. 22 Pilatus antwortete: Was ich ge-
schrieben habe, habe ich geschrieben.
23–24: 23 Nachdem die Soldaten Jesus ans Kreuz geschlagen
Mt 27,35; Mk 15,24; hatten, nahmen sie seine Kleider und machten vier Teile
Lk 23,34 daraus, für jeden Soldaten einen. Sie nahmen auch sein
Untergewand, das von oben her ganz durchgewebt und
ohne Naht war. 24 Sie sagten zueinander: Wir wollen es
nicht zerteilen, sondern darum losen, wem es gehören soll.
Ps 22,19 So sollte sich das Schriftwort erfüllen: *Sie verteilten meine*

19,13 Der Lithóstrotos (»Steinpflaster«) war ein mit Steinplatten und Mosaik ausgelegter Platz, wahrscheinlich innerhalb des Herodespalastes. Gabbata bedeutet »Anhöhe, Erhebung«.

19,14 Vgl. die Anmerkung zu Mk 14,1.

19,19 Zum Schild und der Inschrift vgl. die Anmerkung zu Mt 27,37.

19,23 Zur Kreuzigung vgl. die Anmerkung zu Mt 27,26. – Das Untergewand war ein langes Gewand, das unmittelbar auf dem Körper getragen wurde. Zur Verteilung der Kleider vgl. die Anmerkung zu Mt 27,35.

Kleider unter sich und warfen das Los um mein Gewand.
Dies führten die Soldaten aus.
25 Bei dem Kreuz Jesu standen seine Mutter und die *25–27:*
Schwester seiner Mutter, Maria, die Frau des Klopas, und Mt 27,55f; Mk 15,40f;
Maria von Magdala. 26 Als Jesus seine Mutter sah und bei Lk 23,49
ihr den Jünger, den er liebte, sagte er zu seiner Mutter:
Frau, siehe, dein Sohn! 27 Dann sagte er zu dem Jünger:
Siehe, deine Mutter! Und von jener Stunde an nahm sie der
Jünger zu sich.
28 Danach, als Jesus wußte, daß nun alles vollbracht war, *28–30:*
sagte er, damit sich die Schrift erfüllte: Mich dürstet. 29 Ein Mt 27,48–50; Mk 15,36f;
Gefäß mit Essig stand da. Sie steckten einen Schwamm Lk 23,44–49
mit Essig auf einen Ysopzweig und hielten ihn an seinen Ps 22,16;
Mund. 30 Als Jesus von dem Essig genommen hatte, sprach 69,22
er: Es ist vollbracht! Und er neigte das Haupt und gab seinen Geist auf.

Die Bestattung des Leichnams: 19,31–42

31 Weil Rüsttag war und die Körper während des Sabbats Ex 12,16;
nicht am Kreuz bleiben sollten, baten die Juden Pilatus, Dtn 21,23
man möge den Gekreuzigten die Beine zerschlagen und
ihre Leichen dann abnehmen; denn dieser Sabbat war ein
großer Feiertag. 32 Also kamen die Soldaten und zerschlugen dem ersten die Beine, dann dem andern, der mit ihm
gekreuzigt worden war. 33 Als sie aber zu Jesus kamen und
sahen, daß er schon tot war, zerschlugen sie ihm die Beine
nicht, 34 sondern einer der Soldaten stieß mit der Lanze in
seine Seite, und sogleich floß Blut und Wasser heraus.
35 Und der, der es gesehen hat, hat es bezeugt, und sein 21,24
Zeugnis ist wahr. Und er weiß, daß er Wahres berichtet,
damit auch ihr glaubt. 36 Denn das ist geschehen, damit
sich das Schriftwort erfüllte: *Man soll an ihm kein Gebein* Ex 12,46; Ps 34,21

19,29 Essig: saurer Wein oder mit Wasser verdünnter Essig, ein beliebtes Erfrischungsgetränk (vgl. die Anmerkung zu Mt 27,34). – Der Ysop ist eine kleinbuschige Pflanze, deren Zweige man besonders zum Besprengen benutzte.

19,30 gab seinen Geist auf, wörtlich: er übergab den Geist (das pneuma). – Geist (pneuma) ist hier wie Joh 11,33; 13,21 als das Lebensprinzip, die Lebenskraft, die Seele Jesu zu verstehen. Das Verb »übergeben« zeigt an, daß das Sterben Jesu einen Akt der Hingabe Jesu an den Willen des Vaters darstellt. – Zur Todesstunde Jesu vgl. die Anmerkung zu Mt 27,45.

19,31 Die Beine werden zerschlagen, um den Tod der Gekreuzigten sofort herbeizuführen.

19,35 »Der es gesehen hat« ist »der Jünger, den Jesus liebte« (vgl. Vers 26).

Sach 12,10 *zerbrechen.* [37] Und ein anderes Schriftwort sagt: *Sie wer-*
den auf den blicken, den sie durchbohrt haben.
38–42: Mt 27,57–60; Mk 15,42–46; Lk 23,50–54 [38] Josef aus Arimathäa war ein Jünger Jesu, aber aus
Furcht vor den Juden nur heimlich. Er bat Pilatus, den
Leichnam Jesu abnehmen zu dürfen, und Pilatus erlaubte
es. Also kam er und nahm den Leichnam ab. [39] Es kam
3,1–12; 7,50f auch Nikodemus, der früher einmal Jesus bei Nacht aufge-
sucht hatte. Er brachte eine Mischung aus Myrrhe und
Aloe, etwa hundert Pfund. [40] Sie nahmen den Leichnam
11,44 Jesu und umwickelten ihn mit Leinenbinden, zusammen
mit den wohlriechenden Salben, wie es beim jüdischen Be-
gräbnis Sitte ist. [41] An dem Ort, wo man ihn gekreuzigt
hatte, war ein Garten, und in dem Garten war ein neues
Grab, in dem noch niemand bestattet worden war. [42] We-
gen des Rüsttages der Juden und weil das Grab in der Nähe
lag, setzten sie Jesus dort bei.

Osterberichte: 20,1–31

Die Entdeckung des leeren Grabes: 20,1–10

1–10: Mt 28,1–8; Mk 16,1–8; Lk 24,1–11 **20** Am ersten Tag der Woche kam Maria von Magdala
frühmorgens, als es noch dunkel war, zum Grab
und sah, daß der Stein vom Grab weggenommen war. [2] Da
13,23; 19,26 lief sie schnell zu Simon Petrus und dem Jünger, den Jesus
liebte, und sagte zu ihnen: Man hat den Herrn aus dem
Grab weggenommen, und wir wissen nicht, wohin man
ihn gelegt hat. [3] Da gingen Petrus und der andere Jünger
hinaus und kamen zum Grab; [4] sie liefen beide zusammen
dorthin, aber weil der andere Jünger schneller war als Pe-
5–6: 19,40 trus, kam er als erster ans Grab. [5] Er beugte sich vor und
sah die Leinenbinden liegen, ging aber nicht hinein. [6] Da
kam auch Simon Petrus, der ihm gefolgt war, und ging in
das Grab hinein. Er sah die Leinenbinden liegen [7] und das
Schweißtuch, das auf dem Kopf Jesu gelegen hatte; es lag
aber nicht bei den Leinenbinden, sondern zusammenge-
bunden daneben an einer besonderen Stelle. [8] Da ging auch
der andere Jünger, der zuerst an das Grab gekommen war,
2,22; Ps 16,8–11; Lk 24,25–27. 44–46 Apg 2,24–31; 13,32–37; 1 Kor 15,4 hinein; er sah und glaubte. [9] Denn sie wußten noch nicht
aus der Schrift, daß er von den Toten auferstehen mußte.
[10] Dann kehrten die Jünger wieder nach Hause zurück.

19,38 Zur Abnahme des Leichnams Jesu vgl. die Anmerkung zu Mk 15,43–45.

19,39 Hundert Pfund sind etwa 32 Kilogramm.

20,1 »Der erste Tag der Woche«, der Tag, an dem Jesus auferstanden ist, wurde zum christlichen Sonntag (»Tag des Herrn«; vgl. Offb 1,10).

Die Erscheinung Jesu vor Maria aus Magdala: 20,11–18

11 Maria aber stand draußen vor dem Grab und weinte. *11–18:*
Während sie weinte, beugte sie sich in die Grabkammer Mt 28,9f;
hinein. 12 Da sah sie zwei Engel in weißen Gewändern sit- Mk 16,9–11
zen, den einen dort, wo der Kopf, den anderen dort, wo die
Füße des Leichnams Jesu gelegen hatten. 13 Die Engel sag-
ten zu ihr: Frau, warum weinst du? Sie antwortete ihnen:
Man hat meinen Herrn weggenommen, und ich weiß
nicht, wohin man ihn gelegt hat. 14 Als sie das gesagt hatte,
wandte sie sich um und sah Jesus dastehen, wußte aber
nicht, daß es Jesus war. 15 Jesus sagte zu ihr: Frau, warum
weinst du? Wen suchst du? Sie meinte, es sei der Gärtner,
und sagte zu ihm: Herr, wenn du ihn weggebracht hast, sag
mir, wohin du ihn gelegt hast. Dann will ich ihn holen.
16 Jesus sagte zu ihr: Maria! Da wandte sie sich ihm zu und
sagte auf hebräisch zu ihm: Rabbuni!, das heißt: Meister. Mk 10,51
17 Jesus sagte zu ihr: Halte mich nicht fest; denn ich bin
noch nicht zum Vater hinaufgegangen. Geh aber zu mei-
nen Brüdern, und sag ihnen: Ich gehe hinauf zu meinem
Vater und zu eurem Vater, zu meinem Gott und zu eurem
Gott. 18 Maria von Magdala ging zu den Jüngern und ver-
kündete ihnen: Ich habe den Herrn gesehen. Und sie rich-
tete aus, was er ihr gesagt hatte.

Die Beauftragung der Jünger: 20,19–23

19 Am Abend dieses ersten Tages der Woche, als die Jün- *19–23:*
ger aus Furcht vor den Juden die Türen verschlossen hat- Mk 16,14–18;
ten, kam Jesus, trat in ihre Mitte und sagte zu ihnen: Friede Lk 24,36–39
sei mit euch! 20 Nach diesen Worten zeigte er ihnen seine
Hände und seine Seite. Da freuten sich die Jünger, daß sie
den Herrn sahen. 21 Jesus sagte noch einmal zu ihnen:
Friede sei mit euch! Wie mich der Vater gesandt hat, so
sende ich euch. 22 Nachdem er das gesagt hatte, hauchte er
sie an und sprach zu ihnen: Empfangt den Heiligen Geist! 14,17.26;
23 Wem ihr die Sünden vergebt, dem sind sie vergeben; 15,26
wem ihr die Vergebung verweigert, dem ist sie verweigert. Mt 16,19

Jesus und Thomas: 20,24–29

24 Thomas, genannt Didymus (Zwilling), einer der 11,16;
Zwölf, war nicht bei ihnen, als Jesus kam. 25 Die anderen 14,5; 21,2
Jünger sagten zu ihm: Wir haben den Herrn gesehen. Er

20,16 Zu »Rabbuni« vgl. die Anmerkung zu Mk 10,51.

20,17 »Halte mich nicht fest«: Maria hatte sich vermutlich Jesus zu Füßen geworfen und diese umfaßt oder umfassen wollen (vgl. Mt 28,9).

entgegnete ihnen: Wenn ich nicht die Male der Nägel an
seinen Händen sehe und wenn ich meinen Finger nicht in
die Male der Nägel und meine Hand nicht in seine Seite
lege, glaube ich nicht. 26 Acht Tage darauf waren seine
Jünger wieder versammelt, und Thomas war dabei. Die
Türen waren verschlossen. Da kam Jesus, trat in ihre Mitte
und sagte: Friede sei mit euch! 27 Dann sagte er zu Thomas: Streck deinen Finger aus – hier sind meine Hände!
Streck deine Hand aus und leg sie in meine Seite, und sei
nicht ungläubig, sondern gläubig! 28 Thomas antwortete
ihm: Mein Herr und mein Gott! 29 Jesus sagte zu ihm: Weil
du mich gesehen hast, glaubst du. Selig sind, die nicht sehen und doch glauben.

DER EPILOG: 20,30–31

30 Noch viele andere Zeichen, die in diesem Buch nicht
aufgeschrieben sind, hat Jesus vor den Augen seiner Jünger
getan. 31 Diese aber sind aufgeschrieben, damit ihr glaubt,
daß Jesus der Messias ist, der Sohn Gottes, und damit ihr
durch den Glauben das Leben habt in seinem Namen.

NACHTRAG ZUM EVANGELIUM: 21,1–25

Die Erscheinung des Auferstandenen am See: 21,1–14

21 Danach offenbarte sich Jesus den Jüngern noch
einmal. Es war am See von Tiberias, und er offen-
11,16; 14,5; barte sich in folgender Weise. 2 Simon Petrus, Thomas, ge-
20,24; 1,45f nannt Didymus (Zwilling), Natanaël aus Kana in Galiläa,
die Söhne des Zebedäus und zwei andere von seinen Jün-
gern waren zusammen. 3 Simon Petrus sagte zu ihnen: Ich
gehe fischen. Sie sagten zu ihm: Wir kommen auch mit.
Sie gingen hinaus und stiegen in das Boot. Aber in dieser
Nacht fingen sie nichts. 4 Als es schon Morgen wurde,
stand Jesus am Ufer. Doch die Jünger wußten nicht, daß es
Lk 24,41 Jesus war. 5 Jesus sagte zu ihnen: Meine Kinder, habt ihr
nicht etwas zu essen? Sie antworteten ihm: Nein. 6 Er aber
Lk 5,4–7 sagte zu ihnen: Werft das Netz auf der rechten Seite des
Bootes aus, und ihr werdet etwas fangen. Sie warfen das
Netz aus und konnten es nicht wieder einholen, so voller
13,23; 19,26f; Fische war es. 7 Da sagte der Jünger, den Jesus liebte, zu Pe-
20,2

20,30f Ursprünglich Schlußwort des Johannesevangeliums.

21,1–25 Das nachträglich hinzugefügte Kapitel stammt aus dem Schülerkreis des Evangelisten.

21,1 noch einmal: die dritte Erscheinung vor den Jüngern (vgl. 20,19–23.26–29).

trus: Es ist der Herr! Als Simon Petrus hörte, daß es der
Herr sei, gürtete er sich das Obergewand um, weil er nackt
war, und sprang in den See. 8 Dann kamen die anderen Jün-
ger mit dem Boot – sie waren nämlich nicht weit vom Land
entfernt, nur etwa zweihundert Ellen – und zogen das Netz
mit den Fischen hinter sich her. 9 Als sie an Land gingen,
sahen sie am Boden ein Kohlenfeuer und darauf Fisch und
Brot. 10 Jesus sagte zu ihnen: Bringt von den Fischen, die
ihr gerade gefangen habt. 11 Da ging Simon Petrus und zog
das Netz an Land. Es war mit hundertdreiundfünfzig gro-
ßen Fischen gefüllt, und obwohl es so viele waren, zerriß
das Netz nicht. 12 Jesus sagte zu ihnen: Kommt her und
eßt! Keiner von den Jüngern wagte ihn zu fragen: Wer bist
du? Denn sie wußten, daß es der Herr war. 13 Jesus trat her-
an, nahm das Brot und gab es ihnen, ebenso den Fisch.
14 Dies war schon das dritte Mal, daß Jesus sich den Jün- 20,19–23.26–29
gern offenbarte, seit er von den Toten auferstanden war.

Das Wort des Auferstandenen an Petrus: 21,15–23

15 Als sie gegessen hatten, sagte Jesus zu Simon Petrus: Mt 16,18;
Simon, Sohn des Johannes, liebst du mich mehr als diese? Lk 22,31f;
Er antwortete ihm: Ja, Herr, du weißt, daß ich dich liebe. 1 Petr 5,4
Jesus sagte zu ihm: Weide meine Lämmer! 16 Zum zwei-
tenmal fragte er ihn: Simon, Sohn des Johannes, liebst du
mich? Er antwortete ihm: Ja, Herr, du weißt, daß ich dich
liebe. Jesus sagte zu ihm: Weide meine Schafe! 17 Zum
drittenmal fragte er ihn: Simon, Sohn des Johannes, liebst 13,36–38;
du mich? Da wurde Petrus traurig, weil Jesus ihn zum drit- 18,17.25–27
tenmal gefragt hatte: Hast du mich lieb? Er gab ihm zur
Antwort: Herr, du weißt alles; du weißt, daß ich dich lieb-
habe. Jesus sagte zu ihm: Weide meine Schafe! 18 Amen,
amen, das sage ich dir: Als du noch jung warst, hast du dich
selbst gegürtet und konntest gehen, wohin du wolltest.
Wenn du aber alt geworden bist, wirst du deine Hände aus-
strecken, und ein anderer wird dich gürten und dich füh-
ren, wohin du nicht willst. 19 Das sagte Jesus, um anzudeu-
ten, durch welchen Tod er Gott verherrlichen würde. Nach
diesen Worten sagte er zu ihm: Folge mir nach! V. 22; Mt 8,22
20 Petrus wandte sich um und sah, wie der Jünger, den Je- 13,25
sus liebte, (diesem) folgte. Es war der Jünger, der sich bei
jenem Mahl an die Brust Jesu gelehnt und ihn gefragt hatte:

21,8 Zweihundert Ellen: etwa 90 bis 100 Meter.

21,11 Die Zahl 153 hat vielleicht symbolische Bedeutung und bezeichnet die große Zahl der Gläubigen aus allen Völkern, die durch die Jünger gewonnen werden (vgl. Mt 4,19; Mk 1,17; Lk 5,10).

Herr, wer ist es, der dich verraten wird? [21] Als Petrus die-
sen Jünger sah, fragte er Jesus: Herr, was wird denn mit
ihm? [22] Jesus antwortete ihm: Wenn ich will, daß er bis zu
meinem Kommen bleibt, was geht das dich an? Du aber
V. 19 folge mir nach! [23] Da verbreitete sich unter den Brüdern die
Meinung: Jener Jünger stirbt nicht. Doch Jesus hatte zu Pe-
trus nicht gesagt: Er stirbt nicht, sondern: Wenn ich will,
daß er bis zu meinem Kommen bleibt, was geht das dich
an?

Schlußbemerkung der Herausgeber des Evangeliums: 21,24–25

19,35 [24] Dieser Jünger ist es, der all das bezeugt und der es auf-
geschrieben hat; und wir wissen, daß sein Zeugnis wahr
ist. [25] Es gibt aber noch vieles andere, was Jesus getan hat.
Wenn man alles aufschreiben wollte, so könnte, wie ich
glaube, die ganze Welt die Bücher nicht fassen, die man
schreiben müßte.

Die Apostelgeschichte

Das Buch trägt in den griechischen Textausgaben seit dem 2. Jahrhundert den Titel »Taten der Apostel«. Es wird in ihm jedoch hauptsächlich von der Tätigkeit der Apostel Petrus und Johannes und von dem missionarischen Wirken des Paulus erzählt, darüber hinaus noch vor allem von Stephanus, Philippus, Barnabas und Jakobus. Als Verfasser gilt der altkirchlichen Tradition Lukas, dem auch das dritte Evangelium zugeschrieben wird (entstanden zwischen 80 und 90 n. Chr.), das er in Apg 1,1 sein »erstes Buch« nennt.

Den unmittelbaren Anlaß zur Abfassung des Werkes kennen wir nicht mehr. Lukas berichtet über die Zeit nach Ostern: wie der »Missionsbefehl« Jesu (Lk 24,47; Apg 1,8) von Jerusalem aus »in ganz Judäa und Samarien und bis an die Grenzen der Erde« ausgeführt wurde, wobei »die Grenzen der Erde« mit Rom, der Hauptstadt des römischen Reiches, erreicht sind (28,16–31). Doch wird dabei nicht alles erzählt, sondern nur wichtige Episoden, Einzelereignisse (wie die Ausgießung des Geistes an Pfingsten, die »Bekehrung« des Paulus und das »Apostelkonzil«) werden erwähnt. Breiten Raum in der Schilderung nehmen die »Missionsreisen« ein. Die Apostelgeschichte ist deshalb keine »Geschichte der Urkirche«, sondern eine »Missionschronik«, die den Weg des Evangeliums von den Juden und Samaritern zu den Heiden zeigt. Diese Missionschronik weist drei Teile auf, die geographisch orientiert sind: die Kirche in Jerusalem (1,4–8,3), die Kirche in Judäa und Samarien (8,4–12,25), die Kirche unter den Völkern (13,1–28,31). Ihre »Mitte« bildet die Erzählung über das »Apostelkonzil« (Apg 15), auf dem die mit Paulus und Barnabas in Jerusalem versammelten Apostel und Ältesten die Entscheidung fällen, daß die Heidenchristen sich nicht der Beschneidung und den Weisungen des jüdischen Gesetzes zu unterwerfen haben.

Woher Lukas sein Wissen über das von ihm Erzählte hat, entzieht sich unserer Kenntnis. Es besteht jedoch kein Zweifel, daß er auf Überlieferungen zurückgreifen konnte; deren Umfang und Inhalt sind aber nur schwer zu bestimmen. Sicher ist jedenfalls, daß er die Briefe des Paulus bei der Abfassung der Apostelgeschichte nicht benutzt hat.

Was Lukas seinen Lesern theologisch sagen will, geht vor allem aus den Reden hervor, die in der Apostelgeschichte eine wichtige Rolle spielen: Jetzt ist die Zeit der Kirche, und das ist für Lukas die Zeit des Heiligen Geistes, die die Zeit des Alten Bundes abgelöst hat und die Zeit Jesu in die Gegenwart verlängert. Der Heilige Geist lenkt das Leben der Kirche und die Wege der Missionare. Die »Naherwartung« der Wiederkunft Jesu tritt deshalb zurück; jedoch ist Lukas wie die Verfasser der übrigen Schriften des Neuen Testaments überzeugt, daß die Endzeit bereits angebrochen ist. Das Heil, das Christus gebracht hat, wird von den Missionaren nochmals den Juden angeboten, aber bald auch den Heiden. Mit der Ankunft des Paulus in Rom wird endgültig sichtbar, daß das Herz des jüdischen Volkes dem Evangelium gegenüber »verstockt« bleibt und das Heil den Heiden gesandt wird, »und sie werden es hören« (28,28; vgl. auch 13,46f; 18,6). So ist ein Hauptziel der »Geschichtsschreibung« des Lukas in der Apostelgeschichte, die allmähliche Loslösung der Kirche von Israel zu beschreiben. Am Ende stehen sich Kirche und Judentum als zwei voneinander getrennte Größen gegenüber.

DAS VORWORT: 1,1–3

1 Im ersten Buch, lieber Theophilus, habe ich über alles Lk 1,1–4
berichtet, was Jesus getan und gelehrt hat, 2 bis zu
dem Tag, an dem er (in den Himmel) aufgenommen wurde. Lk 24,49;
Vorher hat er durch den Heiligen Geist den Aposteln, die er 1 Tim 3,16
sich erwählt hatte, Anweisungen gegeben. 3 Ihnen hat er Lk 24,44–48; Joh 20,22
nach seinem Leiden durch viele Beweise gezeigt, daß er
lebt; vierzig Tage hindurch ist er ihnen erschienen und hat 10,41; 13,31
vom Reich Gottes gesprochen.

DIE KIRCHE IN JERUSALEM: 1,4–8,3

Letzte Anweisungen und Belehrungen des Auferstandenen: 1,4–8

4 Beim gemeinsamen Mahl gebot er ihnen: Geht nicht Lk 24,49
weg von Jerusalem, sondern wartet auf die Verheißung des
Vaters, die ihr von mir vernommen habt. 5 Johannes hat 11,16; Mt 3,11
mit Wasser getauft, ihr aber werdet schon in wenigen Ta-
gen mit dem Heiligen Geist getauft. 6 Als sie nun beisam-
men waren, fragten sie ihn: Herr, stellst du in dieser Zeit
das Reich für Israel wieder her? 7 Er sagte zu ihnen: Euch
steht es nicht zu, Zeiten und Fristen zu erfahren, die der
Vater in seiner Macht festgesetzt hat. 8 Aber ihr werdet die 2,1–13
Kraft des Heiligen Geistes empfangen, der auf euch herab-
kommen wird; und ihr werdet meine Zeugen sein in Jeru- 10,39; Mt 28,19;
salem und in ganz Judäa und Samarien und bis an die Gren- Mk 16,15;
zen der Erde. Lk 24,47f

Die Himmelfahrt Jesu: 1,9–11

9 Als er das gesagt hatte, wurde er vor ihren Augen em- Mk 16,19;
porgehoben, und eine Wolke nahm ihn auf und entzog ihn Lk 24,51;
ihren Blicken. 10 Während sie unverwandt ihm nach zum 1 Tim 3,16;
Himmel emporschauten, standen plötzlich zwei Männer 1 Petr 3,22

1,1 Bei dem »ersten Buch« handelt es sich um das Lukasevangelium.

1,2 Andere Übersetzungsmöglichkeit: Vorher hat er den Aposteln, die er sich durch den Heiligen Geist erwählt hatte, Anweisungen gegeben.

1,4 Beim gemeinsamen Mahl, andere Übersetzungsmöglichkeit: Als sie beisammen waren.

in weißen Gewändern bei ihnen [11] und sagten: Ihr Männer
von Galiläa, was steht ihr da und schaut zum Himmel em-
por? Dieser Jesus, der von euch ging und in den Himmel
Offb 1,7 aufgenommen wurde, wird ebenso wiederkommen, wie
ihr ihn habt zum Himmel hingehen sehen.

Betende Gemeinde: 1,12–14

[12] Dann kehrten sie vom Ölberg, der nur einen Sabbat-
weg von Jerusalem entfernt ist, nach Jerusalem zurück.
[13] Als sie in die Stadt kamen, gingen sie in das Obergemach
Lk 6,14–16 hinauf, wo sie nun ständig blieben: Petrus und Johannes,
Jakobus und Andreas, Philippus und Thomas, Bartholo-
mäus und Matthäus, Jakobus, der Sohn des Alphäus, und
Simon, der Zelot, sowie Judas, der Sohn des Jakobus. [14] Sie
Lk 23,49 alle verharrten dort einmütig im Gebet, zusammen mit
den Frauen und mit Maria, der Mutter Jesu, und mit seinen
Brüdern.

Die Wahl des Matthias zum Apostel: 1,15–26

[15] In diesen Tagen erhob sich Petrus im Kreis der Brüder
– etwa hundertzwanzig waren zusammengekommen –
und sagte: [16] Brüder! Es mußte sich das Schriftwort erfül-
len, das der Heilige Geist durch den Mund Davids im vor-
Lk 22,47 aus über Judas gesprochen hat. Judas wurde zum Anführer
derer, die Jesus gefangennahmen. [17] Er wurde zu uns ge-
Mt 27,3–10 zählt und hatte Anteil am gleichen Dienst. [18] Mit dem
Lohn für seine Untat kaufte er sich ein Grundstück. Dann
aber stürzte er vornüber zu Boden, sein Leib barst ausein-
ander, und alle Eingeweide fielen heraus. [19] Das wurde al-
len Einwohnern von Jerusalem bekannt; deshalb nannten
sie jenes Grundstück in ihrer Sprache Hakeldamach, das
heißt Blutacker. [20] Denn es steht im Buch der Psalmen:
Ps 69,26 *Sein Gehöft soll veröden, niemand soll darin wohnen!*
Ps 109,8 und: *Sein Amt soll ein anderer erhalten!* [21] Einer von den
Joh 15,27 Männern, die die ganze Zeit mit uns zusammen waren, als
Jesus, der Herr, bei uns ein und aus ging, [22] angefangen von
der Taufe durch Johannes bis zu dem Tag, an dem er von
uns ging und (in den Himmel) aufgenommen wurde, – ei-
ner von diesen muß nun zusammen mit uns Zeuge seiner
Auferstehung sein. [23] Und sie stellten zwei Männer auf:

1,12 Sabbatweg: etwa 1000 Meter – eine Wegstrecke, die man gehen durfte, ohne das Gebot der Sabbatruhe zu verletzen.

1,13f Die genannten Gruppen und Personen bilden den Kern der Urgemeinde. Mit den »Frauen« sind wohl jene gemeint, die nach Lk 8,2f; 23,49.55f zur Begleitung Jesu gehörten.

1,14 Vgl. die Anmerkung zu Mt 12,46f.

Josef, genannt Barsabbas, mit dem Beinamen Justus, und
Matthias. 24 Dann beteten sie: Herr, du kennst die Herzen 15,8
aller; zeige, wen von diesen beiden du erwählt hast, 25 die-
sen Dienst und dieses Apostelamt zu übernehmen. Denn
Judas hat es verlassen und ist an den Ort gegangen, der ihm
bestimmt war. 26 Dann gaben sie ihnen Lose; das Los fiel 1 Sam 14,41f;
auf Matthias, und er wurde den elf Aposteln zugerechnet. Spr 16,33

Das Pfingstereignis: 2,1–13

2 Als der Pfingsttag gekommen war, befanden sich alle 1,14;
am gleichen Ort. 2 Da kam plötzlich vom Himmel her Lev 23,15–21
ein Brausen, wie wenn ein heftiger Sturm daherfährt, und
erfüllte das ganze Haus, in dem sie waren. 3 Und es er-
schienen ihnen Zungen wie von Feuer, die sich verteilten; Lk 3,16
auf jeden von ihnen ließ sich eine nieder. 4 Alle wurden 4,31; 8,15.17;
mit dem Heiligen Geist erfüllt und begannen, in fremden 10,44; 11,15;
Sprachen zu reden, wie es der Geist ihnen eingab. 15,8; 19,2.6
5 In Jerusalem aber wohnten Juden, fromme Männer aus
allen Völkern unter dem Himmel. 6 Als sich das Getöse 2,11; 10,46; 19,6;
erhob, strömte die Menge zusammen und war ganz be- Mk 16,17;
stürzt; denn jeder hörte sie in seiner Sprache reden. 7 Sie 1 Kor 12,10.28.30;
gerieten außer sich vor Staunen und sagten: Sind das nicht 14,1–39
alles Galiläer, die hier reden? 8 Wieso kann sie jeder von
uns in seiner Muttersprache hören: 9 Parther, Meder und
Elamiter, Bewohner von Mesopotamien, Judäa und Kappa-
dozien, von Pontus und der Provinz Asien, 10 von Phrygien
und Pamphylien, von Ägypten und dem Gebiet Libyens
nach Zyrene hin, auch die Römer, die sich hier aufhalten,
11 Juden und Proselyten, Kreter und Araber, wir hören sie
in unseren Sprachen Gottes große Taten verkünden.
12 Alle gerieten außer sich und waren ratlos. Die einen sag- 1 Kor 14,23
ten zueinander: Was hat das zu bedeuten? 13 Andere aber
spotteten: Sie sind vom süßen Wein betrunken.

Die Pfingstpredigt des Petrus: 2,14–36

14 Da trat Petrus auf, zusammen mit den Elf; er erhob
seine Stimme und begann zu reden: Ihr Juden und alle Be-
wohner von Jerusalem! Dies sollt ihr wissen, achtet auf
meine Worte! 15 Diese Männer sind nicht betrunken, wie
ihr meint; es ist ja erst die dritte Stunde am Morgen;
16 sondern jetzt geschieht, was durch den Propheten Joël
gesagt worden ist:

2,4 in fremden Sprachen, wörtlich: in anderen Zungen. – Gemeint ist hier ein Reden in anderen Sprachen, das aber zugleich geistgewirktes »Zungenreden« ist; es bestand wohl vor allem in Gebetsrufen; vgl. auch Apg 10,46; 19,6; 1 Kor 12,10; 14,5.

Joël 3,1–5 17 In den letzten Tagen *wird es geschehen,*
so spricht Gott:
Ich werde von meinem Geist ausgießen
über alles Fleisch.
Eure Söhne und eure Töchter werden Propheten sein,
eure jungen Männer werden Visionen haben,
und eure Alten werden Träume haben.
18 *Auch über meine Knechte und Mägde*
werde ich von meinem Geist ausgießen
in jenen Tagen,
und sie werden Propheten sein.
19 *Ich werde Wunder erscheinen lassen*
droben *am Himmel*
5,12 *und Zeichen* unten *auf der Erde:*
Blut und Feuer und qualmenden Rauch.
20 *Die Sonne wird sich in Finsternis verwandeln*
und der Mond in Blut,
ehe der Tag des Herrn kommt,
der große und herrliche Tag.
21 *Und es wird geschehen:*
Röm 10,13 *Jeder, der den Namen des Herrn anruft,*
wird gerettet.
22 Israeliten, hört diese Worte: Jesus, den Nazoräer, den
10,38; Lk 24,19 Gott vor euch beglaubigt hat durch machtvolle Taten,
Wunder und Zeichen, die er durch ihn in eurer Mitte getan
hat, wie ihr selbst wißt – 23 ihn, der nach Gottes beschlos-
1 Thess 2,15 senem Willen und Vorauswissen hingegeben wurde, habt
ihr durch die Hand von Gesetzlosen ans Kreuz geschlagen
und umgebracht. 24 Gott aber hat ihn von den Wehen des
Todes befreit und auferweckt; denn es war unmöglich, daß
er vom Tod festgehalten wurde. 25 David nämlich sagt über
Ps 16,8–11 G ihn: *Ich habe den Herrn beständig vor Augen.*
Er steht mir zur Rechten, ich wanke nicht.
26 *Darum freut sich mein Herz*
und frohlockt meine Zunge,
und auch mein Leib wird in sicherer Hoffnung ruhen;
27 *denn du gibst mich nicht der Unterwelt preis,*
noch läßt du deinen Frommen
die Verwesung schauen.
28 *Du zeigst mir die Wege zum Leben,*
du erfüllst mich mit Freude vor deinem Angesicht.
29 Brüder, ich darf freimütig zu euch über den Patriar-
chen David reden: Er starb und wurde begraben, und sein

2,22 Zu Nazoräer vgl. die Anmerkung zu Mt 2,23.
2,23 Gesetzlose: Pilatus und die römischen Soldaten.

Grabmal ist bei uns erhalten bis auf den heutigen Tag.
30 Da er ein Prophet war und wußte, daß Gott *ihm* den Eid Ps 132,11;
geschworen hatte, einer von seinen Nachkommen werde 2 Sam 7,12f
auf seinem Thron sitzen, 31 sagte er vorausschauend über
die Auferstehung des Christus: *Er gibt ihn nicht der Un-* 13,35; Ps 16,10
terwelt preis, und sein Leib schaut die Verwesung nicht.
32 Diesen Jesus hat Gott auferweckt, dafür sind wir alle
Zeugen. 33 Nachdem er durch die rechte Hand Gottes er-
höht worden war und vom Vater den verheißenen Heiligen
Geist empfangen hatte, hat er ihn ausgegossen, wie ihr
seht und hört. 34 David ist nicht zum Himmel aufgestie-
gen; vielmehr sagt er selbst:

Es sprach der Herr zu meinem Herrn: Ps 110,1
Setze dich mir zur Rechten,
35 *und ich lege dir deine Feinde*
als Schemel unter die Füße.

36 Mit Gewißheit erkenne also das ganze Haus Israel:
Gott hat ihn zum Herrn und Messias gemacht, diesen Je-
sus, den ihr gekreuzigt habt.

Erste Bekehrungen: 2,37–42

37 Als sie das hörten, traf es sie mitten ins Herz, und sie
sagten zu Petrus und den übrigen Aposteln: Was sollen wir Lk 3,10
tun, Brüder? 38 Petrus antwortete ihnen: Kehrt um, und je- Lk 3,3
der von euch lasse sich auf den Namen Jesu Christi taufen
zur Vergebung seiner Sünden; dann werdet ihr die Gabe
des Heiligen Geistes empfangen. 39 Denn euch und euren
Kindern gilt die Verheißung und all *denen in der Ferne*, die Jes 57,19;
der Herr, unser Gott herbeirufen wird. 40 Mit noch vielen Eph 2,17
anderen Worten beschwor und ermahnte er sie: Laßt euch Dtn 32,5;
retten aus dieser verdorbenen Generation! 41 Die nun, die Ps 78,8; Lk 9,41;
sein Wort annahmen, ließen sich taufen. An diesem Tag Phil 2,15
wurden (ihrer Gemeinschaft) etwa dreitausend Menschen
hinzugefügt. 42 Sie hielten an der Lehre der Apostel fest
und an der Gemeinschaft, am Brechen des Brotes und an
den Gebeten.

Das Leben der jungen Gemeinde: 2,43–47

43 Alle wurden von Furcht ergriffen; denn durch die 5,12
Apostel geschahen viele Wunder und Zeichen. 44 Und alle,
die gläubig geworden waren, bildeten eine Gemeinschaft 4,32–35
und hatten alles gemeinsam. 45 Sie verkauften Hab und
Gut und gaben davon allen, jedem so viel, wie er nötig hat-

2,42 Die Wendung »Brechen des Brotes« bezeichnet die urchristliche Eucharistiefeier, die zuerst noch mit einem »Liebesmahl« (einer Agápe) verbunden war; vgl. 20,7–12.

Lk 24,53 te. 46 Tag für Tag verharrten sie einmütig im Tempel, bra-
chen in ihren Häusern das Brot und hielten miteinander
Mahl in Freude und Einfalt des Herzens. 47 Sie lobten Gott
und waren beim ganzen Volk beliebt. Und der Herr fügte
täglich ihrer Gemeinschaft die hinzu, die gerettet werden
sollten.

Die Heilung des Gelähmten im Tempel: 3,1–10

3 Petrus und Johannes gingen um die neunte Stunde
2–8: 14,8–10 zum Gebet in den Tempel hinauf. 2 Da wurde ein
Mann herbeigetragen, der von Geburt an gelähmt war.
Man setzte ihn täglich an das Tor des Tempels, das man die
Schöne Pforte nennt; dort sollte er bei denen, die in den
Tempel gingen, um Almosen betteln. 3 Als er nun Petrus
und Johannes in den Tempel gehen sah, bat er sie um ein
Almosen. 4 Petrus und Johannes blickten ihn an, und Pe-
trus sagte: Sieh uns an! 5 Da wandte er sich ihnen zu und
erwartete, etwas von ihnen zu bekommen. 6 Petrus aber
sagte: Silber und Gold besitze ich nicht. Doch was ich
habe, das gebe ich dir: Im Namen Jesu Christi, des Nazorä-
ers, geh umher! 7 Und er faßte ihn an der rechten Hand und
richtete ihn auf. Sogleich kam Kraft in seine Füße und Ge-
lenke; 8 er sprang auf, konnte stehen und ging umher.
Dann ging er mit ihnen in den Tempel, lief und sprang um-
her und lobte Gott. 9 Alle Leute sahen ihn umhergehen
und Gott loben. 10 Sie erkannten ihn als den, der gewöhn-
lich an der Schönen Pforte des Tempels saß und bettelte.
Und sie waren voll Verwunderung und Staunen über das,
was mit ihm geschehen war.

Die Rede des Petrus auf dem Tempelplatz: 3,11–26

11 Da er sich Petrus und Johannes anschloß, lief das
5,12; ganze Volk bei ihnen in der sogenannten Halle Salomos
Joh 10,23 zusammen, außer sich vor Staunen. 12 Als Petrus das sah,
wandte er sich an das Volk: Israeliten, was wundert ihr
euch darüber? Was starrt ihr uns an, als hätten wir aus ei-
gener Kraft oder Frömmigkeit bewirkt, daß dieser gehen
Ex 3,6.15 kann? 13 Der Gott Abrahams, Isaaks und Jakobs, der Gott
Jes 52,13 unserer Väter, hat seinen Knecht Jesus verherrlicht, den
Lk 23,22f ihr verraten und vor Pilatus verleugnet habt, obwohl dieser
Lk 23,19–25 entschieden hatte, ihn freizulassen. 14 Ihr aber habt den
Heiligen und Gerechten verleugnet und die Freilassung ei-
nes Mörders gefordert. 15 Den Urheber des Lebens habt ihr

3,14 Der »Mörder« ist Barabbas; vgl. Lk 23,19.25.

3,17 Die »Unwissenheit« der Juden besteht darin, daß sie Jesus nicht als Messias erkannten und anerkannten.

getötet, aber Gott hat ihn von den Toten auferweckt. Dafür 4,10; 5,31;
sind wir Zeugen. 16 Und weil er an seinen Namen geglaubt Hebr 2,10
hat, hat dieser Name den Mann hier, den ihr seht und
kennt, zu Kräften gebracht; der Glaube, der durch ihn
kommt, hat ihm vor euer aller Augen die volle Gesundheit
geschenkt. 17 Nun, Brüder, ich weiß, ihr habt aus Unwis- 13,27; Lk 23, 34;
senheit gehandelt, ebenso wie eure Führer. 18 Gott aber hat Joh 16,3;
auf diese Weise erfüllt, was er durch den Mund aller Pro- 1 Tim 1,13
pheten im voraus verkündigt hat: daß sein Messias leiden Lk 18,31
werde. 19 Also kehrt um, und tut Buße, damit eure Sünden 2,38; Lk 3,3
getilgt werden 20 und der Herr Zeiten des Aufatmens Mt 19,28
kommen läßt und Jesus sendet als den für euch bestimm-
ten Messias. 21 Ihn muß freilich der Himmel aufnehmen
bis zu den Zeiten der Wiederherstellung von allem, die Lk 21,27f
Gott von jeher durch den Mund seiner heiligen Propheten
verkündet hat. 22 Mose hat gesagt: *Einen Propheten wie* Dtn 18,15.18;
mich wird euch der Herr, euer Gott, aus euren Brüdern Apg 7,37;
erwecken. Auf ihn sollt ihr hören in allem, was er zu euch Joh 1,21; 6,14
sagt. 23 *Jeder, der auf jenen Propheten nicht hört, wird aus* Lev 23,29;
dem Volk ausgemerzt werden. 24 Und auch alle Propheten Dtn 18,19
von Samuel an und alle, die später auftraten, haben diese
Tage angekündigt. 25 Ihr seid die Söhne der Propheten und
des Bundes, den Gott mit euren Vätern geschlossen hat, als
er zu Abraham sagte: *Durch deinen Nachkommen sollen* Gen 12,3; 18,18;
alle Geschlechter der Erde Segen erlangen. 26 Für euch zu- 22,18; 28,4;
erst hat Gott seinen Knecht erweckt und gesandt, damit er Gal 3,8
euch segnet und jeden von seiner Bosheit abbringt.

Petrus und Johannes vor dem Hohen Rat: 4,1–22

4 Während sie zum Volk redeten, traten die Priester, der
Tempelhauptmann und die Sadduzäer zu ihnen. 2 Sie
waren aufgebracht, weil die Apostel das Volk lehrten und
in Jesus die Auferstehung von den Toten verkündeten. 23,8
3 Sie nahmen sie fest und hielten sie bis zum nächsten
Morgen in Haft. Es war nämlich schon Abend. 4 Viele aber,
die das Wort gehört hatten, wurden gläubig; und die Zahl
der Männer stieg auf etwa fünftausend.

5 Am anderen Morgen versammelten sich ihre Führer
sowie die Ältesten und die Schriftgelehrten in Jerusalem,
6 dazu Hannas, der Hohepriester, Kajaphas, Johannes, Lk 3,2
Alexander und alle, die aus dem Geschlecht der Hohen-
priester stammten. 7 Sie stellten die beiden in die Mitte
und fragten sie: Mit welcher Kraft oder in wessen Namen Lk 20,2

4,6 Hannas war von 6 bis 15 n. Chr., Kajaphas von 18 bis 37 n. Chr. Hoherpriester.

habt ihr das getan? 8 Da sagte Petrus zu ihnen, erfüllt vom
Heiligen Geist: Ihr Führer des Volkes und ihr Ältesten!
9 Wenn wir heute wegen einer guten Tat an einem kranken
Menschen darüber vernommen werden, durch wen er ge-
heilt worden ist, 10 so sollt ihr alle und das ganze Volk Is-
rael wissen: im Namen Jesu Christi, des Nazoräers, den ihr
gekreuzigt habt und den Gott von den Toten auferweckt
hat. Durch ihn steht dieser Mann gesund vor euch. 11 Er
Ps 118,22; (Jesus) ist *der Stein, der von euch Bauleuten verworfen*
Lk 20,17; *wurde, der aber zum Eckstein geworden ist*. 12 Und in kei-
Eph 2,20; 1 Petr 2,4–8 nem anderen ist das Heil zu finden. Denn es ist uns Men-
Mt 1,21; schen kein anderer Name unter dem Himmel gegeben,
1 Kor 3,11 durch den wir gerettet werden sollen.

13 Als sie den Freimut des Petrus und des Johannes sahen
und merkten, daß es ungelehrte und einfache Leute waren,
wunderten sie sich. Sie erkannten sie als Jünger Jesu, 14 sa-
hen aber auch, daß der Geheilte bei ihnen stand; so konn-
ten sie nichts dagegen sagen. 15 Sie befahlen ihnen, den
Hohen Rat zu verlassen; dann berieten sie miteinander
16 und sagten: Was sollen wir mit diesen Leuten anfangen?
Daß offensichtlich ein Wunder durch sie geschehen ist, ist
allen Einwohnern von Jerusalem bekannt; wir können es
nicht abstreiten. 17 Damit aber die Sache nicht weiter im
5,28 Volk verbreitet wird, wollen wir ihnen bei Strafe verbie-
ten, je wieder in diesem Namen zu irgendeinem Menschen
zu sprechen. 18 Und sie riefen sie herein und verboten ih-
nen, jemals wieder im Namen Jesu zu predigen und zu leh-
5,29–32 ren. 19 Doch Petrus und Johannes antworteten ihnen: Ob
es vor Gott recht ist, mehr auf euch zu hören als auf Gott,
das entscheidet selbst. 20 Wir können unmöglich schwei-
gen über das, was wir gesehen und gehört haben. 21 Jene
aber drohten ihnen noch mehr und ließen sie dann gehen;
denn sie sahen keine Möglichkeit, sie zu bestrafen, mit
Rücksicht auf das Volk, da alle Gott wegen des Geschehe-
nen priesen. 22 Denn der Mann, an dem das Wunder der
Heilung geschah, war über vierzig Jahre alt.

Gebet der Urgemeinde um Furchtlosigkeit: 4,23–31

23 Nach ihrer Freilassung gingen sie zu den Ihren und be-
richteten alles, was die Hohenpriester und die Ältesten zu
ihnen gesagt hatten. 24 Als sie das hörten, erhoben sie ein-
Ps 146,6; mütig ihre Stimme zu Gott und sprachen: *Herr, du hast*
Ex 20,11 *den Himmel, die Erde und das Meer geschaffen und alles,*
was dazugehört; 25 du hast durch den Mund unseres Va-
ters David, deines Knechtes, durch den Heiligen Geist ge-
sagt:

Warum toben die Völker, Ps 2,1f
warum machen die Nationen vergebliche Pläne?
26 *Die Könige der Erde stehen auf,*
und die Herrscher haben sich verbündet
gegen den Herrn und seinen Gesalbten.
27 Wahrhaftig, *verbündet* haben sich in dieser Stadt ge-
gen deinen heiligen Knecht Jesus, den du gesalbt hast, He- Lk 23,12f
rodes und Pontius Pilatus mit den Heiden und den Stäm-
men Israels, 28 um alles auszuführen, was deine Hand und
dein Wille im voraus bestimmt haben. 29 Doch jetzt, Herr,
sieh auf ihre Drohungen und gib deinen Knechten die
Kraft, mit allem Freimut dein Wort zu verkünden.
30 Streck deine Hand aus, damit Heilungen und Zeichen
und Wunder geschehen durch den Namen deines heiligen
Knechtes Jesus. 31 Als sie gebetet hatten, bebte der Ort, an
dem sie versammelt waren, und alle wurden mit dem Hei- 2,44f
ligen Geist erfüllt, und sie verkündeten freimütig das Wort
Gottes.

Die Gütergemeinschaft der Urgemeinde: 4,32–37

32 Die Gemeinde der Gläubigen war ein Herz und eine
Seele. Keiner nannte etwas von dem, was er hatte, sein Ei-
gentum, sondern sie hatten alles gemeinsam. 33 Mit großer
Kraft legten die Apostel Zeugnis ab von der Auferstehung 2,22–24
Jesu, des Herrn, und reiche Gnade ruhte auf ihnen allen.
34 Es gab auch keinen unter ihnen, der Not litt. Denn alle,
die Grundstücke oder Häuser besaßen, verkauften ihren Lk 12,33
Besitz, brachten den Erlös 35 und legten ihn den Aposteln 2,44f
zu Füßen. Jedem wurde davon so viel zugeteilt, wie er nötig
hatte. 36 Auch Josef, ein Levit aus Zypern, der von den 9,27; 11,22.30;
Aposteln Barnabas, das heißt übersetzt Sohn des Trostes, 12,25; 13–15;
genannt wurde, 37 verkaufte einen Acker, der ihm gehörte, 1 Kor 9,6; Gal 2,1.9.13;
brachte das Geld und legte es den Aposteln zu Füßen. Kol 4,10

Der Betrug des Hananias und der Saphira: 5,1–11

5 Ein Mann namens Hananias aber und seine Frau Sa-
phira verkauften zusammen ein Grundstück, 2 und
mit Einverständnis seiner Frau behielt er etwas von dem
Erlös für sich. Er brachte nur einen Teil und legte ihn den
Aposteln zu Füßen. 3 Da sagte Petrus: Hananias, warum Lk 22,3;
hat der Satan dein Herz erfüllt, daß du den Heiligen Geist Joh 13,2

4,27 Der hier erwähnte Herodes ist Herodes Antipas, ein Sohn Herodes' des Großen, der von 4 v. Chr. bis 39 n. Chr. Tetrarch von Galiläa und Peräa war (vgl. die Anmerkung zu Lk 3,1).

4,32–37 Die Gütergemeinschaft der Urgemeinde war freiwillig; sie brachte den Geist der Brüderlichkeit zum Ausdruck.

belügst und von dem Erlös des Grundstücks etwas für dich
behältst? [4] Hätte es nicht dein Eigentum bleiben können,
und konntest du nicht auch nach dem Verkauf frei über
den Erlös verfügen? Warum hast du in deinem Herzen be-
schlossen, so etwas zu tun? Du hast nicht Menschen belo-
gen, sondern Gott. [5] Als Hananias diese Worte hörte,
stürzte er zu Boden und starb. Und über alle, die es hörten,
kam große Furcht. [6] Die jungen Männer standen auf, hüll-
ten ihn ein, trugen ihn hinaus und begruben ihn.

[7] Nach etwa drei Stunden kam seine Frau herein, ohne
zu wissen, was geschehen war. [8] Petrus fragte sie: Sag mir,
habt ihr das Grundstück für soviel verkauft? Sie antworte-
te: Ja, für soviel. [9] Da sagte Petrus zu ihr: Warum seid ihr
übereingekommen, den Geist des Herrn auf die Probe zu
stellen? Siehe, die Füße derer, die deinen Mann begraben
haben, stehen vor der Tür; auch dich wird man hinaustra-
gen. [10] Im selben Augenblick brach sie vor seinen Füßen
zusammen und starb. Die jungen Männer kamen herein,
fanden sie tot, trugen sie hinaus und begruben sie neben ih-
rem Mann. [11] Da kam große Furcht über die ganze Ge-
meinde und über alle, die davon hörten.

Zeichen und Wunder der Apostel: 5,12–16

2,43; Röm 15,19; 2 Kor 12,12 [12] Durch die Hände der Apostel geschahen viele Zeichen
3,11 und Wunder im Volk. Alle kamen einmütig in der Halle
Salomos zusammen. [13] Von den übrigen wagte niemand,
sich ihnen anzuschließen; aber das Volk schätzte sie hoch.
[14] Immer mehr wurden im Glauben zum Herrn geführt,
19,12; Mk 6,56 Scharen von Männern und Frauen. [15] Selbst die Kranken
trug man auf die Straßen hinaus und legte sie auf Betten
und Bahren, damit, wenn Petrus vorüberkam, wenigstens
Lk 4,40f sein Schatten auf einen von ihnen fiel. [16] Auch aus den
Nachbarstädten Jerusalems strömten die Leute zusammen
und brachten Kranke und von unreinen Geistern Geplagte
mit. Und alle wurden geheilt.

Verhaftung und Befreiung der Apostel: 5,17–21a

4,1–3 [17] Da erhoben sich voll Eifersucht der Hohepriester und
alle, die auf seiner Seite standen, nämlich die Gruppe der
Sadduzäer. [18] Sie ließen die Apostel verhaften und in das
12,7–10 öffentliche Gefängnis werfen. [19] Ein Engel des Herrn aber
öffnete nachts die Gefängnistore, führte sie heraus und
sagte: [20] Geht, tretet im Tempel auf, und verkündet dem

5,12 Die Halle Salomos befand sich an der Ostseite des Tempelplatzes (vgl. die Anmerkung zu Joh 10,23).

Volk alle Worte dieses Lebens! 21a Sie gehorchten und gin- 13,26
gen bei Tagesanbruch in den Tempel und lehrten.

Die Apostel vor dem Hohen Rat: 5,21b–42

21b Währenddessen kam der Hohepriester mit seinen Be-
gleitern. Sie riefen den Hohen Rat und alle Ältesten der
Söhne Israels zusammen; man schickte (Boten) zum Ge-
fängnis, um die Apostel vorführen zu lassen. 22 Die Diener
gingen, fanden sie aber nicht im Gefängnis. Sie kehrten zu-
rück und meldeten: 23 Wir fanden das Gefängnis sorgfältig
verschlossen und die Wachen vor den Toren stehen; als wir
aber öffneten, fanden wir niemand darin. 24 Der Tempel-
hauptmann und die Hohenpriester waren ratlos, als sie das
hörten, und wußten nicht, was nun werden sollte. 25 Da
kam jemand und meldete ihnen: Die Männer, die ihr ins
Gefängnis geworfen habt, stehen im Tempel und lehren
das Volk. 26 Da ging der Tempelhauptmann mit seinen
Leuten hin und holte sie, allerdings nicht mit Gewalt;
denn sie fürchteten, vom Volk gesteinigt zu werden. Lk 20,19
27 Man führte sie herbei und stellte sie vor den Hohen Rat.
Der Hohepriester verhörte sie 28 und sagte: Wir haben euch
streng verboten, in diesem Namen zu lehren; ihr aber habt
Jerusalem mit eurer Lehre erfüllt; ihr wollt das Blut dieses Mt 27,25
Menschen über uns bringen. 29 Petrus und die Apostel
antworteten: Man muß Gott mehr gehorchen als den
Menschen. 30 Der Gott unserer Väter hat Jesus auferweckt, 4,19
den ihr ans Holz gehängt und ermordet habt. 31 Ihn hat Dtn 21,22 G;
Gott als Herrscher und Retter an seine rechte Seite erho- Apg 2,23f
ben, um Israel die Umkehr und Vergebung der Sünden zu 2,38
schenken. 32 Zeugen dieser Ereignisse sind wir und der Lk 24,48;
Heilige Geist, den Gott allen verliehen hat, die ihm gehor- Joh 15,16f
chen. 33 Als sie das hörten, gerieten sie in Zorn und be-
schlossen, sie zu töten.
34 Da erhob sich im Hohen Rat ein Pharisäer namens
Gamaliël, ein beim ganzen Volk angesehener Gesetzesleh- 22,3
rer; er ließ die Apostel für kurze Zeit hinausführen.
35 Dann sagte er: Israeliten, überlegt euch gut, was ihr mit
diesen Leuten tun wollt. 36 Vor einiger Zeit nämlich trat
Theudas auf und behauptete, er sei etwas Besonderes. Ihm
schlossen sich etwa vierhundert Männer an. Aber er wurde
getötet, und sein ganzer Anhang wurde zerstreut und auf-

5,34 Es handelt sich um Gamaliël den Älteren, den Lehrer des Apostels Paulus (vgl. 22,3).

5,36f Über Theudas, Judas den Galiläer und die Volkszählung (Zensus) berichtet genauer der zeitgenössische jüdische Geschichtsschreiber Flavius Josephus.

Lk 2,2 gerieben. [37] Nach ihm trat in den Tagen der Volkszählung
Judas, der Galiläer, auf; er brachte viel Volk hinter sich und
verleitete es zum Aufruhr. Auch er kam um, und alle seine
Anhänger wurden zerstreut. [38] Darum rate ich euch jetzt:
Laßt von diesen Männern ab, und gebt sie frei; denn wenn
dieses Vorhaben oder dieses Werk von Menschen stammt,
wird es zerstört werden; [39] stammt es aber von Gott, so
könnt ihr sie nicht vernichten; sonst werdet ihr noch als
Kämpfer gegen Gott dastehen. Sie stimmten ihm zu, [40] rie-
22,19 fen die Apostel herein und ließen sie auspeitschen; dann
4,17 verboten sie ihnen, im Namen Jesu zu predigen, und ließen
Lk 6,22f; sie frei. [41] Sie aber gingen weg vom Hohen Rat und freuten
1 Petr 4,13 sich, daß sie gewürdigt worden waren, für seinen Namen
2,46; 5,20f.25 Schmach zu erleiden. [42] ⸢Und Tag für Tag lehrten sie uner-
8,35; 19,4f müdlich im Tempel und in den Häusern und verkündeten
das Evangelium von Jesus, dem Christus.

Die Wahl der Sieben: 6,1–7

6 In diesen Tagen, als die Zahl der Jünger zunahm, be-
gehrten die Hellenisten gegen die Hebräer auf, weil
4,34f ihre Witwen bei der täglichen Versorgung übersehen wur-
den. [2] Da riefen die Zwölf die ganze Schar der Jünger zu-
sammen und erklärten: Es ist nicht recht, daß wir das Wort
Gottes vernachlässigen und uns dem Dienst an den Ti-
schen widmen. [3] Brüder, wählt aus eurer Mitte sieben
1 Tim 3,7f Männer von gutem Ruf und voll Geist und Weisheit; ihnen
werden wir diese Aufgabe übertragen. [4] Wir aber wollen
beim Gebet und beim Dienst am Wort bleiben. [5] Der Vor-
schlag fand den Beifall der ganzen Gemeinde, und sie wähl-
ten Stephanus, einen Mann, erfüllt vom Glauben und vom
Heiligen Geist, ferner Philippus und Prochorus, Nikanor
und Timon, Parmenas und Nikolaus, einen Proselyten aus
13,3; 14,23; Antiochia. [6] Sie ließen sie vor die Apostel hintreten, und
1 Tim 4,14; diese beteten und legten ihnen die Hände auf. [7] Und das
2 Tim 1,6
19,20 Wort Gottes breitete sich aus, und die Zahl der Jünger in Je-
4,4 rusalem wurde immer größer; auch eine große Anzahl von
den Priestern nahm gehorsam den Glauben an.

6,1–7 Die Sieben sind nicht »Diakone« im Sinn des späteren kirchlichen Amtes. Philippus wird in 21,8 als »Evangelist« bezeichnet.

6,1 Die »Hellenisten« sind griechisch sprechende, die »Hebräer« aramäisch sprechende Judenchristen.

6,5 Ein »Proselyt« ist ein Heide, der voll zum Judentum übergetreten ist. Davon unterschieden sind die »Gottesfürchtigen«, die sich dem Judentum in lockerer Form angeschlossen haben (vgl. 10,2; 11,18; 13,16.26; 16,14; 17,4.17; 18,7).

Die Verhaftung des Stephanus: 6,8–15

8 Stephanus aber, voll Gnade und Kraft, tat Wunder und
große Zeichen unter dem Volk. 9 Doch einige von der so-
genannten Synagoge der Libertiner und Zyrenäer und
Alexandriner und Leute aus Zilizien und der Provinz Asien
erhoben sich, um mit Stephanus zu streiten; 10 aber sie
konnten der Weisheit und dem Geist, mit dem er sprach, Lk 21,15
nicht widerstehen. 11 Da stifteten sie Männer zu der Aus-
sage an: Wir haben gehört, wie er gegen Mose und Gott lä-
sterte. 12 Sie hetzten das Volk, die Ältesten und die Schrift-
gelehrten auf, drangen auf ihn ein, packten ihn und
schleppten ihn vor den Hohen Rat. 13 Und sie brachten fal- Mt 26,59; Mk 14,55
sche Zeugen bei, die sagten: Dieser Mensch hört nicht auf,
gegen diesen heiligen Ort und das Gesetz zu reden. 14 Wir
haben ihn nämlich sagen hören: Dieser Jesus, der Nazorä- Mt 26,61; 27,40; Mk 14,58; 15,29; Joh 2,19
er, wird diesen Ort zerstören und die Bräuche ändern, die
uns Mose überliefert hat. 15 Und als alle, die im Hohen Rat
saßen, auf ihn blickten, erschien ihnen sein Gesicht wie
das Gesicht eines Engels.

Die Rede des Stephanus: 7,1–53

7 Der Hohepriester aber fragte: Ist das wahr? 2 Stepha-
nus antwortete: Brüder und Väter, hört mich an! Der
Gott der Herrlichkeit erschien unserem Vater Abraham, Gen 11,31; 15,7
als er in Mesopotamien lebte, ehe er sich in Haran nieder-
ließ, 3 und sagte zu ihm: *Zieh weg aus deinem Land und* Gen 12,1
aus deiner Verwandtschaft, und geh *in das Land, das ich*
dir zeigen werde. 4 Da zog er aus dem Land der Chaldäer
fort und ließ sich in Haran nieder. Von dort ließ Gott ihn
nach dem Tod seines Vaters in dieses Land übersiedeln, in
dem ihr jetzt wohnt. 5 Er hat ihm darin kein Erbteil gege- Dtn 2,5
ben, auch nicht einen Fußbreit, doch hat er verheißen, *das* Gen 12,7; 13,15; 17,8
Land ihm und seinen Nachkommen zum Besitz *zu geben,*
obwohl er kinderlos war. 6 So sprach Gott: *Seine Nach-* Gen 15,13f
kommen werden als Fremde in einem Land wohnen, das
ihnen nicht gehört; und man wird sie zu Sklaven machen
und sie vierhundert Jahre lang hart behandeln. 7 *Aber*
auch über das Volk, dem sie als Sklaven dienen, werde ich
Gericht halten, sprach Gott, *und nachher werden sie aus-*
ziehen und mich an diesem Ort verehren. 8 Und er gab ihm Ex 3,12
den Bund der Beschneidung. So wurde Abraham der Vater Gen 21,4; 17,10
Isaaks und beschnitt ihn am achten Tag, ebenso Isaak den
Jakob, und Jakob die zwölf Patriarchen. 9 Die Patriarchen

6,9 »Libertiner« bezeichnet hier freigelassene jüdische Skla-
ven.

Gen 37,11.28 aber *waren eifersüchtig* auf Josef *und verkauften ihn nach*
Gen 39,2 *Ägypten; doch Gott war mit ihm.* 10 Er rettete ihn aus al-
Gen 39,21; len seinen Nöten, *schenkte ihm* Weisheit und *die Gunst*
41,37–44; des Pharao, des Königs von Ägypten, und *er bestellte ihn*
Ps 105,21; Weish 10,14 *zum Herrscher* über Ägypten und *über sein ganzes Haus.*
Gen 41,54 11 Es kam aber eine Hungersnot über ganz Ägypten und
Kanaan, und das Elend war groß. Auch unsere Väter hatten
Gen 42,2.5 keine Nahrung mehr. 12 Als Jakob hörte, daß es in Ägypten
Getreide gab, schickte er unsere Väter ein erstes Mal dort-
Gen 45,3.16 hin. 13 Beim zweiten Mal gab Josef sich seinen Brüdern zu
erkennen, und dem Pharao wurde Josefs Herkunft be-
Gen 45,9–11; kannt. 14 Josef aber ließ seinen Vater Jakob und seine ganze
46,27; Ex 1,5; Familie holen: fünfundsiebzig Menschen. 15 So zog Jakob
Dtn 10,22
Gen 46,1; 49,33 nach Ägypten hinab; und er starb, und auch unsere Väter
starben. 16 Man brachte sie nach Sichem und bestattete sie
Gen 23,16f; 33,19; in dem Grab, das Abraham von den Söhnen Hamors in Si-
50,13 chem für Silbergeld gekauft hatte.

17 Als aber die Zeit der Verheißung herankam, die Gott
dem Abraham zugesagt hatte, vermehrte sich das Volk und
Ex 1,7–9.22 breitete sich in Ägypten aus, 18 bis ein anderer über Ägyp-
ten König wurde, der von Josef nichts wußte. 19 Er ging ge-
gen unser Volk heimtückisch vor und zwang unsere Väter,
ihre Kinder auszusetzen; sie sollten nicht am Leben blei-
Ex 2,2; ben. 20 In dieser Zeit wurde Mose geboren, und Gott hatte
Hebr 11,23 Gefallen an ihm. Drei Monate lang wurde er im Haus sei-
Ex 2,3.5.10 nes Vaters aufgezogen; 21 als er aber ausgesetzt wurde,
nahm ihn die Tochter des Pharao auf und erzog ihn als ih-
ren Sohn. 22 Und Mose wurde in aller Weisheit der Ägypter
ausgebildet, und er war mächtig in Wort und Tat. 23 Als er
Ex 2,11 vierzig Jahre alt war, reifte in ihm der Gedanke, nach sei-
nen Brüdern, den Söhnen Israels, zu sehen. 24 Und als er
sah, wie einem von ihnen Unrecht geschah, kam er dem
Unterdrückten zu Hilfe und rächte ihn, indem er den
Ägypter erschlug. 25 Er dachte, seine Brüder würden begrei-
fen, daß Gott ihnen durch seine Hand Rettung bringen
Ex 2,13 wolle; doch sie begriffen es nicht. 26 Am folgenden Tag
kam er dazu, wie sie sich stritten; er versuchte, sie auszu-
söhnen und Frieden zu stiften, und sagte: Männer, ihr seid
doch Brüder. Warum tut ihr einander Unrecht? 27 Der
Mann aber, der seinem Nächsten Unrecht getan hatte,
Ex 2,14 G stieß ihn weg und sagte: *Wer hat dich zum Anführer und*
Schiedsrichter über uns bestellt? 28 Willst du mich etwa
umbringen, wie du gestern den Ägypter umgebracht hast?
Ex 2,15.22 29 Daraufhin floh Mose und hielt sich als Fremder in Mi-
dian auf; dort wurden ihm zwei Söhne geboren. 30 Als vier-
Ex 3,2f zig Jahre vergangen waren, *erschien ihm in der Wüste*

beim Berg Sinai *ein Engel im Feuer eines brennenden*
Dornbusches. [31] Als Mose die Erscheinung sah, wunderte
er sich darüber. Er ging näher hin, um sie genauer zu be-
trachten. Da ertönte die Stimme des Herrn: [32] *Ich bin der* Ex 3,6
Gott deiner Väter, der Gott Abrahams, Isaaks und Jakobs.
Mose begann zu zittern und wagte nicht hinzusehen. [33] Da
sagte der Herr zu ihm: *Zieh deine Schuhe aus! Denn der* Ex 3,5
Ort, wo du stehst, ist heiliger Boden. [34] *Ich habe das Elend* Ex 3,7f
meines Volkes in Ägypten gesehen und seine Klage gehört.
Ich bin herabgestiegen, um sie zu retten. Und jetzt geh, Ex 3,10
ich sende dich nach Ägypten. [35] Diesen Mose, den sie ver-
leugnet hatten mit den Worten: *Wer hat dich zum Anfüh-* Ex 2,14 G
rer und Schiedsrichter bestellt?, ihn hat Gott als Anführer
und Befreier gesandt durch die Hand des Engels, der ihm im
Dornbusch erschien. [36] Dieser Mose hat sie herausgeführt,
indem er Zeichen und Wunder tat in Ägypten und im Ro- Ex 7,3.10; 14,21
ten Meer und in der Wüste, vierzig Jahre lang. [37] Dies ist Num 14,33
der Mose, der zu den Söhnen Israels gesagt hat: *Einen Pro-* Dtn 18,15;
pheten wie mich wird Gott euch aus euren Brüdern er- Apg 3,22; Joh 1,21; 6,14
wecken. [38] Dieser stand bei der Versammlung des Volkes Ex 19,3;
in der Wüste zwischen dem Engel, der mit ihm auf dem Gal 3,19
Berg Sinai redete, und unseren Vätern. Er hat Worte des Le-
bens empfangen, um sie uns zu geben. [39] Aber unsere Väter Ex 31,18;
wollten sich ihm nicht unterordnen; sie wiesen ihn ab und Dtn 9,10;
wandten ihr Herz nach Ägypten zurück. [40] Sie sagten zu 2 Kor 3,3
Aaron: *Mach uns Götter, die vor uns herziehen! Denn die-* Ex 32,1
ser Mose, der uns aus Ägypten herausgeführt hat – wir
wissen nicht, was mit ihm geschehen ist. [41] Und sie fertig- Ex 32,4.6
ten in jenen Tagen das Standbild eines Kalbes an, brachten
dem Götzen Opfer dar und freuten sich über das Werk ihrer
Hände. [42] Da wandte sich Gott ab und überließ sie dem
Sternenkult, wie es im Buch der Propheten heißt: *Habt ihr* Am 5,25–27 G
mir etwa Schlachtopfer und Gaben dargebracht während
der vierzig Jahre in der Wüste, ihr vom Haus Israel? [43] *Das*
Zelt des Moloch und den Stern des Gottes Romfa habt ihr
herumgetragen, die Bilder, die ihr gemacht habt, um sie
anzubeten. Darum will ich euch in die Gebiete jenseits
von Babylon verbannen.

[44] Unsere Väter hatten in der Wüste das Bundeszelt. So Ex 25,40
hat Gott es angeordnet; er hat dem Mose befohlen, es nach
dem Vorbild zu errichten, das er geschaut hatte. [45] Und un-
sere Väter haben es übernommen und mitgebracht, als sie Dtn 32,49;
unter Josua das Land der Heidenvölker besetzten, die Gott Jos 3,14; 18,1
vor den Augen unserer Väter vertrieb, bis zu den Tagen

7,42 Sternenkult, wörtlich: Himmelsheer.

2 Sam 7,2; Davids. 46 Dieser fand Gnade vor Gott und bat für das Haus
Ps 132,5 Jakob um ein Zeltheiligtum. 47 Salomo aber baute ihm ein
1 Kön 6,1 Haus. 48 Doch der Höchste wohnt nicht in dem, was von
Jes 66,1f Menschenhand gemacht ist, wie der Prophet sagt: 49 *Der
Himmel ist mein Thron und die Erde der Schemel für
meine Füße. Was für ein Haus könnt ihr mir bauen?,
spricht der Herr. Oder welcher Ort kann mir als Ruhe-
stätte dienen?* 50 Hat nicht *meine Hand dies alles ge-
macht?*

Dtn 9,6 51 Ihr Halsstarrigen, ihr, die ihr euch mit Herz und Ohr
immerzu dem Heiligen Geist widersetzt, eure Väter schon
2 Chr 36,16; und nun auch ihr. 52 Welchen der Propheten haben eure
Mt 23,34 Väter nicht verfolgt? Sie haben die getötet, die die Ankunft
des Gerechten geweissagt haben, dessen Verräter und
Ex 20,18.21; Mörder ihr jetzt geworden seid, 53 ihr, die ihr durch die An-
Dtn 5,2–5; ordnung von Engeln das Gesetz empfangen, es aber nicht
Gal 3,19; gehalten habt.
Hebr 2,2

Die Steinigung des Stephanus: 7,54–8,1a

5,33 54 Als sie das hörten, waren sie aufs äußerste über ihn
empört und knirschten mit den Zähnen. 55 Er aber, erfüllt
vom Heiligen Geist, blickte zum Himmel empor, sah die
Herrlichkeit Gottes und Jesus zur Rechten Gottes stehen
Lk 22,69 56 und rief: Ich sehe den Himmel offen und den Menschen-
sohn zur Rechten Gottes stehen. 57 Da erhoben sie ein lau-
tes Geschrei, hielten sich die Ohren zu, stürmten gemein-
sam auf ihn los, 58 trieben ihn zur Stadt hinaus und steinig-
ten ihn. Die Zeugen legten ihre Kleider zu Füßen eines
jungen Mannes nieder, der Saulus hieß. 59 So steinigten sie
Lk 23,46 Stephanus; er aber betete und rief: Herr Jesus, nimm mei-
nen Geist auf! 60 Dann sank er in die Knie und schrie laut:
Lk 23,34 Herr, rechne ihnen diese Sünde nicht an! Nach diesen
Worten starb er.
7,58; 22,20 1a Saulus aber war mit dem Mord einverstanden.

Verfolgung und Zerstreuung der Urgemeinde: 8,1b–3

11,19 8 1b An jenem Tag brach eine schwere Verfolgung über
die Kirche in Jerusalem herein. Alle wurden in die
Gegenden von Judäa und Samarien zerstreut, mit Aus-

7,51 Wörtlich: Ihr Halsstarrigen und an Herzen und Ohren Unbeschnittenen, ihr widersetzt euch immerzu dem Heiligen Geist.

7,52 Der »Gerechte« ist der Messias.

7,58 Der Apostel Paulus, Jude mit römischem Bürgerrecht (vgl. 16,37), hatte zwei Namen: einen hebräischen (Saul) und einen griechisch-römischen (Paulus).

nahme der Apostel. 2 Fromme Männer bestatteten Ste-
phanus und hielten eine große Totenklage für ihn. 3 Saulus 9,1; 22,4;
aber versuchte, die Kirche zu vernichten; er drang in die 1 Kor 15,9;
Häuser ein, schleppte Männer und Frauen fort und lieferte Gal 1,13
sie ins Gefängnis ein.

DIE KIRCHE IN JUDÄA UND SAMARIEN: 8,4–12,23

Philippus als Missionar in Samaria: 8,4–13

4 Die Gläubigen, die zerstreut worden waren, zogen um-
her und verkündeten das Wort. 5 Philippus aber kam in die 6,5
Hauptstadt Samariens hinab und verkündigte dort Chri-
stus. 6 Und die Menge achtete einmütig auf die Worte des
Philippus; sie hörten zu und sahen die Wunder, die er tat.
7 Denn aus vielen Besessenen fuhren unter lautem Ge- Mk 16,17
schrei die unreinen Geister aus; auch viele Lahme und
Krüppel wurden geheilt. 8 So herrschte große Freude in je-
ner Stadt.

9 Ein Mann namens Simon wohnte schon länger in der
Stadt; er trieb Zauberei und verwirrte das Volk von Sama-
rien, da er sich als etwas Großes ausgab. 10 Alle hörten auf
ihn, jung und alt, und sie sagten: Das ist die Kraft Gottes,
die man die Große nennt. 11 Und sie schlossen sich ihm an,
weil er sie lange Zeit mit seinen Zauberkünsten betörte.
12 Als sie jedoch dem Philippus Glauben schenkten, der
das Evangelium vom Reich Gottes und vom Namen Jesu 1,3; 19,8;
Christi verkündete, ließen sie sich taufen, Männer und 28,23.31
Frauen. 13 Auch Simon wurde gläubig, ließ sich taufen und
schloß sich dem Philippus an; und als er die großen Zei-
chen und Wunder sah, geriet er außer sich vor Staunen.

Petrus und Johannes in Samarien: 8,14–25

14 Als die Apostel in Jerusalem hörten, daß Samarien das
Wort Gottes angenommen hatte, schickten sie Petrus und
Johannes dorthin. 15 Diese zogen hinab und beteten für sie,
sie möchten den Heiligen Geist empfangen. 16 Denn er war
noch auf keinen von ihnen herabgekommen; sie waren nur
auf den Namen Jesu, des Herrn, getauft. 17 Dann legten sie 2,4; 4,31;
ihnen die Hände auf, und sie empfingen den Heiligen 10,44-47;
Geist. 15,8f; 19,2.6

18 Als Simon sah, daß durch die Handauflegung der Apo-
stel der Geist verliehen wurde, brachte er ihnen Geld
19 und sagte: Gebt auch mir diese Macht, damit jeder, dem

8,10 Die Kraft Gottes, die man die Große nennt: eine heidnische Bezeichnung für göttliche Bevollmächtigung.

ich die Hände auflege, den Heiligen Geist empfängt. 20 Pe-
trus aber sagte zu ihm: Dein Silber fahre mit dir ins Ver-
derben, wenn du meinst, die Gabe Gottes lasse sich für
Eph 5,5 Geld kaufen. 21 Du hast weder einen Anteil daran noch ein
Recht darauf, denn dein Herz ist nicht aufrichtig vor Gott.
22 Wende dich von deiner Bosheit ab, und bitte den Herrn;
vielleicht wird dir dein Ansinnen vergeben. 23 Denn ich
sehe dich voll bitterer Galle und Bosheit. 24 Da antwortete
Simon: Betet ihr für mich zum Herrn, damit mich nichts
von dem trifft, was ihr gesagt habt. 25 Nachdem sie so das
Wort des Herrn bezeugt und verkündet hatten, machten
sie sich auf den Weg zurück nach Jerusalem und verkünde-
ten in vielen Dörfern der Samariter das Evangelium.

Die Taufe des Äthiopiers: 8,26–40

26 Ein Engel des Herrn sagte zu Philippus: Steh auf und
zieh nach Süden auf der Straße, die von Jerusalem nach
Gaza hinabführt. Sie führt durch eine einsame Gegend.
27 Und er brach auf. Nun war da ein Äthiopier, ein Kämme-
rer, Hofbeamter der Kandake, der Königin der Äthiopier,
der ihren ganzen Schatz verwaltete. Dieser war nach Jeru-
salem gekommen, um Gott anzubeten, 28 und fuhr jetzt
heimwärts. Er saß auf seinem Wagen und las den Prophe-
ten Jesaja. 29 Und der Geist sagte zu Philippus: Geh und
folge diesem Wagen. 30 Philippus lief hin und hörte ihn den
Propheten Jesaja lesen. Da sagte er: Verstehst du auch, was
Joh 16,13 du liest? 31 Jener antwortete: Wie könnte ich es, wenn
mich niemand anleitet? Und er bat den Philippus, einzu-
steigen und neben ihm Platz zu nehmen. 32 Der Abschnitt
der Schrift, den er las, lautete:

Jes 53,7 *Wie ein Schaf wurde er zum Schlachten geführt;*
und wie ein Lamm, das verstummt,
wenn man es schert,
so tat er seinen Mund nicht auf.

Jes 53,8 G 33 *In der Erniedrigung wurde seine Verurteilung auf-*
gehoben.
Seine Nachkommen, wer kann sie zählen?
Denn sein Leben wurde von der Erde fortgenommen.

34 Der Kämmerer wandte sich an Philippus und sagte:
Ich bitte dich, von wem sagt der Prophet das? Von sich
5,42; Lk 24,27 selbst oder von einem anderen? 35 Da begann Philippus zu

---

8,27 »Kandake« ist Titel der äthiopischen Königin. – »Käm-
merer«, wörtlich: »Eunuch«, was entweder im gängigen Sinn
(Verschnittener, Entmannter) oder als Titel für einen hohen Be-
amten zu verstehen ist.

reden, und ausgehend von diesem Schriftwort verkündete
er ihm das Evangelium von Jesus. 36 Als sie nun weiterzo-
gen, kamen sie zu einer Wasserstelle. Da sagte der Kämme-
rer: Hier ist Wasser. Was steht meiner Taufe noch im Weg? 10,47
[37] 38 Er ließ den Wagen halten, und beide, Philippus und
der Kämmerer, stiegen in das Wasser hinab, und er taufte
ihn. 39 Als sie aber aus dem Wasser stiegen, entführte der 1 Kön 18,12
Geist des Herrn den Philippus. Der Kämmerer sah ihn
nicht mehr, und er zog voll Freude weiter. 40 Den Philippus
aber sah man in Aschdod wieder. Und er wanderte durch
alle Städte und verkündete das Evangelium, bis er nach
Cäsarea kam. 21,8

Die Bekehrung des Saulus: 9,1–22

22,5–16; 26,12–18

9 Saulus wütete immer noch mit Drohung und Mord 8,3; 1 Kor 15,9;
gegen die Jünger des Herrn. Er ging zum Hohenprie- Gal 1,13
ster 2 und erbat sich von ihm Briefe an die Synagogen in
Damaskus, um die Anhänger des (neuen) Weges, Männer 19,9.23; 22,4;
und Frauen, die er dort finde, zu fesseln und nach Jerusa- 24,14.22
lem zu bringen. 3 Unterwegs aber, als er sich bereits Da-
maskus näherte, geschah es, daß ihn plötzlich ein Licht 1 Kor 9,1; 15,8;
vom Himmel umstrahlte. 4 Er stürzte zu Boden und hörte, Gal 1,16
wie eine Stimme zu ihm sagte: Saul, Saul, warum verfolgst
du mich? 5 Er antwortete: Wer bist du, Herr? Dieser sagte:
Ich bin Jesus, den du verfolgst. 6 Steh auf und geh in die
Stadt; dort wird dir gesagt werden, was du tun sollst.
7 Seine Begleiter standen sprachlos da; sie hörten zwar die
Stimme, sahen aber niemand. 8 Saulus erhob sich vom Bo-
den. Als er aber die Augen öffnete, sah er nichts. Sie nah-
men ihn bei der Hand und führten ihn nach Damaskus
hinein. 9 Und er war drei Tage blind, und er aß nicht und
trank nicht.

10 In Damaskus lebte ein Jünger namens Hananias. Zu
ihm sagte der Herr in einer Vision: Hananias! Er antworte- 10,17; 16,9
te: Hier bin ich, Herr. 11 Der Herr sagte zu ihm: Steh auf
und geh zur sogenannten Geraden Straße, und frag im
Haus des Judas nach einem Mann namens Saulus aus Tar- 21,39
sus. Er betet gerade 12 und hat in einer Vision gesehen, wie
ein Mann namens Hananias hereinkommt und ihm die
Hände auflegt, damit er wieder sieht. 13 Hananias antwor-

8,37 Einige Textzeugen fügen hinzu: Da sagte Philippus zu ihm: Wenn du aus ganzem Herzen glaubst, ist es möglich. Er antwortete: Ich glaube, daß Jesus Christus der Sohn Gottes ist.

9,2 »Der Weg« ist in der Apostelgeschichte Bezeichnung für die christliche Lehre.

tete: Herr, ich habe von vielen gehört, wieviel Böses dieser
Mann deinen Heiligen in Jerusalem angetan hat. 14 Auch
1 Kor 1,2; hier hat er Vollmacht von den Hohenpriestern, alle zu ver-
2 Tim 2,22 haften, die deinen Namen anrufen. 15 Der Herr aber sprach
22,15; Röm 1,5; zu ihm: Geh nur! Denn dieser Mann ist mein auserwähltes
Gal 2,9; 1 Kor 1,17; Werkzeug: Er soll meinen Namen vor Völker und Könige
2 Kor 4,7 und die Söhne Israels tragen. 16 Ich werde ihm auch zeigen,
Mt 10,22; wie viel er für meinen Namen leiden muß. 17 Da ging Ha-
Lk 21,12f; 2 Kor 11,23–29 nanias hin und trat in das Haus ein; er legte Saulus die
Hände auf und sagte: Bruder Saul, der Herr hat mich ge-
sandt, Jesus, der dir auf dem Weg hierher erschienen ist; du
sollst wieder sehen und mit dem Heiligen Geist erfüllt
werden. 18 Sofort fiel es wie Schuppen von seinen Augen,
und er sah wieder; er stand auf und ließ sich taufen. 19 Und
nachdem er etwas gegessen hatte, kam er wieder zu Kräf-
ten.

Einige Tage blieb er bei den Jüngern in Damaskus; 20 und
Mt 14,33; 16,16; sogleich verkündete er Jesus in den Synagogen und sagte:
27,54; Mk 15, Er ist der Sohn Gottes. 21 Alle, die es hörten, gerieten in
39; Lk 1,32.35; 22,70; Joh 1,49; Aufregung und sagten: Ist das nicht der Mann, der in Jeru-
11,27 salem alle vernichten wollte, die diesen Namen anrufen?
Und ist er nicht auch hierher gekommen, um sie zu fesseln
und vor die Hohenpriester zu führen? 22 Saulus aber trat
um so kraftvoller auf und brachte die Juden in Damaskus
18,28 in Verwirrung, weil er ihnen bewies, daß Jesus der Messias
ist.

Die Flucht des Saulus aus Damaskus: 9,23–31

23 So verging einige Zeit; da beschlossen die Juden, ihn
2 Kor 11,32f zu töten. 24 Doch ihr Plan wurde dem Saulus bekannt. Sie
bewachten sogar Tag und Nacht die Stadttore, um ihn zu
beseitigen. 25 Aber seine Jünger nahmen ihn und ließen ihn
bei Nacht in einem Korb die Stadtmauer hinab.

Gal 1,18 26 Als er nach Jerusalem kam, versuchte er, sich den Jün-
gern anzuschließen. Aber alle fürchteten sich vor ihm und
4,36 konnten nicht glauben, daß er ein Jünger war. 27 Barnabas
jedoch nahm sich seiner an und brachte ihn zu den Apo-
steln. Er erzählte ihnen, wie Saulus auf dem Weg den Herrn
gesehen habe und daß dieser mit ihm gesprochen habe und
wie er in Damaskus mutig und offen im Namen Jesu aufge-
treten sei. 28 So ging er bei ihnen in Jerusalem ein und aus,
trat unerschrocken im Namen des Herrn auf 29 und führte
auch Streitgespräche mit den Hellenisten. Diese aber plan-
ten, ihn zu töten. 30 Als die Brüder das merkten, brachten
sie ihn nach Cäsarea hinab und schickten ihn von dort
11,25; Gal 1,21 nach Tarsus.

31 Die Kirche in ganz Judäa, Galiläa und Samarien hatte
nun Frieden; sie wurde gefestigt und lebte in der Furcht vor
dem Herrn. Und sie wuchs durch die Hilfe des Heiligen
Geistes.

Die Aufnahme von Heiden in die Kirche: 9,32–12,25

Petrus in Lydda und Joppe: 9,32–43

32 Auf einer Reise zu den einzelnen Gemeinden kam Pe-
trus auch zu den Heiligen in Lydda. 33 Dort fand er einen
Mann namens Äneas, der seit acht Jahren lahm und bettlä-
gerig war. 34 Petrus sagte zu ihm: Äneas, Jesus Christus
heilt dich. Steh auf, und richte dir dein Bett! Sogleich stand
er auf. 35 Und alle Bewohner von Lydda und der Scha-
ron-Ebene sahen ihn und bekehrten sich zum Herrn.

36 In Joppe lebte eine Jüngerin namens Tabita, das heißt
übersetzt: Gazelle. Sie tat viele gute Werke und gab reich-
lich Almosen. 37 In jenen Tagen aber wurde sie krank und
starb. Man wusch sie und bahrte sie im Obergemach auf.
38 Weil aber Lydda nahe bei Joppe liegt und die Jünger hör-
ten, daß Petrus dort war, schickten sie zwei Männer zu
ihm und ließen ihn bitten: Komm zu uns, zögere nicht!
39 Da stand Petrus auf und ging mit ihnen. Als er ankam,
führten sie ihn in das Obergemach hinauf; alle Witwen tra-
ten zu ihm, sie weinten und zeigten ihm die Röcke und
Mäntel, die Gazelle gemacht hatte, als sie noch bei ihnen
war. 40 Petrus aber schickte alle hinaus, kniete nieder und
betete. Dann wandte er sich zu dem Leichnam und sagte: Mk 5,40f
Tabita, steh auf! Da öffnete sie ihre Augen, sah Petrus an
und setzte sich auf. 41 Er gab ihr die Hand und ließ sie auf-
stehen; dann rief er die Heiligen und die Witwen und zeigte
ihnen, daß sie wieder lebte. 42 Das wurde in ganz Joppe be-
kannt, und viele kamen zum Glauben an den Herrn. 43 Pe-
trus aber blieb längere Zeit in Joppe bei einem gewissen
Simon, einem Gerber. 10,6

Die Vision des Hauptmanns Kornelius in Cäsarea: 10,1–8

10 In Cäsarea lebte ein Mann namens Kornelius,
Hauptmann in der sogenannten Italischen Kohor-
te; 2 er lebte mit seinem ganzen Haus fromm und gottes-
fürchtig, gab dem Volk reichlich Almosen und betete be-

10,1 Cäsarea am Meer war der Sitz des römischen Statthalters und Standort einer römischen Garnison.

ständig zu Gott. 3 Er sah um die neunte Tagesstunde in ei-
ner Vision deutlich, wie ein Engel Gottes bei ihm eintrat
und zu ihm sagte: Kornelius! 4 Kornelius blickte ihn an
und fragte erschrocken: Was ist, Herr? Er sagte zu ihm:
Deine Gebete und Almosen sind zu Gott gelangt, und er
hat sich an sie erinnert. 5 Schick jetzt einige Männer nach
Joppe, und laß einen gewissen Simon herbeiholen, der den
9,43 Beinamen Petrus hat. 6 Er ist zu Gast bei einem Gerber
namens Simon, der ein Haus am Meer hat. 7 Als der Engel,
der mit ihm sprach, weggegangen war, rief Kornelius zwei
seiner Haussklaven und einen frommen Soldaten aus sei-
nem Gefolge. 8 Er erzählte ihnen alles und schickte sie
nach Joppe.

Die Vision des Petrus in Joppe: 10,9–23a

11,5–11 9 Am folgenden Tag, als jene unterwegs waren und sich
der Stadt näherten, stieg Petrus auf das Dach, um zu beten;
es war um die sechste Stunde. 10 Da wurde er hungrig und
wollte essen. Während man etwas zubereitete, kam eine
Verzückung über ihn. 11 Er sah den Himmel offen und eine
Schale auf die Erde herabkommen, die aussah wie ein gro-
ßes Leinentuch, das an den vier Ecken gehalten wurde.
12 Darin lagen alle möglichen Vierfüßler, Kriechtiere der
Erde und Vögel des Himmels. 13 Und eine Stimme rief ihm
zu: Steh auf, Petrus, schlachte, und iß! 14 Petrus aber ant-
Lev 11; wortete: Niemals, Herr! Noch nie habe ich etwas Unheili-
Ez 4,14 ges und Unreines gegessen. 15 Da richtete sich die Stimme
Mk 7,15.19; ein zweites Mal an ihn: Was Gott für rein erklärt, nenne du
Gal 2,12 nicht unrein! 16 Das geschah dreimal, dann wurde die
Schale plötzlich in den Himmel hinaufgezogen.

17 Petrus war noch ratlos und überlegte, was die Vision,
die er gehabt hatte, wohl bedeutete; inzwischen hatten
sich die von Kornelius gesandten Männer zum Haus des
Simon durchgefragt und standen am Tor. 18 Sie riefen und
fragten, ob Simon mit dem Beinamen Petrus hier zu Gast
sei. 19 Während Petrus noch über die Vision nachdachte,
13,2; 15,28 sagte der Geist zu ihm: Da sind zwei Männer und suchen
dich. 20 Steh auf, geh hinunter, und zieh ohne Bedenken
mit ihnen; denn ich habe sie geschickt. 21 Petrus stieg zu
den Männern hinab und sagte: Ich bin der, den ihr sucht.
Aus welchem Grund seid ihr hier? 22 Sie antworteten: Der
Hauptmann Kornelius, ein gerechter und gottesfürchtiger
Mann, der beim ganzen Volk der Juden in gutem Ruf steht,
hat von einem heiligen Engel die Weisung erhalten, dich in
sein Haus holen zu lassen und zu hören, was du ihm zu sa-
gen hast. 23a Da ließ er sie eintreten und bewirtete sie.

Die Taufe des Kornelius: 10,23b–48

23b Tags darauf machte sich Petrus mit ihnen auf den
Weg, und einige Brüder aus Joppe begleiteten ihn. 24 Am
folgenden Tag kamen sie nach Cäsarea. Kornelius erwar-
tete sie schon und hatte seine Verwandten und seine näch-
sten Freunde zusammengerufen. 25 Als nun Petrus ankam,
ging ihm Kornelius entgegen und warf sich ehrfürchtig vor
ihm nieder. 26 Petrus aber richtete ihn auf und sagte: Steh 14,15;
auf! Auch ich bin nur ein Mensch. 27 Während er sich mit Offb 19,10
ihm unterhielt, ging er hinein und fand dort viele Men-
schen versammelt. 28 Da sagte er zu ihnen: Ihr wißt, daß es
einem Juden nicht erlaubt ist, mit einem Nichtjuden zu 11,3; Gal 2,12
verkehren oder sein Haus zu betreten; mir aber hat Gott
gezeigt, daß man keinen Menschen unheilig oder unrein
nennen darf. 29 Darum bin ich auch ohne Widerspruch ge-
kommen, als nach mir geschickt wurde. Nun frage ich:
Warum habt ihr mich holen lassen?

30 Da sagte Kornelius: Vor vier Tagen um diese Zeit war
ich zum Gebet der neunten Stunde in meinem Haus; da
stand plötzlich ein Mann in einem leuchtenden Gewand
vor mir 31 und sagte: Kornelius, dein Gebet wurde erhört,
und deine Almosen wurden vor Gott in Erinnerung ge-
bracht. 32 Schick jemand nach Joppe, und laß Simon, der
den Beinamen Petrus hat, holen; er ist Gast im Haus des
Gerbers Simon am Meer. 33 Sofort habe ich nach dir ge-
schickt, und es ist gut, daß du gekommen bist. Jetzt sind
wir alle hier vor Gott zugegen, um all das anzuhören, was
dir vom Herrn aufgetragen worden ist.

34 Da begann Petrus zu reden und sagte: Wahrhaftig,
jetzt begreife ich, daß Gott nicht auf die Person sieht, Dtn 10,17;
35 sondern daß ihm in jedem Volk willkommen ist, wer ihn Röm 2,11.14;
fürchtet und tut, was recht ist. 36 Er hat das Wort den Israe- 1 Petr 1,17 *35:* Röm 2,14;
liten gesandt, indem er den Frieden verkündete durch Jesus Joh 9,31; 10,16
Christus; dieser ist der Herr aller. *36:* Jes 52,7; 1 Kor 12,3;

37 Ihr wißt, was im ganzen Land der Juden geschehen ist, Phil 1,10f
angefangen in Galiläa, nach der Taufe, die Johannes ver- Lk 4,44
kündet hat: 38 wie Gott Jesus von Nazaret gesalbt hat mit Jes 61,1;
dem Heiligen Geist und mit Kraft, wie dieser umherzog, Lk 3,22; 4,18f
Gutes tat und alle heilte, die in der Gewalt des Teufels wa-
ren; denn Gott war mit ihm. 39 Und wir sind Zeugen für al- Jes 7,14;
les, was er im Land der Juden und in Jerusalem getan hat. Mt 1,23
Ihn haben sie *an den Pfahl gehängt* und getötet. 40 Gott Dtn 21,22;
aber hat ihn am dritten Tag auferweckt und hat ihn er- Gal 3,13
scheinen lassen, 41 zwar nicht dem ganzen Volk, wohl aber 1,3; Mt 20,19; 1 Kor 15,4–7
den von Gott vorherbestimmten Zeugen: uns, die wir mit
ihm nach seiner Auferstehung von den Toten gegessen und Lk 24,41–43

getrunken haben. 42 Und er hat uns geboten, dem Volk zu
17,31; Röm 14,9; verkündigen und zu bezeugen: Das ist der von Gott einge-
2 Tim 4,1; setzte Richter der Lebenden und der Toten. 43 Von ihm be-
1 Petr 4,5 zeugen alle Propheten, daß jeder, der an ihn glaubt, durch
Jes 53,5f; Jer seinen Namen die Vergebung der Sünden empfängt.
31,34; Dan 9,24 44 Noch während Petrus dies sagte, kam der Heilige
2,4 Geist auf alle herab, die das Wort hörten. 45 Die gläubig
gewordenen Juden, die mit Petrus gekommen waren,
konnten es nicht fassen, daß auch auf die Heiden die Gabe
des Heiligen Geistes ausgegossen wurde. 46 Denn sie hör-
ten sie in Zungen reden und Gott preisen. Petrus aber sag-
te: 47 Kann jemand denen das Wasser zur Taufe verwei-
gern, die ebenso wie wir den Heiligen Geist empfangen ha-
ben? 48 Und er ordnete an, sie im Namen Jesu Christi zu
taufen. Danach baten sie ihn, einige Tage zu bleiben.

Die Rechenschaft des Petrus vor der Gemeinde in Jerusalem: 11,1–18

11 Die Apostel und die Brüder in Judäa erfuhren, daß
auch die Heiden das Wort Gottes angenommen
hatten. 2 Als nun Petrus nach Jerusalem hinaufkam, hiel-
ten ihm die gläubig gewordenen Juden vor: 3 Du hast das
10,28; Gal 2,12 Haus von Unbeschnittenen betreten und hast mit ihnen
gegessen.
4 Da begann Petrus, ihnen der Reihe nach zu berichten:
5 Ich war in der Stadt Joppe und betete; da hatte ich in einer
Verzückung eine Vision: Eine Schale, die aussah wie ein
großes Leinentuch, das an den vier Ecken gehalten wurde,
senkte sich aus dem Himmel bis zu mir herab. 6 Als ich ge-
nauer hinschaute, sah ich darin die Vierfüßler der Erde, die
wilden Tiere, die Kriechtiere und die Vögel des Himmels.
7 Ich hörte auch eine Stimme, die zu mir sagte: Steh auf,
Petrus, schlachte, und iß! 8 Ich antwortete: Niemals, Herr!
Noch nie ist etwas Unheiliges oder Unreines in meinen
Mund gekommen. 9 Doch zum zweitenmal kam eine
Stimme vom Himmel; sie sagte: Was Gott für rein erklärt
hat, nenne du nicht unrein! 10 Das geschah dreimal, dann
wurde alles wieder in den Himmel hinaufgezogen. 11 Da
standen auf einmal drei Männer vor dem Haus, in dem ich
wohnte; sie waren aus Cäsarea zu mir geschickt worden.
12 Der Geist aber sagte mir, ich solle ohne Bedenken mit
ihnen gehen. Auch diese sechs Brüder zogen mit mir, und

10,46 Zu »Zungen« vgl. die Anmerkung zu 2,4.

11,2 die gläubig gewordenen Juden, wörtlich: die aus der Beschneidung.

wir kamen in das Haus jenes Mannes. 13 Er erzählte uns,
wie er in seinem Haus den Engel stehen sah, der zu ihm
sagte: Schick jemand nach Joppe, und laß Simon, der Pe-
trus genannt wird, holen. 14 Er wird dir Worte sagen, durch
die du mit deinem ganzen Haus gerettet werden wirst.
15 Während ich redete, kam der Heilige Geist auf sie herab, 2,3f
wie am Anfang auf uns. 16 Da erinnerte ich mich an das
Wort des Herrn: Johannes hat mit Wasser getauft, ihr aber 1,5; Lk 3,16
werdet mit dem Heiligen Geist getauft werden. 17 Wenn
nun Gott ihnen, nachdem sie zum Glauben an Jesus Chri-
stus, den Herrn, gekommen sind, die gleiche Gabe verlie-
hen hat wie uns: wer bin ich, daß ich Gott hindern könnte?
18 Als sie das hörten, beruhigten sie sich, priesen Gott
und sagten: Gott hat also auch den Heiden die Umkehr 14,27
zum Leben geschenkt.

Die Entstehung einer christlichen Gemeinde in Antiochia: 11,19–26

19 Bei der Verfolgung, die wegen Stephanus entstanden 8,1–4
war, kamen die Versprengten bis nach Phönizien, Zypern
und Antiochia; doch verkündeten sie das Wort nur den Ju-
den. 20 Einige aber von ihnen, die aus Zypern und Zyrene
stammten, verkündeten, als sie nach Antiochia kamen,
auch den Griechen das Evangelium von Jesus, dem Herrn.
21 Die Hand des Herrn war mit ihnen, und viele wurden
gläubig und bekehrten sich zum Herrn. 22 Die Nachricht
davon kam der Gemeinde von Jerusalem zu Ohren, und sie
schickten Barnabas nach Antiochia. 23 Als er ankam und 4,36
die Gnade Gottes sah, freute er sich und ermahnte alle,
dem Herrn treu zu bleiben, wie sie es sich vorgenommen
hatten. 24 Denn er war ein trefflicher Mann, erfüllt vom
Heiligen Geist und von Glauben. So wurde für den Herrn
eine beträchtliche Zahl hinzugewonnen. 25 Barnabas aber 9,30
zog nach Tarsus, um Saulus aufzusuchen. 26 Er fand ihn
und nahm ihn nach Antiochia mit. Dort wirkten sie mit- 11,30; 12,25; 13,2;
einander ein volles Jahr in der Gemeinde und unterrichte- Gal 2,1.13
ten eine große Zahl von Menschen. In Antiochia nannte 26,28;
man die Jünger zum erstenmal Christen. 1 Petr 4,16

11,19 Antiochia in Syrien war die drittgrößte Stadt des römischen Reiches nach Rom und Alexandria; unter der halben Million Einwohner war eine große jüdische Gemeinde.

11,26 Zum erstenmal im Neuen Testament begegnet hier die Bezeichnung »Christ« (vgl. 26,28; 1 Petr 4,16).

Die Spende der Gemeinde von Antiochia für die Christen in Judäa: 11,27–30

27 In jenen Tagen kamen von Jerusalem Propheten nach
21,10f Antiochia hinab. 28 Einer von ihnen namens Agabus trat
auf und weissagte durch den Geist, eine große Hungersnot
werde über die ganze Erde kommen. Sie brach dann unter
Röm 15,26; Klaudius aus. 29 Man beschloß, jeder von den Jüngern solle
1 Kor 16,1; nach seinem Vermögen den Brüdern in Judäa etwas zur
2 Kor 9,2.12; Gal 2,10 Unterstützung senden. 30 Das taten sie auch und schickten
ihre Gaben durch Barnabas und Saulus an die Ältesten.

Die Hinrichtung des Jakobus und die Verhaftung des Petrus: 12,1–5

12 Um jene Zeit ließ der König Herodes einige aus der
Gemeinde verhaften und mißhandeln. 2 Jakobus,
den Bruder des Johannes, ließ er mit dem Schwert hinrich-
ten. 3 Als er sah, daß es den Juden gefiel, ließ er auch Petrus
festnehmen. Das geschah in den Tagen der Ungesäuerten
Brote. 4 Er nahm ihn also fest und warf ihn ins Gefängnis.
Die Bewachung übertrug er vier Abteilungen von je vier
Soldaten. Er beabsichtigte, ihn nach dem Paschafest dem
Volk vorführen zu lassen. 5 Petrus wurde also im Gefäng-
Jak 5,16 nis bewacht. Die Gemeinde aber betete inständig für ihn
zu Gott.

Die wunderbare Befreiung des Petrus: 12,6–19a

6 In der Nacht, ehe Herodes ihn vorführen lassen wollte,
schlief Petrus, mit zwei Ketten gefesselt, zwischen zwei
Soldaten; vor der Tür aber bewachten Posten den Kerker.
5,19 7 Plötzlich trat ein Engel des Herrn ein, und ein helles
Licht strahlte in den Raum. Er stieß Petrus in die Seite,
weckte ihn und sagte: Schnell, steh auf! Da fielen die Ket-
ten von seinen Händen. 8 Der Engel aber sagte zu ihm:
Gürte dich, und zieh deine Sandalen an! Er tat es. Und der
Engel sagte zu ihm: Wirf deinen Mantel um, und folge mir!
9 Dann ging er hinaus, und Petrus folgte ihm, ohne zu wis-

11,27 Gemeint sind hier christliche Propheten, die in der Urkirche eine wichtige Rolle spielten; vgl. z. B. 1 Kor 12,28; 14,3–12; Eph 2,20.

11,28 Kaiser Klaudius regierte von 41 bis 54 n. Chr. Römische Geschichtsschreiber berichten von Hungersnöten während seiner Regierungszeit. Nach 18,2 hat Klaudius die Juden aus Rom ausgewiesen, wahrscheinlich im Jahr 49 n. Chr.

12,1 Es handelt sich um Herodes Agrippa I., einen Enkel Herodes' des Großen, dem 38 n. Chr. von Kaiser Kaligula die Tetrarchie des Philippus übertragen wurde (vgl. die Anmerkung zu Lk 3,1f) und der von 41 bis 44 König von ganz Palästina war.

12,2 Es ist der Apostel Jakobus, der Ältere.

sen, daß es Wirklichkeit war, was durch den Engel ge-
schah; es kam ihm vor, als habe er eine Vision. [10] Sie gin-
gen an der ersten und an der zweiten Wache vorbei und
kamen an das eiserne Tor, das in die Stadt führt; es öffnete
sich ihnen von selbst. Sie traten hinaus und gingen eine
Gasse weit; und auf einmal verließ ihn der Engel.
[11] Da kam Petrus zu sich und sagte: Nun weiß ich wahr-
haftig, daß der Herr seinen Engel gesandt und mich der
Hand des Herodes entrissen hat und all dem, was das Volk
der Juden erhofft hat. [12] Als er sich darüber klar geworden
war, ging er zum Haus der Maria, der Mutter des Johannes 12,25; 13,5.13;
mit dem Beinamen Markus, wo nicht wenige versammelt 15,37
waren und beteten. [13] Als er am Außentor klopfte, kam
eine Magd namens Rhode, um zu öffnen. [14] Sie erkannte
die Stimme des Petrus, doch vor Freude machte sie das Tor
nicht auf, sondern lief hinein und berichtete: Petrus steht
vor dem Tor. [15] Da sagten sie zu ihr: Du bist nicht bei Sin-
nen. Doch sie bestand darauf, es sei so. Da sagten sie: Es ist
sein Engel. [16] Petrus aber klopfte noch immer. Als sie öff-
neten und ihn sahen, staunten sie. [17] Er gab ihnen mit der
Hand ein Zeichen zu schweigen und erzählte ihnen, wie
der Herr ihn aus dem Gefängnis herausgeführt hatte. Er
sagte: Berichtet das dem Jakobus und den Brüdern! Dann
verließ er sie und ging an einen anderen Ort.
[18] Als es Tag wurde, herrschte bei den Soldaten große 5,22f
Aufregung darüber, was wohl mit Petrus geschehen sei.
[19a] Herodes aber ließ ihn suchen, und da man ihn nicht
fand, verhörte er die Wachen und befahl, sie abzuführen.

Der Tod des Herodes Agrippa: 12,19b–23

[19b] Dann zog Herodes von Judäa nach Cäsarea hinab und
blieb dort. [20] Er war über die Bewohner von Tyrus und Si-
don sehr aufgebracht. Sie kamen gemeinsam zu ihm, ge-
wannen Blastus, den Kämmerer des Königs, für sich und
baten um Frieden, weil sie ihre Nahrung aus dem Land des
Königs bezogen. [21] Am festgesetzten Tag nahm Herodes
im Königsgewand auf der Tribüne Platz und hielt vor ih-
nen eine feierliche Ansprache. [22] Das Volk aber schrie: Die
Stimme eines Gottes, nicht eines Menschen! [23] Im selben
Augenblick schlug ihn ein Engel des Herrn, weil er nicht
Gott die Ehre gegeben hatte. Und von Würmern zerfressen,
starb er.

12,17 Dieser Jakobus ist der Mk 6,3 erwähnte »Bruder des Herrn«, der nach der Apostelgeschichte (vgl. 15,13–21; 21,18) und dem Galaterbrief (vgl. 1,19; 2,9.12) eine wichtige Rolle in der Urgemeinde von Jerusalem spielte.

Die Rückkehr des Barnabas und des Saulus nach Antiochia: 12,24–25

6,7 24 Das Wort des Herrn aber wuchs und breitete sich aus.
25 Nachdem Barnabas und Saulus in Jerusalem ihre Auf-
gabe erfüllt hatten, kehrten sie zurück; Johannes mit dem
Beinamen Markus nahmen sie mit.

DIE KIRCHE UNTER DEN VÖLKERN: 13,1–28,31

Die Aussendung des Barnabas und des Saulus: 13,1–3

13 In der Gemeinde von Antiochia gab es Propheten
Röm 16,21 und Lehrer: Barnabas und Simeon, genannt Niger,
Luzius von Zyrene, Manaën, ein Jugendgefährte des Te-
trarchen Herodes, und Saulus. 2 Als sie zu Ehren des Herrn
Gottesdienst feierten und fasteten, sprach der Heilige
1 Kor 9,6 Geist: Wählt mir Barnabas und Saulus zu dem Werk aus,
6,6; 14,23; zu dem ich sie mir berufen habe. 3 Da fasteten und beteten
1 Tim 4,14; sie, legten ihnen die Hände auf und ließen sie ziehen.
2 Tim 1,6

Die erste Missionsreise des Paulus: 13,4–14,28

Von Antiochia über Zypern bis Perge: 13,4–13

4 Vom Heiligen Geist ausgesandt, zogen sie nach Seleu-
zia hinab und segelten von da nach Zypern. 5 Als sie in Sa-
lamis angekommen waren, verkündeten sie das Wort Got-
12,12.25 tes in den Synagogen der Juden. Johannes hatten sie als
Helfer bei sich. 6 Sie durchzogen die ganze Insel bis Paphos.
Dort trafen sie einen Mann namens Barjesus, einen Zaube-
rer und falschen Propheten, der Jude war 7 und zum Ge-
folge des Prokonsuls Sergius Paulus, eines verständigen
Mannes, gehörte. Dieser ließ Barnabas und Saulus rufen
und wünschte, von ihnen das Wort Gottes zu hören. 8 Aber
Elymas, der Zauberer – so wird nämlich der Name Elymas
übersetzt –, trat gegen sie auf und wollte den Prokonsul
vom Glauben abhalten. 9 Saulus, der auch Paulus heißt,
blickte ihn, vom Heiligen Geist erfüllt, an 10 und sagte: Du
elender und gerissener Betrüger, du Sohn des Teufels, du
Feind aller Gerechtigkeit, willst du nicht endlich aufhö-
ren, die geraden Wege des Herrn zu durchkreuzen? 11 Jetzt
kommt die Hand des Herrn über dich. Du wirst blind sein
und eine Zeitlang die Sonne nicht mehr sehen. Im selben
Augenblick fiel Finsternis und Dunkel auf ihn, er tappte
umher und suchte jemand, der ihn an der Hand führte.

13,4 Seleuzia war die Hafenstadt von Antiochia.

[12] Als der Prokonsul das alles sah, wurde er gläubig, denn er
war betroffen von der Lehre des Herrn. [13] Von Paphos fuhr
Paulus mit seinen Begleitern ab und kam nach Perge in
Pamphylien. Johannes aber trennte sich von ihnen und V. 5
kehrte nach Jerusalem zurück.

Das Wirken des Barnabas und des Paulus in Antiochia in Pisidien: 13,14–52

[14] Sie selbst wanderten von Perge weiter und kamen
nach Antiochia in Pisidien. Dort gingen sie am Sabbat in 15,21;
die Synagoge und setzten sich. [15] Nach der Lesung aus dem Lk 4,16f
Gesetz und den Propheten schickten die Synagogenvor-
steher zu ihnen und ließen ihnen sagen: Brüder, wenn ihr
ein Wort des Trostes für das Volk habt, so redet.

[16] Da stand Paulus auf, gab mit der Hand ein Zeichen
und sagte: Ihr Israeliten und ihr Gottesfürchtigen, hört!
[17] Der Gott dieses Volkes Israel hat unsere Väter erwählt
und das Volk in der Fremde erhöht, in Ägypten; er hat sie
mit hoch erhobenem Arm von dort herausgeführt [18] und Ex 6,1.6
fast *vierzig Jahre durch die Wüste getragen.* [19] *Sieben Völ-* Ex 16,35;
ker hat er im Land Kanaan vernichtet und ihr Land ihnen Num 14,34;
zum Besitz gegeben, [20] für etwa vierhundertfünfzig Jahre. Dtn 1,31; 7,1
Danach hat er ihnen Richter gegeben bis zum Propheten
Samuel. [21] Dann verlangten sie einen König, und Gott gab 1 Sam 8,5;
ihnen Saul, den Sohn des Kisch, einen Mann aus dem 10, 21.24
Stamm Benjamin, für vierzig Jahre. [22] Nachdem er ihn
verworfen hatte, erhob er David zu ihrem König, von dem
er bezeugte: *Ich habe David, den Sohn des Isai, als einen* Ps 89,21;
Mann nach meinem Herzen gefunden, der alles, was ich 1 Sam 13,14;
will, vollbringen wird. [23] Aus seinem Geschlecht hat Gott Jes 44,28
dem Volk Israel, der Verheißung gemäß, Jesus als Retter 2 Sam 7,12; Jes 11,1
geschickt. [24] Vor dessen Auftreten hat Johannes dem gan- Lk 3,3
zen Volk Israel Umkehr und Taufe verkündigt. [25] Als Jo-
hannes aber seinen Lauf vollendet hatte, sagte er: Ich bin
nicht der, für den ihr mich haltet; aber seht, nach mir
kommt einer, dem die Sandalen von den Füßen zu lösen Lk 3,16
ich nicht wert bin.

[26] Brüder, ihr Söhne aus Abrahams Geschlecht und ihr
Gottesfürchtigen! Uns wurde das Wort dieses Heils ge-
sandt. [27] Denn die Einwohner von Jerusalem und ihre Füh- 3,17; Lk 23,34;
rer haben Jesus nicht erkannt, aber sie haben die Worte der Joh 16,3;
Propheten, die an jedem Sabbat vorgelesen werden, erfüllt 1 Tim 1,13
und haben ihn verurteilt. [28] Obwohl sie nichts fanden, wo- Lk 23,4.15–25
für er den Tod verdient hätte, forderten sie von Pilatus

13,24 wörtlich: Taufe der Umkehr.

seine Hinrichtung. 29 Als sie alles vollbracht hatten, was in
der Schrift über ihn gesagt ist, nahmen sie ihn vom Kreu-
zesholz und legten ihn ins Grab. 30 Gott aber hat ihn von
den Toten auferweckt, 31 und er ist viele Tage hindurch
denen erschienen, die mit ihm zusammen von Galiläa
nach Jerusalem hinaufgezogen waren und die jetzt vor dem
Volk seine Zeugen sind. 32 So verkünden wir euch das
Röm 1,4 Evangelium: Gott hat die Verheißung, die an die Väter er-
gangen ist, 33 an uns, ihren Kindern, erfüllt, indem er Jesus
auferweckt hat, wie es schon im zweiten Psalm heißt:
Ps 2,7 *Mein Sohn bist du, heute habe ich dich gezeugt.* 34 Daß er
ihn aber von den Toten auferweckt hat, um ihn nicht mehr
zur Verwesung zurückkehren zu lassen, hat er so ausge-
Jes 55,3 G drückt: *Ich will euch die Heilsgaben gewähren, die ich
David fest zugesagt habe.* 35 Darum sagt er auch an einer
Ps 16,10; anderen Stelle: *Du läßt deinen Frommen nicht die Verwe-
Apg 2,27.31 sung schauen.* 36 David aber ist, nachdem er seinen Zeit-
genossen gedient hatte, nach Gottes Willen entschlafen
und mit seinen Vätern vereint worden. Er hat die Verwe-
sung gesehen; 37 der aber, den Gott auferweckte, hat die
Verwesung nicht gesehen. 38 Ihr sollt also wissen, meine
10,43; Brüder: Durch diesen wird euch die Vergebung der Sünden
Hebr 9,9; 10,1–4 verkündet, und in allem, worin euch das Gesetz des Mose
Röm 10,4 nicht gerecht machen konnte, 39 wird jeder, der glaubt,
durch ihn gerecht gemacht. 40 Gebt also acht, daß nicht
Hab 1,5 eintrifft, was bei den Propheten gesagt ist: 41 *Schaut hin,
ihr Verächter, staunt und erstarrt! Denn ich vollbringe in
euren Tagen eine Tat – würde man euch von dieser Tat er-
zählen, ihr glaubtet es nicht.*

42 Als sie hinausgingen, bat man sie, am nächsten Sabbat
über diese Worte zu ihnen zu sprechen. 43 Und als die Ver-
sammlung sich aufgelöst hatte, schlossen sich viele Juden
und fromme Proselyten Paulus und Barnabas an. Diese re-
deten mit ihnen und ermahnten sie, der Gnade Gottes treu
zu bleiben.

44 Am folgenden Sabbat versammelte sich fast die ganze
Stadt, um das Wort des Herrn zu hören. 45 Als die Juden die
Scharen sahen, wurden sie eifersüchtig, widersprachen
den Worten des Paulus und stießen Lästerungen aus.

3,26; Mt 10,6; 46 Paulus und Barnabas aber erklärten freimütig: Euch
Röm 1,16 mußte das Wort Gottes zuerst verkündet werden. Da ihr es
18,6 aber zurückstoßt und euch des ewigen Lebens unwürdig
zeigt, wenden wir uns jetzt an die Heiden. 47 Denn so hat
uns der Herr aufgetragen:

Jes 42,6; 49,6 *Ich habe dich zum Licht für die Völker gemacht,
bis an das Ende der Erde sollst du das Heil sein.*

48 Als die Heiden das hörten, freuten sie sich und priesen
das Wort des Herrn; und alle wurden gläubig, die für das
ewige Leben bestimmt waren. 49 Das Wort des Herrn aber 2 Thess 3,1
verbreitete sich in der ganzen Gegend. 50 Die Juden jedoch 14,5.19;
hetzten die vornehmen gottesfürchtigen Frauen und die 1 Thess 2,15f;
Ersten der Stadt auf, veranlaßten eine Verfolgung gegen 2 Tim 3,11
Paulus und Barnabas und vertrieben sie aus ihrem Gebiet.
51 Diese aber schüttelten gegen sie den Staub von ihren Mt 10,14;
Füßen und zogen nach Ikonion. 52 Und die Jünger waren Lk 9,5
voll Freude und erfüllt vom Heiligen Geist.

In Ikonion, Lystra und Derbe: 14,1–20

14 In Ikonion gingen sie ebenfalls in die Synagoge der
Juden und redeten in dieser Weise, und eine große
Zahl von Juden und Griechen wurde gläubig. 2 Die Juden
aber, die sich widersetzten, erregten und erbitterten die 13,45
Heiden gegen die Brüder. 3 Längere Zeit nun blieben sie
dort und predigten freimütig im Vertrauen auf den Herrn;
er legte Zeugnis ab für das Wort seiner Gnade, indem er
durch die Hände der Apostel Zeichen und Wunder gesche-
hen ließ. 4 Doch das Volk in der Stadt spaltete sich; die ei-
nen hielten zu den Juden, die andern zu den Aposteln. 5 Als
die Apostel merkten, daß die Heiden und die Juden zu- 13,50;
sammen mit ihren Führern entschlossen waren, sie zu 2 Tim 3,11 Mt 10,23
mißhandeln und zu steinigen, 6 flohen sie in die Städte von
Lykaonien, Lystra und Derbe, und in deren Umgebung.
7 Dort verkündeten sie das Evangelium.
8 In Lystra war ein Mann, der von Geburt an gelähmt *8–10:* 3,1–10
war; er saß ohne Kraft in den Füßen da und hatte nie gehen
können. 9 Er hörte der Predigt des Paulus zu. Dieser blickte
ihm fest ins Auge; und da er sah, daß der Mann darauf ver-
traute, gerettet zu werden, 10 rief er laut: Steh auf! Stell
dich aufrecht auf deine Füße! Da sprang der Mann auf und
ging umher. 11 Als die Menge sah, was Paulus getan hatte,
fing sie an zu schreien und rief auf lykaonisch: Die Götter
sind in Menschengestalt zu uns herabgestiegen. 12 Und sie
nannten den Barnabas Zeus, den Paulus aber Hermes, weil
er der Wortführer war. 13 Der Priester des »Zeus vor der
Stadt« brachte Stiere und Kränze an die Tore und wollte
zusammen mit der Volksmenge ein Opfer darbringen.
14 Als die Apostel Barnabas und Paulus davon hörten, zer-
rissen sie ihre Kleider, sprangen unter das Volk und riefen: 10,26;
15 Männer, was tut ihr? Auch wir sind nur Menschen, von Jak 5,17
gleicher Art wie ihr; wir bringen euch das Evangelium, Ex 20,11;
damit ihr euch von diesen nichtigen Götzen zu dem leben- Ps 146,6; Jes 37,16;
digen Gott bekehrt, der *den Himmel, die Erde und das* Jer 32,17

Meer geschaffen hat und alles, was dazugehört. [16] Er ließ
in den vergangenen Zeiten alle Völker ihre Wege gehen.
17,24–28; [17] Und doch hat er sich nicht unbezeugt gelassen: Er tat
Röm 1,19f Gutes, gab euch vom Himmel her Regen und fruchtbare
Zeiten; mit Nahrung und mit Freude erfüllte er euer Herz.
[18] Doch selbst mit diesen Worten konnten sie die Volks-
menge kaum davon abbringen, ihnen zu opfern.
[19] Von Antiochia und Ikonion aber kamen Juden und
2 Kor 11,25; überredeten die Volksmenge. Und sie steinigten den Pau-
2 Tim 3,11 lus und schleiften ihn zur Stadt hinaus, in der Meinung, er
sei tot. [20] Als aber die Jünger ihn umringten, stand er auf
und ging in die Stadt. Am anderen Tag zog er mit Barnabas
nach Derbe weiter.

Rückkehr nach Syrien: 14,21–28

[21] Als sie dieser Stadt das Evangelium verkündet und
viele Jünger gewonnen hatten, kehrten sie nach Lystra,
Ikonion und Antiochia zurück. [22] Sie sprachen den Jün-
gern Mut zu und ermahnten sie, treu am Glauben festzu-
11,23; halten; sie sagten: Durch viele Drangsale müssen wir in
1 Thess 3,2f das Reich Gottes gelangen. [23] In jeder Gemeinde bestellten
20,28 sie durch Handauflegung Älteste und empfahlen sie mit
Gebet und Fasten dem Herrn, an den sie nun glaubten.
[24] Nachdem sie durch Pisidien gezogen waren, kamen sie
8,4; 10,36.44; nach Pamphylien, [25] verkündeten in Perge das Wort und
11,19; 16,6 gingen dann nach Attalia hinab. [26] Von dort fuhren sie mit
13,1f dem Schiff nach Antiochia, wo man sie für das Werk, das
sie nun vollbracht hatten, der Gnade Gottes empfohlen
hatte. [27] Als sie dort angekommen waren, riefen sie die
Gemeinde zusammen und berichteten alles, was Gott mit
1 Kor 16,9 ihnen zusammen getan und daß er den Heiden die Tür zum
Glauben geöffnet hatte. [28] Und sie blieben noch längere
Zeit bei den Jüngern.

Das Apostelkonzil in Jerusalem: 15,1–35

Die Streitfrage: 15,1–5

15,24; **15** Es kamen einige Leute von Judäa herab und lehr-
Gal 1,7; 5,10 ten die Brüder: Wenn ihr euch nicht nach dem
Brauch des Mose beschneiden laßt, könnt ihr nicht geret-
tet werden. [2] Nach großer Aufregung und heftigen Ausein-
Gal 2,1 andersetzungen zwischen ihnen und Paulus und Barnabas
beschloß man, Paulus und Barnabas und einige andere von

15,1–35 Zum Bericht des Lukas über das »Apostelkonzil« (vermutlich um 48/49 n. Chr.) vgl. Gal 2,1–10. Die Frage, ob die Heidenchristen verpflichtet sind, das jüdische Gesetz zu halten, wurde auf diesem Konzil verneint (vgl. besonders 15,8–11).

ihnen sollten wegen dieser Streitfrage zu den Aposteln und
den Ältesten nach Jerusalem hinaufgehen. 3 Sie wurden
von der Gemeinde feierlich verabschiedet und zogen durch
Phönizien und Samarien; dabei berichteten sie den Brü-
dern von der Bekehrung der Heiden und bereiteten damit
allen große Freude. 4 Bei ihrer Ankunft in Jerusalem wur-
den sie von der Gemeinde und von den Aposteln und den
Ältesten empfangen. Sie erzählten alles, was Gott mit ih-
nen zusammen getan hatte. 5 Da erhoben sich einige aus
dem Kreis der Pharisäer, die gläubig geworden waren, und
sagten: Man muß sie beschneiden und von ihnen fordern,
am Gesetz des Mose festzuhalten.

Die Versammlung der Apostel und der Ältesten mit der Gemeinde: 15,6–21

6 Die Apostel und die Ältesten traten zusammen, um die
Frage zu prüfen. 7 Als ein heftiger Streit entstand, erhob
sich Petrus und sagte zu ihnen: Brüder, wie ihr wißt, hat
Gott schon längst hier bei euch die Entscheidung getrof-
fen, daß die Heiden durch meinen Mund das Wort des
Evangeliums hören und zum Glauben gelangen sollen.
8 Und Gott, der die Herzen kennt, bestätigte dies, indem er 10,44; 11,15
ihnen ebenso wie uns den Heiligen Geist gab. 9 Er machte 10,34f
keinerlei Unterschied zwischen uns und ihnen; denn er
hat ihre Herzen durch den Glauben gereinigt. 10 Warum Mt 23,4;
stellt ihr also jetzt Gott auf die Probe und legt den Jüngern Gal 3,10; 5,1
ein Joch auf den Nacken, das weder unsere Väter noch wir
tragen konnten? 11 Wir glauben im Gegenteil, durch die
Gnade Jesu, des Herrn, gerettet zu werden, auf die gleiche Gal 2,16;
Weise wie jene. 12 Da schwieg die ganze Versammlung. Eph 2,4–10
Und sie hörten Barnabas und Paulus zu, wie sie erzählten,
welch große Zeichen und Wunder Gott durch sie unter den
Heiden getan hatte.
13 Als sie geendet hatten, nahm Jakobus das Wort und 21,18; Gal 2,9
sagte: 14 Brüder, hört mich an! Simon hat berichtet, daß
Gott selbst zuerst eingegriffen hat, um aus den Heiden ein
Volk für seinen Namen zu gewinnen. 15 Damit stimmen
die Worte der Propheten überein, die geschrieben haben:
16 *Danach werde ich mich umwenden* Am 9,11f G
und die zerfallene Hütte Davids wieder aufrichten; Jer 12,15
ich werde sie aus ihren Trümmern wieder aufrichten
und werde sie wiederherstellen,
17 *damit die übrigen Menschen den Herrn suchen,*
auch alle Völker,
über denen mein Name ausgerufen ist –
spricht der Herr, der das ausführt,

Jes 45,21 [18] was ihm seit Ewigkeit bekannt ist.
[19] Darum halte ich es für richtig, den Heiden, die sich zu
Gott bekehren, keine Lasten aufzubürden; [20] man weise
15,29; 21,25; sie nur an, Verunreinigung durch Götzen(opferfleisch) und
Lev 18,6–18 Unzucht zu meiden und weder Ersticktes noch Blut zu es-
sen. [21] Denn Mose hat seit ältesten Zeiten in jeder Stadt
seine Verkündiger, da er in den Synagogen an jedem Sabbat
verlesen wird.

Die Beschlüsse der Versammlung: 15,22–29

[22] Da beschlossen die Apostel und die Ältesten zusam-
men mit der ganzen Gemeinde, Männer aus ihrer Mitte
auszuwählen und sie zusammen mit Paulus und Barnabas
nach Antiochia zu senden, nämlich Judas, genannt Barsab-
bas, und Silas, führende Männer unter den Brüdern. [23] Sie
gaben ihnen folgendes Schreiben mit: Die Apostel und die
Ältesten, eure Brüder, grüßen die Brüder aus dem Heiden-
tum in Antiochia, in Syrien und Zilizien. [24] Wir haben ge-
hört, daß einige von uns, denen wir keinen Auftrag erteilt
15,1; haben, euch mit ihren Reden beunruhigt und eure Gemü-
Gal 1,7; 5,10 ter erregt haben. [25] Deshalb haben wir uns geeinigt und be-
schlossen, Männer auszuwählen und zusammen mit unse-
ren lieben Brüdern Barnabas und Paulus zu euch zu schik-
ken, [26] die beide für den Namen Jesu Christi, unseres
Herrn, ihr Leben eingesetzt haben. [27] Wir haben Judas und
Silas abgesandt, die euch das Gleiche auch mündlich mit-
teilen sollen. [28] Denn der Heilige Geist und wir haben be-
Mt 23,4 schlossen, euch keine weitere Last aufzuerlegen als diese
1 Kor 8,1 notwendigen Dinge: [29] Götzenopferfleisch, Blut, Erstick-
tes und Unzucht zu meiden. Wenn ihr euch davor hütet,
handelt ihr richtig. Lebt wohl!

Die Mitteilung der Beschlüsse an die Gemeinde von Antiochia: 15,30–35

[30] Man verabschiedete die Abgesandten, und sie zogen
hinab nach Antiochia, riefen die Gemeinde zusammen
und übergaben ihr den Brief. [31] Die Brüder lasen ihn und
11,27; 13,1 freuten sich über die Ermunterung. [32] Judas und Silas,
selbst Propheten, sprachen ihnen mit vielen Worten Mut
zu und stärkten sie. [33] Nach einiger Zeit wurden sie von

15,20.29 »Unzucht« meint hier wahrscheinlich verbotene Verwandschaftsehen; »Ersticktes« und »Blut« beziehen sich auf den Genuß nicht geschächteter, d. h. beim Schlachten nicht ausgebluteter Tiere. Man nennt diese Anweisungen auch »Apostel-dekret« oder »Jakobusklauseln«. Sie sollten ein ungestörtes Zusammenleben zwischen Juden- und Heidenchristen in gemischten Gemeinden ermöglichen.

den Brüdern in Frieden wieder zu denen entlassen, die sie
abgesandt hatten. [34] 35 Paulus aber und Barnabas blieben
in Antiochia und lehrten und verkündeten mit vielen an-
deren das Wort des Herrn.

Die zweite Missionsreise des Paulus: 15,36–18,22

Die Trennung des Paulus von Barnabas: 15,36–41

36 Nach einiger Zeit sagte Paulus zu Barnabas: Wir wol-
len wieder aufbrechen und sehen, wie es den Brüdern in all
den Städten geht, in denen wir das Wort des Herrn verkün-
det haben. 37 Barnabas wollte auch den Johannes, genannt 12,12.25
Markus, mitnehmen; 38 doch Paulus bestand darauf, ihn
nicht mitzunehmen, weil er sie in Pamphylien im Stich ge- 13,13; Kol 4,10
lassen hatte, nicht mit ihnen gezogen war und an ihrer Ar-
beit nicht mehr teilgenommen hatte. 39 Es kam zu einer
heftigen Auseinandersetzung, so daß sie sich voneinander
trennten; Barnabas nahm Markus mit und segelte nach
Zypern. 40 Paulus aber wählte sich Silas und reiste ab,
nachdem die Brüder ihn der Gnade des Herrn empfohlen
hatten. 41 Er zog durch Syrien und Zilizien und stärkte die 9,30; 11,25;
Gemeinden. Gal 1,21

Paulus in Lykaonien: 16,1–5

16 Er kam auch nach Derbe und nach Lystra. Dort
war ein Jünger namens Timotheus, der Sohn einer 17,14; Röm 16,21;
gläubig gewordenen Jüdin und eines Griechen. 2 Er war Phil 2,19;
Paulus von den Brüdern in Lystra und Ikonion empfohlen 1 Kor 4,17;
worden. 3 Paulus wollte ihn als Begleiter mitnehmen und 2 Tim 1,5
ließ ihn mit Rücksicht auf die Juden, die in jenen Gegen-
den wohnten, beschneiden; denn alle wußten, daß sein Va-
ter ein Grieche war. 4 Als sie nun durch die Städte zogen, 15,23–29
überbrachten sie ihnen die von den Aposteln und den Älte-
sten in Jerusalem gefaßten Beschlüsse und trugen ihnen
auf, sich daran zu halten. 5 So wurden die Gemeinden im
Glauben gestärkt und wuchsen von Tag zu Tag.

Durch Kleinasien bis Troas: 16,6–10

6 Weil ihnen aber vom Heiligen Geist verwehrt wurde,
das Wort in der Provinz Asien zu verkünden, reisten sie 18,23
durch Phrygien und das galatische Land. 7 Sie zogen an

15,34 Einzelne Textzeugen fügen hier ein: Silas aber beschloß dazubleiben; so reiste Judas allein (nach Jerusalem) ab.

16,1 Vgl. die Anmerkung zu 1 Thess 1,1.

16,6–10 Der Abschnitt schildert einen Vorgang von weltgeschichtlicher Bedeutung: Das Evangelium gelangt nach Europa.

Mysien entlang und versuchten, Bithynien zu erreichen;
doch auch das erlaubte ihnen der Geist Jesu nicht. 8 So
durchwanderten sie Mysien und kamen nach Troas hinab.
9 Dort hatte Paulus in der Nacht eine Vision. Ein Mazedo-
nier stand da und bat ihn: Komm herüber nach Mazedoni-
en, und hilf uns! 10 Auf diese Vision hin wollten wir sofort
nach Mazedonien abfahren; denn wir waren überzeugt,
daß uns Gott dazu berufen hatte, dort das Evangelium zu
verkünden.

Das Wirken des Paulus in Philippi: 16,11–40

11 So brachen wir von Troas auf und fuhren auf dem kür-
zesten Weg nach Samothrake und am folgenden Tag nach
Neapolis. 12 Von dort gingen wir nach Philippi, in eine
Stadt im ersten Bezirk von Mazedonien, eine Kolonie. In
dieser Stadt hielten wir uns einige Tage auf. 13 Am Sabbat
gingen wir durch das Stadttor hinaus an den Fluß, wo wir
eine Gebetsstätte vermuteten. Wir setzten uns und spra-
chen zu den Frauen, die sich eingefunden hatten. 14 Eine
Frau namens Lydia, eine Purpurhändlerin aus der Stadt
Thyatira, hörte zu; sie war eine Gottesfürchtige, und der
Herr öffnete ihr das Herz, so daß sie den Worten des Paulus
aufmerksam lauschte. 15 Als sie und alle, die zu ihrem
Haus gehörten, getauft waren, bat sie: Wenn ihr überzeugt
seid, daß ich fest an den Herrn glaube, kommt in mein
Haus, und bleibt da. Und sie drängte uns.

16 Als wir einmal auf dem Weg zur Gebetsstätte waren,
begegnete uns eine Magd, die einen Wahrsagegeist hatte
und mit der Wahrsagerei ihren Herren großen Gewinn ein-
brachte. 17 Sie lief Paulus und uns nach und schrie: Diese
Mk 1,24–26.34 Menschen sind Diener des höchsten Gottes; sie verkünden
euch den Weg des Heils. 18 Das tat sie viele Tage lang. Da
wurde Paulus ärgerlich, wandte sich um und sagte zu dem
Geist: Ich befehle dir im Namen Jesu Christi: Verlaß diese
Frau! Und im gleichen Augenblick verließ er sie.

19 Als aber ihre Herren sahen, daß sie keinen Gewinn
mehr erwarten konnten, ergriffen sie Paulus und Silas,
schleppten sie auf den Markt vor die Stadtbehörden,
20 führten sie den obersten Beamten vor und sagten: Diese
Männer bringen Unruhe in unsere Stadt. Es sind Juden;
21 sie verkünden Sitten und Bräuche, die wir als Römer
weder annehmen können noch ausüben dürfen. 22 Da er-

16,12 Philippi war seit 31 v. Chr. römische »Kolonie«, eine Ansiedlung vorwiegend von ausgedienten Soldaten und Beamten. Deshalb bezeichnen sich die Bewohner in 16,21 als »Römer«.

16,14 Zu »Gottesfürchtige« vgl. die Anmerkung zu 6,5.

hob sich das Volk gegen sie, und die obersten Beamten lie- 2 Kor 11,25;
ßen ihnen die Kleider vom Leib reißen und befahlen, sie Phil 1,30;
mit Ruten zu schlagen. 23 Sie ließen ihnen viele Schläge 1 Thess 2,2
geben und sie ins Gefängnis bringen; dem Gefängniswärter
befahlen sie, sie in sicherem Gewahrsam zu halten. 24 Auf
diesen Befehl hin warf er sie in das innere Gefängnis und
schloß zur Sicherheit ihre Füße in den Block. 25 Um Mit-
ternacht beteten Paulus und Silas und sangen Loblieder;
und die Gefangenen hörten ihnen zu. 26 Plötzlich begann
ein gewaltiges Erdbeben, so daß die Grundmauern des Ge-
fängnisses wankten. Mit einem Schlag sprangen die Türen
auf, und allen fielen die Fesseln ab. 27 Als der Gefängnis-
wärter aufwachte und alle Türen des Gefängnisses offen
sah, zog er sein Schwert, um sich zu töten; denn er meinte,
die Gefangenen seien entflohen. 28 Da rief Paulus laut: Tu
dir nichts an! Wir sind alle noch da. 29 Jener rief nach Licht,
stürzte hinein und fiel Paulus und Silas zitternd zu Füßen.
30 Er führte sie hinaus und sagte: Ihr Herren, was muß ich 2,37; Joh 6,28
tun, um gerettet zu werden? 31 Sie antworteten: Glaube an 11,14; Joh 6,29
Jesus, den Herrn, und du wirst gerettet werden, du und dein
Haus. 32 Und sie verkündeten ihm und allen in seinem
Haus das Wort Gottes. 33 Er nahm sie in jener Nachtstunde
bei sich auf, wusch ihre Striemen und ließ sich sogleich
mit allen seinen Angehörigen taufen. 34 Dann führte er sie
in seine Wohnung hinauf, ließ ihnen den Tisch decken und
war mit seinem ganzen Haus voll Freude, weil er zum
Glauben an Gott gekommen war.

35 Als es Tag wurde, schickten die obersten Beamten die
Amtsdiener und ließen sagen: Laß jene Männer frei! 36 Der
Gefängniswärter überbrachte Paulus die Nachricht: Die
obersten Beamten haben (die Amtsdiener) hergeschickt
und befohlen, euch freizulassen. Geht also, zieht in Frie-
den! 37 Paulus aber sagte zu ihnen: Sie haben uns ohne Ur- 22,25.29
teil öffentlich auspeitschen lassen, obgleich wir römische
Bürger sind, und haben uns ins Gefängnis geworfen. Und
jetzt möchten sie uns heimlich fortschicken? Nein! Sie
sollen selbst kommen und uns hinausführen. 38 Die
Amtsdiener meldeten es den obersten Beamten. Diese er-
schraken, als sie hörten, es seien römische Bürger. 39 Und
sie kamen, um sie zu beschwichtigen, führten sie hinaus
und baten sie, die Stadt zu verlassen. 40 Vom Gefängnis aus
gingen die beiden zu Lydia. Dort fanden sie die Brüder,
sprachen ihnen Mut zu und zogen dann weiter.

16,37 Paulus besaß von seinem Vater her das römische Bürgerrecht (vgl. 22,25–29).

Paulus in Thessalonich und Beröa: 17,1–15

17 Auf dem Weg über Amphipolis und Apollonia
1 Thess 2,2 kamen sie nach Thessalonich. Dort hatten die Ju-
den eine Synagoge. 2 Nach seiner Gewohnheit ging Paulus
zu ihnen und redete an drei Sabbaten zu ihnen, wobei er
von den Schriften ausging. 3 Er legte sie ihnen aus und er-
Lk 24,26f.45f klärte, daß der Messias leiden und von den Toten auferste-
hen mußte. Und er sagte: Jesus, den ich euch verkünde, ist
dieser Messias. 4 Einige von ihnen ließen sich überzeugen
und schlossen sich Paulus und Silas an, außerdem eine
große Schar gottesfürchtiger Griechen, darunter nicht we-
nige Frauen aus vornehmen Kreisen.

5 Die Juden wurden eifersüchtig, holten sich einige
nichtsnutzige Männer, die sich auf dem Markt herumtrie-
ben, wiegelten mit ihrer Hilfe das Volk auf und brachten
Röm 16,21 die Stadt in Aufruhr. Sie zogen zum Haus des Jason und
wollten die beiden vor das Volk führen. 6 Sie fanden sie
aber nicht. Daher schleppten sie den Jason und einige Brü-
der vor die Stadtpräfekten und schrien: Diese Leute, die die
ganze Welt in Aufruhr gebracht haben, sind jetzt auch hier,
7 und Jason hat sie aufgenommen. Sie alle verstoßen gegen
Lk 23,2; die Gesetze des Kaisers; denn sie behaupten, ein anderer
Joh 19,12 sei König, nämlich Jesus. 8 So brachten sie die Menge und
die Stadtpräfekten, die das hörten, in Erregung. 9 Diese
nahmen von Jason und den anderen eine Bürgschaft und
ließen sie frei.

10 Die Brüder schickten noch in der Nacht Paulus und Si-
las weiter nach Beröa. Nach ihrer Ankunft gingen sie in die
Synagoge der Juden. 11 Diese waren freundlicher als die in
Joh 5,39 Thessalonich; mit großer Bereitschaft nahmen sie das
Wort auf und forschten Tag für Tag in den Schriften nach,
ob sich dies wirklich so verhielte. 12 Viele von ihnen wur-
den gläubig, und ebenso nicht wenige der vornehmen grie-
chischen Frauen und Männer. 13 Als aber die Juden von
1 Thess 2,14–16 Thessalonich erfuhren, daß Paulus auch in Beröa das Wort
Gottes verkündete, kamen sie dorthin, um das Volk auf-
zuwiegeln und aufzuhetzen. 14 Da schickten die Brüder
Paulus sogleich weg zum Meer hinunter. Silas und Timo-
theus aber blieben zurück. 15 Die Begleiter des Paulus
1 Thess 3,1 brachten ihn nach Athen. Mit dem Auftrag an Silas und
Timotheus, Paulus möglichst rasch nachzukommen,
kehrten sie zurück.

Paulus in Athen: 17,16–34

16 Während Paulus in Athen auf sie wartete, erfaßte ihn
heftiger Zorn; denn er sah die Stadt voll von Götzenbil-

dern. 17 Er redete in der Synagoge mit den Juden und Got-
tesfürchtigen, und auf dem Markt sprach er täglich mit de-
nen, die er gerade antraf. 18 Einige von den epikureischen 1 Kor 1,22
und stoischen Philosophen diskutierten mit ihm, und
manche sagten: Was will denn dieser Schwätzer? Andere
aber: Es scheint ein Verkünder fremder Gottheiten zu sein.
Er verkündete nämlich das Evangelium von Jesus und von
der Auferstehung. 19 Sie nahmen ihn mit, führten ihn zum
Areopag und fragten: Können wir erfahren, was das für eine
neue Lehre ist, die du vorträgst? 20 Du bringst uns recht be-
fremdliche Dinge zu Gehör. Wir wüßten gern, worum es
sich handelt. 21 Alle Athener und die Fremden dort taten
nichts lieber, als die letzten Neuigkeiten zu erzählen oder
zu hören.

22 Da stellte sich Paulus in die Mitte des Areopags und
sagte: Athener, nach allem, was ich sehe, seid ihr beson-
ders fromme Menschen. 23 Denn als ich umherging und
mir eure Heiligtümer ansah, fand ich auch einen Altar mit
der Aufschrift: EINEM UNBEKANNTEN GOTT. Was ihr
verehrt, ohne es zu kennen, das verkünde ich euch. 24 Gott, *24–28:*
der die Welt erschaffen hat und alles in ihr, er, der Herr Röm 1,19f
über Himmel und Erde, wohnt nicht in Tempeln, die von
Menschenhand gemacht sind. 25 Er läßt sich auch nicht Ps 50,10–13
von Menschen bedienen, als brauche er etwas: er, der allen
das Leben, den Atem und alles gibt. 26 Er hat aus einem
einzigen Menschen das ganze Menschengeschlecht er- Dtn 32,8;
schaffen, damit es die ganze Erde bewohne. Er hat für sie Ijob 12,23
bestimmte Zeiten und die Grenzen ihrer Wohnsitze fest-
gesetzt. 27 Sie sollten Gott suchen, ob sie ihn ertasten und Jes 55,6; Jer 29,
finden könnten; denn keinem von uns ist er fern. 28 Denn 12–14;
in ihm leben wir, bewegen wir uns und sind wir, wie auch Weish 13,6; Ps 145,18;
einige von euren Dichtern gesagt haben: Wir sind von sei- Jer 23,24;
ner Art. 29 Da wir also von Gottes Art sind, dürfen wir Ps 139;
nicht meinen, das Göttliche sei wie ein goldenes oder sil- Röm 11,36; 1 Kor 8,6;
bernes oder steinernes Gebilde menschlicher Kunst und Kol 1,16f
Erfindung. 30 Gott, der über die Zeiten der Unwissenheit
hinweggesehen hat, läßt jetzt den Menschen verkünden,
daß überall alle umkehren sollen. 31 Denn er hat einen Tag
festgesetzt, an dem *er den Erdkreis in Gerechtigkeit rich-* Ps 96,13; 98,9
ten wird, durch einen Mann, den er dazu bestimmt und vor
allen Menschen dadurch ausgewiesen hat, daß er ihn von
den Toten auferweckte.

32 Als sie von der Auferstehung der Toten hörten, spotte- 1 Kor 1,23
ten die einen, andere aber sagten: Darüber wollen wir dich

17,28 Zitat aus dem griechischen Dichter Aratus (3. Jh. v. Chr.).

ein andermal hören. 33 So ging Paulus aus ihrer Mitte weg.
34 Einige Männer aber schlossen sich ihm an und wurden
gläubig, unter ihnen auch Dionysius, der Areopagit, au-
ßerdem eine Frau namens Damaris und noch andere mit
ihnen.

Paulus in Korinth: 18,1–17

V. 18.26; **18** Hierauf verließ Paulus Athen und ging nach Ko-
Röm 16,3; 1 Kor 16,19; rinth. 2 Dort traf er einen aus Pontus stammenden
2 Tim 4,19 Juden namens Aquila, der vor kurzem aus Italien gekom-
men war, und dessen Frau Priszilla. Klaudius hatte näm-
lich angeordnet, daß alle Juden Rom verlassen müßten.
Diesen beiden schloß er sich an, 3 und da sie das gleiche
Handwerk betrieben, blieb er bei ihnen und arbeitete dort.
1 Kor 4,12; Sie waren Zeltmacher von Beruf. 4 An jedem Sabbat lehrte
9,12 er in der Synagoge und suchte Juden und Griechen zu über-
zeugen. 5 Als aber Silas und Timotheus aus Mazedonien
eingetroffen waren, widmete sich Paulus ganz der Verkün-
digung und bezeugte den Juden, daß Jesus der Messias sei.
6 Als sie sich dagegen auflehnten und Lästerungen aus-
stießen, schüttelte er seine Kleider aus und sagte zu ihnen:
Mt 27,24f Euer Blut komme über euer Haupt! Ich bin daran unschul-
dig. Von jetzt an werde ich zu den Heiden gehen.

7 Und er ging von da in das Haus eines gewissen Titius
Justus hinüber, eines Gottesfürchtigen, dessen Haus an die
1 Kor 1,14 Synagoge grenzte. 8 Krispus aber, der Synagogenvorsteher,
kam mit seinem ganzen Haus zum Glauben an den Herrn;
und viele Korinther, die (Paulus) hörten, wurden gläubig
und ließen sich taufen. 9 Der Herr aber sagte nachts in ei-
ner Vision zu Paulus: Fürchte dich nicht! Rede nur,
1 Kor 2,3; schweige nicht! 10 Denn ich bin mit dir, niemand wird dir
2 Kor 10,10 etwas antun. Viel Volk nämlich gehört mir in dieser Stadt.
11 So blieb Paulus ein Jahr und sechs Monate und lehrte bei
ihnen das Wort Gottes.

12 Als aber Gallio Prokonsul von Achaia war, traten die
Juden einmütig gegen Paulus auf, brachten ihn vor den
Richterstuhl 13 und sagten: Dieser verführt die Menschen
zu einer Gottesverehrung, die gegen das Gesetz verstößt.
14 Als Paulus etwas erwidern wollte, sagte Gallio zu den
25,18–20; Juden: Läge hier ein Vergehen oder Verbrechen vor, ihr Ju-
Joh 18,31 den, so würde ich eure Klage ordnungsgemäß behandeln.
15 Streitet ihr jedoch über Lehre und Namen und euer Ge-
setz, dann seht selber zu! Darüber will ich nicht Richter

18,12 Die Amtszeit des Gallio in Achaia (Griechenland) fiel in die Zeit 51/52 n. Chr. oder 52/53 n. Chr., wie aus der in Delphi gefundenen »Gallio-Inschrift« hervorgeht.

sein. [16] Und er wies sie vom Richterstuhl weg. [17] Da ergrif-
fen alle den Synagogenvorsteher Sosthenes und verprügel-
ten ihn vor dem Richterstuhl. Gallio aber kümmerte sich 1 Kor 1,1
nicht darum.

Die Rückkehr des Paulus über Ephesus nach Antiochia: 18,18–22

[18] Paulus blieb noch längere Zeit. Dann verabschiedete
er sich von den Brüdern und segelte zusammen mit Pris-
zilla und Aquila nach Syrien ab. In Kenchreä hatte er sich Röm 16,1
aufgrund eines Gelübdes den Kopf kahlscheren lassen.
[19] Sie gelangten nach Ephesus. Dort trennte er sich von den
beiden; er selbst ging in die Synagoge und redete zu den Ju-
den. [20] Sie baten ihn, noch länger zu bleiben; aber er wollte
nicht, [21] sondern verabschiedete sich und sagte: Ich werde Röm 1,10;
wieder zu euch kommen, wenn Gott es will. So fuhr er von 1 Kor 4,19;
Ephesus ab, [22] landete in Cäsarea, zog (nach Jerusalem) Jak 4,15
hinauf, begrüßte dort die Gemeinde und ging dann nach
Antiochia hinab.

Die dritte Missionsreise des Paulus: 18,23–21,17

[23] Nachdem er dort einige Zeit geblieben war, zog er wei-
ter, durchwanderte zuerst das galatische Land, dann Phry-
gien, und stärkte alle Jünger.

Die Missionsarbeit des Apollos in Ephesus: 18,24–28

[24] Ein Jude namens Apollos kam nach Ephesus. Er 1 Kor 1,12;
stammte aus Alexandria, war redekundig und in der 3,4–6
Schrift bewandert. [25] Er war unterwiesen im Weg des
Herrn. Er sprach mit glühendem Geist und trug die Lehre
von Jesus genau vor; doch kannte er nur die Taufe des Jo- 19,3f
hannes. [26] Er begann, offen in der Synagoge zu sprechen.
Priszilla und Aquila hörten ihn, nahmen ihn zu sich und
legten ihm den Weg Gottes noch genauer dar. [27] Als er
nach Achaia gehen wollte, ermunterten ihn die Brüder
dazu und schrieben den Jüngern, sie möchten ihn freund-
lich aufnehmen. Nach seiner Ankunft wurde er den Gläu-
bigen durch die Gnade eine große Hilfe. [28] Denn mit
Nachdruck widerlegte er die Juden, indem er öffentlich aus 9,22; 17,3;
der Schrift nachwies, daß Jesus der Messias sei. 18,5

18,18 Es handelt sich dabei um das sogenannte Nasiräatsgelübde (vgl. auch 21,23–26), das auf Num 6,1–21 zurückgeht (vgl. auch 1 Makk 3,49); es war zeitlich begrenzt und wurde durch ein Opfer eingelöst, bei dem das geschorene Haar mitverbrannt wurde.

Die Begegnung des Paulus mit Johannesjüngern: 19,1–7

19 Während Apollos sich in Korinth aufhielt, durchwanderte Paulus das Hochland und kam nach
1 Kor 16,8 Ephesus hinab. 2 Er traf einige Jünger und fragte sie: Habt
ihr den Heiligen Geist empfangen, als ihr gläubig wurdet?
Sie antworteten ihm: Wir haben noch nicht einmal gehört,
daß es einen Heiligen Geist gibt. 3 Da fragte er: Mit welcher Taufe seid ihr denn getauft worden? Sie antworteten:
Mt 3,11; Lk 3,16 Mit der Taufe des Johannes. 4 Paulus sagte: Johannes hat
mit der Taufe der Umkehr getauft und das Volk gelehrt, sie
sollten an den glauben, der nach ihm komme: an Jesus.
5 Als sie das hörten, ließen sie sich auf den Namen Jesu, des
8,17 Herrn, taufen. 6 Paulus legte ihnen die Hände auf, und der
Heilige Geist kam auf sie herab; sie redeten in Zungen und
weissagten. 7 Es waren im ganzen ungefähr zwölf Männer.

Das Wirken des Paulus in Ephesus: 19,8–10

8 Er ging in die Synagoge und lehrte drei Monate lang
freimütig und suchte sie vom Reich Gottes zu überzeugen.
9 Da aber einige verstockt waren, sich widersetzten und
18,6; vor allen Leuten den (neuen) Weg verspotteten, trennte er
Tit 3,10f; sich mit den Jüngern von ihnen und unterwies sie täglich
2 Joh 10 im Lehrsaal des Tyrannus. 10 Das geschah zwei Jahre lang;
auf diese Weise hörten alle Bewohner der Provinz Asien,
Juden wie Griechen, das Wort des Herrn.

Die Wundertaten des Paulus in Ephesus: 19,11–20

11 Auch ungewöhnliche Wunder tat Gott durch die
5,15 Hand des Paulus. 12 Sogar seine Schweiß- und Taschentücher nahm man ihm vom Körper weg und legte sie den
Kranken auf; da wichen die Krankheiten, und die bösen
Geister fuhren aus. 13 Auch einige der umherziehenden jü-
Lk 9,49 dischen Beschwörer versuchten, den Namen Jesu, des
Herrn, über den von bösen Geistern Besessenen anzurufen,
indem sie sagten: Ich beschwöre euch bei dem Jesus, den
Paulus verkündet. 14 Das taten sieben Söhne eines gewissen Skeuas, eines jüdischen Oberpriesters. 15 Aber der böse
Mk 1,34; Geist antwortete ihnen: Jesus kenne ich, und auch Paulus
Lk 4,41 ist mir bekannt. Doch wer seid ihr? 16 Und der Mensch, in

---

19,1 Ephesus war seit 133 v. Chr. das Zentrum der römischen Provinz Asien. Der Artemistempel gehörte zu den sieben »Weltwundern« des Altertums. Die Zauberbücher von Ephesus (vgl 19,19) waren in der ganzen damaligen Welt bekannt.

19,3 Wörtlich: Auf was seid ihr denn getauft worden? Sie antworteten: Auf die Taufe des Johannes.

19,6 Zu »Zungen« vgl. die Anmerkung zu Apg 2,4.

dem der böse Geist hauste, sprang auf sie los, überwältigte
sie und setzte ihnen so zu, daß sie nackt und zerschunden
aus dem Haus fliehen mußten.
[17] Das wurde allen Juden und Griechen, die in Ephesus 5,5.11; 19,27f
wohnten, bekannt; alle wurden von Furcht gepackt, und
der Name Jesu, des Herrn, wurde hoch gepriesen. [18] Viele,
die gläubig geworden waren, kamen und bekannten offen,
was sie (früher) getan hatten. [19] Und nicht wenige, die
Zauberei getrieben hatten, brachten ihre Zauberbücher
herbei und verbrannten sie vor aller Augen. Man berech-
nete den Wert der Bücher auf fünfzigtausend Silberdrach-
men. [20] So wuchs das Wort des Herrn mit Macht und 6,7; 12,24
wurde stark.

Der Aufruhr der Silberschmiede: 19,21–40

[21] Nach diesen Ereignissen nahm sich Paulus vor, über 23,11; Röm 1,
Mazedonien und Achaia nach Jerusalem zu reisen. Er sag- 10.13; 15,23–25;
te: Wenn ich dort gewesen bin, muß ich auch Rom sehen. 1 Kor 16,6
[22] Er sandte zwei seiner Helfer, Timotheus und Erastus, Röm 16,21–23
nach Mazedonien voraus und blieb selbst noch eine Zeit-
lang in der Provinz Asien.
[23] Um jene Zeit aber wurde der (neue) Weg Anlaß zu ei- 2 Kor 1,8
nem schweren Aufruhr. [24] Denn ein Silberschmied na-
mens Demetrius, der silberne Artemistempel herstellte
und den Künstlern viel zu verdienen gab, [25] rief diese und
die anderen damit beschäftigten Arbeiter zusammen und
sagte: Männer, ihr wißt, daß wir unseren Wohlstand die-
sem Gewerbe verdanken. [26] Nun seht und hört ihr, daß
dieser Paulus nicht nur in Ephesus, sondern fast in der gan-
zen Provinz Asien viele Leute verführt und aufgehetzt hat 17,29
mit seiner Behauptung, die mit Händen gemachten Götter
seien keine Götter. [27] So kommt nicht nur unser Geschäft
in Verruf, sondern auch dem Heiligtum der großen Göttin
Artemis droht Gefahr, nichts mehr zu gelten, ja sie selbst,
die von der ganzen Provinz Asien und von der ganzen Welt
verehrt wird, wird ihre Hoheit verlieren. [28] Als sie das hör-
ten, wurden sie wütend und schrien: Groß ist die Artemis 1 Kor 15,32;
von Ephesus! [29] Die ganze Stadt geriet in Aufruhr; alles 2 Kor 1,8
stürmte ins Theater, und sie schleppten die Mazedonier 20,4; 27,2
Gaius und Aristarch, Reisegefährten des Paulus, mit sich.
[30] Als aber Paulus in die Volksversammlung gehen woll-
te, hielten ihn die Jünger zurück. [31] Auch einige hohe Be-
amte der Provinz Asien, die mit ihm befreundet waren,

19,27 von der ganzen Provinz Asien, wörtlich: von ganz Asien.

schickten zu ihm und rieten ihm, nicht ins Theater zu gehen.

[32] Dort schrien die einen dies, die andern das; denn in der Versammlung herrschte ein großes Durcheinander, und die meisten wußten gar nicht, weshalb man überhaupt zusammengekommen war. [33] Die Juden schickten Alexander nach vorn, und aus der Menge gab man ihm noch Hinweise. Alexander gab mit der Hand ein Zeichen und wollte vor der Volksversammlung eine Verteidigungsrede halten. [34] Doch als sie merkten, daß er ein Jude war, schrien sie alle fast zwei Stunden lang wie aus einem Mund: Groß ist die Artemis von Ephesus! [35] Der Stadtschreiber aber brachte die Menge zur Ruhe und sagte: Männer von Ephesus! Wer wüßte nicht, daß die Stadt der Epheser die Tempelhüterin der Großen Artemis und ihres vom Himmel gefallenen Bildes ist? [36] Dies ist unbestreitbar; ihr müßt also Ruhe bewahren und dürft nichts Unüberlegtes tun. [37] Ihr habt diese Männer hergeschleppt, die weder Tempelräuber noch Lästerer unserer Göttin sind. [38] Wenn also Demetrius und seine Zunftgenossen eine Klage gegen irgend jemand haben, so gibt es dafür Gerichtstage und Prokonsuln; dort mögen sie einander verklagen. [39] Wenn ihr aber noch etwas anderes vorzubringen habt, so kann das in der gesetzmäßigen Volksversammlung geklärt werden. [40] Sonst sind wir in Gefahr, daß man uns nach dem heutigen Vorfall des Aufruhrs anklagt, weil kein Grund vorliegt, mit dem wir diesen Volksauflauf rechtfertigen könnten. Nach diesen Worten löste er die Versammlung auf.

Paulus in Mazedonien und Griechenland: 20,1–6

20 Nachdem der Tumult sich gelegt hatte, rief Paulus
die Jünger zusammen und sprach ihnen Mut zu.
2 Kor 2,13 Dann verabschiedete er sich und ging weg, um nach Maze-
donien zu reisen. [2] Er zog durch die dortigen Gegenden und
sprach oft und eindringlich zu den Jüngern. Dann begab er
sich nach Griechenland; [3] dort blieb er drei Monate. Als er
mit dem Schiff nach Syrien fahren wollte, planten die Ju-
den einen Anschlag auf ihn. So entschloß er sich, den
Rückweg über Mazedonien zu nehmen. [4] Dabei begleite-
ten ihn Sopater, der Sohn des Pyrrhus, aus Beröa, Aristarch
und Sekundus aus Thessalonich, Gaius aus Derbe und Ti-
motheus sowie Tychikus und Trophimus aus der Provinz
Asien. [5] Diese reisten voraus und warteten auf uns in
16,8 Troas. [6] Nach den Tagen der Ungesäuerten Brote segelten
wir von Philippi ab und kamen in fünf Tagen zu ihnen nach
2 Kor 2,12 Troas, wo wir uns sieben Tage aufhielten.

Der Abschiedsbesuch des Paulus in Troas: 20,7–12

7 Als wir am ersten Wochentag versammelt waren, um 1 Kor 16,2;
das Brot zu brechen, redete Paulus zu ihnen, denn er wollte Offb 1,10
am folgenden Tag abreisen; und er dehnte seine Rede bis
Mitternacht aus. 8 In dem Obergemach, in dem wir ver-
sammelt waren, brannten viele Lampen. 9 Ein junger
Mann namens Eutychus saß im offenen Fenster und sank,
als die Predigt des Paulus sich länger hinzog, in tiefen
Schlaf. Und er fiel im Schlaf aus dem dritten Stock hinun-
ter; als man ihn aufhob, war er tot. 10 Paulus lief hinab,
warf sich über ihn, umfaßte ihn und sagte: Beunruhigt 1 Kön 17,21
euch nicht: Er lebt! 11 Dann stieg er wieder hinauf, brach
das Brot und aß und redete mit ihnen bis zum Morgengrau-
en. So verließ er sie. 12 Den jungen Mann aber führten sie
lebend von dort weg. Und sie wurden voll Zuversicht.

Von Troas nach Milet: 20,13–16

13 Wir gingen voraus zum Schiff und fuhren nach Assos,
wo wir Paulus an Bord nehmen sollten; so hatte er es ange-
ordnet, weil er selbst zu Fuß gehen wollte. 14 Als er in As-
sos zu uns stieß, nahmen wir ihn an Bord und erreichten
Mitylene. 15 Von dort segelten wir am nächsten Tag ab und
kamen bis auf die Höhe von Chios. Am anderen Tag liefen
wir Samos an und landeten am folgenden Tag in Milet.
16 Paulus hatte sich entschlossen, an Ephesus vorbeizufah-
ren, um in der Provinz Asien keine Zeit zu verlieren. Denn
er hatte es eilig, weil er, wenn möglich, am Pfingstfest in
Jerusalem sein wollte.

Die Abschiedsrede des Paulus in Milet: 20,17–38

17 Von Milet aus schickte er jemand nach Ephesus und
ließ die Ältesten der Gemeinde zu sich rufen. 18 Als sie bei
ihm eingetroffen waren, sagte er: Ihr wißt, wie ich vom er-
sten Tag an, seit ich die Provinz Asien betreten habe, die
ganze Zeit in eurer Mitte war 19 und wie ich dem Herrn in
aller Demut diente unter Tränen und vielen Prüfungen, die
ich durch die Nachstellungen der Juden erlitten habe,
20 wie ich nichts verschwiegen habe von dem, was heilsam
ist. Ich habe es euch verkündigt und habe euch gelehrt, öf-
fentlich und in den Häusern. 21 Ich habe Juden und Grie- 13,6–40; 14,15;
chen beschworen, sich zu Gott zu bekehren und an Jesus 17,1–4.10–13.
Christus, unseren Herrn, zu glauben. 22 Nun ziehe ich, ge- 16–34; 18,5–11; 19,8–10
bunden durch den Geist, nach Jerusalem, und ich weiß
nicht, was dort mit mir geschehen wird. 23 Nur das bezeugt 9,16; 21,4.11
mir der Heilige Geist von Stadt zu Stadt, daß Fesseln und
Drangsale auf mich warten. 24 Aber ich will mit keinem

21,13; Wort mein Leben wichtig nehmen, wenn ich nur meinen
2 Tim 4,7 Lauf vollende und den Dienst erfülle, der mir von Jesus,
dem Herrn, übertragen wurde: das Evangelium von der
Lk 4,18–21 Gnade Gottes zu bezeugen. [25] Nun aber weiß ich, daß ihr
mich nicht mehr von Angesicht sehen werdet, ihr alle, zu
Lk 9,2; 10,9 denen ich gekommen bin und denen ich das Reich verkün-
det habe. [26] Darum bezeuge ich euch am heutigen Tag: Ich
18,6 bin unschuldig, wenn einer von euch allen verlorengeht.
[27] Denn ich habe mich der Pflicht nicht entzogen, euch den
14,23; ganzen Willen Gottes zu verkünden. [28] Gebt acht auf euch
1 Kor 12,28; und auf die ganze Herde, in der euch der Heilige Geist zu
Eph 4,11; Tit 1,5; Bischöfen bestellt hat, damit ihr als Hirten für die Kirche
2 Tim 1,6;
1 Tim 4,14–16; Gottes sorgt, die er sich durch das Blut seines eigenen Soh-
1 Petr 5,2 nes erworben hat. [29] Ich weiß: Nach meinem Weggang
Mt 7,15; werden reißende Wölfe bei euch eindringen und die Herde
Lk 10,3;
Joh 10,12 nicht schonen. [30] Und selbst aus eurer Mitte werden Män-
Gal 4,17 ner auftreten, die mit ihren falschen Reden die Jünger auf
Mk 13,35.37; ihre Seite ziehen. [31] Seid also wachsam, und denkt daran,
2 Kor 2,4; 11,28; daß ich drei Jahre lang Tag und Nacht nicht aufgehört
1 Thess 2,11f
habe, unter Tränen jeden einzelnen zu ermahnen. [32] Und
1 Thess 2,13 jetzt vertraue ich euch Gott und dem Wort seiner Gnade
an, das die Kraft hat, aufzubauen und das Erbe in der Ge-
Mt 10,8; meinschaft der Geheiligten zu verleihen. [33] Silber oder
1 Kor 9,12; Gold oder Kleider habe ich von keinem verlangt; [34] ihr
1 Sam 12,3
18,3; 1 Kor 4,12; wißt selbst, daß für meinen Unterhalt und den meiner Be-
9,12; 1 Thess 2,9; gleiter diese Hände hier gearbeitet haben. [35] In allem habe
2 Thess 3,7–9; ich euch gezeigt, daß man sich auf diese Weise abmühen
Phil 4,9
und sich der Schwachen annehmen soll, in Erinnerung an
die Worte Jesu, des Herrn, der selbst gesagt hat: Geben ist
seliger als nehmen.

21,5 [36] Nach diesen Worten kniete er nieder und betete mit
ihnen allen. [37] Und alle brachen in lautes Weinen aus, fie-
Röm 16,16; len Paulus um den Hals und küßten ihn; [38] am meisten
1 Kor 16,20; schmerzte sie sein Wort, sie würden ihn nicht mehr von
1 Petr 5,14
Angesicht sehen. Dann begleiteten sie ihn zum Schiff.

Von Milet über Cäsarea nach Jerusalem: 21,1–17

21 Als die Zeit zur Abfahrt gekommen war, trennten
wir uns von ihnen, fuhren auf dem kürzesten Weg
nach Kos, am anderen Tag nach Rhodos und von dort nach
Patara. [2] Hier fanden wir ein Schiff, das nach Phönizien

20,26 Ich bin unschuldig, wenn einer von euch verlorengeht, wörtlich: Ich bin rein vom Blut aller (vgl. 18,6).

20,28 Die Bezeichnung »Bischof« entspricht an dieser Stelle noch nicht der späteren Verwendung des Titels (vgl. die Anmerkung zu 1 Tim 3,1).

fuhr; wir gingen an Bord und fuhren ab. 3 Als wir Zypern
sichteten, ließen wir es zur Linken liegen, segelten nach
Syrien und landeten in Tyrus; hier sollte das Schiff seine
Ladung löschen. 4 Nachdem wir die Jünger ausfindig ge-
macht hatten, blieben wir sieben Tage bei ihnen. Auf eine 20,23
Eingebung des Geistes hin warnten sie Paulus davor, nach
Jerusalem zu gehen.

5 Als die Tage um waren, brachen wir zur Weiterreise
auf, und alle, auch Frauen und Kinder, begleiteten uns bis
vor die Stadt. Am Strand knieten wir nieder, beteten 6 und 20,36
nahmen Abschied voneinander. Dann gingen wir an Bord;
jene aber kehrten nach Hause zurück.

7 So fuhren wir von Tyrus ab und beendeten unsere See-
reise in Ptolemaïs. Wir begrüßten die Brüder und blieben
einen Tag bei ihnen. 8 Am folgenden Tag kamen wir nach
Cäsarea. Wir gingen in das Haus des Evangelisten Philip- 8,40
pus, der einer von den Sieben war, und blieben bei ihm. 9 Er
hatte vier Töchter, prophetisch begabte Jungfrauen. 2,17

10 Wir blieben mehrere Tage. Da kam von Judäa ein Pro-
phet namens Agabus herab 11 und besuchte uns. Er nahm 11,28
den Gürtel des Paulus, band sich Füße und Hände und sag-
te: So spricht der Heilige Geist: Den Mann, dem dieser
Gürtel gehört, werden die Juden in Jerusalem ebenso fes- Röm 15,31
seln und den Heiden ausliefern. 12 Als wir das hörten, rede-
ten wir ihm zusammen mit den Einheimischen zu, nicht
nach Jerusalem hinaufzuziehen. 13 Doch Paulus antworte-
te: Warum weint ihr und macht mir das Herz schwer? Ich
bin bereit, mich in Jerusalem für den Namen Jesu, des
Herrn, fesseln zu lassen und sogar zu sterben. 14 Da er sich
nicht überreden ließ, gaben wir nach und sagten: Der Wille
des Herrn geschehe.

15 Nach diesen Tagen bereiteten wir uns zur Reise vor
und zogen hinauf nach Jerusalem. 16 Auch einige Jünger
aus Cäsarea begleiteten uns und brachten uns zu einem
gewissen Mnason aus Zypern, bei dem wir wohnen soll-
ten; er war ein Jünger aus der Anfangszeit. 17 Als wir nach
Jerusalem kamen, wurden wir von den Brüdern freudig
empfangen.

Verhaftung und Gefangenschaft des Paulus: 21,18–28,31

Paulus bei Jakobus und das Nasiräatsgelübde: 21,18–26

18 Am folgenden Tag ging Paulus mit uns zu Jakobus; 15,13; Gal 1,19
auch alle Ältesten fanden sich ein. 19 Er begrüßte sie und
berichtete im einzelnen alles, was Gott durch seinen

Dienst unter den Heiden getan hatte. 20 Als sie das hörten,
priesen sie Gott und sagten zu ihm: Du siehst, Bruder, wie
viele Tausende unter den Juden gläubig geworden sind,
und sie alle sind Eiferer für das Gesetz. 21 Nun hat man ih-
18,13; Gal 3,25 nen von dir erzählt: Du lehrst alle unter den Heiden leben-
den Juden, von Mose abzufallen, und forderst sie auf, ihre
Kinder nicht zu beschneiden und sich nicht an die Bräuche
zu halten. 22 Was nun? Sicher werden sie hören, daß du ge-
kommen bist. 23 Tu also, was wir dir sagen: Bei uns sind
vier Männer, die ein Gelübde auf sich genommen haben.
24 Nimm sie mit, und weihe dich zusammen mit ihnen;
trag die Kosten für sie, damit sie sich das Haar abscheren
lassen können. So wird jeder einsehen, daß an dem, was
man von dir erzählt hat, nichts ist, sondern daß auch du das
1 Kor 9,19–23; Gesetz genau beachtest. 25 Über die gläubig gewordenen
10,32f Heiden aber haben wir ja einen Beschluß gefaßt und ihnen
15,20.29 geschrieben, sie sollten sich vor Götzenopferfleisch, Blut,
Ersticktem und Unzucht hüten.
Num 6,1–20; 26 Da nahm Paulus die Männer mit und weihte sich am
1 Kor 9,20 nächsten Tag zusammen mit ihnen, ging dann in den
Tempel und meldete das Ende der Weihetage an, damit für
jeden von ihnen das Opfer dargebracht werde.

Die Verhaftung des Paulus: 21,27–40

27 Als die sieben Tage zu Ende gingen, sahen ihn die Ju-
den aus der Provinz Asien im Tempel. Sie brachten das
ganze Volk in Aufruhr, ergriffen ihn 28 und schrien: Israeli-
ten! Kommt zu Hilfe! Das ist der Mensch, der in aller Welt
6,13; 18,13 Lehren verbreitet, die sich gegen das Volk und das Gesetz
und gegen diesen Ort richten; er hat sogar Griechen in den
Tempel mitgenommen und diesen heiligen Ort entweiht.
20,4; 29 Sie hatten nämlich kurz zuvor den Epheser Trophimus
2 Tim 4,20 mit ihm zusammen in der Stadt gesehen und meinten,
Paulus habe ihn in den Tempel mitgenommen. 30 Da geriet
die ganze Stadt in Aufregung, und das Volk lief zusammen.
Sie ergriffen Paulus und zerrten ihn aus dem Tempel, und
sofort wurden die Tore geschlossen.

31 Schon wollten sie ihn umbringen, da brachte man
dem Obersten der Kohorte die Meldung hinauf: Ganz Jeru-
salem ist in Aufruhr! 32 Er eilte sofort mit Soldaten und
Hauptleuten zu ihnen hinunter. Als sie den Obersten und
die Soldaten sahen, hörten sie auf, Paulus zu schlagen.

21,25 Vgl. die Anmerkung zu 15,20.

21,28f Heiden in die inneren, den Juden vorbehaltenen Vorhöfe des Tempels mitzunehmen, war bei Todesstrafe verboten.

33 Der Oberst trat hinzu, verhaftete ihn, ließ ihn mit zwei 20,23; 21,11
Ketten fesseln und fragte, wer er sei und was er getan habe.
34 In der Menge schrien die einen dies, die andern das. Da er
bei dem Lärm nichts Sicheres ermitteln konnte, befahl er,
ihn in die Kaserne zu führen. 35 Als Paulus an die Frei-
treppe kam, mußten ihn die Soldaten wegen des Andrangs
der Menge tragen. 36 Denn das Volk lief hinterher und
schrie: Weg mit ihm!
37 Als man Paulus in die Kaserne bringen wollte, sagte er
zum Obersten: Darf ich ein Wort mit dir reden? Der ant-
wortete: Du verstehst Griechisch? 38 Dann bist du also
nicht der Ägypter, der vor einiger Zeit die viertausend Si-
karier aufgewiegelt und in die Wüste hinausgeführt hat?
39 Paulus antwortete: Ich bin ein Jude aus Tarsus in Zilizi- 9,11
en, Bürger einer nicht unbedeutenden Stadt. Ich bitte dich,
gestatte mir, zum Volk zu sprechen. 40 Als der Oberst es er-
laubte, stellte sich Paulus auf die Freitreppe und gab dem
Volk mit der Hand ein Zeichen. Alles wurde still, und er
redete sie in hebräischer Sprache an:

Die Rede des Paulus im Tempelvorhof: 22,1–21

22 Brüder und Väter! Hört, was ich euch zu meiner 7,2; 13,26
Verteidigung zu sagen habe. 2 Als sie hörten, daß
er in hebräischer Sprache zu ihnen redete, waren sie noch
ruhiger. Und er sagte: 3 Ich bin ein Jude, geboren in Tarsus *3–21:* 9,1–29;
in Zilizien, hier in dieser Stadt erzogen, zu Füßen Gama- 26,9–23; 5,34;
liëls genau nach dem Gesetz der Väter ausgebildet, ein Ei- 2 Kor 11,22;
ferer für Gott, wie ihr alle es heute seid. 4 Ich habe den Phil 3,5;
(neuen) Weg bis auf den Tod verfolgt, habe Männer und Röm 10,2;
Frauen gefesselt und in die Gefängnisse eingeliefert. 5 Das Gal 1,14 8,3
bezeugen mir der Hohepriester und der ganze Rat der Älte-
sten. Von ihnen erhielt ich auch Briefe an die Brüder und
zog nach Damaskus, um dort ebenfalls die Anhänger (der
neuen Lehre) zu fesseln und zur Bestrafung nach Jerusalem
zu bringen. 6 Als ich nun unterwegs war und mich Damas-
kus näherte, da geschah es, daß mich um die Mittagszeit
plötzlich vom Himmel her ein helles Licht umstrahlte.
7 Ich stürzte zu Boden und hörte eine Stimme zu mir sagen:
Saul, Saul, warum verfolgst du mich? 8 Ich antwortete:
Wer bist du, Herr? Er sagte zu mir: Ich bin Jesus, der Nazo-
räer, den du verfolgst. 9 Meine Begleiter sahen zwar das
Licht, die Stimme dessen aber, der zu mir sprach, hörten
sie nicht. 10 Ich sagte: Herr, was soll ich tun? Der Herr

21,38 »Sikarier« (Dolchmänner) waren jüdische Freiheits-
kämpfer.

antwortete: Steh auf, und geh nach Damaskus, dort wird
dir alles gesagt werden, was du nach Gottes Willen tun
sollst. [11] Da ich aber vom Glanz jenes Lichtes geblendet
war, so daß ich nicht mehr sehen konnte, wurde ich von
meinen Begleitern an der Hand geführt und gelangte so
nach Damaskus.

[12] Ein gewisser Hananias, ein frommer und gesetzes-
treuer Mann, der bei allen Juden dort in gutem Ruf stand,
[13] kam zu mir, trat vor mich und sagte: Bruder Saul, du
sollst wieder sehen! Und im gleichen Augenblick konnte
ich ihn sehen. [14] Er sagte: Der Gott unserer Väter hat dich
dazu erwählt, seinen Willen zu erkennen, den Gerechten
zu sehen und die Stimme seines Mundes zu hören; [15] denn
du sollst vor allen Menschen sein Zeuge werden für das,
was du gesehen und gehört hast. [16] Was zögerst du noch?
Steh auf, laß dich taufen und deine Sünden abwaschen,
9,26; und rufe seinen Namen an! [17] Als ich später nach Jerusa-
Gal 1,18f lem zurückgekehrt war und im Tempel betete, da geriet
ich in eine Verzückung. [18] Und ich sah ihn, wie er zu mir
sagte: Beeil dich, verlasse sofort Jerusalem; denn sie wer-
den dein Zeugnis über mich nicht annehmen. [19] Da sagte
22,4 ich: Herr, sie wissen doch, daß ich es war, der deine Gläu-
bigen ins Gefängnis werfen und in den Synagogen auspeit-
7,58; 8,1 schen ließ. [20] Auch als das Blut deines Zeugen Stephanus
vergossen wurde, stand ich dabei; ich stimmte zu und
9,15; 13,2; 26,16–18; paßte auf die Kleider derer auf, die ihn umbrachten. [21] Aber
Röm 1,5; er sagte zu mir: Brich auf, denn ich will dich in die Ferne zu
Gal 2,7 den Heiden senden.

Paulus und der römische Oberst: 22,22–29

[22] Bis zu diesem Wort hörten sie ihm zu, dann fingen sie
1 Kor 4,13 an zu schreien: Weg mit so einem Menschen! Er darf nicht
am Leben bleiben. [23] Sie lärmten, zerrissen ihre Kleider
und warfen Staub in die Luft. [24] Da befahl der Oberst, ihn
in die Kaserne zu führen, und ordnete an, ihn unter Geißel-
schlägen zu verhören. Auf diese Weise wollte er heraus-
finden, warum sie derart gegen ihn tobten. [25] Als sie ihn
aber für die Geißelung festbanden, sagte Paulus zu dem
16,37; 23,27 Hauptmann, der dabeistand: Dürft ihr jemand, der das rö-
mische Bürgerrecht besitzt, geißeln, noch dazu ohne Ver-
urteilung?

[26] Als der Hauptmann das hörte, ging er zum Obersten,
meldete es und sagte: Was hast du vor? Der Mann ist ein
Römer. [27] Der Oberst kam zu Paulus und fragte ihn: Sag
mir, bist du ein Römer? Er antwortete: Ja. [28] Da antwortete
der Oberst: Ich habe für dieses Bürgerrecht ein Vermögen

gezahlt. Paulus sagte: Ich bin sogar als Römer geboren.
29 Sofort ließen die, die ihn verhören sollten, von ihm ab. 16,38f
Und der Oberst erschrak, als er erfuhr, daß es ein Römer
war, den er hatte fesseln lassen.

Paulus vor dem Hohen Rat: 22,30–23,11

30 Weil er genau wissen wollte, was die Juden ihm vor-
warfen, ließ er ihn am nächsten Tag aus dem Gefängnis ho-
len und befahl, die Hohenpriester und der ganze Hohe Rat
sollten sich versammeln. Und er ließ Paulus hinunterfüh-
ren und ihnen gegenüberstellen.

23 Paulus schaute mit festem Blick auf den Hohen
Rat und sagte: Brüder! Bis zum heutigen Tag lebe 24,16; 2 Kor 1,12
ich vor Gott mit völlig reinem Gewissen. 2 Der Hoheprie-
ster Hananias aber befahl denen, die bei ihm standen, ihn
auf den Mund zu schlagen. 3 Da sagte Paulus zu ihm: Dich
wird Gott schlagen, du übertünchte Wand! Du sitzt hier, Mt 23,27
um mich nach dem Gesetz zu richten, und entgegen dem Lev 19,15
Gesetz befiehlst du, mich zu schlagen? 4 Die Umstehen-
den sagten: Du wagst es, den Hohenpriester Gottes zu
schmähen? 5 Paulus antwortete: Ich wußte nicht, Brüder,
daß er der Hohepriester ist. Denn es heißt in der Schrift:
Einen Fürsten deines Volkes sollst du nicht verfluchen. Ex 22,27
6 Da Paulus aber wußte, daß der eine Teil zu den Sadduzä-
ern, der andere zu den Pharisäern gehörte, rief er vor dem
Hohen Rat aus: Brüder, ich bin Pharisäer und ein Sohn von 4,2; 22,3;
Pharisäern; wegen der Hoffnung und wegen der Auferste- 26,5
hung der Toten stehe ich vor Gericht.
7 Als er das sagte, brach ein Streit zwischen den Pharisä-
ern und den Sadduzäern aus, und die Versammlung spal-
tete sich. 8 Die Sadduzäer behaupten nämlich, es gebe we- Lk 20,27;
der eine Auferstehung noch Engel noch Geister, die Phari- Mt 22,23
säer dagegen bekennen sich zu all dem. 9 Es erhob sich ein
lautes Geschrei, und einige Schriftgelehrte aus dem Kreis
der Pharisäer standen auf und verfochten ihre Ansicht. Sie
sagten: Wir finden nichts Schlimmes an diesem Men-
schen. Vielleicht hat doch ein Geist oder ein Engel zu ihm
gesprochen. 10 Als der Streit heftiger wurde, befürchtete
der Oberst, sie könnten Paulus zerreißen. Daher ließ er die
Wachtruppe herabkommen, ihn mit Gewalt aus ihrer
Mitte herausholen und in die Kaserne bringen.
11 In der folgenden Nacht aber trat der Herr zu Paulus 18,9; 19,21;
und sagte: Hab Mut! Denn so wie du in Jerusalem meine 27,24; 28,23.31

23,6 Paulus gibt zu verstehen, daß die christliche Auferste-
hungshoffnung mit der Erwartung der Pharisäer übereinstimmt.

Sache bezeugt hast, sollst du auch in Rom Zeugnis ablegen.

Die Verschwörung der Juden gegen Paulus: 23,12–22

12 Nach Tagesanbruch rotteten sich die Juden zusammen und schworen einen heiligen Eid, weder zu essen noch zu trinken, bis sie Paulus getötet hätten. 13 An dieser Verschwörung waren mehr als vierzig Männer beteiligt. 14 Sie gingen zu den Hohenpriestern und den Ältesten und sagten: Wir haben mit einem heiligen Eid geschworen, nichts zu essen, bis wir Paulus getötet haben. 15 Geht also jetzt zusammen mit dem Hohen Rat zum Obersten, und bittet ihn, Paulus zu euch herunterzuführen, da ihr den Fall noch genauer untersuchen wollt; wir aber halten uns bereit, um ihn, noch bevor er hierher kommt, umzubringen.

16 Der Neffe des Paulus, der Sohn seiner Schwester, erfuhr jedoch von dem Anschlag. Er ging in die Kaserne und verständigte Paulus. 17 Paulus ließ einen der Hauptleute rufen und sagte: Bring diesen jungen Mann zum Obersten, denn er hat ihm etwas zu melden. 18 Der nahm ihn mit sich, brachte ihn zum Obersten und sagte: Der Gefangene Paulus hat mich gerufen und gebeten, diesen jungen Mann zu dir zu führen, da er dir etwas mitzuteilen habe. 19 Der Oberst faßte ihn bei der Hand, nahm ihn beiseite und fragte: Was hast du mir zu melden? 20 Er antwortete: Die Juden haben verabredet, dich zu bitten, du mögest morgen den Paulus vor den Hohen Rat hinunterführen lassen. Angeblich wollen sie Genaueres über ihn erfahren. 21 Trau ihnen nicht! Denn mehr als vierzig Männer von ihnen lauern ihm auf. Sie haben sich geschworen, weder zu essen noch zu trinken, bis sie ihn umgebracht haben; schon stehen sie bereit und warten auf deine Anordnung. 22 Der Oberst befahl dem jungen Mann: Sag niemand etwas darüber, daß du mir das angezeigt hast. Dann ließ er ihn gehen.

Die Überführung des Paulus nach Cäsarea: 23,23–35

23 Er rief zwei von den Hauptleuten und gab ihnen den Befehl: Haltet von der dritten Stunde der Nacht an zweihundert Soldaten zum Marsch nach Cäsarea bereit, außerdem siebzig Reiter und zweihundert Leichtbewaffnete; 24 auch Tragtiere soll man bereitstellen, Paulus aufsitzen lassen und sicher zum Statthalter Felix bringen. 25 Und er

schrieb einen Brief mit folgendem Inhalt: [26] Klaudius Ly-
sias entbietet dem erlauchten Statthalter Felix seinen
Gruß! [27] Dieser Mann wurde von den Juden ergriffen und 21,33; 22,25
wäre beinahe von ihnen umgebracht worden; da habe ich
mit der Wachtruppe eingegriffen und ihn befreit. Ich hatte
nämlich erfahren, daß er Römer ist. [28] Und weil ich ermit-
teln wollte, wessen sie ihn beschuldigen, brachte ich ihn 22,30
vor ihren Hohen Rat. [29] Ich fand heraus, daß er wegen
Streitfragen über ihr Gesetz angeschuldigt wird, daß aber 18,14f
keine Anklage gegen ihn vorliegt, auf die Tod oder Haft
steht. [30] Da mir aber angezeigt wurde, gegen den Mann sei
ein Anschlag geplant, schicke ich ihn sogleich zu dir; auch
habe ich die Kläger angewiesen, ihre Sache gegen ihn bei
dir vorzubringen.

[31] Die Soldaten übernahmen Paulus, wie ihnen befohlen
war, und brachten ihn bei Nacht bis Antipatris. [32] Am an-
deren Tag ließen sie die Reiter mit ihm weiterziehen und
kehrten in die Kaserne zurück. [33] Diese gaben nach ihrer
Ankunft in Cäsarea den Brief beim Statthalter ab und führ-
ten ihm Paulus vor. [34] Er las (den Brief) und fragte Paulus,
aus welcher Provinz er stamme. Als er hörte, er sei aus Zi-
lizien, [35] sagte er: Ich werde dich vernehmen, sobald deine 22,3
Ankläger eingetroffen sind. Dann befahl er, ihn im Präto-
rium des Herodes in Gewahrsam zu halten.

Paulus vor dem römischen Statthalter Felix: 24,1–27

24 Nach fünf Tagen kam der Hohepriester Hananias
mit einigen Ältesten und dem Anwalt Tertullus
herab, und sie brachten beim Statthalter ihre Klage gegen
Paulus vor. [2] Er wurde herbeigeholt, und Tertullus erhob
Anklage mit folgenden Worten: Tiefen Frieden genießen
wir durch dich, und durch deine Umsicht hat sich für die-
ses Volk vieles gebessert. [3] Das erkennen wir immer und
überall mit großer Dankbarkeit an, erlauchter Felix. [4] Um
dich aber nicht länger bemühen zu müssen, bitte ich dich,
uns in deiner Milde kurz anzuhören. [5] Wir finden nämlich,
dieser Mann ist eine Pest, ein Unruhestifter bei allen Juden 17,6
in der Welt und ein Rädelsführer der Nazoräersekte. [6] Er
hat sogar versucht, den Tempel zu entweihen. Wir haben
ihn festgenommen [6b–8a]. [8b] Wenn du ihn verhörst, wirst

23,26 Felix war bis etwa 58 n. Chr. Statthalter von Judäa.

24,6 Einige Textzeugen fügen ein: . . . und nach unserem Gesetz richten wollen. [7] Aber der Oberst Lysias kam herzu und entriß ihn mit Gewalt unseren Händen [8a] und befahl, daß seine Ankläger zu dir kommen sollen.

du selbst alles ermitteln können, wessen wir ihn anklagen.
9 Und die Juden unterstützten ihn, indem sie behaupteten,
so sei es.

10 Auf einen Wink des Statthalters erwiderte Paulus: Da
ich dich seit vielen Jahren als Richter für dieses Volk ken-
ne, verteidige ich meine Sache voll Zuversicht. 11 Wie du
feststellen kannst, sind erst zwölf Tage vergangen, seit ich
21,17 nach Jerusalem hinaufgezogen bin, um Gott anzubeten.
12 Sie haben mich weder im Tempel noch in den Synago-
gen noch anderswo in der Stadt dabei angetroffen, daß ich
ein Streitgespräch mit jemand geführt oder einen Aufruhr
im Volk erregt hätte. 13 Sie können dir auch nichts von
dem beweisen, was sie mir jetzt vorwerfen. 14 Das aller-
9,2 dings bekenne ich dir: Dem (neuen) Weg entsprechend,
den sie eine Sekte nennen, diene ich dem Gott meiner Vä-
ter. Ich glaube an alles, was im Gesetz und in den Prophe-
ten steht, 15 und ich habe dieselbe Hoffnung auf Gott, die
Dan 12,2; 2 Makk 7,9; Joh 5,28f auch diese hier haben: daß es eine Auferstehung der Ge-
rechten und Ungerechten geben wird. 16 Deshalb bemühe
auch ich mich, vor Gott und den Menschen immer ein rei-
23,1 nes Gewissen zu haben. 17 Nach mehreren Jahren bin ich
Röm 15,25f; Gal 2,10 nun zu meinem Volk gekommen, um Spenden zu über-
bringen und zu opfern. 18 Als ich mich zu diesem Zweck
21,27 im Tempel hatte weihen lassen, trafen mich – nicht mit
einer Volksmenge und nicht bei einem Tumult – 19 einige
Juden aus der Provinz Asien; sie müßten vor dir erscheinen
und Anklage erheben, wenn sie etwas gegen mich vorzu-
bringen haben. 20 Oder diese hier sollen doch selbst sagen,
was für ein Vergehen sie herausgefunden haben, als ich vor
dem Hohen Rat stand, 21 es sei denn der eine Satz, den ich
23,6 in ihrer Mitte ausgerufen habe: Wegen der Auferstehung
der Toten stehe ich heute vor eurem Gericht.

23,26 22 Felix, der den (neuen) Weg genau kannte, vertagte den
Fall mit den Worten: Sobald der Oberst Lysias herab-
kommt, werde ich eure Sache entscheiden. 23 Den Haupt-
mann wies er an, Paulus weiter in Gewahrsam zu halten,
27,3 jedoch in leichter Haft, und niemand von den Seinen daran
zu hindern, für ihn zu sorgen.

24 Einige Tage darauf erschien Felix mit seiner Gemah-
lin Drusilla, einer Jüdin, ließ Paulus rufen und hörte an,
was er ihm über den Glauben an Christus Jesus berichtete.
25 Als aber die Rede auf Gerechtigkeit, Enthaltsamkeit und
das bevorstehende Gericht kam, erschrak Felix und unter-
brach ihn: Für jetzt kannst du gehen; wenn ich Zeit finde,
werde ich dich wieder rufen. 26 Dabei hoffte er, von Paulus
Geld zu erhalten. Deshalb ließ er ihn auch häufig kommen

und unterhielt sich mit ihm. 27 Nach zwei Jahren aber
wurde Porzius Festus Nachfolger des Felix; und weil Felix 25,9
den Juden einen Gefallen erweisen wollte, ließ er Paulus in
der Haft zurück.

Paulus vor dem Statthalter Festus – Seine Berufung an den Kaiser: 25,1–12

25 Als Festus in der Provinz eingetroffen war, zog er
drei Tage später von Cäsarea nach Jerusalem hin-
auf. 2 Da erstatteten die Hohenpriester und die Vornehm-
sten der Juden bei ihm Anzeige gegen Paulus. Sie ersuchten
ihn, gegen Paulus vorzugehen, 3 und baten ihn um den Ge-
fallen, Paulus nach Jerusalem bringen zu lassen. Sie woll- 23,15
ten ihn nämlich unterwegs aus einem Hinterhalt heraus
ermorden. 4 Festus jedoch antwortete, Paulus bleibe in Cä-
sarea in Haft und er selbst wolle in Kürze abreisen. 5 Die
unter euch, die dafür zuständig sind, sagte er, können mit
hinabkommen, und wenn gegen den Mann etwas vorliegt,
sollen sie gegen ihn Anklage erheben.

6 Er hielt sich nicht länger als acht oder zehn Tage bei
ihnen auf, dann reiste er nach Cäsarea hinab. Am folgen-
den Tag setzte er sich auf den Richterstuhl und ließ Paulus
vorführen. 7 Als dieser erschien, umringten ihn die Juden,
die von Jerusalem herabgekommen waren, und brachten
viele schwere Beschuldigungen vor, konnten sie aber nicht
beweisen. 8 Paulus verteidigte sich: Ich habe mich weder
gegen das Gesetz der Juden noch gegen den Tempel noch
gegen den Kaiser vergangen. 9 Festus jedoch wollte den Ju- 24,27
den einen Gefallen erweisen und antwortete dem Paulus:
Willst du nach Jerusalem hinaufgehen und dich dort unter
meinem Vorsitz dieser Sache wegen richten lassen? 10 Pau-
lus sagte: Ich stehe vor dem Richterstuhl des Kaisers, und
da muß ich gerichtet werden. Den Juden habe ich kein Un-
recht getan, wie auch du sehr wohl weißt. 11 Wenn ich
wirklich ein Unrecht begangen und etwas getan habe,
worauf die Todesstrafe steht, weigere ich mich nicht zu
sterben. Wenn aber ihre Anklage gegen mich unbegründet
ist, kann mich niemand ihnen ausliefern. Ich lege Beru-
fung beim Kaiser ein! 12 Da besprach sich Festus mit sei-
nen Ratgebern und antwortete: An den Kaiser hast du ap-
pelliert; zum Kaiser sollst du gehen.

24,27 Porzius Festus war von etwa 58 n. Chr. an Statthalter von Judäa.

Paulus vor dem Statthalter Festus und König Agrippa: 25,13–26,32

13 Einige Tage später trafen König Agrippa und Berenike
in Cäsarea ein, um Festus ihre Aufwartung zu machen.
14 Sie blieben mehrere Tage dort. Da trug Festus dem König
den Fall des Paulus vor und sagte: Von Felix ist ein Mann
als Gefangener zurückgelassen worden, 15 gegen den die
Hohenpriester und die Ältesten der Juden, als ich in Jerusa-
lem war, vorstellig wurden. Sie forderten seine Verurtei-
lung, 16 ich aber erwiderte ihnen, es sei bei den Römern
nicht üblich, einen Menschen auszuliefern, bevor nicht
der Angeklagte den Anklägern gegenübergestellt sei und
Gelegenheit erhalten habe, sich gegen die Anschuldigun-
gen zu verteidigen. 17 Als sie dann zusammen hierher ka-
men, setzte ich mich gleich am nächsten Tag auf den Rich-
terstuhl und ließ den Mann vorführen. 18 Bei der Gegen-
überstellung brachten die Kläger keine Anklage wegen
solcher Verbrechen vor, die ich vermutet hatte; 19 sie führ-
18,15 ten nur einige Streitfragen gegen ihn ins Feld, die ihre Reli-
gion und einen gewissen Jesus betreffen, der gestorben ist,
von dem Paulus aber behauptet, er lebe. 20 Da ich mich auf
die Untersuchung dieser Dinge nicht verstand, fragte ich,
ob er nach Jerusalem gehen wolle, um sich dort deswegen
richten zu lassen. 21 Paulus jedoch legte Berufung ein; er
wollte bis zur Entscheidung der kaiserlichen Majestät in
Haft bleiben. Daher gab ich Befehl, ihn in Haft zu halten,
bis ich ihn zum Kaiser schicken kann. 22 Da sagte Agrippa
zu Festus: Ich würde den Mann gern selbst hören. Morgen,
antwortete er, sollst du ihn hören.

23 So kamen am folgenden Tag Agrippa und Berenike mit
großem Gepränge und betraten die Empfangshalle, zu-
sammen mit den Obersten und den vornehmsten Männern
der Stadt. Auf Befehl des Festus wurde Paulus vorgeführt,
24 und Festus sagte: König Agrippa und all ihr Männer, die
ihr hier bei uns seid! Da seht ihr den Mann, dessentwegen
mich alle Juden in Jerusalem und auch hier bestürmt ha-
ben mit ihrem Geschrei, er dürfe nicht länger am Leben
bleiben. 25 Ich aber konnte bei ihm nichts feststellen, wor-
auf die Todesstrafe steht. Da er jedoch selbst an die kaiser-
liche Majestät appelliert hat, habe ich beschlossen, ihn

25,13 Es handelt sich um Herodes Agrippa II., Sohn des Herodes Agrippa I. (vgl. die Anmerkung zu 12,1). Er hielt zu den Römern, wurde 50 n. Chr. Tetrarch und 53 n. Chr. König, hatte aber nur sehr beschränkte Rechte. Er war unverheiratet und lebte mit seiner Schwester Berenike zusammen.

hinzuschicken. 26 Etwas Genaues über ihn weiß ich mei-
nem Herrn allerdings nicht zu schreiben. Darum habe ich
ihn euch und vor allem dir, König Agrippa, vorführen las-
sen, um nach dem Verhör zu wissen, was ich schreiben
kann. 27 Denn es scheint mir unsinnig, einen Gefangenen
zu schicken, ohne anzugeben, was man ihm vorwirft.
26 Da sagte Agrippa zu Paulus: Du hast die Erlaubnis,
in eigener Sache zu reden. Paulus erhob die Hand
und sagte zu seiner Verteidigung: 2 Ich schätze mich glück-
lich, König Agrippa, daß ich mich heute vor dir verteidigen
darf wegen all der Dinge, die mir die Juden vorwerfen, 3 be-
sonders, da du ein Kenner aller jüdischen Satzungen und
Streitfragen bist. Deshalb bitte ich, mich geduldig anzuhö-
ren.
4 Das Leben, das ich seit meiner Jugend bei meinem Volk Gal 1,14;
und in Jerusalem geführt habe, ist allen Juden von Anfang Phil 3,5f
an bekannt. 5 Ich bin ihnen von früher her bekannt, und
wenn sie wollen, können sie bezeugen, daß ich nach der
strengsten Richtung unserer Religion gelebt habe, nämlich 23,6
als Pharisäer. 6 Und jetzt stehe ich vor Gericht wegen der
Hoffnung auf die Verheißung, die von Gott an unsere Väter 28,20
ergangen ist. 7 Unser Zwölfstämmevolk hofft, sie zu erlan-
gen, und deshalb dient es Gott unablässig, bei Tag und
Nacht. Dieser Hoffnung wegen, König, werde ich von den
Juden angeklagt. 8 Warum haltet ihr es für unglaubhaft,
daß Gott Tote auferweckt? 9 Ich selbst meinte, ich müßte *9–20:*
den Namen Jesu, des Nazoräers, heftig bekämpfen. 10 Das 9,1–29;
habe ich in Jerusalem auch getan: Ich ließ mir von den Ho- 22,3–21
henpriestern Vollmacht geben und sperrte viele der Heili-
gen ins Gefängnis; und wenn sie hingerichtet werden soll-
ten, stimmte ich dafür. 11 Und in allen Synagogen habe ich
oft versucht, sie durch Strafen zur Lästerung zu zwingen;
in maßloser Wut habe ich sie sogar bis in Städte außerhalb
des Landes verfolgt.
12 So zog ich auch mit der Vollmacht und Erlaubnis der
Hohenpriester nach Damaskus. 13 Da sah ich unterwegs,
König, mitten am Tag ein Licht, das mich und meine Be-
gleiter vom Himmel her umstrahlte, heller als die Sonne.
14 Wir alle stürzten zu Boden, und ich hörte eine Stimme
auf hebräisch zu mir sagen: Saul, Saul, warum verfolgst du
mich? Es wird dir schwerfallen, gegen den Stachel auszu-
schlagen. 15 Ich antwortete: Wer bist du, Herr? Der Herr
sagte: Ich bin Jesus, den du verfolgst. 16 Steh auf, stell dich Ez 2,1.3;
auf deine Füße! Denn ich bin dir erschienen, um dich zum 2 Kor 12,1;
Diener und Zeugen dessen zu erwählen, was du gesehen Gal 1,15f
hast und was ich dir noch zeigen werde. 17 Ich will dich vor

dem Volk und den Heiden retten, zu denen ich dich sende,
Jes 35,5; 42,7. 18 um ihnen die Augen zu öffnen. Denn sie sollen sich von
16; 61,1; der Finsternis zum Licht und von der Macht des Satans zu
Apg 20,32; Kol 1,13 Gott bekehren und sollen durch den Glauben an mich die
Vergebung der Sünden empfangen und mit den Geheilig-
ten am Erbe teilhaben.

19 Daher, König Agrippa, habe ich mich der himmli-
schen Erscheinung nicht widersetzt, 20 sondern zuerst de-
nen in Damaskus und in Jerusalem, dann im ganzen Land
Judäa und bei den Heiden verkündet, sie sollten umkeh-
ren, sich Gott zuwenden und der Umkehr entsprechend
handeln. 21 Aus diesem Grund haben mich einige Juden im
21,30f Tempel ergriffen und versucht, mich umzubringen.
22 Doch ich habe Gottes Hilfe erfahren bis zum heutigen
Tag; so stehe ich da als Zeuge für groß und klein und sage
nichts anderes als das, was nach dem Wort der Propheten
Lk 24,26.44–47; und des Mose geschehen soll: 23 daß der Christus leiden
1 Kor 15,20; müsse und daß er, als erster von den Toten auferstanden,
Kol 1,18 dem Volk und den Heiden ein Licht verkünden werde.

24 Als er sich mit diesen Worten verteidigte, rief Festus
laut: Du bist verrückt, Paulus! Das viele Studieren in den
(heiligen) Schriften treibt dich zum Wahnsinn. 25 Paulus
erwiderte: Ich bin nicht verrückt, erlauchter Festus; was
ich sage, ist wahr und vernünftig. 26 Der König versteht
sich auf diese Dinge; deshalb spreche ich auch freimütig zu
ihm. Ich bin überzeugt, daß ihm nichts davon entgangen
ist; das alles hat sich ja nicht in irgendeinem Winkel zuge-
tragen. 27 König Agrippa, glaubst du den Propheten? Ich
weiß, du glaubst. 28 Darauf sagte Agrippa zu Paulus: Fast
11,26; überredest du mich dazu, mich als Christ auszugeben.
1 Petr 4,16 29 Paulus antwortete: Ich wünschte mir von Gott, daß frü-
her oder später nicht nur du, sondern alle, die mich heute
hören, das werden, was ich bin, freilich ohne diese Fesseln.

30 Da erhoben sich der König und der Statthalter, auch
Berenike und alle, die bei ihnen saßen. 31 Sie zogen sich zu-
rück, besprachen sich miteinander und sagten: Dieser
Mann tut nichts, worauf Tod oder Haft steht. 32 Und
25,11 Agrippa sagte zu Festus: Der Mann könnte freigelassen
werden, wenn er nicht an den Kaiser appelliert hätte.

Die Abfahrt des gefangenen Apostels nach Rom: 27,1–13

27 Als unsere Abfahrt nach Italien feststand, wurden
Paulus und einige andere Gefangene einem
25,12 Hauptmann der kaiserlichen Kohorte namens Julius über-
geben. 2 Wir bestiegen ein Schiff aus Adramyttium, das die
Orte entlang der Küste Kleinasiens anlaufen sollte, und

fuhren ab; bei uns war Aristarch, der Mazedonier aus 19,29; 20,4
Thessalonich. 3 Am anderen Tag liefen wir in Sidon ein,
und Julius, der Paulus wohlwollend behandelte, erlaubte
ihm, zu seinen Freunden zu gehen und sich versorgen zu 24,23; 28,2.16
lassen. 4 Von dort fuhren wir weiter und umsegelten, weil
wir Gegenwind hatten, Zypern. 5 Wir fuhren durch das
Meer von Zilizien und Pamphylien und erreichten Myra in
Lyzien. 6 Dort fand der Hauptmann ein alexandrinisches
Schiff, das nach Italien fuhr, und er brachte uns an Bord.
7 Viele Tage lang kamen wir nur langsam vorwärts, und
mit Mühe erreichten wir die Höhe von Knidos. Da uns der
Wind nicht herankommen ließ, umsegelten wir Kreta bei
Salmone, 8 fuhren unter großer Mühe an Kreta entlang und
erreichten einen Ort namens Kalói Liménes, in dessen
Nähe die Stadt Lasäa liegt.
9 Da inzwischen längere Zeit vergangen und die Schiff-
fahrt bereits unsicher geworden war – sogar das Fasten war
schon vorüber –, warnte Paulus und sagte: 10 Männer, ich
sehe, die Fahrt wird mit Gefahr und großem Schaden ver-
bunden sein, nicht nur für die Ladung und das Schiff, son-
dern auch für unser Leben. 11 Der Hauptmann aber ver-
traute dem Steuermann und dem Kapitän mehr als den
Worten des Paulus. 12 Da der Hafen zum Überwintern un-
geeignet war, beschloß die Mehrheit weiterzufahren, um
nach Möglichkeit Phönix zu erreichen, einen nach Südwe-
sten und Nordwesten offenen Hafen von Kreta; dort woll-
ten sie überwintern. 13 Als leichter Südwind aufkam,
meinten sie, ihr Vorhaben sei schon geglückt; sie lichteten
den Anker und fuhren dicht an Kreta entlang.

Der Seesturm: 27,14–26

14 Doch kurz darauf brach von der Insel her ein Orkan
los, Eurakylon genannt. 15 Das Schiff wurde mitgerissen,
und weil es nicht mehr gegen den Wind gedreht werden
konnte, gaben wir auf und ließen uns treiben. 16 Während
wir unter einer kleinen Insel namens Kauda hinfuhren,
konnten wir das Beiboot nur mit Mühe in die Gewalt be-
kommen. 17 Die Matrosen hoben es hoch, dann sicherten
sie das Schiff, indem sie Taue darum herumspannten. Weil
sie fürchteten, in die Syrte zu geraten, ließen sie den Treib-
anker hinab und trieben dahin. 18 Da wir vom Sturm hart
bedrängt wurden, erleichterten sie am nächsten Tag das

27,8 Kalói Liménes, wörtlich: Guthafen. Es handelt sich dabei um eine Bucht an der felsigen Küste bei der Stadt Lasäa, die nach Osten offen war.

27,14 »Eurakýlon« ist der Name eines starken Nordwinds.

Schiff, [19] und am dritten Tag warfen sie eigenhändig die
Schiffsausrüstung über Bord. [20] Mehrere Tage hindurch
zeigten sich weder Sonne noch Sterne, und der heftige
Sturm hielt an. Schließlich schwand uns alle Hoffnung auf
Rettung.

[21] Niemand wollte mehr essen; da trat Paulus in ihre
Mitte und sagte: Männer, man hätte auf mich hören und
von Kreta nicht abfahren sollen, dann wären uns dieses
Unglück und der Schaden erspart geblieben. [22] Doch jetzt
ermahne ich euch: Verliert nicht den Mut! Niemand von
euch wird sein Leben verlieren, nur das Schiff wird unter-
gehen. [23] Denn in dieser Nacht ist ein Engel des Gottes,
dem ich gehöre und dem ich diene, zu mir gekommen
23,11 [24] und hat gesagt: Fürchte dich nicht, Paulus! Du mußt vor
den Kaiser treten. Und Gott hat dir alle geschenkt, die mit
dir fahren. [25] Habt also Mut, Männer! Denn ich vertraue
auf Gott, daß es so kommen wird, wie mir gesagt worden
28,1 ist. [26] Wir müssen allerdings an einer Insel stranden.

Der Schiffbruch vor Malta: 27,27–44

[27] Als wir schon die vierzehnte Nacht auf der Adria trie-
ben, merkten die Matrosen um Mitternacht, daß sich ih-
nen Land näherte. [28] Sie warfen das Lot hinab und maßen
zwanzig Faden; kurz danach loteten sie nochmals und ma-
ßen fünfzehn Faden. [29] Aus Furcht, wir könnten auf Klip-
pen laufen, warfen sie vom Heck aus vier Anker und
wünschten den Tag herbei. [30] Als aber die Matrosen unter
dem Vorwand, sie wollten vom Bug aus Anker auswerfen,
vom Schiff zu fliehen versuchten und das Beiboot ins Meer
hinunterließen, [31] sagte Paulus zum Hauptmann und zu
den Soldaten: Wenn sie nicht auf dem Schiff bleiben,
könnt ihr nicht gerettet werden. [32] Da kappten die Solda-
ten die Taue des Beibootes und ließen es forttreiben. [33] Bis
in die Morgendämmerung hinein ermunterte Paulus alle,
etwas zu essen, und sagte: Heute ist schon der vierzehnte
Tag, daß ihr ausharrt, ohne auch nur die geringste Nahrung
zu euch zu nehmen. [34] Deshalb rate ich euch: Eßt etwas;
Lk 12,7 das ist gut für eure Rettung. Denn keinem von euch wird
auch nur ein Haar von seinem Kopf verlorengehen.

Joh 6,11; [35] Nach diesen Worten nahm er Brot, dankte Gott vor
Lk 22,19; den Augen aller, brach es und begann zu essen. [36] Da faßten
1 Tim 4,4 alle Mut und aßen ebenfalls. [37] Wir waren im ganzen zwei-
hundertsechsundsiebzig Menschen an Bord. [38] Nachdem

27,28 1 Faden = 1 Klafter = 1,85 Meter.

sie sich satt gegessen hatten, warfen sie das Getreide ins
Meer, um das Schiff zu erleichtern.
39 Als es nun Tag wurde, entdeckten die Matrosen eine
Bucht mit flachem Strand; auf ihn wollten sie, wenn mög-
lich, das Schiff auflaufen lassen; das Land selbst war ihnen
unbekannt. 40 Sie machten die Anker los und ließen sie im
Meer zurück. Zugleich lösten sie die Haltetaue der Steuer-
ruder, hißten das Vorsegel und hielten mit dem Wind auf
den Strand zu. 41 Als sie aber auf eine Sandbank gerieten, 2 Kor 11,25
strandeten sie mit dem Schiff; der Bug bohrte sich ein und
saß unbeweglich fest; das Heck aber begann in der Bran-
dung zu zerbrechen. 42 Da beschlossen die Soldaten, die
Gefangenen zu töten, damit keiner schwimmend entkom-
men könne. 43 Der Hauptmann aber wollte Paulus retten
und hinderte sie an ihrem Vorhaben. Er befahl, daß zuerst
alle, die schwimmen konnten, über Bord springen und an
Land gehen sollten, 44 dann die übrigen, teils auf Planken,
teils auf anderen Schiffstrümmern. So kam es, daß alle ans
Land gerettet wurden.

Die Überwinterung auf Malta: 28,1–10

28 Als wir gerettet waren, erfuhren wir, daß die Insel
Malta heißt. 2 Die Einheimischen waren uns ge-
genüber ungewöhnlich freundlich; sie zündeten ein Feuer
an und holten uns alle zu sich, weil es zu regnen begann
und kalt war. 3 Als Paulus einen Haufen Reisig zusam-
menraffte und auf das Feuer legte, fuhr infolge der Hitze
eine Viper heraus und biß sich an seiner Hand fest. 4 Als die
Einheimischen das Tier an seiner Hand hängen sahen, sag-
ten sie zueinander: Dieser Mensch ist gewiß ein Mörder;
die Rachegöttin läßt ihn nicht leben, obwohl er dem Meer
entkommen ist. 5 Er aber schleuderte das Tier ins Feuer Mk 16,18,
und erlitt keinen Schaden. 6 Da erwarteten sie, er werde Lk 10,19
anschwellen oder plötzlich tot umfallen. Als sie aber eine
Zeitlang gewartet hatten und sahen, daß ihm nichts
Schlimmes geschah, änderten sie ihre Meinung und sag- 14,11
ten, er sei ein Gott.
7 In jener Gegend lagen Landgüter, die dem Publius, dem
Ersten der Insel, gehörten; er nahm uns auf und bewirtete
uns drei Tage lang freundlich als seine Gäste. 8 Der Vater

28,2.4 Die Einheimischen, wörtlich: Die Barbaren. Bei den Griechen Bezeichnung für Menschen, die nicht griechisch sprachen.

28,7 »Der Erste der Insel« war ein offizieller Titel, der durch Inschriften bestätigt ist.

des Publius lag gerade mit Fieber und Ruhr im Bett. Paulus ging zu ihm hinein und betete; dann legte er ihm die Hände auf und heilte ihn. 9 Daraufhin kamen auch die anderen Kranken der Insel herbei und wurden geheilt. 10 Sie erwiesen uns viele Ehren, und bei der Abfahrt gaben sie uns alles mit, was wir brauchten.

Von Malta nach Rom: 28,11–15

11 Drei Monate später fuhren wir mit einem alexandrinischen Schiff ab, das auf der Insel überwintert hatte und die Dioskuren als Schiffszeichen trug. 12 Wir liefen in Syrakus ein und blieben drei Tage; 13 von dort fuhren wir die Küste entlang weiter und erreichten Rhegion. Nach einem Tag setzte Südwind ein, und so kamen wir in zwei Tagen nach Puteoli. 14 Hier trafen wir Brüder; sie baten uns, sieben Tage bei ihnen zu bleiben. Und so kamen wir nach Rom. 15 Von dort waren uns die Brüder, die von uns gehört hatten, bis Forum Appii und Tres Tabernae entgegengereist. Als Paulus sie sah, dankte er Gott und faßte Mut.

Ankunft und Wirken des Völkerapostels in Rom: 28,16–31

16 Nach unserer Ankunft in Rom erhielt Paulus die Er-
27,3 laubnis, für sich allein zu wohnen, zusammen mit dem
Soldaten, der ihn bewachte. 17 Drei Tage später rief er die
führenden Männer der Juden zusammen. Als sie versam-
melt waren, sagte er zu ihnen: Brüder, obwohl ich mich
nicht gegen das Volk oder die Sitten der Väter vergangen
habe, bin ich von Jerusalem aus als Gefangener den Rö-
mern ausgeliefert worden. 18 Diese haben mich verhört
und wollten mich freilassen, da nichts gegen mich vorlag,
worauf der Tod steht. 19 Weil aber die Juden Einspruch er-
hoben, war ich gezwungen, Berufung beim Kaiser einzule-
gen, jedoch nicht, um mein Volk anzuklagen. 20 Aus die-
sem Grund habe ich darum gebeten, euch sehen und spre-
26,6f chen zu dürfen. Denn um der Hoffnung Israels willen trage
ich diese Fesseln. 21 Sie antworteten ihm: Wir haben über
dich weder Briefe aus Judäa erhalten, noch ist einer von den
Brüdern gekommen, der uns etwas Belastendes über dich
berichtet oder erzählt hätte. 22 Wir wünschen aber von dir

28,15 »Brüder« sind Christen, nicht Verwandte oder Volksgenossen des Paulus. – Forum Appii ist 64,5 Kilometer, Tres Tabernae 49,5 Kilometer von Rom entfernt.

28,20 Hoffnung Israels: Gemeint ist der Messias.

zu hören, was du denkst; denn von dieser Sekte ist uns be-
kannt, daß sie überall auf Widerspruch stößt.
23 Sie vereinbarten mit ihm einen bestimmten Tag, an
dem sie in noch größerer Zahl zu ihm in die Wohnung ka-
men. Vom Morgen bis in den Abend hinein erklärte und
bezeugte er ihnen das Reich Gottes und versuchte, sie vom 13,16–25;
Gesetz des Mose und von den Propheten aus für Jesus zu 17,2f.11f; Lk 24,44;
gewinnen. 24 Die einen ließen sich durch seine Worte Joh 1,45; 5,45f
überzeugen, die andern blieben ungläubig. 25 Ohne sich ei- 1 Petr 1,10–12
nig geworden zu sein, brachen sie auf, nachdem Paulus
noch das eine Wort gesagt hatte: Treffend hat der Heilige
Geist durch den Propheten Jesaja zu euren Vätern gesagt:

26 *Geh zu diesem Volk und sag:* Jes 6,9f G;
Hören sollt ihr, hören, aber nicht verstehen; Mt 13,14; Mk 4,12;
sehen sollt ihr, sehen, aber nicht erkennen. Lk 8,10;
27 *Denn das Herz dieses Volkes ist hart geworden,* Joh 12,40
und mit ihren Ohren hören sie nur schwer,
und ihre Augen halten sie geschlossen,
damit sie mit ihren Augen nicht sehen
und mit ihren Ohren nicht hören,
damit sie mit ihrem Herzen nicht zur Einsicht kommen,
damit sie sich nicht bekehren und ich sie nicht heile.

28 Darum sollt ihr nun wissen: Den Heiden ist dieses Ps 67,3; 98,3;
Heil Gottes gesandt worden. Und sie werden hören! [29] Apg 18,6; Lk 3,6
30 Er blieb zwei volle Jahre in seiner Mietwohnung und
empfing alle, die zu ihm kamen. 31 Er verkündete das 1,3; 28,23;
Reich Gottes und trug ungehindert und mit allem Freimut Röm 1,15
die Lehre über Jesus Christus, den Herrn, vor.

28,29 Einzelne Textzeugen fügen hinzu: Als er das gesagt hatte, gingen die Juden weg und stritten noch lange miteinander.

Die Paulinischen Briefe

An der Spitze der Briefsammlung des Neuen Testamentes stehen 14 Briefe, die den Namen des Apostels Paulus in der Anschrift tragen oder doch – wie der Brief an die Hebräer – einen Bezug zu Paulus aufweisen. Der Apostel bediente sich auch des Briefes, um auf Glaubensfragen zu antworten, Schwierigkeiten im Gemeindeleben zu lösen, seelsorgliche Anweisungen zu geben und die neubekehrten Christen zu ermahnen, zu trösten und zu stärken. Diese Briefe waren (abgesehen von den Schreiben an Philemon, Timotheus und Titus) dazu bestimmt, in der Gemeindeversammlung vorgelesen zu werden. Sie schenken uns wichtige Einblicke in das Denken des großen Apostels, auch seiner Mitarbeiter, und in das Leben wichtiger urchristlicher Gemeinden seines Missionsgebietes.

Manche Forscher nehmen heute an, daß einige Schreiben dieser Sammlung von Mitarbeitern und Schülern des Apostels verfaßt wurden (s. die Einleitungen zu den Briefen an die Epheser und Kolosser, an Timotheus und Titus).

Wichtige Briefe des Apostels wurden schon früh gesammelt. Ein Hinweis auf eine solche Sammlung paulinischer Briefe findet sich bereits im Neuen Testament (2 Petr 3,15: »Das hat euch auch unser geliebter Bruder Paulus mit der ihm verliehenen Weisheit geschrieben; es steht in allen seinen Briefen, in denen er davon spricht. In ihnen ist manches schwer zu verstehen«).

Die heutige Sammlung von Paulusbriefen ist aber unvollständig, da eine Anzahl paulinischer Briefe verlorengegangen ist (vgl. 1 Kor 5,9; 2 Kor 2,3f und Kol 3,16f).

Die einzelnen Briefe dieser Schriftgruppe sind dem Umfang nach angeordnet, die umfangreichsten stehen an der Spitze. Der Hebräerbrief wurde an das Ende gestellt, da er nicht von Paulus selbst stammt, sein Verfasser aber deutlich von paulinischen Gedanken beeinflußt ist.

In der Briefsammlung unterscheidet man noch die Gruppe der Gefangenschaftsbriefe, die Hinweise darauf enthalten, daß Paulus bei deren Abfassung sich in Haft befand (so die Briefe an die Gemeinden in Ephesus, Philippi, und Kolossä und an Philemon) – der Apostel befand sich mehrmals in Haft –, und die Briefe an Timotheus und

Titus, die Pastoral-(Hirten-)Briefe genannt werden, da sie nicht an Gemeinden, sondern an Gemeindehirten (pastores) gerichtet sind und diesen seelsorgliche Anweisungen geben.

Der Brief an die Römer

Wann die christliche Gemeinde in Rom entstanden ist und wer sie gegründet hat, ist nicht bekannt. Der Brief an die Römer ist das früheste Zeugnis ihrer Existenz und Bedeutung. Paulus schreibt an die römische Gemeinde, kurz bevor er seine Reise nach Jerusalem antritt, bei der er die Kollekte der heidenchristlichen Gemeinden von Mazedonien und Griechenland überbringen will (Röm 15,25–32; vgl. Apg 20,3ff). Er trat diese Reise zwischen 56 und 58 n. Chr. an. Vermutlich ist der Brief während des vorangehenden dreimonatigen Aufenthalts in Griechenland geschrieben worden (Apg 20,2f), und zwar in Korinth, dem Zentrum seiner Griechenlandmission.

Paulus hatte schon lange die Absicht, in die Hauptstadt Rom zu kommen, um die dortige Gemeinde zu besuchen (Röm 1,8–15). Nach der Tätigkeit im östlichen Teil des römischen Reichs will er in Spanien eine neue Missionsarbeit beginnen; hierfür erwartet er von der römischen Gemeinde Unterstützung (15,14–24).

Mit seinem Brief will er sich, auch weil über ihn mancherlei Nachrichten verbreitet waren, persönlich vorstellen. Er legt deshalb eingehend dar, wie er die Botschaft von Jesus Christus versteht und verkündigt. Der Römerbrief ist eine ausführliche Erklärung dessen, was das »Evangelium Jesu Christi« ist. Deswegen beginnt er mit einem auch den römischen Christen vertrauten Bekenntnissatz (1,3b.4a) und entfaltet diesen mit Hilfe der Lehre von der Rechtfertigung des Sünders (1,16f; 1,18–8,39). Er spricht zunächst vom Zorn Gottes über die Sünde der Menschen (1,18–3,20). Darauf folgen die zentralen Ausführungen über das rechtfertigende Handeln Gottes und den Glauben des Menschen (3,21–5,11). Diese Gedanken werden weiter entfaltet in einem Abschnitt über das neue Leben und die Hoffnung des Christen (5,12–8,39). Im besonderen geht er dann auf die Frage nach der Rettung Israels ein (Kap. 9–11), was darauf schließen läßt, daß zur Gemeinde in Rom viele Judenchristen gehörten. Allerdings geht es dem Apostel auch immer wieder um das Heil für die Heiden. Wir müssen also mit einer gemischten Gemeinde rechnen. Im einzelnen kennt Paulus die Situa-

tion der römischen Christen nicht genau; nur in dem ermahnenden Schlußteil (12,1–15,13) behandelt er eine aktuelle Streitfrage (14,1–15,13). Kap. 16 ist ein Nachtrag mit einer Empfehlung, zahlreichen Grüßen und Ermahnungen sowie einem abschließenden Lobpreis (16,25–27).

Der Römerbrief stellt eine Zusammenfassung der Verkündigung und Theologie des Apostels dar. Man hat ihn daher das »Testament des Paulus« genannt. Wegen seines Umfangs wurde er später an den Anfang der Sammlung paulinischer Briefe gestellt.

ANSCHRIFT UND GRUSS: 1,1–7

1 Paulus, Knecht Christi Jesu, berufen zum Apostel, Gal 1,15;
auserwählt, das Evangelium Gottes zu verkündigen, Apg 13,2; 26,16f
2 das er durch seine Propheten im voraus verheißen hat in
den heiligen Schriften: 3 das Evangelium von seinem Sohn, 9,5; 2 Tim 2,8
der dem Fleisch nach geboren ist als Nachkomme Davids,
4 der dem Geist der Heiligkeit nach eingesetzt ist als Sohn Apg 13,33;
Gottes in Macht seit der Auferstehung von den Toten, das 1 Tim 3,16
Evangelium von Jesus Christus, unserem Herrn. 5 Durch 15,15–19;
ihn haben wir Gnade und Apostelamt empfangen, um in Apg 9,15;
seinem Namen alle Heiden zum Gehorsam des Glaubens Gal 2,7.9
zu führen; 6 zu ihnen gehört auch ihr, die ihr von Jesus
Christus berufen seid.
7 An alle in Rom, die von Gott geliebt sind, die berufenen
Heiligen: Gnade sei mit euch und Friede von Gott, unse-
rem Vater, und dem Herrn Jesus Christus.

DANKGEBET – THEMA DES BRIEFES: 1,8–17

8 Zunächst danke ich meinem Gott durch Jesus Christus 16,19;
für euch alle, weil euer Glaube in der ganzen Welt verkün- 1 Thess 1,8
det wird. 9 Denn Gott, den ich im Dienst des Evangeliums Phil 1,8
von seinem Sohn mit ganzem Herzen ehre, ist mein Zeuge:
Unablässig denke ich an euch 10 in allen meinen Gebeten 15,23;
und bitte darum, es möge mir durch Gottes Willen endlich Apg 19,21
gelingen, zu euch zu kommen. 11 Denn ich sehne mich da- 1 Thess 2,17;
nach, euch zu sehen; ich möchte euch geistliche Gaben 3,10
vermitteln, damit ihr dadurch gestärkt werdet, 12 oder bes-
ser: damit wir, wenn ich bei euch bin, miteinander Zu-

1,1 Über die Berufung des Paulus zum Apostel vgl. Gal 1,15f; 1 Kor 9,1; 15,8–10; Apg 9,1–22; 22,3–16; 26,4–18.

1,3f Paulus zitiert in V. 3b.4a einen urchristlichen Bekenntnissatz, der der Gemeinde von Rom offensichtlich bekannt war.

1,4 seit, andere Übersetzungsmöglichkeit: aufgrund.

1,11f Die zurückhaltende Aussage steht im Zusammenhang mit dem missionarischen Grundsatz des Paulus, der in Röm 15,19–22 und 2 Kor 10,15f erwähnt wird. Dennoch ist die Hauptstadt Rom für ihn von besonderer Bedeutung, weil sie das Zentrum der heidnischen Welt ist.

spruch empfangen durch euren und meinen Glauben.
15,22 [13] Ihr sollt wissen, Brüder, daß ich mir schon oft vorge-
nommen habe, zu euch zu kommen, aber bis heute daran
gehindert wurde; denn wie bei den anderen Heiden soll
meine Arbeit auch bei euch Frucht bringen. [14] Griechen
und Nichtgriechen, Gebildeten und Ungebildeten bin ich
Apg 28,30f verpflichtet; [15] so liegt mir alles daran, auch euch in Rom
1 Kor 1,18.24; 2,4 das Evangelium zu verkündigen. [16] Denn ich schäme mich
des Evangeliums nicht: Es ist eine Kraft Gottes, die jeden
rettet, der glaubt, zuerst den Juden, aber ebenso den Grie-
3,21f chen. [17] Denn im Evangelium wird die Gerechtigkeit Got-
tes offenbart aus Glauben zum Glauben, wie es in der
Hab 2,4; Gal 3,11; Hebr 10,38 Schrift heißt: *Der aus Glauben Gerechte wird leben.*

DIE RETTUNG DER MENSCHEN: 1,18–8,39

Sünde und Verlorenheit: 1,18–3,20

Gottes Zorn über die Ungerechtigkeit der Menschen: 1,18–32

2,5.8f; Jes 66,15 [18] Der Zorn Gottes wird vom Himmel herab offenbart
wider alle Gottlosigkeit und Ungerechtigkeit der Men-
schen, die die Wahrheit durch Ungerechtigkeit niederhal-
Apg 14,17; 17,24–28 ten. [19] Denn was man von Gott erkennen kann, ist ihnen
offenbar; Gott hat es ihnen offenbart. [20] Seit Erschaffung
Weish 13,1–9; Sir 17,8f der Welt wird seine unsichtbare Wirklichkeit an den Wer-
ken der Schöpfung mit der Vernunft wahrgenommen,
seine ewige Macht und Gottheit. Daher sind sie unent-
schuldbar. [21] Denn sie haben Gott erkannt, ihn aber nicht
Eph 4,17f als Gott geehrt und ihm nicht gedankt. Sie verfielen in ih-
rem Denken der Nichtigkeit, und ihr unverständiges Herz
1 Kor 1,19–21 wurde verfinstert. [22] Sie behaupteten, weise zu sein, und
Ps 106,20; Dtn 4,15–19; Weish 12,24 wurden zu Toren. [23] Sie vertauschten die Herrlichkeit des
unvergänglichen Gottes mit Bildern, die einen vergängli-
chen Menschen und fliegende, vierfüßige und kriechende
Tiere darstellen. [24] Darum lieferte Gott sie durch die Be-

1,16 Die Vorrangstellung der Juden, die auch in 2,9f und in Kap. 9–11 hervorgehoben wird, beruht für Paulus darauf, daß für Israel die Verheißung Gottes nach wie vor gültig ist (vgl. 3,1f).

1,17 Andere Übersetzungsmöglichkeit: Der Gerechte wird aus Glauben leben (d. h.: Der Gerechte wird aufgrund seines Glaubens das Leben haben); vgl. auch die Anmerkung zu Hab 2,4. – Zu »Gerechtigkeit Gottes« vgl. die Anmerkung zu 3,24–26.

1,18–2,11 Die »Ungerechtigkeit« der Menschen besteht in der Abkehr von ihrem Schöpfer. Alle Einzelsünden sind Folgen dieser Grundsünde, aus der sich die Menschen nicht selbst freimachen können.

gierden ihres Herzens der Unreinheit aus, so daß sie ihren
Leib durch ihr eigenes Tun entehrten. 25 Sie vertauschten
die Wahrheit Gottes mit der Lüge, sie beteten das Ge-
schöpf an und verehrten es anstelle des Schöpfers – geprie-
sen ist er in Ewigkeit. Amen. 26 Darum lieferte Gott sie
entehrenden Leidenschaften aus: Ihre Frauen vertausch-
ten den natürlichen Verkehr mit dem widernatürlichen;
27 ebenso gaben die Männer den natürlichen Verkehr mit 1 Kor 6,9;
der Frau auf und entbrannten in Begierde zueinander; Lev 18,22
Männer trieben mit Männern Unzucht und erhielten den
ihnen gebührenden Lohn für ihre Verirrung. 28 Und da sie
sich weigerten, Gott anzuerkennen, lieferte Gott sie ei-
nem verworfenen Denken aus, so daß sie tun, was sich
nicht gehört: 29 Sie sind voll Ungerechtigkeit, Schlechtig- Gal 5,19–21;
keit, Habgier und Bosheit, voll Neid, Mord, Streit, List und 2 Tim 3,2–5
Tücke, sie verleumden 30 und treiben üble Nachrede, sie
hassen Gott, sind überheblich, hochmütig und prahle-
risch, erfinderisch im Bösen und ungehorsam gegen die El-
tern, 31 sie sind unverständig und haltlos, ohne Liebe und
Erbarmen. 32 Sie erkennen, daß Gottes Rechtsordnung be-
stimmt: Wer so handelt, verdient den Tod. Trotzdem tun
sie es nicht nur selber, sondern stimmen bereitwillig auch
denen zu, die so handeln.

Der Mensch vor Gottes Gericht: 2,1–11

2 Darum bist du unentschuldbar – wer du auch bist, Mt 7,2
Mensch –, wenn du richtest. Denn worin du den an-
dern richtest, darin verurteilst du dich selber, da du, der
Richtende, dasselbe tust. 2 Wir wissen aber, daß Gottes
Gericht über alle, die solche Dinge tun, der Wahrheit ent-
spricht. 3 Meinst du etwa, du könntest dem Gericht Gottes
entrinnen, wenn du die richtest, die solche Dinge tun, und
dasselbe tust wie sie? 4 Verachtest du etwa den Reichtum 2 Petr 3,9
seiner Güte, Geduld und Langmut? Weißt du nicht, daß
Gottes Güte dich zur Umkehr treibt? 5 Weil du aber starr-
sinnig bist und dein Herz nicht umkehrt, sammelst du
Zorn gegen dich für den »Tag des Zornes«, den Tag der Of- Offb 6,17
fenbarung von Gottes gerechtem Gericht. 6 *Er wird jedem* Ps 62,13;
vergelten, wie es seine Taten verdienen: 7 denen, die be- Mt 16,27
harrlich Gutes tun und Herrlichkeit, Ehre und Unvergäng-
lichkeit erstreben, gibt er ewiges Leben, 8 denen aber, die
selbstsüchtig nicht der Wahrheit, sondern der Ungerech-
tigkeit gehorchen, widerfährt Zorn und Grimm. 9 Not und
Bedrängnis wird jeden Menschen treffen, der das Böse tut,
zuerst den Juden, aber ebenso den Griechen; 10 Herrlich- 1,16; 3,9
keit, Ehre und Friede werden jedem zuteil, der das Gute

Apg 10,34; 1 Petr 1,17 tut, zuerst dem Juden, aber ebenso dem Griechen; 11 denn
Gott richtet ohne Ansehen der Person.

Die Heiden und das Gesetz: 2,12–16

3,19 12 Alle, die sündigten, ohne das Gesetz zu haben, werden
auch ohne das Gesetz zugrunde gehen, und alle, die unter
dem Gesetz sündigten, werden durch das Gesetz gerichtet
Mt 7,21; Jak 1,22.25 werden. 13 Nicht die sind vor Gott gerecht, die das Gesetz
hören, sondern er wird die für gerecht erklären, die das Ge-
Apg 10,35 setz tun. 14 Wenn Heiden, die das Gesetz nicht haben, von
Natur aus das tun, was im Gesetz gefordert ist, so sind sie,
die das Gesetz nicht haben, sich selbst Gesetz. 15 Sie zeigen
damit, daß ihnen die Forderung des Gesetzes ins Herz ge-
schrieben ist; ihr Gewissen legt Zeugnis davon ab, ihre
Gedanken klagen sich gegenseitig an und verteidigen sich
1 Kor 4,5; 2 Kor 5,10 – 16 an jenem Tag, an dem Gott, wie ich es in meinem
Evangelium verkündige, das, was im Menschen verborgen
ist, durch Jesus Christus richten wird.

Die Juden und das Gesetz: 2,17–29

Phil 3,4–6; Jes 48,1f 17 Du nennst dich zwar Jude und verläßt dich auf das Ge-
setz, du rühmst dich deines Gottes, 18 du kennst seinen
Willen, und du willst, aus dem Gesetz belehrt, beurteilen,
Mt 15,14; Lk 6,39 worauf es ankommt; 19 du traust dir zu, Führer zu sein für
Blinde, Licht für die in der Finsternis, 20 Erzieher der Un-
verständigen, Lehrer der Unmündigen, einer, für den im
Gesetz Erkenntnis und Wahrheit feste Gestalt besitzen.
Mt 23,3f 21 Du belehrst andere Menschen, dich selbst aber belehrst
du nicht. Du predigst: Du sollst nicht stehlen!, und
stiehlst. 22 Du sagst: Du sollst die Ehe nicht brechen!, und
brichst die Ehe. Du verabscheust die Götzenbilder, begehst
aber Tempelraub. 23 Du rühmst dich des Gesetzes, ent-
ehrst aber Gott durch Übertreten des Gesetzes. 24 Denn in
Jes 52,5 G; Ez 36,20 der Schrift steht: *Euretwegen wird unter den Heiden der
Name Gottes gelästert.*
1 Kor 7,19; Gal 5,3 25 Die Beschneidung ist nützlich, wenn du das Gesetz
befolgst; übertrittst du jedoch das Gesetz, so bist du trotz

2,12–16 Allen Menschen, auch den Heiden, sagt ihr Gewissen, was Gottes Wille ist (vgl. 1,20; 2,9f). Bei »Gesetz« ist in erster Linie, aber nicht ausschließlich, an das alttestamentliche Gesetz gedacht, wie es in den Büchern Genesis bis Deuteronomium aufgezeichnet ist.

2,22 Götterbilder und Kultstätten der Heiden galten den Juden nicht als heilig. Diese Auffassung führte, wie es scheint, gelegentlich zu Übergriffen (»Tempelraub«; vgl. auch Apg 19,37).

deiner Beschneidung zum Unbeschnittenen geworden.
26 Wenn aber der Unbeschnittene die Forderungen des Ge- Gal 5,6
setzes beachtet, wird dann nicht sein Unbeschnittensein
als Beschneidung angerechnet werden? 27 Der leiblich Un-
beschnittene, der das Gesetz erfüllt, wird dich richten,
weil du trotz Buchstabe und Beschneidung ein Übertreter
des Gesetzes bist. 28 Jude ist nicht, wer es nach außen hin 9,6
ist, und Beschneidung ist nicht, was sichtbar am Fleisch
geschieht, 29 sondern Jude ist, wer es im Verborgenen ist, Dtn 30,6;
und Beschneidung ist, was am Herzen durch den Geist, Phil 3,2f
nicht durch den Buchstaben geschieht. Der Ruhm eines
solchen Juden kommt nicht von Menschen, sondern von
Gott.

Gottes Treue angesichts der Sünde der Menschen: 3,1–20

3 Was ist nun der Vorzug der Juden, der Nutzen der Be-
schneidung? 2 Er ist groß in jeder Hinsicht. Vor allem: 9,4
Ihnen sind die Worte Gottes anvertraut. 3 Wenn jedoch ei- 9,6; 11,1.29
nige Gott die Treue gebrochen haben, wird dann etwa ihre
Untreue die Treue Gottes aufheben? 4 Keineswegs! Gott
soll sich als der Wahrhaftige erweisen, *jeder Mensch* aber Ps 116,11
als *Lügner,* wie es in der Schrift heißt: *So behältst du recht* Ps 51,6 G
mit deinen Worten und trägst den Sieg davon, wenn man
mit dir rechtet. 5 Wenn aber unsere Ungerechtigkeit die
Gerechtigkeit Gottes bestätigt, was sagen wir dann? Ist 9,14
Gott – ich frage sehr menschlich – nicht ungerecht, wenn
er seinen Zorn walten läßt? 6 Keineswegs! Denn wie
könnte Gott die Welt sonst richten? 7 Wenn aber die
Wahrheit Gottes sich durch meine Unwahrheit als noch 6,1
größer erweist und so Gott verherrlicht wird, warum
werde ich dann als Sünder gerichtet? 8 Gilt am Ende das,
womit man uns verleumdet und was einige uns in den
Mund legen: Laßt uns Böses tun, damit Gutes entsteht?
Diese Leute werden mit Recht verurteilt.
9 Was heißt das nun? Sind wir als Juden im Vorteil? Ganz 1,16; 2,9f; 11,32
und gar nicht. Denn wir haben vorher die Anklage erho-
ben, daß alle, Juden wie Griechen, unter der Herrschaft der
Sünde stehen, 10 wie es in der Schrift heißt:
Es gibt keinen, der gerecht ist, Koh 7,20;
auch nicht einen; Ps 14,1–3

2,28f Zum Gegensatz von »Geist« und »Buchstaben« vgl. Röm 7,6; 2 Kor 3,6.

3,4 Hinter diesem Gedanken steht die Vorstellung vom Rechtsstreit Gottes mit den Menschen, bei dem sich sein Recht erweisen und durchsetzen wird (z. B. Jes 1,18–20).

11 *es gibt keinen Verständigen,*
keinen, der Gott sucht.
12 *Alle sind abtrünnig geworden,*
alle miteinander taugen nichts.
Keiner tut Gutes,
auch nicht ein einziger.
Ps 5,10 G 13 *Ihre Kehle ist ein offenes Grab,*
mit ihrer Zunge betrügen sie;
Ps 140,4 *Schlangengift ist auf ihren Lippen.*
Ps 10,7 G 14 *Ihr Mund ist voll Fluch und Gehässigkeit.*
Jes 59,7f; 15 *Schnell sind sie dabei, Blut zu vergießen;*
Spr 1,16 16 *Verderben und Unheil sind auf ihren Wegen,*
17 *und den Weg des Friedens kennen sie nicht.*
Ps 36,2 18 *Die Gottesfurcht steht ihnen nicht vor Augen.*
7,7 19 Wir wissen aber: Was das Gesetz sagt, sagt es denen, die
unter dem Gesetz leben, damit jeder Mund verstummt und
die ganze Welt vor Gott schuldig wird. 20 Denn durch
Ps 143,2 G; Werke des Gesetzes wird *niemand vor ihm gerecht wer-*
Gal 2,16; 3,21f *den;* durch das Gesetz kommt es vielmehr zur Erkenntnis
der Sünde.

Gerechtigkeit und neues Leben: 3,21–8,39

Das Kreuz Christi als Grund der neuen Gerechtigkeit: 3,21–31

1,17 21 Jetzt aber ist unabhängig vom Gesetz die Gerechtig-
keit Gottes offenbart worden, bezeugt vom Gesetz und von
Phil 3,9 den Propheten: 22 die Gerechtigkeit Gottes aus dem Glau-
ben an Jesus Christus, offenbart für alle, die glauben. Denn
es gibt keinen Unterschied: 23 Alle haben gesündigt und
die Herrlichkeit Gottes verloren. 24 Ohne es verdient zu
Eph 2,8; haben, werden sie gerecht, dank seiner Gnade, durch die
Tit 3,7 Erlösung in Christus Jesus. 25 Ihn hat Gott dazu bestimmt,
Lev 16,12–15 Sühne zu leisten mit seinem Blut, Sühne, wirksam durch
Glauben. So erweist Gott seine Gerechtigkeit durch die
Vergebung der Sünden, die früher, in der Zeit seiner Ge-
duld, begangen wurden; 26 er erweist seine Gerechtigkeit
in der gegenwärtigen Zeit, um zu zeigen, daß er gerecht ist
und den gerecht macht, der an Jesus glaubt.

3,24–26 Gott hat seine Gerechtigkeit darin gezeigt, daß er durch den Tod Jesu die »Ungerechtigkeit« aller Menschen aufhebt und den Gottlosen »Gerechtigkeit« schenkt (vgl. 4,5). Den Versen 25f liegt wohl ein alter Bekenntnissatz zugrunde. – Leiden und Sterben bewirken nach jüdischer Auffassung Sühne, auch stellvertretende Sühne.

27 Kann man sich da noch rühmen? Das ist ausgeschlos- 8,2
sen. Durch welches Gesetz? Durch das der Werke? Nein,
durch das Gesetz des Glaubens. 28 Denn wir sind der Über- Gal 2,16
zeugung, daß der Mensch gerecht wird durch Glauben, un-
abhängig von Werken des Gesetzes. 29 Ist denn Gott nur 10,12; 9,24
der Gott der Juden, nicht auch der Heiden? Ja, auch der
Heiden, 30 da doch gilt: Gott ist »der Eine«. Er wird auf- Dtn 6,4
grund des Glaubens sowohl die Beschnittenen wie die Un- 4,11f
beschnittenen gerecht machen. 31 Setzen wir nun durch 6,15; Mt 5,17
den Glauben das Gesetz außer Kraft? Im Gegenteil, wir
richten das Gesetz auf.

Die Anrechnung des Glaubens als Gerechtigkeit: das Beispiel Abrahams: 4,1–25

4 Müssen wir nun nicht fragen: Was hat dann unser
leiblicher Stammvater Abraham erlangt? 2 Wenn Ab- Jak 2,21–24
raham aufgrund von Werken Gerechtigkeit erlangt hat,
dann hat er zwar Ruhm, aber nicht vor Gott. 3 Denn die
Schrift sagt: *Abraham glaubte Gott, und das wurde ihm* Gen 15,6;
als Gerechtigkeit angerechnet. 4 Dem, der Werke tut, wer- Gal 3,6;
den diese nicht aus Gnade angerechnet, sondern er be- Jak 2,23
kommt den Lohn, der ihm zusteht. 5 Dem aber, der keine
Werke tut, sondern an den glaubt, der den Gottlosen ge-
recht macht, dem wird sein Glaube als Gerechtigkeit ange-
rechnet. 6 Auch David preist den Menschen selig, dem
Gott Gerechtigkeit unabhängig von Werken anrechnet:
7 *Selig sind die, deren Frevel vergeben* Ps 32,1f
und deren Sünden bedeckt sind.
8 *Selig ist der Mensch,*
dem der Herr die Sünde nicht anrechnet.
9 Gilt nun diese Seligpreisung nur den Beschnittenen oder
auch den Unbeschnittenen? Wir haben gesagt: *Abraham* Gen 15,6
wurde der Glaube als Gerechtigkeit angerechnet. 10 Wann
wurde er ihm angerechnet: als er beschnitten oder als er
unbeschnitten war? Nicht als er beschnitten, sondern als
er noch unbeschnitten war. 11 Das Zeichen der Beschnei- Gen 17,10f;
dung empfing er zur Besiegelung der Glaubensgerechtig- Gal 3,7
keit, die ihm als Unbeschnittenem zuteil wurde; also ist er
der Vater aller, die als Unbeschnittene glauben und denen

3,27–31 Gesetz und Glaube stehen zueinander in Gegensatz, wenn das Gesetz als Weg zum Heil angesehen wird. Zum Heil kann nach der Offenbarung Gottes in Jesus Christus nur der Glaube führen. Das »Gesetz« wird gleichwohl »aufgerichtet«, das heißt seine Forderung wird erfüllt durch den »Glauben, der in der Liebe wirksam ist« (vgl. Gal 5,6; Röm 13,8–10).

4,1–25 Vgl. die Anmerkung zu Jak 2,20–24.

Mt 3,9 daher Gerechtigkeit angerechnet wird, [12] und er ist der Va-
ter jener Beschnittenen, die nicht nur beschnitten sind,
sondern auch den Weg des Glaubens gehen, des Glaubens,
den unser Vater Abraham schon vor seiner Beschneidung
hatte.

Gen 12,7; 18,18; 22,16–18 [13] Denn Abraham und seine Nachkommen erhielten
nicht aufgrund des Gesetzes die Verheißung, Erben der
Welt zu sein, sondern aufgrund der Glaubensgerechtigkeit.
[14] Wenn nämlich jene Erben sind, die das Gesetz haben,
dann ist der Glaube entleert und die Verheißung außer
3,20; 5,13; 7,8.10 Kraft gesetzt. [15] Das Gesetz bewirkt Zorn; wo es aber das
Gesetz nicht gibt, da gibt es auch keine Übertretung.
Gal 3,7–9 [16] Deshalb gilt: »aus Glauben«, damit auch gilt: »aus Gna-
de«. Nur so bleibt die Verheißung für alle Nachkommen
gültig, nicht nur für die, welche das Gesetz haben, sondern
auch für die, welche wie Abraham den Glauben haben.
Gen 17,5 [17] Nach dem Schriftwort: *Ich habe dich zum Vater vieler*
Hebr 11,19 *Völker bestimmt,* ist er unser aller Vater vor Gott, dem er
geglaubt hat, dem Gott, der die Toten lebendig macht und
das, was nicht ist, ins Dasein ruft. [18] Gegen alle Hoffnung
hat er voll Hoffnung geglaubt, daß er der Vater vieler Völ-
Gen 15,5 ker werde, nach dem Wort: *So zahlreich werden deine*
Gen 17,17; Hebr 11,11 *Nachkommen sein.* [19] Ohne im Glauben schwach zu wer-
den, war er, der fast Hundertjährige, sich bewußt, daß sein
Leib und auch Saras Mutterschoß erstorben waren. [20] Er
zweifelte nicht im Unglauben an der Verheißung Gottes,
sondern wurde stark im Glauben, und er erwies Gott Ehre,
Gen 18,14; Lk 1,37 [21] fest davon überzeugt, daß Gott die Macht besitzt zu tun,
was er verheißen hat. [22] Darum wurde der Glaube *ihm als*
Gen 15,6 *Gerechtigkeit angerechnet.*

[23] Doch nicht allein um seinetwillen steht in der Schrift,
daß der Glaube ihm angerechnet wurde, [24] sondern auch
10,9 um unseretwillen; er soll auch uns angerechnet werden,
die wir an den glauben, der Jesus, unseren Herrn, von den
Toten auferweckt hat.

Jes 53,4f.12 [25] Wegen unserer Verfehlungen wurde er hingegeben,
wegen unserer Gerechtmachung wurde er aufer-
weckt.

Die Hoffnung der Glaubenden: 5,1–11

5 Gerecht gemacht aus Glauben, haben wir Frieden mit
Gott durch Jesus Christus, unseren Herrn. [2] Durch
Eph 3,12 ihn haben wir auch den Zugang zu der Gnade erhalten, in

4,25 Paulus zitiert erneut einen ihm vorgegebenen christlichen Bekenntnissatz.

der wir stehen, und rühmen uns unserer Hoffnung auf die
Herrlichkeit Gottes. 3 Mehr noch, wir rühmen uns ebenso Jak 1,2f;
unserer Bedrängnis; denn wir wissen: Bedrängnis bewirkt 1 Petr 4,13
Geduld, 4 Geduld aber Bewährung, Bewährung Hoffnung.
5 Die Hoffnung aber läßt nicht zugrunde gehen; denn die Ps 22,6
Liebe Gottes ist ausgegossen in unsere Herzen durch den
Heiligen Geist, der uns gegeben ist. 6 Christus ist schon zu 1 Petr 3,18
der Zeit, da wir noch schwach und gottlos waren, für uns
gestorben. 7 Dabei wird nur schwerlich jemand für einen
Gerechten sterben; vielleicht wird er jedoch für einen gu-
ten Menschen sein Leben wagen. 8 Gott aber hat seine Joh 3,16;
Liebe zu uns darin erwiesen, daß Christus für uns gestor- 1 Joh 4,10
ben ist, als wir noch Sünder waren. 9 Nachdem wir jetzt 1 Thess 1,10
durch sein Blut gerecht gemacht sind, werden wir durch
ihn erst recht vor dem Gericht Gottes gerettet werden.
10 Da wir mit Gott versöhnt wurden durch den Tod seines 2 Kor 5,18
Sohnes, als wir noch (Gottes) Feinde waren, werden wir
erst recht, nachdem wir versöhnt sind, gerettet werden
durch sein Leben. 11 Mehr noch, wir rühmen uns Gottes 1 Kor 1,30f
durch Jesus Christus, unseren Herrn, durch den wir jetzt
schon die Versöhnung empfangen haben.

Der alte und der neue Mensch: 5,12–21

12 Durch einen einzigen Menschen kam die Sünde in die Gen 2,17;
Welt und durch die Sünde der Tod, und auf diese Weise ge- 3,1–19
langte der Tod zu allen Menschen, weil alle sündigten.
13 Sünde war schon vor dem Gesetz in der Welt, aber Sünde 4,15
wird nicht angerechnet, wo es kein Gesetz gibt; 14 dennoch
herrschte der Tod von Adam bis Mose auch über die, wel-
che nicht wie Adam durch Übertreten eines Gebots gesün-
digt hatten; Adam aber ist die Gestalt, die auf den Kom-
menden hinweist. 15 Doch anders als mit der Übertretung
verhält es sich mit der Gnade; sind durch die Übertretung 1 Kor 15,21f
des einen die vielen dem Tod anheimgefallen, so ist erst
recht die Gnade Gottes und die Gabe, die durch die Gna-

5,9 Gericht Gottes, wörtlich: Zorn.

5,12–14 Der Zusammenhang von Sünde und Tod spielt in der alttestamentlich-jüdischen Tradition eine wichtige Rolle. Der Tod ist nicht nur Zeichen für die Vergänglichkeit, sondern auch für das Gericht über die menschliche Sünde (6,23). Sünde wird hier wie sonst in der Bibel als eine überpersönliche Macht verstanden, der sich der einzelne Mensch nicht zu entziehen vermag; dazu trägt er allerdings durch sein Tun selbst bei und ist daher mitverantwortlich.

5,14 Adam, der Gottes Gebot übertreten hat, weist als Gegenbild auf den »Kommenden«, d. h. Christus, hin, der gehorsam Gottes Willen erfüllt.

dentat des einen Menschen Jesus Christus bewirkt worden
ist, den vielen reichlich zuteil geworden. [16] Anders als mit
dem, was durch den einen Sünder verursacht wurde, ver-
hält es sich mit dieser Gabe: Das Gericht führt wegen der
Übertretung des einen zur Verurteilung, die Gnade führt
aus vielen Übertretungen zur Gerechtsprechung. [17] Ist
durch die Übertretung des einen der Tod zur Herrschaft
gekommen, durch diesen einen, so werden erst recht alle,
denen die Gnade und die Gabe der Gerechtigkeit reichlich
zuteil wurde, leben und herrschen durch den einen, Jesus
Christus. [18] Wie es also durch die Übertretung eines einzi-
gen für alle Menschen zur Verurteilung kam, so wird es
auch durch die gerechte Tat eines einzigen für alle Men-
schen zur Gerechtsprechung kommen, die Leben gibt.
[19] Wie durch den Ungehorsam des einen Menschen die vie-
len zu Sündern wurden, so werden auch durch den Gehor-
sam des einen die vielen zu Gerechten gemacht werden.
7,7.13; [20] Das Gesetz aber ist hinzugekommen, damit die Übertre-
Gal 3,19 tung mächtiger werde; wo jedoch die Sünde mächtig wur-
de, da ist die Gnade übergroß geworden. [21] Denn wie die
6,23 Sünde herrschte und zum Tod führte, so soll auch die
Gnade herrschen und durch Gerechtigkeit zu ewigem Le-
ben führen, durch Jesus Christus, unseren Herrn.

Die Gemeinschaft der Getauften mit Christus: 6,1–14

5,20 **6** Heißt das nun, daß wir an der Sünde festhalten sollen,
damit die Gnade mächtiger werde? [2] Keineswegs! Wie
können wir, die wir für die Sünde tot sind, noch in ihr le-
Gal 3,27 ben? [3] Wißt ihr denn nicht, daß wir alle, die wir auf Chri-
stus Jesus getauft wurden, auf seinen Tod getauft worden
Kol 2,12 sind? [4] Wir wurden mit ihm begraben durch die Taufe auf
den Tod; und wie Christus durch die Herrlichkeit des Va-
ters von den Toten auferweckt wurde, so sollen auch wir
Phil 3,10f; als neue Menschen leben. [5] Wenn wir nämlich ihm gleich
2 Tim 2,11 geworden sind in seinem Tod, dann werden wir mit ihm
auch in seiner Auferstehung vereinigt sein. [6] Wir wissen
Gal 5,24; 6,14; doch: Unser alter Mensch wurde mitgekreuzigt, damit der
Eph 4,22f von der Sünde beherrschte Leib vernichtet werde und wir
nicht Sklaven der Sünde bleiben. [7] Denn wer gestorben ist,

6,3–11 Daß der Getaufte »mit Christus gestorben« ist, bedeutet, daß er am Tod Jesu teilhat. Er erhält Anteil an dem durch den Tod Jesu bewirkten Heil, hat aber in der Nachfolge Jesu während seines irdischen Lebens das Kreuz auf sich zu nehmen.

6,5 ihm gleich geworden, wörtlich: mit ihm zusammengewachsen.

der ist frei geworden von der Sünde. 8 Sind wir nun mit
Christus gestorben, so glauben wir, daß wir auch mit ihm
leben werden. 9 Wir wissen, daß Christus, von den Toten Apg 2,27; 13,35
auferweckt, nicht mehr stirbt; der Tod hat keine Macht
mehr über ihn. 10 Denn durch sein Sterben ist er ein für al- Hebr 9,26;
lemal gestorben für die Sünde, sein Leben aber lebt er für 1 Petr 3,18
Gott. 11 So sollt auch ihr euch als Menschen begreifen, die
für die Sünde tot sind, aber für Gott leben in Christus Jesus.

12 Daher soll die Sünde euren sterblichen Leib nicht Gen 4,7
mehr beherrschen, und seinen Begierden sollt ihr nicht ge-
horchen. 13 Stellt eure Glieder nicht der Sünde zur Verfü- 6,19; 12,1
gung als Waffen der Ungerechtigkeit, sondern stellt euch
Gott zur Verfügung als Menschen, die vom Tod zum Leben
gekommen sind, und stellt eure Glieder als Waffen der Ge-
rechtigkeit in den Dienst Gottes. 14 Die Sünde soll nicht Gal 5,18
über euch herrschen; denn ihr steht nicht unter dem Ge-
setz, sondern unter der Gnade.

Die Freiheit der Christen von der Sünde: 6,15–23

15 Heißt das nun, daß wir sündigen dürfen, weil wir 6,1f
nicht unter dem Gesetz stehen, sondern unter der Gnade?
Keineswegs! 16 Ihr wißt doch: Wenn ihr euch als Sklaven 2 Petr 2,19
zum Gehorsam verpflichtet, dann seid ihr Sklaven dessen, Joh 8,34–36
dem ihr gehorchen müßt; ihr seid entweder Sklaven der
Sünde, die zum Tod führt, oder des Gehorsams, der zur Ge-
rechtigkeit führt. 17 Gott aber sei Dank; denn ihr wart Joh 8,32–36
Sklaven der Sünde, seid jedoch von Herzen der Lehre ge-
horsam geworden, an die ihr übergeben wurdet. 18 Ihr wur- 1 Petr 2,24
det aus der Macht der Sünde befreit und seid zu Sklaven der
Gerechtigkeit geworden. 19 Wegen eurer Schwachheit rede
ich nach Menschenweise: Wie ihr eure Glieder in den
Dienst der Unreinheit und der Gesetzlosigkeit gestellt
habt, so daß ihr gesetzlos wurdet, so stellt jetzt eure Glie-
der in den Dienst der Gerechtigkeit, so daß ihr heilig wer-
det. 20 Denn als ihr Sklaven der Sünde wart, da wart ihr der
Gerechtigkeit gegenüber frei. 21 Welchen Gewinn hattet 8,6
ihr damals? Es waren Dinge, deren ihr euch jetzt schämt;
denn sie bringen den Tod. 22 Jetzt, da ihr aus der Macht der
Sünde befreit und zu Sklaven Gottes geworden seid, habt
ihr einen Gewinn, der zu eurer Heiligung führt und das
ewige Leben bringt. 23 Denn der Lohn der Sünde ist der 5,12.21;
Tod, die Gabe Gottes aber ist das ewige Leben in Christus Jak 1,15
Jesus, unserem Herrn.

6,17 der Lehre, wörtlich: der Gestalt der Lehre.

Die Freiheit der Christen vom Gesetz: 7,1–6

7 Wißt ihr denn nicht, Brüder – ich rede doch zu Leuten,
die das Gesetz kennen –, daß das Gesetz für einen
Menschen nur Geltung hat, solange er lebt? 2 So ist die
1 Kor 7,39 Ehefrau durch das Gesetz an ihren Mann gebunden, so-
lange er am Leben ist; wenn ihr Mann aber stirbt, ist sie frei
von dem Gesetz, das die Frau an den Mann bindet. 3 Wenn
sie darum zu Lebzeiten des Mannes einem anderen gehört,
wird sie Ehebrecherin genannt; ist aber der Mann gestor-
ben, dann ist sie frei vom Gesetz und wird nicht zur Ehe-
brecherin, wenn sie einem anderen gehört. 4 Ebenso seid
6,4 auch ihr, meine Brüder, durch das Sterben Christi tot für
das Gesetz, so daß ihr einem anderen gehört, dem, der von
den Toten auferweckt wurde; ihm gehören wir, damit wir
6,21 Gott Frucht bringen. 5 Denn als wir noch dem Fleisch ver-
fallen waren, wirkten sich die Leidenschaften der Sünden,
die das Gesetz hervorrief, so in unseren Gliedern aus, daß
6,7 wir dem Tod Frucht brachten. 6 Jetzt aber sind wir frei ge-
worden von dem Gesetz, an das wir gebunden waren, wir
2 Kor 3,6 sind tot für das Gesetz und dienen in der neuen Wirklich-
keit des Geistes, nicht mehr in der alten des Buchstabens.

Die Mächte des Unheils: Gesetz, Sünde und Tod: 7,7–25

3,20 7 Heißt das nun, daß das Gesetz Sünde ist? Keineswegs!
Jedoch habe ich die Sünde nur durch das Gesetz erkannt.
Ich hätte ja von der Begierde nichts gewußt, wenn nicht das
5,13; Ex 20,17; Gesetz gesagt hätte: *Du sollst nicht begehren.* 8 Die Sünde
Dtn 5,21; erhielt durch das Gebot den Anstoß und bewirkte in mir
Jak 1,14f alle Begierde, denn ohne das Gesetz war die Sünde tot. 9 Ich
lebte einst ohne das Gesetz; aber als das Gebot kam, wurde
Lev 18,5; die Sünde lebendig, 10 ich dagegen starb und mußte erfah-
Gal 3,12 ren, daß dieses Gebot, das zum Leben führen sollte, den
Tod bringt. 11 Denn nachdem die Sünde durch das Gebot
den Anstoß erhalten hatte, täuschte und tötete sie mich
1 Tim 1,8 durch das Gebot. 12 Das Gesetz ist heilig, und das Gebot ist
5,20; heilig, gerecht und gut. 13 Ist dann etwa das Gute mein Tod
1 Kor 15,56 geworden? Keineswegs! Sondern die Sünde verursachte,

---

7,4 durch das Sterben, wörtlich: durch den Leib (gemeint ist der tote Leib).

7,5 dem Fleisch verfallen, wörtlich: im Fleisch (d. h. ohne Christus).

7,7–13 Auch wenn Sünde und Gesetz miteinander verklammert sind, ist das Gesetz selbst heilig und gut (Vers 12). Die Sünde bedient sich des Gesetzes, um Böses hervorzubringen, wird aber durch das Gesetz selbst bloßgestellt.

damit sie als Sünde offenbar werde, durch das Gute meinen
Tod; denn durch das Gebot sollte die Sünde sich in ihrem
ganzen Ausmaß als Sünde erweisen.
14 Wir wissen, daß das Gesetz selbst vom Geist be- Ps 51,7
stimmt ist; ich aber bin Fleisch, das heißt: verkauft an die
Sünde. 15 Denn ich begreife mein Handeln nicht: Ich tue Gal 5,17
nicht das, was ich will, sondern das, was ich hasse. 16 Wenn
ich aber das tue, was ich nicht will, erkenne ich an, daß das
Gesetz gut ist. 17 Dann aber bin nicht mehr ich es, der so
handelt, sondern die in mir wohnende Sünde. 18 Ich weiß,
daß in mir, das heißt in meinem Fleisch, nichts Gutes Gen 6,5; 8,21;
wohnt; das Wollen ist bei mir vorhanden, aber ich vermag Phil 2,13
das Gute nicht zu verwirklichen. 19 Denn ich tue nicht das
Gute, das ich will, sondern das Böse, das ich nicht will.
20 Wenn ich aber das tue, was ich nicht will, dann bin nicht Gal 2,20
mehr ich es, der so handelt, sondern die in mir wohnende
Sünde. 21 Ich stoße also auf das Gesetz, daß in mir das Böse
vorhanden ist, obwohl ich das Gute tun will. 22 Denn in
meinem Innern freue ich mich am Gesetz Gottes, 23 ich
sehe aber ein anderes Gesetz in meinen Gliedern, das mit
dem Gesetz meiner Vernunft im Streit liegt und mich ge-
fangenhält im Gesetz der Sünde, von dem meine Glieder
beherrscht werden. 24 Ich unglücklicher Mensch! Wer 8,10
wird mich aus diesem dem Tod verfallenen Leib erretten?
25 Dank sei Gott durch Jesus Christus, unseren Herrn! Es 1 Kor 15,57
ergibt sich also, daß ich mit meiner Vernunft dem Gesetz
Gottes diene, mit dem Fleisch aber dem Gesetz der Sünde.

Das Leben der Christen im Geist: 8,1–17

8 Jetzt gibt es keine Verurteilung mehr für die, welche 10,4
in Christus Jesus sind. 2 Denn das Gesetz des Geistes 2 Kor 3,17
und des Lebens in Christus Jesus hat dich frei gemacht
vom Gesetz der Sünde und des Todes. 3 Weil das Gesetz, 2 Kor 5,21;
ohnmächtig durch das Fleisch, nichts vermochte, sandte Gal 4,4;
Gott seinen Sohn in der Gestalt des Fleisches, das unter der Phil 2,7; Hebr 2,17
Macht der Sünde steht, zur Sühne für die Sünde, um an
seinem Fleisch die Sünde zu verurteilen; 4 dies tat er, da- Gal 5,16.25
mit die Forderung des Gesetzes durch uns erfüllt werde,

7,25 Vers 25b faßt die Gedanken der Verse 14–23 nochmals zusammen.

8,1–11 Das Leben »nach dem Geist« ist hier einem Leben »nach dem Fleisch« gegenübergestellt; »Fleisch« bezeichnet in biblischer Überlieferung das Irdische und Vergängliche, das, worauf man sich nicht verlassen darf, wenn man nicht der Sünde verfallen will. Deshalb kann das Wort »Fleisch« auch den Menschen bezeichnen, der von der Sünde beherrscht wird.

die wir nicht nach dem Fleisch, sondern nach dem Geist
leben. 5 Denn alle, die vom Fleisch bestimmt sind, trach-
ten nach dem, was dem Fleisch entspricht, alle, die vom
Geist bestimmt sind, nach dem, was dem Geist entspricht.
6,21 6 Das Trachten des Fleisches führt zum Tod, das Trachten
Jak 4,4 des Geistes aber zu Leben und Frieden. 7 Denn das Trach-
ten des Fleisches ist Feindschaft gegen Gott; es unterwirft
sich nicht dem Gesetz Gottes und kann es auch nicht.
8 Wer vom Fleisch bestimmt ist, kann Gott nicht gefallen.
1 Kor 3,16 9 Ihr aber seid nicht vom Fleisch, sondern vom Geist be-
stimmt, da ja der Geist Gottes in euch wohnt. Wer den
Gal 2,20; Geist Christi nicht hat, der gehört nicht zu ihm. 10 Wenn
Phil 1,21 Christus in euch ist, dann ist zwar der Leib tot aufgrund der
Sünde, der Geist aber ist Leben aufgrund der Gerechtig-
6,4; 2 Kor 4,14 keit. 11 Wenn der Geist dessen in euch wohnt, der Jesus
von den Toten auferweckt hat, dann wird er, der Christus
Jesus von den Toten auferweckt hat, auch euren sterbli-
chen Leib lebendig machen, durch seinen Geist, der in
euch wohnt.

12 Wir sind also nicht dem Fleisch verpflichtet, Brüder,
Gal 6,8; so daß wir nach dem Fleisch leben müßten. 13 Wenn ihr
Eph 4,22–24 nach dem Fleisch lebt, müßt ihr sterben; wenn ihr aber
durch den Geist die (sündigen) Taten des Leibes tötet, wer-
Gal 5,18 det ihr leben. 14 Denn alle, die sich vom Geist Gottes leiten
Gal 4,4–6 lassen, sind Söhne Gottes. 15 Denn ihr habt nicht einen
Geist empfangen, der euch zu Sklaven macht, so daß ihr
euch immer noch fürchten müßtet, sondern ihr habt den
Geist empfangen, der euch zu Söhnen macht, den Geist, in
dem wir rufen: Abba, Vater! 16 So bezeugt der Geist selber
Gal 4,7; unserem Geist, daß wir Kinder Gottes sind. 17 Sind wir
2 Tim 2,11f; aber Kinder, dann auch Erben; wir sind Erben Gottes und
1 Petr 4,13; sind Miterben Christi, wenn wir mit ihm leiden, um mit
Offb 21,7 ihm auch verherrlicht zu werden.

Die Hoffnung auf die Erlösung der Welt: 8,18–30

18 Ich bin überzeugt, daß die Leiden der gegenwärtigen
2 Kor 4,17 Zeit nichts bedeuten im Vergleich zu der Herrlichkeit, die

---

8,10 aufgrund der Sünde, andere Übersetzungsmöglichkeit (wegen des Zusammenhangs mit 6,10f): für die Sünde.

8,15 Zu »Abba« vgl. die Anmerkung zu Mk 14,36.

8,18–39 Die gesamte Schöpfung soll erlöst werden. Die Leiden dieser Zeit können im Blick auf die verheißene Vollendung ertragen werden. Die Glaubenden sind der Not dieser Welt nicht enthoben, aber durch den Geist haben sie jetzt schon das Heil empfangen. Mit diesem Abschnitt wird der erste Hauptteil abgeschlossen.

an uns offenbar werden soll. 19 Denn die ganze Schöpfung Kol 3,4;
wartet sehnsüchtig auf das Offenbarwerden der Söhne 1 Joh 3,2
Gottes. 20 Die Schöpfung ist der Vergänglichkeit unter- Gen 3,17–19
worfen, nicht aus eigenem Willen, sondern durch den, der
sie unterworfen hat; aber zugleich gab er ihr Hoffnung:
21 Auch die Schöpfung soll von der Sklaverei und Verlo- 2 Petr 3,13
renheit befreit werden zur Freiheit und Herrlichkeit der
Kinder Gottes. 22 Denn wir wissen, daß die gesamte Schöp-
fung bis zum heutigen Tag seufzt und in Geburtswehen
liegt. 23 Aber auch wir, obwohl wir als Erstlingsgabe den 2 Kor 5,2–5
Geist haben, seufzen in unserem Herzen und warten
darauf, daß wir mit der Erlösung unseres Leibes als Söhne
offenbar werden. 24 Denn wir sind gerettet, doch in der 2 Kor 5,7;
Hoffnung. Hoffnung aber, die man schon erfüllt sieht, ist Hebr 11,1
keine Hoffnung. Wie kann man auf etwas hoffen, das man
sieht? 25 Hoffen wir aber auf das, was wir nicht sehen, dann 2 Kor 4,18;
harren wir aus in Geduld. 26 So nimmt sich auch der Geist Gal 5,5
unserer Schwachheit an. Denn wir wissen nicht, worum
wir in rechter Weise beten sollen; der Geist selber tritt je-
doch für uns ein mit Seufzen, das wir nicht in Worte fassen
können. 27 Und Gott, der die Herzen erforscht, weiß, was
die Absicht des Geistes ist: Er tritt so, wie Gott es will, für
die Heiligen ein. 28 Wir wissen, daß Gott bei denen, die ihn Eph 1,11
lieben, alles zum Guten führt, bei denen, die nach seinem
ewigen Plan berufen sind; 29 denn alle, die er im voraus er- Phil 3,21
kannt hat, hat er auch im voraus dazu bestimmt, an Wesen
und Gestalt seines Sohnes teilzuhaben, damit dieser der Kol 1,18
Erstgeborene von vielen Brüdern sei. 30 Die aber, die er vor- 2 Thess 2,13f
ausbestimmt hat, hat er auch berufen, und die er berufen
hat, hat er auch gerecht gemacht; die er aber gerecht ge-
macht hat, die hat er auch verherrlicht.

Die Gewißheit der Glaubenden: 8,31–39

31 Was ergibt sich nun, wenn wir das alles bedenken? Ist
Gott für uns, wer ist dann gegen uns? 32 Er hat seinen eige- Joh 3,16
nen Sohn nicht verschont, sondern ihn für uns alle hinge-
geben – wie sollte er uns mit ihm nicht alles schenken?
33 Wer kann die Auserwählten Gottes anklagen? Gott ist Jes 50,8

8,29 an Wesen und Gestalt seines Sohnes teilzuhaben, wörtlich: um dem Bild seines Sohnes gleichgestaltet zu werden. Mit dem Begriff »Bild« ist auf die neue, verklärte Leiblichkeit des auferstandenen Christus Bezug genommen, woran die Geretteten durch den Geist teilbekommen. Im Hintergrund steht der Gedanke der erneuerten Gottebenbildlichkeit (vgl. Gen 1,26f). Zum Gedanken an Christus als Bild Gottes vgl. 2 Kor 4,6; Kol 1,15; Hebr 1,3.

4,25; es, der gerecht macht. [34] Wer kann sie verurteilen? Chri-
Hebr 7,25; stus Jesus, der gestorben ist, mehr noch: der auferweckt
1 Joh 2,1 worden ist, sitzt zur Rechten Gottes und tritt für uns ein.
[35] Was kann uns scheiden von der Liebe Christi? Bedräng-
nis oder Not oder Verfolgung, Hunger oder Kälte, Gefahr
Ps 44,23 oder Schwert? [36] In der Schrift steht: *Um deinetwillen*
sind wir den ganzen Tag dem Tod ausgesetzt; wir werden
behandelt wie Schafe, die man zum Schlachten bestimmt
1 Joh 5,4 *hat.* [37] Doch all das überwinden wir durch den, der uns ge-
Eph 1,21; 6,12; liebt hat. [38] Denn ich bin gewiß: Weder Tod noch Leben,
Kol 2,15; weder Engel noch Mächte, weder Gegenwärtiges noch Zu-
1 Petr 3,22 künftiges, weder Gewalten [39] der Höhe oder Tiefe noch ir-
gendeine andere Kreatur können uns scheiden von der
Liebe Gottes, die in Christus Jesus ist, unserem Herrn.

DIE ENDGÜLTIGE RETTUNG ISRAELS: 9,1–11,36

Paulus und Israel: 9,1–5

9 Ich sage in Christus die Wahrheit und lüge nicht, und
mein Gewissen bezeugt es mir im Heiligen Geist:
[2] Ich bin voll Trauer, unablässig leidet mein Herz. [3] Ja, ich
möchte selber verflucht und von Christus getrennt sein
um meiner Brüder willen, die der Abstammung nach mit
Ex 4,22 mir verbunden sind. [4] Sie sind Israeliten; damit haben sie
Ex 40,34f die Sohnschaft, die Herrlichkeit, die Bundesordnungen,
Röm 3,2; ihnen ist das Gesetz gegeben, der Gottesdienst und die
Eph 2,12 Verheißungen, [5] sie haben die Väter, und dem Fleisch nach
1,3; 1 Kor entstammt ihnen der Christus, der über allem als Gott
15,28 steht, er ist gepriesen in Ewigkeit. Amen.

Die bleibende Erwählung durch Gott: 9,6–13

3,1–4; 11,29 [6] Es ist aber keineswegs so, daß Gottes Wort hinfällig
2,28 geworden ist. Denn nicht alle, die aus Israel stammen, sind
Israel; [7] auch sind nicht alle, weil sie Nachkommen Abra-

9,1–5 Die Bereitschaft des Paulus, selbst verflucht zu sein, des Heils wieder verlustig zu gehen, bringt zum Ausdruck, wie sehr er um die Rettung Israels ringt.

9,4 die Bundesordnungen, wörtlich: die Bundesschlüsse. – Vgl. die Anmerkung zu Eph 2,12.

9,5 Andere Übersetzung: . . . und dem Fleisch nach entstammt ihnen der Christus. Gott, der über allem ist, er ist gepriesen in Ewigkeit. Amen. – In Anlehnung an liturgische Tradition des Judentums dürfte es sich ursprünglich um einen auf Gott selbst bezogenen Lobspruch handeln. Aufgrund von Phil 2,9–11 und Joh 20,28 wurde er in der kirchlichen Tradition schon früh im Sinn der im Text wiedergegebenen Übersetzung verstanden.

hams sind, deshalb schon seine Kinder, sondern es heißt:
Nur *die Nachkommen Isaaks werden deine Nachkom-* Gen 21,12;
men heißen. 8 Das bedeutet: Nicht die Kinder des Flei- Mt 3,9
sches sind Kinder Gottes, sondern die Kinder der Verhei- Gal 3,7; 4,28
ßung werden als Nachkommen anerkannt; 9 denn es ist
eine Verheißung, wenn gesagt wird: *In einem Jahr werde* Gen 18,10
ich wiederkommen, dann wird Sara einen Sohn haben.
10 So war es aber nicht nur bei ihr, sondern auch bei Rebek-
ka: Sie hatte von einem einzigen Mann empfangen, von
unserem Vater Isaak, 11 und ihre Kinder waren noch nicht 11,5f
geboren und hatten weder Gutes noch Böses getan; damit
aber Gottes freie Wahl und Vorherbestimmung gültig blei-
be, 12 nicht abhängig von Werken, sondern von ihm, der
beruft, wurde ihr gesagt: *Der Ältere muß dem Jüngeren* Gen 25,23
dienen; 13 denn es steht in der Schrift: *Jakob habe ich ge-* Mal 1,2f
liebt, Esau aber gehaßt.

Die Freiheit und das Erbarmen Gottes: 9,14–29

14 Heißt das nun, daß Gott ungerecht handelt? Keines-
wegs! 15 Denn zu Mose sagt er: *Ich schenke Erbarmen,* Ex 33,19
wem ich will, und erweise Gnade, wem ich will. 16 Also
kommt es nicht auf das Wollen und Streben des Menschen Eph 2,8
an, sondern auf das Erbarmen Gottes. 17 In der Schrift wird
zum Pharao gesagt: *Eben dazu habe ich dich bestimmt,* Ex 9,16
daß ich an dir meine Macht zeige und daß auf der ganzen
Erde mein Name verkündet wird. 18 Er erbarmt sich also, 11,30–32; Ex 7,3
wessen er will, und macht verstockt, wen er will.
19 Nun wirst du einwenden: Wie kann er dann noch an-
klagen, wenn niemand seinem Willen zu widerstehen
vermag? 20 Wer bist du denn, daß du als Mensch mit Gott
rechten willst? *Sagt etwa das Werk zu dem, der es geschaf-* Jes 29,16; 45,9;
fen hat: Warum hast du mich so gemacht? 21 Ist nicht Weish 12,12
vielmehr der Töpfer Herr über den Ton? Kann er nicht aus Jer 18,6;
derselben Masse ein Gefäß herstellen für Reines, ein ande- 2 Tim 2,20

9,14–18 Daß es nicht auf das Wollen und Streben des Menschen, sondern auf das Erbarmen Gottes ankommt, besagt nicht, daß menschliches Streben nach Rettung und Heil ohne jede Bedeutung ist. Aber Gott handelt nach anderen Maßstäben als der Mensch.

9,19–24 Bei dem aus der alttestamentlichen Prophetie aufgegriffenen Töpfergleichnis geht es Paulus vor allem um die Langmut Gottes mit den »Gefäßen des Zorns«, die zur Umkehr führen soll (2,4). Es handelt sich also nicht um eine Vorherbestimmung (Prädestination) in dem Sinn, daß ihr der Mensch völlig willenlos ausgesetzt wäre.

9,21 Wörtlich: ein Gefäß herstellen zur Ehre, ein anderes zur Unehre.

2,4 res für Unreines? 22 Gott, der seinen Zorn zeigen und seine
Macht erweisen wollte, hat die Gefäße des Zorns, die zur
Vernichtung bestimmt sind, mit großer Langmut ertragen;
8,29 23 und um an den Gefäßen des Erbarmens, die er zur Herr-
lichkeit vorherbestimmt hat, den Reichtum seiner Herr-
1,16; 3,29 lichkeit zu erweisen, 24 hat er uns berufen, nicht allein aus
den Juden, sondern auch aus den Heiden.
Hos 2,25; 25 So spricht er auch bei Hosea: *Ich werde als mein Volk*
1 Petr 2,10 *berufen, was nicht mein Volk war, und als Geliebte jene,*
Hos 2,1 *die nicht geliebt war.* 26 *Und dort, wo ihnen gesagt wurde:*
Ihr seid nicht mein Volk, dort werden sie Söhne des le-
bendigen Gottes genannt werden.
Jes 10,22f G; 27 Und Jesaja ruft über Israel aus: *Wenn auch die Israeli-*
Röm 11,5 *ten so zahlreich wären wie der Sand am Meer – nur der*
Rest wird gerettet werden. 28 *Denn der Herr wird han-*
deln, indem er sein Wort auf der Erde erfüllt und durch-
setzt.
Jes 1,9 G 29 Ebenso hat Jesaja vorhergesagt: *Hätte nicht der Herr*
der himmlischen Heere uns Nachkommenschaft übrig ge-
lassen, wir wären wie Sodom geworden, wir wären Go-
morra gleich.

Israels falscher Eifer für Gott: 9,30–10,4

10,20 30 Was heißt das nun? Heiden, die die Gerechtigkeit
nicht erstrebten, haben Gerechtigkeit empfangen, die Ge-
10,2f; 11,7 rechtigkeit aus Glauben. 31 Israel aber, das nach dem Ge-
setz der Gerechtigkeit strebte, hat das Gesetz verfehlt.
1 Kor 1,23 32 Warum? Weil es ihm nicht um die Gerechtigkeit aus
Glauben, sondern um die Gerechtigkeit aus Werken ging.
Sie stießen sich am »Stein des Anstoßes«, 33 wie es in der
Jes 8,14; 28,16; Schrift heißt: *Siehe, ich richte in Zion einen Stein auf, an*
Mt 21,42; *dem man anstößt, einen Fels, an dem man zu Fall kommt.*
1 Petr 2,6–8 *Wer an ihn glaubt, wird nicht zugrunde gehen.*
9,1.3 10 Brüder, ich wünsche von ganzem Herzen und bete
Apg 22,3 zu Gott, daß sie gerettet werden. 2 Denn ich be-
zeuge ihnen, daß sie Eifer haben für Gott; aber es ist ein Ei-
fer ohne Erkenntnis. 3 Da sie die Gerechtigkeit Gottes ver-
kannten und ihre eigene aufrichten wollten, haben sie sich
Gal 3,24 der Gerechtigkeit Gottes nicht unterworfen. 4 Denn Chri-
stus ist das Ende des Gesetzes, und jeder, der an ihn glaubt,
wird gerecht.

9,30–33 Daß Israel das Heil verfehlt, hängt damit zusammen, daß es im falschen Vertrauen auf die eigene Frömmigkeit nicht begreift, daß Gott das Heil aus Gnade schenkt.

10,4 Gemeint ist das Gesetz als Heilsweg (vgl. die Anmerkung zu 3,27–31).

Die rettende Botschaft für alle: 10,5–15

5 Mose schreibt: *Wer sich an die Gesetzesgerechtigkeit* Lev 18,5;
hält in seinem Tun, *wird durch sie leben.* 6 Die Glaubens- Gal 3,12
gerechtigkeit aber spricht: *Sag nicht in deinem Herzen:* Dtn 9,4;
Wer wird in den Himmel hinaufsteigen? Das hieße: Chri- 30,12–14;
stus herabholen. 7 Oder: *Wer wird in den Abgrund hinab-* Ps 107,26; Bar 3,29
steigen? Das hieße: Christus von den Toten heraufführen.
8 Was also sagt sie? *Das Wort ist dir nahe, es ist in deinem* Dtn 30,14
Mund und in deinem Herzen. Gemeint ist das Wort des
Glaubens, das wir verkündigen; 9 denn wenn du mit dei-
nem Mund bekennst: »Jesus ist der Herr« und in deinem 1 Kor 12,3
Herzen glaubst: »Gott hat ihn von den Toten auferweckt«,
so wirst du gerettet werden. 10 Wer mit dem Herzen glaubt
und mit dem Mund bekennt, wird Gerechtigkeit und Heil
erlangen. 11 Denn die Schrift sagt: *Wer an ihn glaubt, wird* Jes 28,16;
nicht zugrunde gehen. 12 Darin gibt es keinen Unterschied Röm 9,33
zwischen Juden und Griechen. Alle haben denselben 1,16; Gal 3,28;
Herrn; aus seinem Reichtum beschenkt er alle, die ihn an- Kol 3,11
rufen. 13 Denn *jeder, der den Namen des Herrn anruft,* Joël 3,5
wird gerettet werden. 14 Wie sollen sie nun den anrufen, an
den sie nicht glauben? Wie sollen sie an den glauben, von
dem sie nichts gehört haben? Wie sollen sie hören, wenn
niemand verkündigt? 15 Wie soll aber jemand verkündi-
gen, wenn er nicht gesandt ist? Darum heißt es in der
Schrift: *Wie sind die Freudenboten willkommen, die Gu-* Jes 52,7
tes verkündigen!

Israels Ungehorsam: 10,16–21

16 Doch nicht alle sind dem Evangelium gehorsam ge-
worden. Denn Jesaja sagt: *Herr, wer hat unserer Botschaft* Jes 53,1
geglaubt? 17 So gründet der Glaube in der Botschaft, die Joh 17,20
Botschaft im Wort Christi. 18 Aber, so frage ich, haben sie
die Boten etwa nicht gehört? Doch, sie haben sie gehört;
denn *ihre Stimme war in der ganzen Welt zu hören und ihr* Ps 19,5
Wort bis an die Enden der Erde. 19 Hat dann Israel, so frage
ich, die Botschaft nicht verstanden?

Zunächst antwortet Mose: *Ich will euch eifersüchtig* Dtn 32,21 G;
machen auf ein Volk, das kein Volk ist; auf ein unverstän- Röm 11,11
diges Volk will ich euch zornig machen.

20 Und Jesaja wagt sogar zu sagen: *Ich ließ mich finden* Jes 65,1
von denen, die nicht nach mir suchten; ich offenbarte
mich denen, die nicht nach mir fragten. 21 Über Israel aber
sagt er: *Den ganzen Tag habe ich meine Hände ausge-* Jes 65,2
streckt nach einem ungehorsamen und widerspenstigen
Volk.

Der erwählte »Rest« und das verblendete Volk: 11,1–12

Phil 3,5; **11** Ich frage also: Hat Gott sein Volk verstoßen? Kei-
2 Kor 11,22 neswegs! Denn auch ich bin ein Israelit, ein Nach-
Ps 94,14 komme Abrahams, aus dem Stamm Benjamin. [2] *Gott hat*
sein Volk nicht verstoßen, das er einst erwählt hat. Oder
wißt ihr nicht, was die Schrift von Elija berichtet? Elija
1 Kön 19,10–14 führte Klage gegen Israel und sagte: [3] *Herr, sie haben deine*
Propheten getötet und deine Altäre zerstört. Ich allein bin
übriggeblieben, und nun trachten sie auch mir nach dem
1 Kön 19,18 *Leben.* [4] Gott aber antwortete ihm: *Ich habe siebentau-*
send Männer für mich *übriggelassen, die ihr Knie nicht*
9,27 *vor Baal gebeugt haben.* [5] Ebenso gibt es auch in der ge-
genwärtigen Zeit einen Rest, der aus Gnade erwählt ist –
4,4 [6] aus Gnade, nicht mehr aufgrund von Werken; sonst wäre
die Gnade nicht mehr Gnade. [7] Das bedeutet: Was Israel
erstrebt, hat nicht das ganze Volk, sondern nur der er-
wählte Rest erlangt; die übrigen wurden verstockt, [8] wie es
Jes 29,10; in der Schrift heißt: *Gott gab ihnen einen Geist der Betäu-*
Dtn 29,3; *bung, Augen, die nicht sehen, und Ohren, die nicht hören,*
Mt 13,13; Apg 28,26f *bis zum heutigen Tag.* [9] Und David sagt: *Ihr Opfertisch*
Ps 69,23f G *werde für sie zur Schlinge und zur Falle, zur Ursache des*
Sturzes und der Bestrafung. [10] *Ihre Augen sollen erblin-*
den, so daß sie nichts mehr sehen; ihren Rücken beuge für
immer!

10,19 [11] Nun frage ich: Sind sie etwa gestrauchelt, damit sie zu
Fall kommen? Keineswegs! Vielmehr kam durch ihr Ver-
sagen das Heil zu den Heiden, um sie selbst eifersüchtig zu
machen. [12] Wenn aber schon durch ihr Versagen die Welt
und durch ihr Verschulden die Heiden reich werden, dann
wird das erst recht geschehen, wenn ganz Israel zum Glau-
ben kommt.

Das Bild vom Ölbaum: 11,13–24

1,5 [13] Euch, den Heiden, sage ich: Gerade als Apostel der
Heiden preise ich meinen Dienst, [14] weil ich hoffe, die An-
gehörigen meines Volkes eifersüchtig zu machen und we-
nigstens einige von ihnen zu retten. [15] Denn wenn schon
ihre Verwerfung für die Welt Versöhnung gebracht hat,
dann wird ihre Annahme nichts anderes sein als Leben aus
dem Tod. [16] Ist die Erstlingsgabe vom Teig heilig, so ist es
auch der ganze Teig; ist die Wurzel heilig, so sind es auch
die Zweige. [17] Wenn aber einige Zweige herausgebrochen
wurden und wenn du als Zweig vom wilden Ölbaum in den
edlen Ölbaum eingepfropft wurdest und damit Anteil er-
hieltest an der Kraft seiner Wurzel, [18] so erhebe dich nicht
über die anderen Zweige. Wenn du es aber tust, sollst du

wissen: Nicht du trägst die Wurzel, sondern die Wurzel
trägt dich. 19 Nun wirst du sagen: Die Zweige wurden doch
herausgebrochen, damit ich eingepfropft werde. 20 Gewiß,
sie wurden herausgebrochen, weil sie nicht glaubten. Du
aber stehst an ihrer Stelle, weil du glaubst. Sei daher nicht 1 Kor 10,12
überheblich, sondern fürchte dich! 21 Hat Gott die Zweige,
die von Natur zum edlen Baum gehören, nicht verschont,
so wird er auch dich nicht verschonen. 22 Erkenne die Güte
Gottes und seine Strenge! Die Strenge gegen jene, die gefal- Joh 15,2.4
len sind, Gottes Güte aber gegen dich, sofern du in seiner
Güte bleibst; sonst wirst auch du herausgehauen werden.
23 Ebenso werden auch jene, wenn sie nicht am Unglauben
festhalten, wieder eingepfropft werden; denn Gott hat die
Macht, sie wieder einzupfropfen. 24 Wenn du aus dem von
Natur wilden Ölbaum herausgehauen und gegen die Natur
in den edlen Ölbaum eingepfropft wurdest, dann werden
erst recht sie als die von Natur zugehörigen Zweige ihrem
eigenen Ölbaum wieder eingepfropft werden.

Die Errettung ganz Israels: 11,25–36

25 Damit ihr euch nicht auf eigene Einsicht verlaßt, Brü- Lk 21,24
der, sollt ihr dieses Geheimnis wissen: Verstockung liegt
auf einem Teil Israels, bis die Heiden in voller Zahl das
Heil erlangt haben; 26 dann wird ganz Israel gerettet wer-
den, wie es in der Schrift heißt:

Der Retter wird aus Zion kommen, Jes 59,20f G
er wird alle Gottlosigkeit von Jakob entfernen.
27 *Das ist der Bund, den ich ihnen gewähre,* Jer 31,33f
wenn ich ihre Sünden wegnehme. Jes 27,9 G

28 Vom Evangelium her gesehen sind sie Feinde Gottes, 15,8;
und das um euretwillen; von ihrer Erwählung her gesehen 1 Thess 2,15f
sind sie von Gott geliebt, und das um der Väter willen.
29 Denn unwiderruflich sind Gnade und Berufung, die Gott 9,6; Num 23,19
gewährt. 30 Und wie ihr einst Gott ungehorsam wart, jetzt
aber infolge ihres Ungehorsams Erbarmen gefunden habt,
31 so sind sie infolge des Erbarmens, das ihr gefunden habt,
ungehorsam geworden, damit jetzt auch sie Erbarmen fin-
den. 32 Gott hat alle in den Ungehorsam eingeschlossen, 1,19; Gal 3,22
um sich aller zu erbarmen.

33 O Tiefe des Reichtums, der Weisheit und der Er- Ijob 11,7f;
kenntnis Gottes! Wie unergründlich sind seine Entschei- Ps 139,17
dungen, wie unerforschlich seine Wege! 34 Denn *wer hat* Jes 40,13;
1 Kor 2,16

11,33–36 Hier wird nicht eine Aussage über das geheimnisvolle Wesen Gottes gemacht, sondern über die wunderbaren Wege, auf denen seine Heilsabsicht zum Ziel kommt.

die Gedanken des Herrn erkannt? Oder wer ist sein Rat-
Jes 40,14 G; *geber gewesen?* 35 *Wer hat ihm etwas gegeben, so daß Gott*
Ijob 41,3 *ihm etwas zurückgeben müßte?* 36 Denn aus ihm und
1 Kor 8,6; Kol 1,16f durch ihn und auf ihn hin ist die ganze Schöpfung. Ihm sei
Ehre in Ewigkeit! Amen.

DAS LEBEN DER GLAUBENDEN: 12,1–15,13

Die Gemeinde und ihre Dienste: 12,1–8

6,13 **12** Angesichts des Erbarmens Gottes ermahne ich
euch, meine Brüder, euch selbst als lebendiges und
heiliges Opfer darzubringen, das Gott gefällt; das ist für
Eph 4,17.22f euch der wahre und angemessene Gottesdienst. 2 Gleicht
euch nicht dieser Welt an, sondern wandelt euch und er-
neuert euer Denken, damit ihr prüfen und erkennen
1 Thess 5,21 könnt, was der Wille Gottes ist: was ihm gefällt, was gut
und vollkommen ist.
2 Kor 10,13 3 Aufgrund der Gnade, die mir gegeben ist, sage ich ei-
nem jeden von euch: Strebt nicht über das hinaus, was
euch zukommt, sondern strebt danach, besonnen zu sein,
jeder nach dem Maß des Glaubens, das Gott ihm zugeteilt
1 Kor 12,12.27; hat. 4 Denn wie wir an dem einen Leib viele Glieder haben,
Eph 1,23 aber nicht alle Glieder denselben Dienst leisten, 5 so sind
wir, die vielen, e i n Leib in Christus, als einzelne aber
6–8: sind wir Glieder, die zueinander gehören. 6 Wir haben un-
1 Kor 12,4.8–11 terschiedliche Gaben, je nach der uns verliehenen Gnade.
Hat einer die Gabe prophetischer Rede, dann rede er in
Übereinstimmung mit dem Glauben; 7 hat einer die Gabe
1 Petr 4,10f des Dienens, dann diene er. Wer zum Lehren berufen ist,
2 Kor 9,7 der lehre; 8 wer zum Trösten und Ermahnen berufen ist,
der tröste und ermahne. Wer gibt, gebe ohne Hintergedan-
ken; wer Vorsteher ist, setze sich eifrig ein; wer Barmher-
zigkeit übt, der tue es freudig.

Aufforderungen zu einem Leben aus dem Geist: 12,9–21

2 Kor 6,6 9 Eure Liebe sei ohne Heuchelei. Verabscheut das Böse,
Phil 2,3 haltet fest am Guten! 10 Seid einander in brüderlicher
Liebe zugetan, übertrefft euch in gegenseitiger Achtung!
11 Laßt nicht nach in eurem Eifer, laßt euch vom Geist ent-
5,2f; Kol 4,2 flammen und dient dem Herrn! 12 Seid fröhlich in der

---

12,1f Mit Kap. 12 beginnt der dritte Teil des Briefs. Er handelt von der rechten Lebensführung der Glaubenden. – Der rechte Gottesdienst verwirklicht sich nicht allein in einer gottesdienstlichen Versammlung, sondern umfaßt das ganze Leben.

12,3–8 Zum Bild von der Kirche als Leib Christi vgl. 1 Kor 12,12–27.

Hoffnung, geduldig in der Bedrängnis, beharrlich im Ge-
bet! [13] Helft den Heiligen, wenn sie in Not sind; gewährt 1 Petr 4,9;
jederzeit Gastfreundschaft! [14] Segnet eure Verfolger; seg- Hebr 13,2
net sie, verflucht sie nicht! [15] Freut euch mit den Fröhli- Lk 6,27f
chen und weint mit den Weinenden! [16] Seid untereinander 1 Kor 12,26
eines Sinnes; strebt nicht hoch hinaus, sondern bleibt de- 15,5; Phil 2,2f
mütig! *Haltet euch nicht selbst für weise!* [17] Vergeltet Spr 3,7
niemand Böses mit Bösem! *Seid allen Menschen gegen-* 1 Thess 5,15;
über auf Gutes bedacht! [18] Soweit es euch möglich ist, hal- 1 Petr 3,9
tet mit allen Menschen Frieden! [19] Rächt euch nicht sel- Hebr 12,14
ber, liebe Brüder, sondern laßt Raum für den Zorn (Gottes); Spr 3,4 G
denn in der Schrift steht: *Mein ist die Rache, ich werde* Dtn 32,35.41
vergelten, spricht der Herr. [20] Vielmehr: *Wenn dein Feind* Spr 25,21f;
Hunger hat, gib ihm zu essen, wenn er Durst hat, gib ihm Mt 5,44
zu trinken; tust du das, dann sammelst du glühende Koh-
len auf sein Haupt. [21] Laß dich nicht vom Bösen besiegen,
sondern besiege das Böse durch das Gute!

Der Christ und die staatliche Ordnung: 13,1–7

13 Jeder leiste den Trägern der staatlichen Gewalt 1 Petr 2,13f;
den schuldigen Gehorsam. Denn es gibt keine Tit 3,1
staatliche Gewalt, die nicht von Gott stammt; jede ist von
Gott eingesetzt. [2] Wer sich daher der staatlichen Gewalt
widersetzt, stellt sich gegen die Ordnung Gottes, und wer
sich ihm entgegenstellt, wird dem Gericht verfallen. [3] Vor
den Trägern der Macht hat sich nicht die gute, sondern die
böse Tat zu fürchten; willst du also ohne Furcht vor der
staatlichen Gewalt leben, dann tue das Gute, so daß du
ihre Anerkennung findest. [4] Sie steht im Dienst Gottes
und verlangt, daß du das Gute tust. Wenn du aber Böses
tust, fürchte dich! Denn nicht ohne Grund trägt sie das
Schwert. Sie steht im Dienst Gottes und vollstreckt das
Urteil an dem, der Böses tut. [5] Deshalb ist es notwendig, 1 Petr 2,19
Gehorsam zu leisten, nicht allein aus Furcht vor der Strafe,
sondern vor allem um des Gewissens willen. [6] Das ist auch
der Grund, weshalb ihr Steuern zahlt; denn in Gottes Auf-
trag handeln jene, die Steuern einzuziehen haben. [7] Gebt Mt 22,21
allen, was ihr ihnen schuldig seid, sei es Steuer oder Zoll,
sei es Furcht oder Ehre.

Das grundlegende Gebot: 13,8–14

[8] Bleibt niemand etwas schuldig; nur die Liebe schuldet Joh 13,34
ihr einander immer. Wer den andern liebt, hat das Gesetz

13,1–7 Zu den Grenzen des hier geforderten Gehorsams gegenüber der staatlichen Gewalt vgl. Offb 13.

Ex 20,13–17; erfüllt. [9] Denn die Gebote: *Du sollst nicht die Ehe bre-*
Dtn 5,17–21; Mt 22,39f; *chen, du sollst nicht töten, du sollst nicht stehlen, du*
Gal 5,14 *sollst nicht begehren!,* und alle anderen Gebote sind in
Lev 19,18 dem einen Satz zusammengefaßt: *Du sollst deinen Näch-*
1 Kor 13,4 *sten lieben wie dich selbst.* [10] Die Liebe tut dem Nächsten
nichts Böses. Also ist die Liebe die Erfüllung des Gesetzes.
Eph 5,14.16; [11] Bedenkt die gegenwärtige Zeit: Die Stunde ist ge-
1 Thess 5,5f kommen, aufzustehen vom Schlaf. Denn jetzt ist das Heil
uns näher als zu der Zeit, da wir gläubig wurden. [12] Die
Eph 6,11.13; Nacht ist vorgerückt, der Tag ist nahe. Darum laßt uns ab-
1 Thess 5,8 legen die Werke der Finsternis und anlegen die Waffen des
Mt 24,49; Lichts. [13] Laßt uns ehrenhaft leben wie am Tag, ohne maß-
Lk 21,34 loses Essen und Trinken, ohne Unzucht und Ausschwei-
Gal 3,27; fung, ohne Streit und Eifersucht. [14] Legt (als neues Ge-
Eph 4,24 wand) den Herrn Jesus Christus an, und sorgt nicht so für
euren Leib, daß die Begierden erwachen.

1–23: 1 Kor 8,1–13

»Starke« und »Schwache« in der Gemeinde: 14,1–23

15,1; 1 Kor 9,22 **14** Nehmt den an, der im Glauben schwach ist, ohne
mit ihm über verschiedene Auffassungen zu strei-
1 Kor 10,25 ten. [2] Der eine glaubt, alles essen zu dürfen, der Schwache
aber ißt kein Fleisch. [3] Wer Fleisch ißt, verachte den nicht,
Kol 2,16 der es nicht ißt; wer kein Fleisch ißt, richte den nicht, der
Jak 4,11f es ißt. Denn Gott hat ihn angenommen. [4] Wie kannst du
den Diener eines anderen richten? Sein Herr entscheidet,
ob er steht oder fällt. Er wird aber stehen; denn der Herr
Gal 4,10 bewirkt, daß er steht. [5] Der eine bevorzugt bestimmte
Tage, der andere macht keinen Unterschied zwischen den
Tagen. Jeder soll aber von seiner Auffassung überzeugt
1 Tim 4,4f sein. [6] Wer einen bestimmten Tag bevorzugt, tut es zur
Ehre des Herrn. Wer Fleisch ißt, tut es zur Ehre des Herrn;
denn er dankt Gott dabei. Wer kein Fleisch ißt, unterläßt
2 Kor 5,15; es zur Ehre des Herrn, und auch er dankt Gott. [7] Keiner von
Gal 2,19 uns lebt sich selber, und keiner stirbt sich selber: [8] Leben
6,11; wir, so leben wir dem Herrn, sterben wir, so sterben wir
1 Thess 5,10 dem Herrn. Ob wir leben oder ob wir sterben, wir gehören
Apg 10,42 dem Herrn. [9] Denn Christus ist gestorben und lebendig
Mt 7,1 geworden, um Herr zu sein über Tote und Lebende. [10] Wie
2 Kor 5,10 kannst also du deinen Bruder richten? Und du, wie kannst
du deinen Bruder verachten? Wir werden doch alle vor dem
Richterstuhl Gottes stehen. [11] Denn es heißt in der Schrift:

14,1–12 In der römischen Gemeinde gab es eine streng asketische Richtung, die die Einhaltung bestimmter Speisevorschriften forderte, offensichtlich in Verbindung mit den jüdischen Reinheitsvorschriften (vgl. die Verse 14 und 20).

14,2 Wörtlich: der Schwache aber ißt (nur) Gemüse.

So wahr ich lebe, spricht der Herr, *vor mir wird jedes Knie* Jes 49,18; 45,23;
sich beugen, und jede Zunge wird Gott preisen. [12] Also Phil 2,10f
wird jeder von uns vor Gott Rechenschaft über sich selbst
ablegen.

[13] Daher wollen wir uns nicht mehr gegenseitig richten.
Achtet vielmehr darauf, dem Bruder keinen Anstoß zu ge-
ben und ihn nicht zu Fall zu bringen. [14] Auf Jesus, unseren
Herrn, gründet sich meine feste Überzeugung, daß an sich Mt 15,11;
nichts unrein ist; unrein ist es nur für den, der es als unrein Tit 1,15
betrachtet. [15] Wenn wegen einer Speise, die du ißt, dein
Bruder verwirrt und betrübt wird, dann handelst du nicht
mehr nach dem Gebot der Liebe. Richte durch deine Speise
nicht den zugrunde, für den Christus gestorben ist. [16] Es
darf doch euer wahres Gut nicht der Lästerung preisgege-
ben werden; [17] denn das Reich Gottes ist nicht Essen und Gal 4,20;
Trinken, es ist Gerechtigkeit, Friede und Freude im Heili- Mt 6,33
gen Geist. [18] Und wer Christus so dient, wird von Gott an-
erkannt und ist bei den Menschen geachtet. [19] Laßt uns 12,18; 15,2
also nach dem streben, was zum Frieden und zum Aufbau
(der Gemeinde) beiträgt. [20] Reiß nicht wegen einer Speise
das Werk Gottes nieder! Alle Dinge sind rein; schlecht ist
es jedoch, wenn ein Mensch durch sein Essen dem Bruder
Anstoß gibt. [21] Es ist nicht gut, Fleisch zu essen oder Wein
zu trinken oder sonst etwas zu tun, wenn dein Bruder
daran Anstoß nimmt. [22] Die Überzeugung, die du selbst
hast, sollst du vor Gott haben. Wohl dem, der sich nicht zu
verurteilen braucht bei dem, was er für recht hält. [23] Wer 14,14
aber Zweifel hat, wenn er etwas ißt, der ist gerichtet, weil
er nicht aus der Überzeugung des Glaubens handelt. Alles,
was nicht aus Glauben geschieht, ist Sünde.

Aufruf zur Einmütigkeit in der Gemeinde: 15,1–13

15 Wir müssen als die Starken die Schwäche derer 14,1f
tragen, die schwach sind, und dürfen nicht für uns
selbst leben. [2] Jeder von uns soll Rücksicht auf den Näch- 14,19
sten nehmen, um Gutes zu tun und (die Gemeinde) aufzu-
bauen. [3] Denn auch Christus hat nicht für sich selbst ge-
lebt; in der Schrift heißt es vielmehr: *Die Schmähungen* Ps 69,10
derer, die dich schmähen, haben mich getroffen. [4] Und al- 1 Kor 10,11;
les, was einst geschrieben worden ist, ist zu unserer Beleh- 2 Tim 3,16
rung geschrieben, damit wir durch Geduld und durch den
Trost der Schrift Hoffnung haben. [5] Der Gott der Geduld 12,16;
und des Trostes schenke euch die Einmütigkeit, die Chri- Phil 2,2; 4,2
stus Jesus entspricht, [6] damit ihr Gott, den Vater unseres
Herrn Jesus Christus, einträchtig und mit einem Munde
preist.

14,1 7 Darum nehmt einander an, wie auch Christus uns an-
genommen hat, zur Ehre Gottes. 8 Denn, das sage ich,
11,29f; Christus ist um der Wahrhaftigkeit Gottes willen Diener
Mt 15,24 der Beschnittenen geworden, damit die Verheißungen an
die Väter bestätigt werden. 9 Die Heiden aber rühmen Gott
um seines Erbarmens willen; es steht ja in der Schrift:

Ps 18,50 *Darum will ich dich bekennen unter den Heiden*
und deinem Namen lobsingen.

10 An anderer Stelle heißt es:

Dtn 32,43 G *Ihr Heiden, freut euch mit seinem Volk!*

11 Und es heißt auch:

Ps 117,1 *Lobt den Herrn, alle Heiden,*
preisen sollen ihn alle Völker.

12 Und Jesaja sagt:

Jes 11,1.10 G; *Kommen wird der Sproß aus der Wurzel Isais;*
Offb 5,5 *er wird sich erheben,*
um über die Heiden zu herrschen.
Auf ihn werden die Heiden hoffen.

5,1f 13 Der Gott der Hoffnung aber erfülle euch mit aller
Freude und mit allem Frieden im Glauben, damit ihr reich
werdet an Hoffnung in der Kraft des Heiligen Geistes.

DER SCHLUSS DES BRIEFES: 15,14–16,27

Die Reisepläne des Paulus: 15,14–29

Phil 1,9 14 Meine Brüder, ich bin fest davon überzeugt, daß ihr
viel Gutes tut, daß ihr reiche Erkenntnis besitzt und selbst
1,5 imstande seid, einander zurechtzuweisen. 15 Um euch
aber einiges in Erinnerung zu rufen, habe ich euch einen
teilweise sehr deutlichen Brief geschrieben. Ich tat es kraft
der Gnade, die mir von Gott gegeben ist, 16 damit ich als
11,13 Diener Christi Jesu für die Heiden wirke und das Evange-
lium Gottes wie ein Priester verwalte; denn die Heiden
sollen eine Opfergabe werden, die Gott gefällt, geheiligt im
Heiligen Geist.

17 In Christus Jesus kann ich mich also vor Gott rühmen.

15,7–13 Was für das Zusammenleben der Starken und der Schwachen in Rom gilt (vgl. 14,1–15,6), gilt ebenso für die Zusammengehörigkeit der Juden- und Heidenchristen in der einen Kirche.

15,14–16 Nochmaliger Hinweis auf die Absicht des Briefs.

15,17–24 Bei seinen Reiseplänen erwähnt Paulus Jerusalem und Illyrien (dieses entspricht etwa dem heutigen Jugoslawien) als Grenzpunkte seines bisherigen Wirkens. Damit meint er, daß sich seine missionarische Tätigkeit bis in diese Bereiche hinein ausgewirkt hat, auch wenn er wahrscheinlich nicht selbst dort wirkte.

18 Denn ich wage nur von dem zu reden, was Christus, um 2 Kor 3,5
die Heiden zum Gehorsam zu führen, durch mich in Wort
und Tat bewirkt hat, 19 in der Kraft von Zeichen und Wun- 2 Kor 12,12
dern, in der Kraft des Geistes Gottes. So habe ich von Jeru-
salem aus in weitem Umkreis bis nach Illyrien überallhin
das Evangelium Christi gebracht. 20 Dabei habe ich darauf
geachtet, das Evangelium nicht dort zu verkündigen, wo
der Name Christi schon bekannt gemacht war, um nicht
auf einem fremden Fundament zu bauen; 21 denn es heißt
in der Schrift:

Sehen werden die, denen nichts über ihn verkündet wurde, Jes 52,15
und die werden verstehen, die nichts gehört haben.

22 Das ist es auch, was mich immer wieder gehindert hat, 1,13
zu euch zu kommen. 23 Jetzt aber habe ich in diesen Ge-
genden kein neues Arbeitsfeld mehr. Außerdem habe ich 1,10f
mich seit vielen Jahren danach gesehnt, zu euch zu kom-
men, 24 wenn ich einmal nach Spanien reise; auf dem Weg
dorthin hoffe ich euch zu sehen und dann von euch für die
Weiterreise ausgerüstet zu werden, nachdem ich mich ei-
nige Zeit an euch erfreut habe. 25 Doch jetzt gehe ich zuerst Apg 19,21; 24,17
nach Jerusalem, um den Heiligen einen Dienst zu erwei-
sen. 26 Denn Mazedonien und Achaia haben eine Samm- Apg 11,29;
lung beschlossen für die Armen unter den Heiligen in Jeru- 1 Kor 16,1;
salem. 27 Sie haben das beschlossen, weil sie ihre Schuld- 2 Kor 9,2.12
ner sind. Denn wenn die Heiden an ihren geistlichen Gü- 1 Kor 9,11
tern Anteil erhalten haben, so sind sie auch verpflichtet,
ihnen mit irdischen Gütern zu dienen. 28 Wenn ich diese
Aufgabe erfüllt und ihnen den Ertrag der Sammlung ord-
nungsgemäß übergeben habe, will ich euch besuchen und
dann nach Spanien weiterreisen. 29 Ich weiß aber, wenn 1,11
ich zu euch komme, werde ich mit der Fülle des Segens
Christi kommen.

Aufforderung zur Fürbitte: 15,30–33

30 Ich bitte euch, meine Brüder, im Namen Jesu Christi, 2 Kor 1,11;
unseres Herrn, und bei der Liebe des Geistes: Steht mir bei, Phil 1,27; Eph 6,18f
und betet für mich zu Gott, 31 daß ich vor den Ungläubigen Apg 21,10f
in Judäa gerettet werde, daß mein Dienst in Jerusalem von
den Heiligen dankbar aufgenommen wird 32 und daß ich,
wenn es Gottes Wille ist, voll Freude zu euch kommen 1,10
kann, um mit euch eine Zeit der Ruhe zu verbringen.
33 Der Gott des Friedens sei mit euch allen! Amen. 16,20; 1 Thess 5,23; 2 Thess 3,16

15,25–33 Zur Kollekte für Jerusalem vgl. 1 Kor 16,1–4; 2 Kor 8 und 9; Gal 2,10.

Grüße und Ermahnungen: 16,1–24

Apg 18,18 **16** Ich empfehle euch unsere Schwester Phöbe, die
Dienerin der Gemeinde von Kenchreä: 2 Nehmt
sie im Namen des Herrn auf, wie es Heilige tun sollen, und
steht ihr in jeder Sache bei, in der sie euch braucht; sie
selbst hat vielen, darunter auch mir, geholfen. 3 Grüßt
Apg 18,2 Priska und Aquila, meine Mitarbeiter in Christus Jesus,
4 die für mich ihr eigenes Leben aufs Spiel gesetzt haben;
nicht allein ich, sondern alle Gemeinden der Heiden sind
1 Kor 16,19; ihnen dankbar. 5 Grüßt auch die Gemeinde, die sich in ih-
Kol 4,15; rem Haus versammelt. Grüßt meinen lieben Epänetus, der
Phlm 2 die Erstlingsgabe der Provinz Asien für Christus ist.
6 Grüßt Maria, die für euch viel Mühe auf sich genommen
hat. 7 Grüßt Andronikus und Junias, die zu meinem Volk
gehören und mit mir zusammen im Gefängnis waren; sie
sind angesehene Apostel und haben sich schon vor mir zu
Christus bekannt. 8 Grüßt Ampliatus, mit dem ich im
Herrn verbunden bin. 9 Grüßt Urbanus, unseren Mitarbei-
ter in Christus, und meinen lieben Stachys. 10 Grüßt Apel-
les, der sich in Christus bewährt hat. Grüßt das ganze Haus
des Aristobul. 11 Grüßt Herodion, der zu meinem Volk ge-
hört. Grüßt alle aus dem Haus des Narzissus, die sich zum
Herrn bekennen. 12 Grüßt Tryphäna und Tryphosa, die für
den Herrn viel Mühe auf sich nehmen. Grüßt die liebe Per-
sis; sie hat für den Herrn große Mühe auf sich genommen.
13 Grüßt Rufus, der vom Herrn auserwählt ist; grüßt seine
Mutter, die auch mir zur Mutter geworden ist. 14 Grüßt
Asynkritus, Phlegon, Hermes, Patrobas, Hermas und die
Brüder, die bei ihnen sind. 15 Grüßt Philologus und Julia,
Nereus und seine Schwester, Olympas und alle Heiligen,
1 Kor 16,20; die bei ihnen sind. 16 Grüßt einander mit dem heiligen
2 Kor 13,12; Kuß. Es grüßen euch alle Gemeinden Christi.
1 Thess 5,26;
1 Petr 5,14 17 Ich ermahne euch, meine Brüder, auf die acht zu ge-
Tit 3,10 ben, die im Widerspruch zu der Lehre, die ihr gelernt habt,
Spaltung und Verwirrung verursachen: Haltet euch von
Phil 3,18f ihnen fern! 18 Denn diese Leute dienen nicht Christus, un-
Kol 2,4 serem Herrn, sondern ihrem Bauch, und sie verführen
durch ihre schönen und gewandten Reden das Herz der

16,3f Priska und Aquila haben für Paulus offensichtlich mit ihrem eigenen Leben gebürgt, damit er freigelassen werden konnte.

16,4 Gemeinden der Heiden: Gemeinden, die sich aus Heidenchristen zusammensetzen.

16,5 Erstlingsgabe der Provinz Asien: Epänetus ist der erste, der in der römischen Provinz Asien den Glauben angenommen hat.

Arglosen. 19 Doch euer Gehorsam ist allen bekannt; daher 1,8
freue ich mich über euch und wünsche nur, daß ihr ver- 1 Kor 14,20
ständig bleibt, offen für das Gute, unzugänglich für das
Böse. 20 Der Gott des Friedens wird den Satan bald zertre- 15,33
ten und unter eure Füße legen. Die Gnade Jesu, unseres Gen 3,15
Herrn, sei mit euch!

21 Es grüßen euch Timotheus, mein Mitarbeiter, und Apg 16,1f; 13,1;
Luzius, Jason und Sosipater, die zu meinem Volk gehören. 17,5f; 20,4; Phil 2,19
22 Ich, Tertius, der Schreiber dieses Briefes, grüße euch im
Namen des Herrn. 23 Es grüßt euch Gaius, der mich und die 1 Kor 1,14;
ganze Gemeinde gastlich aufgenommen hat. Es grüßt euch 2 Tim 4,20; Apg 19,22
der Stadtkämmerer Erastus und der Bruder Quartus.

[24 Die Gnade Jesu Christi, unseres Herrn, sei mit euch 2 Thess 3,18; 1 Kor 16,23
allen! Amen.]

Abschließender Lobpreis Gottes: 16,25–27

25 Ehre sei dem, der die Macht hat, euch Kraft zu geben –
gemäß meinem Evangelium und der Botschaft von Jesus Christus,
gemäß der Offenbarung jenes Geheimnisses,
das seit ewigen Zeiten unausgesprochen war, 1 Kor 2,7; Eph 1,9; Kol 1,26
26 jetzt aber nach dem Willen des ewigen Gottes offenbart Eph 3,4f.9; 1 Petr 1,20
und durch prophetische Schriften kundgemacht wurde,
um alle Heiden zum Gehorsam des Glaubens zu führen. 1,5
27 Ihm, dem einen, weisen Gott, 11,36;
sei Ehre durch Jesus Christus in alle Ewigkeit! Amen. 1 Tim 1,17

16,22 In diesem Briefschluß ist ausnahmsweise auch der Schreiber, dem Paulus den Brief diktiert hat, mit Namen genannt.

16,24 Fehlt bei zahlreichen alten Textzeugen und ist wohl späterer Zusatz.

16,25–27 Der abschließende Lobpreis entspricht in seiner Form jüdischer Tradition.

Der erste Brief an die Korinther

Nach Ausweis der Apostelgeschichte (18,1–18) kam Paulus auf der zweiten Missionsreise im Jahr 50 oder 51 n. Chr. nach Korinth. Die dortige Christengemeinde ist von ihm gegründet. Nach seinem Wegzug blieb er mit der Gemeinde in persönlicher Verbindung. In den beiden erhaltenen Korintherbriefen werden noch andere Schreiben an die Gemeinde erwähnt (vgl. 1 Kor 5,9; 2 Kor 2,4f).

Paulus hat den 1. Korintherbrief zwischen 53 und 55 n. Chr. in Ephesus geschrieben. Den Anlaß bildeten Fragen, die in der jungen Christengemeinde aufgetreten waren. Der Apostel erhielt davon Kenntnis durch »die Leute der Chloë« (1,11) und durch eine schriftliche Anfrage, die ihm wahrscheinlich von einer Abordnung der Gemeinde überbracht wurde (7,1; 16,17). Die »Leute der Chloë« berichteten von Spaltungen, die das Weiterbestehen der Gemeinde gefährdeten (1,12–17). Sie erzählten von einem schweren Fall von Blutschande (5,1–13), von Streitigkeiten der Christen vor heidnischen Richtern (6,1–11) und von sexuellen Verfehlungen (6,12–20). Ausführlich erörtert werden Fragen über Ehe und Ehelosigkeit (7,1–40), den Genuß von Götzenopferfleisch (8,1–11,1) und die Ordnung in der gottesdienstlichen Versammlung (11,2–14,40); nachdrücklich wendet sich Paulus gegen Mißstände beim Herrenmahl (11,17–34). Das 15. Kapitel hat die Auferweckung Christi und der Christen zum Thema. Das abschließende Kapitel 16 enthält persönliche Mitteilungen und eine ausführliche Grußliste.

Der 1. Korintherbrief gibt Einblick in das Leben und in die Probleme einer jungen heidenchristlichen Gemeinde. Aus der Stellungnahme des Paulus wird vor allem sichtbar, was für Glauben und Leben der Christen maßgebend ist: das Kreuz (1,18–2,5) und die Auferweckung Christi (15,1–28), das Wirken des Geistes Gottes (2,10–16; 12,1–31), die Ordnung der Gemeinde (3,5–4,21; 12,27–30; 16,15–18) und der rechte Gebrauch der Geistesgaben (12,1–11.27–31; 14,1–40). Wie kein anderer Brief zeigt dieses Schreiben, in welcher Weise Paulus sich als Gemeindegründer den Fragen einer jungen Gemeinde stellt und wie stark seine Entscheidungen von Christus, dem Gekreuzigten und Auferstandenen, her bestimmt sind.

ANSCHRIFT UND GRUSS: 1,1–3

Röm 1,1 1 Paulus, durch Gottes Willen berufener Apostel Chri-
Apg 18,17 sti Jesu, und der Bruder Sosthenes 2 an die Kirche Got-
6,11 tes, die in Korinth ist, – an die Geheiligten in Christus Je-
sus, berufen als Heilige mit allen, die den Namen Jesu
Christi, unseres Herrn, überall anrufen, bei ihnen und bei
uns. 3 Gnade sei mit euch und Friede von Gott, unserem
Vater, und dem Herrn Jesus Christus.

DANK AN GOTT: 1,4–9

4 Ich danke Gott jederzeit euretwegen für die Gnade
Gottes, die euch in Christus Jesus geschenkt wurde, 5 daß
2 Kor 8,7 ihr an allem reich geworden seid in ihm, an aller Rede und
Apg 18,5 aller Erkenntnis. 6 Denn das Zeugnis über Christus wurde
bei euch gefestigt, 7 so daß euch keine Gnadengabe fehlt,
2 Thess 1,7 während ihr auf die Offenbarung Jesu Christi, unseres
Phil 1,6.10; 1 Thess 3,13 Herrn, wartet. 8 Er wird euch auch festigen bis ans Ende, so
daß ihr schuldlos dasteht am Tag Jesu, unseres Herrn.
10,13 9 Treu ist Gott, durch den ihr berufen worden seid zur Ge-
meinschaft mit seinem Sohn Jesus Christus, unserem
Herrn.

DIE SPALTUNGEN IN DER GEMEINDE: 1,10–4,21

Mahnung zur Einheit: 1,10–17

10 Ich ermahne euch aber, Brüder, im Namen Jesu Chri-
11,18; Röm 15,5 sti, unseres Herrn: Seid alle einmütig, und duldet keine
Spaltungen unter euch; seid ganz eines Sinnes und einer
Meinung. 11 Es wurde mir nämlich, meine Brüder, von den
Leuten der Chloë berichtet, daß es Zank und Streit unter
3,3f euch gibt. 12 Ich meine damit, daß jeder von euch etwas

1,2 Andere Übersetzungsmöglichkeiten: ... mit allen, die überall den Namen unseres Herrn Jesus Christus, ihres und unseres Herrn, anrufen. Oder (wenn man diesen Satzteil als Fortführung der Anschrift versteht): ... an die Gemeinde Gottes in Korinth ... und an alle, die überall den Namen unseres Herrn Jesus Christus anrufen.

1,8 Gemeint ist die Wiederkunft Christi in Herrlichkeit zum Gericht und zur Vollendung der Welt (vgl. 15,23–28).

1,12 Apollos war wie Paulus ein erfolgreicher Missionar (vgl. 3,4–9; 4,6; Apg 18,24–28).

anderes sagt: Ich halte zu Paulus – ich zu Apollos – ich zu Apg 18,24
Kephas – ich zu Christus. 13 Ist denn Christus zerteilt?
Wurde etwa Paulus für euch gekreuzigt? Oder seid ihr auf
den Namen des Paulus getauft worden? 14 Ich danke Gott,
daß ich niemand von euch getauft habe, außer Krispus und Apg 18,8;
Gaius, 15 so daß keiner sagen kann, ihr seiet auf meinen Röm 16,23
Namen getauft worden. 16 Ich habe allerdings auch die 16,15.17
Familie des Stephanas getauft. Ob ich sonst noch jemand
getauft habe, weiß ich nicht mehr. 17 Denn Christus hat Apg 9,15
mich nicht gesandt zu taufen, sondern das Evangelium zu
verkünden, aber nicht mit gewandten und klugen Worten,
damit das Kreuz Christi nicht um seine Kraft gebracht
wird.

Die Botschaft vom Kreuz: 1,18–31

18 Denn das Wort vom Kreuz ist denen, die verlorenge- 1,23f;
hen, Torheit; uns aber, die gerettet werden, ist es Gottes Röm 1,16
Kraft. 19 Es heißt nämlich in der Schrift:
Ich lasse die Weisheit der Weisen vergehen Jes 29,14;
und die Klugheit der Klugen verschwinden. Ps 33,10
20 *Wo ist ein Weiser? Wo ein Schriftgelehrter?* Wo ein Jes 19,12;
Wortführer in dieser Welt? Hat Gott nicht die Weisheit der 33,18 G; 44,25;
Welt als Torheit entlarvt? 21 Denn da die Welt angesichts 1 Kor 3,19
der Weisheit Gottes auf dem Weg ihrer Weisheit Gott
nicht erkannte, beschloß Gott, alle, die glauben, durch die Mt 11,25
Torheit der Verkündigung zu retten. 22 Die Juden fordern Mt 12,38 par;
Zeichen, die Griechen suchen Weisheit. 23 Wir dagegen Joh 2,18; Apg 17,18–21
verkündigen Christus als den Gekreuzigten: für Juden ein 2,2.14;
empörendes Ärgernis, für Heiden eine Torheit, 24 für die 1,18; 2,5;
Berufenen aber, Juden wie Griechen, Christus, Gottes Kol 2,3
Kraft und Gottes Weisheit. 25 Denn das Törichte an Gott 2 Kor 13,4
ist weiser als die Menschen, und das Schwache an Gott ist
stärker als die Menschen. 26 Seht doch auf eure Berufung,
Brüder! Da sind nicht viele Weise im irdischen Sinn, nicht
viele Mächtige, nicht viele Vornehme, 27 sondern das Tö- Jak 2,5
richte in der Welt hat Gott erwählt, um die Weisen zu-
schanden zu machen, und das Schwache in der Welt hat
Gott erwählt, um das Starke zuschanden zu machen.
28 Und das Niedrige in der Welt und das Verachtete hat
Gott erwählt: das, was nichts ist, um das, was etwas ist, zu
vernichten, 29 damit kein Mensch sich rühmen kann vor Röm 3,27; Eph 2,9

1,14 Zu Krispus vgl. Apg 18,8; zu Gaius vgl. Röm 16,23.
1,16 Zu Stephanas vgl. 16,15.17.
1,26 im irdischen Sinn, wörtlich: dem Fleisch nach.

Gott. [30] Von ihm her seid ihr in Christus Jesus, den Gott
für uns zur Weisheit gemacht hat, zur Gerechtigkeit, Hei-
Jer 9,22f; ligung und Erlösung. [31] *Wer sich* also *rühmen will, der*
2 Kor 10,17 *rühme sich* des Herrn; so heißt es schon in der Schrift.

Paulus, Verkünder der Weisheit Gottes: 2,1–3,4

1,17 2 Als ich zu euch kam, Brüder, kam ich nicht, um glän-
zende Reden oder gelehrte Weisheit vorzutragen,
sondern um euch das Zeugnis Gottes zu verkündigen.
Gal 6,14 [2] Denn ich hatte mich entschlossen, bei euch nichts zu
wissen außer Jesus Christus, und zwar als den Gekreuzig-
Apg 18,9; ten. [3] Zudem kam ich in Schwäche und in Furcht, zitternd
2 Kor 10,10 und bebend zu euch. [4] Meine Botschaft und Verkündigung
war nicht Überredung durch gewandte und kluge Worte,
1 Thess 1,5 sondern war mit dem Erweis von Geist und Kraft verbun-
1,18.24 den, [5] damit sich euer Glaube nicht auf Menschenweisheit
stützte, sondern auf die Kraft Gottes.

[6] Und doch verkündigen wir Weisheit unter den Voll-
kommenen, aber nicht Weisheit dieser Welt oder der
Machthaber dieser Welt, die einst entmachtet werden.
Röm 16,25; [7] Vielmehr verkündigen wir das Geheimnis der verborge-
Kol 1,26 nen Weisheit Gottes, die Gott vor allen Zeiten vorausbe-
stimmt hat zu unserer Verherrlichung. [8] Keiner der
Machthaber dieser Welt hat sie erkannt; denn hätten sie
die Weisheit Gottes erkannt, so hätten sie den Herrn der
Herrlichkeit nicht gekreuzigt. [9] Nein, wir verkündigen,
Jes 64,3 wie es in der Schrift heißt, was *kein Auge gesehen und kein*
Jer 3,16 *Ohr gehört hat,* was keinem Menschen in den Sinn ge-
Sir 1,10 kommen ist: das Große, das Gott denen bereitet hat, die
ihn lieben.

Dan 2,22 [10] Denn uns hat es Gott enthüllt durch den Geist. Der
Geist ergründet nämlich alles, auch die Tiefen Gottes.
[11] Wer von den Menschen kennt den Menschen, wenn
nicht der Geist des Menschen, der in ihm ist? So erkennt
Röm 8,15 auch keiner Gott – nur der Geist Gottes. [12] Wir aber haben
nicht den Geist der Welt empfangen, sondern den Geist,
der aus Gott stammt, damit wir das erkennen, was uns von
Gott geschenkt worden ist. [13] Davon reden wir auch, nicht
mit Worten, wie menschliche Weisheit sie lehrt, sondern

2,1 Anstelle von »Zeugnis Gottes« haben andere Textzeugen: Geheimnis Gottes. Gemeint ist das Evangelium vom gekreuzigten Christus.

2,6 Machthaber dieser Welt: menschliche Autoritäten und dämonische Mächte (vgl. 15,24f).

2,9 Dieses »Schriftzitat« ist als Ganzes im Alten Testament nicht zu finden.

wie der Geist sie lehrt, indem wir den Geisterfüllten das
Wirken des Geistes deuten. 14 Der irdisch gesinnte
Mensch aber läßt sich nicht auf das ein, was vom Geist 1,23
Gottes kommt. Torheit ist es für ihn, und er kann es nicht
verstehen, weil es nur mit Hilfe des Geistes beurteilt wer-
den kann. 15 Der geisterfüllte Mensch urteilt über alles,
ihn aber vermag niemand zu beurteilen. 16 Denn *wer be-* Jes 40,13 G;
greift den Geist des Herrn? Wer kann ihn belehren? Wir Röm 11,34
aber haben den Geist Christi. Röm 8,9

3 Vor euch, Brüder, konnte ich aber nicht wie vor
Geisterfüllten reden; ihr wart noch irdisch einge-
stellt, unmündige Kinder in Christus. 2 Milch gab ich euch 1 Petr 2,2
zu trinken statt fester Speise; denn diese konntet ihr noch
nicht vertragen. Ihr könnt es aber auch jetzt noch nicht;
3 denn ihr seid immer noch irdisch eingestellt. Oder seid 1,11f; 11,18;
ihr nicht irdisch eingestellt, handelt ihr nicht sehr Gal 5,19f
menschlich, wenn Eifersucht und Streit unter euch herr-
schen? 4 Denn wenn einer sagt: Ich halte zu Paulus!, ein
anderer: Ich zu Apollos!, seid ihr da nicht Menschen?

Die Verantwortung des Apostels und seiner Mitarbeiter: 3,5–4,16

5 Was ist denn Apollos? Und was ist Paulus? Ihr seid 1,12
durch sie zum Glauben gekommen. Sie sind also Diener,
jeder, wie der Herr es ihm gegeben hat: 6 Ich habe ge-
pflanzt, Apollos hat begossen, Gott aber ließ wachsen. 7 So
ist weder der etwas, der pflanzt, noch der, der begießt, son-
dern nur Gott, der wachsen läßt. 8 Wer pflanzt und wer be-
gießt: beide arbeiten am gleichen Werk, jeder aber erhält
seinen besonderen Lohn, je nach der Mühe, die er aufge-
wendet hat. 9 Denn wir sind Gottes Mitarbeiter; ihr seid Mt 13,3–9;
Gottes Ackerfeld, Gottes Bau. Eph 2,20

10 Der Gnade Gottes entsprechend, die mir geschenkt 15,10
wurde, habe ich wie ein guter Baumeister den Grund ge- Röm 15,20
legt; ein anderer baut darauf weiter. Aber jeder soll darauf
achten, wie er weiterbaut. 11 Denn einen anderen Grund Eph 2,20;
kann niemand legen als den, der gelegt ist: Jesus Christus. 1 Petr 2,4–6;
Apg 4,11f

2,13 Andere Übersetzungsmöglichkeiten: indem wir Wirkungen des Geistes mit geistgewirkten Worten wiedergeben; oder: indem wir Wirkungen des Geistes miteinander vergleichen.

2,14 Der irdisch gesinnte Mensch, wörtlich: Der psychische Mensch. Dieser urteilt über Gott und sein Handeln mit einem nicht vom Geist Gottes erleuchteten Denken. Zum abwertenden Gebrauch von »psychisch« vgl. Jak 3,15; Jud 19; auch 1 Kor 15,44.46 (»psychischer Leib«, d. h. sterblicher Leib).

2,15 Vgl. die Anmerkung zu 12,10.

[12] Ob aber jemand auf dem Grund mit Gold, Silber, kostba-
ren Steinen, mit Holz, Heu oder Stroh weiterbaut: [13] das
4,5 Werk eines jeden wird offenbar werden; jener Tag wird es
2 Thess 1,7f sichtbar machen, weil es im Feuer offenbart wird. Das
Feuer wird prüfen, was das Werk eines jeden taugt. [14] Hält
das stand, was er aufgebaut hat, so empfängt er Lohn.
Jud 23 [15] Brennt es nieder, dann muß er den Verlust tragen. Er
selbst aber wird gerettet werden, doch so wie durch Feuer
hindurch.

6,19; [16] Wißt ihr nicht, daß ihr Gottes Tempel seid und der
2 Kor 6,16; Geist Gottes in euch wohnt? [17] Wer den Tempel Gottes
Eph 2,21f verdirbt, den wird Gott verderben. Denn Gottes Tempel ist
heilig, und der seid ihr.

4,10 [18] Keiner täusche sich selbst. Wenn einer unter euch
meint, er sei weise in dieser Welt, dann werde er töricht,
um weise zu werden. [19] Denn die Weisheit dieser Welt ist
Ijob 5,13; Torheit vor Gott. In der Schrift steht nämlich: *Er fängt die*
1 Kor 1,20; *Weisen in ihrer eigenen List.* [20] Und an einer anderen Stel-
Röm 1,22
Ps 94,11 G le: *Der Herr kennt die Gedanken* der Weisen; *er weiß, sie*
sind nichtig. [21] Daher soll sich niemand eines Menschen
1,12 rühmen. Denn alles gehört euch; [22] Paulus, Apollos, Ke-
Röm 8,38 phas, Welt, Leben, Tod, Gegenwart und Zukunft: alles ge-
hört euch; [23] ihr aber gehört Christus, und Christus gehört
Gott.

3,5; Kol 1,25f; **4** Als Diener Christi soll man uns betrachten und als
1 Petr 4,10 Verwalter von Geheimnissen Gottes. [2] Von Verwal-
Lk 12,42 tern aber verlangt man, daß sie sich treu erweisen. [3] Mir
9,3 macht es allerdings nichts aus, wenn ihr oder ein mensch-
liches Gericht mich zur Verantwortung zieht; ich urteile
auch nicht über mich selbst. [4] Ich bin mir zwar keiner
Schuld bewußt, doch bin ich dadurch noch nicht gerecht
gesprochen; der Herr ist es, der mich zur Rechenschaft
Röm 2,16 zieht. [5] Richtet also nicht vor der Zeit; wartet, bis der Herr
kommt, der das im Dunkeln Verborgene ans Licht bringen
und die Absichten der Herzen aufdecken wird. Dann wird
jeder sein Lob von Gott erhalten.

[6] Brüder, ich habe das auf mich und Apollos bezogen,
und zwar euretwegen, damit ihr an uns lernt, daß der
Röm 12,3 Grundsatz gilt: »Nicht über das hinaus, was in der Schrift

---

3,16 Vgl. 6,19, wo nicht die Gemeinde als ganze, sondern der einzelne Christ als »Tempel des Heiligen Geistes« bezeichnet wird.

4,6 Paulus zitiert hier vermutlich einen in Korinth bekannten Auslegungsgrundsatz.

steht«, daß also keiner zugunsten des einen und zum
Nachteil des andern sich wichtig machen darf. 7 Denn wer
räumt dir einen Vorrang ein? Und was hast du, das du nicht
empfangen hättest? Wenn du es aber empfangen hast,
warum rühmst du dich, als hättest du es nicht empfangen?
8 Ihr seid schon satt, ihr seid schon reich geworden, ohne Offb 3,21
uns seid ihr zur Herrschaft gelangt. Wäret ihr doch nur zur
Herrschaft gelangt! Dann könnten auch wir mit euch zu-
sammen herrschen.

9 Ich glaube nämlich, Gott hat uns Apostel auf den letz- 2 Kor 4,11
ten Platz gestellt, wie Todgeweihte; denn wir sind zum
Schauspiel geworden für die Welt, für Engel und Men-
schen. 10 Wir stehen als Toren da um Christi willen, ihr
dagegen seid kluge Leute in Christus. Wir sind schwach,
ihr seid stark; ihr seid angesehen, wir sind verachtet. 11 Bis
zur Stunde hungern und dürsten wir, gehen in Lumpen, 2 Kor 11,27
werden mit Fäusten geschlagen und sind heimatlos. 12 Wir 9,12;
plagen uns ab und arbeiten mit eigenen Händen; wir wer- Apg 18,3;
den beschimpft und segnen; wir werden verfolgt und hal- 20,33f
ten stand; 13 wir werden geschmäht und trösten. Wir sind Apg 22,22
sozusagen der Abschaum der Welt geworden, verstoßen
von allen bis heute.

14 Nicht um euch bloßzustellen, schreibe ich das, son-
dern um euch als meine geliebten Kinder zu ermahnen.
15 Hättet ihr nämlich auch ungezählte Erzieher in Chri- Gal 4,19;
stus, so doch nicht viele Väter. Denn in Christus Jesus bin Phil 2,22;
ich durch das Evangelium euer Vater geworden. 16 Darum Phlm 10
ermahne ich euch: Haltet euch an mein Vorbild! 11,1; Phil 4,9

Ankündigung eines baldigen Besuches: 4,17–21

17 Eben deswegen schicke ich Timotheus zu euch, mein 16,10;
geliebtes und treues Kind im Herrn. Er wird euch erinnern Apg 16,1;
an meine Weisungen, wie ich sie als Diener Christi Jesu 19,22
überall in allen Gemeinden gebe. 18 In der Annahme, daß
ich nicht selber zu euch komme, haben sich zwar einige
wichtig gemacht. 19 Ich werde aber bald zu euch kommen, 16,5–7
wenn der Herr will. Dann werde ich diese Wichtigtuer
nicht auf ihre Worte prüfen, sondern auf ihre Kraft. 2 Kor 13,1–10
20 Denn nicht in Worten erweist sich die Herrschaft Got- 2,4
tes, sondern in der Kraft. 21 Was zieht ihr vor: Soll ich mit 2 Kor 13,10
dem Stock zu euch kommen oder mit Liebe und im Geist
der Sanftmut?

4,8a Die Aussage ist ironisch gemeint.
4,15 Zur Vorstellung geistlicher Vaterschaft vgl. Gal 4,19; Phlm 10; 1 Petr 1,23.

MISS-STÄNDE IN DER GEMEINDE: 5,1–6,20

Ein Fall von Blutschande: 5,1–13

Lev 18,7f; 20,11; Dtn 27,20 **5** Übrigens hört man von Unzucht unter euch, und
zwar von Unzucht, wie sie nicht einmal unter den
Heiden vorkommt, daß nämlich einer mit der Frau seines
Vaters lebt. 2 Und da macht ihr euch noch wichtig, statt
traurig zu werden und den aus eurer Mitte zu stoßen, der so
Kol 2,5 etwas getan hat. 3 Was mich angeht, so habe ich – leiblich
zwar abwesend, geistig aber anwesend – mein Urteil über
den, der sich so vergangen hat, schon jetzt gefällt, als ob ich
Mt 18,20 persönlich anwesend wäre: 4 Im Namen Jesu, unseres
Herrn, wollen wir uns versammeln, ihr und mein Geist,
und zusammen mit der Kraft Jesu, unseres Herrn, 5 diesen
1 Tim 1,20; Menschen dem Satan übergeben zum Verderben seines
1 Petr 4,6 Fleisches, damit sein Geist am Tag des Herrn gerettet wird.
Gal 5,9 6 Zu Unrecht rühmt ihr euch. Wißt ihr nicht, daß ein
Ex 12,15.19; wenig Sauerteig den ganzen Teig durchsäuert? 7 Schafft
13,7; den alten Sauerteig weg, damit ihr neuer Teig seid. Ihr seid
1 Petr 1,19 Ex 12,21 ja schon ungesäuertes Brot; denn als unser Paschalamm ist
Ex 12,15–20 Christus geopfert worden. 8 Laßt uns also das Fest nicht
mit dem alten Sauerteig feiern, nicht mit dem Sauerteig
der Bosheit und Schlechtigkeit, sondern mit den ungesäuerten Broten der Aufrichtigkeit und Wahrheit.
2 Petr 2,2.14.19; 9 Ich habe euch in meinem Brief ermahnt, daß ihr nichts
Jud 23 mit Unzüchtigen zu schaffen haben sollt. 10 Gemeint waren damit nicht alle Unzüchtigen dieser Welt oder alle
1 Tim 6,3–10; 1 Joh 5,19 Habgierigen und Räuber und Götzendiener; sonst müßtet
6,9f; ihr ja aus der Welt auswandern. 11 In Wirklichkeit meinte
2 Thess 3,6 ich damit: Habt nichts zu schaffen mit einem, der sich
Bruder nennt und dennoch Unzucht treibt, habgierig ist,
Götzen verehrt, lästert, trinkt oder raubt; mit einem solchen Menschen sollt ihr nicht einmal zusammen essen.
Kol 4,5 12 Ich will also nicht Außenstehende richten – ihr richtet ja
auch nur solche, die zu euch gehören –, 13 die Außenstehenden wird Gott richten. *Schafft den Übeltäter weg aus
Dtn 17,7; 19,19 eurer Mitte!*

5,1 Vgl. dazu Lev 18,7f; 20,11; Dtn 27,20; auch das römische Recht stellte dieses Vergehen unter Strafe.

5,5 Der Sünder schändet die Heiligkeit der Gemeinde; er soll daher ausgeschlossen werden.

5,9 Der hier erwähnte Brief ist vermutlich verlorengegangen; Fragmente dieses Briefs könnten in den 1. Korintherbrief aufgenommen worden sein.

Rechtshändel unter Christen: 6,1–11

6 Wagt es einer von euch, der mit einem anderen einen
Rechtsstreit hat, vor das Gericht der Ungerechten zu
gehen statt zu den Heiligen? 2 Wißt ihr denn nicht, daß die Dan 7,22;
Heiligen die Welt richten werden? Und wenn durch euch Lk 22,30;
die Welt gerichtet wird, seid ihr dann nicht zuständig, ei- Offb 20,4
nen Rechtsstreit über Kleinigkeiten zu schlichten? 3 Wißt 2 Petr 2,4;
ihr nicht, daß wir über Engel richten werden? Also erst Jud 6
recht über Alltägliches. 4 Wie könnt ihr dann jene, die im
Urteil der Gemeinde nichts gelten, als Richter einsetzen,
wenn ihr einen Rechtsstreit über Alltägliches auszutragen
habt? 5 Ich sage das, damit ihr euch schämt. Gibt es denn 4,14
unter euch wirklich keinen, der die Gabe hat, zwischen
Brüdern zu schlichten? 6 Statt dessen zieht ein Bruder den
andern vor Gericht, und zwar vor Ungläubige. 7 Ist es nicht Mt 5,39f;
überhaupt schon ein Versagen, daß ihr miteinander Pro- 1 Thess 5,15;
zesse führt? Warum leidet ihr nicht lieber Unrecht? 1 Petr 3,9
Warum laßt ihr euch nicht lieber ausrauben? 8 Nein, ihr
selber begeht Unrecht und Raub, und zwar an Brüdern.
9 Wißt ihr denn nicht, daß Ungerechte das Reich Gottes 15,50;
nicht erben werden? Täuscht euch nicht! Weder Unzüch- Gal 5,19–21;
tige noch Götzendiener, weder Ehebrecher noch Lustkna- Eph 5,5; Offb 21,8;
ben, noch Knabenschänder, 10 noch Diebe, noch Habgieri- 22,15
ge, keine Trinker, keine Lästerer, keine Räuber werden das
Reich Gottes erben. 11 Und solche gab es unter euch. Aber Röm 6,6–11;
ihr seid reingewaschen, seid geheiligt, seid gerecht gewor- Tit 3,4–7;
den im Namen Jesu Christi, des Herrn, und im Geist unse- 1 Petr 3,21; 1 Joh 2,12;
res Gottes. Hebr 9,14; 10,22

Unzucht und christliche Freiheit: 6,12–20

12 »Alles ist mir erlaubt« – aber nicht alles nützt mir. Al- 10,23
les ist mir erlaubt, aber nichts soll Macht haben über mich.
13 Die Speisen sind für den Bauch da und der Bauch für die Mt 15,17
Speisen; Gott wird beide vernichten. Der Leib ist aber 1 Thess 4,3–5
nicht für die Unzucht da, sondern für den Herrn, und der

6,1 Die Nichtchristen werden hier als »Ungerechte« bezeichnet, die Christen als »Heilige« (vgl. z. B. 1,2).

6,2 Paulus vertritt die Auffassung, daß die Christen als Glieder Christi an dessen richterlicher Tätigkeit beim Endgericht teilhaben werden (vgl. 6,15; 12,27).

6,4 die im Urteil der Gemeinde nichts gelten: die Nichtchristen.

6,11 reingewaschen . . . : Ein Hinweis auf die Taufe (vgl. Eph 5,26; Tit 3,3–7; Hebr 10,22; 1 Petr 1,2; 3,21).

6,12 Alles ist (mir) erlaubt: vermutlich ein Schlagwort, das in der Gemeinde von Korinth zu hören war (vgl. 10,23).

15,20f; Herr für den Leib. 14 Gott hat den Herrn auferweckt; er
Röm 8,11; 2 Kor 4,14 wird durch seine Macht auch uns auferwecken. 15 Wißt ihr
12,12.27; nicht, daß eure Leiber Glieder Christi sind? Darf ich nun
Röm 12,5 die Glieder Christi nehmen und zu Gliedern einer Dirne
machen? Auf keinen Fall! 16 Oder wißt ihr nicht: Wer sich
an eine Dirne bindet, ist ein Leib mit ihr? Denn es heißt:
Gen 2,24 Die *zwei werden ein Fleisch sein.* 17 Wer sich dagegen
2 Kor 3,17 an den Herrn bindet, ist ein Geist mit ihm. 18 Hütet euch
vor der Unzucht! Jede andere Sünde, die der Mensch tut,
bleibt außerhalb des Leibes. Wer aber Unzucht treibt, ver-
3,16 sündigt sich gegen den eigenen Leib. 19 Oder wißt ihr
nicht, daß euer Leib ein Tempel des Heiligen Geistes ist,
Röm 8,11.15 der in euch wohnt und den ihr von Gott habt? Ihr gehört
7,23; nicht euch selbst; 20 denn um einen teuren Preis seid ihr
1 Petr 1,18f erkauft worden. Verherrlicht also Gott in eurem Leib!

DIE STANDESORDNUNG IN DER GEMEINDE: 7,1–40

Die christliche Ehe: 7,1–7

Mt 19,10; 7 Nun zu den Anfragen eures Briefes! »Es ist gut für den
1 Tim 4,3 Mann, keine Frau zu berühren«. 2 Wegen der Gefahr
1 Thess 4,3f der Unzucht soll aber jeder seine Frau haben, und jede soll
Eph 5,21–29 ihren Mann haben. 3 Der Mann soll seine Pflicht gegen-
über der Frau erfüllen und ebenso die Frau gegenüber dem
Mann. 4 Nicht die Frau verfügt über ihren Leib, sondern
der Mann. Ebenso verfügt nicht der Mann über seinen Leib,
sondern die Frau. 5 Entzieht euch einander nicht, außer im
gegenseitigen Einverständnis und nur eine Zeitlang, um
für das Gebet frei zu sein. Dann kommt wieder zusammen,
damit euch der Satan nicht in Versuchung führt, wenn ihr
euch nicht enthalten könnt. 6 Das sage ich als Zugeständ-
Mt 19,12 nis, nicht als Gebot. 7 Ich wünschte, alle Menschen wären
(unverheiratet) wie ich. Doch jeder hat seine Gnadengabe
von Gott, der eine so, der andere so.

Ehe mit Heiden – Ehescheidung: 7,8–16

8 Den Unverheirateten und den Witwen sage ich: Es ist
1 Tim 5,14 gut, wenn sie so bleiben wie ich. 9 Wenn sie aber nicht ent-
haltsam leben können, sollen sie heiraten. Es ist besser zu
heiraten, als sich in Begierde zu verzehren. 10 Den Verhei-

6,20 Sklaven konnten gegen Lösegeld freigekauft werden. Hier wird der Tod Christi als Kaufpreis verstanden, durch den die Christen aus der Knechtschaft der Sünde befreit wurden (vgl. 7,23; Gal 3,13; 1 Petr 1,18f).

7,1 Es handelt sich hier wohl um ein Zitat aus dem Brief der Korinther an Paulus.

rateten gebiete nicht ich, sondern der Herr: Die Frau soll Mt 5,32;
sich vom Mann nicht trennen 11 – wenn sie sich aber 19,4–6
trennt, so bleibe sie unverheiratet oder versöhne sich wie-
der mit dem Mann –, und der Mann darf die Frau nicht ver-
stoßen.

12 Den übrigen sage ich, nicht der Herr: Wenn ein Bruder
eine ungläubige Frau hat und sie willigt ein, weiter mit
ihm zusammenzuleben, soll er sie nicht verstoßen.
13 Auch eine Frau soll ihren ungläubigen Mann nicht ver-
stoßen, wenn er einwilligt, weiter mit ihr zusammenzule-
ben. 14 Denn der ungläubige Mann ist durch die Frau gehei-
ligt, und die ungläubige Frau ist durch ihren gläubigen
Mann geheiligt. Sonst wären eure Kinder unrein; sie sind
aber heilig. 15 Wenn aber der Ungläubige sich trennen will,
soll er es tun. Der Bruder oder die Schwester ist in solchen
Fällen nicht wie ein Sklave gebunden; zu einem Leben in
Frieden hat Gott euch berufen. 16 Woher weißt du denn, 1 Petr 3,1f
Frau, ob du den Mann retten kannst? Oder woher weißt du,
Mann, ob du die Frau retten kannst?

Gottes Ruf und der Stand der Berufenen: 7,17–24

17 Im übrigen soll jeder so leben, wie der Herr es ihm zu- 7,20.24
gemessen, wie Gottes Ruf ihn getroffen hat. Das ist meine
Weisung für alle Gemeinden. 18 Wenn einer als Beschnit- Gal 5,1f
tener berufen wurde, soll er beschnitten bleiben. Wenn ei-
ner als Unbeschnittener berufen wurde, soll er sich nicht
beschneiden lassen. 19 Es kommt nicht darauf an, be- Gal 5,6; 6,15;
schnitten oder unbeschnitten zu sein, sondern darauf, die Röm 2,25f
Gebote Gottes zu halten. 20 Jeder soll in dem Stand blei-
ben, in dem ihn der Ruf Gottes getroffen hat. 21 Wenn du
als Sklave berufen wurdest, soll dich das nicht bedrücken;
auch wenn du frei werden kannst, lebe lieber als Sklave Eph 6,5f;
weiter. 22 Denn wer im Herrn als Sklave berufen wurde, ist Phlm 16

7,11 Vgl. Dtn 24,1–4 und die Erklärung dieser Stelle durch Jesus in Mt 19,8f.

7,14 durch ihren gläubigen Mann, wörtlich: durch den Bruder.

7,15f Man kann die Stelle auch so verstehen, daß Paulus es für wünschenswert hält, wenn sich der gläubige Teil jede erdenkliche Mühe gibt, die Ehe mit dem ungläubigen Partner fortzusetzen. In diesem Sinn läßt sich übersetzen: Gott hat euch aber zu einem gemeinsamen Leben gerufen. 16 Vielleicht vermagst du, Frau, deinen Mann zu retten; vielleicht vermagst du, Mann, deine Frau zu retten.

7,21 Der griechische Wortlaut des Verses und der Zusammenhang des Abschnitts empfehlen diese Übersetzung. Es gibt aber auch Gründe für das Verständnis: Ergreif lieber die Gelegenheit (frei zu werden).

Freigelassener des Herrn. Ebenso ist einer, der als Freier be-
6,20 rufen wurde, Sklave Christi. [23] Um einen teuren Preis seid
ihr erkauft worden. Macht euch nicht zu Sklaven von
Menschen! [24] Brüder, jeder soll vor Gott in dem Stand blei-
ben, in dem ihn der Ruf Gottes getroffen hat.

Ehe und Jungfräulichkeit: 7,25–38

Mt 19,12; [25] Was die Frage der Ehelosigkeit angeht, so habe ich
2 Kor 8,10 kein Gebot vom Herrn. Ich gebe euch nur einen Rat als ei-
ner, den der Herr durch sein Erbarmen vertrauenswürdig
V. 29; 10,11 gemacht hat. [26] Ich meine, es ist gut wegen der bevorste-
henden Not, ja, es ist gut für den Menschen, so zu sein.
[27] Bist du an eine Frau gebunden, suche dich nicht zu lö-
sen; bist du ohne Frau, dann suche keine. [28] Heiratest du
aber, so sündigst du nicht; und heiratet eine Jungfrau, sün-
digt auch sie nicht. Freilich werden solche Leute irdischen
Nöten nicht entgehen; ich aber möchte sie euch ersparen.
Röm 13,11; [29] Denn ich sage euch, Brüder: Die Zeit ist kurz. Daher
1 Petr 4,7; soll, wer eine Frau hat, sich in Zukunft so verhalten, als
1 Joh 2,16f habe er keine, [30] wer weint, als weine er nicht, wer sich
freut, als freue er sich nicht, wer kauft, als würde er nicht
Eigentümer, [31] wer sich die Welt zunutze macht, als nutze
er sie nicht; denn die Gestalt dieser Welt vergeht.

[32] Ich wünschte aber, ihr wäret ohne Sorgen. Der Unver-
heiratete sorgt sich um die Sache des Herrn; er will dem
Lk 14,20 Herrn gefallen. [33] Der Verheiratete sorgt sich um die Dinge
der Welt; er will seiner Frau gefallen. [34] So ist er geteilt. Die
unverheiratete Frau aber und die Jungfrau sorgen sich um
die Sache des Herrn, um heilig zu sein an Leib und Geist.
Die Verheiratete sorgt sich um die Dinge der Welt; sie will
ihrem Mann gefallen. [35] Das sage ich zu eurem Nutzen:
nicht um euch eine Fessel anzulegen, vielmehr, damit ihr
in rechter Weise und ungestört immer dem Herrn dienen
könnt.

[36] Wer sich gegenüber seiner Jungfrau ungehörig zu ver-
halten glaubt, wenn sein Verlangen nach ihr zu stark ist,
der soll tun, wozu es ihn drängt, wenn es so sein muß; er
sündigt nicht; sie sollen heiraten. [37] Wer aber in seinem

7,26 Die »bevorstehende Not« ist die dem Ende vorausgehende Notzeit (vgl. Mk 13,14–20).

7,36–38 Diese Übersetzung der Verse 36–38 setzt christliche Verlobte voraus, die angesichts der Erwartung des nahen Weltendes nicht heiraten (vgl. 7,25–35), oder christliche Jungfrauen, die aus Liebe zu Christus auf die Ehe verzichten und zum Schutz gegen Zudringlichkeiten bei einem ebenfalls unverheirateten Christen leben.

Herzen fest bleibt, weil er sich in der Gewalt hat und sei-
nem Trieb nicht ausgeliefert ist, wer also in seinem Herzen
entschlossen ist, seine Jungfrau unberührt zu lassen, der
handelt richtig. 38 Wer seine Jungfrau heiratet, handelt also
richtig; doch wer sie nicht heiratet, handelt besser.

Wiederverheiratung nach dem Tod des Mannes: 7,39–40

39 Eine Frau ist gebunden, solange ihr Mann lebt; wenn Röm 7,2
aber der Mann gestorben ist, ist sie frei zu heiraten, wen sie
will; nur geschehe es im Herrn. 40 Glücklicher aber ist sie
zu preisen, wenn sie nach meinem Rat unverheiratet
bleibt – und ich denke, daß auch ich den Geist Gottes habe.

HEIDNISCHE OPFER, CHRISTLICHE SAKRAMENTE, CHRISTLICHER GOTTESDIENST: 8,1–11,34

Die Freiheit des Christen: 8,1–13

8 Nun zur Frage des Götzenopferfleisches. Gewiß, wir 1–13:
alle haben Erkenntnis. Doch die Erkenntnis macht Röm 14,1–23
aufgeblasen, die Liebe dagegen baut auf. 2 Wenn einer Apg 15,29
meint, er sei zur Erkenntnis gelangt, hat er noch nicht so Gal 6,3
erkannt, wie man erkennen muß. 3 Wer aber Gott liebt, der 13,12;
ist von ihm erkannt. 4 Was nun das Essen von Götzenop- Gal 4,9
ferfleisch angeht, so wissen wir, daß es keine Götzen gibt 10,19f
in der Welt und keinen Gott außer dem einen. 5 Und selbst
wenn es im Himmel oder auf der Erde sogenannte Götter
gibt – und solche Götter und Herren gibt es viele –, 6 so ha- Röm 11,36;
ben doch wir nur einen Gott, den Vater. Von ihm stammt Kol 1,16f
alles, und wir leben auf ihn hin. Und einer ist der Herr: Je-
sus Christus. Durch ihn ist alles, und wir sind durch ihn.
7 Aber nicht alle haben die Erkenntnis. Einige, die von 10,27f
ihren Götzen nicht loskommen, essen das Fleisch noch als
Götzenopferfleisch, und so wird ihr schwaches Gewissen
befleckt. 8 Zwar kann uns keine Speise vor Gottes Gericht
bringen. Wenn wir nicht essen, verlieren wir nichts, und
wenn wir essen, gewinnen wir nichts. 9 Doch gebt acht, Gal 5,13
daß diese eure Freiheit nicht den Schwachen zum Anstoß
wird. 10 Wenn nämlich einer dich, der du Erkenntnis hast,
im Götzentempel beim Mahl sieht, wird dann nicht sein

8,1 macht aufgeblasen: Paulus richtet sich gegen eine selbstherrliche, also falsche »Erkenntnis«. – »Aufbauen« meint hier (wie 10,23; 14,3–5.12.17.26) alles, was das brüderliche Einvernehmen unter den Gliedern der Gemeinde fördert.

Gewissen, da er schwach ist, verleitet, auch Götzenopfer-
fleisch zu essen? 11 Der Schwache geht an deiner »Er-
kenntnis« zugrunde, er, dein Bruder, für den Christus ge-
storben ist. 12 Wenn ihr euch auf diese Weise gegen eure
Brüder versündigt und ihr schwaches Gewissen verletzt,
versündigt ihr euch gegen Christus. 13 Wenn darum eine
Speise meinem Bruder zum Anstoß wird, will ich über-
haupt kein Fleisch mehr essen, um meinem Bruder keinen
Anstoß zu geben.

Das Beispiel des Apostels: 9,1–27

15,8f; 9 Bin ich nicht frei? Bin ich nicht ein Apostel? Habe ich
Gal 5,1.13 nicht Jesus, unseren Herrn, gesehen? Seid ihr nicht
4,15 mein Werk im Herrn? 2 Wenn ich für andere kein Apostel
bin, bin ich es doch für euch. Ihr seid ja im Herrn das Siegel
4,3f meines Apostelamtes. 3 Das aber ist meine Rechtfertigung
V. 14 vor denen, die abfällig über mich urteilen: 4 Haben wir
Mt 8,14 nicht das Recht, zu essen und zu trinken? 5 Haben wir
nicht das Recht, eine gläubige Frau mitzunehmen, wie die
übrigen Apostel und die Brüder des Herrn und wie Kephas?
Apg 13,2 6 Sollen nur ich und Barnabas auf das Recht verzichten,
2 Thess 3,9; nicht zu arbeiten? 7 Wer leistet denn Kriegsdienst und be-
2 Tim 2,4.6 zahlt sich selber den Sold? Wer pflanzt einen Weinberg und
ißt nicht von seinem Ertrag? Oder wer weidet eine Herde
und trinkt nicht von der Milch der Herde? 8 Sage ich das
nur aus menschlicher Einsicht? Sagt das nicht auch das
Dtn 25,4; Gesetz? 9 Im Gesetz des Mose steht doch: *Du sollst dem*
1 Tim 5,18 *Ochsen zum Dreschen keinen Maulkorb anlegen.* Liegt
denn Gott etwas an den Ochsen? 10 Sagt er das nicht offen-
sichtlich unseretwegen? Ja, unseretwegen wurde es ge-
schrieben. Denn der Pflüger wie der Drescher sollen ihre
Arbeit in der Erwartung tun, ihren Teil zu erhalten.
Röm 15,27 11 Wenn wir für euch die Geistesgaben gesät haben, ist es
dann zuviel, wenn wir von euch irdische Gaben ernten?
2 Kor 11,7–9; 12 Wenn andere an dem, was euch gehört, teilhaben dürfen,
Apg 20,33f dann erst recht wir. Aber wir haben von diesem Recht kei-

---

9,1 Paulus weiß sich durch die Erscheinung des Auferstandenen vor Damaskus zum Apostel berufen und bevollmächtigt (vgl. Apg 9,3–6; 1 Kor 15,8–10; Gal 1,15f).

9,5 Wörtlich: Haben wir nicht das Recht, eine Schwester als Frau mitzunehmen (vgl. auch die Anmerkung zu Mt 12,46f).

9,12 Paulus verzichtet aus freien Stücken auf das Recht, das ihm als Apostel zusteht. Das wird ihm in Korinth als Zeichen mangelnder apostolischer Vollmacht ausgelegt (vgl. 2 Kor 11,7–12).

nen Gebrauch gemacht. Vielmehr ertragen wir alles, um Num 18,8.21;
dem Evangelium Christi kein Hindernis in den Weg zu le- Dtn 18,1–3
gen. 13 Wißt ihr nicht, daß alle, die im Heiligtum Dienst
tun, vom Heiligtum leben, und daß alle, die am Altar
Dienst tun, vom Altar ihren Anteil erhalten? 14 So hat Mt 10,10;
auch der Herr denen, die das Evangelium verkündigen, ge- Gal 6,6
boten, vom Evangelium zu leben. 15 Ich aber habe all das
nicht in Anspruch genommen. Ich schreibe dies auch
nicht, damit es in meinem Fall so geschieht. Lieber wollte
ich sterben, als daß mir jemand diesen Ruhm entreißt.
16 Wenn ich nämlich das Evangelium verkünde, kann ich
mich deswegen nicht rühmen; denn ein Zwang liegt auf
mir. Weh mir, wenn ich das Evangelium nicht verkünde!
17 Wäre es mein freier Entschluß, so erhielte ich Lohn.
Wenn es mir aber nicht freisteht, so ist es ein Auftrag, der
mir anvertraut wurde. 18 Was ist nun mein Lohn? Daß ich
das Evangelium unentgeltlich verkünde und so auf mein
Recht verzichte.

19 Da ich also von niemand abhängig war, habe ich mich 10,33;
für alle zum Sklaven gemacht, um möglichst viele zu ge- Mt 20,26f
winnen. 20 Den Juden bin ich ein Jude geworden, um Juden Apg 16,3;
zu gewinnen; denen, die unter dem Gesetz stehen, bin ich, 21,20–26;
obgleich ich nicht unter dem Gesetz stehe, einer unter Gal 4,12
dem Gesetz geworden, um die zu gewinnen, die unter dem
Gesetz stehen. 21 Den Gesetzlosen war ich sozusagen ein Gal 6,2
Gesetzloser – nicht als ein Gesetzloser vor Gott, sondern
gebunden an das Gesetz Christi –, um die Gesetzlosen zu
gewinnen. 22 Den Schwachen wurde ich ein Schwacher, Röm 15,1;
um die Schwachen zu gewinnen. Allen bin ich alles ge- 2 Kor 11,29
worden, um auf jeden Fall einige zu retten. 23 Alles aber tue
ich um des Evangeliums willen, um an seiner Verheißung
teilzuhaben.

24 Wißt ihr nicht, daß die Läufer im Stadion zwar alle
laufen, aber daß nur einer den Siegespreis gewinnt? Lauft
so, daß ihr ihn gewinnt. 25 Jeder Wettkämpfer lebt aber völ- Phil 3,14;
lig enthaltsam; jene tun dies, um einen vergänglichen, wir 2 Tim 2,4f; 4,7f;
aber, um einen unvergänglichen Siegeskranz zu gewinnen. 1 Petr 5,4
26 Darum laufe ich nicht wie einer, der ziellos läuft, und
kämpfe mit der Faust nicht wie einer, der in die Luft
schlägt; 27 vielmehr züchtige und unterwerfe ich meinen Röm 13,14
Leib, damit ich nicht anderen predige und selbst verworfen
werde.

9,23 an seiner Verheißung, wörtlich: an ihm (nämlich: dem Evangelium) teilzuhaben, d. h. an dem vom Evangelium zugesagten Heil.

Israels Geschichte als Warnung: 10,1–13

Ex 13,21; 14,22; Ps 78, 13f; Röm 1,13 **10** Ihr sollt wissen, Brüder, daß unsere Väter alle un-
ter der Wolke waren, alle durch das Meer zogen
2 und alle auf Mose getauft wurden in der Wolke und im
Ex 16,4.35; Ps 78,24f Meer. 3 Alle aßen auch die gleiche gottgeschenkte Speise,
4 und alle tranken den gleichen gottgeschenkten Trank;
Ex 17,6; Num 20,7–11; Ps 78,15f denn sie tranken aus dem lebensspendenden Felsen, der
mit ihnen zog. Und dieser Fels war Christus. 5 Gott aber
Num 14,16 hatte an den meisten von ihnen kein Gefallen; denn er ließ
sie in der Wüste umkommen. 6 Das aber geschah als war-
Num 11,4.34 nendes Beispiel für uns: damit wir uns nicht von der Gier
nach dem Bösen beherrschen lassen, wie jene sich von der
Gier beherrschen ließen. 7 Werdet nicht Götzendiener wie
Ex 32,6 einige von ihnen; denn es steht in der Schrift: *Das Volk
setzte sich zum Essen und Trinken; dann standen sie auf,
Num 25,1.9 um sich zu vergnügen.* 8 Laßt uns nicht Unzucht treiben,
wie einige von ihnen Unzucht trieben. Damals kamen an
einem einzigen Tag dreiundzwanzigtausend Menschen
Num 21,5f um. 9 Wir wollen auch nicht den Herrn auf die Probe stel-
len, wie es einige von ihnen taten, die dann von Schlangen
Ex 16,2f; Num 14,2.36f; 17,6–14 getötet wurden. 10 Murrt auch nicht, wie einige von ihnen
murrten; sie wurden vom Verderber umgebracht. 11 Das
aber geschah an ihnen, damit es uns als Beispiel dient; uns
7,29; Röm 15,4; 1 Petr 4,7 zur Warnung wurde es aufgeschrieben, uns, die das Ende
der Zeiten erreicht hat. 12 Wer also zu stehen meint, der
Röm 11,20 gebe acht, daß er nicht fällt. 13 Noch ist keine Versuchung
1,8f; 2 Thess 3,3; Jak 1,13f über euch gekommen, die den Menschen überfordert. Gott
ist treu; er wird nicht zulassen, daß ihr über eure Kraft hin-
aus versucht werdet. Er wird euch in der Versuchung einen
Ausweg schaffen, so daß ihr sie bestehen könnt.

Über Götzendienst und Götzenopfermahl: 10,14–11,1

1 Joh 5,21 14 Darum, liebe Brüder, meidet den Götzendienst! 15 Ich
rede doch zu verständigen Menschen; urteilt selbst über
11,24f das, was ich sage. 16 Ist der Kelch des Segens, über den wir
den Segen sprechen, nicht Teilhabe am Blut Christi? Ist
das Brot, das wir brechen, nicht Teilhabe am Leib Christi?
Apg 2,42 17 *Ein* Brot ist es. Darum sind wir viele *ein* Leib; denn

---

10,2 »auf Mose getauft werden« ist hier in Entsprechung zum Getauftwerden »auf Christus« formuliert; es gibt keine derartige jüdische Praxis.

10,3f Paulus geht hier von der Vorstellung aus, daß Christus, der ewige Gottessohn, dem Volk Israel auf seiner Wüstenwanderung als Führer vorauszog und es durch seine göttliche Wundermacht am Leben erhielt. Weil dieses Leben auch mit der Wasserspende aus dem Felsen verbunden war, nennt er Christus den lebenspendenden (»pneumatischen«) Felsen.

wir alle haben teil an dem einen Brot. 18 Schaut auf das ir- 12,27;
dische Israel: Haben die, welche von den Opfern essen, Röm 12,5
nicht teil am Altar? 19 Was meine ich damit? Ist denn Göt- Lev 7,6.15f;
zenopferfleisch wirklich etwas? Oder ist ein Götze wirk- Dtn 18,1–4
lich etwas? 20 Nein, aber was man dort opfert, *opfert man* 8,4 Ps 106,37
nicht Gott, sondern *den Dämonen.* Ich will jedoch nicht,
daß ihr euch mit Dämonen einlaßt. 21 Ihr könnt nicht den 2 Kor 6,15f
Kelch des Herrn trinken und den Kelch der Dämonen. Ihr
könnt nicht Gäste sein am *Tisch des Herrn* und am Tisch Mal 1,7.12
der Dämonen. 22 Oder wollen wir *die Eifersucht des Herrn* Dtn 32,21
wecken? Sind wir stärker als er?

23 »Alles ist erlaubt« – aber nicht alles nützt. »Alles ist 6,12
erlaubt« – aber nicht alles baut auf. 24 Denkt dabei nicht an Röm 15,2;
euch selbst, sondern an die anderen. 25 Alles, was auf dem Phil 2,4
Fleischmarkt verkauft wird, das eßt, ohne aus Gewissen- Röm 14,2–10
haftigkeit nachzuforschen. 26 Denn *dem Herrn gehört die* Ps 24,1
Erde und was sie erfüllt. 27 Wenn ein Ungläubiger euch
einlädt und ihr hingehen möchtet, dann eßt, was euch vor-
gesetzt wird, ohne aus Gewissensgründen nachzufor-
schen. 28 Wenn euch aber jemand darauf hinweist: Das ist 8,7
Opferfleisch!, dann eßt nicht davon, mit Rücksicht auf
den, der euch aufmerksam macht, und auf das Gewissen;
29 ich meine das Gewissen des anderen, nicht das eigene;
denn (an sich gilt): Warum soll meine Freiheit vom Gewis-
sensurteil eines anderen abhängig sein? 30 Wenn ich in Röm 14,6;
Dankbarkeit mitesse, soll ich dann getadelt werden, daß 1 Tim 4,3f
ich etwas esse, wofür ich Dank sage? 31 Ob ihr also eßt oder Kol 3,17
trinkt oder etwas anderes tut: tut alles zur Verherrlichung
Gottes! 32 Gebt weder Juden noch Griechen, noch der Kir- Röm 14,13
che Gottes Anlaß zu einem Vorwurf! 33 Auch ich suche al-
len in allem entgegenzukommen; ich suche nicht meinen
Nutzen, sondern den Nutzen aller, damit sie gerettet wer-
den. 1 Nehmt mich zum Vorbild, wie ich Christus zum 4,16;
Vorbild nehme. Phil 3,17; 4,9

Über das Verhalten der Frau im Gottesdienst: 11,2–16

11 2 Ich lobe euch, daß ihr in allem an mich denkt und 2 Thess 2,15
an den Überlieferungen festhaltet, wie ich sie euch
übergeben habe. 3 Ihr sollt aber wissen, daß Christus das 3,23;
Haupt des Mannes ist, der Mann das Haupt der Frau und Gen 3,16;
Gott das Haupt Christi. 4 Wenn ein Mann betet oder pro- Eph 5,23
phetisch redet und dabei sein Haupt bedeckt hat, entehrt er
sein Haupt. 5 Eine Frau aber entehrt ihr Haupt, wenn sie
betet oder prophetisch redet und dabei ihr Haupt nicht

10,23 Vgl. die Anmerkung zu 6,12.

verhüllt. Sie unterscheidet sich dann in keiner Weise von
einer Geschorenen. 6 Wenn eine Frau kein Kopftuch trägt,
soll sie sich doch gleich die Haare abschneiden lassen. Ist
es aber für eine Frau eine Schande, sich die Haare ab-
schneiden oder sich kahlscheren zu lassen, dann soll sie
sich auch verhüllen. 7 Der Mann darf sein Haupt nicht
Gen 1,27 verhüllen, weil er Abbild und Abglanz Gottes ist; die Frau
Gen 2,22f; aber ist der Abglanz des Mannes. 8 Denn der Mann stammt
1 Tim 2,13 nicht von der Frau, sondern die Frau vom Mann. 9 Der
Gen 2,18 Mann wurde auch nicht für die Frau geschaffen, sondern
Gen 6,2 die Frau für den Mann. 10 Deswegen soll die Frau mit
Rücksicht auf die Engel das Zeichen ihrer Vollmacht auf
dem Kopf tragen. 11 Doch im Herrn gibt es weder die Frau
ohne den Mann noch den Mann ohne die Frau. 12 Denn wie
die Frau vom Mann stammt, so kommt der Mann durch die
Frau zur Welt; alles aber stammt von Gott.

13 Urteilt selber! Gehört es sich, daß eine Frau unver-
hüllt zu Gott betet? 14 Lehrt euch nicht schon die Natur,
daß es für den Mann eine Schande, 15 für die Frau aber eine
Ehre ist, lange Haare zu tragen? Denn der Frau ist das Haar
als Hülle gegeben. 16 Wenn aber einer meint, er müsse dar-
über streiten: Wir und auch die Gemeinden Gottes kennen
einen solchen Brauch nicht.

Die rechte Feier des Herrenmahls: 11,17–34

17 Wenn ich schon Anweisungen gebe: Das kann ich
nicht loben, daß ihr nicht mehr zu eurem Nutzen, sondern
1,10–12; 3,3f zu eurem Schaden zusammenkommt. 18 Zunächst höre
ich, daß es Spaltungen unter euch gibt, wenn ihr als Ge-
meinde zusammenkommt; zum Teil glaube ich das auch.
19 Denn es muß Parteiungen geben unter euch; nur so wird
sichtbar, wer unter euch treu und zuverlässig ist. 20 Was
ihr bei euren Zusammenkünften tut, ist keine Feier des
Herrenmahls mehr; 21 denn jeder verzehrt sogleich seine
eigenen Speisen, und dann hungert der eine, während der
andere schon betrunken ist. 22 Könnt ihr denn nicht zu
Hause essen und trinken? Oder verachtet ihr die Kirche

11,10 Es galt damals unter Juden wie Judenchristen als unanständig, wenn eine Frau ihr Haar offen trug. Deswegen war es Vorschrift für sie, ein Kopftuch zu tragen, wenn sie ausging. Durch die judenchristlichen Missionare der Frühzeit fand dieser Brauch auch Eingang in die heidenchristlichen Gemeinden, wenigstens für den Gottesdienst. Paulus bestand auf dieser Verhüllung um so mehr, als er der Frau hier das geisterfüllte laute Beten und prophetische Reden gestattete (vgl. 11,5). So wurde das Kopftuch auch ein Zeichen ihrer Vollmacht, vor der Gemeinde charismatisch aufzutreten.

Gottes? Wollt ihr jene demütigen, die nichts haben? Was Jak 2,5f
soll ich dazu sagen? Soll ich euch etwa loben? In diesem
Fall kann ich euch nicht loben.
23 Denn ich habe vom Herrn empfangen, was ich euch 15,3;
dann überliefert habe: Jesus, der Herr, nahm in der Nacht, Mt 26,26–28;
in der er ausgeliefert wurde, Brot, 24 sprach das Dankgebet, Mk 14,22–24; Lk 22,19f
brach das Brot und sagte: Das ist mein Leib für euch. Tut
dies zu meinem Gedächtnis! 25 Ebenso nahm er nach dem
Mahl den Kelch und sprach: Dieser Kelch ist der *Neue* Jer 31,31;
Bund in meinem Blut. Tut dies, sooft ihr daraus trinkt, zu Lk 22,20
meinem Gedächtnis!
26 Denn sooft ihr von diesem Brot eßt und aus dem Kelch Mt 26,29;
trinkt, verkündet ihr den Tod des Herrn, bis er kommt. Mk 14,25; Lk 22,16–18
27 Wer also unwürdig von dem Brot ißt und aus dem Kelch
des Herrn trinkt, macht sich schuldig am Leib und am Blut
des Herrn. 28 Jeder soll sich selbst prüfen; erst dann soll er
von dem Brot essen und aus dem Kelch trinken. 29 Denn
wer davon ißt und trinkt, ohne zu bedenken, daß es der
Leib des Herrn ist, der zieht sich das Gericht zu, indem er
ißt und trinkt. 30 Deswegen sind unter euch viele schwach
und krank, und nicht wenige sind schon entschlafen.
31 Gingen wir mit uns selbst ins Gericht, dann würden wir Hebr 12,5f
nicht gerichtet. 32 Doch wenn wir jetzt vom Herrn gerich-
tet werden, dann ist es eine Zurechtweisung, damit wir
nicht zusammen mit der Welt verdammt werden. 33 Wenn
ihr also zum Mahl zusammenkommt, meine Brüder, war-
tet aufeinander! 34 Wer Hunger hat, soll zu Hause essen;
sonst wird euch die Zusammenkunft zum Gericht. Wei-
tere Anordnungen werde ich treffen, wenn ich komme. 16,5

DIE GEISTESGABEN UND DAS LEBEN DER CHRISTEN: 12,1–14,40

Der eine Geist und die vielen Gaben: 12,1–11

12 Auch über die Gaben des Geistes möchte ich euch
nicht in Unkenntnis lassen, meine Brüder. 2 Als 14,1
ihr noch Heiden wart, zog es euch, wie ihr wißt, mit unwi- Gal 4,8
derstehlicher Gewalt zu den stummen Götzen. 3 Darum
erkläre ich euch: Keiner, der aus dem Geist Gottes redet, 1 Joh 4,2f
sagt: Jesus sei verflucht! Und keiner kann sagen: Jesus ist Röm 10,9
der Herr!, wenn er nicht aus dem Heiligen Geist redet.

11,24 Manche Textzeugen haben, dem späteren liturgischen Gebrauch entsprechend, eine erweiterte Fassung: Das ist mein Leib, der für euch hingegeben wird (oder: gebrochen wird).

11,27 Paulus meint das in Vers 21 und 22 erwähnte lieblose Verhalten der Korinther.

Röm 12,6; 4 Es gibt verschiedene Gnadengaben, aber nur den einen
Eph 4,4 Geist. 5 Es gibt verschiedene Dienste, aber nur den einen
8,6 Herrn. 6 Es gibt verschiedene Kräfte, die wirken, aber nur
Eph 4,6 den einen Gott: Er bewirkt alles in allen. 7 Jedem aber wird
14,26 die Offenbarung des Geistes geschenkt, damit sie anderen
nützt. 8 Dem einen wird vom Geist die Gabe geschenkt,
Weisheit mitzuteilen, dem andern durch den gleichen
Geist die Gabe, Erkenntnis zu vermitteln, 9 dem dritten im
gleichen Geist Glaubenskraft, einem andern – immer in
dem einen Geist – die Gabe, Krankheiten zu heilen, 10 ei-
nem andern Wunderkräfte, einem andern prophetisches
Reden, einem andern die Fähigkeit, die Geister zu unter-
scheiden, wieder einem andern verschiedene Arten von
Zungenrede, einem andern schließlich die Gabe, sie zu
7,7; Röm 12,3; deuten. 11 Das alles bewirkt ein und derselbe Geist; einem
Eph 4,7–12; jeden teilt er seine besondere Gabe zu, wie er will.
1 Petr 4,10

Der eine Leib und die vielen Glieder: 12,12–31a

10,17; 12 Denn wie der Leib eine Einheit ist, doch viele Glieder
Röm 12,4f hat, alle Glieder des Leibes aber, obgleich es viele sind, ei-
nen einzigen Leib bilden: so ist es auch mit Christus.
Gal 3,28 13 Durch den einen Geist wurden wir in der Taufe alle in
einen einzigen Leib aufgenommen, Juden und Griechen,
Sklaven und Freie; und alle wurden wir mit dem einen
Geist getränkt. 14 Auch der Leib besteht nicht nur aus
e i n e m Glied, sondern aus vielen Gliedern. 15 Wenn der
Fuß sagt: Ich bin keine Hand, ich gehöre nicht zum Leib!,
so gehört er doch zum Leib. 16 Und wenn das Ohr sagt: Ich
bin kein Auge, ich gehöre nicht zum Leib!, so gehört es
doch zum Leib. 17 Wenn der ganze Leib nur Auge wäre, wo
bliebe dann das Gehör? Wenn er nur Gehör wäre, wo bliebe
dann der Geruchssinn? 18 Nun aber hat Gott jedes einzelne
Glied so in den Leib eingefügt, wie es seiner Absicht ent-
sprach. 19 Wären alle zusammen nur e i n Glied, wo
bliebe dann der Leib? 20 So aber gibt es viele Glieder und
doch nur e i n e n Leib. 21 Das Auge kann nicht zur Hand
sagen: Ich bin nicht auf dich angewiesen. Der Kopf kann

12,10 Das »prophetische Reden« meint ein Reden aufgrund göttlicher Eingebung, das in verständlicher Form die christliche Botschaft auf die Nöte und Aufgaben der Gemeinde anwendet. – Zur »Unterscheidung der Geister« vgl. 2,10–15; 14,29.32; 1 Thess 5,21. – Beim »Zungenreden« handelt es sich um ein meist unverständliches Stammeln zum Lob Gottes, bei dem der Mensch vom Geist Gottes ergriffen ist. Für die Deutung des Zungenredens war eine eigene »Gnadengabe« (griechisch: Charisma) erforderlich (vgl. Apg 2,4; 10,46; 19,6).

nicht zu den Füßen sagen: Ich brauche euch nicht. 22 Im
Gegenteil, gerade die schwächer scheinenden Glieder des
Leibes sind unentbehrlich. 23 Denen, die wir für weniger
edel ansehen, erweisen wir um so mehr Ehre, und unseren
weniger anständigen Gliedern begegnen wir mit mehr An-
stand, 24 während die anständigen das nicht nötig haben.
Gott aber hat den Leib so zusammengefügt, daß er dem ge-
ringsten Glied mehr Ehre zukommen ließ, 25 damit im
Leib kein Zwiespalt entstehe, sondern alle Glieder ein-
trächtig füreinander sorgen. 26 Wenn darum e i n Glied Röm 12,15
leidet, leiden alle Glieder mit; wenn ein Glied geehrt wird,
freuen sich alle anderen mit ihm. 27 Ihr aber seid der Leib Röm 12,5;
Christi, und jeder einzelne ist ein Glied an ihm. Eph 5,30

28 So hat Gott in der Kirche die einen als Apostel einge- 12,8–10;
setzt, die andern als Propheten, die dritten als Lehrer; fer- Eph 4,11f
ner verlieh er die Kraft, Wunder zu tun, sodann die Gaben,
Krankheiten zu heilen, zu helfen, zu leiten, endlich die
verschiedenen Arten von Zungenrede. 29 Sind etwa alle
Apostel, alle Propheten, alle Lehrer? Haben alle die Kraft,
Wunder zu tun? 30 Besitzen alle die Gabe, Krankheiten zu
heilen? Reden alle in Zungen? Können alle solches Reden
auslegen? 31a Strebt aber nach den höheren Gnadengaben! 14,1

Die höheren Gnadengaben – das Hohelied der Liebe: 12,31b–13,13

31b Ich zeige euch jetzt noch einen anderen Weg, einen,
der alles übersteigt:

13 Wenn ich in den Sprachen der Menschen und 14,6–8
Engel redete,
hätte aber die Liebe nicht,
wäre ich dröhnendes Erz oder eine lärmende Pauke.
2 Und wenn ich prophetisch reden könnte 14,3.5;
und alle Geheimnisse wüßte Mt 7,22
und alle Erkenntnis hätte;
wenn ich alle Glaubenskraft besäße Mt 17,20;
und Berge damit versetzen könnte, 21,22;
hätte aber die Liebe nicht, Mk 11,23
wäre ich nichts.
3 Und wenn ich meine ganze Habe verschenkte, Mt 19,21
und wenn ich meinen Leib dem Feuer übergäbe,
hätte aber die Liebe nicht, nützte es mir nichts.
4 Die Liebe ist langmütig, Röm 13,8–10
die Liebe ist gütig.
Sie ereifert sich nicht,
sie prahlt nicht,
sie bläht sich nicht auf.

5 Sie handelt nicht ungehörig,
sucht nicht ihren Vorteil,
läßt sich nicht zum Zorn reizen,
trägt das Böse nicht nach.
Röm 12,9 6 Sie freut sich nicht über das Unrecht,
sondern freut sich an der Wahrheit.
Spr 10,12 7 Sie erträgt alles,
glaubt alles,
hofft alles,
hält allem stand.
8 Die Liebe hört niemals auf.
Prophetisches Reden hat ein Ende,
Zungenrede verstummt,
Erkenntnis vergeht.
9 Denn Stückwerk ist unser Erkennen,
Stückwerk unser prophetisches Reden;
10 wenn aber das Vollendete kommt,
vergeht alles Stückwerk.
11 Als ich ein Kind war,
redete ich wie ein Kind,
dachte wie ein Kind
und urteilte wie ein Kind.
Als ich ein Mann wurde,
legte ich ab, was Kind an mir war.
12 Jetzt schauen wir in einen Spiegel
und sehen nur rätselhafte Umrisse,
dann aber schauen wir von Angesicht zu Angesicht.
Jetzt erkenne ich unvollkommen,
dann aber werde ich durch und durch erkennen,
so wie ich auch durch und durch erkannt worden bin.
Hebr 10,22–24; Kol 3,14 13 Für jetzt bleiben Glaube, Hoffnung, Liebe, diese drei;
doch am größten unter ihnen ist die Liebe.

Über die Charismen der Prophetie und der Zungenrede: 14,1–25

12,10 14 Jagt der Liebe nach! Strebt aber auch nach den Geistesgaben, vor allem nach der prophetischen Rede!
2 Denn wer in Zungen redet, redet nicht zu Menschen,
sondern zu Gott; keiner versteht ihn: Im Geist redet er ge-
heimnisvolle Dinge. 3 Wer aber prophetisch redet, redet zu
Menschen: Er baut auf, ermutigt, spendet Trost. 4 Wer in
Zungen redet, erbaut sich selbst; wer aber prophetisch re-
Num 11,29 det, baut die Gemeinde auf. 5 Ich wünschte, ihr alle würdet

14,3 Vgl. die Anmerkung zu 8,1.
14,4 Vgl. die Anmerkung zu 12,10.

in Zungen reden, weit mehr aber, ihr würdet prophetisch
reden. Der Prophet steht höher als der, der in Zungen redet,
es sei denn, dieser legt sein Reden aus; dann baut auch er
die Gemeinde auf.

6 Was nützt es euch, Brüder, wenn ich komme und in
Zungen vor euch rede, euch aber keine Offenbarung, keine
Erkenntnis, keine Weissagung, keine Lehre bringe?
7 Wenn leblose Musikinstrumente, eine Flöte oder eine
Harfe, nicht deutlich unterschiedene Töne hervorbringen,
wie soll man dann erkennen, was auf der Flöte oder auf der
Harfe gespielt wird? 8 Und wenn die Trompete unklare
Töne hervorbringt, wer wird dann zu den Waffen greifen?
9 So ist es auch mit euch, wenn ihr in Zungen redet, aber
kein verständliches Wort hervorbringt. Wer soll dann das
Gesprochene verstehen? Ihr redet nur in den Wind.

10 Es gibt wer weiß wie viele Sprachen in der Welt, und
nichts ist ohne Sprache. 11 Wenn ich nun den Sinn der
Laute nicht kenne, bin ich für den Sprecher ein Fremder,
wie der Sprecher für mich. 12 So ist es auch mit euch. Da ihr
nach Geistesgaben strebt, gebt euch Mühe, daß ihr damit
vor allem zum Aufbau der Gemeinde beitragt. 13 Deswe-
gen soll einer, der in Zungen redet, darum beten, daß er es
auch auslegen kann. 14 Denn wenn ich nur in Zungen bete,
betet zwar mein Geist, aber mein Verstand bleibt un-
fruchtbar. 15 Was folgt daraus? Ich will nicht nur im Geist
beten, sondern auch mit dem Verstand. Ich will nicht nur
im Geist Gott preisen, sondern auch mit dem Verstand.
16 Wenn du nur im Geist den Lobpreis sprichst und ein 2 Kor 1,20;
Unkundiger anwesend ist, so kann er zu deinem Dankge- 1 Chr 16,36;
bet das Amen nicht sagen; denn er versteht nicht, was du Neh 8,6
sagst. 17 Dein Dankgebet mag noch so gut sein, der andere
hat keinen Nutzen davon. 18 Ich danke Gott, daß ich mehr
als ihr alle in Zungen rede. 19 Doch vor der Gemeinde will
ich lieber fünf Worte mit Verstand reden, um auch andere
zu unterweisen, als zehntausend Worte in Zungen stam-
meln.

20 Seid doch nicht Kinder an Einsicht, Brüder! Seid Un- Röm 16,19;
mündige an Bosheit, an Einsicht aber seid reife Menschen! Eph 4,14
21 Im Gesetz steht: *Durch Leute, die anders und in ande-* Jes 28,11f
ren Sprachen reden, werde ich zu diesem Volk sprechen;
aber auch so *werden sie nicht* auf mich *hören,* spricht der
Herr. 22 So ist Zungenreden ein Zeichen nicht für die
Gläubigen, sondern für die Ungläubigen, prophetisches
Reden aber ein Zeichen nicht für die Ungläubigen, sondern
für die Glaubenden. 23 Wenn also die ganze Gemeinde sich Apg 2,12f
versammelt und alle in Zungen reden, und es kommen

Unkundige oder Ungläubige hinzu, werden sie dann nicht
sagen: Ihr seid verrückt! 24 Wenn aber alle prophetisch re-
den und ein Ungläubiger oder Unkundiger kommt herein,
dann wird ihm von allen ins Gewissen geredet, und er fühlt
sich von allen ins Verhör genommen; 25 was in seinem
Jes 45,14; Herzen verborgen ist, wird aufgedeckt. Und so *wird er sich*
Sach 8,23 *niederwerfen,* Gott *anbeten* und ausrufen: *Wahrhaftig,*
Gott ist bei euch!

Die rechte Einheit und Ordnung im Gottesdienst: 14,26–40

12,8–10; 26 Was soll also geschehen, Brüder? Wenn ihr zusam-
Eph 4,12 menkommt, trägt jeder etwas bei: einer einen Psalm, ein
anderer eine Lehre, der dritte eine Offenbarung; einer redet
in Zungen, und ein anderer deutet es. Alles geschehe so,
daß es aufbaut. 27 Wenn man in Zungen reden will, so sol-
len es nur zwei tun, höchstens drei, und zwar einer nach
dem andern; dann soll einer es auslegen. 28 Wenn aber
niemand es auslegen kann, soll auch keiner vor der Ge-
meinde so reden. Er soll es für sich selber tun und vor Gott.
1 Thess 5,19–21 29 Auch zwei oder drei Propheten sollen zu Wort kommen;
die anderen sollen urteilen. 30 Wenn aber noch einem an-
dern Anwesenden eine Offenbarung zuteil wird, soll der
erste schweigen; 31 einer nach dem andern könnt ihr alle
prophetisch reden. So lernen alle etwas, und alle werden
ermutigt. 32 Die Äußerung prophetischer Eingebungen ist
Röm 15,33 nämlich dem Willen der Propheten unterworfen. 33 Denn
Gott ist nicht ein Gott der Unordnung, sondern ein Gott
des Friedens.

Wie es in allen Gemeinden der Heiligen üblich ist, 34 sol-
11,16; len die Frauen in der Versammlung schweigen; es ist ihnen
Gen 3,16; nicht gestattet zu reden. Sie sollen sich unterordnen, wie
1 Tim 2,11f auch das Gesetz es fordert. 35 Wenn sie etwas wissen wol-
Eph 5,22 len, dann sollen sie zu Hause ihre Männer fragen; denn es
gehört sich nicht für eine Frau, vor der Gemeinde zu reden.
36 Ist etwa das Gotteswort von euch ausgegangen? Ist es
etwa nur zu euch gekommen?

37 Wenn einer meint, Prophet zu sein oder geisterfüllt,
soll er in dem, was ich euch schreibe, ein Gebot des Herrn
erkennen. 38 Wer das nicht anerkennt, wird nicht aner-
14,1.5 kannt. 39 Strebt also nach der Prophetengabe, meine Brü-

---

14,32 Wörtlich: Die Geister der Propheten sind den Propheten unterworfen.

14,34 Diese Anordnung steht in Spannung zu dem in 11,5 Gesagten; jedoch in Einklang mit 1 Tim 2,11f (auch Verse 13–15). Vgl. auch die Anmerkung zu 11,10.

der, und hindert niemand daran, in Zungen zu reden.
40 Doch alles soll in Anstand und Ordnung geschehen. Kol 2,5

DIE AUFERWECKUNG CHRISTI UND DER CHRISTEN: 15,1–58

Die Auferweckung Christi und das Heil: 15,1–34

15 Ich erinnere euch, Brüder, an das Evangelium, das Gal 1,11
ich euch verkündet habe. Ihr habt es angenom-
men; es ist der Grund, auf dem ihr steht. 2 Durch dieses
Evangelium werdet ihr gerettet, wenn ihr an dem Wortlaut
festhaltet, den ich euch verkündet habe. Oder habt ihr den
Glauben vielleicht unüberlegt angenommen?
3 Denn vor allem habe ich euch überliefert, was auch ich
empfangen habe:
Christus ist für unsere Sünden gestorben, 11,23
gemäß der Schrift, Jes 53,4f; Röm 4,25;
4 und ist begraben worden. 1 Petr 2,24
Er ist am dritten Tag auferweckt worden, Hos 6,2
gemäß der Schrift,
5 und erschien dem Kephas, dann den Zwölf. Lk 24,34.36
6 Danach erschien er mehr als fünfhundert Brüdern zu-
gleich; die meisten von ihnen sind noch am Leben, einige
sind entschlafen. 7 Danach erschien er dem Jakobus, dann
allen Aposteln. 8 Als letztem von allen erschien er auch 9,1; Apg 9,3–5
mir, dem Unerwarteten, der »Mißgeburt«. 9 Denn ich bin Apg 8,1–3;
der geringste von den Aposteln; ich bin nicht wert, Apostel 9,1–3; Gal 1,13;
genannt zu werden, weil ich die Kirche Gottes verfolgt 1 Tim 1,15;
habe. 10 Doch durch Gottes Gnade bin ich, was ich bin, und Eph 3,8
sein gnädiges Handeln an mir ist nicht ohne Wirkung ge- 3,10;
blieben. Mehr als sie alle habe ich mich abgemüht – nicht 2 Kor 11,23; 1 Tim 1,14
ich, sondern die Gnade Gottes zusammen mit mir. 11 Ob 3,5
nun ich verkündige oder die anderen: das ist unsere Bot-
schaft, und das ist der Glaube, den ihr angenommen habt. 2 Tim 2,18
12 Wenn aber verkündigt wird, daß Christus von den To-

15,1–5 Paulus weist hier auf die urchristliche Glaubensformel hin, die er selbst übernommen hat und die in knapper Form all das enthält, was er in seinen Briefen »das Evangelium« nennt, die Botschaft vom Heil. Diese Glaubensformel gilt es auch dem Wortlaut nach festzuhalten, damit das Glaubensgut unverfälscht bewahrt wird (vgl. 15,3.11).

15,12–14 Anstelle der in den Versen 12–14 dreimal begegnenden Übersetzung: »ist (nicht) auferweckt worden« kann auch übersetzt werden: »ist (nicht) auferstanden«. Die erste Fassung ist deswegen vorzuziehen, weil in Kap. 15 mehrmals das Handeln Gottes an dem toten Jesus wie auch an den verstorbenen Gläubigen hervorgehoben wird (vgl. 15,15.51f).

ten auferweckt worden ist, wie können dann einige von
euch sagen: Eine Auferstehung der Toten gibt es nicht?
[13] Wenn es keine Auferstehung der Toten gibt, ist auch
Christus nicht auferweckt worden. [14] Ist aber Christus
nicht auferweckt worden, dann ist unsere Verkündigung
leer und euer Glaube sinnlos. [15] Wir werden dann auch als
falsche Zeugen Gottes entlarvt, weil wir im Widerspruch
zu Gott das Zeugnis abgelegt haben: Er hat Christus auf-
erweckt. Er hat ihn eben nicht auferweckt, wenn Tote
nicht auferweckt werden. [16] Denn wenn Tote nicht aufer-
weckt werden, ist auch Christus nicht auferweckt worden.
[17] Wenn aber Christus nicht auferweckt worden ist, dann
ist euer Glaube nutzlos, und ihr seid immer noch in euren
1 Thess 4,14 Sünden; [18] und auch die in Christus Entschlafenen sind
dann verloren. [19] Wenn wir unsere Hoffnung nur in diesem
Leben auf Christus gesetzt haben, sind wir erbärmlicher
daran als alle anderen Menschen.

Apg 26,23; [20] Nun aber i s t Christus von den Toten auferweckt
Kol 1,18 worden als der Erste der Entschlafenen. [21] Da nämlich
Gen 3,17–19; durch e i n e n Menschen der Tod gekommen ist, kommt
Röm 5,12.18 durch e i n e n Menschen auch die Auferstehung der To-
ten. [22] Denn wie in Adam alle sterben, so werden in Chri-
stus alle lebendig gemacht werden.

1 Thess 4,15f [23] Es gibt aber eine bestimmte Reihenfolge: Erster ist
Christus; dann folgen, wenn Christus kommt, alle, die zu
ihm gehören. [24] Danach kommt das Ende, wenn er jede
Macht, Gewalt und Kraft vernichtet hat und seine Herr-
schaft Gott, dem Vater, übergibt. [25] Denn er muß herr-
Ps 110,1 schen, bis Gott *ihm* alle *Feinde unter die Füße gelegt hat.*
Offb 20,14; 21,4 [26] Der letzte Feind, der entmachtet wird, ist der Tod.
Ps 8,7; [27] Sonst hätte er *ihm* nicht *alles zu Füßen gelegt.* Wenn es
Hebr 2,8 aber heißt, alles sei unterworfen, ist offenbar der ausge-
nommen, der ihm alles unterwirft. [28] Wenn ihm dann alles
8,6; unterworfen ist, wird auch er, der Sohn, sich dem unter-
Röm 11,36 werfen, der ihm alles unterworfen hat, damit Gott herrscht
über alles und in allem.

[29] Wie kämen sonst einige dazu, sich für die Toten tau-
fen zu lassen? Wenn Tote gar nicht auferweckt werden,
Röm 8,36 warum läßt man sich dann taufen für sie? [30] Warum setzen
2 Kor 4,10f dann auch wir uns stündlich der Gefahr aus? [31] Täglich
sehe ich dem Tod ins Auge, so wahr ihr, Brüder, mein
Ruhm seid, den ich in Christus Jesus, unserem Herrn,

15,28 Wörtlich: damit Gott alles in allem sei.

15,29 Anspielung auf die in Korinth gelegentlich vollzogene stellvertretende Taufe zugunsten ungetauft Verstorbener.

empfangen habe. [32] Was habe ich dann davon, daß ich in
Ephesus, wie man so sagt, mit wilden Tieren gekämpft
habe? Wenn Tote nicht auferweckt werden, dann *laßt uns* Jes 22,13;
essen und trinken; denn morgen sind wir tot. [33] Laßt euch Apg 19,29f; 20,3;
nicht irreführen! Schlechter Umgang verdirbt gute Sitten. 2 Kor 1,8
[34] Werdet nüchtern, wie es sich gehört, und sündigt nicht! 6,5;
Einige Leute wissen nichts von Gott; ich sage das, damit 1 Thess 5,6–8
ihr euch schämt.

Die Vollendung des Heils bei der Auferstehung: 15,35–58

[35] Nun könnte einer fragen: Wie werden die Toten auf-
erweckt, was für einen Leib werden sie haben? [36] Was für
eine törichte Frage! Auch das, was du säst, wird nicht le-
bendig, wenn es nicht stirbt. [37] Und was du säst, hat noch
nicht die Gestalt, die entstehen wird; es ist nur ein nacktes
Samenkorn, zum Beispiel ein Weizenkorn oder ein ande- Joh 12,24
res. [38] Gott gibt ihm die Gestalt, die er vorgesehen hat, je- Gen 1,11
dem Samen eine andere. [39] Auch die Lebewesen haben
nicht alle die gleiche Gestalt. Die Gestalt der Menschen ist
anders als die der Haustiere, die Gestalt der Vögel anders
als die der Fische. [40] Auch gibt es Himmelskörper und irdi-
sche Körper. Die Schönheit der Himmelskörper ist anders
als die der irdischen Körper. [41] Der Glanz der Sonne ist an-
ders als der Glanz des Mondes, anders als der Glanz der
Sterne; denn auch die Gestirne unterscheiden sich durch
ihren Glanz.

[42] So ist es auch mit der Auferstehung der Toten. Was ge-
sät wird, ist verweslich, was auferweckt wird, unverwes-
lich. [43] Was gesät wird, ist armselig, was auferweckt wird, Phil 3,20f;
herrlich. Was gesät wird, ist schwach, was auferweckt Kol 3,4
wird, ist stark. [44] Gesät wird ein irdischer Leib, auferweckt
ein überirdischer Leib. Wenn es einen irdischen Leib gibt,
gibt es auch einen überirdischen. [45] So steht es auch in der
Schrift: Adam, der Erste *Mensch, wurde ein* irdisches *Le-* Gen 2,7
bewesen. Der Letzte Adam wurde lebendigmachender
Geist. [46] Aber zuerst kommt nicht das Überirdische; zu-
erst kommt das Irdische, dann das Überirdische. [47] Der Er-
ste *Mensch* stammt *von der Erde* und ist *Erde;* der Zweite Gen 2,7

15,33 Schlechter Umgang . . . : Geflügeltes Wort, das auf den griechischen Dichter Menander (4. Jh. v. Chr.) zurückgeht.

15,44 ein überirdischer Leib, wörtlich: ein pneumatischer (»geistlicher«) Leib.

15,45 Wörtlich: Adam, der Erste Mensch, wurde ein lebendiges Wesen (vgl. Gen 2,7; 3,19).

Mensch stammt vom Himmel. 48 Wie der von der Erde ir-
disch war, so sind es auch seine Nachfahren. Und wie der
vom Himmel himmlisch ist, so sind es auch seine Nach-
Gen 5,3; fahren. 49 Wie wir nach dem Bild des Irdischen gestaltet
Röm 8,29 wurden, so werden wir auch nach dem Bild des Himmli-
Joh 3,5f schen gestaltet werden. 50 Damit will ich sagen, Brüder:
Fleisch und Blut können das Reich Gottes nicht erben; das
Vergängliche erbt nicht das Unvergängliche.

1 Thess 4,15–17 51 Seht, ich enthülle euch ein Geheimnis: Wir werden
nicht alle entschlafen, aber wir werden alle verwandelt
Mt 24,31 werden – 52 plötzlich, in einem Augenblick, beim letzten
Posaunenschall. Die Posaune wird erschallen, die Toten
werden zur Unvergänglichkeit auferweckt, wir aber wer-
2 Kor 5,4 den verwandelt werden. 53 Denn dieses Vergängliche muß
sich mit Unvergänglichkeit bekleiden und dieses Sterbli-
che mit Unsterblichkeit. 54 Wenn sich aber dieses Ver-
gängliche mit Unvergänglichkeit bekleidet und dieses
Sterbliche mit Unsterblichkeit, dann erfüllt sich das Wort
der Schrift:

Jes 25,8 *Verschlungen ist der Tod vom Sieg.*
Hos 13,14 G 55 *Tod, wo ist dein Sieg?*
Tod, wo ist dein Stachel?

Röm 5,12f; 56 Der Stachel des Todes aber ist die Sünde, die Kraft der
7,7–9.13 Sünde ist das Gesetz. 57 Gott aber sei Dank, der uns den
Röm 7,25 Sieg geschenkt hat durch Jesus Christus, unseren Herrn.
16,13 58 Daher, geliebte Brüder, seid standhaft und unerschütter-
lich, nehmt immer eifriger am Werk des Herrn teil, und
denkt daran, daß im Herrn eure Mühe nicht vergeblich ist.

DER SCHLUSS DES BRIEFES: 16,1–24

Die Sammlung für Jerusalem: 16,1–4

Apg 11,29; **16** Was die Geldsammlung für die Heiligen angeht,
Röm 15,26; sollt auch ihr euch an das halten, was ich für die
2 Kor 8,4;
9,1; Gal 2,10 Gemeinden Galatiens angeordnet habe. 2 Jeder soll immer
Apg 20,7; am ersten Tag der Woche etwas zurücklegen und so zu-
Offb 1,10 sammensparen, was er kann. Dann sind keine Sammlun-
2 Kor 8,16–19 gen mehr nötig, wenn ich komme. 3 Nach meiner Ankunft

---

15,48 Wörtlich: Wie der Irdische, so auch die Irdischen, und wie der Himmlische, so auch die Himmlischen.

15,51 Die Erwartung, bei der Wiederkunft Christi noch am Leben zu sein, drückt Paulus auch 1 Thess 4,15.17 aus. Ohne einen Umwandlungsprozeß ist aber Unsterblichkeit nicht zu erlangen.

16,1 Von der Kollekte für die Gemeinde von Jerusalem ist auch die Rede in Röm 15,25–28; 2 Kor 8–9; Gal 2,10; vgl. Apg 11,27–30.

werde ich eure Vertrauensleute mit Briefen nach Jerusa-
lem schicken, damit sie eure Liebesgabe überbringen. 4 Ist
es der Mühe wert, daß ich selbst hinreise, dann sollen sie
mit mir reisen.

Die Pläne des Apostels: 16,5–12

5 Ich werde zu euch kommen, wenn ich durch Mazedo- Apg 19,21; 20,2f;
nien gereist bin. In Mazedonien will ich nämlich nicht 2 Kor 1,16
bleiben, 6 aber, wenn es möglich ist, bei euch, vielleicht
sogar den ganzen Winter. Wenn ich dann weiterreise,
könnt ihr mir das Geleit geben. 7 Ich möchte euch diesmal
nicht nur auf der Durchreise sehen; ich hoffe, einige Zeit
bei euch bleiben zu können, wenn der Herr es zuläßt.
8 In Ephesus will ich bis Pfingsten bleiben. 9 Denn weit Apg 19,1.10
und wirksam ist mir hier eine Tür geöffnet worden; doch Apg 14,27
auch an Gegnern fehlt es nicht.
10 Wenn Timotheus kommt, achtet darauf, daß ihr ihn 4,17;
nicht entmutigt; denn er arbeitet im Dienst des Herrn wie Phil 2,19f
ich. 11 Keiner soll ihn geringschätzen. Verabschiedet ihn 1 Tim 4,12
dann in Frieden, damit er zu mir zurückkehrt; ich warte
auf ihn mit den Brüdern.
12 Was den Bruder Apollos angeht, so habe ich ihn drin- 3,5f
gend gebeten, er möge mit den Brüdern zu euch reisen, aber
er wollte auf keinen Fall jetzt gehen. Er wird kommen,
wenn er eine günstige Gelegenheit findet.

Letzte Mahnungen und Grüße: 16,13–24

13 Seid wachsam, steht fest im Glauben, *seid mutig, seid* 15,58; Eph 6,10;
stark! 14 Alles, was ihr tut, geschehe in Liebe. Ps 31,25 G; Jos 1,7
15 Ich habe noch eine Bitte, Brüder. Ihr kennt das Haus *14:* Kol 3,14
des Stephanas: Sie sind die erste Frucht Achaias und haben 1,16; Röm 16,5
sich in den Dienst der Heiligen gestellt. 16 Ordnet euch ih-
nen unter, ebenso ihren Helfern und Mitarbeitern! 17 Es
freut mich, daß Stephanas, Fortunatus und Achaikus zu
mir gekommen sind; sie sind mir ein Ersatz für euch, da ihr
nicht hier sein könnt. 18 Sie haben mich und euch erfreut
und aufgerichtet. Verweigert solchen Männern eure Aner- 1 Thess 5,12f
kennung nicht!
19 Es grüßen euch die Gemeinden in der Provinz Asien. Offb 1,4.11
Aquila und Priska und ihre Hausgemeinde senden euch Apg 18,2
viele Grüße im Herrn. 20 Es grüßen euch alle Brüder. Grüßt Röm 16,16
einander mit dem heiligen Kuß!

16,17 Die Genannten sind vermutlich die Überbringer des in 7,1 erwähnten Briefs der Gemeinde von Korinth an Paulus; vgl. die Einleitung zum 1. Korintherbrief.

16,19 Zu Aquila und Priska vgl. Apg 18,2 und Röm 16,3f.

2 Thess 3,17; Kol 4,18 — 21 Den Gruß schreibe ich, Paulus, eigenhändig.
22 Wer den Herrn nicht liebt, sei verflucht!
Gal 1,8f — Marána tha – Unser Herr, komm!
Röm 16,24 — 23 Die Gnade Jesu, des Herrn, sei mit euch!
24 Meine Liebe ist mit euch allen in Christus Jesus.

16,22 Gebetsruf aus dem Gottesdienst der Urgemeinde, die auf die Wiederkunft Christi wartet (vgl. Offb 22,20).

Der zweite Brief an die Korinther

Seit der Abfassung des 1. Korintherbriefs nahm das Verhältnis des Apostels Paulus zur korinthischen Gemeinde einen wechselvollen Verlauf. Gegner drangen in die Gemeinde ein, die die Autorität des Apostels untergruben. Dieser sah sich veranlaßt, von Ephesus aus einen Besuch in Korinth zu machen (2,5; 7,12). Bei dieser Gelegenheit kam es zu einem schweren Zwischenfall, der für Paulus eine Demütigung bedeutete. Bei seiner Abreise stellte er einen baldigen Besuch in Aussicht (1,15f), schrieb aber dann statt dessen von Ephesus aus in »großer Bedrängnis und Herzensnot« einen Brief (2,4). Titus überbrachte diesen der Gemeinde; währenddessen wartete Paulus mit Spannung das Ergebnis der Mission seines Schülers ab und reiste ihm schließlich über Troas nach Mazedonien entgegen (2,13). Dort erhielt er von Titus gute Nachricht aus Korinth (7,6–16), die die Wiederversöhnung mit der Gemeinde einleitete.

Der 2. Korintherbrief ist von dieser wechselvollen Geschichte bestimmt. Im wesentlichen geht es um drei Themen: Zuerst spricht Paulus von seinem Apostelamt, indem er die Gemeinde als sein apostolisches Werk darstellt (Kap. 1–7); zweitens ruft er die Gemeinde auf, sich an der Kollekte für die Armen in Jerusalem zu beteiligen (Kap. 8–9), und drittens setzt er sich in leidenschaftlicher Form mit seinen Gegnern auseinander, wobei er uns wichtige Einblicke in sein von Mühe und Kampf erfülltes Apostelleben gewährt (Kap. 10–13).

Von den Briefen des Paulus gibt der 2. Korintherbrief die bedeutsamsten Aufschlüsse über sein apostolisches Selbstverständnis. Außerdem enthält er wichtige Aussagen über die Beziehung von Amt und Gemeinde.

ANSCHRIFT UND GRUSS: 1,1–2

1 Kor 1,1f; 16,10; Phil 1,1
1 Paulus, durch Gottes Willen Apostel Christi Jesu, und
der Bruder Timotheus an die Kirche Gottes, die in Ko-
rinth ist, und an alle Heiligen in ganz Achaia. [2] Gnade sei
mit euch und Friede von Gott, unserem Vater, und dem
Herrn Jesus Christus.

VON LEIDEN UND TROST DES APOSTELS: 1,3–11

Eph 1,3; 1 Petr 1,3; Röm 15,5
[3] Gepriesen sei der Gott und Vater Jesu Christi, unseres
Herrn, der Vater des Erbarmens und der Gott allen Trostes.
[4] Er tröstet uns in all unserer Not, damit auch wir die Kraft
7,6 haben, alle zu trösten, die in Not sind, durch den Trost, mit
4,10f; Kol 1,24 dem auch wir von Gott getröstet werden. [5] Wie uns näm-
lich die Leiden Christi überreich zuteil geworden sind, so
wird uns durch Christus auch überreicher Trost zuteil.
4,12.15 [6] Sind wir aber in Not, so ist es zu eurem Trost und Heil,
und werden wir getröstet, so geschieht auch das zu eurem
Trost; er wird wirksam, wenn ihr geduldig die gleichen
Leiden ertragt, die auch wir ertragen. [7] Unsere Hoffnung
für euch ist unerschütterlich; wir sind sicher, daß ihr mit
uns nicht nur an den Leiden teilhabt, sondern auch am
Trost.

Apg 19,23; 1 Kor 15,32
[8] Wir wollen euch die Not nicht verschweigen, Brüder,
die in der Provinz Asien über uns kam und uns über alles
Maß bedrückte; unsere Kraft war erschöpft, so sehr, daß
wir am Leben verzweifelten. [9] Aber wir haben unser
Todesurteil hingenommen, weil wir unser Vertrauen
Röm 4,17 nicht auf uns selbst setzen wollten, sondern auf Gott, der
die Toten auferweckt. [10] Er hat uns aus dieser großen To-
desnot errettet und rettet uns noch; auf ihm ruht unsere
Röm 15,30 Hoffnung, daß er uns auch in Zukunft retten wird. [11] Helft
aber auch ihr, indem ihr für uns betet, damit viele Men-
4,15 schen in unserem Namen Dank sagen für die Gnade, die
uns geschenkt wurde.

1,8 Bezieht sich vermutlich auf eine Gefangenschaft in Ephesus (vgl. 1 Kor 15,32; Apg 19,23–40; 2 Kor 11,23–33).

KLÄRUNG VON MISSVERSTÄNDNISSEN: 1,12–2,11

Die Zuverlässigkeit des Apostels: 1,12–14

12 Denn das ist unser Ruhm – und dafür zeugt auch unser 2,17;
Gewissen –, daß wir in dieser Welt, vor allem euch gegen- Apg 23,1
über, in der Aufrichtigkeit und Lauterkeit, wie Gott sie
schenkt, gehandelt haben, nicht aufgrund menschlicher 1 Kor 2,13
Weisheit, sondern aufgrund göttlicher Gnade. 13 Und
wenn wir euch schreiben, meinen wir nichts anderes, als
was ihr lest und versteht; ich hoffe, ihr werdet noch ganz
verstehen, 14 was wir meinen und was ihr zum Teil schon 3,2f;
verstanden habt, nämlich daß ihr am Tag Jesu, unseres Phil 2,16
Herrn, auf uns stolz sein dürft, so wie wir auf euch.

Die Änderung des Reiseplans: 1,15–2,4

15 In dieser Zuversicht wollte ich zunächst zu euch
kommen, damit ihr ein zweites Mal Gnade erfahren hät- Röm 15,29
tet. 16 Von euch wollte ich dann nach Mazedonien reisen 1 Kor 16,5f
und von Mazedonien zu euch zurückkommen, um von
euch nach Judäa geleitet zu werden. 17 War dieser Ent-
schluß etwa leichtsinnig? Plane ich, wie manche Men- Jak 5,12;
schen planen, so daß mein Ja auch ein Nein sein kann? Mt 5,37
18 Gott ist treu, er bürgt dafür, daß unser Wort euch gegen- 1 Kor 1,9
über nicht Ja und Nein zugleich ist. 19 Denn Gottes Sohn 1 Thess 1,1
Jesus Christus, der euch durch uns verkündigt wurde –
durch mich, Silvanus und Timotheus –, ist nicht als Ja und Apg 18,5
Nein zugleich gekommen; in ihm ist das Ja verwirklicht.
20 Er ist das Ja zu allem, was Gott verheißen hat. Darum ru- Offb 3,14
fen wir durch ihn zu Gottes Lobpreis auch das Amen. 1 Kor 14,16
21 Gott aber, der uns und euch in der Treue zu Christus fe- 1 Joh 2,27
stigt und der uns alle gesalbt hat, 22 er ist es auch, der uns 5,5;
sein Siegel aufgedrückt und als ersten Anteil (am verhei- Eph 1,13f
ßenen Heil) den Geist in unser Herz gegeben hat.
23 Ich rufe aber Gott zum Zeugen an und schwöre bei Röm 1,9
meinem Leben, daß ich nur, um euch zu schonen, nicht 12,20f
mehr nach Korinth gekommen bin. 24 Wir wollen ja nicht 4,5;
Herren über euren Glauben sein, sondern wir sind Helfer 1 Petr 5,3
zu eurer Freude; denn im Glauben seid ihr fest verwurzelt.
2 Ich entschloß mich also, nicht noch einmal zu euch 12,21;
zu kommen und euch zu betrüben. 2 Wenn ich euch 1 Kor 4,21
nämlich betrübe, wer wird mich dann erfreuen? Etwa der,
den ich selbst betrübt habe? 3 Und so schrieb ich, statt sel- 13,10

1,22 Eine Anspielung auf die Taufe; vom Geist als »erstem Anteil« (wörtlich: »Angeld«, erste Rate einer Auszahlung) ist auch in 5,5 und Eph 1,14 die Rede.

ber zu kommen, einen Brief, um nicht von denen betrübt
zu werden, die mich erfreuen sollten; und ich bin sicher,
7,8 daß meine Freude auch die Freude von euch allen ist. 4 Ich
Apg 20,31 schrieb euch aus großer Bedrängnis und Herzensnot, unter
vielen Tränen, nicht um euch zu betrüben, nein, um euch
meine übergroße Liebe spüren zu lassen.

Mahnung zur Milde: 2,5–11

5 Wenn aber einer Betrübnis verursacht hat, hat er nicht
mich betrübt, sondern mehr oder weniger – um nicht zu
7,11f übertreiben – euch alle. 6 Die Strafe, die dem Schuldigen
Kol 3,13 von der Mehrheit auferlegt wurde, soll genügen. 7 Jetzt
sollt ihr lieber verzeihen und trösten, damit der Mann
nicht von allzu großer Traurigkeit überwältigt wird.
8 Darum bitte ich euch, ihm gegenüber Liebe walten zu
lassen. 9 Gerade deswegen habe ich euch ja auch geschrie-
ben, weil ich wissen wollte, ob ihr wirklich in allen Stük-
ken gehorsam seid. 10 Wem ihr aber verzeiht, dem verzeihe
auch ich. Denn auch ich habe, wenn hier etwas zu verzei-
hen war, im Angesicht Christi um euretwillen verziehen,
11 damit wir nicht vom Satan überlistet werden; wir ken-
nen seine Absichten nur zu gut.

HERRLICHKEIT UND NOT DES APOSTELDIENSTES: 2,12–5,10

Das Wirken des Apostels als Siegeszug Christi: 2,12–17

Apg 20,6 12 Als ich dann nach Troas kam, um das Evangelium
1 Kor 16,9 Christi zu verkünden, und mir der Herr eine Tür öffnete,
7,5 13 hatte mein Geist dennoch keine Ruhe, weil ich meinen
Bruder Titus nicht fand. So nahm ich Abschied und reiste
nach Mazedonien.

14 Dank sei Gott, der uns stets im Siegeszug Christi mit-
führt und durch uns den Duft der Erkenntnis Christi an al-
1 Kor 1,18 len Orten verbreitet. 15 Denn wir sind Christi Wohlgeruch
für Gott unter denen, die gerettet werden, wie unter denen,
3,5f die verlorengehen. 16 Den einen sind wir Todesgeruch, der
Tod bringt; den anderen Lebensduft, der Leben verheißt.
4,2 Wer aber ist dazu fähig? 17 Wir sind jedenfalls nicht wie die
Phil 1,15–17 vielen anderen, die mit dem Wort Gottes ein Geschäft ma-
chen. Wir verkünden es aufrichtig und in Christus, von
Gott her und vor Gott.

2,4 Zum sog. »Tränenbrief« vgl. die Einleitung zum 2. Korintherbrief.

2,5 Paulus war offenbar von einem Gemeindemitglied gedemütigt worden.

2,13 Der Gedankengang dieses Verses wird in 7,5 fortgeführt.

Der Apostel und sein Dienst an der Gemeinde: 3,1–3

3 Fangen wir schon wieder an, uns selbst zu empfehlen? 5,12; 10,12
Oder brauchen wir – wie gewisse Leute – Empfeh-
lungsschreiben an euch oder von euch? [2] Unser Empfeh- 1 Kor 9,1f
lungsschreiben seid ihr; es ist eingeschrieben in unser
Herz, und alle Menschen können es lesen und verstehen.
[3] Unverkennbar seid ihr ein Brief Christi, ausgefertigt
durch unseren Dienst, *geschrieben* nicht mit Tinte, son- Ex 24,12; 34,1
dern mit dem Geist des lebendigen Gottes, nicht *auf Ta-* Ez 11,19; 36,26;
feln aus Stein, sondern – wie *auf Tafeln – in Herzen von* Jer 31,33
Fleisch.

Dienst am Buchstaben und Dienst im Geist: 3,4–4,6

[4] Wir haben durch Christus so großes Vertrauen zu Gott.
[5] Doch sind wir dazu nicht von uns aus fähig, als ob wir uns 2,16;
selbst etwas zuschreiben könnten; unsere Befähigung Phil 2,13
stammt vielmehr von Gott. [6] Er hat uns fähig gemacht,
Diener des Neuen Bundes zu sein, nicht des Buchstabens, Röm 7,6;
sondern des Geistes. Denn der Buchstabe tötet, der Geist 1 Kor 11,25
aber macht lebendig. [7] Wenn aber schon der Dienst, der
zum Tod führt und dessen Buchstaben in Stein gemeißelt
waren, so herrlich war, daß die Israeliten das Gesicht des
Mose nicht anschauen konnten, weil es eine Herrlichkeit Ex 34,29f
ausstrahlte, die doch vergänglich war, [8] wie sollte da der
Dienst des Geistes nicht viel herrlicher sein? [9] Wenn
schon der Dienst, der zur Verurteilung führt, herrlich war,
so wird der Dienst, der zur Gerechtigkeit führt, noch viel
herrlicher sein. [10] Eigentlich kann von Herrlichkeit in je- Ex 34,29–35
nem Fall gar nicht die Rede sein, wo das Verherrlichte vor
der größeren Herrlichkeit verblaßt. [11] Wenn nämlich
schon das Vergängliche in Herrlichkeit erschien: die Herr-
lichkeit des Bleibenden wird es überstrahlen.
[12] Weil wir eine solche Hoffnung haben, treten wir mit
großem Freimut auf, [13] nicht wie *Mose, der über sein Ge-* Ex 34,33.35
sicht eine Hülle legte, damit die Israeliten das Verblassen
des Glanzes nicht sahen. [14] Doch ihr Denken wurde ver- Jes 6,10;
härtet. Bis zum heutigen Tag liegt die gleiche Hülle auf Röm 11,25
dem Alten Bund, wenn daraus vorgelesen wird, und es
bleibt verhüllt, daß er in Christus ein Ende nimmt. [15] Bis Röm 10,4
heute liegt die Hülle auf ihrem Herzen, wenn Mose vorge-
lesen wird. [16] Sobald sich aber einer dem Herrn zuwendet, Ex 34,34; Röm 11,23.26

3,7 Als Mose vom Berg Sinai herabstieg, strahlte nach Ex 34,29f sein Gesicht die Herrlichkeit Gottes wider, der mit ihm gesprochen hatte. Dieser vergängliche Glanz wird für Paulus zum Bild der Vergänglichkeit, die den Alten Bund im Vergleich mit dem Neuen kennzeichnet.

Röm 8,2; *wird die Hülle entfernt.* 17 Der Herr aber ist der Geist, und
1 Kor 6,17; wo der Geist des Herrn wirkt, da ist Freiheit. 18 Wir alle
Röm 8,29; spiegeln mit enthülltem Angesicht die *Herrlichkeit des*
1 Kor 13,12 *Herrn* wider und werden so in sein eigenes Bild verwan-
Ex 16,7.10; delt, von Herrlichkeit zu Herrlichkeit, durch den Geist des
24,17 Herrn.

4 Daher erlahmt unser Eifer nicht in dem Dienst, der
2,17; uns durch Gottes Erbarmen übertragen wurde. 2 Wir
1 Thess 2,5 haben uns von aller schimpflichen Arglist losgesagt; wir
handeln nicht hinterhältig und verfälschen das Wort Got-
tes nicht, sondern lehren offen die Wahrheit. So empfehlen
wir uns vor dem Angesicht Gottes jedem menschlichen
1 Kor 1,18 Gewissen. 3 Wenn unser Evangelium dennoch verhüllt ist,
Eph 2,2 ist es nur denen verhüllt, die verlorengehen; 4 denn der
Gott dieser Weltzeit hat das Denken der Ungläubigen ver-
blendet. So strahlt ihnen der Glanz der Heilsbotschaft
Kol 1,15; nicht auf, der Botschaft von der Herrlichkeit Christi, der
Hebr 1,3 Gottes Ebenbild ist. 5 Wir verkündigen nämlich nicht uns
selbst, sondern Jesus Christus als den Herrn, uns aber als
Gen 1,3 eure Knechte um Jesu willen. 6 Denn Gott, der sprach: Aus
3,18; Finsternis soll Licht aufleuchten!, er ist in unseren Herzen
1 Petr 2,9 aufgeleuchtet, damit wir erleuchtet werden zur Erkennt-
nis des göttlichen Glanzes auf dem Antlitz Christi.

Die Leidensgemeinschaft des Apostels mit Christus: 4,7–18

7 Diesen Schatz tragen wir in zerbrechlichen Gefäßen;
so wird deutlich, daß das Übermaß der Kraft von Gott und
1,8f; nicht von uns kommt. 8 Von allen Seiten werden wir in die
1 Kor 4,10–13 Enge getrieben und finden doch noch Raum; wir wissen
weder aus noch ein und verzweifeln dennoch nicht; 9 wir
werden gehetzt und sind doch nicht verlassen; wir werden
Röm 6,8 niedergestreckt und doch nicht vernichtet. 10 Wohin wir
auch kommen, immer tragen wir das Todesleiden Jesu an
unserem Leib, damit auch das Leben Jesu an unserem Leib
Röm 8,36 sichtbar wird. 11 Denn immer werden wir, obgleich wir le-
ben, um Jesu willen dem Tod ausgeliefert, damit auch das
Leben Jesu an unserem sterblichen Fleisch offenbar wird.
12 So erweist an uns der Tod, an euch aber das Leben seine
Macht. 13 Doch haben wir den gleichen Geist des Glau-
Ps 116,10 G bens, von dem es in der Schrift heißt: *Ich habe geglaubt,*
darum habe ich geredet. Auch wir glauben, und darum re-

4,4 der Gott dieser Weltzeit: der Teufel (vgl. 1 Kor 2,6.8; Eph 2,2; Joh 12,31; 14,30; 16,11).

den wir. 14 Denn wir wissen, daß der, welcher Jesus, den Röm 8,11;
Herrn, auferweckt hat, auch uns mit Jesus auferwecken 1 Kor 6,14
und uns zusammen mit euch (vor sein Angesicht) stellen
wird. 15 Alles tun wir euretwegen, damit immer mehr 1,11
Menschen aufgrund der überreich gewordenen Gnade den
Dank vervielfachen, Gott zur Ehre.

16 Darum werden wir nicht müde; wenn auch unser äu-
ßerer Mensch aufgerieben wird, der innere wird Tag für
Tag erneuert. 17 Denn die kleine Last unserer gegenwärti- Röm 8,17f;
gen Not schafft uns in maßlosem Übermaß ein ewiges 1 Petr 1,6f
Gewicht an Herrlichkeit, 18 uns, die wir nicht auf das
Sichtbare starren, sondern nach dem Unsichtbaren aus- Röm 8,24f;
blicken; denn das Sichtbare ist vergänglich, das Unsicht- Hebr 11,1
bare ist ewig.

Die Hoffnung des Apostels: 5,1–10

5 Wir wissen: Wenn unser irdisches Zelt abgebrochen 2 Petr 1,13f
wird, dann haben wir eine Wohnung von Gott, ein
nicht von Menschenhand errichtetes ewiges Haus im
Himmel. 2 Im gegenwärtigen Zustand seufzen wir und
sehnen uns danach, mit dem himmlischen Haus überklei- Röm 8,23
det zu werden. 3 So bekleidet, werden wir nicht nackt er-
scheinen. 4 Solange wir nämlich in diesem Zelt leben, 1 Kor 15,53
seufzen wir unter schwerem Druck, weil wir nicht ent-
kleidet, sondern überkleidet werden möchten, damit so
das Sterbliche vom Leben verschlungen werde. 5 Gott aber, 1,22;
der uns gerade dazu fähig gemacht hat, er hat uns auch als Eph 1,13f
ersten Anteil den Geist gegeben. 6 Wir sind also immer zu- Hebr 13,14
versichtlich, auch wenn wir wissen, daß wir fern vom
Herrn in der Fremde leben, solange wir in diesem Leib zu
Hause sind; 7 denn als Glaubende gehen wir unseren Weg, Röm 8,24;
nicht als Schauende. 8 Weil wir aber zuversichtlich sind, 1 Petr 1,8
ziehen wir es vor, aus dem Leib auszuwandern und daheim Phil 1,23
beim Herrn zu sein. 9 Deswegen suchen wir unsere Ehre
darin, ihm zu gefallen, ob wir daheim oder in der Fremde
sind. 10 Denn wir alle müssen vor dem Richterstuhl Chri- Röm 14,10;
sti offenbar werden, damit jeder seinen Lohn empfängt für 1 Kor 4,5
das Gute oder Böse, das er im irdischen Leben getan hat.

5,1–10 Paulus vergleicht den Leib mit einem Zelt, einer Wohnung, einem Haus oder einem Kleid; er erwartet eine Verwandlung (ein Überkleidet-Werden) des irdischen Leibes in den Auferstehungsleib, den Gott im Himmel bereithält (vgl. 1 Kor 15,44). »Nacktsein« (Vers 3) ist ein Zustand, bei dem der Mensch nach seinem Tod als Seele ohne Leib existiert.

DIE BEWÄHRUNG DES APOSTELS IN SEINEM DIENST: 5,11–6,10

Der Dienst der Versöhnung: 5,11–21

4,2 11 So versuchen wir, erfüllt von Ehrfurcht vor dem
Herrn, Menschen zu gewinnen; Gott aber kennt uns durch
und durch. Ich hoffe, daß auch euer Urteil über mich sich
zur vollen Wahrheit durchgerungen hat. 12 Damit wollen
3,1f; 10,12f wir uns nicht wieder vor euch rühmen, sondern wir geben
euch Gelegenheit, rühmend auf uns hinzuweisen, damit
ihr denen entgegentreten könnt, die sich nur rühmen, um
ihr Gesicht zu wahren, ihr Herz aber nicht zeigen dürfen.
13 Wenn wir nämlich von Sinnen waren, so geschah es für
Gott; wenn wir besonnen sind, geschieht es für euch.
Röm 6,3f; 7,4 14 Denn die Liebe Christi drängt uns, da wir erkannt ha-
Röm 8,31f ben: Einer ist für alle gestorben, also sind alle gestorben.
Röm 14,7f; 15 Er ist aber für alle gestorben, damit die Lebenden nicht
Gal 2,20 mehr für sich leben, sondern für den, der für sie starb und
auferweckt wurde. 16 Also schätzen wir von jetzt an nie-
Röm 1,3; 9,5 mand mehr nur nach menschlichen Maßstäben ein; auch
wenn wir früher Christus nach menschlichen Maßstäben
eingeschätzt haben, jetzt schätzen wir ihn nicht mehr so
Röm 6,4; ein. 17 Wenn also jemand in Christus ist, dann ist er eine
Gal 6,15; neue Schöpfung: Das Alte ist vergangen, Neues ist gewor-
Offb 21,5 den. 18 Aber das alles kommt von Gott, der uns durch Chri-
Röm 5,10 stus mit sich versöhnt und uns den Dienst der Versöhnung
Röm 3,24f; aufgetragen hat. 19 Ja, Gott war es, der in Christus die Welt
Kol 1,19f mit sich versöhnt hat, indem er den Menschen ihre Verfeh-
lungen nicht anrechnete und uns das Wort von der Ver-
söhnung (zur Verkündigung) anvertraute. 20 Wir sind also
Mt 10,40; Gesandte an Christi Statt, und Gott ist es, der durch uns
Lk 10,16 mahnt. Wir bitten an Christi Statt: Laßt euch mit Gott
Röm 8,3f; versöhnen! 21 Er hat den, der keine Sünde kannte, für uns
Gal 3,13; zur Sünde gemacht, damit wir in ihm Gerechtigkeit Got-
1 Petr 2,24 tes würden.

Die Herrlichkeit der apostolischen Leiden: 6,1–10

6 Als Mitarbeiter Gottes ermahnen wir euch, daß ihr
seine Gnade nicht vergebens empfangt. 2 Denn es
heißt:

5,16 Wörtlich: Also kennen wir von jetzt an niemand mehr dem Fleisch nach; auch wenn wir früher Christus dem Fleisch nach gekannt haben , jetzt kennen wir ihn nicht mehr so. Vgl. die Anmerkung zu 10,2.

5,21 Dieser Aussage liegt der Gedanke der Stellvertretung zugrunde.

Zur Zeit der Gnade erhöre ich dich, Jes 49,8
am Tag der Rettung helfe ich dir.
Jetzt ist sie da, *die Zeit der Gnade;* jetzt ist er da, *der Tag*
der Rettung. 3 Niemand geben wir auch nur den geringsten
Anstoß, damit unser Dienst nicht getadelt werden kann.
4 In allem erweisen wir uns als Gottes Diener: durch große *4–10:* 4,8–10;
Standhaftigkeit, in Bedrängnis, in Not, in Angst, 5 unter 11,23–29;
Schlägen, in Gefängnissen, in Zeiten der Unruhe, unter der 1 Kor 4,11–13
Last der Arbeit, in durchwachten Nächten, durch Fasten,
6 durch lautere Gesinnung, durch Erkenntnis, durch Gal 5,22f
Langmut, durch Güte, durch den Heiligen Geist, durch
ungeheuchelte Liebe, 7 durch das Wort der Wahrheit, in Röm 13,12
der Kraft Gottes, mit den Waffen der Gerechtigkeit in der
Rechten und in der Linken, 8 bei Ehrung und Schmähung,
bei übler Nachrede und bei Lob. Wir gelten als Betrüger
und sind doch wahrhaftig; 9 wir werden verkannt und doch
anerkannt; wir sind wie Sterbende, und seht: wir leben; Ps 118,17f
wir werden gezüchtigt und doch nicht getötet; 10 uns wird
Leid zugefügt, und doch sind wir jederzeit fröhlich; wir 8,9;
sind arm und machen doch viele reich; wir haben nichts Phil 4,12f
und haben doch alles.

DIE AUSSÖHNUNG MIT DEN KORINTHERN: 6,11–7,16

Werbung und Mahnung: 6,11–7,4

11 Unser Mund hat sich für euch aufgetan, Korinther,
unser Herz ist weit geworden. 12 In uns ist es nicht zu eng Ps 119,32
für euch; eng ist es in eurem Herzen. 13 Laßt doch als Antwort darauf – ich rede wie zu meinen Kindern – auch euer Herz weit aufgehen!
14 Beugt euch nicht mit Ungläubigen unter das gleiche Dtn 22,10;
Joch! Was haben denn Gerechtigkeit und Gesetzwidrigkeit Eph 5,7.11
miteinander zu tun? Was haben Licht und Finsternis gemeinsam? 15 Was für ein Einklang herrscht zwischen 1 Kor 10,21
Christus und Beliar? Was hat ein Gläubiger mit einem Ungläubigen gemeinsam? 16 Wie verträgt sich der Tempel
Gottes mit Götzenbildern? Wir sind doch der Tempel des lebendigen Gottes; denn Gott hat gesprochen:
Ich will unter ihnen wohnen und mit ihnen gehen. Lev 26,11f

6,14–7,1 Der Abschnitt unterbricht den Zusammenhang und ist eine kleine Mahnrede gegen das in die Gemeinde eindringende Heidentum.

6,15 Beliar ist eine im damaligen Judentum gebräuchliche Bezeichnung für den Teufel.

Jer 31,33; 32,38; Ez 37,27; 1 Kor 3,16 *Ich werde ihr Gott sein,*
und sie werden mein Volk sein.
Jes 52,11; Jer 51,45; Offb 18,4 17 *Zieht darum weg aus ihrer Mitte,*
und sondert euch ab, spricht der Herr,
und faßt nichts Unreines an.
Zef 3,20 G *Dann will ich euch aufnehmen*
2 Sam 7,14; Jer 31,9; Jes 43,6; Am 3,13 G 18 und euer *Vater sein,*
und ihr sollt *meine Söhne und Töchter* sein,
spricht der Herr,
der Herrscher über die ganze Schöpfung.

1 Joh 3,3 7 Das sind die Verheißungen, die wir haben, liebe Brü-
der. Reinigen wir uns also von aller Unreinheit des
Leibes und des Geistes, und streben wir in Gottesfurcht
nach vollkommener Heiligung.
12,17 2 Gebt uns doch Raum in eurem Herzen! Niemand ha-
ben wir geschädigt, niemand zugrunde gerichtet, niemand
6,11f.9 übervorteilt. 3 Ich sage das nicht, um euch zu verurteilen;
denn eben habe ich gesagt, daß ihr in unserem Herzen
wohnt, verbunden mit uns zum Leben und zum Sterben.
4 Ich habe großes Vertrauen zu euch; ich bin sehr stolz auf
euch. Trotz all unserer Not bin ich von Trost erfüllt und
ströme über von Freude.

Die Sendung des Titus: 7,5–16

2,13; 4,8 5 Als wir nach Mazedonien gekommen waren, fanden
wir in unserer Schwachheit keine Ruhe. Überall bedräng-
ten uns Schwierigkeiten: von außen Widerspruch und An-
1,3f feindung, im Innern Angst und Furcht. 6 Aber Gott, der die
Niedergeschlagenen aufrichtet, hat auch uns aufgerichtet,
und zwar durch die Ankunft des Titus – 7 nicht nur durch
1 Thess 3,6f seine Ankunft, sondern auch durch den Trost, den er bei
euch erfahren hatte. Er erzählte uns von eurer Sehnsucht,
eurer Klage, eurem Eifer für mich, so daß ich mich noch
2,4 mehr freute. 8 Daß ich euch aber mit meinem Brief traurig
gemacht habe, tut mir nicht leid. Wenn es mir auch eine
Weile leid tat – ich sehe ja, daß dieser Brief euch, wenn
auch nur für kurze Zeit, traurig gemacht hat –: 9 jetzt freue
ich mich, nicht weil ihr traurig geworden seid, sondern
weil die Traurigkeit euch zur Sinnesänderung geführt hat.
Denn es war eine gottgewollte Traurigkeit; so ist euch
durch uns kein Nachteil erwachsen. 10 Die gottgewollte
Traurigkeit verursacht nämlich Sinnesänderung zum
Heil, die nicht bereut zu werden braucht; die weltliche

7,5 Hier nimmt der Brief den in 2,13 verlassenen Gedankengang wieder auf.

Traurigkeit aber führt zum Tod. 11 Wie groß war doch der 2,6f
Eifer, zu dem euch diese gottgewollte Traurigkeit geführt
hat, wie aufrichtig eure Entschuldigung, euer Unwille,
eure Furcht, eure Sehnsucht, wie wirksam eure Anstren-
gung und am Ende die Bestrafung! In jeder Hinsicht hat
es sich gezeigt, daß ihr in dieser Sache unschuldig seid.
12 Wenn ich euch also geschrieben habe, so tat ich es nicht, 2,9
um den zu treffen, der Unrecht getan hatte, auch nicht, um
dem Recht zu verschaffen, der Unrecht erlitten hatte, son-
dern ich tat es, damit euer Eifer für uns sichtbar werde vor
euch und vor Gott. 13 Deswegen sind wir jetzt getröstet.

Wir wurden aber nicht nur getröstet, sondern darüber
hinaus erfreut durch die Freude des Titus, dessen Geist
neue Kraft gefunden hat durch euch alle. 14 Wenn ich euch
vor ihm gerühmt hatte, so brauchte ich mich jetzt nicht zu
schämen. Im Gegenteil, unser Lob vor Titus erwies sich als
volle Wahrheit, wie auch alles Wahrheit ist, was wir euch
verkündigt haben. 15 Er ist euch von Herzen zugetan, wenn Phil 2,12
er daran denkt, wie ihr euch alle gehorsam gezeigt und ihn
mit Furcht und Zittern aufgenommen habt. 16 Ich freue
mich, daß ich in jeder Hinsicht auf euch vertrauen kann.

AUFRUF ZUR SAMMLUNG FÜR JERUSALEM: 8,1–24

Das Vorbild der Christen Mazedoniens: 8,1–5

8 Brüder, wir wollen euch jetzt von der Gnade erzählen, 9,1f;
die Gott den Gemeinden Mazedoniens erwiesen hat. Röm 15,26
2 Während sie durch große Not geprüft wurden, verwan-
delten sich ihre übergroße Freude und ihre tiefe Armut in
den Reichtum ihres selbstlosen Gebens. 3 Ich bezeuge, daß
sie nach Kräften und sogar über ihre Kräfte spendeten, ganz
von sich aus, 4 indem sie sich geradezu aufdrängten und Apg 11,29
uns um die Gunst baten, zur Hilfeleistung für die Heiligen
beitragen zu dürfen. 5 Und über unsere Erwartung hinaus
haben sie sich eingesetzt, zunächst für den Herrn, aber
auch für uns, wie es Gottes Wille war.

Der Abschluß der Sammlung in Korinth: 8,6–15

6 Daraufhin ermutigten wir Titus, dieses Liebeswerk, 12,18
das er früher bei euch begonnen hatte, nun auch zu vollen-
den. 7 Wie ihr aber an allem reich seid, an Glauben, Rede 1 Kor 1,5
und Erkenntnis, an jedem Eifer und an der Liebe, die wir in
euch begründet haben, so sollt ihr euch auch an diesem 1 Kor 16,1–3
Liebeswerk mit reichlichen Spenden beteiligen. 8 Ich
meine das nicht als strenge Weisung, aber ich gebe euch
Gelegenheit, angesichts des Eifers anderer auch eure Liebe

Phil 2,6f als echt zu erweisen. [9] Denn ihr wißt, was Jesus Christus,
unser Herr, in seiner Liebe getan hat: Er, der reich war,
wurde euretwegen arm, um euch durch seine Armut reich
zu machen. [10] Ich gebe euch nur einen Rat, der euch helfen
9,2 soll; ihr habt ja schon voriges Jahr angefangen, etwas zu
unternehmen, und zwar aus eigenem Entschluß. [11] Jetzt
sollt ihr das Begonnene zu Ende führen, damit das Ergebnis
dem guten Willen entspricht – je nach eurem Besitz.
Spr 3,27f [12] Wenn nämlich der gute Wille da ist, dann ist jeder will-
kommen mit dem, was er hat, und man fragt nicht nach
dem, was er nicht hat. [13] Denn es geht nicht darum, daß ihr
in Not geratet, indem ihr anderen helft; es geht um einen
Ausgleich. [14] Im Augenblick soll euer Überfluß ihrem
Mangel abhelfen, damit auch ihr Überfluß einmal eurem
Mangel abhilft. So soll ein Ausgleich entstehen, [15] wie es
Ex 16,18 in der Schrift heißt: *Wer viel gesammelt hatte, hatte nicht
zu viel, und wer wenig, hatte nicht zu wenig.*

Der Eifer und die Selbstlosigkeit der Mitarbeiter: 8,16–24

[16] Dank sei Gott, der den gleichen Eifer für euch auch Ti-
tus ins Herz gelegt hat. [17] Denn Titus war mit meinem
Vorschlag einverstanden, und sein Eifer war so groß, daß er
12,18 aus eigenem Entschluß gleich zu euch abreiste. [18] Zu-
sammen mit ihm haben wir den Bruder geschickt, der we-
gen seiner Verkündigung des Evangeliums in allen Ge-
meinden Anerkennung findet [19] und außerdem von den
Gemeinden dazu bestimmt wurde, unser Reisegefährte zu
sein, wenn wir diese Liebesgabe zur Ehre des Herrn und als
Zeichen unseres guten Willens überbringen. [20] Denn ange-
sichts der großen Spende, die von uns überbracht werden
soll, möchten wir vermeiden, daß man uns verdächtigt.
Spr 3,4 G [21] Es liegt uns nämlich daran, daß alles *einwandfrei zu-
geht,* nicht nur *vor dem Herrn,* sondern *auch vor den Men-
schen.* [22] Wir haben aber mit den beiden noch einen weite-
ren Bruder geschickt, dessen Eifer wir vielfach und bei vie-
len Gelegenheiten feststellen konnten und der sich in die-
sem Fall noch eifriger zeigt, weil er viel von euch erwartet.
[23] Was nun Titus angeht: Er ist mein Gefährte und mein
Mitarbeiter, der für euch tätig ist; unsere anderen Brüder
aber sind Abgesandte der Gemeinden und ein Abglanz
Christi. [24] Legt also ihnen gegenüber und damit vor den
Gemeinden das Zeugnis eurer Liebe ab, und zeigt, daß wir
7,14f euch zu Recht gerühmt haben.

8,18 Der hier erwähnte Bruder ist uns nicht bekannt. Nach alter Überlieferung soll es Lukas gewesen sein.

8,22 Wer dieser Bruder war, läßt sich nicht bestimmen.

ERNEUTER AUFRUF ZUR SAMMLUNG FÜR JERUSALEM: 9,1–15

Empfehlung der Beauftragten: 9,1–5

9 Eigentlich ist es unnötig, euch über das Hilfswerk für 8,4
die Heiligen zu schreiben. 2 Denn ich kenne euren gu- 8,11
ten Willen und rühme euch vor den Mazedoniern, indem
ich ihnen sage: Achaia ist seit einem Jahr gerüstet. Und
euer Eifer hat viele andere angespornt. 3 Trotzdem habe ich 8,22.24
die Brüder zu euch geschickt; denn unser Lob für euch
könnte in dieser Hinsicht verfrüht gewesen sein. Ihr solltet
also jetzt wirklich, wie ich sagte, gerüstet sein. 4 Wenn
nämlich Mazedonier mit mir kämen und euch noch nicht
gerüstet fänden, dann könnte es geschehen, daß wir uns
wegen dieser unserer Erwartung zu schämen hätten – um
nicht zu sagen, ihr hättet euch zu schämen. 5 Ich hielt es
also für notwendig, die Brüder zu bitten, sie möchten vor-
ausreisen und eure in Aussicht gestellte Spende schon jetzt
einsammeln, damit sie dann verfügbar ist, und zwar als
großzügige Spende, nicht als Gabe des Geizes.

Der Segen des Hilfswerks: 9,6–15

6 Denkt daran: Wer kärglich sät, wird auch kärglich ern- Spr 11,24
ten; wer reichlich sät, wird reichlich ernten. 7 Jeder gebe,
wie er es sich in seinem Herzen vorgenommen hat, nicht
verdrossen und nicht unter Zwang; denn Gott liebt *einen* Spr 22,8 G
fröhlichen Geber. 8 In seiner Macht kann Gott alle Gaben
über euch ausschütten, so daß euch allezeit in allem alles
Nötige ausreichend zur Verfügung steht und ihr noch ge-
nug habt, um allen Gutes zu tun, 9 wie es in der Schrift
heißt:
Reichlich gibt er den Armen; Ps 112,9
seine Gerechtigkeit hat Bestand für immer.
10 Gott, der *Samen gibt für die Aussaat und Brot zur Nah-* Jes 55,10
rung, wird auch euch das Saatgut geben und die Saat aufge-
hen lassen; er wird *die Früchte eurer Gerechtigkeit* wach- Hos 10,12 G
sen lassen. 11 In allem werdet ihr reich genug sein, um 4,15; 8,7
selbstlos schenken zu können; und wenn wir diese Gabe
überbringen, wird sie Dank an Gott hervorrufen. 12 Denn 8,14
euer Dienst und eure Opfergabe füllen nicht nur die leeren
Hände der Heiligen, sondern werden weiterwirken als viel-
fältiger Dank an Gott. 13 Vom Zeugnis eines solchen Dien-
stes bewegt, werden sie Gott dafür preisen, daß ihr euch

9,5 als großzügige Spende, wörtlich: als Segen.

gehorsam zum Evangelium Christi bekannt und daß ihr
ihnen und allen selbstlos geholfen habt. 14 In ihrem Gebet
für euch werden sie sich angesichts der übergroßen Gnade,
die Gott euch geschenkt hat, eng mit euch verbunden füh-
len. 15 Dank sei Gott für sein unfaßbares Geschenk.

ZURÜCKWEISUNG VON ANGRIFFEN GEGEN DEN APOSTEL: 10,1–18

Die Vorwürfe der Gegner: 10,1–11

V. 10; 11,6; 1 Kor 2,3 **10** Ich, Paulus, der ja im persönlichen Umgang mit
euch so unterwürfig, aus der Ferne aber so uner-
schrocken sein soll, ich ermahne euch angesichts der
1 Kor 4,21 Freundlichkeit und Güte Christi 2 und bitte euch: Zwingt
mich nicht, bei meinem Kommen so unerschrocken und
fest aufzutreten, wie ich es gegen gewisse Leute zu tun ge-
1,17 denke, die meinen, wir verhalten uns wie Menschen dieser
Welt. 3 Wir leben zwar in dieser Welt, kämpfen aber nicht
Röm 13,12; Eph 6,11–13 mit den Waffen dieser Welt. 4 Die Waffen, die wir bei unse-
rem Feldzug einsetzen, sind nicht irdisch, aber sie haben
durch Gott die Macht, Festungen zu schleifen; mit ihnen
Jes 2,12–17 reißen wir 5 alle hohen Gedankengebäude nieder, die sich
gegen die Erkenntnis Gottes auftürmen. Wir nehmen alles
Denken gefangen, so daß es Christus gehorcht; 6 wir sind
entschlossen, alle Ungehorsamen zu strafen, sobald ihr
wirklich gehorsam geworden seid.

1 Kor 1,12 7 Schaut auf das, was vor Augen liegt. Wenn jemand
überzeugt ist, Christus zu gehören, dann soll er doch auch
bedenken, daß nicht nur er, sondern auch wir Christus ge-
12,6; 13,10 hören. 8 Und wenn ich etwas mehr auf unsere Vollmacht
poche, werde ich mich nicht zu scheuen brauchen. Der
Herr hat sie mir allerdings verliehen, damit ich bei euch
aufbaue, nicht damit ich niederreiße; 9 ich möchte nicht
den Anschein erwecken, als wollte ich euch durch meine
Briefe einschüchtern.

10,1; 11,6 10 Ja, die Briefe, wird gesagt, die sind wuchtig und voll
Kraft, aber sein persönliches Auftreten ist matt, und seine
13,2 Worte sind armselig. 11 Wer so redet, der soll sich merken:
Wie wir durch das geschriebene Wort aus der Ferne wirken,
so können wir auch in eurer Gegenwart tatkräftig auftre-
ten.

10,2f Wörtlich: die meinen, wir wandeln nach dem Fleisch. Im Fleisch nämlich wandelnd ziehen wir nicht nach dem Fleisch zu Felde. – Der Begriff »Fleisch« kommt im griechischen Text von 10,2–4 wiederholt vor (vgl. die Anmerkung zu Röm 8,1–11).

Die Überzeugung des Apostels: 10,12–18

[12] Wir sind allerdings nicht so vermessen, uns gleichzu- 3,1
stellen oder zu vergleichen mit gewissen Leuten, die sich
selbst anpreisen. In ihrem Unverstand messen sie sich an
sich selbst und vergleichen sich mit sich selbst. [13] Wir da- Röm 12,3
gegen wollen uns nicht maßlos rühmen, sondern jenen
Maßstab anlegen, den uns Gott zugeteilt hat, daß wir näm-
lich bis zu euch gelangt sind. [14] Wir überschreiten also
nicht unser Maß, wie wir es tun würden, wenn wir nicht
bis zu euch gelangt wären; denn wir sind wirklich als erste
mit dem Evangelium Christi bis zu euch gekommen.
[15] Wir rühmen uns also nicht maßlos und mit fremden Lei- Röm 15,20.24
stungen; aber wir haben die Hoffnung, wenn euer Glaube
stärker wird, vor euren Augen über das uns (bisher) ge-
setzte Maß weit hinauszuwachsen [16] und die Heilsbot-
schaft über eure Grenzen hinauszutragen. Nach einem
fremden Maßstab und auf einem Feld, das schon bestellt
ist, wollen wir keinen Ruhm ernten.
[17] *Wer sich* also *rühmen will, der rühme sich* des Herrn. Jer 9,22f; 1 Kor 1,31
[18] Denn nicht, wer sich selbst empfiehlt, ist anerkannt,
sondern der, den der Herr empfiehlt. 1 Kor 4,5

DIE LEISTUNG DES APOSTELS: 11,1–12,13

Die Selbstlosigkeit des Apostels: 11,1–15

11 Laßt euch doch ein wenig Unverstand von mir ge- V. 16–18
fallen! Aber das tut ihr ja. [2] Denn ich liebe euch Eph 5,26f
mit der Eifersucht Gottes; ich habe euch einem einzigen
Mann verlobt, um euch als reine Jungfrau zu Christus zu
führen. [3] Ich fürchte aber, wie die Schlange einst durch ihre Gen 3,4.13
Falschheit Eva täuschte, könntet auch ihr in euren Gedan-
ken von der aufrichtigen und reinen Hingabe an Christus
abkommen. [4] Ihr nehmt es ja offenbar hin, wenn irgendei- Gal 1,6–9
ner daherkommt und einen anderen Jesus verkündigt, als
wir verkündigt haben, wenn ihr einen anderen Geist emp-
fangt, als ihr empfangen habt, oder ein anderes Evange-
lium, als ihr angenommen habt. [5] Ich denke doch, ich V.13; 12,11
stehe den Überaposteln keineswegs nach. [6] Im Reden mag 10,10;
ich ein Stümper sein, aber nicht in der Erkenntnis; wir ha- 1 Kor 2,1f.13
ben sie euch in keiner Weise und in keinem Fall vorenthal-

11,1–12,13 Paulus sieht sich gezwungen, auf seine Leistungen hinzuweisen, um seinen Gegnern entgegenzutreten, die ihn verächtlich zu machen suchen. Da dieses Eigenlob Paulus widerstrebt, greift er zur Ironie und zur Form der sog. »Narrenrede« (vgl. 11,16).

1 Kor 9,12f ten. 7 Oder habe ich einen Fehler gemacht, als ich, um euch
zu erhöhen, mich selbst erniedrigte und euch das Evange-
lium Gottes verkündete, ohne etwas dafür zu nehmen?
Phil 4,10.15 8 Andere Gemeinden habe ich ausgeplündert und Geld von
12,13 ihnen genommen, um euch dienen zu können. 9 Aber als
ich zu euch kam und in Schwierigkeiten geriet, bin ich
niemand zur Last gefallen; was ich zu wenig hatte, ergänz-
ten die Brüder, die aus Mazedonien kamen. Ich habe also
darauf Wert gelegt, euch in keiner Weise zur Last zu fallen,
1 Kor 9,15 und werde auch weiterhin darauf Wert legen. 10 So gewiß
die Wahrheit Christi in mir ist: diesen Ruhm wird mir im
Gebiet von Achaia niemand nehmen. 11 Warum? Liebe ich
euch etwa nicht? Gott weiß es. 12 Was ich aber tue, werde
ich auch in Zukunft tun: Ich werde denen die Gelegenheit
nehmen, die nur die Gelegenheit suchen, sich Achtung zu
2,17; Phil 3,2 verschaffen, um so dazustehen wie wir. 13 Denn diese
Offb 2,2 Leute sind Lügenapostel, unehrliche Arbeiter; sie tarnen
sich freilich als Apostel Christi. 14 Kein Wunder, denn
auch der Satan tarnt sich als Engel des Lichts. 15 Es ist also
nicht erstaunlich, wenn sich auch seine Handlanger als
Phil 3,19; Diener der Gerechtigkeit tarnen. Ihr Ende wird ihren Ta-
2 Tim 4,14 ten entsprechen.

Die »Narrenrede«: 11,16–12,13

Die Leiden und Mühen des Apostels: 11,16–33

11,1; 12,6 16 Noch einmal sage ich: Keiner soll mich für einen Nar-
ren halten. Tut ihr es aber doch, dann laßt mich auch als
Narren gewähren, damit auch ich ein wenig prahlen kann.
17 Was ich hier sage, sage ich nicht im Sinn des Herrn, son-
dern sozusagen als Narr im falschen Stolz des Prahlers.
Phil 3,4 18 Da viele Menschen im Sinn dieser Welt prahlen, will
1 Kor 4,10 auch ich einmal prahlen. 19 Ihr laßt euch die Narren ja gern
gefallen, ihr klugen Leute. 20 Denn ihr nehmt es hin, wenn
euch jemand versklavt, ausbeutet und in seine Gewalt
bringt, wenn jemand anmaßend auftritt und euch ins Ge-
sicht schlägt. 21 Zu meiner Schande muß ich gestehen:
Dazu bin ich allerdings zu schwach gewesen.

Womit aber jemand prahlt – ich rede jetzt als Narr –, da-
Apg 22,3; mit kann auch ich prahlen. 22 Sie sind Hebräer – ich auch.
Röm 11,1; Sie sind Israeliten – ich auch. Sie sind Nachkommen Ab-
Phil 3,5
1 Kor 4,1 rahams – ich auch. 23 Sie sind Diener Christi – jetzt rede
1 Kor 15,10 ich ganz unvernünftig –, ich noch mehr: Ich ertrug mehr
Mühsal, war häufiger im Gefängnis, wurde mehr geschla-

gen, war oft in Todesgefahr. 24 Fünfmal erhielt ich von Ju- Dtn 25,3
den die neununddreißig Hiebe; 25 dreimal wurde ich aus- Apg 16,22;
gepeitscht, einmal gesteinigt, dreimal erlitt ich Schiff- 14,19;
bruch, eine Nacht und einen Tag trieb ich auf hoher See. 27,41–43
26 Ich war oft auf Reisen, gefährdet durch Flüsse, gefährdet
durch Räuber, gefährdet durch das eigene Volk, gefährdet
durch Heiden, gefährdet in der Stadt, gefährdet in der Wü-
ste, gefährdet auf dem Meer, gefährdet durch falsche Brü-
der. 27 Ich erduldete Mühsal und Plage, durchwachte viele 6,4f;
Nächte, ertrug Hunger und Durst, häufiges Fasten, Kälte 1 Kor 4,11;
und Blöße. 28 Um von allem andern zu schweigen, weise 1 Thess 2,9
ich noch auf den täglichen Andrang zu mir und die Sor- Apg 20,31
ge für alle Gemeinden hin. 29 Wer leidet unter seiner 1 Kor 9,22
Schwachheit, ohne daß ich mit ihm leide? Wer kommt zu
Fall, ohne daß ich von Sorge verzehrt werde? 30 Wenn
schon geprahlt sein muß, will ich mit meiner Schwachheit 12,5.9f
prahlen. 31 Gott, der Vater Jesu, des Herrn, er, der gepriesen
ist in Ewigkeit, weiß, daß ich nicht lüge. 32 In Damaskus Apg 9,24f
ließ der Statthalter des Königs Aretas die Stadt der Damas-
zener bewachen, um mich festzunehmen. 33 Aber durch
ein Fenster wurde ich in einem Korb die Stadtmauer hin-
untergelassen, und so entkam ich ihm.

Begnadung und Schwachheit des Apostels: 12,1–13

12 Ich muß mich ja rühmen; zwar nützt es nichts,
trotzdem will ich jetzt von Erscheinungen und Of- Apg 26,16;
fenbarungen sprechen, die mir der Herr geschenkt hat. Gal 2,2
2 Ich kenne jemand, einen Diener Christi, der vor vierzehn
Jahren bis in den dritten Himmel entrückt wurde; ich weiß
allerdings nicht, ob es mit dem Leib oder ohne den Leib ge-
schah, nur Gott weiß es. 3/4 Und ich weiß, daß dieser
Mensch in das Paradies entrückt wurde; ob es mit dem
Leib oder ohne den Leib geschah, weiß ich nicht, nur Gott
weiß es. Er hörte unsagbare Worte, die ein Mensch nicht
aussprechen kann. 5 Diesen Mann will ich rühmen; was 11,30
mich selbst angeht, will ich mich nicht rühmen, höch-
stens meiner Schwachheit. 6 Wenn ich mich dennoch 10,8
rühmen wollte, wäre ich zwar kein Narr, sondern würde
die Wahrheit sagen. Aber ich verzichte darauf; denn jeder

11,24 Nach Dtn 25,3 waren vierzig Schläge das Höchstmaß einer vom Richter verhängten Züchtigung. Um diese Zahl auf keinen Fall zu überschreiten, pflegte man nur neununddreißig Schläge zu geben.

12,2–4 Den bildhaften Ausdruck von der Entrückung »in den dritten Himmel« (Vers 2) oder »ins Paradies« (Vers 4) übernimmt Paulus aus zeitgenössischen Jenseitsvorstellungen.

soll mich nur nach dem beurteilen, was er an mir sieht oder
Num 33,55; aus meinem Mund hört. [7] Damit ich mich wegen der ein-
Ez 28,24 zigartigen Offenbarungen nicht überhebe, wurde mir ein
Stachel ins Fleisch gestoßen: ein Bote Satans, der mich mit
Fäusten schlagen soll, damit ich mich nicht überhebe.
Mt 26,44 [8] Dreimal habe ich den Herrn angefleht, daß dieser Bote
Jes 40,29; Satans von mir ablasse. [9] Er aber antwortete mir: Meine
Phil 4,13 Gnade genügt dir; denn sie erweist ihre Kraft in der
Schwachheit. Viel lieber also will ich mich meiner
Schwachheit rühmen, damit die Kraft Christi auf mich
6,9f herabkommt. [10] Deswegen bejahe ich meine Ohnmacht,
alle Mißhandlungen und Nöte, Verfolgungen und Ängste,
die ich für Christus ertrage; denn wenn ich schwach bin,
dann bin ich stark.

11,1.5.16 [11] Jetzt bin ich wirklich ein Narr geworden; ihr habt
mich dazu gezwungen. Eigentlich sollte ich von euch ge-
rühmt werden; denn in nichts bin ich hinter den Über-
aposteln zurückgeblieben, obgleich ich nichts bin. [12] Das,
Apg 5,12; woran man den Apostel erkennt, wurde mit großer Aus-
Röm 15,19 dauer unter euch vollbracht: Zeichen, Wunder und
11,7–9 machtvolle Taten. [13] Worin seid ihr denn im Vergleich mit
den übrigen Gemeinden zu kurz gekommen? Höchstens
darin, daß gerade ich euch nicht zur Last gefallen bin. Dann
verzeiht mir bitte dieses Unrecht!

ANKÜNDIGUNG EINES NEUEN BESUCHES: 12,14–13,10

Die Sorgen und Ziele des Apostels: 12,14–18

13,1 [14] Schon zum drittenmal will ich jetzt zu euch kommen,
und ich werde euch nicht zur Last fallen; ich suche ja nicht
euer Geld, sondern euch. Denn nicht die Kinder sollen für
die Eltern sparen, sondern die Eltern für die Kinder. [15] Ich
Phil 2,17; aber will sehr gern alles aufwenden und mich für euch auf-
1 Thess 2,8 reiben. Wenn ich euch so sehr liebe, soll ich deswegen we-
niger Liebe empfangen? [16] Nun gut! Eine schwere Last
habe ich euch zwar nicht zugemutet; aber habe ich euch
vielleicht mit Verschlagenheit und List in mein Netz ge-
7,2 lockt? [17] Habe ich euch vielleicht durch einen, den ich zu

---

12,7 Paulus spricht wohl von einer Krankheit, die sein Wirken beeinträchtigte (vgl. Gal 4,13f). Näheres wissen wir darüber nicht.

12,12 Das, woran man den Apostel erkennt, wörtlich: Die Zeichen des Apostels.

euch sandte, übervorteilt? 18 Ja, ich habe Titus gebeten, 8,16–18
euch zu besuchen, und den Bruder mit ihm gesandt. Hat
Titus euch etwa übervorteilt? Haben wir nicht beide im
gleichen Geist gehandelt? Sind wir nicht in den gleichen
Spuren gegangen?

Befürchtungen und Besorgnisse: 12,19–21

19 Gewiß denkt ihr schon lange, daß wir uns vor euch 2,17
nur herausreden wollen. Aber wir reden in Christus, vor
dem Angesicht Gottes. Und alles, liebe Brüder, geschieht,
um eure Gemeinde aufzubauen. 20 Denn ich fürchte, daß 10,2
ich euch bei meinem Kommen nicht so finde, wie ich euch
zu finden wünsche, und daß ihr mich so findet, wie ihr
mich nicht zu finden wünscht. Ich fürchte, daß es zu Streit,
Eifersucht, Zornesausbrüchen, Ehrgeiz, Verleumdungen,
übler Nachrede, Überheblichkeit, allgemeiner Verwirrung
kommt; 21 daß mein Gott, wenn ich wiederkomme, mich 13,2
noch einmal vor euch demütigt; daß ich Grund haben wer-
de, traurig zu sein über viele, die schon früher Sünder wa-
ren und sich trotz ihrer Unreinheit, Unzucht und Aus-
schweifung noch nicht zur Umkehr entschlossen haben.

Seelsorge aus apostolischer Vollmacht: 13,1–10

13 Das ist das dritte Mal, daß ich zu euch komme. 12,14
Durch die Aussage von zwei oder drei Zeugen Dtn 19,15;
wird jede Sache entschieden. 2 Denen, die sich früher ver- Mt 18,16; 1 Tim 5,19
fehlt haben, und allen übrigen sage ich jetzt aus der Ferne
dasselbe, was ich schon bei meinem zweiten Aufenthalt
angekündigt habe: Wenn ich komme, werde ich keine 12,21
Nachsicht mehr üben. 3 Denn ihr verlangt einen Beweis Röm 15,18f
dafür, daß durch mich Christus spricht, der nicht in seiner
Schwachheit, sondern in seiner Kraft unter euch wirkt.
4 Zwar wurde er in seiner Schwachheit gekreuzigt, aber er 1 Kor 1,24f.27
lebt aus Gottes Kraft. Auch wir sind schwach in ihm, aber
wir werden zusammen mit ihm vor euren Augen aus Got-
tes Kraft leben.
5 Fragt euch selbst, ob ihr im Glauben seid, prüft euch 1 Kor 11,28;
selbst! Erfahrt ihr nicht an euch selbst, daß Christus Jesus Röm 8,9f
in euch ist? Sonst hättet ihr ja (als Gläubige) schon versagt.
6 Ich hoffe aber, ihr werdet erkennen, daß wir nicht versagt
haben. 7 Doch flehen wir zu Gott, daß ihr nichts Böses tut,
nicht, damit wir gerechtfertigt erscheinen, sondern nur,
damit ihr das Gute tut, wir aber wie Versager dastehen.

12,18 Zu »Bruder« vgl. die Anmerkung zu 8,18.22.

[8] Denn wir können unsere Kraft nicht gegen die Wahrheit
einsetzen, nur für die Wahrheit. [9] So ist es uns eine Freude,
wenn wir schwach dastehen, ihr aber euch als stark er-
weist. Das ist es, was wir erflehen: eure vollständige Er-
2,3; 10,4.8.11 neuerung. [10] Deswegen schreibe ich das alles aus der Ferne,
um nicht, wenn ich zu euch komme, Strenge gebrauchen
zu müssen kraft der Vollmacht, die der Herr mir zum Auf-
bauen, nicht zum Niederreißen gegeben hat.

SCHLUSSWORT UND SEGENSWUNSCH: 13,11–13

Phil 4,4 [11] Im übrigen, liebe Brüder, freut euch, kehrt zur Ord-
Röm 12,16; nung zurück, laßt euch ermahnen, seid eines Sinnes, und
15,5.33; Phil 2,2 lebt in Frieden! Dann wird der Gott der Liebe und des Frie-
Röm 16,16; dens mit euch sein. [12] Grüßt einander mit dem heiligen
1 Kor 16,20; Kuß! Es grüßen euch alle Heiligen. [13] Die Gnade Jesu Chri-
1 Thess 5,26 Gal 6,18 sti, des Herrn, die Liebe Gottes und die Gemeinschaft des
Joh 14,16f; Röm 8,26f Heiligen Geistes sei mit euch allen!

Der Brief an die Galater

Paulus ist nach Apg 16,6; 18,23 auf seinen Missionsreisen zweimal in das »galatische Land« gekommen, was durch Gal 4,13 bestätigt wird, wo er ausdrücklich auf den ersten Aufenthalt verweist. Die Gründung der Gemeinden in Galatien (zur Bevölkerung und geographischen Lage vgl. Anmerkung zu 1,2) fällt in die Zeit der beginnenden selbständigen Missionsarbeit nach der Trennung von Barnabas, vermutlich in das Jahr 50 n. Chr. (Apg 15,39–18,23).

Einige Jahre später sind die galatischen Gemeinden von Irrlehrern aufgesucht und beeinflußt worden. Paulus befindet sich inzwischen in Ephesus (vgl. Apg 19,1–20,1) und schreibt von dort aus zwischen 53 und 55 n. Chr. seinen Brief. Die Irrlehrer vertreten nach den wenigen Hinweisen, die dem Galaterbrief zu entnehmen sind, eine Lehre, die aus jüdischer, christlicher und heidnischer Tradition zusammengesetzt ist, verstehen sich selbst aber als Judenchristen und verlangen von ehemaligen Heiden, daß sie sich ebenfalls beschneiden lassen und das alttestamentliche Gesetz als zum Heil notwendig anerkennen (vgl. 4,8–10.16–20; 5,1–12; 6,11–16).

Paulus sieht darin eine Verfälschung der christlichen Botschaft, er kann diese Lehre nicht als »Evangelium« anerkennen (1,6–9). Er erinnert an seine eigene Bekehrung und Einsetzung zum Apostel der Heiden, an seine Unabhängigkeit von den Vertretern der judenchristlichen Mission (1,10–24), an die Anerkennung seiner gesetzesfreien Mission unter den Heiden beim Apostelkonzil und an die Auseinandersetzung mit Petrus und Barnabas in Antiochia (2,1–21). Danach legt er dar, wie Verheißung und Gesetz, Glaube und »Werke des Gesetzes« sich zueinander verhalten, und warnt vor einem Abfall vom wahren Glauben (3,1–5,12). Im Schlußteil bringt der Apostel allgemeine Ermahnungen (sog. Paränese), wie wir sie auch aus anderen Paulusbriefen kennen (z. B. Röm Kap. 12 und 13). Doch kommt er in dem eigenhändig geschriebenen Schlußwort wieder auf die besondere Situation in Galatien zurück.

Paulus hat mit seinem Brief offensichtlich Erfolg gehabt, sonst wäre das Schreiben kaum erhalten geblieben. Auch zeigt 1 Kor 16,1, daß er weiterhin mit den galatischen Christen in Verbindung stand. Der Brief gibt Einblick in Gefährdungen der jungen Gemeinden und zeigt, ähnlich dem Römerbrief, was Paulus unter dem Evangelium von Jesus Christus versteht; insbesondere geht er dabei auf das Verhältnis von Rechtfertigung und Glaube ein.

ANSCHRIFT UND GRUSS: 1,1–5

1 Paulus, zum Apostel berufen, nicht von Menschen V.11f; Röm 1,1
oder durch einen Menschen, sondern durch Jesus
Christus und durch Gott, den Vater, der ihn von den Toten
auferweckt hat, 2 und alle Brüder, die bei mir sind, an die 1 Kor 16,1
Gemeinden in Galatien: 3 Gnade sei mit euch und Friede
von Gott, unserem Vater, und dem Herrn Jesus Christus, 2,20; Eph 5,2;
4 der sich für unsere Sünden hingegeben hat, um uns aus 1 Tim 2,6
der gegenwärtigen bösen Welt zu befreien, nach dem Wil- 1 Joh 5,19
len unseres Gottes und Vaters. 5 Ihm sei Ehre in alle Ewig- Röm 16,27;
keit. Amen. 2 Tim 4,18

DER ANLASS DES BRIEFES: 1,6–9

6 Ich bin erstaunt, daß ihr euch so schnell von dem ab-
wendet, der euch durch die Gnade Christi berufen hat, und 5,8
daß ihr euch einem anderen Evangelium zuwendet. 7 Doch 2 Kor 11,4
es gibt kein anderes Evangelium, es gibt nur einige Leute, 5,10;
die euch verwirren und die das Evangelium Christi verfäl- Apg 15,1.24
schen wollen. 8 Wer euch aber ein anderes Evangelium
verkündigt, als wir euch verkündigt haben, der sei ver-
flucht, auch wenn wir selbst es wären oder ein Engel vom 1 Kor 16,22
Himmel. 9 Was ich gesagt habe, das sage ich noch einmal:
Wer euch ein anderes Evangelium verkündigt, als ihr an-
genommen habt, der sei verflucht.

DAS APOSTELAMT DES PAULUS: 1,10–2,10

Die Berufung zum Apostel: 1,10–24

10 Geht es mir denn um die Zustimmung der Menschen, 1 Thess 2,4
oder geht es mir um Gott? Suche ich etwa Menschen zu ge-

1,1 nicht von Menschen oder durch einen Menschen: d. h. weder von einer Gemeinde beauftragt (vgl. »Abgesandte« Phil 2,25; 2 Kor 8,23) noch durch Vermittlung eines Propheten eingesetzt (vgl. 1 Tim 1,18; 4,14).

1,2 Gemeint ist die Landschaft im Innern Kleinasiens, nicht die gleichnamige römische Provinz, die auch noch das Gebiet des südlicher gelegenen Pisidien und Teile von Lykaonien umfaßte (vgl. Apg 13,14–14,25); nur die Bewohner der von Kelten besiedelten Landschaft können mit »Galater« (3,1) angesprochen werden.

1,3f Der Gruß ist erweitert durch einen aus der urchristlichen Überlieferung stammenden Bekenntnissatz.

1,6–9 Anstelle des sonst üblichen Dankgebets beginnt Paulus diesen Brief mit einer Warnung und Drohung.

fallen? Wollte ich noch den Menschen gefallen, dann wäre
ich kein Knecht Christi. 11 Ich erkläre euch, Brüder: Das
V.1 Evangelium, das ich verkündigt habe, stammt nicht von
Menschen; 12 ich habe es ja nicht von einem Menschen
übernommen oder gelernt, sondern durch die Offenbarung
Phil 3,5 Jesu Christi empfangen. 13 Ihr habt doch gehört, wie ich
Apg 8,3; 9,1; 1 Kor 15,9 früher als gesetzestreuer Jude gelebt habe, und wißt, wie
maßlos ich die Kirche Gottes verfolgte und zu vernichten
Apg 26,4f suchte. 14 In der Treue zum jüdischen Gesetz übertraf ich
die meisten Altersgenossen in meinem Volk, und mit dem
größten Eifer setzte ich mich für die Überlieferungen mei-
Jes 49,1 ner Väter ein. 15 Als aber Gott, der mich *schon im Mutter-
leib* auserwählt und durch seine Gnade berufen hat, mir in
Röm 1,5; seiner Güte 16 seinen Sohn offenbarte, damit ich ihn unter
1 Kor 15,10; den Heiden verkündige, da zog ich keinen Menschen zu
Apg 9,3–5 Rate; 17 ich ging auch nicht sogleich nach Jerusalem hinauf
zu denen, die vor mir Apostel waren, sondern zog nach
Arabien und kehrte dann wieder nach Damaskus zurück.
Apg 9,26–28 18 Drei Jahre später ging ich nach Jerusalem hinauf, um
Joh 1,42 Kephas kennenzulernen, und blieb fünfzehn Tage bei ihm.
2,9; Mt 13,55 19 Von den anderen Aposteln habe ich keinen gesehen, nur
Röm 9,1 Jakobus, den Bruder des Herrn. 20 Was ich euch hier
schreibe – Gott weiß, daß ich nicht lüge. 21 Danach ging
ich in das Gebiet von Syrien und Zilizien. 22 Den Gemein-
den Christi in Judäa aber blieb ich persönlich unbekannt,
23 sie hörten nur: Er, der uns einst verfolgte, verkündigt
jetzt den Glauben, den er früher vernichten wollte. 24 Und
sie lobten Gott um meinetwillen.

Das Apostelkonzil in Jerusalem: 2,1–10

Apg 15,2 **2** Vierzehn Jahre später ging ich wieder nach Jerusalem
hinauf, zusammen mit Barnabas; ich nahm auch Ti-

1,12 Dies schließt die Bindung an urchristliche Bekenntnistradition nicht aus (vgl. die Anmerkung zu 1,3f).

1,16 Wörtlich: da zog ich nicht Fleisch und Blut zu Rate.

1,17 Zur Bekehrung bei Damaskus vgl. Apg 9,1–22; 22,3–16; 26,4–18. »Arabien« ist Bezeichnung des damaligen Nabatäerreiches, zu dem zeitweise auch Damaskus gehörte, wo Paulus wohl zuerst missioniert hat.

1,18f Neben Petrus, aramäisch Kepha(s), spielte in nachösterlicher Zeit Jakobus, der »Bruder des Herrn«, eine wichtige Rolle in der Jerusalemer Gemeinde (vgl. 2,9), deren Leitung er später übernahm (Apg 12,17). Vgl. die Anmerkung zu Mt 12,46f.

1,21 Nach Apg 9,30 wirkte Paulus zuerst im Umkreis seiner Heimatstadt Tarsus in Zilizien (vgl. Apg 22,3) und wurde dann von Barnabas in das Missionszentrum der »Hellenisten« (vgl. Apg 6,1–8,3; 11,19–21), die Großstadt Antiochia am Orontes, geholt (Apg 11,25f).

tus mit. 2 Ich ging hinauf aufgrund einer Offenbarung, Phil 2,16
legte der Gemeinde und im besonderen den »Angesehe-
nen« das Evangelium vor, das ich unter den Heiden ver-
kündige; ich wollte sicher sein, daß ich nicht vergeblich
laufe oder gelaufen bin. 3 Doch nicht einmal mein Beglei-
ter Titus, der Grieche ist, wurde gezwungen, sich be-
schneiden zu lassen. 4 Denn was die falschen Brüder be-
trifft, jene Eindringlinge, die sich eingeschlichen hatten, 5,1
um die Freiheit, die wir in Christus Jesus haben, argwöh-
nisch zu beobachten und uns zu Sklaven zu machen, 5 so
haben wir uns keinen Augenblick unterworfen; wir haben
ihnen nicht nachgegeben, damit euch die Wahrheit des
Evangeliums erhalten bleibe. 6 Aber auch von denen, die
Ansehen genießen – was sie früher waren, kümmert mich Dtn 10,17;
nicht, Gott schaut nicht auf die Person –, auch von den Röm 2,11
»Angesehenen« wurde mir nichts auferlegt. 7 Im Gegen-
teil, sie sahen, daß mir das Evangelium für die Unbeschnit- 1,15f;
tenen anvertraut ist wie dem Petrus für die Beschnitte- Apg 22,21;
nen – 8 denn Gott, der Petrus die Kraft zum Apostedienst Röm 1,5
unter den Beschnittenen gegeben hat, gab sie mir zum
Dienst unter den Heiden –, 9 und sie erkannten die Gnade,
die mir verliehen ist. Deshalb gaben Jakobus, Kephas und
Johannes, die als die »Säulen« Ansehen genießen, mir und
Barnabas die Hand zum Zeichen der Gemeinschaft: Wir
sollten zu den Heiden gehen, sie zu den Beschnittenen.
10 Nur sollten wir an ihre Armen denken; und das zu tun, Apg 11,29f; 1 Kor 16,1–4;
habe ich mich eifrig bemüht. 2 Kor 8,9

2,1 Die vierzehn Jahre sind im Anschluß an die drei Jahre von 1,18 zu berechnen; da in solchen Fällen oft nicht das volle Kalenderjahr gezählt wird, handelt es sich um etwa 15 bis 16 Jahre nach der Bekehrung.

2,2 Nach Apg 15,2 reiste Paulus im Auftrag der Gemeinde von Antiochia nach Jerusalem. Das schließt die in Gal 2,2 genannte persönliche Offenbarung nicht aus. – Die »Angesehenen« sind dieselben Männer wie die in Vers 9 erwähnten »Säulen« (des Tempels Gottes; vgl. 1 Kor 3,16), das heißt die Verantwortlichen der Jerusalemer Gemeinde.

2,4f Unter »falschen Brüdern« versteht Paulus Judenchristen, die eine extrem gesetzestreue Haltung einnehmen.

2,6–9 Mit dem Handschlag als Zeichen der Gemeinschaft wird das Apostelamt des Paulus anerkannt; damit bestätigen die judenchristlichen Verantwortlichen der Urgemeinde zugleich das Recht des Paulus, bei den Heiden zu missionieren, ohne sie auf das jüdische Gesetz zu verpflichten.

2,10 Die Kollekte als einmalige Dankesspende der heidenchristlichen Gemeinden spielt bei Paulus eine wichtige Rolle (vgl. Röm 15,25–28; 1 Kor 16,1f; 2 Kor 8 und 9).

DIE GERECHTIGKEIT AUS DEM GLAUBEN: 2,11–4,7

Gesetzesgehorsam oder Glaube: 2,11–21

Joh 1,42 11 Als Kephas aber nach Antiochia gekommen war, bin
ich ihm offen entgegengetreten, weil er sich ins Unrecht
gesetzt hatte. 12 Bevor nämlich Leute aus dem Kreis um Ja-
Apg 10,15.28; kobus eintrafen, pflegte er zusammen mit den Heiden zu
11,3 essen. Nach ihrer Ankunft aber zog er sich von den Heiden
zurück und trennte sich von ihnen, weil er die Beschnitte-
nen fürchtete. 13 Ebenso unaufrichtig wie er verhielten
sich die anderen Juden, so daß auch Barnabas durch ihre
Heuchelei verführt wurde. 14 Als ich aber sah, daß sie von
der Wahrheit des Evangeliums abwichen, sagte ich zu Ke-
phas in Gegenwart aller: Wenn du als Jude nach Art der
Heiden und nicht nach Art der Juden lebst, wie kannst du
dann die Heiden zwingen, wie Juden zu leben? 15 Wir sind
zwar von Geburt Juden und nicht Sünder wie die Heiden.
3,11; 16 Weil wir aber erkannt haben, daß der Mensch nicht
Röm 3,20.28; durch Werke des Gesetzes gerecht wird, sondern durch den
4,5; 11,6 Glauben an Jesus Christus, sind auch wir dazu gekommen,
an Christus Jesus zu glauben, damit wir gerecht werden
Ps 143,2 G durch den Glauben an Christus, und nicht durch Werke
des Gesetzes; denn durch Werke des Gesetzes *wird nie-
mand gerecht*. 17 Wenn nun auch wir, die wir in Christus
gerecht zu werden suchen, als Sünder gelten, ist dann
Christus etwa Diener der Sünde? Das ist unmöglich!
18 Wenn ich allerdings das, was ich niedergerissen habe,
wieder aufbaue, dann stelle ich mich selbst als Übertreter
Röm 6,10; 7,6 hin. 19 Ich aber bin durch das Gesetz dem Gesetz gestor-
6,14 ben, damit ich für Gott lebe. Ich bin mit Christus gekreu-
Röm 8,9f; zigt worden; 20 nicht mehr ich lebe, sondern Christus lebt
Kol 3,4 in mir. Soweit ich aber jetzt noch in dieser Welt lebe, lebe
1,4 ich im Glauben an den Sohn Gottes, der mich geliebt und
sich für mich hingegeben hat. 21 Ich mißachte die Gnade

2,11–13 Mit dem Apostelkonzil, von dem in 2,1–10 berichtet wird (vgl. Apg 15, 1–35), war die Freiheit der Heidenchristen vom jüdischen Gesetz anerkannt; doch waren dadurch die Fragen der Tischgemeinschaft von Juden- und Heidenchristen noch nicht geregelt. Das führte zu Verwicklungen, als Petrus nach Antiochia kam. Die anfänglich freie Haltung des Petrus wurde nicht von allen Judenchristen gebilligt; daraufhin gaben Petrus, Barnabas und andere die Tischgemeinschaft mit den Heidenchristen auf, was von Paulus als »Heuchelei« bezeichnet wird.

2,12–14 »Heide« bezeichnet hier den Heidenchristen, »Jude« den Judenchristen.

Gottes in keiner Weise; denn käme die Gerechtigkeit
durch das Gesetz, so wäre Christus vergeblich gestorben.

Aufruf an die Galater: 3,1–5

3 Ihr unvernünftigen Galater, wer hat euch verblendet? 5,7
Ist euch Jesus Christus nicht deutlich als der Gekreu-
zigte vor Augen gestellt worden? 2 Dies eine möchte ich 2,16
von euch erfahren: Habt ihr den Geist durch die Werke des
Gesetzes oder durch die Botschaft des Glaubens empfan-
gen? 3 Seid ihr so unvernünftig? Am Anfang habt ihr auf
den Geist vertraut, und jetzt erwartet ihr vom Fleisch die
Vollendung. 4 Habt ihr denn so Großes vergeblich erfah-
ren? Sollte es wirklich vergeblich gewesen sein? 5 Warum
gibt euch denn Gott den Geist und bewirkt Wundertaten
unter euch? Weil ihr das Gesetz befolgt oder weil ihr die
Botschaft des Glaubens angenommen habt?

Abrahams Glaube und die Verheißung des Segens: 3,6–18

6 Von Abraham wird gesagt: *Er glaubte Gott, und das* Gen 15,6;
wurde ihm als Gerechtigkeit angerechnet. 7 Daran er- Röm 4,3
kennt ihr, daß nur die, die glauben, Abrahams Söhne sind. Röm 4,11f
8 Und da die Schrift vorhersah, daß Gott die Heiden auf-
grund des Glaubens gerecht macht, hat sie dem Abraham
im voraus verkündet: *Durch dich sollen alle Völker Segen* Gen 12,3; 18,18;
erlangen. 9 Also gehören alle, die glauben, zu dem glau- Apg 3,25
benden Abraham und werden wie er gesegnet. 10 Alle aber, Röm 4,16
die nach dem Gesetz leben, stehen unter dem Fluch. Denn
in der Schrift heißt es: *Verflucht ist jeder, der sich nicht an* Dtn 27,26;
alles hält, was zu tun das Buch des Gesetzes vorschreibt. Jak 2,10
11 Daß durch das Gesetz niemand vor Gott gerecht wird,
ist offenkundig; denn: *Der aus Glauben Gerechte wird le-* 2,16; Hab 2,4;
ben. 12 Das Gesetz aber hat nichts mit dem Glauben zu Röm 1,17
tun, sondern es gilt: *Wer die Gebote erfüllt, wird durch sie* Lev 18,5;
leben. 13 Christus hat uns vom Fluch des Gesetzes freige- Röm 10,5
kauft, indem er für uns zum Fluch geworden ist; denn es Röm 8,3;
steht in der Schrift: *Verflucht ist jeder, der am Pfahl hängt.* 2 Kor 5,21
Dtn 21,23
14 Jesus Christus hat uns freigekauft, damit den Heiden Jes 44,3;
durch ihn der Segen Abrahams zuteil wird und wir so auf- Joël 3,1f
grund des Glaubens den verheißenen Geist empfangen.

3,3 Zum Gegensatzpaar »Fleisch« und »Geist« vgl. die Anmerkung zu Röm 8,1–11.

3,6–14 Der Apostel verweist wie in Röm 4 auf Abraham, um deutlich zu machen, daß wahre Gerechtigkeit nicht vom Gesetz abhängt, sondern vom Glauben.

3,11 Vgl. Röm 1,17 und die dortige Anmerkung.

15 Brüder, ich nehme einen Vergleich aus dem menschli-
Hebr 9,16 chen Leben: Niemand setzt das rechtsgültig festgelegte
Testament eines Menschen außer Kraft oder versieht es
mit einem Zusatz. 16 Abraham und seinem Nachkommen
wurden die Verheißungen zugesprochen. Es heißt nicht:
»und den Nachkommen«, als wären viele gemeint, son-
Gen 22,17 dern es wird nur von einem gesprochen: *und deinem*
Nachkommen; das aber ist Christus. 17 Damit meine ich:
Das Testament, dem Gott einst Gültigkeit verliehen hat,
Ex 12,40 wird durch das vierhundertdreißig Jahre später erlassene
Gesetz nicht ungültig, so daß die Verheißung aufgehoben
Röm 4,13; 11,6 wäre. 18 Würde sich das Erbe nämlich aus dem Gesetz her-
leiten, dann eben nicht mehr aus der Verheißung. Gott hat
aber durch die Verheißung Abraham Gnade erwiesen.

Die heilsgeschichtliche Stellung des Gesetzes: 3,19–25

Röm 5,20; 19 Warum gibt es dann das Gesetz? Wegen der Übertre-
7,7.13 tungen wurde es hinzugefügt, bis der Nachkomme käme,
Hebr 2,2; dem die Verheißung gilt. Es wurde durch Engel erlassen
Apg 7,38.53 und durch einen Mittler bekanntgegeben. 20 Einen Mittler
gibt es jedoch nicht, wo nur einer handelt; Gott aber ist
Dtn 6,4 »der Eine«. 21 Hebt also das Gesetz die Verheißungen auf?
Röm 8,2–4 Keineswegs! Wäre ein Gesetz gegeben worden, das die
Kraft hat, lebendig zu machen, dann käme in der Tat die
Röm 3,9; 11,32 Gerechtigkeit aus dem Gesetz; 22 statt dessen hat die
Schrift alles der Sünde unterworfen, damit durch den
Glauben an Jesus Christus die Verheißung sich an denen
4,3 erfüllt, die glauben. 23 Ehe der Glaube kam, waren wir im
Gefängnis des Gesetzes, festgehalten bis zu der Zeit, da der
Röm 10,4 Glaube offenbart werden sollte. 24 So hat das Gesetz uns in
Zucht gehalten bis zum Kommen Christi, damit wir durch
den Glauben gerecht gemacht werden. 25 Nachdem aber
der Glaube gekommen ist, stehen wir nicht mehr unter
dieser Zucht.

3,15–18 Der Abraham verheißene Nachkomme ist Christus; durch ihn werden alle Glaubenden zu Nachkommen Abrahams und Söhnen Gottes (vgl. 3,26.29).

3,19f Einer zeitgenössischen jüdischen Tradition zufolge wurde das Gesetz durch (viele) Engel erlassen und dem (einen) »Mittler«, Mose, übergeben, der es dem Volk Israel weitergab. Diese Art der Vermittlung weist nach Paulus darauf hin, daß der erste Bund und die erste Offenbarung gegenüber der endgültigen Offenbarung durch Jesus Christus nur untergeordnete, vorläufige Bedeutung haben.

3,21–25 Vom »Gefängnis des Gesetzes« spricht Paulus, weil die Menschen ihre Sünden aufgrund der Vorschriften des Gesetzes erkennen und daher für sie haftbar gemacht werden konnten.

Glaube und Gottessohnschaft: 3,26–4,7

26 Ihr seid alle durch den Glauben Söhne Gottes in Chri- 4,5.7;
stus Jesus. 27 Denn ihr alle, die ihr auf Christus getauft Röm 8,17
seid, habt Christus (als Gewand) angelegt. 28 Es gibt nicht Röm 13,14
mehr Juden und Griechen, nicht Sklaven und Freie, nicht Röm 10,12; 1 Kor 12,13;
Mann und Frau; denn ihr alle seid »einer« in Christus Je- Kol 3,11
sus. 29 Wenn ihr aber zu Christus gehört, dann seid ihr 3,7.14.18;
Abrahams Nachkommen, Erben kraft der Verheißung. Röm 9,7

4 Ich will damit sagen: Solange der Erbe unmündig ist,
unterscheidet er sich in keiner Hinsicht von einem
Sklaven, obwohl er Herr ist über alles; 2 er steht unter
Vormundschaft, und sein Erbe wird verwaltet bis zu der
Zeit, die sein Vater festgesetzt hat. 3 So waren auch wir, so- 3,23;
lange wir unmündig waren, Sklaven der Elementarmächte Kol 2,20
dieser Welt. 4 Als aber die Zeit erfüllt war, sandte Gott sei- Mk 1,15
nen Sohn, geboren von einer Frau und dem Gesetz unter-
stellt, 5 damit er die freikaufe, die unter dem Gesetz ste- 3,13
hen, und damit wir die Sohnschaft erlangen. 6 Weil ihr aber 3,26
Söhne seid, sandte Gott den Geist seines Sohnes in unser Röm 8,15
Herz, den Geist, der ruft: Abba, Vater. 7 Daher bist du nicht 3,29;
mehr Sklave, sondern Sohn; bist du aber Sohn, dann auch Röm 8,16f
Erbe, Erbe durch Gott.

DIE FREIHEIT DES CHRISTEN: 4,8–6,10

Warnung vor Rückfall in die alte Knechtschaft: 4,8–20

8 Einst, als ihr Gott noch nicht kanntet, wart ihr Sklaven 1 Kor 8,4;
der Götter, die in Wirklichkeit keine sind. 9 Wie aber 12,2;
könnt ihr jetzt, da ihr Gott erkannt habt, vielmehr von 1 Thess 4,5
Gott erkannt worden seid, wieder zu den schwachen und Kol 2,20
armseligen Elementarmächten zurückkehren? Warum
wollt ihr von neuem ihre Sklaven werden? 10 Warum ach- 3,29;
tet ihr so ängstlich auf Tage, Monate, bestimmte Zeiten Röm 8,16f

---

3,26f Wer glaubt und getauft wird, gehört zu Christus und ist in seinen »Leib«, die Gemeinschaft aller Glaubenden, eingegliedert (vgl. 1 Kor 12,13). Das wird hier mit dem Bild des Gewandes ausgedrückt.

3,28f Daß alle in Christus »einer« sind, heißt, daß alle Christen eine Einheit bilden, und auch, daß sie vor Gott gleich sind.

4,3 Die Vorstellung von den »Elementarmächten« geht zurück auf die antike Lehre von den vier Elementen, die alles Irdische bedingen und bestimmen. In späterer Zeit ging man davon aus, daß diese Elemente von göttlichen Wesen beherrscht werden (vgl. Vers 8f).

4,6 Zu »Abba« vgl. die Anmerkung zu Mk 14,36.

und Jahre? 11 Ich fürchte, ich habe mich vergeblich um
euch bemüht.

12 Ich bitte euch, Brüder: Werdet wie ich, denn auch ich
bin geworden wie ihr. Ihr habt mir nichts zuleide getan.
13 Ihr wißt, daß ich krank und schwach war, als ich euch
zum erstenmal das Evangelium verkündigte; 14 ihr aber
habt auf meine Schwäche, die für euch eine Versuchung
war, nicht mit Verachtung und Abscheu geantwortet, son-
dern mich wie einen Engel Gottes aufgenommen, wie
Christus Jesus. 15 Wo ist eure Begeisterung geblieben? Ich
kann euch bezeugen: Wäre es möglich gewesen, ihr hättet
euch die Augen ausgerissen, um sie mir zu geben. 16 Bin ich
also euer Feind geworden, weil ich euch die Wahrheit sage?
1,7; 6,12; 17 Jene Leute bemühen sich um euch nicht in guter Ab-
Apg 20,30 sicht; sie wollen euch abtrünnig machen, damit ihr euch
dann um sie bemüht. 18 Gut wäre es, wenn ihr euch zu je-
der Zeit in guter Absicht um mich bemühen würdet und
nicht nur dann, wenn ich bei euch bin, 19 bei euch, meinen
1 Kor 4,15 Kindern, für die ich von neuem Geburtswehen erleide, bis
Christus in euch Gestalt annimmt. 20 Ich wollte, ich
könnte jetzt bei euch sein und in anderer Weise mit euch
reden; denn euer Verhalten macht mich ratlos.

Das Zeugnis der Schrift: 4,21–31

21 Ihr, die ihr euch dem Gesetz unterstellen wollt, habt
ihr denn nicht gehört, was im Gesetz steht? 22 In der
Gen 16,15; Schrift wird gesagt, daß Abraham zwei Söhne hatte, einen
21,2f von der Sklavin, den andern von der Freien. 23 Der Sohn der
Gen 17,16; Sklavin wurde auf natürliche Weise gezeugt, der Sohn der
Röm 4,19f; Freien aufgrund der Verheißung. 24 Darin liegt ein tieferer
9,7–9 Sinn: Diese Frauen bedeuten die beiden Testamente. Das
Ex 19,20 eine Testament stammt vom Berg Sinai und bringt Skla-
Gen 16,1 ven zur Welt; das ist Hagar – 25 denn Hagar ist Bezeichnung

4,12–15 Paulus nimmt auf sein erstes missionarisches Wirken in Galatien Bezug, von dem in Apg 16,6 nichts Näheres berichtet wird. Er erinnert an eine Erkrankung während dieses Aufenthaltes; über die Art der Krankheit läßt sich aus der bildhaften Aussage von Vers 15 nichts entnehmen.

4,17–20 Über die Irrlehrer, die die Gemeinden in Galatien verführt haben, erfahren wir nicht viel. Eindeutig ist, daß sie die Heidenchristen zur Einhaltung des jüdischen Gesetzes und zur Beschneidung verpflichten wollten (vgl. 2,1–21 und 5,2–12). In diesen Zusammenhang gehört auch die in Vers 10 erwähnte religiöse Verehrung der »Elementarmächte«.

4,21–31 In einer sog. allegorischen Auslegung des Bibeltextes deutet Paulus die Söhne der beiden Frauen Abrahams auf den alten und den neuen Bund.

für den Berg Sinai in Arabien –, und ihr entspricht das gegenwärtige Jerusalem, das mit seinen Kindern in der
Knechtschaft lebt. [26] Das himmlische Jerusalem aber ist frei, und dieses Jerusalem ist unsere Mutter. [27] Denn es
steht in der Schrift: Hebr 12,22; Offb 21,2

Freu dich, du Unfruchtbare, die nie geboren hat, Jes 54,1
brich in Jubel aus und jauchze,
die du nie in Wehen lagst!
Denn viele Kinder hat die Einsame,
mehr als die Vermählte.

[28] Ihr aber, Brüder, seid Kinder der Verheißung wie Isaak.
[29] Doch wie damals der Sohn, der auf natürliche Weise gezeugt war, den verfolgte, der kraft des Geistes gezeugt war,
so geschieht es auch jetzt. [30] In der Schrift aber heißt es:
Verstoß die Sklavin und ihren Sohn! Denn nicht der Sohn der Sklavin soll Erbe sein, sondern der Sohn der Freien. Gen 21,10
[31] Daraus folgt also, meine Brüder, daß wir nicht Kinder der Sklavin sind, sondern Kinder der Freien.

Freiheit oder Knechtschaft: 5,1–12

5 Zur Freiheit hat uns Christus befreit. Bleibt daher fest und laßt euch nicht von neuem das Joch der Knechtschaft auflegen! 2,4; 4,5.9; Joh 8,32.36
[2] Hört, was ich, Paulus, euch sage: Wenn ihr euch beschneiden laßt, wird Christus euch nichts nützen. 2,21
[3] Ich versichere noch einmal jedem, der sich beschneiden läßt: Er ist verpflichtet, das ganze Gesetz zu halten. 3,10; Röm 2,25; Jak 2,10
[4] Wenn ihr also durch das Gesetz gerecht werden wollt, dann habt ihr mit Christus nichts mehr zu tun; ihr
seid aus der Gnade herausgefallen. [5] Wir aber erwarten die erhoffte Gerechtigkeit kraft des Geistes und aufgrund des Röm 8,23.25
Glaubens. [6] Denn in Christus Jesus kommt es nicht darauf an, beschnitten oder unbeschnitten zu sein, sondern darauf, den Glauben zu haben, der in der Liebe wirksam 3,28; 6,15; 1 Kor 7,19
ist.[7] Ihr wart auf dem richtigen Weg. Wer hat euch gehindert, weiter der Wahrheit zu folgen? [8] Was man auch gesagt 1,6
hat, um euch zu überreden: es kommt nicht von dem, der euch berufen hat. [9] Ein wenig Sauerteig durchsäuert den 1 Kor 5,6
ganzen Teig. [10] Doch im Glauben an den Herrn bin ich fest 1,7
davon überzeugt, daß ihr keine andere Lehre annehmen werdet. Wer euch verwirrt, der wird das Urteil Gottes zu

---

4,29 Wörtlich: Doch wie damals der Sohn, der nach dem Fleisch gezeugt war, den verfolgte, der nach dem Geist gezeugt war, so geschieht es auch jetzt.

5,2–12 Vgl. die Anmerkung zu 4,17–20.

6,12.14; 1 Kor 1,23 tragen haben, wer es auch sei. [11] Man behauptet sogar, daß
ich selbst noch die Beschneidung verkündige. Warum,
meine Brüder, werde ich dann verfolgt? Damit wäre ja das
Ärgernis des Kreuzes beseitigt. [12] Diese Leute, die Unruhe
bei euch stiften, sollen sich doch gleich entmannen lassen.

Die Liebe als Frucht des Geistes: 5,13–26

1 Kor 8,9; 1 Petr 2,16 [13] Ihr seid zur Freiheit berufen, Brüder. Nur nehmt die
Freiheit nicht zum Vorwand für das Fleisch, sondern dient
Röm 13,9 einander in Liebe! [14] Denn das ganze Gesetz ist in dem ei-
Lev 19,18; Mt 22,39f nen Wort zusammengefaßt: *Du sollst deinen Nächsten*
lieben wie dich selbst! [15] Wenn ihr einander beißt und ver-
schlingt, dann gebt acht, daß ihr euch nicht gegenseitig
5,25; Röm 8,5 umbringt. [16] Darum sage ich: Laßt euch vom Geist leiten,
dann werdet ihr das Begehren des Fleisches nicht erfüllen.
Röm 7,15.23; 8,6 [17] Denn das Begehren des Fleisches richtet sich gegen den
Geist, das Begehren des Geistes aber gegen das Fleisch;
beide stehen sich als Feinde gegenüber, so daß ihr nicht
Röm 6,14; 8,14 imstande seid, das zu tun, was ihr wollt. [18] Wenn ihr euch
aber vom Geist führen laßt, dann steht ihr nicht unter dem
Gesetz.

2 Kor 12,10; 1 Kor 1,10f [19] Die Werke des Fleisches sind deutlich erkennbar: Un-
zucht, Unsittlichkeit, ausschweifendes Leben, [20] Götzen-
1 Kor 6,9f; Kol 3,5f; Offb 22,15 dienst, Zauberei, Feindschaften, Streit, Eifersucht, Jäh-
zorn, Eigennutz, Spaltungen, Parteiungen, [21] Neid und
Mißgunst, Trink- und Eßgelage und ähnliches mehr. Ich
wiederhole, was ich euch schon früher gesagt habe: Wer so
Eph 5,9; 2 Kor 6,6 etwas tut, wird das Reich Gottes nicht erben. [22] Die Frucht
des Geistes aber ist Liebe, Freude, Friede, Langmut,
2 Petr 1,6 Freundlichkeit, Güte, Treue, [23] Sanftmut und Selbstbe-
1 Tim 1,9 herrschung; dem allem widerspricht das Gesetz nicht.
2,19; Röm 6,6; 8,9 [24] Alle, die zu Christus Jesus gehören, haben das Fleisch
und damit ihre Leidenschaften und Begierden gekreuzigt.
5,16; Röm 8,4f [25] Wenn wir aus dem Geist leben, dann wollen wir dem
Geist auch folgen. [26] Wir wollen nicht prahlen, nicht mit-
Phil 2,3 einander streiten und einander nichts nachtragen.

5,11 Nach Apg 16,1–3 hat Paulus Timotheus nur deswegen beschneiden lassen, weil dieser der Sohn einer jüdischen Mutter, also Judenchrist war. Für die Heidenchristen lehnte er die Beschneidung und die Verpflichtung auf das Gesetz ab.

5,15 In den galatischen Gemeinden hat es offensichtlich infolge des Wirkens der Irrlehrer harte Auseinandersetzungen gegeben.

5,19–21.22–26 Paulus bringt hier einen sog. »Laster-« und einen »Tugendkatalog«, vgl. z. B. Röm 1,29–31; 1 Kor 6,9f.

Das Gesetz Christi: 6,1–10

6 Wenn einer sich zu einer Verfehlung hinreißen läßt, Mt 18,15;
meine Brüder, so sollt ihr, die ihr vom Geist erfüllt Jak 5,19
seid, ihn im Geist der Sanftmut wieder auf den rechten
Weg bringen. Doch gib acht, daß du nicht selbst in Versu- 1 Kor 10,12
chung gerätst. 2 Einer trage des anderen Last; so werdet ihr Kol 3,13
das Gesetz Christi erfüllen. 3 Wer sich einbildet, etwas zu Röm 8,2; 1 Kor 9,21
sein, obwohl er nichts ist, der betrügt sich. 4 Jeder prüfe 1 Kor 8,2;
sein eigenes Tun. Dann wird er sich nur im Blick auf sich 2 Kor 12,11
selbst rühmen können, nicht aber im Vergleich mit ande-
ren. 5 Denn jeder wird seine eigene Bürde zu tragen haben. Röm 14,12
6 Wer im Evangelium unterrichtet wird, lasse seinen 1 Kor 9,11.14
Lehrer an allem teilhaben, was er besitzt. 7 Täuscht euch
nicht: Gott läßt keinen Spott mit sich treiben; was der
Mensch sät, wird er ernten. 8 Wer im Vertrauen auf das Röm 8,6.13
Fleisch sät, wird vom Fleisch Verderben ernten; wer aber
im Vertrauen auf den Geist sät, wird vom Geist ewiges Le-
ben ernten. 9 Laßt uns nicht müde werden, das Gute zu 2 Thess 3,13;
tun; denn wenn wir darin nicht nachlassen, werden wir Hebr 12,1.3
ernten, sobald die Zeit dafür gekommen ist. 10 Deshalb
wollen wir, solange wir noch Zeit haben, allen Menschen
Gutes tun, besonders aber denen, die mit uns im Glauben
verbunden sind.

SCHLUSSWORT UND SEGENSWUNSCH: 6,11–18

11 Seht, ich schreibe euch jetzt mit eigener Hand; das ist 1 Kor 16,21
meine Schrift. 12 Jene Leute, die in der Welt nach Aner- 5,2.11
kennung streben, nötigen euch nur deshalb zur Beschnei-
dung, damit sie wegen des Kreuzes Christi nicht verfolgt
werden. 13 Denn obwohl sie beschnitten sind, halten sie
nicht einmal selber das Gesetz; dennoch dringen sie auf
eure Beschneidung, um sich dessen zu rühmen, was an eu-
rem Fleisch geschehen soll. 14 Ich aber will mich allein des 2,19;
Kreuzes Jesu Christi, unseres Herrn, rühmen, durch das 1 Kor 2,2

6,2 Das »Gesetz Christi« ist das von Christus her verstandene Gesetz, das erfüllt wird im »Glauben, der in der Liebe wirksam ist« (5,6b; vgl. 5,14).

6,6 Vgl. den Grundsatz Röm 15,27b.

6,12–16 Das Judentum war im römischen Reich als Minderheitenreligion anerkannt; eine als jüdisch gekennzeichnete christliche Gemeinde wäre also vor staatlichen Eingriffen geschützt gewesen. Demgegenüber betont der Apostel die Kreuzesnachfolge.

6,13 Das, was nach Wunsch der Irrlehrer am Fleisch geschehen soll, ist, wie aus dem Zusammenhang hervorgeht, der Vollzug der Beschneidung.

5,6; mir die Welt gekreuzigt ist und ich der Welt. [15] Denn es
1 Kor 7,19; kommt nicht darauf an, ob einer beschnitten oder unbe-
2 Kor 5,17 schnitten ist, sondern darauf, daß er neue Schöpfung ist.
Ps 125,4f [16] Friede und Erbarmen komme über alle, die sich von die-
sem Grundsatz leiten lassen, und über das Israel Gottes.
[17] In Zukunft soll mir niemand mehr solche Schwierig-
2 Kor 4,10 keiten bereiten. Denn ich trage die Zeichen Jesu an mei-
nem Leib.
Phil 4,23; [18] Die Gnade Jesu Christi, unseres Herrn, sei mit eurem
2 Tim 4,22; Geist, meine Brüder. Amen.
Phlm 25

6,17 Die »Zeichen Jesu«, die Paulus an seinem Leib trägt, sind Narben von Mißhandlungen, die er im Dienst des Evangeliums erlitten hat (vgl. 2 Kor 11,22–31). Er versteht sie als Teilhabe am Tod Jesu (vgl. Röm 6,3; 2 Kor 4,10).

Der Brief an die Epheser

Beim Epheserbrief handelt es sich wohl um einen Rundbrief, da die Erwähnung von »Ephesus« (1,1) in zahlreichen Handschriften fehlt. Die Empfänger sind sehr wahrscheinlich die Christen Kleinasiens oder eines noch größeren Gebiets. Als Abfassungsort kommt Ephesus in Frage.

Das Schreiben ist zwar wie ein Brief gestaltet, stellt aber nach Stil und Inhalt eher eine feierliche Predigt dar. Lob Gottes (1,3) und Fürbitte (1,16; 3,1.14) kennzeichnen den ersten Teil, der mit einem liturgischen Lobpreis abschließt (3,21). Manche Forscher nehmen daher an, daß dieses Schreiben von einem Paulusschüler verfaßt wurde, der im Namen des Apostels schrieb.

Ein bestimmter Anlaß für die Entstehung des Schreibens ist nicht erkennbar. Das zentrale Thema des Briefs ist die Kirche, und zwar die weltweite Kirche, deren Haupt Christus ist. Inhaltlich wird dieses Thema in den Kapiteln 1–3 entfaltet. Gott hat die Kirche durch Christus schon vor der Erschaffung der Welt erwählt und als sein Volk zusammengerufen (Kap. 1). Durch die Taufe sind die Gläubigen der Macht der Finsternis entrissen und mit Christus verbunden worden (2,1–10). In der Kirche ist ein neues Menschengeschlecht entstanden, in dem die alte Feindschaft zwischen Juden und Heiden überwunden wurde, weil Christus Frieden gestiftet hat (2,11–22). Werkzeug Gottes für den Bau der Völkerkirche war der Apostel Paulus (Kap. 3). Im zweiten Teil werden sittliche Folgerungen gezogen. Vor allem gilt es, die Einheit zu wahren und alle Dienste in der Kirche zu aktivieren (4,1–16). Als Getaufte haben die Christen den alten, der Sünde verfallenen Menschen zu überwinden und ein neues Leben zu verwirklichen, das durch Christus erleuchtet ist (4,17–5,20). Das neue Leben hat sich vor allem in Ehe und Familie auszuwirken (5,21–6,9). Das Bild vom Streiter Christi schließt die Mahnung ab (6,10–20).

Der Epheserbrief enthält die bedeutendsten theologischen Aussagen im Neuen Testament über die Kirche.

ANSCHRIFT UND GRUSS: 1,1–2

Kol 1,1f **1** Paulus, durch den Willen Gottes Apostel Christi Jesu,
an die Heiligen in Ephesus, die an Christus Jesus
glauben. 2 Gnade sei mit euch und Friede von Gott, unse-
rem Vater, und dem Herrn Jesus Christus.

GOTTES HEILSPLAN: 1,3–2,22

Loblied auf den Heilsplan Gottes: 1,3–14

2 Kor 1,3 3 Gepriesen sei der Gott und Vater unseres Herrn Je-
sus Christus:
Er hat uns mit allem Segen seines Geistes gesegnet
durch unsere Gemeinschaft mit Christus im Himmel.
4 Denn in ihm hat er uns erwählt vor der Erschaffung
der Welt,
damit wir heilig und untadelig leben vor Gott;
5 er hat uns aus Liebe im voraus dazu bestimmt,
seine Söhne zu werden durch Jesus Christus
und nach seinem gnädigen Willen zu ihm zu gelangen,
6 zum Lob seiner herrlichen Gnade.
Er hat sie uns geschenkt in seinem geliebten Sohn;
Kol 1,14 7 durch sein Blut haben wir die Erlösung,
die Vergebung der Sünden nach dem Reichtum seiner
Gnade.
8 Durch sie hat er uns mit aller Weisheit und Einsicht
reich beschenkt
9 und hat uns das Geheimnis seines Willens kundge-
tan,
wie er es gnädig im voraus bestimmt hat:

1,1 in Ephesus: fehlt bei zahlreichen Textzeugen; vgl. die Einleitung.

1,3 Die Gemeinschaft mit Christus (vgl. 1,13f) wurde durch die Taufe begründet.

1,9f Der Verfasser spricht von einem »Geheimnis«, weil der Heilsplan, der durch Christus verwirklicht wurde, vorher nicht bekannt war; auch jetzt kennen ihn nur die Glaubenden (vgl. die Anmerkung zu 3,3–6).

10 Er hat beschlossen, die Fülle der Zeiten heraufzuführen, Kol 1,20
in Christus alles zu vereinen, alles, was im Himmel und auf Erden ist.
11 Durch ihn sind wir auch als Erben vorherbestimmt und eingesetzt
nach dem Plan dessen, der alles so verwirklicht,
wie er es in seinem Willen beschließt;
12 wir sind zum Lob seiner Herrlichkeit bestimmt,
die wir schon früher auf Christus gehofft haben.
13 Durch ihn habt auch ihr das Wort der Wahrheit gehört, das Evangelium von eurer Rettung;
durch ihn habt ihr das Siegel des verheißenen Heiligen Geistes empfangen, als ihr den Glauben annahmt.
14 Der Geist ist der erste Anteil des Erbes, 2 Kor 1,22
das wir erhalten sollen,
der Erlösung, durch die wir Gottes Eigentum werden,
zum Lob seiner Herrlichkeit.

Gebet um Erkenntnis der Hoheit Christi: 1,15–23

15/16 Darum höre ich nicht auf, für euch zu danken, wenn Kol 1,3f.9
ich in meinen Gebeten an euch denke; denn ich habe von
eurem Glauben an Jesus, den Herrn, und von eurer Liebe zu
allen Heiligen gehört. 17 Der Gott Jesu Christi, unseres
Herrn, der Vater der Herrlichkeit, gebe euch den Geist der
Weisheit und Offenbarung, damit ihr ihn erkennt. 18 Er er-
leuchte die Augen eures Herzens, damit ihr versteht, zu
welcher Hoffnung ihr durch ihn berufen seid, welchen
Reichtum die Herrlichkeit seines Erbes den Heiligen
schenkt 19 und wie überragend groß seine Macht sich an
uns, den Gläubigen, erweist durch das Wirken seiner Kraft
und Stärke. 20 Er hat sie an Christus erwiesen, den er von
den Toten auferweckt und im Himmel auf den Platz *zu* Ps 110,1
seiner Rechten erhoben hat, 21 hoch über alle Fürsten und Kol 1,16
Gewalten, Mächte und Herrschaften und über jeden Na-
men, der nicht nur in dieser Welt, sondern auch in der zu-
künftigen genannt wird. 22 *Alles hat er ihm zu Füßen ge-* Ps 8,7;
legt und ihn, der als Haupt alles überragt, über die Kirche Hebr 8,6
gesetzt. 23 Sie ist sein Leib und wird von ihm erfüllt, der das Kol 1,18
All ganz und gar beherrscht.

1,12 Mit denen, die »schon früher auf Christus gehofft haben«, sind wohl die Judenchristen gemeint.

1,23 Wörtlich: Sie ist sein Leib, die Fülle dessen, der alles in allem erfüllt.

Vom Tod zum Leben: 2,1–10

Kol 2,13 **2** Ihr wart tot infolge eurer Verfehlungen und Sünden.
2 Ihr wart einst darin gefangen, wie es der Art dieser
Welt entspricht, unter der Herrschaft jenes Geistes, der im
Bereich der Lüfte regiert und jetzt noch in den Ungehorsa-
men wirksam ist. 3 Zu ihnen gehörten auch wir alle ein-
mal, als wir noch von den Begierden unseres Fleisches be-
herrscht wurden. Wir folgten dem, was das Fleisch und der
böse Sinn uns eingaben, und waren von Natur aus Kinder
des Zorns wie die anderen. 4/5 Gott aber, der voll Erbarmen
ist, hat uns, die wir infolge unserer Sünden tot waren, in
seiner großen Liebe, mit der er uns geliebt hat, zusammen
mit Christus wieder lebendig gemacht. Aus Gnade seid ihr
Kol 3,1 gerettet. 6 Er hat uns mit Christus auferweckt und uns zu-
sammen mit ihm einen Platz im Himmel gegeben. 7 Da-
durch, daß er in Christus Jesus gütig an uns handelte,
wollte er den kommenden Zeiten den überfließenden
Reichtum seiner Gnade zeigen. 8 Denn aus Gnade seid ihr
durch den Glauben gerettet, nicht aus eigener Kraft – Gott
1 Kor 1,29 hat es geschenkt –, 9 nicht aufgrund eurer Werke, damit
keiner sich rühmen kann. 10 Seine Geschöpfe sind wir, in
Christus Jesus dazu geschaffen, in unserem Leben die gu-
ten Werke zu tun, die Gott für uns im voraus bereitet hat.

Die Einheit von Juden und Heiden in Christus: 2,11–22

11 Erinnert euch also, daß ihr einst Heiden wart und von
denen, die äußerlich beschnitten sind, Unbeschnittene
genannt wurdet. 12 Damals wart ihr von Christus getrennt,
der Gemeinde Israels fremd und von dem Bund der Verhei-
ßung ausgeschlossen; ihr hattet keine Hoffnung und lebtet
V. 17 ohne Gott in der Welt. 13 Jetzt aber seid ihr, die ihr einst in
der Ferne wart, durch Christus Jesus, nämlich durch sein
Blut, in die Nähe gekommen. 14 Denn er ist unser Friede.
Kol 1,20.22 Er vereinigte die beiden Teile (Juden und Heiden) und riß
durch sein Sterben die trennende Wand der Feindschaft

2,6 Die durch die Taufe gewonnene Verbindung mit Christus, dem erhöhten Herrn, wird so geschildert, als ob sie bereits vollendete Wirklichkeit wäre.

2,12 von dem Bund, wörtlich: von den Bündnissen. – Gemeint sind die Bundesschlüsse Gottes mit Abraham, Mose usw.; vgl. Röm 9,4.

2,14 Er vereinigte die beiden Teile, wörtlich: Er machte die beiden zu einem.

2,15f »Die zwei« und »die beiden« bezeichnen die Juden und die Heiden. Die Spaltung der Menschheit in verschiedene Gruppen wurde innerhalb der Kirche aufgehoben.

nieder. 15 Er hob das Gesetz samt seinen Geboten und For-
derungen auf, um die zwei in seiner Person zu dem einen
neuen Menschen zu machen. Er stiftete Frieden 16 und ver-
söhnte die beiden durch das Kreuz mit Gott in einem ein-
zigen Leib. Er hat in seiner Person die Feindschaft getötet.
17 Er kam und verkündete den *Frieden:* euch, *den Fernen,* Jes 57,19;
und uns, *den Nahen.* 18 Durch ihn haben wir beide in dem Lk 2,14
einen Geist Zugang zum Vater. 19 Ihr seid also jetzt nicht
mehr Fremde ohne Bürgerrecht, sondern Mitbürger der
Heiligen und Hausgenossen Gottes. 20 Ihr seid auf das
Fundament der Apostel und Propheten gebaut; der Schluß-
stein ist Christus Jesus selbst. 21 Durch ihn wird der ganze
Bau zusammengehalten und wächst zu einem heiligen 1 Petr 2,5
Tempel im Herrn. 22 Durch ihn werdet auch ihr im Geist
zu einer Wohnung Gottes erbaut.

DER APOSTEL UND DIE GEMEINDE: 3,1–21

Paulus, Apostel für die Heiden: 3,1–13

3 Deshalb (bete) ich, Paulus, für euch, die Heiden. Euch
kommt es zugute, daß ich der Gefangene Christi Jesu 4,1;
bin. 2 Ihr habt doch gehört, welches Amt die Gnade Gottes Phil 1,7; Kol 4,18;
mir für euch verliehen hat. 3 Durch eine Offenbarung Phlm 1.9
wurde mir das Geheimnis mitgeteilt, das ich soeben kurz 1,9f
beschrieben habe. 4 Wenn ihr das lest, könnt ihr sehen,
welche Einsicht in das Geheimnis Christi mir gegeben ist.
5 Den Menschen früherer Generationen war es nicht be-
kannt; jetzt aber ist es seinen heiligen Aposteln und Pro-
pheten durch den Geist offenbart worden: 6 daß nämlich
die Heiden Miterben sind, zu demselben Leib gehören und
an derselben Verheißung in Christus Jesus teilhaben durch
das Evangelium. 7 Ihm diene ich dank der Gnade, die mir Kol 1,25
durch Gottes mächtiges Wirken geschenkt wurde. 8 Mir,
dem Geringsten unter allen Heiligen, wurde diese Gnade 1 Kor 15,9
geschenkt: Ich soll den Heiden als Evangelium den uner- Gal 1,16
gründlichen Reichtum Christi verkündigen 9 und enthül-
len, wie jenes Geheimnis Wirklichkeit geworden ist, das
von Ewigkeit her in Gott, dem Schöpfer des Alls, verborgen
war. 10 So sollen jetzt die Fürsten und Gewalten des himm-

2,20 Schlußstein, andere Übersetzungsmöglichkeit: Eckstein. Das Bild von den Aposteln und (urchristlichen) Propheten als dem Fundament weist auf den apostolischen Ursprung und Charakter der Kirche hin.

3,3–6 Das jetzt offenbar gewordene »Geheimnis« ist der Beschluß Gottes, alle Völker, und nicht nur Israel, zu retten.

3,10 Anspielung auf überirdische Mächte (vgl. 1,21).

lischen Bereichs durch die Kirche Kenntnis erhalten von
der vielfältigen Weisheit Gottes, [11] nach seinem ewigen
Plan, den er durch Christus Jesus, unseren Herrn, ausge-
führt hat. [12] In ihm haben wir den freien Zugang durch das
Vertrauen, das der Glaube an ihn schenkt. [13] Deshalb bitte
ich euch, nicht wegen der Leiden zu verzagen, die ich für
euch ertrage, denn sie sind euer Ruhm.

Fürbitte für die Kirche: 3,14–21

[14] Daher beuge ich meine Knie vor dem Vater, [15] nach
dessen Namen jedes Geschlecht im Himmel und auf der
Erde benannt wird, [16] und bitte, er möge euch aufgrund des
Reichtums seiner Herrlichkeit schenken, daß ihr in eurem
Innern durch seinen Geist an Kraft und Stärke zunehmt.
[17] Durch den Glauben wohne Christus in eurem Herzen.
In der Liebe verwurzelt und auf sie gegründet, [18] sollt ihr
zusammen mit allen Heiligen dazu fähig sein, die Länge
und Breite, die Höhe und Tiefe zu ermessen [19] und die
Liebe Christi zu verstehen, die alle Erkenntnis übersteigt.
So werdet ihr mehr und mehr von der ganzen Fülle Gottes
Röm 16,25–27 erfüllt. [20] Er aber, der durch die Macht, die in uns wirkt,
unendlich viel mehr tun kann, als wir erbitten oder uns
ausdenken können, [21] er werde verherrlicht durch die Kir-
che und durch Christus Jesus in allen Generationen, für
ewige Zeiten. Amen.

VERSCHIEDENE MAHNUNGEN: 4,1–6,20

Aufruf zur Einheit: 4,1–6

4 Ich, der ich um des Herrn willen im Gefängnis bin,
ermahne euch, ein Leben zu führen, das des Rufes
Kol 3,12 würdig ist, der an euch erging. [2] Seid demütig, friedfertig
und geduldig, ertragt einander in Liebe, [3] und bemüht
euch, die Einheit des Geistes zu wahren durch den Frieden,
Röm 12,5; der euch zusammenhält. [4] Ein Leib und ein Geist, wie
1 Kor 12,12f euch durch eure Berufung auch eine gemeinsame Hoff-
nung gegeben ist; [5] ein Herr, ein Glaube, eine Taufe,
[6] ein Gott und Vater aller, der über allem und durch alles
und in allem ist.

Die Gnadengaben zum Aufbau der Kirche: 4,7–16

[7] Aber jeder von uns empfing die Gnade in dem Maß, wie

3,15 jedes Geschlecht, wörtlich: jede Vaterschaft. Im Griechischen ein Wortspiel, das im Deutschen nicht wiederzugeben ist.

Christus sie ihm geschenkt hat. 8 Deshalb heißt es: *Er stieg* Ps 68,19
hinauf zur Höhe und erbeutete Gefangene, er gab den
Menschen Geschenke. 9 Wenn er aber *hinaufstieg,* was be-
deutet dies anderes, als daß er auch zur Erde herabstieg?
10 Derselbe, der herabstieg, ist auch hinaufgestiegen bis
zum höchsten Himmel, um das All zu beherrschen. 11 Und
er gab den einen das Apostelamt, andere setzte er als Pro- 1 Kor 12,28
pheten ein, andere als Evangelisten, andere als Hirten und
Lehrer, 12 um die Heiligen für die Erfüllung ihres Dienstes
zu rüsten, für den Aufbau des Leibes Christi. 13 So sollen Kol 1,28
wir alle zur Einheit im Glauben und in der Erkenntnis des
Sohnes Gottes gelangen, damit wir zum vollkommenen
Menschen werden und Christus in seiner vollendeten Ge-
stalt darstellen. 14 Wir sollen nicht mehr unmündige Kin-
der sein, ein Spiel der Wellen, hin und her getrieben von je- Jak 1,6
dem Widerstreit der Meinungen, dem Betrug der Men-
schen ausgeliefert, der Verschlagenheit, die in die Irre
führt. 15 Wir wollen uns, von der Liebe geleitet, an die
Wahrheit halten und in allem wachsen, bis wir ihn erreicht 1 Kor 11,3
haben. Er, Christus, ist das Haupt. 16 Durch ihn wird der Kol 2,19
ganze Leib zusammengefügt und gefestigt in jedem einzel-
nen Gelenk. Jedes trägt mit der Kraft, die ihm zugemessen
ist. So wächst der Leib und wird in Liebe aufgebaut.

Der alte und der neue Mensch: 4,17–24

17 Ich sage es euch und beschwöre euch im Herrn: Lebt
nicht mehr wie die Heiden in ihrem nichtigen Denken!
18 Ihr Sinn ist verfinstert. Sie sind dem Leben, das Gott
schenkt, entfremdet durch die Unwissenheit, in der sie be-
fangen sind, und durch die Verhärtung ihres Herzens.
19 Haltlos wie sie sind, geben sie sich der Ausschweifung
hin, um voll Gier jede Art von Gemeinheit zu begehen.

4,8f Christus, der Gottessohn, der vom Himmel herabstieg, überwand und entmachtete bei seiner Himmelfahrt die bedrohlichen überirdischen Mächte, die den Zugang zu Gott versperrten. – »Gefangene«: die von Christus überwundenen Mächte.

4,11 Mit »Evangelisten« sind Missionare, mit »Hirten« Gemeindeleiter gemeint.

4,12 Jeder »Heilige«, das heißt jeder Christ, hat seine Aufgabe in der Kirche.

4,13 Die »vollendete Gestalt« Christi wird erst in der durch die Einheit der Glaubenden vollendeten Kirche sichtbar.

4,15f Das hier verwendete Bild vom Leib setzt die Vorstellungen der antiken Medizin voraus. Danach wurde der Leib vom Haupt her versorgt, und die Gelenke besorgten die Verbindung zwischen dem Haupt und den Gliedern. Mit den »Gelenken« sind wohl die in Vers 11 genannten Ämter gemeint.

[20] Das aber entspricht nicht dem, was ihr von Christus ge-
lernt habt. [21] Ihr habt doch von ihm gehört und seid unter-
Kol 3,9 richtet worden in der Wahrheit, die Jesus ist. [22] Legt den al-
ten Menschen ab, der in Verblendung und Begierde zu-
grunde geht, ändert euer früheres Leben, [23] und erneuert
euren Geist und Sinn! [24] Zieht den neuen Menschen an,
Gen 1,26; der *nach dem Bild Gottes* geschaffen ist in wahrer Gerech-
Kol 3,10 tigkeit und Heiligkeit.

Die Pflichten gegen den Nächsten: 4,25–5,2

Sach 8,16 [25] Legt deshalb die Lüge ab, und *redet untereinander die
Wahrheit;* denn wir sind als Glieder miteinander verbun-
Ps 4,5 G den. [26] *Laßt euch durch den Zorn nicht zur Sünde hinrei-
ßen!* Die Sonne soll über eurem Zorn nicht untergehen.
[27] Gebt dem Teufel keinen Raum! [28] Der Dieb soll nicht
mehr stehlen, sondern arbeiten und sich mit seinen Hän-
den etwas verdienen, damit er den Notleidenden davon ge-
ben kann. [29] Über eure Lippen komme kein böses Wort,
sondern nur ein gutes, das den, der es braucht, stärkt, und
dem, der es hört, Nutzen bringt. [30] Beleidigt nicht den Hei-
ligen Geist Gottes, dessen Siegel ihr tragt für den Tag der
Kol 3,8 Erlösung. [31] Jede Art von Bitterkeit, Wut, Zorn, Geschrei
und Lästerung und alles Böse verbannt aus eurer Mitte!
[32] Seid gütig zueinander, seid barmherzig, vergebt einan-
der, weil auch Gott euch durch Christus vergeben hat.

5 Ahmt Gott nach als seine geliebten Kinder, [2] und
liebt einander, weil auch Christus uns geliebt und
sich für uns hingegeben hat als Gabe und als Opfer, das
Gott gefällt.

Aus der Finsternis zum Licht: 5,3–20

Mt 15,19 [3] Von Unzucht aber und Schamlosigkeit jeder Art oder
von Habgier soll bei euch, wie es sich für Heilige gehört,
nicht einmal die Rede sein. [4] Auch Sittenlosigkeit und al-
bernes oder zweideutiges Geschwätz schickt sich nicht für
euch, sondern Dankbarkeit. [5] Denn das sollt ihr wissen:
1 Kor 6,9f Kein unzüchtiger, schamloser oder habgieriger Mensch –
das heißt kein Götzendiener – erhält ein Erbteil im Reich

4,21 In der geschichtlichen Person Jesu ist die Wahrheit Gottes erschienen.

4,24 Die in der Schöpfung begründete Würde des Menschen als des Abbildes Gottes wird durch die Taufe wiederhergestellt und vollendet. Zu »Zieht . . . an« vgl. die Anmerkung zu Gal 3,26f.

5,2 Wörtlich: als Gabe und Opfer für Gott zum wohlriechenden Duft.

Christi und Gottes. [6] Niemand täusche euch mit leeren
Worten: All das zieht auf die Ungehorsamen den Zorn
Gottes herab. [7] Habt darum nichts mit ihnen gemein!
[8] Denn einst wart ihr Finsternis, jetzt aber seid ihr durch
den Herrn Licht geworden. Lebt als Kinder des Lichts!
[9] Das Licht bringt lauter Güte, Gerechtigkeit und Wahr- Gal 5,22
heit hervor. [10] Prüft, was dem Herrn gefällt, [11] und habt
nichts gemein mit den Werken der Finsternis, die keine
Frucht bringen, sondern deckt sie auf! [12] Denn man muß
sich schämen, von dem, was sie heimlich tun, auch nur zu
reden. [13] Alles, was aufgedeckt ist, wird vom Licht er-
leuchtet. [14] Alles Erleuchtete aber ist Licht. Deshalb heißt
es:

Wach auf, du Schläfer, Jes 60,1–3
und steh auf von den Toten,
und Christus wird dein Licht sein.

[15] Achtet also sorgfältig darauf, wie ihr euer Leben führt,
nicht töricht, sondern klug. [16] Nutzt die Zeit; denn diese
Tage sind böse. [17] Darum seid nicht unverständig, sondern
begreift, was der Wille des Herrn ist. [18] Berauscht euch Spr 23,31 G
nicht mit Wein – das macht zügellos –, sondern laßt euch
vom Geist erfüllen! [19] Laßt in eurer Mitte Psalmen, Hym- Ps 33,2f;
nen und Lieder erklingen, wie der Geist sie eingibt. Singt Kol 3,16
und jubelt aus vollem Herzen zum Lob des Herrn! [20] Sagt
Gott, dem Vater, jederzeit Dank für alles im Namen Jesu
Christi, unseres Herrn!

Über die christliche Familienordnung: 5,21–6,9

[21] Einer ordne sich dem andern unter in der gemeinsa- *5,21–6,9:*
men Ehrfurcht vor Christus. [22] Ihr Frauen, ordnet euch eu- Kol 3,18–4,1
ren Männern unter wie dem Herrn (Christus); [23] denn der 1 Kor 11,3
Mann ist das Haupt der Frau, wie auch Christus das Haupt
der Kirche ist; er hat sie gerettet, denn sie ist sein Leib.
[24] Wie aber die Kirche sich Christus unterordnet, sollen
sich die Frauen in allem den Männern unterordnen. [25] Ihr
Männer, liebt eure Frauen, wie Christus die Kirche geliebt
und sich für sie hingegeben hat, [26] um sie im Wasser und 1 Tim 2,6
durch das Wort rein und heilig zu machen. [27] So will er die
Kirche herrlich vor sich erscheinen lassen, ohne Flecken,
Falten oder andere Fehler; heilig soll sie sein und makellos.
[28] Darum sind die Männer verpflichtet, ihre Frauen so zu
lieben wie ihren eigenen Leib. Wer seine Frau liebt, liebt

5,14 Das zitierte kleine Lied stammt vermutlich aus der urchristlichen Taufliturgie.

5,26 Anspielung auf die Taufe.

sich selbst. 29 Keiner hat je seinen eigenen Leib gehaßt,
sondern er nährt und pflegt ihn, wie auch Christus die Kir-
Röm 12,5 che. 30 Denn wir sind Glieder seines Leibes. 31 *Darum wird*
Gen 2,24 *der Mann Vater und Mutter verlassen und sich an seine*
Frau binden, und die zwei werden ein Fleisch sein. 32 Dies
ist ein tiefes Geheimnis; ich beziehe es auf Christus und
die Kirche. 33 Was euch angeht, so liebe jeder von euch
seine Frau wie sich selbst, die Frau aber ehre den Mann.
6 Ihr Kinder, gehorcht euren Eltern, wie es vor dem
Ex 20,12 Herrn recht ist. 2 *Ehre deinen Vater und deine Mut-*
ter: Das ist ein Hauptgebot, und ihm folgt die Verheißung:
Dtn 5,16 3 *damit es dir gut geht und du lange lebst auf der Erde.*
4 Ihr Väter, reizt eure Kinder nicht zum Zorn, sondern er-
1 Tim 6,1f; zieht sie in der Zucht und Weisung des Herrn! 5 Ihr Skla-
Tit 2,9f; ven, gehorcht euren irdischen Herren mit Furcht und Zit-
1 Petr 2,18 tern und mit aufrichtigem Herzen, als wäre es Christus.
6 Arbeitet nicht nur, um euch bei den Menschen einzu-
schmeicheln und ihnen zu gefallen, sondern erfüllt als
Sklaven Christi von Herzen den Willen Gottes! 7 Dient
freudig, als dientet ihr dem Herrn und nicht den Men-
schen. 8 Denn ihr wißt, daß jeder, der etwas Gutes tut, es
vom Herrn zurückerhalten wird, ob er ein Sklave ist oder
ein freier Mann. 9 Ihr Herren, handelt in gleicher Weise ge-
gen eure Sklaven! Droht ihnen nicht! Denn ihr wißt, daß
ihr im Himmel einen gemeinsamen Herrn habt. Bei ihm
gibt es kein Ansehen der Person.

Aufruf zum Kampf: 6,10–20

10 Und schließlich: Werdet stark durch die Kraft und
Macht des Herrn! 11 Zieht die Rüstung Gottes an, damit
ihr den listigen Anschlägen des Teufels widerstehen
könnt. 12 Denn wir haben nicht gegen Menschen aus
1,21; 2,2 Fleisch und Blut zu kämpfen, sondern gegen die Fürsten
und Gewalten, gegen die Beherrscher dieser finsteren
Welt, gegen die bösen Geister des himmlischen Bereichs.
Weish 5,17–21; 13 Darum legt die Rüstung Gottes an, damit ihr am Tag des
Röm 13,12 Unheils standhalten, alles vollbringen und den Kampf be-
stehen könnt.
Jes 11,5; 14 Seid also standhaft: Gürtet euch mit Wahrheit, zieht
59,17 *als Panzer die Gerechtigkeit* an 15 und als Schuhe die Be-
Jes 52,7 reitschaft, für das Evangelium vom Frieden zu kämpfen.
16 Vor allem greift zum Schild des Glaubens! Mit ihm

5,32 Geheimnis: das liebevolle Verhältnis Christi zu seiner Kirche, dem das Verhältnis des Mannes zur Frau in der Ehe entspricht.

könnt ihr alle feurigen Geschosse des Bösen auslöschen.
17 Nehmt den Helm des Heils und das Schwert des Geistes, Jes 49,2
das ist das Wort Gottes. 18 Hört nicht auf, zu beten und zu
flehen! Betet jederzeit im Geist; seid wachsam, harrt aus
und bittet für alle Heiligen, 19 auch für mich: daß Gott mir
das rechte Wort schenkt, wenn es darauf ankommt, mit
Freimut das Geheimnis des Evangeliums zu verkünden, Apg 4,29
20 als dessen Gesandter ich im Gefängnis bin. Bittet, daß
ich in seiner Kraft freimütig zu reden vermag, wie es meine
Pflicht ist.

SCHLUSSWORT UND SEGENSWUNSCH: 6,21–24

21 Damit auch ihr erfahrt, wie es mir geht und was ich
tue, wird euch Tychikus, der geliebte Bruder und treue Kol 4,7f
Helfer im Dienst des Herrn, alles berichten. 22 Ich schicke
ihn eigens zu euch, damit ihr alles über uns erfahrt und
damit er euch Mut zuspricht.

23 Friede sei mit den Brüdern, Liebe und Glaube von
Gott, dem Vater, und Jesus Christus, dem Herrn. 24 Gnade
und unvergängliches Leben sei mit allen, die Jesus Christus, unseren Herrn, lieben!

Der Brief an die Philipper

Paulus gründete die Gemeinde von Philippi (Ostmazedonien) als erste christliche Gemeinde auf europäischem Boden bei seiner zweiten Missionsreise um das Jahr 50. Die Gemeinde wuchs ihm besonders ans Herz. Nur von ihr ließ er sich unterstützen, auch finanziell. Den Brief an die Philipper schrieb er im Gefängnis, wahrscheinlich in Ephesus, um 55 n. Chr. Die Auffassung, der Brief sei erst in der römischen Gefangenschaft des Apostels abgefaßt worden, ist heute weithin aufgegeben. Zwar erfahren wir aus der Apostelgeschichte nichts über eine Gefangenschaft in Ephesus, aber Andeutungen in den Briefen des Apostels Paulus lassen darauf schließen (1 Kor 15,32; vor allem 2 Kor 1,8–10; vgl. auch 2 Kor 11,22–33). Den Anlaß des Briefs bildete der Wunsch der Christen in Philippi, von ihrem Apostel, der im Gefängnis saß, Näheres über sein Schicksal zu erfahren, sowie eine Geldspende, die sie durch Epaphroditus überbringen ließen. Auch das Eindringen von Irrlehren bewog Paulus zur Abfassung dieses Schreibens.

Nach Dank und Fürbitte (1,3–11) spricht Paulus von seinem Schicksal. Er tut dies so, daß er sein Los mit dem des Evangeliums verknüpft (1,12–26). Er mahnt zur Einheit und stellt in einem hymnischen Text der Gemeinde den Weg Christi, des Gottessohnes und erhöhten Herrn, vor Augen. An ihm hat sie durch den Glauben Anteil gewonnen (1,27–2,18). Sodann spricht er über seine persönlichen Pläne (2,19–30). Im 3. Kapitel nimmt er mit außerordentlich scharfen Worten Stellung gegen christliche Wanderprediger, die Irrlehren verbreiten, und weist auf die Gefahr hin, die dadurch der Kirche droht. Abschließend wendet er sich an einzelne Gemeindeglieder, die ihm Sorge bereiten, und bedankt sich für die empfangene Gabe (Kap. 4).

Der besondere Wert des Briefs liegt darin, daß er uns Einblick verschafft in das persönliche Wollen und Denken des Menschen und Christen Paulus. Der bekannteste und wichtigste Text ist das Christuslied in 2,6–11. Theologisch bedeutsam ist daneben die Erwartung des Paulus im Hinblick auf sein Ergehen nach dem Tod (1,19–26) und auf seine Gemeinschaft mit Christus (3,7–21).

ANSCHRIFT UND GRUSS: 1,1–2

2 Kor 1,1 **1** Paulus und Timotheus, Knechte Christi Jesu, an alle
Heiligen in Christus Jesus, die in Philippi sind, mit ih-
Röm 1,7f ren Bischöfen und Diakonen. 2 Gnade sei mit euch und
Friede von Gott, unserem Vater, und dem Herrn Jesus
Christus.

DER APOSTEL UND SEIN EVANGELIUM: 1,3–26

Dank und Fürbitte: 1,3–11

3 Ich danke meinem Gott jedesmal, wenn ich an euch
denke; 4 immer, wenn ich für euch alle bete, tue ich es mit
Freude 5 und danke Gott dafür, daß ihr euch gemeinsam
für das Evangelium eingesetzt habt vom ersten Tag an bis
jetzt. 6 Ich vertraue darauf, daß er, der bei euch das gute
Werk begonnen hat, es auch vollenden wird bis zum Tag
Christi Jesu. 7 Es ist nur recht, daß ich so über euch alle
denke, weil ich euch ins Herz geschlossen habe. Denn ihr
alle habt Anteil an der Gnade, die mir durch meine Gefan-
genschaft und die Verteidigung und Bekräftigung des
Röm 1,9 Evangeliums gewährt ist. 8 Gott ist mein Zeuge, wie ich
mich nach euch allen sehne mit der herzlichen Liebe, die
Christus Jesus zu euch hat. 9 Und ich bete darum, daß eure
Liebe immer noch reicher an Einsicht und Verständnis
wird, 10 damit ihr beurteilen könnt, worauf es ankommt.
Dann werdet ihr rein und ohne Tadel sein für den Tag
Christi, 11 reich an der Frucht der Gerechtigkeit, die Jesus
Christus gibt, zur Ehre und zum Lob Gottes.

Paulus, Verkünder der Frohen Botschaft: 1,12–26

12 Ihr sollt wissen, Brüder, daß alles, was mir zugestoßen
ist, die Verbreitung des Evangeliums gefördert hat. 13 Denn

1,1 Die »Bischöfe« und »Diakone« sind Männer, die innerhalb der Gemeinde wichtige Dienste übernommen haben. Sie treten als Kollegium auf; ihre Stellung und ihre Aufgabe entsprechen noch nicht den Ämtern, die später mit diesen Titeln bezeichnet werden.

1,13 Das »Prätorium« ist der Sitz des römischen Statthalters und Ort des Gefängnisses für Paulus.

im ganzen Prätorium und bei allen übrigen ist offenbar ge-
worden, daß ich um Christi willen im Gefängnis bin.
[14] Und die meisten der Brüder sind durch meine Gefangen-
schaft zuversichtlich geworden im Glauben an den Herrn
und wagen um so kühner, das Wort Gottes furchtlos zu sa-
gen. [15] Einige verkündigen Christus zwar aus Neid und
Streitsucht, andere aber in guter Absicht. [16] Die einen pre-
digen Christus aus Liebe, weil sie wissen, daß ich zur Ver-
teidigung des Evangeliums bestimmt bin, [17] die andern aus
Ehrgeiz, nicht in redlicher Gesinnung; sie möchten die
Last meiner Ketten noch schwerer machen. [18]Aber was
liegt daran? Auf jede Weise, ob in unlauterer oder lauterer
Absicht, wird Christus verkündigt, und darüber freue ich
mich.

Aber ich werde mich auch in Zukunft freuen. [19] Denn
ich weiß: *Das wird zu meiner Rettung führen* durch euer Ijob 13,16 G
Gebet und durch die Hilfe des Geistes Jesu Christi. [20] Dar-
auf warte und hoffe ich, daß ich in keiner Hinsicht be-
schämt werde, daß vielmehr Christus in aller Öffentlich-
keit – wie immer, so auch jetzt – durch meinen Leib ver-
herrlicht wird, ob ich lebe oder sterbe. [21] Denn für mich ist
Christus das Leben, und Sterben Gewinn. [22] Wenn ich aber
weiterleben soll, bedeutet das für mich fruchtbare Arbeit.
Was soll ich wählen? Ich weiß es nicht. [23] Es zieht mich
nach beiden Seiten: Ich sehne mich danach, aufzubrechen 2 Kor 5,8
und bei Christus zu sein – um wieviel besser wäre das!
[24] Aber euretwegen ist es notwendiger, daß ich am Leben
bleibe. [25] Im Vertrauen darauf weiß ich, daß ich bleiben
und bei euch allen ausharren werde, um euch im Glauben
zu fördern und zu erfreuen, [26] damit ihr euch in Christus
Jesus um so mehr meiner rühmen könnt, wenn ich wieder
zu euch komme.

VERSCHIEDENE MAHNUNGEN: 1,27–2,18

Aufruf zur Eintracht: 1,27–2,4

[27] Vor allem: lebt als Gemeinde so, wie es dem Evange-
lium Christi entspricht. Ob ich komme und euch sehe oder
ob ich fern bin, ich möchte hören, daß ihr in dem einen
Geist feststeht, einmütig für den Glauben an das Evange-
lium kämpft [28] und euch in keinem Fall von euren Geg-

1,17f In der christlichen Gemeinde des Ortes, wo Paulus gefangen sitzt, haben sich einige aus Furcht von ihm distanziert.

1,23 aufbrechen: Umschreibung für »sterben«.

nern einschüchtern laßt. Das wird für sie ein Zeichen dafür
sein, daß sie verloren sind und ihr gerettet werdet, ein Zei-
chen, das von Gott kommt. 29 Denn euch wurde die Gnade
zuteil, für Christus dazusein, also nicht nur an ihn zu glau-
ben, sondern auch seinetwegen zu leiden. 30 Denn ihr habt
den gleichen Kampf zu bestehen, den ihr früher an mir ge-
sehen habt und von dem ihr auch jetzt hört.

2 Wenn es also Ermahnung in Christus gibt, Zuspruch
aus Liebe, eine Gemeinschaft des Geistes, herzliche
Zuneigung und Erbarmen, 2 dann macht meine Freude da-
durch vollkommen, daß ihr eines Sinnes seid, einander in
Liebe verbunden, einmütig und einträchtig, 3 daß ihr
nichts aus Ehrgeiz und nichts aus Prahlerei tut. Sondern in
Demut schätze einer den andern höher ein als sich selbst.
4 Jeder achte nicht nur auf das eigene Wohl, sondern auch
auf das der anderen.

Das Beispiel Christi: 2,5–11

5 Seid untereinander so gesinnt, wie es dem Leben in
Christus Jesus entspricht:

6 Er war Gott gleich,
hielt aber nicht daran fest, wie Gott zu sein,
7 sondern er entäußerte sich
und wurde wie ein Sklave
und den Menschen gleich.
Sein Leben war das eines Menschen;
8 er erniedrigte sich
und war gehorsam bis zum Tod,
bis zum Tod am Kreuz.

9 Darum hat ihn Gott über alle erhöht
und ihm den Namen verliehen,
der größer ist als alle Namen,
10 damit alle im Himmel, auf der Erde und unter der Erde
Jes 45,23 ihre *Knie beugen* vor dem Namen Jesu
11 *und jeder Mund bekennt:*
»Jesus Christus ist der Herr« –
zur Ehre Gottes, des Vaters.

2,6–11 Paulus greift hier einen Hymnus auf, in dem der Weg Christi von seinem vorzeitlichen Sein über seine Menschwerdung und seinen Tod bis zur Erhöhung und Einsetzung zum Herrscher des Alls beschrieben wird. Der im Lied betonte Gehorsam Jesu wird der Gemeinde als Vorbild gegenseitigen Dienens vor Augen gestellt.

Die Sorge des Apostels um das Heil der Gemeinde: 2,12–18

12 Darum, liebe Brüder – ihr wart ja immer gehorsam,
nicht nur in meiner Gegenwart, sondern noch viel mehr
jetzt in meiner Abwesenheit –: müht euch mit Furcht und
Zittern um euer Heil! 13 Denn Gott ist es, der in euch das
Wollen und das Vollbringen bewirkt, noch über euren gu-
ten Willen hinaus. 14 Tut alles ohne Murren und Beden-
ken, 15 damit ihr rein und ohne Tadel seid, *Kinder Gottes* Dtn 32,5
ohne Makel mitten in einer *verdorbenen und verwirrten*
Generation, unter der ihr als Lichter in der Welt leuchtet.
16 Haltet fest am Wort des Lebens, mir zum Ruhm für den
Tag Christi, damit ich nicht vergeblich gelaufen bin oder
mich *umsonst abgemüht habe.* 17 Wenn auch mein Leben Jes 65,23 G; 49,4
dargebracht wird zusammen mit dem Opfer und Gottes-
dienst eures Glaubens, freue ich mich dennoch, und ich
freue mich mit euch allen. 18 Ebenso sollt auch ihr euch 3,1
freuen; freut euch mit mir!

DIE PLÄNE DES APOSTELS: 2,19–30

19 Ich hoffe aber im Vertrauen auf Jesus, den Herrn, daß
ich Timotheus bald zu euch schicken kann, damit auch ich Apg 16,1
ermutigt werde, wenn ich erfahre, wie es um euch steht.
20 Ich habe keinen Gleichgesinnten, der so aufrichtig um
eure Sache besorgt ist; 21 denn alle suchen ihren Vorteil,
nicht die Sache Jesu Christi. 22 Ihr wißt ja, wie er sich be-
währt hat: Wie ein Kind dem Vater – so hat er mit mir zu-
sammen dem Evangelium gedient. 23 Ihn also hoffe ich
schicken zu können, sobald ich meine Lage übersehe.
24 Doch ich habe die Zuversicht im Herrn, daß auch ich
bald kommen kann.

25 Ich hielt es aber für notwendig, Epaphroditus, meinen
Bruder, Mitarbeiter und Mitstreiter, euren Abgesandten
und Helfer in meiner Not, zu euch zu schicken. 26 Er
sehnte sich danach, euch alle wiederzusehen, und war be-
unruhigt, weil ihr gehört hattet, daß er krank geworden
war. 27 Er war tatsächlich so krank, daß er dem Tod nahe
war. Aber Gott hatte Erbarmen mit ihm, und nicht nur mit
ihm, sondern auch mit mir, damit ich nicht vom Kummer
überwältigt würde. 28 Um so mehr beeile ich mich, ihn zu
schicken, damit ihr euch wieder freut, wenn ihr ihn seht,
und auch ich weniger Kummer habe. 29 Nehmt ihn also im
Herrn mit aller Freude auf, und haltet Menschen wie ihn in
Ehren, 30 denn wegen seiner Arbeit für Christus kam er
dem Tod nahe. Er hat sein Leben aufs Spiel gesetzt, um zu
vollenden, was an eurem Dienst für mich noch gefehlt hat.

DAS LEBEN DES CHRISTEN – DAS VORBILD DES APOSTELS: 3,1–4,9

Standhaftigkeit im Glauben: 3,1–6

2,18; 4,4 3 Vor allem, meine Brüder, freut euch im Herrn! Euch
immer das gleiche zu schreiben wird mir nicht lästig,
euch aber macht es sicher. 2 Gebt acht auf diese Hunde,
gebt acht auf die falschen Lehrer, gebt acht auf die Ver-
schnittenen! 3 Denn die Beschnittenen sind wir, die wir im
Geist Gottes dienen und uns in Christus Jesus rühmen und
nicht auf irdische Vorzüge vertrauen, 4 obwohl ich mein
2 Kor 11,18.22 Vertrauen auch auf irdische Vorzüge setzen könnte. Wenn
ein anderer meint, er könne auf irdische Vorzüge vertrau-
en, so könnte ich es noch mehr. 5 Ich wurde am achten Tag
beschnitten, bin aus dem Volk Israel, vom Stamm Benja-
min, ein Hebräer von Hebräern, lebte als Pharisäer nach
dem Gesetz, 6 verfolgte voll Eifer die Kirche und war unta-
delig in der Gerechtigkeit, wie sie das Gesetz vorschreibt.

Sehnsucht nach voller Gemeinschaft mit Christus: 3,7–21

7 Doch was mir damals ein Gewinn war, das habe ich um
Christi willen als Verlust erkannt. 8 Ja noch mehr: ich sehe
alles als Verlust an, weil die Erkenntnis Christi Jesu, mei-
nes Herrn, alles übertrifft. Seinetwegen habe ich alles auf-
gegeben und halte es für Unrat, um Christus zu gewinnen
Röm 1,17; 3,21 9 und in ihm zu sein. Nicht meine eigene Gerechtigkeit
suche ich, die aus dem Gesetz hervorgeht, sondern jene,
die durch den Glauben an Christus kommt, die Gerechtig-
Röm 6,3–5 keit, die Gott aufgrund des Glaubens schenkt. 10 Christus
will ich erkennen und die Macht seiner Auferstehung und
die Gemeinschaft mit seinen Leiden; sein Tod soll mich
prägen. 11 So hoffe ich, auch zur Auferstehung von den To-
ten zu gelangen.

12 Nicht daß ich es schon erreicht hätte oder daß ich
schon vollendet wäre. Aber ich strebe danach, es zu ergrei-
fen, weil auch ich von Christus Jesus ergriffen worden bin.
13 Brüder, ich bilde mir nicht ein, daß ich es schon ergriffen
hätte. Eines aber tue ich: Ich vergesse, was hinter mir liegt,
und strecke mich nach dem aus, was vor mir ist. 14 Das
Ziel vor Augen, jage ich nach dem Siegespreis: der himmli-
schen Berufung, die Gott uns in Christus Jesus schenkt.

3,2 die falschen Lehrer, wörtlich: die schlechten Arbeiter. – »Verschnitten« bedeutet soviel wie »kastriert«; ironische Anspielung auf die Beschneidung (vgl. Gal 5,12).

15 Das wollen wir bedenken, wir Vollkommenen. Und
wenn ihr anders über etwas denkt, wird Gott euch auch das
offenbaren. 16 Nur müssen wir festhalten, was wir erreicht
haben.
17 Ahmt auch ihr mich nach, Brüder, und achtet auf jene, 1 Kor 11,1
die nach dem Vorbild leben, das ihr an uns habt. 18 Denn
viele – von denen ich oft zu euch gesprochen habe, doch
jetzt unter Tränen spreche – leben als Feinde des Kreuzes
Christi. 19 Ihr Ende ist das Verderben, ihr Gott der Bauch; Röm 16,18
ihr Ruhm besteht in ihrer Schande; Irdisches haben sie im
Sinn. 20 Unsere Heimat aber ist im Himmel. Von dorther Hebr 12,22
erwarten wir auch Jesus Christus, den Herrn, als Retter,
21 der unseren armseligen Leib verwandeln wird in die Ge-
stalt seines verherrlichten Leibes, in der Kraft, mit der er
sich alles unterwerfen kann.

Christliche Grundhaltungen: 4,1–9

4 Darum, meine geliebten Brüder, nach denen ich mich
sehne, meine Freude und mein Ehrenkranz, steht fest
in der Gemeinschaft mit dem Herrn, liebe Brüder. 2 Ich
ermahne Evodia, und ich ermahne Syntyche, einmütig zu
sein im Herrn. 3 Ja, ich bitte auch dich, treuer Gefährte,
nimm dich ihrer an! Sie haben mit mir für das Evangelium
gekämpft, zusammen mit Klemens und meinen anderen
Mitarbeitern. Ihre Namen stehen im *Buch des Lebens.* Ps 69,29; Offb 3,5
4 Freut euch im Herrn zu jeder Zeit! Noch einmal sage 3,1
ich: Freut euch! 5 Eure Güte werde allen Menschen be-
kannt. Der Herr ist nahe. 6 Sorgt euch um nichts, sondern 1 Kor 7,29;
bringt in jeder Lage betend und flehend eure Bitten mit 1 Petr 4,7
Dank vor Gott! 7 Und der Friede Gottes, der alles Verste-
hen übersteigt, wird eure Herzen und eure Gedanken in der
Gemeinschaft mit Christus Jesus bewahren. 8 Schließlich,
Brüder: Was immer wahrhaft, edel, recht, was lauter, lie-
benswert, ansprechend ist, was Tugend heißt und lobens-
wert ist, darauf seid bedacht! 9 Was ihr gelernt und ange-
nommen, gehört und an mir gesehen habt, das tut! Und der Röm 15,33
Gott des Friedens wird mit euch sein.

DANK DES APOSTELS: 4,10–20

10 Ich habe mich im Herrn besonders gefreut, daß ihr
eure Sorge für mich wieder einmal entfalten konntet. Ihr
hattet schon daran gedacht, aber es fehlte euch die Gele-

4,3 treuer Gefährte: im griechischen Text steht Syzygos, was auch männlicher Eigenname sein könnte.

genheit dazu. 11 Ich sage das nicht, weil ich etwa Mangel
leide. Denn ich habe gelernt, mich in jeder Lage zurechtzu-
finden: 12 Ich weiß Entbehrungen zu ertragen, ich kann im
Überfluß leben. In jedes und alles bin ich eingeweiht: in
Sattsein und Hungern, Überfluß und Entbehrung. 13 Alles
vermag ich durch ihn, der mir Kraft gibt. 14 Trotzdem habt
ihr recht daran getan, an meiner Bedrängnis teilzunehmen.
15 Ihr wißt selbst, ihr Philipper, daß ich beim Beginn der
Verkündigung des Evangeliums, als ich aus Mazedonien
aufbrach, mit keiner Gemeinde durch Geben und Nehmen
verbunden war außer mit euch 16 und daß ihr mir in Thes-
salonich und auch sonst das eine und andere Mal etwas ge-
schickt habt, um mir zu helfen. 17 Es geht mir nicht um die
Gabe, es geht mir um den Gewinn, der euch mit Zinsen
gutgeschrieben wird. 18 Ich habe alles empfangen und habe
jetzt mehr als genug. Mir fehlt nichts mehr, seit ich von
Epaphroditus eure Gaben erhielt, ein schönes Opfer, eine
angenehme Opfergabe, die Gott gefällt. 19 Mein Gott aber
wird euch durch Christus Jesus alles, was ihr nötig habt,
aus dem Reichtum seiner Herrlichkeit schenken. 20 Unse-
Röm 16,27 rem Gott und Vater sei die Ehre in alle Ewigkeit! Amen.

DER SCHLUSS DES BRIEFES: GRÜSSE UND SEGENSWUNSCH: 4,21–23

21 Grüßt jeden Heiligen in Christus Jesus! Es grüßen
euch die Brüder, die bei mir sind. 22 Es grüßen euch alle
Heiligen, besonders die aus dem Haus des Kaisers. 23 Die
Gnade Jesu Christi, des Herrn, sei mit eurem Geist!

4,18 ein schönes Opfer, wörtlich: einen wohlriechenden Duft.

Der Brief an die Kolosser

Kolossä war eine Stadt im westlichen Teil Kleinasiens (Phrygien), am Oberlauf des Flusses Lykos. In diesem Gebiet missionierte nicht Paulus, sondern in seinem Auftrag Epaphras, der im Brief lobend erwähnt wird (1,7f; 4,12f). Paulus ist der Gemeinde persönlich nicht bekannt (2,1). Der gedankliche Abstand zu den älteren Paulusbriefen macht es wahrscheinlich, daß der Brief spät, entweder in der Gefangenschaft des Apostels in Cäsarea (Apg 23,33–26,32) um 57–59 oder in Rom nach 59–60 n. Chr. (Apg 28,16–31), abgefaßt wurde. Manche Forscher halten den Brief für das Schreiben eines Paulusschülers. Den Anlaß des Schreibens bildete eine in die Gemeinde eingedrungene Irrlehre, die eine merkwürdige Frömmigkeit in Verbindung mit Schicksalsglauben und Verehrung von Gestirnen vertrat, den Christusglauben jedoch bestehen ließ. Durch den Brief soll die Gemeinde zu der durch Epaphras vermittelten apostolischen Lehre zurückgeführt werden.

Nach Dank und Fürbitte (1,3–11) erinnert der Apostel die Gemeinde mit einem Christuslied (1,12–20) an das verpflichtende Bekenntnis. Die Gedanken des Liedes werden auf die Gemeinde bezogen (1,21–23) und im Hinblick auf den Apostel und auf Christus vertieft (1,24–2,7). Es schließt sich die Warnung vor den Irrlehrern an, in der die Kolosser an die Gaben erinnert werden, die sie in der Taufe empfangen haben (2,8–23). Ein weiterer Teil enthält Ermahnungen für Getaufte (3,1–17), Belehrungen in Form einer »Haustafel«, die sich an die verschiedenen Stände richten (3,18–4,1), und Weisungen für die gesamte Gemeinde (4,2–6). Eine lange Liste von Grüßen und einzelnen persönlichen Anweisungen beendet das Schreiben (4,7–18).

Für den Glauben der Kirche gewann der Brief Bedeutung wegen seiner Aussagen über Christus, die im Christuslied zusammengefaßt sind.

ANSCHRIFT UND GRUSS: 1,1–2

Eph 1,1 1 Paulus, durch den Willen Gottes Apostel Christi Jesu,
Röm 1,7 und der Bruder Timotheus 2 an die heiligen Brüder in
Kolossä, die an Christus glauben. Gnade sei mit euch und
Friede von Gott, unserem Vater.

GOTTES HEILSPLAN: 1,3–23

Dank für die Gemeinde: 1,3–8

Eph 1,15f 3 Wir danken Gott, dem Vater Jesu Christi, unseres
Herrn, jedesmal, wenn wir für euch beten. 4 Denn wir ha-
ben von eurem Glauben an Christus Jesus gehört und von
der Liebe, die ihr zu allen Heiligen habt, 5 weil im Himmel
die Erfüllung eurer Hoffnung für euch bereitliegt. Schon
früher habt ihr davon gehört durch das wahre Wort des
Evangeliums, 6 das zu euch gelangt ist. Wie in der ganzen
Welt, so trägt es auch bei euch Frucht und wächst seit dem
Tag, an dem ihr den Ruf der göttlichen Gnade vernommen
Phlm 23 und in Wahrheit erkannt habt. 7 So habt ihr es von Epa-
phras, unserem geliebten Mitarbeiter, gelernt. Er ist an un-
serer Stelle ein treuer Diener Christi, 8 und er hat uns auch
von der Liebe berichtet, die der Geist in euch bewirkt hat.

Fürbitte für die Gemeinde: 1,9–11

Eph 1,15–17 9 Seit dem Tag, an dem wir davon erfahren haben, hören
wir nicht auf, inständig für euch zu beten, daß ihr in aller
Weisheit und Einsicht, die der Geist schenkt, den Willen
des Herrn ganz erkennt. 10 Denn ihr sollt ein Leben führen,
das des Herrn würdig ist und in allem sein Gefallen findet.
Ihr sollt Frucht bringen in jeder Art von guten Werken und
wachsen in der Erkenntnis Gottes. 11 Er gebe euch in der
Macht seiner Herrlichkeit viel Kraft, damit ihr in allem
Geduld und Ausdauer habt.

1,7 Epaphras hatte als Missionar das Evangelium nach Kolossä gebracht.

Loblied auf Christus, das Ebenbild Gottes: 1,12–20

12 Dankt dem Vater mit Freude! Er hat euch fähig ge-
macht, Anteil zu haben am Los der Heiligen, die im Licht
sind.
13 Er hat uns der Macht der Finsternis entrissen und auf-
genommen in das Reich seines geliebten Sohnes. 14 Durch
ihn haben wir die Erlösung, die Vergebung der Sünden. Eph 1,7

15 Er ist das Ebenbild des unsichtbaren Gottes, 2 Kor 4,4
der Erstgeborene der ganzen Schöpfung.
16 Denn in ihm wurde alles erschaffen
im Himmel und auf Erden,
das Sichtbare und das Unsichtbare,
Throne und Herrschaften, Mächte und Gewalten; Eph 1,21
alles ist durch ihn und auf ihn hin geschaffen.
17 Er ist vor aller Schöpfung,
in ihm hat alles Bestand.
18 Er ist das Haupt des Leibes, Eph 1,22f
der Leib aber ist die Kirche.
Er ist der Ursprung,
der Erstgeborene der Toten;
so hat er in allem den Vorrang.
19 Denn Gott wollte mit seiner ganzen Fülle
in ihm wohnen,
20 um durch ihn alles zu versöhnen. Eph 1,10
Alles im Himmel und auf Erden
wollte er zu Christus führen,
der Friede gestiftet hat am Kreuz durch sein Blut.

Aufruf an die Gemeinde: 1,21–23

21 Auch ihr standet ihm einst fremd und feindlich ge- Eph 2,14–16
genüber; denn euer Sinn trieb euch zu bösen Taten. 22 Jetzt
aber hat er euch durch den Tod seines sterblichen Leibes
versöhnt, um euch heilig, untadelig und schuldlos vor sich
treten zu lassen. 23 Doch müßt ihr unerschütterlich und
unbeugsam am Glauben festhalten und dürft euch nicht
von der Hoffnung abbringen lassen, die euch das Evange-
lium schenkt. In der ganzen Schöpfung unter dem Himmel
wurde das Evangelium verkündet; ihr habt es gehört, und
ich, Paulus, diene ihm.

1,12 Mit den »Heiligen« sind hier wahrscheinlich die Engel gemeint.

1,15–20 Ein Hymnus, der Christus als den Mittler der Schöpfung und Erlösung preist. Der Hymnus wurde von Paulus vermutlich aus der frühchristlichen Liturgie übernommen.

DER APOSTEL UND DIE GEMEINDE: 1,24–2,23

Diener der Kirche für alle Menschen: 1,24–29

24 Jetzt freue ich mich in den Leiden, die ich für euch er-
trage. Für den Leib Christi, die Kirche, ergänze ich in mei-
nem irdischen Leben das, was an den Leiden Christi noch
fehlt. 25 Ich diene der Kirche durch das Amt, das Gott mir
übertragen hat, damit ich euch das Wort Gottes in seiner
Röm 16,25f; Fülle verkündige, 26 jenes Geheimnis, das seit ewigen Zei-
1 Kor 2,7; ten und Generationen verborgen war. Jetzt wurde es seinen
Eph 3,3.9 Heiligen offenbart; 27 Gott wollte ihnen zeigen, wie reich
und herrlich dieses Geheimnis unter den Völkern ist:
Christus ist unter euch, er ist die Hoffnung auf Herrlich-
keit. 28 Ihn verkündigen wir; wir ermahnen jeden Men-
Eph 4,13 schen und belehren jeden mit aller Weisheit, um dadurch
alle in der Gemeinschaft mit Christus vollkommen zu
machen. 29 Dafür kämpfe ich unter vielen Mühen; denn
seine Kraft wirkt mit großer Macht in mir.

Der Glaube der Gemeinde: 2,1–7

2 Ihr sollt wissen, was für einen schweren Kampf ich für
euch und für die Gläubigen in Laodizea zu bestehen
habe, auch für alle anderen, die mich persönlich nie gese-
hen haben. 2 Dadurch sollen sie getröstet werden; sie sol-
len in Liebe zusammenhalten, um die tiefe und reiche Ein-
sicht zu erlangen und das göttliche Geheimnis zu erken-
Jes 45,3; nen, das Christus ist. 3 In ihm sind alle Schätze der Weis-
Spr 2,2f heit und Erkenntnis verborgen. 4 Das sage ich, damit euch
niemand durch Überredungskünste täuscht. 5 Auch wenn
ich fern von euch weile, bin ich im Geist bei euch. Mit
Freude sehe ich, wie fest und geordnet euer Glaube an
Christus ist. 6 Ihr habt Christus Jesus als Herrn angenom-
Eph 2,20; 3,17 men. Darum lebt auch in ihm! 7 Bleibt in ihm verwurzelt
und auf ihn gegründet, und haltet an dem Glauben fest, in
dem ihr unterrichtet wurdet. Hört nicht auf zu danken!

Warnung vor Irrlehrern: 2,8–23

8 Gebt acht, daß euch niemand mit seiner Philosophie
und falschen Lehre verführt, die sich nur auf menschliche

1,24 Die Leiden, die der Apostel in Ausübung seines Amtes zu ertragen hat, werden im Blick auf den Tod Jesu als stellvertretender Dienst für die Kirche gedeutet.

2,8 Die Verehrung und Anerkennung der »Elementarmächte« wurde von manchen Irrlehrern gefordert (vgl. die Anmerkung zu Gal 4,3).

Überlieferung stützen und sich auf die Elementarmächte
der Welt, nicht auf Christus berufen. 9 Denn in ihm allein
wohnt wirklich die ganze Fülle Gottes. 10 Durch ihn seid
auch ihr davon erfüllt; denn er ist das Haupt aller Mächte
und Gewalten. 11 In ihm habt ihr eine Beschneidung emp-
fangen, die man nicht mit Händen vornimmt, nämlich die
Beschneidung, die Christus gegeben hat. Wer sie empfängt,
sagt sich los von seinem vergänglichen Körper. 12 Mit
Christus wurdet ihr in der Taufe begraben, mit ihm auch Röm 6,4
auferweckt, durch den Glauben an die Kraft Gottes, der ihn
von den Toten auferweckt hat. 13 Ihr wart tot infolge eurer Eph 2,1.5
Sünden, und euer Leib war unbeschnitten; Gott aber hat
euch mit Christus zusammen lebendig gemacht und uns
alle Sünden vergeben. 14 Er hat den Schuldschein, der ge-
gen uns sprach, durchgestrichen und seine Forderungen,
die uns anklagten, aufgehoben. Er hat ihn dadurch getilgt,
daß er ihn an das Kreuz geheftet hat. 15 Die Fürsten und Eph 1,21
Gewalten hat er entwaffnet und öffentlich zur Schau ge-
stellt; durch Christus hat er über sie triumphiert.

16 Darum soll euch niemand verurteilen wegen Speise
und Trank oder wegen eines Festes, ob Neumond oder
Sabbat. 17 Das alles ist nur ein Schatten von dem, was Hebr 8,5;
kommen wird, die Wirklichkeit aber ist Christus. 18 Nie- 10,1
mand soll euch verachten, der sich in scheinbarer Demut
auf die Verehrung beruft, die er den Engeln erweist, der mit
Visionen prahlt und sich ohne Grund nach weltlicher Art
wichtig macht. 19 Er hält sich nicht an das Haupt, von dem
aus der ganze Leib durch Gelenke und Bänder versorgt und Eph 2,22;
zusammengehalten wird und durch Gottes Wirken 4,16
wächst. 20 Wenn ihr mit Christus gestorben seid und euch
von den Elementen der Welt losgesagt habt, warum laßt
ihr euch dann, als würdet ihr noch in der Welt leben, vor-
schreiben: 21 Berühre das nicht, iß nicht davon, faß das
nicht an! 22 Das alles wird verbraucht und dadurch ver-
nichtet. *Menschliche Satzungen und Lehren* sind es. Jes 29,13 G
23 Man sagt zwar, in ihnen liege Weisheit, es sei ein beson-
derer Kult, ein Zeichen von Demut, seinen Körper zu ka-
steien. Doch es bringt keine Ehre ein, sondern befriedigt
nur die irdische Eitelkeit.

2,11 Die Beschneidung, die Christus gegeben hat: Umschreibung für die Taufe. Der Satz richtet sich vermutlich gegen Irrlehrer, die verlangten, daß man sich auch körperlich beschneiden lasse.

2,16–18 Zur Verehrung der Gestirne, wie sie die Irrlehrer forderten, gehörte die Beachtung verschiedener anderer Vorschriften, z. B. die Einhaltung von Speisegeboten und heiligen Zeiten.

WORTE DER MAHNUNG AN DIE GETAUFTEN: 3,1–4,6

Der alte und der neue Mensch: 3,1–17

Eph 2,6 **3** Ihr seid mit Christus auferweckt; darum strebt nach
Ps 110,1 dem, was im Himmel ist, wo Christus *zur Rechten*
Gottes sitzt. 2 Richtet euren Sinn auf das Himmlische und
nicht auf das Irdische! 3 Denn ihr seid gestorben, und euer
Leben ist mit Christus verborgen in Gott. 4 Wenn Chri-
stus, unser Leben, offenbar wird, dann werdet auch ihr mit
ihm offenbar werden in Herrlichkeit.
Mt 15,19; Röm 1,29f; Gal 5,19f 5 Darum tötet, was irdisch an euch ist: die Unzucht, die
Schamlosigkeit, die Leidenschaft, die bösen Begierden und
die Habsucht, die ein Götzendienst ist. 6 All das zieht den
Zorn Gottes nach sich. 7 Früher seid auch ihr darin gefan-
gen gewesen und habt euer Leben davon beherrschen las-
Eph 4,31 sen. 8 Jetzt aber sollt ihr das alles ablegen: Zorn, Wut und
Bosheit; auch Lästerungen und Zoten sollen nicht mehr
über eure Lippen kommen. 9 Belügt einander nicht; denn
Eph 4,22–24 ihr habt den alten Menschen mit seinen Taten abgelegt
10 und seid zu einem neuen Menschen geworden, der nach
Gen 1,26f dem Bild seines Schöpfers erneuert wird, um ihn zu erken-
Gal 3,28 nen. 11 Wo das geschieht, gibt es nicht mehr Griechen oder
Juden, Beschnittene oder Unbeschnittene, Fremde, Sky-
then, Sklaven oder Freie, sondern Christus ist alles und in
Eph 4,32 allen. 12 Ihr seid von Gott geliebt, seid seine auserwählten
Heiligen. Darum bekleidet euch mit aufrichtigem Erbar-
men, mit Güte, Demut, Milde, Geduld! 13 Ertragt euch ge-
genseitig, und vergebt einander, wenn einer dem andern
etwas vorzuwerfen hat. Wie der Herr euch vergeben hat, so
Eph 4,3f vergebt auch ihr! 14 Vor allem aber liebt einander, denn die
Liebe ist das Band, das alles zusammenhält und vollkom-
men macht. 15 In eurem Herzen herrsche der Friede Chri-
Röm 12,5 sti; dazu seid ihr berufen als Glieder des einen Leibes. Seid
dankbar! 16 Das Wort Christi wohne mit seinem ganzen
Reichtum bei euch. Belehrt und ermahnt einander in aller
Eph 5,19 Weisheit! Singt Gott in eurem Herzen Psalmen, Hymnen
und Lieder, wie sie der Geist eingibt, denn ihr seid in Got-
tes Gnade. 17 Alles, was ihr in Worten und Werken tut, ge-
schehe im Namen Jesu, des Herrn. Durch ihn dankt Gott,
dem Vater!

3,6 Nach anderen Textzeugen: Wegen all dem kommt der Zorn Gottes über die Ungehorsamen; vgl. Eph 5,6.

Christliche Hausordnung: 3,18–4,1

18 Ihr Frauen, ordnet euch euren Männern unter, wie es *3,18–4,1:*
sich im Herrn geziemt. 19 Ihr Männer, liebt eure Frauen, Eph 5,22–6,9;
und seid nicht aufgebracht gegen sie! 20 Ihr Kinder, ge- 1 Petr 2,18–3,7
horcht euren Eltern in allem; denn so ist es gut und recht
im Herrn. 21 Ihr Väter, schüchtert eure Kinder nicht ein,
damit sie nicht mutlos werden. 22 Ihr Sklaven, gehorcht
euren irdischen Herren in allem! Arbeitet nicht nur, um
euch bei den Menschen einzuschmeicheln und ihnen zu
gefallen, sondern fürchtet den Herrn mit aufrichtigem
Herzen! 23 Tut eure Arbeit gern, als wäre sie für den Herrn
und nicht für Menschen; 24 ihr wißt, daß ihr vom Herrn
euer Erbe als Lohn empfangen werdet. Dient Christus,
dem Herrn! 25 Wer Unrecht tut, wird dafür seine Strafe er-
halten, ohne Ansehen der Person. Röm 2,11

4 Ihr Herren, gebt den Sklaven, was recht und billig ist;
ihr wißt, daß auch ihr im Himmel einen Herrn habt.

Mahnungen an alle: 4,2–6

2 Laßt nicht nach im Beten; seid dabei wachsam und Eph 6,18f
dankbar! 3 Betet auch für uns, damit Gott uns eine Tür öff-
net für das Wort und wir das Geheimnis Christi predigen
können, für das ich im Gefängnis bin; 4 betet, daß ich es
wieder offenbaren und verkündigen kann, wie es meine
Pflicht ist. 5 Seid weise im Umgang mit den Außenstehen-
den, nutzt die Zeit! 6 Eure Worte seien immer freundlich,
doch mit Salz gewürzt; denn ihr müßt jedem in der rechten
Weise antworten können.

DER SCHLUSS DES BRIEFES: PERSÖNLICHE MITTEILUNGEN UND GRÜSSE: 4,7–18

7 Wie es mir geht, wird euch der geliebte Bruder Tychi- Eph 6,21f
kus ausführlich berichten. Er ist mein treuer Helfer und
dient mit mir dem Herrn. 8 Ich schicke ihn eigens zu euch,
damit ihr alles über uns erfahrt und damit er euch Mut zu-
spricht. 9 Er kommt mit Onesimus, dem treuen und ge- Phlm 10
liebten Bruder, der ja einer von euch ist. Sie werden euch
über alles berichten, was hier vor sich geht.

10 Es grüßt euch Aristarch, der mit mir im Gefängnis ist,
und Markus, der Vetter des Barnabas. Seinetwegen habt ihr
schon Anweisungen erhalten. Wenn er zu euch kommt,

4,9 Onesimus ist der in Phlm 10–12 erwähnte Sklave des Philemon.

nehmt ihn auf! 11 Auch Jesus, genannt Justus, grüßt euch.
Von den Juden sind sie die einzigen, die mit mir für das
Reich Gottes arbeiten; durch sie bin ich getröstet worden.
1,7 12 Es grüßt euch euer Epaphras, der Knecht Christi Jesu.
Immer kämpft er für euch im Gebet, daß ihr vollkommen
werdet und ganz durchdrungen seid vom Willen Gottes.
13 Ich bezeuge, daß er sich große Mühe gibt um euch und
um die Gläubigen in Laodizea und Hierapolis. 14 Auch der
2 Tim 4,11 Arzt Lukas, unser lieber Freund, und Demas grüßen euch.
15 Grüßt die Brüder in Laodizea, auch Nympha und die
Gemeinde in ihrem Haus. 16 Wenn der Brief bei euch vorgelesen worden ist, sorgt dafür, daß er auch in der Gemeinde von Laodizea bekannt wird, und den Brief an die
Laodizener lest auch bei euch vor! 17 Sagt dem Archippus:
Achte darauf, daß du den Dienst erfüllst, den du im Auftrag
des Herrn übernommen hast.
1 Kor 16,21; Eph 3,1 18 Den Gruß schreibe ich, Paulus, eigenhändig. Denkt an
meine Fesseln! Die Gnade sei mit euch!

4,13 Hierápolis ist eine phrygische Stadt nördlich von Kolossä.

4,15 Nach anderen Textzeugen: auch Nymphas und die Gemeinde in seinem Haus.

4,16 Der Brief an die Gemeinde von Laodizea ist verlorengegangen.

Der erste Brief an die Thessalonicher

Der erste Brief an die Gemeinde von Thessalonich ist der älteste der uns erhaltenen Paulusbriefe. Paulus hatte auf seiner zweiten Missionsreise zusammen mit Timotheus die Gemeinde von Thessalonich um das Jahr 50 n. Chr. gegründet, mußte aber nach kurzem Wirken die Stadt verlassen (vgl. Apg 17,1–9). Von Athen aus schickte er Timotheus nach Thessalonich zurück, um sich über den Stand der jungen Gemeinde zu unterrichten. In Korinth (Apg 18,1–6) traf er mit Timotheus wieder zusammen und schrieb den uns vorliegenden Brief.

Der 1. Thessalonicherbrief ist ein echt seelsorgliches Schreiben, das seine Existenz einer bestimmten Situation des Apostels und der Gemeinde verdankt. Der erste Teil (1,2–3,13) blickt voll Dank zurück auf die Gründung der Gemeinde und die inzwischen vergangene Zeit. Der zweite Teil (4,1–5,22) enthält apostolische Mahnungen und Belehrungen: Aufforderung zur Heiligung des Lebens (4,1–12), Auskunft über die Hoffnung der Christen (4,13–18), Mahnung zur Wachsamkeit angesichts der zeitlich nicht bestimmbaren Ankunft des Herrn (5,1–11), Anweisungen für das Gemeindeleben (5,12–22).

Die Bedeutung des Briefs liegt in den Aussagen über die Missionspredigt vor Heiden (1,2–10), über das Wort Gottes (2,13), die Heiligung des Lebens (4,1–12) und die Erwartung der Wiederkunft Christi (4,13–5,10).

ANSCHRIFT UND GRUSS: 1,1

2 Thess 1,1 **1** Paulus, Silvanus und Timotheus an die Gemeinde
von Thessalonich, die in Gott, dem Vater, und in Je-
sus Christus, dem Herrn, ist: Gnade sei mit euch und Frie-
de.

DER APOSTEL UND DIE GEMEINDE: 1,2–3,13

Die Thessalonicher – ein Vorbild für die Heidenchristen: 1,2–10

2 Thess 1,3 2 Wir danken Gott für euch alle, sooft wir in unseren Ge-
beten an euch denken; 3 unablässig erinnern wir uns vor
Gott, unserem Vater, an das Werk eures Glaubens, an die
Opferbereitschaft eurer Liebe und an die Standhaftigkeit
eurer Hoffnung auf Jesus Christus, unseren Herrn. 4 Wir
2 Thess 2,13 wissen, von Gott geliebte Brüder, daß ihr erwählt seid.
5 Denn wir haben euch das Evangelium nicht nur mit Wor-
ten verkündet, sondern auch mit Macht und mit dem Hei-
ligen Geist und mit voller Gewißheit; ihr wißt selbst, wie
wir bei euch aufgetreten sind, um euch zu gewinnen. 6 Und
ihr seid unserem Beispiel gefolgt und dem des Herrn; ihr
habt das Wort trotz großer Bedrängnis mit der Freude auf-
genommen, die der Heilige Geist gibt. 7 So wurdet ihr ein
Phil 3,17 Vorbild für alle Gläubigen in Mazedonien und in Achaia.

1,1 Thessalonich (Thessaloniki) war in römischer Zeit Hauptstadt der Provinz Mazedonien. Wegen ihrer günstigen Lage an der Rom mit Byzanz verbindenden Fernstraße »Via Egnatia« war sie ein bedeutender Handelsplatz. – Silvanus (latinisierte Form des Namens Silas) stammte aus der Jerusalemer Urgemeinde. Er kam nach Antiochia, von wo Paulus ihn auf die zweite Missionsreise mitnahm (Apg 15,40). – Timotheus, Sohn eines heidnischen Vaters und einer judenchristlichen Mutter mit Namen Eunike, wohl schon auf der ersten Missionsreise von Paulus zum Glauben bekehrt, begleitete den Apostel von Lystra an auf seiner zweiten Reise (vgl. Apg 16,1–3; 2 Tim 1,5).

1,3 Zur Dreiheit Glaube-Hoffnung-Liebe vgl. 5,8; 1 Kor 13,13; Eph 1,16–18; Kol 1,4–5; Hebr 10,22–24.

1,6 Die Bedrängnis war durch die von Juden angezettelte Verfolgung verursacht (vgl. Apg 17,5–9 und 1 Thess 4,14).

8 Von euch aus ist das Wort des Herrn aber nicht nur nach
Mazedonien und Achaia gedrungen, sondern überall ist
euer Glaube an Gott bekannt geworden, so daß wir darüber
nichts mehr zu sagen brauchen. 9 Denn man erzählt sich
überall, welche Aufnahme wir bei euch gefunden haben
und wie ihr euch von den Götzen zu Gott bekehrt habt, um Apg 14,15;
dem lebendigen und wahren Gott zu dienen 10 und seinen Joh 17,3
Sohn vom Himmel her zu erwarten, Jesus, den er von den Apg 17,31;
Toten auferweckt hat und der uns dem kommenden Ge- Tit 2,13
richt Gottes entreißt.

Rückblick auf das erste Wirken des Apostels: 2,1–12

2 Ihr wißt selbst, Brüder, daß wir nicht vergebens zu
euch gekommen sind. 2 Wir hatten vorher in Philippi
viel zu leiden und wurden mißhandelt, wie ihr wißt; den-
noch haben wir im Vertrauen auf unseren Gott das Evange-
lium Gottes trotz harter Kämpfe freimütig und furchtlos
bei euch verkündet. 3 Denn wir predigen nicht, um euch ir-
rezuführen, in schmutziger Weise auszunutzen oder zu be-
trügen, 4 sondern wir tun es, weil Gott uns geprüft und uns
das Evangelium anvertraut hat, nicht also um den Men-
schen, sondern um Gott zu gefallen, der unsere *Herzen* Jer 11,20
prüft. 5 Nie haben wir mit unseren Worten zu schmeicheln
versucht, das wißt ihr, und nie haben wir aus versteckter
Habgier gehandelt, dafür ist Gott Zeuge. 6 Wir haben auch
keine Ehre bei den Menschen gesucht, weder bei euch
noch bei anderen, 7 obwohl wir als Apostel Christi unser
Ansehen hätten geltend machen können. Im Gegenteil,
wir sind euch freundlich begegnet: Wie eine Mutter für
ihre Kinder sorgt, 8 so waren wir euch zugetan und wollten
euch nicht nur am Evangelium Gottes teilhaben lassen,
sondern auch an unserem eigenen Leben; denn ihr wart
uns sehr lieb geworden. 9 Ihr erinnert euch, Brüder, wie wir
uns gemüht und geplagt haben. Bei Tag und Nacht haben Apg 20,34;
wir gearbeitet, um keinem von euch zur Last zu fallen, und 1 Kor 4,12;
haben euch so das Evangelium Gottes verkündet. 10 Ihr 9,12–18
seid Zeugen, und auch Gott ist Zeuge, wie gottgefällig, ge-
recht und untadelig wir uns euch, den Gläubigen, gegen-
über verhalten haben. 11 Ihr wißt auch, daß wir, wie ein Va- 1 Kor 4,15

1,10 dem kommenden Gericht Gottes, wörtlich: dem kommenden Zorn.

2,3–12 Paulus spielt wohl auf die Verdächtigungen an, die von seiten seiner Feinde gegen ihn ausgestreut werden.

2,9 Paulus arbeitete als Zeltmacher oder Zelttuchweber, um der Gemeinde nicht zur Last zu fallen (vgl. Apg 18,3).

Eph 4,1; Phil 1,27; 2 Thess 1,5; 1 Petr 5,10
ter seine Kinder, jeden einzelnen von euch 12 ermahnt, ermutigt und beschworen haben zu leben, wie es Gottes würdig ist, der euch zu seinem Reich und zu seiner Herrlichkeit beruft.

Die Aufnahme des Evangeliums durch die Gemeinde: 2,13–16

Hebr 4,2; Gal 1,11f; 2 Thess 2,13f
13 Darum danken wir Gott unablässig dafür, daß ihr das Wort Gottes, das ihr durch unsere Verkündigung empfangen habt, nicht als Menschenwort, sondern – was es in Wahrheit ist – als Gottes Wort angenommen habt; und jetzt ist es in euch, den Gläubigen, wirksam. 14 Denn, Brüder, ihr seid den Gemeinden Gottes in Judäa gleich geworden, die sich zu Christus Jesus bekennen. Ihr habt von euren Mitbürgern das gleiche erlitten wie jene von den Juden.
Mt 23,31f; Apg 2,23; 7,52; Röm 11,28; Mt 23,13
15 Diese haben sogar Jesus, den Herrn, und die Propheten getötet; auch uns haben sie verfolgt. Sie mißfallen Gott und sind Feinde aller Menschen; 16 sie hindern uns daran, den Heiden das Evangelium zu verkünden und ihnen so
Gen 15,16; Dan 8,23
das Heil zu bringen. Dadurch *machen sie* unablässig *das Maß ihrer Sünden voll.* Aber der ganze Zorn ist schon über sie gekommen.

Der verhinderte Besuch: 2,17–20

17 Für kurze Zeit, Brüder, sind wir verwaist, weil ihr uns fern seid, den Augen fern, nicht dem Herzen; deshalb haben wir uns in größter Sehnsucht um so eifriger bemüht, euch wiederzusehen. 18 Ja, wir hatten uns fest vorgenommen, zu euch zu kommen, und das wollte ich, Paulus, schon einige Male; aber der Satan hat uns daran gehindert. 19 Denn wer ist unsere Hoffnung, unsere Freude, der Kranz unseres Ruhmes vor Jesus, unserem Herrn, wenn er kommen wird? Nicht etwa auch ihr? 20 Ja, ihr seid unsere Ehre und Freude.

Die Entsendung des Timotheus: 3,1–5

Apg 17,14f
3 Darum hielten wir es nicht länger aus; wir beschlossen, allein in Athen zurückzubleiben, 2 und schickten Timotheus, unseren Bruder und Gottes Mitarbeiter am Evangelium Christi, um euch zu stärken und in eurem

---

2,15f Die Schärfe der Anklage gegen die Juden erklärt sich daraus, daß sie in allen Gemeinden die Missionsarbeit des Apostels zu stören versuchten.

3,1–5 Die von den Juden geschürten Feindseligkeiten und Verfolgungen haben offenbar auch nach dem Weggang des Apostels noch angehalten (vgl. 2,14). In ihnen erfüllte sich die Vorhersage des Herrn (vgl. Mt 10,17f; 24,9).

Glauben aufzurichten, 3 damit keiner wankt in diesen Be-
drängnissen. Ihr wißt selbst: Für sie sind wir bestimmt. 2 Tim 3,12;
4 Denn als wir noch bei euch waren, haben wir euch vor- 2 Thess 1,4
ausgesagt, daß wir in Bedrängnis geraten werden; und so ist
es, wie ihr wißt, auch eingetroffen. 5 Darum ertrug ich es
auch nicht länger; ich schickte Timotheus, um über euren
Glauben Gewißheit zu erhalten und zu erfahren, ob nicht
der Versucher euch in Versuchung geführt hat und unsere
Mühe vergeblich war.

Die Freude des Apostels über den Stand der Gemeinde: 3,6–10

6 Inzwischen ist aber Timotheus von euch zu uns zu- Apg 18,5
rückgekommen und hat uns gute Nachricht von eurem
Glauben und eurer Liebe gebracht; er hat uns auch berich-
tet, daß ihr uns stets in guter Erinnerung bewahrt und euch
danach sehnt, uns zu sehen, wie auch wir euch sehen
möchten. 7 Darum, Brüder, wurden wir beim Gedanken an
euch in all unserer Not und Bedrängnis durch euren Glau- 2 Thess 1,4
ben getröstet; 8 jetzt leben wir auf, weil ihr fest in der Ge-
meinschaft mit dem Herrn steht. 9 Wie können wir Gott
euretwegen genug danken für all die Freude, die uns um
euretwillen vor unserem Gott erfüllt? 10 Bei Tag und
Nacht bitten wir inständig darum, euch wiederzusehen
und an eurem Glauben zu ergänzen, was ihm noch fehlt.

Segenswunsch des Apostels: 3,11–13

11 Gott, unser Vater, und Jesus, unser Herr, mögen un-
sere Schritte zu euch lenken. 12 Euch aber lasse der Herr
wachsen und reich werden in der Liebe zueinander und zu
allen, wie auch wir euch lieben, 13 damit euer Herz gefe-
stigt wird und ihr ohne Tadel seid, geheiligt vor Gott, unse- 5,23;
rem Vater, wenn Jesus, unser Herr, mit allen seinen Heili- 2 Thess 1,7.10
gen kommt.

WEISUNGEN FÜR DAS CHRISTLICHE LEBEN: 4,1–5,22

Aufforderung zur Heiligung des Lebens: 4,1–12

4 Im übrigen, Brüder, bitten und ermahnen wir euch im
Namen Jesu, des Herrn: Ihr habt von uns gelernt, wie
ihr leben müßt, um Gott zu gefallen, und ihr lebt auch so;
werdet darin noch vollkommener! 2 Ihr wißt ja, welche

3,11 Erst auf der dritten Missionsreise konnte Paulus die Gemeinde wiedersehen (vgl. Apg 19,21; 20,1–4).

3,13 Unter den »Heiligen« sind hier Engel zu verstehen (vgl. Sach 14,5; Kol 1,12; Eph 2,19; Mt 25,31).

Ermahnungen wir euch im Auftrag Jesu, des Herrn, gege-
ben haben. 3 Das ist es, was Gott will: eure Heiligung. Das
bedeutet, daß ihr die Unzucht meidet, 4 daß jeder von euch
lernt, mit seiner Frau in heiliger und achtungsvoller Weise
zu verkehren, 5 nicht in leidenschaftlicher Begierde wie
Jer 10,25; Ps 79,6 *die Heiden, die Gott nicht kennen,* 6 und daß keiner seine
Rechte überschreitet und seinen Bruder bei Geschäften be-
Ps 94,1 trügt, denn all das rächt der Herr, wie wir euch schon frü-
2 Thess 2,13f her gesagt und bezeugt haben. 7 Denn Gott hat uns nicht
dazu berufen, unrein zu leben, sondern heilig zu sein.
8 Wer das verwirft, der verwirft also nicht Menschen, son-
Ez 36,27; 37,14 dern Gott, der euch *seinen* Heiligen *Geist schenkt.*
9 Über die Bruderliebe brauche ich euch nicht zu schrei-
ben; Gott selbst hat euch schon gelehrt, einander zu lie-
ben; 10 und danach handelt ihr auch an allen Brüdern in
ganz Mazedonien. Wir ermuntern euch aber, Brüder, darin
noch vollkommener zu werden. 11 Setzt eure Ehre darein,
ruhig zu leben, euch um die eigenen Aufgaben zu küm-
mern und mit euren Händen zu arbeiten, wie wir euch auf-
getragen haben. 12 So sollt ihr vor denen, die nicht zu euch
gehören, ein rechtschaffenes Leben führen und auf nie-
mand angewiesen sein.

Die Hoffnung der Christen: 4,13–18

13–17: 2 Thess 2,1–12 13 Brüder, wir wollen euch über die Verstorbenen nicht
in Unkenntnis lassen, damit ihr nicht trauert wie die ande-
ren, die keine Hoffnung haben. 14 Wenn Jesus – und das ist
1 Kor 15,3f.20f unser Glaube – gestorben und auferstanden ist, dann wird

---

4,4 Andere Übersetzungsmöglichkeit: daß jeder von euch seinen Leib in heiliger und ehrbarer Weise bewahrt. – Das griechische Wort für »Gefäß« kann in übertragener Bedeutung sowohl den Leib des Menschen als auch (in rabbinischer Ausdrucksweise) die Ehefrau bezeichnen.

4,6 Andere Übersetzungsmöglichkeit: und daß keiner sich gegen seinen Bruder in der betreffenden Sache Übergriffe erlaubt. – In diesem Fall wäre vom Ehebruch die Rede.

4,11f Die an die Müßiggänger gerichtete Mahnung wird in 2 Thess 3,6–12 wieder aufgenommen.

4,12 vor denen, die nicht zu euch gehören, wörtlich: vor den Außenstehenden (vgl. 1 Kor 5,12f).

4,13 Wie der Zusammenhang 4,13–18 zeigt, entsprang die Sorge der Thessalonicher um ihre Toten nicht einem Zweifel an der Auferstehung überhaupt, sondern der Ungewißheit, ob die bereits Verstorbenen ebenfalls am nahe erwarteten Tag des Herrn teilnehmen würden.

4,14 Andere Übersetzungsmöglichkeit: dann wird Gott auch die im Glauben an Jesus Verstorbenen zusammen mit ihm zur Herrlichkeit führen; vgl. 4,16: die in Christus Verstorbenen.

Gott durch Jesus auch die Verstorbenen zusammen mit
ihm zur Herrlichkeit führen. [15] Denn dies sagen wir euch
nach einem Wort des Herrn: Wir, die Lebenden, die noch 1 Kor 15,23.51f;
übrig sind, wenn der Herr kommt, werden den Verstorbe- Joh 17,24
nen nichts voraushaben. [16] Denn der Herr selbst wird vom
Himmel herabkommen, wenn der Befehl ergeht, der Erz-
engel ruft und die Posaune Gottes erschallt. Zuerst werden
die in Christus Verstorbenen auferstehen; [17] dann werden
wir, die Lebenden, die noch übrig sind, zugleich mit ihnen
auf den Wolken in die Luft entrückt, dem Herrn entgegen.
Dann werden wir immer beim Herrn sein. [18] Tröstet also
einander mit diesen Worten!

Aufforderung zur Bereitschaft für den Tag des Herrn: 5,1–11

5 Über Zeit und Stunde, Brüder, brauche ich euch nicht
zu schreiben. [2] Ihr selbst wißt genau, daß der Tag des Mt 24,43;
Herrn kommt wie ein Dieb in der Nacht. [3] Während die Lk 12,39;
Menschen sagen: Friede und Sicherheit!, kommt plötzlich 2 Petr 3,10; Offb 3,3; 16,15
Verderben über sie wie die Wehen über eine schwangere 3: Mt 24,38f;
Frau, und es gibt kein Entrinnen. [4] Ihr aber, Brüder, lebt Lk 21,34f
nicht im Finstern, so daß euch der Tag nicht wie ein Dieb
überraschen kann. [5] Ihr alle seid Söhne des Lichts und
Söhne des Tages. Wir gehören nicht der Nacht und nicht
der Finsternis. [6] Darum wollen wir nicht schlafen wie die Röm 13,11f
anderen, sondern wach und nüchtern sein. [7] Denn wer
schläft, schläft bei Nacht, und wer sich betrinkt, betrinkt
sich bei Nacht. [8] Wir aber, die dem Tag gehören, wollen
nüchtern sein und uns rüsten mit *dem Panzer* des Glau- Jes 59,17;
bens und der Liebe und mit *dem Helm* der Hoffnung auf Weish 5,18f;
das Heil. [9] Denn Gott hat uns nicht für das Gericht seines Eph 6,14–17
Zorns bestimmt, sondern dafür, daß wir durch Jesus Chri- 2 Thess 2,14
stus, unseren Herrn, das Heil erlangen. [10] Er ist für uns ge-
storben, damit wir vereint mit ihm leben, ob wir nun wa- 4,14; Röm 14,8f
chen oder schlafen. [11] Darum tröstet und ermahnt einan-
der, und einer richte den andern auf, wie ihr es schon tut.

Anweisungen für das Gemeindeleben: 5,12–22

[12] Wir bitten euch, Brüder: Erkennt die unter euch an, 1 Kor 16,15f
die sich solche Mühe geben, euch im Namen des Herrn zu

4,15–17 Aus diesen Versen spricht die starke Hoffnung des Paulus und der Gemeinde, die Ankunft des Herrn noch zu erleben (vgl. 5,1f; 2 Thess 1,1–12; 1 Kor 15,51f).

5,10 »Wachen« und »schlafen« beziehen sich hier nicht auf das sittliche Verhalten wie im Vers 6, sondern auf »leben« und »gestorben sein«.

leiten und zum Rechten anzuhalten. 13 Achtet sie hoch,
und liebt sie wegen ihres Wirkens! Haltet Frieden unter-
einander!

14 Wir ermahnen euch, Brüder: Weist die zurecht, die ein
unordentliches Leben führen, ermutigt die Ängstlichen,
nehmt euch der Schwachen an, seid geduldig mit allen!
Spr 20,22; 15 Seht zu, daß keiner dem andern Böses mit Bösem vergilt,
Röm 12,17; sondern bemüht euch immer, einander und allen Gutes zu
1 Petr 3,9 tun.

16 Freut euch zu jeder Zeit!
Lk 18,1; 17 Betet ohne Unterlaß!
Röm 12,12; 18 Dankt für alles; denn das will Gott von euch,
Eph 6,18; die ihr Christus Jesus gehört.
Kol 4,2
19 Löscht den Geist nicht aus!
20 Verachtet prophetisches Reden nicht!
1 Joh 4,1 21 Prüft alles, und behaltet das Gute!
Ijob 1,1.8; 2,3 22 Meidet das Böse in jeder Gestalt!

DER SCHLUSS DES BRIEFES: SEGEN UND GRUSS: 5,23–28

23 Der Gott des Friedens heilige euch ganz und gar und
bewahre euren Geist, eure Seele und euren Leib unver-
sehrt, damit ihr ohne Tadel seid, wenn Jesus Christus, un-
1 Kor 1,9; ser Herr, kommt. 24 Gott, der euch beruft, ist treu; er wird
2 Thess 3,3 es tun.
2 Thess 3,1 25 Brüder, betet auch für uns!
Röm 16,16 26 Grüßt alle Brüder mit dem heiligen Kuß!
Kol 4,16 27 Ich beschwöre euch beim Herrn, diesen Brief allen
Brüdern vorzulesen.
28 Die Gnade Jesu Christi, unseres Herrn, sei mit euch!

Der zweite Brief an die Thessalonicher

Anlaß für den Brief ist das Auftreten von Irrlehrern in der Gemeinde. Diese haben die Gemeinde in große Verwirrung gebracht mit der Behauptung, daß der Tag der Wiederkunft Christi schon da sei (2,2). Der Brief warnt die Thessalonicher vor diesen Schwärmern und belehrt sie über die Geschehnisse, die nach dem Plan Gottes dem Ende vorausgehen müssen. Dabei werden in starkem Maß Vorstellungen aufgegriffen, die im zeitgenössischen Judentum verbreitet waren.

Der Brief hat folgenden Aufbau: Paulus dankt für den guten Zustand der Gemeinde, weist auf das gerechte Gericht Gottes hin und bittet um die Vollendung der Thessalonicher in allem Guten (1,1–12). Vor dem Ende der Welt wird es zum großen Abfall von Gott kommen und der »Sohn des Verderbens, der Widersacher« (Antichrist) wird auftreten, der jetzt noch »zurückgehalten«, bei der Wiederkunft Christi aber vernichtet wird (2,1–12). Paulus ermahnt zum treuen Festhalten an den Überlieferungen und weist einzelne Gemeindemitglieder zurecht, die sich, offenkundig durch die Irrlehrer verführt, weigern, der täglichen Arbeit nachzugehen (2,13–3,15). Der Brief schließt mit dem üblichen Segensgruß (3,16–18).

Die Bedeutung des Briefs ist vor allem darin zu sehen, daß er angesichts der sich verzögernden Wiederkunft Christi dazu auffordert, im Glauben nicht nachzulassen (vgl. 2 Petr), und vor schwärmerischer Endzeiterwartung warnt.

ANSCHRIFT UND GRUSS: 1,1–2

1 Thess 1,1 **1** Paulus, Silvanus und Timotheus an die Gemeinde
von Thessalonich, die in Gott, unserem Vater, und in
Röm 1,7 Jesus Christus, dem Herrn, ist: 2 Gnade sei mit euch und
Friede von Gott, dem Vater, und dem Herrn Jesus Christus.

DIE SORGE DES APOSTELS UM DIE GEMEINDE: 1,3–12

Die Bedrängnis der Thessalonicher und das gerechte Gericht Gottes: 1,3–10

1 Thess 1,2 3 Wir müssen Gott euretwegen immer danken, Brüder,
wie es recht ist, denn euer Glaube wächst, und die gegen-
seitige Liebe nimmt bei euch allen zu. 4 Wir können in den
Gemeinden Gottes mit Stolz auf euch hinweisen, weil ihr
Mk 4,17 im Glauben standhaft bleibt bei aller Verfolgung und Be-
5–10: drängnis, die ihr zu ertragen habt. 5 Dies ist ein Anzeichen
Röm 2,6–11; Phil 1,28 des gerechten Gerichtes Gottes; ihr sollt ja des Reiches
Gottes teilhaftig werden, für das ihr leidet. 6 Denn es ent-
spricht der Gerechtigkeit Gottes, denen mit Bedrängnis zu
vergelten, die euch bedrängen, 7 euch aber, den Bedräng-
1 Thess 3,13; 4,16 ten, zusammen mit uns Ruhe zu schenken, wenn Jesus,
der Herr, sich vom Himmel her offenbart mit seinen mäch-
Ex 3,2; tigen Engeln 8 in loderndem Feuer. Dann *übt er Vergeltung*
Jes 66,4.15; an denen, die Gott nicht kennen und dem Evangelium
Jer 10,25; Ps 79,6 Jesu, unseres Herrn, nicht gehorchen. 9 *Fern vom Ange-*
Jes 2,10.19.21 *sicht des Herrn und von seiner Macht und Herrlichkeit*
müssen sie sein, mit ewigem Verderben werden sie be-
Jes 2,11.17; straft, 10 wenn er an jenem Tag kommt, um inmitten sei-
Ps 89,8 ner Heiligen gefeiert und im Kreis aller derer bewundert zu
werden, die den Glauben angenommen haben; auch bei
euch hat ja unser Zeugnis Glauben gefunden.

Fürbitte des Apostels: 1,11–12

11 Darum beten wir auch immer für euch, daß unser
Gott euch eurer Berufung würdig mache und in seiner
Macht allen Willen zum Guten und jedes Werk des Glau-

bens vollende. 12 So soll der Name Jesu, unseres Herrn, in Jes 24,15;
euch verherrlicht werden und ihr in ihm, durch die Gnade Mal 1,11
unseres Gottes und Herrn Jesus Christus.

DIE CHRISTLICHE HOFFNUNG UND DER TAG DES HERRN: 2,1–17

Die Zeichen der Endzeit: 2,1–12

2 Brüder, wir schreiben euch über die Ankunft Jesu *1–12:*
Christi, unseres Herrn, und unsere Vereinigung mit 1 Thess 4,13–17
ihm und bitten euch: 2 Laßt euch nicht so schnell aus der
Fassung bringen und in Schrecken jagen, wenn in einem
prophetischen Wort oder einer Rede oder in einem Brief, V. 15; 3,17
der angeblich von uns stammt, behauptet wird, der Tag des
Herrn sei schon da. 3 Laßt euch durch niemand und auf
keine Weise täuschen! Denn zuerst muß der Abfall von 1 Tim 4,1;
Gott kommen und der Mensch der Gesetzwidrigkeit er- 1 Joh 2,18; 4,3
scheinen, der Sohn des Verderbens, 4 der Widersacher, der
sich über alles, was Gott oder Heiligtum heißt, so sehr er- Dan 11,36;
hebt, daß er sich sogar in den Tempel Gottes setzt und sich Ez 28,2
als Gott ausgibt. 5 Erinnert ihr euch nicht, daß ich euch
dies schon gesagt habe, als ich bei euch war? 6 Ihr wißt
auch, was ihn jetzt noch zurückhält, damit er erst zur fest-
gesetzten Zeit offenbar wird. 7 Denn die geheime Macht
der Gesetzwidrigkeit ist schon am Werk; nur muß erst der
beseitigt werden, der sie bis jetzt noch zurückhält. 8 Dann
wird der gesetzwidrige Mensch allen sichtbar werden. Je-
sus, der Herr, wird ihn *durch den Hauch seines Mundes tö-* Jes 11,4;
ten und durch seine Ankunft und Erscheinung vernichten. Ijob 4,9;
9 Der Gesetzwidrige aber wird, wenn er kommt, die Kraft Offb 19,15
des Satans haben. Er wird mit großer Macht auftreten und Mt 24,24
trügerische Zeichen und Wunder tun. 10 Er wird alle, die

1,12 Andere Übersetzungsmöglichkeit: durch die Gnade unseres Gottes und des Herrn Jesus Christus.

2,2 Ob Paulus auf einen wirklich gefälschten Brief anspielt oder nur mit der Möglichkeit einer solchen Fälschung rechnet, ist offen; in jedem Fall wird so die Betonung der eigenhändigen Unterschrift als Echtheitszeichen seiner Briefe in 3,17 begreiflich.

2,4 Die Wendung »sich in den Tempel Gottes setzen« ist wohl bildhafter Ausdruck dafür, daß der Antichrist Gott verdrängen und sich an seine Stelle setzen will.

2,6f was ihn jetzt noch zurückhält: gemeint ist entweder das Zeugnis derer, die an Christus glauben, oder die staatliche Ordnung des Römerreichs (vgl. Röm 13,1–7).

2,7 Hinter der »geheimen Macht der Gesetzwidrigkeit«, die schon am Werk ist, steht der Satan, dessen Kraft auch in dem erst später erscheinenden Antichrist wirksam sein wird.

verlorengehen, betrügen und zur Ungerechtigkeit verfüh-
ren; sie gehen verloren, weil sie sich der Liebe zur Wahr-
heit verschlossen haben, durch die sie gerettet werden soll-
Röm 1,28; ten. 11 Darum läßt Gott sie der Macht des Irrtums verfal-
2 Tim 4,4 len, so daß sie der Lüge glauben; 12 denn alle müssen ge-
richtet werden, die nicht der Wahrheit geglaubt, sondern
die Ungerechtigkeit geliebt haben.

Ermutigung der Gläubigen: 2,13–15

1 Thess 1,2; 13 Wir müssen Gott zu jeder Zeit euretwegen danken,
2,13 vom Herrn geliebte Brüder, weil Gott euch als Erstlings-
Dtn 33,12 gabe dazu auserwählt hat, aufgrund der Heiligung durch
den Geist und aufgrund eures Glaubens an die Wahrheit
1 Thess 4,7; 5,9 gerettet zu werden. 14 Dazu hat er euch durch unser Evan-
gelium berufen; ihr sollt nämlich die Herrlichkeit Jesu
Christi, unseres Herrn, erlangen. 15 Seid also standhaft,
1 Kor 11,2; Brüder, und haltet an den Überlieferungen fest, in denen
2 Thess 3,6 wir euch unterwiesen haben, sei es mündlich, sei es durch
einen Brief.

Segenswunsch des Apostels: 2,16–17

1 Thess 3,11–13 16 Jesus Christus aber, unser Herr, und Gott, unser Vater,
der uns seine Liebe zugewandt und uns in seiner Gnade
ewigen Trost und sichere Hoffnung geschenkt hat, 17 trö-
ste euch und gebe euch Kraft zu jedem guten Werk und
Wort.

ANWEISUNGEN AN DIE GEMEINDE: 3,1–15

Bitte um das Gebet der Gemeinde: 3,1–5

Kol 4,3; 3 Im übrigen, Brüder, betet für uns, damit das Wort des
1 Thess 5,25 Herrn sich ausbreitet und verherrlicht wird, ebenso
wie bei euch. 2 Betet auch darum, daß wir vor den bösen
und schlechten Menschen gerettet werden; denn nicht alle
1 Kor 10,13; nehmen den Glauben an. 3 Aber der Herr ist treu; er wird
1 Thess 5,24 euch Kraft geben und euch vor dem Bösen bewahren. 4 Wir
vertrauen im Herrn auf euch, daß ihr jetzt und auch in Zu-
kunft tut, was wir anordnen. 5 Der Herr richte euer Herz
darauf, daß ihr Gott liebt und unbeirrt auf Christus wartet.

Zurechtweisung der Müßiggänger: 3,6–12

6 Im Namen Jesu Christi, des Herrn, gebieten wir euch,
1 Thess 5,14 Brüder: Haltet euch von jedem Bruder fern, der ein unor-

---

2,13 als Erstlingsgabe, nach anderen Textzeugen: von Anfang an.

3,5 Andere Übersetzungsmöglichkeit: Der Herr lenke euer Herz zur Liebe Gottes und zur Geduld Christi.

dentliches Leben führt und sich nicht an die Überlieferung
hält, die ihr von uns empfangen habt. 7 Ihr selbst wißt, wie
man uns nachahmen soll. Wir haben bei euch kein unor- 1 Kor 11,1
dentliches Leben geführt 8 und bei niemand unser Brot 1 Kor 4,12;
umsonst gegessen; wir haben uns gemüht und geplagt, Tag 1 Thess 2,9
und Nacht haben wir gearbeitet, um keinem von euch zur
Last zu fallen. 9 Nicht als hätten wir keinen Anspruch auf Mt 10,10;
Unterhalt; wir wollten euch aber ein Beispiel geben, damit 1 Kor 9,6.14;
ihr uns nachahmen könnt. 10 Denn als wir bei euch waren, Phil 3,17
haben wir euch die Regel eingeprägt: Wer nicht arbeiten
will, soll auch nicht essen. 11 Wir hören aber, daß einige
von euch ein unordentliches Leben führen und alles mög-
liche treiben, nur nicht arbeiten. 12 Wir ermahnen sie und
gebieten ihnen im Namen Jesu Christi, des Herrn, in Ruhe 1 Thess 4,11
ihrer Arbeit nachzugehen und ihr selbstverdientes Brot zu
essen.

Mahnung an alle: 3,13–15

13 Ihr aber, Brüder, werdet nicht müde, Gutes zu tun.
14 Wenn jemand auf unsere Mahnung in diesem Brief nicht 1 Kor 5,9.11
hört, dann merkt ihn euch, und meidet den Umgang mit
ihm, damit er sich schämt; 15 doch seht ihn nicht als Feind Mt 18,15–17
an, sondern weist ihn als euren Bruder zurecht!

DER SCHLUSS DES BRIEFES: 3,16–18

16 Der Herr des Friedens aber schenke euch den Frieden Röm 15,33
zu jeder Zeit und auf jede Weise. Der Herr sei mit euch al-
len. 17 Den Gruß schreibe ich, Paulus, eigenhändig. Das ist 1 Kor 16,21
mein Zeichen in jedem Brief; so schreibe ich. 18 Die Gnade Röm 16,24
Jesu Christi, unseres Herrn, sei mit euch allen!

3,17 Zur eigenhändigen Unterschrift vgl. 1 Kor 16,21; Gal 6,11; Kol 4,18; Phlm 19 und die Anmerkung zu 2 Thess 2,2.

Die Pastoralbriefe

Der 1. und 2. Timotheusbrief und der Titusbrief werden als »Pastoralbriefe« bezeichnet. Sie sind nicht an Gemeinden gerichtet, sondern an die Hirten (lateinisch: pastores), die Vorsteher der Gemeinden. Sie enthalten Anweisungen des kurz vor dem Tod stehenden Apostels zur Ordnung und Leitung der Gemeinden.

Diese Briefe heben sich nach Form und Inhalt von den übrigen Paulusbriefen ab und bilden eine eigene Gruppe. Die bekämpften Gegner sind nicht mehr Judenchristen, die das gesetzesfreie Evangelium des Paulus ablehnen (vgl. den Galaterbrief), sondern Vertreter einer jüdisch gefärbten »Gnosis«, einer sogenannten »Erkenntnis« (vgl. 1 Tim 6,20) über Gott und die Welt und die Erlösung, die für die frühe Kirche eine ernste Bedrohung darstellte. Der Gedanke an eine baldige Wiederkunft Christi ist in den Hintergrund getreten. Die Kirche und der einzelne Christ haben sich für eine längere Zeit auf das Leben in der Welt einzustellen. Die kirchlichen Ämter, die in der Zeit des Paulus erst ansatzweise vorhanden waren, beginnen feste Formen anzunehmen: Es gibt Vorsteher (Bischöfe), Älteste (Presbyter) und Diakone. In dieser neuen Situation geben die Pastoralbriefe Richtlinien und Anweisungen für die Amtsträger.

Aus diesen Gründen nimmt die neuere Forschung an, daß die Pastoralbriefe nicht unmittelbar von Paulus stammen. Der Verfasser der drei Briefe, wer immer er sein mag, ist jedoch überzeugt, im Sinn und in der Autorität des Apostels Paulus zu schreiben und dessen Lehre für seine Zeit verbindlich darzulegen.

Der erste Brief an Timotheus

Timotheus, in der Apostelgeschichte und in den Paulusbriefen oft genannt, war der Sohn eines heidnischen Vaters und einer christlichen Mutter (Apg 16,1–3). Etwa seit dem Jahr 50 n. Chr. ist er Mitarbeiter des Paulus; auch während der in Phil 2,19–22 erwähnten Gefangenschaft war er bei ihm. Nach 1 Tim 1,3 ist er der Beauftragte des Apostels für die Kirche von Ephesus. Im 1. und 2. Timotheusbrief erhält er Richtlinien für die Ausübung des kirchlichen Amtes und die persönliche Lebensführung.

Nach dem Briefeingang (1,1–2) werden im ersten Teil des Schreibens (Kap. 1) grundlegende Fragen behandelt: Bekämpfung der Irrlehre, Verantwortung des Lehrers in der Gemeinde (1,3–7); Bedeutung des Gesetzes im Licht des Evangeliums (1,8–11); Berufung des Paulus zum Dienst für das Evangelium (1,12–17); abschließend eine Mahnung an Timotheus zu verantwortungsbewußter Ausführung (1,18–20). Im zweiten Teil (2,1–6,19) stehen zuerst Anweisungen für den Gottesdienst (2,1–15). Dann werden die Bedingungen für die Übernahme kirchlicher Ämter aufgezählt (Kap. 3). Es folgen: Mahnungen zum Kampf gegen Irrlehrer (4,1–11), Anweisungen für die Lebensführung des Timotheus (4,12–5,2). Der Abschnitt 5,3–6,2a handelt von verschiedenen Ständen in der Gemeinde (Witwen, Älteste, Sklaven). Kap. 6 wendet sich nochmals gegen die Irrlehrer, warnt vor Habgier und mahnt Timotheus zum unermüdlichen Kampf für den überlieferten Glauben (6,2b–21).

ANSCHRIFT UND GRUSS: 1,1–2

1 Paulus, Apostel Christi Jesu durch den Auftrag Got-
2,3; 4,10; tes, unseres Retters, und Christi Jesu, unserer Hoff-
Tit 1,3; nung, 2 an Timotheus, seinen echten Sohn durch den
2,10; 3,4 Glauben. Gnade, Erbarmen und Friede von Gott, dem Va-
ter, und Christus Jesus, unserem Herrn.

GRUNDLEGENDE AUSSAGEN: 1,3–20

Die Aufgabe der Glaubensunterweisung: 1,3–7

Apg 20,1 3 Bei meiner Abreise nach Mazedonien habe ich dich ge-
beten, in Ephesus zu bleiben, damit du bestimmten Leuten
4,7; Tit 1,14 verbietest, falsche Lehren zu verbreiten 4 und sich mit Fa-
beleien und endlosen Geschlechterreihen abzugeben, die
nur Streitfragen mit sich bringen, statt dem Heilsplan Got-
tes zu dienen, der sich im Glauben verwirklicht. 5 Das Ziel
Gal 5,14 der Unterweisung ist Liebe aus reinem Herzen, gutem
Gewissen und ungeheucheltem Glauben. 6 Davon sind
aber manche abgekommen und haben sich leerem Ge-
schwätz zugewandt. 7 Sie wollen Gesetzeslehrer sein, ver-
stehen aber nichts von dem, was sie sagen und worüber sie
so sicher urteilen.

Die Bedeutung des Gesetzes: 1,8–11

Röm 7,12.16 8 Wir wissen: Das Gesetz ist gut, wenn man es im Sinn
des Gesetzes anwendet 9 und bedenkt, daß das Gesetz
nicht für den Gerechten bestimmt ist, sondern für Gesetz-
lose und Ungehorsame, für Gottlose und Sünder, für Men-
schen ohne Glauben und Ehrfurcht, für solche, die Vater
oder Mutter töten, für Mörder, 10 Unzüchtige, Knaben-
schänder, Menschenhändler, für Leute, die lügen und
4,6; 6,3 Meineide schwören und all das tun, was gegen die gesunde

---

1,4 Auf »Geschlechterreihen«, Stammbäume und große Namen des Alten Testaments stützen die gnostischen Irrlehrer ihre Auskünfte über die jenseitige Welt (vgl. die Einleitung zu den Pastoralbriefen).

1,10 »Gesunde Lehre«, im Gegensatz zu der als Krankheit gekennzeichneten Irrlehre (6,4), ist die nicht durch häretische Spekulationen und Irrtümer verdorbene reine Lehre der Apostel.

Lehre verstößt. 11 So lehrt das Evangelium von der Herr-
lichkeit des seligen Gottes, das mir anvertraut ist.

Dank für die Berufung zum Apostel: 1,12–17

12 Ich danke dem, der mir Kraft gegeben hat: Christus Je-
sus, unserem Herrn. Er hat mich für treu gehalten und in
seinen Dienst genommen, 13 obwohl ich ihn früher läster- 1 Kor 15,9f;
te, verfolgte und verhöhnte. Aber ich habe Erbarmen ge- Gal 1,13–16
funden, denn ich wußte in meinem Unglauben nicht, was
ich tat. 14 So übergroß war die Gnade unseres Herrn, die
mir in Christus Jesus den Glauben und die Liebe schenkte.
15 Das Wort ist glaubwürdig und wert, daß man es beher-
zigt: Christus Jesus ist in die Welt gekommen, um die Lk 19,10
Sünder zu retten. Von ihnen bin ich der erste. 16 Aber ich 1 Kor 15,10;
habe Erbarmen gefunden, damit Christus Jesus an mir als Eph 3,1.7–9;
erstem seine ganze Langmut beweisen konnte, zum Vor- Kol 1,24f
bild für alle, die in Zukunft an ihn glauben, um das ewige
Leben zu erlangen. 17 Dem König der Ewigkeit, dem un- Röm 16,27;
vergänglichen, unsichtbaren, einzigen Gott, sei Ehre und Offb 4,11; 7,12
Herrlichkeit in alle Ewigkeit. Amen.

Die Verantwortung des Timotheus: 1,18–20

18 Diese Ermahnung lege ich dir ans Herz, mein Sohn 4,14
Timotheus, im Gedanken an die prophetischen Worte, die
einst über dich gesprochen wurden; durch diese Worte ge-
stärkt, kämpfe den guten Kampf, 19 gläubig und mit rei-
nem Gewissen. Schon manche haben die Stimme ihres
Gewissens mißachtet und haben im Glauben Schiffbruch
erlitten, 20 darunter Hymenäus und Alexander, die ich 2 Tim 2,17; 4,14
dem Satan übergeben habe, damit sie durch diese Strafe 1 Kor 5,5
lernen, Gott nicht mehr zu lästern.

DIE RECHTE ORDNUNG IN DEN GEMEINDEN: 2,1–6,19

Gebet für alle Menschen: 2,1–7

2 Vor allem fordere ich zu Bitten und Gebeten, zu Für-
bitte und Danksagung auf, und zwar für alle Men-
schen, 2 für die Herrscher und für alle, die Macht ausüben,
damit wir in aller Frömmigkeit und Rechtschaffenheit un-
gestört und ruhig leben können. 3 Das ist recht und gefällt
Gott, unserem Retter; 4 er will, daß alle Menschen gerettet 1,1; 4,10;
werden und zur Erkenntnis der Wahrheit gelangen. Tit 1,3; 2,10; 3,4

1,18 Die Einsetzung in das kirchliche Amt geschah durch prophetisches Wort (Zuspruch, Weisung) und Handauflegung; vgl. 1 Tim 4,14; Apg 13,1–3.

5 Denn:
Einer ist Gott,
Einer auch Mittler zwischen Gott und den Menschen:
der Mensch Christus Jesus,
Mt 20,28; 6 der sich als Lösegeld hingegeben hat für alle,
Mk 10,45; ein Zeugnis zur vorherbestimmten Zeit,
Gal 1,4; Tit 2,14 7 als dessen Verkünder und Apostel ich eingesetzt wurde –
Gal 2,7; ich sage die Wahrheit und lüge nicht –, als Lehrer der Hei-
Eph 3,1; Kol 1,25–29 den im Glauben und in der Wahrheit.

Männer und Frauen: 2,8–15

1 Petr 3,7 8 Ich will, daß die Männer überall beim Gebet ihre
Hände in Reinheit erheben, frei von Zorn und Streit.
1 Petr 3,1–4 9 Auch sollen die Frauen sich anständig, bescheiden und
zurückhaltend kleiden; nicht Haartracht, Gold, Perlen
oder kostbare Kleider seien ihr Schmuck, 10 sondern gute
Werke; so gehört es sich für Frauen, die gottesfürchtig sein
1 Kor 14,33–35 wollen. 11 Eine Frau soll sich still und in aller Unterord-
nung belehren lassen. 12 Daß eine Frau lehrt, erlaube ich
nicht, auch nicht, daß sie über ihren Mann herrscht; sie
Gen 2,7.22 soll sich still verhalten. 13 Denn zuerst wurde Adam er-
Gen 3,13 schaffen, danach Eva. 14 Und nicht Adam wurde verführt,
sondern die Frau ließ sich verführen und übertrat das Ge-
bot. 15 Sie wird aber dadurch gerettet werden, daß sie Kin-
der zur Welt bringt, wenn sie in Glaube, Liebe und Heilig-
keit ein besonnenes Leben führt.

Der Bischof: 3,1–7

Tit 1,6f 3 Das Wort ist glaubwürdig: Wer das Amt eines Bi-
schofs anstrebt, der strebt nach einer großen Aufgabe.
1 Petr 5,3 2 Deshalb soll der Bischof ein Mann ohne Tadel sein, nur
einmal verheiratet, nüchtern, besonnen, von würdiger
Haltung, gastfreundlich, fähig zu lehren; 3 er sei kein
Trinker und kein gewalttätiger Mensch, sondern rück-
sichtsvoll; er sei nicht streitsüchtig und nicht geldgierig.
4 Er soll ein guter Familienvater sein und seine Kinder zu

2,15 Was hier über die Rolle der Frau gesagt ist, entspricht überlieferter jüdischer Denkweise; es richtet sich aber auch gegen gnostische Irrlehrer, die das Heiraten verbieten wollten (1 Tim 4,3).

3,1 Mit dem Ausdruck »Bischof« wurde in dieser Frühzeit das kirchliche Vorsteheramt bezeichnet. Aus Tit 1,6f ergibt sich, daß die Grenze zwischen den »Ältesten« und dem »Bischof« noch fließend war.

3,2 nur einmal verheiratet, wörtlich: Mann einer einzigen Frau. Nach der naheliegenden Auslegung dieser Stelle sind Männer, die nach dem Tod ihrer ersten Frau wieder geheiratet haben, vom Bischofsamt ausgeschlossen.

Gehorsam und allem Anstand erziehen. 5 Wer seinem eigenen Hauswesen nicht vorstehen kann, wie soll der für die Kirche Gottes sorgen? 6 Er darf kein Neubekehrter sein, sonst könnte er hochmütig werden und dem Gericht des Teufels verfallen. 7 Er muß auch bei den Außenstehenden einen guten Ruf haben, damit er nicht in üble Nachrede kommt und in die Falle des Teufels gerät.

Die Diakone: 3,8–13

8 Ebenso sollen die Diakone sein: achtbar, nicht doppelzüngig, nicht dem Wein ergeben und nicht gewinnsüchtig; 9 sie sollen mit reinem Gewissen am Geheimnis des Glaubens festhalten. 10 Auch sie soll man vorher prüfen, und nur wenn sie unbescholten sind, sollen sie ihren Dienst ausüben. 11 Ebenso sollen die Frauen ehrbar sein, nicht verleumderisch, sondern nüchtern und in allem zuverlässig. 12 Die Diakone sollen nur einmal verheiratet sein und ihren Kindern und ihrer Familie gut vorstehen. 13 Denn wer seinen Dienst gut versieht, erlangt einen hohen Rang und große Zuversicht im Glauben an Christus Jesus.

Die Kirche, Fundament der Wahrheit Gottes: 3,14–16

14 Ich schreibe dir das alles, obwohl ich hoffe, schon bald zu dir zu kommen. 15 Falls ich aber länger ausbleibe, sollst du wissen, wie man sich im Hauswesen Gottes verhalten muß, das heißt in der Kirche des lebendigen Gottes, die die Säule und das Fundament der Wahrheit ist. 16 Wahrhaftig, das Geheimnis unseres Glaubens ist groß:

Er wurde offenbart im Fleisch,
gerechtfertigt durch den Geist,
geschaut von den Engeln,
verkündet unter den Heiden,
geglaubt in der Welt,
aufgenommen in die Herrlichkeit.

Falsche Haltungen: 4,1–5

4 Der Geist sagt ausdrücklich: In späteren Zeiten werden manche vom Glauben abfallen; sie werden sich betrügerischen Geistern und den Lehren von Dämonen zuwenden, 2 getäuscht von heuchlerischen Lügnern, deren

2 Tim 3,1; 2 Petr 3,3; 1 Joh 2,18

3,12 Vgl. die Anmerkung zu 3,2.

3,16 Hier wie in 2,5f; 6,15f und 2 Tim 2,11–13 zitiert der Verfasser geprägte Traditionen; an dieser Stelle einen kleinen Hymnus.

4,1–5 Gegen gnostische Irrlehren (vgl. die Einleitung zu den Pastoralbriefen) wird die Lehre von der einen und einzigen guten Schöpfung des einen Gottes bekräftigt.

1 Kor 7,1; Gewissen gebrandmarkt ist. [3] Sie verbieten die Heirat und
Kol 2,21 fordern den Verzicht auf bestimmte Speisen, die Gott doch
dazu geschaffen hat, daß die, die zum Glauben und zur Er-
kenntnis der Wahrheit gelangt sind, sie mit Danksagung
Gen 1,31 zu sich nehmen. [4] Denn alles, was Gott geschaffen hat, ist
gut, und nichts ist verwerflich, wenn es mit Dank genos-
sen wird; [5] es wird geheiligt durch Gottes Wort und durch
das Gebet.

Die rechte Wertordnung: 4,6–11

[6] Dies trage den Brüdern vor, dann wirst du ein guter
1,10; 6,3; Diener Christi Jesu sein, erzogen in den Worten des Glau-
2 Tim 4,3; Tit 1,9 bens und der guten Lehre, der du gefolgt bist. [7] Gottlose
1,4; Tit 1,14 Altweiberfabeln weise zurück! Übe dich in der Frömmig-
keit! [8] Denn körperliche Übung nützt nur wenig, die
Frömmigkeit aber ist nützlich zu allem: Ihr ist das gegen-
wärtige und das zukünftige Leben verheißen. [9] Dieses
Wort ist glaubwürdig und wert, daß man es beherzigt.
[10] Dafür arbeiten und kämpfen wir, denn wir haben unsere
1,1; 2,3; Hoffnung auf den lebendigen Gott gesetzt, den Retter aller
Tit 1,3; 2,10; 3,4 Menschen, besonders der Gläubigen. [11] Das sollst du an-
ordnen und lehren.

Anweisungen für Timotheus: 4,12–5,2

[12] Niemand soll dich wegen deiner Jugend geringschät-
zen. Sei den Gläubigen ein Vorbild in deinen Worten, in
deinem Lebenswandel, in der Liebe, im Glauben, in der
Lauterkeit. [13] Lies ihnen eifrig (aus der Schrift) vor, er-
2 Tim 1,6 mahne und belehre sie, bis ich komme. [14] Vernachlässige
die Gnade nicht, die in dir ist und die dir verliehen wurde,
Apg 14,23 als dir die Ältesten aufgrund prophetischer Worte gemein-
sam die Hände auflegten. [15] Dafür sollst du sorgen, darin
sollst du leben, damit allen deine Fortschritte offenbar
werden. [16] Achte auf dich selbst und auf die Lehre; halte
daran fest! Wenn du das tust, rettest du dich und alle, die
auf dich hören.

5 Einen älteren Mann sollst du nicht grob behandeln,
sondern ihm zureden wie einem Vater. Mit jüngeren
Männern rede wie mit Brüdern, [2] mit älteren Frauen wie
mit Müttern, mit jüngeren wie mit Schwestern, in aller
Zurückhaltung.

4,3–5 Mit Danksagung (Vers 3), Dank (Vers 4) und Gebet (Vers 5) ist wohl das Tischgebet gemeint.

4,13 Schrift meint hier das Alte Testament.

4,14 Wichtiger Hinweis auf die Einsetzung in das kirchliche Amt durch Handauflegung; vgl. die Anmerkung zu 1,18.

Stand und Aufgabe der Witwen: 5,3–16

3 Ehre die Witwen, wenn sie wirklich Witwen sind.
4 Hat eine Witwe aber Kinder oder Enkel, dann sollen diese
lernen, zuerst selbst ihren Angehörigen Ehrfurcht zu er-
weisen und dankbar für ihre Mutter oder Großmutter zu
sorgen; denn das gefällt Gott. 5 Eine Frau aber, die wirklich
eine Witwe ist und allein steht, setzt ihre Hoffnung auf
Gott und betet beharrlich und inständig bei Tag und
Nacht. 6 Wenn eine jedoch ein ausschweifendes Leben
führt, ist sie schon bei Lebzeiten tot. 7 Das sollst du ihnen
einprägen; dann wird man ihnen nichts vorwerfen können.
8 Wer aber für seine Verwandten, besonders für die eigenen
Hausgenossen, nicht sorgt, der verleugnet damit den
Glauben und ist schlimmer als ein Ungläubiger.
9 Eine Frau soll nur dann in die Liste der Witwen aufge-
nommen werden, wenn sie mindestens sechzig Jahre alt
ist, nur einmal verheiratet war, 10 wenn bekannt ist, daß
sie Gutes getan hat, wenn sie Kinder aufgezogen hat, gast-
freundlich gewesen ist und den Heiligen die Füße gewa-
schen hat, wenn sie denen, die in Not waren, geholfen hat
und überhaupt bemüht war, Gutes zu tun. 11 Jüngere Wit-
wen weise ab; denn wenn die Leidenschaft sie Christus
entfremdet, wollen sie heiraten 12 und ziehen sich den
Vorwurf zu, ihrem Versprechen (das sie Christus gegeben
haben) untreu geworden zu sein. 13 Außerdem werden sie
faul und gewöhnen sich daran, von Haus zu Haus zu lau-
fen. Aber nicht nur faul werden sie, sondern auch ge-
schwätzig; sie mischen sich in alles und reden über Dinge,
die sie nichts angehen. 14 Deshalb will ich, daß jüngere
Witwen heiraten, Kinder zur Welt bringen, den Haushalt
versorgen und dem Gegner keinen Anlaß zu übler Nach-
rede geben. 15 Einige haben sich schon abgewandt und sind
dem Satan gefolgt. 16 Wenn eine gläubige Frau Witwen in
ihrem Haus hat, soll sie für sie sorgen. Die Gemeinde soll
nicht belastet werden, damit sie sich um die kümmern
kann, die wirklich Witwen sind.

Über die Ältesten: 5,17–22

17 Älteste, die das Amt des Vorstehers gut versehen, ver- 1 Petr 5,1–5
dienen doppelte Anerkennung, besonders solche, die sich
mit ganzer Kraft dem Wort und der Lehre widmen. 18 Denn

5,9 Vgl. die Anmerkung zu 3,2.

5,12 ihrem Versprechen untreu geworden zu sein, wörtlich: ihre erste Treue gebrochen zu haben.

5,17 Über die Amtsträger in der Kirche vgl. die Anm. zu 3,1.

Dtn 25,4 die Schrift sagt: *Du sollst dem Ochsen zum Dreschen kei-*
Mt 10,10; *nen Maulkorb anlegen*, und: Wer arbeitet, hat ein Recht
Lk 10,7; auf seinen Lohn.
1 Kor 9,12–14
19 Nimm gegen einen Ältesten keine Klage an, außer
Dtn 19,15; *wenn zwei oder drei Zeugen sie bekräftigen*. 20 Wenn sich
Mt 18,16 einer verfehlt, so weise ihn in Gegenwart aller zurecht,
damit auch die anderen sich fürchten. 21 Ich beschwöre
dich bei Gott, bei Christus Jesus und bei den auserwählten
Engeln: Befolge dies alles ohne Vorurteil, und vermeide
jede Bevorzugung! 22 Lege keinem vorschnell die Hände
auf, und mach dich nicht mitschuldig an fremden Sünden;
bewahre dich rein!

Verschiedene Mahnungen: 5,23–25

23 Trink nicht nur Wasser, sondern nimm auch etwas
Wein, mit Rücksicht auf deinen Magen und deine häufigen
Krankheiten.

24 Die Sünden mancher Leute liegen offen zutage, sie
laufen ihnen gleichsam voraus zum Gericht; bei anderen
kommen sie erst hinterher. 25 Ebenso liegen die guten
Werke offen zutage, und wenn sie noch nicht offenkundig
sind, können sie doch nicht verborgen bleiben.

Wort an die Sklaven: 6,1–2a

Tit 2,9f; 6 Alle, die das Joch der Sklaverei zu tragen haben, sollen
1 Petr 2,18 ihren Herren alle Ehre erweisen, damit der Name
Gottes und die Lehre nicht in Verruf kommen. 2a Wer aber
einen gläubigen Herrn hat, achte ihn nicht deshalb für ge-
ringer, weil er sein Bruder ist, sondern diene ihm noch eif-
riger; denn sein Herr ist gläubig und von Gott geliebt und
bemüht sich, Gutes zu tun.

Warnung vor Irrlehre und Habsucht: 6,2b–10

2b So sollst du lehren, dazu sollst du ermahnen. 3 Wer
aber etwas anderes lehrt und sich nicht an die gesunden
1,10; 4,6; Worte Jesu Christi, unseres Herrn, und an die Lehre unse-
2 Tim 1,13; res Glaubens hält, 4 der ist verblendet; er versteht nichts,
4,3; Tit 1,9; sondern ist krank vor lauter Auseinandersetzungen und
2,1.10 Wortgefechten. Diese führen zu Neid, Streit, Verleum-
dungen, üblen Verdächtigungen 5 und Gezänk unter den
Menschen, deren Denken verdorben ist; diese Leute sind

5,22 Der Vers wird verschieden gedeutet: Handauflegung bei der Einsetzung in das kirchliche Amt (Ordination); Aufnahme von Taufanwärtern; Wiederaufnahme reuiger Sünder. Die erste Auffassung ist die wahrscheinlichste.

von der Wahrheit abgekommen und meinen, die Fröm-
migkeit sei ein Mittel, um irdischen Gewinn zu erzielen.
6 Die Frömmigkeit bringt in der Tat reichen Gewinn,
wenn man nur genügsam ist. 7 Denn wir haben nichts in Ijob 1,21;
die Welt mitgebracht, und wir können auch nichts aus ihr Koh 5,14
mitnehmen. 8 Wenn wir Nahrung und Kleidung haben,
soll uns das genügen. 9 Wer aber reich werden will, gerät in
Versuchungen und Schlingen, er verfällt vielen sinnlosen
und schädlichen Begierden, die den Menschen ins Verder-
ben und in den Untergang stürzen. 10 Denn die Wurzel al-
ler Übel ist die Habsucht. Nicht wenige, die ihr verfielen,
sind vom Glauben abgeirrt und haben sich viele Qualen
bereitet.

Aufforderung an Timotheus: 6,11–16

11 Du aber, ein Mann Gottes, flieh vor all dem. Strebe 2 Tim 2,22
unermüdlich nach Gerechtigkeit, Frömmigkeit, Glauben,
Liebe, Standhaftigkeit und Sanftmut. 12 Kämpfe den guten 2 Tim 4,7
Kampf des Glaubens, ergreife das ewige Leben, zu dem du
berufen worden bist und für das du vor vielen Zeugen das
gute Bekenntnis abgelegt hast. 13 Ich gebiete dir bei Gott,
von dem alles Leben kommt, und bei Christus Jesus, der
vor Pontius Pilatus das gute Bekenntnis abgelegt hat und
als Zeuge dafür eingetreten ist: 14 Erfülle deinen Auftrag
rein und ohne Tadel, bis zum Erscheinen Jesu Christi, un-
seres Herrn, 15 das zur vorherbestimmten Zeit herbeifüh-
ren wird

der selige und einzige Herrscher,
der König der Könige und Herr der Herren,
16 der allein die Unsterblichkeit besitzt,
der in unzugänglichem Licht wohnt, Ps 104,2
den kein Mensch gesehen hat Ex 33,20
noch je zu sehen vermag:
Ihm gebührt Ehre und ewige Macht. Amen.

Seelsorge an den Reichen: 6,17–19

17 Ermahne die, die in dieser Welt reich sind, nicht über-
heblich zu werden und ihre Hoffnung nicht auf den unsi-
cheren Reichtum zu setzen, sondern auf Gott, der uns alles
reichlich gibt, was wir brauchen. 18 Sie sollen wohltätig

6,11 »Mann Gottes« (Mensch Gottes) bezeichnet Timotheus als den, der durch die Handauflegung den Geist empfangen hat und ihn daher auch weitergeben kann.

6,12 Das »gute Bekenntnis« vor vielen Zeugen ist das bei der Amtsübernahme abgelegte Bekenntnis, wie die Fortsetzung zeigt.

sein, reich werden an guten Werken, freigebig sein und,
Mt 6,20; 19,21; Lk 12,33 was sie haben, mit anderen teilen. [19] So sammeln sie sich
einen Schatz als sichere Grundlage für die Zukunft, um das
wahre Leben zu erlangen.

DER SCHLUSS DES BRIEFES: MAHNUNG UND GRUSS: 6,20–21

[20] Timotheus, bewahre, was dir anvertraut ist. Halte
dich fern von dem gottlosen Geschwätz und den falschen
Lehren der sogenannten »Erkenntnis«! [21] Nicht wenige,
die sich darauf eingelassen haben, sind vom Weg des Glaubens abgekommen.

Die Gnade sei mit euch!

6,20 Die Schlußmahnung wiederholt die Warnung vor der Irrlehre (Gnosis; vgl. die Einleitung zu den Pastoralbriefen), die durch das Festhalten an der apostolischen Lehre abgewehrt werden kann.

Der zweite Brief an Timotheus

Der 2. Timotheusbrief ist persönlicher gehalten als der 1. Timotheus- und der Titusbrief und bezieht sich auf die Amts- und Lebensführung des Timotheus. Paulus weist auf sein eigenes Vorbild als das eines christlichen Zeugen hin, der für die Botschaft sein Leben einsetzt. Die Hinweise des Paulus auf seine Lage werden oft als Beweise für die Echtheit des Briefs angeführt. Die neuere Forschung neigt zu der Annahme, daß in diesen persönlichen Notizen zuverlässige mündliche Nachrichten über die Spätzeit des Apostels Paulus verwendet worden sind. Der Brief hat den Charakter eines Testaments.

Das Schreiben beginnt mit einem einleitenden Gruß (1,1–2). Nach einem Dankgebet (1,3–5) wird Timotheus ermutigt, unerschrocken für das Evangelium einzutreten (1,6–18). Der nächste Abschnitt setzt ein mit dem Hinweis auf den Sinn der Leiden und Verfolgungen (2,1–13). Es folgen Anweisungen für das Verhalten gegenüber den Irrlehrern (2,14–26), eine Schilderung der Sittenlosigkeit der Menschen in der Endzeit (3,1–9) und demgegenüber eine Beschreibung der guten Lebensführung eines kirchlichen Amtsträgers (3,10–17). Im abschließenden 4. Kapitel ermahnt Paulus den Timotheus zu unerschrockener Erfüllung seines Dienstes als Verkünder des Evangeliums (4,1–8). Angeschlossen sind Mitteilungen und Aufträge (4,9–18) sowie persönliche Grüße und Segenswünsche (4,19–22).

ANSCHRIFT UND GRUSS: 1,1–2

1 Paulus, durch den Willen Gottes zum Apostel Christi
Jesu berufen, um das Leben in Christus Jesus, das uns
verheißen ist, zu verkündigen, 2 an Timotheus, seinen ge-
liebten Sohn: Gnade, Erbarmen und Friede von Gott, dem
Vater, und Christus Jesus, unserem Herrn.

WORT DER ERMUTIGUNG AN TIMOTHEUS: 1,3–18

Dankgebet des Apostels: 1,3–5

3 Ich danke Gott, dem ich wie schon meine Vorfahren
mit reinem Gewissen diene – ich danke ihm bei Tag und
Nacht in meinen Gebeten, in denen ich unablässig an dich
denke. 4 Wenn ich mich an deine Tränen erinnere, habe ich
Sehnsucht, dich zu sehen, um mich wieder von Herzen
Apg 16,1f freuen zu können; 5 denn ich denke an deinen aufrichtigen
Glauben, der schon in deiner Großmutter Loïs und in dei-
ner Mutter Eunike lebendig war und der nun, wie ich weiß,
auch in dir lebt.

Aufforderung an Timotheus: 1,6–14

1 Tim 4,14; 6 Darum rufe ich dir ins Gedächtnis: Entfache die Gnade
Apg 14,23 Gottes wieder, die dir durch die Auflegung meiner Hände
zuteil geworden ist. 7 Denn Gott hat uns nicht einen Geist
der Verzagtheit gegeben, sondern den Geist der Kraft, der
Röm 1,16 Liebe und der Besonnenheit. 8 Schäme dich also nicht, dich
zu unserem Herrn zu bekennen; schäme dich auch meiner
nicht, der ich seinetwegen im Gefängnis bin, sondern leide
Tit 3,5 mit mir für das Evangelium. Gott gibt dazu die Kraft: 9 Er
hat uns gerettet; mit einem heiligen Ruf hat er uns gerufen,
nicht aufgrund unserer Werke, sondern aus eigenem Ent-
schluß und aus Gnade, die uns schon vor ewigen Zeiten in
Christus Jesus geschenkt wurde; 10 jetzt aber wurde sie
Tit 1,4; durch das Erscheinen unseres Retters Christus Jesus of-
2,13; 3,6; fenbart. Er hat dem Tod die Macht genommen und uns das
2 Petr 1,1.11

1,10 Der Titel »Retter« (Heiland) wird in den Pastoralbriefen sowohl auf Gott wie auf Christus angewandt (vgl. 1 Tim 1,1).

Licht des unvergänglichen Lebens gebracht durch das
Evangelium, 11 als dessen Verkünder, Apostel und Lehrer
ich eingesetzt bin. 12 Darum muß ich auch dies alles erdul-
den; aber ich schäme mich nicht, denn ich weiß, wem ich
Glauben geschenkt habe, und ich bin überzeugt, daß er die
Macht hat, das mir anvertraute Gut bis zu jenem Tag zu
bewahren. 13 Halte dich an die gesunde Lehre, die du von 4,3; 1 Tim 1,10;
mir gehört hast; nimm sie dir zum Vorbild, und bleibe 4,6; 6,3; Tit 1,9;
beim Glauben und bei der Liebe, die uns in Christus Jesus 2,1.10
geschenkt ist. 14 Bewahre das dir anvertraute kostbare Gut
durch die Kraft des Heiligen Geistes, der in uns wohnt.

Das Verhalten der Gegner und der Freunde des Paulus: 1,15–18

15 Du weißt, daß sich alle in der Provinz Asien von mir
abgewandt haben, auch Phygelus und Hermogenes. 16 Der
Familie des Onesiphorus schenke der Herr sein Erbarmen,
denn Onesiphorus hat mich oft getröstet und hat sich mei-
ner Ketten nicht geschämt; 17 als er nach Rom kam, suchte
er unermüdlich nach mir, bis er mich fand. 18 Der Herr
gebe ihm, daß er beim Herrn Erbarmen findet an jenem
Tag. Seine treuen Dienste in Ephesus kennst du selbst am
besten.

SEELSORGLICHE ANWEISUNGEN FÜR TIMOTHEUS: 2,1–4,8

Selbstloser Dienst für Christus: 2,1–13

2 Du, mein Sohn, sei stark in der Gnade, die dir in Chri-
stus Jesus geschenkt ist. 2 Was du vor vielen Zeugen
von mir gehört hast, das vertrau zuverlässigen Menschen
an, die fähig sind, auch andere zu lehren. 3 Leide mit mir
als guter Soldat Christi Jesu. 4 Keiner, der in den Krieg
zieht, läßt sich in Alltagsgeschäfte verwickeln, denn er
will, daß sein Heerführer mit ihm zufrieden ist. 5 Und wer
an einem Wettkampf teilnimmt, erhält den Siegeskranz
nur, wenn er nach den Regeln kämpft. 6 Der Bauer, der die 1 Kor 9,7.10
ganze Arbeit tut, soll als erster seinen Teil von der Ernte
erhalten. 7 Überleg dir, was ich sage. Dann wird der Herr
dir in allem das rechte Verständnis geben.

1,12.14 Das »anvertraute (kostbare) Gut« ist der wahre Glaube und die rechte Lehre, deren unversehrte Weitergabe eine Hauptpflicht des kirchlichen Amtsträgers ist.

2,2 Vgl. die Anmerkung zu 1,12.

Röm 1,3 8 Denk daran, daß Jesus Christus, der Nachkomme Da-
1 Kor 15,4 vids, von den Toten auferstanden ist; so lautet mein Evan-
gelium, 9 für das ich zu leiden habe und sogar wie ein Ver-
brecher gefesselt bin; aber das Wort Gottes ist nicht gefes-
Kol 1,24 selt. 10 Das alles erdulde ich um der Auserwählten willen,
damit auch sie das Heil in Christus Jesus und die ewige
Herrlichkeit erlangen. 11 Das Wort ist glaubwürdig:

Röm 6,8 Wenn wir mit Christus gestorben sind,
werden wir auch mit ihm leben;
12 wenn wir standhaft bleiben,
werden wir auch mit ihm herrschen;
Mt 10,33 wenn wir ihn verleugnen,
wird auch er uns verleugnen.
Röm 3,3f 13 Wenn wir untreu sind,
bleibt er doch treu,
denn er kann sich selbst nicht verleugnen.

Das rechte Verhalten gegenüber den Irrlehrern: 2,14–26

14 Ruf ihnen das ins Gedächtnis und beschwöre sie bei
Gott, sich nicht um Worte zu streiten; das ist unnütz und
führt die Zuhörer nur ins Verderben. 15 Bemüh dich darum,
dich vor Gott zu bewähren als ein Arbeiter, der sich nicht
zu schämen braucht, als ein Mann, der offen und klar die
1Tim 4,7; wahre Lehre vertritt. 16 Gottlosem Geschwätz geh aus
Tit 1,14 dem Weg; solche Menschen geraten immer tiefer in die
Gottlosigkeit, 17 und ihre Lehre wird um sich fressen wie
1 Tim 1,20 ein Krebsgeschwür. Zu ihnen gehören Hymenäus und Phi-
letus, 18 die von der Wahrheit abgeirrt sind und behaupten,
1 Kor 15,12 die Auferstehung sei schon geschehen. So zerstören sie bei
manchen den Glauben. 19 Aber das feste Fundament, das
Gott gelegt hat, kann nicht erschüttert werden. Es trägt als
Num 16,5.26 Siegel die Inschrift: *Der Herr kennt die Seinen*, und: Wer
Jes 26,13 den Namen des Herrn nennt, meide das Unrecht. 20 In ei-
nem großen Haus gibt es nicht nur Gefäße aus Gold und
Silber, sondern auch aus Holz und Ton – die einen für Rei-
nes, die anderen für Unreines. 21 Wer sich nun von all dem
rein hält, gleicht einem Gefäß für Reines; er ist geheiligt,
für den Herrn brauchbar, zu jedem guten Werk tauglich.

2,11–13 Zur Begründung seiner Aussagen in den Versen 9–10 zitiert der Verfasser hier ein urchristliches Bekenntnislied; vgl. die Anmerkung zu 1 Tim 3,16.

2,18 Von ihrer materiefeindlichen Einstellung her haben die Gnostiker kein Interesse an einer leiblichen Auferstehung; sie verstehen die Auferstehung also geistig und behaupten, durch den Besitz der »Erkenntnis« seien sie bereits vom Tod auferstanden.

22 Flieh vor den Begierden der Jugend; strebe unermüd- 1 Tim 6,11
lich nach Gerechtigkeit, Glauben, Liebe und Frieden, zu-
sammen mit all denen, die den Herrn aus reinem Herzen
anrufen. 23 Laß dich nicht auf törichte und unsinnige Aus-
einandersetzungen ein; du weißt, daß sie nur zu Streit füh-
ren. 24 Ein Knecht des Herrn soll nicht streiten, sondern zu
allen freundlich sein, ein geschickter und geduldiger Leh-
rer, 25 der auch die mit Güte zurechtweist, die sich hart-
näckig widersetzen. Vielleicht schenkt Gott ihnen dann
die Umkehr, damit sie die Wahrheit erkennen, 26 wieder
zur Besinnung kommen und aus dem Netz des Teufels be-
freit werden, der sie eingefangen und sich gefügig gemacht
hat.

Die Situation der Menschen in der Endzeit: 3,1–9

3 Das sollst du wissen: In den letzten Tagen werden 1 Tim 4,1
schwere Zeiten anbrechen. 2 Die Menschen werden
selbstsüchtig sein, habgierig, prahlerisch, überheblich,
bösartig, ungehorsam gegen die Eltern, undankbar, ohne
Ehrfurcht, 3 lieblos, unversöhnlich, verleumderisch, un-
beherrscht, rücksichtslos, roh, 4 heimtückisch, verwegen,
hochmütig, mehr dem Vergnügen als Gott zugewandt.
5 Den Schein der Frömmigkeit werden sie wahren, doch Tit 1,16
die Kraft der Frömmigkeit werden sie verleugnen. Wende
dich von diesen Menschen ab. 6 Zu ihnen gehören die Leu- 2 Petr 2,14
te, die sich in die Häuser einschleichen und dort gewisse
Frauen auf ihre Seite ziehen, die von Sünden beherrscht
und von Begierden aller Art umgetrieben werden, 7 Frauen,
die immer lernen und die doch nie zur Erkenntnis der 1 Tim 2,4;
Wahrheit gelangen können. 8 Wie sich Jannes und Jambres Tit 1,1
dem Mose widersetzt haben, so widersetzen sich auch
diese Leute der Wahrheit; ihr Denken ist verdorben, ihr
Glaube bewährt sich nicht. 9 Doch sie werden wenig Erfolg
haben, denn ihr Unverstand wird allen offenkundig wer-
den, wie es auch bei jenen geschehen ist.

Die Aufgabe des Timotheus: 3,10–17

10 Du aber bist mir gefolgt in der Lehre, im Leben und
Streben, im Glauben, in der Langmut, der Liebe und der
Ausdauer, 11 in den Verfolgungen und Leiden, denen ich in Apg 13,50;
Antiochia, Ikonion und Lystra ausgesetzt war. Welche 14,5.19

3,1 Diese »letzten Tage« sind für Timotheus bereits gegenwärtige Wirklichkeit.

3,8 Jannes und Jambres sind in der jüdischen Überlieferung die Namen der ägyptischen Zauberer, die nach Ex 7,8–12 Mose und Aaron Widerstand geleistet haben.

2 Kor 11,22–33; Verfolgungen habe ich erduldet! Und aus allen hat der Herr
Eph 3,1; mich errettet. 12 So werden alle, die in der Gemeinschaft
Kol 1,24 mit Christus Jesus ein frommes Leben führen wollen, ver-
folgt werden. 13 Böse Menschen und Schwindler dagegen
werden immer mehr in das Böse hineingeraten; sie sind be-
2 Petr 1,20; trogene Betrüger. 14 Du aber bleibe bei dem, was du gelernt
Jud 3 und wovon du dich überzeugt hast. Du weißt, von wem du
es gelernt hast; 15 denn du kennst von Kindheit an die hei-
ligen Schriften, die dir Weisheit verleihen können, damit
du durch den Glauben an Christus Jesus gerettet wirst.
16 Jede von Gott eingegebene Schrift ist auch nützlich zur
Belehrung, zur Widerlegung, zur Besserung, zur Erziehung
in der Gerechtigkeit; 17 so wird der Mensch Gottes zu je-
dem guten Werk bereit und gerüstet sein.

Aufruf zu unerschrockenem Einsatz: 4,1–8

2 Petr 1,12; 4 Ich beschwöre dich bei Gott und bei Christus Jesus,
Jud 17 dem kommenden Richter der Lebenden und der To-
ten, bei seinem Erscheinen und bei seinem Reich: 2 Ver-
künde das Wort, tritt dafür ein, ob man es hören will oder
nicht; weise zurecht, tadle, ermahne, in unermüdlicher
1 Tim 4,1 und geduldiger Belehrung. 3 Denn es wird eine Zeit kom-
1 Tim 1,10; men, in der man die gesunde Lehre nicht erträgt, sondern
4,6; 6,3; sich nach eigenen Wünschen immer neue Lehrer sucht, die
Tit 1,9; 2,1.10 den Ohren schmeicheln; 4 und man wird der Wahrheit
1 Tim 1,4 nicht mehr Gehör schenken, sondern sich Fabeleien zu-
wenden. 5 Du aber sei in allem nüchtern, ertrage das Lei-
den, verkünde das Evangelium, erfülle treu deinen Dienst!
Phil 2,17 6 Denn ich werde nunmehr geopfert, und die Zeit meines
1 Tim 6,12; Aufbruchs ist nahe. 7 Ich habe den guten Kampf gekämpft,
Phil 3,14; 2 Petr 1,14 den Lauf vollendet, die Treue gehalten. 8 Schon jetzt liegt
für mich der Kranz der Gerechtigkeit bereit, den mir der
Herr, der gerechte Richter, an jenem Tag geben wird, aber
nicht nur mir, sondern allen, die sehnsüchtig auf sein Er-
scheinen warten.

3,16 Andere Übersetzungsmöglichkeiten: Die ganze von Gott eingegebene Schrift; oder: Jedes von Gott eingegebene Schriftwort.

4,1–8 In diesem Abschnitt wird der Charakter des Briefs als eines Abschiedsbriefs und einer letztwilligen Verfügung besonders deutlich; vgl. die Abschiedsrede des Paulus in Milet an die Presbyter von Ephesus (Apg 20,18–35).

4,7 die Treue gehalten, andere Übersetzungsmöglichkeit: den Glauben bewahrt.

4,8 Der Tag der Wiederkunft Christi ist, wenn auch nicht mehr als unmittelbar bevorstehend gedacht, doch der alles entscheidende Tag.

PERSÖNLICHE MITTEILUNGEN UND AUFTRÄGE: 4,9–18

9 Beeil dich, komm bald zu mir! 10 Demas hat mich aus
Liebe zu dieser Welt verlassen und ist nach Thessalonich
gegangen; Kreszenz ging nach Galatien, Titus nach Dal-
matien. 11 Nur Lukas ist noch bei mir. Bring Markus mit,
denn er wird mir ein guter Helfer sein. 12 Tychikus habe Eph 6,21
ich nach Ephesus geschickt. 13 Wenn du kommst, bring
den Mantel mit, den ich in Troas bei Karpus gelassen habe,
auch die Bücher, vor allem die Pergamente. 14 Alexander, 1 Tim 1,20
der Schmied, hat mir viel Böses getan; *der Herr wird ihm* Ps 62,13;
vergelten, wie es seine Taten verdienen. 15 Nimm auch du 28,4
dich vor ihm in acht, denn er hat unsere Lehre heftig be-
kämpft.

16 Bei meiner ersten Verteidigung ist niemand für mich Phil 1,15–18
eingetreten; alle haben mich im Stich gelassen. Möge es
ihnen nicht angerechnet werden. 17 Aber der Herr stand
mir zur Seite und gab mir Kraft, damit durch mich die Ver-
kündigung vollendet wird und alle Heiden sie hören; und
so wurde ich dem *Rachen des Löwen entrissen*. 18 Der Herr Ps 22,22;
wird mich allem Bösen entreißen, er wird mich retten und Dan 6,21.28
in sein himmlisches Reich führen. Ihm sei die Ehre in alle
Ewigkeit. Amen.

DER SCHLUSS DES BRIEFES: GRÜSSE UND SEGENSWÜNSCHE: 4,19–22

19 Grüße Priska und Aquila und die Familie des Onesi-
phorus! 20 Erastus blieb in Korinth, Trophimus mußte ich
krank in Milet zurücklassen. 21 Beeil dich, komm noch vor
dem Winter! Es grüßen dich Eubulus, Pudens, Linus, Klau-
dia und alle Brüder.

22 Der Herr sei mit deinem Geist! Die Gnade sei mit
euch!

4,13 Die nicht näher bezeichneten Bücher waren wohl auf Papyrus geschrieben; bei den Pergamenten handelt es sich wahrscheinlich um Schriftrollen mit Texten des Alten Testaments.

4,16 Es ist nicht sicher, ob mit der »ersten Verteidigung« auf eine frühere Gefangenschaft angespielt ist oder nur auf ein früheres Verhör.

Der Brief an Titus

Titus gehörte neben Timotheus zu den engsten Mitarbeitern des Apostels Paulus, wie vor allem der Galater- und der 2. Korintherbrief zeigen (Gal 2,3; 2 Kor 2,13; 7,6.13; 8,6.16.23; 12,18). Nach Tit 1,5 übertrug ihm Paulus die Verantwortung für die Kirche von Kreta. Nach alter Überlieferung soll er bis zu seinem Lebensende als Bischof dieser Insel gewirkt haben.

Der Brief an Titus hat amtlichen Charakter; das Persönliche tritt zurück. Nach dem Eingangsgruß (1,1–4) werden zunächst die Aufgaben des Titus in Kreta genannt: Er soll geeignete Vorsteher für die Christengemeinden einsetzen (1,5–9) und die Irrlehre bekämpfen (1,10–16). Dann wird er ermahnt, in Übereinstimmung mit der »gesunden Lehre« die einzelnen Stände an ihre Pflichten zu erinnern (2,1–10). Es gilt, der in Jesus Christus sichtbar gewordenen Gnade Gottes zu entsprechen (2,11–15). Anschließend werden unter Hinweis auf die Taufe grundlegende Pflichten im politischen und mitmenschlichen Bereich genannt (3,1–8). Es folgt eine erneute Warnung vor Irrlehrern (3,9–11). Persönliche Aufträge, Segenswünsche und Grüße beschließen den Brief (3,12–15).

BEKENNTNIS, ANSCHRIFT UND GRUSS: 1,1–4

1 Tim 2,4; **1** Paulus, Knecht Gottes und Apostel Jesu Christi, beru-
2 Tim 3,7 fen, um die Auserwählten Gottes zum Glauben und
zur Erkenntnis der wahren Gottesverehrung zu führen,
2 in der Hoffnung auf das ewige Leben, das der wahrhaftige
Gott schon vor ewigen Zeiten verheißen hat; 3 jetzt aber
1 Tim 2,6; 6,15 hat er zur vorherbestimmten Zeit sein Wort offenbart in
2,10; 3,4; der Verkündigung, die mir durch den Auftrag Gottes, unse-
1 Tim 1,1; 2,3; 4,10 res Retters, anvertraut ist. 4 An Titus, seinen echten Sohn
2,13; 3,6; aufgrund des gemeinsamen Glaubens: Gnade und Friede
2 Tim 1,10; von Gott, dem Vater, und Christus Jesus, unserem Retter.
2 Petr 1,1.11; 3,18

DIE AUFGABEN DES TITUS: 1,5–3,11

Einsetzung geeigneter Vorsteher: 1,5–9

5 Ich habe dich in Kreta deswegen zurückgelassen, damit
du das, was noch zu tun ist, zu Ende führst und in den ein-
Apg 14,23; zelnen Städten Älteste einsetzt, wie ich dir aufgetragen
1 Tim 3,2–4 habe.
Apg 20,17.28; 6 Ein Ältester soll unbescholten und nur einmal verhei-
1 Petr 5,2f ratet sein. Seine Kinder sollen gläubig sein; man soll ihnen
nicht nachsagen können, sie seien liederlich und ungehor-
sam. 7 Denn ein Bischof muß unbescholten sein, weil er
das Haus Gottes verwaltet; er darf nicht überheblich und
jähzornig sein, kein Trinker, nicht gewalttätig oder hab-
gierig. 8 Er soll vielmehr das Gute lieben, er soll gast-
freundlich sein, besonnen, gerecht, fromm und beherrscht.
2,1.10; 9 Er muß ein Mann sein, der sich an das wahre Wort der
1 Tim 1,10; Lehre hält; dann kann er mit der gesunden Lehre die Ge-
4,6; 6,3; 2 Tim 1,13; 4,3 meinde ermahnen und die Gegner widerlegen.

Bekämpfung der Irrlehrer: 1,10–16

10 Denn es gibt viele Ungehorsame, Schwätzer und
Schwindler, besonders unter denen, die aus dem Judentum
kommen. 11 Diese Menschen muß man zum Schweigen
bringen, denn aus übler Gewinnsucht zerstören sie ganze

1,6f Zu »Ältester« und »Bischof« vgl. die Anmerkung zu 1 Tim 3,1. – Zu »nur einmal verheiratet« vgl. die Anmerkung zu 1 Tim 3,2.

Familien mit ihren falschen Lehren. [12] Einer von ihnen hat
als ihr eigener Prophet gesagt: Alle Kreter sind Lügner und
faule Bäuche, gefährliche Tiere. [13] Das ist ein wahres Wort.
Darum weise sie streng zurecht, damit ihr Glaube wieder
gesund wird [14] und sie sich nicht mehr an jüdische Fabe- 1 Tim 1,4; 4,7;
leien halten und an Gebote von Menschen, die sich von der 2 Tim 2,16
Wahrheit abwenden. [15] Für die Reinen ist alles rein; für die Mt 15,11;
Unreinen und Ungläubigen aber ist nichts rein, sogar ihr Mk 7,15
Denken und ihr Gewissen sind unrein. [16] Sie beteuern,
Gott zu kennen, durch ihr Tun aber verleugnen sie ihn; es 2 Tim 3,5
sind abscheuliche und unbelehrbare Menschen, die zu
nichts Gutem taugen.

Anweisungen für einzelne Stände: 2,1–10

2 Du aber verkünde, was der gesunden Lehre ent- 1,9; 2,10;
spricht. [2] Die älteren Männer sollen nüchtern sein, 1 Tim 1,10; 4,6; 6,3;
achtbar, besonnen, stark im Glauben, in der Liebe, in der 2 Tim 1,13;
Ausdauer. [3] Ebenso seien die älteren Frauen würdevoll in 4,3
ihrem Verhalten, nicht verleumderisch und nicht trunk- 1 Petr 3,1–5
süchtig; sie müssen fähig sein, das Gute zu lehren, [4] damit
sie die jungen Frauen dazu anhalten können, ihre Männer
und Kinder zu lieben, [5] besonnen zu sein, ehrbar, häuslich,
gütig und ihren Männern gehorsam, damit das Wort Got-
tes nicht in Verruf kommt.

[6] Ebenso ermahne die jüngeren Männer, in allen Dingen 1 Joh 2,14
besonnen zu sein. [7] Gib selbst ein Beispiel durch gute Wer-
ke. Lehre die Wahrheit unverfälscht und mit Würde, [8] mit 2 Petr 3,15f
gesunden, unanfechtbaren Worten; so wird der Gegner be-
schämt und kann nichts Schlechtes über uns sagen.

[9] Die Sklaven sollen ihren Herren gehorchen, ihnen in 1 Tim 6,1f;
allem gefällig sein, nicht widersprechen, [10] nichts verun- 1 Petr 2,18
treuen; sie sollen zuverlässig und treu sein, damit sie in al- 1,3; 3,4;
lem der Lehre Gottes, unseres Retters, Ehre machen. 1 Tim 1,1; 2,3; 4,10

Gnade und christliches Leben: 2,11–15

[11] Denn die Gnade Gottes ist erschienen, um alle Men- 3,4
schen zu retten. [12] Sie erzieht uns dazu, uns von der Gott-

---

1,12 Das zitierte Wort des »Propheten« ist im Griechischen ein Hexameter, der dem Dichterphilosophen Epimenides (6. Jh. v. Chr.) zugeschrieben wird.

1,13 Das ist ein wahres Wort, wörtlich: Dieses Zeugnis ist wahr.

2,2 stark im Glauben, wörtlich: gesund im Glauben.

2,11–14 Hier und in 3,3–7 werden Formulierungen aus der urchristlichen Taufliturgie aufgenommen.

2,11 Als Beginn einer liturgischen Lesung wird folgende Fassung vorgeschlagen: Erschienen ist die Gnade Gottes.

losigkeit und den irdischen Begierden loszusagen und be-
sonnen, gerecht und fromm in dieser Welt zu leben,
[13] während wir auf die selige Erfüllung unserer Hoffnung
warten: auf das Erscheinen der Herrlichkeit unseres gro-
1,4 ßen Gottes und Retters Christus Jesus. [14] Er hat sich für
Ez 37,23; uns hingegeben, um uns *von aller Schuld zu erlösen* und
Ps 130,8 *sich ein reines Volk zu schaffen, das ihm als sein besonde-*
Ex 19,5;
Dtn 14,2 *res Eigentum gehört* und voll Eifer danach strebt, das Gute
zu tun. [15] So sollst du mit allem Nachdruck lehren, er-
mahnen und zurechtweisen. Niemand soll dich geringach-
ten.

Die Pflichten der Getauften im sozialen Bereich: 3,1–8

Röm 13,1–7; 1 Petr 2,13–17 **3** Erinnere sie daran, sich den Herrschern und Macht-
habern unterzuordnen und ihnen zu gehorchen. Sie
sollen immer bereit sein, Gutes zu tun, [2] sollen niemand
schmähen, nicht streitsüchtig sein, sondern freundlich
und gütig zu allen Menschen. [3] Denn auch wir waren frü-
her unverständig und ungehorsam; wir gingen in die Irre,
waren Sklaven aller möglichen Begierden und Leiden-
schaften, lebten in Bosheit und Neid, waren verhaßt und
2,11 haßten einander. [4] Als aber die Güte und Menschenliebe
1,3 Gottes, unseres Retters, erschien, [5] hat er uns gerettet –
nicht weil wir Werke vollbracht hätten, die uns gerecht
Joh 3,3–8; machen können, sondern aufgrund seines Erbarmens –
Röm 3,20; durch das Bad der Wiedergeburt und der Erneuerung im
Gal 2,16; Heiligen Geist. [6] Ihn hat er in reichem Maß über uns aus-
Eph 2,8f; 5,26; 2 Tim 1,9 gegossen durch Jesus Christus, unseren Retter, [7] damit wir
6: 1,4 durch seine Gnade gerecht gemacht werden und das ewige
Leben erben, das wir erhoffen.
[8] Dieses Wort ist glaubwürdig, und ich will, daß du dafür
eintrittst, damit alle, die zum Glauben an Gott gekommen
sind, sich nach Kräften bemühen, das Gute zu tun. So ist es
gut und für alle Menschen nützlich.

Erneute Warnung vor Irrlehrern: 3,9–11

1 Tim 1,4 [9] Laß dich nicht ein auf törichte Auseinandersetzungen
und Erörterungen über Geschlechterreihen, auf Streit und
Gezänk über das Gesetz; sie sind nutzlos und vergeblich.

2,13 Andere Übersetzungsmöglichkeit: der Herrlichkeit des großen Gottes und unseres Retters Christus Jesus.

[10] Wenn du einen Sektierer einmal und ein zweites Mal ermahnt hast, so meide ihn. [11] Du weißt, ein solcher Mensch ist auf dem verkehrten Weg; er sündigt und spricht sich selbst das Urteil. Mt 18,15–17

DER SCHLUSS DES BRIEFES: PERSÖNLICHE MITTEILUNGEN UND GRÜSSE: 3,12–15

[12] Sobald ich Artemas oder Tychikus zu dir schicke, komm rasch zu mir nach Nikopolis; denn ich habe mich entschlossen, dort den Winter zu verbringen. [13] Den gesetzeskundigen Zenas und den Apollos statte für die Weiterreise gut aus, damit ihnen nichts fehlt. [14] Auch unsere Leute sollen lernen, nach Kräften Gutes zu tun, wo es nötig ist, damit ihr Leben nicht ohne Frucht bleibt. 2 Tim 4,12

[15] Es grüßen dich alle, die bei mir sind. Grüße alle, die uns durch den Glauben in Liebe verbunden sind. Die Gnade sei mit euch allen!

Der Brief an Philemon

Der kleine Brief hat einen ganz persönlichen Anlaß. Der Sklave Onesimus war seinem Herrn Philemon entlaufen, der in Kolossä wohnte. Er kam auf seiner Flucht zu Paulus, der im Gefängnis saß, vermutlich in Ephesus. Paulus gewann Onesimus für den christlichen Glauben, und Onesimus war ihm in mancherlei Hinsicht nützlich (vgl. Vers 20). Der Apostel schickte den Sklaven zu Philemon zurück, dessen Haus einer christlichen Gemeinde als Versammlungsort diente. Der Brief, geschrieben um 55 n. Chr., sollte Philemon bewegen, dem Sklaven Onesimus zu verzeihen und ihn als christlichen Bruder aufzunehmen. Die Bedeutung des Briefs liegt darin, daß er einen Beitrag zur Lösung des bedrückenden Sklavenproblems in der christlichen Gemeinde darstellt. Gleichzeitig ist er als persönliches Dokument des Menschen Paulus von hohem Wert.

ANSCHRIFT UND GRUSS: 1–3

1 Paulus, Gefangener Christi Jesu, und der Bruder Timo-
theus an unseren geliebten Mitarbeiter Philemon, 2 an die
Kol 4,17 Schwester Aphia, an Archippus, unseren Mitstreiter, und
Röm 1,7 an die Gemeinde in deinem Haus: 3 Gnade sei mit euch
und Friede von Gott, unserem Vater, und dem Herrn Jesus
Christus.

DANKGEBET DES APOSTELS: 4–7

4 Ich danke meinem Gott jedesmal, wenn ich in meinen
Gebeten an dich denke. 5 Denn ich höre von deinem Glau-
ben an Jesus, den Herrn, und von deiner Liebe zu allen Hei-
ligen. 6 Ich wünsche, daß unser gemeinsamer Glaube in dir
wirkt und du all das Gute in uns erkennst, das auf Christus
gerichtet ist. 7 Es hat mir viel Freude und Trost bereitet,
daß durch dich, Bruder, und durch deine Liebe die Heiligen
ermutigt worden sind.

FÜRSPRACHE FÜR ONESIMUS: 8–20

8 Obwohl ich durch Christus volle Freiheit habe, dir zu
befehlen, was du tun sollst, 9 ziehe ich es um der Liebe wil-
len vor, dich zu bitten. Ich, Paulus, ein alter Mann, der jetzt
für Christus Jesus im Kerker liegt, 10 ich bitte dich für mein
1 Kor 4,15; Kind Onesimus, dem ich im Gefängnis zum Vater gewor-
Kol 4,9 den bin. 11 Früher konntest du ihn zu nichts gebrauchen,
doch jetzt ist er dir und mir recht nützlich. 12 Ich schicke
ihn zu dir zurück, ihn, das bedeutet mein eigenes Herz.
13 Ich würde ihn gern bei mir behalten, damit er mir an
deiner Stelle dient, solange ich um des Evangeliums willen
im Gefängnis bin. 14 Aber ohne deine Zustimmung wollte
ich nichts tun. Deine gute Tat soll nicht erzwungen, son-
dern freiwillig sein. 15 Denn vielleicht wurde er nur des-
halb eine Weile von dir getrennt, damit du ihn für ewig zu-
1 Kor 7,22 rückerhältst, 16 nicht mehr als Sklaven, sondern als weit

---

16 als Mensch und auch vor dem Herrn, wörtlich: im Fleisch und im Herrn.

mehr: als geliebten Bruder. Das ist er jedenfalls für mich,
um wieviel mehr dann für dich, als Mensch und auch vor
dem Herrn. 17 Wenn du dich mir verbunden fühlst, dann
nimm ihn also auf wie mich selbst! 18 Wenn er dich aber
geschädigt hat oder dir etwas schuldet, setz das auf meine
Rechnung! 19 Ich, Paulus, schreibe mit eigener Hand: Ich 1 Kor 16,21
werde es bezahlen – um nicht davon zu reden, daß du dich
selbst mir schuldest. 20 Ja, Bruder, um des Herrn willen
möchte ich von dir einen Nutzen haben. Erfreue mein
Herz; wir gehören beide zu Christus.

GRÜSSE UND SEGEN: 21–25

21 Ich schreibe dir im Vertrauen auf deinen Gehorsam
und weiß, daß du noch mehr tun wirst, als ich gesagt habe.
22 Bereite zugleich eine Unterkunft für mich vor! Denn ich
hoffe, daß ich euch durch eure Gebete wiedergeschenkt
werde.

23 Es grüßen dich Epaphras, der mit mir um Christi Jesu Kol 4,7–14
willen im Gefängnis ist, 24 sowie Markus, Aristarch, De-
mas und Lukas, meine Mitarbeiter. 25 Die Gnade Jesu Gal 6,18
Christi, des Herrn, sei mit eurem Geist!

---

20 Vermutlich ein Wortspiel mit dem Namen »Onesimus«, das heißt »der Nützliche«.

Der Brief an die Hebräer

In den ältesten Handschriften trägt der Brief die Überschrift »An die Hebräer«, das heißt an Judenchristen. Eine Verfasserangabe fehlt, ebenso die Angabe der Adressaten. Da das Schreiben paulinischen Einfluß aufweist (siehe auch den Hinweis auf Timotheus 13,23), wurde früher vermutet, es stamme, wenn nicht von Paulus selbst, von einem Mitarbeiter des Paulus, etwa von Barnabas oder von Apollos (Apg 13,1–15,35; 18,24–19,1; 1 Kor 1,12; 3,4). Dies läßt sich jedoch nicht nachweisen. Wegen des ausgezeichneten griechischen Stils, der eingehenden Kenntnis des Alten Testaments und der jüdisch beeinflußten Denk- und Darstellungsweise ist als Verfasser ein griechisch gebildeter Judenchrist anzunehmen, der von paulinischen Gedanken beeinflußt ist.

Der Brief ist am frühesten in Rom durch den 1. Klemensbrief (abgefaßt um 97 n. Chr.) bezeugt; die Notiz 13,24 (»Es grüßen euch die Brüder aus Italien«) verweist ebenfalls eher auf Rom als auf Kleinasien als Entstehungsort. Da der Verfasser auf die apostolische Zeit zurückblickt (13,7: »Schaut auf das Ende des Lebens eurer Vorsteher«), zugleich auf eine bevorstehende Verfolgung hinweist – Kaiser Domitian (81–96 n. Chr.) ließ die Christen im ganzen römischen Reich verfolgen –, sind als Zeit der Abfassung etwa die Jahre 85–95 n. Chr. anzunehmen.

Das Schreiben weist folgende Gliederung auf: Gottes abschließende Offenbarung durch den Sohn (1,1–4,13); Jesus Christus, der vollkommene und endgültige Hohepriester des Volkes Gottes, der durch seinen Tod volle Sühne bewirkt, den Neuen Bund heraufgeführt und den Zugang zu Gott geöffnet hat (4,14–10,18); das wandernde Gottesvolk auf dem Weg zu der von Gott geschenkten Ruhe (11,1–12,3); abschließende Ermahnungen an müde gewordene Christen (12,4–13,19); Grüße und Segenswünsche (13,20–25).

Für seine Darlegungen schöpfte der Verfasser aus dem griechischen Alten Testament (Septuaginta) sowie aus jüdischen und christlichen Überlieferungen. So schuf er ein seelsorgliches »Mahnschreiben« (13,22) an Christen, die in Gefahr sind, vom Glauben abzufallen. Ihnen zeigt er, daß Jesus ebenso wie alle Großen des Volkes Gottes für ihre Überzeugung auch zu leiden hatte und daß sich erst im Leiden die Kraft des Glaubens und der Hoffnung bewährt. Wie Jesus Christus kann auch der Christ nur durch Leiden in das Reich Gottes gelangen. Im Mittelpunkt steht die Aussage über Jesus als den allein würdigen Hohenpriester nach der Art des Priesterkönigs Melchisedek (vgl. die Anmerkung zu 7,1–28). Jesus hat durch das Opfer seines Lebens eine umfassende Erlösung bewirkt und tritt vor Gott als Fürsprecher für die Kirche ein. In ihm ist das alttestamentliche Priestertum an sein Ziel und Ende gelangt.

Das Schreiben bietet Einblick in den Reichtum christlichen Denkens und Lebens am Ende des ersten christlichen Jahrhunderts. Von besonderem Gewicht ist die Mahnung, Jesus Christus auch in Widrigkeiten unbedingt treu zu bleiben.

DER SOHN ALS ERFÜLLUNG DER VERHEISSUNGEN GOTTES: 1,1–4,13

Der Sohn und die Engel: 1,1–14

1 Viele Male und auf vielerlei Weise hat Gott einst zu
den Vätern gesprochen durch die Propheten; [2] in die-
ser Endzeit aber hat er zu uns gesprochen durch den Sohn,
den er zum Erben des Alls eingesetzt und durch den er auch
die Welt erschaffen hat; [3] er ist der Abglanz seiner Herr- 2 Kor 3,18;
lichkeit und das Abbild seines Wesens; er trägt das All Kol 1,15
durch sein machtvolles Wort, hat die Reinigung von den Joh 1,3; Kol 1,17
Sünden bewirkt und *sich* dann *zur Rechten* der Majestät in Ps 110,1
der Höhe *gesetzt*; [4] er ist um so viel erhabener geworden als
die Engel, wie der Name, den er geerbt hat, ihren Namen Phil 2,9
überragt. [5] Denn zu welchem Engel hat er jemals gesagt:
Mein Sohn bist du, Ps 2,7
heute habe ich dich gezeugt,
und weiter:
Ich will für ihn Vater sein, 2 Sam 7,14
und er wird für mich Sohn sein?
[6] Wenn er aber den Erstgeborenen wieder in die Welt ein-
führt, sagt er:
Alle Engel Gottes sollen sich vor ihm niederwerfen. Dtn 32,43 G;
[7] Und von den Engeln sagt er: Ps 97,7 G
Er macht seine Engel zu Winden Ps 104,4 G
und seine Diener zu Feuerflammen;
[8] von dem Sohn aber:
Dein Thron, o Gott, steht für immer und ewig, Ps 45,7f G
und:
Das Zepter seiner Herrschaft ist ein gerechtes Zepter.
[9] *Du liebst das Recht und haßt das Unrecht,*
darum, o Gott, hat dein Gott dich gesalbt
mit dem Öl der Freude wie keinen deiner Gefährten.

1,1–2,18 Das kunstvoll gestaltete Vorwort (1,1–4) und die anschließenden Zitate aus dem Alten Testament legen dar, daß Jesus als der Sohn Gottes die Engel an Bedeutung weit übertrifft; daher ist auch der von ihm gestiftete Bund dem Alten Bund, der nach jüdischer Auffassung durch Engel vermittelt wurde (vgl. Apg 7,53; Gal 3,19: über das Gesetz), weit überlegen.

10 Und:
Ps 102,26–28 *Du, Herr, hast vorzeiten der Erde Grund gelegt,*
die Himmel sind das Werk deiner Hände.
11 *Sie werden vergehen, du aber bleibst;*
sie alle veralten wie ein Gewand;
12 *du rollst sie zusammen wie einen Mantel,*
und wie ein Gewand *werden sie gewechselt.*
Du aber bleibst, der du bist,
und deine Jahre enden nie.
13 Zu welchem Engel hat er jemals gesagt:
Ps 110,1 *Setze dich mir zur Rechten,*
und ich lege dir deine Feinde als Schemel
unter die Füße?
14 Sind sie nicht alle nur dienende Geister, ausgesandt,
um denen zu helfen, die das Heil erben sollen?

Gottes Zeugnis für den Sohn: 2,1–4

2 Darum müssen wir um so aufmerksamer auf das ach-
ten, was wir gehört haben, damit wir nicht vom Weg
abkommen. 2 Denn wenn schon das durch Engel verkün-
dete Wort rechtskräftig war und jede Übertretung und je-
der Ungehorsam die gerechte Vergeltung fand, 3 wie sollen
dann wir entrinnen, wenn wir uns um ein so erhabenes
Heil nicht kümmern, das zuerst durch den Herrn verkün-
det und uns von den Ohrenzeugen bestätigt wurde? 4 Auch
2 Kor 12,12 Gott selbst hat dies bezeugt durch Zeichen und Wunder,
durch machtvolle Taten aller Art und Gaben des Heiligen
Geistes, nach seinem Willen.

Die Erniedrigung und Erhöhung des Sohnes: 2,5–18

5 Denn nicht Engeln hat er die zukünftige Welt unter-
worfen, von der wir reden, 6 vielmehr (dem Sohn, darum)
heißt es an einer Stelle ausdrücklich:
Ps 8,5–7 G *Was ist der Mensch, daß du an ihn denkst,*
oder der Menschensohn, daß du dich seiner
annimmst?
7 *Du hast ihn nur für kurze Zeit unter die Engel*
erniedrigt.
Du hast ihn mit Herrlichkeit und Ehre gekrönt,
8 *alles hast du ihm zu Füßen gelegt.*
Denn als er ihm alles zu Füßen legte, hat er nichts von
der Unterwerfung ausgenommen. Jetzt sehen wir noch
nicht *alles ihm zu Füßen gelegt*; 9 aber den, der *nur für*
kurze Zeit unter die Engel erniedrigt war, Jesus, ihn sehen
wir um seines Todesleidens willen *mit Herrlichkeit und*

Ehre gekrönt; es war nämlich Gottes gnädiger Wille, daß er
für alle den Tod erlitt. 10 Denn es war angemessen, daß
Gott, für den und durch den das All ist und der viele Söhne
zur Herrlichkeit führen wollte, den Urheber ihres Heils Apg 3,15
durch Leiden vollendete.

11 Denn er, der heiligt, und sie, die geheiligt werden,
stammen alle von Einem ab; darum scheut er sich nicht,
sie *Brüder* zu nennen 12 und zu sagen:

Ich will deinen Namen meinen Brüdern verkünden, Ps 22,23
inmitten der Gemeinde dich preisen;

13 und ferner:

Ich will auf ihn mein Vertrauen setzen; Jes 8,17; 2 Sam 22,3

und:

Seht, ich und die Kinder, die Gott mir geschenkt hat. Jes 8,18 G

14 Da nun *die Kinder* Menschen von Fleisch und Blut
sind, hat auch er in gleicher Weise Fleisch und Blut ange-
nommen, um durch seinen Tod den zu entmachten, der die
Gewalt über den Tod hat, nämlich den Teufel, 15 und um
die zu befreien, die durch die Furcht vor dem Tod ihr Leben
lang der Knechtschaft verfallen waren. 16 Denn er nimmt
sich keineswegs der Engel an, sondern *der Nachkommen* Jes 41,8f G
Abrahams nimmt er sich an. 17 Darum mußte er in allem
seinen Brüdern gleich sein, um ein barmherziger und Ps 22,23
treuer Hoherpriester vor Gott zu sein und die Sünden des
Volkes zu sühnen. 18 Denn da er selbst in Versuchung ge- 4,15; Mt 4,1–11;
führt wurde und gelitten hat, kann er denen helfen, die in Lk 4,1–13
Versuchung geführt werden.

Der Sohn und Mose: 3,1–6

3 Darum, heilige Brüder, die ihr an der himmlischen
Berufung teilhabt, schaut auf den Apostel und Ho-
henpriester, dem unser Bekenntnis gilt: auf Jesus, 2 der –
wie auch *Mose in* Gottes *Haus* – dem *treu* ist, der ihn ein- Num 12,7 G
gesetzt hat. 3 Denn er hat größere Herrlichkeit empfangen
als Mose, so wie der, der ein Haus baut, größeren Ruhm ge-
nießt als das Haus. 4 Denn jedes Haus wird von jemand er-
baut; der aber, der alles erbaut hat, ist Gott. 5 *Mose* war *in* Num 12,7 G
Gottes *ganzem Haus treu* als *Diener*, zum Zeugnis der
künftigen Offenbarungen; 6 Christus aber ist *treu* als Sohn,
der über das *Haus* Gottes gesetzt ist; *sein Haus* aber sind
wir, wenn wir an der Zuversicht und an dem stolzen Be-
wußtsein festhalten, das unsere Hoffnung uns verleiht.

3,1–5 Jesus überragt auch den Mittler des Alten Bundes, Mose, kraft seines Wesens. – »Haus« ist Bild für das Volk Gottes.

Gottes Wort als Gericht: 3,7–19

7 Darum beherzigt, was der Heilige Geist sagt:
Ps 95,7–11 *Heute, wenn ihr seine Stimme hört,*
8 *verhärtet euer Herz nicht wie beim Aufruhr,*
wie in der Wüste am Tag der Versuchung.
9 *Dort haben eure Väter mich versucht,*
sie haben mich auf die Probe gestellt
und hatten doch meine Taten gesehen,
10 *vierzig Jahre lang.*
Darum *war mir diese Generation zuwider,*
und ich sagte: Immer geht ihr Herz in die Irre.
Sie erkannten meine Wege nicht.
11 *Darum habe ich in meinem Zorn geschworen:*
Sie sollen nicht in das Land meiner Ruhe kommen.
12 Gebt acht, Brüder, daß keiner von euch ein böses, un-
gläubiges Herz hat, daß keiner vom lebendigen Gott ab-
fällt, 13 sondern ermahnt einander jeden Tag, solange es
noch heißt: *Heute*, damit niemand von euch durch den Be-
trug der Sünde verhärtet wird; 14 denn an Christus haben
wir nur Anteil, wenn wir bis zum Ende an der Zuversicht
festhalten, die wir am Anfang hatten. 15 Wenn es heißt:
Ps 95,7f *Heute, wenn ihr seine Stimme hört,*
verhärtet euer Herz nicht wie beim Aufruhr –
16 wer waren denn jene, die *hörten* und *sich auflehnten*?
Waren es nicht alle, die unter Mose aus Ägypten ausgezo-
gen waren? 17 Wer *war ihm vierzig Jahre lang zuwider*?
Num 14,29 Nicht etwa die Sünder, deren *Leichen in der Wüste liegen*
blieben? 18 Wem hat er geschworen, *sie sollen nicht in das*
Land seiner Ruhe kommen, wenn nicht den Ungehorsa-
men? 19 Und wir sehen, daß sie wegen ihres Unglaubens
nicht hineinkommen konnten.

Gottes Wort als Verheißung: 4,1–13

4 Darum laßt uns ernsthaft besorgt sein, daß keiner von
euch zurückbleibt, solange die Verheißung, *in das*
Ps 95,11 *Land seiner Ruhe zu kommen*, noch gilt. 2 Denn uns ist die
gleiche Freudenbotschaft verkündet worden wie jenen;
doch hat ihnen das Wort, das sie hörten, nichts genützt,
weil es sich nicht durch den Glauben mit den Hörern ver-
band. 3 Denn wir, die wir gläubig geworden sind, *kommen*

3,7–4,13 Der Abschnitt verdeutlicht den Zweck des Schreibens: Christen, die in Gefahr sind, vom Glauben abzufallen, zur Treue aufzurufen (vgl. 5,11–6,8).

3,17 Wörtlich: deren Leiber . . . hinfielen.

4,2 die Freudenbotschaft, wörtlich: das Evangelium.

in das Land der Ruhe, wie er gesagt hat: Ps 95,11
Darum habe ich in meinem Zorn geschworen:
Sie sollen nicht in das Land meiner Ruhe kommen.
Zwar waren die Werke seit der Erschaffung der Welt voll-
endet; 4 denn vom siebten Tag heißt es an einer Stelle:
Und Gott ruhte am siebten Tag aus von all seinen Wer- Gen 2,2 G
ken; 5 hier aber heißt es:
Sie sollen nicht in das Land meiner Ruhe kommen. Ps 95,11
6 Da es nun dabei bleibt, daß einige hineinkommen, die
aber, die früher die Freudenbotschaft empfangen haben,
wegen ihres Ungehorsams *nicht hineingekommen sind*,
7 setzt er aufs neue einen Tag fest, nämlich: *Heute*, indem
er durch David, wie schon gesagt, nach so langer Zeit
spricht:
Heute, wenn ihr seine Stimme hört, Ps 95,7f
verhärtet euer Herz nicht!
8 Denn hätte schon Josua sie in das Land der Ruhe geführt,
so wäre nicht von einem anderen, späteren Tag die Rede.
9 Also ist dem Volk Gottes eine Sabbatruhe vorbehalten.
10 Denn wer *in das Land seiner Ruhe gekommen ist*, der Ps 95,11
ruht auch selbst von seinen Werken aus, wie Gott von den Gen 2,2 G
seinigen. 11 Bemühen wir uns also, *in* jenes *Land der Ruhe*
zu kommen, damit niemand aufgrund des gleichen Unge-
horsams zu Fall kommt.
12 Denn lebendig ist das Wort Gottes, kraftvoll und Weish 18,15f
schärfer als jedes zweischneidige Schwert; es dringt durch
bis zur Scheidung von Seele und Geist, von Gelenk und
Mark; es richtet über die Regungen und Gedanken des
Herzens; 13 vor ihm bleibt kein Geschöpf verborgen, son-
dern alles liegt nackt und bloß vor den Augen dessen, dem
wir Rechenschaft schulden.

CHRISTUS DER WAHRE UND ENDGÜLTIGE HOHEPRIESTER DES NEUEN BUNDES: 4,14–10,18

Das Amt des Hohenpriesters: 4,14–5,10

14 Da wir nun einen erhabenen Hohenpriester haben, der
die Himmel durchschritten hat, Jesus, den Sohn Gottes,
laßt uns an dem Bekenntnis festhalten. 15 Wir haben ja
nicht einen Hohenpriester, der nicht mitfühlen könnte

4,11 Wörtlich: damit niemand ... hinfällt (vgl. 3,17).

4,14–5,10 Jesus wird hier als Hoherpriester und sein Wirken als priesterlicher Dienst der Versöhnung beschrieben. Als alttestamentliches Vorbild wird der vorisraelitische Priesterkönig von Jerusalem, Melchisedek, genannt (vgl. Gen 14,17–20; Ps 110,4; Hebr 7,1–24).

mit unserer Schwäche, sondern einen, der in allem wie wir
Mt 4,1–11 in Versuchung geführt worden ist, aber nicht gesündigt
10,22 hat. [16] Laßt uns also voll Zuversicht hingehen zum Thron
der Gnade, damit wir Erbarmen und Gnade finden und so
Hilfe erlangen zur rechten Zeit.

5 Denn jeder Hohepriester wird aus den Menschen aus-
gewählt und für die Menschen eingesetzt zum Dienst
vor Gott, um Gaben und Opfer für die Sünden darzubrin-
gen. [2] Er ist fähig, für die Unwissenden und Irrenden Ver-
ständnis aufzubringen, da auch er der Schwachheit unter-
Lev 9,7 worfen ist; [3] deshalb muß er für sich selbst ebenso wie für
das Volk Sündopfer darbringen. [4] Und keiner nimmt sich
eigenmächtig diese Würde, sondern er wird von Gott beru-
fen, so wie Aaron.

[5] So hat auch Christus sich nicht selbst die Würde eines
Hohenpriesters verliehen, sondern der, der zu ihm gespro-
chen hat:

Ps 2,7 *Mein Sohn bist du.*
Heute habe ich dich gezeugt,

[6] wie er auch an anderer Stelle sagt:

Ps 110,4 *Du bist Priester auf ewig*
nach der Ordnung Melchisedeks.

[7] Als er auf Erden lebte, hat er mit lautem Schreien und un-
ter Tränen Gebete und Bitten vor den gebracht, der ihn aus
Mt 26,37f; dem Tod retten konnte, und er ist erhört und aus seiner
Mk 14,33f Angst befreit worden. [8] Obwohl er der Sohn war, hat er
Phil 2,8 durch Leiden den Gehorsam gelernt; [9] zur Vollendung ge-
langt, ist er für alle, die ihm gehorchen, der Urheber des
Jes 45,17 G *ewigen Heils* geworden [10] und wurde von Gott angeredet
Ps 110,4 als »Hoherpriester *nach der Ordnung Melchisedeks*«.

Die schwache Gemeinde: 5,11–6,12

[11] Darüber hätten wir noch viel zu sagen; es ist aber
schwer verständlich zu machen, da ihr schwerhörig ge-
worden seid. [12] Denn obwohl ihr der Zeit nach schon Leh-
rer sein müßtet, braucht ihr von neuem einen, der euch die
1 Kor 3,1–3 Anfangsgründe der Lehre von der Offenbarung Gottes bei-
bringt; Milch habt ihr nötig, nicht feste Speise. [13] Denn je-

---

5,7 Als er auf Erden lebte, wörtlich: In den Tagen seines Fleisches. – und er ist . . . befreit worden: andere Übersetzungsmöglichkeit: und er ist seiner Gottesfurcht wegen erhört worden.

5,11–6,6 Der Abschnitt weist auf die zweistufige Glaubensunterweisung der Kirche zu jener Zeit und auf die Sakramente der Taufe und der Eucharistie hin.

der, der noch mit Milch genährt wird, ist unfähig, richtiges
Reden zu verstehen; er ist ja ein unmündiges Kind; [14] feste
Speise aber ist für Erwachsene, deren Sinne durch Gewöh-
nung geübt sind, Gut und Böse zu unterscheiden.

6 Darum wollen wir beiseite lassen, was man zuerst
von Christus verkünden muß, und uns dem Voll-
kommeneren zuwenden; wir wollen nicht noch einmal
den Grund legen mit der Belehrung über die Abkehr von
toten Werken, über den Glauben an Gott, [2] über die Tau-
fen, die Handauflegung, die Auferstehung der Toten und
das ewige Gericht; [3] das wollen wir dann tun, wenn Gott es
will. [4] Denn es ist unmöglich, Menschen, die einmal er-
leuchtet worden sind, die von der himmlischen Gabe ge-
nossen und Anteil am Heiligen Geist empfangen haben,
[5] die das gute Wort Gottes und die Kräfte der zukünftigen
Welt kennengelernt haben, [6] dann aber abgefallen sind, er-
neut zur Umkehr zu bringen; denn sie schlagen jetzt den
Sohn Gottes noch einmal ans Kreuz und machen ihn zum
Gespött. [7] Wenn ein Boden den häufig herabströmenden
Regen trinkt und denen, für die er bebaut wird, nützliche
Gewächse hervorbringt, empfängt er Segen von Gott; Gen 1,11f
[8] trägt er aber *Dornen und Disteln*, so ist er nutzlos und Gen 3,17f
vom Fluch bedroht; sein Ende ist die Vernichtung durch
Feuer.

[9] Bei euch aber, liebe Brüder, sind wir trotz des Gesagten
vom Besseren überzeugt und davon, daß ihr am Heil teil-
habt. [10] Denn Gott ist nicht so ungerecht, euer Tun zu ver-
gessen und die Liebe, die ihr seinem Namen bewiesen
habt, indem ihr den Heiligen gedient habt und noch dient.
[11] Wir wünschen aber, daß jeder von euch im Blick auf den
Reichtum unserer Hoffnung bis zum Ende den gleichen Ei-
fer zeigt, [12] damit ihr nicht müde werdet, sondern Nach-
ahmer derer seid, die aufgrund ihres Glaubens und ihrer
Ausdauer Erben der Verheißungen sind.

5,13 richtiges Reden, andere Übersetzungsmöglichkeit: die rechte Lehre.

6,1 tote Werke: alles Tun, das nicht vom Glauben bestimmt ist. – Belehrung über den Glauben an Gott: Hinweis auf die Bekehrung von Heiden.

6,2 Die Taufe scheint mit einer Handauflegung verbunden gewesen zu sein.

6,4 erleuchtet: wohl Umschreibung der Wirkung der Taufe. – Mit dem Genuß der himmlischen Gabe ist vielleicht die Eucharistie gemeint.

6,4–6 Zur Aussage, für Christen, die vom Glauben abfallen, sei keine Umkehr möglich, vgl. 10,26–31.

6,5 kennengelernt haben, wörtlich: genossen haben.

Die zuverlässige Verheißung: 6,13–20

Gen 22,16 13 Als Gott dem Abraham die Verheißung gab, *schwor er*
bei sich selbst, da er bei keinem Höheren schwören konn-
Gen 22,17 te, 14 und sprach: *Fürwahr, ich will dir Segen schenken in*
Fülle und deine Nachkommen überaus zahlreich machen.
15 So erlangte Abraham durch seine Ausdauer das Verhei-
ßene. 16 Menschen nämlich schwören bei dem Höheren;
der Eid dient ihnen zur Bekräftigung und schließt jeden
weiteren Einwand aus; 17 deshalb hat Gott, weil er den Er-
ben der Verheißung ausdrücklich zeigen wollte, wie unab-
änderlich sein Entschluß ist, sich mit einem Eid verbürgt.
18 So sollten wir durch zwei unwiderrufliche Taten, bei
denen Gott unmöglich täuschen konnte, einen kräftigen
Ansporn haben, wir, die wir unsere Zuflucht dazu ge-
nommen haben, die dargebotene Hoffnung zu ergreifen.
19 In ihr haben wir einen sicheren und festen Anker der
Lev 16,2.12 Seele, der hineinreicht *in das Innere hinter dem Vorhang*;
20 dorthin ist Jesus für uns als unser Vorläufer hineinge-
Ps 110,4 gangen, er, der *nach der Ordnung Melchisedeks* Hoher-
priester ist *auf ewig*.

Christus und die Priester des Alten Bundes: 7,1–8,13

Melchisedek und die Leviten: 7,1–10

Gen 14,17–20 7 Dieser *Melchisedek, König von Salem und Priester*
des höchsten Gottes; er, der *dem Abraham, als dieser*
nach dem Sieg über die Könige zurückkam, entgegenging
und *ihn segnete* 2 und welchem Abraham *den Zehnten von*
allem gab; er, dessen Name »König der Gerechtigkeit« be-
deutet und der auch *König von Salem* ist, das heißt »König
des Friedens«; 3 er, der ohne Vater, ohne Mutter und ohne

6,19 Im Heiligen Zelt wie auch im Tempelgebäude waren das Heilige und das Allerheiligste durch einen Vorhang getrennt. Nur einmal im Jahr, am Versöhnungstag, durfte der Hohepriester mit dem Blut von Opfertieren das Allerheiligste betreten, um den Sühneritus vorzunehmen durch die Besprengung des vergoldeten Deckels der Bundeslade mit Opferblut (vgl. Hebr 9,1–10; Lev 16). Das Allerheiligste ist für den Hebräerbrief Bild für den Ort, an dem Gott wohnt. – Der Anker ist Symbol für die christliche Hoffnung.

7,1–28 Dem levitischen Priestertum wird das Priestertum des Melchisedek gegenübergestellt. Melchisedek ist aufgrund seines Namens, der Anerkennung durch Abraham, durch seine geheimnisvolle Herkunft und durch sein Opfer – Brot und Wein – Vorbild für Jesus Christus. Nach 7,16 lebt Melchisedek bei Gott. Zum Opfer des Melchisedek im Unterschied zum Opfer der levitischen Priesterordnung vgl. 7,11–24; 9,7f; 10,1–9.

Stammbaum ist, ohne Anfang seiner Tage und ohne Ende
seines Lebens, ein Abbild des Sohnes Gottes: dieser Mel-
chisedek bleibt *Priester* für immer. Ps 110,4
4 Seht doch, wie groß der ist, dem selbst Abraham, der
Patriarch, *den Zehnten* vom Besten der Beute *gab*! 5 Zwar Gen 14,20
haben auch die von den Söhnen Levis, die das Priesteramt Num 18,21
übernehmen, den Auftrag, den gesetzmäßigen Zehnten
vom Volk zu erheben, das heißt von ihren Brüdern, obwohl
auch diese aus Abraham hervorgegangen sind; 6 jener aber,
der seinen Stammbaum nicht von ihnen herleitet, hat von
Abraham *den Zehnten* genommen und den Träger der
Verheißungen *gesegnet*. 7 Zweifellos wird aber immer der
Geringere von einem Höheren gesegnet. 8 Und in dem ei-
nen Fall nehmen den Zehnten sterbliche Menschen, im
andern aber einer, von dem bezeugt wird, daß er lebt. 9 Und
in Abraham hat sozusagen auch Levi, der den Zehnten
nimmt, den Zehnten entrichtet; 10 denn er war noch im
Leib seines Stammvaters, als *Melchisedek ihm entgegen-
ging*.

Christus und die Leviten: 7,11–24

11 Wäre nun die Vollendung durch das levitische Prie-
stertum gekommen – das Volk hat ja darüber gesetzliche
Bestimmungen erhalten –, warum mußte dann noch ein
anderer *Priester nach der Ordnung Melchisedeks* einge- Ps 110,4
setzt werden, und warum wurde er nicht nach der Ordnung
Aarons benannt? 12 Denn sobald das Priestertum geändert
wird, ändert sich notwendig auch das Gesetz. 13 Der näm-
lich, von dem das gesagt wird, gehört einem anderen
Stamm an, von dem keiner Zutritt zum Altar hat; 14 es ist
ja bekannt, daß unser Herr dem Stamm Juda entsprossen
ist, und diesem hat Mose keine Priestersatzungen gegeben.
15 Das ist noch viel offenkundiger, wenn nach dem Vor-
bild Melchisedeks ein anderer Priester eingesetzt wird,
16 der nicht, wie das Gesetz es fordert, aufgrund leiblicher
Abstammung Priester geworden ist, sondern durch die
Kraft unzerstörbaren Lebens. 17 Denn es wird bezeugt:
Du bist Priester auf ewig Ps 110,4
nach der Ordnung Melchisedeks.
18 Das frühere Gebot wird nämlich aufgehoben, weil es
schwach und nutzlos war – 19 denn das Gesetz hat nicht
zur Vollendung geführt –, und eine bessere Hoffnung wird
eingeführt, durch die wir Gott nahe kommen. 20 Das ge-
schieht nicht ohne Eid; jene anderen sind ohne Eid Priester
geworden, 21 dieser aber durch einen Eid dessen, der zu ihm
sprach:

Ps 110,4 *Der Herr hat geschworen, und nie wird es ihn reuen:*
Du bist Priester auf ewig.
[22] So ist Jesus auch zum Bürgen eines besseren Bundes geworden.

[23] Auch folgten dort viele Priester aufeinander, weil der
Ps 110,4 Tod sie hinderte zu bleiben; [24] er aber hat, weil er *auf ewig*
bleibt, ein unvergängliches Priestertum.

Christus, der vollkommene Priester: 7,25–28

[25] Darum kann er auch die, die durch ihn vor Gott hintreten, für immer retten; denn er lebt allezeit, um für sie
einzutreten. [26] Ein solcher Hoherpriester war für uns in der
Tat notwendig: einer, der heilig ist, unschuldig, makellos, abgesondert von den Sündern und erhöht über die Himmel; [27] einer, der es nicht Tag für Tag nötig hat, wie die
Lev 16,6.15 Hohenpriester zuerst für die eigenen Sünden Opfer darzubringen und dann für die des Volkes; denn das hat er ein für
allemal getan, als er sich selbst dargebracht hat. [28] Das Gesetz nämlich macht Menschen zu Hohenpriestern, die der Schwachheit unterworfen sind; das Wort des Eides aber,
Ps 2,7; 110,4 der später als das Gesetz kam, setzt *den Sohn* ein, der *auf ewig* vollendet ist.

Christus, der Mittler des Neuen Bundes: 8,1–13

8 Die Hauptsache dessen aber, was wir sagen wollen,
Ps 110,1 ist: Wir haben einen Hohenpriester, der sich *zur Rechten* des Thrones der Majestät im Himmel *gesetzt hat*,
Num 24,6 G [2] als Diener des Heiligtums und *des* wahren *Zeltes, das der Herr selbst aufgeschlagen hat*, nicht etwa ein Mensch.
[3] Denn jeder Hohepriester wird eingesetzt, um Gaben und Opfer darzubringen; deshalb muß auch unser Hoherpriester etwas haben, was er darbringen kann. [4] Wäre er nun
auf Erden, so wäre er nicht einmal Priester, da es hier schon Priester gibt, die nach dem Gesetz die Gaben darbringen.
Kol 2,17 [5] Sie dienen einem Abbild und Schatten der himmlischen Dinge, nach der Anweisung, die Mose erhielt, als er daran-
Ex 25,40 ging, das Zelt zu errichten: *Sieh zu*, heißt es, *daß du alles nach dem Urbild ausführst, das dir auf dem Berg gezeigt wurde*. [6] Jetzt aber ist ihm ein um so erhabenerer Priesterdienst übertragen worden, weil er auch Mittler eines besseren Bundes ist, der auf bessere Verheißungen gegründet ist.

[7] Wäre nämlich jener erste Bund ohne Tadel, so würde man nicht einen zweiten an seine Stelle zu setzen suchen.

8,2.5 Das wahre Heiligtum ist dort, wo der Auferstandene bei Gott, seinem Vater, ist.

[8] Denn er tadelt sie, wenn er sagt:
Seht, es werden Tage kommen – spricht der Herr –, in de- Jer 31,31–34 G
nen ich mit dem Haus Israel und dem Haus Juda einen
neuen Bund schließen werde, [9] *nicht wie der Bund war,*
den ich mit ihren Vätern geschlossen habe, als ich sie bei
der Hand nahm, um sie aus Ägypten herauszuführen. Sie
sind nicht bei meinem Bund geblieben, und darum habe
ich mich auch nicht mehr um sie gekümmert – spricht der
Herr. [10] *Das wird der Bund sein, den ich nach diesen Ta-*
gen mit dem Haus Israel schließe – spricht der Herr: Ich
lege meine Gesetze in ihr Inneres hinein und schreibe sie
ihnen in ihr Herz. Ich werde ihr Gott sein, und sie werden
mein Volk sein. [11] *Keiner wird mehr seinen Mitbürger und*
keiner seinen Bruder belehren und sagen: Erkenne den
Herrn! Denn sie alle, klein und groß, werden mich erken-
nen. [12] *Denn ich verzeihe ihnen ihre Schuld, und an ihre*
Sünden denke ich nicht mehr.
[13] Indem er von einem *neuen Bund* spricht, hat er den er-
sten für veraltet erklärt. Was aber veraltet und überlebt ist,
das ist dem Untergang nahe.

Christus und die Opfer des Alten Bundes: 9,1–10,18

Der Opferdienst des Alten Bundes: 9,1–10

9 Der erste Bund hatte gottesdienstliche Vorschriften Ex 25,23.30f
und ein irdisches Heiligtum. [2] Es wurde nämlich ein
erstes Zelt errichtet, in dem sich der Leuchter, der Tisch
und die heiligen Brote befanden; dieses Zelt wurde das Hei-
lige genannt. [3] Hinter dem zweiten Vorhang aber war ein Ex 26,33
Zelt, das sogenannte Allerheiligste, [4] mit dem goldenen
Rauchopferaltar und der ganz mit Gold überzogenen Bun-
deslade; darin waren ein goldener Krug mit dem Manna, Ex 16,33;
der Stab Aarons, der Triebe angesetzt hatte, und die Bun- Num 17,25
destafeln; [5] über ihr waren die Kerubim der Herrlichkeit,
die die Sühneplatte überschatteten. Doch es ist nicht mög-
lich, darüber jetzt im einzelnen zu reden.
[6] So also ist das alles aufgebaut. In das erste Zelt gehen
die Priester das ganze Jahr hinein, um die heiligen Dienste
zu verrichten. [7] In das zweite Zelt aber geht nur einmal im Ex 30,10
Jahr der Hohepriester allein hinein, und zwar mit dem
Blut, das er für sich und für die Vergehen des Volkes dar-

9,4 Nach Ex 30,6–8 stand der Rauchopferaltar im »Heiligen« (vgl. die Anmerkung zu 6,19); hier liegt beim Verfasser des Hebräerbriefes also ein Mißverständnis vor.

bringt. [8] Dadurch deutet der Heilige Geist an, daß der Weg
in das Heiligtum noch nicht sichtbar geworden ist, solange
das erste Zelt Bestand hat. [9] Das ist ein Sinnbild, das auf die
gegenwärtige Zeit hinweist; denn es werden Gaben und
Opfer dargebracht, die das Gewissen des Opfernden nicht
zur Vollkommenheit führen können; [10] es handelt sich
nur um Speisen und Getränke und allerlei Waschungen,
äußerliche Vorschriften, die bis zu der Zeit einer besseren
Ordnung auferlegt worden sind.

Das einmalige Opfer Christi: 9,11–28

4,14 [11] Christus aber ist gekommen als Hoherpriester der
künftigen Güter; und durch das erhabenere und vollkom-
menere Zelt, das nicht von Menschenhand gemacht, das
heißt nicht von dieser Welt ist, [12] ist er ein für allemal in
das Heiligtum hineingegangen, nicht mit dem Blut von
Böcken und jungen Stieren, sondern mit seinem eigenen
Blut, und so hat er eine ewige Erlösung bewirkt. [13] Denn
Num 19,9.17 wenn schon das Blut von Böcken und Stieren und die
Asche einer Kuh die Unreinen, die damit besprengt wer-
den, so heiligt, daß sie leiblich rein werden, [14] wieviel
mehr wird das Blut Christi, der sich selbst kraft ewigen
Geistes Gott als makelloses Opfer dargebracht hat, unser
Gewissen von toten Werken reinigen, damit wir dem le-
bendigen Gott dienen.

7,22 [15] Und darum ist er der Mittler eines neuen Bundes; sein
Tod hat die Erlösung von den im ersten Bund begangenen
Übertretungen bewirkt, damit die Berufenen das verhei-
ßene ewige Erbe erhalten. [16] Wo nämlich ein Testament
vorliegt, muß der Tod des Erblassers nachgewiesen wer-
den; [17] denn ein Testament wird erst im Todesfall rechts-
kräftig und gilt nicht, solange der Erblasser noch lebt.
[18] Daher ist auch der erste Bund mit Blut in Kraft gesetzt
Ex 24,3–8; worden. [19] Nachdem Mose jedes Gebot dem Gesetz gemäß
Lev 14,4; dem ganzen Volk vorgelesen hatte, nahm er das Blut der
Num 19,6 jungen Stiere und der Böcke, dazu Wasser, rote Wolle und
Ysop, besprengte das Buch selbst und das ganze Volk [20] und

9,14 Nach Num 19 war zur Herstellung des Reinigungswassers die Asche einer roten Jungkuh erforderlich. Mit diesem Wasser wurden alle besprengt, die sich durch Berührung von Leichen verunreinigt hatten. Daneben galt das Blut von Opfertieren als Entsühnungsmittel (vgl. Lev 16).

9,16 »Testament« und »Bund« werden im griechischen Text durch dasselbe Wort ausgedrückt.

9,18–22 Zu den alttestamentlichen Vorschriften vgl. Ex 24; Lev 5; 14–16; Num 19; 31; auch Ex 40.

sagte: *Das ist das Blut des Bundes, den Gott für euch ein-* Ex 24,8
gesetzt hat. 21 Dann besprengte er auch das Zelt und alle
gottesdienstlichen Geräte auf gleiche Weise mit dem Blut.
22 Fast alles wird nach dem Gesetz mit Blut gereinigt, und Lev 17,11
ohne daß Blut vergossen wird, gibt es keine Vergebung.

23 Durch solche Mittel müssen also die Abbilder der
himmlischen Dinge gereinigt werden; die himmlischen
Dinge selbst aber erfordern wirksamere Opfer. 24 Denn
Christus ist nicht in ein von Menschenhand errichtetes
Heiligtum hineingegangen, in ein Abbild des wirklichen,
sondern in den Himmel selbst, um jetzt für uns vor Gottes
Angesicht zu erscheinen; 25 auch nicht, um sich selbst
viele Male zu opfern, (denn er ist nicht) wie der Hohepriе-
ster, der jedes Jahr mit fremdem Blut in das Heiligtum hin-
eingeht; 26 sonst hätte er viele Male seit der Erschaffung
der Welt leiden müssen. Jetzt aber ist er am Ende der Zei-
ten ein einziges Mal erschienen, um durch sein Opfer die
Sünde zu tilgen. 27 Und wie es dem Menschen bestimmt
ist, ein einziges Mal zu sterben, worauf dann das Gericht
folgt, 28 so wurde auch Christus ein einziges Mal geopfert,
um *die Sünden vieler hinwegzunehmen*; beim zweiten- Jes 53,12
mal wird er nicht wegen der Sünde erscheinen, sondern um
die zu retten, die ihn erwarten.

Die endgültige Versöhnung mit Gott: 10,1–18

10 Denn das Gesetz enthält nur einen Schatten der 8,5
künftigen Güter, nicht die Gestalt der Dinge
selbst; darum kann es durch die immer gleichen, alljähr-
lich dargebrachten Opfer die, die vor Gott treten, niemals
für immer zur Vollendung führen. 2 Hätte man nicht auf-
gehört zu opfern, wenn die Opfernden ein für allemal ge-
reinigt und sich keiner Sünde mehr bewußt gewesen wä-
ren? 3 Aber durch diese Opfer wird alljährlich nur an die
Sünden erinnert, 4 denn das Blut von Stieren und Böcken
kann unmöglich Sünden wegnehmen. 5 Darum spricht
Christus bei seinem Eintritt in die Welt:

Schlacht- und Speiseopfer hast du nicht gefordert, Ps 40,7–9 G
doch einen Leib hast du mir geschaffen;
6 *an Brand- und Sündopfern hast du kein Gefallen.*
7 *Da sagte ich: Ja, ich komme –*

10,1 Gesetz: Bezeichnung für die Heilsordnung des Alten Bundes.

10,5–7 Ps 40,7–9, Danklied eines aus Not erretteten Frommen, erhält durch den Bezug auf Jesus Christus einen neuen Sinn. Nach frühchristlicher Auffassung weisen die Psalmen auch auf Jesus hin.

so steht es über mich in der Schriftrolle –,
um deinen Willen, Gott, zu tun.
8 Zunächst sagt er: *Schlacht- und Speiseopfer, Brand- und*
Sündopfer forderst du nicht, du hast daran kein Gefallen,
obgleich sie doch nach dem Gesetz dargebracht werden;
9 dann aber hat er gesagt: *Ja, ich komme, um deinen Willen*
zu tun. So hebt Christus das erste auf, um das zweite in
2,11; 9,28 Kraft zu setzen. 10 Aufgrund dieses Willens sind wir durch
die Opfergabe des Leibes Jesu Christi ein für allemal gehei-
ligt.

11 Jeder Priester steht Tag für Tag da, versieht seinen
Dienst und bringt viele Male die gleichen Opfer dar, die
doch niemals Sünden wegnehmen können. 12 Dieser aber
hat nur ein einziges Opfer für die Sünden dargebracht und
Ps 110,1 *sich* dann für immer *zur Rechten Gottes gesetzt*; 13 seit-
dem wartet er, *bis seine Feinde ihm als Schemel unter die*
Füße gelegt werden. 14 Denn durch ein einziges Opfer hat
er die, die geheiligt werden, für immer zur Vollendung ge-
führt. 15 Das bezeugt uns auch der Heilige Geist; denn zu-
erst sagt er:
Jer 31,33 G 16 *Das wird der Bund sein, den ich nach diesen*
Tagen mit ihnen *schließe –*
spricht der Herr:
Ich lege meine Gesetze in ihr Herz
und schreibe sie in ihr Inneres;
17 dann aber:
Jer 31,34 G *An ihre Sünden und Übertretungen denke ich nicht*
mehr.
18 Wo aber die Sünden vergeben sind, da gibt es kein Sünd-
opfer mehr.

DER WEG DES GLAUBENS: 10,19–13,19

Das unwandelbare Bekenntnis: 10,19–25

19 Wir haben also die Zuversicht, Brüder, durch das Blut
Jesu in das Heiligtum einzutreten. 20 Er hat uns den neuen
und lebendigen Weg erschlossen durch den Vorhang hin-
Sach 6,11f durch, das heißt durch sein Fleisch. 21 Da wir einen Ho-
3,6 henpriester haben, der über das Haus Gottes gestellt ist,
22 laßt uns mit aufrichtigem Herzen und in voller Gewiß-
9,14 heit des Glaubens hintreten, das Herz durch Besprengung
gereinigt vom schlechten Gewissen und den Leib gewa-
schen mit reinem Wasser. 23 Laßt uns an dem unwandelba-
ren Bekenntnis der Hoffnung festhalten, denn er, der die
Verheißung gegeben hat, ist treu. 24 Laßt uns aufeinander
achten und uns zur Liebe und zu guten Taten anspornen.

25 Laßt uns nicht unseren Zusammenkünften fernbleiben,
wie es einigen zur Gewohnheit geworden ist, sondern er-
muntert einander, und das um so mehr, als ihr seht, daß der
Tag naht.

Warnung vor dem Abfall: 10,26–31

26 Denn wenn wir vorsätzlich sündigen, nachdem wir 6,4–8
die Erkenntnis der Wahrheit empfangen haben, gibt es für
diese Sünden kein Opfer mehr, 27 sondern nur die Erwar-
tung des furchtbaren Gerichts und ein *wütendes Feuer,* Jes 26,11
das die Gegner verzehren wird. 28 Wer das Gesetz des
Mose verwirft, *muß* ohne Erbarmen *auf die Aussage von* Dtn 17,6
zwei oder drei Zeugen hin sterben. 29 Meint ihr nicht, daß
eine noch viel härtere Strafe der verdient, der den Sohn
Gottes mit Füßen getreten, *das Blut des Bundes*, durch das Ex 24,8
er geheiligt wurde, verachtet und den Geist der Gnade ge-
schmäht hat? 30 Wir kennen doch den, der gesagt hat: *Mein* Dtn 32,35f
ist die Rache, ich werde vergelten, und ferner: *Der Herr*
wird sein Volk richten. 31 Es ist furchtbar, in die Hände des
lebendigen Gottes zu fallen.

Mahnung zur Ausdauer: 10,32–39

32 Erinnert euch an die früheren Tage, als ihr nach eurer
Erleuchtung manchen harten Leidenskampf bestanden
habt: 33 Ihr seid vor aller Welt beschimpft und gequält
worden, oder ihr seid mitbetroffen gewesen vom Geschick
derer, denen es so erging; 34 denn ihr habt mit den Gefan- 13,3
genen gelitten und auch den Raub eures Vermögens freu-
dig hingenommen, da ihr wußtet, daß ihr einen besseren
Besitz habt, der euch bleibt. 35 Werft also eure Zuversicht
nicht weg, die großen Lohn mit sich bringt. 36 Was ihr
braucht, ist Ausdauer, damit ihr den Willen Gottes erfül-
len könnt und so das verheißene Gut erlangt.

37 Denn nur noch *eine kurze Zeit,* Jes 26,20
dann wird der kommen, der kommen soll, Hab 2,3 G
und er bleibt nicht aus.
38 *Mein Gerechter aber wird durch den Glauben leben;* Hab 2,4 G
doch wenn er zurückweicht,
habe ich kein Gefallen an ihm.

39 Wir aber gehören nicht zu denen, die zurückweichen
und verlorengehen, sondern zu denen, die glauben und das
Leben gewinnen.

10,28 Nach Dtn 17,2–7 stand auf Abfall von Gott und Verführung zum Götzendienst der Tod durch Steinigung.

10,38 Vgl. Röm 1,17 und die dortige Anmerkung.

Der Glaube der Väter: 11,1–12,3

Die Urväter: 11,1–7

11 Glaube aber ist: Feststehen in dem, was man er-
hofft, Überzeugtsein von Dingen, die man nicht
sieht.
2 Aufgrund dieses Glaubens haben die Alten ein ruhm-
volles Zeugnis erhalten.
3 Aufgrund des Glaubens erkennen wir, daß die Welt
durch Gottes Wort erschaffen worden und daß so aus Un-
sichtbarem das Sichtbare entstanden ist.
Gen 4,4 4 Aufgrund des Glaubens brachte Abel Gott ein besseres
Opfer dar als Kain; durch diesen Glauben erhielt er das
Zeugnis, daß er gerecht war, da Gott es bei seinen Opferga-
ben bezeugte, und durch den Glauben redet Abel noch,
obwohl er tot ist.
5 Aufgrund des Glaubens wurde Henoch entrückt und
Gen 5,24 G mußte nicht sterben; *er wurde nicht mehr gefunden, weil*
Gott ihn entrückt hatte; vor der Entrückung erhielt er das
Zeugnis, daß er *Gott gefiel*. 6 Ohne Glauben aber ist es
unmöglich, (Gott) *zu gefallen*; denn wer zu Gott kommen
will, muß glauben, daß er ist und daß er denen, die ihn su-
chen, ihren Lohn geben wird.
7 Aufgrund des Glaubens wurde Noach das offenbart,
was noch nicht sichtbar war, und er baute in frommem
Gen 6,13–22; Gehorsam eine Arche zur Rettung seiner Familie; durch
7,1 seinen Glauben sprach er der Welt das Urteil und wurde
Erbe der Gerechtigkeit, die aus dem Glauben kommt.

Die Patriarchen: 11,8–22

8 Aufgrund des Glaubens gehorchte Abraham dem Ruf,
Gen 12,1.4 *wegzuziehen* in ein Land, das er zum Erbe erhalten sollte;
und *er zog weg*, ohne zu wissen, wohin er kommen würde.
Gen 26,3 9 Aufgrund des Glaubens *hielt er sich als Fremder im*
verheißenen *Land* wie in einem fremden Land *auf* und
wohnte mit Isaak und Jakob, den Miterben derselben Ver-
heißung, in Zelten; 10 denn er erwartete die Stadt mit den
festen Grundmauern, die Gott selbst geplant und gebaut
hat.

11,1–40 Auch die Gerechten und Frommen der vorchristlichen Zeit waren Glaubende und gehören daher zum einen Volk Gottes.

11,1 Andere Übersetzungsmöglichkeit: Der Glaube aber ist die Grundlage dessen, was man erhofft, und die Gewißheit über Dinge, die man nicht sieht.

11,3 Andere Übersetzungsmöglichkeit: und daß das Sichtbare nicht aus der Welt der Erscheinungen entstanden ist.

11 Aufgrund des Glaubens empfing selbst Sara die Kraft, Gen 17,19;
trotz ihres Alters noch Mutter zu werden; denn sie hielt 21,2
den für treu, der die Verheißung gegeben hatte. 12 So
stammen denn auch von einem einzigen Menschen, des-
sen Kraft bereits erstorben war, viele ab: *zahlreich wie die* Gen 22,17;
Sterne am Himmel und der Sand am Meeresstrand, den Ex 32,13
man nicht zählen kann. Gen 15,5

13 Voll Glauben sind diese alle gestorben, ohne das Ver-
heißene erlangt zu haben; nur von fern haben sie es ge-
schaut und gegrüßt und haben bekannt, daß sie Fremde Ps 39,13;
und Gäste auf Erden sind. 14 Mit diesen Worten geben sie 119,19
zu erkennen, daß sie eine Heimat suchen. 15 Hätten sie da-
bei an die Heimat gedacht, aus der sie weggezogen waren,
so wäre ihnen Zeit geblieben zurückzukehren; 16 nun aber
streben sie nach einer besseren Heimat, nämlich der
himmlischen. Darum schämt sich Gott ihrer nicht, er
schämt sich nicht, ihr Gott genannt zu werden; denn er hat
für sie eine Stadt vorbereitet.

17 Aufgrund des Glaubens *brachte Abraham den Isaak* Gen 22,1f
dar, als er auf die Probe gestellt wurde, und gab den *einzi-*
gen Sohn dahin, er, der die Verheißungen empfangen hatte
18 und zu dem gesagt worden war: *Durch Isaak wirst du* Gen 21,12 G
Nachkommen haben. 19 Er verließ sich darauf, daß Gott Gen 22,1–18
sogar die Macht hat, Tote zum Leben zu erwecken; darum
erhielt er Isaak auch zurück. Das ist ein Sinnbild.

20 Aufgrund des Glaubens segnete Isaak Jakob und Esau Gen 27,28f.39f
im Hinblick auf das Kommende.

21 Aufgrund des Glaubens segnete Jakob sterbend jeden
der Söhne Josefs und *neigte sich über das obere Ende sei-* Gen 47,31 G
nes Stabes.

22 Aufgrund des Glaubens dachte Josef vor seinem Tod Gen 50,24
an den Auszug der Israeliten und traf Anordnungen wegen
seiner Gebeine.

Weitere Zeugen des Glaubens: 11,23–12,3

23 Aufgrund des Glaubens *wurde* Mose nach seiner Ge- Ex 2,2
burt *drei Monate lang* von seinen Eltern *verborgen, weil*
sie sahen, daß es ein schönes Kind war, und weil sie sich
vor dem Befehl des Königs nicht fürchteten.

11,11 Textüberlieferung unsicher; möglich ist auch: Aufgrund des Glaubens empfing er auch trotz seines Alters zusammen mit Sara die Kraft zur Zeugung; denn er hielt . . .

11,21 So nach dem griechischen Text; nach dem hebräischen: neigte sich über das Kopfende seines Bettes.

[24] Aufgrund des Glaubens weigerte sich Mose, als er her-
Ex 2,11f angewachsen war, Sohn einer Tochter des Pharao genannt
zu werden; [25] lieber wollte er sich zusammen mit dem
Volk Gottes mißhandeln lassen, als flüchtigen Genuß von
Ps 69,10; 89,51f; Hebr 12,2; 13,13 der Sünde zu haben; [26] er hielt *die Schmach des Messias*
für einen größeren Reichtum als die Schätze Ägyptens;
denn er dachte an den künftigen Lohn.
Ex 2,15 [27] Aufgrund des Glaubens verließ er Ägypten, ohne
Furcht vor dem Zorn des Königs; er hielt standhaft aus, als
sähe er den Unsichtbaren.
Ex 12,11.13.22f [28] Aufgrund des Glaubens vollzog er *das Pascha* und *be-
strich die Türpfosten mit Blut*, damit *der Vernichter* ihre
Erstgeborenen nicht anrührte.
Ex 14,21–31 [29] Aufgrund des Glaubens zogen sie durch das Rote Meer
wie über trockenes Land; als die Ägypter das gleiche ver-
suchten, wurden sie vom Meer verschlungen.
Jos 6,1–21 [30] Aufgrund des Glaubens geschah es, daß die Mauern
von Jericho einstürzten, nachdem man sieben Tage um sie
herumgezogen war.
Jos 2,11f; 6,17.22–25 [31] Aufgrund des Glaubens kam die Dirne Rahab nicht
zusammen mit den Ungehorsamen um; denn sie hatte die
Kundschafter in Frieden aufgenommen.

[32] Und was soll ich noch aufzählen? Die Zeit würde mir
nicht reichen, wollte ich von Gideon reden, von Barak,
Simson, Jiftach, David und von Samuel und den Prophe-
Dan 6,23 ten; [33] sie haben aufgrund des Glaubens Königreiche be-
siegt, Gerechtigkeit geübt, Verheißungen erlangt, Löwen
Dan 3,23–25 den Rachen gestopft, [34] Feuersglut gelöscht; sie sind schar-
fen Schwertern entgangen; sie sind stark geworden, als sie
schwach waren; sie sind im Krieg zu Helden geworden und
haben feindliche Heere in die Flucht geschlagen. [35] Frauen
2 Makk 6,18–7,42 haben ihre Toten durch Auferstehung zurückerhalten. Ei-
nige nahmen die Freilassung nicht an und ließen sich fol-
tern, um eine bessere Auferstehung zu erlangen. [36] Andere
haben Spott und Schläge erduldet, ja sogar Ketten und Ker-
2 Chr 24,21 ker. [37] Gesteinigt wurden sie, verbrannt, zersägt, mit dem
Schwert umgebracht; sie zogen in Schafspelzen und Zie-
genfellen umher, notleidend, bedrängt, mißhandelt. [38] Sie,
1 Sam 13,6 deren die Welt nicht wert war, irrten umher in Wüsten und
Gebirgen, in den Höhlen und Schluchten des Landes.

11,35 Gedacht ist wohl an die Erweckung des Sohns der Witwe von Sarepta durch den Propheten Elija (vgl. 1 Kön 17,17–24) und des Sohns einer Frau aus Schunem durch den Propheten Elischa (vgl. 2 Kön 4,18–37).

11,37 verbrannt, viele alte Textzeugen haben: erprobt (durch Folter?).

39 Doch sie alle, die aufgrund des Glaubens (von Gott) be-
sonders anerkannt wurden, haben das Verheißene nicht er-
langt, 40 weil Gott erst für uns etwas Besseres vorgesehen
hatte; denn sie sollten nicht ohne uns vollendet werden.
12 Da uns eine solche Wolke von Zeugen umgibt,
wollen auch wir alle Last und die Fesseln der
Sünde abwerfen. Laßt uns mit Ausdauer in dem Wett- 1 Kor 9,24
kampf laufen, der uns aufgetragen ist, 2 und dabei auf Jesus
blicken, den Urheber und Vollender des Glaubens; er hat 2,10
angesichts der vor ihm liegenden Freude das Kreuz auf sich
genommen, ohne auf die Schande zu achten, und *sich zur* Ps 110,1
Rechten von Gottes Thron *gesetzt*. 3 Denkt an den, der von
den Sündern solchen Widerstand gegen sich erduldet hat;
dann werdet ihr nicht ermatten und den Mut nicht verlie-
ren.

Abschließende Mahnungen: 12,4–13,19

Die Züchtigung als Zeichen väterlicher Liebe: 12,4–13

4 Ihr habt im Kampf gegen die Sünde noch nicht bis aufs
Blut Widerstand geleistet, 5 und ihr habt die Mahnung ver-
gessen, die euch als Söhne anredet:
Mein Sohn, verachte nicht die Zucht des Herrn, Spr 3,11f G
verzage nicht, wenn er dich zurechtweist.
6 *Denn wen der Herr liebt, den züchtigt er;*
er schlägt mit der Rute jeden Sohn, den er gern hat.
7 Haltet aus, wenn ihr gezüchtigt werdet. Gott behandelt Ps 73,14f
euch wie Söhne. Denn wo ist ein Sohn, den sein Vater
nicht züchtigt? 8 Würdet ihr nicht gezüchtigt, wie es doch
bisher allen ergangen ist, dann wäret ihr nicht wirklich
seine Kinder, ihr wäret nicht seine Söhne. 9 Ferner: An un-
seren leiblichen Vätern hatten wir harte Erzieher, und wir
achteten sie. Sollen wir uns dann nicht erst recht dem Va-
ter der Geister unterwerfen und so das Leben haben? Num 16,22; 27,16
10 Jene haben uns für kurze Zeit nach ihrem Gutdünken in
Zucht genommen; er aber tut es zu unserem Besten, damit
wir Anteil an seiner Heiligkeit gewinnen. 11 Jede Züchti-
gung scheint zwar für den Augenblick nicht Freude zu
bringen, sondern Schmerz; später aber schenkt sie denen,
die durch diese Schule gegangen sind, als Frucht den Frie-
den und die Gerechtigkeit.

11,39 (von Gott) besonders anerkannt wurden, andere Übersetzungsmöglichkeit: (von der Schrift) ein rühmliches Zeugnis erhielten.

12,8 Wörtlich: dann wäret ihr uneheliche Kinder, ihr wäret nicht (eheliche) Söhne.

Jes 35,3; [12] Darum *macht die erschlafften Hände wieder stark*
Ijob 4,3f *und die wankenden Knie wieder fest*, [13] und *ebnet die*
Spr 4,26 G *Wege für eure Füße*, damit die lahmen Glieder nicht ausge-
renkt, sondern geheilt werden.

Warnung vor Leichtfertigkeit: 12,14–17

Ps 34,15 [14] *Strebt voll Eifer nach Frieden* mit allen und nach der
Heiligung, ohne die keiner den Herrn sehen wird. [15] Seht
Dtn 29,17 G zu, daß niemand die Gnade Gottes verscherzt, *daß keine*
bittere Wurzel wächst und Schaden stiftet und durch sie
alle vergiftet werden, [16] daß keiner unzüchtig ist oder gott-
Gen 25,33f los wie *Esau*, der für eine einzige Mahlzeit sein *Erstge-*
Gen 27,30–40 *burtsrecht verkaufte*. [17] Ihr wißt auch, daß er verworfen
wurde, als er später den Segen erben wollte; denn er fand
keinen Weg zur Umkehr, obgleich er unter Tränen danach
suchte.

Die rechte Furcht vor Gott: 12,18–29

Ex 19,16–19; [18] Denn ihr seid nicht zu einem sichtbaren, *lodernden*
Dtn 4,11 *Feuer* hingetreten, *zu dunklen Wolken, zu Finsternis und*
Sturmwind, [19] *zum Klang der Posaunen und zum Schall*
Ex 20,19 *der Worte*, bei denen die Hörer flehten, diese Stimme solle
nicht weiter zu ihnen reden; [20] denn sie ertrugen nicht den
Ex 19,13 Befehl: Sogar *ein Tier, das den Berg berührt, soll gesteinigt*
werden. [21] Ja, so furchtbar war die Erscheinung, daß Mose
Dtn 9,19 rief: Ich bin voll Angst und Schrecken. [22] Ihr seid vielmehr
Gal 4,26 zum Berg Zion hingetreten, zur Stadt des lebendigen Got-
tes, dem himmlischen Jerusalem, zu Tausenden von En-
geln, zu einer festlichen Versammlung [23] und zur Gemein-
schaft der Erstgeborenen, die im Himmel verzeichnet sind;
zu Gott, dem Richter aller, zu den Geistern der schon voll-
9,15 endeten Gerechten, [24] zum Mittler eines neuen Bundes,

12,12f Die Mahnung setzt das Bild vom wandernden Gottesvolk voraus, das unterwegs ist in »die Stadt mit den festen Grundmauern, die Gott selbst geplant und gebaut hat« (11,10).

12,15 alle, wörtlich: die Vielen.

12,18–21 Der Text erinnert an die Umstände beim Abschluß des Ersten Bundes am Sinai (vgl. Ex 19; 20,18–21; Dtn 5,22–27; 9,9–25).

12,22f Jerusalem und vor allem der Berg Zion, auf dem der Tempel stand, waren von Gott auserwählt als Stätten seiner besonderen Gegenwart. Für die Christen sind Jerusalem und Zion Bezeichnungen für das neue Volk Gottes, die Kirche (vgl. Gal 4,25f; Offb 3,12; 21,2). Die Aufnahme in die Gemeinschaft der Erstgeborenen geschieht durch die Taufe.

12,24 Blut der Besprengung: Dem alttestamentlichen Opferblut (vgl. Ex 24,8; Hebr 9,15–22) entspricht im Neuen Bund das Blut Christi.

Jesus, und zum Blut der Besprengung, das mächtiger ruft Gen 4,10
als das Blut Abels.
25 Gebt acht, daß ihr den nicht ablehnt, der redet. Jene
haben ihn abgelehnt, als er auf Erden seine Gebote verkün-
dete, und sind (dem Gericht) nicht entronnen; wieviel we-
niger dann wir, wenn wir uns von dem abwenden, der jetzt
vom Himmel her spricht. 26 Seine Stimme hat damals die
Erde erschüttert, jetzt aber hat er verheißen: *Noch einmal* Hag 2,6 G
lasse ich es beben, aber nicht nur *die Erde* erschüttere ich,
sondern auch *den Himmel*. 27 Dieses *Noch einmal* weist
auf die Umwandlung dessen hin, das, weil es erschaffen ist,
erschüttert wird, damit das Unerschütterliche bleibt.
28 Darum wollen wir dankbar sein, weil wir ein unerschüt-
terliches Reich empfangen, und wollen Gott so dienen,
wie es ihm gefällt, in ehrfürchtiger Scheu; 29 denn unser Dtn 4,24;
Gott ist verzehrendes Feuer. Jes 33,14

Aufruf zu echtem christlichem Leben: 13,1–19

13 Die Bruderliebe soll bleiben. 2 Vergeßt die Gast- Gen 18,3;
freundschaft nicht; denn durch sie haben einige, 19,2f
ohne es zu ahnen, Engel beherbergt. 3 Denkt an die Gefan- 10,34
genen, als wäret ihr mitgefangen; denkt an die Mißhandel-
ten, denn auch ihr lebt noch in eurem irdischen Leib. 4 Die
Ehe soll von allen in Ehren gehalten werden, und das Ehe- 1 Kor 5,11;
bett bleibe unbefleckt; denn Unzüchtige und Ehebrecher 7,2–4; Eph 5,5
wird Gott richten. 5 Euer Leben sei frei von Habgier; seid 1 Tim 6,3–10
zufrieden mit dem, was ihr habt; denn Gott hat verspro-
chen: *Ich lasse dich nicht fallen und verlasse dich nicht*. Dtn 31,6.8;
6 Darum dürfen wir zuversichtlich sagen: Jos 1,5

Der Herr ist mein Helfer, ich fürchte mich nicht. Ps 118,6 G
Was können Menschen mir antun?

7 Denkt an eure Vorsteher, die euch das Wort Gottes
verkündet haben; schaut auf das Ende ihres Lebens, und
ahmt ihren Glauben nach! 8 Jesus Christus ist derselbe ge-
stern, heute und in Ewigkeit. 9 Laßt euch nicht durch Kol 2,21;
mancherlei fremde Lehren irreführen; denn es ist gut, das 1 Tim 1,6f; 4,3;
Herz durch Gnade zu stärken und nicht dadurch, daß man 2 Tim 2,14–16
nach Speisevorschriften lebt, die noch keinem genützt ha- 9,10
ben.

13,2 Der Hinweis auf Engel bezieht sich wohl auf die Berichte entsprechender Vorgänge im Alten Testament (vgl. Gen 18: Abraham und Sara; Gen 19,1–22: Lot; Ri 13: Manoach; Tob 5–12: Tobias).

13,7 auf das Ende, wörtlich: auf den Ertrag. – Mit »Vorsteher« sind hier die christlichen Gemeindeleiter und Seelsorger bezeichnet (vgl. 13,17.24).

10 Wir haben einen Altar, von dem die nicht essen dür-
fen, die dem Zelt dienen. 11 Denn die Körper der Tiere, *de-*
Lev 16,27 *ren Blut* vom Hohenpriester *zur Sühnung der Sünde in das*
Heiligtum gebracht wird, werden außerhalb des Lagers
verbrannt. 12 Deshalb hat auch Jesus, um durch sein eige-
Mt 27,33; nes Blut das Volk zu heiligen, außerhalb des Tores gelitten.
Joh 19,17 13 Laßt uns also zu ihm *vor das Lager hinaus*ziehen und
seine Schmach auf uns nehmen. 14 Denn wir haben hier
keine Stadt, die bestehen bleibt, sondern wir suchen die
künftige.

Ps 50,14.23 15 Durch ihn also laßt uns *Gott* allezeit *das Opfer des*
Hos 14,3 *Lobes darbringen*, nämlich *die Frucht der Lippen*, die sei-
nen Namen preisen. 16 Vergeßt nicht, Gutes zu tun und
mit anderen zu teilen; denn an solchen Opfern hat Gott
Apg 20,28–31; Gefallen. 17 Gehorcht euren Vorstehern, und ordnet euch
1 Kor 16,16; ihnen unter, denn sie wachen über euch und müssen Re-
1 Petr 5,5 chenschaft darüber ablegen; sie sollen das mit Freude tun
können, nicht mit Seufzen, denn das wäre zu eurem Scha-
Röm 15,30 den. 18 Betet für uns! Zwar sind wir überzeugt, ein gutes
Gewissen zu haben, weil wir in allem recht zu leben su-
chen; 19 um so dringender aber bitte ich um euer Gebet,
Apg 12,5; damit ich euch recht bald zurückgegeben werde.
Röm 15,30

DER SCHLUSS DES BRIEFES: SEGENSWÜNSCHE UND GRÜSSE: 13,20–25

20 Der Gott des Friedens aber, der Jesus, unseren Herrn,
Jes 63,11; *den* erhabenen *Hirten seiner Schafe*, von den Toten *her-*
Sach 9,11; *aufgeführt hat durch das Blut eines ewigen Bundes*, 21 er
1 Petr 5,4;
Jes 55,3 mache euch tüchtig in allem Guten, damit ihr seinen Wil-
len tut. Er bewirke in uns, was ihm gefällt, durch Jesus
Röm 16,27 Christus, dem die Ehre sei in alle Ewigkeit. Amen.
22 Schließlich bitte ich euch, Brüder, nehmt diese Mahn-
rede bereitwillig an; ich habe euch ja nur kurz geschrieben.

13,10 »Zelt« im Sinn von Bundeszelt meint die alte gottesdienstliche Ordnung des Judentums (vgl. Hebr 8,5; 9,2–6.8.21).

13,11–14 Nach Lev 16,27 mußten der Sündopferstier und der Sündopferbock, deren Blut zur Entsühnung diente, außerhalb des Lagers verbrannt werden. Die Hinrichtung Jesu erfolgte »außerhalb des Tors« (vgl. Joh 19,20; Mt 21,39), um die Heilige Stadt nicht zu verunreinigen (vgl. Joh 19,31). Die Aussage spielt auf die Schmach des Kreuzestodes an und auf die Tatsache, daß die Christen sowohl von den Juden als auch von den Heiden aus deren Gemeinschaft ausgestoßen wurden.

13,15 Mit »Lobopfer«, »Frucht der Lippen« ist der christliche Gottesdienst gemeint.

23 Wißt, daß unser Bruder Timotheus freigelassen worden
ist; sobald er kommt, werde ich mit ihm zusammen euch
besuchen. 24 Grüßt alle eure Vorsteher und alle Heiligen!
Es grüßen euch die Brüder aus Italien.
25 Die Gnade sei mit euch allen!

13,23 freigelassen worden ist, andere Übersetzungsmöglichkeit: abreisen konnte. – Wo sich der Paulusmitarbeiter Timotheus aufhielt, läßt sich nicht feststellen.

13,24 Als »Heilige« sind hier die Christen bezeichnet. – Aus der Erwähnung der »Brüder aus Italien« läßt sich nicht eindeutig erschließen, ob der Brief in Italien, das heißt in Rom, verfaßt oder von außerhalb Italiens an christliche Gemeinden in Italien geschrieben worden ist.

Die Katholischen Briefe

Die sieben Briefe, die dem Hebräerbrief folgen, werden seit alter Zeit »Katholische Briefe« genannt, weil sie nicht an bestimmte einzelne Gemeinden adressiert sind, sondern sich an einen größeren Leserkreis richten. »Katholisch« ist in diesem Zusammenhang im Sinn von »universal, allgemein« gebraucht.

Der Brief des Jakobus

Der Verfasser dieses Briefs ist nach der Anschrift Jakobus, der »Knecht Gottes und Jesu Christi, des Herrn« (1,1). Damit kann nicht der Apostel Jakobus, der Sohn des Zebedäus, oder der andere Apostel Jakobus, der Sohn des Alphäus (Mk 3,17; Apg 1,13), gemeint sein, da in der Anschrift der Aposteltitel fehlt. Mit dem Verfasser, den die Anschrift nennt, ist offensichtlich Jakobus, der »Bruder des Herrn«, gemeint, der in Mk 6,3 erwähnt wird (Jakobus, »der Kleine«, Mk 15,40). Er gehörte nach der Auferstehung Jesu zum Kern der Urgemeinde in Jerusalem (vgl. Apg 1,14; 1 Kor 15,7; Gal 1,19; 2,9). Nach dem Weggang des Petrus (Apg 12,17) wurde Jakobus, der gesetzestreue und angesehene Judenchrist, Leiter dieser Gemeinde (Apg 21,17f). Er erlitt im Jahr 62 n. Chr. den Märtyrertod.

Als Empfänger sind »die zwölf Stämme, die in der Zerstreuung leben«, genannt. Damit können die judenchristlichen Gemeinden in Palästina und anderen Ländern gemeint sein. Doch könnte der Ausdruck »die zwölf Stämme« auch eine symbolische Bezeichnung der ganzen Christenheit sein, die in dieser Welt wie in der Diaspora (»Zerstreuung« 1,1) lebt. Der Einfluß jüdischer Denk- und Redeweise ist in dem Brief jedenfalls deutlich erkennbar.

Wenn Jakobus, der »Bruder des Herrn«, diesen Brief verfaßt hat, muß er spätestens im Jahr 62 geschrieben sein. Nach anderer Auffassung ist dieses in gutem Griechisch abgefaßte Schreiben erst gegen Ende des 1. Jahrhunderts entstanden, und zwar in Kreisen, die sich auf Jakobus berufen konnten.

Der Jakobusbrief ist trotz des briefartigen Anfangs (1,1) kein eigentlicher Brief. Er hat auch keinen systematischen Aufbau. Es geht nicht um die Entfaltung oder Verteidigung von Lehren, sondern um die Mahnung zu einer tatkräftigen Verwirklichung des Evangeliums (mit Anklängen an die Bergpredigt). Die einzelnen Abschnitte sind nur lose miteinander verbunden. Grundlage ist der Glaube an Jesus Christus, den Herrn der Herrlichkeit, den kommenden Richter (2,1; 5,7–11). Der Glaube ist Gabe Gottes, er lebt vom Hören auf das Wort und macht den Menschen zum wahren Gottesdienst fähig: zur tätigen Liebe gegenüber den Armen (1,19–27; 2,1–13).

Über das Verhältnis von Glauben und Werken handelt ausführlich der Abschnitt 2,14–26. Während Paulus in Röm 3,28 sagt, der Mensch werde durch Glauben gerecht, unabhängig von den »Werken des Gesetzes«, betont Jakobus, »daß der Mensch aufgrund seiner Werke gerecht wird, nicht durch den Glauben allein« (2,24). Doch stehen die Aussagen des Jakobusbriefs nicht in wirklichem Gegensatz zur Lehre des Paulus. Paulus spricht von »Werken des Gesetzes«, Jakobus aber meint die Taten der Nächstenliebe, ohne die auch für Paulus der Glaube nichtig wäre (vgl. Gal 5,6).

Vom Inhalt des Briefs sind ferner zu nennen die Mahnungen zum Ausharren in Prüfungen, zum Gebet, die Warnung vor Lehrstreitigkeiten, vor einer Weisheit, die nicht von Gott kommt, und allgemein »vor jeder Beflekkung durch die Welt«. Wichtig ist die Erwähnung der Krankensalbung in 5,14f (vgl. Mk 6,13).

ANSCHRIFT UND GRUSS: 1,1

1 Jakobus, Knecht Gottes und Jesu Christi, des Herrn,
grüßt die zwölf Stämme, die in der Zerstreuung leben. 1 Petr 1,1

SINN UND WESEN DER VERSUCHUNG: 1,2–18

[2] Seid voll Freude, meine Brüder, wenn ihr in mancherlei
Versuchungen geratet. [3] Ihr wißt, daß die Prüfung eures 1 Petr 1,7
Glaubens Ausdauer bewirkt. [4] Die Ausdauer aber soll zu
einem vollendeten Werk führen; denn so werdet ihr voll-
endet und untadelig sein, es wird euch nichts mehr fehlen.
[5] Fehlt es aber einem von euch an Weisheit, dann soll er sie
von Gott erbitten; Gott wird sie ihm geben, denn er gibt al-
len gern und macht niemand einen Vorwurf. [6] Wer bittet, Mt 7,7;
soll aber voll Glauben bitten und nicht zweifeln; denn wer 21,21
zweifelt, ist wie eine Welle, die vom Wind im Meer hin
und her getrieben wird. [7] Ein solcher Mensch bilde sich
nicht ein, daß er vom Herrn etwas erhalten wird: [8] Er ist
ein Mann mit zwei Seelen, unbeständig auf all seinen We-
gen.
[9] Der Bruder, der in niederem Stand lebt, rühme sich sei-
ner hohen Würde, [10] der Reiche aber seiner Niedrigkeit;
denn er wird dahinschwinden wie die Blume im Gras. Jes 40,6f;
[11] Die Sonne geht auf, und ihre Hitze versengt das Gras; die 1 Petr 1,24
Blume verwelkt, und ihre Pracht vergeht. So wird auch der
Reiche vergehen mit allem, was er unternimmt.
[12] Glücklich der Mann, der in der Versuchung standhält.
Denn wenn er sich bewährt, wird er den Kranz des Lebens Weish 5,16;
erhalten, der denen verheißen ist, die Gott lieben. [13] Kei- 1 Petr 5,4; Offb 2,10
ner, der in Versuchung gerät, soll sagen: Ich werde von Sir 15,11f
Gott in Versuchung geführt. Denn Gott kann nicht in die
Versuchung kommen, Böses zu tun, und er führt auch
selbst niemand in Versuchung. [14] Jeder wird von seiner ei-
genen Begierde, die ihn lockt und fängt, in Versuchung ge-
führt. [15] Wenn die Begierde dann schwanger geworden ist,

1,1 die zwölf Stämme: vgl. die Einleitung zum Jakobusbrief.

bringt sie die Sünde zur Welt; ist die Sünde reif geworden,
bringt sie den Tod hervor.
16 Laßt euch nicht irreführen, meine geliebten Brüder;
Mt 7,11 17 jede gute Gabe und jedes vollkommene Geschenk
kommt von oben, vom Vater der Gestirne, bei dem es
keine Veränderung und keine Verfinsterung gibt. 18 Aus
1 Petr 1,23 freiem Willen hat er uns durch das Wort der Wahrheit ge-
boren, damit wir gleichsam die Erstlingsfrucht seiner
Schöpfung seien.

ERMAHNUNGEN UND WARNUNGEN: 1,19–5,12

Der rechte Hörer des Wortes: 1,19–27

19 Denkt daran, meine geliebten Brüder: Jeder Mensch
Sir 5,11 soll schnell bereit sein zu hören, aber zurückhaltend im
Reden und nicht schnell zum Zorn bereit; 20 denn im Zorn
tut der Mensch nicht das, was vor Gott recht ist. 21 Darum
1 Petr 2,1 legt alles Schmutzige und Böse ab, seid sanftmütig und
nehmt euch das Wort zu Herzen, das in euch eingepflanzt
worden ist und das die Macht hat, euch zu retten.
22 Hört das Wort nicht nur an, sondern handelt danach;
Mt 7,24.26 sonst betrügt ihr euch selbst. 23 Wer das Wort nur hört,
aber nicht danach handelt, ist wie ein Mensch, der sein ei-
genes Gesicht im Spiegel betrachtet: 24 Er betrachtet sich,
geht weg, und schon hat er vergessen, wie er aussah. 25 Wer
Ps 19,8; sich aber in das vollkommene Gesetz der Freiheit vertieft
Röm 8,2 und an ihm festhält, wer es nicht nur hört, um es wieder zu
vergessen, sondern danach handelt, der wird durch sein
Tun selig sein.
26 Wer meint, er diene Gott, aber seine Zunge nicht im
Zaum hält, der betrügt sich selbst, und sein Gottesdienst
ist wertlos. 27 Ein reiner und makelloser Dienst vor Gott,
dem Vater, besteht darin: für Waisen und Witwen zu sor-
gen, wenn sie in Not sind, und sich vor jeder Befleckung
durch die Welt zu bewahren.

Verhalten gegenüber Reichen und Armen: 2,1–13

2 Meine Brüder, haltet den Glauben an unseren Herrn
Jesus Christus, den Herrn der Herrlichkeit, frei von
jedem Ansehen der Person. 2 Wenn in eure Versammlung
ein Mann mit goldenen Ringen und prächtiger Kleidung
kommt, und zugleich kommt ein Armer in schmutziger

1,17 Vater der Gestirne, wörtlich: Vater der Lichter; der Ausdruck bezeichnet Gott als den Schöpfer der Gestirne.

1,18 Wort der Wahrheit: das Wort des Evangeliums mit seiner Christusbotschaft und seiner sittlichen Forderung.

Kleidung, 3 und ihr blickt auf den Mann in der prächtigen
Kleidung und sagt: Setz dich hier auf den guten Platz!, und
zu dem Armen sagt ihr: Du kannst dort stehen!, oder: Setz
dich zu meinen Füßen! – 4 macht ihr dann nicht untereinander
Unterschiede und fällt Urteile aufgrund verwerflicher
Überlegungen? 5 Hört, meine geliebten Brüder: Hat
Gott nicht die Armen in der Welt auserwählt, um sie durch Mt 5,3f;
den Glauben reich und zu Erben des Königreichs zu machen, 1 Kor 1,26f
das er denen verheißen hat, die ihn lieben? 6 Ihr aber
verachtet den Armen. Sind es nicht die Reichen, die euch
unterdrücken und euch vor die Gerichte schleppen? 7 Sind
nicht sie es, die den hohen Namen lästern, der über euch
ausgerufen worden ist? 8 Wenn ihr dagegen nach dem Wort
der Schrift: *Du sollst deinen Nächsten lieben wie dich* Lev 19,18
selbst! das königliche Gesetz erfüllt, dann handelt ihr
recht. 9 Wenn ihr aber nach dem Ansehen der Person urteilt,
begeht ihr eine Sünde, und aus dem Gesetz selbst
wird offenbar, daß ihr es übertreten habt. 10 Wer das ganze
Gesetz hält und nur gegen ein einziges Gebot verstößt, der
hat sich gegen alle verfehlt. 11 Denn er, der gesagt hat: *Du* Ex 20,14
sollst nicht die Ehe brechen!, hat auch gesagt: *Du sollst* Ex 20,13
nicht töten! Wenn du nicht die Ehe brichst, aber tötest,
hast du das Gesetz übertreten. 12 Darum redet und handelt
wie Menschen, die nach dem Gesetz der Freiheit gerichtet
werden. 13 Denn das Gericht ist erbarmungslos gegen den,
der kein Erbarmen gezeigt hat. Barmherzigkeit aber
triumphiert über das Gericht.

Glaube und Tat: 2,14–26

14 Meine Brüder, was nützt es, wenn einer sagt, er habe
Glauben, aber es fehlen die Werke? Kann etwa der Glaube
ihn retten? 15 Wenn ein Bruder oder eine Schwester ohne
Kleidung ist und ohne das tägliche Brot 16 und einer von
euch zu ihnen sagt: Geht in Frieden, wärmt und sättigt
euch!, ihr gebt ihnen aber nicht, was sie zum Leben brauchen
– was nützt das? 17 So ist auch der Glaube für sich allein
tot, wenn er nicht Werke vorzuweisen hat. 18 Nun

2,4 Andere Übersetzungsmöglichkeit: macht ihr dann nicht in eurem Innern Unterschiede und . . .

2,7 Der hohe (wörtlich: schöne) Name ist der Name Jesu. Zur Taufe im Namen Jesu vgl. Apg 2,38; 8,16.

2,14–26 Vgl. die Einleitung zum Jakobusbrief.

2,18 Möglicherweise beginnt in Vers 18b die Entgegnung auf den Einwand von 18a, und man könnte übersetzen: Nun wird einer sagen: Du hast den Glauben, und ich habe die Werke. – Dann zeig mir doch deinen Glauben ohne die Werke, und ich . . .

könnte einer sagen: Du hast Glauben, und ich kann Werke
vorweisen; zeig mir deinen Glauben ohne die Werke, und
ich zeige dir meinen Glauben aufgrund der Werke. [19] Du
Dtn 6,4 glaubst: Es gibt nur den einen Gott. Damit hast du recht;
das glauben auch die Dämonen, und sie zittern. [20] Willst
du also einsehen, du unvernünftiger Mensch, daß der
Röm 4,1–25 Glaube ohne Werke nutzlos ist? [21] Wurde unser Vater
Abraham nicht aufgrund seiner Werke als gerecht aner-
Gen 22,9 kannt? Denn er hat *seinen Sohn Isaak als Opfer auf den
Altar gelegt*. [22] Du siehst, daß bei ihm der Glaube und die
Werke zusammenwirkten und daß erst durch die Werke
der Glaube vollendet wurde. [23] So hat sich das Wort der
Gen 15,6 Schrift erfüllt: *Abraham glaubte Gott, und das wurde ihm
Jes 41,8 als Gerechtigkeit angerechnet*, und er wurde *Freund Got-
tes* genannt. [24] Ihr seht, daß der Mensch aufgrund seiner
Werke gerecht wird, nicht durch den Glauben allein.
[25] Wurde nicht ebenso auch die Dirne Rahab durch ihre
Werke als gerecht anerkannt, weil sie die Boten bei sich
aufnahm und dann auf einem anderen Weg entkommen
ließ? [26] Denn wie der Körper ohne den Geist tot ist, so ist
auch der Glaube tot ohne Werke.

Die Macht der Zunge: 3,1–12

3 Nicht so viele von euch sollen Lehrer werden, meine
Brüder. Ihr wißt, daß wir im Gericht strenger beurteilt
werden. [2] Denn wir alle verfehlen uns in vielen Dingen.
Wer sich in seinen Worten nicht verfehlt, ist ein vollkom-
mener Mann und kann auch seinen Körper völlig im Zaum
halten. [3] Wenn wir den Pferden den Zaum anlegen, damit
sie uns gehorchen, lenken wir damit das ganze Tier. [4] Oder
denkt an die Schiffe: Sie sind groß und werden von starken
Winden getrieben, und doch lenkt sie der Steuermann mit
einem ganz kleinen Steuer, wohin er will. [5] So ist auch die
Zunge nur ein kleines Körperglied und rühmt sich doch
großer Dinge. Und wie klein kann ein Feuer sein, das einen
großen Wald in Brand steckt. [6] Auch die Zunge ist ein Feu-
er, eine Welt voll Ungerechtigkeit. Die Zunge ist der Teil,

2,20–24 Jakobus bringt wie die jüdische Tradition die Verheißung Gen 15,6 in Zusammenhang mit der Opferung Isaaks (Gen 22). Demgegenüber versteht sie Paulus in ihrem ursprünglichen Zusammenhang mit der Verheißung in Gen 15,5, Abraham werde der Vater vieler Völker sein (vgl. Röm 4 und Gal 3). Jakobus wendet sich in diesem ganzen Abschnitt gegen eine mögliche Mißdeutung der paulinischen Lehre.

der den ganzen Menschen verdirbt und das Rad des Lebens
in Brand setzt; sie selbst aber ist von der Hölle in Brand ge-
setzt. 7 Denn jede Art von Tieren, auf dem Land und in der
Luft, was am Boden kriecht und was im Meer schwimmt,
läßt sich zähmen und ist vom Menschen auch gezähmt
worden; 8 doch die Zunge kann kein Mensch zähmen, die-
ses ruhelose Übel, voll von tödlichem Gift. 9 Mit ihr prei-
sen wir den Herrn und Vater, und mit ihr verfluchen wir
die Menschen, die *als Abbild Gottes* erschaffen sind. Gen 1,26f
10 Aus ein und demselben Mund kommen Segen und
Fluch. Meine Brüder, so darf es nicht sein. 11 Läßt etwa
eine Quelle aus derselben Öffnung süßes und bitteres Was-
ser hervorsprudeln? 12 Kann denn, meine Brüder, ein Fei-
genbaum Oliven tragen oder ein Weinstock Feigen? So
kann auch eine salzige Quelle kein Süßwasser hervorbrin-
gen.

Die Weisheit von oben: 3,13–18

13 Wer von euch ist weise und verständig? Er soll in wei-
ser Bescheidenheit die Taten eines rechtschaffenen Lebens
vorweisen. 14 Wenn aber euer Herz voll ist von bitterer Ei-
fersucht und von Ehrgeiz, dann prahlt nicht, und verfälscht
nicht die Wahrheit! 15 Das ist nicht die Weisheit, die von 1,5.17
oben kommt, sondern eine irdische, eigennützige, teufli-
sche Weisheit. 16 Wo nämlich Eifersucht und Ehrgeiz herr-
schen, da gibt es Unordnung und böse Taten jeder Art.
17 Doch die Weisheit von oben ist erstens heilig, sodann
friedlich, freundlich, gehorsam, voll Erbarmen und reich
an guten Früchten, sie ist unparteiisch, sie heuchelt nicht.
18 Wo Frieden herrscht, wird (von Gott) für die Menschen,
die Frieden stiften, die Saat der Gerechtigkeit ausgestreut. Hebr 12,11

Warnung vor Zwietracht und Weltsinn: 4,1–12

4 Woher kommen die Kriege bei euch, woher die Strei-
tigkeiten? Doch nur vom Kampf der Leidenschaften
in eurem Innern. 2 Ihr begehrt und erhaltet doch nichts. Ihr
mordet und seid eifersüchtig und könnt dennoch nichts er-
reichen. Ihr streitet und führt Krieg. Ihr erhaltet nichts,
weil ihr nicht bittet. 3 Ihr bittet und empfangt doch nichts,
weil ihr in böser Absicht bittet, um es in eurer Leiden-

3,6 Mit »Rad des Lebens« (oder: »Kreis des Werdens«) ist wohl der ganze Lauf des Lebens und der Umkreis der menschlichen Existenz gemeint.

3,18 Wörtlich: Frucht der Gerechtigkeit wird in Frieden gesät für die (oder: von denen), die Frieden schaffen. Die Deutung dieses Verses ist unsicher.

schaft zu verschwenden. 4 Ihr Ehebrecher, wißt ihr nicht,
daß Freundschaft mit der Welt Feindschaft mit Gott ist?
Wer also ein Freund der Welt sein will, der wird zum Feind
Gottes. 5 Oder meint ihr, die Schrift sage ohne Grund: Ei-
fersüchtig sehnt er sich nach dem Geist, den er in uns
wohnen ließ. 6 Doch er gibt noch größere Gnade; darum
Spr 3,34 G; heißt es auch: *Gott tritt den Stolzen entgegen, den Demü-*
1 Petr 5,5 *tigen aber schenkt er seine Gnade.* 7 Ordnet euch also Gott
1 Petr 5,8f unter, leistet dem Teufel Widerstand; dann wird er vor
euch fliehen. 8 Sucht die Nähe Gottes; dann wird er sich
euch nähern. Reinigt die Hände, ihr Sünder, läutert euer
Herz, ihr Menschen mit zwei Seelen! 9 Klagt und trauert
Lk 6,25 und weint! Euer Lachen verwandle sich in Trauer, eure
1 Petr 5,6 Freude in Betrübnis. 10 Demütigt euch vor dem Herrn;
dann wird er euch erhöhen.

11 Verleumdet einander nicht, Brüder! Wer seinen Bru-
der verleumdet oder seinen Bruder verurteilt, verleumdet
das Gesetz und verurteilt das Gesetz; wenn du aber das Ge-
setz verurteilst, handelst du nicht nach dem Gesetz, son-
dern bist sein Richter. 12 Nur einer ist der Gesetzgeber und
Richter: er, der die Macht hat, zu retten und zu verderben.
Wer aber bist du, daß du über deinen Nächsten richtest?

Warnung vor Selbstsicherheit: 4,13–17

13 Ihr aber, die ihr sagt: Heute oder morgen werden wir in
diese oder jene Stadt reisen, dort werden wir ein Jahr blei-
ben, Handel treiben und Gewinne machen –, 14 ihr wißt
doch nicht, was morgen mit eurem Leben sein wird. Rauch
seid ihr, den man eine Weile sieht; dann verschwindet er.
15 Ihr solltet lieber sagen: Wenn der Herr will, werden wir
noch leben und dies oder jenes tun. 16 Nun aber prahlt ihr
voll Übermut; doch all dieses Prahlen ist schlecht. 17 Wer
also das Gute tun kann und es nicht tut, der sündigt.

Warnung an die hartherzigen Reichen: 5,1–6

5 Ihr aber, ihr Reichen, weint nur und klagt über das
Elend, das euch treffen wird. 2 Euer Reichtum ver-
Mt 6,19 fault, und eure Kleider werden von Motten zerfressen.

4,4 »Ehebrecher« kann hier im übertragenen Sinn gebraucht sein. Auch im Alten Testament haben die Propheten (z. B. Hos 2–3) den Abfall von Gott als »Ehebruch« gebrandmarkt.

4,5 Die Herkunft des Zitats ist unbekannt. Der Sinn ist vermutlich: Gott, der dem Menschen seinen Geist eingehaucht hat (Gen 2,7), macht diesem Geist gegenüber seinen Anspruch geltend. – Andere Übersetzungsmöglichkeit: Neidisch zeigt der Geist, den er in uns wohnen ließ, sein Verlangen.

3 Euer Gold und Silber verrostet; ihr Rost wird als Zeuge
gegen euch auftreten und euer Fleisch verzehren wie Feu-
er. Noch in den letzten Tagen sammelt ihr Schätze. 4 Aber
der Lohn der Arbeiter, die eure Felder abgemäht haben, der
Lohn, den ihr ihnen vorenthalten habt, schreit zum Him-
mel; die Klagerufe derer, die eure Ernte eingebracht haben,
dringen zu den Ohren des Herrn der himmlischen Heere.
5 Ihr habt auf Erden ein üppiges und ausschweifendes Le-
ben geführt, und noch am Schlachttag habt ihr euer Herz Jer 12,3;
gemästet. 6 Ihr habt den Gerechten verurteilt und umge- 25,34
bracht, er aber leistete euch keinen Widerstand.

Mahnung zur Ausdauer: 5,7–11

7 Darum, Brüder, haltet geduldig aus bis zur Ankunft des
Herrn! Auch der Bauer wartet auf die kostbare Frucht der
Erde, er wartet geduldig, bis im Herbst und im Frühjahr der
Regen fällt. 8 Ebenso geduldig sollt auch ihr sein. Macht
euer Herz stark, denn die Ankunft des Herrn steht nahe
bevor. 9 Klagt nicht übereinander, Brüder, damit ihr nicht Mt 7,1f;
gerichtet werdet. Seht, der Richter steht schon vor der Tür. Mk 13,29
10 Brüder, im Leiden und in der Geduld nehmt euch die
Propheten zum Vorbild, die im Namen des Herrn gespro-
chen haben. 11 Wer geduldig alles ertragen hat, den preisen
wir glücklich. Ihr habt von der Ausdauer des Ijob gehört Ijob 42,10–17
und das Ende gesehen, das der Herr herbeigeführt hat.
Denn der Herr ist voll Erbarmen und Mitleid. Ps 103,8; 116,5

Warnung vor dem Schwören: 5,12

12 Vor allem, meine Brüder, schwört nicht, weder beim Mt 5,34–37
Himmel noch bei der Erde noch irgendeinen anderen Eid.
Euer Ja soll ein Ja sein und euer Nein ein Nein, damit ihr
nicht dem Gericht verfallt.

DIE MACHT DES VERTRAUENSVOLLEN GEBETS: 5,13–18

13 Ist einer von euch bedrückt? Dann soll er beten. Ist ei-
ner fröhlich? Dann soll er ein Loblied singen. 14 Ist einer
von euch krank? Dann rufe er die Ältesten der Gemeinde
zu sich; sie sollen Gebete über ihn sprechen und ihn im
Namen des Herrn mit Öl salben. 15 Das gläubige Gebet
wird den Kranken retten, und der Herr wird ihn aufrichten;

5,10 Die alttestamentlichen Propheten gelten nicht nur als Künder und Mahner, sondern auch als große Dulder und Märtyrer (vgl. Mt 5,12; Apg 7,52; Hebr 11,32–38).

5,14 Gebete über ihn sprechen, wörtlich: über ihn beten.

wenn er Sünden begangen hat, werden sie ihm vergeben.
16 Darum bekennt einander eure Sünden, und betet fürein-
ander, damit ihr geheilt werdet. Viel vermag das inständige
1 Kön 17–18; Gebet eines Gerechten. 17 Elija war ein Mensch wie wir; er
Lk 4,25 betete inständig, es solle nicht regnen, und es regnete drei
Jahre und sechs Monate nicht auf der Erde. 18 Und er betete
wieder; da gab der Himmel Regen, und die Erde brachte
ihre Früchte hervor.

DIE VERANTWORTUNG FÜR DEN GEFÄHRDETEN BRUDER: 5,19–20

19 Meine Brüder, wenn einer bei euch von der Wahrheit
abirrt und jemand ihn zur Umkehr bewegt, 20 dann sollt ihr
wissen: Wer einen Sünder, der auf Irrwegen ist, zur Um-
Spr 10,12; kehr bewegt, der rettet ihn vor dem Tod und *deckt* viele
1 Petr 4,8 *Sünden zu*.

Der erste Brief des Petrus

Der Verfasser dieses Briefs ist nach 1,1 der Apostel Petrus. Er spricht zu den Ältesten der Gemeinde als »Mit-Ältester« und »Zeuge der Leiden Christi« (5,1). Er schreibt seinen Brief aus Babylon (5,13), womit nur Rom gemeint sein kann, »durch den Bruder Silvanus«. Bei ihm befindet sich auch Markus (5,12–13); damit ist wohl Johannes Markus gemeint, den Petrus von Jerusalem her kannte (Apg 12,12). Silvanus, auch Silas genannt, war ein angesehener Mann in der Gemeinde von Jerusalem und gehörte zu der Abordnung, die von dort nach Antiochia geschickt wurde (Apg 15,22). Er war ein urchristlicher Prophet (Apg 15,32). Paulus nahm ihn als Begleiter bei der zweiten Missionsreise mit (Apg 15,40; vgl. 18,5).

Nach altkirchlicher Überlieferung wurde der 1. Petrusbrief kurz vor dem Tod des Apostels (64 oder 67 n. Chr.) unter Kaiser Nero geschrieben. Gegen eine Verfasserschaft des Petrus erheben sich zwar einige Bedenken aufgrund des guten griechischen Stils und der vielen Gemeinsamkeiten zwischen dem 1. Petrusbrief und den Paulusbriefen; auch kann zur Zeit Neros noch nicht gesagt werden, daß die Christen in der ganzen Welt verfolgt werden (5,9). Die Einwände gegen die Verfasserschaft des Petrus verlieren zum Teil aber an Gewicht, wenn Silvanus nicht nur der Schreiber war, dem Petrus diktierte, sondern dessen »Sekretär«, der mit einer gewissen Selbständigkeit im Auftrag des Petrus schrieb. Eine sichere Entscheidung ist nicht möglich.

Der Brief richtet sich »an die Auserwählten, die als Fremde in Pontus, Galatien, Kappadozien, in der Provinz Asien und Bithynien in der Zerstreuung leben« (1,1), also an Gemeinden im nördlichen und westlichen Kleinasien. Die Empfänger des Briefs sind vorwiegend Heidenchristen; sie leben »in der Zerstreuung«, weil sie als Christen in der Welt fremd und heimatlos sind (vgl. 1,17). Das Fremdsein der »Auserwählten« in der Welt tritt in einer Zeit der Verfolgung stärker ins Bewußtsein. Um so notwendiger ist es für die Christen, ihre besondere Stellung und ihre Sendung in Staat und Gesellschaft zu begreifen (vgl. 2,11–4,11). Diese Weisungen schöpfen aus einer bereits gefestigten christlichen Überlieferung.

Der Brief will (vgl. 5,12) die Empfänger ermahnen, dem Glauben treu zu bleiben, und ihnen bezeugen, daß sie als Getaufte dazu berufen sind, am Leidensweg Jesu und dann auch an seiner Herrlichkeit teilzuhaben. Auf Taufe und Kreuz wird immer wieder hingewiesen, so daß manche Ausleger vermuten, dem Brief liege, vor allem in dem Abschnitt 1,3–4,11, eine urchristliche Taufansprache zugrunde.

ANSCHRIFT UND GRUSS: 1,1–2

1 Petrus, Apostel Jesu Christi, an die Auserwählten, die
als Fremde in Pontus, Galatien, Kappadozien, der
Provinz Asien und Bithynien in der Zerstreuung leben, Jak 1,1
2 von Gott, dem Vater, von jeher ausersehen und durch den
Geist geheiligt, um Jesus Christus gehorsam zu sein und
mit seinem Blut besprengt zu werden. Gnade sei mit euch Hebr 12,24
und Friede in Fülle.

ZIEL UND WEG DES GLAUBENS: 1,3–2,10

Das Ziel des Glaubens: 1,3–12

3 Gepriesen sei der Gott und Vater unseres Herrn Jesus Eph 1,3
Christus: Er hat uns in seinem großen Erbarmen neu gebo-
ren, damit wir durch die Auferstehung Jesu Christi von den
Toten eine lebendige Hoffnung haben 4 und das unzerstör-
bare, makellose und unvergängliche Erbe empfangen, das
im Himmel für euch aufbewahrt ist. 5 Gottes Macht behü-
tet euch durch den Glauben, damit ihr das Heil erlangt, das
am Ende der Zeit offenbart werden soll. 6 Deshalb seid ihr
voll Freude, obwohl ihr jetzt vielleicht kurze Zeit unter Jak 1,2–4
mancherlei Prüfungen leiden müßt. 7 Dadurch soll sich
euer Glaube bewähren, und es wird sich zeigen, daß er
wertvoller ist als Gold, das im Feuer geprüft wurde und
doch vergänglich ist. So wird (eurem Glauben) Lob, Herr-
lichkeit und Ehre zuteil bei der Offenbarung Jesu Christi.
8 Ihn habt ihr nicht gesehen, und dennoch liebt ihr ihn; ihr
seht ihn auch jetzt nicht; aber ihr glaubt an ihn und jubelt
in unsagbarer, von himmlischer Herrlichkeit verklärter
Freude, 9 da ihr das Ziel des Glaubens erreichen werdet:
euer Heil. 10 Nach diesem Heil haben die Propheten ge-
sucht und geforscht, und sie haben über die Gnade geweis-
sagt, die für euch bestimmt ist. 11 Sie haben nachgeforscht,

1,1 in der Zerstreuung: vgl. die Einleitung zum Jakobusbrief und zum 1. Petrusbrief.

1,5 Das »Ende der Zeit« hat mit dem Kommen Jesu begonnen (vgl. Vers 20); es wird sich vollenden bei der »Offenbarung Jesu Christi« (1,7.13), bei seiner Wiederkunft am Ende der Tage.

Dan 12,6–13; auf welche Zeit und welche Umstände der in ihnen wir-
Ps 22; Jes 53; kende Geist Christi hindeute, der die Leiden Christi und
Hab 2,3 die darauf folgende Herrlichkeit im voraus bezeugte.
12 Den Propheten wurde offenbart, daß sie damit nicht sich
selbst, sondern euch dienten; und jetzt ist euch dies alles
von denen verkündet worden, die euch in der Kraft des
vom Himmel gesandten Heiligen Geistes das Evangelium
gebracht haben. Das alles zu sehen ist sogar das Verlangen
der Engel.

Der Weg zum Glauben: 1,13–25

13 Deshalb umgürtet euch, und macht euch bereit! Seid
nüchtern, und setzt eure Hoffnung ganz auf die Gnade, die
euch bei der Offenbarung Jesu Christi geschenkt wird.
Eph 4,17–22 14 Seid gehorsame Kinder, und laßt euch nicht mehr von
euren Begierden treiben wie früher, in der Zeit eurer Un-
wissenheit. 15 Wie er, der euch berufen hat, heilig ist, so
soll auch euer ganzes Leben heilig werden. 16 Denn es
Lev 19,2 heißt in der Schrift: *Seid heilig, denn ich bin heilig.* 17 Und
Mt 6,9; Lk 11,2; wenn ihr den als Vater anruft, der jeden ohne Ansehen der
Gal 4,6; Person nach seinem Tun beurteilt, dann führt auch, so-
Röm 8,15; Mt 5,48; lange ihr in der Fremde seid, ein Leben in Gottesfurcht.
Lk 6,36 18 Ihr wißt, daß ihr aus eurer sinnlosen, von den Vätern
ererbten Lebensweise nicht um einen vergänglichen Preis
Jes 52,3 *losgekauft* wurdet, *nicht um Silber* oder Gold, 19 sondern
Joh 1,36; mit dem kostbaren Blut Christi, des Lammes ohne Fehl
Offb 5,6.9 und Makel. 20 Er war schon vor der Erschaffung der Welt
dazu ausersehen, und euretwegen ist er am Ende der Zeiten
erschienen. 21 Durch ihn seid ihr zum Glauben an Gott ge-
kommen, der ihn von den Toten auferweckt und ihm die
Herrlichkeit gegeben hat, so daß ihr an Gott glauben und
auf ihn hoffen könnt. 22 Der Wahrheit gehorsam, habt ihr
euer Herz rein gemacht für eine aufrichtige Bruderliebe;
darum hört nicht auf, einander von Herzen zu lieben. 23 Ihr
seid neu geboren worden, nicht aus vergänglichem, son-
dern aus unvergänglichem Samen: aus Gottes Wort, das
lebt und das bleibt. 24 Denn

1,13 umgürtet euch, wörtlich: umgürtet die Lenden eures Geistes.

1,14 »Unwissenheit« bezeichnet die vorchristliche Daseinsweise der Adressaten (vgl. Apg 17,30).

1,18–21 In diesem Abschnitt sind Wendungen der urchristlichen Bekenntnisüberlieferung aufgenommen. – Vers 18 zeigt, daß der Brief vorwiegend an Heidenchristen gerichtet ist; zu Judenchristen könnte der Verfasser so nicht reden (vgl. auch 4,3).

1,23 Hier und in 2,2 werden die Leser an ihre Taufe erinnert.

alles Sterbliche ist wie Gras, Jes 40,6–8 G
und all seine Schönheit ist wie die Blume im Gras.
Das Gras verdorrt, und die Blume verwelkt;
25 *doch das Wort des Herrn bleibt in Ewigkeit.*
Dieses *Wort* ist das Evangelium, das euch verkündet wor-
den ist.

Jesus Christus, der lebendige Stein: 2,1–10

2 Legt also alle Bosheit ab, alle Falschheit und Heuche-
lei, allen Neid und alle Verleumdung. 2 Verlangt,
gleichsam als neugeborene Kinder, nach der unverfälsch-
ten, geistigen Milch, damit ihr durch sie heranwachst und
das Heil erlangt. 3 Denn ihr habt *erfahren, wie gütig der* Ps 34,9
Herr ist. 4 Kommt zu ihm, dem lebendigen *Stein*, der von Jes 28,16 G
den Menschen verworfen, aber von Gott *auserwählt und*
geehrt worden ist. 5 Laßt euch als lebendige Steine zu ei-
nem geistigen Haus aufbauen, zu einer heiligen Priester-
schaft, um durch Jesus Christus geistige Opfer darzubrin-
gen, die Gott gefallen. 6 Denn es heißt in der Schrift:
Seht her, ich lege in Zion einen auserwählten Stein, Jes 28,16 G
einen Eckstein, den ich in Ehren halte;
wer an ihn glaubt, der geht nicht zugrunde.
7 Euch, die ihr glaubt, gilt diese Ehre. Für jene aber, die
nicht glauben, ist dieser *Stein, den die Bauleute verworfen* Ps 118,22;
haben, zum Eckstein geworden, 8 *zum Stein, an den man* Apg 4,11
anstößt, und zum Felsen, an dem man zu Fall kommt. Sie Jes 8,14
stoßen sich an ihm, weil sie dem Wort nicht gehorchen;
doch dazu sind sie bestimmt. 9 Ihr aber seid *ein auserwähl-* Ex 19,5f G;
tes Geschlecht, eine königliche Priesterschaft, ein heiliger 23,22 G
Stamm, ein Volk, das sein besonderes Eigentum wurde, Jes 43,20f
damit ihr die großen Taten dessen verkündet, der euch aus
der Finsternis in sein wunderbares Licht gerufen hat.
10 Einst wart ihr *nicht sein Volk*, jetzt aber seid ihr *Gottes* Hos 1,6.9;
Volk; einst gab es für euch *kein Erbarmen*, jetzt aber habt 2,3.25
ihr *Erbarmen gefunden*.

CHRISTLICHES LEBEN IN FAMILIE UND GESELLSCHAFT: 2,11–4,11

Der Christ im Staat: 2,11–17

11 Liebe Brüder, da ihr Fremde und Gäste seid in dieser Ps 39,13;
Welt, ermahne ich euch: Gebt den irdischen Begierden 119,19
nicht nach, die gegen die Seele kämpfen. 12 Führt unter den
Heiden ein rechtschaffenes Leben, damit sie, die euch jetzt

2,9 Der Vers ist die grundlegende neutestamentliche Stelle über das Priestertum aller Gläubigen.

als Übeltäter verleumden, durch eure guten Taten zur Ein-
sicht kommen und Gott preisen am Tag der Heimsuchung.
13–17: Röm 13, [13] Unterwerft euch um des Herrn willen jeder menschli-
1–7; Tit 3,1 chen Ordnung: dem Kaiser, weil er über allen steht, [14] den
Statthaltern, weil sie von ihm entsandt sind, um die zu be-
strafen, die Böses tun, und die auszuzeichnen, die Gutes
tun. [15] Denn es ist der Wille Gottes, daß ihr durch eure gu-
ten Taten die Unwissenheit unverständiger Menschen
zum Schweigen bringt. [16] Handelt als Freie, aber nicht als
solche, die die Freiheit als Deckmantel für das Böse neh-
Spr 24,21; men, sondern wie Knechte Gottes. [17] Erweist allen Men-
Röm 12,10 schen Ehre, liebt die Brüder, fürchtet Gott, und ehrt den
Kaiser!

Die Sklaven in der Nachfolge Christi: 2,18–25

Kol 3,22f; [18] Ihr Sklaven, ordnet euch in aller Ehrfurcht euren Her-
Tit 2,9f ren unter, nicht nur den guten und freundlichen, sondern
auch den launenhaften. [19] Denn es ist eine Gnade, wenn
jemand deswegen Kränkungen erträgt und zu Unrecht lei-
det, weil er sich in seinem Gewissen nach Gott richtet.
[20] Ist es vielleicht etwas Besonderes, wenn ihr wegen einer
Verfehlung Schläge erduldet? Wenn ihr aber recht handelt
und trotzdem Leiden erduldet, das ist eine Gnade in den
Augen Gottes.
Mk 8,34; [21] Dazu seid ihr berufen worden; denn auch Christus hat
Lk 9,23; für euch gelitten und euch ein Beispiel gegeben, damit ihr
Mt 10,25; seinen Spuren folgt.
Phil 2,5
Jes 53,9 [22] *Er hat keine Sünde begangen,*
und in seinem Mund war kein trügerisches Wort.
[23] Er wurde geschmäht, schmähte aber nicht;
er litt, drohte aber nicht,
sondern überließ seine Sache dem gerechten Richter.
Jes 53,11f [24] Er hat unsere Sünden mit seinem Leib auf das Holz des
Kreuzes getragen, damit wir tot seien für die Sünden und
Jes 53,5f für die Gerechtigkeit leben. *Durch seine Wunden seid ihr*

2,12 Tag der Heimsuchung: Tag der Gnade, der Bekehrung (Lk 1,68; 19,44); auch: Tag des Gerichts (Jes 10,3).

2,13 jeder menschlichen Ordnung, wörtlich: jedem menschlichen Geschöpf.

2,22–25 Der Verfasser greift hier auf ein urchristliches Bekenntnis zurück (vgl. 1,18–21), das in Anlehnung an Jes 53 formuliert ist.

2,24 Wörtlich: auf das Holz hinaufgetragen; vgl. Apg 5,30; Gal 3,13.

geheilt. 25 Denn ihr hattet euch *verirrt wie Schafe,* jetzt
aber seid ihr heimgekehrt zum Hirten und Bischof eurer
Seelen.

Frauen und Männer in der Ehe: 3,1–7

3 Ebenso sollt ihr Frauen euch euren Männern unter-
ordnen, damit auch sie, falls sie dem Wort (des Evan-
geliums) nicht gehorchen, durch das Leben ihrer Frauen Tit 2,3–5
ohne Worte gewonnen werden, 2 wenn sie sehen, wie ehr-
fürchtig und rein ihr lebt. 3 Nicht auf äußeren Schmuck
sollt ihr Wert legen, auf Haartracht, Gold und prächtige
Kleider, 4 sondern was im Herzen verborgen ist, das sei
euer unvergänglicher Schmuck: ein sanftes und ruhiges
Wesen. Das ist wertvoll in Gottes Augen. 5 So haben sich
einst auch die heiligen Frauen geschmückt, die ihre Hoff-
nung auf Gott setzten: Sie ordneten sich ihren Männern
unter. 6 Sara gehorchte Abraham und nannte ihn ihren Gen 18,12
Herrn. Ihre Kinder seid ihr geworden, wenn ihr recht han-
delt und euch vor keiner Einschüchterung fürchtet. Spr 3,25
7 Ebenso sollt ihr Männer im Umgang mit euren Frauen Eph 5,25.28
rücksichtsvoll sein, denn sie sind der schwächere Teil;
ehrt sie, denn auch sie sind Erben der Gnade des Lebens. So
wird euren Gebeten nichts mehr im Weg stehen.

Aufruf zur Eintracht: 3,8–12

8 Endlich aber: seid alle eines Sinnes, voll Mitgefühl und Röm 12,5;
brüderlicher Liebe, seid barmherzig und demütig! 9 Vergel- Eph 4,2f
tet nicht Böses mit Bösem noch Kränkung mit Kränkung!
Statt dessen segnet; denn ihr seid dazu berufen, Segen zu
erlangen. 10 Es heißt nämlich:
Wer das Leben liebt Ps 34,13–17
und gute Tage zu sehen wünscht,
der bewahre seine Zunge vor Bösem
und seine Lippen vor falscher Rede.
11 *Er meide das Böse und tue das Gute;*
er suche Frieden und jage ihm nach.
12 Denn *die Augen des Herrn blicken auf die Gerechten,*
und seine Ohren hören ihr Flehen;
aber das Antlitz des Herrn richtet sich gegen die Bö-
sen.

2,25 Christus wird als Hirt und Bischof bezeichnet; das Wort für »Bischof« (Hüter) ist in der Kirche früh zum Amtstitel geworden; vgl. die Anmerkung zu 1 Tim 3,1.

3,1–7 Vgl. 1 Kor 7,12–16; die Ehe gehört zur Schöpfungsordnung; sie wird durch die Erlösung nicht aufgehoben, sondern geheiligt.

Rechtes Verhalten in der Welt: 3,13–4,11

13 Und wer wird euch Böses zufügen, wenn ihr euch voll
Mt 5,10f Eifer um das Gute bemüht? 14 Aber auch wenn ihr um der
Gerechtigkeit willen leiden müßt, seid ihr seligzupreisen.
Jes 8,12f *Fürchtet euch nicht vor ihnen, und laßt euch nicht er-
schrecken*, 15 sondern *haltet* in eurem Herzen Christus,
den Herrn, heilig! Seid stets bereit, jedem Rede und Ant-
wort zu stehen, der nach der Hoffnung fragt, die euch er-
füllt; 16 aber antwortet bescheiden und ehrfürchtig, denn
ihr habt ein reines Gewissen. Dann werden die, die euch
beschimpfen, weil ihr in (der Gemeinschaft mit) Christus
ein rechtschaffenes Leben führt, sich wegen ihrer Ver-
leumdungen schämen müssen. 17 Es ist besser, für gute Ta-
ten zu leiden, wenn es Gottes Wille ist, als für böse.
Röm 6,10; 18 Denn auch Christus ist der Sünden wegen ein einziges
Eph 2,18; Mal gestorben, er, der Gerechte, für die Ungerechten, um
Hebr 9,27f; 10,10 euch zu Gott hinzuführen; dem Fleisch nach wurde er ge-
Röm 1,4 tötet, dem Geist nach lebendig gemacht. 19 So ist er auch
zu den Geistern gegangen, die im Gefängnis waren, und
hat ihnen gepredigt. 20 Diese waren einst ungehorsam, als
Gen 6,8–7,7 Gott in den Tagen Noachs geduldig wartete, während die
2 Petr 2,4f Arche gebaut wurde; in ihr wurden nur wenige, nämlich
acht Menschen, durch das Wasser gerettet. 21 Dem ent-
spricht die Taufe, die jetzt euch rettet. Sie dient nicht dazu,
den Körper von Schmutz zu reinigen, sondern sie ist eine
Bitte an Gott um ein reines Gewissen aufgrund der Aufer-
stehung Jesu Christi, 22 der in den Himmel gegangen ist;
Eph 1,20f dort ist er zur Rechten Gottes, und Engel, Gewalten und
Mächte sind ihm unterworfen.

Röm 6,10; 4 Da Christus im Fleisch gelitten hat, wappnet auch ihr
Gal 5,24 euch mit diesem Gedanken: Wer im Fleisch gelitten
hat, für den hat die Sünde ein Ende. 2 Darum richtet euch,
solange ihr noch auf Erden lebt, nicht mehr nach den
menschlichen Begierden, sondern nach dem Willen Got-
Eph 2,2f; tes! 3 Denn lange genug habt ihr in der vergangenen Zeit
Tit 3,3 das heidnische Treiben mitgemacht und habt ein aus-
schweifendes Leben voller Begierden geführt, habt getrun-
ken, gepraßt, gezecht und unerlaubten Götzenkult getrie-
ben. 4 Jetzt erregt es ihren Unwillen, und sie lästern, weil
ihr euch nicht mehr in diesen Strudel der Leidenschaften

3,18.22 Erneut wird urchristliche Bekenntnisüberlieferung zitiert (vgl. 1,18–21; 2,22–25).

3,19–20 Die Überlieferung, daß Christus in das Reich des Todes hinabgestiegen sei und dort gepredigt habe, erscheint im Neuen Testament nur hier.

hineinreißen laßt. 5 Aber sie werden vor dem Rechen- Apg 10,42;
schaft ablegen müssen, der schon bereit steht, um die Le- 2 Tim 4,1
benden und die Toten zu richten. 6 Denn auch Toten ist
das Evangelium dazu verkündet worden, daß sie wie Men-
schen gerichtet werden im Fleisch, aber wie Gott das Le-
ben haben im Geist.

7 Das Ende aller Dinge ist nahe. Seid also besonnen und Röm 13,11f;
nüchtern, und betet! 8 Vor allem haltet fest an der Liebe 1 Kor 7,29
zueinander; denn *die Liebe deckt* viele *Sünden zu*. 9 Seid Spr 10,12;
untereinander gastfreundlich, ohne zu murren. 10 Dient Jak 5,20
einander als gute Verwalter der vielfältigen Gnade Gottes, Röm 12,6–8;
jeder mit der Gabe, die er empfangen hat. 11 Wer redet, der 1 Kor 12,11
rede mit den Worten, die Gott ihm gibt; wer dient, der
diene aus der Kraft, die Gott verleiht. So wird in allem Gott
verherrlicht durch Jesus Christus. Sein ist die Herrlichkeit Jud 25
und die Macht in alle Ewigkeit. Amen.

ABSCHLIESSENDE MAHNUNGEN: 4,12–5,11

Ausdauer in der Prüfung: 4,12–19

12 Liebe Brüder, laßt euch durch die Feuersglut, die zu
eurer Prüfung über euch gekommen ist, nicht verwirren,
als ob euch etwas Ungewöhnliches zustoße. 13 Statt dessen
freut euch, daß ihr Anteil an den Leiden Christi habt; denn Apg 5,41
so könnt ihr auch bei der Offenbarung seiner Herrlichkeit
voll Freude jubeln. 14 Wenn ihr wegen des Namens Christi Mt 5,11f
beschimpft werdet, seid ihr seligzupreisen; denn der Geist
der Herrlichkeit, *der Geist Gottes, ruht* auf euch. 15 Wenn Jes 11,2
einer von euch leiden muß, soll es nicht deswegen sein,
weil er ein Mörder oder ein Dieb ist, weil er Böses tut oder
sich in fremde Angelegenheiten einmischt. 16 Wenn er
aber leidet, weil er Christ ist, dann soll er sich nicht schä-
men, sondern Gott verherrlichen, indem er sich zu diesem
Namen bekennt. 17 Denn jetzt ist die Zeit, in der das Ge-
richt beim Haus Gottes beginnt; wenn es aber bei uns an-
fängt, wie wird dann das Ende derer sein, die dem Evange-
lium Gottes nicht gehorchen? 18 Und *wenn der Gerechte* Spr 11,31 G
kaum gerettet wird, wo wird man dann die Frevler und
Sünder finden? 19 Darum sollen alle, die nach dem Willen
Gottes leiden müssen, Gutes tun und dadurch ihr Leben
dem treuen Schöpfer anbefehlen.

4,7 Das »Ende aller Dinge« und das Ziel der Geschichte ist die Offenbarung der Herrlichkeit Gottes am Tag Christi (vgl. die Anmerkung zu 1,5).

4,16 Die Bezeichnung »Christ« kommt im Neuen Testament sonst nur noch in Apg 11,26 und 26,28 vor. Sie ist den an Christus Glaubenden wohl von Nichtchristen beigelegt worden.

Hirt und Herde: 5,1–11

5 Eure Ältesten ermahne ich, da ich ein Ältester bin wie
sie und ein Zeuge der Leiden Christi und auch an der
Herrlichkeit teilhaben soll, die sich offenbaren wird:
Apg 20,28 2 Sorgt als Hirten für die euch anvertraute Herde Gottes,
nicht aus Zwang, sondern freiwillig, wie Gott es will; auch
nicht aus Gewinnsucht, sondern aus Neigung; 3 seid nicht
Phil 3,17; Beherrscher eurer Gemeinden, sondern Vorbilder für die
Tit 2,7 Herde! 4 Wenn dann der oberste Hirt erscheint, werdet ihr
den nie verwelkenden Kranz der Herrlichkeit empfangen.
5 Sodann, ihr Jüngeren: ordnet euch den Ältesten unter!
Spr 3,34 G; Alle aber begegnet einander in Demut! Denn *Gott tritt den*
Jak 4,6 *Stolzen entgegen, den Demütigen aber schenkt er seine*
Gnade. 6 Beugt euch also in Demut unter die mächtige
Hand Gottes, damit er euch erhöht, wenn die Zeit ge-
Ps 55,23 kommen ist. 7 *Werft* alle *eure Sorge auf ihn*, denn er küm-
mert sich um euch. 8 Seid nüchtern und wachsam! Euer
Ps 22,14 Widersacher, der Teufel, geht wie ein brüllender Löwe
Jak 4,7 umher und sucht, wen er verschlingen kann. 9 Leistet ihm
Widerstand in der Kraft des Glaubens! Wißt, daß eure Brü-
der in der ganzen Welt die gleichen Leiden ertragen müs-
1 Thess 2,12 sen! 10 Der Gott aller Gnade aber, der euch in (der Gemein-
schaft mit) Christus zu seiner ewigen Herrlichkeit berufen
hat, wird euch, die ihr kurze Zeit leiden müßt, wiederauf-
richten, stärken, kräftigen und auf festen Grund stellen.
11 Sein ist die Macht in Ewigkeit. Amen.

DER SCHLUSS DES BRIEFES: GRÜSSE UND SEGENSWUNSCH: 5,12–14

Apg 15,22; 16,19; 12 Durch den Bruder Silvanus, den ich für treu halte,
17,4; 18,5; habe ich euch kurz geschrieben; ich habe euch ermahnt
2 Kor 1,19; und habe bezeugt, daß dies die wahre Gnade Gottes ist, in
1 Thess 1,1; 2 Thess 1,1 der ihr stehen sollt. 13 Es grüßen euch die Mitauserwählten
Apg 12,12.25; in Babylon und mein Sohn Markus. 14 Grüßt einander mit
15,37.39; dem Kuß der Liebe! Friede sei mit euch allen, die ihr in (der
Kol 4,10; 2 Tim 4,11; Phlm 24 Gemeinschaft mit) Christus seid.

5,1 Eure Ältesten: die Vorsteher der Gemeinde.

5,3 eurer Gemeinden, wörtlich: eurer Anteile.

5,5 Wörtlich: Alle aber bekleidet euch (im Umgang) miteinander mit Demut.

5,12–13 Silvanus und Markus: vgl. die Einleitung zum 1. Petrusbrief. – Das heidnische Rom gilt dem Verfasser als das neue »Babylon«.

5,13 die Mitauserwählten, wörtlich: die mitauserwählte (Gemeinde).

Der zweite Brief des Petrus

Der 2. Petrusbrief richtet sich an alle, die an Christus glauben (1,1), genauer gesagt, an die Adressaten des 1. Petrusbriefs (vgl. 2 Petr 3,1), bei denen er auch Briefe des Paulus als bekannt voraussetzt (3,15f). Im zweiten Kapitel lehnt er sich an Ausführungen des Judasbriefs an. Deshalb wird oft angenommen, das Schreiben sei erst nach dem Tod des Apostels entstanden. Es ist in der Form eines Briefs abgefaßt, wie die Anschrift zeigt (1,1f); auch einige persönliche Äußerungen entsprechen dem Briefcharakter. Es fehlt aber ein Briefschluß; das Schreiben endet mit einem Lobpreis auf Christus (3,18; vgl. 1 Petr 4,11). Nach Inhalt und Form will es als Testament des Apostels verstanden sein (1,12–15).

Der 2. Petrusbrief will die Leser im Glauben und in der Hoffnung stärken und sie vor falschen Lehrern warnen. Diese spotten über den Glauben an die Wiederkunft des Herrn (3,4) und leugnen seine göttliche Herrlichkeit (2,1.10). Entsprechend ist ihre Lebensweise (vgl. Kap. 2). Das Schreiben verteidigt demgegenüber nachdrücklich die Erwartung der Wiederkunft Christi und erinnert an die Herrlichkeit Jesu, die bei der Verklärung sichtbar wurde (1,16–18). Wichtig sind die Aussagen über die heiligen Schriften und ihre richtige Auslegung (1,19–21).

ANSCHRIFT UND GRUSS: 1,1–2

1 Petr 1,1 **1** Simon Petrus, Knecht und Apostel Jesu Christi, an
alle, die durch die Gerechtigkeit unseres Gottes und
Retters Jesus Christus den gleichen kostbaren Glauben er-
Jud 2 langt haben wie wir. [2] Gnade sei mit euch und Friede in
Fülle durch die Erkenntnis Gottes und Jesu, unseres Herrn.

DIE ÜBERLIEFERTE WAHRHEIT: 1,3–21

Glaube und Leben: 1,3–11

Eph 1,3; [3] Alles, was für unser Leben und unsere Frömmigkeit
Tit 1,2f gut ist, hat seine göttliche Macht uns geschenkt; sie hat
Joh 17,3 uns den erkennen lassen, der uns durch seine Herrlichkeit
und Kraft berufen hat. [4] Durch sie wurden uns die kostba-
Eph 1,18f ren und überaus großen Verheißungen geschenkt, damit
ihr der verderblichen Begierde, die in der Welt herrscht,
entflieht und an der göttlichen Natur Anteil erhaltet.
1 Tim 6,3; [5] Darum setzt allen Eifer daran, mit eurem Glauben die
Tit 2,11–13 Tugend zu verbinden, mit der Tugend die Erkenntnis,
[6] mit der Erkenntnis die Selbstbeherrschung, mit der
Selbstbeherrschung die Ausdauer, mit der Ausdauer die
1 Joh 3,17f Frömmigkeit, [7] mit der Frömmigkeit die Brüderlichkeit
und mit der Brüderlichkeit die Liebe. [8] Wenn dies alles bei
euch vorhanden ist und wächst, dann nimmt es euch die
Trägheit und Unfruchtbarkeit, so daß ihr Jesus Christus,
unseren Herrn, immer tiefer erkennt. [9] Wem dies aber
fehlt, der ist blind und kurzsichtig; er hat vergessen, daß er
gereinigt worden ist von seinen früheren Sünden. [10] Des-
halb, meine Brüder, bemüht euch noch mehr darum, daß
eure Berufung und Erwählung Bestand hat. Wenn ihr das
tut, werdet ihr niemals scheitern. [11] Dann wird euch in
reichem Maß gewährt, in das ewige Reich unseres Herrn
2 Tim 4,18; und Retters Jesus Christus einzutreten.
Tit 2,13

1,1 Andere Übersetzungsmöglichkeit: unseres Gottes und des Retters Jesus Christus.

1,4 Es sind die Verheißungen gemeint, die sich auf den Tag Christi beziehen; vgl. 3,4.9.

Das Zeugnis der Propheten und der Apostel: 1,12–21

12 Darum will ich euch immer an das alles erinnern, ob- Jud 5
wohl ihr es schon wißt und in der Wahrheit gefestigt seid,
die ihr empfangen habt. 13 Ich halte es nämlich für richtig, Joh 21,18f;
euch daran zu erinnern, solange ich noch in diesem Zelt 2 Kor 5,1;
lebe, und euch dadurch wach zu halten; 14 denn ich weiß, 2 Tim 4,5
daß mein Zelt bald abgebrochen wird, wie mir auch Jesus
Christus, unser Herr, offenbart hat. 15 Ich will aber dafür
sorgen, daß ihr auch nach meinem Tod euch jederzeit
daran erinnern könnt. 16 Denn wir sind nicht irgendwel-
chen klug ausgedachten Geschichten gefolgt, als wir euch
die machtvolle Ankunft Jesu Christi, unseres Herrn, ver-
kündeten, sondern wir waren Augenzeugen seiner Macht
und Größe. 17 Er hat von Gott, dem Vater, Ehre und Herr-
lichkeit empfangen; denn er hörte die Stimme der erhabe- Mt 17,5;
nen Herrlichkeit, die zu ihm sprach: Das ist mein geliebter Mk 9,7; Lk 9,35
Sohn, an dem ich Gefallen gefunden habe. 18 Diese Stim-
me, die vom Himmel kam, haben wir gehört, als wir mit
ihm auf dem heiligen Berg waren. 19 Dadurch ist das Wort
der Propheten für uns noch sicherer geworden, und ihr tut
gut daran, es zu beachten; denn es ist ein Licht, das an ei-
nem finsteren Ort scheint, bis der Tag anbricht und der Röm 13,12
Morgenstern aufgeht in eurem Herzen. 20 Bedenkt dabei
vor allem dies: Keine Weissagung der Schrift darf eigen-
mächtig ausgelegt werden; 21 denn niemals wurde eine 2 Tim 3,16;
Weissagung ausgesprochen, weil ein Mensch es wollte, 1 Petr 1,11
sondern vom Heiligen Geist getrieben haben Menschen im
Auftrag Gottes geredet.

WARNUNG VOR IRRLEHRERN: 2,1–22

Jud 3–16

Das Auftreten falscher Lehrer: 2,1–3

2 Es gab aber auch falsche Propheten im Volk; so wird
es auch bei euch falsche Lehrer geben. Sie werden ver-
derbliche Irrlehren verbreiten und den Herrscher, der sie
freigekauft hat, verleugnen; doch dadurch werden sie sich
selbst bald ins Verderben stürzen. 2 Bei ihren Ausschwei-
fungen werden sie viele Anhänger finden, und ihretwegen
wird der Weg der Wahrheit in Verruf kommen. 3 In ihrer
Habgier werden sie euch mit verlogenen Worten zu kaufen

1,18 wir: Petrus, Jakobus und Johannes, die Zeugen der Verklärung Jesu (Mt 17,1).

2,1–22 Zu den Irrlehrern vgl. die Einleitung zum 2. Petrusbrief.

versuchen; aber das Gericht über sie bereitet sich schon
seit langem vor, und das Verderben, das ihnen droht,
schläft nicht.

Das drohende Gericht über die Irrlehrer: 2,4–10a

Jud 6 [4] Gott hat auch die Engel, die gesündigt haben, nicht
verschont, sondern sie in die finsteren Höhlen der Unter-
1 Petr 3,19f welt verstoßen und hält sie dort eingeschlossen bis zum
Gericht. [5] Er hat auch die frühere Welt nicht verschont,
nur Noach, den Verkünder der Gerechtigkeit, hat er zu-
sammen mit sieben anderen als achten bewahrt, als er die
Flut über die Welt der Gottlosen brachte. [6] Auch die Städte
Gen 19,24f; Sodom und Gomorra hat er eingeäschert und zum Unter-
Jud 7 gang verurteilt, als ein Beispiel für alle Gottlosen in späte-
Gen 19,1–16 ren Zeiten. [7] Den gerechten Lot aber, der unter dem aus-
schweifenden Leben der Gottesverächter litt, hat er geret-
tet; [8] denn dieser Gerechte, der mitten unter ihnen wohn-
te, mußte Tag für Tag ihr gesetzwidriges Tun sehen und
hören, und das quälte den gerechten Mann Tag für Tag.
[9] Der Herr kann die Frommen aus der Prüfung retten; bei
den Ungerechten aber kann er warten, um sie am Tag des
Gerichts zu bestrafen, [10a] besonders die, die sich von der
schmutzigen Begierde ihres Körpers beherrschen lassen
und die Macht des Herrn verachten.

Der Weg der Irrlehrer: 2,10b–22

[10b] Diese frechen und anmaßenden Menschen schrek-
ken nicht davor zurück, die überirdischen Mächte zu lä-
stern, [11] während die Engel, die ihnen an Stärke und Macht
überlegen sind, beim Herrn nicht über sie urteilen und lä-
stern. [12] Diese Menschen aber sind wie unvernünftige Tie-
re, die von Natur aus dazu geboren sind, gefangen zu wer-
den und umzukommen. Sie lästern über Dinge, die sie
nicht verstehen; doch sie werden umkommen, wie die
Tiere umkommen, [13] und als Lohn für ihr Unrecht werden
sie Unrecht erleiden. Sie halten es für ein Vergnügen, bei
Tag ein üppiges Leben zu führen; ein schmutziger Schand-
fleck sind sie, wenn sie in ihrer trügerischen Genußsucht
mit euch prassen und schwelgen. [14] Sie haben nur Augen
für die Ehebrecherin und sind unersättlich in der Sünde.
Sie locken haltlose Menschen an, deren Sinn nicht gefe-
stigt ist; ihr Herz ist in der Habgier geübt, sie sind Kinder

---

2,4 Es handelt sich um die Engel, von denen in Gen 6,1–4 die Rede ist; vgl. Jud 6.

2,10b die überirdischen Mächte, wörtlich: die Herrlichkeiten.

des Fluches. 15 Sie haben den geraden Weg verlassen und
sind in die Irre gegangen. Sie folgten dem Weg Bileams, des
Sohnes Bosors; ihm ging es nur um den Lohn für sein Un-
recht, 16 aber er wurde wegen seines Vergehens zurecht-
gewiesen: Ein stummes Lasttier redete mit menschlicher Num 22,28f
Stimme und verhinderte das wahnwitzige Vorhaben des
Propheten. 17 Diese Menschen sind Quellen ohne Wasser,
sie sind Wolken, die der Sturm vor sich herjagt; für sie ist
die dunkelste Finsternis bestimmt. 18 Sie führen geschwol-
lene und nichtssagende Reden; sie lassen sich von ihren
fleischlichen Begierden treiben und locken mit ihren Aus-
schweifungen die Menschen an, die sich eben erst von de-
nen getrennt haben, die im Irrtum leben. 19 Freiheit ver-
sprechen sie ihnen und sind doch selbst Sklaven des Ver-
derbens; denn von wem jemand überwältigt worden ist,
dessen Sklave ist er. 20 Sie waren dem Schmutz der Welt
entronnen, weil sie den Herrn und Retter Jesus Christus
erkannt hatten; wenn sie sich aber von neuem davon fan-
gen und überwältigen lassen, dann steht es mit ihnen am Mt 12,45
Ende schlimmer als vorher. 21 Es wäre besser für sie, den
Weg der Gerechtigkeit gar nicht erkannt zu haben, als ihn
erkannt zu haben und sich danach wieder von dem heili-
gen Gebot abzuwenden, das ihnen überliefert worden ist.
22 Auf sie trifft das wahre Sprichwort zu: *Der Hund kehrt* Spr 26,11
zurück zu dem, was er erbrochen hat, und: Die gewa-
schene Sau wälzt sich wieder im Dreck.

DAS ERWARTETE KOMMEN CHRISTI: 3,1–16

Die Gewißheit der Ankunft: 3,1–7

3 Das ist schon der zweite Brief, den ich euch schreibe, 1 Petr 1,1
liebe Brüder. In beiden will ich eure klare Einsicht
wachrufen und euch erinnern: 2 Denkt an die Worte, die Jud 17
von den heiligen Propheten im voraus verkündet worden
sind, und an das Gebot des Herrn und Retters, das eure
Apostel euch überliefert haben. 3 Vor allem sollt ihr eines
wissen: Am Ende der Tage werden Spötter kommen, die Jud 18
sich nur von ihren Begierden leiten lassen und höhnisch
sagen: 4 Wo bleibt denn seine verheißene Ankunft? Seit die
Väter entschlafen sind, ist alles geblieben, wie es seit An-

2,15 Nach Num 22,5 hieß der Vater Bileams »Beor«; so auch hier nach einigen Textzeugen.

2,22 Die Herkunft des zweiten Sprichwortes ist unbekannt.

3,1 der zweite Brief: Anspielung auf den 1. Petrusbrief.

3,4 die Väter: die Christen der ersten Generation.

fang der Schöpfung war. [5] Wer das behauptet, übersieht,
Gen 1,3–31 daß es einst einen Himmel gab und eine Erde, die durch das
Wort Gottes aus Wasser entstand und durch das Wasser
Gen 7,10–24 Bestand hatte. [6] Durch beides ging die damalige Welt zu-
grunde, als sie vom Wasser überflutet wurde. [7] Der jetzige
Himmel aber und die jetzige Erde sind durch dasselbe Wort
für das Feuer aufgespart worden. Sie werden bewahrt bis
zum Tag des Gerichts, an dem die Gottlosen zugrunde ge-
hen.

Die Verzögerung der Ankunft: 3,8–13

[8] Das eine aber, liebe Brüder, dürft ihr nicht übersehen:
Ps 90,4 daß beim Herrn ein Tag wie tausend Jahre und tausend
Jahre wie ein Tag sind. [9] Der Herr zögert nicht mit der Er-
füllung der Verheißung, wie einige meinen, die von Verzö-
gerung reden; er ist nur geduldig mit euch, weil er nicht
1 Tim 2,4 will, daß jemand zugrunde geht, sondern daß alle sich be-
Mt 24,43; 1 Thess 5,2 kehren. [10] Der Tag des Herrn wird aber kommen wie ein
Dieb. Dann wird der Himmel prasselnd vergehen, die Ele-
mente werden verbrannt und aufgelöst, die Erde und alles,
was auf ihr ist, werden (nicht mehr) gefunden. [11] Wenn
sich das alles in dieser Weise auflöst: wie heilig und fromm
müßt ihr dann leben, [12] den Tag Gottes erwarten und seine
Ankunft beschleunigen! An jenem Tag wird sich der
Himmel im Feuer auflösen, und die Elemente werden im
Brand zerschmelzen. [13] Dann erwarten wir, seiner Verhei-
Jes 65,17; 66,22; Offb 21,1 ßung gemäß, *einen neuen Himmel* und *eine neue Erde*, in
denen die Gerechtigkeit wohnt.

Das Zeugnis der Paulusbriefe: 3,14–16

[14] Weil ihr das erwartet, liebe Brüder, bemüht euch dar-
um, von ihm ohne Makel und Fehler und in Frieden ange-
troffen zu werden. [15] Seid überzeugt, daß die Geduld unse-
res Herrn eure Rettung ist. Das hat euch auch unser gelieb-
ter Bruder Paulus mit der ihm geschenkten Weisheit ge-
schrieben; [16] es steht in allen seinen Briefen, in denen er
davon spricht. In ihnen ist manches schwer zu verstehen,

3,10 die Erde und alles, was auf ihr ist, wörtlich: die Erde und die Werke auf ihr. – Die eingeklammerten Worte »nicht mehr« finden sich nur bei wenigen Textzeugen, sind aber für den Sinn des Satzes notwendig.

3,16 Die Paulusbriefe werden hier bereits zu den Heiligen Schriften gerechnet. Mit den »übrigen Schriften« sind wahrscheinlich die Schriften des Alten Testaments gemeint; es können aber auch urchristliche Schriften sein.

und die Unwissenden, die noch nicht gefestigt sind, verdrehen diese Stellen ebenso wie die übrigen Schriften zu ihrem eigenen Verderben.

DER SCHLUSS DES BRIEFES: WUNSCH UND LOBPREIS: 3,17–18

17 Ihr aber, liebe Brüder, sollt das im voraus wissen und
acht geben, daß ihr euch nicht von dem Irrtum der Gottes-
verächter mitreißen laßt, euren Halt verliert und zu Fall
kommt. 18 Wachset in der Gnade und Erkenntnis unseres
Herrn und Retters Jesus Christus! Ihm gebührt die Herr- Jud 25;
lichkeit, jetzt und bis zum Tag der Ewigkeit. Amen. 1 Petr 4,11

Der erste Brief des Johannes

Dieses Schreiben wendet sich wahrscheinlich an einen örtlich begrenzten Kreis christlicher Gemeinden und ist wohl gegen Ende des 1. Jahrhunderts abgefaßt. Nach Stil und Gedankengut ist der 1. Johannesbrief mit dem Johannesevangelium nah verwandt.

Der Verfasser rechnet sich zu einer Gruppe christlicher Lehrer (vgl. »wir« in 1,1–4 u. ö.), die im Kampf gegen Irrlehrer (vgl. 2,18; 4,1) das »von Anfang an« Verkündigte (2,7.24; 3,11) einschärfen wollen.

Das Schreiben mahnt zum Glauben an Jesus, den Christus und Sohn Gottes, und zur Bruderliebe. Es ist kunstvoll gegliedert und hat folgenden Aufbau: Vorrede (1,1–4); Gemeinschaft mit Gott durch ein Leben im Licht, das heißt durch Einhalten der Gebote (1,5–2,17); Abwehr der »Antichriste« und Festhalten am wahren Bekenntnis zu Christus (2,18–27); Gotteskindschaft und Erfüllung der Gerechtigkeit in tätiger Bruderliebe (2,28–3,24); Unterscheidung der Geister und Verwirklichung des Glaubens in der Liebe (4,1–21); der wahre Glaube als Sieg über die Welt und als Weg zum Leben (5,1–12); Abschluß: Sünde und ewiges Leben (5,13–21).

Der 1. Johannesbrief ist ein wichtiges Zeugnis für den wahren Glauben an Jesus Christus als Gottessohn und weist auf bleibende Grundlagen des christlichen Lebens hin (Bruderliebe, Überwindung der Sünde).

VORREDE: DAS WORT DES LEBENS: 1,1–4

Joh 1,1–5.14 **1** Was von Anfang an war, was wir gehört haben, was
wir mit unseren Augen gesehen, was wir geschaut
und was unsere Hände angefaßt haben, das verkünden wir:
das Wort des Lebens. 2 Denn das Leben wurde offenbart;
wir haben gesehen und bezeugen und verkünden euch das
ewige Leben, das beim Vater war und uns offenbart wurde.
3 Was wir gesehen und gehört haben, das verkünden wir
V. 7; Joh 17,20f; auch euch, damit auch ihr Gemeinschaft mit uns habt. Wir
1 Kor 1,9 aber haben Gemeinschaft mit dem Vater und mit seinem
Joh 15,11; Sohn Jesus Christus. 4 Wir schreiben dies, damit unsere
16,20.22.24; 17,13; 2 Joh 12 Freude vollkommen ist.

DAS LEBEN IN DER GEMEINSCHAFT MIT GOTT: 1,5–2,17

Das Wesen Gottes: 1,5–7

3,11 5 Das ist die Botschaft, die wir von ihm gehört haben und
Dan 2,22; euch verkünden: Gott ist Licht, und keine Finsternis ist in
Joh 8,12; Jak 1,17 ihm. 6 Wenn wir sagen, daß wir Gemeinschaft mit ihm ha-
2,4.11; Joh 3,20f ben, und doch in der Finsternis leben, lügen wir und tun
Joh 8,12; nicht die Wahrheit. 7 Wenn wir aber im Licht leben, wie er
12,35f; im Licht ist, haben wir Gemeinschaft miteinander, und
Hebr 9,14.22 das Blut seines Sohnes Jesus reinigt uns von aller Sünde.

Christ und Sünde: 1,8–2,2

8 Wenn wir sagen, daß wir keine Sünde haben, führen
wir uns selbst in die Irre, und die Wahrheit ist nicht in uns.
9 Wenn wir unsere Sünden bekennen, ist er treu und ge-

1,1–4 Die Vorrede ist mit dem Anfang des Evangeliums verwandt und setzt diesen wohl voraus. Die Zeugen des Mensch gewordenen Wortes (»Wort des Lebens«) sprechen als Verkündiger; sie wollen die Briefempfänger zu einer tieferen Gemeinschaft mit dem Vater und seinem Sohn Jesus Christus führen.

1,1 das Wort des Lebens, wörtlich: vom Wort des Lebens sprechen wir.

1,8–2,2 Das Thema »Christ und Sünde« durchzieht das ganze Schreiben (vgl. 3,4–9; 3,19–21; 5,3f; 5,16–18).

recht; er vergibt uns die Sünden und reinigt uns von allem Ex 34,6f;
Unrecht. 10 Wenn wir sagen, daß wir nicht gesündigt ha- Dtn 32,4;
ben, machen wir ihn zum Lügner, und sein Wort ist nicht Spr 28,13
in uns.

2 Meine Kinder, ich schreibe euch dies, damit ihr nicht Joh 14,16f;
sündigt. Wenn aber einer sündigt, haben wir einen 15,26; 17,12;
Beistand beim Vater: Jesus Christus, den Gerechten. 2 Er Röm 8,34; Hebr 7,25
ist die Sühne für unsere Sünden, aber nicht nur für unsere 4,10
Sünden, sondern auch für die der ganzen Welt.

Wahre Gotteserkenntnis: 2,3–6

3 Wenn wir seine Gebote halten, erkennen wir, daß wir
ihn erkannt haben. 4 Wer sagt: Ich habe ihn erkannt!, aber 1,6
seine Gebote nicht hält, ist ein Lügner, und die Wahrheit
ist nicht in ihm. 5 Wer sich aber an sein Wort hält, in dem 5,3;
ist die Gottesliebe wahrhaft vollendet. Wir erkennen dar- Joh 14,21.23
an, daß wir in ihm sind. 6 Wer sagt, daß er in ihm bleibt, Joh 13,14f
muß auch leben, wie er gelebt hat.

Das neue Gebot: 2,7–11

7 Liebe Brüder, ich schreibe euch kein neues Gebot, son-
dern ein altes Gebot, das ihr von Anfang an hattet. Das alte
Gebot ist das Wort, das ihr gehört habt. 8 Und doch Joh 13,34;
schreibe ich euch ein neues Gebot, etwas, das in ihm und Röm 13,12
in euch verwirklicht ist; denn die Finsternis geht vorüber,
und schon leuchtet das wahre Licht. 9 Wer sagt, er sei im 4,20
Licht, aber seinen Bruder haßt, ist noch in der Finsternis.
10 Wer seinen Bruder liebt, bleibt im Licht; da gibt es für Joh 11,9
ihn kein Straucheln. 11 Wer aber seinen Bruder haßt, ist in
der Finsternis. Er geht in der Finsternis und weiß nicht, Joh 11,10;
wohin er geht; denn die Finsternis hat seine Augen blind 12,35
gemacht.

Christ und Welt: 2,12–17

12 Ich schreibe euch, ihr Kinder, daß euch durch seinen
Namen die Sünden vergeben sind. 13 Ich schreibe euch, ihr
Väter, daß ihr den erkannt habt, der von Anfang an ist. Ich
schreibe euch, ihr jungen Männer, daß ihr den Bösen be-
siegt habt. 14 Ich schreibe euch, ihr Kinder, daß ihr den Va-

---

2,1 Das griechische Wort für »Beistand« (parákletos) ist das gleiche, das im Johannesevangelium für den verheißenen Geist verwendet wird. Während Jesus Christus der Beistand beim Vater ist, wird der Heilige Geist als Paraklet der irdischen Gemeinde gesandt (vgl. Joh 14,16f; 15,26; 16,7).

2,7f Das alte und neue Gebot ist das Liebesgebot.

ter erkannt habt. Ich schreibe euch, ihr Väter, daß ihr den
erkannt habt, der von Anfang an ist. Ich schreibe euch, ihr
jungen Männer, daß ihr stark seid, daß das Wort Gottes in
euch bleibt und daß ihr den Bösen besiegt habt.
Joh 5,42 15 Liebt nicht die Welt und was in der Welt ist! Wer die
Welt liebt, hat die Liebe zum Vater nicht. 16 Denn alles,
Spr 27,20 was in der Welt ist, die Begierde des Fleisches, die Begierde
der Augen und das Prahlen mit dem Besitz, ist nicht vom
Vater, sondern von der Welt. 17 Die Welt und ihre Begierde
vergeht; wer aber den Willen Gottes tut, bleibt in Ewigkeit.

DIE BEWÄHRUNG DES GLAUBENS: 2,18–3,24

Das Auftreten von Irrlehrern: 2,18–27

18 Meine Kinder, es ist die letzte Stunde. Ihr habt gehört,
1 Tim 4,1; daß der Antichrist kommt, und jetzt sind viele Antichriste
2 Thess 2,3f gekommen. Daran erkennen wir, daß es die letzte Stunde
ist. 19 Sie sind aus unserer Mitte gekommen, aber sie gehörten nicht zu uns; denn wenn sie zu uns gehört hätten,
wären sie bei uns geblieben. Es sollte aber offenbar werden,
V.27; daß sie alle nicht zu uns gehörten. 20 Ihr habt die Salbung
2 Kor 1,21 von dem, der heilig ist, und ihr alle wißt es. 21 Ich schreibe
euch nicht, daß ihr die Wahrheit nicht wißt, sondern ich
schreibe euch, daß ihr sie wißt und daß keine Lüge von der
Wahrheit stammt.

22 Wer ist der Lügner – wenn nicht der, der leugnet, daß
Jesus der Christus ist? Das ist der Antichrist: wer den Vater
4,15; und den Sohn leugnet. 23 Wer leugnet, daß Jesus der Sohn
Joh 5,23; ist, hat auch den Vater nicht; wer bekennt, daß er der Sohn
12,44f; 14,6f ist, hat auch den Vater. 24 Für euch gilt: Was ihr von Anfang an gehört habt, soll in euch bleiben; wenn das, was ihr
von Anfang an gehört habt, in euch bleibt, dann bleibt ihr

2,16 Die hier genannten »Begierden« sind nicht als erschöpfende Darstellung des Bösen in der Welt zu verstehen, sondern als charakteristische Beispiele.

2,18f Man erwartete vor dem Erscheinen Christi das Auftreten des Antichrists (»Gegenchristus«). Hier werden die aus der Gemeinde selbst hervorgegangenen Irrlehrer als »Antichriste« bezeichnet (vgl. auch 2,22; 4,3; 2 Joh 7).

2,20 Andere Lesart: und ihr wißt alles. – Mit der »Salbung« ist der Heilige Geist oder das vom Geist eingegebene Wort gemeint (vgl. 2,27).

2,21 Andere Übersetzungsmöglichkeit: Ich schreibe euch nicht, weil ihr die Wahrheit nicht kennt, sondern ich schreibe euch, weil ihr sie kennt und wißt, daß keine Lüge von der Wahrheit stammt.

im Sohn und im Vater. 25 Und seine Verheißung an uns ist Joh 5,24;
das ewige Leben. 6,40; 17,2
26 Dies habe ich euch über die geschrieben, die euch in
die Irre führen. 27 Für euch aber gilt: Die Salbung, die ihr
von ihm empfangen habt, bleibt in euch, und ihr braucht
euch von niemand belehren zu lassen. Alles, was seine
Salbung euch lehrt, ist wahr und keine Lüge. Bleibt in ihm, Joh 14,26;
wie es euch seine Salbung gelehrt hat. 16,13

Mahnung zur Treue: 2,28–29

28 Und jetzt, meine Kinder, bleibt in ihm, damit wir,
wenn er erscheint, die Zuversicht haben und bei seinem
Kommen nicht zu unserer Schande von ihm gerichtet wer-
den. 29 Wenn ihr wißt, daß er gerecht ist, erkennt auch, daß
jeder, der die Gerechtigkeit tut, von Gott stammt.

Das Geschenk der Kindschaft Gottes: 3,1–10

3 Seht, wie groß die Liebe ist, die der Vater uns ge- Joh 1,12f;
schenkt hat: Wir heißen Kinder Gottes, und wir sind Röm 8,14–17;
es. Die Welt erkennt uns nicht, weil sie ihn nicht erkannt Eph 1,5
hat. 2 Liebe Brüder, jetzt sind wir Kinder Gottes. Aber was
wir sein werden, ist noch nicht offenbar geworden. Wir Kol 3,4;
wissen, daß wir ihm ähnlich sein werden, wenn er offenbar 1 Kor 13,12
wird; denn wir werden ihn sehen, wie er ist. 3 Jeder, der
dies von ihm erhofft, heiligt sich, so wie Er heilig ist. 4 Je-
der, der die Sünde tut, handelt gesetzwidrig; denn Sünde ist
Gesetzwidrigkeit. 5 Ihr wißt, daß er erschienen ist, um die Joh 1,29;
Sünde wegzunehmen, und er selbst ist ohne Sünde. 6 Jeder, Hebr 7,26
der in ihm bleibt, sündigt nicht. Jeder, der sündigt, hat ihn
nicht gesehen und ihn nicht erkannt. 7 Meine Kinder, laßt
euch von niemand in die Irre führen! Wer die Gerechtig-
keit tut, ist gerecht, wie Er gerecht ist. 8 Wer die Sünde tut, V.12;
stammt vom Teufel; denn der Teufel sündigt von Anfang Gen 3,15;
an. Der Sohn Gottes aber ist erschienen, um die Werke des Joh 8,34.44
Teufels zu zerstören. 9 Jeder, der von Gott stammt, tut
keine Sünde, weil Gottes Same in ihm bleibt. Er kann
nicht sündigen, weil er von Gott stammt. 10 Daran kann
man die Kinder Gottes und die Kinder des Teufels erken-
nen: Jeder, der die Gerechtigkeit nicht tut und seinen Bru-
der nicht liebt, ist nicht aus Gott.

2,28 Die johanneische Gemeinde erwartet die Ankunft Christi in Herrlichkeit (die »Parusie«), doch nicht voll Furcht, sondern voll Hoffnung (vgl. 3,2f; 4,17f).

3,3 Er: gemeint ist Christus, das große Beispiel der Heiligung.

3,9 Mit »Gottes Same« ist der Heilige Geist als göttliches Lebensprinzip gemeint (vgl. Joh 3,6).

Aufruf zur Bruderliebe: 3,11–18

1,5; 2,7; [11] Denn das ist die Botschaft, die ihr von Anfang an ge-
Joh 13,34 hört habt: Wir sollen einander lieben [12] und nicht wie Kain
Gen 4,8 handeln, der von dem Bösen stammte und seinen Bruder
erschlug. Warum hat er ihn erschlagen? Weil seine Taten
böse, die Taten seines Bruders aber gerecht waren.
Joh 15,18–21 [13] Wundert euch nicht, meine Brüder, wenn die Welt
Joh 5,24; euch haßt. [14] Wir wissen, daß wir aus dem Tod in das Le-
11,26 ben hinübergegangen sind, weil wir die Brüder lieben. Wer
Mt 5,21–26; nicht liebt, bleibt im Tod. [15] Jeder, der seinen Bruder haßt,
Joh 8,44 ist ein Mörder, und ihr wißt: Kein Mörder hat ewiges Le-
Joh 13,1; ben, das in ihm bleibt. [16] Daran haben wir die Liebe er-
15,12f kannt, daß Er sein Leben für uns hingegeben hat. So müs-
sen auch wir für die Brüder das Leben hingeben. [17] Wenn
4,20; jemand Vermögen hat und sein Herz vor dem Bruder ver-
Jak 2,15f schließt, den er in Not sieht, wie kann die Gottesliebe in
Jak 1,25; ihm bleiben? [18] Meine Kinder, wir wollen nicht mit Wort
2,12.15–17 und Zunge lieben, sondern in Tat und Wahrheit.

Die Zuversicht der Kinder Gottes: 3,19–24

[19] Daran werden wir erkennen, daß wir aus der Wahrheit
sind, und werden unser Herz in seiner Gegenwart beruhi-
gen. [20] Denn wenn das Herz uns auch verurteilt – Gott ist
größer als unser Herz, und er weiß alles. [21] Liebe Brüder,
wenn das Herz uns aber nicht verurteilt, haben wir gegen-
Joh 14,13f; über Gott Zuversicht; [22] alles, was wir erbitten, empfan-
15,7; 16,23f.26 gen wir von ihm, weil wir seine Gebote halten und tun,
Joh 13,34; was ihm gefällt. [23] Und das ist sein Gebot: Wir sollen an
15,12.17 den Namen seines Sohnes Jesus Christus glauben und ein-
Joh 14,21–23 ander lieben, wie es seinem Gebot entspricht. [24] Wer seine
Gebote hält, bleibt in Gott und Gott in ihm. Und daß er in
uns bleibt, erkennen wir an dem Geist, den er uns gegeben
hat.

DER GLAUBE ALS WEG ZUM LEBEN: 4,1–5,12

Über die Unterscheidung der Geister: 4,1–6

1 Kor 12,10; 4 Liebe Brüder, traut nicht jedem Geist, sondern prüft
1 Thess 5,21 die Geister, ob sie aus Gott sind; denn viele falsche
Propheten sind in die Welt hinausgezogen. [2] Daran er-
1 Kor 12,3 kennt ihr den Geist Gottes: Jeder Geist, der bekennt, Jesus

---

3,19 »Aus der Wahrheit sein« bedeutet: zu Gott gehören (vgl. Joh 18,37).

3,20 Der von seinem Gewissen verurteilte Christ weiß, daß er auf das göttliche Erbarmen hoffen kann.

Christus sei im Fleisch gekommen, ist aus Gott. 3 Und je- 2,18.22;
der Geist, der Jesus nicht bekennt, ist nicht aus Gott. Das 2 Joh 7
ist der Geist des Antichrists, über den ihr gehört habt, daß
er kommt. Jetzt ist er schon in der Welt.
4 Ihr aber, meine Kinder, seid aus Gott und habt sie be-
siegt; denn Er, der in euch ist, ist größer als jener, der in der
Welt ist. 5 Sie sind aus der Welt; deshalb sprechen sie, wie
die Welt spricht, und die Welt hört auf sie. 6 Wir aber sind Joh 8,47;
aus Gott. Wer Gott erkennt, hört auf uns; wer nicht aus 14,17; 15,26;
Gott ist, hört nicht auf uns. Daran erkennen wir den Geist 16,13
der Wahrheit und den Geist des Irrtums.

Die Vollendung des Glaubens in der Liebe: 4,7–16a

7 Liebe Brüder, wir wollen einander lieben; denn die
Liebe ist aus Gott, und jeder, der liebt, stammt von Gott V.16
und erkennt Gott. 8 Wer nicht liebt, hat Gott nicht er-
kannt; denn Gott ist die Liebe. 9 Die Liebe Gottes wurde Joh 3,16;
unter uns dadurch offenbart, daß Gott seinen einzigen Röm 3,25; 5,8
Sohn in die Welt gesandt hat, damit wir durch ihn leben.
10 Nicht darin besteht die Liebe, daß wir Gott geliebt ha-
ben, sondern daß er uns geliebt und seinen Sohn als Sühne
für unsere Sünden gesandt hat. 11 Liebe Brüder, wenn Gott
uns so geliebt hat, müssen auch wir einander lieben.
12 Niemand hat Gott je geschaut; wenn wir einander lie- Joh 1,18;
ben, bleibt Gott in uns, und seine Liebe ist in uns voll- 5,37; 6,46
endet. 13 Daran erkennen wir, daß wir in ihm bleiben und
er in uns bleibt: Er hat uns von seinem Geist gegeben.
14 Wir haben gesehen und bezeugen, daß der Vater den Joh 4,42
Sohn gesandt hat als den Retter der Welt. 15 Wer bekennt,
daß Jesus der Sohn Gottes ist, in dem bleibt Gott, und er
bleibt in Gott. 16a Wir haben die Liebe, die Gott zu uns hat,
erkannt und gläubig angenommen.

Furcht und Liebe: 4,16b–21

16b Gott ist die Liebe, und wer in der Liebe bleibt, bleibt
in Gott, und Gott bleibt in ihm. 17 Darin ist unter uns die
Liebe vollendet, daß wir am Tag des Gerichts Zuversicht
haben. Denn wie er, so sind auch wir in dieser Welt.
18 Furcht gibt es in der Liebe nicht, sondern die vollkom-
mene Liebe vertreibt die Furcht. Denn die Furcht rechnet
mit Strafe, und wer sich fürchtet, dessen Liebe ist nicht
vollendet.

4,4 habt sie besiegt: gemeint sind die, die Jesus nicht auch als echten Menschen bekennen.

4,9f 19 Wir wollen lieben, weil er uns zuerst geliebt hat.
20 Wenn jemand sagt: Ich liebe Gott!, aber seinen Bruder
haßt, ist er ein Lügner. Denn wer seinen Bruder nicht liebt,
den er sieht, kann Gott nicht lieben, den er nicht sieht.
Mt 22,37–40; 21 Und dieses Gebot haben wir von ihm: Wer Gott liebt,
Joh 14,15.21; soll auch seinen Bruder lieben.
15,17

Der Glaube als Sieg über die Welt: 5,1–8

4,15; 5 Jeder, der glaubt, daß Jesus der Christus ist, stammt
Joh 1,12; 3,3 von Gott, und jeder, der den Vater liebt, liebt auch
den, der von ihm stammt. 2 Wir erkennen, daß wir die Kin-
der Gottes lieben, wenn wir Gott lieben und seine Gebote
erfüllen.

3 Denn die Liebe zu Gott besteht darin, daß wir seine
2,14 Gebote halten. Seine Gebote sind nicht schwer. 4 Denn al-
les, was von Gott stammt, besiegt die Welt. Und das ist der
Sieg, der die Welt besiegt hat: unser Glaube. 5 Wer sonst
besiegt die Welt, außer dem, der glaubt, daß Jesus der Sohn
Joh 19,34; Gottes ist? 6 Dieser ist es, der durch Wasser und Blut ge-
1,33; 14,26 kommen ist: Jesus Christus. Er ist nicht nur im Wasser ge-
kommen, sondern im Wasser und im Blut. Und der Geist
ist es, der Zeugnis ablegt; denn der Geist ist die Wahrheit.
7 Drei sind es, die Zeugnis ablegen: 8 der Geist, das Wasser
und das Blut; und diese drei sind eins.

Das Zeugnis Gottes: 5,9–12

Joh 5,32.36f 9 Wenn wir von Menschen ein Zeugnis annehmen, so ist
das Zeugnis Gottes gewichtiger; denn das ist das Zeugnis
Gottes: Er hat Zeugnis abgelegt für seinen Sohn. 10 Wer an
den Sohn Gottes glaubt, trägt das Zeugnis in sich. Wer
Joh 8,44 Gott nicht glaubt, macht ihn zum Lügner, weil er nicht an
das Zeugnis glaubt, das Gott für seinen Sohn abgelegt hat.
Joh 1,4; 11 Und das Zeugnis besteht darin, daß Gott uns das ewige
5,21.24.26 Leben gegeben hat; und dieses Leben ist in seinem Sohn.

5,6 Blut und Wasser flossen aus der durchbohrten Seite Jesu (Joh 19,34). »Wasser« ist bildhafter Hinweis auf die Taufe Jesu im Jordan (vgl. Joh 1,31f), »Blut« auf den Opfertod Jesu am Kreuz (vgl. Joh 19,34).

5,7f Hier ist bei vielen Textzeugen das sog. Comma Johanneum eingefügt, das nicht zum ursprünglichen Text gehört: (. . . die Zeugnis ablegen) im Himmel: der Vater, das Wort und der Heilige Geist, und diese drei sind eins. 8 Und drei sind es, die Zeugnis geben auf Erden: (der Geist . . .)

Die drei Elemente (Geist, Wasser, Blut) sind drei Zeugen, die zeichenhaft hinweisen auf die Sakramente der Taufe und Eucharistie und auf den Geist als die in ihnen wirksame Kraft.

12 Wer den Sohn hat, hat das Leben; wer den Sohn Gottes
nicht hat, hat das Leben nicht.

SCHLUSSMAHNUNG: SÜNDE UND EWIGES LEBEN: 5,13–21

13 Dies schreibe ich euch, damit ihr wißt, daß ihr das Joh 20,31
ewige Leben habt; denn ihr glaubt an den Namen des Soh-
nes Gottes. 14 Wir haben ihm gegenüber die Zuversicht, Joh 14,13f
daß er uns hört, wenn wir etwas erbitten, das seinem Wil-
len entspricht. 15 Wenn wir wissen, daß er uns bei allem
hört, was wir erbitten, dann wissen wir auch, daß er unsere
Bitten schon erfüllt hat. 16 Wer sieht, daß sein Bruder eine Joh 15,22–24;
Sünde begeht, die nicht zum Tod führt, soll (für ihn) bitten; Mt 12,31; Hebr 6,4–6;
und Gott wird ihm Leben geben, allen, deren Sünde nicht 10,26–29
zum Tod führt. Denn es gibt Sünde, die zum Tod führt.
Von ihr spreche ich nicht, wenn ich sage, daß er bitten soll.
17 Jedes Unrecht ist Sünde; aber es gibt Sünde, die nicht
zum Tod führt. 18 Wir wissen: Wer von Gott stammt, sün- 3,6.9;
digt nicht, sondern der von Gott Gezeugte bewahrt ihn, Joh 1,13.18
und der Böse tastet ihn nicht an. 19 Wir wissen: Wir sind Joh 8,47;
aus Gott, aber die ganze Welt steht unter der Macht des Bö- 12,31; 14,30
sen. 20 Wir wissen aber: Der Sohn Gottes ist gekommen, Joh 17,3;
und er hat uns Einsicht geschenkt, damit wir (Gott) den 20,28
Wahren erkennen. Und wir sind in diesem Wahren, in sei-
nem Sohn Jesus Christus. Er ist der wahre Gott und das
ewige Leben. 21 Meine Kinder, hütet euch vor den Götzen!

5,16 Die »Sünde zum Tod« ist wahrscheinlich eine Handlungsweise, die die volle Lebensgemeinschaft mit Gott, Christus und dem Bruder zerstört.

5,17 Nach anderen Textzeugen: Sünde, die zum Tod führt.

5,18 der von Gott Gezeugte, das heißt: Jesus Christus (Joh 1,13.18). – Andere Übersetzungsmöglichkeit: Wir wissen: Jeder, der von Gott stammt, sündigt nicht, sondern wer von Gott stammt, den bewahrt er, und der Böse tastet ihn nicht an.

Der zweite Brief des Johannes

Der 2. Johannesbrief entspricht in der Anlage antiken Briefen, die gewöhnlich den Umfang eines Papyrusblattes hatten (vgl. 3 Joh). Der Verfasser stellt sich als »der Alte« oder »der Älteste« vor und weist damit auf seine Autorität hin. Über seine Person wissen wir nichts Sicheres. Nach dem einleitenden Gruß (Verse 1–3) mahnt er zunächst zu christlicher Lebensführung entsprechend dem Liebesgebot (Verse 4–6), warnt vor Irrlehrern und gibt die Anweisung, ihnen keine Aufnahme und Gemeinschaft zu gewähren (Verse 7–11). Dann kündigt er seinen baldigen Besuch an und schließt mit Grüßen der Gemeinde, in der er sich befindet (Verse 12–13).

Nach Stil und Inhalt steht das Schreiben dem 1. Johannesbrief nahe (Liebesgebot, Irrlehren über Christus). Durch die eigentümliche Bezeichnung des Absenders ist er mit dem 3. Johannesbrief verbunden; beide sind wohl demselben Verfasser zuzuweisen. Im Unterschied zum 3. Johannesbrief ist der zweite (vgl. Verse 1 und 13) ein Gemeindebrief.

Der Brief gibt Einblick in christliches Denken um 100 n. Chr. und zeigt, wie sich die Kirche damals gegen umherziehende Irrlehrer verteidigt. Obwohl das Liebesgebot stark betont ist, wird eine scharfe Trennungslinie zu den »Verführern« gezogen.

ANSCHRIFT UND GRUSS: 1–3

3 Joh 1 1 Der Älteste an die von Gott auserwählte Herrin und an
ihre Kinder, die ich in Wahrheit liebe; aber nicht nur ich,
sondern auch alle, die die Wahrheit erkannt haben, lieben
Joh 14,17 sie 2 aufgrund der Wahrheit, die in uns bleibt. Und sie wird
mit uns sein in Ewigkeit. 3 Gnade wird mit uns sein, Er-
barmen und Friede von Gott, dem Vater, und von Jesus
Christus, dem Sohn des Vaters, in Wahrheit und Liebe.

LEBEN IN DER WAHRHEIT: 4–6

3 Joh 3 4 Ich habe mich sehr gefreut, unter deinen Kindern sol-
che zu finden, die in der Wahrheit leben, gemäß dem Ge-
1 Joh 2,7–11 bot, das wir vom Vater empfangen haben. 5 Und so bitte ich
dich, Herrin, nicht als wollte ich dir ein neues Gebot
schreiben, sondern nur das, das wir von Anfang an hatten:
Joh 14,21; daß wir einander lieben sollen. 6 Denn die Liebe besteht
1 Joh 5,3 darin, daß wir nach seinen Geboten leben. Das Gebot, das
ihr von Anfang an gehört habt, lautet: Ihr sollt in der Liebe
leben.

ABWEISUNG VON IRRLEHRERN: 7–11

1 Joh 2,18.22; 7 Viele Verführer sind in die Welt hinausgegangen; sie
4,2f bekennen nicht, daß Jesus Christus im Fleisch gekommen
ist. Das ist der Verführer und der Antichrist. 8 Achtet auf
euch, damit ihr nicht preisgebt, was wir erarbeitet haben,
1 Joh 2,23f sondern damit ihr den vollen Lohn empfangt. 9 Jeder, der
darüber hinausgeht und nicht in der Lehre Christi bleibt,
hat Gott nicht. Wer aber in der Lehre bleibt, hat den Vater
und den Sohn.

---

1 »Der Älteste« ist Ehrentitel einer damals offenbar bekannten und unverwechselbaren Persönlichkeit. »Auserwählte Herrin« ist Bezeichnung für eine unbekannte Einzelgemeinde. »Kinder« sind die Mitglieder der angesprochenen Gemeinde (vgl. Vers 13).

9 Über die Lehre Christi geht der hinaus, der die Grenzen der apostolischen Unterweisung überschreitet.

[10] Wenn jemand zu euch kommt und nicht diese Lehre
mitbringt, dann nehmt ihn nicht in euer Haus auf, sondern
verweigert ihm den Gruß. [11] Denn wer ihm den Gruß bie-
tet, macht sich mitschuldig an seinen bösen Taten.

SCHLUSSGRÜSSE: 12–13

[12] Vieles hätte ich euch noch zu schreiben; ich will es 3 Joh 13f
aber nicht mit Papier und Tinte tun, sondern hoffe, selbst
zu euch zu kommen und persönlich mit euch zu sprechen,
damit unsere Freude vollkommen wird. [13] Es grüßen dich
die Kinder deiner auserwählten Schwester.

---

13 Die »Kinder deiner auserwählten Schwester« sind die Mitglieder der Christengemeinde, in der sich der Verfasser des Briefs befindet (vgl. Vers 1).

Der dritte Brief des Johannes

Der 3. Johannesbrief ist wie der zweite von dem »Alten« oder »Ältesten« verfaßt. Es ist ein persönlicher Brief an einen sonst unbekannten Gaius, der zu einem mit dem Absender verbundenen Freundeskreis gehört (vgl. Vers 15). Drei Anliegen kommen darin zur Sprache: die Unterstützung von Wandermissionaren (Verse 2–8), die Zurückweisung eines herrschsüchtigen Gemeindeleiters namens Diotrephes, der die Bemühungen des Briefschreibers hindert und Christen aus der Gemeinde ausschließt (Verse 9–10), sowie eine Empfehlung für einen gewissen Demetrius (Verse 11–12). Der Briefschluß (Verse 13–15) gleicht dem des 2. Johannesbriefs.

Die Gemeinde, in der sich der Empfänger befindet, kann kaum dieselbe wie die Empfängerin des 2. Johannesbriefs sein. Von Irrlehrern ist keine Rede. Wegen des gleichen Verfassers muß dieser Brief etwa aus der gleichen Zeit wie der 2. Johannesbrief stammen (Ende des 1. Jahrhunderts).

Der 3. Johannesbrief ist wertvoll für die Kenntnis damaliger Gemeindeverhältnisse: Es gibt noch keine feste kirchliche Verfassung, aber lebendige Gemeindezellen, Wandermissionare, und den Einfluß eines über die Ortsgemeinden hinaus wirkenden Mannes.

ANSCHRIFT UND GRUSS: 1–4

2 Joh 1 [1] Der Älteste an den geliebten Gaius, den ich in Wahrheit liebe.
[2] Lieber Bruder, ich wünsche dir in jeder Hinsicht Wohlergehen und Gesundheit, so wie es deiner Seele wohlergeht. [3] Denn ich habe mich sehr gefreut, als Brüder kamen, die für deine Treue zur Wahrheit Zeugnis ablegten und berichteten, wie du in der Wahrheit lebst. [4] Ich habe keine größere Freude, als zu hören, daß meine Kinder in der Wahrheit leben.

UNTERSTÜTZUNG VON MISSIONAREN: 5–8

[5] Lieber Bruder, du handelst treu in allem, was du an den Brüdern, sogar an fremden Brüdern tust. [6] Sie haben vor der Gemeinde für deine Liebe Zeugnis abgelegt. Du wirst gut daran tun, wenn du sie für ihre Reise so ausrüstest, wie es Gottes würdig ist. [7] Denn für seinen Namen sind sie ausgezogen und haben von den Heiden nichts angenommen. [8] Darum sind wir verpflichtet, solche Männer aufzunehmen, damit auch wir zu Mitarbeitern für die Wahrheit werden.

ZURECHTWEISUNG DES DIOTREPHES: 9–10

[9] Ich habe der Gemeinde geschrieben. Aber Diotrephes, der unter ihnen der Erste sein will, erkennt uns nicht an. [10] Deshalb werde ich, wenn ich komme, an sein Tun und Treiben erinnern. Mit bösen Worten hetzt er gegen uns und gibt sich damit noch nicht zufrieden; sondern er selbst

---

1 »Der Älteste« ist der gleiche Verfasser wie der in 2 Joh 1 genannte. Gaius ist wahrscheinlich ein führendes Mitglied einer Gemeinde, deren Vorsteher Diotrephes mit dem Verfasser des Briefs im Streit lag (vgl. 9f).

5 Die »fremden Brüder« sind offenbar durchreisende Prediger (Missionare), die in die Gemeinde kamen.

9f Über den Gemeindevorsteher Diotrephes ist sonst nichts bekannt.

nimmt die Brüder nicht auf und hindert alle daran, die es tun wollen, und schließt diese aus der Gemeinde aus.

EMPFEHLUNG DES DEMETRIUS: 11–12

11 Lieber Bruder, ahme nicht das Böse nach, sondern das 1 Joh 2,3;
Gute! Wer das Gute tut, ist aus Gott; wer aber das Böse tut, 3,6.10
hat Gott nicht gesehen. 12 Für Demetrius legen alle und die
Wahrheit selbst Zeugnis ab; auch wir legen für ihn Zeugnis Joh 19,35;
ab, und du weißt, daß unser Zeugnis wahr ist. 21,24

SCHLUSSGRÜSSE: 13–15

13 Vieles hätte ich dir noch zu schreiben; ich will es aber 2 Joh 12
nicht mit Tinte und Feder tun. 14 Ich hoffe, dich bald zu se-
hen; dann werden wir persönlich miteinander sprechen.
15 Friede sei mit dir! Es grüßen dich die Freunde. Grüße die
Freunde, jeden einzelnen!

---

12 Über die Person des Demetrius wissen wir nichts Näheres.

Der Brief des Judas

Der Verfasser stellt sich in Vers 1 als »Judas, Bruder des Jakobus« vor. Er beruft sich auf Jakobus, weil dieser eine bei den Empfängern des Briefs angesehene Persönlichkeit ist. Mit Judas kann also nur der »Bruder des Herrn« gemeint sein, der in Mt 13,55 und Mk 6,3 neben Jakobus und weiteren Brüdern Jesu genannt wird.

Der Judasbrief ist sicher vor dem 2. Petrusbrief geschrieben, da dieser ihn in Kap. 2 benützt. Er will vor Irrlehrern warnen, die den Glauben gefährden und die Gemeinde spalten. Den falschen Lehrern wird Gottlosigkeit, ausschweifendes Leben, Leugnung der alleinigen Herrschaft Christi und Mißachtung der Engel vorgeworfen (Verse 3–4.8–16.19). Diese Angaben reichen nicht aus, um auf eine bestimmte Irrlehre zu schließen.

Der Aufbau des Briefs ist einfach. Im ersten Teil (Verse 3–16) droht Judas den falschen Lehrern das Gericht Gottes an. Er verweist auf warnende Beispiele im Alten Testament und beruft sich auch auf außerbiblische jüdische Überlieferungen (»Buch des Henoch« in Vers 7 und 14, »Himmelfahrt des Mose« in Vers 9). Der zweite Teil (Verse 17–23) wendet sich an die treu gebliebenen Christen. Sie sollen festhalten am Glauben und am Gebet, an der Liebe und an der Hoffnung, und sie sollen sich der Brüder annehmen, die in Gefahr sind.

ANSCHRIFT UND GRUSS: 1–2

Jak 1,1 1 Judas, Knecht Jesu Christi, Bruder des Jakobus, an die
Berufenen, die von Gott, dem Vater, geliebt und für Jesus
2 Petr 1,2 Christus bestimmt und bewahrt sind. 2 Erbarmen, Frieden
und Liebe seien mit euch in Fülle.

WARNUNG VOR IRRLEHRERN: 3–16

Das Auftreten falscher Lehrer: 3–4

2 Petr 2,1–22 3 Liebe Brüder, da es mich sehr drängt, euch über unsere
gemeinsame Rettung zu schreiben, halte ich es für not-
1 Tim 1,18 wendig, euch mit diesem Brief zu ermahnen: Kämpft für
den überlieferten Glauben, der den Heiligen ein für allemal
anvertraut ist. 4 Denn es haben sich einige Leute einge-
Gal 2,4 schlichen, die schon seit langem für das Gericht vorge-
merkt sind: gottlose Menschen, die die Gnade unseres
Gottes dazu mißbrauchen, ein zügelloses Leben zu führen,
und die Jesus Christus, unseren einzigen Herrscher und
Herrn, verleugnen.

Das drohende Gericht über die Irrlehrer: 5–7

2 Petr 1,12 5 Zwar wißt ihr alles ein für allemal; aber ich will euch
dennoch daran erinnern: Obwohl der Herr das Volk aus
Ägypten gerettet hatte, hat er später alle vernichtet, die
Gen 6,1–4; nicht glaubten. 6 Die Engel, die ihren hohen Rang mißach-
Henochbuch tet und ihren Wohnsitz verlassen haben, hat er mit ewigen
6,1–7; 10,4–6 Fesseln in der Finsternis eingeschlossen, um sie am großen
Gen 19,4–11. Tag zu richten. 7 Auch Sodom und Gomorra und ihre
23–25 Nachbarstädte sind ein Beispiel: In ähnlicher Weise wie
jene trieben sie Unzucht und wollten mit Wesen anderer
Art verkehren; daher werden sie mit ewigem Feuer be-
straft.

---

3 Die »Heiligen« sind die Christen, die »Berufenen« von Vers 1; vgl. Röm 1,6f.

7 Die sündigen Städte wollten ähnlich »wie jene«, d. h. die in Vers 6 genannten Engel, »mit Wesen anderer Art verkehren«, wörtlich: sie liefen anderem Fleisch nach.

Der Weg der Irrlehrer: 8–16

[8] Genauso beflecken sich auch diese Träumer, sie miß-
achten die Macht des Herrn und lästern die überirdischen
Mächte. [9] Als der Erzengel Michael mit dem Teufel rech-
tete und über den Leichnam des Mose stritt, wagte er
nicht, den Teufel zu lästern und zu verurteilen, sondern
sagte: *Der Herr weise dich in die Schranken.* [10] Diese je- Sach 3,2
doch lästern über alles, was sie nicht kennen; was sie aber
wie die unvernünftigen Tiere von Natur aus verstehen,
daran gehen sie zugrunde. [11] Weh ihnen! Sie sind den Weg Gen 4,3–8;
Kains gegangen, aus Habgier sind sie dem Irrtum Bileams Num 22–24
verfallen, der Aufruhr Korachs hat sie ins Verderben ge- Num 16
stürzt. [12] Diese Menschen sind ein Schandfleck bei eurem
Liebesmahl, an dem sie ohne Scheu teilnehmen und es
sich gut gehen lassen; sie sind Hirten, die eine Weide für
sich selber suchen. Wasserlose Wolken sind sie, von den
Winden dahingetrieben; Bäume, die im Herbst keine
Frucht tragen, zweimal verdorrt und entwurzelt; [13] wilde
Meereswogen, die ihre eigene Schande ans Land spülen;
Sterne, die keine feste Bahn haben; ihnen ist auf ewig die
dunkelste Finsternis bestimmt. [14] Auch ihnen gilt, was
schon Henoch, der siebte nach Adam, geweissagt hat:
»Seht, der Herr kommt mit seinen heiligen Zehntausen- Henochbuch 1,9
den, [15] um über alle Gericht zu halten und alle Gottlosen
zu bestrafen wegen all ihrer gottlosen Taten, die sie verübt
haben, und wegen all der frechen Reden, die die gottlosen
Sünder gegen ihn geführt haben.« [16] Sie sind Nörgler, im-
mer unzufrieden mit ihrem Geschick; sie lassen sich von
ihren Begierden leiten; sie nehmen große Worte in den
Mund und schmeicheln den Menschen aus Eigennutz.

ERMAHNUNG ZUR TREUE UND ZUR SORGE UM GEFÄHRDETE MITCHRISTEN: 17–23

[17] Ihr aber, liebe Brüder, denkt an die Worte, die von den 2 Petr 3,2
Aposteln Jesu Christi, unseres Herrn, im voraus verkündet
worden sind, [18] als sie euch sagten: Am Ende der Zeit wird 2 Petr 3,3
es Spötter geben, die sich von ihren gottlosen Begierden
leiten lassen. [19] Sie werden die Einheit zerstören, denn es
sind irdisch gesinnte Menschen, die den Geist nicht besit-
zen.

---

8 die überirdischen Mächte, wörtlich: die Herrlichkeiten.

9 Der Verfasser bezieht sich hier auf eine außerbiblische jüdische Überlieferung, die er möglicherweise in der Schrift über die »Himmelfahrt des Mose« vorgefunden hat; von dieser Schrift sind nur noch Teile erhalten.

Kol 2,7 20 Ihr aber, liebe Brüder, gründet euch auf euren hochhei-
ligen Glauben, und baut darauf weiter, betet in der Kraft
des Heiligen Geistes, 21 haltet fest an der Liebe Gottes, und
wartet auf das Erbarmen Jesu Christi, unseres Herrn, der
euch das ewige Leben schenkt. 22 Erbarmt euch derer, die
Am 4,11; zweifeln; 23 rettet sie, entreißt sie dem Feuer! Der anderen
Sach 3,2 aber erbarmt euch voll Furcht; verabscheut sogar das Ge-
wand eines Menschen, der der Sünde verfallen ist.

BRIEFSCHLUSS: 24–25

Röm 16,27 24 Dem einen Gott aber, der die Macht hat, euch vor je-
dem Fehltritt zu bewahren und euch untadelig und voll
Freude vor seine Herrlichkeit treten zu lassen, 25 ihm, der
2 Petr 3,18 uns durch Jesus Christus, unseren Herrn, rettet, gebührt
die Herrlichkeit, Hoheit, Macht und Gewalt vor aller Zeit
und jetzt und für alle Zeiten. Amen.

Die Offenbarung des Johannes

Das letzte Buch des Neuen Testaments heißt »Offenbarung« oder »Apokalypse« (griechisch: apokálypsis, Enthüllung). Der Titel stammt vom Verfasser selbst (1,1).

Apokalypsen gab es schon in alttestamentlicher Zeit. Das bekannteste Beispiel ist das Buch Daniel (Kap. 7–12), das zur Zeit der Religionsverfolgung durch den Syrerkönig Antiochus IV. Epiphanes (167–164 v. Chr.) geschrieben wurde, um die Israeliten zum treuen Festhalten am Bundesgott und seinem Gesetz aufzurufen. Eine ähnliche Situation führte zur Abfassung der neutestamentlichen Apokalypse, die gegen Ende der Regierungszeit des römischen Kaisers Domitian (81–96 n. Chr.) geschrieben wurde.

Der Verfasser rechnet damit, daß der Zwang zur göttlichen Verehrung des Kaisers in nächster Zukunft zu einer schweren Verfolgung der Kirche führen wird. Domitian verlangte, als »Herr und Gott« angeredet zu werden. In der römischen Provinz Asien wurde der Kaiserkult schon seit langem mit besonderem Eifer betrieben. Sieben Gemeinden dieser Provinz, die zugleich die ganze Kirche repräsentieren, sind denn auch die unmittelbaren Adressaten des Buches (1,4.11).

Der uns nicht näher bekannte Verfasser nennt sich schlicht »Knecht Johannes«; er muß aber eine Persönlichkeit von hoher Autorität gewesen sein. Seine gründliche Kenntnis des Alten Testaments und der außerbiblischen jüdischen Offenbarungsschriften (Apokalypsen) weisen auf judenchristliche Herkunft hin. Er ist der erste, der eine selbständige christliche Apokalypse verfaßt hat. Den Auftrag dazu hat er nach seinen eigenen Worten in einer Vision (Schau) vom himmlischen Christus erhalten (1,10–20).

Auf die einleitende Vision folgen zuerst die sog. Sendschreiben, in denen sich der himmlische Christus anerkennend, tadelnd und mahnend an die sieben Gemeinden wendet (Kap. 2–3). Der ungleich längere Hauptteil (4,1–22,15) beginnt mit der großen Vision vom thronenden Gott im Kreis des himmlischen Hofstaates.

Die Offenbarung geschieht, wie in vorchristlichen apokalyptischen Schriften, auch in der christlichen Apokalypse durch »Visionen« und »Auditionen« (Schauen und Hören von himmlischen Botschaften). Wie seine Vorgänger bedient sich auch Johannes nicht nur der gewöhnlichen, ohne weiteres verständlichen Sprache, sondern er verwendet vor allem Bilder, Symbole und allegorische Szenen. Und wie dort ist auch hier das Hauptthema der bevorstehende Triumph der Herrschaft Gottes. Trotz dieser Gemeinsamkeiten ist die Apokalypse des Johannes aber eine echt christliche Schrift mit alttestamentlich-jüdischen Zeugnissen. Der endgültige Sieg Gottes, der für die vorchristlichen »Apokalyptiker« noch reine Zukunft ist, hat mit der Auferstehung Jesu bereits begonnen. Ziel der Geschichte kann demnach nur noch die Vollendung und volle Offenbarung dieses Sieges sein. Der prophetische Verfasser will im Blick auf die beginnende Auseinandersetzung zwischen Christuskult und Kaiserkult die noch ausstehenden Ereignisse der Endzeit mit den Ausdrucksmitteln einer Apokalypse veranschaulichen.

Die Offenbarung des Johannes will nicht den Gang der Welt- und Kirchengeschichte voraussagen. Ebensowenig ist es ihre Absicht, das mit der baldigen Wiederkunft Christi verbundene Geschehen in seinem Ablauf genau zu beschreiben. Mit ihren zahlreichen, dem heutigen Leser weithin fremden Bildern will sie vielmehr bedeutsame Wahrheiten über das Schicksal der Kirche und der ungläubigen Menschheit verkünden, um in den Christen die Bereitschaft zum Martyrium zu stärken. Als Zeugnis des unerschütterlichen Glaubens an den Sieg Christi und seiner Getreuen ist diese einzige prophetische Schrift des Neuen Testaments das große Trost- und Mahnbuch der Kirche geworden.

VORWORT: 1,1–3

1 Offenbarung Jesu Christi, die Gott ihm gegeben hat,
damit er seinen Knechten zeigt, *was* bald *geschehen* Dan 2,28f
muß; und er hat es durch seinen Engel, den er sandte, sei-
nem Knecht Johannes gezeigt. 2 Dieser hat das Wort Got-
tes und das Zeugnis Jesu Christi bezeugt: alles, was er ge-
schaut hat. 3 Selig, wer diese prophetischen Worte vorliest 14,13; 16,15;
und wer sie hört und wer sich an das hält, was geschrieben 19,9; 20,6;
ist; denn die Zeit ist nahe. 22,7.14

BRIEFLICHE EINLEITUNG: 1,4–8

4 Johannes an die sieben Gemeinden in der Provinz Asi- 1 Kor 16,19
en: Gnade sei mit euch und Friede von *Ihm, der ist* und der Ex 3,14 G
war und der kommt, und von den sieben Geistern vor sei-
nem Thron 5 und von Jesus Christus; er ist *der treue Zeu-* Ps 89,38.28
ge, der Erstgeborene der Toten, *der Herrscher über die Kö-*
nige der Erde. Er liebt uns und hat uns *von unseren Sünden* Ps 130,8
erlöst durch sein Blut; 6 er hat uns zu Königen gemacht 5,10;
und zu *Priestern* vor Gott, seinem Vater. Ihm sei die Herr- Ex 19,6;
lichkeit und die Macht in alle Ewigkeit. Amen. Jes 61,6
7 *Siehe, er kommt mit den Wolken*, und jedes Auge wird Dan 7,13
ihn *sehen*, auch alle, *die ihn durchbohrt* haben; und alle Sach 12,10
Völker der Erde *werden seinetwegen jammern und kla-*
gen. Ja, amen. 8 Ich bin das Alpha und das Omega, spricht
Gott, der Herr, *der ist* und der war und der kommt, der Ex 3,14 G
Herrscher über die ganze Schöpfung.

DIE SENDSCHREIBEN AN DIE SIEBEN GEMEINDEN: 1,9–3,22

Die Beauftragung des Johannes: 1,9–20

9 Ich, euer Bruder Johannes, der wie ihr bedrängt ist, der
mit euch an der Königsherrschaft teilhat und mit euch in
Jesus standhaft ausharrt, ich war auf der Insel Patmos um
des Wortes Gottes willen und des Zeugnisses für Jesus.

1,4 »Sieben« ist die symbolische Zahl der Ganzheit und Vollkommenheit. »Die sieben Gemeinden in der Provinz Asien« vertreten also die Gesamtkirche.

1,8 Alpha ist der erste, Omega der letzte Buchstabe des griechischen Alphabets: Gott umfaßt alle Bereiche der Wirklichkeit.

Apg 20,7; 10 Am Tag des Herrn wurde ich vom Geist ergriffen und
1 Kor 16,2 hörte hinter mir eine Stimme, laut wie eine Posaune. 11 Sie
1 Kor 16,19 sprach: Schreib das, was du siehst, in ein Buch, und schick
2,1–7.8–11. es an die sieben Gemeinden: nach Ephesus, nach Smyrna,
12–17.18–29; nach Pergamon, nach Thyatira, nach Sardes, nach Phil-
3,1–6.7–13. 14–22 adelphia und nach Laodizea.

12 Da wandte ich mich um, weil ich sehen wollte, wer zu
mir sprach. Als ich mich umwandte, sah ich sieben gol-
dene Leuchter 13 und mitten unter den Leuchtern einen,
Dan 7,13 der *wie ein Mensch* aussah; *er* war *bekleidet mit einem*
Ez 9,2.11 G *Gewand*, das bis auf die Füße reichte, und um die Brust
Dan 10,5 trug er *einen Gürtel aus Gold*.
Dan 7,9; 10,6 14 Sein Haupt und *seine Haare* waren *weiß wie weiße*
Wolle, leuchtend weiß wie Schnee, und seine *Augen wie*
Feuerflammen; 15 *seine Beine glänzten wie Golderz*, das
Ez 1,24; 43,2 im Schmelzofen glüht, und *seine Stimme* war *wie das*
Rauschen von Wassermassen.
2,1 16 In seiner Rechten hielt er sieben Sterne, und aus sei-
nem Mund kam ein scharfes, zweischneidiges Schwert,
Ri 5,31 und sein Gesicht leuchtete wie die machtvoll strahlende
Sonne.

17 Als ich ihn sah, fiel ich wie tot vor seinen Füßen nie-
der. Er aber legte seine rechte Hand auf mich und sagte:
Jes 44,2.6; *Fürchte dich nicht! Ich bin der Erste und der Letzte* 18 und
Offb 2,8; 22,13 der Lebendige. Ich war tot, doch nun lebe ich in alle Ewig-
Hos 13,14 keit, und ich habe die Schlüssel zum Tod und zur Unter-
welt.
Dan 2,29 19 Schreib auf, was du gesehen hast: was ist und *was* da-
nach *geschehen* wird.
20 Der geheimnisvolle Sinn der sieben Sterne, die du auf
meiner rechten Hand gesehen hast, und der sieben golde-
nen Leuchter ist: Die sieben Sterne sind die Engel der sie-
ben Gemeinden, und die sieben Leuchter sind die sieben
Gemeinden.

An die Gemeinde in Ephesus: 2,1–7

2 An den Engel der Gemeinde in Ephesus schreibe: So
1,16 spricht Er, der die sieben Sterne in seiner Rechten hält

---

1,10–20 Die Vision von der Beauftragung des Johannes ist das erste Beispiel apokalyptischer Bildsprache in Offb.

1,13 ein Mensch, wörtlich: ein Menschensohn.

1,20 Zu »Engel der sieben Gemeinden« vgl. die Anm. zu 2,1.

2,1 Die Engel der einzelnen Gemeinden (vgl. auch 2,8.12.18; 3,1.7.14) sind deren Schutzengel und Wächter. Der Engel und die Gemeinde werden zusammen mit »du« angesprochen, weil der Engel das Tun und Lassen der Gemeinde vor Gott mitverantworten muß.

und mitten unter den sieben goldenen Leuchtern einher-
geht:
2 Ich kenne deine Werke und deine Mühe und dein Aus-
harren; ich weiß: Du kannst die Bösen nicht ertragen, du
hast die auf die Probe gestellt, die sich Apostel nennen und 2 Kor 11,13
es nicht sind, und hast sie als Lügner erkannt.
3 Du hast ausgeharrt und um meines Namens willen
Schweres ertragen und bist nicht müde geworden.
4 Ich werfe dir aber vor, daß du deine erste Liebe verlas- 1 Tim 5,12
sen hast.
5 Bedenke, aus welcher Höhe du gefallen bist. Kehr zu-
rück zu deinen ersten Werken! Wenn du nicht umkehrst,
werde ich kommen und deinen Leuchter von seiner Stelle
wegrücken. 6 Doch für dich spricht: Du verabscheust das
Treiben der Nikolaiten, das auch ich verabscheue. 7 Wer 2,11.17.29;
Ohren hat, der höre, was der Geist den Gemeinden sagt: 3,6.13.22; Mt 11,15
Wer siegt, dem werde ich zu essen geben *vom Baum des* Gen 2,9;
Lebens, der *im Paradies Gottes* steht. Ez 31,8; Offb 22,2.14.19

An die Gemeinde in Smyrna: 2,8–11

8 An den Engel der Gemeinde in Smyrna schreibe: So
spricht Er, *der Erste und der Letzte*, der tot war und wieder Jes 44,6; Offb 1,17
lebendig wurde:
9 Ich kenne deine Bedrängnis und deine Armut; und
doch bist du reich. Und ich weiß, daß du von solchen ge-
schmäht wirst, die sich als Juden ausgeben; sie sind es aber
nicht, sondern sind eine Synagoge des Satans. 3,9
10 Fürchte dich nicht vor dem, was du noch erleiden
mußt. Der Teufel wird einige von euch ins Gefängnis wer-
fen, um euch *auf die Probe zu stellen*, und ihr werdet in Dan 1,12.14
Bedrängnis sein, *zehn Tage lang*. Sei treu bis in den Tod;
dann werde ich dir den Kranz des Lebens geben. Jak 1,12
11 Wer Ohren hat, der höre, was der Geist den Gemein- 2,7
den sagt: Wer siegt, dem kann der zweite Tod nichts anha-
ben.

2,6 Die Nikolaiten waren Irrlehrer, die wahrscheinlich behaupteten, Kompromisse mit der Denk- und Lebensweise der heidnischen Umwelt, besonders die Teilnahme am Kaiserkult, seien rein äußerliche Dinge, die das Wesentliche des Christseins nicht berühren.

2,9 Johannes betont stärker als Paulus, daß nur die christliche Gemeinde »das Israel Gottes« (Gal 6,16) ist. Die Juden, die Jesus als den Messias ablehnen und die Christen anfeinden, sind nicht mehr »Gemeinde Gottes« (Num 16,3 u. ö.), sondern »Synagoge« (= Gemeinde) des Satans.

An die Gemeinde in Pergamon: 2,12–17

12 An den Engel der Gemeinde in Pergamon schreibe: So
spricht Er, der das scharfe, zweischneidige Schwert trägt:
13 Ich weiß, wo du wohnst; es ist dort, wo der Thron des
Satans steht. Und doch hältst du an meinem Namen fest
und hast den Glauben an mich nicht verleugnet, auch
nicht in den Tagen, als Antipas, mein treuer Zeuge, bei
euch getötet wurde, dort, wo der Satan wohnt.
14 Aber ich habe etwas gegen dich: Bei dir gibt es Leute,
die an der Lehre Bileams festhalten; Bileam lehrte Balak, er
Num 31,16; solle *die Israeliten dazu verführen, Fleisch zu essen, das*
25,1f G *den Götzen geweiht war, und Unzucht zu treiben*.
15 So gibt es auch bei dir Leute, die in gleicher Weise an
der Lehre der Nikolaiten festhalten.
16 Kehr nun um! Sonst komme ich bald und werde sie
mit dem Schwert aus meinem Mund bekämpfen.
2,7 17 Wer Ohren hat, der höre, was der Geist den Gemein-
den sagt: Wer siegt, dem werde ich von dem verborgenen
Ps 78,24 Manna geben. Ich werde ihm einen weißen Stein geben,
Jes 62,2 und auf dem Stein steht *ein neuer Name*, den nur der
kennt, der ihn empfängt.

An die Gemeinde in Thyatira: 2,18–29

18 An den Engel der Gemeinde in Thyatira schreibe: So
Dan 10,5f spricht der Sohn Gottes, *der Augen* hat *wie Feuerflammen*
und Beine wie Golderz:
19 Ich kenne deine Werke, deine Liebe und deinen Glau-
ben, dein Dienen und Ausharren, und ich weiß, daß du in
letzter Zeit mehr getan hast als am Anfang.
20 Aber ich werfe dir vor, daß du das Weib Isebel gewäh-
ren läßt; sie gibt sich als Prophetin aus und lehrt meine
Num 31,16; Knechte und *verführt sie, Unzucht zu treiben und Fleisch*
25,1f G *zu essen, das den Götzen geweiht ist*.
21 Ich habe ihr Zeit gelassen umzukehren; sie aber will
nicht umkehren und von ihrer Unzucht ablassen.
22 Darum werfe ich sie auf das Krankenbett, und alle, die
mit ihr Ehebruch treiben, bringe ich in große Bedrängnis,

2,14 Der heidnische Seher Bileam (Num 25,1–6; 31,16) galt im damaligen Judentum als erstes Beispiel eines Irrlehrers. – Lehre Bileams: gemeint ist die in den folgenden Versen genannte Lehre der Nikolaiten (vgl. die Anmerkung zu 2,6).

2,20 Isebel, die heidnische Frau des israelitischen Königs Ahab, verführte ihren Mann und Teile des Volkes zur Verehrung des Götzen Baal (1 Kön 16,29–34; 18,13.19). Hier bezeichnet »Isebel« eine Prophetin, die in der Gemeinde von Thyatira die Irrlehre der Nikolaiten oder ähnliche Ideen verbreitete.

wenn sie sich nicht abkehren vom Treiben dieses Weibes.
[23] Ihre Kinder werde ich töten, der Tod wird sie treffen,
und alle Gemeinden werden erkennen, daß ich es bin, der
Herz und Nieren prüft, und ich werde *jedem* von euch *ver-* Ps 7,10; Jer 11,20
gelten, wie es seine Taten verdienen. Ps 62,13;
[24] Aber euch übrigen in Thyatira, denen, die dieser Lehre Spr 24,12
nicht folgen und die »Tiefen des Satans«, wie sie es nen-
nen, nicht erkannt haben, euch sage ich:
Ich lege euch keine andere Last auf. [25] Aber was ihr habt,
das haltet fest, bis ich komme.
[26] Wer siegt und bis zum Ende an den Werken festhält,
die ich gebiete, dem werde ich Macht *über die Völker ge-* Ps 2,8f G
ben. [27] *Er wird über sie herrschen mit eisernem Zepter*
und sie zerschlagen wie Tongeschirr; [28] (und ich werde
ihm diese Macht geben,) wie auch ich sie von meinem Va-
ter empfangen habe, und ich werde ihm den Morgenstern
geben.
[29] Wer Ohren hat, der höre, was der Geist den Gemein- 2,7
den sagt.

An die Gemeinde in Sardes: 3,1–6

3 An den Engel der Gemeinde in Sardes schreibe: So
spricht Er, der die sieben Geister Gottes und die sie-
ben Sterne hat: Ich kenne deine Werke. Dem Namen nach
lebst du, aber du bist tot. [2] Werde wach und stärke, was
noch übrig ist, was schon im Sterben lag. Ich habe gefun-
den, daß deine Taten in den Augen meines Gottes nicht
vollwertig sind.
[3] Denk also daran, wie du die Lehre empfangen und ge-
hört hast. Halte daran fest, und kehr um! Wenn du aber
nicht aufwachst, werde ich kommen wie ein Dieb, und du
wirst bestimmt nicht wissen, zu welcher Stunde ich
komme.
[4] Du hast aber einige Leute in Sardes, die ihre Kleider
nicht befleckt haben; sie werden mit mir in weißen Ge-
wändern gehen, denn sie sind es wert.
[5] Wer siegt, wird ebenso mit weißen Gewändern beklei-
det werden. Nie *werde ich* seinen Namen *aus dem Buch* Ex 32,32f; Ps
des Lebens streichen, sondern ich werde mich vor meinem 69,29; Dan 12,1;
Vater und vor seinen Engeln zu ihm bekennen. Offb 13,8; 17,8; 20,12.15; 21,27
[6] Wer Ohren hat, der höre, was der Geist den Gemeinden 2,7
sagt.

2,24 Tiefen des Satans: wahrscheinlich vertraten die Irrlehrer die Auffassung, man müsse sich auf das Geheimnis des Bösen einlassen, um es entlarven und entmachten zu können.

An die Gemeinde in Philadelphia: 3,7–13

7 An den Engel der Gemeinde in Philadelphia schreibe:
So spricht der Heilige, der Wahrhaftige,
Jes 22,22 der *den Schlüssel Davids* hat,
der öffnet, so daß niemand mehr schließen kann,
der schließt, so daß niemand mehr öffnen kann:
8 Ich kenne deine Werke, und ich habe vor dir eine Tür
geöffnet, die niemand mehr schließen kann. Du hast nur
geringe Kraft, und dennoch hast du an meinem Wort fest-
gehalten und meinen Namen nicht verleugnet.
2,9 9 Leute aus der Synagoge des Satans, die sich als Juden
ausgeben, es aber nicht sind, sondern Lügner – ich werde
Jes 60,14 bewirken, daß sie *kommen und sich dir zu Füßen werfen*
Jes 43,4 und erkennen, daß ich dir meine Liebe zugewandt habe.
10 Du hast dich an mein Gebot gehalten, standhaft zu
bleiben; daher werde auch ich zu dir halten und dich be-
wahren vor der Stunde der Versuchung, die über die ganze
Erde kommen soll, um die Bewohner der Erde auf die Probe
zu stellen.
11 Ich komme bald. Halte fest, was du hast, damit kein
anderer deinen Kranz bekommt.
12 Wer siegt, den werde ich zu einer Säule im Tempel
meines Gottes machen, und er wird immer darin bleiben.
Und ich werde auf ihn den Namen meines Gottes schrei-
Ez 48,35 ben und *den Namen der Stadt* meines Gottes, des neuen
Jerusalem, das aus dem Himmel herabkommt von mei-
Jes 62,2 nem Gott, und ich werde auf ihn auch meinen *neuen Na-*
men schreiben.
2,7 13 Wer Ohren hat, der höre, was der Geist den Gemein-
den sagt.

An die Gemeinde in Laodizea: 3,14–22

14 An den Engel der Gemeinde in Laodizea schreibe: So
Ps 89,38; spricht Er, der »Amen« heißt, *der treue und zuverlässige*
Spr 14,5 *Zeuge*, der Anfang *der Schöpfung* Gottes:
Spr 8,22 G
15 Ich kenne deine Werke. Du bist weder kalt noch heiß.
Wärest du doch kalt oder heiß!
16 Weil du aber lau bist, weder heiß noch kalt, will ich
dich aus meinem Mund ausspeien.

3,9 Wahrscheinlich ist gemeint, die Gegner aus dem Judentum werden bei der Wiederkunft Christi erkennen, daß die Erwählung Israels (Jes 43,4) in der Gemeinde des Messias Jesus zur Erfüllung gekommen ist.

3,10 Die »Bewohner der Erde« sind in Offb immer die Gegner Christi und seiner Kirche.

17 Du behauptest: *Ich bin reich und wohlhabend*, und Hos 12,9
nichts fehlt mir. Du weißt aber nicht, daß gerade du elend
und erbärmlich bist, arm, blind und nackt.

18 Darum rate ich dir: Kaufe von mir Gold, das im Feuer
geläutert ist, damit du reich wirst; und kaufe von mir
weiße Kleider, und zieh sie an, damit du nicht nackt da-
stehst und dich schämen mußt; und kaufe Salbe für deine
Augen, damit du sehen kannst.

19 *Wen ich liebe*, den weise ich zurecht und nehme ihn Spr 3,12
in Zucht. Mach also Ernst, und kehr um!

20 Ich stehe vor der Tür und klopfe an. Wer meine
Stimme hört und die Tür öffnet, bei dem werde ich eintre-
ten, und wir werden Mahl halten, ich mit ihm und er mit
mir.

21 Wer siegt, der darf mit mir auf meinem Thron sitzen, Mt 19,28;
so wie auch ich gesiegt habe und mich mit meinem Vater 25,31; Lk 22,30
auf seinen Thron gesetzt habe. 1 Kor 4,8

22 Wer Ohren hat, der höre, was der Geist den Gemein- 2,7
den sagt.

DIE EINLEITENDE HIMMELSVISION: 4,1–5,14

Die Huldigung vor dem Thron Gottes: 4,1–11

4 Danach sah ich: Eine Tür war geöffnet am Himmel;
und die Stimme, die vorher zu mir gesprochen hatte
und die wie eine Posaune klang, sagte: *Komm herauf*, und Ex 19,16.24
ich werde dir zeigen, *was dann geschehen muß*. 2 Sogleich Dan 2,29
wurde ich vom Geist ergriffen. Und ich sah: Ein Thron
stand im Himmel; *auf dem Thron* saß einer, 3 der wie ein Jes 6,1;
Jaspis und ein Karneol aussah. Und *über dem Thron* Ez 1,26–28
wölbte sich *ein Regenbogen*, der wie ein Smaragd *aussah*.

4 Und rings um den Thron standen vierundzwanzig
Throne, und auf den Thronen saßen vierundzwanzig Älte-
ste in weißen Gewändern und mit goldenen Kränzen auf
dem Haupt.

5 Von dem Thron gingen *Blitze, Stimmen und Donner* Ex 19,16 G;
aus. Und sieben lodernde Fackeln brannten vor dem Sach 4,2;
Thron; das sind die sieben Geister Gottes. Ez 1,13

4,1–11 Die Schilderung des himmlischen Hofstaates und seiner Liturgie bringt die Macht und Herrlichkeit Gottes, des Herrn der Welt und der Geschichte, zum Ausdruck.

4,4–8 Die »vierundzwanzig Ältesten« sind hohe Engel, die in Anlehnung an alttestamentliche Vorstellungen eine Art Thronrat Gottes bilden. Die »sieben Geister« sind Engel, die Gott als Boten dienen. Bei den »vier Wesen« (vgl. Ez 1,4–21; Jes 6,2f) handelt es sich um Engel, die als Wächter beim Thron Gottes stehen.

Ez 1,22 6 Und vor dem Thron war etwas wie ein gläsernes Meer,
gleich Kristall.
Ez 1,5.18 Und in der Mitte, rings um den Thron, waren *vier Lebe-*
wesen voller Augen, vorn und hinten.
Ez 1,10 7 Das erste Lebewesen glich *einem Löwen*, das zweite
einem Stier, das dritte sah aus wie *ein Mensch*, das vierte
glich *einem* fliegenden *Adler*.
Jes 6,2; Ez 1,18 G 8 Und jedes der vier Lebewesen hatte *sechs Flügel*, außen
und innen *voller Augen*. Sie ruhen nicht, bei Tag und
Nacht, und rufen:

Jes 6,3 *Heilig, heilig, heilig*
ist der Herr, der Gott, der Herrscher über die ganze
Schöpfung;
Ex 3,14 G er war, und *er ist*, und er kommt.

Jes 6,1; Dan 6,27; 12,7 9 Und wenn die Lebewesen dem, *der auf dem Thron sitzt*
und in alle Ewigkeit lebt, Herrlichkeit und Ehre und Dank
erweisen, 10 dann werfen sich die vierundzwanzig Ältesten
vor dem, *der auf dem Thron sitzt*, nieder und beten ihn an,
der in alle Ewigkeit lebt. Und sie legen ihre goldenen
Kränze vor seinem Thron nieder und sprechen:

11 Würdig bist du, unser Herr und Gott,
Herrlichkeit zu empfangen und Ehre und Macht.
Denn du bist es, der die Welt erschaffen hat,
durch deinen Willen war sie und wurde sie erschaffen.

Das versiegelte Buch und das Lamm: 5,1–14

Jes 6,1 5 Und ich sah auf der rechten Hand dessen, *der auf dem*
Ez 2,9f; *Thron saß, eine Buchrolle; sie* war *innen und außen*
Jes 29,11 *beschrieben* und mit sieben Siegeln *versiegelt*. 2 Und ich
sah: Ein gewaltiger Engel rief mit lauter Stimme: Wer ist
würdig, die Buchrolle zu öffnen und ihre Siegel zu lösen?
3 Aber niemand im Himmel, auf der Erde und unter der
Erde konnte das Buch öffnen und es lesen. 4 Da weinte ich

4,6 Das »gläserne Meer« symbolisiert das Firmament des Himmels; was besagt, daß Gott jenseits der Schöpfung thront.

5,1–11 In der Buchrolle (vgl. Ez 2,9f) sind die von Gott vorherbestimmten Ereignisse der Endzeit aufgezeichnet. Der auferstandene Christus wird die sieben Siegel des Buches lösen und dadurch das Geschehen der Endzeit in Gang setzen. Wie die Visionen von den sieben Siegeln (6,1–8,1) sind auch die Visionen von den sieben Posaunen (8,2–11,19) und die darauf folgenden Ereignisse (ab Kap. 12) als Inhalt der versiegelten Buchrolle gedacht.

sehr, weil niemand für würdig befunden wurde, das Buch
zu öffnen und es zu lesen.
5 Da sagte einer von den Ältesten zu mir: Weine nicht!
Gesiegt hat *der Löwe* aus dem Stamm *Juda, der Sproß aus* Gen 49,9;
der Wurzel Davids; er kann das Buch und seine sieben Sie- Jes 11,10
gel öffnen.
6 Und ich sah: Zwischen dem Thron und den vier Lebe-
wesen und mitten unter den Ältesten stand *ein Lamm*; es Jes 53,7
sah aus wie *geschlachtet* und hatte sieben Hörner und *sie-* Sach 4,10
ben Augen; die Augen sind die sieben Geister Gottes, die
über die ganze Erde ausgesandt sind.
7 Das Lamm trat heran und empfing das Buch aus der
rechten Hand dessen, *der auf dem Thron saß*. Jes 6,1
8 Als es das Buch empfangen hatte, fielen die vier Lebe-
wesen und die vierundzwanzig Ältesten vor dem Lamm
nieder; alle trugen Harfen und goldene Schalen voll von
Räucherwerk; das sind *die Gebete* der Heiligen. 9 Und sie Ps 141,2
sangen *ein neues Lied*: Ps 33,3

Würdig bist du,
das Buch zu nehmen und seine Siegel zu öffnen;
denn du wurdest geschlachtet
und hast mit deinem Blut
Menschen für Gott erworben
aus allen Stämmen und Sprachen,
aus allen Nationen und Völkern,
10 und du hast sie für unsern Gott 1,6;
zu Königen und *Priestern* gemacht; Ex 19,6;
und sie werden auf der Erde herrschen. Jes 61,6

11 Ich sah, und ich hörte die Stimme von vielen Engeln
rings um den Thron und um die Lebewesen und die Älte-
sten; die Zahl der Engel war *zehntausendmal zehntausend* Dan 7,10
und tausendmal tausend. 12 Sie riefen mit lauter Stimme:

Würdig ist *das Lamm, das geschlachtet wurde*, Jes 53,7
Macht zu empfangen, Reichtum und Weisheit,
Kraft und Ehre, Herrlichkeit und Lob.

13 Und alle Geschöpfe im Himmel und auf der Erde, un-
ter der Erde und auf dem Meer, alles, was in der Welt ist,
hörte ich sprechen:

Ihm, *der auf dem Thron sitzt*, und dem Lamm Jes 6,1
gebühren Lob und Ehre und Herrlichkeit und Kraft
in alle Ewigkeit.

14 Und die vier Lebewesen sprachen: Amen. Und die
vierundzwanzig Ältesten fielen nieder und beteten an.

DIE SIEBEN SIEGEL UND DIE SIEBEN POSAUNEN: 6,1 – 11,19

Die ersten sechs Siegel: 6,1–17

6 Dann sah ich: Das Lamm öffnete das erste der sieben
Siegel; und ich hörte das erste der vier Lebewesen wie
Sach 1,8; 6,3.6 mit Donnerstimme rufen: Komm! 2 Da sah ich *ein weißes*
Pferd; und der, der auf ihm saß, hatte einen Bogen. Ein
Kranz wurde ihm gegeben, und als Sieger zog er aus, um zu
siegen.

3 Als das Lamm das zweite Siegel öffnete, hörte ich das
zweite Lebewesen rufen: Komm! 4 Da erschien ein anderes
Sach 1,8; 6,2 *Pferd*; das war *feuerrot*. Und der, der auf ihm saß, wurde
ermächtigt, der Erde den Frieden zu nehmen, damit die
Menschen sich gegenseitig abschlachteten. Und es wurde
ihm ein großes Schwert gegeben.

5 Als das Lamm das dritte Siegel öffnete, hörte ich das
Sach 6,2.6 dritte Lebewesen rufen: Komm! Da sah ich *ein schwarzes*
Pferd; und der, der auf ihm saß, hielt in der Hand eine Waa-
ge. 6 Inmitten der vier Lebewesen hörte ich etwas wie eine
Stimme sagen: Ein Maß Weizen für einen Denar und drei
Maß Gerste für einen Denar. Aber dem Öl und dem Wein
füge keinen Schaden zu!

7 Als das Lamm das vierte Siegel öffnete, hörte ich die
Stimme des vierten Lebewesens rufen: Komm! 8 Da sah
Hos 13,14 ich ein fahles Pferd; und der, der auf ihm saß, heißt *»der*
Tod«; und die *Unterwelt* zog hinter ihm her. Und ihnen
wurde die Macht gegeben über ein Viertel der Erde, Macht,
Jer 14,12; 15,3; Ez 5,12.17; 14,21 zu töten *durch Schwert, Hunger* und Tod und durch die
Tiere der Erde.

9 Als das Lamm das fünfte Siegel öffnete, sah ich unter
dem Altar die Seelen aller, die hingeschlachtet worden wa-
ren wegen des Wortes Gottes und wegen des Zeugnisses,
das sie abgelegt hatten. 10 Sie riefen mit lauter Stimme:
Sach 1,12; Ps 79,5 *Wie lange* zögerst du noch, Herr, du Heiliger und Wahrhaf-
Dtn 32,43; 2 Kön 9,7 tiger, *Gericht zu halten und unser Blut* an den Bewohnern
der Erde *zu rächen*? 11 Da wurde jedem von ihnen ein wei-
ßes Gewand gegeben; und ihnen wurde gesagt, sie sollten
noch kurze Zeit warten, bis die volle Zahl erreicht sei
durch den Tod ihrer Mitknechte und Brüder, die noch ster-
ben müßten wie sie.

6,1–8 Die vier Reiter (vgl. Sach 1,7–15; 6,1–8) sind bildhafte Hinweise auf die sogenannten messianischen Wehen: Völkerkrieg, Bürgerkrieg, Teuerung und Hungersnot, Pest und Massensterben.

[12] Und ich sah: Das Lamm öffnete das sechste Siegel. Da
entstand ein gewaltiges Beben. *Die Sonne wurde schwarz* Jes 13,10;
wie ein Trauergewand, und *der* ganze *Mond wurde wie* 50,3 G;
Blut. Ez 32,8; Joël 3,4
[13] *Die Sterne des Himmels fielen herab* auf die Erde, *wie* Jes 34,4 G
wenn ein Feigenbaum seine Früchte *abwirft*, wenn ein
heftiger Sturm ihn schüttelt. [14] *Der Himmel* verschwand Jes 34,4
wie eine Buchrolle, die man zusammenrollt, und alle
Berge und Inseln wurden von ihrer Stelle weggerückt.
[15] *Und die Könige der Erde, die Großen* und die Heerfüh- Ps 2,2;
rer, die Reichen und die Mächtigen, alle Sklaven und alle Jes 24,21
Freien *verbargen sich in den Höhlen und Felsen der Berge*. Jes 2,10.19
[16] *Sie sagten zu den Bergen und Felsen: Fallt auf uns* und Hos 10,8
verbergt uns vor dem Blick dessen, *der auf dem Thron* Jes 6,1
sitzt, und vor dem Zorn des Lammes; [17] denn *der große Tag* Joël 2,11;
ihres *Zorns ist gekommen. Wer kann da bestehen?* Nah 1,6;
Röm 2,5

Die Bezeichnung der Knechte Gottes: 7,1–17

7 Danach sah ich: Vier Engel standen *an den vier Ecken* Ez 7,2
der Erde. Sie hielten *die vier Winde* der Erde fest, da- Ez 37,9
mit der Wind weder über das Land noch über das Meer
wehte, noch gegen irgendeinen Baum. [2] Dann sah ich vom
Osten her einen anderen Engel emporsteigen; er hatte das
Siegel des lebendigen Gottes und rief den vier Engeln, de-
nen die Macht gegeben war, dem Land und dem Meer
Schaden zuzufügen, mit lauter Stimme zu: [3] Fügt dem
Land, dem Meer und den Bäumen keinen Schaden zu, bis
wir den Knechten unseres Gottes das Siegel auf die Stirn Ez 9,4.6
gedrückt haben.
[4] Und ich erfuhr die Zahl derer, die mit dem Siegel ge-
kennzeichnet waren. Es waren hundertvierundvierzigtau-
send aus allen Stämmen der Söhne Israels, die das Siegel
trugen:

[5] Aus dem Stamm Juda trugen zwölftausend
das Siegel,
aus dem Stamm Ruben zwölftausend,
aus dem Stamm Gad zwölftausend,

7,4–17 Zwölf ist die Zahl der Stämme Israels, Tausend die Zahl der Fülle. Die Zahl 144 000 (12 mal 12 mal 1000) symbolisiert die Gesamtheit derer, die gerettet werden. Ihre »Versiegelung« besagt, daß Gott ihre Zahl im voraus kennt. In Vers 9 werden die Erlösten ausdrücklich als eine unzählbar große Schar aus allen Völkern bezeichnet (vgl. Dan 12,1; Mk 13,10).

6 aus dem Stamm Ascher zwölftausend,
aus dem Stamm Naftali zwölftausend,
aus dem Stamm Manasse zwölftausend,
7 aus dem Stamm Simeon zwölftausend,
aus dem Stamm Levi zwölftausend,
aus dem Stamm Issachar zwölftausend,
8 aus dem Stamm Sebulon zwölftausend,
aus dem Stamm Josef zwölftausend,
aus dem Stamm Benjamin trugen zwölftausend
das Siegel.

9 Danach sah ich: eine große Schar aus allen Nationen
und Stämmen, Völkern und Sprachen; niemand konnte sie
zählen. Sie standen in weißen Gewändern vor dem Thron
und vor dem Lamm und trugen Palmzweige in den Hän-
den. 10 Sie riefen mit lauter Stimme: Die Rettung kommt
Jes 6,1 von unserem Gott, *der auf dem Thron sitzt*, und von dem
Lamm.

11 Und alle Engel standen rings um den Thron, um die
Ältesten und die vier Lebewesen. Sie warfen sich vor dem
Thron nieder, beteten Gott an 12 und sprachen:

Amen, Lob und Herrlichkeit,
Weisheit und Dank,
Ehre und Macht und Stärke
unserem Gott in alle Ewigkeit. Amen.

13 Da fragte mich einer der Ältesten: Wer sind diese, die
weiße Gewänder tragen, und woher sind sie gekommen?
14 Ich erwiderte ihm: Mein Herr, das mußt du wissen. Und
Dan 12,1; er sagte zu mir: Es sind die, die aus der großen *Bedrängnis*
Gen 49,11 kommen; sie haben *ihre Gewänder gewaschen* und *im
Blut* des Lammes weiß gemacht. 15 Deshalb stehen sie vor
dem Thron Gottes und dienen ihm bei Tag und Nacht in
Jes 6,1 seinem Tempel; und der, *der auf dem Thron sitzt*, wird
Jes 49,10 sein Zelt über ihnen aufschlagen. 16 *Sie werden keinen
Hunger und keinen Durst* mehr *leiden, und weder Son-
nenglut noch* irgendeine *sengende Hitze wird auf ihnen*
Ez 34,23; lasten. 17 Denn das Lamm in der Mitte vor dem Thron *wird
Ps 23,2; sie weiden und zu den Quellen führen, aus denen das
Jer 2,13 Wasser des Lebens strömt, und Gott wird alle Tränen* von
Jes 25,8 ihren Augen *abwischen*.

Das siebte Siegel und die sieben Engel: 8,1–5

8 Als das Lamm das siebte Siegel öffnete, trat im Him-
mel Stille ein, etwa eine halbe Stunde lang.

2 Und ich sah: Sieben Engel standen vor Gott; ihnen
wurden sieben Posaunen gegeben. 3 Und ein anderer Engel
kam und trat mit einer goldenen Räucherpfanne an den Al-
tar; ihm wurde viel *Weihrauch* gegeben, den er auf dem Ps 141,2
goldenen Altar vor dem Thron verbrennen sollte, um so die
Gebete aller Heiligen vor Gott zu bringen. 4 Aus der Hand
des Engels stieg *der Weihrauch* mit den Gebeten der Heili-
gen zu Gott empor.
5 *Dann nahm* der Engel *die Räucherpfanne, füllte sie* Lev 16,12
mit glühenden Kohlen, die er vom Altar nahm, und warf
sie auf die Erde; da begann es zu *donnern und* zu dröhnen, Ex 19,16 G
zu blitzen und zu beben.

Die ersten vier Posaunen: 8,6–13

6 Dann machten sich die sieben Engel bereit, die sieben
Posaunen zu blasen.
7 Der erste Engel blies seine Posaune. Da fielen Hagel
und Feuer, die mit Blut vermischt waren, auf das Land. Es Ex 9,23–25;
verbrannte ein Drittel des Landes, ein Drittel der Bäume Ez 38,22;
und alles grüne Gras. Joël 3,3
8 Der zweite Engel blies seine Posaune. Da wurde etwas,
das einem großen *brennenden Berg* glich, ins Meer gewor- Jer 51,25 G
fen. Ein Drittel des Meeres wurde zu *Blut*. 9 Und ein Drit- Ex 7,20f
tel der Geschöpfe, die im Meer leben, kam um, und ein
Drittel der Schiffe wurde vernichtet.
10 Der dritte Engel blies seine Posaune. Da fiel ein großer Jes 14,12
Stern vom Himmel; er loderte wie eine Fackel und fiel auf
ein Drittel der Flüsse und auf die Quellen. 11 Der Name des
Sterns ist »Wermut«. Ein Drittel des Wassers wurde bitter,
und viele Menschen starben durch das Wasser, weil es bit-
ter geworden war.
12 Der vierte Engel blies seine Posaune. Da wurde ein
Drittel der Sonne und ein Drittel des Mondes und ein Drit-
tel der Sterne getroffen, so daß sie ein Drittel ihrer Leucht-

---

8,2–9,21 Die in den sieben Posaunenvisionen beschriebenen Vorgänge sind die Antwort auf die Gebete der Heiligen (8,3), d. h. die Bitten der Christen um das Gericht über die Verfolger (vgl. 6,10). Die Schilderung der Gerichtsvorgänge ist weithin der Überlieferung von den ägyptischen Plagen nachgebildet (Ex 7–11; Ez 7–10). Die Heimsuchungen haben kosmische Ausmaße, bewegen die ungläubige Menschheit aber nicht zur Umkehr (9,20f).

8,3b Wörtlich: ihm wurde viel Weihrauch gegeben, damit er ihn zusammen mit den Gebeten aller Heiligen auf dem goldenen Altar vor dem Thron darbringe.

kraft verloren und der Tag um ein Drittel dunkler wurde
und ebenso die Nacht.
13 Und ich sah und hörte: Ein Adler flog hoch am Him-
mel und rief mit lauter Stimme: Wehe! Wehe! Wehe den
Bewohnern der Erde! Noch drei Engel werden ihre Posau-
nen blasen.

Die fünfte Posaune: 9,1–12

12,4; 9 Der fünfte Engel blies seine Posaune. Da sah ich einen
Mt 24,29; Stern, der vom Himmel auf die Erde gefallen war; ihm
Mk 13,25 wurde der Schlüssel zu dem Schacht gegeben, der in den
Abgrund führt. 2 Und er öffnete den Schacht des Abgrunds.
Ex 19,18; Da *stieg Rauch* aus dem Schacht auf, *wie aus einem* gro-
Gen 19,28; *ßen Ofen*, und *Sonne* und Luft *wurden verfinstert* durch
Joël 2,10 den Rauch aus dem Schacht.
Ex 10,12 3 Aus dem Rauch kamen *Heuschrecken über die Erde*,
und ihnen wurde Kraft gegeben, wie sie Skorpione auf der
Ex 10,15 Erde haben. 4 Es wurde ihnen gesagt, sie sollten *dem Gras
auf der Erde, den grünen Pflanzen und den Bäumen* kei-
nen Schaden zufügen, sondern nur den Menschen, die das
Ez 9,4 Siegel Gottes nicht *auf der Stirn* haben. 5 Es wurde ihnen
befohlen, die Menschen nicht zu töten, sondern nur zu
quälen, fünf Monate lang. Und der Schmerz, den sie zufü-
gen, ist so stark, wie wenn ein Skorpion einen Menschen
sticht.
Ijob 3,21 6 In jenen Tagen *werden* die Menschen *den Tod suchen*,
aber nicht finden; sie werden sterben wollen, aber der Tod
Joël 2,4f wird vor ihnen fliehen. 7 Und die Heuschrecken *sehen aus
wie Rosse, die zur Schlacht gerüstet sind*; auf ihren Köpfen
tragen sie etwas, das goldschimmernden Kränzen gleicht,
und ihre Gesichter sind wie Gesichter von Menschen, 8 ihr
Joël 1,6 Haar ist wie Frauenhaar, ihr Gebiß wie ein Löwengebiß,

---

8,13 Die vier ersten Posaunenvisionen (8,6–12) bilden wie die vier ersten Siegelvisionen eine Gruppe. Die letzten drei Posaunenvisionen, als »die drei Wehe« bezeichnet (9,12; 11,14), sind durch den Weheruf des Adlers von dieser Gruppe abgehoben.

9,1–21 Die Heimsuchungen der ersten vier Posaunenvisionen treffen nicht unmittelbar die Menschen, sondern Bereiche der Natur. In der fünften und sechsten sind dämonische Mächte am Werk, die die ungläubigen Menschen quälen (9,1–12) und ein Drittel von ihnen töten (9,13–21).

9,1f Der »Abgrund« ist nicht der Aufenthaltsort der Toten (die Scheol, der Hades), sondern das ebenfalls unter der Erde gedachte Gefängnis, in dem nach jüdischer Vorstellung die gefallenen Engel auf ihre endgültige Bestrafung warten. Aus diesem Abgrund läßt ein Engel (»ein Stern«) ein dämonisches Heuschreckenheer (vgl. Ex 10,12–20; Joël 1,6f.15; 2,1–11) heraufsteigen.

9 ihre Brust wie ein eiserner Panzer; und das Rauschen ih-
rer Flügel ist wie *das Dröhnen von Wagen*, von vielen Pfer- Joël 2,5
den, *die sich in die Schlacht stürzen*. 10 Sie haben
Schwänze und Stacheln wie Skorpione, und in ihren
Schwänzen ist die Kraft, mit der sie den Menschen scha-
den, fünf Monate lang. 11 Sie haben als König über sich den
Engel des Abgrunds; er heißt auf hebräisch Abaddon, auf
griechisch Apollyon.

12 Das erste »Wehe« ist vorüber. Noch zweimal wird das
»Wehe« kommen.

Die sechste Posaune: 9,13–21

13 Der sechste Engel blies seine Posaune: Da hörte ich
eine Stimme, die von den vier Hörnern des goldenen Altars
her kam, der vor Gott steht. 14 Die Stimme sagte zu dem
sechsten Engel, der die Posaune hält: Binde die vier Engel
los, die *am großen Strom, am Eufrat*, gefesselt sind. 15 Da Gen 15,18
wurden die vier Engel losgebunden, die auf Jahr und Mo-
nat, auf Tag und Stunde bereitstanden, um ein Drittel der
Menschheit zu töten.

16 Und die Zahl der Reiter dieses Heeres war viel-
tausendmal tausend; diese Zahl hörte ich.

17 Und so sahen die Pferde und die Reiter in der Vision Dan 8,1f
aus: Sie trugen feuerrote, rauchblaue und schwefelgelbe
Panzer. Die Köpfe der Pferde glichen Löwenköpfen, und
aus ihren Mäulern schlug Feuer, Rauch und Schwefel.
18 Ein Drittel der Menschen wurde durch diese drei Plagen
getötet, durch Feuer, Rauch und Schwefel, die aus ihren
Mäulern hervorkamen. 19 Denn die tödliche Macht der
Pferde war in ihren Mäulern und in ihren Schwänzen. Ihre
Schwänze glichen Schlangen, die Köpfe haben, mit denen
sie Schaden zufügen können.

20 Aber die übrigen Menschen, die nicht durch diese Pla-
gen umgekommen waren, wandten sich nicht ab *von den* Jes 17,8;
Machwerken ihrer Hände: Sie hörten nicht auf, sich nie- 2,8.20

9,11 Die Namen Abaddon und Apollyon bedeuten beide »Verderber«; Apollyon ist vielleicht eine Anspielung auf den heidnischen Gott Apollon.

9,14f Die vier Strafengel stehen am Eufrat bereit, um ein gewaltiges Heer dämonischer Krieger loszulassen (vgl. besonders Ez 38,14–16). Der Eufrat ist für jüdisches Denken die ideelle Ostgrenze des verheißenen Landes. Der Einfall des feindlichen Heeres vom Osten her ist vielleicht eine Anspielung auf den Ansturm der von den Römern gefürchteten Partherheere.

9,16 Wörtlich: 20 000 Myriaden. 1 Myriade = 10 000. Die Gesamtzahl von 200 Millionen ist als Symbol unermeßlicher Größe gemeint.

Ps 106,37 derzuwerfen vor ihren *Dämonen*, vor ihren *Götzen aus*
Dan 5,4.23; *Gold, Silber, Erz, Stein und Holz*, den Götzen, *die weder*
Ps 115,4–7; *sehen, noch hören, noch gehen können*. [21] Sie ließen nicht
135,15–17 ab von Mord und Zauberei, von Unzucht und Diebstahl.

Die Engel und das kleine Buch: 10,1–11

10 Und ich sah: Ein anderer gewaltiger Engel kam aus
dem Himmel herab; er war von einer Wolke um-
hüllt, und der Regenbogen stand über seinem Haupt. Sein
Gesicht war wie die Sonne, und seine Beine waren wie
Feuersäulen. [2] In der Hand hielt er ein kleines, aufgeschla-
genes Buch. Er setzte seinen rechten Fuß auf das Meer, den
Am 3,8 linken auf das Land [3] und rief laut, so wie *ein Löwe brüllt*.
Nachdem er gerufen hatte, erhoben die sieben Donner ihre
Stimme. [4] Als die sieben Donner gesprochen hatten,
wollte ich es aufschreiben. Da hörte ich eine Stimme vom
Dan 12,4.9 Himmel her rufen: *Halte geheim*, was die sieben Donner
gesprochen haben; schreib es nicht auf! [5] Und der Engel,
den ich auf dem Meer und auf dem Land stehen sah, *erhob*
Dan 12,7; *seine rechte Hand zum Himmel*. [6] *Er schwor bei dem, der*
Gen 14,22.19; *in* alle *Ewigkeit lebt, der den Himmel geschaffen hat* und
Neh 9,6 was darin ist, *die Erde und was darauf ist, und das Meer*
und was darin ist: Es wird keine Zeit mehr bleiben, [7] denn
in den Tagen, wenn der siebte Engel seine Stimme erhebt
und seine Posaune bläst, wird auch das Geheimnis Gottes
vollendet sein; so hatte er es seinen Knechten, den Prophe-
ten, verkündet.

[8] Und die Stimme aus dem Himmel, die ich gehört hatte,
sprach noch einmal zu mir: Geh, nimm das Buch, das der
Engel, der auf dem Meer und auf dem Land steht, aufge-
schlagen in der Hand hält. [9] Und ich ging zu dem Engel und
Ez 2,8; bat ihn, mir das kleine *Buch* zu geben. *Er sagte zu mir:*
3,1–3 Nimm und *iß* es! In deinem Magen wird es bitter sein, in
deinem Mund aber *süß wie Honig*. [10] Da nahm ich das
kleine *Buch* aus der Hand des Engels *und aß* es. *In meinem*

10,1–11,14 Die sechste Posaunenvision (9,13–21) wird durch zwei Zwischenstücke erweitert: die erneute Beauftragung des Sehers (10,1–11; vgl. 1,10–20) und die Szenen von der Messung des Tempels und von den zwei Zeugen (11,1–14).

10,8–10 Ezechiels Bild von der Buchrolle (2,8–3,3) wird erneut aufgenommen und weitergeführt. Die Buchrolle schmeckt zuerst süß (wie in Ez 3,3), dann aber verursacht sie bitteres Aufstoßen. Die Botschaft ist »süß«, weil sie Gottes Wort ist (Ps 19,11; 119,103), zugleich aber bitter, weil sie das Gericht ankündigt. Nach anderer Auffassung bilden den Inhalt des kleinen Buches (11,1–14) die geschilderten Szenen, deren Botschaft für die Gläubigen beglückend und schmerzlich zugleich ist.

Mund war es süß wie Honig. Als ich es aber gegessen hatte,
wurde mein Magen bitter. 11 Und mir wurde gesagt: Du
mußt noch einmal weissagen über viele *Völker und Na-* Jer 1,10;
tionen mit ihren Sprachen und Königen. Dan 3,4; 7,14

Die Vermessung des Tempels: 11,1–2

11 Dann wurde mir ein Meßstab gegeben, der aussah Ez 40,3
wie ein Stock, und mir wurde gesagt: Geh, miß
den Tempel Gottes und den Altar, und zähle alle, die dort
anbeten! 2 Den Hof, der außerhalb des Tempels liegt, laß
aus, und miß ihn nicht; denn er ist *den Heiden* überlassen. Sach 12,3 G;
Sie werden die heilige Stadt *zertreten*, zweiundvierzig Jes 63,18
Monate lang.

Das Zeugnis der beiden Propheten: 11,3–14

3 Und ich will meinen zwei Zeugen auftragen, im Buß-
gewand aufzutreten und prophetisch zu reden, zwölfhun-
dertsechzig Tage lang. 4 Sie sind *die zwei Ölbäume* und die Sach 4,3.11–14
zwei *Leuchter*, die *vor dem Herrn der Erde stehen*. 5 Wenn
ihnen jemand Schaden zufügen will, *schlägt Feuer* aus ih- 2 Kön 1,10;
rem *Mund* und *verzehrt* ihre Feinde; so muß jeder sterben, 2 Sam 22,9
der ihnen schaden will. 6 Sie haben Macht, den Himmel zu
verschließen, damit *kein Regen fällt* in den Tagen ihres 1 Kön 17,1
Wirkens als Propheten. Sie haben auch Macht, *das Wasser* Ex 7,17
in Blut zu verwandeln und die Erde *zu schlagen mit allen* 1 Sam 4,8
möglichen Plagen, sooft sie wollen. 7 Wenn sie ihren Auf-
trag als Zeugen erfüllt haben, *wird* sie *das Tier*, das aus Dan 7,3.7.21
dem Abgrund *heraufsteigt, bekämpfen, besiegen* und tö-

11,1f Daß der Tempel vermessen und die Anbetenden gezählt werden, bedeutet, daß in der Verfolgung der Endzeit die christliche Gemeinde unter dem besonderen Schutz Gottes stehen wird.

11,2 42 Monate entsprechen den in Dan 7,25 genannten dreieinhalb Jahren (»eine Zeit und zwei Zeiten und eine halbe Zeit«). Dreieinhalb als die Hälfte von sieben bedeutet Unglück. Dreieinhalb Jahre (Offb 12,14) = zweiundvierzig Monate (11,2; 13,5) = zwölfhundertsechzig Tage (11,3; 12,6) ist daher symbolische Bezeichnung für die Dauer der endzeitlichen Verfolgung.

11,3–13 Die zwei prophetischen Zeugen sind nach vorherrschender Auffassung die Repräsentanten der christlichen Gemeinde, die ihren Glauben bis zum Tod bezeugen muß. Nach anderer Auffassung sind damit Mose und Elija gemeint, die als Propheten der Endzeit die Juden für Christus gewinnen werden; in diesem Fall ist unter »der großen Stadt« Jerusalem zu verstehen (vgl. die Anmerkung zu 11,8).

11,7 »Das Tier, das aus dem Abgrund heraufsteigt«, versinnbildet dieselbe »antichristliche« Weltmacht wie das »Tier aus dem Meer« in 13,1 (vgl. die dortige Anmerkung).

ten. 8 Und ihre Leichen bleiben auf der Straße der großen
Stadt liegen. Diese Stadt heißt, geistlich verstanden: So-
dom und Ägypten; dort wurde auch ihr Herr gekreuzigt.
9 Menschen aus allen Völkern und Stämmen, Sprachen
und Nationen werden ihre Leichen dort sehen, dreieinhalb
Tage lang; sie werden nicht zulassen, daß die Leichen be-
graben werden. 10 Und die Bewohner der Erde freuen sich
darüber, beglückwünschen sich und schicken sich gegen-
seitig Geschenke; denn die beiden Propheten hatten die
Bewohner der Erde gequält. 11 Aber nach den dreieinhalb
Ez 37,5.10 Tagen *kam* von Gott her wieder *Lebensgeist in sie, und sie*
Gen 15,12 *standen auf. Da überfiel alle,* die sie sahen, *große Angst.*
12 Und sie hörten eine laute Stimme vom Himmel her ru-
Ex 19,24 fen: *Kommt herauf!* Vor den Augen ihrer Feinde *stiegen sie*
2 Kön 2,11 in der Wolke *zum Himmel hinauf.* 13 In diesem Augen-
Ez 38,19f blick entstand *ein gewaltiges Erdbeben.* Ein Zehntel der
Stadt *stürzte ein*, und siebentausend Menschen kamen
durch das Erdbeben um. Die Überlebenden wurden vom
Entsetzen gepackt und gaben dem Gott des Himmels die
Ehre. 14 Das zweite »Wehe« ist vorüber, das dritte »Wehe«
kommt bald.

Die siebte Posaune: 11,15–19

15 Der siebte Engel blies seine Posaune. Da ertönten
laute Stimmen im Himmel, die riefen:
Ps 2,2; Nun gehört die Herrschaft über die Welt
Dan 7,14.27; unserem *Herrn und seinem Gesalbten*;
Sach 14,9
und sie werden herrschen in alle Ewigkeit.
16 Und die vierundzwanzig Ältesten, die vor Gott auf ih-
ren Thronen sitzen, warfen sich nieder, beteten Gott an
17 und sprachen:
Wir danken dir, Herr,
Gott und Herrscher über die ganze Schöpfung,
Ex 3,14 G der du bist und der du warst;
denn du hast deine große Macht in Anspruch
genommen
Ps 99,1 und *die Herrschaft angetreten.*
Ps 2,1 18 Die Völker gerieten in Zorn.
Ps 2,5 Da kam dein *Zorn* und die Zeit, die Toten zu richten:
die Zeit, deine Knechte zu belohnen,
die Propheten und die Heiligen
Ps 115,13 und *alle, die* deinen Namen *fürchten,*
die Kleinen und die Großen,
die Zeit, alle zu verderben, die die Erde verderben.

11,8 Die große Stadt: das irdische Jerusalem und überhaupt jeder Ort, an dem Christen für ihren Glauben den Tod erleiden.

19 Der Tempel Gottes im Himmel wurde geöffnet, und
in seinem *Tempel* wurde *die Lade* seines *Bundes* sichtbar: 1 Kön 8,1.6
Da begann es zu *blitzen*, zu dröhnen *und zu donnern*, es Ex 19,16 G;
gab ein Beben und *schweren Hagel*. 9,24

DER KAMPF DES SATANS GEGEN DAS VOLK GOTTES: 12,1–14,5

Die Frau und der Drache: 12,1–6

12 Dann erschien ein großes Zeichen am Himmel:
eine Frau, mit der Sonne bekleidet; der Mond war
unter ihren Füßen und ein Kranz von zwölf Sternen auf ih-
rem Haupt. 2 Sie war schwanger und schrie vor Schmerz in Jes 66,7;
ihren Geburtswehen. Mi 4,10
3 Ein anderes Zeichen erschien am Himmel: ein Drache,
groß und feuerrot, mit sieben Köpfen und *zehn Hörnern* Dan 7,7
und mit sieben Diademen auf seinen Köpfen. 4 Sein
Schwanz fegte ein Drittel *der Sterne vom Himmel* und Dan 8,10;
warf sie *auf die Erde herab*. Offb 9,1
Der Drache stand vor der Frau, die gebären sollte; er Mi 5,2
wollte ihr Kind verschlingen, sobald es geboren war. 5 Und
sie gebar ein Kind, *einen Sohn*, der über alle Völker *mit ei-* Jes 66,7;
sernem Zepter herrschen wird. Und ihr Kind wurde zu Ps 2,9 G
Gott und zu seinem Thron entrückt. 6 Die Frau aber floh in
die Wüste, wo Gott ihr einen Zufluchtsort geschaffen hat-
te; dort wird man sie mit Nahrung versorgen, zwölfhun-
dertsechzig Tage lang.

Der Sturz des Drachen: 12,7–12

7 Da entbrannte im Himmel ein Kampf; *Michael* und Dan 10,13.20
seine Engel erhoben sich, um mit dem Drachen *zu kämp-*
fen. Der Drache und seine Engel kämpften, 8 aber sie konn-
ten sich nicht halten, und sie verloren ihren Platz im Dan 2,35
Himmel. 9 Er wurde gestürzt, der große Drache, die alte
Schlange, die *Teufel* oder *Satan* heißt und die ganze Welt Gen 3,1.14;
verführt; der Drache wurde auf die Erde gestürzt, und mit Sach 3,1;
ihm wurden seine Engel hinabgeworfen. 10 Da hörte ich Ijob 1,6

11,19 Das Sichtbarwerden der »himmlischen Bundeslade« verweist auf die Gegenwart Gottes in der vollendeten Gemeinde der Endzeit (Kap. 21–22). Die genannten Naturereignisse sind traditionelle Begleitzeichen des Erscheinens Gottes.

12,1–6 Wie der Drache in 12,3, nach 12,9 der Teufel, so ist auch die Frau eine symbolische Gestalt, Sinnbild des Gottesvolkes des Alten und Neuen Bundes. Das Bild von der Geburt eines Sohnes und von dessen Herrschaft über die Völker steht in der Tradition messianischer Deutung prophetischer Texte (Jes 7,14; 66,7). – Die Schilderung des Kampfes des Drachens gegen die Frau wird in Vers 13 fortgesetzt.

eine laute Stimme im Himmel rufen:
Jetzt ist er da, der rettende Sieg,
die Macht und die Herrschaft unseres Gottes
und die Vollmacht seines Gesalbten;
denn gestürzt wurde der Ankläger unserer Brüder,
der sie bei Tag und bei Nacht
vor unserem Gott verklagte.
11 Sie haben ihn besiegt durch das Blut des Lammes
und durch ihr Wort und Zeugnis;
sie hielten ihr Leben nicht fest,
bis hinein in den Tod.
Jes 44,23 12 Darum *jubelt, ihr Himmel*
und alle, die darin wohnen.
Weh aber euch, Land und Meer!
Denn der Teufel ist zu euch hinabgekommen;
seine Wut ist groß,
weil er weiß, daß ihm nur noch eine kurze Frist bleibt.

Der Kampf des Drachen gegen die Frau: 12,13–18

13 Als der Drache erkannte, daß er auf die Erde gestürzt
war, verfolgte er die Frau, die den Sohn geboren hatte.
14 Aber der Frau wurden die beiden Flügel des großen Ad-
lers gegeben, damit sie in die Wüste an ihren Ort fliegen
Dan 7,25; 12,7 konnte. Dort ist sie vor der Schlange sicher und wird *eine
Zeit und zwei Zeiten und eine halbe Zeit* lang ernährt.
15 Die Schlange spie einen Strom von Wasser aus ihrem
Rachen hinter der Frau her, damit sie von den Fluten fort-
gerissen werde. 16 Aber die Erde kam der Frau zu Hilfe; sie
öffnete sich und verschlang den Strom, den der Drache aus
seinem Rachen gespien hatte. 17 Da geriet der Drache in
Zorn über die Frau, und er ging fort, um Krieg zu führen mit
ihren übrigen Nachkommen, die den Geboten Gottes ge-
horchen und an dem Zeugnis für Jesus festhalten. 18 Und
der Drache trat an den Strand des Meeres.

Die beiden Tiere: 13,1–18

Dan 7,3.7 13 Und ich sah: *Ein Tier stieg aus dem Meer, mit
zehn Hörnern* und sieben Köpfen. Auf seinen Hör-
nern trug es zehn Diademe und auf seinen Köpfen Namen,

12,13–17 Da der Teufel die Kirche als ganze nicht vernichten kann, versucht er, einzelne ihrer Mitglieder (»Nachkommen«, Vers 17) zu Fall zu bringen.

13,1f Zur Bekämpfung der Christen bedient sich der Drache des aus dem Meer aufsteigenden Tieres. Die Hörner, Diademe usw. sind Symbole seiner Macht (vgl. Dan 7). Die Namen auf seinen sieben Köpfen sind Titel der römischen Kaiser (Hinweis auf den Kaiserkult).

die eine Gotteslästerung waren. 2 *Das Tier*, das ich sah, Dan 7,4–6
glich einem Panther; seine Füße waren wie die Tatzen *ei-*
nes Bären und sein Maul wie das Maul *eines Löwen*. Und
der Drache hatte ihm seine Gewalt übergeben, seinen
Thron und seine große Macht. 3 Einer seiner Köpfe sah aus
wie tödlich verwundet; aber die tödliche Wunde wurde ge-
heilt. Und die ganze Erde sah dem Tier staunend nach.
4 Die Menschen warfen sich vor dem Drachen nieder, weil
er seine Macht dem Tier gegeben hatte; und sie beteten das
Tier an und sagten: Wer ist dem Tier gleich, und wer kann
den Kampf mit ihm aufnehmen?

5 Und es wurde ermächtigt, mit seinem *Maul anma-* Dan 7,8.25
ßende Worte und Lästerungen *auszusprechen*; es wurde
ihm Macht gegeben, dies zweiundvierzig Monate zu tun.
6 Das Tier öffnete sein Maul, um Gott und seinen Namen
zu lästern, seine Wohnung und alle, die im Himmel woh-
nen. 7 Und es wurde ihm erlaubt, *mit den Heiligen zu* Dan 7,21
kämpfen und sie zu besiegen. Es wurde ihm auch Macht
gegeben über alle Stämme, Völker, Sprachen und Natio-
nen. 8 Alle Bewohner der Erde fallen nieder vor ihm: alle,
deren Name nicht seit der Erschaffung der Welt *eingetra-* Dan 12,1;
gen ist ins Lebensbuch des Lammes, das geschlachtet Ps 69,29; Jes
wurde. 53,7; Offb 3,5

9 Wenn einer Ohren hat, so höre er. 10 *Wer zur Gefan-* Jer 15,2;
genschaft bestimmt ist, geht *in die Gefangenschaft*. *Wer* 43,11
mit dem Schwert getötet werden soll, wird *mit dem*
Schwert getötet. Hier muß sich die Standhaftigkeit und die
Glaubenstreue der Heiligen bewähren.

11 Und ich sah: Ein anderes Tier stieg aus der Erde her-
auf. Es hatte zwei Hörner wie ein Lamm, aber es redete wie
ein Drache. 12 Die ganze Macht des ersten Tieres übte es
vor dessen Augen aus. Es brachte die Erde und ihre Bewoh-
ner dazu, das erste Tier anzubeten, dessen tödliche Wunde

13,3 Die sieben Köpfe des Tieres werden in 17,9 ausdrücklich auf sieben »Könige«, das heißt auf römische Kaiser, gedeutet. Mit dem erschlagenen Tier, das »wieder zum Leben kam« (Vers 14), ist Kaiser Domitian (81–96 n. Chr.), der »wiedererstandene Nero« (54–68 n. Chr.), gemeint. Zu dieser Deutung könnte auch 666 als Zahl des Namens des Tieres passen (vgl. 13,18).

13,7 erlaubt, wörtlich: gegeben.

13,11–17 Schon das Alte Testament kennt zwei Tierungeheuer, den Leviatan im Meer und den Behemot auf dem festen Land (vgl. Jes 27,1; Ps 74,14; 104,26; Ijob 3,8; 40,15–32); sie stellen sinnbildlich die ungeordnete, gottwidrige Schöpfung dar (das Chaos). In Offb ist das aus dem Land aufsteigende Tier der Beauftragte des Tieres aus dem Meer. Es wird als »falscher Prophet« gekennzeichnet (16,13; 19,20; 20,10; vgl. Mk 13,22; 2 Thess 2,9f).

geheilt war. [13] Es tat große Zeichen; sogar Feuer ließ es vor
den Augen der Menschen vom Himmel auf die Erde fallen.
[14] Es verwirrte die Bewohner der Erde durch die Wunder-
zeichen, die es im Auftrag des Tieres tat; es befahl den Be-
wohnern der Erde, ein Standbild zu errichten zu Ehren des
Tieres, das mit dem Schwert erschlagen worden war und
doch wieder zum Leben kam. [15] Es wurde ihm Macht gege-
ben, dem Standbild des Tieres Lebensgeist zu verleihen, so
daß es auch sprechen konnte und bewirkte, daß alle getötet
Dan 3,5f wurden, *die das Standbild* des Tieres *nicht anbeteten*.
[16] Die Kleinen und die Großen, die Reichen und die Ar-
men, die Freien und die Sklaven, alle zwang es, auf ihrer
rechten Hand oder ihrer Stirn ein Kennzeichen anzubrin-
gen. [17] Kaufen oder verkaufen konnte nur, wer das Kenn-
zeichen trug: den Namen des Tieres oder die Zahl seines
Namens. [18] Hier braucht man Kenntnis. Wer Verstand hat,
berechne den Zahlenwert des Tieres. Denn es ist die Zahl
eines Menschennamens; seine Zahl ist sechshundert-
sechsundsechzig.

Das Lamm und sein Gefolge: 14,1–5

14 Und ich sah: Das Lamm stand auf dem Berg Zion,
und bei ihm waren hundertvierundvierzigtau-
Ez 9,4 send; *auf ihrer Stirn* trugen sie seinen Namen und den
Namen seines Vaters. [2] Dann hörte ich eine Stimme vom
Ez 1,24; 43,2 Himmel her, *die dem Rauschen von Wassermassen* und
dem Rollen eines gewaltigen Donners *glich*. Die Stimme,
die ich hörte, war wie der Klang der Harfe, die ein Harfen-
Ps 33,3; spieler schlägt. [3] Und sie sangen ein neues Lied vor dem
Jes 42,10 Thron und vor den vier Lebewesen und vor den Ältesten.
Aber niemand konnte das Lied singen lernen außer den
hundertvierundvierzigtausend, die freigekauft und von der
Erde weggenommen worden sind. [4] Sie sind es, die sich
nicht mit Weibern befleckt haben; denn sie sind jungfräu-
lich. Sie folgen dem Lamm, wohin es geht. Sie allein unter
allen Menschen sind freigekauft als Erstlingsgabe für Gott

13,18 Im Griechischen und Hebräischen dienen die Buchstaben auch als Ziffern. Man kann also den Zahlenwert der Buchstaben eines Namens zusammenzählen. Auf wen der Zahlenwert 666 sich bezieht, ist nicht sicher; möglicherweise auf Kaiser Nero (vgl. die Anmerkung zu 13,3).

14,1–5 Die Christen, die in der Verfolgung dem Lamm die Treue gehalten haben, werden aus den Katastrophen der Endzeit gerettet. Zur Zahl »hundertvierundvierzigtausend« vgl. die Anmerkung zu 7,4–17. In Vers 4 wird auf alttestamentliche Bildsprache zurückgegriffen; vgl. die Anmerkungen zu 12,1–6 und 21,9f.

und das Lamm. 5 Denn in ihrem Mund fand sich keinerlei Jes 53,9;
Lüge. Sie sind ohne Makel. Zef 3,13

DAS GERICHT: 14,6–20,15

Die Ankündigung des Gerichts: 14,6–13

6 Dann sah ich: Ein anderer Engel flog hoch am Himmel.
Er hatte den Bewohnern der Erde ein ewiges Evangelium zu
verkünden, allen Nationen, Stämmen, Sprachen und Völ-
kern. 7 Er rief mit lauter Stimme: Fürchtet Gott, und er-
weist ihm die Ehre! Denn die Stunde seines Gerichts ist
gekommen. Betet ihn an, *der den Himmel und die Erde,* Ex 20,11
das Meer und die Wasserquellen *geschaffen hat*.

8 Ein anderer Engel, ein zweiter, folgte und rief: *Gefal-* Jes 21,9;
len, gefallen ist Babylon, die Große, die alle Völker be- Dan 4,27;
trunken gemacht hat mit dem Zornwein ihrer Hurerei. Jer 51,7f

9 Ein anderer Engel, ein dritter, folgte ihnen und rief mit
lauter Stimme: Wer das Tier und sein Standbild anbetet
und wer das Kennzeichen auf seiner Stirn oder seiner Hand
annimmt, 10 der muß *den Wein des Zornes* Gottes trinken, Jes 51,17.22
der unverdünnt *im Becher seines Zorns gemischt* ist. Und Ps 75,9 G;
er wird mit *Feuer und Schwefel* gequält vor den Augen der Jer 25,15;
heiligen Engel und des Lammes. 11 *Der Rauch* von ihrer Gen 19,24
Peinigung *steigt auf in* alle *Ewigkeit*, und alle, die das Tier Jes 34,9f
und sein Standbild anbeten und die seinen Namen als
Kennzeichen annehmen, werden bei Tag und Nacht keine
Ruhe haben. 12 Hier muß sich die Standhaftigkeit der Hei-
ligen bewähren, die an den Geboten Gottes und an der
Treue zu Jesus festhalten. 13 Und ich hörte eine Stimme
vom Himmel her rufen: Schreibe! Selig die Toten, die im 1,3
Herrn sterben, von jetzt an; ja, spricht der Geist, sie sollen
ausruhen von ihren Mühen; denn ihre Werke begleiten sie.

Die Stunde der Ernte: 14,14–20

14 Dann sah ich eine weiße Wolke. Auf der *Wolke* Dan 7,13
thronte einer, der *wie ein Menschensohn aussah*. Er trug
einen goldenen Kranz auf dem Haupt und eine scharfe Si-

14,8 Babylon war für die Juden der Inbegriff weltlicher Macht und Gottlosigkeit, später wurde es apokalyptischer Deckname für Rom (vgl. 1 Petr 5,13).

14,13 Andere Übersetzungsmöglichkeit: . . . im Herrn sterben. Von jetzt an – ja, spricht der Geist – sollen sie ausruhen von ihren Mühen.

14,14–20 Auf die Ankündigung des Gerichts (14,6–13) folgt die Vision vom Gericht haltenden Menschensohn. Die Bilder (Ernte, Weinlese) stammen aus dem Alten Testament (vgl. Joël 4,12f).

chel in der Hand. 15 Und ein anderer Engel kam aus dem
Tempel und rief dem, der auf der Wolke saß, mit lauter
Joël 4,13 Stimme zu: *Schick* deine *Sichel aus*, und ernte! Denn die
Zeit zu ernten ist gekommen: *Die Frucht* der Erde *ist reif*
geworden. 16 Und der, der auf der Wolke saß, schleuderte
seine Sichel über die Erde, und die Erde wurde abgeerntet.

17 Und ein anderer Engel trat aus dem himmlischen
Tempel. Auch er hatte eine scharfe Sichel. 18 Vom Altar
her kam noch ein anderer Engel, der die Macht über das
Feuer hatte. Dem, der die scharfe Sichel trug, rief er mit
Joël 4,13 lauter Stimme zu: *Schick* deine scharfe *Sichel aus*, und
ernte die Trauben vom Weinstock der Erde! Seine Beeren
sind reif geworden. 19 Da schleuderte der Engel seine Si-
chel auf die Erde, erntete den Weinstock der Erde ab und
warf die Trauben in die große Kelter des Zornes Gottes.
Joël 4,13; 20 *Die Kelter* wurde draußen vor der Stadt *getreten*, und
Jes 63,3 Blut strömte aus der Kelter; es stieg an, bis an die Zügel der
Pferde, eintausendsechshundert Stadien weit.

Die Ankündigung der sieben letzten Plagen: 15,1–8

15 Dann sah ich ein anderes Zeichen am Himmel,
Lev 26,21 G groß und wunderbar. Ich sah sieben Engel mit sie-
ben Plagen, den sieben letzten; denn in ihnen erreicht der
Zorn Gottes sein Ende. 2 Dann sah ich etwas, das einem
gläsernen Meer glich und mit Feuer durchsetzt war. Und
die Sieger über das Tier, über sein Standbild und über die
Zahl seines Namens standen auf dem gläsernen Meer und
Ex 15,1; trugen die Harfen Gottes. 3 Sie sangen das Lied des Mose,
14,31 des Knechtes Gottes, und das Lied zu Ehren des Lammes:

14,20 Als ein Vielfaches der symbolischen Zahl der Erde (Vier) symbolisiert die Zahl 1600 (4 mal 4 mal 100) die ganze Erde. – »Stadion« ist ein griechisches Längenmaß, etwa 185 bis 200 Meter.

15,1–16,21 Zwischen die voraufgehende Gerichtsvision und die nachfolgenden Gerichtsschilderungen (17,1–20,15) schiebt Johannes eine dritte Reihe endzeitlicher Heimsuchungen ein: die sieben letzten Plagen.

15,1–8 Die sieben Engel mit den Schalen werden im Rahmen einer liturgischen Szene vorgestellt, wie zuvor auch die Engel mit den Posaunen (vgl. 8,2–6). – Das in Vers 3 genannte Lied des Mose (Ex 15) feierte den Sieg über den Pharao; hier ist es auf den endzeitlichen Sieg bezogen, daher zugleich als »Lied des Lammes« bezeichnet.

15,3 König der Völker, nach anderen Textzeugen: König aller Zeiten. – Christus, das Lamm, ist der neue Mose (vgl. Apg 3,22–26).

Groß und *wunderbar sind deine Taten*, Ex 15,11;
Herr, Gott und Herrscher über die ganze Schöpfung. Ps 92,5; 111,2;
Gerecht und zuverlässig sind deine Wege, 139,14;
du König der Völker. Dtn 32,4
4 Wer wird dich nicht fürchten, Herr, Ps 99,3;
wer wird *deinen Namen* nicht *preisen*? 145,1
Denn du allein bist *heilig*:
Alle Völker kommen und beten dich an; Ps 86,9
denn deine gerechten Taten sind offenbar geworden.
5 Danach sah ich: Es öffnete sich der himmlische Tem-
pel, *das Zelt des Zeugnisses* im Himmel. 6 Und die *sieben* Ex 40,34 G
Engel mit den *sieben Plagen* traten heraus; sie waren in Lev 26,21 G
reines, glänzendes *Leinen gekleidet* und *trugen* um ihre Dan 10,5;
Brust *einen Gürtel aus Gold*. 7 Und eines der vier Lebewe- Ez 9,2.11 G
sen reichte den sieben Engeln sieben goldene Schalen; sie
waren gefüllt mit dem Zorn des Gottes, der in alle Ewig-
keit lebt. 8 *Und der Tempel füllte sich mit dem Rauch der* Ex 40,34f;
Herrlichkeit und Macht Gottes. Niemand *konnte den* 1 Kön 8,10;
Tempel betreten, bis die *sieben Plagen* aus der Hand der Jes 6,4 Lev 26,21
sieben Engel zu ihrem Ende gekommen waren.

Die sieben Engel mit den Schalen des Zorns: 16,1–21

16 Dann hörte ich, wie eine laute Stimme aus dem Jes 66,6
Tempel den sieben Engeln zurief: Geht und *gießt* Zef 3,8
die sieben Schalen *mit dem Zorn* Gottes *über die Erde*!
2 Der erste ging und goß seine Schale über das Land. *Da* Dtn 28,35;
bildete sich ein böses und schlimmes Geschwür an den Ex 9,9f
Menschen, die das Kennzeichen des Tieres trugen und sein
Standbild anbeteten.
3 Der zweite Engel goß seine Schale über das Meer. Da
wurde es zu Blut, das aussah wie das Blut eines Toten; und Ex 7,17f
alle Lebewesen im Meer *starben*.
4 Der dritte goß seine Schale über *die Flüsse* und Quel- Ex 7,19
len. *Da wurde* alles *zu Blut*. 5 Und ich hörte den Engel, der
die Macht über das Wasser hat, sagen: *Gerecht bist du*, der Ps 119,137;
du bist und der du warst, du *Heiliger*; denn damit hast du Ex 3,14 G;
ein gerechtes Urteil gefällt. 6 *Sie haben das Blut* von Heili- Dtn 32,4 G Ps 79,3;
gen und Propheten *vergossen*; deshalb hast du ihnen *Blut* Jes 49,26 G
zu trinken gegeben, so haben sie es verdient. 7 Und ich
hörte eine Stimme vom Brandopferaltar her sagen: Ja, *Herr*,

16,1–21 Die Visionen von sieben Schalen erinnern an die ägyptischen Plagen und andere Überlieferungen. Auch diese noch schlimmeren Katastrophen bewegen die Menschen nicht zur Umkehr. Die drei letzten dieser Visionen beziehen sich im besonderen auf die römische Weltmacht.

Ps 19,10 Gott und Herrscher über die ganze Schöpfung. *Wahr* und
gerecht sind deine Gerichts*urteile*.
8 Der vierte Engel goß seine Schale über die Sonne. Da
wurde ihr Macht gegeben, mit ihrem Feuer die Menschen
zu verbrennen. 9 Und die Menschen verbrannten in der
großen Hitze. Dennoch verfluchten sie den Namen Got-
tes, der die Macht über diese Plagen hat. Sie bekehrten sich
nicht dazu, ihm die Ehre zu geben.
10 Der fünfte Engel goß seine Schale über den Thron des
Ex 10,21f Tieres. *Da kam Finsternis* über das Reich des Tieres, und
die Menschen zerbissen sich vor Angst und Schmerz die
Zunge. 11 Dennoch verfluchten sie den Gott des Himmels
wegen ihrer Schmerzen und ihrer Geschwüre; und sie lie-
ßen nicht ab von ihrem Treiben.
Gen 15,18; 12 Der sechste Engel goß seine Schale über *den großen*
Dtn 1,7 *Strom, den Eufrat. Da trocknete* sein *Wasser aus*, so daß
Jer 50,38 Jes 41,2.25 den Königen des Ostens der Weg offen stand. 13 Dann sah
ich aus dem Maul des Drachen und aus dem Maul des Tie-
res und aus dem Maul des falschen Propheten drei unreine
Geister hervorkommen, die wie Frösche aussahen. 14 Es
Ex 8,3 sind Dämonengeister, die Wunderzeichen tun; sie
schwärmten aus zu den Königen der ganzen Erde, um sie
zusammenzuholen für den Krieg am großen Tag Gottes,
des Herrschers über die ganze Schöpfung.
1,3; 15 Siehe, ich komme wie ein Dieb. Selig, wer wach bleibt
Mt 24,37–44; Lk 12,35–40 und sein Gewand anbehält, damit er nicht nackt gehen
muß und man seine Blöße sieht.
16 Die Geister führten die Könige an dem Ort zusam-
men, der auf hebräisch Harmagedon heißt.
17 Und der siebte Engel goß seine Schale über die Luft.
Jes 66,6 Da kam eine laute *Stimme aus dem Tempel*, die vom
Ex 19,16 Thron her rief: Es ist geschehen. 18 Und es folgten *Blitze*,
Stimmen *und Donner*; es entstand ein gewaltiges Erdbe-
Dan 12,1; ben, *wie noch keines gewesen war*, seitdem es Menschen

---

16,10 Thron des Tieres: Symbol der Macht des in Rom residierenden Kaisers.

16,12–16 Diese Vision scheint zwei verschiedene Vorstellungen miteinander zu verbinden: die Erwartung des Einbruchs der Partherkönige in das Römerreich (Vers 12) und die alttestamentliche Erwartung eines großen Ansturms der Heidenvölker auf Israel (Verse 13–16).

16,16 Harmagedon: wahrscheinlich ein apokalyptischer Symbol- und Geheimname, keine geographische Bezeichnung. Er ist wohl durch die Verknüpfung von hebräisch »har« = Berg (»hoher Berg«, vgl. Jes 14,13) mit dem Ortsnamen »Megiddo« (Sach 12,11) entstanden.

auf der Erde gibt. So gewaltig war dieses Beben. [19] Die
große Stadt brach in drei Teile auseinander, und die Städte
der Völker stürzten ein. Gott hatte sich an *Babylon, die* Dan 4,27
Große, erinnert und reichte ihr *den Becher mit dem Wein* Jes 51,17.22;
seines rächenden *Zornes*. Jer 25,15

[20] Alle Inseln verschwanden, und es gab keine Berge
mehr. [21] Und *gewaltige Hagelbrocken*, zentnerschwer, Ex 9,22–26
stürzten vom Himmel auf die Menschen herab. Dennoch
verfluchten die Menschen Gott wegen dieser Hagelplage;
denn die Plage war über die Maßen groß.

Die Hure Babylon: 17,1–18

17 Dann kam einer der sieben Engel, welche die sie-
ben Schalen trugen, und sagte zu mir: Komm, ich
zeige dir das Strafgericht über die große Hure, die an *den* Jer 51,13
vielen Gewässern sitzt. [2] Denn mit ihr haben *die Könige* Jes 23,17;
der Erde Unzucht getrieben, und vom Wein ihrer Hurerei Ez 27,33;
wurden die Bewohner der Erde betrunken. [3] Der Geist er- Jer 25,15f
griff mich, und der Engel entrückte mich in die Wüste.
Dort sah ich eine Frau auf einem scharlachroten *Tier* sit- Dan 7,7
zen, das über und über mit gotteslästerlichen Namen be-
schrieben war und sieben Köpfe und *zehn Hörner* hatte.
[4] Die Frau war in Purpur und Scharlach gekleidet und mit
Gold, Edelsteinen und Perlen geschmückt. Sie hielt einen
goldenen Becher in der Hand, der mit dem abscheulichen Jer 51,7
Schmutz ihrer Hurerei gefüllt war. [5] Auf ihrer Stirn stand
ein Name, ein geheimnisvoller Name: *Babylon, die Gro-* Dan 4,27
ße, die Mutter der Huren und aller Abscheulichkeiten der
Erde. [6] Und ich sah, daß die Frau betrunken war vom Blut
der Heiligen und vom Blut der Zeugen Jesu.

Beim Anblick der Frau ergriff mich großes Erstaunen.
[7] Der Engel aber sagte zu mir: Warum bist du erstaunt? Ich
will dir das Geheimnis der Frau enthüllen und das Ge-
heimnis des Tieres mit den sieben Köpfen und zehn Hör-
nern, auf dem sie sitzt. [8] *Das Tier*, das du gesehen hast, war Dan 7,3

17,1–20,15 In mehreren Szenen (17,1–19,21; 20,4–15) wird das Endgericht über die im Vorausgehenden geschilderten feindlichen Mächte dargestellt.

17,1–6 Mit der »großen Hure« und »Babylon« ist die Weltmacht Rom gemeint. Das Tier, auf dem die Hure reitet (Vers 3), ist das römische Kaisertum (vgl. die Anmerkung zu 13,1–3). – »Hurerei«, im Alten Testament Bild für Götzendienst und Abfall von Gott, meint hier Verführung zum römischen Kaiserkult.

17,7–18 Dieses Tier, das war und jetzt nicht ist und wieder da sein wird (Vers 8), ist das schon im Kapitel 13 geschilderte Tier (vgl. die Anmerkungen zu 13,1–3).

einmal und ist jetzt nicht; es wird aber aus dem Abgrund
heraufsteigen und dann ins Verderben gehen. Staunen
werden die Bewohner der Erde, deren Namen seit der Er-
Ex 32,32f; schaffung der Welt nicht *im Buch des Lebens verzeichnet*
Ps 69,29; *sind*. Sie werden bei dem Anblick des Tieres staunen; denn
Dan 12,1; Offb 3,5 es war einmal und ist jetzt nicht, wird aber wieder da sein.
9 Hier braucht man Verstand und Kenntnis.

Die sieben Köpfe bedeuten die sieben Berge, auf denen
die Frau sitzt. Sie bedeuten auch sieben Könige. 10 Fünf
sind bereits gefallen. Einer ist jetzt da, einer ist noch nicht
gekommen; wenn er dann kommt, darf er nur kurze Zeit
bleiben. 11 Das Tier aber, das war und jetzt nicht ist, bedeu-
tet einen achten König und ist doch einer von den sieben
Dan 7,24 und wird ins Verderben gehen. 12 *Die zehn Hörner*, die du
gesehen hast, *bedeuten zehn Könige*, die noch nicht zur
Herrschaft gekommen sind; sie werden aber königliche
Macht für eine einzige Stunde erhalten, zusammen mit
dem Tier. 13 Sie sind eines Sinnes und übertragen ihre
Macht und Gewalt dem Tier. 14 Sie werden mit dem Lamm
Krieg führen, aber das Lamm wird sie besiegen. Denn es ist
Dtn 10,17; *der Herr der Herren* und der König *der Könige*. Bei ihm sind
Dan 2,47; 1 Tim 6,15 die Berufenen, Auserwählten und Treuen.

Jer 51,13 15 Und er sagte zu mir: Du hast *die Gewässer* gesehen,
Dan 3,4 an denen die Hure sitzt; sie bedeuten *Völker* und Men-
schenmassen, *Nationen und Sprachen*. 16 Du hast die zehn
Hörner und das Tier gesehen; sie werden die Hure hassen,
ihr alles wegnehmen, bis sie nackt ist, werden ihr Fleisch
fressen und sie im Feuer verbrennen. 17 Denn Gott lenkt
ihr Herz so, daß sie seinen Plan ausführen: Sie sollen ein-
mütig handeln und ihre Herrschaft dem Tier übertragen,
bis die Worte Gottes erfüllt sind. 18 Die Frau aber, die du
gesehen hast, ist die große Stadt, die die Herrschaft hat
Ps 2,2 über *die Könige der Erde*.

17,9–11 Die sieben Köpfe des Tieres werden sowohl auf die sieben Hügel Roms als auch auf die sieben »Könige« (römische Kaiser) gedeutet. Das Hauptinteresse gilt einem bestimmten Inhaber des römischen Kaisertums: dem achten Kaiser, der »einer von den sieben« ist und ins Verderben geht (Vers 11), d. h. dem als wiedererstandener Nero angesehenen Kaiser Domitian.

17,12–18 Das Horn ist Symbol der Kraft. Bei den zehn Königen ist entweder an Verbündete Roms oder an die öfter genannten »Könige der Erde« (vgl. 1,5; 6,15; 16,14; 19,19; Ps 2,2, auch Dan 7,24 G) gedacht (zehn ist die Zahl der Vollkommenheit). Die Gerichtsvorgänge werden unter sachlichen, nicht unter zeitlichen Gesichtspunkten geschildert und zwar nach alttestamentlichen Vorlagen (vgl. Ez 16,15–41; 23,11–35).

Die Ankündigung von Babylons Sturz: 18,1–8

18 Danach sah ich einen anderen Engel aus dem
Himmel herabsteigen; er hatte große Macht, *und* Ez 43,2
die Erde leuchtete auf von seiner Herrlichkeit. 2 Und er
rief mit gewaltiger Stimme: *Gefallen, gefallen ist Babylon,* Jes 21,9;
die Große! Zur Wohnung von Dämonen ist sie geworden, Dan 4,27
zur Behausung aller unreinen Geister und zum Schlupf- Jes 13,21; 34,11;
winkel aller unreinen und abscheulichen Vögel. 3 Denn Jer 50,39
vom Zornwein ihrer Unzucht *haben* alle *Völker getrun-* Jer 51,7;
ken, und die Könige der Erde haben mit ihr Unzucht ge- Jes 23,17;
trieben. Durch die Fülle ihres Wohlstands sind die Kauf- Ez 27,33
leute der Erde reich geworden.
4 Dann hörte ich eine andere Stimme vom Himmel her
rufen: Verlaß die Stadt, mein Volk, damit du nicht mit- Jes 48,20;
schuldig wirst an ihren Sünden und von ihren Plagen mit- 2 Kor 6,17
getroffen wirst. 5 *Denn ihre* Sünden *haben sich bis zum* Jer 51,9
Himmel aufgetürmt, und Gott hat ihre Schandtaten nicht
vergessen. 6 Zahlt ihr mit gleicher Münze heim, gebt ihr Jer 50,15.29;
doppelt zurück, was sie getan hat. Mischt ihr den Becher, Ps 137,8
den sie gemischt hat, doppelt so stark. 7 Im gleichen Maß,
wie sie in Prunk und Luxus lebte, laßt sie Qual und Trauer
erfahren. *Sie dachte bei sich:* Ich throne als Königin, *ich* Jes 47,7f
bin keine Witwe und werde keine Trauer kennen. 8 Des-
halb *werden an einem einzigen Tag* die Plagen über sie Jes 47,9
kommen, die für sie bestimmt sind: Tod, Trauer und Hun-
ger. Und sie wird im Feuer verbrennen; denn *stark ist der* Jer 50,34
Herr, der Gott, der sie gerichtet hat.

Die Klage über den Untergang Babylons: 18,9–24

9 *Die Könige der Erde, die mit ihr gehurt* und in Luxus Ez 27,31–33;
gelebt *haben, werden über* sie *weinen und klagen*, wenn Jes 23,17
sie den Rauch der brennenden Stadt sehen. 10 Sie bleiben in
der Ferne stehen aus Angst vor ihrer Qual und sagen:
Wehe! Wehe, du *große* Stadt *Babylon, du mächtige Stadt*! Dan 4,27;
In einer einzigen Stunde ist das Gericht über dich gekom- Ez 26,17
men.

18,1–3 Das bereits 14,8 angekündigte Gericht über Babylon wird nun Wirklichkeit. Zur Schilderung des Gerichts über gottfeindliche Städte im Alten Testament vgl. Jes 47,10 G (Babylon), Jes 23,15–17 (Tyrus) und Nah 3,4 (Ninive).

18,8 »An einem einzigen Tag« ist wie »in einer einzigen Stunde« (Verse 10.17.19) symbolischer Ausdruck für das plötzliche Eintreffen des Gerichts.

18,9–19 Die Klagen »der Könige der Erde«, der Kaufleute und der Seefahrer über die verödete Stadt haben ihr Vorbild in Ez 26,15–27,36.

Ez 27,31.36 [11] Auch die *Kaufleute* der Erde *weinen und klagen* um
sie, weil niemand mehr ihre Ware kauft: [12] Gold und Sil-
ber, Edelsteine und Perlen, feines Leinen, Purpur, Seide
und Scharlach, wohlriechende Hölzer aller Art und alle
möglichen Geräte aus Elfenbein, kostbarem Edelholz,
Bronze, Eisen und Marmor; [13] auch Zimt und Balsam,
Räucherwerk, Salböl und Weihrauch, Wein und Öl, fein-
stes Mehl und Weizen, Rinder und Schafe, Pferde und Wa-
Ez 27,13 gen und sogar Menschen mit Leib und Seele.

[14] Auch die Früchte, nach denen dein Herz begehrte,
sind dir genommen. Und alles, was prächtig und glänzend
war, hast du verloren; nie mehr wird man es finden. [15] Die
Ez 27,31.36 *Kaufleute*, die durch den Handel mit dieser Stadt reich ge-
worden sind, werden aus Angst vor ihrer Qual in der Ferne
stehen, und sie werden *weinen und klagen*: [16] Wehe!
Wehe, du große Stadt, bekleidet mit feinem Leinen, mit
Purpur und Scharlach, geschmückt mit Gold, Edelsteinen
und Perlen. [17] In einer einzigen Stunde ist dieser ganze
Reichtum dahin.

Ez 27,27–34 *Alle Kapitäne* und Schiffsreisenden, *die Matrosen und
alle, die* ihren Unterhalt *auf See* verdienen, machten schon
in der Ferne halt, [18] als sie den Rauch der brennenden Stadt
sahen, und sie riefen: *Wer* konnte sich mit der großen Stadt
messen? [19] *Und sie streuten sich Staub auf den Kopf, sie
Ez 26,19 schrien, weinten und klagten:* Wehe! Wehe, du große
Stadt, die mit ihren Schätzen alle reich gemacht hat, die
Schiffe auf dem Meer haben. In einer einzigen Stunde ist
Jes 44,23 sie verwüstet worden. [20] *Freu dich* über ihren Untergang,
du Himmel – und auch ihr, Heilige, Apostel und Prophe-
Dtn 32,43 G ten, freut euch! Denn *Gott hat* euch an ihr *gerächt*.

Jer 51,63f [21] Dann hob ein gewaltiger Engel einen *Stein* auf, so groß
wie ein Mühlstein; *er warf ihn* ins Meer und rief: So wird
Dan 4,27 *Babylon, die große Stadt*, mit *Wucht hinabgeworfen wer-
Ez 26,21 den, und man wird sie nicht mehr finden*. [22] Die Musik
Jes 24,8; von Harfenspielern und Sängern, von Flötenspielern und
Ez 26,13 Trompetern hört man nicht mehr in dir. Einen kundigen
Jer 25,10 Handwerker gibt es nicht mehr in dir. *Das Geräusch des
Mühlsteins* hört man nicht mehr in dir. [23] *Das Licht der
Lampe* scheint nicht mehr in dir. *Die Stimme von Braut
Jes 23,8; und Bräutigam* hört man nicht mehr in dir. Deine *Kauf-
Jes 47,9; leute waren die Großen der Erde, deine Zauberei* ver-
Nah 3,4 führte alle Völker. [24] Aber in ihr war das Blut von Prophe-

---

18,21–23 Das symbolische Geschehen verweist auf die Endgültigkeit des vollzogenen Gerichts.

ten und Heiligen und von allen, die auf der Erde hinge- Jer 51,49
schlachtet worden sind.

Jubel im Himmel: 19,1–10

19 Danach hörte ich etwas wie den lauten Ruf einer großen Schar im Himmel:
Halleluja!
Das Heil und die Herrlichkeit und die Macht
ist bei unserm Gott.
2 *Seine Urteile sind wahr und gerecht.* Ps 19,10
Er hat die große Hure gerichtet,
die mit ihrer Unzucht die Erde verdorben hat.
Er hat Rache genommen für das Blut seiner *Knechte*, 2 Kön 9,7
das an ihren Händen klebte.
3 Noch einmal riefen sie:
Halleluja!
Der Rauch der Stadt *steigt auf* in alle Ewigkeit. Jes 34,10
4 Und die vierundzwanzig Ältesten und die vier Lebe-
wesen fielen nieder vor Gott, *der auf dem Thron sitzt*, be- Jes 6,1
teten ihn an und riefen:
Amen, halleluja!
5 Und eine Stimme kam vom Thron her:
Preist unsern Gott, *all* seine *Knechte* Ps 134,1
und alle, die ihn fürchten, Kleine und Große! Ps 115,13
6 Da hörte ich etwas wie den Ruf einer großen Schar und Ez 1,24; 43,2
wie *das Rauschen gewaltiger Wassermassen* und wie das
Rollen mächtiger Donner:
Halleluja!
Denn König geworden ist der Herr, unser Gott, Ps 93,1; Dan 7,14
der Herrscher über die ganze Schöpfung.
7 *Wir wollen uns freuen und jubeln* Ps 118,24
und ihm die Ehre erweisen.
Denn gekommen ist die Hochzeit des Lammes,
und seine Frau hat sich bereit gemacht.
8 Sie durfte sich kleiden in strahlend reines Leinen. Ps 45,14f
Das Leinen bedeutet die gerechten Taten der
Heiligen.
9 Jemand sagte zu mir: Schreib auf: Selig, wer zum 1,3
Hochzeitsmahl des Lammes eingeladen ist. Dann sagte er
zu mir: Das sind zuverlässige Worte, es sind Worte Gottes.

19,1–9 Die Triumphlieder der Himmelsbewohner (vgl. 18,20) preisen das gerechte Gericht über die Feinde Gottes (»die große Hure«) und das künftige Heil des Gottesvolkes. Das Heil wird unter dem Bild einer Hochzeit dargestellt (vgl. Mt 22,1–3; Mk 2,19; Joh 3,29; 2 Kor 11,2).

10 Und ich fiel ihm zu Füßen, um ihn anzubeten. Er aber
sagte zu mir: Tu das nicht! Ich bin ein Knecht wie du und
22,9 deine Brüder, die das Zeugnis Jesu festhalten. Gott bete an!
Das Zeugnis Jesu ist der Geist prophetischer Rede.

Sieg über das Tier und seinen Propheten: 19,11–21

Ez 1,1 11 Dann sah ich *den Himmel offen*, und siehe, da war ein
weißes Pferd, und der, der auf ihm saß, heißt »Der Treue
Ps 96,13 und Wahrhaftige«; *gerecht richtet er* und führt er Krieg.
Dan 10,6 12 *Seine Augen* waren wie *Feuerflammen*, und auf dem
Haupt trug er viele Diademe; und auf ihm stand ein Name,
Jes 63,1f den er allein kennt. 13 Bekleidet war er mit einem blutge-
tränkten Gewand; und sein Name heißt »Das Wort Got-
tes«. 14 Die Heere des Himmels folgten ihm auf weißen
Pferden; sie waren in reines, weißes Leinen gekleidet.
Jes 11,4; 49,2 15 *Aus seinem Mund* kam *ein scharfes Schwert*; mit ihm
wird er die Völker schlagen. *Und er herrscht über sie mit*
Ps 2,9 G Jes 63,3 *eisernem Zepter, und* er *tritt die Kelter* des Weines, des rä-
chenden Zornes Gottes, des Herrschers über die ganze
Schöpfung. 16 Auf seinem Gewand und auf seiner Hüfte
Dan 2,47; trägt er den Namen: »König *der Könige* und *Herr der Her-*
Dtn 10,17 *ren*«.

17 Dann sah ich einen Engel, der in der Sonne stand. Er
rief mit lauter Stimme allen Vögeln zu, die hoch am Him-
Ez 39,4.17–20 mel flogen: *Kommt her! Versammelt euch zum großen*
Mahl Gottes. 18 *Freßt Fleisch* von Königen, von Heerfüh-
rern und *von Helden*, Fleisch *von Pferden* und ihren *Rei-*
tern, Fleisch von allen, von Freien und Sklaven, von Gro-
ßen und Kleinen!

Ps 2,2 19 Dann sah ich das Tier und die *Könige der Erde* und
ihre Heere versammelt, um mit dem Reiter und seinem
Heer Krieg zu führen. 20 Aber das Tier wurde gepackt und
mit ihm der falsche Prophet; er hatte vor seinen Augen

19,11–21 Die Vision vom Endkampf zwischen dem in die Macht Gottes eingesetzten Christus, dem Reiter auf dem weißen Pferd, und den gottfeindlichen Mächten schildert das endgültige Gericht über das Tier und den Lügenpropheten.

19,13 Das Blut, mit dem das Gewand Christi getränkt ist, ist das im Endkampf vergossene Blut der Feinde Gottes. Der Name »Das Wort Gottes« verweist auf die durchschlagende Kraft des ausgesprochenen Wortes, des Willens Gottes (vgl. Vers 15; 2 Thess 2,8); dieser Name steht in Beziehung zur Bezeichnung Christi als »das Wort« in Joh 1,1–14.

19,20 Der brennende Schwefelsee ist Bild für den Ort ewiger Peinigung. Dieser Ort wurde im Judentum »Gehenna« (Hölle) genannt (vgl. Dtn 32,22; Mt 11,23; 23,33; Lk 12,5; 2 Petr 2,4).

Zeichen getan und dadurch alle verführt, die das Kennzei-
chen des Tieres angenommen und sein Standbild angebe-
tet hatten. Bei lebendigem Leib wurden beide in den See Dan 7,11;
von brennendem Schwefel geworfen. 21 Die übrigen wur- Jes 30,33
den getötet mit dem Schwert, das aus dem Mund des
Reiters kam; und *alle Vögel fraßen sich satt an* ihrem Ez 39,17.20
Fleisch.

Die Tausendjährige Herrschaft: 20,1–6

20 Dann sah ich einen Engel vom Himmel herabstei-
gen; auf seiner Hand trug er den Schlüssel zum
Abgrund und eine schwere Kette. 2 Er überwältigte den
Drachen, die alte *Schlange* – das ist *der Teufel* oder *der Sa-* Gen 3,1;
tan –, und er fesselte ihn für tausend Jahre. 3 Er warf ihn in Sach 3,1; Ijob 1,6
den Abgrund, verschloß diesen und drückte ein Siegel dar-
auf, damit der Drache die Völker nicht mehr verführen
konnte, bis die tausend Jahre vollendet sind. Danach muß
er für kurze Zeit freigelassen werden.
4 *Dann sah ich Throne*; und denen, die darauf *Platz* Dan 7,9.22 G
nahmen, wurde das Gericht übertragen. Ich sah die Seelen 1 Kor 6,2
aller, die enthauptet worden waren, weil sie an dem Zeug-
nis Jesu und am Wort Gottes festgehalten hatten. Sie hat-
ten das Tier und sein Standbild nicht angebetet, und sie
hatten das Kennzeichen nicht auf ihrer Stirn und auf ihrer
Hand anbringen lassen. Sie gelangten zum Leben und zur
Herrschaft mit Christus für tausend Jahre. 5 Die übrigen
Toten kamen nicht zum Leben, bis die tausend Jahre voll-
endet waren. Das ist die erste Auferstehung. 6 Selig und 1,3
heilig, wer an der ersten Auferstehung teilhat. Über solche
hat der zweite Tod keine Gewalt. Sie werden *Priester Got-* Jes 61,6
tes und Christi sein und tausend Jahre mit ihm herr-
schen.

20,1 Zu »Abgrund« vgl. die Anmerkung zu 9,1f.

20,2–3 Ob die zeitliche Befristung der Fesselung des Satans (vgl. Jes 24,21f) auf tausend Jahre als Hinweis auf einen Zeitabschnitt oder als Zeichen für die Einschränkung der Macht Satans zu deuten ist, läßt sich nicht eindeutig entscheiden. Jedenfalls aber ist die Zeitangabe selbst nicht wörtlich zu verstehen.

20,4–6 Die Deutung dieser Vision bereitete seit je besondere Schwierigkeiten. Nach wörtlichem Verständnis würden der himmlische Christus und die bis zum Tod getreuen Christen tausend Jahre auf dieser Erde herrschen (vgl. 5,10). Möglicherweise aber will Offb nur den besonderen jenseitigen Lohn hervorheben, der den Märtyrern zuteil werden soll (vgl. Dan 7,9.22.27 G). Jedenfalls hat der Verfasser die Märtyrer nicht in das allgemeine Gericht einbezogen, von dem er in den Versen 11–15 berichtet (vgl. 6,9–11).

Der endgültige Sieg über den Satan: 20,7–10

[7] Wenn die tausend Jahre vollendet sind, wird der Satan
aus seinem Gefängnis freigelassen werden. [8] Er wird aus-
Ez 38,6; ziehen, um die Völker an den vier Ecken der Erde, den Gog
Jes 11,12; Ez 7,2; 38,2 und den Magog, zu verführen und sie zusammenzuholen
für den Kampf; sie sind so zahlreich wie die Sandkörner am
Hab 1,6 G Meer. [9] Sie schwärmten aus über *die weite Erde* und um-
Ps 87,2; zingelten das Lager der Heiligen und Gottes geliebte Stadt.
2 Kön 1,10; Ez 39,6 Aber *Feuer fiel vom Himmel und verzehrte sie.* [10] Und der
Ez 38,22 Teufel, ihr Verführer, wurde in den See von *brennendem*
Schwefel geworfen, wo auch das Tier und der falsche Pro-
phet sind. Tag und Nacht werden sie gequält, in alle Ewig-
keit.

Das Gericht über alle Toten: 20,11–15

Jes 6,1 [11] Dann *sah ich einen* großen weißen *Thron* und den, der
Ps 114,3.7 auf ihm *saß; vor seinem Anblick flohen Erde* und Himmel,
Dan 2,35 G und es *gab keinen Platz mehr für sie.* [12] Ich sah die Toten
vor dem Thron stehen, die Großen und die Kleinen. Und
Dan 7,10 *Bücher wurden aufgeschlagen;* auch *das Buch des Lebens*
Ps 69,29; Offb 3,5 wurde aufgeschlagen. Die Toten wurden *nach ihren Wer-*
Ps 28,4 *ken* gerichtet, nach dem, was in den Büchern aufgeschrie-
ben war. [13] Und das Meer gab die Toten heraus, die in ihm
Hos 13,14 waren; und *der Tod* und *die Unterwelt* gaben ihre Toten
heraus, die in ihnen waren. Sie wurden gerichtet, jeder
Ps 28,4; Hos 13,14; Jes 25,8 G; 1 Kor 15,26 *nach seinen Werken.* [14] *Der Tod* und *die Unterwelt* aber
wurden in den Feuersee geworfen. Das ist der zweite Tod:
Ex 32,32f; Dan 12,1; Ps 69,29; Offb 3,5 der Feuersee. [15] Wer nicht im *Buch des Lebens verzeichnet*
war, wurde in den Feuersee geworfen.

DIE NEUE WELT GOTTES: 21,1–22,5

Gottes Wohnen unter den Menschen: 21,1–8

Jes 65,17; 66,22 **21** Dann sah ich *einen neuen Himmel und eine neue*
Erde; denn der erste Himmel und die erste Erde
sind vergangen, auch das Meer ist nicht mehr. [2] Ich sah *die*

20,7–10 Die Abfolge der Visionen 20,4–6 und 20,7–10 ist wohl durch Ez 33–37 und 38–39 veranlaßt. Dort folgt auf die Darstellung des messianischen Reiches der Ansturm der Heere des Fürsten Gog aus dem Land Magog. In Offb sind die Namen Gog und Magog symbolische Bezeichnungen für alle heidnischen Völker. – Jerusalem ist Sinnbild der Kirche. – Zum Schwefelsee vgl. die Anmerkung zu 19,20.

20,11–15 Die letzte Gerichtsvision handelt vom Gericht über die (»übrigen«) Toten. Sie erreicht ihren Höhepunkt in der Vernichtung der als Person vorgestellten Todesmacht (Vers 14).

21,1 Das Verschwinden der Erde und des Himmels (vgl. 20,11) und das Kommen »eines neuen Himmels und einer neuen Erde«

heilige Stadt, das neue *Jerusalem*, von Gott her aus dem Jes 52,1; Gal
Himmel herabkommen; sie war bereit *wie eine Braut, die* 4,26; Hebr 12,22
sich für ihren Mann *geschmückt hat*. [3] Da hörte ich eine Jes 61,10
laute Stimme vom Thron her rufen: *Seht, die Wohnung* Lev 26,11f
Gottes unter den Menschen! *Er wird in ihrer Mitte woh-* Ez 37,27;
nen, und sie werden sein Volk sein; und er, Gott, wird bei Sach 2,14;
ihnen sein. [4] *Er wird alle Tränen von ihren Augen abwi-* Jes 8,8
schen: Der Tod wird nicht mehr sein, keine *Trauer*, keine Jes 25,8
Klage, keine Mühsal. Denn was früher war, ist vergangen. 1 Kor 15,26
[5] *Er, der auf dem Thron saß*, sprach: *Seht, ich mache* al- Jes 35,10
les *neu*. Und er sagte: Schreib es auf, denn diese Worte sind Jes 6,1;
zuverlässig und wahr. [6] Er sagte zu mir: Sie sind in Erfül- 43,19 G;
lung gegangen. Ich bin das Alpha und das Omega, der An- 2 Kor 5,17
fang und das Ende. *Wer durstig ist, den werde ich umsonst* Jes 55,1;
aus der Quelle trinken lassen, aus der *das Wasser des Le-* Sach 14,8
bens strömt. [7] Wer siegt, wird dies als Anteil erhalten: *Ich* Röm 8,17
werde sein Gott sein, und er wird mein Sohn sein. [8] Aber 2 Sam 7,14
die Feiglinge und Treulosen, die Befleckten, die Mörder 22,15;
und Unzüchtigen, die Zauberer, Götzendiener und alle Mt 15,19
Lügner – ihr Los wird der See *von brennendem Schwefel* Ez 38,22
sein. Dies ist der zweite Tod.

Das neue Jerusalem: 21,9–22,5

[9] Und es kam einer von den sieben Engeln, die die sieben
Schalen mit den *sieben* letzten *Plagen* getragen hatten. Er Lev 26,21 G
sagte zu mir: Komm, ich will dir die Braut zeigen, die Frau
des Lammes. [10] *Da entrückte er mich* in der Verzückung Ez 40,2
auf einen großen, *hohen Berg* und zeigte mir *die heilige*
Stadt Jerusalem, wie sie von Gott her aus dem Himmel Jes 52,1
herabkam, [11] erfüllt von der Herrlichkeit Gottes. Sie Jes 60,1f
glänzte wie ein kostbarer Edelstein, wie ein kristallklarer
Jaspis. [12] *Die Stadt* hat eine große und hohe Mauer mit Ez 48,31
zwölf *Toren* und zwölf Engeln darauf. Auf die Tore sind
Namen geschrieben: *die Namen der zwölf Stämme der* Ex 28,21
Söhne Israels. [13] *Im Osten hat die Stadt drei Tore und im* Ez 48,31–35

(Jes 65,17; 66,12) sind Hinweis auf die völlig andersartigen Bedingungen des Daseins der Erlösten.

21,3 Nach anderen Textzeugen: sie werden seine Völker sein.

21,2–4 In der Schilderung des seligen Lebens gehen die Bilder ineinander über: »das neue Jerusalem« – »die Braut« – »die Wohnung Gottes unter den Menschen«.

21,5–8 Wie in 1,8 spricht Gott hier selbst; seine Worte bestätigen die Aussage des Sehers.

21,9f Auch hier werden »die Braut, die Frau des Lammes« (Gegenbild der großen Hure) und »die heilige Stadt Jerusalem« (Gegenbild Babylons) miteinander gleichgesetzt.

Norden drei Tore und *im Süden drei Tore und im Westen*
drei Tore. 14 Die Mauer der Stadt hat zwölf Grundsteine;
auf ihnen stehen die zwölf Namen der zwölf Apostel des
Lammes.

15 Und der Engel, der zu mir sprach, hatte einen goldenen
Ez 40,3.5 *Meßstab*, mit dem die Stadt, ihre Tore und ihre Mauer ge-
Ez 43,16 messen wurden. 16 Die Stadt war *viereckig* angelegt und
ebenso lang wie breit. Er maß die Stadt mit dem Meßstab;
ihre Länge, Breite und Höhe sind gleich: zwölftausend Sta-
Ez 40,5 dien. 17 *Und er maß ihre Mauer*; sie ist hundertvierund-
vierzig Ellen hoch nach Menschenmaß, das der Engel be-
Jes 54,11f nutzt hatte. 18 Ihre Mauer ist aus Jaspis gebaut, und die
Ez 28,13 G Stadt ist aus reinem Gold, wie aus reinem Glas. 19 *Die*
Grundsteine der Stadtmauer sind mit *edlen Steinen* aller
Art geschmückt; der erste Grundstein ist ein Jaspis, der
zweite ein Saphir, der dritte ein Chalzedon, der vierte ein
Smaragd, 20 der fünfte ein Sardonyx, der sechste ein Sar-
dion, der siebte ein Chrysolith, der achte ein Beryll, der
neunte ein Topas, der zehnte ein Chrysopras, der elfte ein
Hyazinth, der zwölfte ein Amethyst. 21 Die zwölf Tore
sind zwölf Perlen; jedes der Tore besteht aus einer einzigen
Perle. Die Straße der Stadt ist aus reinem Gold, wie aus
klarem Glas.

22 Einen Tempel sah ich nicht in der Stadt. Denn der
Herr, ihr Gott, der Herrscher über die ganze Schöpfung, ist
Jes 60,1.19 ihr Tempel, er und das Lamm. 23 Die Stadt braucht *weder*
Sonne noch Mond, die ihr *leuchten*. Denn *die Herrlichkeit*
Gottes erleuchtet sie, und ihre Leuchte ist das Lamm.
Jes 60,3.11 24 *Die Völker werden* in diesem *Licht einhergehen, und*
Ps 72,10 *die Könige* der Erde werden *ihre Pracht* in die Stadt *brin-*
Sach 14,7 *gen*. 25 Ihre *Tore werden den ganzen Tag nicht geschlossen*
– Nacht wird es dort nicht mehr geben. 26 *Und man wird*
die Pracht und die Kostbarkeiten *der Völker* in die Stadt
Jes 52,1 *bringen*. 27 *Aber nichts Unreines wird hineinkommen*,
Jes 4,3; keiner, der Greuel verübt und lügt. Nur die, *die im Le-*
Dan 12,1; Ps 69,29; *bensbuch* des Lammes *eingetragen sind*, werden eingelas-
Offb 3,5 sen.

Gen 2,10; Sach 14,8 22 Und er zeigte mir einen *Strom, das Wasser des Le-*
bens, klar wie Kristall; *er geht* vom Thron Gottes
und des Lammes *aus*. 2 Zwischen der Straße der Stadt und
Ez 47,12; dem Strom, hüben und drüben, stehen Bäume des Lebens.
Gen 2,9 Zwölfmal tragen sie Früchte, jeden Monat einmal; und die
Blätter der Bäume dienen zur Heilung der Völker. 3 Es wird
Sach 14,11 nichts mehr geben, was der Fluch Gottes trifft. Der Thron
Gottes und des Lammes wird in der Stadt stehen, und seine
Ps 17,15 Knechte werden ihm dienen. 4 Sie werden sein *Angesicht*

schauen, und sein Name ist auf ihre Stirn geschrieben. 5 Es
wird keine Nacht mehr geben, und sie brauchen weder das
Licht einer Lampe noch das Licht der Sonne. Denn der Jes 60,19
Herr, ihr Gott, wird über ihnen leuchten, und sie werden Dan 7,18.27
herrschen *in alle Ewigkeit*.

ZEUGNIS UND ABSCHLIESSENDE MAHNUNG DES SEHERS: 22,6–21

6 Und der Engel sagte zu mir: Diese Worte sind zuverläs-
sig und wahr. Gott, der Herr über den Geist der Propheten,
hat seinen Engel gesandt, um seinen Knechten zu zeigen,
was bald *geschehen muß*. Dan 2,28
7 *Siehe, ich komme* bald. Selig, wer an den propheti- Sach 2,14;
schen Worten dieses Buches festhält. Offb 1,3; 22,12.20
8 Ich, Johannes, habe dies gehört und gesehen. Und als
ich es hörte und sah, fiel ich dem Engel, der mir dies gezeigt
hatte, zu Füßen, um ihn anzubeten. 9 Da sagte er zu mir: 19,10
Tu das nicht! Ich bin nur ein Knecht wie du und deine Brü-
der, die Propheten, und wie alle, die sich an die Worte die-
ses Buches halten. Gott bete an!
10 Und er sagte zu mir: *Versiegle* dieses *Buch* mit seinen Dan 12,4.9
prophetischen *Worten* nicht! Denn die Zeit ist nahe.
11 *Wer Unrecht tut, tue weiter Unrecht*, der Unreine Dan 12,10
bleibe unrein, der Gerechte handle weiter gerecht, und der
Heilige strebe weiter nach Heiligkeit. 12 *Siehe, ich komme* Sach 2,14;
bald, und *mit mir* bringe ich den *Lohn, und ich werde je-* Jes 40,10 G; Ps 28,4
dem geben, was seinem Werk entspricht. 13 *Ich bin* das Jes 44,6;
Alpha und das Omega, *der Erste und der Letzte*, der Anfang Offb 1,17
und das Ende. 14 Selig, wer sein Gewand wäscht: Er hat An- 1,3
teil am *Baum des Lebens*, und er wird durch die Tore in die Gen 2,9; 3,22
Stadt eintreten können. 15 Draußen bleiben die »Hunde« 21,8; Mt 15,19
und die Zauberer, die Unzüchtigen und die Mörder, die
Götzendiener und jeder, der die Lüge liebt und tut.
16 Ich, Jesus, habe meinen Engel gesandt als Zeugen für
das, was die Gemeinden betrifft. Ich bin die Wurzel und der Jes 11,1.10;
Stamm Davids, der strahlende Morgenstern. Num 24,17
17 Der Geist und die Braut aber sagen: Komm! Wer hört,
der rufe: Komm! *Wer durstig ist, der komme.* Wer will, Jes 55,1
empfange *umsonst das Wasser des Lebens*. Sach 14,8
18 Ich bezeuge jedem, der die prophetischen *Worte* dieses Dtn 4,2;
Buches hört: Wer *etwas hinzufügt*, dem wird Gott die Pla- 13,1
gen zufügen, *von denen in diesem Buch geschrieben steht*. Dtn 29,20
19 *Und* wer *etwas wegnimmt von* den prophetischen Wor- Dtn 4,2
ten dieses Buches, dem wird Gott seinen Anteil *am Baum* Gen 2,9; 3,22

des Lebens und an der heiligen Stadt wegnehmen, von denen in diesem Buch geschrieben steht.

3,11; 22,7.12 20 Er, der dies bezeugt, spricht: Ja, ich komme bald. –
1 Kor 16,22 Amen. Komm, Herr Jesus!
Hebr 13,25 21 Die Gnade des Herrn Jesus sei mit allen!

ANHANG

I. Namen, Abkürzungen und Parallelüberlieferungen

1. ALLGEMEINE ABKÜRZUNGEN

A	Anmerkung
AT	Altes Testament
atl.	alttestamentlich
d. h.	das heißt
f	folgender Vers
G	griechische Übersetzung der Septuaginta, entstanden zwischen ca. 250–100 v. Chr.
H	hebräischer Text
Jh.	Jahrhundert
NT	Neues Testament
ntl.	neutestamentlich
Par.	Parallele
Parr.	Parallelen
par.	parallele Stellen
s.	siehe
sog.	sogenannt (-e, -er, -es)
u. a.	unter anderem
usw.	und so weiter
vgl.	vergleiche
V.	Vers
VV.	Verse
z. B.	zum Beispiel
z. T.	zum Teil
( )	erklärender Zusatz der Übersetzer
[ ]	unechter Text

2. NAMEN UND ABKÜRZUNGEN DER BIBLISCHEN BÜCHER

Altes Testament

Gen	Das Buch Genesis
Ex	Das Buch Exodus
Lev	Das Buch Levitikus
Num	Das Buch Numeri
Dtn	Das Buch Deuteronomium

Jos	Das Buch Josua
Ri	Das Buch der Richter
Rut	Das Buch Rut
1 Sam	Das erste Buch Samuel
2 Sam	Das zweite Buch Samuel
1 Kön	Das erste Buch der Könige
2 Kön	Das zweite Buch der Könige
1 Chr	Das erste Buch der Chronik
2 Chr	Das zweite Buch der Chronik
Esra	Das Buch Esra
Neh	Das Buch Nehemia
Tob	Das Buch Tobit
Jdt	Das Buch Judit
Est	Das Buch Ester
1 Makk	Das erste Buch der Makkabäer
2 Makk	Das zweite Buch der Makkabäer
Ijob	Das Buch Ijob
Ps	Die Psalmen
Spr	Das Buch der Sprichwörter
Koh	Das Buch Kohelet
Hld	Das Hohelied
Weish	Das Buch der Weisheit
Sir	Das Buch Jesus Sirach
Jes	Das Buch Jesaja
Jer	Das Buch Jeremia
Klgl	Die Klagelieder
Bar	Das Buch Baruch
Ez	Das Buch Ezechiel
Dan	Das Buch Daniel
Hos	Das Buch Hosea
Joël	Das Buch Joël
Am	Das Buch Amos
Obd	Das Buch Obadja
Jona	Das Buch Jona
Mi	Das Buch Micha
Nah	Das Buch Nahum
Hab	Das Buch Habakuk
Zef	Das Buch Zefanja
Hag	Das Buch Haggai
Sach	Das Buch Sacharja
Mal	Das Buch Maleachi

Neues Testament

Mt	Das Evangelium nach Matthäus
Mk	Das Evangelium nach Markus
Lk	Das Evangelium nach Lukas
Joh	Das Evangelium nach Johannes
Apg	Die Apostelgeschichte
Röm	Der Brief an die Römer
1 Kor	Der erste Brief an die Korinther
2 Kor	Der zweite Brief an die Korinther
Gal	Der Brief an die Galater
Eph	Der Brief an die Epheser
Phil	Der Brief an die Philipper
Kol	Der Brief an die Kolosser
1 Thess	Der erste Brief an die Thessalonicher
2 Thess	Der zweite Brief an die Thessalonicher
1 Tim	Der erste Brief an Timotheus
2 Tim	Der zweite Brief an Timotheus
Tit	Der Brief an Titus
Phlm	Der Brief an Philemon
Hebr	Der Brief an die Hebräer
Jak	Der Brief des Jakobus
1 Petr	Der erste Brief des Petrus
2 Petr	Der zweite Brief des Petrus
1 Joh	Der erste Brief des Johannes
2 Joh	Der zweite Brief des Johannes
3 Joh	Der dritte Brief des Johannes
Jud	Der Brief des Judas
Offb	Die Offenbarung des Johannes

3. PARALLELÜBERLIEFERUNGEN

In dieser Ausgabe finden sich sowohl unter den Abschnittsüberschriften, vor allem bei den drei ersten Evangelien, als auch am Außenrand Hinweise auf parallele Abschnitte, Einzelworte und auf die Herkunft von Zitaten und Anspielungen.

Unter den Abschnittsüberschriften werden die Texte aus dem Neuen Testament angegeben, die auch der sprachlichen Form nach derselben Überlieferungsgruppe zugehören.

Am Rand finden sich Hinweise auf die Texte, die entweder als wörtliche Zitate (diese sind je kursiv gesetzt) oder als Anspielungen dem Alten Testament entnommen sind oder dieses frei zitieren. Daneben werden Stellen aus dem Neuen Testament angeführt, an denen sich inhaltlich, zum Teil auch formal, gleichartige oder verwandte Texte finden (sog. Sachparallelen).

Durch all diese Verweise läßt sich die innere Einheit und die gedankliche, stilistische und sprachliche Vielfalt wie auch der Prozeß des Wachsens und der Ausgestaltung der urchristlichen Überlieferung leichter erfassen.

II. Der Text des Neuen Testamentes

1. DER GRIECHISCHE TEXT

Die Schriften des Neuen Testamentes wurden von Anfang an sehr oft abgeschrieben. Kein Buch der Alten Welt ist so gut bezeugt durch frühe Abschriften wie das Neue Testament. Leider kam es aber im Verlauf der Überlieferung zu vielen Veränderungen der ursprünglichen Texte, sowohl durch Hör- und Lesefehler bei Diktat und Nachschrift, als auch durch absichtliche Veränderungen stilistischer und inhaltlicher Art. Heute wird die Zahl der Textvarianten, d. h. der Textverschiedenheiten, unter den verschiedenen Handschriften des Neuen Testamentes auf rund 200 000 geschätzt. Meist handelt es sich dabei um stilistische Abweichungen, nur in verhältnismäßig wenigen Fällen um Sinnvarianten.

Schon in den ersten christlichen Jahrhunderten setzten aber Bestrebungen ein, die ursprünglichen Textfassungen wieder herzustellen und zu sichern. Durch eine große Zahl von Textzeugnissen seit dem 2. Jahrhundert n. Chr. und durch die gründliche Erforschung der verwickelten Geschichte der Textüberlieferung ist der griechische Text des Neuen Testamentes heute wissenschaftlich vollauf gesichert. Der Text der wissenschaftlichen Ausgaben entspricht jener Textform, die zu einem großen Teil um die Mitte des 2. Jahrhunderts bestand.

Die Einheitsübersetzung setzt die Ergebnisse der wissenschaftlichen Erforschung des Textes voraus und weist dort, wo wichtige, voneinander abweichende Textzeugnisse vorliegen, auf diese hin. Da die Textausgaben des Neuen Testamentes nach dem Aufkommen des Buchdrucks in Verse eingeteilt wurden, der damalige griechische Text aber wissenschaftlich noch nicht voll gesichert war, finden sich in dieser Übersetzung auch Hinweise auf Verse, die nicht zum Urtext gehörten und daher lediglich in den Fußnoten abgedruckt werden.

2. DIE ALTLATEINISCHEN ÜBERSETZUNGEN UND DIE VULGATA

Schon seit dem 2. Jahrhundert kam es zu Übersetzungen ins Syrische, Koptische und Lateinische. Diese Übersetzungen sind wichtig für die Erforschung des ursprünglichen griechischen Textes. Frühe lateinische Übersetzungen entstanden zuerst in Nordafrika und in Südfrankreich, dann in Italien. Diese wurden Altlateinische Übersetzungen (Vetus latina) genannt.

Papst Damasus I. gab 382 dem damaligen bedeutendsten Bibelgelehrten der lateinischen Kirche, Hieronymus, den Auftrag, einen einheitlichen, zuverlässigen Text der lateinischen Übersetzung zu schaffen. 384 legte Hieronymus eine überarbeitete Fassung der Evangelien vor. Ob er auch die übrigen Schriften des Neuen Testamentes ähnlich überarbeitet hat oder ob andere dies taten, ist bis heute nicht geklärt. Die lateinische Übersetzung, die unter Papst Damasus in Rom gebraucht wurde (später Vulgata, d. h. die Allgemeine, genannt), gewann im lateinischsprachigen Westen vorherrschende Bedeutung. Dazu trug der Rückgang der griechischen Sprachkenntnisse und die Trennung zwischen West- und Ostkirche maßgeblich bei.

Als die Reformatoren des 16. Jahrhunderts im Anschluß an die Humanisten wieder auf den griechischen Text zurückgriffen, erklärte das Konzil von Trient 1546 die »altehrwürdige, allgemeine (lateinische) Übersetzung, die durch so lange Jahrhunderte im Gebrauch der Kirche erprobt ist« als »authentisch«, d. h. für den kirchlichen Gebrauch maßgebend. Diese Übersetzung enthält zahlreiche Textvarianten gegenüber dem griechischen Originaltext, so daß die katholische Kirche heute sowohl für theologische Forschungen und Verlautbarungen wie auch für die Liturgie auf den griechischen Text zurückgreift.

Im Anschluß an das Zweite Vatikanische Konzil wurde im Auftrag der katholischen Kirche eine Neo-Vulgata geschaffen (Abschluß der Arbeit 1979), welche die sogenannte Vulgataübersetzung anhand des griechischen Grundtextes überprüfte und auch stilistisch überarbeitete. Diese Neue Vulgata soll überall dort verwendet werden, wo die Kirche biblische Texte in lateinischer Sprache gebraucht (z. B. römische Liturgie).

3. DIE EINHEITSÜBERSETZUNG

Das Zweite Vatikanische Konzil erlaubte den Gebrauch der Muttersprache in der Liturgie und beschloß, »die Schriftlesung reicher und mannigfaltiger auszugestalten«. Zugleich empfahl es, neue Bibelübersetzungen aus den Ursprachen zu schaffen, wo möglich gemeinsam mit den nichtkatholischen Christen. Deswegen fußt die Einheitsübersetzung auf dem griechischen Text und hat die Vulgataübersetzung nicht in besonderer Weise berücksichtigt.

III. Maße, Gewichte und Münzen

Wir berechnen heute Maße, Gewichte und Münzen nach mathematisch festgelegten Einheiten, die in einem Bezugssystem zueinander stehen. In der Frühzeit stützten sich die sozialen Gemeinschaften nicht auf Zahlen. Man einigte sich auf Festlegungen, die ihren Vergleichspunkt in der konkreten Erfahrung hatten. So wurden zum Beispiel *Längenmaße* nach Arm und Hand, *Flächen* nach der Zeit, die man brauchte, sie zu bearbeiten (»Tagwerk«) oder nach der benötigten Saatmenge bestimmt, *Entfernungen* nach der Zeit, die man brauchte, um sie zurückzulegen (»Tagreise«). Die archäologischen Funde lassen darauf schließen, daß die so gewonnenen Einheiten, trotz geringer Abweichungen, bei den einzelnen Völkerschaften des Vorderen Orients in etwa übereinstimmten. Eine Übertragung in unser heutiges abstraktes Zahlensystem wird jedoch immer nur Annäherungswerte ergeben können.

1. MASSE

a) Längenmaße

Elle (Mt 6,27):	gemessen von der Spitze des Ellbogens bis zur Spitze des Mittelfingers
Spanne (Ex 28,16):	der Abstand von der Daumen- bis zur Kleinfingerspitze der gespreizten Hand
Handbreite (Ex 25,25):	gemessen an der Fingerwurzel
Fingerbreite (Jer 52,21):	Daumenbreite

Es ergibt sich folgendes *Verhältnisschema* (zu lesen 1 Elle = 2 Spannen usw.):

				königlich	gewöhnlich
Elle	1			52,5 cm	45,8 cm
Spanne	2	1		26,9 cm	22,9 cm
Handbreite	6	3	1	8,7 cm	7,6 cm
Fingerbreite	24	12	4	2,2 cm	1,9 cm

b) Wegmaße

Meile (Mt 5,41):	römische Bezeichnung, 1000 Doppelschritte, etwa 8 Stadien: ca. 1,5 km
Stadion (Mehrzahl: Stadien, Lk 24,13):	griechische Bezeichnung, ca. 185–200 m
Faden (Apg 27,28):	1/100 Stadion: ca. 1,85 m
Fuß (Apg 7,5):	1/600 Stadion: ca. 30,8 cm
Sabbatweg (Apg 1,12):	die Strecke, die ein Jude am Sabbat nicht überschreiten durfte, ohne das Gebot zu verletzen. Sie durfte nicht mehr als 2000 Ellen betragen (1 bis 1,2 km). Die Vorschrift wurde unterschiedlich ausgelegt.

c) Hohlmaße

für Trockenes	für Flüssigkeiten
1 *Hómer* (Lev 27,26; Last eines Esels):	= 1 *Kor* (Lk 16,7): ca. 400 l; auch Trockenmaß
1 *Letech* (Hos 3,2):	Entsprechung fehlt: 200 l
1 *Efa* (Ez 45,11):	= 1 *Bat* (Lk 16,6): ca. 40 l (Joh 2,6 mit Metrete wiedergegeben)
1 *Sea* (Mt 13,33):	Entsprechung fehlt: ca. 13,3 l

2. GEWICHTE UND MÜNZEN

Schon in der Frühzeit erkannte man den Eigenwert edler und seltener Metalle; sie sind als Tauschobjekt begehrt und für Handel und Stadtkultur leicht verwendbar (vgl. die »Viehwährung« der Nomadenkultur). Metalle konnten nicht wie Lebensmittel oder Flüssigkeiten in Gefäßen gemessen werden; man wog sie mit Steingewichten auf einfachen Waagen. Die »Metallwährung« bildet das Zwischenglied zwischen dem Tauschhandel und der Geldwirtschaft. Das Verhältnis Gold–Silber war etwa 1:13. Gold- und Silberstücke wurden in Barren, als Schmuck (mit Gewichtsstempel) und vom 7. Jh. an als geprägte Münzen gebraucht. Das Wort »Silber« wurde zur Bezeichnung für Geld schlechthin (vgl. das französische »argent«). Geld wird von Königen, Provinzfürsten, Statthaltern, auch in einzelnen Städten mit Münzrecht geprägt. Die biblischen Bücher sprechen erst in nachexilischer Zeit (zur Zeit der Fremdherrschaft) vom Geldwesen. In neutestamentlicher Zeit galten die griechische und die römische Währung nebeneinander. Die Wechsler im Tempel (Mt 21,12) tauschten gängige Münzen in die in tyrischer Währung geforderte Tempelsteuer. Die Münzen hatten einen Durchmesser zwischen 11 und 24 mm; die jüdischen sind im allgemeinen etwas kleiner als die der Besatzungsmacht.

a) Gewichte

1 Talent (Mt 18,24; Offb 16,21) 41 kg
Das Talent war keine Münze, sondern die Bezeichnung für eine festgelegte Recheneinheit: 6000 Drachmen (vgl. Dutzend).

1 Mine (Lk 19,13) 685 g
Auch die Mine war keine Münze, vgl. zu Talent; ihr Wert entsprach 100 Drachmen.

1 Pfund (litra, Joh 12,3; 19,39) 320 g

1 Schekel (Ex 38,24, von hebr. *schakal,* wiegen, bezahlen), Gewicht, das zur Grundeinheit des Gewichtssystems wurde; es kann unterteilt werden in Drittel-, Halb- und Viertelschekel (vgl. die Doppeldrachme). 11,5 g

1 Halbschekel (Lk 15,8, vgl. Doppeldrachme) 6 g

Es ergibt sich etwa folgendes *Verhältnisschema* (zu lesen: 1 Talent = 60 Minen usw.):

Talent	1		
Mine	60	1	
Schekel	3 600	60	1
Gera	72 000	1 200	20

b) Griechische Währung

Tetradrachme (Mt 17,27):	Silbermünze, manchmal »Stater« genannt = Schekel = Silberling, EÜ: Silberstück (Mt 26,15)
Doppeldrachme (Mt 17,24):	Silbermünze = Halbschekel
Drachme (Lk 15,8):	Silbermünze = 6 Oboloi
Obolos:	Bronzemünze = 6–8 Chalkoi
Chalkos (Mt 19,9):	Kleine Bronzemünze

c) Römische Währung

Golddenar (Mt 10,9 indirekt erwähnt):	= 25 Silberdenare
Silberdenar (Mt 18,28):	Römische Sold- und Steuermünze; etwa 1/4 Schekel (vgl. Gewichte); entsprach dem Taglohn (Mt 20,2); eignet sich als Basis für Umrechnungsversuche. Er wurde unter Nero der Drachme gleichgestellt.
As (Mt 10,29):	Bronzemünze = 1/16 Denar
Quadrans (Mt 5,26):	Bronzemünze = 1/4 As
Lepton (Mk 12,42):	Bronzene Kleinmünze; Wert nicht feststellbar.

IV. Kalender und Festtage

1. ZEIT

Monate: Bezeichnung nach dem Lateinischen	Kanaanäische Bezeichnung	Babylonische Bezeichnung
März/April (1)	Abib	Nisan
April/Mai (2)	Siw	(Ijjar)
Mai/Juni (3)		Siwan
Juni/Juli (4)		(Tammus)
Juli/August (5)		(Ab)
August/September (6)		Elul
September/Oktober (7)	Etanim	(Tischri)
Oktober/November (8)	Bul	(Marcheschwan)
November/Dezember (9)		Kislew
Dezember/Januar (10)		Tebet
Januar/Februar (11)		Schebat
Februar/März (12)		Adar

Die nicht in Klammer stehenden Bezeichnungen finden sich in der Bibel.

Der Tag dauerte von Sonnenuntergang zu Sonnenuntergang. Das galt auch für den Sabbat (7. Tag = Freitagabend bis Samstagabend). Der Lichttag wurde in zwölf Stunden eingeteilt, von Sonnenaufgang gerechnet bis Sonnenuntergang. Die Nacht wurde zunächst in drei, dann unter römischem Einfluß in vier Nachtwachen zu je »drei« Stunden eingeteilt.

Der Monat wurde von Neumond an gerechnet und bestand aus neunundzwanzig oder dreißig Tagen.

Das Jahr war ein Mondjahr zu 353 bis 355 Tagen, das man etwa jedes dritte Jahr durch Einschub eines Schaltmonats auf das Sonnenjahr abstimmte. Bis zum Babylonischen Exil begann das bürgerliche und das kultische Jahr mit dem Monat Nisan, das wirtschaftliche Jahr mit dem Monat Tischri. Nach dem Exil wurde das bürgerliche Jahr dem wirtschaftlichen angeglichen.

Zur Zeit Jesu galten auch römische Monatsnamen (aus denen sich dann die deutschen Namen der Monate entwickelten). Daneben kannte man auch mazedonische Bezeichnungen, von denen aber nur drei im Alten Testament erwähnt sind: Dystros (Februar/März), Xanthikos (März/April) und Dioskoros (ein Schaltmonat).

2. BIBLISCHE FESTE UND FESTZEITEN

Die Feste haben sich im allgemeinen aus drei Grundmotiven entwickelt:

1. Erinnerung: an die ständige Wiederkehr von Ereignissen der Natur (Ernte, Schafschur);
2. an bedeutsame Ereignisse im Familienleben (Entwöhnung des Kindes, Hochzeit), und
3. an geschichtliche Ereignisse im Leben des Volkes.

   Mit der Zeit nahmen einige Feste einen gemischten Charakter an.

Zu den biblischen Festen und Festzeiten gehören:

Sabbat (letzter Tag jeder Woche); vgl. Lev 23,3.
Neumond (erster Tag jedes Monats); vgl. Num 28,11.
Neujahrsfest (erster Tag jedes Jahres); vgl. Lev 23,23–25.
Das *Pascha* (am 14. und 15. Nisan, Frühlingsvollmond); vgl. Ex 12,1–14; Lev 23,4–8.
Das *Fest der Ungesäuerten Brote* (Anfang der Gerstenernte, anschließend an das Pascha); vgl. Ex 12,15–20.
Das *Pfingstfest* (Weizenernte, fünfzig Tage nach dem Fest der Ungesäuerten Brote); vgl. Lev 23,15–22.
Der *Versöhnungstag* (fünf Tage vor dem Laubhüttenfest); vgl. Lev 16,2–34; 23,26–32.
Das *Laubhüttenfest* (Ende der Oliven- und Weinernte, vom 15. bis 22. Tischri); vgl. Lev 23,39–43.
Das *Tempelweihfest* (Erinnerung an die Weihe des Tempels 164 v. Chr.; Woche vom 25. Kislew); vgl. 1 Makk 4,36–61.
Das *Purimfest* (am 14. und 15. Adar); vgl. Est 9,20–32.
Das *Sabbatjahr* (alle sieben Jahre); vgl. Lev 25,2–7.
Das *Jubeljahr* (alle neunundvierzig Jahre); vgl. Lev 25,8–31.

V. Wichtige Begriffe im Neuen Testament

(s. A = siehe die Anmerkung zu; s. Einl. = siehe die Einleitung zu)

Aaron – Bruder des Mose; der erste Hohepriester. Zum Verhältnis des Priestertums Christi gegenüber dem aaronitischen Priestertum s. Hebr 4,14–5,10; 7,1–28.
Abgrund – s. A Offb 9,1f.
Agrippa I. – s. A Apg 12,1.
Agrippa II. – s. A Apg 25,13.
Aloe – Edelholz, aus dem wohlriechender Duftstoff gewonnen wurde (Joh 19,39).
Alpha und Omega – s. A Offb 1,8.
Ältester, Presbyter – s. A 1 Tim 3,1; 2 Joh 1; Offb 4,4–8.
Amen – hebräisches Wort mit der Bedeutung: »So sei es!« »So ist es.« In der Liturgie Ausdruck feierlicher Zustimmung. Jesus bekräftigte mit dem seinen Worten vorangestellten Amen (im Johannesevangelium verdoppelt) die ihm eigene Offenbarungs- und Lehrautorität.
Anhänger des Herodes – s. Herodes Antipas.
Antichrist – wörtlich: Gegner des Christus; nach 1 Joh 2,18.22; 4,3; 2 Joh 7 keine bestimmte historische Person, sondern Menschen, die dem Aufbau des Gottesreiches entgegenwirken.
Apokalypse, Apokalyptik – s. Einl. Offb.
Apostel – s. A Lk 6,13; 1 Kor 9,12; Gal 2,6–9.
Apostelkonzil – s. Einl. Apg; A Apg 15,1–35; Gal 2,11–13.
Arabien – s. A Gal 1,17.
Areopag – Name eines Hügels in Athen und des religiösen Gerichtshofs dort (Apg 17,19.22).
Artemis – eine Göttin der Fruchtbarkeit (nicht identisch mit der griechischen Artemis), die vor allem in Kleinasien (heutige Türkei) verehrt wurde (Apg 19,24–35).
Auferstehung – s. A 2 Kor 5,1–10; 2 Tim 2,18.
Aussatz – s. A Mk 1,40–44.
Asien – s. A Gal 1,2.
Audition – s. Einl. Offb.
Augustus – (vom lat. ehrwürdig, erhaben), »Majestät«, ein Titel des Kaisers Oktavianus (31 v. Chr. – 14 n. Chr.), den auch spätere Kaiser beibehalten haben.
Baal – Name semitischer Fruchtbarkeitsgottheiten, in der Bibel Bezeichnung einer der männlichen Hauptgottheiten Kanaans; dieser Gott übte eine große Anziehungskraft auf Israel aus (Röm 11,4).

Babylon – Hauptstadt eines antiken Großreiches am Eufrat und Tigris, wohin die Bewohner Judas im Jahr 586 deportiert wurden; später Symbol der gottfeindlichen Mächte. Im Neuen Testament Deckname für die christenfeindliche Herrschaft Roms (1 Petr 5,13; Offb 14,8).

Balak – König von Moab (östlich vom Toten Meer) zur Zeit der israelitischen Landnahme, Gegner Israels; vgl. Offb 2,14.

Barbaren – Menschen, die nicht über die griechisch-römische Bildung verfügten und anderen Kulturen und Sprachgruppen zugehörten; s. A Apg 28,2.4.

Becher bzw. Kelch trinken – Bild für die Übernahme eines besonderen Schicksals (vgl. Mt 26,39; Mk 10,38; Joh 10,16; Offb 14,10).

Beelzebul – s. A Mt 10,25; 12,24.

Berenike – Tochter des Herodes Agrippa I., geboren 28 n. Chr. (Apg 25,13.23; 26,30).

Beschneidung – Entfernung eines Teils der männlichen Vorhaut am 8. Tag nach der Geburt als kultisches Symbol für die Aufnahme in den Bund mit Jahwe.

Bibel – der Name kommt vom griechischen biblíon, »Schriftrolle«, und bezeichnet unter Christen die Gesamtheit der Schriften des Alten und des Neuen Testaments.

Bileam – Seher und Prophet aus Petor am Eufrat. Im Auftrag des moabitischen Königs Balak sollte er Israel verfluchen, doch mußte er es auf Geheiß Gottes segnen (vgl. Num 22–24). Nach Num 31,16 hat er die Israeliten vom Jahweglauben weggeführt; auf diese Überlieferung ist im Neuen Testament verwiesen (2 Petr 2,15; Jud 11; Offb 2,14).

Bischof – Episkopos; wörtlich: Aufseher; s. A Apg 20, 28; 1 Tim 3,1; Phil 1,1.

Böser Geist – s. Dämon.

Brandopfer – s. A Lk 1,9.

Brüder Jesu – s. A Mt 12,46f; Apg 12,17.

Bund – s. A Mt 26,28; Hebr 1,1–2,18; 9,16.

Charisma – wörtlich: Gnadengabe (von charis, Gnade); besondere gnadenhafte Befähigung zum christlichen Leben und zum Aufbau der christlichen Gemeinden (s. 1 Kor 7,7; 12,4f.11.31).

Chiliasmus – von chílioi, Tausend; Erwartung eines Tausendjährigen Reiches Christi auf der Erde, was einige Schriftausleger aus Offb 20,1–6 herauslasen.

Christ – gr. christianos, d. h. einer, der an Jesus als den

Christos (den Gesalbten), den Messias, glaubt – s. A Apg 11,26; Gal 3,28f; 1 Petr 4,16.

Christus – gr. Christos; s. A Joh 1,20f; 1 Kor 6,2; Gal 3,15–18; Eph 4,8f; Phil 2,6–11; Kol 1,15–20; Einl. Hebr.

Comma Johanneum – s. A 1 Joh 5,7f.

Dämonen – Böse Geister, nach biblischem Volksglauben die hinter besonders schweren Leiden von Menschen stehenden Kräfte, welche diese Menschen ihrer Freiheit berauben, sie beherrschen, und die im Dienst des Satans stehen.

Davidssohn – ein jüdischer Titel des Messias, der nach 2 Sam 7,12–16; 1 Chr 17,10–14 ein Nachkomme und Nachfolger des Königs David (1000–961 v. Chr.) sein sollte (vgl. dazu Mt 12,23; 15,22; 22,41–46 par. u. ö.).

Dekapolis – wörtlich »Zehnstadt«; ein Verband von zehn unter griechischem Einfluß stehenden, von Nichtjuden bewohnten Städten, südlich und südöstlich des Sees Gennesaret (Mt 4,25; Mk 5,20; 7,31).

Diakon – von gr. diákonos, Diener; s. A Apg 6,1–7; Phil 1,1.

Drache – ein Fabeltier, dargestellt als ein gewaltig großes Raubtier, z. T. ähnelnd einer Eidechse, einem Raubfisch oder einer Schlange. In der jüdischen Apokalyptik Bezeichnung des Satans (Offb 12,3 usw.).

Drusilla – Tochter des Herodes Agrippa I. (geb. 38 n. Chr.) und Frau des Statthalters Felix (Apg 24,24).

Ehebruch – s. A Mt 12,39; Jak 4,4.

Elemente des Kosmos – gr. Stoichéia; Grundkräfte der Welt (Wasser, Erde, Luft, Feuer), von denen nach antiker Auffassung alle Wesen abhängig sind (Gal 4,3; Kol 2,8; Hebr 5,12; 2 Petr 3,10).

Elija – s. A Joh 1,20f; 7,27.

Engel – von gr. ángelos (lat. angelus); wörtlich »Bote, Gesandter«. Die Bibel erklärt ihr Wesen nicht, sondern zeigt ihre Tätigkeit, durch die sie die Gegenwart Gottes zum Ausdruck bringen.

Epikureer – Anhänger der Lehre des griechischen Philosophen Epikur (341–270 v. Chr.), nach der allein das irdische Glück, der vernünftige Lebensgenuß als begehrenswertes Lebensziel erscheint; daher auch Bezeichnung für Leute, die die Jagd nach Vergnügen zum Hauptziel ihres Lebens erklären. Mit den Epikureern diskutierte Paulus in Athen (Apg 17,18).

Erlösung – Befreiung des Menschen aus der Sklaverei der Sünde durch Gott und Befreiung zu einem neuen, sinnvollen heiligen Leben (vgl. Mt 20,28; Lk 1,68; Röm 3,24; Hebr 11,35).

Erstlingsfrüchte – nach dem alttestamentlichen Gesetz mußten die allerersten Früchte des Ackers, auch die Erstgeburten der Tiere als Opfer im Tempel Gott »entrichtet« werden. Diese Opfergaben heiligten allen übrigen »Nachwuchs«. Im Neuen Testament nur im gesetzlichen Sinn auf Jesus bezogen (Lk 2,23f); dann im übertragenen Sinn von Christus (1 Kor 15,20.23), der Gabe des Geistes (Röm 8,23), den erst bekehrten Christen (Röm 16,5 usw.) ausgesagt.

Essig – s. A Joh 19,29.

Eucharistie – von gr. eucharistéin, danken, danksagen; s. A Apg 2,42.

Evangelium – s. Einl.: Die Evangelien; Einl. Röm; A 1 Kor 15,1–5.

Evangelist – s. A Eph 4,11.

Fasten – s. A Mk 2,18.

Felix – Ehemann der Drusilla und römischer Statthalter über Judäa von 52 bis etwa 58 n. Chr.; er hielt Paulus im Gefängnis zu Cäsarea fest (Apg 23,24–24,27).

Festus – römischer Statthalter über Judäa von etwa 58 bis 62. Paulus hat bei ihm an den Kaiser appelliert (Apg 24,27–26,32).

Fleisch – s. A Röm 8,1–11.

Frieden – s. A Joh 14,27.

Gabriel – einer der drei in der Bibel namentlich genannten Engel. Er erscheint Zacharias, um ihm die Geburt Johannes' des Täufers (Lk 1,11–20), und Maria, um die Geburt Jesu (Lk 1,26–38) anzukünden.

Galatien – s. A Gal 1,2.

Galiläa – Landschaft im Norden Palästinas. Von 4 v. Chr. bis 37 n. Chr. Teil der Tetrarchie des Herodes Antipas, 39–44 n. Chr. beim Königreich des Herodes Agrippa I., danach unter der Verwaltung des römischen Statthalters. Gemischte Bevölkerung aus Juden und Heiden.

Gallio – s. A Apg 18,12.

Gamaliël – s. A Apg 5,34.

Gebetsriemen – auch Phylakterien genannt; sie dienten den Juden zur Befestigung von zwei kleinen Lederkapseln, in denen wichtige Worte aus der Bibel (Ex 13,9.16; Dtn 6,8; 11,18) enthalten waren, am linken Arm und an der Stirn (zur Vorschrift s. Ex 13,9.16; Dtn 6,8; 11,18). Jesus kritisiert das rein äußerliche Einhalten dieses Brauchs (Mt 23,5).

Gehenna – s. A Mt 18,8f; Offb 19,20.

Geist – gr. Pneuma; s. A Joh 19,30.

Gelübde – freiwillige religiöse Verpflichtung, um Gottes

besondere Gunst zu erbitten. Im Neuen Testament wird vor allem das Nasiräatsgelübde genannt (Apg 18,18; 21,23).

Gemeinde – s. A Mt 18,17; Einl. 1 Kor.

Gennesaret – s. A Joh 6,1.

Gerechtigkeit – s. A Röm 1,17; 1,18–2,11; 3,24–26; Gal 3,6–14; 3,19f.

Gesetz – s. A Röm 2,12–16; 3,27–31; 7,7–13; Hebr 10,1.

Gleichnis – s. A Mk 4,1–34.

Glossolalie – von gr. glossolaléin, mit der Zunge oder in fremden Sprachen reden; s. Zungenreden.

Gnosis – s. Einl. Pastoralbriefe; A 1 Tim 1,4; 2,15; 4,1–5; 2 Tim 2,18.

Galiläa – Landschaft im Norden Palästinas. Von 4 v. Chr. bis 37 n. Chr. Teil der Tetrarchie des Herodes Antipas, 39–44 n. Chr. beim Königreich des Herodes Agrippa I., danach unter der Verwaltung des römischen Statthalters. Gemischte Bevölkerung aus Juden und Heiden.

Goldene Regel – s. Einl. Mt.

Golgota – wörtlich »Schädel«. Zur Zeit Jesu ein Gelände nordwestlich Jerusalems außerhalb der Stadtmauer, wahrscheinlich mit einem kleinen Hügel, auf dem Jesus gekreuzigt wurde (Mt 27,23; Mk 15,22; Joh 19,17).

Gomorra – Stadt am Toten Meer, die nach Gen 19,23–29 von Gott wegen der Sünden ihrer Einwohner vernichtet wurde (vgl. Mt 10,15).

Gottesfürchtiger – s. A Apg 6,5.

Gottesreich – bei Mt Himmelreich genannt. Nicht räumliche, sondern zeitbezogene Bezeichnung für die Herrschaft Gottes und Christi.

Gottessohn – s. A Joh 3,16.

Greuel der Verwüstung – s. A Mt 24,15.

Griechen – s. A Joh 12,20.

Halleluja – wörtlich »preist Jahwe«; eine jüdische liturgische Formel (s. zahlreiche Psalmen); in Offb (19,1.3f.6) Lobruf auf Gott, den gerechten Richter.

Halle Salomos – s. A Joh 10,23; Apg 5,12.

Handauflegung – s. A 1 Tim 1,18; 4,14; 5,22; Hebr 6,2.

Harmagedon – s. A Offb 16,16.

Haus – bedeutet sowohl »Haus« im eigentlichen Sinn, wie auch »Familie«, »Sippe«, »Dynastie« (vgl. Lk 1,69; 1 Kor 3,9; 1 Tim 3,15).

Hebräer – s. A Apg 6,1.

heilig – s. A 1 Kor 6,1; Eph 4,12; Kol 1,12; 1 Thess 3,13.

Heilige(r) Geist, der (pneúma hágion) – s. A 1 Joh 2,1; 3,9.

Heiden – s. A Eph 2,15f.

Heidenchristen – s. A Mt 8,11f; Einl. Mk; und A Apg 15,20.29; Röm 15,7–13; 1 Kor 11,10; Gal 2,11–13.

Hellenisten – s. A Apg 6,1; Gal 1,21.

Hermes – in Apg 14,12 erwähnter griechischer Gott; er hatte die Funktion des Boten der Götter und des Begleiters von Menschen.

Herodes der Große – s. A Lk 1,5.

Herodes Antipas – s. A Mt 14,4; Lk 3,1f; Apg 4,27.

Anhänger des Herodes – auch Herodianer genannt; sie befürworteten die Politik des Herodes Antipas (Mt 22,16; Mk 3,6; 12,13).

Herodias – s. A Mt 14,4.

Herr – s. A Lk 2,11.

Heuschrecke – ein Insekt, das in großen Scharen große Verwüstungen in der Pflanzenwelt anrichten kann; in der Bibel Symbol für eine heranziehende Katastrophe (Offb 9,3.7); getrocknete Heuschrecken (bestimmter Arten) dienten auch als Nahrung der Armen (Mt 3,4).

Herz – s. A Mk 7,21.

Himmel – s. A Mt 4,17.

Hirt – s. A Eph 4,11; Einl. Pastoralbriefe.

Hoherpriester – s. A Joh 1,19.

Hoher Rat – s. A Mt 5,22; Joh 1,19.

Hölle (Hades) – s. A Mt 16,18; 18,8f; Offb 9,1f; 19,20.

Hosanna – s. A Mt 21,9.15.

Idumäa – Gebiet südlich von Judäa, dem Judentum von dem Makkabäerkönig Johannes Hyrkanus I. unterworfen. Erwähnt in Mk 3,8. Herodes d. Gr. war ein Idumäer.

Illyrien – s. A Röm 15,17–24.

Isai oder Jesse – Vater Davids, daher wird der Messias, der Nachkomme Davids, als »der Sproß aus der Wurzel Isais« bezeichnet (Röm 15,12).

Johannes der Täufer – s. A Lk 1,5–2,52.

Judäa – der Name bezeichnet den Südteil Palästinas; zuweilen bezieht er sich auf das frühere Königreich Juda, Stammland der Juden; oft wird das Wort auch als Name ganz Palästinas verwendet (Lk 3,1). Unter Herodes d. Gr. war das Stammesgebiet von Judäa Bestandteil seines Reiches; von 4 v. Chr. bis 6 n. Chr. zusammen mit Samarien und Idumäa Teil der Tetrarchie des Königs Archelaus, des Sohnes des Herodes; von 6 bis 41 n. Chr. stand es unter einem römischen Statthalter, der seinen Sitz in Cäsarea am Meer hatte; 41–44 bildete es einen Teil des Königreichs Agrippas aus dem Haus des Herodes; von 44–66 befand es sich wieder unter der Herrschaft römischer Statthalter. Nach dem jüdischen Aufstand gegen die Römer bildete es zwischen 70 und 135 n. Chr. eine selbständige römische Provinz; danach ging es in der Provinz »Syrien – Palästina« auf.

Judaisten, Judenchristen – s. A Apg 6,1; Röm 15,7–13; 1 Kor 11,10; Gal 2,4f; 2,11–13; Einl. Hebr.

Juden – s. A Joh 7,13; Gal 6,12–16; Eph 2,15f.

Kaiser – vom Namen des römischen Feldherrn Cäsar (gest. 44 v. Chr.) abgeleitet, der nach dem Tod offiziell »Göttlicher« genannt wurde; sein Nachfolger Augustus nannte sich »Sohn des Göttlichen«. Der »Kaiserkult« (der Titel »Augustus«, »Majestät«, war Ehrenname des Gottes Jupiter; Nero ließ sich als Gott Apollos abbilden; Vespasian trug den Titel »Erlöser«; Domitian ließ sich als »unser Herr und Gott« anreden und forderte göttliche Verehrung seiner Person) war besonders in Kleinasien verbreitet.

Kananäus – Eiferer, Zelot; s. A Mt 10,4; vgl. Sikarier.

Kanon – s. Einl.: Die Schriften des NT.

»Kelch trinken« – s. A Mt 20,22f; Lk 22,17; vgl. Becher.

Kerubim – geflügelte Wesen; in Mesopotamien Gottheiten niedrigen Rangs, im Alten Testament Wächter am Thron Jahwes und im Tempel. Im Neuen Testament nur Hebr 9,5 erwähnt (vgl. Ex 25,18.22; Ps 80,2).

Kirche – s. A Röm 12,3–8; Einl. Eph; Hebr 12,22f.

Klaudius – römischer Kaiser von 41 bis 54 n. Chr. Das Neue Testament berichtet von einer schweren Hungersnot unter Klaudius (Apg 11,28) und von der Vertreibung der Juden (auch der Judenchristen) aus Rom, wohl i. J. 49/50 (Apg 18,2).

Kleiderquasten – wollene Fäden an den vier Ecken des Mantels bzw. des Obergewandes der jüdischen Männer zur Erinnerung an die Gebote Gottes. Besonders Fromme (vor allem Pharisäer) pflegten große Quasten als Zeichen ihrer Frömmigkeit zu tragen (Mt 9,20; 14,36; 23,5).

Korbán – s. A Mk 7,9–13.

Kreuz – s. A Mt 27,26.

Lamm Gottes – s. A Joh 1,29.

Laubhüttenfest – s. A Joh 7,2; 7,37; 8,12.

Leib – s. A Eph 4,15.

Levit – Angehöriger des Stammes Levi. Die Aufgabe der Leviten war es, nichtpriesterliche Funktionen (Musik, Hilfe bei Opferdarbringung, Ordnung im Tempel) beim Gottesdienst auszuüben (Hebr 7,11; Lk 10,32; Joh 1,19).

Libertiner – von lat. liberare, befreien; s. A Apg 6,9.

Liturgie – von gr. leiturgía, heiliger Dienst; s. A Offb 15,1–8.

Lot – Neffe Abrahams, der im sündigen Sodom gerecht blieb und gerettet wurde, anders als seine Frau (Gen 19; Lk 17,28f.32; 2 Petr 2,7).

Magdalena – s. A Joh 11,2.

Magier – s. A Mt 2,1.

Mammon – s. A Lk 16,9.11.13.

Manna – geheimnisvolle Nahrung, die den Israeliten beim Wüstenzug geschenkt wurde (Ex 16); das Neue Testament gebraucht das Wort im übertragenen Sinn (Joh 6,31; Hebr 9,4; Offb 2,17).

Maria – im Neuen Testament sind mehrere Personen dieses Namens bekannt: die Mutter Jesu (Mt 1–2; Lk 1–2); Maria von Magdala (Mt 27,56); die Schwester von Marta und Lazarus (Joh 11); die Mutter des Jakobus des Kleinen und des Joses (Mk 15,40); (vielleicht ist diese identisch mit der Frau des Klopas, Joh 19,25); die Mutter des Johannes Markus (Apg 12,12); eine römische Christin (Röm 16,6).

Mazedonien – römische Provinz (seit 146 v. Chr.), die Nordgriechenland umfaßte, mit der Hauptstadt Thessalonich. Das Gebiet wurde von Paulus mehrfach besucht (Apg 16,9f.12 usw.).

Menschensohn – der Ausdruck bedeutet ursprünglich einfach »Mensch« oder ersetzt das persönliche Fürwort: er, ich. In der jüdischen Apokalyptik handelt es sich um eine himmlische Gestalt; ihm ist das Endgericht von Gott übertragen (vgl. Dan 7,13); zugleich weist er auf die künftige Herrlichkeit der geretteten Menschen hin. Eine besondere Richtung deutete den Menschensohn als Messias, den Retter des Volkes Gottes. Jesus gebraucht diese Bezeichnung in der dritten Person und weist damit sowohl auf seine irdische Existenz (Mk 8,31) als auf seine künftige Richterfunktion (Mt 9,6) und Herrlichkeit (Mt 25,31) hin.

Messias – s. A Lk 2,11; Joh 1,20f; 7,27; Apg 28,20.

Michael – Name eines Erzengels, Beschützers des Volkes Israel (Dan 10,13), der den Teufel und Drachen besiegt (Jud 9; Offb 12,7).

Moloch – Name einer alten kanaanäischen Gottheit, der man auch Menschenopfer darbrachte (Apg 7,43).

Myrrhe – s. A Mt 27,34.

Nachtwache – s. A Mt 14,25; 27,45; Lk 12,35.38. Vgl. auch unter IV. Kalender und Festtage.

Narde – aus der Wurzel dieser in Südostasien beheimateten Pflanze gewann man kostbare Duftstoffe. Die Nardenölsalbung Jesu wird in Zusammenhang mit dem Begräbnis genannt (Mk 14,3; Joh 12,3).

Nasiräat – s. A Apg 18,18.

Nazarener – Beiname Jesu (neben Nazoräer), d. h. Mann aus Nazaret (vgl. Mk 1,24; 10,47; 14,67; 16,6; auch Lk 4,34; 24,19).

Nazoräer – 1. Beiname Jesu (neben Nazarener), d. h. Mann aus Nazaret (vgl. Mt 2,23; 26,71; Lk 18,37; Joh 18,5.7; 19,4); 2. Beiname der Judenchristen (vgl. Apg 24,5), später durch christianós, Christ, verdrängt (s. Apg 11,26).

Nikolaiten – s. A Offb 2,6.

Ninive – Hauptstadt des alten assyrischen Reichs, in der Nähe des heutigen Mossul (Irak). Nach dem Buch Jona haben sich die Einwohner umkehrbereit erwiesen; daher galten sie als Beispiel der Buße und der Gerechtigkeit (Mt 12,41; Lk 11,30.32).

Noach – einer der Patriarchen, den Gott zusammen mit seiner Familie vor dem Untergang bewahrte (Gen 5,29–9,28); der Ahnvater der nach der Sintflut erneuerten Menschheit. Das Neue Testament nimmt öfters auf seine Person Bezug (Mt 24,37 usw.).

Offenbarung – s. A Gal 3,19f.

Opfer – s. A Hebr 6,19; 13,11–14.

Palästina – wörtlich: das Land der Philister. Es ist begrenzt im Westen durch das Mittelmeer, im Osten durch die Syrische Wüste, im Norden durch den mittleren Libanon, im Süden durch die Wüste Sinai. Zunächst bezog sich diese Bezeichnung auf den Westteil der römischen Provinz Syrien (»das palästinische Syrien«), seit 139 n. Chr. wurde sie als neuer Name der Provinz Judäa von den Römern verwendet.

Paradies – ein aus dem Persischen abgeleitetes Wort mit der Bedeutung »Garten«. Im Alten Orient und im Alten Testament Bezeichnung für den von Gott gepflanzten Garten im Urzustand des Glücks, das in der messianischen Zeit zurückkehren sollte. Das Neue Testament spricht vom Paradies als dem jenseitigen Bereich, wo sich die Seligen aufhalten (Lk 23,43; 2 Kor 12,4) und wo der Baum des ewigen Lebens steht.

Parusie – gr. »Ankunft (in Herrlichkeit)«; s. A 1 Joh 2,28.

Paraklet – gr. »Anwalt, Beistand, Fürsprecher«. Dieser Name bezeichnet bei Joh (14,16.26; 15,26; 16,7) den Heiligen Geist, in 1 Joh (2,1) Jesus Christus selber.

Pascha – s. A Mk 14,1; Joh 6,4.

Patriarch – aus dem Griechischen: »Stammvater einer Sippe«. Die Bibel bezeichnet so die Stammväter Israels Abraham, Isaak und Jakob sowie dessen Söhne; im weiteren Sinn gehört auch Noach dazu.

Peräa – »das Jenseitige«, das Gebiet jenseits des Jordan; ein breiter Landstreifen östlich des Jordan, zwischen Dekapolis im Norden und dem Nabatäerreich im Südosten. Von 4 v. Chr. bis 39 n. Chr. gehörte es zur Tetrarchie des Herodes Antipas, danach war es unter der Herrschaft des Herodes Agrippa I.; später kam es unter direkte römische Verwaltung.

Petrus – s. A Mt 16,18; Joh 1,40; 1,42.

Pharao – ägypt. »das große Haus«; Titel altägyptischer Herrscher. Nach dem Neuen Testament ist der Pharao im Auftrag Gottes Schutzherr Josefs (Apg 7,10), dann aber auch Verfolger Israels (Röm 9,17).

Pharisäer – s. A Mt 22,23–33; Mk 2,16.

Pfingsten – der fünfzigste Tag nach dem jüdischen Osterfest, dem Paschafest, auch Erntefest oder Wochenfest genannt, an dem die Israeliten nach Jerusalem wallfahrteten. Die Juden feierten an diesem Tag den Abschluß des Bundes am Sinai. Das christliche Pfingstfest nimmt Bezug auf das erste Pfingstfest nach der Auferstehung Jesu, an dem die Jünger Jesu die Gabe des Heiligen Geistes erhielten (Apg 2,1–4). Damit begann die Zeit der Kirche.

Pilatus – s. A Mt 27,11–26; Lk 3,1f.

Prätorium – s. A Joh 18,28; Phil 1,13.

Priester, Priestertum – s. A Hebr 7,1–28; 1 Petr 2,9.

Prokonsul – ein verdienter Römer, der eine senatorische Provinz im Römerreich verwaltete, jedoch ohne militärische Befugnisse. Apg 13,7 erwähnt Sergius Paulus in dieser Funktion, Apg 18,18 Gallio. Eine allgemeinere Bezeichnung ist Statthalter.

Prokurator, Präfekt (praefectus) – römischer Beamter aus dem Ritterstand, der vor allem um das Steuerwesen in einem bestimmten Gebiet Sorge tragen mußte und der auch polizeiliche und richterliche Gewalt innehatte. Dazu gehörten in Palästina Pontius Pilatus (Mt 27; Lk 3,1; Apg 3,13), Felix (Apg 23,24–24,27) und Festus (Apg 24,27–26,32).

Prophet – s. A Joh 1,20f; 4,25; Apg 11,27; Offb 11,3–13.

Proselyt – s. A Apg 6,5.

Quirinius – s. A Lk 2,1–3.

Rabbi – s. A Mk 10,51; Joh 1,38.

Rauchopfer – s. A Lk 1,9; Hebr 9,4.

Rein und Unrein – s. A Mt 8,5–10; 9,20–22; Mk 7,1–8.14–23.

Romfa – entstellter Name einer Gestirnsgottheit, wahrscheinlich des Saturn. Ursprünglicher semitischer Name war Kijun oder Kewan (Am 5,26), in G verschrieben Raifan, davon Romfa in Apg 7,43.

Rüsttag – s. A Mk 15,42.

Sabbat – s. A Mk 1,32; 2,27f; 3,1–6; Apg 1,12.

Sadduzäer – s. A Mt 22,23–33.

Sauerteig – in der Wärme gärender Teig, von dem man annahm, daß er dabei seine Substanz verändere. Im Neuen Testament meist als negatives Beispiel (Mt 16,6.11f), aber auch als positives (Mt 13,33) gebraucht.

Salbung – Auftragen von Salbe oder Begießen mit Öl aus körperpflegerischen oder kultischen Gründen. Die kultische Salbung verleiht einer Person (König, Priester, Prophet) oder einem Gegenstand (Altar) eine Weihe, d. h. sie trennt ihn von der übrigen Welt und stellt ihn ganz in den Dienst Gottes. Zugleich teilt sie dem Geweihten göttliche Kräfte mit. Das Neue Testament bezeichnet Jesus als Christos, »den Gesalbten«, den Messias schlechthin. Ihm werden daher auch königliche und priesterliche Vollmachten zugeeignet (vgl. Hebr.).

Samarien, Samariter – s. A Joh 4,4–6; 4,20; 4,25; 8,48.

Satan – s. Teufel.

Saulus – griechische Form des Namens Saul (»der Erbetete«) und Geburtsname des Paulus.

Schaubrote – zwölf Brote, die auf einem Tisch im Heiligen des Jerusalemer Tempels lagen und die allwöchentlich am Sabbat ausgewechselt werden mußten (Lev 24,5–9; Mt 12,4; Hebr 9,2); auch »heilige Brote« genannt.

Schriftgelehrter – s. A Mt 23,2; Mk 2,16.

Sidon – s. A Mt 11,21.

Sikarier – lat sica, »Dolch, Krummdolch«, also »Dolchmänner«; s. A Apg 21,38; vgl. Zelot.

Sodom – Stadt am Toten Meer (Gen 19,23–29), die Gott wegen der Sünden ihrer Einwohner zerstörte. Im Neuen Testament erscheint Sodom als Vorzeichen der künftigen Gerichte Gottes (Mt 10,15 usw.).

Spruchquelle – s. Einl. Mt.

Statthalter – ein Beauftragter, dem die Obergewalt über eine Region oder eine Provinz anvertraut wurde. Darunter kann man einen Legaten (z. B. Quirinius, Lk 2,2), Prokonsul, Prokurator oder Präfekten verstehen.

Steuerlisten – s. A Mt 22,15–22; Lk 2,1–3; Apg 5,36f.
Sterndeuter, Magier (von gr. magos) – s. A Mt 2,1.
Stoiker – Anhänger der Lehre des Philosophen Zeno (336–264 v. Chr.), nach dem die Welt durch die göttliche Vernunft durchdrungen und geordnet wird. Diese Vernunft stellte man später der Vorsehung gleich. Daraus wurde die Auffassung abgeleitet, die höchste menschliche Weisheit bestehe im leidenschaftslosen Sich-Ergeben gegenüber dem Schicksal. Zur Begegnung des Paulus mit Stoikern in Athen s. Apg 17,18.
Synagoge – wörtlich: Zusammenkunft, Versammlung; Bezeichnung der jüdischen Ortsgemeinden und ihrer Versammlungsstätten. Paulus benützte die Synagogen für seine Missionspredigt (Apg 17,10–12).
Synedrium – s. Hoher Rat.
Synoptiker – s. Einl.: Die Evangelien.
Syrien – der Name entstand durch Abkürzung aus Assyrien und bezeichnete das Gebiet zwischen Mesopotamien im Osten und dem Mittelmeer im Westen sowie zwischen dem Taurusgebirge im Norden und Palästina im Süden. Zur Zeit Jesu war Syrien imperatorische Provinz, deren Legat dem römischen Prokurator bei politischen Unruhen in Palästina zur Seite stand.
Tempel – religiöses Zentrum des Judentums, als Wohnung Gottes verstanden. In Jerusalem wird der erste Zentraltempel unter König Salomo (961–931) erbaut; er wird 586 zerstört. Nach 520 wird er in bescheidenerem Umfang unter Serubbabel wieder aufgebaut. 19 v. Chr. begann Herodes d. Gr. mit dem Neubau des Tempels, der zwar bereits 9 v. Chr. eingeweiht, doch erst 64 n. Chr. endgültig fertiggestellt wurde. Dieser Bau wurde im jüdischen Aufstand durch die Römer 70 n. Chr. zerstört.
Tempelvorhang – s. A Mt 27,51a.
Tempelweihfest – s. A Joh 10,22.
Theophilus – s. A Lk 1,3.
Tetrarch – s. A Mt 14,1.
Teufel – s. A Joh 14,30.
Tiberias – s. A Joh 6,1.
Tiberius – s. A Lk 3,1f.
Tyrus – s. A Mt 11,21f.
Ungesäuerte Brote – s. A Mk 14,1.
Unterwelt – s. A Mt 16,18; Lk 16,23.
Versöhnungstag – s. A Mk 2,18.
Vision – s. Einl. Offb.
Volkszählung – s. Steuerlisten.

Wüste – im näheren Umkreis Palästinas handelt es sich eher um Steppengebiete als um völlig unfruchtbare Sandwüsten. Nach Osten erstreckt sich die Syrische Wüste, nach Südosten die Arabische Wüste, nach Süden die Wüste Juda und die Wüste Negeb. Im übertragenen Sinn ein Ort, wo die Dämonen hausen, wo der Mensch auf die Probe gestellt wird, Stätte der Reinigung und der Zuflucht.

Ysop – s. A Joh 19,29.

Zahlensymbolik – s. A Mt 1,17; Joh 21,11; Offb 1,4; 7,4–17; 9,16; 11,2; 13,18; 14,20.

der Zehnt – der zehnte Teil; religiöse Steuer auf einige Bodenerzeugnisse und Hausvieh. Diese Abgabe diente hauptsächlich dem Unterhalt des Kultpersonals, aber auch der Armen (Mt 23,23; Hebr 7,2–9).

Zeichen – s. A Joh 2,11.

Zelot – von gr. zelotés, »Eiferer«; Beiname des Apostels Simon. Bezeichnung für Mitglieder einer jüdischen Partei zur Zeit Jesu, die eine nationale Messiaserwartung pflegte und mit Gewalt gegen die Römer und das Haus des Herodes sowie deren jüdische Helfer vorging; vgl. Kananäus, Sikarier.

Zensus – Eintragung in Steuerlisten zur Steuerschätzung; s. A Lk 2,1–3.

Zerstreuung – Übersetzung des griechischen »Diaspora«. Damit bezeichnete man zuerst die jüdischen Gemeinden außerhalb Palästinas (Joh 7,35), dann auch die christlichen Gemeinden in heidnischer Umgebung (1 Petr 1,1).

Zeus – Name des höchsten griechischen Gottes, der unter verschiedenen Gestalten und Namen im ganzen Ostraum des Mittelmeers verehrt wurde. Die Einwohner Lystras sahen in Barnabas eine Verkörperung des Zeus, von dem angenommen wurde, daß er in menschlicher Verkleidung zuweilen die Erde besuche (Apg 14,8–18).

Zion – s. A Hebr 12,22f.

Zöllner – s. A Mk 2,16.

Zungenreden – s. A Apg 2,4; 1 Kor 12,10.

Zwölf, Die – s. A Mt 9,35–11,1; Lk 6,13.

VI. Zeittafel zur neutestamentlichen Geschichte

Außerbiblische Daten	Biblische Daten
70–19 v. Chr. Vergil, röm. Dichter	
	(40) 37–4 v. Chr. Herodes I., der Große (bzw. der Ältere), Sohn des Antipater, König über Judäa, Galiläa, Samarien, Idumäa und Peräa
31 v. Chr.–14 n. Chr. Oktavianus Augustus, Kaiser von Rom	
13 v. Chr.–45/50 n. Chr. Philo von Alexandria, jüdischer Religionsphilosoph	
	7/6? v. Chr. Geburt Jesu (erste Volkszählung, Zensus des Quirinius? S. Lk 2,2)
6–4 v. Chr. Quintilius Varus, Statthalter von Syrien	
5 v. Chr.–65 n. Chr. Seneka	
	4 v. Chr. Tod des Herodes und Verteilung seines Reiches unter die Söhne Archelaus (Ethnarch von Judäa, Idumäa und Samarien), Antipas (bis 39 n. Chr. Tetrarch von Galiläa und Peräa) und Philippus (bis 34 n. Chr. Tetrarch von Nordtransjordanien)
1 v. Chr. Germanien wird römische Provinz	

6/7 n. Chr. Quirinius, Statthalter von Syrien	6 n. Chr. Archelaus wird entthront; Judäa, Idumäa und Samarien werden römische Provinz. Volkszählung, Zensus des Quirinius. Zusammenschluß der sog. Zeloten; Unruhen unter Judas dem Galiläer.
	6–15 n. Chr. Hannas Hoherpriester
14–37 Tiberius Kaiser von Rom	
	17–22 Gründung von Tiberias durch Herodes Antipas
	18–37 Josef Kajaphas Hoherpriester
	26–36 Pontius Pilatus römischer Statthalter in Judäa
	27/28–29 Öffentliches Wirken Johannes' des Täufers
	27/28 Taufe Jesu
	29 Enthauptung des Täufers
	30? Kreuzigung Jesu (7. April/14. Nisan)
	um 33 Märtyrertod des Stephanus
	33/35 Bekehrung des Paulus
37 Geburt des jüdischen Historikers Flavius Josephus	
39 Petronius Legat von Syrien	
41–54 Kaiser Klaudius	41–44 Herodes Agrippa I., König von ganz Palästina

43–120 Der Philosoph Plutarch

49 Klaudius weist die Juden (und Judenchristen) aus Rom aus

50 Herodes König von Chalkis

50–130 Der Philosoph Epiktet

51/52 oder 52/53 Gallio, Prokonsul von Achaia/Korinth

54 Ermordung des Kaisers Klaudius

54–68 Kaiser Nero

55–120 Der Historiker Tacitus

42 Hinrichtung des Apostels Jakobus des Älteren

um 48/49 Apostelkonzil in Jerusalem

50–100 Der Ethnarch (seit 53 König über Nordpalästina) Herodes Agrippa II.

50/1–52/3 Paulus zum ersten Mal in Korinth

53/4–55/6 Paulus in Ephesus

56–58 Paulus erneut in Korinth

58 Reise des Paulus nach Jerusalem

58/59 Paulus in Haft in Jerusalem und Cäsarea

bis 59/60 Felix Statthalter von Judäa

ab 59–60 Porzius Festus Statthalter von Judäa

60/61 Fahrt des Paulus nach Rom

61–114 Plinius der Jüngere	61/62 Gefangenschaft des Paulus in Rom
	62 Ermordung des Hohenpriesters Jonatan
	62/3 Hannas II., Sohn des Hannas I., Hoherpriester, läßt Jakobus, »den Bruder des Herrn«, hinrichten
	63/4 oder 65/67 Reise des Apostels Paulus nach Osten (Pastoralbriefe) und nach Westen (Spanien)?
64 Brand Roms. Christenverfolgung unter Nero	64 oder 67 Hinrichtung des Petrus und Paulus in Rom
	66 Prokurator Florus
	66–70 Aufstand der Zeloten in Palästina. Einführung des Opfers für den Kaiser. Flucht der Christen aus Jerusalem nach Pella in Ostjordanien
68 Selbstmord Neros	
68 Zerstörung von Qumran	
69–79 Kaiser Vespasian	
70 Geburt des röm. Biographen Suetonius	70 Eroberung Jerusalems durch Titus und Zerstörung des Tempels
70–80 Bau des Kolosseums in Rom	
	70–80 Judenchristen aus Palästina kommen nach Ephesus, unter ihnen der Presbyter Johannes (?)
73 Judäa wird römische Provinz	

79–81 Kaiser Titus

79 Ausbruch des Vesuv

81–96 Kaiser Domitian

um 90 in Rom und im Osten des Reiches: Verfolgung von Philosophen, Gelehrten, Christen

96–98 Kaiser Nerva

98–117 Kaiser Trajan

um 100 Die Synode von Jamnia: Ausschluß der Judenchristen aus der Synagoge

111 Kaiser Trajan erklärt das Christentum für illegal (Edikt des Trajan)

117–138 Kaiser Hadrian

132–135 Zweiter jüdischer Aufstand unter Ben Kosiba (Bar Kochba). Völlige Zerstörung Jerusalems. Vertreibung der Juden aus Judäa. Jerusalem wird als heidnische Stadt neu aufgebaut: Colonia Aelia Capitolina mit einem Jupitertempel

VII. Karten

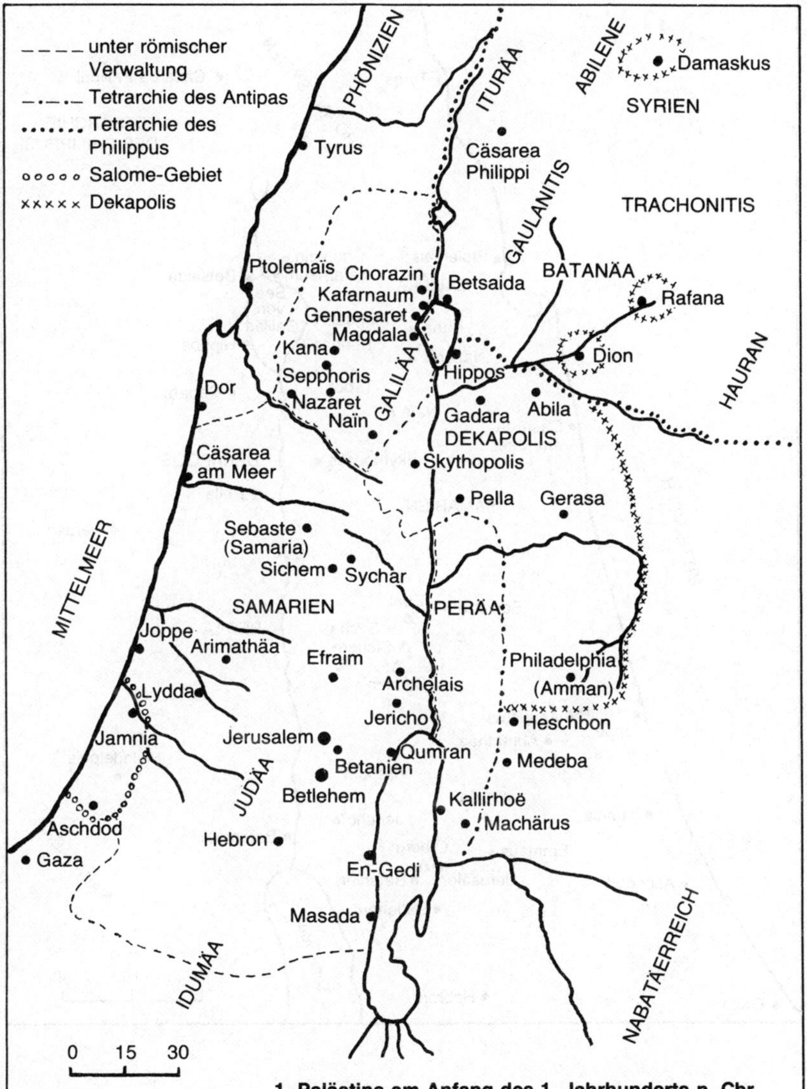

1. Palästina am Anfang des 1. Jahrhunderts n. Chr.

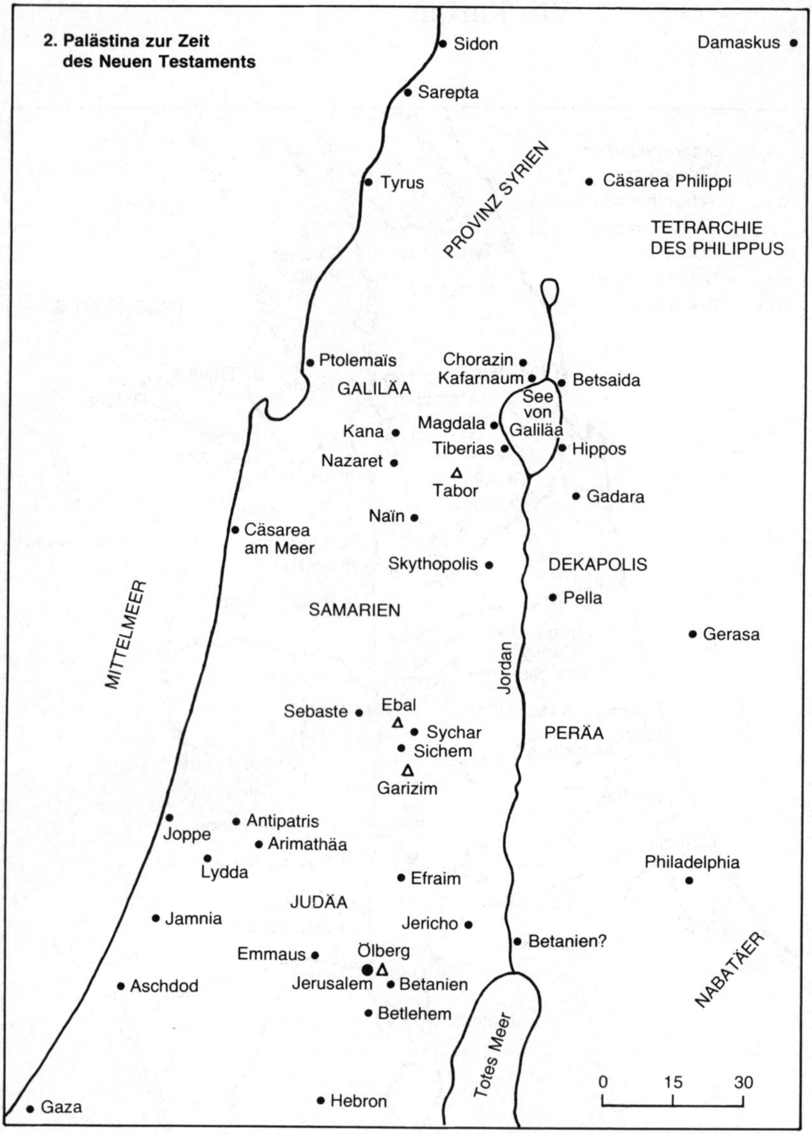
2. Palästina zur Zeit des Neuen Testaments
Sidon
Damaskus
Sarepta
PROVINZ SYRIEN
Tyrus
Cäsarea Philippi
TETRARCHIE DES PHILIPPUS
Ptolemaïs
Chorazin
Kafarnaum
Betsaida
GALILÄA
See von Galiläa
Magdala
Kana
Tiberias
Hippos
Nazaret
Tabor
Gadara
Naïn
Cäsarea am Meer
Skythopolis
DEKAPOLIS
Pella
MITTELMEER
SAMARIEN
Gerasa
Jordan
Sebaste
Ebal
Sychar
Sichem
PERÄA
Garizim
Antipatris
Joppe
Arimathäa
Lydda
Efraim
Philadelphia
JUDÄA
Jamnia
Jericho
Betanien?
Emmaus
Ölberg
NABATÄER
Aschdod
Jerusalem
Betanien
Betlehem
Totes Meer
0
15
30
Gaza
Hebron

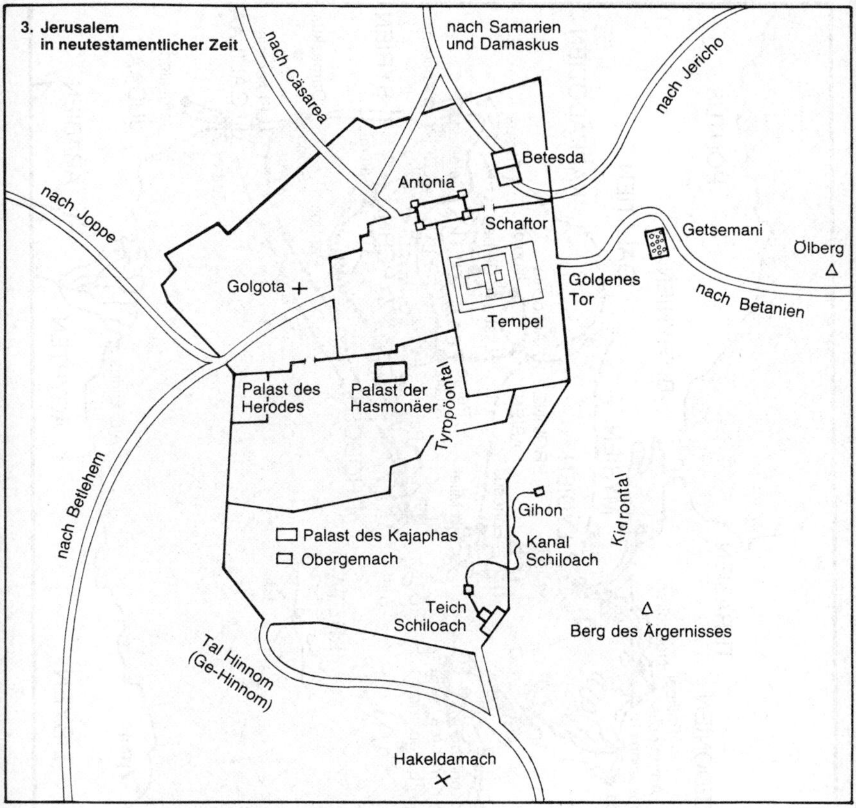
3. Jerusalem
in neutestamentlicher Zeit
nach Cäsarea
nach Samarien
und Damaskus
nach Jericho
Betesda
Antonia
nach Joppe
Schaftor
Getsemani
Ölberg
Golgota
Goldenes
Tor
nach Betanien
Tempel
Palast des
Herodes
Palast der
Hasmonäer
Tyropöontal
nach Betlehem
Gihon
Kidrontal
Palast des Kajaphas
Obergemach
Kanal
Schiloach
Teich
Schiloach
Berg des Ärgernisses
Tal Hinnom
(Ge-Hinnom)
Hakeldamach

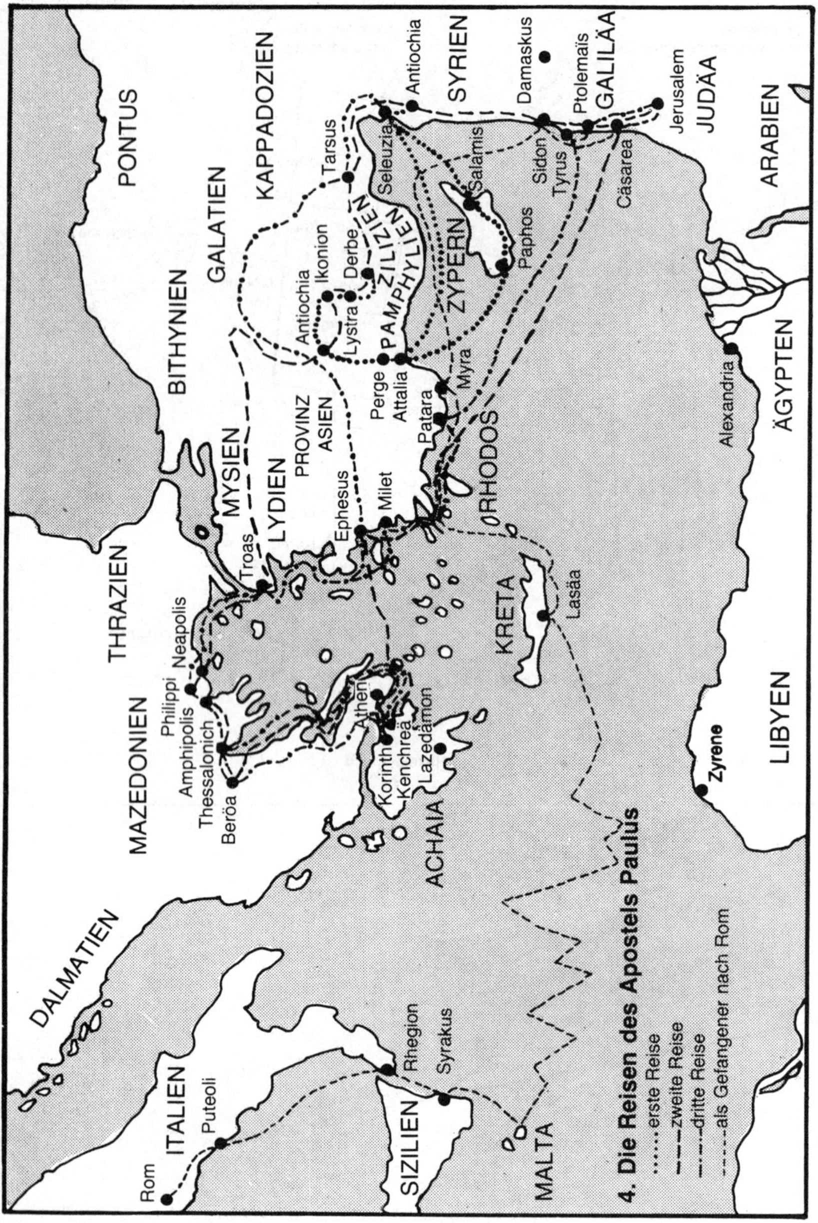
4. Die Reisen des Apostels Paulus
erste Reise
zweite Reise
dritte Reise
als Gefangener nach Rom
PONTUS
BITHYNIEN
GALATIEN
KAPPADOZIEN
SYRIEN
GALILÄA
JUDÄA
ARABIEN
ÄGYPTEN
LIBYEN
KRETA
RHODOS
ZYPERN
PAMPHYLIEN
ZILIZIEN
PROVINZ ASIEN
LYDIEN
MYSIEN
THRAZIEN
MAZEDONIEN
ACHAIA
DALMATIEN
ITALIEN
SIZILIEN
MALTA
Rom
Puteoli
Rhegion
Syrakus
Beröa
Thessalonich
Amphipolis
Philippi
Neapolis
Troas
Korinth
Kenchreä
Athen
Lazedämon
Ephesus
Milet
Lasäa
Patara
Myra
Perge
Attalia
Antiochia
Ikonion
Lystra
Derbe
Tarsus
Seleuzia
Antiochia
Salamis
Paphos
Damaskus
Sidon
Tyrus
Ptolemaïs
Cäsarea
Jerusalem
Alexandria
Zyrene

VIII. Mitarbeiter und Übersetzer

DIE ÜBERSETZER DES NEUEN TESTAMENTES

Gerhard Barth, Peter Bläser, Josef Blinzler, Otto Böcher, Kapistran Bott, Christoph Burchard, Josef Dillersberger, Martin Fischer, Joachim Gnilka, Erich Grässer, Wilhelm Gundert, Klaus Haacker, Odo Haggenmüller, Ferdinand Hahn, Hellmut Haug, Rudolf Kassühlke, Otto Knoch, Heinz-Wolfgang Kuhn, Josef Kürzinger, Johann Michl, Franz Mußner, Engelbert Neuhäusler, Henning Paulsen, Wilhelm Pesch, Josef Pfammatter, Joseph Reuss, Eugen Ruckstuhl, Karl Theodor Schäfer, Theodor Schlatter, Heinrich Schlier, Josef Schmid, Rudolf Schnackenburg, Benedikt Schwank, Josef Sint, Gerhard Striebeck, Anton Vögtle, Karl Wennemer, Franz Zehrer, Heinrich Zimmermann.

DIE MITARBEITER AN DER ÜBERSETZUNG DES NEUEN TESTAMENTES

Wilfried Barner, Eleonore Beck, Wolfgang Beilner, Richard Beron, Uwe Förster, Joachim Goth, Odo Haggenmüller, Rudolf Henz, Hans Hilger, Alfons Kirchgässner, Otto Knoch, Joseph Kopperschmidt, Emil Lengeling, Leopold Lentner, Johann Michl, Gabriele Miller, Engelbert Neuhäusler, Otto Nüßler, Franz Planatscher, Egidius Schmalzriedt, Eugen Sitarz, Oskar Söhngen, Joseph Solzbacher, Gerhard Striebeck, Johannes Wagner, Karl Wennemer, Franz Josef Zinniker.

DIE BEAUFTRAGTEN FÜR DIE REVISION DES NEUEN TESTAMENTES

Bischof Eduard Schick, Landesbischof Eduard Lohse, Erzbischof Johannes Joachim Degenhardt, Oberkirchenrat Wilhelm Gundert, Bischof Reinhard Lettmann, Weihbischof Hubert Luthe, Weihbischof Manfred Müller, Weihbischof Alois Stöger, Weihbischof Ernst Tewes.

Gerhard Barth, Otto Böcher, Christoph Burchard, Martin Fischer, Joachim Gnilka, Erich Grässer, Klaus Haacker, Odo Haggenmüller, Ferdinand Hahn, Hellmut Haug, Otto Knoch, Heinz-Wolfgang Kuhn, Egidius Schmalzriedt, Eugen Sitarz, Karl Wennemer.

Inhaltsverzeichnis